2022

法律法规全书系列

中华人民共和国
民政
法律法规全书

含相关政策

中国法制出版社
CHINA LEGAL PUBLISHING HOUSE

出版说明

随着中国特色社会主义法律体系的建成，中国的立法进入了“修法时代”。在这一时期，为了使法律体系进一步保持内部的科学、和谐、统一，会频繁出现对法律各层级文件的适时清理。目前，清理工作已经全面展开且取得了阶段性的成果，但这一清理过程在未来几年仍将持续。这对于读者如何了解最新法律修改信息、如何准确适用法律带来了使用上的不便。基于这一考虑，我们精心编辑出版了本丛书，一方面重在向读者展示我国立法的成果与现状，另一方面旨在帮助读者在法律文件修改频率较高的时代准确适用法律。

本书独具以下四重价值：

1. **文本权威，内容全面。**本书涵盖民政领域相关的常用法律、行政法规、国务院文件、部门规章、规范性文件、司法解释，及最高人民法院公布的典型案例、示范文本，独家梳理和收录人大代表建议、政协委员提案的重要答复；书中收录文件均为经过清理修改的现行有效标准文本，方便读者及时掌握最新法律文件。

2. **查找方便，附录实用。**全书法律文件按照紧密程度排列，方便读者对某一类问题的集中查找；重点法律附加条旨，指引读者快速找到目标条文；附录相关典型案例、文书范本，其中案例具有指引“同案同判”的作用。同时，本书采用可平摊使用的独特开本，避免因书籍太厚难以摊开使用的弊端。

3. **免费增补，动态更新。**为保持本书与新法的同步更新，避免读者因部分法律的修改而反复购买同类图书，我们为读者专门设置了以下服务：（1）扫码添加书后“法规编辑部”公众号→点击菜单栏→进入资料下载栏→选择法律法规全书资料项→点击网址或扫码下载，即可获取本书每次改版修订内容的电子版文件；（2）通过“法规编辑部”公众号，及时了解最新立法信息，并可线上留言，编辑团队会就图书相关疑问动态解答。

4. **目录赠送，配套使用。**赠送本书目录的电子版，与纸书配套，立体化、电子化使用，便于检索、快速定位；同时实现将本书装进电脑，随时随地查。

修订说明

《中华人民共和国民政法律法规全书》自出版以来，深受广大读者欢迎和好评。本书在上一版本的基础之上，根据国家法律、行政法规、部门规章及司法解释等相关文件的制定和修改情况，进行了相应的增删和修订。修订情况如下：

1. 新增如下法律法规、政策文件：《中华人民共和国家庭教育促进法》《国务院关于同意在部分地区开展内地居民婚姻登记"跨省通办"试点的批复》《中共中央、国务院关于加强新时代老龄工作的意见》《国务院关于印发"十四五"残疾人保障和发展规划的通知》《民政部职能配置、内设机构和人员编制规定》《最高人民法院、民政部、环境保护部关于贯彻实施环境民事公益诉讼制度的通知》《民政部关于开展全国未成年人保护示范创建的通知》《国务院未成年人保护工作领导小组关于加强未成年人保护工作的意见》《关于切实解决老年人运用智能技术困难的实施方案》《民政部办公厅关于在疫情防控期间加强特殊困难老年人关爱服务的通知》《中华人民共和国社区矫正法实施办法》《国务院应对新型冠状病毒感染肺炎疫情联防联控机制关于进一步做好民政服务机构疫情防控工作的通知》《国务院办公厅关于健全重特大疾病医疗保险和救助制度的意见》《志愿服务记录与证明出具办法（试行）》《行政区划管理条例实施办法》《民政部、市场监管总局关于强化养老服务领域食品安全管理的意见》《最低生活保障审核确认办法》《中央财政衔接推进乡村振兴补助资金管理办法》。

2. 修改如下法规文件：《社会组织登记管理机关行政处罚程序规定》《中华人民共和国民办教育促进法实施条例》《彩票公益金管理办法》《退役军人事务部、财政部关于调整部分优抚对象等人员抚恤和生活补助标准的通知》。

3. 删除如下失效法规文件：《民政部、卫生计生委关于做好医养结合服务机构许可工作的通知》《财政部、扶贫办、国家发展改革委、国家民委、农业部、林业局关于印发〈中央财政专项扶贫资金管理办法〉的通知》《最低生活保障审核审批办法（试行）》《志愿服务记录办法》《民政部办公厅关于转发宁夏建立高龄老人津贴制度有关政策的通知》。

总　目　录

目　录*

一、综　合

二、社会组织管理

1. 综合

* 编者按：本目录中的时间为法律文件的公布时间或最后一次修正、修订公布时间。

2. 社会团体管理

◎请示答复

三、基层政权建设与社区治理

四、婚姻、收养登记管理

五、社会福利和慈善事业

六、社会救助

1. 综　合

2. 扶　贫

3. 城市低保

七、抚恤优待

八、殡葬管理

九、区划地名管理

1. 行政区划管理

2. 行政区域界线管理

十、社会工作与志愿服务

十一、人大代表建议、政协委员提案答复

一、综 合

中华人民共和国行政处罚法

（1996年3月17日第八届全国人民代表大会第四次会议通过 根据2009年8月27日第十一届全国人民代表大会常务委员会第十次会议《关于修改部分法律的决定》第一次修正 根据2017年9月1日第十二届全国人民代表大会常务委员会第二十九次会议《关于修改〈中华人民共和国法官法〉等八部法律的决定》第二次修正 2021年1月22日第十三届全国人民代表大会常务委员会第二十五次会议修订）

第一章 总 则

第一条 【立法目的】[*]为了规范行政处罚的设定和实施，保障和监督行政机关有效实施行政管理，维护公共利益和社会秩序，保护公民、法人或者其他组织的合法权益，根据宪法，制定本法。

第二条 【行政处罚的定义】行政处罚是指行政机关依法对违反行政管理秩序的公民、法人或者其他组织，以减损权益或者增加义务的方式予以惩戒的行为。

第三条 【适用范围】行政处罚的设定和实施，适用本法。

第四条 【适用对象】公民、法人或者其他组织违反行政管理秩序的行为，应当给予行政处罚的，依照本法由法律、法规、规章规定，并由行政机关依照本法规定的程序实施。

第五条 【适用原则】行政处罚遵循公正、公开的原则。

设定和实施行政处罚必须以事实为依据，与违法行为的事实、性质、情节以及社会危害程度相当。

对违法行为给予行政处罚的规定必须公布；未经公布的，不得作为行政处罚的依据。

第六条 【适用目的】实施行政处罚，纠正违法行为，应当坚持处罚与教育相结合，教育公民、法人或者其他组织自觉守法。

第七条 【被处罚者权利】公民、法人或者其他组织对行政机关所给予的行政处罚，享有陈述权、申辩权；对行政处罚不服的，有权依法申请行政复议或者提起行政诉讼。

公民、法人或者其他组织因行政机关违法给予行政处罚受到损害的，有权依法提出赔偿要求。

第八条 【被处罚者承担的其他法律责任】公民、法人或者其他组织因违法行为受到行政处罚，其违法行为对他人造成损害的，应当依法承担民事责任。

违法行为构成犯罪，应当依法追究刑事责任的，不得以行政处罚代替刑事处罚。

第二章 行政处罚的种类和设定

第九条 【处罚的种类】行政处罚的种类：

（一）警告、通报批评；

（二）罚款、没收违法所得、没收非法财物；

（三）暂扣许可证件、降低资质等级、吊销许可证件；

（四）限制开展生产经营活动、责令停产停业、责令关闭、限制从业；

（五）行政拘留；

（六）法律、行政法规规定的其他行政处罚。

第十条 【法律对处罚的设定】法律可以设定各种行政处罚。

限制人身自由的行政处罚，只能由法律设定。

第十一条 【行政法规对处罚的设定】行政法规可以设定除限制人身自由以外的行政处罚。

法律对违法行为已经作出行政处罚规定，行政法规需要作出具体规定的，必须在法律规定的给予行政处罚的行为、种类和幅度的范围内规定。

法律对违法行为未作出行政处罚规定，行政法规为实施法律，可以补充设定行政处罚。拟补充设定行政处罚的，应当通过听证会、论证会等形式广泛听取意见，并向制定机关作出书面说明。行政法规报送备案时，应当说明补充设定行政处罚的情况。

第十二条 【地方性法规对处罚的设定】地方性法规可以设定除限制人身自由、吊销营业执照以外的行政处罚。

法律、行政法规对违法行为已经作出行政处罚规定，地方性法规需要作出具体规定的，必须在法律、行政法规规定的给予行政处罚的行为、种类和幅度的范围内规定。

法律、行政法规对违法行为未作出行政处罚规定，地方性法规为实施法律、行政法规，可以补充设定行政处罚。拟补充

---

[*] 条文主旨为编者所加，下同。

设定行政处罚的，应当通过听证会、论证会等形式广泛听取意见，并向制定机关作出书面说明。地方性法规报送备案时，应当说明补充设定行政处罚的情况。

第十三条　【国务院部门规章对处罚的设定】国务院部门规章可以在法律、行政法规规定的给予行政处罚的行为、种类和幅度的范围内作出具体规定。

尚未制定法律、行政法规的，国务院部门规章对违反行政管理秩序的行为，可以设定警告、通报批评或者一定数额罚款的行政处罚。罚款的限额由国务院规定。

第十四条　【地方政府规章对处罚的设定】地方政府规章可以在法律、法规规定的给予行政处罚的行为、种类和幅度的范围内作出具体规定。

尚未制定法律、法规的，地方政府规章对违反行政管理秩序的行为，可以设定警告、通报批评或者一定数额罚款的行政处罚。罚款的限额由省、自治区、直辖市人民代表大会常务委员会规定。

第十五条　【对行政处罚定期评估】国务院部门和省、自治区、直辖市人民政府及其有关部门应当定期组织评估行政处罚的实施情况和必要性，对不适当的行政处罚事项及种类、罚款数额等，应当提出修改或者废止的建议。

第十六条　【其他规范性文件不得设定处罚】除法律、法规、规章外，其他规范性文件不得设定行政处罚。

第三章　行政处罚的实施机关

第十七条　【处罚的实施】行政处罚由具有行政处罚权的行政机关在法定职权范围内实施。

第十八条　【处罚的权限】国家在城市管理、市场监管、生态环境、文化市场、交通运输、应急管理、农业等领域推行建立综合行政执法制度，相对集中行政处罚权。

国务院或者省、自治区、直辖市人民政府可以决定一个行政机关行使有关行政机关的行政处罚权。

限制人身自由的行政处罚权只能由公安机关和法律规定的其他机关行使。

第十九条　【授权实施处罚】法律、法规授权的具有管理公共事务职能的组织可以在法定授权范围内实施行政处罚。

第二十条　【委托实施处罚】行政机关依照法律、法规、规章的规定，可以在其法定权限内书面委托符合本法第二十一条规定条件的组织实施行政处罚。行政机关不得委托其他组织或者个人实施行政处罚。

委托书应当载明委托的具体事项、权限、期限等内容。委托行政机关和受委托组织应当将委托书向社会公布。

委托行政机关对受委托组织实施行政处罚的行为应当负责监督，并对该行为的后果承担法律责任。

受委托组织在委托范围内，以委托行政机关名义实施行政处罚；不得再委托其他组织或者个人实施行政处罚。

第二十一条　【受托组织的条件】受委托组织必须符合以下条件：

（一）依法成立并具有管理公共事务职能；

（二）有熟悉有关法律、法规、规章和业务并取得行政执法资格的工作人员；

（三）需要进行技术检查或者技术鉴定的，应当有条件组织进行相应的技术检查或者技术鉴定。

第四章　行政处罚的管辖和适用

第二十二条　【地域管辖】行政处罚由违法行为发生地的行政机关管辖。法律、行政法规、部门规章另有规定的，从其规定。

第二十三条　【级别管辖】行政处罚由县级以上地方人民政府具有行政处罚权的行政机关管辖。法律、行政法规另有规定的，从其规定。

第二十四条　【行政处罚权的承接】省、自治区、直辖市根据当地实际情况，可以决定将基层管理迫切需要的县级人民政府部门的行政处罚权交由能够有效承接的乡镇人民政府、街道办事处行使，并定期组织评估。决定应当公布。

承接行政处罚权的乡镇人民政府、街道办事处应当加强执法能力建设，按照规定范围、依照法定程序实施行政处罚。

有关地方人民政府及其部门应当加强组织协调、业务指导、执法监督，建立健全行政处罚协调配合机制，完善评议、考核制度。

第二十五条　【共同管辖及指定管辖】两个以上行政机关都有管辖权的，由最先立案的行政机关管辖。

对管辖发生争议的，应当协商解决，协商不成的，报请共同的上一级行政机关指定管辖；也可以直接由共同的上一级行政机关指定管辖。

第二十六条　【行政协助】行政机关因实施行政处罚的需要，可以向有关机关提出协助请求。协助事项属于被请求机关职权范围内的，应当依法予以协助。

第二十七条　【刑事责任优先】违法行为涉嫌犯罪的，行政机关应当及时将案件移送司法机关，依法追究刑事责任。对依法不需要追究刑事责任或者免予刑事处罚，但应当给予行政处罚的，司法机关应当及时将案件移送有关行政机关。

行政处罚实施机关与司法机关之间应当加强协调配合，建立健全案件移送制度，加强证据材料移交、接收衔接，完善案件处理信息通报机制。

第二十八条　【责令改正与责令退赔】行政机关实施行政处罚时，应当责令当事人改正或者限期改正违法行为。

当事人有违法所得，除依法应当退赔的外，应当予以没收。违法所得是指实施违法行为所取得的款项。法律、行政法规、部门规章对违法所得的计算另有规定的，从其规定。

第二十九条　【一事不二罚】对当事人的同一个违法行

为，不得给予两次以上罚款的行政处罚。同一个违法行为违反多个法律规范应当给予罚款处罚的，按照罚款数额高的规定处罚。

第三十条 【未成年人处罚的限制】不满十四周岁的未成年人有违法行为的，不予行政处罚，责令监护人加以管教；已满十四周岁不满十八周岁的未成年人有违法行为的，应当从轻或者减轻行政处罚。

第三十一条 【精神病人及限制性精神病人处罚的限制】精神病人、智力残疾人在不能辨认或者不能控制自己行为时有违法行为的，不予行政处罚，但应当责令其监护人严加看管和治疗。间歇性精神病人在精神正常时有违法行为的，应当给予行政处罚。尚未完全丧失辨认或者控制自己行为能力的精神病人、智力残疾人有违法行为的，可以从轻或者减轻行政处罚。

第三十二条 【从轻、减轻处罚的情形】当事人有下列情形之一，应当从轻或者减轻行政处罚：

（一）主动消除或者减轻违法行为危害后果的；

（二）受他人胁迫或者诱骗实施违法行为的；

（三）主动供述行政机关尚未掌握的违法行为的；

（四）配合行政机关查处违法行为有立功表现的；

（五）法律、法规、规章规定其他应当从轻或者减轻行政处罚的。

第三十三条 【不予行政处罚的条件】违法行为轻微并及时改正，没有造成危害后果的，不予行政处罚。初次违法且危害后果轻微并及时改正的，可以不予行政处罚。

当事人有证据足以证明没有主观过错的，不予行政处罚。法律、行政法规另有规定的，从其规定。

对当事人的违法行为依法不予行政处罚的，行政机关应当对当事人进行教育。

第三十四条 【行政处罚裁量基准】行政机关可以依法制定行政处罚裁量基准，规范行使行政处罚裁量权。行政处罚裁量基准应当向社会公布。

第三十五条 【刑罚的折抵】违法行为构成犯罪，人民法院判处拘役或者有期徒刑时，行政机关已经给予当事人行政拘留的，应当依法折抵相应刑期。

违法行为构成犯罪，人民法院判处罚金时，行政机关已经给予当事人罚款的，应当折抵相应罚金；行政机关尚未给予当事人罚款的，不再给予罚款。

第三十六条 【处罚的时效】违法行为在二年内未被发现的，不再给予行政处罚；涉及公民生命健康安全、金融安全且有危害后果的，上述期限延长至五年。法律另有规定的除外。

前款规定的期限，从违法行为发生之日起计算；违法行为有连续或者继续状态的，从行为终了之日起计算。

第三十七条 【法不溯及既往】实施行政处罚，适用违法行为发生时的法律、法规、规章的规定。但是，作出行政处罚决定时，法律、法规、规章已被修改或者废止，且新的规定处罚较轻或者不认为是违法的，适用新的规定。

第三十八条 【行政处罚无效】行政处罚没有依据或者实施主体不具有行政主体资格的，行政处罚无效。

违反法定程序构成重大且明显违法的，行政处罚无效。

第五章 行政处罚的决定

第一节 一般规定

第三十九条 【信息公示】行政处罚的实施机关、立案依据、实施程序和救济渠道等信息应当公示。

第四十条 【处罚的前提】公民、法人或者其他组织违反行政管理秩序的行为，依法应当给予行政处罚的，行政机关必须查明事实；违法事实不清、证据不足的，不得给予行政处罚。

第四十一条 【信息化手段的运用】行政机关依照法律、行政法规规定利用电子技术监控设备收集、固定违法事实的，应当经过法制和技术审核，确保电子技术监控设备符合标准、设置合理、标志明显，设置地点应当向社会公布。

电子技术监控设备记录违法事实应当真实、清晰、完整、准确。行政机关应当审核记录内容是否符合要求；未经审核或者经审核不符合要求的，不得作为行政处罚的证据。

行政机关应当及时告知当事人违法事实，并采取信息化手段或者其他措施，为当事人查询、陈述和申辩提供便利。不得限制或者变相限制当事人享有的陈述权、申辩权。

第四十二条 【执法人员要求】行政处罚应当由具有行政执法资格的执法人员实施。执法人员不得少于两人，法律另有规定的除外。

执法人员应当文明执法，尊重和保护当事人合法权益。

第四十三条 【回避】执法人员与案件有直接利害关系或者有其他关系可能影响公正执法的，应当回避。

当事人认为执法人员与案件有直接利害关系或者有其他关系可能影响公正执法的，有权申请回避。

当事人提出回避申请的，行政机关应当依法审查，由行政机关负责人决定。决定作出之前，不停止调查。

第四十四条 【告知义务】行政机关在作出行政处罚决定之前，应当告知当事人拟作出的行政处罚内容及事实、理由、依据，并告知当事人依法享有的陈述、申辩、要求听证等权利。

第四十五条 【当事人的陈述权和申辩权】当事人有权进行陈述和申辩。行政机关必须充分听取当事人的意见，对当事人提出的事实、理由和证据，应当进行复核；当事人提出的事实、理由或者证据成立的，行政机关应当采纳。

行政机关不得因当事人陈述、申辩而给予更重的处罚。

第四十六条 【证据】证据包括：

（一）书证；

（二）物证；

（三）视听资料；

（四）电子数据；

（五）证人证言；

（六）当事人的陈述；

（七）鉴定意见；

（八）勘验笔录、现场笔录。

证据必须经查证属实，方可作为认定案件事实的根据。

以非法手段取得的证据，不得作为认定案件事实的根据。

第四十七条　【执法全过程记录制度】行政机关应当依法以文字、音像等形式，对行政处罚的启动、调查取证、审核、决定、送达、执行等进行全过程记录，归档保存。

第四十八条　【行政处罚决定公示制度】具有一定社会影响的行政处罚决定应当依法公开。

公开的行政处罚决定被依法变更、撤销、确认违法或者确认无效的，行政机关应当在三日内撤回行政处罚决定信息并公开说明理由。

第四十九条　【应急处罚】发生重大传染病疫情等突发事件，为了控制、减轻和消除突发事件引起的社会危害，行政机关对违反突发事件应对措施的行为，依法快速、从重处罚。

第五十条　【保密义务】行政机关及其工作人员对实施行政处罚过程中知悉的国家秘密、商业秘密或者个人隐私，应当依法予以保密。

第二节　简易程序

第五十一条　【当场处罚的情形】违法事实确凿并有法定依据，对公民处以二百元以下、对法人或者其他组织处以三千元以下罚款或者警告的行政处罚的，可以当场作出行政处罚决定。法律另有规定的，从其规定。

第五十二条　【当场处罚的程序】执法人员当场作出行政处罚决定的，应当向当事人出示执法证件，填写预定格式、编有号码的行政处罚决定书，并当场交付当事人。当事人拒绝签收的，应当在行政处罚决定书上注明。

前款规定的行政处罚决定书应当载明当事人的违法行为，行政处罚的种类和依据、罚款数额、时间、地点，申请行政复议、提起行政诉讼的途径和期限以及行政机关名称，并由执法人员签名或者盖章。

执法人员当场作出的行政处罚决定，应当报所属行政机关备案。

第五十三条　【当场处罚的履行】对当场作出的行政处罚决定，当事人应当依照本法第六十七条至第六十九条的规定履行。

第三节　普通程序

第五十四条　【调查取证与立案】除本法第五十一条规定的可以当场作出的行政处罚外，行政机关发现公民、法人或者其他组织有依法应当给予行政处罚的行为的，必须全面、客观、公正地调查，收集有关证据；必要时，依照法律、法规的规定，可以进行检查。

符合立案标准的，行政机关应当及时立案。

第五十五条　【出示证件与协助调查】执法人员在调查或者进行检查时，应当主动向当事人或者有关人员出示执法证件。当事人或者有关人员有权要求执法人员出示执法证件。执法人员不出示执法证件的，当事人或者有关人员有权拒绝接受调查或者检查。

当事人或者有关人员应当如实回答询问，并协助调查或者检查，不得拒绝或者阻挠。询问或者检查应当制作笔录。

第五十六条　【证据的收集原则】行政机关在收集证据时，可以采取抽样取证的方法；在证据可能灭失或者以后难以取得的情况下，经行政机关负责人批准，可以先行登记保存，并应当在七日内及时作出处理决定，在此期间，当事人或者有关人员不得销毁或者转移证据。

第五十七条　【处罚决定】调查终结，行政机关负责人应当对调查结果进行审查，根据不同情况，分别作出如下决定：

（一）确有应受行政处罚的违法行为的，根据情节轻重及具体情况，作出行政处罚决定；

（二）违法行为轻微，依法可以不予行政处罚的，不予行政处罚；

（三）违法事实不能成立的，不予行政处罚；

（四）违法行为涉嫌犯罪的，移送司法机关。

对情节复杂或者重大违法行为给予行政处罚，行政机关负责人应当集体讨论决定。

第五十八条　【法制审核】有下列情形之一，在行政机关负责人作出行政处罚的决定之前，应当由从事行政处罚决定法制审核的人员进行法制审核；未经法制审核或者审核未通过的，不得作出决定：

（一）涉及重大公共利益的；

（二）直接关系当事人或者第三人重大权益，经过听证程序的；

（三）案件情况疑难复杂、涉及多个法律关系的；

（四）法律、法规规定应当进行法制审核的其他情形。

行政机关中初次从事行政处罚决定法制审核的人员，应当通过国家统一法律职业资格考试取得法律职业资格。

第五十九条　【行政处罚决定书的内容】行政机关依照本法第五十七条的规定给予行政处罚，应当制作行政处罚决定书。行政处罚决定书应当载明下列事项：

（一）当事人的姓名或者名称、地址；

（二）违反法律、法规、规章的事实和证据；

（三）行政处罚的种类和依据；

（四）行政处罚的履行方式和期限；

（五）申请行政复议、提起行政诉讼的途径和期限；

（六）作出行政处罚决定的行政机关名称和作出决定的日期。

行政处罚决定书必须盖有作出行政处罚决定的行政机关的印章。

第六十条　【决定期限】行政机关应当自行政处罚案件立案之日起九十日内作出行政处罚决定。法律、法规、规章另有规定的，从其规定。

第六十一条　【送达】行政处罚决定书应当在宣告后当场交付当事人；当事人不在场的，行政机关应当在七日内依照《中华人民共和国民事诉讼法》的有关规定，将行政处罚决定书送达当事人。

当事人同意并签订确认书的，行政机关可以采用传真、电子邮件等方式，将行政处罚决定书等送达当事人。

第六十二条　【处罚的成立条件】行政机关及其执法人员在作出行政处罚决定之前，未依照本法第四十四条、第四十五条的规定向当事人告知拟作出的行政处罚内容及事实、理由、依据，或者拒绝听取当事人的陈述、申辩，不得作出行政处罚决定；当事人明确放弃陈述或者申辩权利的除外。

第四节　听证程序

第六十三条　【听证权】行政机关拟作出下列行政处罚决定，应当告知当事人有要求听证的权利，当事人要求听证的，行政机关应当组织听证：

（一）较大数额罚款；

（二）没收较大数额违法所得、没收较大价值非法财物；

（三）降低资质等级、吊销许可证件；

（四）责令停产停业、责令关闭、限制从业；

（五）其他较重的行政处罚；

（六）法律、法规、规章规定的其他情形。

当事人不承担行政机关组织听证的费用。

第六十四条　【听证程序】听证应当依照以下程序组织：

（一）当事人要求听证的，应当在行政机关告知后五日内提出；

（二）行政机关应当在举行听证的七日前，通知当事人及有关人员听证的时间、地点；

（三）除涉及国家秘密、商业秘密或者个人隐私依法予以保密外，听证公开举行；

（四）听证由行政机关指定的非本案调查人员主持；当事人认为主持人与本案有直接利害关系的，有权申请回避；

（五）当事人可以亲自参加听证，也可以委托一至二人代理；

（六）当事人及其代理人无正当理由拒不出席听证或者未经许可中途退出听证的，视为放弃听证权利，行政机关终止听证；

（七）举行听证时，调查人员提出当事人违法的事实、证据和行政处罚建议，当事人进行申辩和质证；

（八）听证应当制作笔录。笔录应当交当事人或者其代理人核对无误后签字或者盖章。当事人或者其代理人拒绝签字或者盖章的，由听证主持人在笔录中注明。

第六十五条　【听证笔录】听证结束后，行政机关应当根据听证笔录，依照本法第五十七条的规定，作出决定。

第六章　行政处罚的执行

第六十六条　【履行义务及分期履行】行政处罚决定依法作出后，当事人应当在行政处罚决定书载明的期限内，予以履行。

当事人确有经济困难，需要延期或者分期缴纳罚款的，经当事人申请和行政机关批准，可以暂缓或者分期缴纳。

第六十七条　【罚缴分离原则】作出罚款决定的行政机关应当与收缴罚款的机构分离。

除依照本法第六十八条、第六十九条的规定当场收缴的罚款外，作出行政处罚决定的行政机关及其执法人员不得自行收缴罚款。

当事人应当自收到行政处罚决定书之日起十五日内，到指定的银行或者通过电子支付系统缴纳罚款。银行应当收受罚款，并将罚款直接上缴国库。

第六十八条　【当场收缴罚款范围】依照本法第五十一条的规定当场作出行政处罚决定，有下列情形之一，执法人员可以当场收缴罚款：

（一）依法给予一百元以下罚款的；

（二）不当场收缴事后难以执行的。

第六十九条　【边远地区当场收缴罚款】在边远、水上、交通不便地区，行政机关及其执法人员依照本法第五十一条、第五十七条的规定作出罚款决定后，当事人到指定的银行或者通过电子支付系统缴纳罚款确有困难，经当事人提出，行政机关及其执法人员可以当场收缴罚款。

第七十条　【罚款票据】行政机关及其执法人员当场收缴罚款的，必须向当事人出具国务院财政部门或者省、自治区、直辖市人民政府财政部门统一制发的专用票据；不出具财政部门统一制发的专用票据的，当事人有权拒绝缴纳罚款。

第七十一条　【罚款交纳期】执法人员当场收缴的罚款，应当自收缴罚款之日起二日内，交至行政机关；在水上当场收缴的罚款，应当自抵岸之日起二日内交至行政机关；行政机关应当在二日内将罚款缴付指定的银行。

第七十二条　【执行措施】当事人逾期不履行行政处罚决定的，作出行政处罚决定的行政机关可以采取下列措施：

（一）到期不缴纳罚款的，每日按罚款数额的百分之三加处罚款，加处罚款的数额不得超出罚款的数额；

（二）根据法律规定，将查封、扣押的财物拍卖、依法处理或者将冻结的存款、汇款划拨抵缴罚款；

（三）根据法律规定，采取其他行政强制执行方式；

（四）依照《中华人民共和国行政强制法》的规定申请人民法院强制执行。

行政机关批准延期、分期缴纳罚款的，申请人民法院强制执行的期限，自暂缓或者分期缴纳罚款期限结束之日起计算。

第七十三条　【不停止执行及暂缓执行】当事人对行政处罚决定不服，申请行政复议或者提起行政诉讼的，行政处罚不停止执行，法律另有规定的除外。

当事人对限制人身自由的行政处罚决定不服，申请行政复议或者提起行政诉讼的，可以向作出决定的机关提出暂缓执行申请。符合法律规定情形的，应当暂缓执行。

当事人申请行政复议或者提起行政诉讼的，加处罚款的数额在行政复议或者行政诉讼期间不予计算。

第七十四条　【没收的非法财物的处理】除依法应当予以销毁的物品外，依法没收的非法财物必须按照国家规定公开拍卖或者按照国家有关规定处理。

罚款、没收的违法所得或者没收非法财物拍卖的款项，必须全部上缴国库，任何行政机关或者个人不得以任何形式截留、私分或者变相私分。

罚款、没收的违法所得或者没收非法财物拍卖的款项，不得同作出行政处罚决定的行政机关及其工作人员的考核、考评直接或者变相挂钩。除依法应当退还、退赔的外，财政部门不得以任何形式向作出行政处罚决定的行政机关返还罚款、没收的违法所得或者没收非法财物拍卖的款项。

第七十五条　【监督检查】行政机关应当建立健全对行政处罚的监督制度。县级以上人民政府应当定期组织开展行政执法评议、考核，加强对行政处罚的监督检查，规范和保障行政处罚的实施。

行政机关实施行政处罚应当接受社会监督。公民、法人或者其他组织对行政机关实施行政处罚的行为，有权申诉或者检举；行政机关应当认真审查，发现有错误的，应当主动改正。

第七章　法律责任

第七十六条　【上级行政机关的监督】行政机关实施行政处罚，有下列情形之一，由上级行政机关或者有关机关责令改正，对直接负责的主管人员和其他直接责任人员依法给予处分：

（一）没有法定的行政处罚依据的；

（二）擅自改变行政处罚种类、幅度的；

（三）违反法定的行政处罚程序的；

（四）违反本法第二十条关于委托处罚的规定的；

（五）执法人员未取得执法证件的。

行政机关对符合立案标准的案件不及时立案的，依照前款规定予以处理。

第七十七条　【当事人的拒绝处罚权及检举权】行政机关对当事人进行处罚不使用罚款、没收财物单据或者使用非法定部门制发的罚款、没收财物单据的，当事人有权拒绝，并有权予以检举，由上级行政机关或者有关机关对使用的非法单据予以收缴销毁，对直接负责的主管人员和其他直接责任人员依法给予处分。

第七十八条　【自行收缴罚款的处理】行政机关违反本法第六十七条的规定自行收缴罚款的，财政部门违反本法第七十四条的规定向行政机关返还罚款、没收的违法所得或者拍卖款项的，由上级行政机关或者有关机关责令改正，对直接负责的主管人员和其他直接责任人员依法给予处分。

第七十九条　【私分罚没财物的处理】行政机关截留、私分或者变相私分罚款、没收的违法所得或者财物的，由财政部门或者有关机关予以追缴，对直接负责的主管人员和其他直接责任人员依法给予处分；情节严重构成犯罪的，依法追究刑事责任。

执法人员利用职务上的便利，索取或者收受他人财物、将收缴罚款据为己有，构成犯罪的，依法追究刑事责任；情节轻微不构成犯罪的，依法给予处分。

第八十条　【行政机关的赔偿责任及对有关人员的处理】行政机关使用或者损毁查封、扣押的财物，对当事人造成损失的，应当依法予以赔偿，对直接负责的主管人员和其他直接责任人员依法给予处分。

第八十一条　【违法实行检查或执行措施的赔偿责任】行政机关违法实施检查措施或者执行措施，给公民人身或者财产造成损害、给法人或者其他组织造成损失的，应当依法予以赔偿，对直接负责的主管人员和其他直接责任人员依法给予处分；情节严重构成犯罪的，依法追究刑事责任。

第八十二条　【以行代刑的责任】行政机关对应当依法移交司法机关追究刑事责任的案件不移交，以行政处罚代替刑事处罚，由上级行政机关或者有关机关责令改正，对直接负责的主管人员和其他直接责任人员依法给予处分；情节严重构成犯罪的，依法追究刑事责任。

第八十三条　【失职责任】行政机关对应当予以制止和处罚的违法行为不予制止、处罚，致使公民、法人或者其他组织的合法权益、公共利益和社会秩序遭受损害的，对直接负责的主管人员和其他直接责任人员依法给予处分；情节严重构成犯罪的，依法追究刑事责任。

第八章　附　　则

第八十四条　【属地原则】外国人、无国籍人、外国组织在中华人民共和国领域内有违法行为，应当给予行政处罚的，适用本法，法律另有规定的除外。

第八十五条　【工作日】本法中“二日”“三日”“五日”“七日”的规定是指工作日，不含法定节假日。

第八十六条　【施行日期】本法自2021年7月15日起施行。

中华人民共和国行政许可法

（2003 年 8 月 27 日第十届全国人民代表大会常务委员会第四次会议通过　根据 2019 年 4 月 23 日第十三届全国人民代表大会常务委员会第 4 十次会议《关于修改〈中华人民共和国建筑法〉等八部法律的决定》修正）

第一章　总　　则

第一条　为了规范行政许可的设定和实施，保护公民、法人和其他组织的合法权益，维护公共利益和社会秩序，保障和监督行政机关有效实施行政管理，根据宪法，制定本法。

第二条　本法所称行政许可，是指行政机关根据公民、法人或者其他组织的申请，经依法审查，准予其从事特定活动的行为。

第三条　行政许可的设定和实施，适用本法。

有关行政机关对其他机关或者对其直接管理的事业单位的人事、财务、外事等事项的审批，不适用本法。

第四条　设定和实施行政许可，应当依照法定的权限、范围、条件和程序。

第五条　设定和实施行政许可，应当遵循公开、公平、公正、非歧视的原则。

有关行政许可的规定应当公布；未经公布的，不得作为实施行政许可的依据。行政许可的实施和结果，除涉及国家秘密、商业秘密或者个人隐私的外，应当公开。未经申请人同意，行政机关及其工作人员、参与专家评审等的人员不得披露申请人提交的商业秘密、未披露信息或者保密商务信息，法律另有规定或者涉及国家安全、重大社会公共利益的除外；行政机关依法公开申请人前述信息的，允许申请人在合理期限内提出异议。

符合法定条件、标准的，申请人有依法取得行政许可的平等权利，行政机关不得歧视任何人。

第六条　实施行政许可，应当遵循便民的原则，提高办事效率，提供优质服务。

第七条　公民、法人或者其他组织对行政机关实施行政许可，享有陈述权、申辩权；有权依法申请行政复议或者提起行政诉讼；其合法权益因行政机关违法实施行政许可受到损害的，有权依法要求赔偿。

第八条　公民、法人或者其他组织依法取得的行政许可受法律保护，行政机关不得擅自改变已经生效的行政许可。

行政许可所依据的法律、法规、规章修改或者废止，或者准予行政许可所依据的客观情况发生重大变化的，为了公共利益的需要，行政机关可以依法变更或者撤回已经生效的行政许可。由此给公民、法人或者其他组织造成财产损失的，行政机关应当依法给予补偿。

第九条　依法取得的行政许可，除法律、法规规定依照法定条件和程序可以转让的外，不得转让。

第十条　县级以上人民政府应当建立健全对行政机关实施行政许可的监督制度，加强对行政机关实施行政许可的监督检查。

行政机关应当对公民、法人或者其他组织从事行政许可事项的活动实施有效监督。

第二章　行政许可的设定

第十一条　设定行政许可，应当遵循经济和社会发展规律，有利于发挥公民、法人或者其他组织的积极性、主动性，维护公共利益和社会秩序，促进经济、社会和生态环境协调发展。

第十二条　下列事项可以设定行政许可：

（一）直接涉及国家安全、公共安全、经济宏观调控、生态环境保护以及直接关系人身健康、生命财产安全等特定活动，需要按照法定条件予以批准的事项；

（二）有限自然资源开发利用、公共资源配置以及直接关系公共利益的特定行业的市场准入等，需要赋予特定权利的事项；

（三）提供公众服务并且直接关系公共利益的职业、行业，需要确定具备特殊信誉、特殊条件或者特殊技能等资格、资质的事项；

（四）直接关系公共安全、人身健康、生命财产安全的重要设备、设施、产品、物品，需要按照技术标准、技术规范，通过检验、检测、检疫等方式进行审定的事项；

（五）企业或者其他组织的设立等，需要确定主体资格的事项；

（六）法律、行政法规规定可以设定行政许可的其他事项。

第十三条　本法第十二条所列事项，通过下列方式能够予以规范的，可以不设行政许可：

（一）公民、法人或者其他组织能够自主决定的；

（二）市场竞争机制能够有效调节的；

（三）行业组织或者中介机构能够自律管理的；

（四）行政机关采用事后监督等其他行政管理方式能够解决的。

第十四条　本法第十二条所列事项，法律可以设定行政许可。尚未制定法律的，行政法规可以设定行政许可。

必要时，国务院可以采用发布决定的方式设定行政许可。实施后，除临时性行政许可事项外，国务院应当及时提请全国人民代表大会及其常务委员会制定法律，或者自行制定行政法规。

第十五条　本法第十二条所列事项，尚未制定法律、行政法规的，地方性法规可以设定行政许可；尚未制定法律、行政法规和地方性法规的，因行政管理的需要，确需立即实施行政许可的,省、自治区、直辖市人民政府规章可以设定临时性的行政许可。临时性的行政许可实施满一年需要继续实施的,应当提请本级人民代表大会及其常务委员会制定地方性法规。

地方性法规和省、自治区、直辖市人民政府规章,不得设定应当由国家统一确定的公民、法人或者其他组织的资格、资质的行政许可;不得设定企业或者其他组织的设立登记及其前置性行政许可。其设定的行政许可,不得限制其他地区的个人或者企业到本地区从事生产经营和提供服务,不得限制其他地区的商品进入本地区市场。

第十六条　行政法规可以在法律设定的行政许可事项范围内,对实施该行政许可作出具体规定。

地方性法规可以在法律、行政法规设定的行政许可事项范围内,对实施该行政许可作出具体规定。

规章可以在上位法设定的行政许可事项范围内,对实施该行政许可作出具体规定。

法规、规章对实施上位法设定的行政许可作出的具体规定,不得增设行政许可;对行政许可条件作出的具体规定,不得增设违反上位法的其他条件。

第十七条　除本法第十四条、第十五条规定的外,其他规范性文件一律不得设定行政许可。

第十八条　设定行政许可,应当规定行政许可的实施机关、条件、程序、期限。

第十九条　起草法律草案、法规草案和省、自治区、直辖市人民政府规章草案,拟设定行政许可的,起草单位应当采取听证会、论证会等形式听取意见,并向制定机关说明设定该行政许可的必要性、对经济和社会可能产生的影响以及听取和采纳意见的情况。

第二十条　行政许可的设定机关应当定期对其设定的行政许可进行评价;对已设定的行政许可,认为通过本法第十三条所列方式能够解决的,应当对设定该行政许可的规定及时予以修改或者废止。

行政许可的实施机关可以对已设定的行政许可的实施情况及存在的必要性适时进行评价,并将意见报告该行政许可的设定机关。

公民、法人或者其他组织可以向行政许可的设定机关和实施机关就行政许可的设定和实施提出意见和建议。

第二十一条　省、自治区、直辖市人民政府对行政法规设定的有关经济事务的行政许可,根据本行政区域经济和社会发展情况,认为通过本法第十三条所列方式能够解决的,报国务院批准后,可以在本行政区域内停止实施该行政许可。

第三章　行政许可的实施机关

第二十二条　行政许可由具有行政许可权的行政机关在其法定职权范围内实施。

第二十三条　法律、法规授权的具有管理公共事务职能的组织,在法定授权范围内,以自己的名义实施行政许可。被授权的组织适用本法有关行政机关的规定。

第二十四条　行政机关在其法定职权范围内,依照法律、法规、规章的规定,可以委托其他行政机关实施行政许可。委托机关应当将受委托行政机关和受委托实施行政许可的内容予以公告。

委托行政机关对受委托行政机关实施行政许可的行为应当负责监督,并对该行为的后果承担法律责任。

受委托行政机关在委托范围内,以委托行政机关名义实施行政许可;不得再委托其他组织或者个人实施行政许可。

第二十五条　经国务院批准,省、自治区、直辖市人民政府根据精简、统一、效能的原则,可以决定一个行政机关行使有关行政机关的行政许可权。

第二十六条　行政许可需要行政机关内设的多个机构办理的,该行政机关应当确定一个机构统一受理行政许可申请,统一送达行政许可决定。

行政许可依法由地方人民政府两个以上部门分别实施的,本级人民政府可以确定一个部门受理行政许可申请并转告有关部门分别提出意见后统一办理,或者组织有关部门联合办理、集中办理。

第二十七条　行政机关实施行政许可,不得向申请人提出购买指定商品、接受有偿服务等不正当要求。

行政机关工作人员办理行政许可,不得索取或者收受申请人的财物,不得谋取其他利益。

第二十八条　对直接关系公共安全、人身健康、生命财产安全的设备、设施、产品、物品的检验、检测、检疫,除法律、行政法规规定由行政机关实施的外,应当逐步由符合法定条件的专业技术组织实施。专业技术组织及其有关人员对所实施的检验、检测、检疫结论承担法律责任。

第四章　行政许可的实施程序

第一节　申请与受理

第二十九条　公民、法人或者其他组织从事特定活动,依法需要取得行政许可的,应当向行政机关提出申请。申请书需要采用格式文本的,行政机关应当向申请人提供行政许可申请书格式文本。申请书格式文本中不得包含与申请行政许可事项没有直接关系的内容。

申请人可以委托代理人提出行政许可申请。但是,依法应当由申请人到行政机关办公场所提出行政许可申请的除外。

行政许可申请可以通过信函、电报、电传、传真、电子数据交换和电子邮件等方式提出。

第三十条　行政机关应当将法律、法规、规章规定的有关行政许可的事项、依据、条件、数量、程序、期限以及需要提交的全部材料的目录和申请书示范文本等在办公场所公示。

申请人要求行政机关对公示内容予以说明、解释的，行政机关应当说明、解释，提供准确、可靠的信息。

第三十一条 申请人申请行政许可，应当如实向行政机关提交有关材料和反映真实情况，并对其申请材料实质内容的真实性负责。行政机关不得要求申请人提交与其申请的行政许可事项无关的技术资料和其他材料。

行政机关及其工作人员不得以转让技术作为取得行政许可的条件；不得在实施行政许可的过程中，直接或者间接地要求转让技术。

第三十二条 行政机关对申请人提出的行政许可申请，应当根据下列情况分别作出处理：

（一）申请事项依法不需要取得行政许可的，应当即时告知申请人不受理；

（二）申请事项依法不属于本行政机关职权范围的，应当即时作出不予受理的决定，并告知申请人向有关行政机关申请；

（三）申请材料存在可以当场更正的错误的，应当允许申请人当场更正；

（四）申请材料不齐全或者不符合法定形式的，应当当场或者在五日内一次告知申请人需要补正的全部内容，逾期不告知的，自收到申请材料之日起即为受理；

（五）申请事项属于本行政机关职权范围，申请材料齐全、符合法定形式，或者申请人按照本行政机关的要求提交全部补正申请材料的，应当受理行政许可申请。

行政机关受理或者不予受理行政许可申请，应当出具加盖本行政机关专用印章和注明日期的书面凭证。

第三十三条 行政机关应当建立和完善有关制度，推行电子政务，在行政机关的网站上公布行政许可事项，方便申请人采取数据电文等方式提出行政许可申请；应当与其他行政机关共享有关行政许可信息，提高办事效率。

第二节 审查与决定

第三十四条 行政机关应当对申请人提交的申请材料进行审查。

申请人提交的申请材料齐全、符合法定形式，行政机关能够当场作出决定的，应当当场作出书面的行政许可决定。

根据法定条件和程序，需要对申请材料的实质内容进行核实的，行政机关应当指派两名以上工作人员进行核查。

第三十五条 依法应当先经下级行政机关审查后报上级行政机关决定的行政许可，下级行政机关应当在法定期限内将初步审查意见和全部申请材料直接报送上级行政机关。上级行政机关不得要求申请人重复提供申请材料。

第三十六条 行政机关对行政许可申请进行审查时，发现行政许可事项直接关系他人重大利益的，应当告知该利害关系人。申请人、利害关系人有权进行陈述和申辩。行政机关应当听取申请人、利害关系人的意见。

第三十七条 行政机关对行政许可申请进行审查后，除当场作出行政许可决定的外，应当在法定期限内按照规定程序作出行政许可决定。

第三十八条 申请人的申请符合法定条件、标准的，行政机关应当依法作出准予行政许可的书面决定。

行政机关依法作出不予行政许可的书面决定的，应当说明理由，并告知申请人享有依法申请行政复议或者提起行政诉讼的权利。

第三十九条 行政机关作出准予行政许可的决定，需要颁发行政许可证件的，应当向申请人颁发加盖本行政机关印章的下列行政许可证件：

（一）许可证、执照或者其他许可证书；

（二）资格证、资质证或者其他合格证书；

（三）行政机关的批准文件或者证明文件；

（四）法律、法规规定的其他行政许可证件。

行政机关实施检验、检测、检疫的，可以在检验、检测、检疫合格的设备、设施、产品、物品上加贴标签或者加盖检验、检测、检疫印章。

第四十条 行政机关作出的准予行政许可决定，应当予以公开，公众有权查阅。

第四十一条 法律、行政法规设定的行政许可，其适用范围没有地域限制的，申请人取得的行政许可在全国范围内有效。

第三节 期 限

第四十二条 除可以当场作出行政许可决定的外，行政机关应当自受理行政许可申请之日起二十日内作出行政许可决定。二十日内不能作出决定的，经本行政机关负责人批准，可以延长十日，并应当将延长期限的理由告知申请人。但是，法律、法规另有规定的，依照其规定。

依照本法第二十六条的规定，行政许可采取统一办理或者联合办理、集中办理的，办理的时间不得超过四十五日；四十五日内不能办结的，经本级人民政府负责人批准，可以延长十五日，并应当将延长期限的理由告知申请人。

第四十三条 依法应当先经下级行政机关审查后报上级行政机关决定的行政许可，下级行政机关应当自其受理行政许可申请之日起二十日内审查完毕。但是，法律、法规另有规定的，依照其规定。

第四十四条 行政机关作出准予行政许可的决定，应当自作出决定之日起十日内向申请人颁发、送达行政许可证件，或者加贴标签、加盖检验、检测、检疫印章。

第四十五条 行政机关作出行政许可决定，依法需要听证、招标、拍卖、检验、检测、检疫、鉴定和专家评审的，所需时间不计算在本节规定的期限内。行政机关应当将所需时间书面告知申请人。

第四节 听 证

第四十六条 法律、法规、规章规定实施行政许可应当听证的事项,或者行政机关认为需要听证的其他涉及公共利益的重大行政许可事项,行政机关应当向社会公告,并举行听证。

第四十七条 行政许可直接涉及申请人与他人之间重大利益关系的,行政机关在作出行政许可决定前,应当告知申请人、利害关系人享有要求听证的权利;申请人、利害关系人在被告知听证权利之日起五日内提出听证申请的,行政机关应当在二十日内组织听证。

申请人、利害关系人不承担行政机关组织听证的费用。

第四十八条 听证按照下列程序进行:

(一)行政机关应当于举行听证的七日前将举行听证的时间、地点通知申请人、利害关系人,必要时予以公告;

(二)听证应当公开举行;

(三)行政机关应当指定审查该行政许可申请的工作人员以外的人员为听证主持人,申请人、利害关系人认为主持人与该行政许可事项有直接利害关系的,有权申请回避;

(四)举行听证时,审查该行政许可申请的工作人员应当提供审查意见的证据、理由,申请人、利害关系人可以提出证据,并进行申辩和质证;

(五)听证应当制作笔录,听证笔录应当交听证参加人确认无误后签字或者盖章。

行政机关应当根据听证笔录,作出行政许可决定。

第五节 变更与延续

第四十九条 被许可人要求变更行政许可事项的,应当向作出行政许可决定的行政机关提出申请;符合法定条件、标准的,行政机关应当依法办理变更手续。

第五十条 被许可人需要延续依法取得的行政许可的有效期的,应当在该行政许可有效期届满三十日前向作出行政许可决定的行政机关提出申请。但是,法律、法规、规章另有规定的,依照其规定。

行政机关应当根据被许可人的申请,在该行政许可有效期届满前作出是否准予延续的决定;逾期未作决定的,视为准予延续。

第六节 特别规定

第五十一条 实施行政许可的程序,本节有规定的,适用本节规定;本节没有规定的,适用本章其他有关规定。

第五十二条 国务院实施行政许可的程序,适用有关法律、行政法规的规定。

第五十三条 实施本法第十二条第二项所列事项的行政许可的,行政机关应当通过招标、拍卖等公平竞争的方式作出决定。但是,法律、行政法规另有规定的,依照其规定。

行政机关通过招标、拍卖等方式作出行政许可决定的具体程序,依照有关法律、行政法规的规定。

行政机关按照招标、拍卖程序确定中标人、买受人后,应当作出准予行政许可的决定,并依法向中标人、买受人颁发行政许可证件。

行政机关违反本条规定,不采用招标、拍卖方式,或者违反招标、拍卖程序,损害申请人合法权益的,申请人可以依法申请行政复议或者提起行政诉讼。

第五十四条 实施本法第十二条第三项所列事项的行政许可,赋予公民特定资格,依法应当举行国家考试的,行政机关根据考试成绩和其他法定条件作出行政许可决定;赋予法人或者其他组织特定的资格、资质的,行政机关根据申请人的专业人员构成、技术条件、经营业绩和管理水平等的考核结果作出行政许可决定。但是,法律、行政法规另有规定的,依照其规定。

公民特定资格的考试依法由行政机关或者行业组织实施,公开举行。行政机关或者行业组织应当事先公布资格考试的报名条件、报考办法、考试科目以及考试大纲。但是,不得组织强制性的资格考试的考前培训,不得指定教材或者其他助考材料。

第五十五条 实施本法第十二条第四项所列事项的行政许可的,应当按照技术标准、技术规范依法进行检验、检测、检疫,行政机关根据检验、检测、检疫的结果作出行政许可决定。

行政机关实施检验、检测、检疫,应当自受理申请之日起五日内指派两名以上工作人员按照技术标准、技术规范进行检验、检测、检疫。不需要对检验、检测、检疫结果作进一步技术分析即可认定设备、设施、产品、物品是否符合技术标准、技术规范的,行政机关应当当场作出行政许可决定。

行政机关根据检验、检测、检疫结果,作出不予行政许可决定的,应当书面说明不予行政许可所依据的技术标准、技术规范。

第五十六条 实施本法第十二条第五项所列事项的行政许可,申请人提交的申请材料齐全、符合法定形式的,行政机关应当当场予以登记。需要对申请材料的实质内容进行核实的,行政机关依照本法第三十四条第三款的规定办理。

第五十七条 有数量限制的行政许可,两个或者两个以上申请人的申请均符合法定条件、标准的,行政机关应当根据受理行政许可申请的先后顺序作出准予行政许可的决定。但是,法律、行政法规另有规定的,依照其规定。

第五章 行政许可的费用

第五十八条 行政机关实施行政许可和对行政许可事项

进行监督检查，不得收取任何费用。但是，法律、行政法规另有规定的，依照其规定。

行政机关提供行政许可申请书格式文本，不得收费。

行政机关实施行政许可所需经费应当列入本行政机关的预算，由本级财政予以保障，按照批准的预算予以核拨。

第五十九条 行政机关实施行政许可，依照法律、行政法规收取费用的，应当按照公布的法定项目和标准收费；所收取的费用必须全部上缴国库，任何机关或者个人不得以任何形式截留、挪用、私分或者变相私分。财政部门不得以任何形式向行政机关返还或者变相返还实施行政许可所收取的费用。

第六章 监督检查

第六十条 上级行政机关应当加强对下级行政机关实施行政许可的监督检查，及时纠正行政许可实施中的违法行为。

第六十一条 行政机关应当建立健全监督制度，通过核查反映被许可人从事行政许可事项活动情况的有关材料，履行监督责任。

行政机关依法对被许可人从事行政许可事项的活动进行监督检查时，应当将监督检查的情况和处理结果予以记录，由监督检查人员签字后归档。公众有权查阅行政机关监督检查记录。

行政机关应当创造条件，实现与被许可人、其他有关行政机关的计算机档案系统互联，核查被许可人从事行政许可事项活动情况。

第六十二条 行政机关可以对被许可人生产经营的产品依法进行抽样检查、检验、检测，对其生产经营场所依法进行实地检查。检查时，行政机关可以依法查阅或者要求被许可人报送有关材料；被许可人应当如实提供有关情况和材料。

行政机关根据法律、行政法规的规定，对直接关系公共安全、人身健康、生命财产安全的重要设备、设施进行定期检验。对检验合格的，行政机关应当发给相应的证明文件。

第六十三条 行政机关实施监督检查，不得妨碍被许可人正常的生产经营活动，不得索取或者收受被许可人的财物，不得谋取其他利益。

第六十四条 被许可人在作出行政许可决定的行政机关管辖区域外违法从事行政许可事项活动的，违法行为发生地的行政机关应当依法将被许可人的违法事实、处理结果抄告作出行政许可决定的行政机关。

第六十五条 个人和组织发现违法从事行政许可事项的活动，有权向行政机关举报，行政机关应当及时核实、处理。

第六十六条 被许可人未依法履行开发利用自然资源义务或者未依法履行利用公共资源义务的，行政机关应当责令限期改正；被许可人在规定期限内不改正的，行政机关应当依照有关法律、行政法规的规定予以处理。

第六十七条 取得直接关系公共利益的特定行业的市场准入行政许可的被许可人，应当按照国家规定的服务标准、资费标准和行政机关依法规定的条件，向用户提供安全、方便、稳定和价格合理的服务，并履行普遍服务的义务；未经作出行政许可决定的行政机关批准，不得擅自停业、歇业。

被许可人不履行前款规定的义务的，行政机关应当责令限期改正，或者依法采取有效措施督促其履行义务。

第六十八条 对直接关系公共安全、人身健康、生命财产安全的重要设备、设施，行政机关应当督促设计、建造、安装和使用单位建立相应的自检制度。

行政机关在监督检查时，发现直接关系公共安全、人身健康、生命财产安全的重要设备、设施存在安全隐患的，应当责令停止建造、安装和使用，并责令设计、建造、安装和使用单位立即改正。

第六十九条 有下列情形之一的，作出行政许可决定的行政机关或者其上级行政机关，根据利害关系人的请求或者依据职权，可以撤销行政许可：

（一）行政机关工作人员滥用职权、玩忽职守作出准予行政许可决定的；

（二）超越法定职权作出准予行政许可决定的；

（三）违反法定程序作出准予行政许可决定的；

（四）对不具备申请资格或者不符合法定条件的申请人准予行政许可的；

（五）依法可以撤销行政许可的其他情形。

被许可人以欺骗、贿赂等不正当手段取得行政许可的，应当予以撤销。

依照前两款的规定撤销行政许可，可能对公共利益造成重大损害的，不予撤销。

依照本条第一款的规定撤销行政许可，被许可人的合法权益受到损害的，行政机关应当依法给予赔偿。依照本条第二款的规定撤销行政许可的，被许可人基于行政许可取得的利益不受保护。

第七十条 有下列情形之一的，行政机关应当依法办理有关行政许可的注销手续：

（一）行政许可有效期届满未延续的；

（二）赋予公民特定资格的行政许可，该公民死亡或者丧失行为能力的；

（三）法人或者其他组织依法终止的；

（四）行政许可依法被撤销、撤回，或者行政许可证件依法被吊销的；

（五）因不可抗力导致行政许可事项无法实施的；

（六）法律、法规规定的应当注销行政许可的其他情形。

第七章 法律责任

第七十一条 违反本法第十七条规定设定的行政许可，

有关机关应当责令设定该行政许可的机关改正，或者依法予以撤销。

第七十二条　行政机关及其工作人员违反本法的规定，有下列情形之一的，由其上级行政机关或者监察机关责令改正；情节严重的，对直接负责的主管人员和其他直接责任人员依法给予行政处分：

（一）对符合法定条件的行政许可申请不予受理的；

（二）不在办公场所公示依法应当公示的材料的；

（三）在受理、审查、决定行政许可过程中，未向申请人、利害关系人履行法定告知义务的；

（四）申请人提交的申请材料不齐全、不符合法定形式，不一次告知申请人必须补正的全部内容的；

（五）违法披露申请人提交的商业秘密、未披露信息或者保密商务信息的；

（六）以转让技术作为取得行政许可的条件，或者在实施行政许可的过程中直接或者间接地要求转让技术的；

（七）未依法说明不受理行政许可申请或者不予行政许可的理由的；

（八）依法应当举行听证而不举行听证的。

第七十三条　行政机关工作人员办理行政许可、实施监督检查，索取或者收受他人财物或者谋取其他利益，构成犯罪的，依法追究刑事责任；尚不构成犯罪的，依法给予行政处分。

第七十四条　行政机关实施行政许可，有下列情形之一的，由其上级行政机关或者监察机关责令改正，对直接负责的主管人员和其他直接责任人员依法给予行政处分；构成犯罪的，依法追究刑事责任：

（一）对不符合法定条件的申请人准予行政许可或者超越法定职权作出准予行政许可决定的；

（二）对符合法定条件的申请人不予行政许可或者不在法定期限内作出准予行政许可决定的；

（三）依法应当根据招标、拍卖结果或者考试成绩择优作出准予行政许可决定，未经招标、拍卖或者考试，或者不根据招标、拍卖结果或者考试成绩择优作出准予行政许可决定的。

第七十五条　行政机关实施行政许可，擅自收费或者不按照法定项目和标准收费的，由其上级行政机关或者监察机关责令退还非法收取的费用；对直接负责的主管人员和其他直接责任人员依法给予行政处分。

截留、挪用、私分或者变相私分实施行政许可依法收取的费用的，予以追缴；对直接负责的主管人员和其他直接责任人员依法给予行政处分；构成犯罪的，依法追究刑事责任。

第七十六条　行政机关违法实施行政许可，给当事人的合法权益造成损害的，应当依照国家赔偿法的规定给予赔偿。

第七十七条　行政机关不依法履行监督职责或者监督不力，造成严重后果的，由其上级行政机关或者监察机关责令改正，对直接负责的主管人员和其他直接责任人员依法给予行政处分；构成犯罪的，依法追究刑事责任。

第七十八条　行政许可申请人隐瞒有关情况或者提供虚假材料申请行政许可的，行政机关不予受理或者不予行政许可，并给予警告；行政许可申请属于直接关系公共安全、人身健康、生命财产安全事项的，申请人在一年内不得再次申请该行政许可。

第七十九条　被许可人以欺骗、贿赂等不正当手段取得行政许可的，行政机关应当依法给予行政处罚；取得的行政许可属于直接关系公共安全、人身健康、生命财产安全事项的，申请人在三年内不得再次申请该行政许可；构成犯罪的，依法追究刑事责任。

第八十条　被许可人有下列行为之一的，行政机关应当依法给予行政处罚；构成犯罪的，依法追究刑事责任：

（一）涂改、倒卖、出租、出借行政许可证件，或者以其他形式非法转让行政许可的；

（二）超越行政许可范围进行活动的；

（三）向负责监督检查的行政机关隐瞒有关情况、提供虚假材料或者拒绝提供反映其活动情况的真实材料的；

（四）法律、法规、规章规定的其他违法行为。

第八十一条　公民、法人或者其他组织未经行政许可，擅自从事依法应当取得行政许可的活动的，行政机关应当依法采取措施予以制止，并依法给予行政处罚；构成犯罪的，依法追究刑事责任。

第八章　附　　则

第八十二条　本法规定的行政机关实施行政许可的期限以工作日计算，不含法定节假日。

第八十三条　本法自2004年7月1日起施行。

本法施行前有关行政许可的规定，制定机关应当依照本法规定予以清理；不符合本法规定的，自本法施行之日起停止执行。

中华人民共和国行政强制法

（2011年6月30日第十一届全国人民代表大会常务委员会第二十一次会议通过　2011年6月30日中华人民共和国主席令第49号公布　自2012年1月1日起施行）

第一章　总　　则

第一条　为了规范行政强制的设定和实施，保障和监督行政机关依法履行职责，维护公共利益和社会秩序，保护公民、法人和其他组织的合法权益，根据宪法，制定本法。

第二条　本法所称行政强制，包括行政强制措施和行政强制执行。

行政强制措施，是指行政机关在行政管理过程中，为制止违法行为、防止证据损毁、避免危害发生、控制危险扩大等情形，依法对公民的人身自由实施暂时性限制，或者对公民、法人或者其他组织的财物实施暂时性控制的行为。

行政强制执行，是指行政机关或者行政机关申请人民法院，对不履行行政决定的公民、法人或者其他组织，依法强制履行义务的行为。

第三条 行政强制的设定和实施，适用本法。

发生或者即将发生自然灾害、事故灾难、公共卫生事件或者社会安全事件等突发事件，行政机关采取应急措施或者临时措施，依照有关法律、行政法规的规定执行。

行政机关采取金融业审慎监管措施、进出境货物强制性技术监控措施，依照有关法律、行政法规的规定执行。

第四条 行政强制的设定和实施，应当依照法定的权限、范围、条件和程序。

第五条 行政强制的设定和实施，应当适当。采用非强制手段可以达到行政管理目的的，不得设定和实施行政强制。

第六条 实施行政强制，应当坚持教育与强制相结合。

第七条 行政机关及其工作人员不得利用行政强制权为单位或者个人谋取利益。

第八条 公民、法人或者其他组织对行政机关实施行政强制，享有陈述权、申辩权；有权依法申请行政复议或者提起行政诉讼；因行政机关违法实施行政强制受到损害的，有权依法要求赔偿。

公民、法人或者其他组织因人民法院在强制执行中有违法行为或者扩大强制执行范围受到损害的，有权依法要求赔偿。

第二章 行政强制的种类和设定

第九条 行政强制措施的种类：

（一）限制公民人身自由；

（二）查封场所、设施或者财物；

（三）扣押财物；

（四）冻结存款、汇款；

（五）其他行政强制措施。

第十条 行政强制措施由法律设定。

尚未制定法律，且属于国务院行政管理职权事项的，行政法规可以设定除本法第九条第一项、第四项和应当由法律规定的行政强制措施以外的其他行政强制措施。

尚未制定法律、行政法规，且属于地方性事务的，地方性法规可以设定本法第九条第二项、第三项的行政强制措施。

法律、法规以外的其他规范性文件不得设定行政强制措施。

第十一条 法律对行政强制措施的对象、条件、种类作了规定的，行政法规、地方性法规不得作出扩大规定。

法律中未设定行政强制措施的，行政法规、地方性法规不得设定行政强制措施。但是，法律规定特定事项由行政法规规定具体管理措施的，行政法规可以设定除本法第九条第一项、第四项和应当由法律规定的行政强制措施以外的其他行政强制措施。

第十二条 行政强制执行的方式：

（一）加处罚款或者滞纳金；

（二）划拨存款、汇款；

（三）拍卖或者依法处理查封、扣押的场所、设施或者财物；

（四）排除妨碍、恢复原状；

（五）代履行；

（六）其他强制执行方式。

第十三条 行政强制执行由法律设定。

法律没有规定行政机关强制执行的，作出行政决定的行政机关应当申请人民法院强制执行。

第十四条 起草法律草案、法规草案，拟设定行政强制的，起草单位应当采取听证会、论证会等形式听取意见，并向制定机关说明设定该行政强制的必要性、可能产生的影响以及听取和采纳意见的情况。

第十五条 行政强制的设定机关应当定期对其设定的行政强制进行评价，并对不适当的行政强制及时予以修改或者废止。

行政强制的实施机关可以对已设定的行政强制的实施情况及存在的必要性适时进行评价，并将意见报告该行政强制的设定机关。

公民、法人或者其他组织可以向行政强制的设定机关和实施机关就行政强制的设定和实施提出意见和建议。有关机关应当认真研究论证，并以适当方式予以反馈。

第三章 行政强制措施实施程序

第一节 一般规定

第十六条 行政机关履行行政管理职责，依照法律、法规的规定，实施行政强制措施。

违法行为情节显著轻微或者没有明显社会危害的，可以不采取行政强制措施。

第十七条 行政强制措施由法律、法规规定的行政机关在法定职权范围内实施。行政强制措施权不得委托。

依据《中华人民共和国行政处罚法》的规定行使相对集中行政处罚权的行政机关，可以实施法律、法规规定的与行政处罚权有关的行政强制措施。

行政强制措施应当由行政机关具备资格的行政执法人员实施，其他人员不得实施。

第十八条 行政机关实施行政强制措施应当遵守下列规定：

（一）实施前须向行政机关负责人报告并经批准；

（二）由两名以上行政执法人员实施；

（三）出示执法身份证件；

（四）通知当事人到场；

（五）当场告知当事人采取行政强制措施的理由、依据以及当事人依法享有的权利、救济途径；

（六）听取当事人的陈述和申辩；

（七）制作现场笔录；

（八）现场笔录由当事人和行政执法人员签名或者盖章，当事人拒绝的，在笔录中予以注明；

（九）当事人不到场的，邀请见证人到场，由见证人和行政执法人员在现场笔录上签名或者盖章；

（十）法律、法规规定的其他程序。

第十九条 情况紧急，需要当场实施行政强制措施的，行政执法人员应当在二十四小时内向行政机关负责人报告，并补办批准手续。行政机关负责人认为不应当采取行政强制措施的，应当立即解除。

第二十条 依照法律规定实施限制公民人身自由的行政强制措施，除应当履行本法第十八条规定的程序外，还应当遵守下列规定：

（一）当场告知或者实施行政强制措施后立即通知当事人家属实施行政强制措施的行政机关、地点和期限；

（二）在紧急情况下当场实施行政强制措施的，在返回行政机关后，立即向行政机关负责人报告并补办批准手续；

（三）法律规定的其他程序。

实施限制人身自由的行政强制措施不得超过法定期限。实施行政强制措施的目的已经达到或者条件已经消失，应当立即解除。

第二十一条 违法行为涉嫌犯罪应当移送司法机关的，行政机关应当将查封、扣押、冻结的财物一并移送，并书面告知当事人。

第二节 查封、扣押

第二十二条 查封、扣押应当由法律、法规规定的行政机关实施，其他任何行政机关或者组织不得实施。

第二十三条 查封、扣押限于涉案的场所、设施或者财物，不得查封、扣押与违法行为无关的场所、设施或者财物；不得查封、扣押公民个人及其所扶养家属的生活必需品。

当事人的场所、设施或者财物已被其他国家机关依法查封的，不得重复查封。

第二十四条 行政机关决定实施查封、扣押的，应当履行本法第十八条规定的程序，制作并当场交付查封、扣押决定书和清单。

查封、扣押决定书应当载明下列事项：

（一）当事人的姓名或者名称、地址；

（二）查封、扣押的理由、依据和期限；

（三）查封、扣押场所、设施或者财物的名称、数量等；

（四）申请行政复议或者提起行政诉讼的途径和期限；

（五）行政机关的名称、印章和日期。

查封、扣押清单一式二份，由当事人和行政机关分别保存。

第二十五条 查封、扣押的期限不得超过三十日；情况复杂的，经行政机关负责人批准，可以延长，但是延长期限不得超过三十日。法律、行政法规另有规定的除外。

延长查封、扣押的决定应当及时书面告知当事人，并说明理由。

对物品需要进行检测、检验、检疫或者技术鉴定的，查封、扣押的期间不包括检测、检验、检疫或者技术鉴定的期间。检测、检验、检疫或者技术鉴定的期间应当明确，并书面告知当事人。检测、检验、检疫或者技术鉴定的费用由行政机关承担。

第二十六条 对查封、扣押的场所、设施或者财物，行政机关应当妥善保管，不得使用或者损毁；造成损失的，应当承担赔偿责任。

对查封的场所、设施或者财物，行政机关可以委托第三人保管，第三人不得损毁或者擅自转移、处置。因第三人的原因造成的损失，行政机关先行赔付后，有权向第三人追偿。

因查封、扣押发生的保管费用由行政机关承担。

第二十七条 行政机关采取查封、扣押措施后，应当及时查清事实，在本法第二十五条规定的期限内作出处理决定。对违法事实清楚，依法应当没收的非法财物予以没收；法律、行政法规规定应当销毁的，依法销毁；应当解除查封、扣押的，作出解除查封、扣押的决定。

第二十八条 有下列情形之一的，行政机关应当及时作出解除查封、扣押决定：

（一）当事人没有违法行为；

（二）查封、扣押的场所、设施或者财物与违法行为无关；

（三）行政机关对违法行为已经作出处理决定，不再需要查封、扣押；

（四）查封、扣押期限已经届满；

（五）其他不再需要采取查封、扣押措施的情形。

解除查封、扣押应当立即退还财物；已将鲜活物品或者其他不易保管的财物拍卖或者变卖的，退还拍卖或者变卖所得款项。变卖价格明显低于市场价格，给当事人造成损失的，应当给予补偿。

第三节 冻　　结

第二十九条 冻结存款、汇款应当由法律规定的行政机关实施，不得委托给其他行政机关或者组织；其他任何行政机关或者组织不得冻结存款、汇款。

冻结存款、汇款的数额应当与违法行为涉及的金额相当;已被其他国家机关依法冻结的,不得重复冻结。

第三十条 行政机关依照法律规定决定实施冻结存款、汇款的,应当履行本法第十八条第一项、第二项、第三项、第七项规定的程序,并向金融机构交付冻结通知书。

金融机构接到行政机关依法作出的冻结通知书后,应当立即予以冻结,不得拖延,不得在冻结前向当事人泄露信息。

法律规定以外的行政机关或者组织要求冻结当事人存款、汇款的,金融机构应当拒绝。

第三十一条 依照法律规定冻结存款、汇款的,作出决定的行政机关应当在三日内向当事人交付冻结决定书。冻结决定书应当载明下列事项:

(一)当事人的姓名或者名称、地址;

(二)冻结的理由、依据和期限;

(三)冻结的账号和数额;

(四)申请行政复议或者提起行政诉讼的途径和期限;

(五)行政机关的名称、印章和日期。

第三十二条 自冻结存款、汇款之日起三十日内,行政机关应当作出处理决定或者作出解除冻结决定;情况复杂的,经行政机关负责人批准,可以延长,但是延长期限不得超过三十日。法律另有规定的除外。

延长冻结的决定应当及时书面告知当事人,并说明理由。

第三十三条 有下列情形之一的,行政机关应当及时作出解除冻结决定:

(一)当事人没有违法行为;

(二)冻结的存款、汇款与违法行为无关;

(三)行政机关对违法行为已经作出处理决定,不再需要冻结;

(四)冻结期限已经届满;

(五)其他不再需要采取冻结措施的情形。

行政机关作出解除冻结决定的,应当及时通知金融机构和当事人。金融机构接到通知后,应当立即解除冻结。

行政机关逾期未作出处理决定或者解除冻结决定的,金融机构应当自冻结期满之日起解除冻结。

第四章 行政机关强制执行程序

第一节 一般规定

第三十四条 行政机关依法作出行政决定后,当事人在行政机关决定的期限内不履行义务的,具有行政强制执行权的行政机关依照本章规定强制执行。

第三十五条 行政机关作出强制执行决定前,应当事先催告当事人履行义务。催告应当以书面形式作出,并载明下列事项:

(一)履行义务的期限;

(二)履行义务的方式;

(三)涉及金钱给付的,应当有明确的金额和给付方式;

(四)当事人依法享有的陈述权和申辩权。

第三十六条 当事人收到催告书后有权进行陈述和申辩。行政机关应当充分听取当事人的意见,对当事人提出的事实、理由和证据,应当进行记录、复核。当事人提出的事实、理由或者证据成立的,行政机关应当采纳。

第三十七条 经催告,当事人逾期仍不履行行政决定,且无正当理由的,行政机关可以作出强制执行决定。

强制执行决定应当以书面形式作出,并载明下列事项:

(一)当事人的姓名或者名称、地址;

(二)强制执行的理由和依据;

(三)强制执行的方式和时间;

(四)申请行政复议或者提起行政诉讼的途径和期限;

(五)行政机关的名称、印章和日期。

在催告期间,对有证据证明有转移或者隐匿财物迹象的,行政机关可以作出立即强制执行决定。

第三十八条 催告书、行政强制执行决定书应当直接送达当事人。当事人拒绝接收或者无法直接送达当事人的,应当依照《中华人民共和国民事诉讼法》的有关规定送达。

第三十九条 有下列情形之一的,中止执行:

(一)当事人履行行政决定确有困难或者暂无履行能力的;

(二)第三人对执行标的主张权利,确有理由的;

(三)执行可能造成难以弥补的损失,且中止执行不损害公共利益的;

(四)行政机关认为需要中止执行的其他情形。

中止执行的情形消失后,行政机关应当恢复执行。对没有明显社会危害,当事人确无能力履行,中止执行满三年未恢复执行的,行政机关不再执行。

第四十条 有下列情形之一的,终结执行:

(一)公民死亡,无遗产可供执行,又无义务承受人的;

(二)法人或者其他组织终止,无财产可供执行,又无义务承受人的;

(三)执行标的灭失的;

(四)据以执行的行政决定被撤销的;

(五)行政机关认为需要终结执行的其他情形。

第四十一条 在执行中或者执行完毕后,据以执行的行政决定被撤销、变更,或者执行错误的,应当恢复原状或者退还财物;不能恢复原状或者退还财物的,依法给予赔偿。

第四十二条 实施行政强制执行,行政机关可以在不损害公共利益和他人合法权益的情况下,与当事人达成执行协议。执行协议可以约定分阶段履行;当事人采取补救措施的,可以减免加处的罚款或者滞纳金。

执行协议应当履行。当事人不履行执行协议的,行政机关应当恢复强制执行。

第四十三条　行政机关不得在夜间或者法定节假日实施行政强制执行。但是，情况紧急的除外。

行政机关不得对居民生活采取停止供水、供电、供热、供燃气等方式迫使当事人履行相关行政决定。

第四十四条　对违法的建筑物、构筑物、设施等需要强制拆除的，应当由行政机关予以公告，限期当事人自行拆除。当事人在法定期限内不申请行政复议或者提起行政诉讼，又不拆除的，行政机关可以依法强制拆除。

第二节　金钱给付义务的执行

第四十五条　行政机关依法作出金钱给付义务的行政决定，当事人逾期不履行的，行政机关可以依法加处罚款或者滞纳金。加处罚款或者滞纳金的标准应当告知当事人。

加处罚款或者滞纳金的数额不得超出金钱给付义务的数额。

第四十六条　行政机关依照本法第四十五条规定实施加处罚款或者滞纳金超过三十日，经催告当事人仍不履行的，具有行政强制执行权的行政机关可以强制执行。

行政机关实施强制执行前，需要采取查封、扣押、冻结措施的，依照本法第三章规定办理。

没有行政强制执行权的行政机关应当申请人民法院强制执行。但是，当事人在法定期限内不申请行政复议或者提起行政诉讼，经催告仍不履行的，在实施行政管理过程中已经采取查封、扣押措施的行政机关，可以将查封、扣押的财物依法拍卖抵缴罚款。

第四十七条　划拨存款、汇款应当由法律规定的行政机关决定，并书面通知金融机构。金融机构接到行政机关依法作出划拨存款、汇款的决定后，应当立即划拨。

法律规定以外的行政机关或者组织要求划拨当事人存款、汇款的，金融机构应当拒绝。

第四十八条　依法拍卖财物，由行政机关委托拍卖机构依照《中华人民共和国拍卖法》的规定办理。

第四十九条　划拨的存款、汇款以及拍卖和依法处理所得的款项应当上缴国库或者划入财政专户。任何行政机关或者个人不得以任何形式截留、私分或者变相私分。

第三节　代　履　行

第五十条　行政机关依法作出要求当事人履行排除妨碍、恢复原状等义务的行政决定，当事人逾期不履行，经催告仍不履行，其后果已经或者将危害交通安全、造成环境污染或者破坏自然资源的，行政机关可以代履行，或者委托没有利害关系的第三人代履行。

第五十一条　代履行应当遵守下列规定：

（一）代履行前送达决定书，代履行决定书应当载明当事人的姓名或者名称、地址，代履行的理由和依据、方式和时间、标的、费用预算以及代履行人；

（二）代履行三日前，催告当事人履行，当事人履行的，停止代履行；

（三）代履行时，作出决定的行政机关应当派员到场监督；

（四）代履行完毕，行政机关到场监督的工作人员、代履行人和当事人或者见证人应当在执行文书上签名或者盖章。

代履行的费用按照成本合理确定，由当事人承担。但是，法律另有规定的除外。

代履行不得采用暴力、胁迫以及其他非法方式。

第五十二条　需要立即清除道路、河道、航道或者公共场所的遗洒物、障碍物或者污染物，当事人不能清除的，行政机关可以决定立即实施代履行；当事人不在场的，行政机关应当在事后立即通知当事人，并依法作出处理。

第五章　申请人民法院强制执行

第五十三条　当事人在法定期限内不申请行政复议或者提起行政诉讼，又不履行行政决定的，没有行政强制执行权的行政机关可以自期限届满之日起三个月内，依照本章规定申请人民法院强制执行。

第五十四条　行政机关申请人民法院强制执行前，应当催告当事人履行义务。催告书送达十日后当事人仍未履行义务的，行政机关可以向所在地有管辖权的人民法院申请强制执行；执行对象是不动产的，向不动产所在地有管辖权的人民法院申请强制执行。

第五十五条　行政机关向人民法院申请强制执行，应当提供下列材料：

（一）强制执行申请书；

（二）行政决定书及作出决定的事实、理由和依据；

（三）当事人的意见及行政机关催告情况；

（四）申请强制执行标的情况；

（五）法律、行政法规规定的其他材料。

强制执行申请书应当由行政机关负责人签名，加盖行政机关的印章，并注明日期。

第五十六条　人民法院接到行政机关强制执行的申请，应当在五日内受理。

行政机关对人民法院不予受理的裁定有异议的，可以在十五日内向上一级人民法院申请复议，上一级人民法院应当自收到复议申请之日起十五日内作出是否受理的裁定。

第五十七条　人民法院对行政机关强制执行的申请进行书面审查，对符合本法第五十五条规定，且行政决定具备法定执行效力的，除本法第五十八条规定的情形外，人民法院应当自受理之日起七日内作出执行裁定。

第五十八条　人民法院发现有下列情形之一的，在作出裁定前可以听取被执行人和行政机关的意见：

（一）明显缺乏事实根据的；

（二）明显缺乏法律、法规依据的；

（三）其他明显违法并损害被执行人合法权益的。

人民法院应当自受理之日起三十日内作出是否执行的裁定。裁定不予执行的，应当说明理由，并在五日内将不予执行的裁定送达行政机关。

行政机关对人民法院不予执行的裁定有异议的，可以自收到裁定之日起十五日内向上一级人民法院申请复议，上一级人民法院应当自收到复议申请之日起三十日内作出是否执行的裁定。

第五十九条 因情况紧急，为保障公共安全，行政机关可以申请人民法院立即执行。经人民法院院长批准，人民法院应当自作出执行裁定之日起五日内执行。

第六十条 行政机关申请人民法院强制执行，不缴纳申请费。强制执行的费用由被执行人承担。

人民法院以划拨、拍卖方式强制执行的，可以在划拨、拍卖后将强制执行的费用扣除。

依法拍卖财物，由人民法院委托拍卖机构依照《中华人民共和国拍卖法》的规定办理。

划拨的存款、汇款以及拍卖和依法处理所得的款项应当上缴国库或者划入财政专户，不得以任何形式截留、私分或者变相私分。

第六章 法律责任

第六十一条 行政机关实施行政强制，有下列情形之一的，由上级行政机关或者有关部门责令改正，对直接负责的主管人员和其他直接责任人员依法给予处分：

（一）没有法律、法规依据的；

（二）改变行政强制对象、条件、方式的；

（三）违反法定程序实施行政强制的；

（四）违反本法规定，在夜间或者法定节假日实施行政强制执行的；

（五）对居民生活采取停止供水、供电、供热、供燃气等方式迫使当事人履行相关行政决定的；

（六）有其他违法实施行政强制情形的。

第六十二条 违反本法规定，行政机关有下列情形之一的，由上级行政机关或者有关部门责令改正，对直接负责的主管人员和其他直接责任人员依法给予处分：

（一）扩大查封、扣押、冻结范围的；

（二）使用或者损毁查封、扣押场所、设施或者财物的；

（三）在查封、扣押法定期间不作出处理决定或者未依法及时解除查封、扣押的；

（四）在冻结存款、汇款法定期间不作出处理决定或者未依法及时解除冻结的。

第六十三条 行政机关将查封、扣押的财物或者划拨的存款、汇款以及拍卖和依法处理所得的款项，截留、私分或者变相私分的，由财政部门或者有关部门予以追缴；对直接负责的主管人员和其他直接责任人员依法给予记大过、降级、撤职或者开除的处分。

行政机关工作人员利用职务上的便利，将查封、扣押的场所、设施或者财物据为己有的，由上级行政机关或者有关部门责令改正，依法给予记大过、降级、撤职或者开除的处分。

第六十四条 行政机关及其工作人员利用行政强制权为单位或者个人谋取利益的，由上级行政机关或者有关部门责令改正，对直接负责的主管人员和其他直接责任人员依法给予处分。

第六十五条 违反本法规定，金融机构有下列行为之一的，由金融业监督管理机构责令改正，对直接负责的主管人员和其他直接责任人员依法给予处分：

（一）在冻结前向当事人泄露信息的；

（二）对应当立即冻结、划拨的存款、汇款不冻结或者不划拨，致使存款、汇款转移的；

（三）将不应当冻结、划拨的存款、汇款予以冻结或者划拨的；

（四）未及时解除冻结存款、汇款的。

第六十六条 违反本法规定，金融机构将款项划入国库或者财政专户以外的其他账户的，由金融业监督管理机构责令改正，并处以违法划拨款项二倍的罚款；对直接负责的主管人员和其他直接责任人员依法给予处分。

违反本法规定，行政机关、人民法院指令金融机构将款项划入国库或者财政专户以外的其他账户的，对直接负责的主管人员和其他直接责任人员依法给予处分。

第六十七条 人民法院及其工作人员在强制执行中有违法行为或者扩大强制执行范围的，对直接负责的主管人员和其他直接责任人员依法给予处分。

第六十八条 违反本法规定，给公民、法人或者其他组织造成损失的，依法给予赔偿。

违反本法规定，构成犯罪的，依法追究刑事责任。

第七章 附 则

第六十九条 本法中十日以内期限的规定是指工作日，不含法定节假日。

第七十条 法律、行政法规授权的具有管理公共事务职能的组织在法定授权范围内，以自己的名义实施行政强制，适用本法有关行政机关的规定。

第七十一条 本法自2012年1月1日起施行。

中华人民共和国行政复议法

（1999年4月29日第九届全国人民代表大会常务委员会第九次会议通过 根据2009年8月27日第十一届全国人民代表大会常务委员会第十次会议《关于修改部分法律的决定》第一次修正 根据2017年9月1日第十二届全国人民代表大会常务委员会第二十九次会议《关于修改〈中华人民共和国法官法〉等八部法律的决定》第二次修正）

第一章 总 则

第一条 为了防止和纠正违法的或者不当的具体行政行为，保护公民、法人和其他组织的合法权益，保障和监督行政机关依法行使职权，根据宪法，制定本法。

第二条 公民、法人或者其他组织认为具体行政行为侵犯其合法权益，向行政机关提出行政复议申请，行政机关受理行政复议申请、作出行政复议决定，适用本法。

第三条 依照本法履行行政复议职责的行政机关是行政复议机关。行政复议机关负责法制工作的机构具体办理行政复议事项，履行下列职责：

（一）受理行政复议申请；

（二）向有关组织和人员调查取证，查阅文件和资料；

（三）审查申请行政复议的具体行政行为是否合法与适当，拟订行政复议决定；

（四）处理或者转送对本法第七条所列有关规定的审查申请；

（五）对行政机关违反本法规定的行为依照规定的权限和程序提出处理建议；

（六）办理因不服行政复议决定提起行政诉讼的应诉事项；

（七）法律、法规规定的其他职责。

行政机关中初次从事行政复议的人员，应当通过国家统一法律职业资格考试取得法律职业资格。

第四条 行政复议机关履行行政复议职责，应当遵循合法、公正、公开、及时、便民的原则，坚持有错必纠，保障法律、法规的正确实施。

第五条 公民、法人或者其他组织对行政复议决定不服的，可以依照行政诉讼法的规定向人民法院提起行政诉讼，但是法律规定行政复议决定为最终裁决的除外。

第二章 行政复议范围

第六条 有下列情形之一的，公民、法人或者其他组织可以依照本法申请行政复议：

（一）对行政机关作出的警告、罚款、没收违法所得、没收非法财物、责令停产停业、暂扣或者吊销许可证、暂扣或者吊销执照、行政拘留等行政处罚决定不服的；

（二）对行政机关作出的限制人身自由或者查封、扣押、冻结财产等行政强制措施决定不服的；

（三）对行政机关作出的有关许可证、执照、资质证、资格证等证书变更、中止、撤销的决定不服的；

（四）对行政机关作出的关于确认土地、矿藏、水流、森林、山岭、草原、荒地、滩涂、海域等自然资源的所有权或者使用权的决定不服的；

（五）认为行政机关侵犯合法的经营自主权的；

（六）认为行政机关变更或者废止农业承包合同，侵犯其合法权益的；

（七）认为行政机关违法集资、征收财物、摊派费用或者违法要求履行其他义务的；

（八）认为符合法定条件，申请行政机关颁发许可证、执照、资质证、资格证等证书，或者申请行政机关审批、登记有关事项，行政机关没有依法办理的；

（九）申请行政机关履行保护人身权利、财产权利、受教育权利的法定职责，行政机关没有依法履行的；

（十）申请行政机关依法发放抚恤金、社会保险金或者最低生活保障费，行政机关没有依法发放的；

（十一）认为行政机关的其他具体行政行为侵犯其合法权益的。

第七条 公民、法人或者其他组织认为行政机关的具体行政行为所依据的下列规定不合法，在对具体行政行为申请行政复议时，可以一并向行政复议机关提出对该规定的审查申请：

（一）国务院部门的规定；

（二）县级以上地方各级人民政府及其工作部门的规定；

（三）乡、镇人民政府的规定。

前款所列规定不含国务院部、委员会规章和地方人民政府规章。规章的审查依照法律、行政法规办理。

第八条 不服行政机关作出的行政处分或者其他人事处理决定的，依照有关法律、行政法规的规定提出申诉。

不服行政机关对民事纠纷作出的调解或者其他处理，依法申请仲裁或者向人民法院提起诉讼。

第三章 行政复议申请

第九条 公民、法人或者其他组织认为具体行政行为侵犯其合法权益的，可以自知道该具体行政行为之日起六十日内提出行政复议申请；但是法律规定的申请期限超过六十日的除外。

因不可抗力或者其他正当理由耽误法定申请期限的，申请期限自障碍消除之日起继续计算。

第十条 依照本法申请行政复议的公民、法人或者其他组织是申请人。

有权申请行政复议的公民死亡的,其近亲属可以申请行政复议。有权申请行政复议的公民为无民事行为能力人或者限制民事行为能力人的,其法定代理人可以代为申请行政复议。有权申请行政复议的法人或者其他组织终止的,承受其权利的法人或者其他组织可以申请行政复议。

同申请行政复议的具体行政行为有利害关系的其他公民、法人或者其他组织,可以作为第三人参加行政复议。

公民、法人或者其他组织对行政机关的具体行政行为不服申请行政复议的,作出具体行政行为的行政机关是被申请人。

申请人、第三人可以委托代理人代为参加行政复议。

第十一条 申请人申请行政复议,可以书面申请,也可以口头申请;口头申请的,行政复议机关应当当场记录申请人的基本情况、行政复议请求、申请行政复议的主要事实、理由和时间。

第十二条 对县级以上地方各级人民政府工作部门的具体行政行为不服的,由申请人选择,可以向该部门的本级人民政府申请行政复议,也可以向上一级主管部门申请行政复议。

对海关、金融、国税、外汇管理等实行垂直领导的行政机关和国家安全机关的具体行政行为不服的,向上一级主管部门申请行政复议。

第十三条 对地方各级人民政府的具体行政行为不服的,向上一级地方人民政府申请行政复议。

对省、自治区人民政府依法设立的派出机关所属的县级地方人民政府的具体行政行为不服的,向该派出机关申请行政复议。

第十四条 对国务院部门或者省、自治区、直辖市人民政府的具体行政行为不服的,向作出该具体行政行为的国务院部门或者省、自治区、直辖市人民政府申请行政复议。对行政复议决定不服的,可以向人民法院提起行政诉讼;也可以向国务院申请裁决,国务院依照本法的规定作出最终裁决。

第十五条 对本法第十二条、第十三条、第十四条规定以外的其他行政机关、组织的具体行政行为不服的,按照下列规定申请行政复议:

(一)对县级以上地方人民政府依法设立的派出机关的具体行政行为不服的,向设立该派出机关的人民政府申请行政复议;

(二)对政府工作部门依法设立的派出机构依照法律、法规或者规章规定,以自己的名义作出的具体行政行为不服的,向设立该派出机构的部门或者该部门的本级地方人民政府申请行政复议;

(三)对法律、法规授权的组织的具体行政行为不服的,分别向直接管理该组织的地方人民政府、地方人民政府工作部门或者国务院部门申请行政复议;

(四)对两个或者两个以上行政机关以共同的名义作出的具体行政行为不服的,向其共同上一级行政机关申请行政复议;

(五)对被撤销的行政机关在撤销前所作出的具体行政行为不服的,向继续行使其职权的行政机关的上一级行政机关申请行政复议。

有前款所列情形之一的,申请人也可以向具体行政行为发生地的县级地方人民政府提出行政复议申请,由接受申请的县级地方人民政府依照本法第十八条的规定办理。

第十六条 公民、法人或者其他组织申请行政复议,行政复议机关已经依法受理的,或者法律、法规规定应当先向行政复议机关申请行政复议、对行政复议决定不服再向人民法院提起行政诉讼的,在法定行政复议期限内不得向人民法院提起行政诉讼。

公民、法人或者其他组织向人民法院提起行政诉讼,人民法院已经依法受理的,不得申请行政复议。

第四章 行政复议受理

第十七条 行政复议机关收到行政复议申请后,应当在五日内进行审查,对不符合本法规定的行政复议申请,决定不予受理,并书面告知申请人;对符合本法规定,但是不属于本机关受理的行政复议申请,应当告知申请人向有关行政复议机关提出。

除前款规定外,行政复议申请自行政复议机关负责法制工作的机构收到之日起即为受理。

第十八条 依照本法第十五条第二款的规定接受行政复议申请的县级地方人民政府,对依照本法第十五条第一款的规定属于其他行政复议机关受理的行政复议申请,应当自接到该行政复议申请之日起七日内,转送有关行政复议机关,并告知申请人。接受转送的行政复议机关应当依照本法第十七条的规定办理。

第十九条 法律、法规规定应当先向行政复议机关申请行政复议、对行政复议决定不服再向人民法院提起行政诉讼的,行政复议机关决定不予受理或者受理后超过行政复议期限不作答复的,公民、法人或者其他组织可以自收到不予受理决定书之日起或者行政复议期满之日起十五日内,依法向人民法院提起行政诉讼。

第二十条 公民、法人或者其他组织依法提出行政复议申请,行政复议机关无正当理由不予受理的,上级行政机关应当责令其受理;必要时,上级行政机关也可以直接受理。

第二十一条 行政复议期间具体行政行为不停止执行;但是,有下列情形之一的,可以停止执行:

(一)被申请人认为需要停止执行的;

(二)行政复议机关认为需要停止执行的;

(三)申请人申请停止执行,行政复议机关认为其要求合理,决定停止执行的;

(四)法律规定停止执行的。

第五章 行政复议决定

第二十二条 行政复议原则上采取书面审查的办法，但是申请人提出要求或者行政复议机关负责法制工作的机构认为有必要时，可以向有关组织和人员调查情况，听取申请人、被申请人和第三人的意见。

第二十三条 行政复议机关负责法制工作的机构应当自行政复议申请受理之日起七日内，将行政复议申请书副本或者行政复议申请笔录复印件发送被申请人。被申请人应当自收到申请书副本或者申请笔录复印件之日起十日内，提出书面答复，并提交当初作出具体行政行为的证据、依据和其他有关材料。

申请人、第三人可以查阅被申请人提出的书面答复、作出具体行政行为的证据、依据和其他有关材料，除涉及国家秘密、商业秘密或者个人隐私外，行政复议机关不得拒绝。

第二十四条 在行政复议过程中，被申请人不得自行向申请人和其他有关组织或者个人收集证据。

第二十五条 行政复议决定作出前，申请人要求撤回行政复议申请的，经说明理由，可以撤回；撤回行政复议申请的，行政复议终止。

第二十六条 申请人在申请行政复议时，一并提出对本法第七条所列有关规定的审查申请的，行政复议机关对该规定有权处理的，应当在三十日内依法处理；无权处理的，应当在七日内按照法定程序转送有权处理的行政机关依法处理，有权处理的行政机关应当在六十日内依法处理。处理期间，中止对具体行政行为的审查。

第二十七条 行政复议机关在对被申请人作出的具体行政行为进行审查时，认为其依据不合法，本机关有权处理的，应当在三十日内依法处理；无权处理的，应当在七日内按照法定程序转送有权处理的国家机关依法处理。处理期间，中止对具体行政行为的审查。

第二十八条 行政复议机关负责法制工作的机构应当对被申请人作出的具体行政行为进行审查，提出意见，经行政复议机关的负责人同意或者集体讨论通过后，按照下列规定作出行政复议决定：

（一）具体行政行为认定事实清楚，证据确凿，适用依据正确，程序合法，内容适当的，决定维持；

（二）被申请人不履行法定职责的，决定其在一定期限内履行；

（三）具体行政行为有下列情形之一的，决定撤销、变更或者确认该具体行政行为违法；决定撤销或者确认该具体行政行为违法的，可以责令被申请人在一定期限内重新作出具体行政行为：

1. 主要事实不清、证据不足的；
2. 适用依据错误的；
3. 违反法定程序的；
4. 超越或者滥用职权的；
5. 具体行政行为明显不当的。

（四）被申请人不按照本法第二十三条的规定提出书面答复、提交当初作出具体行政行为的证据、依据和其他有关材料的，视为该具体行政行为没有证据、依据，决定撤销该具体行政行为。

行政复议机关责令被申请人重新作出具体行政行为的，被申请人不得以同一的事实和理由作出与原具体行政行为相同或者基本相同的具体行政行为。

第二十九条 申请人在申请行政复议时可以一并提出行政赔偿请求，行政复议机关对符合国家赔偿法的有关规定应当给予赔偿的，在决定撤销、变更具体行政行为或者确认具体行政行为违法时，应当同时决定被申请人依法给予赔偿。

申请人在申请行政复议时没有提出行政赔偿请求的，行政复议机关在依法决定撤销或者变更罚款，撤销违法集资、没收财物、征收财物、摊派费用以及对财产的查封、扣押、冻结等具体行政行为时，应当同时责令被申请人返还财产，解除对财产的查封、扣押、冻结措施，或者赔偿相应的价款。

第三十条 公民、法人或者其他组织认为行政机关的具体行政行为侵犯其已经依法取得的土地、矿藏、水流、森林、山岭、草原、荒地、滩涂、海域等自然资源的所有权或者使用权的，应当先申请行政复议；对行政复议决定不服的，可以依法向人民法院提起行政诉讼。

根据国务院或者省、自治区、直辖市人民政府对行政区划的勘定、调整或者征收土地的决定，省、自治区、直辖市人民政府确认土地、矿藏、水流、森林、山岭、草原、荒地、滩涂、海域等自然资源的所有权或者使用权的行政复议决定为最终裁决。

第三十一条 行政复议机关应当自受理申请之日起六十日内作出行政复议决定；但是法律规定的行政复议期限少于六十日的除外。情况复杂，不能在规定期限内作出行政复议决定的，经行政复议机关的负责人批准，可以适当延长，并告知申请人和被申请人；但是延长期限最多不超过三十日。

行政复议机关作出行政复议决定，应当制作行政复议决定书，并加盖印章。

行政复议决定书一经送达，即发生法律效力。

第三十二条 被申请人应当履行行政复议决定。

被申请人不履行或者无正当理由拖延履行行政复议决定的，行政复议机关或者有关上级行政机关应当责令其限期履行。

第三十三条 申请人逾期不起诉又不履行行政复议决定的，或者不履行最终裁决的行政复议决定的，按照下列规定分别处理：

（一）维持具体行政行为的行政复议决定，由作出具体行政行为的行政机关依法强制执行，或者申请人民法院强制执行；

（二）变更具体行政行为的行政复议决定，由行政复议机关依法强制执行，或者申请人民法院强制执行。

第六章　法律责任

第三十四条　行政复议机关违反本法规定，无正当理由不予受理依法提出的行政复议申请或者不按照规定转送行政复议申请的，或者在法定期限内不作出行政复议决定的，对直接负责的主管人员和其他直接责任人员依法给予警告、记过、记大过的行政处分；经责令受理仍不受理或者不按照规定转送行政复议申请，造成严重后果的，依法给予降级、撤职、开除的行政处分。

第三十五条　行政复议机关工作人员在行政复议活动中，徇私舞弊或者有其他渎职、失职行为的，依法给予警告、记过、记大过的行政处分；情节严重的，依法给予降级、撤职、开除的行政处分；构成犯罪的，依法追究刑事责任。

第三十六条　被申请人违反本法规定，不提出书面答复或者不提交作出具体行政行为的证据、依据和其他有关材料，或者阻挠、变相阻挠公民、法人或者其他组织依法申请行政复议的，对直接负责的主管人员和其他直接责任人员依法给予警告、记过、记大过的行政处分；进行报复陷害的，依法给予降级、撤职、开除的行政处分；构成犯罪的，依法追究刑事责任。

第三十七条　被申请人不履行或者无正当理由拖延履行行政复议决定的，对直接负责的主管人员和其他直接责任人员依法给予警告、记过、记大过的行政处分；经责令履行仍拒不履行的，依法给予降级、撤职、开除的行政处分。

第三十八条　行政复议机关负责法制工作的机构发现有无正当理由不予受理行政复议申请、不按照规定期限作出行政复议决定、徇私舞弊、对申请人打击报复或者不履行行政复议决定等情形的，应当向有关行政机关提出建议，有关行政机关应当依照本法和有关法律、行政法规的规定作出处理。

第七章　附　　则

第三十九条　行政复议机关受理行政复议申请，不得向申请人收取任何费用。行政复议活动所需经费，应当列入本机关的行政经费，由本级财政予以保障。

第四十条　行政复议期间的计算和行政复议文书的送达，依照民事诉讼法关于期间、送达的规定执行。

本法关于行政复议期间有关"五日"、"七日"的规定是指工作日，不含节假日。

第四十一条　外国人、无国籍人、外国组织在中华人民共和国境内申请行政复议，适用本法。

第四十二条　本法施行前公布的法律有关行政复议的规定与本法的规定不一致的，以本法的规定为准。

第四十三条　本法自1999年10月1日起施行。1990年12月24日国务院发布、1994年10月9日国务院修订发布的《行政复议条例》同时废止。

中华人民共和国行政诉讼法

（1989年4月4日第七届全国人民代表大会第二次会议通过　根据2014年11月1日第十二届全国人民代表大会常务委员会第十一次会议《关于修改〈中华人民共和国行政诉讼法〉的决定》第一次修正　根据2017年6月27日第十二届全国人民代表大会常务委员会第二十八次会议《关于修改〈中华人民共和国民事诉讼法〉和〈中华人民共和国行政诉讼法〉的决定》第二次修正）

第一章　总　　则

第一条　为保证人民法院公正、及时审理行政案件，解决行政争议，保护公民、法人和其他组织的合法权益，监督行政机关依法行使职权，根据宪法，制定本法。

第二条　公民、法人或者其他组织认为行政机关和行政机关工作人员的行政行为侵犯其合法权益，有权依照本法向人民法院提起诉讼。

前款所称行政行为，包括法律、法规、规章授权的组织作出的行政行为。

第三条　人民法院应当保障公民、法人和其他组织的起诉权利，对应当受理的行政案件依法受理。

行政机关及其工作人员不得干预、阻碍人民法院受理行政案件。

被诉行政机关负责人应当出庭应诉。不能出庭的，应当委托行政机关相应的工作人员出庭。

第四条　人民法院依法对行政案件独立行使审判权，不受行政机关、社会团体和个人的干涉。

人民法院设行政审判庭，审理行政案件。

第五条　人民法院审理行政案件，以事实为根据，以法律为准绳。

第六条　人民法院审理行政案件，对行政行为是否合法进行审查。

第七条　人民法院审理行政案件，依法实行合议、回避、公开审判和两审终审制度。

第八条　当事人在行政诉讼中的法律地位平等。

第九条　各民族公民都有用本民族语言、文字进行行政诉讼的权利。

在少数民族聚居或者多民族共同居住的地区，人民法院应当用当地民族通用的语言、文字进行审理和发布法律文书。

人民法院应当对不通晓当地民族通用的语言、文字的诉讼参与人提供翻译。

第十条　当事人在行政诉讼中有权进行辩论。

第十一条　人民检察院有权对行政诉讼实行法律监督。

第二章　受案范围

第十二条　人民法院受理公民、法人或者其他组织提起的下列诉讼：

（一）对行政拘留、暂扣或者吊销许可证和执照、责令停产停业、没收违法所得、没收非法财物、罚款、警告等行政处罚不服的；

（二）对限制人身自由或者对财产的查封、扣押、冻结等行政强制措施和行政强制执行不服的；

（三）申请行政许可，行政机关拒绝或者在法定期限内不予答复，或者对行政机关作出的有关行政许可的其他决定不服的；

（四）对行政机关作出的关于确认土地、矿藏、水流、森林、山岭、草原、荒地、滩涂、海域等自然资源的所有权或者使用权的决定不服的；

（五）对征收、征用决定及其补偿决定不服的；

（六）申请行政机关履行保护人身权、财产权等合法权益的法定职责，行政机关拒绝履行或者不予答复的；

（七）认为行政机关侵犯其经营自主权或者农村土地承包经营权、农村土地经营权的；

（八）认为行政机关滥用行政权力排除或者限制竞争的；

（九）认为行政机关违法集资、摊派费用或者违法要求履行其他义务的；

（十）认为行政机关没有依法支付抚恤金、最低生活保障待遇或者社会保险待遇的；

（十一）认为行政机关不依法履行、未按照约定履行或者违法变更、解除政府特许经营协议、土地房屋征收补偿协议等协议的；

（十二）认为行政机关侵犯其他人身权、财产权等合法权益的。

除前款规定外，人民法院受理法律、法规规定可以提起诉讼的其他行政案件。

第十三条　人民法院不受理公民、法人或者其他组织对下列事项提起的诉讼：

（一）国防、外交等国家行为；

（二）行政法规、规章或者行政机关制定、发布的具有普遍约束力的决定、命令；

（三）行政机关对行政机关工作人员的奖惩、任免等决定；

（四）法律规定由行政机关最终裁决的行政行为。

第三章　管　　辖

第十四条　基层人民法院管辖第一审行政案件。

第十五条　中级人民法院管辖下列第一审行政案件：

（一）对国务院部门或者县级以上地方人民政府所作的行政行为提起诉讼的案件；

（二）海关处理的案件；

（三）本辖区内重大、复杂的案件；

（四）其他法律规定由中级人民法院管辖的案件。

第十六条　高级人民法院管辖本辖区内重大、复杂的第一审行政案件。

第十七条　最高人民法院管辖全国范围内重大、复杂的第一审行政案件。

第十八条　行政案件由最初作出行政行为的行政机关所在地人民法院管辖。经复议的案件，也可以由复议机关所在地人民法院管辖。

经最高人民法院批准，高级人民法院可以根据审判工作的实际情况，确定若干人民法院跨行政区域管辖行政案件。

第十九条　对限制人身自由的行政强制措施不服提起的诉讼，由被告所在地或者原告所在地人民法院管辖。

第二十条　因不动产提起的行政诉讼，由不动产所在地人民法院管辖。

第二十一条　两个以上人民法院都有管辖权的案件，原告可以选择其中一个人民法院提起诉讼。原告向两个以上有管辖权的人民法院提起诉讼的，由最先立案的人民法院管辖。

第二十二条　人民法院发现受理的案件不属于本院管辖的，应当移送有管辖权的人民法院，受移送的人民法院应当受理。受移送的人民法院认为受移送的案件按照规定不属于本院管辖的，应当报请上级人民法院指定管辖，不得再自行移送。

第二十三条　有管辖权的人民法院由于特殊原因不能行使管辖权的，由上级人民法院指定管辖。

人民法院对管辖权发生争议，由争议双方协商解决。协商不成的，报它们的共同上级人民法院指定管辖。

第二十四条　上级人民法院有权审理下级人民法院管辖的第一审行政案件。

下级人民法院对其管辖的第一审行政案件，认为需要由上级人民法院审理或者指定管辖的，可以报请上级人民法院决定。

第四章　诉讼参加人

第二十五条　行政行为的相对人以及其他与行政行为有利害关系的公民、法人或者其他组织，有权提起诉讼。

有权提起诉讼的公民死亡，其近亲属可以提起诉讼。

有权提起诉讼的法人或者其他组织终止，承受其权利的法人或者其他组织可以提起诉讼。

人民检察院在履行职责中发现生态环境和资源保护、食品药品安全、国有财产保护、国有土地使用权出让等领域负有监督管理职责的行政机关违法行使职权或者不作为，致使国家利益或者社会公共利益受到侵害的，应当向行政机关提出检察建议，督促其依法履行职责。行政机关不依法履行职责的，人民检察院依法向人民法院提起诉讼。

第二十六条 公民、法人或者其他组织直接向人民法院提起诉讼的，作出行政行为的行政机关是被告。

经复议的案件，复议机关决定维持原行政行为的，作出原行政行为的行政机关和复议机关是共同被告；复议机关改变原行政行为的，复议机关是被告。

复议机关在法定期限内未作出复议决定，公民、法人或者其他组织起诉原行政行为的，作出原行政行为的行政机关是被告；起诉复议机关不作为的，复议机关是被告。

两个以上行政机关作出同一行政行为的，共同作出行政行为的行政机关是共同被告。

行政机关委托的组织所作的行政行为，委托的行政机关是被告。

行政机关被撤销或者职权变更的，继续行使其职权的行政机关是被告。

第二十七条 当事人一方或者双方为二人以上，因同一行政行为发生的行政案件，或者因同类行政行为发生的行政案件、人民法院认为可以合并审理并经当事人同意的，为共同诉讼。

第二十八条 当事人一方人数众多的共同诉讼，可以由当事人推选代表人进行诉讼。代表人的诉讼行为对其所代表的当事人发生效力，但代表人变更、放弃诉讼请求或者承认对方当事人的诉讼请求，应当经被代表的当事人同意。

第二十九条 公民、法人或者其他组织同被诉行政行为有利害关系但没有提起诉讼，或者同案件处理结果有利害关系的，可以作为第三人申请参加诉讼，或者由人民法院通知参加诉讼。

人民法院判决第三人承担义务或者减损第三人权益的，第三人有权依法提起上诉。

第三十条 没有诉讼行为能力的公民，由其法定代理人代为诉讼。法定代理人互相推诿代理责任的，由人民法院指定其中一人代为诉讼。

第三十一条 当事人、法定代理人，可以委托一至二人作为诉讼代理人。

下列人员可以被委托为诉讼代理人：

（一）律师、基层法律服务工作者；

（二）当事人的近亲属或者工作人员；

（三）当事人所在社区、单位以及有关社会团体推荐的公民。

第三十二条 代理诉讼的律师，有权按照规定查阅、复制本案有关材料，有权向有关组织和公民调查，收集与本案有关的证据。对涉及国家秘密、商业秘密和个人隐私的材料，应当依照法律规定保密。

当事人和其他诉讼代理人有权按照规定查阅、复制本案庭审材料，但涉及国家秘密、商业秘密和个人隐私的内容除外。

第五章 证 据

第三十三条 证据包括：

（一）书证；

（二）物证；

（三）视听资料；

（四）电子数据；

（五）证人证言；

（六）当事人的陈述；

（七）鉴定意见；

（八）勘验笔录、现场笔录。

以上证据经法庭审查属实，才能作为认定案件事实的根据。

第三十四条 被告对作出的行政行为负有举证责任，应当提供作出该行政行为的证据和所依据的规范性文件。

被告不提供或者无正当理由逾期提供证据，视为没有相应证据。但是，被诉行政行为涉及第三人合法权益，第三人提供证据的除外。

第三十五条 在诉讼过程中，被告及其诉讼代理人不得自行向原告、第三人和证人收集证据。

第三十六条 被告在作出行政行为时已经收集了证据，但因不可抗力等正当事由不能提供的，经人民法院准许，可以延期提供。

原告或者第三人提出了其在行政处理程序中没有提出的理由或者证据的，经人民法院准许，被告可以补充证据。

第三十七条 原告可以提供证明行政行为违法的证据。原告提供的证据不成立的，不免除被告的举证责任。

第三十八条 在起诉被告不履行法定职责的案件中，原告应当提供其向被告提出申请的证据。但有下列情形之一的除外：

（一）被告应当依职权主动履行法定职责的；

（二）原告因正当理由不能提供证据的。

在行政赔偿、补偿的案件中，原告应当对行政行为造成的损害提供证据。因被告的原因导致原告无法举证的，由被告承担举证责任。

第三十九条 人民法院有权要求当事人提供或者补充证据。

第四十条 人民法院有权向有关行政机关以及其他组织、公民调取证据。但是，不得为证明行政行为的合法性调取被告作出行政行为时未收集的证据。

第四十一条 与本案有关的下列证据，原告或者第三人不能自行收集的，可以申请人民法院调取：

（一）由国家机关保存而须由人民法院调取的证据；

（二）涉及国家秘密、商业秘密和个人隐私的证据；

（三）确因客观原因不能自行收集的其他证据。

第四十二条 在证据可能灭失或者以后难以取得的情况下，诉讼参加人可以向人民法院申请保全证据，人民法院也可以主动采取保全措施。

第四十三条 证据应当在法庭上出示，并由当事人互相质证。对涉及国家秘密、商业秘密和个人隐私的证据，不得在公开开庭时出示。

人民法院应当按照法定程序，全面、客观地审查核实证据。对未采纳的证据应当在裁判文书中说明理由。

以非法手段取得的证据，不得作为认定案件事实的根据。

第六章 起诉和受理

第四十四条 对属于人民法院受案范围的行政案件，公民、法人或者其他组织可以先向行政机关申请复议，对复议决定不服的，再向人民法院提起诉讼；也可以直接向人民法院提起诉讼。

法律、法规规定应当先向行政机关申请复议，对复议决定不服再向人民法院提起诉讼的，依照法律、法规的规定。

第四十五条 公民、法人或者其他组织不服复议决定的，可以在收到复议决定书之日起十五日内向人民法院提起诉讼。复议机关逾期不作决定的，申请人可以在复议期满之日起十五日内向人民法院提起诉讼。法律另有规定的除外。

第四十六条 公民、法人或者其他组织直接向人民法院提起诉讼的，应当自知道或者应当知道作出行政行为之日起六个月内提出。法律另有规定的除外。

因不动产提起诉讼的案件自行政行为作出之日起超过二十年，其他案件自行政行为作出之日起超过五年提起诉讼的，人民法院不予受理。

第四十七条 公民、法人或者其他组织申请行政机关履行保护其人身权、财产权等合法权益的法定职责，行政机关在接到申请之日起两个月内不履行的，公民、法人或者其他组织可以向人民法院提起诉讼。法律、法规对行政机关履行职责的期限另有规定的，从其规定。

公民、法人或者其他组织在紧急情况下请求行政机关履行保护其人身权、财产权等合法权益的法定职责，行政机关不履行的，提起诉讼不受前款规定期限的限制。

第四十八条 公民、法人或者其他组织因不可抗力或者其他不属于其自身的原因耽误起诉期限的，被耽误的时间不计算在起诉期限内。

公民、法人或者其他组织因前款规定以外的其他特殊情况耽误起诉期限的，在障碍消除后十日内，可以申请延长期限，是否准许由人民法院决定。

第四十九条 提起诉讼应当符合下列条件：

（一）原告是符合本法第二十五条规定的公民、法人或者其他组织；

（二）有明确的被告；

（三）有具体的诉讼请求和事实根据；

（四）属于人民法院受案范围和受诉人民法院管辖。

第五十条 起诉应当向人民法院递交起诉状，并按照被告人数提出副本。

书写起诉状确有困难的，可以口头起诉，由人民法院记入笔录，出具注明日期的书面凭证，并告知对方当事人。

第五十一条 人民法院在接到起诉状时对符合本法规定的起诉条件的，应当登记立案。

对当场不能判定是否符合本法规定的起诉条件的，应当接收起诉状，出具注明收到日期的书面凭证，并在七日内决定是否立案。不符合起诉条件的，作出不予立案的裁定。裁定书应当载明不予立案的理由。原告对裁定不服的，可以提起上诉。

起诉状内容欠缺或者有其他错误的，应当给予指导和释明，并一次性告知当事人需要补正的内容。不得未经指导和释明即以起诉不符合条件为由不接收起诉状。

对于不接收起诉状、接收起诉状后不出具书面凭证，以及不一次性告知当事人需要补正的起诉状内容的，当事人可以向上级人民法院投诉，上级人民法院应当责令改正，并对直接负责的主管人员和其他直接责任人员依法给予处分。

第五十二条 人民法院既不立案，又不作出不予立案裁定的，当事人可以向上一级人民法院起诉。上一级人民法院认为符合起诉条件的，应当立案、审理，也可以指定其他下级人民法院立案、审理。

第五十三条 公民、法人或者其他组织认为行政行为所依据的国务院部门和地方人民政府及其部门制定的规范性文件不合法，在对行政行为提起诉讼时，可以一并请求对该规范性文件进行审查。

前款规定的规范性文件不含规章。

第七章 审理和判决

第一节 一般规定

第五十四条 人民法院公开审理行政案件，但涉及国家秘密、个人隐私和法律另有规定的除外。

涉及商业秘密的案件，当事人申请不公开审理的，可以不公开审理。

第五十五条 当事人认为审判人员与本案有利害关系或者有其他关系可能影响公正审判，有权申请审判人员回避。

审判人员认为自己与本案有利害关系或者有其他关系，应当申请回避。

前两款规定，适用于书记员、翻译人员、鉴定人、勘验人。

院长担任审判长时的回避，由审判委员会决定；审判人员的回避，由院长决定；其他人员的回避，由审判长决定。当事人对决定不服的，可以申请复议一次。

第五十六条 诉讼期间，不停止行政行为的执行。但有下列情形之一的，裁定停止执行：

（一）被告认为需要停止执行的；

（二）原告或者利害关系人申请停止执行，人民法院认为该行政行为的执行会造成难以弥补的损失，并且停止执行不损害国家利益、社会公共利益的；

（三）人民法院认为该行政行为的执行会给国家利益、社会公共利益造成重大损害的；

（四）法律、法规规定停止执行的。

当事人对停止执行或者不停止执行的裁定不服的，可以申请复议一次。

第五十七条 人民法院对起诉行政机关没有依法支付抚恤金、最低生活保障金和工伤、医疗社会保险金的案件，权利义务关系明确、不先予执行将严重影响原告生活的，可以根据原告的申请，裁定先予执行。

当事人对先予执行裁定不服的，可以申请复议一次。复议期间不停止裁定的执行。

第五十八条 经人民法院传票传唤，原告无正当理由拒不到庭，或者未经法庭许可中途退庭的，可以按照撤诉处理；被告无正当理由拒不到庭，或者未经法庭许可中途退庭的，可以缺席判决。

第五十九条 诉讼参与人或者其他人有下列行为之一的，人民法院可以根据情节轻重，予以训诫、责令具结悔过或者处一万元以下的罚款、十五日以下的拘留；构成犯罪的，依法追究刑事责任：

（一）有义务协助调查、执行的人，对人民法院的协助调查决定、协助执行通知书，无故推拖、拒绝或者妨碍调查、执行的；

（二）伪造、隐藏、毁灭证据或者提供虚假证明材料，妨碍人民法院审理案件的；

（三）指使、贿买、胁迫他人作伪证或者威胁、阻止证人作证的；

（四）隐藏、转移、变卖、毁损已被查封、扣押、冻结的财产的；

（五）以欺骗、胁迫等非法手段使原告撤诉的；

（六）以暴力、威胁或者其他方法阻碍人民法院工作人员执行职务，或者以哄闹、冲击法庭等方法扰乱人民法院工作秩序的；

（七）对人民法院审判人员或者其他工作人员、诉讼参与人、协助调查和执行的人员恐吓、侮辱、诽谤、诬陷、殴打、围攻或者打击报复的。

人民法院对有前款规定的行为之一的单位，可以对其主要负责人或者直接责任人员依照前款规定予以罚款、拘留；构成犯罪的，依法追究刑事责任。

罚款、拘留须经人民法院院长批准。当事人不服的，可以向上一级人民法院申请复议一次。复议期间不停止执行。

第六十条 人民法院审理行政案件，不适用调解。但是，行政赔偿、补偿以及行政机关行使法律、法规规定的自由裁量权的案件可以调解。

调解应当遵循自愿、合法原则，不得损害国家利益、社会公共利益和他人合法权益。

第六十一条 在涉及行政许可、登记、征收、征用和行政机关对民事争议所作的裁决的行政诉讼中，当事人申请一并解决相关民事争议的，人民法院可以一并审理。

在行政诉讼中，人民法院认为行政案件的审理需以民事诉讼的裁判为依据的，可以裁定中止行政诉讼。

第六十二条 人民法院对行政案件宣告判决或者裁定前，原告申请撤诉的，或者被告改变其所作的行政行为，原告同意并申请撤诉的，是否准许，由人民法院裁定。

第六十三条 人民法院审理行政案件，以法律和行政法规、地方性法规为依据。地方性法规适用于本行政区域内发生的行政案件。

人民法院审理民族自治地方的行政案件，并以该民族自治地方的自治条例和单行条例为依据。

人民法院审理行政案件，参照规章。

第六十四条 人民法院在审理行政案件中，经审查认为本法第五十三条规定的规范性文件不合法的，不作为认定行政行为合法的依据，并向制定机关提出处理建议。

第六十五条 人民法院应当公开发生法律效力的判决书、裁定书，供公众查阅，但涉及国家秘密、商业秘密和个人隐私的内容除外。

第六十六条 人民法院在审理行政案件中，认为行政机关的主管人员、直接责任人员违法违纪的，应当将有关材料移送监察机关、该行政机关或者其上一级行政机关；认为有犯罪行为的，应当将有关材料移送公安、检察机关。

人民法院对被告经传票传唤无正当理由拒不到庭，或者未经法庭许可中途退庭的，可以将被告拒不到庭或者中途退庭的情况予以公告，并可以向监察机关或者被告的上一级行政机关提出依法给予其主要负责人或者直接责任人员处分的司法建议。

第二节 第一审普通程序

第六十七条 人民法院应当在立案之日起五日内，将起诉状副本发送被告。被告应当在收到起诉状副本之日起十五日内向人民法院提交作出行政行为的证据和所依据的规范性文件，并提出答辩状。人民法院应当在收到答辩状之日起五日内，将答辩状副本发送原告。

被告不提出答辩状的,不影响人民法院审理。

第六十八条 人民法院审理行政案件,由审判员组成合议庭,或者由审判员、陪审员组成合议庭。合议庭的成员,应当是三人以上的单数。

第六十九条 行政行为证据确凿,适用法律、法规正确,符合法定程序的,或者原告申请被告履行法定职责或者给付义务理由不成立的,人民法院判决驳回原告的诉讼请求。

第七十条 行政行为有下列情形之一的,人民法院判决撤销或者部分撤销,并可以判决被告重新作出行政行为:

(一)主要证据不足的;

(二)适用法律、法规错误的;

(三)违反法定程序的;

(四)超越职权的;

(五)滥用职权的;

(六)明显不当的。

第七十一条 人民法院判决被告重新作出行政行为的,被告不得以同一的事实和理由作出与原行政行为基本相同的行政行为。

第七十二条 人民法院经过审理,查明被告不履行法定职责的,判决被告在一定期限内履行。

第七十三条 人民法院经过审理,查明被告依法负有给付义务的,判决被告履行给付义务。

第七十四条 行政行为有下列情形之一的,人民法院判决确认违法,但不撤销行政行为:

(一)行政行为依法应当撤销,但撤销会给国家利益、社会公共利益造成重大损害的;

(二)行政行为程序轻微违法,但对原告权利不产生实际影响的。

行政行为有下列情形之一,不需要撤销或者判决履行的,人民法院判决确认违法:

(一)行政行为违法,但不具有可撤销内容的;

(二)被告改变原违法行政行为,原告仍要求确认原行政行为违法的;

(三)被告不履行或者拖延履行法定职责,判决履行没有意义的。

第七十五条 行政行为有实施主体不具有行政主体资格或者没有依据等重大且明显违法情形,原告申请确认行政行为无效的,人民法院判决确认无效。

第七十六条 人民法院判决确认违法或者无效的,可以同时判决责令被告采取补救措施;给原告造成损失的,依法判决被告承担赔偿责任。

第七十七条 行政处罚明显不当,或者其他行政行为涉及对款额的确定、认定确有错误的,人民法院可以判决变更。

人民法院判决变更,不得加重原告的义务或者减损原告的权益。但利害关系人同为原告,且诉讼请求相反的除外。

第七十八条 被告不依法履行、未按照约定履行或者违法变更、解除本法第十二条第一款第十一项规定的协议的,人民法院判决被告承担继续履行、采取补救措施或者赔偿损失等责任。

被告变更、解除本法第十二条第一款第十一项规定的协议合法,但未依法给予补偿的,人民法院判决给予补偿。

第七十九条 复议机关与作出原行政行为的行政机关为共同被告的案件,人民法院应当对复议决定和原行政行为一并作出裁判。

第八十条 人民法院对公开审理和不公开审理的案件,一律公开宣告判决。

当庭宣判的,应当在十日内发送判决书;定期宣判的,宣判后立即发给判决书。

宣告判决时,必须告知当事人上诉权利、上诉期限和上诉的人民法院。

第八十一条 人民法院应当在立案之日起六个月内作出第一审判决。有特殊情况需要延长的,由高级人民法院批准,高级人民法院审理第一审案件需要延长的,由最高人民法院批准。

第三节 简易程序

第八十二条 人民法院审理下列第一审行政案件,认为事实清楚、权利义务关系明确、争议不大的,可以适用简易程序:

(一)被诉行政行为是依法当场作出的;

(二)案件涉及款额二千元以下的;

(三)属于政府信息公开案件的。

除前款规定以外的第一审行政案件,当事人各方同意适用简易程序的,可以适用简易程序。

发回重审、按照审判监督程序再审的案件不适用简易程序。

第八十三条 适用简易程序审理的行政案件,由审判员一人独任审理,并应当在立案之日起四十五日内审结。

第八十四条 人民法院在审理过程中,发现案件不宜适用简易程序的,裁定转为普通程序。

第四节 第二审程序

第八十五条 当事人不服人民法院第一审判决的,有权在判决书送达之日起十五日内向上一级人民法院提起上诉。当事人不服人民法院第一审裁定的,有权在裁定书送达之日起十日内向上一级人民法院提起上诉。逾期不提起上诉的,人民法院的第一审判决或者裁定发生法律效力。

第八十六条 人民法院对上诉案件,应当组成合议庭,开庭审理。经过阅卷、调查和询问当事人,对没有提出新的事实、证据或者理由,合议庭认为不需要开庭审理的,也可以不开庭审理。

第八十七条 人民法院审理上诉案件，应当对原审人民法院的判决、裁定和被诉行政行为进行全面审查。

第八十八条 人民法院审理上诉案件，应当在收到上诉状之日起三个月内作出终审判决。有特殊情况需要延长的，由高级人民法院批准，高级人民法院审理上诉案件需要延长的，由最高人民法院批准。

第八十九条 人民法院审理上诉案件，按照下列情形，分别处理：

（一）原判决、裁定认定事实清楚，适用法律、法规正确的，判决或者裁定驳回上诉，维持原判决、裁定；

（二）原判决、裁定认定事实错误或者适用法律、法规错误的，依法改判、撤销或者变更；

（三）原判决认定基本事实不清、证据不足的，发回原审人民法院重审，或者查清事实后改判；

（四）原判决遗漏当事人或者违法缺席判决等严重违反法定程序的，裁定撤销原判决，发回原审人民法院重审。

原审人民法院对发回重审的案件作出判决后，当事人提起上诉的，第二审人民法院不得再次发回重审。

人民法院审理上诉案件，需要改变原审判决的，应当同时对被诉行政行为作出判决。

第五节 审判监督程序

第九十条 当事人对已经发生法律效力的判决、裁定，认为确有错误的，可以向上一级人民法院申请再审，但判决、裁定不停止执行。

第九十一条 当事人的申请符合下列情形之一的，人民法院应当再审：

（一）不予立案或者驳回起诉确有错误的；

（二）有新的证据，足以推翻原判决、裁定的；

（三）原判决、裁定认定事实的主要证据不足、未经质证或者系伪造的；

（四）原判决、裁定适用法律、法规确有错误的；

（五）违反法律规定的诉讼程序，可能影响公正审判的；

（六）原判决、裁定遗漏诉讼请求的；

（七）据以作出原判决、裁定的法律文书被撤销或者变更的；

（八）审判人员在审理该案件时有贪污受贿、徇私舞弊、枉法裁判行为的。

第九十二条 各级人民法院院长对本院已经发生法律效力的判决、裁定，发现有本法第九十一条规定情形之一，或者发现调解违反自愿原则或者调解书内容违法，认为需要再审的，应当提交审判委员会讨论决定。

最高人民法院对地方各级人民法院已经发生法律效力的判决、裁定，上级人民法院对下级人民法院已经发生法律效力的判决、裁定，发现有本法第九十一条规定情形之一，或者发现调解违反自愿原则或者调解书内容违法的，有权提审或者指令下级人民法院再审。

第九十三条 最高人民检察院对各级人民法院已经发生法律效力的判决、裁定，上级人民检察院对下级人民法院已经发生法律效力的判决、裁定，发现有本法第九十一条规定情形之一，或者发现调解书损害国家利益、社会公共利益的，应当提出抗诉。

地方各级人民检察院对同级人民法院已经发生法律效力的判决、裁定，发现有本法第九十一条规定情形之一，或者发现调解书损害国家利益、社会公共利益的，可以向同级人民法院提出检察建议，并报上级人民检察院备案；也可以提请上级人民检察院向同级人民法院提出抗诉。

各级人民检察院对审判监督程序以外的其他审判程序中审判人员的违法行为，有权向同级人民法院提出检察建议。

第八章 执 行

第九十四条 当事人必须履行人民法院发生法律效力的判决、裁定、调解书。

第九十五条 公民、法人或者其他组织拒绝履行判决、裁定、调解书的，行政机关或者第三人可以向第一审人民法院申请强制执行，或者由行政机关依法强制执行。

第九十六条 行政机关拒绝履行判决、裁定、调解书的，第一审人民法院可以采取下列措施：

（一）对应当归还的罚款或者应当给付的款额，通知银行从该行政机关的账户内划拨；

（二）在规定期限内不履行的，从期满之日起，对该行政机关负责人按日处五十元至一百元的罚款；

（三）将行政机关拒绝履行的情况予以公告；

（四）向监察机关或者该行政机关的上一级行政机关提出司法建议。接受司法建议的机关，根据有关规定进行处理，并将处理情况告知人民法院；

（五）拒不履行判决、裁定、调解书，社会影响恶劣的，可以对该行政机关直接负责的主管人员和其他直接责任人员予以拘留；情节严重，构成犯罪的，依法追究刑事责任。

第九十七条 公民、法人或者其他组织对行政行为在法定期限内不提起诉讼又不履行的，行政机关可以申请人民法院强制执行，或者依法强制执行。

第九章 涉外行政诉讼

第九十八条 外国人、无国籍人、外国组织在中华人民共和国进行行政诉讼，适用本法。法律另有规定的除外。

第九十九条 外国人、无国籍人、外国组织在中华人民共和国进行行政诉讼，同中华人民共和国公民、组织有同等的诉讼权利和义务。

外国法院对中华人民共和国公民、组织的行政诉讼权利加以限制的，人民法院对该国公民、组织的行政诉讼权利，实行对等原则。

第一百条 外国人、无国籍人、外国组织在中华人民共和国进行行政诉讼，委托律师代理诉讼的，应当委托中华人民共和国律师机构的律师。

第十章 附 则

第一百零一条 人民法院审理行政案件，关于期间、送达、财产保全、开庭审理、调解、中止诉讼、终结诉讼、简易程序、执行等，以及人民检察院对行政案件受理、审理、裁判、执行的监督，本法没有规定的，适用《中华人民共和国民事诉讼法》的相关规定。

第一百零二条 人民法院审理行政案件，应当收取诉讼费用。诉讼费用由败诉方承担，双方都有责任的由双方分担。收取诉讼费用的具体办法另行规定。

第一百零三条 本法自1990年10月1日起施行。

信访条例

（2005年1月5日国务院第76次常务会议通过 2005年1月10日中华人民共和国国务院令第431号公布 自2005年5月1日起施行）

第一章 总 则

第一条 为了保持各级人民政府同人民群众的密切联系，保护信访人的合法权益，维护信访秩序，制定本条例。

第二条 本条例所称信访，是指公民、法人或者其他组织采用书信、电子邮件、传真、电话、走访等形式，向各级人民政府、县级以上人民政府工作部门反映情况，提出建议、意见或者投诉请求，依法由有关行政机关处理的活动。

采用前款规定的形式，反映情况，提出建议、意见或者投诉请求的公民、法人或者其他组织，称信访人。

第三条 各级人民政府、县级以上人民政府工作部门应当做好信访工作，认真处理来信、接待来访，倾听人民群众的意见、建议和要求，接受人民群众的监督，努力为人民群众服务。

各级人民政府、县级以上人民政府工作部门应当畅通信访渠道，为信访人采用本条例规定的形式反映情况，提出建议、意见或者投诉请求提供便利条件。

任何组织和个人不得打击报复信访人。

第四条 信访工作应当在各级人民政府领导下，坚持属地管理、分级负责，谁主管、谁负责，依法、及时、就地解决问题与疏导教育相结合的原则。

第五条 各级人民政府、县级以上人民政府工作部门应当科学、民主决策，依法履行职责，从源头上预防导致信访事项的矛盾和纠纷。

县级以上人民政府应当建立统一领导、部门协调，统筹兼顾、标本兼治，各负其责、齐抓共管的信访工作格局，通过联席会议、建立排查调处机制、建立信访督查工作制度等方式，及时化解矛盾和纠纷。

各级人民政府、县级以上人民政府各工作部门的负责人应当阅批重要来信、接待重要来访、听取信访工作汇报，研究解决信访工作中的突出问题。

第六条 县级以上人民政府应当设立信访工作机构；县级以上人民政府工作部门及乡、镇人民政府应当按照有利工作、方便信访人的原则，确定负责信访工作的机构（以下简称信访工作机构）或者人员，具体负责信访工作。

县级以上人民政府信访工作机构是本级人民政府负责信访工作的行政机构，履行下列职责：

（一）受理、交办、转送信访人提出的信访事项；

（二）承办上级和本级人民政府交由处理的信访事项；

（三）协调处理重要信访事项；

（四）督促检查信访事项的处理；

（五）研究、分析信访情况，开展调查研究，及时向本级人民政府提出完善政策和改进工作的建议；

（六）对本级人民政府其他工作部门和下级人民政府信访工作机构的信访工作进行指导。

第七条 各级人民政府应当建立健全信访工作责任制，对信访工作中的失职、渎职行为，严格依照有关法律、行政法规和本条例的规定，追究有关责任人员的责任，并在一定范围内予以通报。

各级人民政府应当将信访工作绩效纳入公务员考核体系。

第八条 信访人反映的情况，提出的建议、意见，对国民经济和社会发展或者对改进国家机关工作以及保护社会公共利益有贡献的，由有关行政机关或者单位给予奖励。

对在信访工作中做出优异成绩的单位或者个人，由有关行政机关给予奖励。

第二章 信访渠道

第九条 各级人民政府、县级以上人民政府工作部门应当向社会公布信访工作机构的通信地址、电子信箱、投诉电话、信访接待的时间和地点、查询信访事项处理进展及结果的方式等相关事项。

各级人民政府、县级以上人民政府工作部门应当在其信访接待场所或者网站公布与信访工作有关的法律、法规、规章，信访事项的处理程序，以及其他为信访人提供便利的相关事项。

第十条 设区的市级、县级人民政府及其工作部门，乡、镇人民政府应当建立行政机关负责人信访接待日制度，由行政机关负责人协调处理信访事项。信访人可以在公布的接待日和接待地点向有关行政机关负责人当面反映信访事项。

县级以上人民政府及其工作部门负责人或者其指定的人员，可以就信访人反映突出的问题到信访人居住地与信访人面谈沟通。

第十一条 国家信访工作机构充分利用现有政务信息网络资源，建立全国信访信息系统，为信访人在当地提出信访事项、查询信访事项办理情况提供便利。

县级以上地方人民政府应当充分利用现有政务信息网络资源，建立或者确定本行政区域的信访信息系统，并与上级人民政府、政府有关部门、下级人民政府的信访信息系统实现互联互通。

第十二条 县级以上各级人民政府的信访工作机构或者有关工作部门应当及时将信访人的投诉请求输入信访信息系统，信访人可以持行政机关出具的投诉请求受理凭证到当地人民政府的信访工作机构或者有关工作部门的接待场所查询其所提出的投诉请求的办理情况。具体实施办法和步骤由省、自治区、直辖市人民政府规定。

第十三条 设区的市、县两级人民政府可以根据信访工作的实际需要，建立政府主导、社会参与、有利于迅速解决纠纷的工作机制。

信访工作机构应当组织相关社会团体、法律援助机构、相关专业人员、社会志愿者等共同参与，运用咨询、教育、协商、调解、听证等方法，依法、及时、合理处理信访人的投诉请求。

第三章 信访事项的提出

第十四条 信访人对下列组织、人员的职务行为反映情况，提出建议、意见，或者不服下列组织、人员的职务行为，可以向有关行政机关提出信访事项：

（一）行政机关及其工作人员；

（二）法律、法规授权的具有管理公共事务职能的组织及其工作人员；

（三）提供公共服务的企业、事业单位及其工作人员；

（四）社会团体或者其他企业、事业单位中由国家行政机关任命、派出的人员；

（五）村民委员会、居民委员会及其成员。

对依法应当通过诉讼、仲裁、行政复议等法定途径解决的投诉请求，信访人应当依照有关法律、行政法规规定的程序向有关机关提出。

第十五条 信访人对各级人民代表大会以及县级以上各级人民代表大会常务委员会、人民法院、人民检察院职权范围内的信访事项，应当分别向有关的人民代表大会及其常务委员会、人民法院、人民检察院提出，并遵守本条例第十六条、第十七条、第十八条、第十九条、第二十条的规定。

第十六条 信访人采用走访形式提出信访事项，应当向依法有权处理的本级或者上一级机关提出；信访事项已经受理或者正在办理的，信访人在规定期限内向受理、办理机关的上级机关再提出同一信访事项的，该上级机关不予受理。

第十七条 信访人提出信访事项，一般应当采用书信、电子邮件、传真等书面形式；信访人提出投诉请求的，还应当载明信访人的姓名（名称）、住址和请求、事实、理由。

有关机关对采用口头形式提出的投诉请求，应当记录信访人的姓名（名称）、住址和请求、事实、理由。

第十八条 信访人采用走访形式提出信访事项的，应当到有关机关设立或者指定的接待场所提出。

多人采用走访形式提出共同的信访事项的，应当推选代表，代表人数不得超过 5 人。

第十九条 信访人提出信访事项，应当客观真实，对其所提供材料内容的真实性负责，不得捏造、歪曲事实，不得诬告、陷害他人。

第二十条 信访人在信访过程中应当遵守法律、法规，不得损害国家、社会、集体的利益和其他公民的合法权利，自觉维护社会公共秩序和信访秩序，不得有下列行为：

（一）在国家机关办公场所周围、公共场所非法聚集，围堵、冲击国家机关，拦截公务车辆，或者堵塞、阻断交通的；

（二）携带危险物品、管制器具的；

（三）侮辱、殴打、威胁国家机关工作人员，或者非法限制他人人身自由的；

（四）在信访接待场所滞留、滋事，或者将生活不能自理的人弃留在信访接待场所的；

（五）煽动、串联、胁迫、以财物诱使、幕后操纵他人信访或者以信访为名借机敛财的；

（六）扰乱公共秩序、妨害国家和公共安全的其他行为。

第四章 信访事项的受理

第二十一条 县级以上人民政府信访工作机构收到信访事项，应当予以登记，并区分情况，在 15 日内分别按下列方式处理：

（一）对本条例第十五条规定的信访事项，应当告知信访人分别向有关的人民代表大会及其常务委员会、人民法院、人民检察院提出。对已经或者依法应当通过诉讼、仲裁、行政复议等法定途径解决的，不予受理，但应当告知信访人依照有关法律、行政法规规定程序向有关机关提出。

（二）对依照法定职责属于本级人民政府或者其工作部门处理决定的信访事项，应当转送有权处理的行政机关；情况重大、紧急的，应当及时提出建议，报请本级人民政府决定。

（三）信访事项涉及下级行政机关或者其工作人员的，按照“属地管理、分级负责，谁主管、谁负责”的原则，直接转送有权处理的行政机关，并抄送下一级人民政府信访工作机构。

县级以上人民政府信访工作机构要定期向下一级人民政

府信访工作机构通报转送情况,下级人民政府信访工作机构要定期向上一级人民政府信访工作机构报告转送信访事项的办理情况。

(四)对转送信访事项中的重要情况需要反馈办理结果的,可以直接交由有权处理的行政机关办理,要求其在指定办理期限内反馈结果,提交办结报告。

按照前款第(二)项至第(四)项规定,有关行政机关应当自收到转送、交办的信访事项之日起15日内决定是否受理并书面告知信访人,并按要求通报信访工作机构。

第二十二条 信访人按照本条例规定直接向各级人民政府信访工作机构以外的行政机关提出的信访事项,有关行政机关应当予以登记;对符合本条例第十四条第一款规定并属于本机关法定职权范围的信访事项,应当受理,不得推诿、敷衍、拖延;对不属于本机关职权范围的信访事项,应当告知信访人向有权的机关提出。

有关行政机关收到信访事项后,能够当场答复是否受理的,应当当场书面答复;不能当场答复的,应当自收到信访事项之日起15日内书面告知信访人。但是,信访人的姓名(名称)、住址不清的除外。

有关行政机关应当相互通报信访事项的受理情况。

第二十三条 行政机关及其工作人员不得将信访人的检举、揭发材料及有关情况透露或者转给被检举、揭发的人员或者单位。

第二十四条 涉及两个或者两个以上行政机关的信访事项,由所涉及的行政机关协商受理;受理有争议的,由其共同的上一级行政机关决定受理机关。

第二十五条 应当对信访事项作出处理的行政机关分立、合并、撤销的,由继续行使其职权的行政机关受理;职责不清的,由本级人民政府或者其指定的机关受理。

第二十六条 公民、法人或者其他组织发现可能造成社会影响的重大、紧急信访事项和信访信息时,可以就近向有关行政机关报告。地方各级人民政府接到报告后,应当立即报告上一级人民政府;必要时,通报有关主管部门。县级以上地方人民政府有关部门接到报告后,应当立即报告本级人民政府和上一级主管部门;必要时,通报有关主管部门。国务院有关部门接到报告后,应当立即报告国务院;必要时,通报有关主管部门。

行政机关对重大、紧急信访事项和信访信息不得隐瞒、谎报、缓报,或者授意他人隐瞒、谎报、缓报。

第二十七条 对于可能造成社会影响的重大、紧急信访事项和信访信息,有关行政机关应当在职责范围内依法及时采取措施,防止不良影响的产生、扩大。

第五章 信访事项的办理和督办

第二十八条 行政机关及其工作人员办理信访事项,应当恪尽职守、秉公办事,查明事实、分清责任,宣传法制、教育疏导,及时妥善处理,不得推诿、敷衍、拖延。

第二十九条 信访人反映的情况,提出的建议、意见,有利于行政机关改进工作、促进国民经济和社会发展的,有关行政机关应当认真研究论证并积极采纳。

第三十条 行政机关工作人员与信访事项或者信访人有直接利害关系的,应当回避。

第三十一条 对信访事项有权处理的行政机关办理信访事项,应当听取信访人陈述事实和理由;必要时可以要求信访人、有关组织和人员说明情况;需要进一步核实有关情况的,可以向其他组织和人员调查。

对重大、复杂、疑难的信访事项,可以举行听证。听证应当公开举行,通过质询、辩论、评议、合议等方式,查明事实,分清责任。听证范围、主持人、参加人、程序等由省、自治区、直辖市人民政府规定。

第三十二条 对信访事项有权处理的行政机关经调查核实,应当依照有关法律、法规、规章及其他有关规定,分别作出以下处理,并书面答复信访人:

(一)请求事实清楚,符合法律、法规、规章或者其他有关规定的,予以支持;

(二)请求事由合理但缺乏法律依据的,应当对信访人做好解释工作;

(三)请求缺乏事实根据或者不符合法律、法规、规章或者其他有关规定的,不予支持。

有权处理的行政机关依照前款第(一)项规定作出支持信访请求意见的,应当督促有关机关或者单位执行。

第三十三条 信访事项应当自受理之日起60日内办结;情况复杂的,经本行政机关负责人批准,可以适当延长办理期限,但延长期限不得超过30日,并告知信访人延期理由。法律、行政法规另有规定的,从其规定。

第三十四条 信访人对行政机关作出的信访事项处理意见不服的,可以自收到书面答复之日起30日内请求原办理行政机关的上一级行政机关复查。收到复查请求的行政机关应当自收到复查请求之日起30日内提出复查意见,并予以书面答复。

第三十五条 信访人对复查意见不服的,可以自收到书面答复之日起30日内向复查机关的上一级行政机关请求复核。收到复核请求的行政机关应当自收到复核请求之日起30日内提出复核意见。

复核机关可以按照本条例第三十一条第二款的规定举行听证,经过听证的复核意见可以依法向社会公示。听证所需时间不计算在前款规定的期限内。

信访人对复核意见不服,仍然以同一事实和理由提出投诉请求的,各级人民政府信访工作机构和其他行政机关不再受理。

第三十六条 县级以上人民政府信访工作机构发现有关行政机关有下列情形之一的，应当及时督办，并提出改进建议：

（一）无正当理由未按规定的办理期限办结信访事项的；

（二）未按规定反馈信访事项办理结果的；

（三）未按规定程序办理信访事项的；

（四）办理信访事项推诿、敷衍、拖延的；

（五）不执行信访处理意见的；

（六）其他需要督办的情形。

收到改进建议的行政机关应当在30日内书面反馈情况；未采纳改进建议的，应当说明理由。

第三十七条 县级以上人民政府信访工作机构对于信访人反映的有关政策性问题，应当及时向本级人民政府报告，并提出完善政策、解决问题的建议。

第三十八条 县级以上人民政府信访工作机构对在信访工作中推诿、敷衍、拖延、弄虚作假造成严重后果的行政机关工作人员，可以向有关行政机关提出给予行政处分的建议。

第三十九条 县级以上人民政府信访工作机构应当就以下事项向本级人民政府定期提交信访情况分析报告：

（一）受理信访事项的数据统计、信访事项涉及领域以及被投诉较多的机关；

（二）转送、督办情况以及各部门采纳改进建议的情况；

（三）提出的政策性建议及其被采纳情况。

第六章　法律责任

第四十条 因下列情形之一导致信访事项发生，造成严重后果的，对直接负责的主管人员和其他直接责任人员，依照有关法律、行政法规的规定给予行政处分；构成犯罪的，依法追究刑事责任：

（一）超越或者滥用职权，侵害信访人合法权益的；

（二）行政机关应当作为而不作为，侵害信访人合法权益的；

（三）适用法律、法规错误或者违反法定程序，侵害信访人合法权益的；

（四）拒不执行有权处理的行政机关作出的支持信访请求意见的。

第四十一条 县级以上人民政府信访工作机构对收到的信访事项应当登记、转送、交办而未按规定登记、转送、交办，或者应当履行督办职责而未履行的，由其上级行政机关责令改正；造成严重后果的，对直接负责的主管人员和其他直接责任人员依法给予行政处分。

第四十二条 负有受理信访事项职责的行政机关在受理信访事项过程中违反本条例的规定，有下列情形之一的，由其上级行政机关责令改正；造成严重后果的，对直接负责的主管人员和其他直接责任人员依法给予行政处分：

（一）对收到的信访事项不按规定登记的；

（二）对属于其法定职权范围的信访事项不予受理的；

（三）行政机关未在规定期限内书面告知信访人是否受理信访事项的。

第四十三条 对信访事项有权处理的行政机关在办理信访事项过程中，有下列行为之一的，由其上级行政机关责令改正；造成严重后果的，对直接负责的主管人员和其他直接责任人员依法给予行政处分：

（一）推诿、敷衍、拖延信访事项办理或者未在法定期限内办结信访事项的；

（二）对事实清楚，符合法律、法规、规章或者其他有关规定的投诉请求未予支持的。

第四十四条 行政机关工作人员违反本条例规定，将信访人的检举、揭发材料或者有关情况透露、转给被检举、揭发的人员或者单位的，依法给予行政处分。

行政机关工作人员在处理信访事项过程中，作风粗暴，激化矛盾并造成严重后果的，依法给予行政处分。

第四十五条 行政机关及其工作人员违反本条例第二十六条规定，对可能造成社会影响的重大、紧急信访事项和信访信息，隐瞒、谎报、缓报，或者授意他人隐瞒、谎报、缓报，造成严重后果的，对直接负责的主管人员和其他直接责任人员依法给予行政处分；构成犯罪的，依法追究刑事责任。

第四十六条 打击报复信访人，构成犯罪的，依法追究刑事责任；尚不构成犯罪的，依法给予行政处分或者纪律处分。

第四十七条 违反本条例第十八条、第二十条规定的，有关国家机关工作人员应当对信访人进行劝阻、批评或者教育。

经劝阻、批评和教育无效的，由公安机关予以警告、训诫或者制止；违反集会游行示威的法律、行政法规，或者构成违反治安管理行为的，由公安机关依法采取必要的现场处置措施、给予治安管理处罚；构成犯罪的，依法追究刑事责任。

第四十八条 信访人捏造歪曲事实、诬告陷害他人，构成犯罪的，依法追究刑事责任；尚不构成犯罪的，由公安机关依法给予治安管理处罚。

第七章　附　　则

第四十九条 社会团体、企业事业单位的信访工作参照本条例执行。

第五十条 对外国人、无国籍人、外国组织信访事项的处理，参照本条例执行。

第五十一条 本条例自2005年5月1日起施行。1995年10月28日国务院发布的《信访条例》同时废止。

民政部门实施行政许可办法

（2004年6月8日民政部令第25号公布　自2004年7月1日起施行）

第一章　总　　则

第一条　为了规范民政部门行政许可实施行为，根据《中华人民共和国行政许可法》及有关法律、法规，结合民政部门实际，制定本办法。

第二条　民政部门实施行政许可，应当遵守《中华人民共和国行政许可法》及有关法律、法规和本办法的规定。

第三条　民政部门实施行政许可，应当按照法定的权限、范围、条件和程序，遵循公开、公平、公正、便民、高效和监督检查的原则。

第四条　民政部门应当在法定职权范围内实施行政许可，也可以依照法律、法规、规章的规定委托其他行政机关实施行政许可；除此之外，不得委托其他组织、法人或公民实施行政许可。

第五条　民政部门实施行政许可，不得在法定条件之外附加任何不正当要求。

第六条　涉及公共利益的重大许可事项，行政许可申请人及利害关系人认为办理行政许可的审查人员或者听证主持人员与行政许可事项有直接利害关系的，有权申请其回避。

办理行政许可的审查人员或者听证主持人员是否回避，由相应民政部门负责人决定。

第二章　申请与受理

第七条　民政部门应当将法律、法规、规章规定的有关本部门办理的行政许可事项、依据、条件、数量、程序、期限、收取费用的法定项目和标准，以及需要提交的全部材料的目录和申请书格式文本、示范文本等在办公场所公示。

有条件的民政部门应当通过机关网站或者其他适当方式将前款内容向社会公开，便于申请人查询和办理。

申请人要求对公示或者公开内容予以说明、解释的，办理行政许可事项的工作人员应当说明、解释，提供准确、可靠的信息。

民政部门应当为申请人通过信函、电报、电传、电子数据交换和电子邮件等方式提出行政许可申请提供便利。

第八条　建立服务窗口的民政部门，由该服务窗口负责统一受理行政许可申请、统一送达行政许可决定；没有服务窗口的，具体办理某项行政许可的有关业务机构应当设立专门岗位，负责统一受理行政许可申请，统一送达行政许可决定。

第九条　行政许可申请人依法向民政部门提出行政许可申请，申请书需要采用格式文本的，民政部门应当免费提供申请书格式文本。申请书格式文本中不得包含与申请行政许可事项没有直接关系的内容。

民政部门不得要求申请人提交与其申请的行政许可事项无关的材料。

申请人依法委托代理人提出行政许可申请的，应当提交授权委托书。授权委托书应当载明授权委托事项和授权范围。

第十条　办理行政许可工作人员在收到申请人递交的申请材料后，除依法可以当场作出不予受理决定外，应当即时填写《行政许可申请材料登记表》，将收到行政许可申请时间、申请人、申请事项、提交材料情况等记录在案。

《行政许可申请材料登记表》一式两份，在申请人和承办人签字后，一份交申请人，一份留民政部门存档备查。

第十一条　民政部门对申请人提出的行政许可申请，应当根据下列情况分别作出处理：

（一）申请事项依法不需要取得行政许可的，应当即时告知申请人不受理，并向其出具《行政许可申请不予受理决定书》；

（二）申请事项依法不属于本部门职权范围的，应当即时作出不予受理的决定，向申请人出具《行政许可申请不予受理决定书》，并告知其向有关行政机关申请；

（三）申请材料存在文字、计算等可以当场更正的错误的，应当告知申请人当场更正，并让其在修改处确认；

（四）申请材料不齐全或者不符合法定形式的，应当场或者在五日内作出《行政许可申请材料补正通知书》，一次告知申请人需要补正的全部内容。逾期不告知，自收到申请材料之日起即为受理；

（五）申请事项属于本部门职权范围，申请材料齐全、符合法定形式或者申请人依照本部门要求提交补正材料的，应当受理行政许可申请，并向申请人出具《行政许可申请受理决定书》。

民政部门出具的上述书面凭证，应当加盖本部门专用印章，并注明日期。

第十二条　对民政部门收到的行政许可申请，承办人员应当在《行政许可申请处理审批表》中写明处理情况，并归档备查。

第三章　审　　查

第十三条　申请人对提交申请材料的真实性负责。民政部门一般采取书面审查的办法对申请人提交的申请材料进行审查。

依法需要对申请材料的实质内容进行核实的，民政部门应当派两名以上工作人员进行核查，并制作现场检查笔录或者询问笔录。

现场检查笔录应当如实记载核查情况，并由核查人员签字。

核查中需要询问当事人或者有关人员时，核查人员应当出示执法证件，表明身份，询问笔录应当经被询问人核对无误后签名或者盖章。

第十四条　民政部门实施行政许可应当注意听取公民、法人或者其他组织的陈述和申辩。对行政许可申请进行审查时，发现该行政许可事项直接关系他人重大利益的，应当在决定前告知利害关系人。申请人、利害关系人有权进行陈述和申辩。行政许可办理工作人员对申请人、利害关系人的口头陈述和申辩，应当制作陈述、申辩笔录。民政部门应当对申请人、利害关系人提出的事实、理由进行复核。事实、理由成立的，应当采纳。

第十五条　依法应当先经下级民政部门审查后报上级民政部门决定的行政许可，下级民政部门应当依法接受申请人的申请，并进行初步审查。申请人提交材料齐全，符合法定形式的，应在法定期限内审查完毕并将初步审查意见和全部申请材料直接报送上级民政部门。上级民政部门不得要求申请人重复提供申请材料。

申请人直接向上级民政部门提出申请前款规定的行政许可事项，上级民政部门不得受理，并告知申请人通过下级民政部门提出申请。

第四章　听　　证

第十六条　法律、法规、规章规定实施行政许可应当听证的事项，或者民政部门认为需要听证的涉及公共利益的重大行政许可事项，民政部门应当在行政许可事项涉及的区域内发布听证公告，并举行听证。听证公告应当明确听证事项、听证举行的时间、地点、参加人员要求及提出申请的时间和方式等。

第十七条　行政许可直接涉及申请人与他人之间重大利益关系，民政部门应当发出《行政许可听证告知书》，告知申请人、利害关系人有要求听证的权利。

第十八条　申请人、利害关系人要求听证的，应当在收到民政部门《行政许可听证告知书》后五日内提交申请听证的书面材料；逾期不提交的，视为放弃听证的权利。

第十九条　民政部门应当在接到申请人、利害关系人申请听证的书面材料二十日内组织听证，并且在举行听证的七日前，发出《行政许可听证通知书》，将听证的事项、时间、地点通知申请人、利害关系人。

第二十条　申请人、利害关系人在举行听证之前，撤回听证申请的，应当准许，并记录在案。

第二十一条　申请人、利害关系人可以亲自参加听证，也可以委托一至二名代理人参加听证。委托代理人参加听证的，应当提交书面授权委托书。

第二十二条　听证主持人由民政部门负责人从本机关行政许可审查工作人员以外的国家公务员中指定。

第二十三条　行政许可审查工作人员应当在举行听证五日前，向听证主持人提交行政许可审查意见的证据、理由等全部材料。

第二十四条　听证会按照以下程序公开进行：

（一）主持人宣布会场纪律；

（二）核对听证参加人姓名、年龄、身份，告知听证参加人权利、义务；

（三）行政许可审查人提出许可审查意见的证据、理由；

（四）申请人、利害关系人进行申辩和质证；

（五）许可审查人与申请人、利害关系人就有争议的事实进行辩论；

（六）许可审查人与申请人、利害关系人作最后陈述；

（七）主持人宣布听证会中止、延期或者结束。

第二十五条　对于申请人、利害关系人或者其委托的代理人无正当理由不出席听证或者放弃申辩和质证权利退出听证会的，主持人可以宣布听证取消或者听证终止。

第二十六条　听证记录员应当将听证的全部活动制作笔录，由听证主持人和记录员签名。听证笔录应当经听证参加人确认无误或者补正后，由听证参加人当场签名或者盖章。听证参加人拒绝签名或者盖章的，由听证主持人记明情况，在听证笔录中予以载明。

第二十七条　民政部门应当根据听证笔录，作出行政许可决定。对听证笔录中没有认证、记载的事实依据，或者申请人听证后提交的证据，民政部门可以不予采信。

第二十八条　依法应当举行听证而不举行听证的，根据利害关系人的请求或者依据职权，可以撤销行政许可，由此给当事人的合法权益造成损害的，应当给予赔偿；撤销行政许可可能对公共利益造成重大损害的，不予撤销。

第五章　决　　定

第二十九条　民政部门对行政许可申请进行审查后，对申请人提交的申请材料齐全，符合法定形式，能够当场作出决定的，应当场作出书面的行政许可决定；对不能当场作出决定的，应当在法定期限内按照规定程序作出行政许可决定。

第三十条　申请人的申请符合法定条件、标准的，民政部门应当依法作出准予行政许可的书面决定；申请人的申请不符合法定条件、标准的，民政部门应当依法作出不予行政许可的书面决定。

民政部门依法作出不予行政许可书面决定的，应当说明理由，并告知申请人享有依法申请行政复议或者提起行政诉讼的权利。

行政许可书面决定应当载明作出决定的时间，并加盖作出决定的民政部门的印章。

第三十一条　民政部门作出准予行政许可的决定，依法需要颁发行政许可证件的，应当向申请人颁发加盖本部门印章的下列行政许可证件：

（一）许可证、执照或者其他许可证书；

（二）资格证、资质证或者其他合格证书；

（三）批准文件或者证明文件；

（四）法律、法规规定的其他行政许可证件。

民政部门依法实施检验、检测的，可以在检验、检测合格的设备、设施、产品上加贴标签或者加盖检验、检测印章。

第三十二条　行政许可证件一般应当载明证件名称、发证机关名称、持证人名称、行政许可事项、证件编号、发证日期、证件有效期等事项。

第三十三条　行政许可决定依法作出即具有法律效力，民政部门不得擅自改变已经生效的行政许可。

行政许可所依据的法律、法规、规章修改或者废止，或者准予行政许可所依据的客观情况发生重大变化的，为了公共利益的需要，民政部门可以依法变更或者撤销已经生效的行政许可。由此给公民、法人或者其他组织造成财产损失的，应当依法给予补偿。

第三十四条　民政部门作出的准予行政许可决定，应当根据行政许可事项的不同情况，以不同形式予以公开，并允许公众查阅。

第六章　期限与送达

第三十五条　除当场作出行政许可决定的外，民政部门应当自受理行政许可申请之日起二十日内作出行政许可决定。二十日内不能作出决定的，经本部门负责人批准，可以延长十日，并向申请人出具《行政许可决定延期通知书》，告知延长期限的理由。法律、法规对作出行政许可决定的期限另有规定的，依照其规定。

第三十六条　民政部门作出行政许可决定，依法需要听证、检验、检测、鉴定和专家评审的，所需时间不计算在本章规定的期限内，但应当将所需时间书面告知申请人。

第三十七条　民政部门作出准予行政许可的决定，应当自作出决定之日起十日内向申请人颁发、送达行政许可证件，或者加贴标签。

第三十八条　民政部门送达行政许可决定以及其他行政许可文书，一般应当由受送达人到民政部门办公场所直接领取。

受送达人直接领取行政许可决定以及其他行政许可文书时，一般应当在送达回证上注明收到日期，并签名或者盖章。

第三十九条　受送达人不直接领取行政许可决定以及其他行政许可文书时，民政部门可以采取以下方式送达：

（一）受送达人是法人或者其他组织的，应当由法人的法定代表人、该组织的主要负责人或者办公室、收发室、值班室等负责收件人在送达回证上签收或者盖章。

（二）受送达人拒绝接收行政许可文书的，送达人应当在送达回证上记明拒收的事由和日期，由送达人、有关基层组织或者所在单位的代表及其他见证人签名或者盖章，把行政许可文书留在受送达人的收发部门或者住所，视为送达；见证人不愿在送达回证上签字或者盖章的，送达人在送达回证上记明情况，把送达文书留在受送达人住所，视为送达。

（三）直接送达有困难的，可以委托当地民政部门送达，也可以邮寄送达。

邮寄送达的，以邮局回执上注明的收件日期为送达日期。

（四）无法采取上述方式送达，或者同一送达事项的受送达人众多的，可以在公告栏、受送达人住所地张贴公告，也可以在报刊上刊登公告。自公告发布之日起经过60日，即视为送达。

第七章　变更与延续

第四十条　被许可人要求变更行政许可事项，符合法定条件、标准的，作出行政许可决定的民政部门应当在受理申请之日起二十日内依法办理变更手续，并作出《准予变更行政许可决定书》；不符合法定条件、标准的，作出行政许可决定的民政部门应当作出《不予变更行政许可决定书》。法律、法规、规章另有规定的，依照其规定。

第四十一条　被许可人需要延续行政许可有效期的，应当在该行政许可有效期届满三十日前向作出行政许可决定的民政部门提出。民政部门应当根据被许可人的申请，在该行政许可有效期届满前作出是否准予延续的决定，并作出《准予延续行政许可决定书》或者《不予延续行政许可决定书》；逾期未作出决定的，视为准予延续。法律、法规、规章另有规定的，依照其规定。

第八章　监督检查

第四十二条　实施行政许可的民政部门应当依法对被许可人从事行政许可事项的活动进行监督检查。

上级民政部门应当加强对下级民政部门实施行政许可的监督检查。

各级民政部门内设机构承担具体业务范围内行政许可的监督检查工作，并以本民政部门名义开展监督检查。

第四十三条　县级以上民政部门应当建立健全法制工作机构，加强监督检查的协调工作，开展行政复议工作，实施国家赔偿制度和补偿制度，依法保障当事人获得行政许可的合法权益。

第四十四条　监督检查不得妨碍被许可人正常的生产经营活动。

第四十五条　民政部门应当将监督检查的情况和处理结

果予以记录，由监督检查人员签字后归档。公众有权查阅监督检查记录。

第四十六条 被许可人在作出行政许可决定的民政部门管辖区域内违法从事行政许可事项活动的，由作出该行政许可决定的民政部门依法进行处理。

被许可人在作出行政许可决定的民政部门管辖区域外违法从事行政许可事项活动的，由违法行为发生地的民政部门依法进行处理。

违法行为发生地的民政部门对违法的被许可人作出处理后，应当于十日内将违法事实、相关证据材料和处理结果等抄告作出行政许可决定的民政部门。

第四十七条 民政部门应当建立对被许可人监督检查制度，依法对被许可人实施定期检查、实地检查。

第四十八条 民政部门应当指导被许可人建立自查制度，并监督被许可人依照制度进行自查，督促被许可人将重要工作自查情况报民政部门备案。

第四十九条 有行政许可法第六十九条第一款所列情形之一的，作出行政许可决定的民政部门或者其上级民政部门，根据利害关系人的请求或者依据职权，可以撤销行政许可。

被许可人以欺骗、贿赂等不正当手段取得行政许可的，应当予以撤销。

依照前两款的规定撤销行政许可，可能对公共利益造成重大损害的，不予撤销。

依照本条第一款的规定撤销行政许可，被许可人的合法权益受到损害的，民政部门应当依法给予赔偿。依照本条第二款的规定撤销行政许可的，被许可人基于行政许可取得的利益不受保护。

第五十条 有行政许可法第七十条所列情形之一的，作出行政许可决定的民政部门应当依法办理行政许可的注销手续。

第九章 法律责任

第五十一条 各级民政部门必须建立行政执法责任制，定岗、定责、定人，及时纠正承办人员的违法、违纪行为。

第五十二条 民政部门及其工作人员有以下违反行政许可法规定，应当承担法律责任情形的，依法由上级行政机关或者监察机关责令改正；情节严重的，对直接负责的主管人员和其他直接责任人员给予行政处分：

（一）对符合法定条件的行政许可申请不予受理的；

（二）不在办公场所公示依法应当公示的材料的；

（三）在受理、审查、决定行政许可过程中，未向申请人、利害关系人履行法定告知义务的；

（四）申请人提交的申请材料不齐全、不符合法定形式，不一次告知申请人必须补正的全部内容的；

（五）未依法说明不受理行政许可申请或者不予行政许可的理由的；

（六）依法应当举行听证而不举行听证的。

第五十三条 民政部门工作人员在办理行政许可、实施监督检查中，索取或者收受他人财物及谋取其他利益，尚不构成犯罪的，依法给予行政处分；构成犯罪的，移送司法机关追究刑事责任。

第五十四条 民政部门实施行政许可，对不符合法定条件的申请人准予行政许可、对符合法定条件的申请人不予行政许可、超越法定职权或者不在法定期限内作出准予行政许可决定的，依法由上级行政机关或者监察机关责令改正，对直接负责的主管人员和其他直接责任人员给予行政处分；构成犯罪的，移送司法机关追究刑事责任。

第五十五条 民政部门违法实施行政许可，给当事人的合法权益造成损害的，在机关对外承担赔偿责任后，责令有故意或者重大过失的承办人员承担部分或者全部赔偿费用，并作出相应的处理决定。

第五十六条 被许可人有违反行政许可法规定情形的，由作出行政许可的民政部门依法给予行政处罚；构成犯罪的，移送司法机关追究刑事责任。

第十章 附 则

第五十七条 民政部门实施非行政许可的行政审批，可参照本办法。

第五十八条 本办法自2004年7月1日起施行。

民政信访工作办法

（2011年7月1日民政部令第43号公布 自2011年9月1日起施行）

第一章 总 则

第一条 为了加强民政信访工作，保护信访人的合法权益，维护信访秩序，促进社会和谐稳定，根据《信访条例》和国家有关规定，结合民政工作实际，制定本办法。

第二条 本办法所称信访，是指公民、法人或者其他组织采取书信、电话、走访、电子邮件、传真等形式，向民政部门反映情况，提出建议、意见或者投诉请求，依法由民政部门处理的活动。

第三条 民政信访工作遵循下列原则：

（一）属地管理、分级负责；

（二）依法处理与疏导教育相结合。

第四条 各级民政部门应当成立民政信访工作领导小组，建立统一领导，各负其责、分工协作、齐抓共管的信访工作格局。

各级民政部门负责人应当阅批重要来信、接待重要来访、定期听取信访工作汇报，研究解决信访工作中的突出问题。

第五条　各级民政部门应当完善依法、科学、民主决策机制、重大决策社会风险评估机制、信访问题排查化解机制、信访督办工作机制，从源头上减少和预防社会矛盾的发生，及时将矛盾纠纷化解在基层。

第六条　各级民政部门应当强化对信访工作的考核，实行信访工作责任制，对信访工作中失职、渎职行为，依法追究有关责任人员的责任；对在信访工作中做出突出成绩的单位和个人给予奖励。

第二章　信访工作机构和人员

第七条　各级民政部门的信访工作机构负责落实信访工作领导小组布置的各项任务，承办日常信访工作。

地方各级民政部门在本级人民政府领导和上级民政部门指导下开展信访工作。

信访接待场所应当设置无障碍设施，方便残疾人、老年人进行信访活动。

第八条　各级民政部门内设机构应当按业务分工承办职权范围内的信访事宜。对本部门信访工作机构转办的信访事项，应当认真、及时办理，并在规定时限内回复办理结果。

第九条　民政信访工作机构履行下列职责：

（一）受理信访人提出的信访事项；

（二）向信访人宣传有关法律、法规、规章和政策，提供有关信访事项的咨询服务；

（三）向本级民政部门有关内设机构、下级民政部门转送、交办信访事项；

（四）承办上级民政部门和本级人民政府交办处理的信访事项；

（五）督促检查、协调信访事项的处理和落实情况；

（六）研究、分析信访情况，及时提出完善政策或者改进工作的建议；

（七）总结交流信访工作经验，指导下级民政部门的信访工作；

（八）向本级民政部门和上一级民政部门定期报送信访情况分析统计报告。

第十条　民政信访工作人员遵守下列规定：

（一）尊重信访人，不得刁难、歧视信访人；

（二）恪尽职守，秉公办事，依法及时处理信访事项，不得推诿、敷衍、拖延；

（三）妥善保管信访材料，不得丢失、隐匿或者擅自销毁；

（四）遵守保密制度，不得将信访人的检举、揭发材料及有关情况透露或者转给被检举、揭发的人员或者单位；

（五）与信访事项或者信访人有直接利害关系的，应当回避。

第十一条　各级民政部门应当重视对信访干部的培养、使用和交流。

民政信访工作人员享受本级人民政府的信访岗位津贴。

第三章　信访渠道

第十二条　民政部门应当在信访接待场所、本部门网站或者通过其他方式向社会公布下列事项：

（一）信访工作机构的通信地址、电子信箱、投诉电话、信访接待的时间和地点；

（二）本部门信访事项受理范围；

（三）与民政信访工作有关的法律、法规、规章和信访事项的处理程序；

（四）查询信访事项处理进展及结果的方式；

（五）其他为信访人提供便利的相关事项。

第十三条　建立设区的市、县两级人民政府民政部门负责人信访接待日制度，协调解决相关信访问题；对信访人反映的突出问题，可以约访信访人，并协调解决相关信访问题。

第十四条　各级民政部门应当定期下访，听取群众的意见和建议，建立健全民政舆情汇集和分析机制。

第十五条　各级民政部门应当充分利用现有政务信息网络资源，提高信访工作信息化水平，为信访人在当地提出信访事项、查询信访事项办理情况提供便利。

第十六条　各级民政部门应当建立有利于迅速解决矛盾纠纷的工作机制，可以邀请相关社会工作服务机构、法律援助机构等参与信访工作。

第四章　信访事项的受理

第十七条　民政信访工作机构收到信访事项后，应当进行登记。

登记内容包括：登记号、登记人、信访人姓名、性别、住址、收到信访事项的日期、信访事项摘要、联系方式。

第十八条　民政信访工作的受理范围根据同级人民政府规定的工作职能确定。

民政信访工作机构对信访事项，按下列方式处理：

（一）属于本级民政部门工作职能范围的信访事项，应当直接受理，并根据所反映问题的性质、内容确定办理机构；

（二）信访事项涉及下级民政部门的，应当转下级民政部门办理。对其中的重要信访事项，可以向下级民政部门进行交办，要求其在规定的期限内反馈结果，并提交办结报告；

（三）属于本级民政部门所属单位办理的信访事项，应当转送或者交办相关单位办理；

（四）已经或者依法应当通过诉讼、仲裁、行政复议等法定途径解决的信访事项，应当告知信访人依照有关法律、行政法规规定的程序向有关机关提出；

（五）依法不属于民政部门业务范围的事项，应当口头或者书面告知信访人向有权处理的人民政府或者部门提出。

第十九条 民政信访工作机构能够当场受理信访事项的，应当当场受理并出具受理通知；不能当场受理的，应当自收到信访事项之日起十五日内决定是否受理并书面告知信访人。对重复信访、信访人的姓名（名称）、住址不清楚的除外。

第二十条 民政信访工作机构应当建立信访事项处理预案。对可能造成社会影响的重大、紧急信访事项和信访信息，应及时向本级人民政府和上级民政部门报告，并在职责范围内采取措施，果断处理，防止不良影响的发生、扩大。

第五章 信访事项的办理和督办

第二十一条 各级民政部门对其办理的信访事项，应当依照国务院《信访条例》第三十二条的有关规定作出信访处理意见，并书面答复信访人。

第二十二条 民政信访工作机构对于以下情形，分别按照下列方式处理：

（一）信访事项已经解决并且信访人接受办理结果，经信访人签字同意，可以视同书面答复；

（二）多人提出共同信访事项的，可以对代表人作出答复；

（三）咨询及建议、意见类信访事项，可以口头或者书面答复。

第二十三条 信访事项应当自受理之日起 60 日内办结；情况复杂的，经本级民政部门负责人批准，可以适当延长办结期限，但延长期限不得超过 30 日，并应当告知信访人延期理由。

第二十四条 信访人对民政部门作出的信访事项处理意见不服的，可以依照《信访条例》和国务院有关规定申请复查或者复核。

收到复查或者复核请求的民政部门应当自收到复查或者复核请求之日起 30 日内提出复查或者复核意见，并书面答复信访人。

信访事项的办理、复查意见作出后，信访人无正当理由未在规定期限内提出复查、复核申请的，或者信访人对复核意见不服，仍以同一事实和理由提出投诉请求的，各级民政部门不再受理。

第二十五条 下级民政部门有下列情况之一的，上级民政部门应当督办，并提出改进建议：

（一）应当受理而拒不受理信访事项的；

（二）未按规定的办理期限办结信访事项的；

（三）未按规定程序办理信访事项的；

（四）未按规定反馈重要信访事项办理结果的，

（五）办理信访事项推诿、敷衍、拖延的；

（六）不执行信访处理意见或者复查、复核意见的；

（七）其他需要督办的情形。

收到督办意见和建议的机构应当在 30 日内书面反馈情况；未采纳督办意见和建议的，应当说明理由。

第二十六条 下级民政部门及其人员在信访工作中有推诿、敷衍、拖延、弄虚作假以及无正当理由拒不接受督办意见和建议等行为，造成严重后果的，上级民政部门可以依法建议有关部门对直接负责的主管人员和其他直接责任人员给予行政处分。

第二十七条 信访工作人员在信访接待场所发现信访人不遵守信访秩序，在信访过程中采取过激行为的，应当进行劝阻、批评或者教育；对拒不听从劝阻，可能导致事态扩大的，及时报请公安机关依法进行处置。

第六章 附 则

第二十八条 在信访事项办理过程中形成的文件、材料由信访工作机构按照档案管理的有关规定统一归档。

第二十九条 本办法自 2011 年 9 月 1 日起施行。1999 年 12 月 23 日民政部发布的《民政信访工作办法》同时废止。

民政部行政复议与行政应诉办法

（1999 年 12 月 23 日 民发〔1999〕123 号）

第一章 总 则

第一条 为了防止和纠正违法或者不当的行政行为，保护公民、法人和其他组织的合法权益，保障和监督民政行政机关依法行使职权，根据《中华人民共和国行政复议法》，结合民政部行政工作的实际情况，制定本办法。

第二条 民政部受理行政复议申请和组织审理行政复议案件，作出行政复议决定以及行政应诉工作，适用本办法。

第三条 纪检、监察、审计、信访等机构根据有关规定受理的案件或者申诉，不适用本办法。

第二章 行政复议范围

第四条 公民、法人和其他组织对下列具体行政行为不服可以向民政部申请行政复议：

（一）对民政部作出的具体行政行为不服的；

（二）对民政部与其他行政机关以共同名义作出的具体行政行为不服的；

（三）对法律、法规授权的，由民政部直接主管的组织作出的具体行政行为不服的；

（四）对省级人民政府民政部门作出的具体行政行为不服的；

（五）法律、法规规定可以向民政部申请行政复议的其他具体行政行为。

第五条 公民、法人和其他组织申请行政复议时，可以同时提出对该具体行政行为所依据的规定的审查申请。

第三章　行政复议申请与受理

第六条　民政部法规办公室具体办理行政复议与行政应诉事项,其主要职责是:

(一)审查行政复议申请;

(二)向有关单位和有关人员调查取证、查阅文件和资料;

(三)组织审理行政复议案件;

(四)拟订行政复议决定,制定行政复议决定书;

(五)受部长委托出庭应诉,并具体办理行政应诉有关事宜;

(六)组织行政复议和行政应诉工作人员培训;

(七)对民政系统的行政复议和行政应诉案件进行调查研究、统计分析。

第七条　各司(局)协助法规办公室具体办理主管业务范围内的行政复议和行政应诉有关事项,主要职责是:

(一)对民政部作出的具体行政行为提起的行政复议案件,相关业务司(局)应当自收到行政复议申请书副本之日起10日内,向法规办公室提交作出具体行政行为的有关材料和证据,并提出答辩书;

(二)各司(局)负责审查属于本部门主管业务范围内的行政复议申请,并在2日内向法规办公室提出是否受理的初步意见;

(三)各司(局)负责审理属于本部门主管业务范围内的行政复议案件,并提出行政复议初审意见书;

(四)因民政部作出的具体行政行为而引起的行政诉讼案件和经行政复议予以维持而申请人不服引起的行政诉讼案件的应诉工作,相关业务司(局)有关人员作为民政部诉讼代理人出庭应诉。

第八条　公民、法人和其他组织向民政部申请行政复议,应当自知道具体行政行为之日起60日内提出,但是法律规定的申请期限超过60日的除外。

因不可抗力或者其他正当理由耽误法定申请期限的,申请期限自障碍消除之日起继续计算。

第九条　当事人口头申请行政复议,法规办公室应当制作行政复议申请笔录,申请人确认无误后,应当在笔录上签名或者盖章。

第十条　民政部应当自收到行政复议申请之日起5日内,对行政复议申请进行审查,决定是否受理。

第十一条　行政复议申请具有下列情形之一的,不予受理,并制作《行政复议不予受理决定书》送达申请人,《行政复议不予受理决定书》应当载明不予受理的理由。

(一)行政复议申请超过法定申请期限,无正当理由的;

(二)没有明确的被申请人的;

(三)没有具体的行政复议请求和事实根据的;

(四)不属于申请行政复议范围的;

(五)不属于民政部受理的;

(六)申请人已经向人民法院起诉,人民法院已经受理的;

(七)申请人已经向其他有权受理的行政机关申请行政复议的。

对于前款第(四)项不予受理的,应当告知申请人到有关机关申诉;对于前款第(五)项不予受理的,应当告知申请人到有权受理的行政机关申请复议。

第四章　行政复议审理与决定

第十二条　行政复议原则上采用书面审查的办法。但有下列情形之一的,法规办公室可以决定采取其他方式审理行政复议案件:

(一)主要事实不清,当事人双方争议较大的;

(二)当事人一方或者双方要求到民政部当面说明问题或者情况的;

(三)案情重大、影响面广或者书面行政复议不能有效解决行政纠纷的其他情形。

第十三条　民政部应当自受理之日起7日内将行政复议申请书副本或者行政复议申请笔录复印件发送被申请人。被申请人应当自收到申请书副本或者申请笔录复印件之日起10日内,向民政部提交作出具体行政行为的有关证据、依据和其他有关材料,并提出答辩书。逾期不答辩的,不影响行政复议。

第十四条　答辩书应当载明下列内容:

(一)被申请人的名称、地址,法定代表人的姓名、职务;

(二)作出具体行政行为的事实依据及有关的证据材料;

(三)作出具体行政行为所依据的法律、法规、规章和具有普遍约束力的决定、命令;

(四)作出答辩的日期。

答辩书应当加盖被申请人的印章。

第十五条　对被申请人作出的具体行政行为,应当审查以下内容:

(一)是否超越或者滥用职权;

(二)所认定的事实是否清楚,证据是否确凿;

(三)适用的依据是否正确;

(四)程序是否合法;

(五)内容是否适当。

第十六条　申请人同时提出对具体行政行为所依据的规定进行审查的,应当审查规定的内容是否与法律、法规相抵触。

对该规定民政部有权处理的,应当在30日内处理;无权处理的,应当在7日内按法定程序转送有权处理的行政机关处理。处理期间,中止对具体行政行为的审查。

第十七条　法规办公室应当认真审查行政复议材料,有下列情形之一的,应当进行实地调查:

（一）案情比较复杂，影响较大的；

（二）证据与当事人陈述有较大差异的；

（三）可能引起行政诉讼的。

第十八条 行政复议人员进行调查时，应当制作调查笔录，经被调查人确认无误后，由被调查人、调查人签名或者盖章。

第十九条 行政复议决定作出以前，申请人撤回行政复议申请，经说明理由，民政部记录在案，可以撤回。

第二十条 申请人在申请行政复议时一并提出行政赔偿请求的，经审理决定给予当事人赔偿的，赔偿费用由民政部行政经费列支。

第二十一条 行政复议决定书由部长签发；重大、复杂的行政复议案件或者经行政复议拟撤销具体行政行为所依据的规定的案件，行政复议决定应当经部务会议或者部长办公会议讨论通过。

第五章 行政应诉

第二十二条 民政部行政诉讼代理人由法规办公室或者有关司（局）推荐，报部长决定。

法规办公室根据部长的决定，为诉讼代理人办理授权委托书。

第二十三条 对民政部作出的具体行政行为直接引起的行政诉讼，相关司（局）应当在收到起诉状副本之日起5日内拟出答辩书，连同作出具体行政行为的有关证据和材料送法规办公室，经审核后，报部长签发。

第二十四条 对民政部作出的具体行政行为经行政复议维持原具体行政行为引起的行政诉讼，适用第二十三条。

第二十五条 对申请人提出的行政复议申请，民政部经行政复议改变或者撤销原具体行政行为，当事人不服又引起的行政诉讼，由法规办公室起草答辩书，报部长签发。

第二十六条 法规办公室应当在收到起诉状副本之日起10日内，将答辩书和有关材料或证据提交人民法院。

第六章 附 则

第二十七条 民政部送达行政复议决定书，可以直接送交受送达人，也可以委托受送达人所在地的民政部门或者其他组织代为送达，或者邮寄送达。

第二十八条 行政复议案件审理完毕，法规办公室应当将案件文书立卷归档。

第二十九条 民政部法规办公室工作人员在行政复议活动中，徇私舞弊或者有其他渎职、失职行为的，根据情节轻重，依法给予行政处分。

各司（局）有关人员不按本办法规定的期限提出行政复议是否受理意见、提交作出具体行政行为的有关材料和证据，并提出答辩书的，根据情节轻重，依法给予行政处分。

第三十条 民政部受理行政复议申请，不得向申请人收取任何费用。

民政部行政复议与行政应诉活动所需经费，由民政部行政经费列支。

第三十一条 本办法自公布之日起施行。

附件一：

民政部行政复议
文书格式及使用说明

《中华人民共和国行政复议法》明确规定了在行政复议工作中使用三种法律文书，即：行政复议申请笔录、行政复议不予受理决定书、行政复议决定书。为了进一步规范我部的行政复议工作，根据《中华人民共和国行政复议法》和《民政部行政复议与行政应诉办法》的规定，对上述三种行政复议文书的格式和使用作如下规定：

（一）行政复议申请笔录

本复议文书是我部行政复议工作人员记录公民、法人或者其他组织口头向我部申请行政复议的法律文书，分为公民口头行政复议申请笔录和法人、其他组织口头行政复议申请笔录两种。它主要由复议参加人的基本情况、案由、复议请求、事实与理由、签字（盖章）和附项等部分组成。

1. 复议参加人的基本情况。应当记录申请人的姓名、性别、年龄、职业、住址、联系电话、通讯地址（法人或者其他组织的名称、地址、邮编，法定代表人或者主要负责人的姓名、职务、联系电话）；被申请人的名称、地址。

2. 案由。应当记录申请人申请复议的具体行政行为的内容和作出日期。

3. 复议请求。应当记录申请人申请复议的明确要求，是要求变更、撤销被申请人的具体行政行为，还是要求被申请人在一定期限内履行法定职责。

4. 事实与理由。应当记录申请人叙述的全部案件事实、证明所述事实的各种证据及申请人认为被复议具体行政行为违法或者不当的事实和法律依据。

5. 签字（盖章）。应当由申请人亲自签字（盖章）并书写签字日期。

6. 附项。应当记录申请人向我部提供的有关材料的名称及份数。

此外，记录人应当写明记录的时间、地点并签名。

本文书一式两份，一份送被申请人，一份存档。

（二）行政复议不予受理决定书

本复议文书是我部在接到申请人的复议申请后，经审查认为申请不符合法定条件，依法决定不予受理所使用的法律文书，由抬头、案由、理由、决定、落款五部分组成。

1. 抬头，即申请人的姓名（名称）。

2. 案由，即“申请人不服被申请人作出的何种具体行政行为的复议申请”。

3. 理由，应当按照《民政部行政复议与行政应诉办法》第十一条的规定，写明不予受理的理由。

4. 决定，即“根据《中华人民共和国行政复议法》第几条第几款的规定，决定不予受理。”

5. 落款。应当写明作出不予受理决定的日期并加盖我部印章。

本文书一式三份，一份送申请人，一份送被申请人，一份存档。

（三）行政复议决定书

本复议文书是我部受理行政复议案件后，经过审理，根据事实和法律对被复议的具体行政行为作出处理所使用的法律文书，由七部分组成：

1. 复议参加人的基本情况。应当写明申请人的姓名、性别、年龄、职业、住址（法人或者其他组织的名称、地址，法定代表人或者主要负责人的姓名、职务）；被申请人的名称、地址，法定代表人姓名、职务。有代理人和第三人参加的，应分别写明。

2. 申请复议的请求和理由。应当写明申请复议的时间，被复议的具体行政行为的内容和定出日期，并简要写明申请人根据何种理由提出何种请求。

3. 认定的事实。应当写明我部经过审理认定的案件事实情况，做到认定事实确凿、全面，证据确实、充分，重点突出。

4. 对被复议具体行政行为的分析。应当在认定事实的基础上，根据有关法律规定，对被复议具体行政行为作出全面分析，明确指出其是否违法。

5. 复议结论。应当写明我部对被复议具体行政行为作出的明确结论及其法律依据。

6. 告知权利。除法律规定为终局的复议决定外，应当向申请人告知如不服本复议决定享有依法向人民法院起诉或者向国务院申请最终裁决的权利。

7. 落款。应当写明作出复议决定的日期并加盖我部印章。

本文书一式三份，一份送申请人，一份送被申请人，一份存档。

附件二：

中华人民共和国民政部
行政复议申请笔录（公民）

编号：________

时间：________地址：________记录人：________申请人姓名：________性别：________年龄：________职业：________住址：________联系电话：________通讯地址：________邮编：________被申请人名称：________地址：________

申请人不服被申请人________年____月____日作出的____________具体行政行为，现申请行政复议。

复议请求：

事实与理由：

申请人签字：

年　　月　　日

附：有关材料　　份

附件三：

中华人民共和国民政部
行政复议申请笔录

（法人或其他组织）

编号：________

时间：________地点：________记录人：________申请人名称：________地址：____________邮编：________

法定代表人（主要负责人）姓名：____________

职务：________联系电话：________

被申请人名称：________地址：________

申请人不服被申请人________年____月____日作出的________具体行政行为，现申请行政复议。

复议请求：

事实与理由：

申请人盖章：

年　　月　　日

附：有关材料　　份

附件四：

中华人民共和国民政部
行政复议不予受理决定书

民复不受字第××号

×××：

关于____________的复议申请书，我部已经收悉。经审查：____________。

根据《中华人民共和国行政复议法》____________规定，决定不予受理。

民政部

××××年××月××日

附件五：

中华人民共和国民政部
行政复议决定书

民复决字第××号

申请人：

被申请人：

法定代表人：

申请人不服被申请人________年____月____日作出的___________具体行政行为，以____________为由，于________年____月____日依法向我部申请行政复议，要求________________________。

现经我部审理查明：

我部认为：

根据____________规定，决定如下：

复议申请人对本复议决定不服的，可以在收到行政复议决定书之日起________日内依法向人民法院起诉，也可以依法向国务院申请最终裁决。

民政部

××××年××月××日

民政部关于进一步加强民政法制工作的意见

（2010年4月29日　民发〔2010〕56号）

为适应民政事业科学发展需要，提高民政部门依法行政水平，现就进一步加强民政法制工作，提出以下意见：

一、进一步提高对加强民政法制工作重要性的认识

（一）加强民政法制建设是保障民政事业科学发展的重大举措。加强法制建设是坚持依法行政的基本要求，是做好各项民政工作的根本保证。改革开放以来，民政法制工作取得了丰硕成果，在依法解决民生、落实民权、维护民利等方面，做了大量卓有成效的工作，为保障民政事业健康发展发挥了至关重要的作用。目前，涉及民政工作的法律、行政法规以及部门规章已有近百件，地方性法规、政府规章和规范性文件也逐步完善。通过制定和实施这些法律法规和规章，民政系统基本实现了部门职责依法确立、民生权益依法保障、社会建设依法推进、行政行为依法规范，为民政事业稳步发展提供了重要的制度保障。实践证明，民政工作的体制机制核心就是法制，因此，进一步加强民政法制工作，是保证民政事业科学发展的根本举措，具有十分重要的意义。

（二）加强民政法制建设是实现民政事业科学发展的紧迫任务。当前我国经济社会正在发生深刻变化，处于各种矛盾多发时期，依法调整利益关系难度增大，而民政工作任务多元，内容繁杂，对象多为困难群众，在全面推进依法行政的新形势下，民政工作的发展创新面临巨大压力和挑战。一方面，随着科学发展观的贯彻落实，国家将以改善民生为重点的社会领域立法摆上了更加突出的位置，要求民政部门不失时机地将行之有效的实践经验和工作成果上升为法律制度，形成长效机制。另一方面，民政法制工作还存在一些薄弱环节，如涉及民政业务的法律法规制定相对滞后，一些地方和工作领域依法行政意识不强、执法水平不高、对法制工作重视不够等。加强民政法制建设势在必行，如何抓住机遇，应对挑战，不断开创民政法制工作新局面，是对各级民政部门的重大考验。因此，必须进一步提高认识，统一思想，毫不动摇地推进民政法制建设，不断提高依法行政能力和水平。

二、进一步明确加强民政法制工作的指导思想、基本原则和工作目标

（一）指导思想。加强民政法制工作必须坚持以邓小平理论、"三个代表"重要思想和科学发展观为指导，深入贯彻落实国务院《全面推进依法行政实施纲要》，紧紧围绕民政工作中心任务，以推动民政立法进程为重点，以提高民政执法水平为核心，以完善民政法制监督机制为手段，以加强民政普法工作为基础，立足现实，着眼长远，统筹兼顾，突出重点，全面加强民政法制建设，为实现民政事业又好又快发展提供法制保障。

（二）基本原则。坚持职权法定、依法行政，切实将法制建设贯穿于民政工作始终；坚持围绕中心、服务大局，自觉用法制手段保障中心工作；坚持服务群众、服务社会，依法维护民政对象各项权益；坚持条块结合、上下衔接，建立科学的民政法制工作体制机制。

（三）工作目标。从现在起，力争用10年左右时间，建立内容完备、结构合理、实施有效、适应民政事业发展的法律法规制度体系；健全权责明确、行为规范、程序正当、监督有效的民政执法体制；形成上下联动、实用高效、内容丰富、形式多样的民政普法格局；打造组织健全、素质过硬、作用明显、保障有力的民政法制机构队伍。

三、进一步推进民政立法工作进程

（一）认真搞好立法规划。坚持统筹兼顾、重点突出、衔接配套的原则，认真论证立法项目的必要性和可行性，将条件成熟、群众期待、事业急需的立法项目适时上报，列入国家和地方的立法规划和年度计划。重点推进社会领域立法中对民政事业发展具有支架性作用的立法项目，如社会救助、慈善事业、优抚安置、民间组织、志愿服务以及基层民主政治建设等方面的法律法规。尊重立法规律，把握立法时机，区分立法层级，在着重推进法律法规制定和修订的同时，及时制定配套实施的地方性法规、部门规章及规范性文件，为整体推进民政法制建设创造条件。

（二）切实提高立法质量。坚持以民为本、为民解困、为民服务宗旨，深入探索社会领域立法的基本特征和主要原则，努力在改善和保障民生、健全社会保障体系、发展公益慈善事业、加强基层民主政治建设、促进社会组织发展、规范社会事务管理、完善公共服务等方面实现理论和制度创新。改进立法方式，健全专家咨询论证制度，畅通民主立法渠道，广泛听取各方意见，努力提高科学立法水平。加强对立法计划实施工作的督促检查，妥善解决立法中的重点难点问题，不断增强立法内容的针对性、实用性和可操作性。严格遵循立法权限和立法程序，上下配合，共同做好立法的调研论证工作，提高立法工作水平。

（三）做好分析评估。坚持程序和实体并重，建立立法评估机制。建立健全立法前和立法后评估制度。立法前要贴近实际，面向基层，注重实践，问计于民，充分调查研究，努力实现立法预期效果。立法后要全程跟踪法律法规和规章的实施效果，及时向有关部门提出立、改、废建议。加强法规、规章的应用解释和规范性文件合法性审查工作，建立规范性文件定期清理制度。

四、进一步提高民政行政执法水平

（一）探索行政执法体制改革。认真贯彻国务院行政审批制度改革工作部署，加快职能转变步伐，继续深化行政审批制度改革，加强对民政系统现有行政审批事项的监督管理，确保改革上下衔接、步调一致、落实到位。推进民政系统行政执法体制改革，探索与其他部门联合执法的有效途径，形成执法过程中的联动机制。加强民政部门内部执法资源整合，相对集中社会组织、殡葬管理等业务中的行政处罚权、行政强制权，建立综合执法队伍，实行执法人员持证上岗制度，逐步实现执法队伍专业化。

（二）规范行政执法行为。认真贯彻以人为本、执法为民要求，努力做到严格执法、公正执法、文明执法。依据规范政府共同行为的法律和民政专业法律法规和规章，完善民政部门实施具体行政行为的实体性规则和程序性规则，切实做到执法主体合法、流程清楚、要求具体、期限明确，使用法律文书符合法定形式。根据法律、法规、规章的制定、修改情况，及时更新民政部门行政执法依据。认真分解行政执法职权，科学规范行政处罚、行政许可、行政给付、行政确认等具体行政行为中的裁量权，细化裁量基准和适用规则。抓紧建立行政执法主体资格制度和执法人员资格制度。

（三）落实行政执法责任制。进一步贯彻《国务院办公厅关于推进行政执法责任制的若干意见》，依法界定民政部门的执法职权与职责，完善职权与职责相统一的权责体系。建立行政执法评议考核机制，完善考核组织，明确考核内容，制定考核标准，确定考核方式。建立健全行政执法奖励机制，落实行政执法责任追究制度，确保依法行政各项要求落到实处。

五、进一步强化民政法制监督工作

（一）加大执法检查力度。落实执法检查制度。根据规范民政工作的现行法律法规和规章，结合解决民生、落实民权、维护民利的要求，上级民政部门要定期对下级民政部门进行执法检查，通过专项执法检查和全面执法检查，及时发现和纠正执法中存在的偏差和错误，分析研究法律法规和规章落实中存在的问题。实施案卷评查制度，评比执法案卷，规范档案管理。自觉接受人大、法院、监察、审计等部门的监督和社会舆论的监督，以检查促规范，以监督促提高。

（二）加强行政复议与应诉工作。民政部门的行政复议机构，要提高准确适用法律、法规的能力，依法维护公民、法人或者其他组织的合法权益，有效化解各种矛盾和争议。民政部门作为行政复议被申请人或者行政诉讼被告时，要依法认真做好答辩应诉工作，自觉履行行政复议决定、生效的行政判决和裁定。民政部要重点就行政复议和行政应诉工作的共性和特点提出指导意见。省级政府民政部门要重点指导下级民政部门做好行政复议答复、应诉答辩等工作。建立案件上报备案制度，本级行政复议和行政诉讼案件完结后，要及时将案件简要情况和相关法律文书报上级民政部门的法制机构备案。对具有普遍性、典型性的重大案件要及时进行研究分析，提出完善相关立法内容和改进执法工作的措施和建议。

（三）推进政府信息公开。各级民政部门要指定专门机构负责本机关信息公开的日常工作，发布信息公开指南，编制、修订信息公开目录，加快网站信息的维护和更新，正确处理信息公开与保守秘密的关系，坚持“公开是原则，不公开是例外”的要求，严格依法、及时、准确公开政府信息，强化社会监督。法制机构要指导处理好信息公开行政诉讼案件，提出改进政府信息公开的建议。

六、进一步加强民政法制宣传教育工作

（一）深入开展民政法制宣传。深入开展普法宣传教育工作，做好“五五”普法与“六五”普法规划的衔接。努力将法制宣传教育与依法规范民政行政行为相结合，与开展相关主题宣传教育活动相结合，与解决民政工作中的重点、难点问题相结合，确保普法规划落到实处。重点做好与人民群众切身利益密切相关的法律法规的宣传工作，依法为各类民政工作对象办实事、办好事、解难事。加强依法维权的宣传教育，引导民政对象依法表达自己的利益诉求，提高各级民政干部依法解决各种矛盾和纠纷的能力。

（二）加强民政法制培训。完善领导干部带头学法用法制度。将依法行政知识和新颁布法律法规列入民政系统各级领导班子理论中心组学习的重要内容，纳入公务员培训规划。要组织执法人员认真学习规范政府共同行为的法律法规，熟悉民政执法流程和规范，不断提高执法水平。民政部要制定法制培训计划，组织全国民政法制工作者定期轮训。省级政府民政部门要制定相应计划，培训本级和下级民政法制工作者。要创造条件和机会,保证法制工作者参加各种形式的专业法制培训。

七、进一步加强对民政法制工作的领导

(一)切实将民政法制工作摆上位置。各级民政部门领导干部要带头坚持依法行政,自觉树立法律意识,提高法律素养,培养和提高依法处理和解决问题的能力。要把民政法制工作真正摆上民政工作的重要位置,作为一项重要内容纳入民政事业发展的总体规划和年度计划,统筹安排落实。要将推进依法行政工作的各项任务分解到各业务部门,做到工作任务、责任部门和责任人"三落实"。将法制工作纳入干部考核内容,重点考核民政干部依法决策、依法管理的能力和水平。

(二)加强民政法制工作体制和机制建设。建立健全推进依法行政工作领导小组,部署、规划、指导、监督本级民政部门和下级民政部门认真做好依法行政工作。形成主要领导负总责,分管领导亲自抓、其他领导协助抓、法制机构负责人具体抓的领导责任机制。法制机构和业务部门要各司其职,紧密配合,共同推进民政法制工作。民政法制工作要为各项业务工作的开展提供法律保障,推动民政工作在法制化基础上快速、健康、有序发展。

(三)加强民政法制机构和队伍建设。省级人民政府民政部门应建立独立的法制机构,配备专职工作人员、配套工作经费,保障法制业务相对独立和稳定;已经建立法制机构的,要进一步加强力量、充实人员,提高法制工作水平。县、市两级人民政府民政部门要有专职人员负责法制工作。法制机构要不断加强自身组织建设、思想政治建设、业务建设和作风建设,在民政部门依法履行行政职责的事前、事中、事后全过程发挥充分发挥法制机构的参谋、助手和法律顾问作用。要高度重视民政法制人才的选拔和任用,培养一批适应民政法制工作需要的专业人才,为加快民政法制建设步伐提供有力保障。

民政事业统计台账制度

(2005年9月6日 民发〔2005〕130号)

第一章 总 则

第一条 为了加强、规范民政统计工作,做到依法统计,发挥统计服务和监督作用,根据《中华人民共和国统计法》和国家有关统计工作的规定,制定本制度。

第二条 统计台卡、台账是统计工作的基础。根据民政业务工作的范围分类,建立五类19种民政对象、民政行业单位和民政业务统计台账(卡)。

第三条 民政统计台账(卡)利用电子网络化的方式、实行科学合理、准确实用的动态管理,与民政统计报表制度相衔接。台账填写内容要符合法律法规政策的要求,填写对象真实、准确;先填卡,后建账,做到由台账中提取统计数字。

第四条 各级民政部门必须依据民政统计台账(卡)中的数据报送民政统计月报、季报和年报,做到填报统计报表数据全面、准确、及时、数出一门。

第五条 本制度适用于省、地、县、乡镇(街道)民政部门。

第二章 民政统计台账(卡)分类

第六条 优抚对象分类登记卡和填卡对象

一、革命伤残人员登记卡:填卡对象为持有有效革命伤残军人证或抚恤证的革命伤残军人、伤残人民警察、伤残国家机关工作人员、参战伤残民兵民工。

二、三属登记卡(革命烈士家属、因公牺牲和病故军人家属登记卡):

1. 革命烈士家属登记卡:填卡对象为持有有效革命烈士证明书的革命烈士家属,包括被追认为革命烈士的失踪军人家属;

2. 因公牺牲和病故军人家属登记卡:填卡对象为持有有效因公牺牲或病故证明书的因公牺牲、病故军人家属,包括未被追认为革命烈士的失踪军人家属和病故的因战、因公致残的特等、一等革命伤残军人家属。

三、现役军人家属登记卡:填卡对象为持有有效应征入伍通知书的现役人民解放军、人民武装警察的家属。

四、三红登记卡(在乡退伍红军老战士、在乡西路军红军老战士和红军失散人员登记卡):

1. 在乡退伍红军老战士登记卡:填卡对象为1937年7月6日以前入伍,参加中国工农红军(包括东北抗日联军和中国共产党领导的脱产游击队),有退伍手续或确切证明,没有投敌叛变行为,回到地方以后继续保持革命传统,由本人申请,县(市)民政部门审核,报省、市、自治区民政厅(局)批准确定为在乡退伍红军老战士身份的人员;

2. 在乡西路军红军老战士登记卡:填卡对象为经当地人民政府确认,没有发现重大历史政治问题的西路军流落人员;

3. 红军失散人员登记卡:填卡对象为持有有效证明材料,在1937年7月6日前正式参加中国工农红军(包括东北抗日联军)因伤、因病、因战斗失利或组织动员分散隐蔽离队失散,并在离队以后表现较好,经当地群众公认,乡镇人民政府审查,县、市人民政府批准,被认定为"红军失散人员"身份的人员。

五、在乡复员军人登记卡:填卡对象为持有有效证件、证明,在1937年7月6日后至1954年10月31日开始试行义务兵役制以前,参加八路军、新四军、东北抗日联军、中国共产党领导的脱产游击队、解放军、中国人民志愿军等,持有复员退伍证件或经组织批准复员的在乡军人。

六、在乡退伍军人登记卡(含带病回乡退伍军人):填卡对象为持有有效退伍证,在1954年11月1日以后应征入伍服役期满后退伍或复员的人员,以及在1954年11月1日以前属于应征试点义务兵并退伍的军士和士兵。

第七条 安置对象分类登记卡和填卡对象

一、退役士兵和复员干部登记卡（退伍义务兵、转业士官和复员干部登记卡）：

1. 退伍义务兵登记卡：填卡对象为当年退出现役的退伍义务兵。分城镇和农村。

2. 转业士官登记卡：填卡对象为当年退出现役的转业士官。分城镇和农村。

3. 复员士官登记卡：当年退出现役的复员士官。分城镇和农村。

4. 复员干部登记卡：填卡对象为当年退出现役的军队复员干部。

二、军队离退休干部、退休志愿兵（士官）、退休退职职工登记卡：

1. 军队离休干部登记卡：填卡对象为建国前参加革命或入伍，退出现役后移交民政部门管理现仍保留军籍的干部。

2. 军队退休干部登记卡：填卡对象为建国后入伍（含参加地方工作），退出现役后移交民政部门管理的干部。

3. 军队退休志愿兵（士官）登记卡：填卡对象为按规定符合退休条件，退出现役后移交民政部门管理的志愿兵（士官）。

4. 军队无军籍退休退职职工登记卡：填卡对象为移交民政部门管理的无军籍退休退职职工。

第八条 低保对象和传统救济对象分类登记卡和填卡对象

一、低保对象登记卡：填卡对象为经审查家庭人均收入低于当地居民最低生活保障标准，经批准享受最低生活保障待遇的居民。城镇包括"三无"对象、失业人员和在职、下岗、退休及其他人员等。农村包括特困户和"三无"对象等。

二、传统救济对象登记卡：

1. 传统农村救济对象登记卡：填卡对象为在未开展最低生活保障制度的地区，持有有效农业户口的困难户和无法定抚养人（或者虽有法定抚养义务人，但是抚养义务人无抚养能力的）、无劳动能力、无生活来源的农村五保户。

2. 精减退职老职工登记卡：

（1）享受40%救济的精减退职老职工登记卡：指1957年底以前参加工作的，在1961年到1965年6月9日期间被精减的老职工。按国务院（65）国内字224号文件规定给予本人原标准工资40%的救济。

（2）享受定期定量救济的精减退职职工登记卡：指对不符合40%救济条件而生活确有困难的，按照国务院（65）国内字224号文件规定，给予定期定量救济的精减退职老职工。

第九条 民政行业单位登记卡和填卡对象

一、优抚安置单位登记卡：填卡单位为军休所（含服务站、服务中心等其他服务机构）、军供站和烈士纪念建筑物管理单位；

二、收养性单位登记卡：填卡单位为荣誉军人康复医院、复员军人疗养院、复退军人精神病院、光荣院、社会福利院、儿童福利机构、社会福利医院、城镇老年福利机构、农村老年福利机构、其他福利机构；

三、社会福利企业单位登记卡：填卡单位为福利工厂、假肢厂、其他福利企业；

四、收容类单位登记卡：填卡单位为收容遣送站、安置农场；

五、殡仪服务单位登记卡：填卡单位为殡仪馆、公墓、殡葬管理单位；

六、彩票、募捐单位登记卡：填卡单位为中国福利彩票发行单位、慈善团体；

七、社区服务中心登记卡：填卡单位分为提供住宿社区服务中心、不提供住宿社区服务中心等；

八、民政行政机关、其他事业单位人员登记卡：填卡单位为行政机关和各种其他事业单位（以上已列出的单位除外）。

第十条 行政区划登记卡：填卡内容为乡、镇、街道的名称，变更时间等。

第三章 民政统计台账的管理

第十一条 民政统计台账在统一格式、统一软件下实施，由各省、地、县统计人员用计算机进行专门管理，乡镇的统计资料由民政助理员统一管理。人员发生变动时，要严格履行交接手续。

第十二条 县以上的民政部门都要建立计算机管理系统，有条件的乡镇、街道也要实行民政统计台账的计算机管理。

第十三条 基层民政部门对民政统计台卡、台账实行软盘和纸质形式同时保存，上级民政部门可只保留纸质台账和软盘形式的台卡、台账。

第十四条 民政统计台卡、台账按民政统计报表逐级汇总上报。

第四章 附 则

第十五条 民政统计台账计算机管理系统的程序和使用说明由民政部另行下发。

第十六条 本制度由民政部负责解释。

关于民政事业单位岗位设置管理的指导意见

（2008年10月8日 人社部发〔2008〕84号）

根据《事业单位岗位设置管理试行办法》（国人部发〔2006〕70号，以下简称《试行办法》）和《〈事业单位岗位设置管理试行办法〉实施意见》(国人部发〔2006〕87号,以下简称《实施意见》),为做好民政事业单位岗位设置管理的组织实施工作,结合民政事业单位的特点,提出以下指导意见。

一、适用范围

1. 由国家机关举办或者其他组织利用国有资产举办,承担社会管理和服务职能的民政事业单位,包括经费来源主要由财政拨款、部分由财政支持以及经费自理的,都要实施岗位设置管理。民政事业单位主要包括:

(1)优抚安置单位:优抚医院(荣誉军人康复医院、复员军人慢性病医院和复员退伍军人精神病院)、光荣院、烈士纪念建筑物保护单位、军休干部服务管理机构(军休所、军休服务管理中心、军休服务管理站)、军供站(军用饮食供应站、军用饮水供应站、军人接待转运站)等。

(2)社会福利单位:社会福利院、儿童福利院、精神病人福利院(福利医院)、城镇老年服务机构、福利彩票发行管理机构以及登记为事业单位的残障康复机构、农村五保供养服务机构、尚未转制为企业的假肢装配服务中心等。

(3)社会事务管理单位:收养登记机构、殡葬管理服务机构、婚姻登记机构等。

(4)慈善和社会救助单位:各级减灾机构、救助管理站、流浪儿童救助保护中心、艾滋致孤儿童救助安置指导中心、慈善机构、捐赠接收机构、救灾储备仓库、安置农场等。

(5)社区服务单位:社区服务中心、婚姻家庭服务机构等。

(6)其他民政事业单位。

2. 民政事业单位管理人员(职员)、专业技术人员和工勤技能人员,都要纳入岗位设置管理。

岗位设置管理中涉及民政事业单位领导人员的,按照干部人事管理权限的有关规定执行。

3. 使用事业编制的民政类社团、基金会,参照《试行办法》、《实施意见》和本指导意见,纳入岗位设置管理。

4. 经批准参照《中华人民共和国公务员法》进行管理的民政事业单位、社会团体,各类企业所属的民政事业单位和民政事业单位所属独立核算的企业,以及由事业单位已经转制为企业的民政单位,不适用本指导意见。

5. 民政部门主管的新闻报刊、信息档案、科学研究、教育培训、后勤服务等事业单位,参照相关行业指导意见开展岗位设置管理工作。

二、岗位类别设置

6. 民政事业单位岗位分为管理岗位、专业技术岗位和工勤技能岗位三种类别(以下简称三类岗位)。

7. 管理岗位指担负领导职责或管理任务的工作岗位。管理岗位的设置要适应增强民政事业单位运转效能、提高工作效率、提升管理水平的需要。

8. 专业技术岗位是指从事专业技术工作,具有相应专业技术水平和能力要求的工作岗位。专业技术岗位的设置要符合民政工作和人才成长的规律和特点,适应发展民政服务事业与提高专业水平的需要。

民政事业单位原则上以社会工作岗位为主体专业技术岗位。

9. 工勤技能岗位是指承担技能操作和维护、后勤保障、服务等职责的工作岗位。工勤技能岗位的设置要适应提高操作维护技能,提升服务水平的要求,满足民政事业单位业务工作的实际需要。

鼓励民政事业单位后勤服务社会化,已经实现社会化服务的一般性劳务工作,不再设置相应的工勤技能岗位。

10. 根据民政事业单位的社会功能、职责任务、工作性质和人员结构特点等因素,综合确定民政事业单位三类岗位总量的结构比例。

11. 民政事业单位三类岗位的结构比例由政府人事行政部门和民政事业单位主管部门确定。控制标准如下:

(1)主要以专业技术提供公益性社会服务的民政事业单位,应保证专业技术岗位占主体,专业技术岗位一般不低于单位岗位总量的70%。

(2)主要承担社会事务管理职责的民政事业单位,应保证管理岗位占主体,管理岗位一般应占单位岗位总量的一半以上。

(3)主要承担技能操作维护、服务保障等职责的民政事业单位,应保证工勤技能岗位占主体,工勤技能岗位一般应占单位岗位总量的一半以上。

(4)民政事业单位主体岗位之外的其他两类岗位,应该保持相对合理的结构比例。

对于承担职能较多、性质较为复杂的民政事业单位,其三类岗位之间的结构比例,可以视具体情况按照管理权限进行核定。

三、岗位等级设置

(一)管理岗位等级设置

12. 管理岗位分为8个等级。管理岗位的最高等级和结构比例根据民政事业单位的规格、规模、隶属关系,按照干部人事管理有关规定和权限确定。

13. 民政事业单位现行的厅级正职、厅级副职、处级正职、处级副职、科级正职、科级副职、科员、办事员依次分别对应管理岗位三至十级职员岗位。

14. 根据民政事业单位的规格、规模和隶属关系,按照干部人事管理权限设置民政事业单位各等级管理岗位的职员数量。

(二)专业技术岗位等级设置

15. 专业技术岗位的最高等级和结构比例根据民政事业单位的功能、规格、隶属关系和专业技术水平等因素,按照民政行业现行专业技术职务管理的有关规定和本指导意见确定。

16. 专业技术岗位分为13个等级。专业技术高级岗位分7个等级，即一至七级，其中，高级专业技术职务中的正高级岗位包括一至四级，副高级岗位包括五至七级；中级岗位分3个等级，即八至十级；初级岗位分3个等级，即十一至十三级，其中十三级是员级岗位。

17. 民政事业单位专业技术高级、中级、初级岗位之间，以及高级、中级、初级岗位内部不同等级之间的结构比例，根据地区经济、社会事业发展水平，以及民政事业单位的功能、规格、隶属关系和专业技术水平，实行不同的结构比例控制。

根据全国事业单位专业技术高级、中级、初级岗位之间的结构比例总体控制目标要求，按照民政事业单位专业技术人员高级、中级、初级结构比例现状，结合民政事业发展需要，合理确定专业技术人员高级、中级、初级岗位之间的结构比例。

民政事业单位高级、中级、初级岗位内部不同等级岗位之间的结构比例，全国总体控制目标为：二级、三级、四级岗位之间的比例为1∶3∶6，五级、六级、七级岗位之间的比例为2∶4∶4，八级、九级、十级岗位之间的比例为3∶4∶3，十一级、十二级岗位之间的比例为5∶5。

单位小、人员少、较分散的基层民政事业单位，专业技术岗位设置的结构比例可实行集中调控、集中管理的办法。具体办法由省级政府人事行政部门和主管部门研究制定。

18. 各级政府人事行政部门和民政事业单位主管部门要严格控制专业技术岗位结构比例，严格控制高级专业技术岗位的总量。民政事业单位要严格执行核准的专业技术岗位结构比例。

（三）工勤技能岗位等级设置

19. 工勤技能岗位包括技术工岗位和普通工岗位，其中技术工岗位分为5个等级，普通工岗位不分等级。

20. 工勤技能岗位的最高等级和结构比例按照岗位等级规范、技能水平和工作需要确定。

21. 民政事业单位中的高级技师、技师、高级工、中级工、初级工，依次分别对应一至五级工勤技能岗位。

22. 民政事业单位工勤技能岗位结构比例，一级、二级、三级岗位的总量占工勤技能岗位总量的比例，全国总体控制目标为25%左右；一级、二级岗位的总量占工勤技能岗位总量的比例，全国总体控制目标为5%左右。

23. 民政事业单位工勤技能一级、二级岗位，主要应在专业技术辅助岗位承担技能操作和维护职责等对技能水平要求较高的领域设置。工勤技能一级、二级岗位的总量要严格控制。

（四）特设岗位设置

24. 特设岗位是根据民政事业单位特点和民政事业发展规律，聘用急需的高层次人才等特殊需要，经批准设置的工作岗位，是民政事业单位中的非常设岗位。特设岗位的等级根据实际需要，按照规定的程序确定。

特设岗位不受民政事业单位岗位总量、最高等级和结构比例限制，在工作任务完成后，按照管理权限予以核销。

25. 民政事业单位特设岗位的设置须经民政主管部门审核后，按程序报设区的市级以上政府人事行政部门核准。具体管理办法由各省（自治区、直辖市）根据实际情况制定。

四、专业技术岗位名称及岗位等级

26. 民政事业单位的社会工作岗位中，中级专业技术岗位名称为社会工作师一级岗位、社会工作师二级岗位、社会工作师三级岗位，分别对应八至十级专业技术岗位；初级专业技术岗位名称为助理社会工作师一级岗位、助理社会工作师二级岗位，分别对应十一至十二级专业技术岗位。高级专业技术岗位名称待高级社会工作师评价具体办法出台后另行规定。

27. 其他专业技术岗位名称和对应等级参照相关行业指导意见和标准执行。原则上沿用现有专业技术名称。

28. 民政事业单位专业技术一级岗位属国家专设的特级岗位，其人员的确定按国家有关规定执行。

五、岗位基本条件

（一）各类岗位的基本条件

29. 民政事业单位三类岗位的基本条件，主要根据岗位的职责任务和任职条件确定。民政事业单位三类岗位的基本任职条件为：

（1）遵守宪法和法律；

（2）具有良好的品行；

（3）具备岗位所需的专业、能力或技能条件；

（4）适应岗位要求的身体条件。

（二）管理岗位基本条件

30. 民政事业单位职员岗位一般应具有中专以上文化程度，其中六级以上职员岗位，一般应具有大学专科以上文化程度，四级以上职员岗位，一般应具有大学本科以上文化程度。

31. 各等级职员岗位的基本任职条件：

（1）三级、五级职员岗位，须分别在四级、六级职员岗位上工作两年以上。

（2）四级、六级职员岗位，须分别在五级、七级职员岗位上工作三年以上。

（3）七级、八级职员岗位，须分别在八级、九级职员岗位上工作三年以上。

32. 各省（自治区、直辖市）、国务院有关部门以及民政事业单位在上述基本任职条件的基础上，根据本指导意见，结合实际情况，制定本地区、本部门以及本单位职员的具体条件。

（三）专业技术岗位基本条件

33. 民政事业单位专业技术岗位的基本任职条件按照国家现行专业技术职务评聘的有关规定执行。

34. 民政事业单位实行职业资格准入控制的专业技术岗位的基本条件，应包括准入控制的要求。

35. 各省(自治区、直辖市)、国务院有关部门以及民政事业单位在国家规定的专业技术高级、中级、初级岗位基本条件基础上,根据本指导意见,结合不同类型、不同层次专业技术岗位的实际情况,制定本地区、本部门以及本单位专业技术岗位的具体条件。

36. 民政事业单位专业技术高级、中级、初级岗位内部不同等级岗位的条件,由主管部门和民政事业单位按照《试行办法》、《实施意见》和本指导意见,根据岗位的职责任务、专业技术水平要求等因素综合确定。

(四)工勤技能岗位基本条件

37. 民政事业单位工勤技能岗位的基本任职条件为:

(1)一级、二级工勤技能岗位,须在本工种下一级岗位工作满5年,并分别通过高级技师、技师技术等级考评。

(2)三级、四级工勤技能岗位,须在本工种下一级岗位工作满5年,并分别通过高级工、中级工技术等级考核。

(3)学徒(培训生)学习期满和工人见习、试用期满,通过初级工技术等级考核后,可确定为五级工勤技能岗位。

六、岗位设置的审核

38. 民政事业单位岗位设置实行核准制度,严格按照规定的程序和管理权限进行审核。

39. 民政事业单位设置岗位按照以下程序进行:

(1)制定岗位设置方案,填写岗位设置审核表;

(2)按程序报主管部门审核、政府人事行政部门核准;

(3)在核准的岗位总量、结构比例和最高等级限额内,制定岗位设置实施方案;

(4)广泛听取职工对岗位设置实施方案的意见;

(5)岗位设置实施方案由单位负责人员集体讨论通过;

(6)组织实施。

40. 民政部直属的民政事业单位的岗位设置方案报民政部审核汇总后,报人力资源社会保障部备案。

41. 省(自治区、直辖市)民政部门直属民政事业单位的岗位设置方案经本省(自治区、直辖市)民政厅(局)审核后,报本省(自治区、直辖市)政府人事行政部门核准。

42. 地(市)民政部门直属民政事业单位的岗位设置方案经地(市)民政部门审核后,报本地(市)政府人事行政部门核准。

43. 县(县级市、区)民政部门直属民政事业单位的岗位设置方案经县(县级市、区)民政部门、县(县级市、区)政府人事行政部门审核汇总后,报地区或设区的市政府人事行政部门核准。

44. 民政事业单位的岗位总量、结构比例和最高等级应保持相对稳定。有下列情形之一的,岗位设置方案可按照第40条、第41条、第42条、第43条的权限申请变更:

(1)民政事业单位出现分立、合并,须对本单位的岗位进行重新设置的;

(2)根据上级或同级机构编制部门的正式文件,增减机构编制的;

(3)按照业务发展和实际情况,为完成工作任务确需变更岗位设置的。

45. 经核准的岗位设置方案作为聘用人员、确定岗位等级、调整岗位以及核定工资的依据。

七、岗位聘用

46. 民政事业单位按照《试行办法》、《实施意见》和本指导意见以及核准的岗位设置方案,根据按需设岗、竞聘上岗、按岗聘用的原则,确定具体岗位,明确岗位等级,聘用工作人员,签订聘用合同。

47. 民政事业单位聘用人员,应在岗位有空缺的情况下按照公开招聘、竞聘上岗的原则及有关规定择优聘用。

民政事业单位应分别按照管理岗位、专业技术岗位、工勤技能岗位的职责任务和任职条件,在核定的结构比例范围内聘用人员,聘用条件不得低于国家规定的基本条件。

48. 基层单位小、人员少、较分散,对岗位结构比例实行集中调控、集中管理的民政事业单位,可根据实际情况实行人员集中聘用。

49. 根据民政领域人才的特点和实际需求,对民政事业单位确有真才实学、成绩显著、贡献突出的人员,岗位急需且符合破格条件的,经上一级主管部门批准,可以根据有关规定破格聘用。

50. 民政事业单位新参加工作人员见习、试用期满后,管理人员按照《实施意见》规定确定相应的岗位等级;专业技术人员按照岗位条件要求确定岗位等级。

51. 尚未实行聘用制度和岗位管理制度的民政事业单位,应按照《国务院办公厅转发人事部关于在事业单位试行人员聘用制度意见的通知》(国办发〔2002〕35号)、《试行办法》、《实施意见》和本指导意见的精神,抓紧进行岗位设置,实行聘用制度,组织岗位聘用。

已经实行聘用制度,签订聘用合同的民政事业单位,可根据《试行办法》、《实施意见》和本指导意见,按照核准的岗位设置方案,对本单位现有人员确定相应的岗位,并变更聘用合同的有关内容。

52. 各级政府人事行政部门、民政事业单位主管部门和民政事业单位要根据国家有关规定,对现有在册的正式工作人员,按照现聘职务或岗位进入相应等级的岗位。

各地区、各部门和民政事业单位必须严格把握政策,不得违反规定突破现有的职务数额,不得突击聘用人员,不得突击聘用职务。要严格限制专业技术高级、中级、初级岗位中的高等级岗位的设置。

53. 民政事业单位聘用人员原则上不得同时在两类岗位上任职。根据民政事业单位的工作特点,确需兼任的,须按人事管理权限审批。

54. 民政事业单位首次进行岗位设置和岗位聘用，岗位结构比例不得突破现有人员的结构比例。现有人员的结构比例已经超过核准比例的，应通过自然减员、调出、低聘或解聘等办法，逐步达到规定的结构比例。尚未达到核准结构比例的，要严格控制岗位聘用数量，根据事业发展要求和人员队伍状况等情况逐年逐步到位。

八、组织实施

55. 岗位设置管理是民政事业单位人事制度改革的重要内容，是一项开创性、基础性工作，关系到民政事业的长远发展和广大干部职工的切身利益。要坚持以人为本，从民政事业单位的实际出发，根据事业的发展需要，切实保障职工的切身利益，积极稳妥地推进改革。

56. 各级民政部门要紧密结合本地区经济社会发展水平和民政事业单位的实际情况，切实发挥职能作用，制定具体方案，组织好所属民政事业单位岗位设置管理的实施工作。各级人事行政部门要加强与民政部门的沟通协调，结合本地区民政事业单位的特点，认真贯彻执行《试行办法》、《实施意见》和本指导意见精神。

57. 各地区、各部门和民政事业单位在岗位设置和岗位聘用工作中，要严格执行有关政策规定，坚持原则，坚持走群众路线。对违反规定滥用职权、打击报复、以权谋私的，要追究责任。对不按《试行办法》、《实施意见》和本指导意见进行岗位设置和岗位聘用的民政事业单位，政府人事行政部门、民政部门及有关部门不予确认岗位等级、不予兑现工资、不予核拨经费。情节严重的，对相关领导和责任人予以通报批评，按照人事管理权限给予相应的纪律处分。

58. 本指导意见由人力资源社会保障部、民政部负责解释。

关于加强人民调解员队伍建设的意见

（2018年4月27日　司发〔2018〕2号）

为认真落实党的十九大精神，深入贯彻党的十八届四中全会关于发展人民调解员队伍的决策部署，全面贯彻实施人民调解法，现就加强人民调解员队伍建设提出如下意见。

一、充分认识加强人民调解员队伍建设的重要意义

人民调解是在继承和发扬我国民间调解优良传统基础上发展起来的一项具有中国特色的法律制度，是公共法律服务体系的重要组成部分，在矛盾纠纷多元化解机制中发挥着基础性作用。人民调解员是人民调解工作的具体承担者，肩负着化解矛盾、宣传法治、维护稳定、促进和谐的职责使命。加强人民调解员队伍建设，对于提高人民调解工作质量，充分发挥人民调解维护社会和谐稳定“第一道防线”作用，推进平安中国、法治中国建设，实现国家治理体系与治理能力现代化具有重要意义。党中央、国务院历来高度重视人民调解工作。党的十八大以来，习近平总书记多次对人民调解工作作出重要指示批示，为做好人民调解工作和加强人民调解员队伍建设指明了方向。广大人民调解员牢记使命、扎根基层、无私奉献，积极开展矛盾纠纷排查调解工作，切实把矛盾纠纷化解在基层，消除在萌芽状态，为维护社会和谐稳定、服务保障和改善民生作出了积极贡献。当前，中国特色社会主义进入新时代。社会主要矛盾已经转化为人民日益增长的美好生活需要和不平衡不充分的发展之间的矛盾。人民不仅对物质文化生活提出了更高要求，而且在民主、法治、公平、正义、安全、环境等方面的要求日益增长。党的十九大强调，要加强预防和化解社会矛盾机制建设，正确处理人民内部矛盾。这些都对人民调解、行业专业调解和调解员队伍建设提出了新的更高要求。各地各有关部门一定要充分认识加强人民调解员队伍建设的重要性、紧迫性，切实增强责任感和使命感，采取有效措施，大力推进人民调解员队伍建设，不断提高人民调解工作水平，全力维护社会和谐稳定。

二、加强人民调解员队伍建设的指导思想和基本原则

（一）指导思想

深入贯彻落实党的十九大精神，坚持以习近平新时代中国特色社会主义思想为指导，按照“五位一体”总体布局和“四个全面”战略布局，全面贯彻实施人民调解法，优化队伍结构，着力提高素质，完善管理制度，强化工作保障，努力建设一支政治合格、熟悉业务、热心公益、公道正派、秉持中立的人民调解员队伍，为平安中国、法治中国建设作出积极贡献。

（二）基本原则

——坚持党的领导。认真贯彻落实中央关于人民调解工作的决策部署，确保人民调解员队伍建设的正确方向。

——坚持依法推动。贯彻落实人民调解法、民事诉讼法等法律规定，不断提高人民调解员队伍建设的规范化、法治化水平。

——坚持择优选聘。按照法定条件和公开公平公正的原则，吸收更多符合条件的社会人士和专业人员参与人民调解工作。

——坚持专兼结合。在积极发展兼职人民调解员队伍的同时，大力加强专职人民调解员队伍建设，不断优化人民调解员队伍结构。

——坚持分类指导。根据各地实际情况和专兼职人民调解员队伍的不同特点，完善管理制度，创新管理方式，不断提高人民调解工作质量。

三、加强人民调解员队伍建设的主要任务

（一）认真做好人民调解员选任工作

1. 严格人民调解员选任条件。人民调解员由人民调解委员会委员和人民调解委员会聘任的人员担任，既可以兼职，也可以专职。人民调解员应由公道正派、廉洁自律、热心人民调解工作，并具有一定文化水平、政策水平和法律知识的成年公民担任。乡镇（街道）人民调解委员会的调解员一般应具有高中以上学历，行业性、专业性人民调解委员会的调解员一般应具有大专以上学历，并具有相关行业、专业知识或工作经验。

2. 依法推选人民调解委员会委员。人民调解委员会委员通过推选产生。村民委员会、社区居民委员会的人民调解委员会委员由村民会议或者村民代表会议、居民会议或者居民代表会议推选产生。企业事业单位设立的人民调解委员会委员由职工大会、职工代表大会或者工会组织推选产生。乡镇（街道）人民调解委员会委员由行政区域内村（居）民委员会、有关单位、社会团体、其他组织推选产生。行业性、专业性人民调解委员会委员由有关单位、社会团体或者其他组织推选产生。人民调解委员会委员任期届满，应及时改选，可连选连任。任期届满的原人民调解委员会主任应向推选单位报告工作，听取意见。新当选的人民调解委员会委员应及时向社会公布。

3. 切实做好人民调解员聘任工作。人民调解委员会根据需要可以聘任一定数量的专兼职人民调解员，并颁发聘书。要注重从德高望重的人士中选聘基层人民调解员。要注重选聘律师、公证员、仲裁员、基层法律服务工作者、医生、教师、专家学者等社会专业人士和退休法官、检察官、民警、司法行政干警以及相关行业主管部门退休人员担任人民调解员，不断提高人民调解员的专业化水平。要积极发展专职人民调解员队伍，行业性、专业性人民调解委员会应有 3 名以上专职人民调解员，乡镇（街道）人民调解委员会应有 2 名以上专职人民调解员，有条件的村（居）和企事业单位人民调解委员会应有 1 名以上专职人民调解员，派驻有关单位和部门的人民调解工作室应有 2 名以上专职人民调解员。

（二）明确人民调解员职责任务

4. 人民调解员的职责任务。积极参与矛盾纠纷排查，对排查发现的矛盾纠纷线索，采取有针对性的措施，预防和减少矛盾纠纷的发生；认真开展矛盾纠纷调解，在充分听取当事人陈述和调查了解有关情况的基础上，通过说服、教育、规劝、疏导等方式方法，促进当事人平等协商、自愿达成调解协议，督促当事人及时履行协议约定的义务，人民调解员对当事人主动申请调解的，无正当理由不得推诿不受理；做好法治宣传教育工作，注重通过调解工作宣传法律、法规、规章和政策，教育公民遵纪守法，弘扬社会公德、职业道德和家庭美德；发现违法犯罪以及影响社会稳定和治安秩序的苗头隐患，及时报告辖区公安机关；主动向所在的人民调解委员会报告矛盾纠纷排查调解情况，认真做好纠纷登记、调解统计、案例选报和文书档案管理等工作；自觉接受司法行政部门指导和基层人民法院业务指导，严格遵守人民调解委员会制度规定，积极参加各项政治学习和业务培训；认真完成司法行政部门和人民调解委员会交办的其他工作任务。

（三）加强人民调解员思想作风建设

5. 加强思想政治建设。组织广大人民调解员认真学习宣传贯彻党的十九大精神，坚持以习近平新时代中国特色社会主义思想武装头脑、指导工作。教育引导人民调解员牢固树立政治意识、大局意识、核心意识、看齐意识，自觉在思想上政治上行动上同以习近平同志为核心的党中央保持高度一致。加强人民调解员职业道德教育，深入开展社会主义核心价值观和社会主义法治理念教育，弘扬调解文化，增强人民调解员的社会责任感和职业荣誉感。

6. 加强纪律作风建设。完善人民调解员行为规范，教育人民调解员严格遵守和执行职业道德和工作纪律，树立廉洁自律良好形象，培养优良作风。建立投诉处理机制，及时查处人民调解员违法违纪行为，不断提高群众满意度。

7. 加强党建工作。党员人民调解员应积极参加所属党支部的组织生活，加强党性修养，严守党员标准，自觉接受党内外群众的监督，发挥党员在人民调解工作中的先锋模范作用。支持具备条件的人民调解委员会单独建立党组织，落实基层党建基本制度，严格党内政治生活，突出政治功能，发挥战斗堡垒作用。

（四）加强人民调解员业务培训

8. 落实培训责任。开展人民调解员培训是司法行政部门的重要职责。要坚持分级负责、以县（市、区）为主，加大对人民调解员的培训力度。县（市、区）司法行政部门主要负责辖区内人民调解委员会主任、骨干调解员的岗前培训和年度培训，指导和组织司法所培训辖区内人民调解员；市（地、州）司法行政部门主要负责辖区内大中型企业、乡镇（街道）和行业性、专业性人民调解委员会主任、骨干调解员的岗前培训和年度培训；省（区、市）司法行政部门负责制定本地区人民调解员培训规划，组织人民调解员骨干示范培训，建立培训师资库；司法部负责组织编写培训教材，规范培训内容，开展人民调解员师资培训。司法行政部门要积极吸纳律师、公证员、司法鉴定人、专职人民调解员等作为培训师资力量，提高培训质量和水平。基层人民法院要结合审判工作实际和人民调解员队伍状况，积极吸纳人民调解委员会进入人民法院特邀调解组织名册，通过委派调解、委托调解，选任符合条件的人民调解员担任人民陪审员，加强司法确认工作等灵活多样的形式，加大对人民调解员进行业务培训的力度。

9. 丰富培训内容和形式。司法行政部门和人民调解员协会要根据本地和行业、专业领域矛盾纠纷特点设置培训课程，重点开展社会形势、法律政策、职业道德、专业知识和调解技能等方面的培训。创新培训方式和载体，采取集中授课、研讨交流、案例评析、实地考察、现场观摩、旁听庭审、实训演练等形式，提高培训的针对性、有效性。顺应“互联网+”发展趋势,建立完善人民调解员网络培训平台,推动信息技术与人民调解员培训深度融合。依托有条件的高校、培训机构开展培训工作,开发人民调解员培训课程和教材,建立完善人民调解员培训质量评估体系。

(五)加强对人民调解员的管理

10. 健全管理制度。人民调解委员会应当建立健全人民调解员聘用、学习、培训、考评、奖惩等各项管理制度,加强对人民调解员的日常管理。建立人民调解员名册制度,县(市、区)司法行政部门定期汇总人民调解员基本信息,及时向社会公开并通报人民法院,方便当事人选择和监督。建立岗位责任和绩效评价制度,完善评价指标体系。

11. 完善退出机制。人民调解员调解民间纠纷,应当坚持原则、明法析理、主持公道。对偏袒一方当事人,侮辱当事人,索取、收受财物或者牟取其他不正当利益,或泄露当事人的个人隐私、商业秘密的人民调解员,由其所在的人民调解委员会给予批评教育、责令改正;情节严重的,由推选或者聘任单位予以罢免或者解聘。对因违法违纪不适合继续从事调解工作;严重违反管理制度、怠于履行职责造成恶劣社会影响;不能胜任调解工作;因身体原因无法正常履职;自愿申请辞职的人民调解员,司法行政部门应及时督促推选或者聘任单位予以罢免或者解聘。

(六)积极动员社会力量参与人民调解工作

12. 发动社会力量广泛参与。切实发挥村(居)民小组长、楼栋长、网格员的积极作用,推动在村(居)民小组、楼栋(院落)等建立纠纷信息员队伍,帮助了解社情民意,排查发现矛盾纠纷线索隐患。发展调解志愿者队伍,积极邀请"两代表一委员"(党代表、人大代表、政协委员)、"五老人员"(老党员、老干部、老教师、老知识分子、老政法干警)、专家学者、专业技术人员、城乡社区工作者、大学生村官等参与矛盾纠纷化解。充分发挥律师、公证员、司法鉴定人、基层法律服务工作者、法律援助工作者等司法行政系统资源优势,形成化解矛盾纠纷工作合力。

13. 建立人民调解咨询专家库。县级以上司法行政部门可以根据调解纠纷需要,会同相关行业主管部门设立人民调解咨询专家库,由法学、心理学、社会工作和相关行业、专业领域的专业人员组成,相关专家负责向人民调解委员会提供专家咨询意见和调解建议。人民调解咨询专家库可以是包含多领域专业人才的区域性综合型专家库,也可以是某一特定行业、专业领域的专家库。

(七)强化对人民调解员的工作保障

14. 落实人民调解员待遇。地方财政根据当地经济社会发展水平和财力状况,适当安排人民调解员补贴经费。人民调解员补贴经费的安排和发放应考虑调解员调解纠纷的数量、质量、难易程度、社会影响大小以及调解的规范化程度。补贴标准由县级以上司法行政部门商同级财政部门确定,明令禁止兼职取酬的人员,不得领取人民调解员补贴。对财政困难地区,省级要统筹现有资金渠道,加强人民调解工作经费保障。人民调解委员会设立单位和相关行业主管部门应依法为人民调解员开展工作提供场所、设施等办公条件和必要的工作经费。省(区、市)司法行政部门或人民调解员协会应通过报纸、网络等形式,每半年或一年向社会公开人民调解经费使用情况和工作开展情况,接受社会监督。

15. 通过政府购买服务推进人民调解工作。司法行政部门应当会同有关部门做好政府购买人民调解服务工作,完善购买方式和程序,积极培育人民调解员协会、相关行业协会等社会组织,鼓励其聘请专职人民调解员,积极参与承接政府购买人民调解服务。

16. 落实人民调解员抚恤政策。司法行政部门应及时了解掌握人民调解员需要救助的情况,协调落实相关政策待遇。符合条件的人民调解员因从事调解工作致伤致残,生活发生困难的,当地人民政府应当按照有关规定提供必要的医疗、生活救助;在人民调解工作岗位上因工作原因死亡的,其配偶、子女按照国家规定享受相应的抚恤等相关待遇。探索多种资金渠道为在调解工作中因工作原因死亡、伤残的人民调解员或其亲属提供帮扶。

17. 加强对人民调解员的人身保护。人民调解员依法调解民间纠纷,受到非法干涉、打击报复或者本人及其亲属人身财产安全受到威胁的,当地司法行政部门和人民调解员协会应当会同有关部门采取措施予以保护,维护其合法权益。探索建立人民调解员人身保障机制,鼓励人民调解委员会设立单位和人民调解员协会等为人民调解员购买人身意外伤害保险等。

四、加强对人民调解员队伍建设的组织领导

(一)加强组织领导

司法行政机关负责指导人民调解工作,要把人民调解员队伍建设摆上重要位置,列入重要议事日程,切实加强指导。要主动向党委和政府汇报人民调解工作,积极争取有关部门重视和支持,着力解决人民调解员开展工作遇到的困难和问题。要完善相关制度,提高人民调解员队伍管理水平。人民调解员协会要发挥行业指导作用,积极做好对人民调解员的教育培训、典型宣传、权益维护等工作,加强对人民调解员队伍的服务和管理。

(二)落实部门职责

各有关部门要明确自身职责,加强协调配合,共同做好人民调解工作。各级政法委要将人民调解员队伍建设纳入综治工作(平安建设)考核评价体系。人民法院要通过各种形式,加强对人民调解员调解纠纷的业务指导,提高人民调解工作水平。财政部门要落实财政保障责任,会同司法行政部门确定经费保障标准,建立动态调整机制。民政部门要对符合条件的人民调解员落实相关社会救助和抚恤政策,会同人力资源社会保障部门把符合条件的人民调解员纳入社会工作专业人才培养和职业水平评价体系。各相关行业主管部门要从各方面对人民调解员开展工作提供支持和保障。

（三）加强表彰宣传

认真贯彻落实人民调解法，加大对人民调解员的表彰力度，对有突出贡献的人民调解员按照国家有关规定给予表彰奖励。要充分运用传统媒体和网络、微信、微博等新媒体，积极宣传人民调解工作典型人物和先进事迹，扩大人民调解工作社会影响力，增强广大人民调解员的职业荣誉感和自豪感，为人民调解员开展工作创造良好社会氛围。

各地要结合实际，按照本意见精神制定具体实施意见。

民政部职能配置、内设机构和人员编制规定

（2018 年）

第一条 根据党的十九届三中全会审议通过的《中共中央关于深化党和国家机构改革的决定》、《深化党和国家机构改革方案》和第十三届全国人民代表大会第一次会议批准的《国务院机构改革方案》，制定本规定。

第二条 民政部是国务院组成部门，为正部级。

第三条 民政部贯彻落实党中央关于民政工作的方针政策和决策部署，在履行职责过程中坚持和加强党对民政工作的集中统一领导。主要职责是：

（一）拟订民政事业发展法律法规草案、政策、规划，制定部门规章和标准并组织实施。

（二）拟订社会团体、基金会、社会服务机构等社会组织登记和监督管理办法并组织实施，依法对社会组织进行登记管理和执法监督。

（三）拟订社会救助政策、标准，统筹社会救助体系建设，负责城乡居民最低生活保障、特困人员救助供养、临时救助、生活无着流浪乞讨人员救助工作。

（四）拟订城乡基层群众自治建设和社区治理政策，指导城乡社区治理体系和治理能力建设，提出加强和改进城乡基层政权建设的建议，推动基层民主政治建设。

（五）拟订行政区划、行政区域界限管理和地名管理政策、标准，负责报国务院审批的行政区划设立、命名、变更和政府驻地迁移审核工作，组织、指导省县级行政区域界线的勘定和管理工作，负责地名管理工作，负责重要自然地理实体以及国际公有领域、天体地理实体的命名、更名审核工作。

（六）拟订婚姻管理政策并组织实施，推进婚俗改革。

（七）拟订殡葬管理政策、服务规范并组织实施，推进殡葬改革。

（八）统筹推进、督促指导、监督管理养老服务工作，拟订养老服务体系建设规划、政策、标准并组织实施，承担老年人福利和特殊困难老年人救助工作。

（九）拟订残疾人权益保护政策，统筹推进残疾人福利制度建设和康复辅助器具产业发展。

（十）拟订儿童福利、孤弃儿童保障、儿童收养、儿童救助保护政策、标准，健全农村留守儿童关爱服务体系和困境儿童保障制度。

（十一）组织拟订促进慈善事业发展政策，指导社会捐助工作，负责福利彩票管理工作。

（十二）拟订社会工作、志愿服务政策和标准，会同有关部门推进社会工作人才队伍建设和志愿者队伍建设。

（十三）完成党中央、国务院交办的其他任务。

（十四）职能转变。民政部应强化基本民生保障职能，为困难群众、孤老孤残孤儿等特殊群体提供基本社会服务，促进资源向薄弱地区、领域、环节倾斜。积极培育社会组织、社会工作者等多元参与主体，推动搭建基层社会治理和社区公共服务平台。

（十五）有关职责分工。

1. 与国家卫生健康委员会的有关职责分工。民政部负责统筹推进、督促指导、监督管理养老服务工作，拟订养老服务体系建设规划、法规、政策、标准并组织实施，承担老年人福利和特殊困难老年人救助工作。国家卫生健康委员会负责拟订应对人口老龄化、医养结合政策措施，综合协调、督促指导、组织推进老龄事业发展，承担老年疾病防治、老年人医疗照护、老年人心理健康与关怀服务等老年健康工作。

2. 与自然资源部的有关职责分工。民政部会同自然资源部组织编制公布行政区划信息的中华人民共和国行政区划图。

第四条 民政部设下列内设机构：

（一）办公厅（国际合作司）。负责机关日常运转，承担信息、安全、保密、信访、政务公开、新闻宣传、国际交流合作和与港澳台交流合作等工作。

（二）政策法规司。负责起草相关法律法规草案和规章，承担民政行业标准化工作，承担规范性文件的合法性审查和行政复议、行政应诉等工作。

（三）规划财务司。拟订民政事业发展规划和民政基础设施建设标准，指导和监督中央财政拨付的民政事业资金管理工作。拟订民政部门彩票公益金使用管理办法，管理本级彩票公益金。承担民政统计管理和机关及直属单位预决算、财务、资产管理与内部审计工作。

（四）社会组织管理局（社会组织执法监督局）。拟订社会团体、基金会、社会服务机构等社会组织登记和监督管理办法，按照管理权限对社会组织进行登记管理和执法监督，指导地方对社会组织的登记管理和执法监督工作。

（五）社会救助司。拟订城乡居民最低生活保障、特困人

员救助供养、临时救助等社会救助政策和标准，健全城乡社会救助体系，承办中央财政困难群众救助补助资金分配和监管工作。参与拟订医疗、住房、教育、就业、司法等救助相关办法。

（六）基层政权建设和社区治理司。拟订城乡基层群众自治建设和社区治理政策，指导城乡社区治理体系和治理能力建设，提出加强和改进城乡基层政权建设的建议，推动基层民主政治建设。

（七）区划地名司。拟订行政区划管理政策和行政区域界限、地名管理办法，审核报国务院审批的行政区划设立、命名、变更和政府驻地迁移，组织、指导省县级行政区域界线的勘定和管理，审核重要自然地理实体以及国际公有领域、天体地理实体的命名、更名，参与联合国地名标准化建设工作。

（八）社会事务司。推进婚俗和殡葬改革，拟订婚姻、殡葬、残疾人权益保护、生活无着流浪乞讨人员救助管理政策，参与拟订残疾人集中就业扶持政策，指导婚姻登记机关和残疾人社会福利、殡葬服务、生活无着流浪乞讨人员救助管理机构相关工作，协调省际生活无着流浪乞讨人员救助事务，指导开展家庭暴力受害人临时庇护救助工作。

（九）养老服务司。承担老年人福利工作，拟订老年人福利补贴制度和养老服务体系建设规划、政策、标准，协调推进农村留守老年人关爱服务工作，指导养老服务、老年人福利、特困人员救助供养机构管理工作。

（十）儿童福利司。拟订儿童福利、孤弃儿童保障、儿童收养、儿童救助保护政策、标准，健全农村留守儿童关爱服务体系和困境儿童保障制度，指导儿童福利、收养登记、救助保护机构管理工作。

（十一）慈善事业促进和社会工作司。拟订促进慈善事业发展政策和慈善信托、慈善组织及其活动管理办法。拟订福利彩票管理制度，监督福利彩票的开奖和销毁，管理监督福利彩票代销行为。拟订社会工作和志愿服务政策，组织推进社会工作人才队伍建设和志愿者队伍建设。

机关党委（人事司）。负责机关和在京直属单位的党群工作。承担机关和直属单位的人事管理、机构编制、教育培训、科技管理及队伍建设等工作。

离退休干部局。负责机关离退休干部工作，指导直属单位离退休干部工作。

第五条　民政部机关行政编制 333 名。设部长 1 名，副部长 4 名，司局级领导职数 47 名（含机关党委专职副书记 1 名、机关纪委书记 1 名、离退休干部局领导职数 3 名）。

第六条　民政部所属事业单位的设置、职责和编制事项另行规定。

第七条　本规定由中央机构编制委员会办公室负责解释，其调整由中央机构编制委员会办公室按规定程序办理。

第八条　本规定自 2018 年 12 月 31 日起施行。

二、社会组织管理

1. 综合

关于加强社会组织党的建设工作的意见(试行)

(2015 年 9 月)

为切实加强党对社会组织的领导,促进社会组织健康发展,根据党章和有关法律法规,现就加强社会组织党的建设工作提出如下意见。

一、加强社会组织党建工作的重要意义和总体要求

1. 重要意义。社会组织主要包括社会团体、民办非企业单位、基金会、社会中介组织以及城乡社区社会组织等。随着改革开放不断深入,我国社会组织快速发展,已成为社会主义现代化建设的重要力量、党的工作和群众工作的重要阵地。在协调推进全面建成小康社会、全面深化改革、全面依法治国、全面从严治党战略布局中,社会组织承担着重要任务,同时社会组织自身发展也面临许多新情况新问题新挑战。加强社会组织党建工作,对于引领社会组织正确发展方向,激发社会组织活力,促进社会组织在国家治理体系和治理能力现代化进程中更好发挥作用;对于把社会组织及其从业人员紧密团结在党的周围,不断扩大党在社会组织的影响力,增强党的阶级基础、扩大党的群众基础、夯实党的执政基础,都具有重要意义。

2. 总体要求。以马克思列宁主义、毛泽东思想、邓小平理论、“三个代表”重要思想、科学发展观为指导,深入贯彻习近平总书记系列重要讲话精神,坚持党的领导与社会组织依法自治相统一,把党的工作融入社会组织运行和发展过程,更好地组织、引导、团结社会组织及其从业人员;坚持从严从实,把握特点规律,严格落实党建工作制度,积极探索符合社会组织实际的方式方法,防止行政化和形式主义;坚持问题导向,着力破解组织体系不够健全、组织覆盖不够全面、作用发挥不够充分等难题,推动社会组织党建工作水平全面提升;坚持分类指导,根据不同类型不同规模社会组织情况开展工作,正确处理一致性和多样性关系,切实提高针对性和实效性,不断增强社会组织党组织的创造力凝聚力战斗力,充分发挥社会组织党组织的战斗堡垒作用和党员的先锋模范作用。

二、明确社会组织党组织功能定位

3. 地位作用。社会组织党组织是党在社会组织中的战斗堡垒,发挥政治核心作用。要着眼履行党的政治责任,紧紧围绕党章赋予基层党组织的基本任务开展工作,严肃组织生活,严明政治纪律、政治规矩和组织纪律,充分发挥党组织的政治功能和政治作用。要按照建设基层服务型党组织的要求,创新服务方式,提高服务能力,提升服务水平,通过服务贴近群众、团结群众、引导群众、赢得群众。

4. 基本职责。(1)保证政治方向。宣传和执行党的路线方针政策,宣传和执行党中央、上级党组织和本组织的决议,组织党员群众认真学习中国特色社会主义理论体系,深入学习习近平总书记系列重要讲话精神,教育引导党员群众遵守国家法律法规,引导监督社会组织依法执业、诚信从业。(2)团结凝聚群众。做好思想政治工作,教育引导职工群众增强政治认同,关心和维护职工群众的正当权利和利益,汇聚推进改革发展的正能量。(3)推动事业发展。激发从业人员工作热情和主人翁意识,帮助社会组织健全章程和各项管理制度,引导和支持社会组织有序参与社会治理、提供公共服务、承担社会责任。(4)建设先进文化。坚持用社会主义核心价值观引领文化建设,组织丰富多彩的文化活动,营造积极向上的文化氛围,教育党员群众自觉抵制不良倾向,坚决同各种违法犯罪行为作斗争。(5)服务人才成长。关心关爱人才,主动帮助引导,不断提高从业人员的思想和业务素质,支持和保障各类人才干事创业。(6)加强自身建设。创新组织设置,健全工作机制,严格执行组织生活各项制度,做好发展党员和党员教育管理服务工作。维护和执行党的纪律,监督党员切实履行义务,做好党风廉政建设工作。领导本单位工会、共青团、妇联等群团基层组织工作。

三、健全社会组织党建工作管理体制和工作机制

5. 健全工作机构。县级以上地方党委要依托党委组织部门和民政部门建立社会组织党建工作机构,已经建立非公有制企业党建工作机构的,可依托党委组织部门将其与社会组织党建工作机构整合为一个机构。党委组织部门对同级社会组织党建工作机构进行指导。上级社会组织党建工作机构对下级社会组织党建工作机构进行指导。

6. 理顺管理体系。全国性社会组织党建工作分别归口中央直属机关工委、中央国家机关工委、国务院国资委党委统一领导和管理。地方社会组织党建工作由省、市、县级社会组织党建工作机构统一领导和管理。上述机关或机构在社会组织党建工作方面的主要职责是:指导基层党组织建设、党员队伍建设、思想政治工作、党的群众工作和党风廉政建设;督促指导所属社会组织党组织按期换届,审批选出的书记、副书记;审核社会组织负责人人选;指导做好党的建设的其他工作。城乡社区社会组织党建工作由街道社区和乡镇村党组织兜底管理。有业务主管单位的社会组织党建工作,由业务主管单位党组织领导和管理,接受社会组织党建工作机构的工作指导。社会组织中设立的党组,对本单位和直属单位党组织的工作进行指导。各地要按照有利于开展党的活动、加强党员教育管理的原则理顺社会组织党组织隶属关系。

7. 完善工作机制。各级党委组织部门和社会组织党建工作机构要加强统筹协调,定期召开有关部门参加的社会组织党建工作会议,及时研究有关重要问题。注重上下联动,及时沟通社会组织党建工作动态信息,研究部署重点任务,运用基层经验推动面上工作。县级以上党委组织部门和社会组织党建工作机构应直接联系一批规模较大、人员较多、影响力强的社会组织党组织,及时了解情况、听取意见、加强指导。

四、推进社会组织党的组织和党的工作有效覆盖

8. 按单位建立党组织。凡有三名以上正式党员的社会组织,都要按照党章规定,经上级党组织批准,分别设立党委、总支、支部,并按期进行换届。规模较大、会员单位较多而党员人数不足规定要求的,经县级以上党委批准可以建立党委。社会组织变更、撤并或注销,党组织应及时向上级党组织报告,并做好党员组织关系转移等相关工作;上级党组织应及时对社会组织党组织变更或撤销作出决定。

9. 按行业建立党组织。行业特征明显、管理体系健全的行业,可依托行业协会商会建立行业党组织。行业党组织对会员单位党建工作进行指导。

10. 按区域建立党组织。在社会组织相对集中的各类街区、园区、楼宇等区域,可以打破单位界限统一建立党组织。规模小、党员少的社会组织可以本着就近就便原则,联合建立党组织。

11. 实现全领域覆盖。本着应建尽建的原则,加大党组织组建力度。暂不具备组建条件的社会组织,可通过选派党建工作指导员、联络员或建立工会、共青团组织等途径开展党的工作,条件成熟时及时建立党组织。新成立的社会组织,具备组建条件的,登记和审批机关应督促推动其同步建立党组织。街道社区、乡镇村党组织要加强对城乡社区社会组织的领导和指导。通过各种方式,逐步实现党的组织和党的工作有效覆盖。

五、拓展社会组织党组织和党员发挥作用的途径

12. 围绕社会组织健康发展开展党组织活动。党组织活动应与社会组织发展紧密结合,积极探索开展主题活动等有效载体,与社会组织执业活动、日常管理、文化建设等相互促进。推行社会组织党员管理层人员和党组织班子成员双向进入、交叉任职。党组织书记应参加或列席管理层有关会议,党组织开展的有关活动可邀请非党员社会组织负责人参加。

13. 贴近职工群众需求开展党组织活动。社会组织党组织要深入了解、密切关注职工群众思想状况和实际需求,创新思想政治教育方式,组织开展群众欢迎的活动,提供群众期盼的服务,加强人文关怀和心理疏导,积极为群众排忧解难,寓教育于服务之中,切实增强党组织的吸引力和影响力。坚持党建带群建、群建促党建,注重发挥工会、共青团、妇联等群团组织作用,形成做好群众工作合力。

14. 突出社会组织特点开展党组织活动。发挥社会组织及其从业人员专业特长,积极开展专业化志愿服务。发挥社会组织人才、信息等资源丰富的优势,主动与社区和其他领域党组织结对共建,实现资源共享、优势互补。发挥社会组织联系广泛的优势,组织党员在从业活动中宣传党的路线方针政策,凝聚社会共识。针对从业人员流动性强的特点,充分利用现代信息技术手段开展活动,增强党组织活动的开放性、灵活性和有效性。

15. 紧扣党员实际创新教育管理服务。着力保障和落实党员知情权、参与权、选举权、监督权,积极推进党务公开,提高党员对党内事务的参与度,发挥党员在党内政治生活中的主体作用。以党性教育为重点,加强党员教育培训,不断提高党员素质。通过设立党员先锋岗、党员责任区、党员服务窗口等形式,积极开展党员公开承诺践诺活动,充分发挥示范带动作用。按照"一方隶属、参加多重组织生活"原则,组织暂未转移组织关系的党员积极参加社会组织党组织的活动。加大发展党员工作力度,始终把政治标准放在首位,加强对入党积极分子的教育培养,注重把符合条件的社会组织负责人和业务骨干发展为党员,注重在没有党员或只有个别党员的社会组织中发展党员。强化党员管理监督,严格组织关系管理,及时处置不合格党员,保持党员队伍的先进性、纯洁性。

16. 贯彻从严要求提高组织生活质量。紧密联系党员思想工作实际,严格落实"三会一课"、民主评议党员、党员党性定期分析等制度。经常听取职工群众对党组织和党员的意见,对存在的问题及时进行整改。按照规定召开党员领导干部民主生活会,定期召开党员组织生活会,积极开展批评和自我批评,教育引导党员守纪律、讲规矩,坚决防止组织生活随意化、平淡化、娱乐化、庸俗化。

六、加强社会组织党务工作者队伍建设

17. 选优配强党组织书记。按照守信念、讲奉献、有本领、重品行的要求,选优配强社会组织党组织书记。党组织书记一般从社会组织内部产生,提倡党员社会组织负责人担任党组织书记。社会组织负责人不是党员的,可从管理层中选拔党组织书记。社会组织中没有合适人选的,可提请上级党组

织选派，再按党内有关规定任职。

18. 充实壮大党务工作者队伍。适应加强社会组织党建工作需要，坚持专兼职结合，多渠道、多样化选用，建设一支素质优良、结构合理、数量充足的党务工作者队伍。规模大、党员数量多的社会组织党组织，应配备专职副书记。加大党建工作指导员选派力度，充分发挥其组织宣传、联系服务、协调指导作用。在社会组织相对集中的区域建立党建工作站，配备专兼职人员做好党务工作。

19. 加强党务工作者教育培训。把社会组织党务工作者纳入基层党务干部培训范围，依托各级党校、行政学院、干部学院和高校开展培训。培训工作由党委组织部门、社会组织党建工作机构和民政、司法、财政、税务、教育、卫生计生、工商等有关部门组织实施。重点加强党的理论和路线方针政策、党内法规和国家法律法规、党务知识、社会组织管理等方面的教育培训，提高做好群众工作、服务社会组织发展的能力。

20. 强化管理和激励。坚持严格管理和关心激励相结合，建立健全符合社会组织特点的管理考核和激励约束制度，使社会组织党务工作者干事有平台、待遇有保障、发展有空间。社会组织党组织书记要认真落实党建工作责任制，每年应向上级党组织和本单位党员报告工作并接受评议。根据实际给予党组织书记和专职党务工作者适当工作津贴。注重推荐优秀党组织书记作为各级党代会代表、人大代表、政协委员人选，作为劳动模范等各类先进人物人选，推荐社会组织负责人作为上述人选时，要征求社会组织党组织意见。建立党务工作者职务变动报告制度，党组织书记因坚持原则遭受不公正待遇时，上级党组织应及时了解情况，给予帮助和支持。

七、加强对社会组织党建工作的组织领导

21. 落实领导责任。各级党委要切实加强对社会组织党建工作的领导，把社会组织党建工作纳入党建工作总体布局，作为抓基层党建工作述职评议考核和相关部门领导班子、领导干部考核的重要内容。加强对与行政机关脱钩的社会组织党建工作的领导，确保脱钩不脱管。各级党委组织部门要牵头抓总、统筹协调，社会组织党建工作机构要加强具体指导，民政、司法、财政、税务、教育、卫生计生、工商等部门要结合职能协同做好社会组织党建工作。对履行责任不到位的要追究责任。

22. 强化基础保障。建立多渠道筹措、多元化投入的党建工作经费保障机制。社会组织应将党建工作经费纳入管理费用列支，可按照有关规定据实在企业所得税前扣除。社会组织党员上交的党费全额下拨，党委组织部门可用留存党费给予支持。有条件的地方，可采取多种方式给予必要的经费支持。支持具备条件的社会组织建设党组织活动场所，在社会组织相对集中的区域统筹建设党群活动服务中心。鼓励企事业单位、机关和街道社区、乡镇村党组织与社会组织党组织场所共用、资源共享。加强对社会组织负责人的思想教育，引导他们主动支持党建工作，为党组织开展活动、做好工作提供必要条件，并将有关内容写入社会组织章程。

23. 抓好督促落实。各地区各有关部门要认真研究制定社会组织党建工作规划和年度计划，实行目标管理，加强督促检查，推动工作落实。制定完善社会组织党建工作考核评价办法，明确奖惩措施，强化结果运用。尊重基层首创精神，不断研究新情况、解决新问题。总结推广经验，培育宣传社会组织党组织、党员和社会组织负责人先进典型，营造社会组织党建工作良好氛围。

各地区各有关部门可结合实际，制定贯彻落实本意见的具体实施办法。

社会组织信用信息管理办法

（2018 年 1 月 24 日民政部令第 60 号公布　自公布之日起施行）

第一条　为加强社会组织信用信息管理，推进社会组织信用体系建设，促进社会组织健康有序发展，依据有关法律法规和国家有关规定，制定本办法。

第二条　本办法适用于社会组织登记管理机关（以下简称登记管理机关）在依法履行职责过程中形成或者获取的与社会组织信用状况有关信息的管理。

政府其他有关部门以及司法机关在履行职责过程中形成的与社会组织信用状况有关的信息，依法依规纳入社会组织信用信息进行管理。

第三条　国务院民政部门指导全国社会组织信用信息管理工作。

国务院民政部门和县级以上地方各级人民政府民政部门负责在本机关登记的社会组织信用信息管理工作。

第四条　社会组织信用信息的管理应当遵循依法公开、统一管理、分级负责、信息共享、动态更新的原则。

第五条　登记管理机关开展社会组织信用信息管理工作，应当依法保守国家秘密、商业秘密和个人隐私。

第六条　社会组织信用信息包括基础信息、年报信息、行政检查信息、行政处罚信息和其他信息。

第七条　基础信息是指反映社会组织登记、核准和备案等事项的信息。

年报信息是指社会组织依法履行年度工作报告义务并向社会公开的信息。

行政检查信息是指登记管理机关及政府有关部门对社会组织开展监督检查形成的结论性信息。

行政处罚信息是指社会组织受到的行政处罚种类、处罚结果、违法事实、处罚依据、处罚时间、作出行政处罚的部门等信息。

其他信息是指社会组织评估等级及有效期限、获得的政府有关部门的表彰奖励、承接政府购买服务或者委托事项、公开募捐资格、公益性捐赠税前扣除资格等与社会组织信用有关的信息。

第八条 登记管理机关应当在信息形成或者获取后5个工作日内将应予记录的社会组织信用信息采集录入到社会组织信息管理系统。尚未建立社会组织信息管理系统的登记管理机关,应当采取适当方式及时采集、记录相关信息。

登记管理机关应当加强对信用信息的管理和维护,保证信息安全。

第九条 登记管理机关依据社会组织未依法履行义务或者存在违法违规行为的有关信用信息,建立社会组织活动异常名录和严重违法失信名单制度。

第十条 因非行政处罚事项被列入活动异常名录或者严重违法失信名单的社会组织,登记管理机关在作出决定前,应当向社会组织书面告知列入的事实、理由、依据及其依法享有的权利。通过登记的住所无法取得联系的,可以通过互联网公告告知。

社会组织对被列入活动异常名录或者严重违法失信名单有异议的,可以在收到告知书之日起10个工作日内向登记管理机关提出书面陈述申辩意见并提交相关证明材料。通过公告方式告知的,社会组织自公告之日起30日内未提交陈述申辩意见的,视为无异议。

登记管理机关应当自收到陈述申辩意见之日起10个工作日内进行核实,作出是否列入活动异常名录或者严重违法失信名单的决定,并书面告知申请人。

第十一条 登记管理机关应当将有下列情形之一的社会组织列入活动异常名录:

(一)未按照规定时限和要求向登记管理机关报送年度工作报告的;

(二)未按照有关规定设立党组织的;

(三)登记管理机关在抽查和其他监督检查中发现问题,发放整改文书要求限期整改,社会组织未按期完成整改的;

(四)具有公开募捐资格的慈善组织,存在《慈善组织公开募捐管理办法》第二十一条规定情形的;

(五)受到警告或者不满5万元罚款处罚的;

(六)通过登记的住所无法与社会组织取得联系的;

(七)法律、行政法规规定应当列入的其他情形。

登记管理机关在依法履职过程中通过邮寄专用信函向社会组织登记的住所两次邮寄无人签收的,视作通过登记的住所无法与社会组织取得联系。两次邮寄间隔时间不得少于15日,不得超过30日。

第十二条 社会组织存在第十一条所列情形,但由业务主管单位或者其他有关部门书面证明该社会组织对此不负直接责任的,可以不列入活动异常名录。

第十三条 社会组织在被列入活动异常名录期间,再次出现应当列入活动异常名录情形的,列入时限重新计算。

第十四条 被列入活动异常名录的社会组织按照规定履行相关义务或者完成整改要求的,可以向登记管理机关申请移出活动异常名录,登记管理机关应当自查实之日起5个工作日内将其移出活动异常名录;如不存在应当整改或者履行相关义务情形的,自列入活动异常名录之日起满6个月后,由登记管理机关将其移出活动异常名录。

第十五条 登记管理机关应当将有下列情形之一的社会组织列入严重违法失信名单:

(一)被列入活动异常名录满2年的;

(二)弄虚作假办理变更登记,被撤销变更登记的;

(三)受到限期停止活动行政处罚的;

(四)受到5万元以上罚款处罚的;

(五)三年内两次以上受到警告或者不满5万元罚款处罚的;

(六)被司法机关纳入“失信被执行人”名单的;

(七)被登记管理机关作出吊销登记证书、撤销成(设)立登记决定的;

(八)法律、行政法规规定应当列入的其他情形。

第十六条 社会组织在被列入严重违法失信名单期间,出现应当列入活动异常名录或者严重违法失信名单情形的,列入时限重新计算。

第十七条 依照本办法第十五条第(一)项被列入严重违法失信名单的社会组织,登记管理机关应当自列入之日起,将其移出活动异常名录;自被列入严重违法失信名单之日起满2年,且按照规定履行相关义务或者完成整改要求的,可以向登记管理机关提出移出申请,登记管理机关应当自查实之日起5个工作日内将其移出严重违法失信名单。

依照本办法第十五条第(二)项至第(六)项规定被列入严重违法失信名单的社会组织,自被列入严重违法失信名单之日起满2年,可以向登记管理机关提出移出申请,登记管理机关应当自查实之日起5个工作日内将其移出严重违法失信名单。

依照本办法第十五条第(七)项规定被列入严重违法失信名单的,登记管理机关应当自该组织完成注销登记之日起5个工作日内将其移出严重违法失信名单。

第十八条 列入严重违法失信名单所依据的行政处罚决定、撤销登记决定或者“失信被执行人”名单被依法撤销或者删除的,社会组织可以向登记管理机关提出移出申请,登记管理机关应当自查实之日起5个工作日内将其移出严重违法失信名单。

第十九条 社会组织的信用信息、活动异常名录和严重违法失信名单应当向社会公开。登记管理机关通过互联网向社会提供查询渠道。

第二十条　社会组织对自身信用信息、活动异常名录和严重违法失信名单有异议的，可以向负责的登记管理机关提出书面申请并提交相关证明材料。登记管理机关应当在30个工作日内进行核实，发现存在错误的，应当自核实之日起5个工作日内予以更正；经核实后作出不予更改决定的，应当书面告知申请人并说明理由。

第二十一条　各级登记管理机关根据国家和本行政区域内信用体系建设的相关规定，通过全国信用信息共享平台向有关部门提供社会组织信用信息，实现部门信息共享。

第二十二条　各级登记管理机关协调配合相关部门，在各自职权范围内，依据社会组织信用信息采取相应的激励和惩戒措施，重点推进对失信社会组织的联合惩戒。

第二十三条　对信用良好的社会组织，登记管理机关可以采取或者建议有关部门依法采取下列激励措施：

（一）优先承接政府授权和委托事项；

（二）优先获得政府购买社会组织服务项目；

（三）优先获得资金资助和政策扶持；

（四）优先推荐获得相关表彰和奖励等；

（五）实施已签署联合激励备忘录中各项激励措施。

第二十四条　对被列入严重违法失信名单的社会组织，登记管理机关可以采取或者建议有关部门依法采取下列惩戒措施：

（一）列入重点监督管理对象；

（二）不给予资金资助；

（三）不向该社会组织购买服务；

（四）不授予相关荣誉称号；

（五）作为取消或者降低社会组织评估等级的重要参考；

（六）实施已签署联合惩戒备忘录中各项惩戒措施。

第二十五条　登记管理机关工作人员在开展社会组织信用信息管理工作中滥用职权、徇私舞弊、玩忽职守的，视其情节轻重给予批评教育或者行政处分；构成犯罪的，依法追究其刑事责任。

第二十六条　本办法自发布之日起施行。

社会组织登记管理机关行政处罚程序规定

（2021年9月14日民政部令第68号公布　自2021年10月15日起施行）

第一章　总　　则

第一条　为规范社会组织登记管理机关（以下简称登记管理机关）行政处罚程序，保护公民、法人或者其他组织的合法权益，促进社会组织健康发展，根据《中华人民共和国行政处罚法》、《中华人民共和国行政强制法》以及社会组织登记管理等法律、行政法规，制定本规定。

第二条　登记管理机关实施行政处罚应当遵循公正、公开的原则，坚持处罚与教育相结合，做到事实清楚、证据确凿、适用依据正确、程序合法、处罚适当。

第三条　各级登记管理机关负责管辖在本机关登记的社会组织的行政处罚案件。

第四条　登记管理机关发现不属于本机关管辖的社会组织在本行政区域内有违法行为的，应当及时通报有管辖权的登记管理机关。

有管辖权的登记管理机关可以书面委托违法行为发生地的登记管理机关对社会组织违法案件进行调查。

有管辖权的登记管理机关跨行政区域调查社会组织违法案件的，有关登记管理机关应当积极配合并协助调查。

第五条　登记管理机关发现所调查的案件不属于本机关管辖的，应当将案件移送有管辖权的机关处理。

第六条　登记管理机关应当依法以文字、音像等形式，对行政处罚的启动、调查取证、审核、决定、送达、执行等进行全过程记录，归档保存。

第二章　立案、调查取证

第七条　登记管理机关对同时符合以下条件的违法行为，应当及时立案：

（一）有违反社会组织登记管理规定的违法事实；

（二）属于登记管理机关行政处罚的范围；

（三）属于本机关管辖。

立案应当填写立案审批表，由登记管理机关负责人审批。

第八条　行政处罚应当由具有行政执法资格的执法人员实施，执法人员不得少于两人。

执法人员应当文明执法，尊重和保护当事人合法权益。

第九条　执法人员在调查或者进行检查时，应当主动向当事人或者有关人员出示执法证件。当事人或者有关人员有权要求执法人员出示执法证件。执法人员不出示执法证件的，当事人或者有关人员有权拒绝接受调查或者检查。

当事人或者有关人员应当如实回答询问，并协助调查或者检查，不得拒绝或者阻挠。询问或者检查应当制作笔录。

第十条　执法人员与案件有直接利害关系或者有其他关系可能影响公正执法的，应当回避。

当事人认为执法人员与案件有直接利害关系或者有其他关系可能影响公正执法的，有权申请回避。

当事人提出回避申请的，登记管理机关应当依法审查，由登记管理机关负责人决定。决定作出之前，不停止调查。

第十一条　执法人员调查和收集证据应当遵循全面、客观、公正原则。

证据包括：

（一）书证；

（二）物证；
（三）视听资料；
（四）电子数据；
（五）证人证言；
（六）当事人的陈述；
（七）鉴定意见；
（八）勘验笔录、现场笔录。

证据必须经查证属实，方可作为认定案件事实的根据。以非法手段取得的证据，不得作为认定案件事实的根据。

第十二条 执法人员应当收集与案件有关的原件、原物作为书证、物证。收集原件、原物确有困难的，可以提取复制品、照片、录像、副本、节录本，由证据提供人核对无误后注明与原件、原物一致，并注明出证日期、证据出处，同时签名或者盖章。

第十三条 执法人员收集视听资料、电子数据，应当收集有关资料、数据的原始载体，收集原始载体有困难的，可以提取复制件，注明制作方法、制作时间、制作人和证明对象等。声音资料应当附有该声音内容的文字记录。

第十四条 执法人员向当事人、证人或者其他有关人员调查了解情况时，应当单独询问，并制作询问笔录。

询问笔录应当交被询问人核对；对阅读有困难的，应当向其宣读。询问笔录如有错误、遗漏，应当允许被询问人更正或者补充，涂改部分应当由被询问人签名、盖章或者以其他方式确认。经核对无误后，由被询问人在询问笔录上逐页签名、盖章或者以其他方式确认。

执法人员应当在询问笔录上签名。

第十五条 执法人员可以要求当事人、证人或者其他有关人员提供证明材料，并要求其在提供的材料上签名或者盖章。

第十六条 对有违法嫌疑的物品或者场所进行检查时，应当通知当事人到场。当事人不到场的，邀请见证人到场。执法人员应当制作现场笔录，载明时间、地点、事件等内容，由执法人员、当事人或者见证人签名或者盖章。当事人拒绝签名、盖章或者不能签名、盖章的，应当注明原因。

第十七条 登记管理机关在收集证据时，在证据可能灭失或者以后难以取得的情况下，经登记管理机关负责人批准，可以采取先行登记保存措施。

第十八条 先行登记保存有关证据，执法人员应当通知当事人到场，送达先行登记保存通知书，当场告知当事人采取先行登记保存措施的理由、依据以及当事人依法享有的权利、救济途径，听取当事人的陈述和申辩，并按照本规定第十六条制作现场笔录。

执法人员应当当场清点证据，加封登记管理机关先行登记保存封条，并开具证据清单，由当事人和执法人员签名或者盖章，交当事人留存一份，归档一份。

登记保存证据期间，当事人或者有关人员不得损坏、销毁或者转移证据。

第十九条 先行登记保存证据后，登记管理机关应当在七个工作日内作出以下处理决定：

（一）对依法应予没收的物品，依照法定程序处理；
（二）对依法应当由有关部门处理的，移交有关部门；
（三）不需要继续登记保存的，解除登记保存，并根据情况及时对解除登记保存的证据采取记录、复制、拍照、录像等措施。

第二十条 执法人员应当围绕证据的真实性、关联性和合法性，针对有无证明效力对证据材料进行核实。

第二十一条 对收集到的证据材料，执法人员应当制作证据目录，并对证据材料的来源、证明对象和内容作简要说明。

第三章 行政处罚的决定

第二十二条 案件调查终结，执法人员应当制作案件调查终结报告。

案件调查终结报告的内容包括：社会组织的基本情况、案件来源、调查过程、案件事实、证据材料、法律依据、处理建议等。

第二十三条 登记管理机关在作出行政处罚决定之前，应当制作行政处罚事先告知书，告知当事人拟作出的行政处罚内容及事实、理由、依据，并告知当事人依法享有的陈述、申辩等权利。

当事人可以自收到行政处罚事先告知书之日起五个工作日内提出陈述和申辩。陈述和申辩可以书面或者口头形式提出。当事人口头提出的，执法人员应当制作陈述笔录，交由当事人核对无误后签字或者盖章。

第二十四条 登记管理机关应当充分听取当事人的意见，对当事人提出的事实、理由和证据，应当进行复核；当事人提出的事实、理由或者证据成立的，登记管理机关应当采纳。

登记管理机关不得因当事人陈述、申辩而给予更重的处罚。

第二十五条 登记管理机关作出较大数额罚款、没收较大数额违法所得、没收较大价值非法财物、限期停止活动、撤销登记、吊销登记证书的处罚决定前，应当在行政处罚事先告知书或者听证告知书中告知当事人有要求听证的权利。

当事人要求听证的，应当在登记管理机关告知后五个工作日内提出。登记管理机关应当在举行听证的七个工作日前，通知当事人以及有关人员听证的时间、地点。

听证应当制作笔录。笔录应当交当事人或者其代理人核对无误后签字或者盖章。当事人或者其代理人拒绝签字或者盖章的，由听证主持人在笔录中注明。听证结束后，登记管理机关应当根据听证笔录，依照本规定第二十七条作出决定。

第二十六条 当事人逾期未提出陈述、申辩或者要求听证的，视为放弃上述权利。

第二十七条 登记管理机关负责人应当对案件调查结果

进行审查，根据不同情况分别作出如下决定：

（一）确有应受行政处罚的违法行为的，根据情节轻重及具体情况，作出行政处罚决定；

（二）违法行为轻微，依法可以不予行政处罚的，不予行政处罚；

（三）违法事实不能成立的，不予行政处罚；

（四）违法行为涉嫌犯罪的，移送司法机关。

第二十八条 对下列案件，登记管理机关负责人应当集体讨论决定：

（一）拟给予较大数额罚款、没收较大数额违法所得、没收较大价值非法财物的；

（二）拟限期停止活动的；

（三）拟撤销登记或吊销登记证书的；

（四）其他情节复杂或者有重大违法行为的。

第二十九条 有下列情形之一，在登记管理机关负责人作出行政处罚的决定之前，应当由从事行政处罚决定法制审核的人员进行法制审核；未经法制审核或者审核未通过的，不得作出决定：

（一）涉及重大公共利益的；

（二）直接关系当事人或者第三人重大权益，经过听证程序的；

（三）案件情况疑难复杂、涉及多个法律关系的；

（四）法律、法规规定应当进行法制审核的其他情形。

登记管理机关中初次从事行政处罚决定法制审核的人员，应当通过国家统一法律职业资格考试取得法律职业资格。

第三十条 登记管理机关决定对社会组织给予行政处罚的，应当制作行政处罚决定书。行政处罚决定书应当载明下列事项：

（一）当事人的姓名或者名称、地址；

（二）违反法律、法规、规章的事实和证据；

（三）行政处罚的种类和依据；

（四）行政处罚的履行方式和期限；

（五）申请行政复议、提起行政诉讼的途径和期限；

（六）作出行政处罚决定的登记管理机关名称和作出决定的日期。

行政处罚决定书应当加盖作出行政处罚决定的登记管理机关的印章。

第三十一条 登记管理机关应当自行政处罚案件立案之日起九十日内作出行政处罚决定。因案情复杂或者其他原因，不能在规定期限内作出处理决定的，经登记管理机关负责人批准，可以延长三十日。案情特别复杂或者有其他特殊情况，经延期仍不能作出处理决定的，应当由登记管理机关负责人集体讨论决定是否继续延期，决定继续延期的，应当同时确定延长的合理期限。

案件处理过程中，听证、公告、审计和检测、鉴定等时间不计入前款所指的案件办理期限。

第三十二条 具有一定社会影响的行政处罚决定应当依法公开。公开的行政处罚决定被依法变更、撤销、确认违法或者确认无效的，登记管理机关应当在三日内撤回行政处罚决定信息并公开说明理由。

第三十三条 登记管理机关及其工作人员对实施行政处罚过程中知悉的国家秘密、商业秘密或者个人隐私，应当依法予以保密。

第四章 行政处罚的执行

第三十四条 当事人对登记管理机关的行政处罚决定不服，申请行政复议或者提起行政诉讼的，行政处罚不停止执行，法律另有规定的除外。

第三十五条 登记管理机关对当事人作出罚没款处罚的，应当严格执行罚没款收缴分离制度。登记管理机关及其执法人员不得自行收缴罚没款。当事人应当自收到行政处罚决定书之日起十五日内到指定银行或者通过电子支付系统缴纳罚没款。

当事人确有经济困难，需要延期或者分期缴纳罚没款的，应当提出书面申请。经登记管理机关负责人批准，同意当事人延期或者分期缴纳的，登记管理机关应当书面告知当事人延期或者分期的期限、数额。

第三十六条 依法没收的非法财物，按照国家有关规定处理。

第三十七条 社会组织被限期停止活动的，由登记管理机关封存登记证书（含正本、副本）、印章和财务凭证。停止活动的期间届满，社会组织应当根据登记管理机关要求提交整改报告。

第三十八条 登记管理机关依法责令社会组织撤换直接负责的主管人员的，社会组织应当在登记管理机关规定的期限内执行。

第三十九条 登记管理机关对社会组织作出撤销登记或者吊销登记证书的处罚决定的，应当收缴登记证书（含正本、副本）和印章。

第四十条 当事人逾期不履行行政处罚决定的，登记管理机关可以采取下列措施：

（一）到期不缴纳罚款的，每日按罚款数额的百分之三加处罚款，加处罚款的标准应当告知当事人，加处罚款的数额不得超出原罚款数额；

（二）依照《中华人民共和国行政强制法》的规定申请人民法院强制执行；

（三）法律规定的其他措施。

登记管理机关批准延期、分期缴纳罚款的，申请人民法院强制执行的期限，自暂缓或者分期缴纳罚款期限结束之日起计算。

第五章 送 达

第四十一条 行政处罚决定书应当在宣告后当场交付当事人。当事人不在场的,应当在七个工作日内依照本规定将行政处罚决定书送达当事人。

第四十二条 执法人员送达法律文书应当有送达回证,由受送达人在送达回证上记明收到日期,签名或者盖章。

受送达人在送达回证上的签收日期为送达日期。

第四十三条 送达法律文书,应当直接送交受送达人。受送达人是自然人的,本人不在时交其同住成年家属签收;受送达人是法人或者其他组织的,应当由法人的法定代表人、其他组织的主要负责人或者该法人、其他组织负责收件的人签收;受送达人有委托代理人的,可以送交其代理人签收;受送达人已向登记管理机关指定代收人的,送交代收人签收。

第四十四条 受送达人拒绝签收法律文书的,送达人可以邀请有关基层组织或者所在单位的代表到场,说明情况,在送达回证上记明拒收事由和日期,由送达人、见证人签名或者盖章,把法律文书留在受送达人的住所;也可以把法律文书留在受送达人的住所,并采用拍照、录像等方式记录送达过程,即视为送达。

第四十五条 直接送达法律文书有困难的,有管辖权的登记管理机关可以委托其他登记管理机关代为送达,或者邮寄送达。邮寄送达的,以回执上注明的收件日期为送达日期。

第四十六条 当事人同意并签订确认书的,可以采用手机短信、传真、电子邮件、即时通讯账号等能够确认其收悉的电子方式向其送达法律文书,登记管理机关应当通过拍照、截屏、录音、录像等方式予以记录,手机短信、传真、电子邮件、即时通讯信息等到达受送达人特定系统的日期为送达日期。

第四十七条 本章规定的其他方式无法送达的,公告送达。可以在报纸或者登记管理机关门户网站等媒体刊登公告,自公告发布之日起,经过六十日,即视为送达,发出公告日期以刊登日期为准。公告送达,应当在案件材料中载明原因和经过。

第六章 结案、归档

第四十八条 有下列情形之一的,应予结案:

(一)行政处罚案件执行完毕的;

(二)作出不予行政处罚决定的;

(三)作出移送司法机关决定的。

第四十九条 结案后,登记管理机关应当按照下列要求及时将案件材料整理归档:

(一)案卷应当一案一卷,案卷可以分正卷、副卷;

(二)各类文书和证据材料齐全完整,不得损毁伪造;

(三)案卷材料书写时应当使用钢笔、毛笔或者签字笔。

第五十条 卷内材料应当按照处罚决定书和送达回证在前、其余材料按照办案时间顺序排列的原则排列。

内部审批件可以放入副卷。

卷内材料应当编制目录,并逐页标注页码。

第五十一条 案卷归档后,任何人不得私自增加或者抽取案卷材料。有关单位或者个人申请查阅案卷的,按照社会组织登记档案管理有关规定执行。

第七章 附 则

第五十二条 本规定有关期间的规定,除注明工作日外,按自然日计算。

期间开始之日不计算在内。期间不包括在途时间,期间届满的最后一日为法定节假日的,以节假日后的第一日为期间届满的日期。

第五十三条 本规定自2021年10月15日起施行。2012年8月3日民政部发布的《社会组织登记管理机关行政处罚程序规定》同时废止。

社会组织登记管理机关行政执法约谈工作规定(试行)

(2016年3月16日 民发〔2016〕39号)

第一条 为加强对社会组织的事中事后监管,提高行政监管效能,促进社会组织健康有序发展,根据《社会团体登记管理条例》、《基金会管理条例》和《民办非企业单位登记管理暂行条例》,制定本规定。

第二条 社会组织登记管理机关对发生违法违规情形的社会组织,可以约谈其负责人,指出问题,提出改正意见,督促社会组织及时纠正违法违规行为。

第三条 约谈应当遵循依法、合理、及时、有效的原则。

第四条 本规定所称负责人为社会组织的理事长(会长)、副理事长(副会长)、秘书长(院长、校长等)。

前款规定的人员因故不能如期参加约谈的,社会组织应当向登记管理机关书面说明情况,经登记管理机关同意,可以更改约谈时间。

第五条 对同一案件涉及多家社会组织的,可以个别约谈,也可以集中约谈。

第六条 登记管理机关应当制作《约谈通知书》,告知社会组织约谈时间、地点、事项和参加人员等。情况紧急的,可以电话通知社会组织。

第七条 登记管理机关进行约谈时,应当有两名以上执法人员参加,并出示执法证件。必要时可以邀请业务主管单位、行业主管部门、相关职能部门参加。

第八条 约谈按以下程序进行:

(一)执法人员出示证件,表明身份,并核对约谈对象身份;

（二）执法人员告知约谈目的和注意事项；

（三）执法人员指出社会组织的违法违规情形，告知相关法律法规及政策规定；

（四）约谈对象针对本条第（三）项内容进行陈述；

（五）执法人员提出整改意见，对违法违规行为尚未终止的，要求立即停止。

第九条 约谈对象接受整改意见的，应当作出整改承诺；如不接受，则约谈程序终止。

第十条 登记管理机关可以根据需要对约谈过程进行录音、录像。

第十一条 登记管理机关应当制作约谈笔录，约谈结束后由执法人员和约谈对象签字或盖章。约谈对象拒绝签字或盖章的，由执法人员在约谈笔录上注明。

第十二条 对作出整改承诺的社会组织，登记管理机关应当跟踪检查其整改情况。

第十三条 登记管理机关可以将约谈对象、约谈事项、整改承诺等约谈情况及不接受约谈的社会组织名单向社会公布。

第十四条 社会组织的违法违规行为构成行政处罚情形的，登记管理机关不得以约谈代替行政处罚。

第十五条 约谈对象无正当理由不接受约谈，不接受整改意见或不落实整改承诺的，登记管理机关应当及时启动其他执法程序，并将上述情况作为年度检查、等级评估、信用评价、购买服务及税收优惠等工作的参考。

社会组织评估管理办法

（2010年12月27日民政部令第39号公布　自2011年3月1日起施行）

第一章　总　　则

第一条 为了规范社会组织评估工作，制定本办法。

第二条 本办法所称社会组织是指经各级人民政府民政部门登记注册的社会团体、基金会、民办非企业单位。

第三条 本办法所称社会组织评估，是指各级人民政府民政部门为依法实施社会组织监督管理职责，促进社会组织健康发展，依照规范的方法和程序，由评估机构根据评估标准，对社会组织进行客观、全面的评估，并作出评估等级结论。

第四条 社会组织评估工作应当坚持分级管理、分类评定、客观公正的原则，实行政府指导、社会参与、独立运作的工作机制。

第五条 各级人民政府民政部门按照登记管理权限，负责本级社会组织评估工作的领导，并对下一级人民政府民政部门社会组织评估工作进行指导。

第二章　评估对象和内容

第六条 申请参加评估的社会组织应当符合下列条件之一：

（一）取得社会团体、基金会或者民办非企业单位登记证书满两个年度，未参加过社会组织评估的；

（二）获得的评估等级满5年有效期的。

第七条 社会组织有下列情形之一的，评估机构不予评估：

（一）未参加上年度年度检查；

（二）上年度年度检查不合格或者连续2年基本合格；

（三）上年度受到有关政府部门行政处罚或者行政处罚尚未执行完毕；

（四）正在被有关政府部门或者司法机关立案调查；

（五）其他不符合评估条件的。

第八条 对社会组织评估，按照组织类型的不同，实行分类评估。

社会团体、基金会实行综合评估，评估内容包括基础条件、内部治理、工作绩效和社会评价。民办非企业单位实行规范化建设评估，评估内容包括基础条件、内部治理、业务活动和诚信建设、社会评价。

第三章　评估机构和职责

第九条 各级人民政府民政部门设立相应的社会组织评估委员会（以下简称评估委员会）和社会组织评估复核委员会（以下简称复核委员会），并负责对本级评估委员会和复核委员会的组织协调和监督管理。

第十条 评估委员会负责社会组织评估工作，负责制定评估实施方案、组建评估专家组、组织实施评估工作、作出评估等级结论并公示结果。

复核委员会负责社会组织评估的复核和对举报的裁定工作。

第十一条 评估委员会由7至25名委员组成，设主任1名、副主任若干名。复核委员会由5至9名委员组成，设主任1名、副主任1名。

评估委员会和复核委员会委员由有关政府部门、研究机构、社会组织、会计师事务所、律师事务所等单位推荐，民政部门聘任。

评估委员会和复核委员会委员聘任期5年。

第十二条 评估委员会和复核委员会委员应当具备下列条件：

（一）熟悉社会组织管理工作的法律法规和方针政策；

（二）在所从事的领域具有突出业绩和较高声誉；

（三）坚持原则，公正廉洁，忠于职守。

第十三条 评估委员会召开最终评估会议须有2/3以上委员出席。最终评估采取记名投票方式表决，评估结论须经全体委员半数以上通过。

第十四条 评估委员会可以下设办公室或者委托社会机构（以下简称评估办公室），负责评估委员会的日常工作。

第十五条 评估专家组负责对社会组织进行实地考察，并提出初步评估意见。

评估专家组由有关政府部门、研究机构、社会组织、会计师事务所、律师事务所等有关专业人员组成。

第四章　评估程序和方法

第十六条　社会组织评估工作依照下列程序进行：

（一）发布评估通知或者公告；

（二）审核社会组织参加评估资格；

（三）组织实地考察和提出初步评估意见；

（四）审核初步评估意见并确定评估等级；

（五）公示评估结果并向社会组织送达通知书；

（六）受理复核申请和举报；

（七）民政部门确认社会组织评估等级、发布公告，并向获得3A以上评估等级的社会组织颁发证书和牌匾。

第十七条　地方各级人民政府民政部门应当将获得4A以上评估等级的社会组织报上一级民政部门审核备案。省级人民政府民政部门应当在每年12月31日前，将本行政区域社会组织等级评估情况以及获得5A评估等级的社会组织名单上报民政部。

第十八条　评估期间，评估机构和评估专家有权要求参加评估的社会组织提供必要的文件和证明材料。参加评估的社会组织应当予以配合，如实提供有关情况和资料。

第五章　回避与复核

第十九条　评估委员会委员、复核委员会委员和评估专家有下列情形之一的，应当回避：

（一）与参加评估的社会组织有利害关系的；

（二）曾在参加评估的社会组织任职，离职不满2年的；

（三）与参加评估的社会组织有其他可能影响评估结果公正关系的。

参加评估的社会组织向评估办公室提出回避申请，评估办公室应当及时作出是否回避的决定。

第二十条　参加评估的社会组织对评估结果有异议的，可以在公示期内向评估办公室提出书面复核申请。

第二十一条　评估办公室对社会组织的复核申请和原始证明材料审核认定后，报复核委员会进行复核。

第二十二条　复核委员会应当充分听取评估专家代表的初步评估情况介绍和申请复核社会组织的陈述，确认复核材料，并以记名投票方式表决，复核结果须经全体委员半数以上通过。

第二十三条　复核委员会的复核决定，应当于作出决定之日起15日内，以书面形式通知申请复核的社会组织。

第二十四条　评估办公室受理举报后，应当认真核实，对情况属实的作出处理意见，报复核委员会裁定。裁定结果应当及时告知举报人，并通知有关社会组织。

第二十五条　评估委员会委员、复核委员会委员和评估专家应当实事求是、客观公正，遵守评估工作纪律。

第六章　评估等级管理

第二十六条　社会组织评估结果分为5个等级，由高至低依次为5A级（AAAAA）、4A级（AAAA）、3A级（AAA）、2A级（AA）、1A级（A）。

第二十七条　获得评估等级的社会组织在开展对外活动和宣传时，可以将评估等级证书作为信誉证明出示。评估等级牌匾应当悬挂在服务场所或者办公场所的明显位置，自觉接受社会监督。

第二十八条　社会组织评估等级有效期为5年。

获得3A以上评估等级的社会组织，可以优先接受政府职能转移，可以优先获得政府购买服务，可以优先获得政府奖励。

获得3A以上评估等级的基金会、慈善组织等公益性社会团体可以按照规定申请公益性捐赠税前扣除资格。

获得4A以上评估等级的社会组织在年度检查时，可以简化年度检查程序。

第二十九条　评估等级有效期满前2年，社会组织可以申请重新评估。

符合参加评估条件未申请参加评估或者评估等级有效期满后未再申请参加评估的社会组织，视为无评估等级。

第三十条　获得评估等级的社会组织有下列情形之一的，由民政部门作出降低评估等级的处理，情节严重的，作出取消评估等级的处理：

（一）评估中提供虚假情况和资料，或者与评估人员串通作弊，致使评估情况失实的；

（二）涂改、伪造、出租、出借评估等级证书，或者伪造、出租、出借评估等级牌匾的；

（三）连续2年年度检查基本合格的；

（四）上年度年度检查不合格或者上年度未参加年度检查的；

（五）受相关政府部门警告、罚款、没收非法所得、限期停止活动等行政处罚的；

（六）其他违反法律法规规定情形的。

第三十一条　被降低评估等级的社会组织在2年内不得提出评估申请，被取消评估等级的社会组织在3年内不得提出评估申请。

第三十二条　民政部门应当以书面形式将降低或者取消评估等级的决定，通知被处理的社会组织及其业务主管单位和政府相关部门，并向社会公告。

第三十三条　被取消评估等级的社会组织须在收到通知书之日起15日内将原评估等级证书、牌匾退回民政部门；被降低评估等级的社会组织须在收到通知书之日起15日内将评估等级证书、牌匾退回民政部门，换发相应的评估等级证书、牌匾。拒不退回（换）的，由民政部门公告作废。

第三十四条　评估委员会委员、复核委员会委员和评估专家在评估工作中未履行职责或者弄虚作假、徇私舞弊的,取消其委员或者专家资格。

第七章 附 则

第三十五条 社会组织评估经费从民政部门社会组织管理工作经费中列支。不得向评估对象收取评估费用。

第三十六条 社会组织评估标准和内容、评估等级证书牌匾式样由民政部统一制定。

第三十七条 本办法自 2011 年 3 月 1 日起施行。

全国性社会组织评估管理规定

(2021 年 12 月 2 日 民发〔2021〕96 号)

第一章 总 则

第一条 为规范全国性社会组织评估工作,推动社会组织高质量发展,根据《中华人民共和国慈善法》、《中共中央办公厅 国务院办公厅关于改革社会组织管理制度 促进社会组织健康有序发展的意见》和《社会组织评估管理办法》,结合社会组织评估实践,制定本规定。

第二条 本规定所称全国性社会组织是指经民政部登记成立的社会团体、基金会、社会服务机构。

第三条 全国性社会组织评估工作遵循自愿申请、公开透明、客观公正的原则,实行分类评估、动态管理。

第四条 民政部负责全国性社会组织评估工作,设立全国性社会组织评估委员会(以下简称评估委员会)承担全国性社会组织评估工作。

评估委员会下设办公室(以下简称评估办公室)具体负责评估实施方案制定、评估专家管理、组织实施实地评估、评估等级管理等日常工作。

第五条 全国性社会组织评估经费列入财政预算。不得向评估对象收取评估费用。

第六条 全国性社会组织评估结果分为 5 个等级,由高至低依次为 5A 级(AAAAA)、4A 级(AAAA)、3A 级(AAA)、2A 级(AA)、1A 级(A)。

社会组织评估等级有效期为 5 年。

第七条 全国性社会组织评估等级纳入社会组织信用体系。获得 3A 以上等级的全国性社会组织,在评估等级有效期内,可以按照有关规定,享受相关政策。

第二章 评估对象和内容

第八条 申请参加评估的全国性社会组织应当符合下列条件之一:

(一)取得社会组织法人登记证书满 2 年,未参加过社会组织评估的;

(二)获得评估等级满 5 年有效期的;

(三)评估等级在有效期内,获得评估等级满 2 年的。

第九条 全国性社会组织有下列情形之一的,不予评估:

(一)未参加上年度年度检查或者未按规定履行上年度年度工作报告义务的;

(二)上年度年度检查不合格或者连续 2 年基本合格的;

(三)上年度受到登记管理机关或者其他政府部门有关行政处罚或者行政处罚尚未执行完毕的;

(四)被列入社会组织活动异常名录或者严重违法失信名单的;

(五)正在被有关政府部门或者司法机关立案调查的;

(六)其他不符合评估条件的。

第十条 全国性社会组织评估应当反映社会组织坚持和加强党的全面领导,参与经济建设、社会事业、基层治理,服务国家、服务社会、服务群众、服务行业等方面的情况。评估内容主要包括基础条件、内部治理、工作绩效、社会评价等。

第三章 评估工作程序

第十一条 开展社会组织评估工作之前,民政部应当发布评估通知或者公告。

申请参加评估的全国性社会组织应当按照评估工作有关规定和要求,向评估办公室提交评估申请。

第十二条 评估办公室自收到申请之日起 10 个工作日内审核社会组织参评资格,符合条件的,予以受理;不符合条件不予受理的,应当告知并说明理由。

第十三条 评估委员会组建评估专家组,对获得评估资格的全国性社会组织进行实地评估。

第十四条 实地评估方式主要包括:

(一)座谈问询。了解参评社会组织工作开展情况。

(二)查阅文件。对参评社会组织有关会议纪要、文件资料、财务凭证、业务活动资料等进行查阅核实。

(三)个别访谈。通过与参评社会组织专职和兼职工作人员,党组织负责人、普通党员和群众,社会组织负责人、财务人员等谈话,了解有关工作开展情况。

参评社会组织应当按照评估专家组要求如实提供相关资料,反映有关情况。

第十五条 评估办公室应当通过线上线下等渠道向业务主管单位、行业管理部门、党建工作机构等相关部门以及参评社会组织的会员、理事、监事、捐赠人、受益人等相关方了解其社会评价情况。

第十六条 实地评估完成后,评估专家组应当在 7 个工作日内向评估办公室提交实地评估意见。

评估办公室审核汇总后,向参评社会组织反馈实地评估情况及相关意见建议。

第十七条 社会组织实地评估和社会评价等工作完成

后，在30日内形成评估报告、提出评估等级建议，提交评估委员会审议。

第十八条 评估委员会召开会议，审议评估等级，并向社会公示。

会议出席委员人数应当占全体委员人数的三分之二以上。会议采取记名投票表决方式，评估等级须经全体委员半数以上通过。

第十九条 参评社会组织对评估等级有异议的，可以在公示期内向评估办公室提出书面复核申请。

评估办公室对社会组织的复核申请和原始证明材料进行审核。必要时，可以进行实地核实。

第二十条 评估办公室根据核实情况拟定复核意见，提交评估委员会审定后，在15个工作日内，以书面形式通知申请复核的社会组织。

第二十一条 评估办公室应当设立评估工作投诉举报热线，向社会公开，接受社会监督。对评估期间收到的与评估工作有关的投诉举报，应当及时核实，并在评估报告中客观反映有关核实情况。

第二十二条 公示结束后，评估委员会应当向民政部报送社会组织评估等级及相关公示情况。民政部确认评估等级后，发布公告，并向获得3A以上评估等级的全国性社会组织颁发证书和牌匾。

第四章 评估专家管理

第二十三条 评估委员会建立全国性社会组织评估专家库。对入库评估专家实行聘任制，聘任期为3年；聘任期满，视情决定是否续聘。

第二十四条 评估专家应当具备以下资格条件：

（一）拥护中国共产党领导，拥护党的路线方针政策，遵纪守法，具备良好的思想政治素质和职业道德；

（二）具备从事社会组织评估工作的政策理论水平和相关专业知识；

（三）具备社会组织工作相关从业经验；

（四）身体健康状况能够胜任社会组织评估工作。

第二十五条 评估专家应当严格遵守有关法律法规和评估工作纪律，勤勉尽责、诚实守信、客观公正、廉洁自律。

第二十六条 评估专家应当对评估中涉及的国家秘密、商业机密、个人隐私，以及参评社会组织其他信息严格保密。

第二十七条 评估专家有下列情形之一的，应当回避：

（一）与参评社会组织有利害关系的；

（二）曾在参评社会组织任职，离职不满2年的；

（三）与参评社会组织有其他可能影响评估结果公正关系的。

参评社会组织向评估办公室提出回避申请，评估办公室应当及时作出是否回避的决定。

第二十八条 评估专家在评估工作中有下列行为之一的，取消其专家资格：

（一）接受参评社会组织或者有关人员宴请、馈赠的；

（二）私下与参评社会组织或者有关人员有不当接触的；

（三）评估结果未公布前，泄露评估结果及相关信息的；

（四）评估专家在聘任期内未参与评估工作、连续2次专家评价不合格或者接受任务后无故缺席2次的；

（五）以评估专家名义开展有偿活动，私自开展与评估相关的培训、辅导、合作活动或者从事有损社会组织评估工作形象的其他活动的；

（六）存在应当回避情形未主动提出的；

（七）有其他可能影响公正评估行为的。

第二十九条 评估办公室应当加强评估专家管理，建立健全评估专家评价机制，完善评估专家培训制度。根据评估专家使用情况、承担评估工作绩效、职业操守状况、接受培训情况等对评估专家进行考核评价。评价结果作为评估专家续聘和出库的重要参考。

第五章 监督管理

第三十条 评估办公室每年抽取一定比例评估等级在有效期内的全国性社会组织，按照本规定第三章有关规定进行跟踪评估。民政部根据跟踪评估情况对相关社会组织作出相应的等级调整或确认，并向社会公告。

第三十一条 评估等级在有效期内的全国性社会组织有下列情形之一的，评估办公室应当进行核查评估。

（一）评估中提供虚假情况和资料，或者与评估工作相关人员串通作弊，致使评估结果失实的；

（二）涂改、伪造、出租、出借评估等级证书，或者伪造、出租、出借评估等级牌匾的；

（三）未参加上年度年度检查或者未按规定履行上年度年度工作报告义务的；

（四）上年度年度检查不合格或者连续2年基本合格的；

（五）被列入社会组织异常活动名录或者严重违法失信名单的；

（六）上年度受到登记管理机关或者其他政府部门有关行政处罚的；

（七）有与评估相关的投诉举报的；

（八）发生其他可能影响评估等级情形的。

民政部根据核查评估情况，对相关社会组织作出相应的等级调整或确认，并向社会公告。

第三十二条 获得评估等级的全国性社会组织在开展对外活动和宣传时，可以将评估等级证书作为信誉证明出示。评估等级牌匾应当悬挂在服务场所或者办公场所的明显位置，自觉接受社会监督。

第三十三条 在评估等级有效期内的全国性社会组织因

提前参加评估或者因跟踪评估、核查评估调整评估等级的，须在收到通知书之日起15日内将原评估等级证书、牌匾退回评估办公室，换发相应的评估等级证书、牌匾。拒不退回（换）的，由民政部按规定公告作废。

第六章 附 则

第三十四条 全国性社会组织评估标准以及评估等级证书牌匾式样由民政部制定。

第三十五条 本规定自2022年1月1日起施行。

关于进一步明确公益性社会组织申领公益事业捐赠票据有关问题的通知

（2016年2月14日 财综〔2016〕7号）

各省、自治区、直辖市、计划单列市财政厅（局）、民政厅（局），新疆生产建设兵团财务局、民政局：

随着我国公益事业的发展和社会公众公益慈善意识的增强，公益性社会组织逐渐成为接受公益事业捐赠的重要主体。为进一步明确公益性社会组织申领公益事业捐赠票据有关问题，现通知如下：

一、在民政部门依法登记，并从事公益事业的社会团体、基金会和民办非企业单位（以下简称公益性社会组织），按照《公益事业捐赠票据使用管理暂行办法》规定，可以到同级财政部门申领公益事业捐赠票据。

二、公益事业捐赠票据实行凭证领用（购）、分次限量、核旧领（购）新的申领制度。

公益性社会组织首次申领公益事业捐赠票据时，应按规定程序先行申请办理《财政票据领用（购）证》，并提交申请函、民政部门颁发的登记证书、组织机构代码证书副本原件及复印件、单位章程（章程中应当载明本组织开展公益事业的具体内容），以及财政部门规定的其他材料。财政部门依据《财政票据管理办法》和《公益事业捐赠票据使用管理暂行办法》，对公益性社会组织提供的申请材料进行严格审核，对符合公益事业捐赠票据管理规定的申请，予以核准，办理《财政票据领用（购）证》，并发放公益事业捐赠票据。

公益性社会组织再次申领公益事业捐赠票据时，应当出示《财政票据领用（购）证》，并提交前次公益事业捐赠票据使用情况，包括册（份）数、起止号码、使用份数、作废份数、收取金额及票据存根等内容。财政部门对上述内容审核合格后，核销其票据存根，并继续发放公益事业捐赠票据。

三、公益性社会组织接受捐赠应当遵守相关法律、行政法规规定，遵循自愿、无偿原则，并严格按照《财政票据管理办法》和《公益事业捐赠票据使用管理暂行办法》使用公益事业捐赠票据，自觉接受财政部门的监督检查。

四、各级财政部门应当加强对公益性社会组织领用（购）、使用、保管公益事业捐赠票据的监督检查，发现违规使用公益事业捐赠票据问题，应予以严肃查处，并及时向有关部门通报，确保票据管理规范有序。

五、各级民政部门要督促公益性社会组织做好公益事业捐赠票据使用管理工作，并将公益性社会组织使用公益事业捐赠票据情况纳入年度检查、评估、执法监察以及公益性社会组织信用信息记录等工作体系中，加强对公益性社会组织监管。

民政部办公厅关于在社会组织登记管理工作中加强名称管理有关问题的通知

（2018年6月12日 民办发〔2018〕11号）

各省、自治区、直辖市民政厅（局），各计划单列市民政局，新疆生产建设兵团民政局：

名称管理是社会组织登记的重要环节，是规范管理社会组织的基础性工作。加强社会组织名称管理，确保社会组织的名称与其组织性质、业务范围、登记管理机关管辖区域等相一致，对于落实社会组织登记管理制度，维护社会组织发展秩序，促进社会组织健康有序发展意义重大。目前社会组织名称管理总体良好，但也存在一些问题，主要表现在：有的社会组织名称未冠以所在地的县级以上行政区划名称；有的地方社会组织名称擅自冠以“中国”、“全国”、“中华”，甚至“亚洲”、“世界”等字样；有的名称应当包含字号的，缺乏字号；有的名称中的组织形式与组织类型不一致，如将社会团体登记为社会服务机构，将社会服务机构登记为基金会；有的社会组织特别是其分支机构、代表机构名称使用不规范等。上述情形虽然是少数现象，但损害了社会组织登记管理工作的严肃性，误导了社会公众，必须坚决予以纠正。为切实加强和改进社会组织名称管理，进一步做好社会组织登记管理工作，现就有关事项通知如下：

一、进一步严格依法依规审核社会组织名称。各地民政部门审核社会组织名称，要严格遵守社会组织登记管理法律法规以及《基金会名称管理规定》（民政部令第26号）、《民办非企业单位名称管理暂行规定》（民发〔1999〕129号）等有关规定，加强对社会组织名称的规范性、完整性和名实一致性审查，不得超越本部门的法定权限和管辖范围审核社会组织名称，不得登记或者变相登记跨省级行政区域的社会团体、全国性社会团体或者国际性社会团体。

二、组织开展社会组织名称管理自查工作。自查工作以省（自治区、直辖市）为单位，自本通知发布之日起，对查出的名称不符合规定的，各级民政部门要依法依规进行规范。自查工作要与完善名称管理制度结合起来，加强审核把关，提高审核质量;要与加强社会组织登记管理工作党风廉政建设结合起来,发现登记管理工作存在违法违规行为的,应依法依纪予以处理;要与社会组织信息化建设结合起来,对已录入统一社会信用代码系统的数据要进行全量核查,发现数据项不完整、数据录入不规范、登记业务不规范的,要及时补充完善,切实提高数据质量。有关自查情况请于2018年10月31日前报民政部社会组织管理局,主要内容应突出存在的问题、整改情况和工作建议。

三、进一步加强对社会组织规范使用名称情况的监督检查。各级民政部门要认真查处社会组织未规范使用在民政部门登记的名称的行为,特别是要重点查处社会组织分支机构、代表机构违规以各类法人组织的名称命名,在名称中使用"中国"、"中华"、"全国"、"国家"等字样,开展活动未冠有所属社会组织名称等行为。通过监督检查,引导社会组织依法依规、科学设立分支机构、代表机构,建立健全日常管理和退出机制,促进分支机构、代表机构发挥积极作用。

四、进一步落实工作指导和请示制度。省级民政部门要主动加强对地(市)级民政部门工作指导,地(市)级民政部门要主动加强对县级民政部门工作指导,确保社会组织名称管理的各项规定落到实处。地方民政部门在名称审核、管理过程中涉及法规政策适用不清楚的,应统一由省级民政部门向民政部书面请示。

五、切实加强专项检查和社会监督。省级民政部门要对本行政区域开展自查情况进行专项检查,民政部社会组织管理局将于今年年底前对各地开展自查情况进行抽查,对于自查工作不到位的,予以通报批评;对于本通知发布之后新登记社会组织名称审核仍不规范的,发现一起,通报批评一起。各地民政部门应当建立健全社会监督机制,畅通社会监督渠道,及时受理和查处相关投诉举报,规范社会组织活动,促进其健康有序发展。

社会组织统一社会信用代码实施方案(试行)

(2015年12月30日 民办函〔2015〕468号)

按照《国务院关于批转发展改革委等部门法人和其他组织统一社会信用代码制度建设总体方案的通知》(国发〔2015〕33号)要求,为做好社会组织统一社会信用代码工作,制定本方案。

一、任务目标

实施统一社会信用代码(以下简称"统一代码")制度,统筹码段资源管理,稳步实施源头赋码,准确制发统一代码,建立存量映射关系,规范基础业务报表,加强社会组织信息发布,推动统一代码的应用。

二、实现路径

(一)分配主体标识码码段,制成统一代码。

省级民政部门取得主体标识码码段后,根据本省各级登记管理机关五年内各类社会组织发展所需数量,利用统一下发的全国社会组织统一社会信用代码制发系统,分配省本级和地级、县级码段,并生成各类《社会组织统一代码使用一览表》。

有全省统一业务管理系统的,通过系统进行统一代码的分发和使用;没有全省统一业务管理系统的,将已生成的《社会组织统一代码一览表》逐级发放。

建议省级民政部门将本省主体标识码总量的四分之一作为预留码。

(二)使用统一的基础业务报表。

各地将业务报表分为基础部分和扩展部分,基础部分全国统一使用,扩展部分各地根据工作需要自行制定。全省的业务报表尽量统一,以便汇总全省社会组织的信息。

(三)印制并换发新的社会组织登记证书。

各地按照《民政部关于改变社会组织登记证书印制及征订方式的通知》中的标准执行。

对于新成立的社会组织赋予统一代码,颁发新证书,只打印统一代码。

对于已登记的社会组织,利用变更、备案、年检、证书到期、会议培训、评估表彰等机会,进行逐步有序换发新证书。

(四)建立统一代码与登记证号的映射关系。

映射关系的建立是后期业务办理和及时换发证书的基础。各地取得统一代码后,对于已登记管理的社会组织,要建立起统一代码与登记证号的映射关系,完成统一代码的预赋工作。有业务系统的地方要在数据库中增加"统一代码"数据项,将统一代码与登记证号关联使用,逐步建立起以统一代码为主键的新数据库;没有业务系统的地方要建立统一代码与登记证号映射表。

(五)改造业务管理系统,加强统一代码应用。

对于有业务管理系统的地方,要改造业务系统中所有涉及的功能,如网上填报、审批、数据中心、证书打印、查询统计、信息汇总和交换共享等。改造后的业务管理系统要实现以统一代码为索引的各项应用功能。在法人库、社会信用信息化工程,以及其它信息系统建设和改造中,要将统一代码设为数据库主键,并作为部门间信息交换共享的唯一标识。

(六)建立健全信息发布和共享机制。

统一代码赋予社会组织后,省级以下民政部门要将其组织名称、统一代码、原登记证号(指存量社会组织)、登记管理机关、登记时间、组织类型、法定代表人、住所、状态等基本信息逐级汇总至省级民政部门。省级汇总全省信息后发布至全国统一信用信息共享交换平台,以便部里掌握全国情况,同时实现《方案》中关于信息回传、社会公开、互联共享等方面的要求。

各地要根据不同的工作条件,注意把握相应的信息发布时限。

省级民政部门没有信息汇集和发布平台的,可利用法人库项目或其它信息化项目的名义申请经费,抓紧建设。

三、进度安排

鉴于各地信息化工作条件不同,具体工作进度安排,由各省(自治区、直辖市)根据实际情况在实施方案中进行明确。

全国总体进度安排如下:

(一)2015 年底前完成统一代码实施准备工作。

(二)2016 年 1 月 1 日起,对新批准成立、办理变更业务的社会组织赋予统一代码,发放新登记证书并发布公告。

(三)2016 年—2017 年,通过各种登记管理业务办理,对存量社会组织进行换发新证书并发布公告。

(四)2017 年底前,完成全部社会组织的证书换发和公告发布。

四、保障措施

(一)成立全省统一代码实施工作领导小组。

省级民政部门主要业务负责人牵头,成立全省统一代码实施工作领导小组,制订本省具体实施方案,统筹安排,明确任务分工,责任到人。各地成立工作领导小组后,将负责人和联系人名单报部民间组织管理局。

(二)建立各级工作组。

在领导小组的指导下,各级民政部门建立专门的工作组,指派专人负责统一代码实施工作中的综合协调、工作落实、信息汇总和传送、检查指导、宣传引导等事项。

(三)申请工作经费。

按照国发〔2015〕33 号文件要求,统一代码制度建设所需经费纳入同级政府预算。各级民政部门积极向财政部门申请统一代码制度建设过程中所需各种经费,纳入财政预算。

(四)加强沟通汇报。

在统一代码实施工作中遇到困难和问题时,及时与地方发展改革委沟通,并向上级民政部门汇报。

附件:全国社会组织主体标识码码段分配表

附件:

全国社会组织主体标识码码段分配表

序号	单位名称	存量约数	号码数量	数量大写	码段分配
1	民政部	2400	10000	壹万	MJ000000 - MJ009999
2	北京市	9600	40000	肆万	MJ010000 - MJ049999
3	天津市	4900	20000	贰万	MJ050000 - MJ069999
4	河北省	21700	90000	玖万	MJ070000 - MJ159999
5	山西省	13200	60000	陆万	MJ160000 - MJ219999
6	内蒙古自治区	13700	60000	陆万	MJ220000 - MJ279999
7	辽宁省	21900	90000	玖万	MJ280000 - MJ369999
8	吉林省	12400	50000	伍万	MJ370000 - MJ419999
9	黑龙江省	15500	70000	柒万	MJ420000 - MJ489999
10	上海市	12900	60000	陆万	MJ490000 - MJ549999
11	江苏省	79500	320000	叁拾贰万	MJ550000 - MJ869999
12	浙江省	43600	180000	壹拾捌万	MJ870000 - MJA49999
13	安徽省	25700	110000	壹拾壹万	MJA50000 - MJB59999
14	福建省	24800	110000	壹拾壹万	MJB60000 - MJC69999
15	江西省	21900	90000	玖万	MJC70000 - MJD59999
16	山东省	47400	200000	贰拾万	MJD60000 - MJF59999
17	河南省	37900	160000	壹拾陆万	MJF60000 - MJH19999
18	湖北省	30000	130000	壹拾叁万	MJH20000 - MJJ49999

19	湖南省	30800	130000	壹拾叁万	MJJ50000 - MJK79999
20	广东省	55700	230000	贰拾叁万	MJK80000 - MJN09999
21	广西壮族自治区	22700	100000	壹拾万	MJN10000 - MJP09999
22	海南省	6600	30000	叁万	MJP10000 - MJP39999
23	重庆市	15000	60000	陆万	MJP40000 - MJP99999
24	四川省	42600	180000	壹拾捌万	MJQ00000 - MJR79999
25	贵州省	11800	50000	伍万	MJR80000 - MJT29999
26	云南省	21100	90000	玖万	MJT30000 - MJU19999
27	西藏自治区	800	5000	伍仟	MJU20000 - MJU24999
28	陕西省	23300	100000	壹拾万	MJU25000 - MJW24999
29	甘肃省	17700	70000	柒万	MJW25000 - MJW94999
30	青海省	3400	20000	贰万	MJW95000 - MJX14999
31	宁夏回族自治区	5400	30000	叁万	MJX15000 - MJX44999
32	新疆维吾尔自治区	10300	50000	伍万	MJX45000 - MJX94999
33	新疆生产建设兵团	900	5000	伍仟	MJX95000 - MJX99999

关于已登记管理的社会组织统一社会信用代码处理方式的通知

（2016年2月2日　民办函〔2016〕52号）

各省、自治区、直辖市、计划单列市、新疆生产建设兵团民政厅（局）、质量技术监督局（市场监督管理部门）：

为贯彻落实《国务院关于批转发展改革委等部门法人和其他组织统一社会信用代码制度建设总体方案的通知》（国发〔2015〕33号），根据全国组织机构代码管理中心《关于向民政部提交组织机构代码存量数据的函》（组代管中函〔2015〕115号）中"按照已登记的机构沿用原组织机构代码作为主体标识码的原则，完成存量数据向统一社会信用代码数据的转换"的要求，现将已登记管理的社会组织实施统一社会信用代码的有关事项通知如下：

一、省级社会组织登记管理机关尽快将全省（区、市）各级登记管理机关在2016年1月1日前登记的社会组织基本信息（如社会组织名称、登记证号、组织机构代码、组织类型、法定代表人、住所、登记管理机关名称、登记管理机关行政区划代码等）提供给省级组织机构代码管理机构进行核查。省级组织机构代码管理机构尽快完成核查工作。因各地信息化手段不一，基本信息的内容、格式、交换方式等由各地协商确定。

二、对于核查后可确认组织机构代码的社会组织，由组织机构代码管理机构实现对统一社会信用代码的批量转换，并交付社会组织登记管理机关使用。若此类社会组织已领取了由新组织机构代码码段生成的统一社会信用代码证书，登记管理机关需重新发放。

三、对于核查后无法确认组织机构代码的社会组织，登记管理机关直接赋予由新组织机构代码码段生成的统一社会信用代码。

四、各地社会组织登记管理机关要与组织机构代码管理机构加强沟通，相互配合，共同完成统一社会信用代码转换和实施工作，为下一步信息回传工作打下基础。对工作中出现的新情况、新问题请及时反馈。

关于推进社会组织统一社会信用代码制度建设和信息共建共享有关事项的通知

（2017年11月24日　民办函〔2017〕324号）

各省、自治区、直辖市民政厅（局）、发展改革委、质量技术监督局（市场监督管理部门），各计划单列市民政局、发展改革委、质量技术监督局（市场监督管理部门），新疆生产建设兵团民政局、发展改革局、质量技术监督局（市场监督管理部门）：

为全面落实国务院关于建立全国统一社会信用代码制度、推进"多证合一"的任务部署，解决社会组织统一社会信用代码（以下简称"统一代码"）赋码工作中的实际问题，推进全国社会组织信息互联互通、共建共享，现就有关事项通知如下：

一、关于社会组织统一代码数据回传

依托全国社会组织统一社会信用代码系统（以下简称“统一代码系统”）的部署使用，全国社会组织统一代码转换工作已基本完成。为确保统一代码“一数一源”、避免多头填报，从2018年1月1日起，到国家法人库建成前，全国社会组织数据以统一代码系统为基准，与法人和其他组织统一社会信用代码数据库进行同步回传，同时与全国信用信息共享平台进行数据对接，并通过“信用中国”网站公示社会组织信用信息，各级民政部门的统计台账应与统一代码系统数据保持一致。

部署使用统一代码系统的地方，要将该系统作为社会组织登记管理的信息化工具，办结一个、上传一个新登记组织的信息。使用自建信息系统的地方，要采取接口对接方式将数据回传至统一代码系统，频率不低于每24小时交换一次，每日18时前完成当日数据交换。各地要根据国家发展改革委等五部委《关于做好法人和其他组织统一社会信用代码信息回传和校核纠错的通知》（发改办财金〔2017〕836号）的要求，至少回传社会组织18个字段项，并逐步按照统一代码系统信息回传模板27个字段项的要求，补录存量组织缺失数据项。条件具备的地方，应按统一代码系统的表单内容最大化地回传字段项（约为50项）。

将社会组织登记纳入行政审批制度改革的地方，要贯彻落实中央编办（国务院审改办）等五部委《关于实行行政审批中公民、企事业单位和社会组织基本信息共享的通知》（中央编办发〔2017〕54号），建立社会组织信息共建、共享、共用的工作机制，及时将社会组织登记信息回传统一代码系统；有信息化条件的地方，可开发系统接口，实行不同系统间数据的自动导入与回传，避免重复性人工录入。

二、关于社会组织统一代码重错码认定

国家发展改革委及全国组织机构统一社会信用代码数据服务中心定期发布《统一社会信用代码月报》，并以社会组织统一代码系统中的数据为准，通报各地社会组织统一代码的重错码情况。各地要对通报的社会组织错误信息进行勘误校核，提高数据质量。

根据《法人和其他组织统一社会信用代码编码规则》（GB32100-2015），统一代码含有校验码（根据校验公式自动生成），各地不得手工改动社会组织统一代码，以免回传后入库校验时出现校验错误。因操作失误导致社会组织类别（如社会团体赋码“51”赋成“52”）不符合编码规则的，或校验出现错码的，应予纠正。

针对个别地方在《民政部办公厅关于已登记管理的社会组织统一社会信用代码处理方式的通知》（民办函〔2016〕52号）下发前，对存量社会组织不加区分完全以新主体标识码赋码的情况，由相关地方民政部门会同社会信用体系建设牵头部门、代码数据服务部门及相关代码应用部门协商解决，降低重错码率。

三、关于行政区划调整导致的重新赋码问题

根据《国务院关于批转发展改革委等部门法人和其他组织统一社会信用代码制度建设总体方案的通知》（国发〔2015〕33号），统一代码为社会组织终身身份标识，一经赋予便伴随社会组织终身。因行政区划调整导致登记管理权限调整的，登记管理机关无须对已登记的社会组织重新赋码，相关社会组织信息在系统后台批量划入新登记管理机关。本级登记管理机关没有行政区划码的，在信息系统里按上级行政管理机关的区划码进行赋码。

四、加强信息公开与共享应用

各地民政部门要会同相关部门，加强统一代码系统等信息系统的操作使用和功能完善，健全社会组织查询平台，做好与全国信用信息共享平台等平台的数据对接，深化统一代码的场景运用和行政审批基本信息的共享服务，做到社会组织信息“一网可查询”。社会信用体系建设牵头部门、代码数据服务部门、政务服务大厅要加大工作协同力度，加强信息化条件支撑和成果宣传推广，拓宽社会组织基础信息及信用信息归集、查询和使用渠道，共同打造我国社会组织法人信息权威集成、随取随用、智能应用的“信息源”，提升人民群众对统一代码制度建设的知晓度与满意度。

2. 社会团体管理

社会团体登记管理条例

（1998年10月25日中华人民共和国国务院令第250号发布　根据2016年2月6日《国务院关于修改部分行政法规的决定》修订）

第一章　总　　则

第一条　为了保障公民的结社自由，维护社会团体的合法权益，加强对社会团体的登记管理，促进社会主义物质文明、精神文明建设，制定本条例。

第二条　本条例所称社会团体，是指中国公民自愿组成，为实现会员共同意愿，按照其章程开展活动的非营利性社会组织。

国家机关以外的组织可以作为单位会员加入社会团体。

第三条　成立社会团体，应当经其业务主管单位审查同意，并依照本条例的规定进行登记。

社会团体应当具备法人条件。

下列团体不属于本条例规定登记的范围：

（一）参加中国人民政治协商会议的人民团体；

（二）由国务院机构编制管理机关核定，并经国务院批准免于登记的团体；

（三）机关、团体、企业事业单位内部经本单位批准成立、在本单位内部活动的团体。

第四条 社会团体必须遵守宪法、法律、法规和国家政策，不得反对宪法确定的基本原则，不得危害国家的统一、安全和民族的团结，不得损害国家利益、社会公共利益以及其他组织和公民的合法权益，不得违背社会道德风尚。

社会团体不得从事营利性经营活动。

第五条 国家保护社会团体依照法律、法规及其章程开展活动，任何组织和个人不得非法干涉。

第六条 国务院民政部门和县级以上地方各级人民政府民政部门是本级人民政府的社会团体登记管理机关（以下简称登记管理机关）。

国务院有关部门和县级以上地方各级人民政府有关部门、国务院或者县级以上地方各级人民政府授权的组织，是有关行业、学科或者业务范围内社会团体的业务主管单位（以下简称业务主管单位）。

法律、行政法规对社会团体的监督管理另有规定的，依照有关法律、行政法规的规定执行。

第二章 管 辖

第七条 全国性的社会团体，由国务院的登记管理机关负责登记管理；地方性的社会团体，由所在地人民政府的登记管理机关负责登记管理；跨行政区域的社会团体，由所跨行政区域的共同上一级人民政府的登记管理机关负责登记管理。

第八条 登记管理机关、业务主管单位与其管辖的社会团体的住所不在一地的，可以委托社会团体住所地的登记管理机关、业务主管单位负责委托范围内的监督管理工作。

第三章 成立登记

第九条 申请成立社会团体，应当经其业务主管单位审查同意，由发起人向登记管理机关申请登记。

筹备期间不得开展筹备以外的活动。

第十条 成立社会团体，应当具备下列条件：

（一）有50个以上的个人会员或者30个以上的单位会员；个人会员、单位会员混合组成的，会员总数不得少于50个；

（二）有规范的名称和相应的组织机构；

（三）有固定的住所；

（四）有与其业务活动相适应的专职工作人员；

（五）有合法的资产和经费来源，全国性的社会团体有10万元以上活动资金，地方性的社会团体和跨行政区域的社会团体有3万元以上活动资金；

（六）有独立承担民事责任的能力。

社会团体的名称应当符合法律、法规的规定，不得违背社会道德风尚。社会团体的名称应当与其业务范围、成员分布、活动地域相一致，准确反映其特征。全国性的社会团体的名称冠以“中国”、“全国”、“中华”等字样的，应当按照国家有关规定经过批准，地方性的社会团体的名称不得冠以“中国”、“全国”、“中华”等字样。

第十一条 申请登记社会团体，发起人应当向登记管理机关提交下列文件：

（一）登记申请书；

（二）业务主管单位的批准文件；

（三）验资报告、场所使用权证明；

（四）发起人和拟任负责人的基本情况、身份证明；

（五）章程草案。

第十二条 登记管理机关应当自收到本条例第十一条所列全部有效文件之日起60日内，作出准予或者不予登记的决定。准予登记的，发给《社会团体法人登记证书》；不予登记的，应当向发起人说明理由。

社会团体登记事项包括：名称、住所、宗旨、业务范围、活动地域、法定代表人、活动资金和业务主管单位。

社会团体的法定代表人，不得同时担任其他社会团体的法定代表人。

第十三条 有下列情形之一的，登记管理机关不予登记：

（一）有根据证明申请登记的社会团体的宗旨、业务范围不符合本条例第四条的规定的；

（二）在同一行政区域内已有业务范围相同或者相似的社会团体，没有必要成立的；

（三）发起人、拟任负责人正在或者曾经受到剥夺政治权利的刑事处罚，或者不具有完全民事行为能力的；

（四）在申请登记时弄虚作假的；

（五）有法律、行政法规禁止的其他情形的。

第十四条 社会团体的章程应当包括下列事项：

（一）名称、住所；

（二）宗旨、业务范围和活动地域；

（三）会员资格及其权利、义务；

（四）民主的组织管理制度，执行机构的产生程序；

（五）负责人的条件和产生、罢免的程序；

（六）资产管理和使用的原则；

（七）章程的修改程序；

（八）终止程序和终止后资产的处理；

（九）应当由章程规定的其他事项。

第十五条 依照法律规定，自批准成立之日起即具有法人资格的社会团体，应当自批准成立之日起60日内向登记管理机关提交批准文件，申领《社会团体法人登记证书》。登记管理机关自收到文件之日起30日内发给《社会团体法人登记证书》。

第十六条 社会团体凭《社会团体法人登记证书》申请刻制印章，开立银行账户。社会团体应当将印章式样和银行账号报登记管理机关备案。

第十七条 社会团体的分支机构、代表机构是社会团体的组成部分,不具有法人资格,应当按照其所属于的社会团体的章程所规定的宗旨和业务范围,在该社会团体授权的范围内开展活动、发展会员。社会团体的分支机构不得再设立分支机构。

社会团体不得设立地域性的分支机构。

第四章　变更登记、注销登记

第十八条 社会团体的登记事项需要变更的,应当自业务主管单位审查同意之日起 30 日内,向登记管理机关申请变更登记。

社会团体修改章程,应当自业务主管单位审查同意之日起 30 日内,报登记管理机关核准。

第十九条 社会团体有下列情形之一的,应当在业务主管单位审查同意后,向登记管理机关申请注销登记:

(一) 完成社会团体章程规定的宗旨的;

(二) 自行解散的;

(三) 分立、合并的;

(四) 由于其他原因终止的。

第二十条 社会团体在办理注销登记前,应当在业务主管单位及其他有关机关的指导下,成立清算组织,完成清算工作。清算期间,社会团体不得开展清算以外的活动。

第二十一条 社会团体应当自清算结束之日起 15 日内向登记管理机关办理注销登记。办理注销登记,应当提交法定代表人签署的注销登记申请书、业务主管单位的审查文件和清算报告书。

登记管理机关准予注销登记的,发给注销证明文件,收缴该社会团体的登记证书、印章和财务凭证。

第二十二条 社会团体处分注销后的剩余财产,按照国家有关规定办理。

第二十三条 社会团体成立、注销或者变更名称、住所、法定代表人,由登记管理机关予以公告。

第五章　监 督 管 理

第二十四条 登记管理机关履行下列监督管理职责:

(一) 负责社会团体的成立、变更、注销的登记;

(二) 对社会团体实施年度检查;

(三) 对社会团体违反本条例的问题进行监督检查,对社会团体违反本条例的行为给予行政处罚。

第二十五条 业务主管单位履行下列监督管理职责:

(一) 负责社会团体成立登记、变更登记、注销登记前的审查;

(二) 监督、指导社会团体遵守宪法、法律、法规和国家政策,依据其章程开展活动;

(三) 负责社会团体年度检查的初审;

(四) 协助登记管理机关和其他有关部门查处社会团体的违法行为;

(五) 会同有关机关指导社会团体的清算事宜。

业务主管单位履行前款规定的职责,不得向社会团体收取费用。

第二十六条 社会团体的资产来源必须合法,任何单位和个人不得侵占、私分或者挪用社会团体的资产。

社会团体的经费,以及开展章程规定的活动按照国家有关规定所取得的合法收入,必须用于章程规定的业务活动,不得在会员中分配。

社会团体接受捐赠、资助,必须符合章程规定的宗旨和业务范围,必须根据与捐赠人、资助人约定的期限、方式和合法用途使用。社会团体应当向业务主管单位报告接受、使用捐赠、资助的有关情况,并应当将有关情况以适当方式向社会公布。

社会团体专职工作人员的工资和保险福利待遇,参照国家对事业单位的有关规定执行。

第二十七条 社会团体必须执行国家规定的财务管理制度,接受财政部门的监督;资产来源属于国家拨款或者社会捐赠、资助的,还应当接受审计机关的监督。

社会团体在换届或者更换法定代表人之前,登记管理机关、业务主管单位应当组织对其进行财务审计。

第二十八条 社会团体应当于每年 3 月 31 日前向业务主管单位报送上一年度的工作报告,经业务主管单位初审同意后,于 5 月 31 日前报送登记管理机关,接受年度检查。工作报告的内容包括:本社会团体遵守法律法规和国家政策的情况、依照本条例履行登记手续的情况、按照章程开展活动的情况、人员和机构变动的情况以及财务管理的情况。

对于依照本条例第十五条的规定发给《社会团体法人登记证书》的社会团体,登记管理机关对其应当简化年度检查的内容。

第六章　罚　　则

第二十九条 社会团体在申请登记时弄虚作假,骗取登记的,或者自取得《社会团体法人登记证书》之日起 1 年未开展活动的,由登记管理机关予以撤销登记。

第三十条 社会团体有下列情形之一的,由登记管理机关给予警告,责令改正,可以限期停止活动,并可以责令撤换直接负责的主管人员;情节严重的,予以撤销登记;构成犯罪的,依法追究刑事责任:

(一) 涂改、出租、出借《社会团体法人登记证书》,或者出租、出借社会团体印章的;

(二) 超出章程规定的宗旨和业务范围进行活动的;

(三) 拒不接受或者不按照规定接受监督检查的;

（四）不按照规定办理变更登记的；

（五）违反规定设立分支机构、代表机构，或者对分支机构、代表机构疏于管理，造成严重后果的；

（六）从事营利性的经营活动的；

（七）侵占、私分、挪用社会团体资产或者所接受的捐赠、资助的；

（八）违反国家有关规定收取费用、筹集资金或者接受、使用捐赠、资助的。

前款规定的行为有违法经营额或者违法所得的，予以没收，可以并处违法经营额1倍以上3倍以下或者违法所得3倍以上5倍以下的罚款。

第三十一条 社会团体的活动违反其他法律、法规的，由有关国家机关依法处理；有关国家机关认为应当撤销登记的，由登记管理机关撤销登记。

第三十二条 筹备期间开展筹备以外的活动，或者未经登记，擅自以社会团体名义进行活动，以及被撤销登记的社会团体继续以社会团体名义进行活动的，由登记管理机关予以取缔，没收非法财产；构成犯罪的，依法追究刑事责任；尚不构成犯罪的，依法给予治安管理处罚。

第三十三条 社会团体被责令限期停止活动的，由登记管理机关封存《社会团体法人登记证书》、印章和财务凭证。

社会团体被撤销登记的，由登记管理机关收缴《社会团体法人登记证书》和印章。

第三十四条 登记管理机关、业务主管单位的工作人员滥用职权、徇私舞弊、玩忽职守构成犯罪的，依法追究刑事责任；尚不构成犯罪的，依法给予行政处分。

第七章 附 则

第三十五条 《社会团体法人登记证书》的式样由国务院民政部门制定。

对社会团体进行年度检查不得收取费用。

第三十六条 本条例施行前已经成立的社会团体，应当自本条例施行之日起1年内依照本条例有关规定申请重新登记。

第三十七条 本条例自发布之日起施行。1989年10月25日国务院发布的《社会团体登记管理条例》同时废止。

外国商会管理暂行规定

（1989年6月14日中华人民共和国国务院令第36号发布 根据2013年12月7日《国务院关于修改部分行政法规的决定》修订）

第一条 为了促进国际贸易和经济技术交往，加强对外国商会的管理，保障其合法权益，制定本规定。

第二条 外国商会是指外国在中国境内的商业机构及人员依照本规定在中国境内成立，不从事任何商业活动的非营利性团体。

外国商会的活动应当以促进其会员同中国发展贸易和经济技术交往为宗旨，为其会员在研究和讨论促进国际贸易和经济技术交往方面提供便利。

第三条 外国商会必须遵守中华人民共和国法律、法规的规定，不得损害中国的国家安全和社会公共利益。

第四条 成立外国商会，应当具备下列条件：

（一）有反映其会员共同意志的章程；

（二）有一定数量的发起会员和负责人；

（三）有固定的办公地点；

（四）有合法的经费来源。

第五条 外国商会应当按照国别成立，可以有团体会员和个人会员。

团体会员是以商业机构名义加入的会员。商业机构是指外国公司、企业以及其他经济组织依法在中国境内设立的代表机构和分支机构。

个人会员是商业机构和外商投资企业的非中国籍任职人员以本人名义加入的会员。

第六条 外国商会的名称应当冠其本国国名加上“中国”二字。

第七条 成立外国商会，应当向中华人民共和国民政部（以下称登记管理机关）提出书面申请，依法办理登记。登记管理机关应当自收到本规定第八条规定的全部文件之日起60日内作出是否准予登记的决定，准予登记的，签发登记证书；不予登记的，书面说明理由。外国商会经核准登记并签发登记证书，即为成立。

第八条 成立外国商会的书面申请，应当由外国商会主要筹办人签署，并附具下列文件：

（一）外国商会章程一式五份。章程应当包括下列内容：

1. 名称和地址；
2. 组织机构；
3. 会长、副会长以及常务干事的姓名、身份；
4. 会员的入会手续及会员的权利和义务；
5. 活动内容；
6. 财务情况。

（二）发起会员名册一式五份。团体会员和个人会员，应当分别列册。团体会员名册应当分别载明商业机构的名称、地址、业务范围和负责人姓名；个人会员名册应当分别载明本人所属商业机构或者外商投资企业、职务、本人简历或者在中国境内从事商业活动的简历。

（三）外国商会会长、副会长以及常务干事的姓名及其简历一式五份。

第九条 外国商会应当在其办公地点设置会计账簿。会员缴纳的会费及按照外国商会章程规定取得的其他经费，应当用于该外国商会章程规定的各项开支，不得以任何名义付给会员或者汇出中国境外。

第十条　外国商会应当于每年1月向登记管理机关提交上一年度的活动情况报告。

中国国际贸易促进委员会应当为外国商会设立、开展活动和联系中国有关主管机关提供咨询和服务。

第十一条　外国商会需要修改其章程，更换会长、副会长以及常务干事或者改变办公地址时，应当依照本规定第七条、第八条规定的程序办理变更登记。

第十二条　外国商会应当接受中国有关主管机关的监督。

外国商会违反本规定的，登记管理机关有权予以警告、罚款、限期停止活动、撤销登记、明令取缔的处罚。

第十三条　外国商会解散，应当持该外国商会会长签署的申请注销登记报告和清理债务完结的证明，向登记管理机关办理注销登记。

外国商会自缴回登记证书之日起，即应停止活动。

第十四条　本规定自1989年7月1日起施行。

国务院办公厅关于加快推进行业协会商会改革和发展的若干意见

（2007年5月13日　国办发〔2007〕36号）

各省、自治区、直辖市人民政府，国务院各部委、各直属机构：

改革开放以来，我国行业协会、商会（以下统称行业协会）发展较快，在提供政策咨询、加强行业自律、促进行业发展、维护企业合法权益等方面发挥了重要作用。但是，由于相关法律法规不健全，政策措施不配套，管理体制不完善，行业协会还存在着结构不合理、作用不突出、行为不规范等问题。党的十六届三中全会指出，要按市场化原则规范和发展各类行业协会等自律性组织；十六届六中全会进一步强调，要坚持培育发展和管理监督并重，完善培育扶持和依法管理社会组织的政策，发挥各类社会组织提供服务、反映诉求、规范行为的作用，为经济社会发展服务。为加快推进行业协会的改革和发展，更好地适应新形势的需要，经国务院同意，现提出以下意见：

一、行业协会改革发展的指导思想和总体要求

（一）指导思想。以邓小平理论和“三个代表”重要思想为指导，全面贯彻落实科学发展观，按照完善社会主义市场经济体制的总体要求，采取理顺关系、优化结构，改进监管、强化自律，完善政策、加强建设等措施，加快推进行业协会的改革和发展，逐步建立体制完善、结构合理、行为规范、法制健全的行业协会体系，充分发挥行业协会在经济建设和社会发展中的重要作用。

（二）总体要求。一是坚持市场化方向。通过健全体制机制和完善政策，创造良好的发展环境，优化结构和布局，提高行业协会素质，增强服务能力。二是坚持政会分开。理顺政府与行业协会之间的关系，明确界定行业协会职能，改进和规范管理方式。三是坚持统筹协调。做到培育发展与规范管理并重，行业协会改革与政府职能转变相协调。四是坚持依法监管。加快行业协会立法步伐，健全规章制度，实现依法设立、民主管理、行为规范、自律发展。

二、积极拓展行业协会的职能

（三）充分发挥桥梁和纽带作用。各级人民政府及其部门要进一步转变职能，把适宜于行业协会行使的职能委托或转移给行业协会。在出台涉及行业发展的重大政策措施前，应主动听取和征求有关行业协会的意见和建议。行业协会要努力适应新形势的要求，改进工作方式，深入开展行业调查研究，积极向政府及其部门反映行业、会员诉求，提出行业发展和立法等方面的意见和建议，积极参与相关法律法规、宏观调控和产业政策的研究、制定，参与制订修订行业标准和行业发展规划、行业准入条件，完善行业管理，促进行业发展。

（四）加强行业自律。行政执法与行业自律相结合，是完善市场监管体制的重要内容。行业协会担负着实施行业自律的重要职责，要围绕规范市场秩序，健全各项自律性管理制度，制订并组织实施行业职业道德准则，大力推动行业诚信建设，建立完善行业自律性管理约束机制，规范会员行为，协调会员关系，维护公平竞争的市场环境。

（五）切实履行好服务企业的宗旨。行业协会代表本行业企业的利益，必须切实为企业服务。行业协会根据授权进行行业统计，掌握国内外行业发展动态，收集、发布行业信息；依照有关规定创办报刊和网站，开展法律、政策、技术、管理、市场等咨询服务；组织人才、技术、管理、法规等培训，帮助会员企业提高素质、增强创新能力、改善经营管理；参与行业资质认证、新技术和新产品鉴定及推广、事故认定等相关工作；受政府委托承办或根据市场和行业发展需要举办交易会、展览会等，为企业开拓市场创造条件。

（六）积极帮助企业开拓国际市场。行业协会要借鉴国外先进做法，在维护国内产业利益和支持企业参与国际竞争等方面充分发挥作用。要积极组织国内企业尤其是中小企业联合行动，开拓国外市场；建设行业公共服务平台，开展国内外经济技术交流与合作，联系相关国际组织，指导、规范和监督会员企业的对外交往活动；主动参与协调对外贸易争议，积极组织会员企业做好反倾销、反补贴和保障措施的应诉、申诉等相关工作，维护正常的进出口经营秩序。

三、大力推进行业协会的体制机制改革

（七）实行政会分开。行业协会要严格依照法律法规和章程独立自主地开展活动，切实解决行政化倾向严重以及依赖政府等问题。要从职能、机构、工作人员、财务等方面与政府及其部门、企事业单位彻底分开,目前尚合署办公的要限期分开。现职公务员不得在行业协会兼任领导职务,确需兼任的要严格按有关规定审批。行业协会使用的国有资产,要明确产权归属,按照有关规定划归行业协会使用和管理。建立政府购买行业协会服务的制度,对行业协会受政府委托开展业务活动或提供的服务,政府应支付相应的费用,所需资金纳入预算管理。

(八)改革和完善监管方式。要按照政会分开、分类管理、健全自律机制的原则,加强和改进行业协会登记管理工作。登记管理机关、业务主管单位和相关职能部门要加强沟通、密切配合,简化和规范管理内容和方式,逐步建立健全科学、规范、有效的监管体制,为行业协会创造公平、公正的发展环境。选择若干城市和全国性的行业协会,开展行业协会管理体制改革试点。条件成熟时,调整和改革行业协会间的代管关系。对根据法律法规授权履行特殊职能的注册会计师、注册资产评估师、律师等行业协会,有关部门要依法加强监督和指导。

(九)调整、优化结构和布局。积极推进行业协会的重组和改造,加快建立评估机制和优胜劣汰的退出机制。建立行业协会综合评价体系,定期跟踪评估,对诚信守法、严格自律、作用突出的要予以表彰。行业协会之间可通过适度竞争提高服务质量。在具有产业、产品和市场优势的经济发达地区和城市,可以将地方性的行业协会依法重组或改造为区域性的行业协会。全国性的行业协会可将总部设在产业集中、便于开展服务的地区和城市。积极创造条件,培育一批按市场化原则规范运作,在行业中具有广泛代表性,与国际接轨的行业协会。

四、加强行业协会的自身建设和规范管理

(十)健全法人治理结构。行业协会要建立和完善以章程为核心的内部管理制度,健全会员大会(会员代表大会)、理事会(常务理事会)制度,认真执行换届选举制度,实行民主管理,建立健全党的基层组织,充分发挥党组织的监督保障作用。理事会成员要严格按照民主程序选举产生,会长(理事长)应由理事会提出人选,通过会员大会(会员代表大会)以无记名投票方式选举产生,并逐步实行差额选举。鼓励选举企业家担任会长(理事长)。秘书长可通过选举、聘任或向社会公开招聘等方式产生。

(十一)深化劳动人事制度改革。行业协会要全面实行劳动合同制度,保障工作人员合法权益。建立健全岗位管理制度,完善激励机制,吸引优秀人才,优化人员的年龄、知识结构。加强专业人才队伍建设,行业协会及其分支机构、代表机构要配备专职工作人员,并参照国家有关规定,对符合条件的工作人员进行职称评定。

(十二)规范收费行为。会费收取标准和办法,由行业协会自主确定,经会员大会(会员代表大会)半数以上代表同意后方能生效。行业协会不得从事以营利为目的的经营活动,依法所得不得在会员中分配、不得投入会员企业进行营利。未按照规定履行批准程序,不得针对企业举办全国性或行业性的评比活动,经批准举办的评比活动不得收取费用。行业协会举办展览会、交易会、研讨会、培训等活动可以实行有偿服务,收费应符合国家有关规定,并公开收费依据、标准和收支情况;对依法或经授权强制实施具有垄断性质的仲裁、认证、检验、鉴定以及资格考试等活动的收费,应执行行政事业性收费的有关规定。

(十三)加强财务管理。行业协会要建立健全财务管理、财务核算制度,设立专门的财务人员,并对所属分支机构、代表机构的财务实行统一管理。建立行业协会资产管理制度,并按有关规定接受监督检查。

(十四)加强对外交流管理。行业协会要建立和完善各项对外交流管理制度,在对外交往中遵守法律法规和纪律,维护国家利益。

五、完善促进行业协会发展的政策措施

(十五)落实社会保障制度。行业协会工作人员应按照国家有关规定和属地管理原则,参加当地养老、医疗、失业、工伤和生育等社会保险,履行缴费义务,享受相应的社会保障待遇。

(十六)完善税收政策。财政等部门要根据税制和行业协会改革进展情况,适时研究制定税收优惠政策,鼓励、支持协会加快发展。

(十七)建立健全法律法规体系。有关部门要总结经验,并借鉴发达国家的有益做法,做好立法调研和法律法规起草工作,将行业协会发展纳入法制化轨道。

(十八)加强和改进工作指导。各地区、各有关部门要积极采取措施,指导行业协会开展行业服务、自律、协调等工作。发展改革委要会同民政部等部门,抓紧制订配套措施,地方各级人民政府要结合实际制订具体的实施办法。

关于进一步规范行业协会商会收费管理的意见

(2017年11月21日 发改经体〔2017〕1999号)

各省、自治区、直辖市人民政府,中央和国家机关各部委,各人民团体:

行业协会商会是我国经济建设和社会发展的重要力量,多年来,在加强行业自律、提供决策咨询、服务企业发展、创新社会治理等方面发挥了积极作用。但在发展过程中,一些行业协会商会违规收费,重复、偏高和过度收费等问题仍不同程度存在。为改善营商环境,切实减轻企业负担,促进行业协会商会健康发展,经国务院同意,现就进一步规范行业协会商会收费管理提出以下意见。

一、加强收费管理,治理违规收费

(一)加强行业协会商会会费管理。行业协会商会收取的会费,应当主要用于为会员提供服务及开展业务活动等支出。行业协会商会收取会费应同时明确所提供的基本服务项目,并向会员公开,严禁只收费不服务。会费应设立专账管理,向会员公布年度收支情况并自觉接受监督。制定、修改会费标准,须按程序经会员大会或会员代表大会表决通过。要综合考虑经济形势、市场环境、企业经营状况和承受能力等因素,调整规范以产销量、企业规模等为基数收取会费的方式,合理设置会费上限。会费不得重复收取,行业协会商会总部及分支(代表)机构不得向同一家会员企业分别收取会费。行业协会商会分支(代表)机构不得单独制定会费标准,已单独制定会费标准的,要召开会员大会或会员代表大会抓紧整改。

(二)严格行业协会商会行政事业性收费管理。行业协会商会依据法律、行政法规等规定代行政府职能并收取的费用,应当纳入行政事业性收费管理。收费项目和标准应当严格履行审批手续后确定,不得擅自增加收费项目、提高收费标准。

(三)规范行业协会商会经营服务性收费。行业协会商会应按照法律法规关于经营者义务的相关规定和自愿有偿服务的原则,在宗旨和业务范围内开展经营服务性活动,规范相关收费行为。对政府定价管理的,严格执行价格主管部门制定的收费标准;对实行市场调节价的,按照公平、合法、诚实守信的原则,公允确定并公开收费标准,提供质价相符的服务。行业协会商会不得强制服务并收费。

(四)规范行业协会商会评比达标表彰活动。行业协会商会开展评比达标表彰活动,必须严格依照《中共中央办公厅国务院办公厅关于印发〈评比达标表彰活动管理办法(试行)〉的通知》(中办发〔2010〕33号)有关规定,履行申请报批手续。经批准开展的评比达标表彰活动,必须符合章程规定的宗旨和业务范围,严格落实批准的奖项、条件等要求。评比达标表彰应坚持公平、公正、公开和非营利原则,做到奖项设置合理,评选范围和规模适当,评选条件和程序严格。不得向参与评比达标表彰活动的对象收取费用,不得在评选前后直接或变相收取各种相关费用。

(五)降低行业协会商会偏高收费。行业协会商会要适当降低偏高会费和其他收费标准,减轻企业负担。要合理设置会费档次,一般不超过4级,对同一会费档次不得再细分不同收费标准。行业协会商会要全面梳理服务项目收费情况并向社会公开。列入行业协会商会基本服务项目的,不得再另行向会员收取费用。取消不合理收费项目,降低盈余较多的服务项目收费标准,不得以强制捐赠、强制赞助等方式变相收费,对保留的收费项目,切实提高服务质量。

二、强化自律意识,推进信用体系建设

(六)建立行业协会商会诚信承诺和自律公约制度。行业协会商会要向社会公开诚信承诺书,重点就服务内容、服务方式、服务对象和收费标准等作出承诺。行业协会商会要适应行业发展趋势和要求,按照诚实守信、公平竞争的原则,制定自律公约,广泛征求会员企业、行业管理部门等多方意见,经会员大会或会员代表大会表决通过后实施。行业协会商会要按照《行业协会价格行为指南》,自觉规范收费行为,提升行业自律水平。

(七)建立行业协会商会收费信息集中公示制度。各级行业协会商会要按照国家发展改革委关于组织开展收费信息集中公示的要求,依托国家发展改革委、中国人民银行指导,国家信息中心主办的"信用中国"网站的"行业协会商会收费信息公示系统",集中公示并定期更新收费项目、收费性质、服务内容、收费标准及依据等信息,建立收费信息主动公开长效机制。公示信息接受社会监督,并作为价格监督检查机构开展行业协会商会违规收费检查的重要参考依据。

(八)建立行业协会商会失信黑名单管理制度。将行业协会商会违规收费行为记入其诚信档案,并记入其主要负责人和直接责任人个人信用记录。建立行业协会商会违规收费行为黑名单,相关信息纳入国家发展改革委牵头建设的全国信用信息共享平台。推动跨地区、跨部门、跨行业协同监管,开展失信联合惩戒,在政府购买服务、年检、评先评优等方面进行限制,进一步提高行业协会商会守信收益,增加失信成本,形成不愿失信、不能失信、不敢失信、自觉守信的正确导向。

(九)发挥第三方评估的引导监督作用。修订行业协会商会评估标准,将收费标准制定程序、会费层级设定、分支机构收费、收费信息公示等情况纳入评估指标体系,发挥好第三方评估对行业协会商会收费行为的引导和监督作用。加强信息公开,及时发布行业协会商会评估等级结果,接受社会监督。

(十)规范行业协会商会发展会员行为。行业协会商会要坚持入会自愿、退会自由的原则,不得依托政府部门、利用垄断优势和行业影响力强制或变相强制入会、阻碍退会。对行业协会商会强制或变相强制入会、阻碍退会等行为,企业和个人均可向同级社会组织登记管理机关举报,登记管理机关依法予以查处。行业协会商会要加强对会员构成的分类统计和动态管理,优化会员结构,进一步提高服务的针对性、有效性。全国性行业协会商会一般吸收在全国有代表性的企业会员,省级行业协会商会一般吸收在本省有代表性的企业会员。

三、深化行业协会商会脱钩改革,加强综合监管服务

(十一)着力消除行业协会商会利用行政影响力收费现象。深入推进行业协会商会与行政机关脱钩改革,实现行业协会商会与业务主管单位在机构、职能、资产财务、人员管理、党建外事等方面脱钩,厘清行政机关与行业协会商会的职能边界,切断利益链条,建立新型管理体制和运行机制,促进行业协会商会成为依法设立、自主办会、服务为本、治理规范、行为自律的社会组织,解决行业协会商会依附政府部门或利用行政影响力收费等问题。

（十二）加大对行业协会商会违规收费行为查处力度。健全对行业协会商会等社会组织收费行为的综合监管体系，加强事中事后监管。民政部门要依照相关登记管理法规严格监督管理和执法检查。审计机关依法对行业协会商会进行审计监督。价格、财政部门按照职责分工对行业协会商会收费及价格行为加强监管。人力资源社会保障部门对行业协会商会开展职业资格资质许可和认定行为强化监管。各行业管理部门要按职能对行业协会商会收费服务行为进行必要的政策指导，并履行相关监管责任。从严从实查处行业协会商会违规收费行为，做到发现一起、查处一起、曝光一起，并由业务主管单位或有关部门依纪依规追究其主要负责人和直接责任人的责任，情节严重的要责令撤换。

（十三）完善行业协会商会登记准入管理。批准设立行业协会商会，要加强对成立的必要性、发起人的代表性、会员的广泛性、运作的可行性等方面审核，严把登记入口关。对业务范围相似的，要充分论证，多方听取利益相关方和管理部门意见。从会员区分、行业布局、登记层级等方面加强引导，从严审批，防止相似行业协会商会数量过多。抓紧研究制定行业协会商会直接登记的标准和办法，进一步完善行业协会商会准入制度，加强源头规范管理。

（十四）倡导企业务实理性入会和参加活动。企业应加强入会自我约束，按照自身生产经营实际需要，控制加入各级行业协会商会数量，做到务实、理性入会。企业要加强内部管理，对各级法人单位加入行业协会商会情况进行规范化管理，确保各级法人单位根据实际需要合理参加行业协会商会活动。国有企业要结合落实突出主业、瘦身健体、提质增效等改革要求，进一步梳理加入各类行业协会商会情况，规范管理。

（十五）完善向行业协会商会等社会组织购买服务的政策措施。政府购买服务事项，应按市场机制成本合理核算对价，确保承接主体收支平衡且有适当盈余；应及时按合同约定和国库集中支付制度有关规定支付费用，不得拖欠服务费或以其他非货币方式支付。鼓励行业协会商会承接政府转移职能中的行业性、专业性、技术性和辅助性职能，充分发挥行业代表、行业自律、行业服务、行业协调等方面的优势，切实提高服务能力、质量和水平。

社会团体分支机构、代表机构登记办法①

（2001年7月30日民政部令第23号发布　根据2010年12月27日民政部令第38号修订）

第一条　为了加强对社会团体分支机构、代表机构的管理，根据《社会团体登记管理条例》有关规定，制定本办法。

第二条　社会团体的分支机构，是社会团体根据开展活动的需要，依据业务范围的划分或者会员组成的特点，设立的专门从事该社会团体某项业务活动的机构。

分支机构可以称分会、专业委员会、工作委员会、专项基金管理委员会等。

社会团体的代表机构，是社会团体在住所地以外属于其活动区域内设置的代表该社会团体开展活动、承办该社会团体交办事项的机构。

代表机构可以称代表处、办事处、联络处等。

第三条　社会团体设立分支机构、代表机构应当按照章程的规定，履行民主程序，经业务主管单位审查同意后，向负责该社会团体登记的登记管理机关提出申请。经登记管理机关准予登记后，方可开展活动。

第四条　社会团体申请设立的分支机构、代表机构应当具备下列条件：

（一）有规范的名称；

（二）有固定的住所；

（三）有符合章程所规定的业务范围。

第五条　社会团体申请设立分支机构、代表机构应当向登记管理机关提交下列文件：

（一）设立申请书；

（二）业务主管单位审查同意的意见；

（三）拟任主要负责人基本情况以及本人所在单位人事部门的意见；

（四）住所产权或使用权证明；

（五）社会团体理事会或常务理事会决议；

（六）登记管理机关要求提交的其他材料。

申请书应当包括设立的理由，分支机构、代表机构的业务范围和工作任务。

社会团体设立专项基金管理委员会，应当遵照《社会团体设立专项基金管理机构暂行规定》办理。

社会团体代表机构以及分支机构住所与社会团体住所不在一地的，还需提交拟设在地登记管理机关的意见。

第六条　有下列情形之一的，登记管理机关不予登记：

（一）在社会团体内拟设立的分支机构与已设立的分支机构业务范围相同或者相似的；

（二）拟设立的分支机构冠以行政区划名称，带有地域性特征的；

（三）在分支机构、代表机构下又设立分支机构、代表机构的；

（四）拟设立的分支机构业务与该社会团体宗旨、业务范

① 该办法根据2010年12月27日民政部令第38号公布的《民政部关于废止、修改部分规章的决定》予以修订第7条、第9条、第15条，同时删除第14条第4项。

围无关的；

（五）拟设立代表机构的活动内容、承办事项与该社会团体的业务范围无关的；

（六）拟设立的分支机构、代表机构设定的活动范围超越该社会团体设定的活动地域的；

（七）有法律、行政法规禁止的其他情形的。

第七条　社团登记管理机关自收到本办法第五条所列全部有效文件后，在法定期限内做出准予或者不予登记的决定。准予登记的，由登记管理机关发给《社会团体分支机构登记证书》或《社会团体代表机构登记证书》；对不予登记的，应当将不予登记的决定书面通知社会团体，并说明理由。

社会团体分支机构、代表机构登记事项包括：名称、住所、业务范围、活动地域、负责人。

第八条　符合《社会团体登记管理条例》第十七条规定的社会团体设立分支机构、代表机构，应当向登记管理机关备案。登记管理机关自收到备案文件之日起 30 日内，发给《社会团体分支机构登记证书》或《社会团体代表机构登记证书》。

第九条　社会团体可以凭登记管理机关颁发的《社会团体分支机构登记证书》或《社会团体代表机构登记证书》向有关部门申请刻制印章。

分支机构因特殊需要建立银行基本存款账户的，由社会团体向登记管理机关申请，经登记管理机关同意后，按有关规定办理。（2010 年 12 月 27 日删除）

印章式样向登记管理机关备案。

第十条　社会团体办理分支机构、代表机构变更，应当向社团登记管理机关提交下列文件：

（一）社会团体法定代表人签署的变更申请书；

（二）社会团体理事会或常务理事会关于变更事项的会议决议；

负责人变更的还需提交本人的基本情况及身份证明。

住所变更的还需提交新住所产权或使用权证明。

第十一条　社会团体决定注销其分支机构、代表机构，应当经业务主管单位审查同意后，向登记管理机关提交下列文件，申请注销登记：

（一）注销登记申请书；

（二）业务主管单位审查同意的意见；

（三）社会团体理事会或常务理事会决议。

登记管理机关准予注销的，发给注销证明文件，收缴该分支机构、代表机构的《社会团体分支机构登记证书》或《社会团体代表机构登记证书》、印章。

第十二条　社会团体的分支机构、代表机构是社会团体的组成部分，不具有法人资格，其法律责任由设立该分支机构、代表机构的社会团体承担。

社会团体的分支机构应当在社会团体的授权范围内发展会员、收取会费，其发展的会员属于该社会团体的会员，其收取的会费属于该社会团体所有。

社会团体分支机构、代表机构的名称前应当冠以社会团体名称；开展活动，应当使用全称。分支机构、代表机构的英文译名应当与中文名称一致。

第十三条　社会团体在申请设立分支机构、代表机构时弄虚作假的，或者自取得《社会团体分支机构登记证书》或《社会团体代表机构登记证书》之日起 1 年未开展活动的，由登记管理机关对所设立的分支机构、代表机构予以撤销。

第十四条　社会团体有下列情形之一的，由登记管理机关依据《社会团体登记管理条例》第三十三条规定予以处理：

（一）未经登记，擅自以分支机构、代表机构名义进行活动的；

（二）以分支机构下设的分支机构名义进行活动的；

（三）以地域性分支机构名义进行活动的；

（四）未经批准，擅自开立分支机构银行基本存款账户的；（2010 年 12 月 27 日删除）

（五）未尽到管理职责，致使分支机构、代表机构进行违法活动造成严重后果的。

第十五条　社会团体注销的，其所属的分支机构、代表机构同时注销。

第十六条　《社会团体分支机构登记证书》、《社会团体代表机构登记证书》的式样由国务院民政部门制定。

第十七条　本办法实施前已经备案的社会团体分支机构、代表机构，应当自本办法施行之日起 1 年内依照本办法有关规定申请登记。

第十八条　香港特别行政区、澳门特别行政区、台湾地区和外国社会团体在中国大陆设立分支机构、代表机构的，另行规定。

第十九条　本办法自发布之日起施行。

社会团体印章管理规定[①]

（1993 年 10 月 18 日民政部、公安部令〔1993〕1 号发布　根据 2010 年 12 月 27 日民政部令第 38 号修订）

为了保障社会团体的合法权益，加强对社会团体印章的管理，根据《社会团体登记管理条例》和《国务院关于国家行政机关和企业、事业单位印章的规定》（国发〔1993〕21 号），现对社会团体印章的规格、制发和管理办法规定如下：

① 该规定根据 2010 年 12 月 27 日民政部令第 38 号公布的《民政部关于废止、修改部分规章的决定》予以修订第 1 条、第 3 条及第 4 条。

一、印章的规格、式样和制发

（一）社会团体的印章为圆形。

（二）全国性社会团体的印章，直径四点五厘米，中央刊五角星，五角星外刊社会团体的名称，自左而右环行，由社团登记管理机关出具证明，经该社团总部所在地的公安机关办理备案手续后，由社团登记管理机关制发。

（三）地方性社会团体的印章，直径四点二厘米，中央刊五角星，五角星外刊社会团体名称，自左而右环行。由地方社团登记管理机关出具证明，经该社团总部所在地的公安机关办理备案手续后，由地方社团登记管理机关制发。

（四）社会团体的办事机构和分支机构印章的尺寸式样及制发与其总部印章相同。社会团体的办事机构和分支机构印章名称前应冠其总部名称，前段自左而右环行，后段可以自左而右横行。

（五）社会团体主办的具有法人资格的实体单位按其登记注册或批准的名称刻制印章。

二、印章的名称、文字、字体和质料

（一）印章所刊名称，应为社会团体的法定名称。印章所刊名称字数过多，不易刻印清晰时，可以适当采用通用的简称。

（二）民族自治地方社会团体的印章，应当并列刊汉文和当地通用的民族文字。

（三）有国际交往的社会团体印章，需标有英文名称的，应当并列刊汉文和英文。

（四）印章印文中的汉字，使用宋体字并应用国务院公布实行的简化字。

（五）印章质料，由制发机关自定。

三、专用印章的制发

（一）钢印直径最大不得超过四点二厘米，最小不得小于三点五厘米，中央刊五角星，五角星外刊社会团体名称，自左而右环行，经社团登记管理机关和公安机关备案后刻制。

（二）其他专用章，在名称、式样上应与正式印章有所区别，经社团登记管理机关和公安机关备案后刻制。

四、印章的管理和缴销

（一）社会团体的印章经社团登记管理机关和有关业务主管部门备案后，方可启用。

（二）对社会团体非法刻制印章的，由公安机关视其情节轻重，对其直接责任者予以500元以下罚款或警告；造成严重后果的，对其主管负责人或直接责任人追究法律责任。

（三）社会团体应建立健全印章管理制度，印章应有专人保管，对于违反规定使用印章造成严重后果的追究保管人和责任人的行政或法律责任。

（四）社会团体变更需要更换印章时，应到社团登记管理机关交回原印章，并按本规定重新刻制。

（五）社会团体办理注销登记，应将全部印章交回社团登记管理机关封存。

（六）社会团体被撤销，由社团登记管理机关收缴其印章。

（七）社会团体印章丢失，经声明作废后，可按本规定程序申请重新刻制。

（八）对于收缴和社会团体交回的印章，由社团登记管理机关登记造册，定期销毁，并将销毁印章的名册送公安机关备案。

五、本规定自发布之日起施行。一九九一年一月十二日发布的《社会团体印章管理的暂行规定》同时废止。

关于规范社会团体开展合作活动若干问题的规定

（2012年9月27日　民发〔2012〕166号）

第一条　为了进一步加强社会团体行为规范，维护社会团体正常活动秩序，规范社会团体开展合作活动，保护社会团体合法权益，制定本规定。

第二条　社会团体开展合作活动，是指社会团体作为独立法人与其他民事主体联合开展业务活动的行为。

第三条　社会团体开展合作活动，应当遵守相关法律法规和政策规定，符合章程规定的宗旨和业务范围，自觉接受登记管理机关、行业主管部门、有关职能部门的监督检查和社会监督。

第四条　社会团体开展合作活动，应当履行内部民主议事程序，根据章程规定和合作事项重要程度，分别提交会员大会（会员代表大会）、理事会（常务理事会）、会长办公会等讨论决定。

第五条　社会团体开展合作活动，应当签订书面合作协议，明确各方权利、义务，并切实履行职责。

第六条　社会团体开展合作活动，应当对合作方的资质、能力、信用等进行甄别考察，对合作协议内容认真审核，对合作项目全程监督。

第七条　社会团体开展合作活动，涉及使用本组织名称、标志的，应当在合作前对合作方进行必要的调查了解，并对合作内容做好风险评估。

社会团体同意合作方使用本组织名称、标志的，应当与对方签订授权使用协议，明确各方权利、义务和法律责任。

社会团体以"主办单位""协办单位""支持单位""参与单位""指导单位"等方式开展合作活动的，应当切实履行相关职责，加强对活动全程监管，不得以挂名方式参与合作。

社会团体将自身业务活动委托其他组织承办或者协办的，应当加强对所开展活动的主导和监督，不得向承办方或者协办方以任何形式收取费用。

第八条　社会团体不得将自身开展的经营服务性活动转包或者委托与社会团体负责人、分支机构负责人有直接利益关系的个人或者组织实施。

第九条　社会团体合作举办经济实体，应当经理事会研究讨论后提请会员大会（会员代表大会）表决通过，其经营范围应当与社会团体章程规定的宗旨和业务范围相适应。

社会团体应当在资产、机构、人员等方面与所举办经济实体分开，不得利用所举办经济实体向会员或者服务对象强制服务、强制收费。

社会团体和所举办经济实体之间发生经济往来，应当按照等价交换的原则收取价款、支付费用。

社会团体应当加强对所举办经济实体财务情况的监督，并定期向会员大会（会员代表大会）、理事会报告相关情况。

第十条　未经社会团体授权或者批准，社会团体分支机构（代表机构）、专项基金管理机构不得与其他民事主体开展合作活动。经授权或者批准开展合作活动的，应当使用冠有所属社会团体名称的规范全称。

社会团体不得将其分支机构（代表机构）、专项基金管理机构委托其他组织运营。

社会团体不得向其分支机构（代表机构）、专项基金管理机构收取或者变相收取管理费用。

第十一条　社会团体与境外组织或者个人进行合作，应当遵守有关法律法规和外事管理规定。

第十二条　社会团体应当加强合作活动的财务管理，严格按照《中华人民共和国会计法》等法律法规以及《民间非营利组织会计制度》等规定，如实进行会计核算，将全部收支纳入单位法定账册。

第十三条　社会团体开展合作活动，还应当遵守以下规定：

（一）不得超出章程规定的宗旨和业务范围开展活动；

（二）不得以任何形式或者名义强制其他组织或者个人参加，不得强制收取相关费用；

（三）未经批准，不得举办评比达标表彰活动；

（四）与党政机关或者其他组织举办合作项目，应当事先征得合作方同意；

（五）利用党政机关领导干部个人名义进行宣传，应当征得本人同意。

第十四条　社会团体在接受年度检查时，应当向登记管理机关报告上一年度开展合作活动的情况。

民政部关于社会团体登记管理有关问题的通知

（2007年9月12日　民函〔2007〕263号）

各全国性社会团体业务主管单位：

近年来，各全国性社会团体业务主管单位加强管理，改善服务，推动了社会团体健康发展。但我部在登记审核、年度检查和执法监督过程中也发现部分社会团体存在一些突出问题。为改进和加强社会团体登记管理有关工作，现通知如下：

一、规范社会团体章程的修订及核准。社会团体确需对章程进行修改、调整的，应在报会员大会（会员代表大会）审议前，书面征求业务主管单位和登记管理机关意见。章程修改经会员大会（会员代表大会）审议通过后，社会团体应按照《社会团体登记管理条例》规定，及时报登记管理机关核准。社会团体修改章程未履行规定程序的，登记管理机关不予受理章程核准。未经核准的章程，不作为社会团体开展活动的依据，社会团体不应擅自发布。

二、加强社会团体民主程序的监督。社会团体会员大会（会员代表大会）、理事会（常务理事会）的召开，领导成员的任期都应遵照章程规定。社会团体会员大会（会员代表大会）因特殊情况需提前或延期进行换届的，应事先以书面形式报业务主管单位和登记管理机关批准同意，社会团体应当在批准期限内完成换届。

三、健全社会团体负责人备案制度。社会团体负责人备案，按照"一届一备、变更必备"的原则进行。社会团体换届产生新一届理事长（会长）、副理事长（副会长）、秘书长后，无论是否发生人员、职务变动，均应按照相关规定，及时到登记管理机关办理负责人变更备案手续。其中属于党政领导干部届满后继续兼任的，需事先根据《关于审批中央管理的干部兼任社会团体领导职务有关问题的通知》（组通字〔1999〕55号）精神，重新按照干部管理权限履行审批手续。

四、认真审核社会团体负责人任职资格和条件。社会团体应按照《国务院办公厅转发民政部关于清理整顿社会团体意见的通知》（国办发〔1997〕11号）等文件精神和章程规定，执行社会团体负责人的年龄、任期（届）资格条件。确因特殊原因，需要突破任职资格和条件提名负责人人选的，换届选举前应以书面形式报业务主管单位和登记管理机关批准同意。届内达到最高任职年龄的社会团体负责人，一般应退出领导职位，可以改任名誉职务。根据《国务院办公厅关于加快推进行业协会商会改革和发展的若干意见》（国办发〔2007〕36号）精神，行业协会、商会负责人未经审批不得由现职公务员担任，并一般不再批准超龄、超届任职。

五、规范社会团体法定代表人任职。社会团体法定代表人须由章程明确的负责人担任，同时不得兼任其他社会团体法定代表人。拟任人选如果已担任其他社会团体法定代表人的，应事先解除已经担任的法定代表人职务。法定代表人人选不是章程明确的负责人的，或者同时担任其他社会团体法定代表人的，登记管理机关不予受理法定代表人变更登记。

六、加强社会团体会费标准的备案管理。社会团体制订、修改会费标准，应按照《民政部、财政部关于调整社会团体会费政策等有关问题的通知》(民发〔2003〕95 号)、《民政部、财政部关于进一步明确社会团体会费政策的通知》(民发〔2006〕123 号)要求,经会员大会(会员代表大会)审议通过后,向业务主管单位、登记管理机关和财政部门备案。制定或修改会费标准时,违反合理性原则,或者未履行规定程序的,登记管理机关不予备案。社会团体不得依未经合法程序制定和备案的标准收取会费,或者超标准收取会费。

七、社会团体如有违反上述要求的,登记管理机关将视情况按基本合格或不合格确定年度检查结论。情节严重的,按照《社会团体登记管理条例》规定进行处罚。请业务主管单位进一步重视社会团体规范化建设,引导社会团体以章程为核心,建立健全法人治理结构和民主管理制度,提高自律性和诚信度,逐步形成自我管理、自我发展、自我约束的运行机制,为构建和谐社会贡献力量。

民政部、海关总署关于社会团体和基金会办理进口慈善捐赠物资减免税手续有关问题的通知

(2016 年 4 月 14 日　民发〔2016〕64 号)

各省、自治区、直辖市民政厅(局),海关总署广东分署、各直属海关:

2015 年 12 月,财政部、海关总署、国家税务总局联合印发 2015 年第 102 号公告,公布了《慈善捐赠物资免征进口税收暂行办法》(以下简称《暂行办法》)。为确保《暂行办法》顺利实施,现将有关社会团体和基金会办理进口慈善捐赠物资减免税手续的有关事宜通知如下:

一、对于《暂行办法》第五条第(三)款规定的社会团体或基金会作为受赠人接受捐赠物资,有关社会团体或基金会向其登记管理的民政部门申请开具《慈善捐赠物资受赠人资格证明》(以下简称《证明》,格式见附件)的,民政部门对符合《暂行办法》第五条第(三)款有关规定的社会团体和基金会应及时出具《证明》。出具《证明》后,有关社会团体和基金会的评估等级或宗旨不再符合《暂行办法》规定的,民政部门应及时通知海关。

二、海关凭民政部门出具的《证明》(正本)和其他规定材料,按照海关总署 2016 年第 17 号公告的规定,对有关社会团体或基金会进口的捐赠物资进行审核确认,办理减免税手续。

三、省级民政部门和海关要加强联系、通力配合,严格执行和贯彻落实《暂行办法》有关规定。

附件:慈善捐赠物资受赠人资格证明(略)

财政部、税务总局、民政部关于公益性捐赠税前扣除有关事项的公告

(2020 年 5 月 13 日财政部 税务总局 民政部公告 2020 年第 27 号公布　自 2020 年 1 月 1 日起执行)

为贯彻落实《中华人民共和国企业所得税法》及其实施条例、《中华人民共和国个人所得税法》及其实施条例,现就公益性捐赠税前扣除有关事项公告如下:

一、企业或个人通过公益性社会组织、县级以上人民政府及其部门等国家机关,用于符合法律规定的公益慈善事业捐赠支出,准予按税法规定在计算应纳税所得额时扣除。

二、本公告第一条所称公益慈善事业,应当符合《中华人民共和国公益事业捐赠法》第三条对公益事业范围的规定或者《中华人民共和国慈善法》第三条对慈善活动范围的规定。

三、本公告第一条所称公益性社会组织,包括依法设立或登记并按规定条件和程序取得公益性捐赠税前扣除资格的慈善组织、其他社会组织和群众团体。公益性群众团体的公益性捐赠税前扣除资格确认及管理按照现行规定执行。依法登记的慈善组织和其他社会组织的公益性捐赠税前扣除资格确认及管理按本公告执行。

四、在民政部门依法登记的慈善组织和其他社会组织(以下统称社会组织),取得公益性捐赠税前扣除资格应当同时符合以下规定:

(一)符合企业所得税法实施条例第五十二条第一项到第八项规定的条件。

(二)每年应当在 3 月 31 日前按要求向登记管理机关报送经审计的上年度专项信息报告。报告应当包括财务收支和资产负债总体情况、开展募捐和接受捐赠情况、公益慈善事业支出及管理费用情况(包括本条第三项、第四项规定的比例情况)等内容。

首次确认公益性捐赠税前扣除资格的,应当报送经审计的前两个年度的专项信息报告。

(三)具有公开募捐资格的社会组织,前两年度每年用于公益慈善事业的支出占上年总收入的比例均不得低于 70%。计算该支出比例时,可以用前三年收入平均数代替上年总收入。

不具有公开募捐资格的社会组织,前两年度每年用于公益慈善事业的支出占上年末净资产的比例均不得低于 8%。计算该比例时,可以用前三年年末净资产平均数代替上年末净资产。

(四)具有公开募捐资格的社会组织,前两年度每年支出的管理费用占当年总支出的比例均不得高于 10%。

不具有公开募捐资格的社会组织，前两年每年支出的管理费用占当年总支出的比例均不得高于12%。

（五）具有非营利组织免税资格，且免税资格在有效期内。

（六）前两年度未受到登记管理机关行政处罚（警告除外）。

（七）前两年度未被登记管理机关列入严重违法失信名单。

（八）社会组织评估等级为3A以上（含3A）且该评估结果在确认公益性捐赠税前扣除资格时仍在有效期内。

公益慈善事业支出、管理费用和总收入的标准和范围，按照《民政部 财政部 国家税务总局关于印发〈关于慈善组织开展慈善活动年度支出和管理费用的规定〉的通知》（民发〔2016〕189号）关于慈善活动支出、管理费用和上年总收入的有关规定执行。

按照《中华人民共和国慈善法》新设立或新认定的慈善组织，在其取得非营利组织免税资格的当年，只需要符合本条第一项、第六项、第七项条件即可。

五、公益性捐赠税前扣除资格的确认按以下规定执行：

（一）在民政部登记注册的社会组织，由民政部结合社会组织公益活动情况和日常监督管理、评估等情况，对社会组织的公益性捐赠税前扣除资格进行核实，提出初步意见。根据民政部初步意见，财政部、税务总局和民政部对照本公告相关规定，联合确定具有公益性捐赠税前扣除资格的社会组织名单，并发布公告。

（二）在省级和省级以下民政部门登记注册的社会组织，由省、自治区、直辖市和计划单列市财政、税务、民政部门参照本条第一项规定执行。

（三）公益性捐赠税前扣除资格的确认对象包括：

1. 公益性捐赠税前扣除资格将于当年末到期的公益性社会组织；

2. 已被取消公益性捐赠税前扣除资格但又重新符合条件的社会组织；

3. 登记设立后尚未取得公益性捐赠税前扣除资格的社会组织。

（四）每年年底前，省级以上财政、税务、民政部门按权限完成公益性捐赠税前扣除资格的确认和名单发布工作，并按本条第三项规定的不同审核对象，分别列示名单及其公益性捐赠税前扣除资格起始时间。

六、公益性捐赠税前扣除资格在全国范围内有效，有效期为三年。

本公告第五条第三项规定的第一种情形，其公益性捐赠税前扣除资格自发布名单公告的次年1月1日起算。本公告第五条第三项规定的第二种和第三种情形，其公益性捐赠税前扣除资格自发布公告的当年1月1日起算。

七、公益性社会组织存在以下情形之一的，应当取消其公益性捐赠税前扣除资格：

（一）未按本公告规定时间和要求向登记管理机关报送专项信息报告的；

（二）最近一个年度用于公益慈善事业的支出不符合本公告第四条第三项规定的；

（三）最近一个年度支出的管理费用不符合本公告第四条第四项规定的；

（四）非营利组织免税资格到期后超过六个月未重新获取免税资格的；

（五）受到登记管理机关行政处罚（警告除外）的；

（六）被登记管理机关列入严重违法失信名单的；

（七）社会组织评估等级低于3A或者无评估等级的。

八、公益性社会组织存在以下情形之一的，应当取消其公益性捐赠税前扣除资格，且取消资格的当年及之后三个年度内不得重新确认资格：

（一）违反规定接受捐赠的，包括附加对捐赠人构成利益回报的条件、以捐赠为名从事营利性活动、利用慈善捐赠宣传烟草制品或法律禁止宣传的产品和事项、接受不符合公益目的或违背社会公德的捐赠等情形；

（二）开展违反组织章程的活动，或者接受的捐赠款项用于组织章程规定用途之外的；

（三）在确定捐赠财产的用途和受益人时，指定特定受益人，且该受益人与捐赠人或公益性社会组织管理人员存在明显利益关系的。

九、公益性社会组织存在以下情形之一的，应当取消其公益性捐赠税前扣除资格且不得重新确认资格：

（一）从事非法政治活动的；

（二）从事、资助危害国家安全或者社会公共利益活动的。

十、对应当取消公益性捐赠税前扣除资格的公益性社会组织，由省级以上财政、税务、民政部门核实相关信息后，按权限及时向社会发布取消资格名单公告。自发布公告的次月起，相关公益性社会组织不再具有公益性捐赠税前扣除资格。

十一、公益性社会组织、县级以上人民政府及其部门等国家机关在接受捐赠时，应当按照行政管理级次分别使用由财政部或省、自治区、直辖市财政部门监（印）制的公益事业捐赠票据，并加盖本单位的印章。

企业或个人将符合条件的公益性捐赠支出进行税前扣除，应当留存相关票据备查。

十二、公益性社会组织登记成立时的注册资金捐赠人，在该公益性社会组织首次取得公益性捐赠税前扣除资格的当年进行所得税汇算清缴时，可按规定对其注册资金捐赠额进行税前扣除。

十三、除另有规定外，公益性社会组织、县级以上人民政府及其部门等国家机关在接受企业或个人捐赠时，按以下原则确认捐赠额：

（一）接受的货币性资产捐赠，以实际收到的金额确认捐赠额。

（二）接受的非货币性资产捐赠，以其公允价值确认捐赠额。捐赠方在向公益性社会组织、县级以上人民政府及其部门等国家机关捐赠时，应当提供注明捐赠非货币性资产公允价值的证明；不能提供证明的，接受捐赠方不得向其开具捐赠票据。

十四、为方便纳税主体查询，省级以上财政、税务、民政部门应当及时在官方网站上发布具备公益性捐赠税前扣除资格的公益性社会组织名单公告。

企业或个人可通过上述渠道查询社会组织公益性捐赠税前扣除资格及有效期。

十五、本公告自2020年1月1日起执行。《财政部 国家税务总局 民政部关于公益性捐赠税前扣除有关问题的通知》（财税〔2008〕160号）、《财政部 国家税务总局 民政部关于公益性捐赠税前扣除有关问题的补充通知》（财税〔2010〕45号）、《财政部 国家税务总局 民政部关于公益性捐赠税前扣除资格确认审批有关调整事项的通知》（财税〔2015〕141号）同时废止。

尚未完成2019年度及以前年度社会组织公益性捐赠税前扣除资格确认工作的，各级财政、税务、民政部门按照原政策规定执行。2020年度及以后年度的公益性捐赠税前扣除资格的确认及管理按本公告规定执行。

特此公告。

财政部、税务总局、民政部关于公益性捐赠税前扣除资格有关问题的补充通知

（2018年9月29日 财税〔2018〕110号）

各省、自治区、直辖市、计划单列市财政厅（局）、民政厅（局），国家税务总局各省、自治区、直辖市、计划单列市税务局，新疆生产建设兵团财政局、民政局：

为进一步规范对公益性捐赠税前扣除资格的管理，现就公益性捐赠税前扣除资格相关的行政处罚问题补充通知如下：

一、《财政部 国家税务总局 民政部关于公益性捐赠税前扣除有关问题的通知》（财税〔2008〕160号）和《财政部 国家税务总局关于通过公益性群众团体的公益性捐赠税前扣除有关问题的通知》（财税〔2009〕124号）中的"行政处罚"，是指税务机关和登记管理机关给予的行政处罚（警告或单次1万元以下罚款除外）。

二、本通知自发布之日起执行。本通知执行前未确认公益性捐赠税前扣除资格的公益性社会团体，按本通知规定执行。

财政部关于同意统一发放全国性社会团体会费统一票据的函

（2015年11月6日 财综〔2015〕98号）

民政部：

你部《关于商请移交全国性社会团体会费统一票据发放工作的函》（民函〔2015〕308号）收悉。经研究，现就有关问题函复如下：

一、为落实国务院机构改革和职能转变方案，进一步理顺权责关系，按照权力清单制度的相关要求，根据《财政票据管理办法》（财政部令第70号）有关规定，同意由我部统一发放《全国性社会团体会费统一票据》。

二、为保障《全国性社会团体会费统一票据》发放管理工作正常开展，请你部及时将相关事宜通知有关社会团体，并做好现有票据库存的清理、造册、移交等工作。

三、地方性社会团体会费票据的发放管理工作，由各省、自治区、直辖市财政部门与民政部门商定。

四、本文自2016年1月1日起施行。《财政部关于制发全国性社会团体会费收据的复函》（财综字〔1993〕87号）同时废止。

此复。

关于进一步规范社会团体会费票据使用管理的通知

（2016年8月26日 财办综〔2016〕99号）

为切实加强社会团体会费票据（以下简称社团会费票据）监督管理，规范社团会费票据使用行为，强化社会团体会费收入会计核算和财务监督，根据《财政票据管理办法》（财政部第70号令）有关规定，现将有关事项通知如下：

一、严格限定社团会费票据的适用范围

社团会费票据是依法成立的社会团体向会员收取会费时开具的法定凭证，是财政票据的重要组成部分，是财政、民政、审计等部门进行监督的重要依据。社会团体的其他收入不得使用社团会费票据。

二、统一制定社团会费票据的式样

社团会费票据实行全国统一式样、规格。社团会费票据设置三联，包括存根联、收据联和记账联，各联次采用不同颜色予以区分。基本内容包括票据名称、票据监制章、票据号码、会费名称、标准、数量、金额、交款单位或个人、开票日期、联次、收款单位、收款人、支票号等（具体式样和规格见附件1、附件2）。

三、严格执行社团会费票据的领用程序

会费票据实行凭证申领、分次限量、核旧领新制度。

社会团体首次申领社团会费票据，应向与其注册登记部门同级的财政部门提出申请，提交申请函，说明收取会员费的依据及标准；提供加载统一社会信用代码的社团登记证书及复印件、经民政部门依法核准的单位章程复印件，同级财政部门要求的其他材料，填写《财政票据领用证申请表》。社会团体提供的所有材料均需加盖社会团体公章。受理申请的财政部门审核材料，对符合条件的，办理《财政票据领用证》，并发放社团会费票据。

社会团体再次申领社团会费票据，应当出示《财政票据领用证》，并提交前次申领的社团会费票据存根和使用情况说明，经财政部门审验无误并进行核销后，方可继续申领社团会费票据。

四、进一步规范社团会费票据的使用管理

各社会团体要按本通知规定的使用范围开具社团会费票据，不得擅自扩大社团会费票据使用范围，不得将社团会费票据与其他财政票据、税务发票互相串用。社团会费票据的使用、管理、核销、销毁等按照《财政票据管理办法》有关规定执行。

五、切实加强社团会费票据的监督检查

财政部门要建立健全财政票据监督检查制度，对社团会费票据的印制、使用、管理等情况进行检查。社会团体应自觉接受财政部门对社团会费票据的监督检查。对违反规定申领、使用、管理社团会费票据的社会团体，财政部门应责令其限期整改，并依照《财政票据管理办法》等相关规定进行处理、处罚。整改期间，暂停向其发放社团会费票据。

六、积极推进社团会费票据的电子化改革

各级财政部门要积极推进社团会费票据电子化改革，依托计算机和网络技术手段，对社团会费票据实行电子开票、自动核销、全程跟踪、源头控制，全面提高社团会费票据监管效率和水平。同时，各级财政部门要加强财政票据电子化管理系统安全管理，严格按照规定进行安全定级，实施安全认证，实行数据备份，保障网络安全、系统安全、数据安全。

附件：1. 全国性（XX 省、自治区、直辖市）社会团体会费统一票据（机打票）式样（略）

2. 全国性（XX 省、自治区、直辖市）社会团体会费统一票据（手工票）式样（略）

民政部、财政部关于取消社会团体会费标准备案规范会费管理的通知

（2014 年 7 月 25 日　民发〔2014〕166 号）

各省、自治区、直辖市民政厅（局）、财政厅（局），各计划单列市民政局、财政局，新疆生产建设兵团民政局、财务局：

为切实转变政府职能，简政放权，推进社会团体依法自治，激发社会团体活力，现就社会团体会费有关事项通知如下：

一、自《通知》发布之日起，社会团体通过的会费标准，不再报送业务主管单位、社会团体登记管理机关和财政部门备案。

二、经社会团体登记管理机关批准成立的社会团体，可以向个人会员和单位会员收取会费。

三、社会团体可以依据章程规定的业务范围、工作成本等因素，合理制定会费标准。

会费标准的额度应当明确，不得具有浮动性。

四、社会团体制定或者修改会费标准，应当召开会员大会或者会员代表大会，应当有 2/3 以上会员或者会员代表出席，并经出席会员或者会员代表 1/2 以上表决通过，表决采取无记名投票方式进行。

除会员大会或者会员代表大会以外，不得采取任何其他形式制定或者修改会费标准。

五、社会团体应当自通过会费标准决议之日起 30 日内，将决议向全体会员公开。

六、社会团体会费应当主要用于为会员提供服务以及按照该社会团体宗旨开展的各项业务活动等支出。

社会团体应当每年向会员公布会费收支情况，定期接受会员大会或者会员代表大会的审查，并在社会团体年检时填报会费收支情况。

七、社会团体收取会费，应当按照规定使用财政部和省（自治区、直辖市）财政部门印（监）制的社会团体会费收据。除会费以外，其他收入不得使用社会团体会费收据。

八、社会团体会费标准的制定、修改，以及会费收取、使用和管理不符合本通知规定的，社会团体登记管理机关可以依据《社会团体登记管理条例》的有关规定，给予相应处罚。

社会团体登记管理机关和财政部门应当对社会团体会费的收支情况进行监督检查，发现问题，及时处理。

九、社会团体收取会费不符合本通知第三条、第四条、第六条规定的，社会团体会员有权拒绝缴纳，并可以向有关部门举报。

《民政部 财政部关于调整社会团体会费政策等有关问题的通知》（民发〔2003〕95 号）、《民政部 财政部关于进一步明确社会团体会费政策的通知》（民发〔2006〕123 号）自本通知印发之日起同时废止。

民政部关于重新确认社会团体业务主管单位的通知

（2001 年 2 月 23 日　民发〔2000〕41 号）

各省、自治区、直辖市人民政府，中央和国家机关各部委，军委总政治部，各人民团体：

为了贯彻执行《中共中央办公厅、国务院办公厅关于进一步加强民间组织管理工作的通知》（中办发〔1999〕34 号）精神，进一步明确社会团体登记管理机关与业务主管单位的管

理职责，建立和完善社会团体双重管理体制，使社会团体更好地发挥积极作用，经中共中央、国务院领导同志同意，现就重新确认社会团体业务主管单位的有关问题通知如下：

一、社会团体业务主管单位的管理职责

社会团体业务主管单位的职能应能涵盖所属社会团体的业务范围，并能够对主管的社会团体进行业务指导。各业务主管单位必须对其所主管社会团体负责，按照中共中央、国务院文件和有关法规的规定切实履行管理职责。各业务主管单位应建立相应的管理机构，选派政治强、作风正、素质好的同志具体从事社团管理工作。业务主管单位对其所主管社会团体在其业务主管单位未做新的调整之前，必须负责到底，决不能撒手不管。

社会团体业务主管单位的管理职责：

（一）负责社会团体筹备申请、成立登记、变更登记、注销登记前的审查；

（二）负责社会团体的思想政治工作、党的建设、财务和人事管理、研讨活动、对外交往、接受境外捐赠资助；

（三）监督、指导社会团体遵守宪法、法律、法规和国家政策，依据章程开展活动；

（四）负责社会团体年度检查的初审；

（五）负责协助登记管理机关和其他有关部门查处社会团体的违法行为；

（六）会同有关机关指导社会团体的清算事宜。

二、社会团体的业务主管单位是指：

（一）国务院组成部委、国务院直属机构、国务院办事机构及地方县级以上人民政府的相应部门和机构；

（二）中共中央各工作部门、代管单位及地方县级以上党委的相应部门和单位；

（三）全国人大常委会办公厅、全国政协办公厅、最高人民法院、最高人民检察院及地方县级以上上述机关的相应部门；

（四）经中共中央、国务院或地方县级以上党委、人民政府授权作为社会团体业务主管单位的组织；

（五）军队系统的社会团体的业务主管单位的问题由总政治部明确。

三、经中共中央、国务院或地方县级以上党委、人民政府授权作为社会团体业务主管单位的组织，应具备以下条件：

（一）能够全面履行社会团体业务主管单位职责的组织；

（二）中央或地方机构编制管理机关“定职能、定机构、定编制”的组织；

（三）有具体机构和人员从事社会团体管理工作的组织；

（四）经中共中央、国务院或地方县级以上党委、人民政府履行过授权程序的组织。

同时具备以上条件的组织，方可作为社会团体的业务主管单位。

四、授权下列组织为全国性社会团体的业务主管单位：

中国社会科学院、国务院发展研究中心、中国地震局、中国气象局、中国证券监督管理委员会、中国保险监督管理委员会、中央党校、中央文献研究室、中央党史研究室、中央编译局、外文局、中华全国总工会、中国共产主义青年团、中华全国妇女联合会、中国文学艺术界联合会、中国作家协会、中国科学技术协会、中华全国归国华侨联合会、中华全国新闻工作者协会、中国人民对外友好协会、中国残疾人联合会、中国职工思想政治工作研究会。

地方县级以上党委、各级人民政府可参照以上意见，根据当地实际情况，对符合第三项前三款条件的组织予以授权。

民政部受理境外非政府组织设立代表机构业务主管单位申请工作办法（试行）

（2018 年 6 月 21 日　民发〔2018〕79 号）

为规范境外非政府组织申请由民政部担任其登记设立代表机构业务主管单位的受理工作，依照《中华人民共和国境外非政府组织境内活动管理法》、《境外非政府组织在中国境内活动领域和项目目录、业务主管单位名录（2017）》（以下简称《目录》）和《境外非政府组织代表机构登记和临时活动备案办事指南》（以下简称《办事指南》）的有关规定，制定本办法。

一、受理范围

境外非政府组织同时具备下列条件，可以申请由民政部担任其登记设立代表机构的业务主管单位：

（一）符合《中华人民共和国境外非政府组织境内活动管理法》第十条的规定；

（二）符合《目录》规定由民政部担任业务主管单位的范围要求。

二、需提交的材料

（一）境外非政府组织向民政部提出担任其中国境内代表机构业务主管单位申请书（见附件 1）；

（二）境外非政府组织在中国境内开展活动情况表（见附件 2）；

（三）《办事指南》载明的设立登记所需提交的（2）-（11）项材料。

上述材料，如为外文需同时附中文翻译件，所有材料需经公证、认证。境外非政府组织应当对其提交的上述材料的真实性、合法性负责。

三、受理申请

民政部自收到本办法第二条所列全部有效文件之日起 60 个工作日内，作出是否同意作为业务主管单位的决定。有特殊情况的，可以延长作出决定的期限，并及时告知提出申请的境外非政府组织，延长期限不得超过 30 个工作日。

同意作为业务主管单位的，以民政部名义在相关申请表上盖章并向境外非政府组织出具同意函（见附 3）。不同意作为业务主管单位的，应当及时告知提出申请的境外非政府组织。

民政部在审核过程中，根据需要可以向境外非政府组织进一步了解核实有关情况。

四、其他事项

已在公安机关登记，并由民政部作为业务主管单位的境外非政府组织代表机构，应按规定向民政部报送年度工作计划、年度工作报告。需要办理变更登记事项和注销登记的，应当按规定向民政部提出申请，经同意后，前往公安机关办理。

民政部受理境外非政府组织设立代表机构业务主管单位申请工作联系电话为：(010)58123284。

附件：1. 境外非政府组织向民政部提出担任其中国境内代表机构业务主管单位申请书（略）

2. 境外非政府组织在中国境内开展活动情况表（略）

3. 民政部关于同意作为业务主管单位的函（略）

民政部、中央军委政治工作部关于加强非军队主管的社会团体涉军事项管理的通知

（2018年6月19日　民发〔2018〕78号）

各省（自治区、直辖市）民政厅（局），各计划单列市民政局，新疆生产建设兵团民政局；各战区、各军兵种、军委机关各部门、军事科学院、国防大学、国防科技大学、武警部队政治工作部（局、处）：

近年来，非军队主管的社会团体涉军工作呈现增多趋势，在推动军地学术交流、促进军民融合发展上发挥了一定的积极作用，但也存在擅自冠以涉军名称、随意开展涉军业务活动、吸收未按规定批准的军队人员和单位参加等问题，在军内外造成不良影响。为进一步加强非军队主管的社会团体涉军工作管理，现就有关事项通知如下。

一、加强对冠以涉军名称的非军队主管社会团体的登记管理

成立非军队主管的社会团体及其分支机构，一般不得冠以“解放军”、“军队”、“全军”、“武警”、“八一”、“军事”、“将军”、“将校”、“士兵”等涉军名称和部队番号等字样。

确因工作需要冠以涉军名称的，其冠名事项应当征求军队有关部门意见。全国性社会团体冠以涉军名称的，应当由业务主管单位商中央军委机关有关业务部门后，由军队有关业务部门报中央军委政治工作部同意；地方性社会团体冠以涉军名称的，应当由业务主管单位商军队大单位有关业务部门后，由军队有关业务部门报军队大单位政治工作部门同意。具体事宜由军队组织部门承办。军队政治工作机关同意后，出具《同意冠以涉军名称的证明》，民政部门依据《同意冠以涉军名称的证明》办理相关手续。分支机构冠以涉军名称的，参照上述程序执行。

已经冠以涉军名称的非军队主管的社会团体及分支机构，应当按照以上程序权限重新履行报批手续，未履行相关手续前不得再组织相关活动。

二、规范非军队主管社会团体开展涉军业务活动管理

非军队主管的社会团体及其分支机构开展涉军业务活动，主要包含两种情况：一是社会团体章程规定的业务范围与军队有关部门担负的职能交叉重叠；二是社会团体章程规定的业务范围与军队部门担负的职能业务没有直接关联，但因特殊情况需开展与军队有关的业务活动。

全国性社会团体章程中涉军业务范围，应当由业务主管单位商军队相应单位和部门后，由军队相应单位和部门逐级报中央军委机关有关业务部门同意，同时报中央军委政治工作部组织局备案；地方性社会团体章程中涉军业务范围，应当由业务主管单位商军队相应单位和部门后，由军队相应单位和部门逐级报军队大单位有关业务部门同意，同时报军队大单位组织部门备案。备案后，社会团体可在其章程规定的业务范围内开展涉军业务活动，可以不再履行报批手续，每年12月31日前将开展涉军业务活动情况报军队相应业务部门。全国性和地方性社会团体应当按照本通知精神，及时办理报批手续，未履行程序的，不得开展相关涉军业务活动。

章程中规定的业务范围与军队部门担负的职能业务无直接关联的社会团体，一般不得开展涉军业务活动。确需开展的，全国性社会团体，应当商军队相应单位和部门后，逐级报中央军委机关有关业务部门同意，同时报中央军委政治工作部组织局备案；地方性社会团体，应当商军队相应单位和部门后，逐级报军队大单位有关业务部门同意，同时报军队大单位组织部门备案。

三、严格军队人员和单位参加社会团体及其活动管理

军队人员（指军队编制的现役军人、文职人员、职工和军队管理的离退休人员）和单位参加社会团体及其活动，必须严格执行《军队社会团体管理工作规定》明确的有关要求。已移交地方的军队退休人员参加社会团体及其活动，军队不再负责审批。移交政府安置的军队退休干部参加社会团体及其活动的管理和审批，按照安置地国家机关同职级退休干部相关规定执行；无军籍退休职员干部按照安置地事业单位同职级退休干部相关规定执行。军队退役人员不得以军人身份参加社会团体和社团活动。

军队人员和单位参加的社会团体，应当限于中央和国家机关、人民团体、省级党委和人民政府以及军队单位作为业务主管单位的社会团体，或者是在省级以上人民政府民政部门登记的行业协会类、科技类、公益慈善类社会团体。

军队人员参加社会团体、兼任社会团体负责人，必须以《军队人员参加社会团体批准书》为凭；军队单位参加社会团体，必须以《军队单位参加社会团体批准书》为凭。军队人员和单位无《军队人员参加社会团体批准书》和《军队单位参加

社会团体批准书》的，一律不得参加或者兼任。

军队人员一律不得兼任非军队主管的社会团体的法定代表人。

社会团体换届后，军队人员和单位需要继续参加该社会团体的，应当重新办理报批手续。

未参加社会团体的军队人员一般不得参加社会团体活动。因工作需要确需参加的，按照军队人员申请参加社会团体的审批权限办理审批，报批由拟参加社会团体活动的军队人员的管理部门承办。

在民政部门登记的非军队主管的基金会和社会服务机构涉军事项，参照本通知执行。

民政部关于成立以人名命名的社会团体问题的通知

（2000年7月21日　民发〔2000〕168号）

各省、自治区、直辖市民政厅（局），各计划单列市民政局，新疆生产建设兵团民政局：

最近，我部接到地方民政厅关于成立以人名命名社团问题的请示。经研究，并报经中共中央办公厅同意，现通知如下：

一、社会团体名称通常具有表明其活动地域、宗旨和性质的作用，如无特殊需要，一般不以人名命名；

二、以人名命名社会团体，目前只限于确实需要的科技、教育、卫生、文化艺术领域内，对我国和世界做出了巨大贡献、享有盛誉的杰出人物；

三、社会团体一般不以已故或健在的党和国家领导人以及政治活动家的名字命名。

四、地方民政部门在审批以人名命名的社会团体时应多方征求意见，从严把关。凡涉及以党和国家领导人或政治活动家命名的社会团体，应报民政部，经民政部审核同意后，地方民政部门按程序办理登记手续。

民政部关于对部分团体免予社团登记有关问题的通知

（2000年12月5日　民发〔2000〕256号）

为了认真贯彻《社会团体登记管理条例》（以下简称《条例》），经党中央、国务院领导同志同意，现就部分社团不登记和可以免予登记的有关问题通知如下：

一、参加中国人民政治协商会议的人民团体不进行社团登记。参加中国人民政治协商会议的人民团体有：中华全国总工会、中国共产主义青年团、中华全国妇女联合会、中国科学技术协会、中华全国归国华侨联合会、中华全国台湾同胞联谊会、中华全国青年联合会、中华全国工商业联合会。

二、经国务院批准可以免予登记的社会团体有：中国文学艺术界联合会、中国作家协会、中华全国新闻工作者协会、中国人民对外友好协会、中国人民外交学会、中国国际贸易促进会、中国残疾人联合会、宋庆龄基金会、中国法学会、中国红十字总会、中国职工思想政治工作研究会、欧美同学会、黄埔军校同学会、中华职业教育社。

三、上述可以免予登记的团体，如果愿意按《条例》规定到社会团体登记管理机关进行登记和参加年检的，可按照《条例》和有关规定办理登记手续。如果不愿到社会团体登记管理机关进行登记，社会团体登记管理机关在这次社团清理整顿中不再更换新的社会团体法人证书。已经领取社会团体法人证书和已刻制的印章等应退回社会团体登记管理机关。

四、除了国务院批准可以免予登记的社团之外，其他全国性社团和省级及其以下地方性社团都应该按照《条例》的规定履行登记手续。

民政部主管的社会团体管理暂行办法

（1998年6月12日　民社发〔1998〕6号）

第一条　为了适应政府转变职能和民政工作的需要，更好地发挥民政部主管的社团的积极作用，依据《社会团体登记管理条例》，制定本办法。

第二条　社团具有独立的法人资格，独立承担民事责任，依据登记的章程独立自主地开展各项活动和管理内部事务。

第三条　社团接受部委托职能以项目协议的形式实施，明确职责、经费与合作关系。

社团的业务活动、党组织建设、有关的人事和外事工作分别由相关业务司局、部直属机关党委、人事教育司和外事司主管。

社团的登记年检和违法、违纪行为的查处，由民间组织管理局主管。

受部委托，中华慈善总会由民间组织管理局主管；中国社会福利协会、中国假肢协会、中国殡葬协会由社会福利与社会事务司主管；中国救灾协会由救灾司主管；中国社会工作协会由办公厅主管；中国行政区划地名研究会由区划地名司主管；中国老年大学学会、中国老年学学会、中国老年基金会由中国老龄协会主管。

部主管司、局（厅）不得从社团中牟取任何经济利益。

第四条　社团必须认真执行党的政策，遵守国家的法律、法规，自觉接受民政部及授权司、局（厅）管理。

第五条　社团变更法定代表人，由业务主管司、局（厅）推荐，人事教育司审核，部党组研究同意，经理事会（常务理事会）讨论通过后，向民间组织管理局申请变更登记。

第六条　社团秘书长以上负责人更换，应由人事教育司会同业务主管司、局(厅)对拟任负责人进行审查,社团依据章程履行民主程序后,向民间组织管理局办理有关备案手续。

第七条 部机关在职公务员,均不得在社团中兼任领导职务。因特殊情况确需在社团中兼任领导职务的,必须按干部管理权限进行审批,依章程规定履行民主程序后,由民间组织管理局办理有关手续。

第八条 社团常设办事机构中要按中共中央组织部和民政部《关于在社会团体中建立党组织有关问题的通知》(组通字〔1998〕6号)规定建立健全党的组织。

第九条 社团变更名称(住所、业务主管部门、注册资金),依据章程履行民主程序,应经业务主管司、局(厅)审查后,向民间组织管理局申请变更登记。

社团修改章程,应经业务主管司、局(厅)审查同意后,向民间组织管理局申请核准。

第十条 社团设立(变更或注销)分支机构、派出机构,由理事会(常务理事会)讨论通过,经业务主管司、局(厅)审查后,向民间组织管理局申请办理有关登记手续。

第十一条 社团开展对外交活动和申请公务出国,由业务主管司、局(厅)审查,外事司审核报批。

第十二条 社团开展重大业务活动,如召开大型研讨会、举办展览会等,应由业务主管司、局(厅)审查核准。

第十三条 社团的主要经费来源:

(一)会费;

(二)社团发展基金利息;

(三)开展咨询、培训、课题研究等有偿服务活动的收入;

(四)兴办或管理与宗旨业务相关的实体,按协议取得的收入;

(五)政府部门资助;

(六)社会捐赠。

第十四条 社团接受和使用捐赠、资助,必须符合章程规定的宗旨和业务范围,遵守国家有关规定,并接受民间组织管理局指定的会计师事务所的审计。经部批准建立的社团发展基金,社团不得以任何理由使用本金。

第十五条 社团应依据国家财政部门有关规定,建立健全财务管理制度,聘用有执业资格的财会人员从事财务工作,定期公布财务收支情况,并接受部和有关部门的财务审计监督。

第十六条 社团兴办与宗旨、业务相关的实体,应经业务主管司、局(厅)审查同意,报部领导批准,依据有关规定到工商行政管理机关办理登记手续后,向民间组织管理局备案。社团对自身兴办和部委托代管的实体,要加强管理,切实负起责任。所有社团不得接受社会有关实体的挂靠。

第十七条 社团每年3月前对上一年度工作、财务情况进行自检,按规定填写年检报告书和接受会计师事务所对其财务的审计。以上材料经业务主管司、局(厅)签署有关意见后,报送民间组织管理局审定。

第十八条 社团申请注销登记,应在业务主管司、局(厅)指导下,成立清算组织,完成清算工作,提交法定代表人签署的注销登记申请书、业务主管司、局(厅)的审查意见、部长办公会议同意注销登记的纪要以及清算报告书。经民间组织管理局注销登记后,发给注销登记文件,收缴社团登记证书、印章及财务凭证。

本办法未尽事宜,依照《社会团体登记管理条例》和国家有关规定执行。

企业事业单位和社会团体代码管理办法

(1993年7月13日 技监局发〔1993〕14号)

第一条 为了建立社会主义市场经济体制,加强对企业事业单位和社会团体的管理,根据国务院关于建立企业事业单位和社会团体统一代码标识制度的有关规定,特制定本办法。

第二条 本办法所称企业事业单位和社会团体,指依照中华人民共和国行政法规规定,经核准登记或批准成立的下列企业事业单位和社会团体:

(一)经县级以上(含县级)企业法人登记主管机关核准登记,取得法人资格的国有企业、集体企业、联营企业,在中华人民共和国境内设立的中外合资经营企业、中外合作经营企业、外资企业、私营企业,以及依法需要办理企业法人登记的其他企业。

(二)经县级以上(含县级)机构编制主管机关批准成立(含负责管理,下同),具有法人资格的各类事业单位。

(三)经县级以上(含县级)社会团体登记管理机关核准登记,取得法人资格的社会团体。

(四)经县级以上(含县级)企业法人登记主管机关、机构编制主管机关和社会团体登记管理机关核准登记或批准成立,不具有法人资格的企业事业单位和社会团体。

第三条 本办法所称企业事业单位和社会团体代码,分法人代码和法人分支机构代码。企业事业单位和社会团体具有法人资格的,其代码是法人代码;不具有法人资格的,其代码是法人分支机构代码。

第四条 企业事业单位和社会团体代码管理工作的任务是划分代码区段,制作、分配和赋予代码,颁发代码证书,以及建立代码自动化管理系统。

第五条 国务院标准化行政主管部门负责组织协调全国企业事业单位和社会团体的代码管理工作,履行以下职责:

(一)组织制定有关的国家标准和工作规范;

(二)指导国务院有关行政主管机关和省、自治区、直辖市以及计划单列市人民政府标准化行政主管部门的代码管理工作,协调和处理有关代码管理工作问题;

（三）对标准和工作规范的实施情况进行监督检查；

（四）划分国务院以及各省、自治区、直辖市和计划单列市企业法人登记主管机关、机构编制主管机关和社会团体登记管理机关负责赋予的法人代码区段和法人分支机构代码区段；

（五）制作并分配国务院企业法人登记主管机关、机构编制主管机关和社会团体登记管理机关负责赋予的法人代码和法人分支机构代码；

（六）统一印制全国企业事业单位和社会团体代码证书；

（七）颁发经国务院企业法人登记主管机关、机构编制主管机关和社会团体登记管理机关核准登记或批准成立的企业事业单位和社会团体的代码证书，并组织协调省、自治区、直辖市和计划单列市人民政府标准化行政主管部门颁发代码证书工作；

（八）建立全国企业事业单位和社会团体代码管理数据库。

第六条 国务院企业法人登记主管机关、机构编制主管机关和社会团体登记管理机关按各自职能分别负责组织全国企业事业单位和社会团体的代码赋予工作，履行以下职责：

（一）贯彻有关的国家标准和工作规范，并制定在本系统实施的具体办法；

（二）指导省、自治区、直辖市和计划单列市企业法人登记主管机关、机构编制主管机关和社会团体登记管理机关的代码赋予工作；

（三）赋予由本机关核准登记或批准成立的企业事业单位和社会团体的代码。

第七条 省、自治区、直辖市和计划单列市人民政府标准化行政主管部门根据国务院标准化行政主管部门所授权限，负责组织协调本行政区域内企业事业单位和社会团体的代码管理工作，履行以下职责：

（一）贯彻有关的国家标准和工作规范，并组织制定本行政区域内实施的具体办法；

（二）指导本行政区域人民政府有关行政主管机关的代码管理工作，协调和处理有关代码管理工作问题；

（三）对标准和工作规范的实施情况进行监督检查；

（四）划分本行政区域各级人民政府企业法人登记主管机关、机构编制主管机关和社会团体登记管理机关负责赋予的法人代码区段和法人分支机构代码区段；

（五）制作并分配本行政区域各级人民政府企业法人登记主管机关、机构编制主管机关和社会团体登记管理机关赋予的法人代码和法人分支机构代码；

（六）颁发经省、自治区、直辖市和计划单列市企业法人登记主管机关、机构编制主管机关和社会团体登记管理机关核准登记或批准成立的企业事业单位和社会团体的代码证书；

（七）建立属本行政区域各级人民政府管辖权限范围的企业事业单位和社会团体代码管理数据库。

第八条 省、自治区、直辖市和计划单列市企业法人登记主管机关、机构编制主管机关和社会团体登记管理机关按各自职能分别负责组织属本行政区域各级人民政府管辖权限范围的企业事业单位和社会团体的代码赋予工作，履行以下职责：

（一）贯彻有关的国家标准、工作规范以及上级行政主管机关和所在行政区域人民政府的有关规定，并制定实施的具体办法；

（二）指导市、县企业法人登记主管机关、机构编制主管机关或社会团体登记管理机关的代码赋予工作；

（三）赋予由本机关核准登记或批准成立的企业事业单位和社会团体的代码。

第九条 市、县人民政府标准化行政主管部门根据省、自治区、直辖市和计划单列市人民政府标准化行政主管部门所授权限，负责属本行政区域人民政府管辖权限范围的企业事业单位和社会团体的代码证书颁发、管理以及建立代码数据库工作。

第十条 市、县企业法人登记主管机关、机构编制主管机关和社会团体登记管理机关按各自职能分别负责由本机关核准登记或批准成立的企业事业单位和社会团体的代码赋予工作。

第十一条 各级企业法人登记主管机关、机构编制主管机关和社会团体登记管理机关应当根据本机关核准登记或批准成立的企业事业单位和社会团体的实际数量，向分配代码的标准化行政主管机关提出分配代码的申请。

第十二条 分配代码的标准化行政主管部门，应当根据企业法人登记主管机关、机构编制主管机关和社会团体登记管理机关报送的企业事业单位和社会团体实际数量，再附加一定比例的备用余量划分代码区段，并按照中华人民共和国国家标准 GB11714《全国企业事业单位和社会团体代码编制规则》的规定，组织完成该区段代码的制作工作。

第十三条 省、自治区、直辖市和计划单列市人民政府标准化行政主管部门应当在每年一季度以前将本部门上一年度划分的代码区段报国务院标准化行政主管部门备案。

第十四条 各级企业法人登记主管机关、机构编制主管机关和社会团体登记管理机关应当在分配给本机关的代码全部赋予完毕之前，向分配代码的标准化行政主管部门提出追加分配代码的申请。

申请办法按照本办法第十一条的规定执行。

第十五条 各级企业法人登记主管机关、机构编制主管机关和社会团体登记管理机关未经分配代码的标准化行政主管部门同意，不得擅自变更代码区段范围。

第十六条 各级企业法人登记主管机关、机构编制主管机关和社会团体登记管理机关应当按照分配代码的标准化行政主管部门分配的法人代码和法人分支机构代码，向本机关核准登记或批准成立的企业事业单位或社会团体赋予法人代码或法人分支机构代码。代码的赋予顺序，按所分配代码数值(不含校验码数值)从小到大次序。

第十七条　各级企业法人登记主管机关、机构编制主管机关和社会团体登记管理机关应当按有关规定,分别将所赋予的代码标注在有关登记证书或批准文件的明显位置。

第十八条　经注销(撤销)的企业事业单位和社会团体,各级企业法人登记主管机关、机构编制主管机关或社会团体登记管理机关应当废置其代码。代码一经废置,不得重新赋予其他企业事业单位和社会团体。

第十九条　企业事业单位和社会团体应当在企业法人登记主管机关、机构编制主管机关和社会团体登记管理机关核准登记或批准成立30日内,到同级标准化行政主管部门办理申领代码证书手续。

第二十条　办理申领代码证书的企业事业单位和社会团体应当向标准化行政主管部门提交有关登记证书和批准文件,并按规定填写《企业事业单位和社会团体代码申报表》。

第二十一条　标准化行政主管部门应当依据企业事业单位和社会团体提交的有关登记证书或批准文件,对企业事业单位和社会团体填写的代码申报表内容进行审查,经核准后退还所提交的登记证书或批准文件,并分别颁发以下代码证书:

(一)对具备法人资格的企业,颁发《中华人民共和国企业法人代码证书》;

(二)对不具备法人资格的企业,颁发《中华人民共和国企业代码证书》;

(三)对具备法人资格的事业单位,颁发《中华人民共和国事业法人代码证书》;

(四)对不具备法人资格的事业单位,颁发《中华人民共和国事业单位代码证书》;

(五)对具备法人资格的社会团体,颁发《中华人民共和国社团法人代码证书》;

(六)对不具备法人资格的社会团体,颁发《中华人民共和国社会团体代码证书》。

第二十二条　《中华人民共和国企业法人代码证书》、《中华人民共和国企业代码证书》、《中华人民共和国事业法人代码证书》、《中华人民共和国事业单位代码证书》、《中华人民共和国社团法人代码证书》、《中华人民共和国社会团体代码证书》分为正本和副本,具有同样法律效力。标准化行政主管部门根据企业事业单位和社会团体的申请,可以颁发代码证书副本若干份。

第二十三条　企业事业单位和社会团体应当在企业法人登记主管机关、机构编制主管机关和社会团体登记管理机关核准变更、注销登记或批准变更、撤销后30日内,到颁发代码证书的标准化行政主管部门办理换领或注销代码证书手续。

第二十四条　办理换领或注销代码证书手续的企业事业单位和社会团体,应当向标准化行政主管部门提交有关登记证书或批准文件,并按规定填写《企业事业单位和社会团体代码变更申报表》或《企业事业单位和社会团体代码注销申报表》,经标准化行政主管部门审查核准后,换发或收缴代码证书。

第二十五条　《企业事业单位和社会团体代码申报表》、《企业事业单位和社会团体代码变更申报表》和《企业事业单位和社会团体代码注销申报表》格式,由国务院标准化行政主管部门制定。

第二十六条　代码证书自颁发之日起四年内有效。企业事业单位和社会团体应当在有效期满后30日内,持代码证书的正本和副本到颁发证书的标准化行政主管机关办理换证手续。

第二十七条　代码证书是企业事业单位和社会团体获得在全国范围内唯一的、始终不变的法定代码的凭证。任何组织或个人不得伪造、涂改、转让和出借代码证书。对有上述违法行为的组织或个人,由颁发代码证书的标准化行政主管部门责令限期改进,并可通报批评;有关行政主管部门可依据职权给予责任者行政处分。

第二十八条　企业事业单位和社会团体代码是强制应用的代码。代码应用的范围和具体办法,由国务院标准化行政主管部门会同国务院计划、经贸、公安、财政、劳动、金融、统计、税务等行政主管部门另行制定。

第二十九条　本办法由全国组织机构代码管理中心负责解释。

第三十条　本办法自颁布之日起实施。凡与本办法相违背的规定即行废止。

全国性行业协会商会负责人任职管理办法(试行)

(2015年9月7日　民发〔2015〕166号)

第一条　为规范全国性行业协会商会负责人任职管理,促进全国性行业协会商会健康有序发展,根据《社会团体登记管理条例》和《行业协会商会与行政机关脱钩总体方案》有关规定,制定本办法。

第二条　本办法适用于按照《行业协会商会与行政机关脱钩总体方案》参加脱钩的全国性行业协会商会。

第三条　全国性行业协会商会负责人是指担任理事长(会长)、副理事长(副会长)、秘书长等职务的人员。

第四条　全国性行业协会商会负责人应当具备以下基本任职条件:

(一)坚持中国共产党领导,拥护中国特色社会主义,坚决执行党的路线方针政策;

(二)遵纪守法,勤勉尽职,个人社会信用记录良好;

(三)具备相应的专业知识、经验和能力,熟悉行业情况;

（四）身体健康，能正常履责，年龄界限为70周岁；

（五）具有完全民事行为能力；

（六）没有法律法规禁止任职的其他情形。

理事长（会长）、秘书长不得兼任其他社会团体理事长（会长）、秘书长。

理事长（会长）和秘书长不得由同一人兼任，并不得来自于同一会员单位。

第五条　全国性行业协会商会换届选举工作由理事会负责，可成立由理事代表、监事代表、党组织代表和会员代表组成的专门选举委员会或领导小组，负责提名新一届负责人候选人，并组织换届选举工作。

第六条　全国性行业协会商会负责人候选人的审核把关按《关于全国性行业协会商会与行政机关脱钩后党建工作管理体制调整的办法（试行）》执行，由中央直属机关工委、中央国家机关工委、国资委党委负责，党内职务按党的有关规定执行。

第七条　全国性行业协会商会新一届负责人候选人应当于换届前15日向全体会员公示，公示期为7天。

第八条　全国性行业协会商会负责人应当履行民主选举程序，通过会员（会员代表）大会或者理事会以无记名投票方式选举产生。

第九条　全国性行业协会商会负责人选举会议须有2/3以上会员（会员代表）或者理事出席方能召开。召开会员（会员代表）大会的，其选举结果须经到会会员（会员代表）1/2以上赞同方为有效；召开理事会的，须经到会理事2/3以上赞同方为有效。

第十条　全国性行业协会商会负责人不设置行政级别，不得由现职和不担任现职但未办理退（离）休手续的公务员兼任。

领导干部退（离）休后三年内，一般不得到行业协会商会兼职，个别确属工作特殊需要兼职的，应当按照干部管理权限审批；退（离）休三年后到行业协会商会兼职，须按干部管理权限审批或备案后方可兼职。

第十一条　全国性行业协会商会负责人每届任期最长不得超过5年，连任不超过2届。

第十二条　全国性行业协会商会法定代表人一般由理事长（会长）担任，不得兼任其他社会团体法定代表人。

实行理事长（会长）轮值制的全国性行业协会商会法定代表人，可由副理事长（副会长）或者选举产生的秘书长担任。

第十三条　全国性行业协会商会秘书长为专职，可以通过选举、聘任或者向社会公开招聘产生。聘任或者向社会公开招聘的具体方式由理事会研究确定。

聘任或者向社会公开招聘的秘书长任期不受限制，可不经过民主选举程序。聘任或者向社会公开招聘的秘书长不得担任全国性行业协会商会法定代表人。

第十四条　全国性行业协会商会负责人应当自觉接受党组织和有关方面的监督，理事长（会长）应每年向理事会进行述职。

第十五条　全国性行业协会商会产生新一届负责人后，应当自产生之日起30日内到登记管理机关履行备案手续。

第十六条　登记管理机关应当定期组织面向新任全国性行业协会商会秘书长的任职培训。

第十七条　全国性行业协会商会存在负责人违反本办法任职的，登记管理机关责令改正，拒不改正的，依法予以行政处罚。

第十八条　本办法自发布之日起执行。

民政部、国家科学技术委员会关于委托中国科学技术协会对全国性自然科学、技术科学类社会团体管理的通知

（1991年2月11日）

为了更好地贯彻《社会团体登记管理条例》，充分发挥社会团体在社会主义建设中的积极作用，现将全国性自然科学、技术科学类社会团体委托管理的有关问题通知如下：

一、关于全国性自然科学、技术科学学术性和科普性的社会团体的审查和管理，均委托中国科协负责。上述社会团体（含筹备组织）申请登记时，向中国科协报送材料，由中国科协审查并征得国家科委同意后，向社会团体出具审查证明文件。

二、综合性的科学技术社会团体由国家科委负责审查和管理。行业性应用技术类的社会团体，按照国务院规定的职责分工由有关业务主管部门负责审查和管理。

三、关于地方性科技社会团体的审查和管理，各省、自治区、直辖市可根据本地区的实际情况自行确定。

工业和信息化部社会团体管理暂行办法

（2010年1月1日　工信厅人〔2010〕3号）

第一章　总　　则

第一条　为加强工业和信息化部社会团体（简称“部管社团”）的管理，发挥部管社团在国家工业、通信业、信息化领域中的积极作用，根据《社会团体登记管理条例》等有关规定，制定本办法。

第二条　部管社团是指依据《社会团体登记管理条例》成立的具有独立法人资格，并由工业和信息化部作为业务主管单位的协会、商会、联合会等。

第三条　部管社团要围绕国家工业、通信业、信息化领域

的发展，充分发挥桥梁纽带和支撑作用，加强行业自律，规范内部管理，坚持市场化的改革方向，积极推进自身建设和行业发展。

第二章　管理职责

第四条　工业和信息化部对部管社团实行“归口管理、分工负责”的管理体制。具体职责分工如下：

人事教育司负责部管社团的归口管理和综合协调工作。指导、监督社团依据章程开展活动，推动部管社团的规范发展；负责部管社团及其分支（代表）机构的筹备申请和成立、变更、注销登记前的审查工作及社团年检、换届的审查；负责部管社团人事（理事长、副理事长、会长、副会长、秘书长、法人和分支机构负责人）任职资格审查。

财务司负责指导、监督部管社团按照有关财务规定、制度进行财务工作。

产业政策司负责发挥部管社团的作用，推动社团有关业务工作的开展；负责工业和信息化部委托社团承担部分行业管理基础性工作。

国际合作司（港澳台办公室）负责部管社团的有关外事管理及港澳台事务管理工作。

直属机关党委负责指导在京部管社团的党建和思想政治工作。

驻部纪检组监察局负责指导部管社团党风廉政建设工作。

其他相关司局根据职能指导部管社团重要研讨会、展会等业务活动的开展；负责指导、监督社团公开出版物的有关工作。

第三章　社团成立登记、变更和注销

第五条　社团成立。应符合《社会团体登记管理条例》有关规定要求，经工业和信息化部审查同意后，由发起人（或发起单位）向民政部申请筹备。

经民政部批准筹备之日起 6 个月内，发起人（或发起单位）召开成立大会，通过章程，产生执行机构、负责人和法定代表人等。经工业和信息化部审查同意后，发起人（或发起单位）向民政部申请成立登记。

社团登记并取得《社会团体法人登记证书》后，30 日之内向工业和信息化部备案。

第六条　分支（代表）机构的设立。提交拟成立分支（代表）机构的名称、业务范围、场所和拟任主要负责人等相关资料，经人事教育司会同相关司局审查同意后，由社团向民政部申请登记。

部管社团设立异地分支（代表）机构还需提交拟设地社团登记管理部门的意见和分支（代表）机构住所产权证明或使用权证明。

部管社团兴办与宗旨、业务相关的实体，应经人事教育司会同相关司局审查同意后，依照有关规定到工商行政管理机关办理登记手续。部管社团不得接受社会有关实体的挂靠。

第七条　社团及分支（代表）机构事项的变更。

部管社团名称、业务主管单位变更时，须提交变更申请和《社会团体变更登记表》，经工业和信息化部审查同意后，到民政部办理备案手续。

部管社团章程、负责人（含法定代表人）、住所等事项变更时，提交变更申请和《社会团体变更登记表》，经人事教育司会同相关司局审查后，到民政部办理备案手续。社团法人变更前，须提交由会计师事务所出具的任期内财务审计报告。

部管社团分支（代表）机构名称、业务范围、主要负责人、住所等事项发生变更时，须提交变更申请和《社会团体分支（代表）机构变更登记表》，人事教育司会同相关司局审核后到民政部办理相关手续。

第八条　注销登记。部管社团办理注销登记应在人事教育司、财务司等司局的指导下，完成清算工作。经工业和信息化部审查同意后到民政部办理注销手续。

部管社团撤销其所属分支（代表）机构的，经人事教育司会同相关司局审查同意后，到民政部办理注销手续。

部管社团分支机构连续三年未开展实质性业务工作的，应办理注销。

第四章　监督管理

第九条　换届工作。部管社团应按照章程的届期规定如期进行换届，换届大会前，向人事教育司提交换届申请报告，包括换届准备情况、新任负责人候选人名单、章程变更说明、财务审计报告等相关文件，人事教育司会同相关司局进行审查后批复。

批复同意换届后，部管社团召开新一届会员（代表）大会，会后向人事教育司提交换届报告及相关材料，经人事教育司审核后，社团到民政部办理换届备案登记。

部管社团因特殊情况需提前或延期换届的，须由理事会表决通过，报人事教育司审核并经登记管理机关批准。延期换届最长不超过一年，并应在批准期限内完成换届。

第十条　负责人管理。部管社团及分支（代表）机构负责人任职年龄不得超过 70 岁，任职期限不得超过两届。

在职公务员原则上不得兼任社团领导职务（含分支机构负责人）。因特殊情况确需在社团中兼任领导职务的，应按干部管理权限进行审批。

社团法定代表人不得兼任其他社会团体的法定代表人。

第十一条　年度检查。部管社团年检前需将年审材料报人事教育司，经人事教育司会同财务司等相关司局初审后，统一报民政部。

人事教育司年初在工业和信息化部网站上公布当年应换届社团、年检社团名单，年末公布社团换届和年检情况，接受社会公众的监督。

第十二条　党建工作。部管社团应建立健全党的基层组织，凡专职及驻会工作人员有正式党员3人以上的，应成立党的基层组织，自觉接受上一级党组织领导。

第十三条　财务管理。部管社团必须执行国家规定的财务和会计制度，建立健全财务管理、财务核算制度，配备具有专业资格的财会人员，加强经费收支和资产管理。部管社团须合法取得活动经费和收入。

部管社团应对各分支（代表）机构和内设部门的财务进行严格管理，实行统一核算，统一管理。

第五章　业务管理

第十四条　部管社团的重大事项应当及时向人事教育司及相关司局报告。重大事项包括：党中央、国务院领导同志对部管社团工作的重要批示；举办的在行业内有重要影响的国内外会议、活动等；重大违规违纪问题等。

每年年底前，部管社团向人事教育司报送年度工作总结和下一年度工作计划，总结须包括所有分支（代表）机构当年业务开展情况，下一年度工作安排须包括分支（代表）机构增撤计划等。

第十五条　部管社团开展活动，拟冠以"工业和信息化部"作为支持单位、主办单位等情况的，应在活动前报工业和信息化部审批；不得冠以"工业和信息化部××司（局）"作为支持单位、主办单位。

第十六条　社团开展业务活动和对外宣传应当使用登记注册的名称全称，不得冠以"工业和信息化部"字样。

第十七条　社团应加强对分支（代表）机构的管理。分支机构对外联络和开展活动时，名称应当使用注册登记的全称，业务活动要符合社团章程的规定，其财务、资产应当纳入社团统一管理。

第十八条　社团应当加强对所办公开出版物及内部刊物的管理。

第六章　附　　则

第十九条　本办法由工业和信息化部人事教育司负责解释。

第二十条　部管基金会等其他社团的管理参照本办法执行。

第二十一条　本办法未尽事宜，按国家有关规定执行。

第二十三条　本办法自印发之日起实行。

交通部社会团体管理办法

（2007年12月7日　交人劳发〔2007〕714号）

第一章　总　　则

第一条　为规范交通部部管社会团体（以下简称"社团"）管理，促进社团发展，维护社团合法权益，发挥社团在交通事业中的作用，根据国务院颁布的《社会团体登记管理条例》（以下简称《条例》）及有关规定，制定本办法。

第二条　本办法所称社团，是指在交通行业中依据《条例》成立的具有社会团体法人资格，并由交通部作为业务主管单位或挂靠单位的全国性协会、学会、研究会、基金会等社会团体。

第三条　本办法适用于社团的登记管理、组织建设、日常运作和监督管理等。

第二章　社团管理部门和职责

第四条　交通部按照培育发展和管理监督并重的社团发展原则，实行归口管理和业务管理相结合、部内相关司局分工负责的社团管理体制。

第五条　部人事劳动司是社团归口管理部门，其主要职责为：

（一）贯彻、执行国家有关社团工作的方针、政策和法规，研究、制定交通行业社团发展规划和管理规章，并组织监督实施。

（二）指导、管理、监督社团依法办会、民主办会工作情况，协调、检查部内司局履行社团管理职责的落实情况。

（三）负责社团及其组织机构的筹备申请和成立、变更、注销登记的审核工作，以及社团年度检查的初审工作。

（四）负责指导、审批、监督社团换届工作；负责社团负责人审批、管理和考核工作。

第六条　部内有关司局是社团的业务管理部门，其主要职责为：

（一）负责建立与社团的联系沟通机制，通报国家和交通部关于本行业的有关法规、规划、产业政策和重大改革措施，听取社团工作汇报和对行业发展的意见、建议，按国家和交通部关于社团工作的统一部署和要求，指导、监督、检查社团的业务工作。

（二）指导社团制订业务发展规划和工作计划；负责社团设立、变更、注销、换届等有关事宜的前期审查工作。

（三）负责办理政府委托社团承担有关任务的相关工作，并实施监督管理。

（四）负责社团主办的100人以上的全国性会议和培训、全国性或国际性展览会、境外组织资助、对外交流等重大业务事项的审批。

第七条　部内其他相关司局按照职责分工，对社团进行监督管理。具体分工为：

（一）部体改法规司负责社团设立实体机构、举办报刊网站，以及对外宣传事宜的管理工作。

（二）部财务司负责社团的财务监督管理工作。

（三）部科技教育司负责社团开展相关科研、培训以及科研奖励评定等活动的管理工作。

（四）部国际合作司负责社团涉外活动的指导与管理工作。

（五）部直属机关党委负责在京社团党建、工会、共青团、妇女工作和思想政治工作，以及违纪查处工作。

（六）部审计办公室负责社团审计的指导与管理工作。

第八条 交通行业有关部门或单位受交通部委托可作为社团的挂靠单位。挂靠单位主要职责为：受部委托，负责挂靠社团常设办事机构的党建、思想政治工作以及党风廉政建设；对挂靠社团的日常工作和业务活动提供支持。挂靠单位不得干预社团正常工作和业务活动，不能以社团名义从事本单位业务活动。

第三章 社团主要权利和义务

第九条 社团主要权利

（一）开展本行业发展战略研究，制订行规行约，推动行业诚信建设，建立完善行业自律性管理约束机制，规范会员行为，协调会员内部和行业关系，维护公平竞争的市场环境，提高行业整体素质，反映行业诉求。

（二）组织学术研讨和行业标准、规范研究，开展咨询服务及科学技术推广等工作，参与本行业的技术、科研成果鉴定工作。

（三）受政府委托，承担本行业有关机构的资质初审或评定、专业技术职务任职资格初评、职业资格考试等具体工作。

（四）收集、整理、分析行业信息资料，为政府决策提供依据，为会员提供服务。

（五）组织行业培训工作，开展国内外经济技术交流与合作。

（六）承担政府和会员委托的其他工作。

第十条 社团的义务

（一）执行国家和交通部关于社团工作的方针、政策和法规，履行社团章程，围绕交通事业发展的中心任务开展工作。

（二）维护国家、行业和会员的合法权益，发挥政府与会员之间的桥梁纽带作用和促进交通事业发展的生力军作用。

（三）接受社团归口管理部门、业务管理部门、部内相关司局以及挂靠单位的指导、管理、监督、检查。

（四）按时参加民政部组织的年度检查工作。

第四章 社团的登记管理

第十一条 申请成立社团，应具备以下条件：

（一）符合国家有关法律、法规、行业规定以及国家产业政策和行业发展规划，在全国范围内没有业务范围相同或相似的社会团体。

（二）有50个以上的个人会员或者30个以上的单位会员；个人会员、单位会员混合组成的，会员总数不得少于50个。

（三）有规范的名称、组织机构和固定的住所。

（四）有与其业务活动相适应的专职工作人员。

（五）有合法的资产和经费来源，须有50万元以上的活动资金。

（六）有独立承担民事责任的能力。

（七）有明确的部内业务管理部门。

第十二条 社团从申请到登记设立，程序如下：

（一）发起人或单位在征求部有关业务管理部门同意后，向部社团归口管理部门提出申请。申请材料应包括社团筹备申请书（社团名称、行业情况分析、业务范围、组织机构、活动资金）、章程草案、会员名册、筹备负责人员和机构方案。

（二）经部社团归口管理部门审核同意，由有关部门或单位成立筹备机构。社团筹备机构应按照有关规定做好社团章程拟订、机构设置等各项筹备工作，但不得开展筹备工作以外的其他活动。

（三）完成筹备工作后，社团筹备机构应将筹备情况报告、社团成立申请书、章程草案、验资报告、住所使用权证明、拟设组织机构及其业务范围、发起人和拟任负责人基本情况及身份证明、会员名册及拟任理事名单等有关材料上报部社团归口管理部门，经部审核同意后，向社团登记管理机关申请筹备。

（四）社团登记管理机关准予社团筹备成立后，经部批准，社团筹备机构应在部社团归口管理部门的指导下按时召开会员大会或会员代表大会，履行规定程序，通过社团章程，产生执行机构、负责人和法定代表人，向社团登记管理机关申请成立登记，并同时报部社团归口管理部门备案。

第十三条 社团的名称、章程、组织机构（含分支机构、代表机构）、住所、活动资金、法定代表人及秘书长以上负责人等发生变更，或社团组织机构注销，应经部社团业务管理部门审查并报部社团归口管理部门审核同意后，向社团登记管理机关申请变更。

社团注销，其所属组织机构同时注销。在注销清算期间，社团不得开展清算以外的任何活动。注销后社团的剩余财产，按国家有关规定办理。

第五章 社团的组织机构

第十四条 会员大会

（一）社团的最高权力机构是会员大会（或会员代表大会，下同），会员大会每届任期3-5年。会员大会须有2/3以上的会员（或会员代表，下同）出席方能召开，其决议须经到会会员1/2以上表决通过方能有效。

（二）会员大会的主要职权：

1. 审议、通过社团章程；

2. 选举和罢免理事；

3. 选举产生理事会；

4. 选举和罢免理事会理事长（会长）、副理事长（副会长）和秘书长；

5. 审议批准社团会费标准；

6. 审议社团工作报告、财务报告；

7. 审议社团发展规划等重大决策。

（三）会员大会届满须组织换届，并提前 2 个月向部社团归口管理部门报送相关文件。因特殊情况确需提前或延期换届的，须由理事会表决通过，报部社团归口管理部门审核并经社团登记管理机关批准同意。但延期换届最长不得超过 1 年。

第十五条　理事会

（一）理事会是会员大会的执行机构，在会员大会闭会期间领导社团工作。会员大会选举产生理事会，理事会须有 2/3 的理事出席方能召开，其决议须经到会理事 2/3 以上表决通过方能生效。

（二）理事会的主要职权：

1. 执行会员大会的决议；

2. 决定是否设置常务理事会，选举和罢免常务理事；

3. 决定会员的吸收和除名；

4. 决定社团办事机构、分支机构、代表机构、实体机构等各类组织机构设立和注销；

5. 筹备召开会员大会，提出理事长（会长）、副理事长（副会长）、秘书长候选人选；

6. 向会员大会报告工作和财务状况。

（三）理事会设立理事长（会长）1 名、副理事长（副会长）若干名（原则不超过 9 名）、秘书长 1 名，以上人员统称社团负责人。社团负责人应具有广泛的行业代表性，按照民主集中制的原则行使职权，研究决定社团有关工作。社团负责人主要行使下列职权：

1. 贯彻会员大会和理事会决议；

2. 审定社团人事、财务、分支机构、业务活动管理等各项规章制度；

3. 审议社团年度工作报告和工作计划，并监督实施；

4. 审议社团年度财务预算、决算，并监督实施；

5. 审议社团办事机构、分支机构、代表机构、实体机构等各类机构设立、变更和注销，并报理事会或常务理事会批准；

6. 审定社团副秘书长、各分支机构及秘书处下设办事部门主要负责人人选；

7. 审定社团重大业务活动和 10 万元以上的投资经营活动；

8. 组织筹备社团换届工作；

9. 审议下一届理事会理事长（会长）、副理事长（副会长）、秘书长候选人选；

10. 其他需要决策的事项。

（四）社团负责人应定期或不定期召开有关会议，会议应不少于 2/3 人员出席，各项决议应由社团负责人 1/2 以上通过方可有效，并做好会议记录，印发会议纪要。

（五）理事长（会长）不是专职驻会的，根据工作需要，可设置专职的常务副理事长（常务副会长）职务，负责社团日常工作。

（六）社团理事长（会长）调整，应由社团负责人集体推荐或部社团业务管理部门直接提名，经部社团归口管理部门审核同意后，由理事会提交会员大会选举产生。

（七）拟任新一届理事长（会长）应参与社团换届筹备工作，积极与社团负责人协商，推荐新一届副理事长（副会长）和秘书长人选，由社团报部社团归口管理部门审核同意后，由理事会提交会员大会选举产生。

（八）理事长（会长）、副理事长（副会长）应身体健康，届期内任职年龄原则上不得超过 70 周岁，能够坚持正常工作。秘书长必须是社团专职工作人员，最高任职年龄原则上不得超过 60 周岁。

（九）社团法定代表人一般由理事长（会长）担任，也可由常务副理事长（常务副会长）或秘书长担任。社团法定代表人不得兼任其他社团的法定代表人。

（十）根据工作需要，经理事会提名，会员大会审议通过，社团可聘请在行业内具有较高威信的资深人士担任名誉职务或顾问。

第十六条　常务理事会

（一）理事会成员较多时，根据工作需要，可以选举产生常务理事，人数不得超过理事会人数的 1/3，常务理事组成常务理事会。

（二）常务理事会主要职责是受理事会委托，在理事会闭会期间承担理事会主要职权的第 1、3、4、5、6 项工作。

第十七条　常设办事机构

常设办事机构是指社团理事会领导下的日常办事机构，以秘书处的形式设立，秘书处实行理事长（会长）或常务副理事长（常务副会长）领导下的秘书长负责制。秘书处可下设若干办事部门，履行以下职责：

（一）执行社团各项规章制度和决议。

（二）承担日常办事机构、分支机构和实体机构等社团各类组织机构和部门的财务管理。

（三）拟订社团各项规章制度。

（四）根据社团各项规章制度，承担社团人事、党建等日常工作，决定社团工作人员的聘用。

（五）负责社团的资产管理。

（六）处理其他日常事务。

第十八条　分支机构和代表机构

（一）社团分支机构是社团根据开展活动的需要，依据业务范围的划分或者会员组成的特点，设立的专门从事该社团某项业务活动的机构，可以称分会、专业委员会、工作委员会、专项基金管理委员会等。社团代表机构是社团在住所地以外属于其活动区域内设置的代表社团开展活动、承办该社团交办事项的机构，可以称代表处、办事处、联络处等。

（二）社团设立分支机构和代表机构，应提交申请报告（包括机构名称、业务范围、住所使用权证明）和主要负责人情况等材料，经部社团业务管理部门审查，社团归口管理部门审核同意后，向社团登记管理机关申请登记。

第十九条 社团可设立与社团业务相关的具有独立法人资格和银行账号的经济实体、报刊杂志、网站、培训研发机构等实体机构，并根据有关规定，报部履行相关程序。

第六章 社团日常管理

第二十条 负责人管理

（一）社团负责人实行任期制，理事长（会长）任期原则上不超过2届。

（二）社团负责人应公道正派，廉洁奉公，严格遵守社团章程，认真履行职责，树立依法办会、民主办会的意识，加强社团组织机构与规章制度建设，规范社团民主、科学决策机制。

（三）社团负责人应积极服务交通中心工作，配合部社团归口管理部门和业务管理部门的工作部署，接受指导监督。

（四）新任社团理事长（会长）、常务副理事长（常务副会长）、秘书长应接受部社团归口管理部门和业务管理部门的任职谈话，并参加相关社团业务培训。

（五）部社团归口管理部门会同业务管理部门定期或不定期对社团负责人的思想作风、工作能力、业务水平和工作绩效等方面进行考核。

（六）社团换届和社团法定代表人变更，应由部授权或指定审计单位，组织审计。

第二十一条 业务管理

（一）社团必须在部社团业务管理部门的指导下，本着统一安排、合理分工、突出重点、注重实效的原则，在社团章程规定的业务范围内开展业务活动。

（二）社团应建立业务活动汇报制度，理事长（会长）或常务副理事长（常务副会长）应在每年的3月31日前向部社团归口管理部门和业务管理部门述职，或提交年度工作总结和工作计划。

（三）社团不得从事以营利为目的的经营活动，依法所得不得在会员中分配。

（四）社团开展重大业务活动，应按有关规定报批。

（五）社团应针对所在行业发展现状和热点、重点、难点问题，每年向部提交行业报告或行业政策建议。

（六）社团涉外活动，按照国家和部外事管理规定执行。

第二十二条 人事管理

（一）社团使用社团编制，不定行政级别，社团专职工作人员实行编制审批管理。社团编制方案由社团提出，经部审核后，报社团登记管理机关批准。

（二）社团工作人员主要包括社团专职工作人员（包括部机关交流干部、社会聘用人员）、驻会人员（会员单位及挂靠单位经社团同意派驻到社团工作的人员）、离退休返聘人员。

（三）社团人事管理可以参照国家事业单位的有关规定和属地管理原则，人员实行劳动合同制，参加当地养老、医疗、失业、工伤和生育等社会保险，社团工作人员有关待遇由社团自行确定。

（四）现职公务员不得兼任社团的理事长（会长）、副理事长（副会长）、秘书长、分会会长（主任委员）和副会长（副主任委员）等职务。

现职公务员因特殊情况需要在部管社团兼任领导职务的，必须按干部管理权限进行审批并报部社团归口管理部门核准，并不得在社团领取任何报酬。

（五）现职公务员可通过交流挂职形式到社团工作。社团工作人员也可以到部机关、企事业单位交流工作。

第二十三条 财务管理

（一）社团必须严格执行国家的财经法规，建立健全社团内部财务管理与会计核算制度，接受部财务、审计部门的监督检查。

（二）社团收取会费必须执行民政部、财政部关于社会团体收取会费的规定。收取会费的标准须经会员大会半数以上代表同意后方能生效，并按有关规定履行备案程序。会费应由社团统一收取。

（三）社团应实行统一管理、集中核算的财务管理体制。社团只能在秘书处下设立一个财务管理部门，并配备具有会计从业资格的财会人员，对社团日常办事机构、分支机构、代表机构、实体机构实行统一财务管理和会计核算。

（四）社团经费来源主要包括：会费、政府资助、社会捐赠和资助、有偿服务收入、实体机构上缴收入，以及其他合法收入。

（五）社团经费应用于围绕社团宗旨开展业务活动所需的开支，包括支付工作人员工资、福利费和办公经费等，不得挪作他用。

（六）社团全部收支必须纳入单位预决算管理。社团必须每年向理事会提交财务预决算报告，并按规定报部核批。

（七）社团应当加强国有资产管理，健全资产管理制度，日常办事机构、分支机构、代表机构、实体机构的资产处置应按国有资产管理的有关规定办理，任何单位和个人不得侵占、私分和挪用。

第二十四条 实体机构管理

（一）社团设立实体机构，经部审查同意后，按照国家有关规定履行相关手续。

（二）社团应对实体机构加强管理和指导，完善法人治理体系，明确产权关系，健全管理制度，确保投资收益，防止资产流失，保证实体机构的合法经营收入用于社团发展。

（三）社团设立的实体机构必须为社团独资或控股，以开展技术咨询、举办展览等有偿服务活动为主。

（四）社团不得异地设立实体机构，社团及其实体机构不得接受其他社团和经济组织的挂靠。

（五）社团刊物、网站应以宣传国家、部的行业政策为宗旨，积极开展行业管理、科技推广、学术研讨、经验交流、信息沟通、两个文明建设等宣传活动。社团应严格控制新增刊物，原则上一个社团刊物不能超过一种。

第二十五条 分支机构和代表机构管理

（一）社团分支机构和代表机构布局应科学合理，符合社团自身发展规划和行业发展需要。

（二）社团分支机构和代表机构不具有法人资格，不得设立实体机构，应在确定的业务范围内开展工作。

（三）社团原则上不得异地设立分支机构，社团分支机构、代表机构不得直接发展会员、收取会费和再设立分支机构。

第二十六条 党建工作

（一）社团应按照《中国共产党党章》等有关规定，建立健全党的基层组织，接受上一级党组织领导。具备条件的社团应成立党支部，党员人数较少的可成立联合党支部，部管在京社团党支部可以组建党总支部委员会，接受部直属机关党委领导。京外社团和有挂靠单位的社团，党组织的管理可以由挂靠单位的党组织负责。

（二）社团党支部和联合党支部应全面贯彻执行党章规定的基层党组织的基本任务，加强和改进社团党建工作，发挥政治核心作用。

第七章 罚 则

第二十七条 部社团归口管理部门将定期或不定期会同部机关相关司局对社团执行本办法情况进行检查，对违反本办法规定的要限期整改并给予通报批评。

第二十八条 社团违反国家法律、法规、规章及本会章程，不能服从业务主管部门管理的，由部酌情决定给予通报批评、限期整顿等处罚；逾期未能改正的，社团归口管理部门将在民政部年度检查时不予通过；情节严重的予以解除业务主管关系。

第二十九条 社团负责人工作开展不力，或存在违法违纪情况的，部社团归口管理部门可以建议理事会罢免社团负责人。

第三十条 社团负责人应按时参加或委托相关人员参加社团负责人办公会议，一年内有1/2会议未能参加的人员，应主动引咎辞职或按有关程序予以罢免。

第八章 附 则

第三十一条 本办法由部人事劳动司负责解释。

第三十二条 本办法未尽事宜，按国家有关规定执行。

第三十三条 本办法自2008年1月1日起施行。部1999年7月5日发布的《交通部社会团体管理暂行办法》（交人劳发〔1999〕342号）同时废止。

财政部关于加强企业对外捐赠财务管理的通知

（2003年3月14日 财企〔2003〕95号）

国务院各部委、各直属机构，各省、自治区、直辖市、计划单列市财政厅（局），各中央管理企业，总后勤部，新疆生产建设兵团财务局：

企业通过对外捐赠回报社会，对塑造友善的社会风尚，培育良好的社会道德，推动社会主义精神文明建设具有积极意义。为了规范各类型企业的对外捐赠行为，加强企业财务管理，维护所有者权益，促进社会公益事业的发展，根据《中华人民共和国公益事业捐赠法》和《企业财务通则》的有关规定，现将企业对外捐赠财务管理若干问题通知如下：

一、对外捐赠的定义和途径

对外捐赠是指企业自愿无偿将其有权处分的合法财产赠送给合法的受赠人用于与生产经营活动没有直接关系的公益事业的行为。

企业对外捐赠应当遵循《中华人民共和国公益事业捐赠法》以及国家其他有关法律、法规的规定，通过依法成立的公益性社会团体和公益性非营利的事业单位或者县级以上人民政府及其组成部门进行。特殊情况下，也可以通过合法的新闻媒体等进行。

二、对外捐赠的原则和要求

企业对外捐赠一般应当遵循以下原则和要求：

（一）自愿无偿。企业对外捐赠后，不得要求受赠方在融资、市场准入、行政许可、占有其他资源等方面创造便利条件，从而导致市场不公平竞争。

（二）权责清晰。企业经营者或者其他职工不得将企业拥有的财产以个人名义对外捐赠，企业对外捐赠有权要求受赠人落实自己正当的捐赠意愿。

（三）量力而行。企业已经发生亏损或者由于对外捐赠将导致亏损或者影响企业正常生产经营的，除特殊情况以外，一般不能对外捐赠。

（四）诚实守信。企业按照内部议事规范审议决定并已经向社会公众或者受赠对象承诺的捐赠，必须诚实履行。

三、对外捐赠的类型和对象

企业一般可以按照以下类型进行对外捐赠：

（一）公益性捐赠，即向教育、科学、文化、卫生医疗、体育事业和环境保护、社会公共设施建设的捐赠。

（二）救济性捐赠，即向遭受自然灾害或者国家确认的“老、少、边、穷”等地区以及慈善协会、红十字会、残疾人联合会、青少年基金会等社会团体或者困难的社会弱势群体和个人提供的用于生产、生活救济、救助的捐赠。

（三）其他捐赠，即除上述捐赠以外，企业出于弘扬人道主义目的或者促进社会发展与进步的其他社会公共福利事业的捐赠。

四、对外捐赠的范围

企业可以用于对外捐赠的财产包括现金、库存商品和其他物资。企业生产经营需用的主要固定资产、持有的股权和债权、国家特准储备物资、国家财政拨款、受托代管财产、已设置担保物权的财产、权属关系不清的财产，或者变质、残损、过期报废的商品物资，不得用于对外捐赠。

企业对外捐赠的受益人应当为企业外部的单位、社会弱势群体或者个人。对企业内部职工、与企业在经营或者财务方面具有控制与被控制关系的单位，企业不得给予捐赠。

企业以营利为目的自办或者与他人共同举办教育、文化、卫生、体育、科学、环境保护等经营实体的，应当作为对外投资管理。

企业为宣传企业形象、推介企业产品发生的赞助性支出，应当按照广告费用进行管理。对于政府有关部门、机构、团体或者某些个人强令的赞助，企业应当依法拒绝。

五、对外捐赠的内部管理程序

企业对外捐赠，应当由经办部门和人员提出捐赠报告，捐赠报告应当包括以下内容：捐赠事由、捐赠对象、捐赠途径、捐赠方式、捐赠责任人、捐赠财产构成及其数额以及捐赠财产交接程序。

企业财务部门应当对捐赠方案进行审核，并就捐赠支出对企业财务状况和经营成果的影响进行分析，提出审核意见后，按照企业内部管理制度提交企业董事会或者经理（厂长）办公会审议决定。

对于重大的对外捐赠事项，国有及国有控股企业应当提交职工代表大会审议，上报国有资本持有单位备案后实施；公司制企业应当按照《中华人民共和国公司法》以及公司章程等有关规定执行。

六、对外捐赠的财务处理

企业对外捐赠应当控制在当年企业财务预算幅度内，按照批准的方案执行，并按照国家税收法律法规的规定申报纳税扣除。

企业实际发生的对外捐赠支出，应当依据受赠方出具的省级以上财政部门统一印（监）制的捐赠收据或者捐赠资产交接清单确认；救灾、济贫等对困难的社会弱势群体和个人的捐赠，无法索取省级以上财政部门统一印（监）制的捐赠收据的，应当依据城镇街道、农村乡村等基层政府组织出具的证明和企业法定负责人审批的捐赠报告确认。

企业为捐赠资产提供运输、保管以及举办捐赠仪式等所发生的费用，应当作为期间费用处理，不得挂账。企业负责对外捐赠的主管人员和其他直接责任人员，不得以任何借口向受赠人或者受益人索要或者收受回扣、佣金、信息费、劳务费等财物。

企业经过董事会或者经理（厂长）办公会审议，并且国有及国有控股企业上报国有资本持有单位批准，公司制企业按照《中华人民共和国公司法》以及公司章程等有关规定批准，将修建的交通、通信、供水、供电等社会公共设施无偿移交当地人民政府或者有关部门的，可以核减资本公积金，并应当与接受方签订相关协议，双方办理资产交接手续。

由于战争、自然灾害等不可抗力原因，企业所拥有的财产被当地县级及县级以上人民政府或人民武装组织征用的，扣除当地政府或人民武装组织依法补偿金后的差额，应当作为资产损失处理。

七、对外捐赠的监督管理

企业内部审计（监察）机构或者财务管理部门对企业对外捐赠行为应当进行检查，监督经办部门及其有关人员严格按照企业内部议事规范执行，制止随意对外捐赠行为。

企业应当拒绝任何部门、机构、团体强行要求的各种捐赠，对于各种强行募捐应当根据《中共中央国务院关于治理向企业乱收费乱罚款和各种摊派等问题的决定》（中发〔1997〕14号）的规定，向各级经贸、计划（物价）、财政、监察、纠风、审计等有关部门举报。

企业应当在财务会计报告中如实披露对外捐赠情况，注册会计师在审计企业财务会计报告时应当予以重点关注。

企业国有资本持有单位有权对拥有控制权的企业对外捐赠事项进行检查监督。对于企业未执行规定程序擅自进行的捐赠，或者超出本通知关于公益、救济范围的捐赠，或者以权谋私、假公济私、转移企业资产等违法违纪的捐赠，企业国有资本持有单位应当追究负有直接责任的主管人员和其他直接责任人员的责任；涉嫌犯罪的，移交司法机关依法追究刑事责任。

八、本通知从2003年5月1日起执行。

建设部社会团体管理办法

（2000年7月14日　建党〔2000〕54号）

第一章　总　　则

第一条　为规范建设部管理的社会团体（以下简称为“社团”）的行为，加强对社团的监督管理，更好地发挥社团在建设事业中的积极作用，根据国务院《社会团体登记管理条例》和中办、国办《关于进一步加强民间组织管理工作的通知》，结合我部社团管理的实际情况，制定本办法。

第二条　建设部管理的社团是指经建设部审批并经民政部核准登记后依法成立的全国性协会、学会、研究会、基金会、促进会，以及经有关业务主管部门批准成立，挂靠建设部的各类社会团体。

第三条　社团必须遵守国家的法律、法规和部门规章,面向全行业,围绕经济建设开展工作,规范社团内部管理,深化内部人事制度的改革,建立和完善社团自养自律机制。

第四条　根据社团实行登记管理机关和业务主管部门"双重负责"的管理体制,建设部作为社团的业务主管部门,对社团申请登记、党的建设、思想政治工作、人事和财务管理、研讨活动、对外交往、接受境外捐赠、按章程开展活动,以及承担政府委托的工作等方面实施监督管理职责。

第二章　社团的性质和任务

第五条　社团是依法登记的非营利性民间组织,是联系政府和企事业单位之间的桥梁与纽带。

第六条　社团要按照各自的《章程》和宗旨,紧紧围绕建设事业开展活动,积极为政府服务,主动向政府有关部门反映行业情况,提出意见和建议,为政府部门制定政策提供依据;要发挥社团组织的优势,采取多种形式,积极为会员服务,为行业发展服务。

1. 对行业改革和发展的情况进行调查和研究,为政府制定行业改革方案、发展规划、产业政策、技术政策、法律法规等提供预案和建议。

2. 受政府部门委托组织起草、修订有关国家标准和行业标准,并协助政府部门推进标准的贯彻实施。

3. 收集和反馈行业的产品质量、工程质量、服务质量等方面的信息,组织或督促会员单位对质量情况进行自检自查,指导会员单位改进质量,协助政府部门做好本行业的质量监督管理工作。

4. 根据行业特点,协助政府指导行业精神文明建设,制定本行业的"行规行约",建立行业自律机制,规范行业自我管理行为,维护企业公平竞争,推动行业培育企业精神和企业文化。

5. 组织会员开展技术、学术交流,搜集、整理本行业最新科技动态和科研成果,为会员提供技术咨询及各种形式的技术服务,促进行业技术进步,推动科技成果转化为生产力。

6. 根据需要组织行业从业人员的职业培训,对行业职工队伍素质和结构进行分析、研究,为政府提供加强职工队伍建设、提高行业整体素质的建议和意见。

7. 组织开展各种形式的国际技术、学术交流活动,举办本行业的国内展览。

8. 接受政府的委托,建立行业专家人才库,组织专家学者参与政府决策的前期调研、论证工作,为政府决策提供建议和意见,参与行业科技项目的评估、成果鉴定等项工作。

9. 接受政府部门委托的其他工作。

第七条　上述工作中,属于行业性社团与学术研究性社团交叉的工作,行业性社团侧重于行业工作的研究、组织、协调、指导;学术研究性社团侧重于学术研究领域的组织、交流、研讨等。

第八条　为更好地履行和完成国务院赋予建设部的职能与任务,充分发挥社团组织的作用,本着积极稳妥的精神,对条件具备的社团,建设部将有关行业企业资质评审的具体工作,移交给有关社团承担。即:负责资质评审专家委员会办公室(秘书处)工作,依照资质评审标准和办法,负责接收企业资质申请,审查企业资质申报材料,经业务主管司局同意后组织专家小组实地核查,召集资质评审专家委员会会议,并将会议作出的结论报送业务主管司局,作为政府主管部门审批和登记注册的依据。

第三章　社团的权利和义务

第九条　社团的权利

1. 规范行业行为,开展行业自律工作。

2. 依法维护自身及其会员利益,向政府部门提出意见、建议和要求。

3. 合法取得收入、接受资助、赞助和捐赠。

4. 按其《章程》或接受政府委托自主开展业务活动和管理内部事务。

5. 依法享有名称权、名誉权、荣誉权、财产权和知识产权。

第十条　社团的义务

1. 必须维护国家统一,民族团结,在国内外各项活动中不得损害国家、社会、集体利益和公民的合法权利。

2. 不得从事与社团章程和宗旨不相符的活动。

3. 自觉接受社团登记管理部门和业务主管部门的监督和指导。

4. 为政府服务,为会员服务。

5. 按时办理年审年检。

第四章　社团的设立、变更和终止

第十一条　社团设立的基本原则

1. 符合国家有关法律法规和政策规定。

2. 建设系统全国性行业协会原则上按国民经济行业分类标准设立。

3. 建设系统全国性学会、研究会原则上按科学技术学科分类标准领域设立。

4. 建设系统其他类别的社团原则上按专业管理领域设立。

5. 同一行业、同一领域原则上设立一个社团。

第十二条　社团设立的条件

1. 设立全国性的行业协会要由同行业、同领域具有法人资格的企事业单位发起;设立全国性的学术团体要由本领域具有法人资格的事业单位或具有一定知名度的个人发起。

2. 会员的组成要具有广泛性和代表性,设立全国性社团要有 30 个以上单位会员或者 50 个以上个人会员;社团可兼有单位会员和个人会员。

3. 有规范的名称和符合该社团性质、宗旨、活动特点的章程;社团的名称应当与其业务范围、成员分布、活动地域相一致,准确反映其特征。

4. 有合法的资产和经费来源,全国性的社团要有 10 万元以上活动资金。

5. 有常设的办事机构、一定数量的专职工作人员和固定的办公场所。

6. 社团应当具备法人资格,有独立承担民事责任的能力。

第十三条 社团成立的程序

1. 成立全国性社团,应先由发起单位或个人向建设部社团管理办公室(以下简称部社团办)提出申请并提交相关材料,经审查同意后向民政部申请筹备。

2. 申请成立的社团筹备条件成熟后,由筹备组向部社团办提交申请成立的报告及有关材料,经审查同意后,向民政部申请登记。

第十四条 社团工作机构、分支机构设立的条件和要求

1. 社团根据需要设立工作机构和分支机构,应经部社团办审查同意后,向民政部办理审批登记手续。

2. 不具备单独成立全国性社团条件的,可在有关社团内设立分支机构。

3. 社团的工作机构、分支机构不具有法人资格。工作机构和分支机构必须在所属社团授权的情况下发展会员和收缴会费,并严格按核准的名称及任务开展活动;工作机构和分支机构设立、变更、撤销、合并、年检等,须经部社团办审核后报民政部办理有关手续。

4. 社团不得设立地域性的分支机构。

5. 社团的分支机构不得再下设分支机构。

第十五条 未经民政部注册登记,任何单位和个人不得以社团的名义开展活动。

第十六条 社团应当按照社团登记管理部门的要求及时办理年审年检。每年 3 月 1 日前向部社团办报送上一年度的工作报告,经初审同意后,于 5 月 31 日前报送民政部。工作报告的主要内容包括:依照国务院《社会团体登记管理条例》和社团《章程》开展活动的情况;社团人员和机构变动的情况以及财务管理情况等。

第十七条 社团变更名称、地址、法人代表或其他主要负责人,须报建设部社团办审核并到民政部办理变更登记手续。

第十八条 社团遇有下列情形之一的,应予终止,并依法办理注销手续:

1. 经民政部登记后,无正当理由一年内未开展业务活动的。

2. 与其他社团合并的。

3. 按照社团章程规定并履行正常程序决定终止的。

4. 其他原因必须终止的。

第五章 社团的组织机构

第十九条 社团的最高权力机构是会员代表大会。理事会是会员代表大会的执行机构,理事会设理事长一人,副理事长若干人(原则上不超过十人)。行业协会的理事会成员中,企事业单位的名额应不少于三分之二。

第二十条 根据工作需要社团可设立常务理事会。常务理事经理事会选举产生。常务理事会执行理事会的决议,定期听取秘书长工作报告并审议重大事项。

第二十一条 社团机构是指理事会领导下的办事机构、工作机构和分支机构。办事机构以秘书处的形式设立,秘书处内设若干工作部门(简称内设机构);工作机构以工作委员会的形式设立;分支机构以专业委员会或分会的形式设立。

第二十二条 秘书处是理事会领导下的常设办事机构,实行理事会领导下的秘书长负责制。

1. 秘书处设秘书长一人,副秘书长若干人(一般不超过 5 人);秘书长由理事会提名,经建设部党组审核同意,并经会员代表大会审议通过后,由理事会聘任;副秘书长由秘书长提名,按干部管理权限经有关部门审核同意并提交理事会或常务理事会审议通过后,由理事会聘任。

2. 秘书处根据工作需要经理事会或常务理事会同意,建设部社团办审核并报社团登记管理部门批准,可内设若干个工作部门。

3. 秘书处内设工作部门的领导职数按照核定事业单位中层干部的有关规定,由建设部社团办核定。

第二十三条 社团可根据工作需要,并经业务主管部门和登记管理部门批准设立分支机构和工作委员会,在理事会的领导下开展工作,秘书处负责协调、监督、指导分支机构和工作委员会的日常工作。分支机构、工作委员会原则上只设主任委员和若干名副主任委员,人选由秘书长提名,经理事会或常务理事会审议通过后由理事会聘任。

第二十四条 社团不得以自身的名义从事经营活动。社团未经业务主管部门和常务理事会的批准,不得接受各类经济实体的挂靠。

第二十五条 社团投资兴办或入股经济实体,在程序上必须经过建设部社团办的审批,在资金运作上必须经过理事会(或常务理事会)的同意,在经营机制上必须按照《中华人民共和国公司法》的有关规定予以规范。经济实体在经营活动中不得冠以"建设部××企业"的名义。

第二十六条 社团吸收境外,以及港、澳地区的个人或团体作为会员,必须经业务主管部门和登记管理部门的审核同意。

第二十七条 社会团体的法定代表人,不得同时担任其他社团的法定代表人。

第六章 社团管理工作的职责与分工

第二十八条 建设部对社团实行"归口管理,业务指导"

的管理体制。

第二十九条 建设部人事教育司负责社团领导班子组织建设和思想作风建设工作，建设部社团办负责社团日常管理工作，具体职责为：

1. 负责社团领导班子的思想建设和组织建设工作，指导、监督社团根据社团的《章程》按照程序进行换届。

2. 负责社团的成立、变更、年检、注销登记的审查、报批工作。

3. 指导社团研究确定社团组织的发展方向、人事管理制度的改革、组织机构调整的工作方案。

4. 指导社团的人事劳资管理工作。

5. 负责部机关公务员在社团兼职的审批工作。

6. 负责社团的编制和机构设置申报的初审工作。

7. 归口管理社团培训工作，负责审批社团培训机构的资质。

8. 负责监督检查社团执行国家法律法规、方针政策和社团章程的有关情况。

9. 协助有关主管部门承担对挂靠建设部社团的日常管理工作。

第三十条 部机关党委负责社团的党建工作：

1. 对社团党的组织实施领导与日常管理。

2. 监督、检查社团贯彻落实上级党组织部署党建工作情况。

第三十一条 部综合财务司负责社团财务工作的监督和指导：

1. 负责对社团的财务工作进行业务指导和监督。

2. 对社团执行国家财务政策的情况进行检查，审核社团财务报表。

3. 负责组织对社团领导干部及法定代表人进行离任审计和任期审计工作。

第三十二条 部有关业务司（局）对社团实行对口业务指导和监督：

1. 指导社团确定业务发展方向和年度工作计划。

2. 安排需要社团配合的业务工作，并抓好落实。

3. 向对口社团传达有关文件，通报有关工作信息。

4. 安排对口社团参加本司（局）召开的有关会议。

5. 办理对口社团在开展业务工作中需要支持的有关事项。

6. 协助外事部门审核业务对口社团接受境外组织委托的研究课题、调研课题和向境外组织提供行业的有关资料。

7. 负责对政府部门委托社团承担的业务工作实施监督管理。

8. 参与对社团组织召开重要业务工作会议的审核工作。

第三十三条 部外事司负责社团的外事管理工作：

1. 社团外事计划的审批。

2. 社团出国和接待来华团组的审批。

3. 社团接受国际和境外资助，接受境外组织提出的调查研究课题，参加国际组织及召开国际会议的审批。

第三十四条 部办公厅负责社团报刊的出版管理、宣传报道及会议审批工作：

1. 审批社团召开的全国性行业会议及社团举办的全国性行业评比和展览。

2. 指导、监督、审核社团办刊办报工作。

第七章 社团党建工作

第三十五条 社团党的组织建设

1. 根据《中国共产党章程》有关规定，凡社团工作人员中有3名以上正式党员的（包括离退休后在社团担任领导职务的，返聘、借调、企业驻会的人员）都要成立党的组织。

2. 凡具备成立党组织（党委或总支、支部）的社团，应及时向部机关党委提出建立党组织的申请，开展党的组织活动。

3. 尚不具备成立党的组织的社团，经部机关党委批准，可在业务范围相近，便于组织和开展党的活动的社团之间组建联合支部。

4. 企业派驻社团的工作人员，以及由社团借调、返聘的工作人员，其在社团工作期间，都应将其党的组织关系转入所在社团的党组织。上述人员在返回原单位或与社团组织解除聘约关系时，社团党组织应及时向该党员原所在单位的党组织提供其在社团工作期间的政治表现和工作鉴定。

5. 社团党委（总支、支部）书记，按党章规定产生。

第三十六条 社团党组织的职责

1. 社团党的组织必须坚持马克思主义、毛泽东思想和邓小平理论，保障党的路线、方针、政策的贯彻执行；

2. 社团党组织必须自觉接受建设部党组的领导，积极开展各项党的工作；

3. 社团党的组织要在社团领导班子的思想建设、组织建设、作风建设和业务建设，以及社团的发展方向和社团专职工作人员队伍建设等方面，充分发挥党组织的战斗堡垒和保证监督作用。

第八章 社团领导班子建设

第三十七条 社团要大力加强领导班子建设，改善领导班子的年龄结构和知识结构，不断增强领导班子的凝聚力和战斗力。

1. 社团专职领导干部实行任期制，任期一般不得超过两届。理事长（会长）、副理事长（副会长）任职年龄最高不得超过70岁，秘书长及副秘书长任职年龄一般不超过60岁，根据工作需要经批准延长任职期限的，最高不得超过65岁；不能任满一届的不再提名为社团专职领导职务的候选人。

2. 社团专职领导干部原则上应具有大专以上学历，身体健康，具有一定的专业知识，对本行业情况比较了解或在本行业中具有一定的知名度；社团领导的选拔要注重领导干部的组织领导能力和管理协调能力。优化领导班子的年龄结构、专业知识结构，提高领导班子的整体素质。

3. 社团专职领导干部的产生和任免、待遇和工资、纪律和监督、考核和奖惩、换届和退休等问题按照《建设部社团领导干部管理细则》执行。

4. 社团专职领导干部任期届满，应向理事会和部党组提交任期工作总结。

第三十八条 社团领导班子要严格按照《社会团体登记管理条例》和建设部有关管理规定，认真行使理事会、秘书处的权力，正确履行理事长、秘书长的工作职责。建立健全以章程为主的民主决策制度、财务管理制度、考核奖惩制度、重大事项报告制度和接受捐赠公示制度。建立重大事项的议事制度和工作程序，定期研究社团建设中的重大问题，凡涉及人事变动、重要的组织活动和对外交往活动，以及重大的项目开支等，都应经过领导集体研究确定，并向有关管理部门和业务主管司局汇报，加强工作的沟通与协调。

第三十九条 根据工作需要，经批准兼任社团领导职务的不得兼薪。

第四十条 社团专职干部的行政级别不与所担任的社团领导职务挂钩，实行职级分离。

第九章 社团的人事管理

第四十一条 社团必须根据党和国家的方针政策，结合本社团的实际情况，建立和完善各项人事管理规章制度，提高专职人员的政治素质和业务水平，建设一支稳定的，结构合理的职工队伍。

第四十二条 凡组织领导机构健全，具有较完整的秘书处工作机构以及一定数量的专职工作人员的社团，可向部社团办提出申请，成立人事工作部门或配备以党务和人事工作为主的专职工作人员。

第四十三条 不具备成立人事部门或配备专职党务人事工作人员的社团，人事管理工作由建设部社团办负责，并委托部人力资源开发中心代理部分工作。

第四十四条 根据《社会团体登记管理条例》有关规定，社团实行事业单位工资制度。

第四十五条 社团要根据国家有关规定，为专职工作人员建立养老、医疗、失业等保险基金和住房基金，解除社团工作人员的后顾之忧。

第四十六条 社团专业技术职务的聘任工作要在人事教育司审核批复的专业技术人员聘任指标内，依据建设部有关专业技术职务聘任的规定，根据社团工作岗位设置的需要自主聘任，并报部社团办备案。

第四十七条 社团工作人员逐步实行岗位全员聘任制（工人实行劳动合同制），聘任的岗位职务与原行政级别分离，人员上岗采取双向选择和竞争上岗的方式进行。各社团可根据建人教综（1999）126 号文件精神，结合本单位实际情况，制定具体实施方案，经部社团办同意后组织实施。

第四十八条 社团因工作需要调入工作人员一般应实行公开招聘。招聘的程序和要求按照《建设部社会团体招聘工作人员细则》执行。

第四十九条 社团工作人员的考核奖惩及管理按照《建设部社团工作人员管理细则》执行。

第十章 社团的财务管理

第五十条 凡具备条件的社团，都应根据会计业务的需要设置会计机构。尚不具备单独设置会计机构条件的，应配备专职会计工作人员。

1. 财会人员上岗须持有会计证、电算化证。工作调动必须按《会计法》的有关规定办理移交手续。

2. 财务出纳人员不得兼管稽核、会计档案保管和收入、费用、债权债务账目的登记工作。

3. 会计核算要以人民币为记账本位币。收支业务以外国货币为主的单位，也可选定某种外国货币为记账本位币，但编制的报表应当折算为人民币反映。

4. 按照《会计法》和事业单位财务、会计制度的规定，建立健全会计账目，进行会计核算，即设置总账、明细账、日记账和其他辅助账簿（支票领用登记簿等）。并按规定启用、登记、结账，不得伪造、变更会计凭证和会计账簿，不得设置账外账，不得报送虚假的会计报表。要及时提供合法、真实、准确、完整的会计信息。

5. 社团财务要根据审核无误的原始凭证填制记账凭证，登记账簿要及时，结账要规范。

第五十一条 严格执行银行开户和发票使用管理的有关规定，开设、撤销银行账户，必须报经部财务主管部门审核批准。

第五十二条 对各种应收、应付等往来款项，必须按规定设置明细账。同时，要及时进行清理、结算，不得长期挂账。

第五十三条 社团组织要严格对各工作部门和各分支机构的财务管理，各项收入全部纳入统一的核算、管理，全面反映各项财务收支和资金活动。要严格按照国家的有关规定，依法缴纳各项税费。

第五十四条 严格管理社团经费支出。凡重大经济活动（对外投资、营造、购建 3 万元以上固定资产投资等）必须经过常务理事会审核同意，严格按照国家有关财务管理规定进行，并报部综合财务司和部社团办备案。

第五十五条 社团组织开展的各种活动（办班、短期培训、办展览、各种评比活动等），应事先经过业务主管司局或部归口管理部门进行审批，并按照有关规定合理收费。应报未报或未经核定而开展的各种活动，一经发现，有关部门将予以查处。

第五十六条　加强固定资产的管理，凡有调入、赠送、购建等情况，都要计价入账。固定资产的报废、转让，应经过有关部门的鉴定，并按规定报有关的财务部门及资产管理部门批准。

第五十七条　社团要严格建立年度财务收支预决算制度，并向部综合财务司和部社团办报送有关报表、资料。

第五十八条　社团的法定代表人、主管社团财务的负责人，以及财务部门的负责人，在离任、退休、调离工作岗位时，应进行必要的审计。

第十一章　附　　则

第五十九条　本办法自发布之日起施行。原建设部有关社团管理的规定自本办法施行后即停止执行。

第六十条　本办法由部人事教育司负责解释。

宗教社会团体登记管理实施办法

（1991年5月6日　国宗发〔1991〕110号）

第一条　为保障宗教社会团体的合法权益，保证宗教社会团体登记管理的实施，依据《社会团体登记管理条例》，制定本办法。

第二条　由中华人民共和国公民在本国境内组织的各宗教县级范围（含县级）以上区域性和全国性的宗教社会团体，均应依照本办法的规定，向政府民政部门申请登记。

第三条　全国性宗教社会团体应经国务院宗教事务局审查同意后，向民政部申请登记。

区域性宗教社会团体经所在地相应的政府宗教事务部门审查同意后，向当地民政部门申请登记，并由当地政府宗教事务部门报上一级政府宗教事务部门备案。

天主教教区须经该教区办事机构所在地省级政府宗教事务部门审查同意后，向省级民政部门申请登记，并由当地省级政府宗教事务部门向国务院宗教事务局备案。

第四条　宗教社会团体登记的条件：

（一）有团体名称、办公地址和负责人；

（二）有不违反宪法、法律、法规的章程；

（三）有合法的经济来源；

（四）有可考证的、符合我国现存宗教历史沿革的、不违背本团体章程的经典、教义、教规；

（五）组织机构的组成人员有广泛的代表性。

第五条　在《社会团体登记管理条例》施行前成立的宗教社会团体，按该条例第二十九条规定办理登记、换证手续。

第六条　宗教社会团体登记时，向政府宗教事务部门提交的审查文件，除《社会团体登记管理条例》第十条（一）、（三）、（四）、（五）、（六）款之规定外，还需提交本宗教的主要经典（书目）、教义、教规和历史沿革资料。

第七条　在同一行政区域内不得重复成立相同或相类似的宗教社会团体。

第八条　宗教社会团体向登记管理机关提交的年度检查报告和有关材料，须同时报送该登记管理机关同级的政府宗教事务部门。

第九条　本办法未规定者，均按《社会团体登记管理条例》规定办理。

第十条　本办法由民政部和国务院宗教事务局负责解释。

第十一条　本办法自发布之日起施行。

最高人民法院、民政部、环境保护部关于贯彻实施环境民事公益诉讼制度的通知

（2014年12月26日　法〔2014〕352号）

各省、自治区、直辖市高级人民法院、民政厅（局）、环境保护厅（局）、新疆维吾尔自治区高级人民法院生产建设兵团分院、民政局、环境保护局：

为正确实施《中华人民共和国民事诉讼法》《中华人民共和国环境保护法》《最高人民法院关于审理环境民事公益诉讼案件适用法律若干问题的解释》，现就贯彻实施环境民事公益诉讼制度有关事项通知如下：

一、人民法院受理和审理社会组织提起的环境民事公益诉讼，可根据案件需要向社会组织的登记管理机关查询或者核实社会组织的基本信息，包括名称、住所、成立时间、宗旨、业务范围、法定代表人或者负责人、存续状态、年检信息、从事业务活动的情况以及登记管理机关掌握的违法记录等，有关登记管理机关应及时将相关信息向人民法院反馈。

二、社会组织存在通过诉讼牟取经济利益情形的，人民法院应向其登记管理机关发送司法建议，由登记管理机关依法对其进行查处，查处结果应向社会公布并通报人民法院。

三、人民法院受理环境民事公益诉讼后，应当在十日内通报对被告行为负有监督管理职责的环境保护主管部门。环境保护主管部门收到人民法院受理环境民事公益诉讼案件线索后，可以根据案件线索开展核查；发现被告行为构成环境行政违法的，应当依法予以处理，并将处理结果通报人民法院。

四、人民法院因审理案件需要，向负有监督管理职责的环境保护主管部门调取涉及被告的环境影响评价文件及其批复、环境许可和监管、污染物排放情况、行政处罚及处罚依据

等证据材料的，相关部门应及时向人民法院提交，法律法规规定不得对外提供的材料除外。

五、环境民事公益诉讼当事人达成调解协议或者自行达成和解协议的，人民法院应当将协议内容告知负有监督管理职责的环境保护主管部门。相关部门对协议约定的修复费用、修复方式等内容有意见和建议的，应及时向人民法院提出。

六、人民法院可以判决被告自行组织修复生态环境，可以委托第三方修复生态环境，必要时也可以商请负有监督管理职责的环境保护主管部门共同组织修复生态环境。对生态环境损害修复结果，人民法院可以委托具有环境损害评估等相关资质的鉴定机构进行鉴定，必要时可以商请负有监督管理职责的环境保护主管部门协助审查。

七、人民法院判决被告承担的生态环境修复费用、生态环境受到损害至恢复原状期间服务功能损失等款项，应当用于修复被损害的生态环境。提起环境民事公益诉讼的原告在诉讼中所需的调查取证、专家咨询、检验、鉴定等必要费用，可以酌情从上述款项中支付。

八、人民法院应将判决执行情况及时告知提起环境民事公益诉讼的社会组织。

各级人民法院、民政部门、环境保护部门应认真遵照执行。对于实施工作中存在的问题和建议，请分别及时报告最高人民法院、民政部、环境保护部。

◎请示答复

民政部关于基层工会登记问题的复函

（1994 年 9 月 29 日　民社函〔1994〕229 号）

陕西省民政厅：

你厅《关于基层工会要求取得社团法人资格的请示》（陕民社发〔1994〕160 号）收悉。经研究并向全国人大法律委员会请示，现答复如下：

一、全国人大法律委员会办公室就天津市人大起草的《工会法实施办法》中的有关问题给天津市人大常委会秘书局作了答复：“工会法第十四条规定，‘基层工会组织具备民法通则规定的法人条件的，依法取得社会团体法人资格’。《工会法实施办法》第九条第二款规定：‘基层工会组织具备《中华人民共和国民法通则》规定的法人条件的，自批准成立之日起具有社会团体法人资格。’这一规定，与工会法关于基层工会组织的社会团体法人资格应依法取得的规定不一致。”

二、全国人大法律委员会、民政部、全国总工会正在协商基层工会组织依法取得法人资格登记的有关事宜。

三、为了有利于基层工会法人资格的确定，有利于社会团体的健康发展，望接到此文后，转告有关方面，暂停对基层工会的登记和颁证工作。

附件：

一、全国人大法律委员会法律办复字（94）2 号（略）

二、《天津市实施〈中华人民共和国工会法〉办法》第九条第二款（略）

民政部社团管理司关于《琼崖地下学联联谊会》申请登记有关问题的复函

（1990 年 1 月 25 日　社地字〔1990〕4 号）

海南省民政厅：

你厅《关于琼崖地下学联联谊会申请登记有关问题的请示》〔琼民团字（1990）001 号〕收悉。经研究，现答复如下：

1. 在革命斗争年代，党的秘密外围组织是党联系群众的桥梁和纽带，为中国革命的解放事业做出了贡献。但随着全国的解放，这些党的秘密外围组织已经完成了历史使命而自动宣告解散。现已时隔四十年，我们认为不宜再以过去的秘密外围组织为名组成新的社团。

2. 中央一再明文规定，党政机关和社会团体不得经商办企业。因此，应该按照中央的规定办理。

民政部关于非法人社会团体改为法人社会团体登记问题的复函

（1992 年 7 月 16 日　民社函〔1992〕220 号）

上海市民政局：

你局《关于非法人社会团体改为法人社会团体登记事宜的请示》［沪民社发（1992）第 10 号］收悉，现答复如下：

一、由非法人社会团体改为法人社会团体，应先办理非法人社会团体注销登记，后履行法人社会团体成立登记手续。经注销登记的非法人社会团体，其代码同时废置。

二、社会团体登记管理机关对其核准登记的法人社会团体，可根据《全国企业、事业单位和社会团体代码的编制和管理办法》的规定，在其编码区段内，赋予其法人社会团体代码。

民政部关于社团登记管理工作若干问题的复函

（1990 年 10 月 17 日　民社函〔1990〕230 号）

黑龙江省民政厅：

你厅 9 月 25 日《关于社团登记管理工作几个政策问题的请示》电文收悉，现答复如下：

一、关于科协、社联等社团能否作业务主管部门问题

根据民政部《关于〈社会团体登记管理条例〉有关问题的通知》（民社发〔1989〕59号文件）第三条关于“有些社会团体的业务主管部门不便由政府工作部门或党的工作部门承当时，经民政部门与有关业务部门协商同意后，也可以委托有能力进行资格审查和业务指导的其他单位承担这一职责”的规定，考虑到科协的历史作用，经与科委协商一致后，可以委托科协负责自然科学学术性团体的资格审查和业务指导。经科协论证并确认的学科性团体，由其进行日常管理。

由于政府部门没有管理社会科学方面的职能机构，民政部门可与省委宣传部协商，委托社科联负责社会科学学科性团体的资格审查和业务指导。

二、关于学术性、专业性、联合性社团的设立标准问题

关于学术性团体的设立标准，目前国家技术监督局正在组织制定，请你们与省标准局、科协、社科联联系，他们可能有这方面划分的初步意见。在协商一致的基础上，主要是由资格审查部门认定。

专业性的社团主要是由专业人员组成或以专业技术、专门资金为从事某项事业而成立的团体。其中行业协会可参照国民经济行业分类的中类标准掌握。各部门、各系统的其他专业性团体的设立，可由其资格审查部门进行规划，提出标准，必要时报省政府批准。

联合性社团主要指学术性、行业性、专业性团体的联合体。这种联合应是具有共同利益，并在业务上有内在联系的团体间的联合。如文艺方面的文联，科技方面的科协，社会科学方面的社科联等。对于人群的联合体，原则上应从严掌握。

三、关于社团章程的规范问题

社团章程是社团成员共同遵守的法规性文件。社团章程应载明：

1. 社团名称，中文名称的全称或英文译名全称和英文缩写名（少数民族自治地区可与汉字对应使用民族文字）；

2. 社团宗旨，即用简洁的语言反映社团的业务方向和根本目标；

3. 经费来源，即用于社团业务活动和工作人员开支的经费筹集方式；

4. 组织机构，主要是指社团内部工作机构的设立及其职责；

5. 负责人的产生程序和职权范围；

6. 章程的批准、修改和解释权的确定；

7. 社团的终止程序，即社团自行终止活动时应经过哪一级组织批准及批准程序的规定；

8. 其他应载明的事项。

在审查社团章程时，如有违背《条例》规定的重大原则方面的内容，社团登记管理机关应予纠正。但有些社团章程的内容表述是长时期形成的，并经党和政府批准确认的，可维持其现状。

四、关于成立同业公会的问题

目前，部里正组织力量调查这类问题，待调查研究后，再作具体规定。

民政部关于办理社会团体登记问题的复函

（1990年10月27日　民社函〔1990〕236号）

海南省民政厅：

你厅9月10日《关于办理社会团体登记问题的请示》（琼民登字〔1990〕36号）收悉。经研究，现答复如下：

一、关于全国性和跨省（自治区）性社会团体要求在海南省设立办事处（联络处）的问题

全国性和跨省（自治区、直辖市）性社会团体一般不得在其会址以外的地区设立办事处（联络处）。因有特殊需要申请设立的，需经民政部批准。驻在省民政厅可根据其持有的批准证件，予以备案。

办事处（联络处）是社会团体的派出机构，不具有法人资格，只能以所属社团的名义开展业务活动，并要接受驻在省民政厅的日常监督和管理。

二、关于成立联谊性社会团体的问题

对申请成立联谊性的社会团体，总的原则应持慎重态度。

1. 成立联谊性社会团体必须坚持有利于祖国统一、民族团结，有利于政治、经济的稳定和科学、文化、教育事业的繁荣。

2. 除少数历史悠久、有一定国际声誉的校友会及有利于开展海外工作的同乡会外，一般不宜成立校友会、同乡会等联谊性社会团体。

凡确因社会需要而成立校友会、同乡会等联谊性社会团体，应按照不同性质，分别由教育、外事、统战等业务主管部门审查同意后，当地民政部门才可办理核准登记手续。

3. 鉴于以某一姓氏或以某一姓氏为主体组成的宗族性社会团体和以某一地区为基础组成的联谊会等社团组织副作用较大，不宜批准成立。

民政部社团管理司关于能源行业全国性社会团体复查登记有关问题的复函

（1990年11月6日　社登字〔1990〕23号）

能源部人事劳动司：

你司（90）人组便字第48号函收悉。关于煤炭行业、石油天然气行业、核工业行业等全国性社会团体复查登记的问题，现答复如下：

根据《社会团体登记管理条例》的有关规定，社会团体的业务主管部门系指政府的职能部门，按国务院“三定”方案的规定，能源部是国务院统管全国能源工业的职能部门。由其归口管理的能源方面的几大公司，虽然在人、财、物等方面实行计划单列，并负有对本公司范围的管理职能，但它不是政府职能部门，不能代表政府对社会团体行使职权。因此，我们认为只有能源部才能作为能源工业类社会团体的业务主管部门，负责这类社会团体的清理整顿和复查登记及今后的业务指导和日常管理等方面工作。

民政部对《上海市人民政府关于本市外国社会团体问题的请示》的答复

（1988年9月19日 〔1988〕民社函第188号）

上海市人民政府：

国务院办公厅秘书局8月13日将《上海市人民政府关于本市外国社会团体问题的请示》（沪府〔1988〕62号）转由我部研办。经我们研究，并征求了国务院法制局、外交部、公安部和安全部的意见，现答复如下：

一、外国社会团体问题情况复杂、涉及面广、政策性强，在国家尚未有相应法规的情况下，要慎重处理。

二、你们对外国社会团体问题的处理建议在目前情况下是基本可行的。对于外国社会团体要求我承认时，要认真做好工作，并告对方，我国正在拟定社会团体登记管理法规，待法规颁布后，依法办理审批登记手续。

三、对现有外国社会团体组织及其活动情况，应责成市民政局随时了解和掌握，如有重要情况，望及时报告我部。

附：

上海市人民政府关于本市外国社会团体问题的请示

（1988年8月8日 沪府〔1988〕62号）

国务院：

随着进一步对外开放，外国驻沪机构和常住上海的外国人日趋增多。有的机构和人员自行在沪成立了各种社会团体（以下简称外国社团）。目前，上海的外国社团已有12家，其中商人社团5家，侨民社团2家，留学生社团2家，领馆人员社团1家，记者社团1家，综合性社团1家。

这些外国社团，多数受控于各自的驻华、驻沪使领馆或其国内金融机构，有些领馆官员还担任了社团的领导职务。除了在成员间开展社交、文化、教育、体育和庆祝、献礼等活动外，有些社团还通过聚会、聚餐、出版刊物等方式，相互串联，交换信息，搜集、了解我政情、商情、民情等资料，或研究对策，统一行动，并向各自的使领馆和国内机构汇报。如有的商人社团，曾就我宾馆调整外国人住房价格、对外国常驻代表机构征所得税等问题，以组织名义向我有关部门办理交涉；“上海非洲留学生统一组织”（以下简称“非统”组织）的宗旨是同中国友好，但在涉及非洲留学生的某些利害问题上，曾多次向我提出一些不合理要求，甚至组织或参与闹事；朝侨协会刻了公章，为侨民的就业、升学问题出具证明，还曾受使馆委托为侨民办理护照、签证等领事业务；越侨同乡会曾在成员中传阅使馆寄来的材料，煽动反华情绪，发泄对我不满。

过去，我们对外国社团采取“不取缔、不承认”的态度，对其内部事务不干预。对多数不对外公开活动的外国社团，不与之联系接触；对一些主动与我联系的外国社团，根据不同情况，区别对待。如对“非统”组织，我们从多做工作出发，已与其头面人物保持对话接触；对两个侨民社团和“非统”组织举办的某些活动，如庆祝国庆、庆祝非洲解放日和放映电影、举办舞会、球赛等，我们为其提供物质方便；对各国领馆文化艺术俱乐部，我官方不与之接触，但对其提出的诸如到我基层单位作一般性参观的要求，有关单位则避其组织名称，表示欢迎各国领事前去参观。然而，某些外国社团对我们这样做并不满足，如朝鲜人协会、“非统”组织、日本商工俱乐部等，一直希望得到我方的公开承认。鉴于多数外国社团是为维护其自身利益的需要成立的，有些社团在成员中有一定威信和号召力，如我继续一概采取“不取缔、不承认”态度，置之不理，或者处理不当，对我涉外管理和社会治安不利。同时，发展外向型经济，引进外资、技术和人才，必须为外国人创造一个良好、宽松的投资、社交、生活环境，包括结社在内。况且，他们从事的某些活动，包括搜集、了解我政情、商情、民情等资料，有些是我们要主动对外宣传的。另外，还要考虑国际“对等”惯例，否则，不利于我在国外民间社团的活动。

据了解，外国人在华成立社团的问题，在其他省市也同样存在。国务院有关部门正在拟订有关的管理法规，上海市政府外事办公室已就外国人结社应遵循的组建原则、必备条件、登记手续和我方的审批权限、管理办法提出建议，报国务院法制局、民政部、公安部、外交部参考。

在国务院尚未颁布有关对外国社团的管理法规之前，我们对本市外国社团的活动，提出以下几点意见：

一、对已公开活动的外国社团，过去我有关部门已与其负责人建立联系或进行接触对话过的，今后可继续保持必要的联系和对话；只要是正常的社交、联谊活动，有关部门和基层单位包括对外服务单位应给予必要的支持；凡对我有利的活动，如对方约请我有关单位介绍本市投资环境等，我方原则上可应允。

二、对尚未公开活动的社团，我有关单位可不主动与之接触，对其进行的正常联谊活动，基层单位包括对外服务单位可视情况给予一定的方便。

三、如遇外国社团要求我有关部门予以承认时，拟告对方：可先在不违反我国现行法规的前提下开展一些联谊活动，待我国政府有关外国社团管理的规定颁布后，按规定办理申请登记手续，并经批准、发证后再成立。

四、外国社团不论是否已公开进行活动，都不得以组织名义干扰我公务活动，不得代行官方驻华机构职权范围内的事宜。如有违法活动，可由有关部门出面处理。

五、外国社团原则上不得发展中国公民为会员，个别需要参加的，应先经所在单位研究后报请市有关业务主管部门批准。外国社团如邀请我方人员参加其举办的活动，我方人员应根据不同情况，经所在单位、业务主管部门或地方外事部门同意后参加。

以上意见当否，请指示。

3. 民办非企业单位管理

民办非企业单位登记管理暂行条例

（1998年10月25日中华人民共和国国务院令第251号发布　自发布之日起施行）

第一章　总　　则

第一条　为了规范民办非企业单位的登记管理，保障民办非企业单位的合法权益，促进社会主义物质文明、精神文明建设，制定本条例。

第二条　本条例所称民办非企业单位，是指企业事业单位、社会团体和其他社会力量以及公民个人利用非国有资产举办的，从事非营利性社会服务活动的社会组织。

第三条　成立民办非企业单位，应当经其业务主管单位审查同意，并依照本条例的规定登记。

第四条　民办非企业单位应当遵守宪法、法律、法规和国家政策，不得反对宪法确定的基本原则，不得危害国家的统一、安全和民族的团结，不得损害国家利益、社会公共利益以及其他社会组织和公民的合法权益，不得违背社会道德风尚。

民办非企业单位不得从事营利性经营活动。

第五条　国务院民政部门和县级以上地方各级人民政府民政部门是本级人民政府的民办非企业单位登记管理机关（以下简称登记管理机关）。

国务院有关部门和县级以上地方各级人民政府的有关部门、国务院或者县级以上地方各级人民政府授权的组织，是有关行业、业务范围内民办非企业单位的业务主管单位（以下简称业务主管单位）。

法律、行政法规对民办非企业单位的监督管理另有规定的，依照有关法律、行政法规的规定执行。

第二章　管　　辖

第六条　登记管理机关负责同级业务主管单位审查同意的民办非企业单位的登记管理。

第七条　登记管理机关、业务主管单位与其管辖的民办非企业单位的住所不在一地的，可以委托民办非企业单位住所地的登记管理机关、业务主管单位负责委托范围内的监督管理工作。

第三章　登　　记

第八条　申请登记民办非企业单位，应当具备下列条件：

（一）经业务主管单位审查同意；

（二）有规范的名称、必要的组织机构；

（三）有与其业务活动相适应的从业人员；

（四）有与其业务活动相适应的合法财产；

（五）有必要的场所。

民办非企业单位的名称应当符合国务院民政部门的规定，不得冠以“中国”、“全国”、“中华”等字样。

第九条　申请民办非企业单位登记，举办者应当向登记管理机关提交下列文件：

（一）登记申请书；

（二）业务主管单位的批准文件；

（三）场所使用权证明；

（四）验资报告；

（五）拟任负责人的基本情况、身份证明；

（六）章程草案。

第十条　民办非企业单位的章程应当包括下列事项：

（一）名称、住所；

（二）宗旨和业务范围；

（三）组织管理制度；

（四）法定代表人或者负责人的产生、罢免的程序；

（五）资产管理和使用的原则；

（六）章程的修改程序；

（七）终止程序和终止后资产的处理；

（八）需要由章程规定的其他事项。

第十一条　登记管理机关应当自收到成立登记申请的全部有效文件之日起60日内作出准予登记或者不予登记的决定。

有下列情形之一的，登记管理机关不予登记，并向申请人说明理由：

（一）有根据证明申请登记的民办非企业单位的宗旨、业务范围不符合本条例第四条规定的；

（二）在申请成立时弄虚作假的；

（三）在同一行政区域内已有业务范围相同或者相似的民办非企业单位，没有必要成立的；

（四）拟任负责人正在或者曾经受到剥夺政治权利的刑

事处罚，或者不具有完全民事行为能力的；

（五）有法律、行政法规禁止的其他情形的。

第十二条 准予登记的民办非企业单位，由登记管理机关登记民办非企业单位的名称、住所、宗旨和业务范围、法定代表人或者负责人、开办资金、业务主管单位，并根据其依法承担民事责任的不同方式，分别发给《民办非企业单位（法人）登记证书》、《民办非企业单位（合伙）登记证书》、《民办非企业单位（个体）登记证书》。

依照法律、其他行政法规规定，经有关主管部门依法审核或者登记，已经取得相应的执业许可证书的民办非企业单位，登记管理机关应当简化登记手续，凭有关主管部门出具的执业许可证明文件，发给相应的民办非企业单位登记证书。

第十三条 民办非企业单位不得设立分支机构。

第十四条 民办非企业单位凭登记证书申请刻制印章，开立银行账户。民办非企业单位应当将印章式样、银行账号报登记管理机关备案。

第十五条 民办非企业单位的登记事项需要变更的，应当自业务主管单位审查同意之日起30日内，向登记管理机关申请变更登记。

民办非企业单位修改章程，应当自业务主管单位审查同意之日起30日内，报登记管理机关核准。

第十六条 民办非企业单位自行解散的，分立、合并的，或者由于其他原因需要注销登记的，应当向登记管理机关办理注销登记。

民办非企业单位在办理注销登记前，应当在业务主管单位和其他有关机关的指导下，成立清算组织，完成清算工作。清算期间，民办非企业单位不得开展清算以外的活动。

第十七条 民办非企业单位法定代表人或者负责人应当自完成清算之日起15日内，向登记管理机关办理注销登记。办理注销登记，须提交注销登记申请书、业务主管单位的审查文件和清算报告。

登记管理机关准予注销登记的，发给注销证明文件，收缴登记证书、印章和财务凭证。

第十八条 民办非企业单位成立、注销以及变更名称、住所、法定代表人或者负责人，由登记管理机关予以公告。

第四章 监督管理

第十九条 登记管理机关履行下列监督管理职责：

（一）负责民办非企业单位的成立、变更、注销登记；

（二）对民办非企业单位实施年度检查；

（三）对民办非企业单位违反本条例的问题进行监督检查，对民办非企业单位违反本条例的行为给予行政处罚。

第二十条 业务主管单位履行下列监督管理职责：

（一）负责民办非企业单位成立、变更、注销登记前的审查；

（二）监督、指导民办非企业单位遵守宪法、法律、法规和国家政策，按照章程开展活动；

（三）负责民办非企业单位年度检查的初审；

（四）协助登记管理机关和其他有关部门查处民办非企业单位的违法行为；

（五）会同有关机关指导民办非企业单位的清算事宜。

业务主管单位履行前款规定的职责，不得向民办非企业单位收取费用。

第二十一条 民办非企业单位的资产来源必须合法，任何单位和个人不得侵占、私分或者挪用民办非企业单位的资产。

民办非企业单位开展章程规定的活动，按照国家有关规定取得的合法收入，必须用于章程规定的业务活动。

民办非企业单位接受捐赠、资助，必须符合章程规定的宗旨和业务范围，必须根据与捐赠人、资助人约定的期限、方式和合法用途使用。民办非企业单位应当向业务主管单位报告接受、使用捐赠、资助的有关情况，并应当将有关情况以适当方式向社会公布。

第二十二条 民办非企业单位必须执行国家规定的财务管理制度，接受财政部门的监督；资产来源属于国家资助或者社会捐赠、资助的，还应当接受审计机关的监督。

民办非企业单位变更法定代表人或者负责人，登记管理机关、业务主管单位应当组织对其进行财务审计。

第二十三条 民办非企业单位应当于每年3月31日前向业务主管单位报送上一年度的工作报告，经业务主管单位初审同意后，于5月31日前报送登记管理机关，接受年度检查。工作报告内容包括：本民办非企业单位遵守法律法规和国家政策的情况、依照本条例履行登记手续的情况、按照章程开展活动的情况、人员和机构变动的情况以及财务管理的情况。

对于依照本条例第十二条第二款的规定发给登记证书的民办非企业单位，登记管理机关对其应当简化年度检查的内容。

第五章 罚 则

第二十四条 民办非企业单位在申请登记时弄虚作假，骗取登记的，或者业务主管单位撤销批准的，由登记管理机关予以撤销登记。

第二十五条 民办非企业单位有下列情形之一的，由登记管理机关予以警告，责令改正，可以限期停止活动；情节严重的，予以撤销登记；构成犯罪的，依法追究刑事责任：

（一）涂改、出租、出借民办非企业单位登记证书，或者出租、出借民办非企业单位印章的；

（二）超出其章程规定的宗旨和业务范围进行活动的；

（三）拒不接受或者不按照规定接受监督检查的；

（四）不按照规定办理变更登记的；

（五）设立分支机构的；

（六）从事营利性的经营活动的；

（七）侵占、私分、挪用民办非企业单位的资产或者所接受的捐赠、资助的；

（八）违反国家有关规定收取费用、筹集资金或者接受使用捐赠、资助的。

前款规定的行为有违法经营额或者违法所得的，予以没收，可以并处违法经营额1倍以上3倍以下或者违法所得3倍以上5倍以下的罚款。

第二十六条　民办非企业单位的活动违反其他法律、法规的，由有关国家机关依法处理；有关国家机关认为应当撤销登记的，由登记管理机关撤销登记。

第二十七条　未经登记，擅自以民办非企业单位名义进行活动的，或者被撤销登记的民办非企业单位继续以民办非企业单位名义进行活动的，由登记管理机关予以取缔，没收非法财产；构成犯罪的，依法追究刑事责任；尚不构成犯罪的，依法给予治安管理处罚。

第二十八条　民办非企业单位被限期停止活动的，由登记管理机关封存其登记证书、印章和财务凭证。

民办非企业单位被撤销登记的，由登记管理机关收缴登记证书和印章。

第二十九条　登记管理机关、业务主管单位的工作人员滥用职权、徇私舞弊、玩忽职守构成犯罪的，依法追究刑事责任；尚不构成犯罪的，依法给予行政处分。

第六章　附　　则

第三十条　民办非企业单位登记证书的式样由国务院民政部门制定。

对民办非企业单位进行年度检查不得收取费用。

第三十一条　本条例施行前已经成立的民办非企业单位，应当自本条例实施之日起1年内依照本条例有关规定申请登记。

第三十二条　本条例自发布之日起施行。

中华人民共和国民办教育促进法

（2002年12月28日第九届全国人民代表大会常务委员会第三十一次会议通过　根据2013年6月29日第十二届全国人民代表大会常务委员会第三次会议《关于修改〈中华人民共和国文物保护法〉等十二部法律的决定》第一次修正　根据2016年11月7日第十二届全国人民代表大会常务委员会第二十四次会议《关于修改〈中华人民共和国民办教育促进法〉的决定》第二次修正　根据2018年12月29日第十三届全国人民代表大会常务委员会第七次会议《关于修改〈中华人民共和国劳动法〉等七部法律的决定》第三次修正）

第一章　总　　则

第一条　为实施科教兴国战略，促进民办教育事业的健康发展，维护民办学校和受教育者的合法权益，根据宪法和教育法制定本法。

第二条　国家机构以外的社会组织或者个人，利用非国家财政性经费，面向社会举办学校及其他教育机构的活动，适用本法。本法未作规定的，依照教育法和其他有关教育法律执行。

第三条　民办教育事业属于公益性事业，是社会主义教育事业的组成部分。

国家对民办教育实行积极鼓励、大力支持、正确引导、依法管理的方针。

各级人民政府应当将民办教育事业纳入国民经济和社会发展规划。

第四条　民办学校应当遵守法律、法规，贯彻国家的教育方针，保证教育质量，致力于培养社会主义建设事业的各类人才。

民办学校应当贯彻教育与宗教相分离的原则。任何组织和个人不得利用宗教进行妨碍国家教育制度的活动。

第五条　民办学校与公办学校具有同等的法律地位，国家保障民办学校的办学自主权。

国家保障民办学校举办者、校长、教职工和受教育者的合法权益。

第六条　国家鼓励捐资办学。

国家对为发展民办教育事业做出突出贡献的组织和个人，给予奖励和表彰。

第七条　国务院教育行政部门负责全国民办教育工作的统筹规划、综合协调和宏观管理。

国务院人力资源社会保障行政部门及其他有关部门在国务院规定的职责范围内分别负责有关的民办教育工作。

第八条　县级以上地方各级人民政府教育行政部门主管本行政区域内的民办教育工作。

县级以上地方各级人民政府人力资源社会保障行政部门及其他有关部门在各自的职责范围内，分别负责有关的民办教育工作。

第九条　民办学校中的中国共产党基层组织，按照中国共产党章程的规定开展党的活动，加强党的建设。

第二章　设　　立

第十条　举办民办学校的社会组织，应当具有法人资格。

举办民办学校的个人，应当具有政治权利和完全民事行为能力。

民办学校应当具备法人条件。

第十一条　设立民办学校应当符合当地教育发展的需求，具备教育法和其他有关法律、法规规定的条件。

民办学校的设置标准参照同级同类公办学校的设置标准执行。

第十二条　举办实施学历教育、学前教育、自学考试助学及其他文化教育的民办学校，由县级以上人民政府教育行政部门按照国家规定的权限审批；举办实施以职业技能为主的职业资格培训、职业技能培训的民办学校，由县级以上人民政府人力资源社会保障行政部门按照国家规定的权限审批，并抄送同级教育行政部门备案。

第十三条　申请筹设民办学校，举办者应当向审批机关提交下列材料：

（一）申办报告，内容应当主要包括：举办者、培养目标、办学规模、办学层次、办学形式、办学条件、内部管理体制、经费筹措与管理使用等；

（二）举办者的姓名、住址或者名称、地址；

（三）资产来源、资金数额及有效证明文件，并载明产权；

（四）属捐赠性质的校产须提交捐赠协议，载明捐赠人的姓名、所捐资产的数额、用途和管理方法及相关有效证明文件。

第十四条　审批机关应当自受理筹设民办学校的申请之日起三十日内以书面形式作出是否同意的决定。

同意筹设的，发给筹设批准书。不同意筹设的，应当说明理由。

筹设期不得超过三年。超过三年的，举办者应当重新申报。

第十五条　申请正式设立民办学校的，举办者应当向审批机关提交下列材料：

（一）筹设批准书；

（二）筹设情况报告；

（三）学校章程、首届学校理事会、董事会或者其他决策机构组成人员名单；

（四）学校资产的有效证明文件；

（五）校长、教师、财会人员的资格证明文件。

第十六条　具备办学条件，达到设置标准的，可以直接申请正式设立，并应当提交本法第十三条和第十五条（三）、（四）、（五）项规定的材料。

第十七条　申请正式设立民办学校的，审批机关应当自受理之日起三个月内以书面形式作出是否批准的决定，并送达申请人；其中申请正式设立民办高等学校的，审批机关也可以自受理之日起六个月内以书面形式作出是否批准的决定，并送达申请人。

第十八条　审批机关对批准正式设立的民办学校发给办学许可证。

审批机关对不批准正式设立的，应当说明理由。

第十九条　民办学校的举办者可以自主选择设立非营利性或者营利性民办学校。但是，不得设立实施义务教育的营利性民办学校。

非营利性民办学校的举办者不得取得办学收益，学校的办学结余全部用于办学。

营利性民办学校的举办者可以取得办学收益，学校的办学结余依照公司法等有关法律、行政法规的规定处理。

民办学校取得办学许可证后，进行法人登记，登记机关应当依法予以办理。

第三章　学校的组织与活动

第二十条　民办学校应当设立学校理事会、董事会或者其他形式的决策机构并建立相应的监督机制。

民办学校的举办者根据学校章程规定的权限和程序参与学校的办学和管理。

第二十一条　学校理事会或者董事会由举办者或者其代表、校长、教职工代表等人员组成。其中三分之一以上的理事或者董事应当具有五年以上教育教学经验。

学校理事会或者董事会由五人以上组成，设理事长或者董事长一人。理事长、理事或者董事长、董事名单报审批机关备案。

第二十二条　学校理事会或者董事会行使下列职权：

（一）聘任和解聘校长；

（二）修改学校章程和制定学校的规章制度；

（三）制定发展规划，批准年度工作计划；

（四）筹集办学经费，审核预算、决算；

（五）决定教职工的编制定额和工资标准；

（六）决定学校的分立、合并、终止；

（七）决定其他重大事项。

其他形式决策机构的职权参照本条规定执行。

第二十三条　民办学校的法定代表人由理事长、董事长或者校长担任。

第二十四条　民办学校参照同级同类公办学校校长任职的条件聘任校长，年龄可以适当放宽。

第二十五条　民办学校校长负责学校的教育教学和行政管理工作，行使下列职权：

（一）执行学校理事会、董事会或者其他形式决策机构的决定；

（二）实施发展规划，拟订年度工作计划、财务预算和学校规章制度；

（三）聘任和解聘学校工作人员，实施奖惩；

（四）组织教育教学、科学研究活动，保证教育教学质量；

（五）负责学校日常管理工作；

（六）学校理事会、董事会或者其他形式决策机构的其他授权。

第二十六条　民办学校对招收的学生，根据其类别、修业年限、学业成绩，可以根据国家有关规定发给学历证书、结业证书或者培训合格证书。

对接受职业技能培训的学生，经备案的职业技能鉴定机构鉴定合格的，可以发给国家职业资格证书。

第二十七条　民办学校依法通过以教师为主体的教职工代表大会等形式，保障教职工参与民主管理和监督。

民办学校的教师和其他工作人员，有权依照工会法，建立工会组织，维护其合法权益。

第四章　教师与受教育者

第二十八条　民办学校的教师、受教育者与公办学校的教师、受教育者具有同等的法律地位。

第二十九条　民办学校聘任的教师，应当具有国家规定的任教资格。

第三十条　民办学校应当对教师进行思想品德教育和业务培训。

第三十一条　民办学校应当依法保障教职工的工资、福利待遇和其他合法权益，并为教职工缴纳社会保险费。

国家鼓励民办学校按照国家规定为教职工办理补充养老保险。

第三十二条　民办学校教职工在业务培训、职务聘任、教龄和工龄计算、表彰奖励、社会活动等方面依法享有与公办学校教职工同等权利。

第三十三条　民办学校依法保障受教育者的合法权益。

民办学校按照国家规定建立学籍管理制度，对受教育者实施奖励或者处分。

第三十四条　民办学校的受教育者在升学、就业、社会优待以及参加先进评选等方面享有与同级同类公办学校的受教育者同等权利。

第五章　学校资产与财务管理

第三十五条　民办学校应当依法建立财务、会计制度和资产管理制度，并按照国家有关规定设置会计帐簿。

第三十六条　民办学校对举办者投入民办学校的资产、国有资产、受赠的财产以及办学积累，享有法人财产权。

第三十七条　民办学校存续期间，所有资产由民办学校依法管理和使用，任何组织和个人不得侵占。

任何组织和个人都不得违反法律、法规向民办教育机构收取任何费用。

第三十八条　民办学校收取费用的项目和标准根据办学成本、市场需求等因素确定，向社会公示，并接受有关主管部门的监督。

非营利性民办学校收费的具体办法，由省、自治区、直辖市人民政府制定；营利性民办学校的收费标准，实行市场调节，由学校自主决定。

民办学校收取的费用应当主要用于教育教学活动、改善办学条件和保障教职工待遇。

第三十九条　民办学校资产的使用和财务管理受审批机关和其他有关部门的监督。

民办学校应当在每个会计年度结束时制作财务会计报告，委托会计师事务所依法进行审计，并公布审计结果。

第六章　管理与监督

第四十条　教育行政部门及有关部门应当对民办学校的教育教学工作、教师培训工作进行指导。

第四十一条　教育行政部门及有关部门依法对民办学校实行督导，建立民办学校信息公示和信用档案制度，促进提高办学质量；组织或者委托社会中介组织评估办学水平和教育质量，并将评估结果向社会公布。

第四十二条　民办学校的招生简章和广告，应当报审批机关备案。

第四十三条　民办学校侵犯受教育者的合法权益，受教育者及其亲属有权向教育行政部门和其他有关部门申诉，有关部门应当及时予以处理。

第四十四条　国家支持和鼓励社会中介组织为民办学校提供服务。

第七章　扶持与奖励

第四十五条　县级以上各级人民政府可以设立专项资金，用于资助民办学校的发展，奖励和表彰有突出贡献的集体和个人。

第四十六条　县级以上各级人民政府可以采取购买服务、助学贷款、奖助学金和出租、转让闲置的国有资产等措施对民办学校予以扶持；对非营利性民办学校还可以采取政府补贴、基金奖励、捐资激励等扶持措施。

第四十七条　民办学校享受国家规定的税收优惠政策；其中，非营利性民办学校享受与公办学校同等的税收优惠政策。

第四十八条　民办学校依照国家有关法律、法规，可以接受公民、法人或者其他组织的捐赠。

国家对向民办学校捐赠财产的公民、法人或者其他组织按照有关规定给予税收优惠，并予以表彰。

第四十九条　国家鼓励金融机构运用信贷手段，支持民办教育事业的发展。

第五十条　人民政府委托民办学校承担义务教育任务，应当按照委托协议拨付相应的教育经费。

第五十一条　新建、扩建非营利性民办学校，人民政府应当按照与公办学校同等原则，以划拨等方式给予用地优惠。新建、扩建营利性民办学校，人民政府应当按照国家规定供给土地。

教育用地不得用于其他用途。

第五十二条　国家采取措施，支持和鼓励社会组织和个人到少数民族地区、边远贫困地区举办民办学校，发展教育事业。

第八章 变更与终止

第五十三条 民办学校的分立、合并,在进行财务清算后,由学校理事会或者董事会报审批机关批准。

申请分立、合并民办学校的,审批机关应当自受理之日起三个月内以书面形式答复;其中申请分立、合并民办高等学校的,审批机关也可以自受理之日起六个月内以书面形式答复。

第五十四条 民办学校举办者的变更,须由举办者提出,在进行财务清算后,经学校理事会或者董事会同意,报审批机关核准。

第五十五条 民办学校名称、层次、类别的变更,由学校理事会或者董事会报审批机关批准。

申请变更为其他民办学校,审批机关应当自受理之日起三个月内以书面形式答复;其中申请变更为民办高等学校的,审批机关也可以自受理之日起六个月内以书面形式答复。

第五十六条 民办学校有下列情形之一的,应当终止:

(一)根据学校章程规定要求终止,并经审批机关批准的;

(二)被吊销办学许可证的;

(三)因资不抵债无法继续办学的。

第五十七条 民办学校终止时,应当妥善安置在校学生。实施义务教育的民办学校终止时,审批机关应当协助学校安排学生继续就学。

第五十八条 民办学校终止时,应当依法进行财务清算。

民办学校自己要求终止的,由民办学校组织清算;被审批机关依法撤销的,由审批机关组织清算;因资不抵债无法继续办学而被终止的,由人民法院组织清算。

第五十九条 对民办学校的财产按照下列顺序清偿:

(一)应退受教育者学费、杂费和其他费用;

(二)应发教职工的工资及应缴纳的社会保险费用;

(三)偿还其他债务。

非营利性民办学校清偿上述债务后的剩余财产继续用于其他非营利性学校办学;营利性民办学校清偿上述债务后的剩余财产,依照公司法的有关规定处理。

第六十条 终止的民办学校,由审批机关收回办学许可证和销毁印章,并注销登记。

第九章 法律责任

第六十一条 民办学校在教育活动中违反教育法、教师法规定的,依照教育法、教师法的有关规定给予处罚。

第六十二条 民办学校有下列行为之一的,由县级以上人民政府教育行政部门、人力资源社会保障行政部门或者其他有关部门责令限期改正,并予以警告;有违法所得的,退还所收费用后没收违法所得;情节严重的,责令停止招生、吊销办学许可证;构成犯罪的,依法追究刑事责任:

(一)擅自分立、合并民办学校的;

(二)擅自改变民办学校名称、层次、类别和举办者的;

(三)发布虚假招生简章或者广告,骗取钱财的;

(四)非法颁发或者伪造学历证书、结业证书、培训证书、职业资格证书的;

(五)管理混乱严重影响教育教学,产生恶劣社会影响的;

(六)提交虚假证明文件或者采取其他欺诈手段隐瞒重要事实骗取办学许可证的;

(七)伪造、变造、买卖、出租、出借办学许可证的;

(八)恶意终止办学、抽逃资金或者挪用办学经费的。

第六十三条 县级以上人民政府教育行政部门、人力资源社会保障行政部门或者其他有关部门有下列行为之一的,由上级机关责令其改正;情节严重的,对直接负责的主管人员和其他直接责任人员,依法给予处分;造成经济损失的,依法承担赔偿责任;构成犯罪的,依法追究刑事责任:

(一)已受理设立申请,逾期不予答复的;

(二)批准不符合本法规定条件申请的;

(三)疏于管理,造成严重后果的;

(四)违反国家有关规定收取费用的;

(五)侵犯民办学校合法权益的;

(六)其他滥用职权、徇私舞弊的。

第六十四条 违反国家有关规定擅自举办民办学校的,由所在地县级以上地方人民政府教育行政部门或者人力资源社会保障行政部门会同同级公安、民政或者市场监督管理等有关部门责令停止办学、退还所收费用,并对举办者处违法所得一倍以上五倍以下罚款;构成违反治安管理行为的,由公安机关依法给予治安管理处罚;构成犯罪的,依法追究刑事责任。

第十章 附 则

第六十五条 本法所称的民办学校包括依法举办的其他民办教育机构。

本法所称的校长包括其他民办教育机构的主要行政负责人。

第六十六条 境外的组织和个人在中国境内合作办学的办法,由国务院规定。

第六十七条 本法自2003年9月1日起施行。1997年7月31日国务院颁布的《社会力量办学条例》同时废止。

中华人民共和国民办教育促进法实施条例

(2004年3月5日中华人民共和国国务院令第399号公布 2021年4月7日中华人民共和国国务院令第741号修订)

第一章 总 则

第一条 根据《中华人民共和国民办教育促进法》(以下

简称民办教育促进法），制定本条例。

第二条　国家机构以外的社会组织或者个人可以利用非国家财政性经费举办各级各类民办学校；但是，不得举办实施军事、警察、政治等特殊性质教育的民办学校。

民办教育促进法和本条例所称国家财政性经费，是指财政拨款、依法取得并应当上缴国库或者财政专户的财政性资金。

第三条　各级人民政府应当依法支持和规范社会力量举办民办教育，保障民办学校依法办学、自主管理，鼓励、引导民办学校提高质量、办出特色，满足多样化教育需求。

对于举办民办学校表现突出或者为发展民办教育事业做出突出贡献的社会组织或者个人，按照国家有关规定给予奖励和表彰。

第四条　民办学校应当坚持中国共产党的领导，坚持社会主义办学方向，坚持教育公益性，对受教育者加强社会主义核心价值观教育，落实立德树人根本任务。

民办学校中的中国共产党基层组织贯彻党的方针政策，依照法律、行政法规和国家有关规定参与学校重大决策并实施监督。

第二章　民办学校的设立

第五条　国家机构以外的社会组织或者个人可以单独或者联合举办民办学校。联合举办民办学校的，应当签订联合办学协议，明确合作方式、各方权利义务和争议解决方式等。

国家鼓励以捐资、设立基金会等方式依法举办民办学校。以捐资等方式举办民办学校，无举办者的，其办学过程中的举办者权责由发起人履行。

在中国境内设立的外商投资企业以及外方为实际控制人的社会组织不得举办、参与举办或者实际控制实施义务教育的民办学校；举办其他类型民办学校的，应当符合国家有关外商投资的规定。

第六条　举办民办学校的社会组织或者个人应当有良好的信用状况。举办民办学校可以用货币出资，也可以用实物、建设用地使用权、知识产权等可以用货币估价并可以依法转让的非货币财产作价出资；但是，法律、行政法规规定不得作为出资的财产除外。

第七条　实施义务教育的公办学校不得举办或者参与举办民办学校，也不得转为民办学校。其他公办学校不得举办或者参与举办营利性民办学校。但是，实施职业教育的公办学校可以吸引企业的资本、技术、管理等要素，举办或者参与举办实施职业教育的营利性民办学校。

公办学校举办或者参与举办民办学校，不得利用国家财政性经费，不得影响公办学校教学活动，不得仅以品牌输出方式参与办学，并应当经其主管部门批准。公办学校举办或者参与举办非营利性民办学校，不得以管理费等方式取得或者变相取得办学收益。

公办学校举办或者参与举办的民办学校应当具有独立的法人资格，具有与公办学校相分离的校园、基本教育教学设施和独立的专任教师队伍，按照国家统一的会计制度独立进行会计核算，独立招生，独立颁发学业证书。

举办或者参与举办民办学校的公办学校依法享有举办者权益，依法履行国有资产管理义务。

第八条　地方人民政府不得利用国有企业、公办教育资源举办或者参与举办实施义务教育的民办学校。

以国有资产参与举办民办学校的，应当根据国家有关国有资产监督管理的规定，聘请具有评估资格的中介机构依法进行评估，根据评估结果合理确定出资额，并报对该国有资产负有监管职责的机构备案。

第九条　国家鼓励企业以独资、合资、合作等方式依法举办或者参与举办实施职业教育的民办学校。

第十条　举办民办学校，应当按时、足额履行出资义务。民办学校存续期间，举办者不得抽逃出资，不得挪用办学经费。

举办者可以依法募集资金举办营利性民办学校，所募集资金应当主要用于办学，不得擅自改变用途，并按规定履行信息披露义务。民办学校及其举办者不得以赞助费等名目向学生、学生家长收取或者变相收取与入学关联的费用。

第十一条　举办者依法制定学校章程，负责推选民办学校首届理事会、董事会或者其他形式决策机构的组成人员。

举办者可以依据法律、法规和学校章程规定的程序和要求参加或者委派代表参加理事会、董事会或者其他形式决策机构，并依据学校章程规定的权限行使相应的决策权、管理权。

第十二条　民办学校举办者变更的，应当签订变更协议，但不得涉及学校的法人财产，也不得影响学校发展，不得损害师生权益；现有民办学校的举办者变更的，可以根据其依法享有的合法权益与继任举办者协议约定变更收益。

民办学校的举办者不再具备法定条件的，应当在 6 个月内向审批机关提出变更；逾期不变更的，由审批机关责令变更。

举办者为法人的，其控股股东和实际控制人应当符合法律、行政法规规定的举办民办学校的条件，控股股东和实际控制人变更的，应当报主管部门备案并公示。

举办者变更，符合法定条件的，审批机关应当在规定的期限内予以办理。

第十三条　同时举办或者实际控制多所民办学校的，举办者或者实际控制人应当具备与其所开展办学活动相适应的资金、人员、组织机构等条件与能力，并对所举办民办学校承担管理和监督职责。

同时举办或者实际控制多所民办学校的举办者或者实际控制人向所举办或者实际控制的民办学校提供教材、课程、技术支持等服务以及组织教育教学活动，应当符合国家有关规定并建立相应的质量标准和保障机制。

同时举办或者实际控制多所民办学校的，应当保障所举办或者实际控制的民办学校依法独立开展办学活动，存续期间所有资产由学校依法管理和使用；不得改变所举办或者实际控制的非营利性民办学校的性质，直接或者间接取得办学收益；也不得滥用市场支配地位，排除、限制竞争。

任何社会组织和个人不得通过兼并收购、协议控制等方式控制实施义务教育的民办学校、实施学前教育的非营利性民办学校。

第十四条 实施国家认可的教育考试、职业资格考试和职业技能等级考试等考试的机构，举办或者参与举办与其所实施的考试相关的民办学校应当符合国家有关规定。

第十五条 设立民办学校的审批权限，依照有关法律、法规的规定执行。

地方人民政府及其有关部门应当依法履行实施义务教育的职责。设立实施义务教育的民办学校，应当符合当地义务教育发展规划。

第十六条 国家鼓励民办学校利用互联网技术在线实施教育活动。

利用互联网技术在线实施教育活动应当符合国家互联网管理有关法律、行政法规的规定。利用互联网技术在线实施教育活动的民办学校应当取得相应的办学许可。

民办学校利用互联网技术在线实施教育活动，应当依法建立并落实互联网安全管理制度和安全保护技术措施，发现法律、行政法规禁止发布或者传输的信息的，应当立即停止传输，采取消除等处置措施，防止信息扩散，保存有关记录，并向有关主管部门报告。

外籍人员利用互联网技术在线实施教育活动，应当遵守教育和外国人在华工作管理等有关法律、行政法规的规定。

第十七条 民办学校的举办者在获得筹设批准书之日起3年内完成筹设的，可以提出正式设立申请。

民办学校在筹设期内不得招生。

第十八条 申请正式设立实施学历教育的民办学校的，审批机关受理申请后，应当组织专家委员会评议，由专家委员会提出咨询意见。

第十九条 民办学校的章程应当规定下列主要事项：

（一）学校的名称、住所、办学地址、法人属性；

（二）举办者的权利义务，举办者变更、权益转让的办法；

（三）办学宗旨、发展定位、层次、类型、规模、形式等；

（四）学校开办资金、注册资本，资产的来源、性质等；

（五）理事会、董事会或者其他形式决策机构和监督机构的产生方法、人员构成、任期、议事规则等；

（六）学校党组织负责人或者代表进入学校决策机构和监督机构的程序；

（七）学校的法定代表人；

（八）学校自行终止的事由，剩余资产处置的办法与程序；

（九）章程修改程序。

民办学校应当将章程向社会公示，修订章程应当事先公告，征求利益相关方意见。完成修订后，报主管部门备案或者核准。

第二十条 民办学校只能使用一个名称。

民办学校的名称应当符合有关法律、行政法规的规定，不得损害社会公共利益，不得含有可能引发歧义的文字或者含有可能误导公众的其他法人名称。营利性民办学校可以在学校牌匾、成绩单、毕业证书、结业证书、学位证书及相关证明、招生广告和简章上使用经审批机关批准的法人简称。

第二十一条 民办学校开办资金、注册资本应当与学校类型、层次、办学规模相适应。民办学校正式设立时，开办资金、注册资本应当缴足。

第二十二条 对批准正式设立的民办学校，审批机关应当颁发办学许可证，并向社会公告。

办学许可的期限应当与民办学校的办学层次和类型相适应。民办学校在许可期限内无违法违规行为的，有效期届满可以自动延续、换领新证。

民办学校办学许可证的管理办法由国务院教育行政部门、人力资源社会保障行政部门依据职责分工分别制定。

第二十三条 民办学校增设校区应当向审批机关申请地址变更；设立分校应当向分校所在地审批机关单独申请办学许可，并报原审批机关备案。

第二十四条 民办学校依照有关法律、行政法规的规定申请法人登记，登记机关应当依法予以办理。

第三章 民办学校的组织与活动

第二十五条 民办学校理事会、董事会或者其他形式决策机构的负责人应当具有中华人民共和国国籍，具有政治权利和完全民事行为能力，在中国境内定居，品行良好，无故意犯罪记录或者教育领域不良从业记录。

民办学校法定代表人应当由民办学校决策机构负责人或者校长担任。

第二十六条 民办学校的理事会、董事会或者其他形式决策机构应当由举办者或者其代表、校长、党组织负责人、教职工代表等共同组成。鼓励民办学校理事会、董事会或者其他形式决策机构吸收社会公众代表，根据需要设独立理事或者独立董事。实施义务教育的民办学校理事会、董事会或者其他形式决策机构组成人员应当具有中华人民共和国国籍，且应当有审批机关委派的代表。

民办学校的理事会、董事会或者其他形式决策机构每年至少召开2次会议。经1/3以上组成人员提议，可以召开理事会、董事会或者其他形式决策机构临时会议。讨论下列重大事项，应当经 2/3 以上组成人员同意方可通过：

（一）变更举办者；

（二）聘任、解聘校长；

（三）修改学校章程；

（四）制定发展规划；

（五）审核预算、决算；

（六）决定学校的分立、合并、终止；

（七）学校章程规定的其他重大事项。

第二十七条　民办学校应当设立监督机构。监督机构应当有党的基层组织代表，且教职工代表不少于 1/3。教职工人数少于 20 人的民办学校可以只设 1 至 2 名监事。

监督机构依据国家有关规定和学校章程对学校办学行为进行监督。监督机构负责人或者监事应当列席学校决策机构会议。

理事会、董事会或者其他形式决策机构组成人员及其近亲属不得兼任、担任监督机构组成人员或者监事。

第二十八条　民办学校校长依法独立行使教育教学和行政管理职权。

民办学校内部组织机构的设置方案由校长提出，报理事会、董事会或者其他形式决策机构批准。

第二十九条　民办学校依照法律、行政法规和国家有关规定，自主开展教育教学活动；使用境外教材的，应当符合国家有关规定。

实施高等教育和中等职业技术学历教育的民办学校，可以按照办学宗旨和培养目标自主设置专业、开设课程、选用教材。

实施普通高中教育、义务教育的民办学校可以基于国家课程标准自主开设有特色的课程，实施教育教学创新，自主设置的课程应当报主管教育行政部门备案。实施义务教育的民办学校不得使用境外教材。

实施学前教育的民办学校开展保育和教育活动，应当遵循儿童身心发展规律，设置、开发以游戏、活动为主要形式的课程。

实施以职业技能为主的职业资格培训、职业技能培训的民办学校可以按照与培训专业（职业、工种）相对应的国家职业标准及相关职业培训要求开展培训活动，不得教唆、组织学员规避监管，以不正当手段获取职业资格证书、成绩证明等。

第三十条　民办学校应当按照招生简章或者招生广告的承诺，开设相应课程，开展教育教学活动，保证教育教学质量。

民办学校应当提供符合标准的校舍和教育教学设施设备。

第三十一条　实施学前教育、学历教育的民办学校享有与同级同类公办学校同等的招生权，可以在审批机关核定的办学规模内，自主确定招生的标准和方式，与公办学校同期招生。

实施义务教育的民办学校应当在审批机关管辖的区域内招生，纳入审批机关所在地统一管理。实施普通高中教育的民办学校应当主要在学校所在设区的市范围内招生，符合省、自治区、直辖市人民政府教育行政部门有关规定的可以跨区域招生。招收接受高等学历教育学生的应当遵守国家有关规定。

县级以上地方人民政府教育行政部门、人力资源社会保障行政部门应当为外地的民办学校在本地招生提供平等待遇，不得设置跨区域招生障碍实行地区封锁。

民办学校招收学生应当遵守招生规则，维护招生秩序，公开公平公正录取学生。实施义务教育的民办学校不得组织或者变相组织学科知识类入学考试，不得提前招生。

民办学校招收境外学生，按照国家有关规定执行。

第三十二条　实施高等学历教育的民办学校符合学位授予条件的，依照有关法律、行政法规的规定经审批同意后，可以获得相应的学位授予资格。

第四章　教师与受教育者

第三十三条　民办学校聘任的教师或者教学人员应当具备相应的教师资格或者其他相应的专业资格、资质。

民办学校应当有一定数量的专任教师；其中，实施学前教育、学历教育的民办学校应当按照国家有关规定配备专任教师。

鼓励民办学校创新教师聘任方式，利用信息技术等手段提高教学效率和水平。

第三十四条　民办学校自主招聘教师和其他工作人员，并应当与所招聘人员依法签订劳动或者聘用合同，明确双方的权利义务等。

民办学校聘任专任教师，在合同中除依法约定必备条款外，还应当对教师岗位及其职责要求、师德和业务考核办法、福利待遇、培训和继续教育等事项作出约定。

公办学校教师未经所在学校同意不得在民办学校兼职。

民办学校聘任外籍人员，按照国家有关规定执行。

第三十五条　民办学校应当建立教师培训制度，为受聘教师接受相应的思想政治培训和业务培训提供条件。

第三十六条　民办学校应当依法保障教职工待遇，按照学校登记的法人类型，按时足额支付工资，足额缴纳社会保险费和住房公积金。国家鼓励民办学校按照有关规定为教职工建立职业年金或者企业年金等补充养老保险。

实施学前教育、学历教育的民办学校应当从学费收入中提取一定比例建立专项资金或者基金，由学校管理，用于教职工职业激励或者增加待遇保障。

第三十七条　教育行政部门应当会同有关部门建立民办幼儿园、中小学专任教师劳动、聘用合同备案制度，建立统一档案，记录教师的教龄、工龄，在培训、考核、专业技术职务评聘、表彰奖励、权利保护等方面，统筹规划、统一管理，与公办幼儿园、中小学聘任的教师平等对待。

民办职业学校、高等学校按照国家有关规定自主开展教师专业技术职务评聘。

教育行政部门应当会同有关部门完善管理制度，保证教师在公办学校和民办学校之间的合理流动；指导和监督民办学校建立健全教职工代表大会制度。

第三十八条 实施学历教育的民办学校应当依法建立学籍和教学管理制度，并报主管部门备案。

第三十九条 民办学校及其教师、职员、受教育者申请政府设立的有关科研项目、课题等，享有与同级同类公办学校及其教师、职员、受教育者同等的权利。相关项目管理部门应当按规定及时足额拨付科研项目、课题资金。

各级人民政府应当保障民办学校的受教育者在升学、就业、社会优待、参加先进评选，以及获得助学贷款、奖助学金等国家资助等方面，享有与同级同类公办学校的受教育者同等的权利。

实施学历教育的民办学校应当建立学生资助、奖励制度，并按照不低于当地同级同类公办学校的标准，从学费收入中提取相应资金用于资助、奖励学生。

第四十条 教育行政部门、人力资源社会保障行政部门和其他有关部门，组织有关的评奖评优、文艺体育活动和课题、项目招标，应当为民办学校及其教师、职员、受教育者提供同等的机会。

第五章 民办学校的资产与财务管理

第四十一条 民办学校应当依照《中华人民共和国会计法》和国家统一的会计制度进行会计核算，编制财务会计报告。

第四十二条 民办学校应当建立办学成本核算制度，基于办学成本和市场需求等因素，遵循公平、合法和诚实信用原则，考虑经济效益与社会效益，合理确定收费项目和标准。对公办学校参与举办、使用国有资产或者接受政府生均经费补助的非营利性民办学校，省、自治区、直辖市人民政府可以对其收费制定最高限价。

第四十三条 民办学校资产中的国有资产的监督、管理，按照国家有关规定执行。

民办学校依法接受的捐赠财产的使用和管理，依照有关法律、行政法规执行。

第四十四条 非营利性民办学校收取费用、开展活动的资金往来，应当使用在有关主管部门备案的账户。有关主管部门应当对该账户实施监督。

营利性民办学校收入应当全部纳入学校开设的银行结算账户，办学结余分配应当在年度财务结算后进行。

第四十五条 实施义务教育的民办学校不得与利益关联方进行交易。其他民办学校与利益关联方进行交易的，应当遵循公开、公平、公允的原则，合理定价、规范决策，不得损害国家利益、学校利益和师生权益。

民办学校应当建立利益关联方交易的信息披露制度。教育、人力资源社会保障以及财政等有关部门应当加强对非营利性民办学校与利益关联方签订协议的监管，并按年度对关联交易进行审查。

前款所称利益关联方是指民办学校的举办者、实际控制人、校长、理事、董事、监事、财务负责人等以及与上述组织或者个人之间存在互相控制和影响关系、可能导致民办学校利益被转移的组织或者个人。

第四十六条 在每个会计年度结束时，民办学校应当委托会计师事务所对年度财务报告进行审计。非营利性民办学校应当从经审计的年度非限定性净资产增加额中，营利性民办学校应当从经审计的年度净收益中，按不低于年度非限定性净资产增加额或者净收益的10%的比例提取发展基金，用于学校的发展。

第六章 管理与监督

第四十七条 县级以上地方人民政府应当建立民办教育工作联席会议制度。教育、人力资源社会保障、民政、市场监督管理等部门应当根据职责会同有关部门建立民办学校年度检查和年度报告制度，健全日常监管机制。

教育行政部门、人力资源社会保障行政部门及有关部门应当建立民办学校信用档案和举办者、校长执业信用制度，对民办学校进行执法监督的情况和处罚、处理结果应当予以记录，由执法、监督人员签字后归档，并依法依规公开执法监督结果。相关信用档案和信用记录依法纳入全国信用信息共享平台、国家企业信用信息公示系统。

第四十八条 审批机关应当及时公开民办学校举办者情况、办学条件等审批信息。

教育行政部门、人力资源社会保障行政部门应当依据职责分工，定期组织或者委托第三方机构对民办学校的办学水平和教育质量进行评估，评估结果应当向社会公开。

第四十九条 教育行政部门及有关部门应当制定实施学前教育、学历教育民办学校的信息公示清单，监督民办学校定期向社会公开办学条件、教育质量等有关信息。

营利性民办学校应当通过全国信用信息共享平台、国家企业信用信息公示系统公示相关信息。

有关部门应当支持和鼓励民办学校依法建立行业组织，研究制定相应的质量标准，建立认证体系，制定推广反映行业规律和特色要求的合同示范文本。

第五十条 民办学校终止的，应当交回办学许可证，向登记机关办理注销登记，并向社会公告。

民办学校自己要求终止的，应当提前6个月发布拟终止公告，依法依章程制定终止方案。

民办学校无实际招生、办学行为的，办学许可证到期后自然废止，由审批机关予以公告。民办学校自行组织清算后，向登记机关办理注销登记。

对于因资不抵债无法继续办学而被终止的民办学校，应当向人民法院申请破产清算。

第五十一条　国务院教育督导机构及省、自治区、直辖市人民政府负责教育督导的机构应当对县级以上地方人民政府及其有关部门落实支持和规范民办教育发展法定职责的情况进行督导、检查。

县级以上人民政府负责教育督导的机构依法对民办学校进行督导并公布督导结果，建立民办中小学、幼儿园责任督学制度。

第七章　支持与奖励

第五十二条　各级人民政府及有关部门应当依法健全对民办学校的支持政策，优先扶持办学质量高、特色明显、社会效益显著的民办学校。

县级以上地方人民政府可以参照同级同类公办学校生均经费等相关经费标准和支持政策，对非营利性民办学校给予适当补助。

地方人民政府出租、转让闲置的国有资产应当优先扶持非营利性民办学校。

第五十三条　民办学校可以依法以捐赠者的姓名、名称命名学校的校舍或者其他教育教学设施、生活设施。捐赠者对民办学校发展做出特殊贡献的，实施高等学历教育的民办学校经国务院教育行政部门按照国家规定的条件批准，其他民办学校经省、自治区、直辖市人民政府教育行政部门或者人力资源社会保障行政部门按照国家规定的条件批准，可以以捐赠者的姓名或者名称作为学校校名。

第五十四条　民办学校享受国家规定的税收优惠政策；其中，非营利性民办学校享受与公办学校同等的税收优惠政策。

第五十五条　地方人民政府在制定闲置校园综合利用方案时，应当考虑当地民办教育发展需求。

新建、扩建非营利性民办学校，地方人民政府应当按照与公办学校同等原则，以划拨等方式给予用地优惠。

实施学前教育、学历教育的民办学校使用土地，地方人民政府可以依法以协议、招标、拍卖等方式供应土地，也可以采取长期租赁、先租后让、租让结合的方式供应土地，土地出让价款和租金可以在规定期限内按合同约定分期缴纳。

第五十六条　在西部地区、边远地区和少数民族地区举办的民办学校申请贷款用于学校自身发展的，享受国家相关的信贷优惠政策。

第五十七条　县级以上地方人民政府可以根据本行政区域的具体情况，设立民办教育发展专项资金，用于支持民办学校提高教育质量和办学水平、奖励举办者等。

国家鼓励社会力量依法设立民办教育发展方面的基金会或者专项基金，用于支持民办教育发展。

第五十八条　县级人民政府根据本行政区域实施学前教育、义务教育或者其他公共教育服务的需要，可以与民办学校签订协议，以购买服务等方式，委托其承担相应教育任务。

委托民办学校承担普惠性学前教育、义务教育或者其他公共教育任务的，应当根据当地相关教育阶段的委托协议，拨付相应的教育经费。

第五十九条　县级以上地方人民政府可以采取政府补贴、以奖代补等方式鼓励、支持非营利性民办学校保障教师待遇。

第六十条　国家鼓励、支持保险机构设立适合民办学校的保险产品，探索建立行业互助保险等机制，为民办学校重大事故处理、终止善后、教职工权益保障等事项提供风险保障。

金融机构可以在风险可控前提下开发适合民办学校特点的金融产品。民办学校可以以未来经营收入、知识产权等进行融资。

第六十一条　除民办教育促进法和本条例规定的支持与奖励措施外，省、自治区、直辖市人民政府还可以根据实际情况，制定本地区促进民办教育发展的支持与奖励措施。

各级人民政府及有关部门在对现有民办学校实施分类管理改革时，应当充分考虑有关历史和现实情况，保障受教育者、教职工和举办者的合法权益，确保民办学校分类管理改革平稳有序推进。

第八章　法律责任

第六十二条　民办学校举办者及实际控制人、决策机构或者监督机构组成人员有下列情形之一的，由县级以上人民政府教育行政部门、人力资源社会保障行政部门或者其他有关部门依据职责分工责令限期改正，有违法所得的，退还所收费用后没收违法所得；情节严重的，1 至 5 年内不得新成为民办学校举办者或实际控制人、决策机构或者监督机构组成人员；情节特别严重、社会影响恶劣的，永久不得新成为民办学校举办者或实际控制人、决策机构或者监督机构组成人员；构成违反治安管理行为的，由公安机关依法给予治安管理处罚；构成犯罪的，依法追究刑事责任：

（一）利用办学非法集资，或者收取与入学关联的费用的；

（二）未按时、足额履行出资义务，或者抽逃出资、挪用办学经费的；

（三）侵占学校法人财产或者非法从学校获取利益的；

（四）与实施义务教育的民办学校进行关联交易，或者与其他民办学校进行关联交易损害国家利益、学校利益和师生权益的；

（五）伪造、变造、买卖、出租、出借办学许可证的；

（六）干扰学校办学秩序或者非法干预学校决策、管理的；

（七）擅自变更学校名称、层次、类型和举办者的；

（八）有其他危害学校稳定和安全、侵犯学校法人权利或者损害教职工、受教育者权益的行为的。

第六十三条 民办学校有下列情形之一的，依照民办教育促进法第六十二条规定给予处罚：

（一）违背国家教育方针，偏离社会主义办学方向，或者未保障学校党组织履行职责的；

（二）违反法律、行政法规和国家有关规定开展教育教学活动的；

（三）理事会、董事会或者其他形式决策机构未依法履行职责的；

（四）教学条件明显不能满足教学要求、教育教学质量低下，未及时采取措施的；

（五）校舍、其他教育教学设施设备存在重大安全隐患，未及时采取措施的；

（六）侵犯受教育者的合法权益，产生恶劣社会影响的；

（七）违反国家规定聘任、解聘教师，或者未依法保障教职工待遇的；

（八）违反规定招生，或者在招生过程中弄虚作假的；

（九）超出办学许可范围，擅自改变办学地址或者设立分校的；

（十）未依法履行公示办学条件和教育质量有关材料、财务状况等信息披露义务，或者公示的材料不真实的；

（十一）未按照国家统一的会计制度进行会计核算、编制财务会计报告，财务、资产管理混乱，或者违反法律、法规增加收费项目、提高收费标准的；

（十二）有其他管理混乱严重影响教育教学的行为的。

法律、行政法规对前款规定情形的处罚另有规定的，从其规定。

第六十四条 民办学校有民办教育促进法第六十二条或者本条例第六十三条规定的违法情形的，由县级以上人民政府教育行政部门、人力资源社会保障行政部门或者其他有关部门依据职责分工对学校决策机构负责人、校长及直接责任人予以警告；情节严重的，1至5年内不得新成为民办学校决策机构负责人或者校长；情节特别严重、社会影响恶劣的，永久不得新成为民办学校决策机构负责人或者校长。

同时举办或者实际控制多所民办学校的举办者或者实际控制人违反本条例规定，对所举办或者实际控制的民办学校疏于管理，造成恶劣影响的，由县级以上教育行政部门、人力资源社会保障行政部门或者其他有关部门依据职责分工责令限期整顿；拒不整改或者整改后仍发生同类问题的，1至5年内不得举办新的民办学校，情节严重的，10年内不得举办新的民办学校。

第六十五条 违反本条例规定举办、参与举办民办学校或者在民办学校筹设期内招生的，依照民办教育促进法第六十四条规定给予处罚。

第九章 附　　则

第六十六条 本条例所称现有民办学校，是指2016年11月7日《全国人民代表大会常务委员会关于修改〈中华人民共和国民办教育促进法〉的决定》公布前设立的民办学校。

第六十七条 本条例规定的支持与奖励措施适用于中外合作办学机构。

第六十八条 本条例自2021年9月1日起施行。

民办非企业单位登记暂行办法[①]

（1999年12月28日民政部令第18号发布　根据2010年12月27日民政部令第38号修订）

第一条 根据《民办非企业单位登记管理暂行条例》（以下简称条例）制定本办法。

第二条 民办非企业单位根据其依法承担民事责任的不同方式分为民办非企业单位（法人）、民办非企业单位（合伙）和民办非企业单位（个体）三种。

个人出资且担任民办非企业单位负责人的，可申请办理民办非企业单位（个体）登记；

两人或两人以上合伙举办的，可申请办理民办非企业单位（合伙）登记；

两人或两人以上举办且具备法人条件的，可申请办理民办非企业单位（法人）登记。

由企业事业单位、社会团体和其他社会力量举办的或由上述组织与个人共同举办的，应当申请民办非企业单位（法人）登记。

第三条 民办非企业单位登记管理机关（以下简称登记管理机关）审核登记的程序是受理、审查、核准、发证、公告。

（一）受理。申请登记的举办者所提交的文件、证件和填报的登记申请表齐全、有效后，方可受理。

（二）审查。审查提交的文件、证件和填报的登记申请表的真实性、合法性、有效性，并核实有关登记事项和条件。

（三）核准。经审查和核实后，作出准予登记或者不予登记的决定，并及时通知申请登记的单位或个人。

（四）发证。对核准登记的民办非企业单位，分别颁发有关证书，并办理领证签字手续。

（五）公告。对核准登记的民办非企业单位，由登记管理

① 该办法根据2010年12月27日民政部令第38号公布的《民政部关于废止、修改部分规章的决定》予以修订第16条、第19条，同时删除第20条第3款。

机关发布公告。

第四条　举办民办非企业单位，应按照下列所属行（事）业申请登记：

（一）教育事业，如民办幼儿园，民办小学、中学、学校、学院、大学，民办专修（进修）学院或学校，民办培训（补习）学校或中心等；

（二）卫生事业，如民办门诊部（所）、医院，民办康复、保健、卫生、疗养院（所）等；

（三）文化事业，如民办艺术表演团体、文化馆（活动中心）、图书馆（室）、博物馆（院）、美术馆、画院、名人纪念馆、收藏馆、艺术研究院（所）等；

（四）科技事业，如民办科学研究院（所、中心），民办科技传播或普及中心、科技服务中心、技术评估所（中心）等；

（五）体育事业，如民办体育俱乐部，民办体育场、馆、院、社、学校等；

（六）劳动事业，如民办职业培训学校或中心，民办职业介绍所等；

（七）民政事业，如民办福利院、敬老院、托老所、老年公寓，民办婚姻介绍所，民办社区服务中心（站）等；

（八）社会中介服务业，如民办评估咨询服务中心（所），民办信息咨询调查中心（所），民办人才交流中心等；

（九）法律服务业；

（十）其他。

第五条　申请登记民办非企业单位，应当具备条例第八条规定的条件。

民办非企业单位的名称，必须符合国务院民政部门制订的《民办非企业单位名称管理暂行规定》。

民办非企业单位必须拥有与其业务活动相适应的合法财产，且其合法财产中的非国有资产份额不得低于总财产的三分之二。开办资金必须达到本行（事）业所规定的最低限额。

第六条　申请民办非企业单位成立登记，举办者应当提交条例第九条规定的文件。

民办非企业单位的登记申请书应当包括：举办者单位名称或申请人姓名；拟任法定代表人或单位负责人的基本情况；住所情况；开办资金情况；申请登记理由等。

业务主管单位的批准文件，应当包括对举办者章程草案、资金情况（特别是资产的非国有性）、拟任法定代表人或单位负责人基本情况、从业人员资格、场所设备、组织机构等内容的审查结论。

民办非企业单位的活动场所须有产权证明或一年期以上的使用权证明。

民办非企业单位的验资报告应由会计师事务所或其他有验资资格的机构出具。

拟任法定代表人或单位负责人的基本情况应当包括姓名、性别、民族、年龄、目前人事关系所在单位、有否受到剥夺政治权利的刑事处罚、个人简历等。拟任法定代表人或单位负责人的身份证明为身份证的复印件，登记管理机关认为必要时可验证身份证原件。

对合伙制的民办非企业单位，拟任单位负责人指所有合伙人。

民办非企业单位的章程草案应当符合条例第十条的规定。合伙制的民办非企业单位的章程可为其合伙协议，合伙协议应当包括条例第十条第一、二、三、五、六、七、八项的内容。民办非企业单位须在其章程草案或合伙协议中载明该单位的盈利不得分配，解体时财产不得私分。

第七条　民办非企业单位的登记事项为：名称、住所、宗旨和业务范围、法定代表人或者单位负责人、开办资金、业务主管单位。

住所是指民办非企业单位的办公场所，须按所在市、县、乡（镇）及街道门牌号码的详细地址登记。

宗旨和业务范围必须符合法律法规及政策规定。

开办资金应当与实有资金相一致。

业务主管单位应登记其全称。

第八条　经审核准予登记的，登记管理机关应当书面通知民办非企业单位，并根据其依法承担民事责任的不同方式，分别发给《民办非企业单位（法人）登记证书》、《民办非企业单位（合伙）登记证书》或《民办非企业单位（个体）登记证书》。对不予登记的，登记管理机关应当书面通知申请单位或个人。

民办非企业单位可凭据登记证书依照有关规定办理组织机构代码和税务登记、刻制印章、开立银行账户，在核准的业务范围内开展活动。

第九条　按照条例第十二条第二款的规定，应当简化登记手续的民办非企业单位，办理登记时，应向登记管理机关提交下列文件：

（一）登记申请书；

（二）章程草案；

（三）拟任法定代表人或单位负责人的基本情况、身份证明；

（四）业务主管单位出具的执业许可证明文件。

第十条　条例施行前已经成立的民办非企业单位，应当依照条例及本办法的规定办理申请登记。

已在各级人民政府的编制部门或工商行政管理部门注册登记的民办非企业单位办理补办登记手续，还应向登记管理机关提交编制部门或工商行政管理部门准予注销的证明文件。

第十一条　民办非企业单位根据条例第十五条规定申请变更登记事项时，应向登记管理机关提交下列文件：

（一）法定代表人或单位负责人签署并加盖公章的变更登记申请书。申请书应载明变更的理由，并附决定变更时依照章程履行程序的原始纪要，法定代表人或单位负责人因故不能签署变更登记申请书的，申请单位还应提交不能签署的理由的文件；

（二）业务主管单位对变更登记事项审查同意文件；

（三）登记管理机关要求提交的其他文件。

第十二条 民办非企业单位的住所、业务范围、法定代表人或单位负责人、开办资金、业务主管单位发生变更的，除向登记管理机关提交本办法第十一条规定的文件外，还须分别提交下列材料：变更后新住所的产权或使用权证明；变更后的业务范围；变更后法定代表人或单位负责人的身份证明，及本办法第六条第六款涉及的其他材料；变更后的验资报告；原业务主管单位不再承担业务主管的文件。

第十三条 登记管理机关核准变更登记的，民办非企业单位应交回民办非企业单位登记证书正副本，由登记管理机关换发新的登记证书。

第十四条 民办非企业单位修改章程或合伙协议的，应当报原登记管理机关核准。报请核准时，应提交下列文件：

（一）法定代表人或单位负责人签署并加盖公章的核准申请书；

（二）业务主管单位审查同意的文件；

（三）章程或合伙协议的修改说明及修改后的章程或合伙协议；

（四）有关的文件材料。

第十五条 民办非企业单位变更业务主管单位，须在原业务主管单位出具不再担任业务主管的文件之日起90日内找到新的业务主管单位，并到登记管理机关申请变更登记。

在登记管理机关作出准予变更登记决定之前，原业务主管单位应继续履行条例第二十条规定的监督管理职责。

第十六条 登记管理机关应在收到民办非企业单位申请变更登记的全部有效文件后，在法定期限内作出准予变更或不准予变更的决定，并书面通知民办非企业单位。

第十七条 民办非企业单位有下列情况之一的，必须申请注销登记：

（一）章程规定的解散事由出现；

（二）不再具备条例第八条规定条件的；

（三）宗旨发生根本变化的；

（四）由于其他变更原因，出现与原登记管理机关管辖范围不一致的；

（五）作为分立母体的民办非企业单位因分立而解散的；

（六）作为合并源的民办非企业单位因合并而解散的；

（七）民办非企业单位原业务主管单位不再担当其业务主管单位，且在90日内找不到新的业务主管单位的；

（八）有关行政管理机关根据法律、行政法规规定认为需要注销的；

（九）其他原因需要解散的。

属于本条第一款第七项规定的情形，民办非企业单位的原业务主管单位须继续履行职责，至民办非企业单位完成注销登记。

第十八条 民办非企业单位根据条例第十六条的规定申请注销登记时，应向登记管理机关提交下列文件：

（一）法定代表人或单位负责人签署并加盖单位公章的注销登记申请书，法定代表人或单位负责人因故不能签署的，还应提交不能签署的理由的文件；

（二）业务主管单位审查同意的文件；

（三）清算组织提出的清算报告；

（四）民办非企业单位登记证书（正、副本）；

（五）民办非企业单位的印章和财务凭证；

（六）登记管理机关认为需要提交的其他文件。

第十九条 登记管理机关应在收到民办非企业单位申请注销登记的全部有效文件后，在法定期限内作出准予注销或不准予注销的决定，并书面通知民办非企业单位。

登记管理机关准予注销登记的，应发给民办非企业单位注销证明文件。

第二十条 民办非企业单位登记公告分为成立登记公告、注销登记公告和变更登记公告。

登记管理机关发布的公告须刊登在公开发行的、发行范围覆盖同级政府所辖行政区域的报刊上。

公告费用由民办非企业单位支付。（2010年12月27日删除）

第二十一条 成立登记公告的内容包括：名称、住所、法定代表人或单位负责人、开办资金、宗旨和业务范围、业务主管单位、登记时间、登记证号。

第二十二条 变更登记公告的内容除变更事项外，还应包括名称、登记证号、变更时间。

第二十三条 注销登记公告的内容包括名称、住所、法定代表人或单位负责人、登记证号、业务主管单位、注销时间。

第二十四条 民办非企业单位登记证书分为正本和副本，正本和副本具有同等法律效力。

民办非企业单位登记证书的正本应当悬挂于民办非企业单位住所的醒目位置。

民办非企业单位登记证书副本的有效期为4年。

第二十五条 民办非企业单位登记证书遗失的，应当及时在公开发行的报刊上声明作废，并到登记管理机关申请办理补发证书手续。

第二十六条 民办非企业单位申请补发登记证书，应当向登记管理机关提交下列文件：

（一）补发登记证书申请书；

（二）在报刊上刊登的原登记证书作废的声明。

第二十七条 经核准登记的民办非企业单位开立银行账户，应按照民政部、中国人民银行联合发布的《关于民办非企业单位开立银行账户有关问题的通知》的有关规定办理。

第二十八条 经核准登记的民办非企业单位刻制印章，

应按照民政部、公安部联合发布的《民办非企业单位印章管理规定》的有关规定办理。

第二十九条 本办法自发布之日起施行。

民办非企业单位名称管理暂行规定

(1999年12月28日 民发〔1999〕129号)

第一条 为了规范民办非企业单位名称管理,保护民办非企业单位的合法权益,根据《民办非企业单位登记管理暂行条例》(以下简称条例)制定本规定。

第二条 民办非企业单位登记管理机关(以下简称登记管理机关)负责民办非企业单位名称的核准登记,监督管理其名称的使用,保护其名称权。经登记管理机关核准登记的民办非企业单位名称受法律保护。

第三条 民办非企业单位名称应当由以下部分依次组成:字号、行(事)业或业务领域、组织形式。

民办非企业单位名称应当冠以民办非企业单位所在地省(自治区、直辖市)、市(地、州)、县(县级市、市辖区)行政区划名称或地名。

第四条 民办非企业单位名称不能单独冠以市辖区的名称或地名,应当与所在市的行政区划名称或地名连用。

民政部登记的民办非企业单位,其名称一般不冠以行政区划名称或地名。

第五条 民办非企业单位的字号应当由两个以上的汉字组成。可以使用本地或者异地的地名作字号,但不得使用县以上(含县)行政区划名称作字号。

第六条 民办非企业单位应当根据其业务,依照国家行(事)业分类标准划分的类别,在民办非企业单位名称中标明所属行(事)业或者业务特点。

第七条 民办非企业单位名称中所标明的组织形式必须明确易懂,一般称学校、学院、园、医院、中心、院、所、馆、站、社、公寓、俱乐部等。不得使用"总"字。

第八条 民办非企业单位名称应当使用汉字,民族自治地方的民办非企业单位名称可以同时使用本民族自治地方通用的民族文字。

第九条 民办非企业单位名称应当符合法律、法规的规定,不得含有下列文字和内容:

(一)冠以"中国"、"全国"、"中华"等字样;

(二)有损于国家、社会公共利益的,违背社会道德风尚,带有封建迷信色彩的;

(三)可能对公众造成欺骗或者误解的;

(四)政党名称、党政军机关名称、人民团体名称、社会团体名称、事业单位名称、企业名称及宗教界的寺、观、教堂(佛、道教的寺、观,伊斯兰教的清真寺,天主教、基督教的教堂)名称;

(五)已被撤销的民办非企业单位的名称;

(六)其他法律、行政法规规定禁止的。

第十条 民办非企业单位只准使用一个名称,在登记管理机关管辖范围内不得与已登记的同行(事)业单位名称相同。

第十一条 民办非企业单位申请成立登记、变更名称登记,业务主管单位应当将民办非企业单位拟定名称意见报登记管理机关。

第十二条 两个以上民办非企业单位向同一登记管理机关申请相同的符合规定的民办非企业单位名称,登记管理机关依照申请在先原则登记。

第十三条 本规定自发布之日起施行。

民办非企业单位印章管理规定①

(2000年1月19日民政部、公安部令第20号发布 根据2010年12月27日民政部令第38号修订)

为了保障民办非企业单位的合法权益,加强对民办非企业单位印章的管理,根据《民办非企业单位登记管理暂行条例》和《国务院关于国家行政机关和企业事业单位社会团体印章管理的规定》(国发〔1999〕25号),制定本规定:

一、印章的规格、式样

民办非企业单位的印章分为名称印章、办事机构印章和专用印章(专用印章分为钢印、财务专用章、合同专用章等),一律为圆形。

由国务院民政部门核准登记的民办非企业单位,名称印章直径为4.5厘米,办事机构的印章直径为4.2厘米。由地方各级人民政府民政部门核准登记的民办非企业单位,名称印章直径为4.2厘米,办事机构的印章直径为4厘米。民办非企业单位的专用印章必须小于名称印章且直径最大不超过4.2厘米,最小不小于3厘米。

民办非企业单位的印章,中央刊五角星,五角星外刊单位名称,自左而右环行。其中办事机构印章中的办事机构名称及财务专用章、合同专用章中的财务专用、合同专用等字样,刊在五角星下面,自左而右横排。

二、印章的名称、文字、文体

印章所刊的单位名称,应为民办非企业单位的法定名称;民族自治地方的民办非企业单位的印章应当并列刊汉文和当地通用的民族文字;有国际交往的民办非企业单位印章,需要刻制外文名称的,将核准登记注册的中文名称译成相应的外国文字,并列刊汉文和外文。

① 该规定根据2010年12月27日民政部令第38号公布的《民政部关于废止、修改部分规章的决定》予以修订第3条和第4条。

印章印文中的汉字,应当使用国务院公布的简化字,字体为宋体。

三、印章的制发程序

民办非企业单位刻制印章须在取得登记证书后向登记管理机关提出书面申请及印章式样,持登记管理机关开具的同意刻制印章介绍信及登记证书到所在地县、市(区)以上公安机关办理备案手续后刻制。

四、印章的管理和缴销

(一)民办非企业单位的印章经登记管理机关、公安机关备案后,方可启用。

(二)民办非企业单位应当建立健全印章使用管理制度,印章应当有专人保管。对违反规定使用印章造成严重后果的,应当追究保管人或责任人的行政责任或法律责任。

(三)民办非企业单位因变更登记、印章损坏等原因需要更换印章时,应到登记管理机关交回原印章,按本规定程序申请重新刻制。

(四)民办非企业单位印章丢失,经声明作废后,可以按本规定程序申请重新刻制。重新刻制的印章应与原印章有所区别。如五角星两侧加横线。

(五)民办非企业单位办理注销登记后,应当及时将全部印章交回登记管理机关封存。

(六)民办非企业单位被撤销,应当由登记管理机关收缴其全部印章。

(七)登记管理机关对收缴的和民办非企业单位交回的印章,要登记造册,送当地公安机关销毁。

(八)民办非企业单位非法刻制印章的,由公安机关处以500元以下罚款或警告,并收缴其非法刻制的印章。

(九)对未经公安机关批准,擅自承制民办非企业单位印章的企业,由公安机关按《中华人民共和国治安管理处罚法》的规定予以处罚。

五、本规定发布之前已按国家有关规定成立的民办非企业单位,在民办非企业单位复查登记过程中,通过复查登记的,其印章规格、式样、名称、文字、文体符合本规定的,在登记管理机关备案后可继续使用;不符合的应重新申请刻制;未通过复查登记的应停止活动,向业务主管单位交回原有印章,并由业务主管单位登记造册,送当地公安机关销毁。

六、本规定自发布之日起施行。

民办非企业单位年度检查办法

(2005年4月7日民政部令第27号公布　自2005年6月1日起施行)

第一条　为促进民办非企业单位健康发展,保障民办非企业单位的合法权益,加强对民办非企业单位的规范管理,根据《民办非企业单位登记管理暂行条例》,制定本办法。

第二条　民办非企业单位年度检查(以下简称年检),是指登记管理机关对民办非企业单位,依法按年度进行检查和监督管理的制度。

第三条　经登记管理机关核准登记的民办非企业单位,应当按照本办法的规定,接受登记管理机关的年检。

截至上年度12月31日,成立登记时间未超过6个月的民办非企业单位,不参加当年的年检。

第四条　民办非企业单位年检的程序是:

(一)民办非企业单位领取或从互联网下载《民办非企业单位年检报告书》及其他有关材料;

(二)民办非企业单位于每年3月31日前向业务主管单位报送年检材料,经业务主管单位出具初审意见后,于5月31日前报送登记管理机关;

(三)登记管理机关审查年检材料;

(四)登记管理机关作出年检结论,发布年检结论公告。

第五条　民办非企业单位接受年检时,应当提交下列材料:

(一)已填具的《民办非企业单位年检报告书》;

(二)《民办非企业单位登记证书》副本;

(三)财务会计报告;

(四)其他需要提交的有关材料。

已经取得执业许可证的民办非企业单位,应当提交执业许可证副本。

登记管理机关在年检期间,可以根据情况,要求民办非企业单位提交注册会计师审计报告、其他补充说明材料及有关文件。登记管理机关可以要求有关人员说明情况,必要时进行实地检查。

第六条　年检的主要内容包括:

(一)遵守法律法规和国家政策情况;

(二)登记事项变动及履行登记手续情况;

(三)按照章程开展活动情况;

(四)财务状况、资金来源和使用情况;

(五)机构变动和人员聘用情况;

(六)其他需要检查的情况。

第七条　民办非企业单位年检结论,分为“年检合格”、“年检基本合格”和“年检不合格”三种。

年检结束,登记管理机关应当在《民办非企业单位登记证书》(副本)上加盖年检结论戳记。民办非企业单位更换登记证书,应当保留原有年检记录。

第八条　民办非企业单位有下列情形之一,由登记管理机关责令改正,情节轻微的,确定为“年检基本合格”;情节严重的,确定为“年检不合格”:

(一)违反国家法律、法规和有关政策规定的;

(二)违反规定使用登记证书、印章或者财务凭证的;

(三)本年度未开展业务活动,或者不按照章程的规定进行活动的;

(四)无固定住所或必要的活动场所的;

(五)内部管理混乱,不能正常开展活动的;

(六)拒不接受或者不按照规定接受登记管理机关监督检查或年检的;

(七)不按照规定办理变更登记,修改章程未按规定核准备案的;

(八)设立分支机构的;

(九)财务制度不健全,资金来源和使用违反有关规定的;

(十)现有净资产低于国家有关行业主管部门规定的最低标准的;

(十一)侵占、私分、挪用民办非企业单位的资产或者所接受的捐赠、资助的;

(十二)违反国家有关规定收取费用、筹集资金或者接受使用捐赠、资助的;

(十三)年检中隐瞒真实情况,弄虚作假的。

第九条 "年检基本合格"和"年检不合格"的民办非企业单位,应当进行整改,整改期限为 3 个月。整改期结束,民办非企业单位应当向登记管理机关报送整改报告,登记管理机关对整改结果进行评定并出具意见。

对"年检不合格"的民办非企业单位,登记管理机关根据情况,可以责令其在整改期间停止活动。民办非企业单位被限期停止活动的,登记管理机关可以封存其登记证书、印章和财务凭证。

第十条 登记管理机关对连续两年不参加年检,或连续两年"年检不合格"的民办非企业单位,予以撤销登记并公告。

第十一条 登记管理机关实施停止活动、撤销登记行政处罚的,应当按照有关法律、法规的规定办理。

第十二条 登记管理机关工作人员在年检工作中,应当依法行政,不得滥用职权、徇私舞弊。

第十三条 《民办非企业单位年检报告书》格式,由国务院民政部门制订。

第十四条 登记管理机关可以采取网上年检的方式,对民办非企业单位进行年检。

第十五条 各省、自治区、直辖市登记管理机关可以根据实际情况,制定本地区民办非企业单位年检实施办法。

第十六条 本办法自 2005 年 6 月 1 日起施行。

取缔非法民间组织暂行办法

(2000 年 4 月 10 日民政部令第 21 号发布 自发布之日起施行)

第一条 为了维护社会稳定和国家安全,根据《社会团体登记管理条例》和《民办非企业单位登记管理暂行条例》及有关规定,制定本办法。

第二条 具有下列情形之一的属于非法民间组织:

(一)未经批准,擅自开展社会团体筹备活动的;

(二)未经登记,擅自以社会团体或者民办非企业单位名义进行活动的;

(三)被撤销登记后继续以社会团体或者民办非企业单位名义进行活动的。

第三条 社会团体和民办非企业单位登记管理机关(以下统称登记管理机关)负责对非法民间组织进行调查,收集有关证据,依法作出取缔决定,没收其非法财产。

第四条 取缔非法民间组织,由违法行为发生地的登记管理机关负责。

涉及两个以上同级登记管理机关的非法民间组织的取缔,由它们的共同上级登记管理机关负责,或者指定相关登记管理机关予以取缔。

对跨省(自治区、直辖市)活动的非法民间组织,由国务院民政部门负责取缔,或者指定相关登记管理机关予以取缔。

第五条 对非法民间组织,登记管理机关一经发现,应当及时进行调查,涉及有关部门职能的,应当及时向有关部门通报。

第六条 登记管理机关对非法民间组织进行调查时,执法人员不得少于两人,并应当出示证件。

第七条 登记管理机关对非法民间组织进行调查时,有关单位和个人应当如实反映情况,提供有关资料,不得拒绝、隐瞒、出具伪证。

第八条 登记管理机关依法调查非法民间组织时,对与案件有关的情况和资料,可以采取记录、复制、录音、录像、照相等手段取得证据。

在证据可能灭失或者以后难以取得的情况下,经登记管理机关负责人批准可以先行登记保存,并应当在七日内及时作出处理决定,在此期间,当事人或者有关人员不得销毁或者转移证据。

第九条 对经调查认定的非法民间组织,登记管理机关应当依法作出取缔决定,宣布该组织为非法,并予以公告。

第十条 非法民间组织被取缔后,登记管理机关依法没收的非法财物必须按照国家规定公开拍卖或者按照国家有关规定处理。

登记管理机关依法没收的违法所得和没收非法财物拍卖的款项,必须全部上缴国库。

第十一条 对被取缔的非法民间组织,登记管理机关应当收缴其印章、标识、资料、财务凭证等,并登记造册。

需要销毁的印章、资料等,应当经登记管理机关负责人批准,由两名以上执法人员监督销毁,并填写销毁清单。

第十二条 登记管理机关取缔非法民间组织后,应当按照档案管理的有关规定及时将有关档案材料立卷归档。

第十三条　非法民间组织被取缔后，继续开展活动的，登记管理机关应当及时通报有关部门共同查处。

第十四条　本办法自发布之日起施行。

教育类民办非企业单位登记办法（试行）

（2001年10月19日　民政部、教育部民发〔2001〕306号）

第一条　根据《社会力量办学条例》、《民办非企业单位登记管理暂行条例》，结合社会力量办学特点，制定本办法。

第二条　本办法所称的教育类民办非企业单位，主要指：经县级以上地方人民政府或县级以上地方人民政府教育行政部门审批设立的，由企业事业组织、社会团体及其他社会组织和公民个人，利用非国家财政性教育经费，面向社会举办的学校及其他教育机构。

第三条　教育类民办非企业单位必须按照《社会力量办学条例》的规定审批设立，由县级以上地方人民政府教育行政部门发给《社会力量办学许可证》后，到同级民政部门进行登记。

第四条　按照《社会力量办学条例》的规定，国务院教育行政部门负责社会力量办学工作的统筹规划，综合协调，宏观管理。县级以上各级教育行政部门根据省、自治区、直辖市人民政府规定的职责，负责有关社会力量办学工作。

各级人民政府民政部门是教育类民办非企业单位的登记管理机关。县级以上民政部门负责同级教育行政部门审批设立的教育类民办非企业单位的登记工作。

第五条　申请登记的教育类民办非企业单位应当向民政部门提交下列文件和材料：

（一）登记申请书；

（二）章程草案；

（三）拟任法定代表人或负责人的基本情况、身份证明；

（四）办学许可证（副本）。

第六条　民政部门对符合登记条件的单位，依法简化登记手续并核准登记。对不符合登记条件的单位，不予登记，并向申请人说明理由。

第七条　教育类民办非企业单位变更登记事项，应当向教育行政部门提出书面申请，在申请书上应当载明变更事项、原因和方案等。

修改章程的，应附原章程和新章程草案；变更法定代表人或负责人的，应出具变更后法定代表人或负责人的身份证明及《民办非企业单位登记暂行办法》第六条第六款规定的其他材料；变更开办资金的，应当提交有关资产变更证明文件等。教育行政部门同意变更后，由民政部门核验变更登记，民办非企业单位应当交回民办非企业单位登记证书正副本，由民政部门换发新的登记证书。

第八条　教育类民办非企业单位申请注销登记，应当向民政部门提交下列文件：

（一）法定代表人签署并加盖公章的注销登记申请书，法定代表人因故不能签署的，还应当提交不能签署的理由的文件；

（二）教育行政部门审查同意的文件；

（三）清算组织出具的清算报告；

（四）民办非企业单位登记证书（正、副本）；

（五）民办非企业单位的印章和财务凭证。

民政部门准予注销登记的，应当发给教育类民办非企业单位注销证明文件。

第九条　教育行政部门做出对教育类民办非企业单位吊销《社会力量办学许可证》的行政处罚决定后，应当及时通知同级民政部门，民政部门应当及时对该机构撤销登记。

第十条　本办法下发之前已经取得《社会力量办学许可证》的教育类民办非企业单位，应当进行民办非企业单位复查登记。

复查登记工作自本办法下发之日开始，至2001年12月31日结束。

对经审查不符合登记条件的，或未按规定的限期办理复查登记手续的单位，民政部门不予登记。

第十一条　民政部门对依法登记的教育类民办非企业单位颁发相应的民办非企业单位登记证书。

第十二条　本办法自发布之日起施行。

科技类民办非企业单位登记审查与管理暂行办法

（2000年5月24日　国科发政字〔2000〕209号）

第一条　根据《民办非企业单位登记管理暂行条例》（以下简称《条例》）和民政部《民办非企业单位登记暂行办法》（以下简称《办法》）的规定，结合科技事业发展特点，制定本办法。

第二条　本办法所称科技类民办非企业单位，是指主要利用非国有资产举办，不以营利为目的，专门从事科学研究与技术开发、成果转让、科技咨询与服务、科技成果评估以及科学技术知识传播和普及等业务的民办非企业单位。

科技行政管理部门是科技类民办非企业单位的业务主管单位。科技类民办非企业单位的设立需经科技行政管理部门审查，并依照《条例》及《办法》的规定登记。

第三条　申请设立科技类民办非企业单位必须符合《条例》第八条和《办法》第五条的规定，同时应当具备以下条件：

（一）业务范围和活动领域符合国家促进科技进步的相关法律法规和政策；

(二)有与业务范围和业务量相当的科技人员,关键业务岗位主要负责人由科技人员担任;

(三)具备必要的科研设施和条件。

第四条 设立科技类民办非企业单位的最低开办资金,个体单位为1万元人民币;合伙单位为3万元人民币;法人单位为5万元人民币。

第五条 科技类民办非企业单位按其所从事的业务范围,划分为以下类型:

(一)主要从事科学研究与技术开发业务的科学技术研究院(所、中心);

(二)主要从事科技成果转让与扩散业务的科学技术转移(促进)中心;

(三)主要从事科技咨询、服务和培训业务的科技咨询中心(部)、技术服务中心(部)和技术培训中心(部);

(四)主要从事科技成果评估业务的科技评估事务中心(所);

(五)主要从事科学技术知识普及业务的科技普及(传播)中心;

(六)其他从事科学技术活动的科技类民办非企业单位。

第六条 科学技术部负责指导全国科技类民办非企业单位的登记审查工作,并且负责兴办人之一为全国性社团、单位或其他组织,或需要在民政部登记的科技类民办非企业单位的设立审查工作。

县级及其以上科技行政管理部门负责在本辖区同级登记管理机关登记的科技类民办非企业单位的设立审查工作。

第七条 申请设立科技类民办非企业单位,除提交《条例》第九条和《办法》第六条规定的文件外,还须向科技行政管理部门提交以下材料:

(一)从业人员中主要科技人员的专业技术资格证明材料,包括学历证明、工作简历、在科学技术活动中作出的主要贡献和能够体现科技水平的其他证明材料等;

(二)场所使用权证明材料和与开展业务相关的设备清单;

(三)科技行政管理部门要求提供的其他材料。

第八条 科技行政管理部门自收到全部有效文件之日起40个工作日内,作出审查同意或不同意的决定。对审查同意的,向申请人出具批准文件;对审查不同意的,书面通知申请人,并说明理由。

第九条 科技类民办非企业单位变更登记事项,应向科技行政管理部门提出书面申请,并提交《办法》第十一条第一项规定的文件。在申请书上应载明变更事项、原因和方案等。

修改章程的,应附原章程和新章程草案;变更法定代表人或负责人的,应出具变更后法定代表人或负责人的身份证明及《办法》第六条第六款规定的其他材料;变更业务主管单位的,应提交变更业务主管单位申请书;变更资金的,应提交有关资产变更证明文件等。

科技行政管理部门自收到全部有效文件之日起20个工作日内,作出同意或不同意的批复。

科技行政管理部门配合登记管理机关,按照《条例》和《办法》的要求,对申请变更法定代表人或负责人的科技类民办非企业单位进行财务审计。

科技类民办非企业单位业务活动超出本办法第五条规定范围,或改变其设立宗旨的,应办理业务主管单位变更手续。科技行政管理部门不再承担业务主管单位职责,并以书面形式通知该民办非企业单位和相应登记管理机关。

第十条 科技类民办非企业单位发生《办法》第十七条规定情形,申请注销登记的,应向科技行政管理部门提交以下文件:

(一)《办法》第十八条规定的注销申请书;

(二)登记证书副本;

(三)依法成立的清算组织出具的清算报告;

(四)科技行政管理部门要求的其他文件。

第十一条 科技行政管理部门自收到注销申请书及全部有效文件之日起20个工作日内出具审查意见。出现《办法》第十七条第(七)项情形的,原科技行政管理部门应继续履行职责,直至完成该民办非企业单位的注销登记手续。

第十二条 县级及其以上科技行政管理部门应将直接负责的科技类民办非企业单位登记、注销的审查结果报上一级科技行政管理部门备案。

第十三条 科技类民办非企业单位可以依法通过以下方式获得发展资金:

(一)接受捐赠、资助;

(二)接受政府、企事业单位、社会团体及其他社会组织和个人的委托项目资金;

(三)为社会提供与业务相关的有偿服务所获得的报酬;

(四)其他合法收入。

第十四条 科技类民办非企业单位应根据民政部《转发财政部关于对明确民办非企业单位财务管理制度等问题的函的通知》的规定,参照执行科学事业单位财务制度。

第十五条 科技类民办非企业单位每年3月31日前,应根据《条例》第二十三条的规定,向科技行政管理部门提交上一年度的工作报告。科技管理部门自收到该民办非企业单位年度工作报告之日起30个工作日内作出初审意见。

截至3月31日成立时间未超过六个月的科技类民办非企业单位,可不参加当年的年检工作,一并参加下一年度的年检工作。

第十六条 科技类民办非企业单位接受、使用捐赠、资助时,应根据《条例》第二十一条第三款的规定办理,并在实际占有、使用前向科技行政管理部门报告有关情况,报告应载明接受和使用捐赠、资助款物是否符合章程规定；捐赠和资助主体的基本情况；与捐赠、资助主体约定的期限、方式和合法用途；向社会公布的方式和内容等情况。

第十七条　科技类民办非企业单位出现《条例》第二十五条规定的情形，情节严重的，科技行政管理部门有权撤销已出具的登记审查批准文件，并以书面形式通知该民办非企业单位和相应登记管理机关。

第十八条　本办法由科学技术部和民政部负责解释。

第十九条　本办法自发布之日起施行。

民政部关于进一步做好民办高校登记管理工作的通知

（2007 年 11 月 26 日　民函〔2007〕328 号）

为了深入贯彻《国务院办公厅关于加强民办高校规范管理引导民办高等教育健康发展的通知》（国办发〔2006〕101 号，以下简称《通知》）精神，加强民办高校的登记管理工作，引导民办高等教育健康发展，保障民办高校举办者和受教育者的合法权益，现就有关事项通知如下：

一、充分认识做好民办高校登记管理工作的重要性

近年来，随着《民办非企业单位登记管理暂行条例》、《民办教育促进法》及其实施条例的颁布实施，我国民办高校迅速发展，取得了很大成绩，已成为高等教育事业的重要组成部分，对高等教育事业的发展起到了重要的积极作用。但是，由于民办高校发育的时间较短，规模较小，相关政策法规还不尽完善，一些民办高校在招生、管理、教学等方面还存在一些问题。在登记管理方面，由于民政部门对民办高校进行登记的时间不长，有关行政部门间的政策法规不够衔接配套等原因，登记管理工作还存在许多不规范的地方。这些问题如不引起高度重视并及时解决，将会影响民办高等教育的健康发展和社会稳定。因此，各级民政部门要按照国务院办公厅《通知》精神要求，把规范民办高校的登记管理、促进其健康发展，作为当前的一项重要工作抓好。

二、依法做好民办高校的登记工作

登记管理机关要按照《民办非企业单位登记管理暂行条例》、《民办教育促进法》及其实施条例以及有关政策规定的要求，依法做好民办高校的登记工作，重点是以下几个方面：一是重点审核申请登记的民办高校是否具备法人条件，对不具备法人条件的，不予登记；二是对民办高校在申请登记时的开办资金认定问题，可要求举办者提交社会审计机构出具的验资报告，或者教育行政部门提供的有关证明文件，否则不予登记；三是要做好与教育行政部门的沟通和协调，共同或协助教育行政部门制定民办高校的《章程示范文本》，并在其中纳入《民办非企业单位（法人）章程示范文本》的有关内容；四是要按照《民办非企业单位登记管理暂行条例》和《民办非企业单位登记暂行办法》的要求，认真做好民办高校的变更登记和注销登记工作。

三、规范民办高校的日常管理工作

要推动民办高校按照其章程规定，建立健全内部管理制度，加强内部制度建设，完善法人治理结构，建立和完善理（董）事会、监事会制度，实行民主管理，推进民主决策，建立民主监督，逐步提高自身能力建设。继续推进民办高校自律与诚信建设，建立健全信息公开和承诺服务制度，规范民办高校的行为，提高办学水平，增强社会公信力，提高社会地位，逐步建立对民办高校的长效管理机制。

四、加强民办高校的年度检查工作

要按照《民办非企业单位年度检查办法》的有关规定，认真抓好民办高校的年度检查工作。年度检查的内容主要是，民办高校遵守法律法规和国家政策的情况、依照条例履行登记手续的情况、按照章程开展活动的情况、人员和机构变动的情况以及财务管理的情况。要将民办高校自律与诚信建设情况、是否坚持非营利性质等，作为年度检查工作的重点。对违反《民办非企业单位登记管理暂行条例》规定开展活动的，要指出错误，限期整改，视其情节轻重，可给予“年检基本合格”或“年检不合格”的结论；情节严重的，应当撤销登记。

五、加大监督查处工作的力度

登记管理机关要加强与公安、教育等有关部门的协调配合，建立健全监督网络，加强和推进社会监督，建立起“政府主导、部门配合、社会参与”的监督机制。要重点监督和查处那些未经登记而擅自开展活动的、抽逃、转移或挪用办学资金的、办学结余分配不符合国家有关规定的行为。要会同公安、教育等有关部门依法查处、取缔非法办学机构和非法中介，对涉嫌犯罪的，依法追究刑事责任。

六、加强工作协调和指导

登记管理机关要认真学习、领会、落实《通知》的精神要求，切实做好民办高校的登记管理工作，把民办高校登记管理工作的重点转移到完善制度、规范管理、提高质量上来。要在当地党委、政府的领导下，理顺管理体制和工作协调机制，加强与教育等行政部门的协调配合，按照职责分工，认真落实民办教育发展的各项政策，积极做好登记、管理、服务和监督工作。

在近期内，登记管理机关要对辖区内登记的民办高校进行一次专项调研，着重对民办高校的法人治理状况、内部制度建设、财务制度、《章程》的执行情况、开展自律与诚信建设情况以及民办高校发展过程中存在的困难和问题等进行调研，从登记管理工作的角度，认真分析、总结近年来民办高校登记管理工作中存在的问题、困难和经验，提出解决问题的对策和政策措施，进一步加强民办高校的登记管理工作，促进民办高校的健康发展。

加强民办高校登记管理工作，涉及面广、政策性强。各地在贯彻落实本通知的过程中遇到的问题，及时报部民间组织管理局。

4. 基金会管理

基金会管理条例

（2004年3月8日中华人民共和国国务院令第400号公布　自2004年6月1日起施行）

第一章　总　　则

第一条　为了规范基金会的组织和活动，维护基金会、捐赠人和受益人的合法权益，促进社会力量参与公益事业，制定本条例。

第二条　本条例所称基金会，是指利用自然人、法人或者其他组织捐赠的财产，以从事公益事业为目的，按照本条例的规定成立的非营利性法人。

第三条　基金会分为面向公众募捐的基金会（以下简称公募基金会）和不得面向公众募捐的基金会（以下简称非公募基金会）。公募基金会按照募捐的地域范围，分为全国性公募基金会和地方性公募基金会。

第四条　基金会必须遵守宪法、法律、法规、规章和国家政策，不得危害国家安全、统一和民族团结，不得违背社会公德。

第五条　基金会依照章程从事公益活动，应当遵循公开、透明的原则。

第六条　国务院民政部门和省、自治区、直辖市人民政府民政部门是基金会的登记管理机关。

国务院民政部门负责下列基金会、基金会代表机构的登记管理工作：

（一）全国性公募基金会；

（二）拟由非内地居民担任法定代表人的基金会；

（三）原始基金超过2000万元，发起人向国务院民政部门提出设立申请的非公募基金会；

（四）境外基金会在中国内地设立的代表机构。

省、自治区、直辖市人民政府民政部门负责本行政区域内地方性公募基金会和不属于前款规定情况的非公募基金会的登记管理工作。

第七条　国务院有关部门或者国务院授权的组织，是国务院民政部门登记的基金会、境外基金会代表机构的业务主管单位。

省、自治区、直辖市人民政府有关部门或者省、自治区、直辖市人民政府授权的组织，是省、自治区、直辖市人民政府民政部门登记的基金会的业务主管单位。

第二章　设立、变更和注销

第八条　设立基金会，应当具备下列条件：

（一）为特定的公益目的而设立；

（二）全国性公募基金会的原始基金不低于800万元人民币，地方性公募基金会的原始基金不低于400万元人民币，非公募基金会的原始基金不低于200万元人民币；原始基金必须为到账货币资金；

（三）有规范的名称、章程、组织机构以及与其开展活动相适应的专职工作人员；

（四）有固定的住所；

（五）能够独立承担民事责任。

第九条　申请设立基金会，申请人应当向登记管理机关提交下列文件：

（一）申请书；

（二）章程草案；

（三）验资证明和住所证明；

（四）理事名单、身份证明以及拟任理事长、副理事长、秘书长简历；

（五）业务主管单位同意设立的文件。

第十条　基金会章程必须明确基金会的公益性质，不得规定使特定自然人、法人或者其他组织受益的内容。

基金会章程应当载明下列事项：

（一）名称及住所；

（二）设立宗旨和公益活动的业务范围；

（三）原始基金数额；

（四）理事会的组成、职权和议事规则，理事的资格、产生程序和任期；

（五）法定代表人的职责；

（六）监事的职责、资格、产生程序和任期；

（七）财务会计报告的编制、审定制度；

（八）财产的管理、使用制度；

（九）基金会的终止条件、程序和终止后财产的处理。

第十一条　登记管理机关应当自收到本条例第九条所列全部有效文件之日起60日内，作出准予或者不予登记的决定。准予登记的，发给《基金会法人登记证书》；不予登记的，应当书面说明理由。

基金会设立登记的事项包括：名称、住所、类型、宗旨、公益活动的业务范围、原始基金数额和法定代表人。

第十二条　基金会拟设立分支机构、代表机构的，应当向原登记管理机关提出登记申请，并提交拟设机构的名称、住所和负责人等情况的文件。

登记管理机关应当自收到前款所列全部有效文件之日起60日内作出准予或者不予登记的决定。准予登记的，发给《基金会分支（代表）机构登记证书》；不予登记的，应当书面说明理由。

基金会分支机构、基金会代表机构设立登记的事项包括：名称、住所、公益活动的业务范围和负责人。

基金会分支机构、基金会代表机构依据基金会的授权开展活动，不具有法人资格。

第十三条 境外基金会在中国内地设立代表机构，应当经有关业务主管单位同意后，向登记管理机关提交下列文件：

（一）申请书；

（二）基金会在境外依法登记成立的证明和基金会章程；

（三）拟设代表机构负责人身份证明及简历；

（四）住所证明；

（五）业务主管单位同意在中国内地设立代表机构的文件。

登记管理机关应当自收到前款所列全部有效文件之日起60日内，作出准予或者不予登记的决定。准予登记的，发给《境外基金会代表机构登记证书》；不予登记的，应当书面说明理由。

境外基金会代表机构设立登记的事项包括：名称、住所、公益活动的业务范围和负责人。

境外基金会代表机构应当从事符合中国公益事业性质的公益活动。境外基金会对其在中国内地代表机构的民事行为，依照中国法律承担民事责任。

第十四条 基金会、境外基金会代表机构依照本条例登记后，应当依法办理税务登记。

基金会、境外基金会代表机构，凭登记证书依法申请组织机构代码、刻制印章、开立银行账户。

基金会、境外基金会代表机构应当将组织机构代码、印章式样、银行账号以及税务登记证件复印件报登记管理机关备案。

第十五条 基金会、基金会分支机构、基金会代表机构和境外基金会代表机构的登记事项需要变更的，应当向登记管理机关申请变更登记。

基金会修改章程，应当征得其业务主管单位的同意，并报登记管理机关核准。

第十六条 基金会、境外基金会代表机构有下列情形之一的，应当向登记管理机关申请注销登记：

（一）按照章程规定终止的；

（二）无法按照章程规定的宗旨继续从事公益活动的；

（三）由于其他原因终止的。

第十七条 基金会撤销其分支机构、代表机构的，应当向登记管理机关办理分支机构、代表机构的注销登记。

基金会注销的，其分支机构、代表机构同时注销。

第十八条 基金会在办理注销登记前，应当在登记管理机关、业务主管单位的指导下成立清算组织，完成清算工作。

基金会应当自清算结束之日起15日内向登记管理机关办理注销登记；在清算期间不得开展清算以外的活动。

第十九条 基金会、基金会分支机构、基金会代表机构以及境外基金会代表机构的设立、变更、注销登记，由登记管理机关向社会公告。

第三章 组织机构

第二十条 基金会设理事会，理事为5人至25人，理事任期由章程规定，但每届任期不得超过5年。理事任期届满，连选可以连任。

用私人财产设立的非公募基金会，相互间有近亲属关系的基金会理事，总数不得超过理事总人数的1/3；其他基金会，具有近亲属关系的不得同时在理事会任职。

在基金会领取报酬的理事不得超过理事总人数的1/3。

理事会设理事长、副理事长和秘书长，从理事中选举产生，理事长是基金会的法定代表人。

第二十一条 理事会是基金会的决策机构，依法行使章程规定的职权。

理事会每年至少召开2次会议。理事会会议须有2/3以上理事出席方能召开；理事会决议须经出席理事过半数通过方为有效。

下列重要事项的决议，须经出席理事表决，2/3以上通过方为有效：

（一）章程的修改；

（二）选举或者罢免理事长、副理事长、秘书长；

（三）章程规定的重大募捐、投资活动；

（四）基金会的分立、合并。

理事会会议应当制作会议记录，并由出席理事审阅、签名。

第二十二条 基金会设监事。监事任期与理事任期相同。理事、理事的近亲属和基金会财会人员不得兼任监事。

监事依照章程规定的程序检查基金会财务和会计资料，监督理事会遵守法律和章程的情况。

监事列席理事会会议，有权向理事会提出质询和建议，并应当向登记管理机关、业务主管单位以及税务、会计主管部门反映情况。

第二十三条 基金会理事长、副理事长和秘书长不得由现职国家工作人员兼任。基金会的法定代表人，不得同时担任其他组织的法定代表人。公募基金会和原始基金来自中国内地的非公募基金会的法定代表人，应当由内地居民担任。

因犯罪被判处管制、拘役或者有期徒刑，刑期执行完毕之日起未逾5年的，因犯罪被判处剥夺政治权利正在执行期间或者曾经被判处剥夺政治权利的，以及曾在因违法被撤销登记的基金会担任理事长、副理事长或者秘书长，且对该基金会的违法行为负有个人责任，自该基金会被撤销之日起未逾 5 年的，不得担任基金会的理事长、副理事长或者秘书长。

基金会理事遇有个人利益与基金会利益关联时，不得参与相关事宜的决策；基金会理事、监事及其近亲属不得与其所在的基金会有任何交易行为。

监事和未在基金会担任专职工作的理事不得从基金会获取报酬。

第二十四条　担任基金会理事长、副理事长或者秘书长的香港居民、澳门居民、台湾居民、外国人以及境外基金会代表机构的负责人，每年在中国内地居留时间不得少于 3 个月。

第四章　财产的管理和使用

第二十五条　基金会组织募捐、接受捐赠，应当符合章程规定的宗旨和公益活动的业务范围。境外基金会代表机构不得在中国境内组织募捐、接受捐赠。

公募基金会组织募捐，应当向社会公布募得资金后拟开展的公益活动和资金的详细使用计划。

第二十六条　基金会及其捐赠人、受益人依照法律、行政法规的规定享受税收优惠。

第二十七条　基金会的财产及其他收入受法律保护，任何单位和个人不得私分、侵占、挪用。

基金会应当根据章程规定的宗旨和公益活动的业务范围使用其财产；捐赠协议明确了具体使用方式的捐赠，根据捐赠协议的约定使用。

接受捐赠的物资无法用于符合其宗旨的用途时，基金会可以依法拍卖或者变卖，所得收入用于捐赠目的。

第二十八条　基金会应当按照合法、安全、有效的原则实现基金的保值、增值。

第二十九条　公募基金会每年用于从事章程规定的公益事业支出，不得低于上一年总收入的 70%；非公募基金会每年用于从事章程规定的公益事业支出，不得低于上一年基金余额的 8%。

基金会工作人员工资福利和行政办公支出不得超过当年总支出的 10%。

第三十条　基金会开展公益资助项目，应当向社会公布所开展的公益资助项目种类以及申请、评审程序。

第三十一条　基金会可以与受助人签订协议，约定资助方式、资助数额以及资金用途和使用方式。

基金会有权对资助的使用情况进行监督。受助人未按协议约定使用资助或者有其他违反协议情形的，基金会有权解除资助协议。

第三十二条　基金会应当执行国家统一的会计制度，依法进行会计核算、建立健全内部会计监督制度。

第三十三条　基金会注销后的剩余财产应当按照章程的规定用于公益目的；无法按照章程规定处理的，由登记管理机关组织捐赠给与该基金会性质、宗旨相同的社会公益组织，并向社会公告。

第五章　监督管理

第三十四条　基金会登记管理机关履行下列监督管理职责：

（一）对基金会、境外基金会代表机构实施年度检查；

（二）对基金会、境外基金会代表机构依照本条例及其章程开展活动的情况进行日常监督管理；

（三）对基金会、境外基金会代表机构违反本条例的行为依法进行处罚。

第三十五条　基金会业务主管单位履行下列监督管理职责：

（一）指导、监督基金会、境外基金会代表机构依据法律和章程开展公益活动；

（二）负责基金会、境外基金会代表机构年度检查的初审；

（三）配合登记管理机关、其他执法部门查处基金会、境外基金会代表机构的违法行为。

第三十六条　基金会、境外基金会代表机构应当于每年 3 月 31 日前向登记管理机关报送上一年度工作报告，接受年度检查。年度工作报告在报送登记管理机关前应当经业务主管单位审查同意。

年度工作报告应当包括：财务会计报告、注册会计师审计报告，开展募捐、接受捐赠、提供资助等活动的情况以及人员和机构的变动情况等。

第三十七条　基金会应当接受税务、会计主管部门依法实施的税务监督和会计监督。

基金会在换届和更换法定代表人之前，应当进行财务审计。

第三十八条　基金会、境外基金会代表机构应当在通过登记管理机关的年度检查后，将年度工作报告在登记管理机关指定的媒体上公布，接受社会公众的查询、监督。

第三十九条　捐赠人有权向基金会查询捐赠财产的使用、管理情况，并提出意见和建议。对于捐赠人的查询，基金会应当及时如实答复。

基金会违反捐赠协议使用捐赠财产的，捐赠人有权要求基金会遵守捐赠协议或者向人民法院申请撤销捐赠行为、解除捐赠协议。

第六章　法律责任

第四十条　未经登记或者被撤销登记后以基金会、基金会分支机构、基金会代表机构或者境外基金会代表机构名义开展活动的，由登记管理机关予以取缔，没收非法财产并向社会公告。

第四十一条　基金会、基金会分支机构、基金会代表机构或者境外基金会代表机构有下列情形之一的，登记管理机关应当撤销登记：

（一）在申请登记时弄虚作假骗取登记的，或者自取得登记证书之日起12个月内未按章程规定开展活动的；

（二）符合注销条件，不按照本条例的规定办理注销登记仍继续开展活动的。

第四十二条　基金会、基金会分支机构、基金会代表机构或者境外基金会代表机构有下列情形之一的，由登记管理机关给予警告、责令停止活动；情节严重的，可以撤销登记：

（一）未按照章程规定的宗旨和公益活动的业务范围进行活动的；

（二）在填制会计凭证、登记会计账簿、编制财务会计报告中弄虚作假的；

（三）不按照规定办理变更登记的；

（四）未按照本条例的规定完成公益事业支出额度的；

（五）未按照本条例的规定接受年度检查，或者年度检查不合格的；

（六）不履行信息公布义务或者公布虚假信息的。

基金会、境外基金会代表机构有前款所列行为的，登记管理机关应当提请税务机关责令补交违法行为存续期间所享受的税收减免。

第四十三条　基金会理事会违反本条例和章程规定决策不当，致使基金会遭受财产损失的，参与决策的理事应当承担相应的赔偿责任。

基金会理事、监事以及专职工作人员私分、侵占、挪用基金会财产的，应当退还非法占用的财产；构成犯罪的，依法追究刑事责任。

第四十四条　基金会、境外基金会代表机构被责令停止活动的，由登记管理机关封存其登记证书、印章和财务凭证。

第四十五条　登记管理机关、业务主管单位工作人员滥用职权、玩忽职守、徇私舞弊，构成犯罪的，依法追究刑事责任；尚不构成犯罪的，依法给予行政处分或者纪律处分。

第七章　附　　则

第四十六条　本条例所称境外基金会，是指在外国以及中华人民共和国香港特别行政区、澳门特别行政区和台湾地区合法成立的基金会。

第四十七条　基金会设立申请书、基金会年度工作报告的格式以及基金会章程范本，由国务院民政部门制订。

第四十八条　本条例自2004年6月1日起施行，1988年9月27日国务院发布的《基金会管理办法》同时废止。

本条例施行前已经设立的基金会、境外基金会代表机构，应当自本条例施行之日起6个月内，按照本条例的规定申请换发登记证书。

基金会名称管理规定

（2004年6月21日民政部令第26号发布　自2004年6月7日起施行）

第一条　为了规范对基金会名称的管理，保护基金会的合法权益，根据《基金会管理条例》及有关法律、法规，制定本规定。

第二条　本规定适用于按照《基金会管理条例》设立的基金会。

第三条　基金会名称应当反映公益活动的业务范围。

基金会的名称应当依次包括字号、公益活动的业务范围，并以“基金会”字样结束。

公募基金会的名称可以不使用字号。

第四条　全国性公募基金会应当在名称中使用“中国”、“中华”、“全国”、“国家”等字样。非公募基金会不得使用上述字样。

地方性公募基金会和省、自治区、直辖市人民政府民政部门登记的非公募基金会应当冠以所在地的县级或县级以上行政区划名称。冠以省级以下行政区划名称的，可以同时冠以所在省、自治区、直辖市的名称。冠以市辖区名称的，应当同时冠以市的名称。

第五条　基金会的字号应当由2个以上的字组成。

基金会不得使用姓氏、县或县以上行政区划名称作为字号。

第六条　公募基金会的字号不得使用自然人姓名、法人或者其他组织的名称或者字号。

第七条　非公募基金会的字号可以使用自然人姓名、法人或其他组织的名称或者字号，但应当符合以下规定：

（一）使用自然人姓名、法人或者其他组织的名称或者字号，需经该自然人、法人或其他组织同意；

（二）不得使用曾因犯罪被判处剥夺政治权利的自然人的姓名；

（三）一般不使用党和国家领导人、老一辈革命家的姓名。

第八条　基金会使用已故名人的姓名作为字号，该名人必须是在相关公益领域内有重大贡献、在国际国内享有盛誉的杰出人物。

第九条　基金会名称应当使用符合国家规范的汉字。

在自治区人民政府民政部门登记的基金会，其名称可以同时使用本民族自治地方通用的民族文字。

基金会名称需译成外文使用的，应当按照文字翻译的原则翻译使用，不需报登记管理机关核准。

第十条　基金会名称不得含有下列内容和文字：

（一）有损于国家、社会公共利益的；

（二）可能对公众造成欺骗或者引起公众误解的；

（三）有迷信色彩的；

（四）外国国家（地区）名称、国际组织名称；

（五）政党名称、国家机关名称及部队番号；

（六）其他基金会的名称；

（七）外国文字、汉语拼音字母、数字；

（八）其他法律、行政法规规定禁止的。

第十一条　基金会不得使用下列名称：

（一）已被登记管理机关撤销登记，自撤销登记之日起未满 3 年的基金会的名称；

（二）已注销登记，自注销登记之日起未满 3 年的基金会的名称；

（三）已变更名称，自变更登记之日起未满 1 年的基金会的原名称。

第十二条　登记管理机关可以纠正已登记的不适宜的基金会名称。

第十三条　两个及两个以上申请人向同一登记管理机关申请登记相同的基金会名称，登记管理机关依照申请在先原则核定。

第十四条　基金会的分支机构、代表机构的名称应当冠以其所从属的基金会名称。

第十五条　境外基金会代表机构的名称应当依次由“基金会名称”、“驻在地名称”、“代表处（或办事处、联络处等）”组成。

“驻在地名称”是指境外基金会代表机构驻在地的县或县以上行政区划名称。

境外基金会名称中未表明其原始登记地（国家或地区）的，应在其代表机构名称前冠以原始登记地（国家或地区）的名称。

第十六条　本规定自 2004 年 6 月 7 日起施行。

基金会信息公布办法

（2006 年 1 月 12 日民政部令第 31 号公布　自公布之日起施行）

第一条　为了规范基金会、境外基金会代表机构信息公布活动，保护捐赠人及相关当事人的合法权益，促进公益事业发展，根据《基金会管理条例》（以下简称《条例》）的有关规定，制定本办法。

第二条　本办法所称信息公布，是指基金会、境外基金会代表机构按照《条例》和本办法的规定，将其内部信息和业务活动信息通过媒体向社会公布的活动。

基金会、境外基金会代表机构是信息公布义务人。

第三条　信息公布义务人公布的信息资料应当真实、准确、完整，不得有虚假记载、误导性陈述或者重大遗漏。

信息公布义务人应当保证捐赠人和社会公众能够快捷、方便地查阅或者复制公布的信息资料。

第四条　信息公布义务人应当向社会公布的信息包括：

（一）基金会、境外基金会代表机构的年度工作报告；

（二）公募基金会组织募捐活动的信息；

（三）基金会开展公益资助项目的信息。

基金会、境外基金会代表机构在遵守本办法规定的基础上可以自行决定公布更多的信息。

第五条　信息公布义务人应当在每年 3 月 31 日前，向登记管理机关报送上一年度的年度工作报告。登记管理机关审查通过后 30 日内，信息公布义务人按照统一的格式要求，在登记管理机关指定的媒体上公布年度工作报告的全文和摘要。

信息公布义务人的财务会计报告未经审计不得对外公布。

第六条　公募基金会组织募捐活动，应当公布募得资金后拟开展的公益活动和资金的详细使用计划。在募捐活动持续期间内，应当及时公布募捐活动所取得的收入和用于开展公益活动的成本支出情况。募捐活动结束后，应当公布募捐活动取得的总收入及其使用情况。

第七条　基金会开展公益资助项目，应当公布所开展的公益项目种类以及申请、评审程序。评审结束后，应当公布评审结果并通知申请人。公益资助项目完成后，应当公布有关的资金使用情况。事后对项目进行评估的，应当同时公布评估结果。

第八条　对于公共媒体上出现的对信息公布义务人造成或者可能造成不利影响的消息，信息公布义务人应当公开说明或者澄清。

第九条　除年度工作报告外，信息公布义务人公布信息时，可以选择报刊、广播、电视或者互联网作为公布信息的媒体。

第十条　信息公布所使用的媒体应当能够覆盖信息公布义务人的活动地域。公布的信息内容中应当注明信息公布义务人的基本情况和联系、咨询方式。

第十一条　信息公布义务人应当建立健全信息公布活动的内部管理制度，并指定专人负责处理信息公布活动的有关事务。对于已经公布的信息，应当制作信息公布档案，妥善保管。

第十二条　信息公布义务人公布有关活动或者项目的信息，应当持续至活动结束或者项目完成。

信息一经公布，信息公布义务人不得任意修改，确需修改的，应当严格履行内部管理制度的程序在修改后重新公布，并说明理由，声明原信息作废。

第十三条　信息公布义务人应当将信息公布活动的情况如实反映在年度工作报告中，接受登记管理机关监督检查。

第十四条　登记管理机关依法对信息公布活动进行监督管理，建立信息公布义务人诚信记录。

信息公布义务人不履行信息公布义务或者公布虚假信息的,由登记管理机关责令改正,并依据《条例》第四十二条规定给予行政处罚。

第十五条 年度工作报告的信息公布格式文本,由国务院民政部门制定。

第十六条 本办法自公布之日起施行。

基金会年度检查办法[①]

(2006年1月12日民政部令第30号公布 根据2010年12月27日民政部令第38号修订)

第一条 为加强对基金会和境外基金会代表机构的管理,促进公益事业发展,根据《基金会管理条例》(以下简称《条例》)第三十四条第一项、第三十六条的规定,制定本办法。

第二条 基金会年度检查,是指基金会登记管理机关依法按年度对基金会、境外基金会代表机构遵守法律、法规、规章和章程开展活动的情况实施监督管理的制度。

第三条 基金会、境外基金会代表机构应当于每年3月31日前向登记管理机关报送经业务主管单位审查同意的上一年度的年度工作报告,接受登记管理机关检查。

第四条 年度工作报告的内容应当包括:财务会计报告、注册会计师审计报告,开展募捐、接受捐赠、提供资助等活动的情况以及人员和机构的变动情况等。

财务会计报告应当符合《民间非营利组织会计制度》规定的内容和要求;注册会计师审计报告,应当有注册会计师事务所统一受理并与被审计的基金会、境外基金会代表机构签订委托合同的证明;开展募捐、接受捐赠、提供资助等活动情况应当有基金会履行信息公布义务的情况;人员和机构变动情况应当有按照规定办理变更登记情况以及基金会换届的会议纪要和更换法定代表人之前进行财务审计的情况等。

第五条 年度检查过程中,登记管理机关可以要求基金会、境外基金会代表机构或者有关人员就年度工作报告中涉及的有关问题进行补充说明,必要时可以进行实地检查。

第六条 经登记管理机关审查,基金会、境外基金会代表机构在上一年度遵守法律、法规、规章和章程的情况良好,没有违法违规情形的,认定为年检合格。

第七条 基金会、境外基金会代表机构有下列情形之一的,登记管理机关应当视情节轻重分别作出年检基本合格、年检不合格的结论:

(一)违反《条例》第三十九条第二款规定,不按照捐赠协议使用捐赠财产的;

(二)违反《条例》第四十条规定,擅自设立基金会分支机构、代表机构的;

(三)具有《条例》第四十二条规定的应当给予行政处罚的情形之一的;

(四)违反《条例》第四十三条第二款规定,基金会理事、监事及专职工作人员私分、侵占、挪用基金会财产的;

(五)违反国家其他有关规定的。

登记管理机关作出基本合格或者不合格年检结论后,应当责令该基金会或者境外基金会代表机构限期整改,并视情况依据《条例》有关规定给予行政处罚。

第八条 年度检查不合格的基金会、境外基金会代表机构在整改期间,登记管理机关不准予变更名称或者业务范围,不准予设立分支机构或者代表机构。登记管理机关应当提请税务机关责令补交违法行为存续期间所享受的税收减免。

第九条 通过年度检查发现基金会、基金会分支机构、基金会代表机构或者境外基金会代表机构有《条例》第四十一条规定的情形之一的,登记管理机关应当依法撤销登记。

第十条 基金会、境外基金会代表机构无正当理由不参加年检的,由登记管理机关责令停止活动,并向社会公告。

第十一条 基金会、境外基金会代表机构连续两年不接受年检的,由登记管理机关依法撤销登记。

第十二条 完成年度检查后,登记管理机关应当向社会公告年度检查结果,并向业务主管单位通报。

基金会、境外基金会代表机构应当在通过登记管理机关的年度检查后,将年度工作报告在登记管理机关指定的媒体上公布,接受社会公众的查询、监督。

第十三条 年度工作报告的格式文本由国务院民政部门制定。

第十四条 本办法自公布之日起施行。

关于规范基金会行为的若干规定(试行)

(2012年7月10日 民发〔2012〕124号)

为确保基金会恪守公益宗旨,规范开展活动,扩大公开透明,维护捐赠人、受益人和基金会的合法权益,进一步促进基金会健康发展,现对基金会行为规范中的若干问题作出如下规定:

一、基金会接受和使用公益捐赠

(一)基金会接受捐赠,应当与捐赠人明确权利义务,并根据捐赠人的要求与其订立书面捐赠协议。

基金会接受捐赠应当确保公益性。附加对捐赠人构成利益回报条件的赠与和不符合公益性目的的赠与,不应确认为公益捐赠,不得开具捐赠票据。

① 该办法根据2010年12月27日民政部令第38号公布的《民政部关于废止、修改部分规章的决定》予以修订第7条。

（二）基金会应当在实际收到捐赠后据实开具捐赠票据。捐赠人不需要捐赠票据的，或者匿名捐赠的，也应当开具捐赠票据，由基金会留存备查。

基金会接受非现金捐赠，应当在实际收到后确认收入并开具捐赠票据。受赠财产未经基金会验收确认，由捐赠人直接转移给受助人或者其他第三方的，不得作为基金会的捐赠收入，不得开具捐赠票据。

（三）基金会接受非现金捐赠，应当按照以下方法确定入账价值：

1. 捐赠人提供了发票、报关单等凭据的，应当以相关凭据作为确认入账价值的依据；捐赠方不能提供凭据的，应当以其他确认捐赠财产的证明，作为确认入账价值的依据；

2. 捐赠人提供的凭据或其他能够确认受赠资产价值的证明上标明的金额与受赠资产公允价值相差较大的，应当以其公允价值作为入账价值。

捐赠人捐赠固定资产、股权、无形资产、文物文化资产，应当以具有合法资质的第三方机构的评估作为确认入账价值的依据。无法评估或经评估无法确认价格的，基金会不得计入捐赠收入，不得开具捐赠票据，应当另外造册登记。

（四）基金会接受食品、药品、医疗器械等捐赠物品时，应当确保物品在到达最终受益人时仍处于保质期内且具有使用价值。

（五）基金会接受企业捐赠本企业生产的产品，应当要求企业提供产品质量认证证明或者产品合格证，以及受赠物品的品名、规格、种类、数量等相关资料。

（六）基金会应当将接受的捐赠财产用于资助符合其宗旨和业务范围的活动和事业。对于指定用于救助自然灾害等突发事件的受赠财产，用于应急的应当在应急期结束前使用完毕；用于灾后重建的应当在重建期结束前使用完毕。

对确因特殊原因无法使用完毕的受赠财产，基金会可在取得捐赠人同意或在公开媒体上公示后，将受赠财产用于与原公益目的相近似的目的。

（七）基金会与捐赠人订立了捐赠协议的，应当按照协议约定使用受赠财产。如需改变用途，应当征得捐赠人同意且仍需用于公益事业；确实无法征求捐赠人意见的，应当按照基金会的宗旨用于与原公益目的相近似的目的。

（八）捐赠协议和募捐公告中约定可以从公益捐赠中列支工作人员工资福利和行政办公支出的，按照约定列支；没有约定的，不得从公益捐赠中列支。同时，基金会工作人员工资福利和行政办公支出应当符合《基金会管理条例》的要求，累计不得超过当年总支出的10%。

工作人员工资福利包括：

1. 全体工作人员的工资、福利费、住房公积金、社会保险（障）费（含离退休人员）；

2. 担任专职工作理事的津贴、补助和理事会运行费用。

行政办公支出包括：组织日常运作的办公费、水电费、邮电费、物业管理费、会议费、广告费、市内交通费、差旅费、折旧费、修理费、租赁费、无形资产摊销费、资产盘亏损失、资产减值损失、因预计负债所产生的损失、审计费、以及聘请中介机构费和应偿还的受赠资产等。

（九）基金会用于公益事业的支出包括直接用于受助人的款物和为开展公益项目发生的直接运行费用。

项目直接运行费用包括：

1. 支付给项目人员的报酬，包括：工资福利、劳务费、专家费等；

2. 为立项、执行、监督和评估公益项目发生的费用，包括：差旅费、交通费、通讯费、会议费、购买服务费等；

3. 为宣传、推广公益项目发生的费用，包括：广告费、购买服务费等；

4. 因项目需要租赁房屋、购买和维护固定资产的费用，包括：所发生的租赁费、折旧费、修理费、办公费、水电费、邮电费、物业管理费等；

5. 为开展项目需要支付的其他费用。

捐赠协议和募捐公告中约定可以从公益捐赠中列支项目直接运行费用的，按照约定列支；没有约定的，不得超出本基金会规定的标准支出。

（十）基金会应当对公益捐赠的使用情况进行全过程监督，确保受赠款物及时足额拨付和使用。

（十一）基金会选定公益项目执行方、受益人，应当遵循公开、公正、公平和诚实信用的原则，保护社会公共利益和与项目有关的当事人的合法权益。

基金会不得资助以营利为目的开展的活动。

二、基金会的交易、合作及保值增值

（一）基金会应当严格区分交换交易收入和捐赠收入。通过出售物资、提供服务、授权使用或转让资产包括无形资产等交换交易取得的收入，应当记入商品销售收入、提供服务收入等相关会计科目，不得计入捐赠收入，不得开具公益事业捐赠票据。

（二）基金会进行交换交易，应当保护自身和社会公众的合法权益。不得以低于公允价值的价格出售物资、提供服务、授权或者转让无形资产；不得以高于公允价值的价格购买产品和服务。

（三）基金会不得将本组织的名称，公益项目品牌等其他应当用于公益目的的无形资产用于非公益目的。

（四）基金会不得直接宣传、促销、销售企业的产品和品牌；不得为企业及其产品提供信誉或者质量担保。

（五）基金会不得向个人、企业直接提供与公益活动无关的借款。

（六）基金会进行保值增值活动时，应当遵守以下规定：

1. 基金会进行保值增值应当遵守合法、安全、有效的原则。符合基金会的宗旨,维护基金会的信誉,遵守与捐赠人和受助人的约定,保证公益支出的实现;

2. 基金会可用于保值增值的资产限于非限定性资产、在保值增值期间暂不需要拨付的限定性资产;

3. 基金会进行委托投资,应当委托银行或者其他金融机构进行。

三、基金会的信息公布

(一)基金会的信息公布工作,应当符合《基金会信息公布办法》的要求。

(二)基金会通过义演、义赛、义卖、义展等活动进行募捐时,应当在开展募捐前向社会公布捐赠人权利义务、资金详细使用计划、成本预算;在资金使用过程中计划有调整的,应当及时向公众公布调整后的计划。

(三)基金会通过募捐以及为自然灾害等突发事件接受的公益捐赠,应当在取得捐赠收入后定期在本组织网站和其他媒体上公布详细的收入和支出明细,包括:捐赠收入、直接用于受助人的款物、与所开展的公益项目相关的各项直接运行费用等,在捐赠收入中列支了工作人员工资福利和行政办公支出的,还应当公布列支的情况。项目运行周期大于3个月的,每3个月公示1次;所有项目应当在项目结束后进行全面公示。

(四)捐赠人有权查询捐赠财产的使用、管理情况。对于捐赠人的查询,基金会应当及时如实答复。

(五)基金会的年度工作报告除在登记管理机关指定的媒体上公布外,还应当置备于本基金会,接受捐赠人的查询。

(六)基金会应当及时向社会公众公布下列信息:

1. 发起人;

2. 主要捐赠人;

3. 基金会理事主要来源单位;

4. 基金会投资的被投资方;

5. 其他与基金会存在控制、共同控制或者重大影响关系的个人或组织;

6. 基金会与上述个人或组织发生的交易。

(七)基金会应当建立健全内部制度,将所有分支机构、代表机构、专项基金以及各项业务活动纳入统一管理。

基金会应当在内部制度中对下列问题做出规定:

1. 各项工作人员工资福利和行政办公支出(以下简称日常运作费用)的支付标准、列支原则、审批程序,以及占基金会总支出的比例;

2. 开展公益项目所发生的与该项目直接相关的运行成本(以下简称项目直接成本)的支付标准、列支原则、审批程序,以及占该项目总支出的比例;

3. 资产管理和处置的原则、风险控制机制、审批程序,以及用于投资的资产占基金会总资产的比例。

基金会的内部制度,应当在登记管理机关指定的媒体或者本组织网站等其他便于社会公众查询的媒体上予以公开。

本规定适用于在民政部门登记注册的基金会和其他具有公益性捐赠税前扣除资格的社会团体。

民政部关于进一步加强基金会专项基金管理工作的通知

(2015年12月24日　民发〔2015〕241号)

各省、自治区、直辖市民政厅(局),各计划单列市民政局,新疆生产建设兵团民政局;各业务主管单位;各民政部登记的基金会:

基金会专项基金接受基金会统一管理,不具备独立的法人资格。但最近一段时期,有的基金会过于追求专项基金数量的增长和筹款规模的扩大,忽视了事中事后监管,对专项基金的管理在一定程度上有所失控,陆续暴露出不少问题:有的专项基金以独立组织的名义开展活动,有的忽视了公开透明,有的偏离了公益宗旨,有的背离了捐赠人和受助人的需求,还有个别专项基金甚至为个人或企业牟取私利。这些行为不同程度地损害了基金会的社会公信力,给公益慈善事业带来了负面影响。为进一步加强专项基金管理工作,规范专项基金有关行为,维护捐赠人、受助人和基金会的合法权益,根据《中华人民共和国公益事业捐赠法》、《基金会管理条例》等法律法规,现将有关事项通知如下:

一、基金会对下设专项基金要严格履行监管职责,督促指导专项基金在本基金会的宗旨和业务范围内开展活动,对下设专项基金的所有活动切实承担起主体责任:

一是严把设立关口。基金会要根据自己的管理能力合理适度发展专项基金。基金会应当明确专项基金设立和终止的条件和决策程序,并严格执行。基金会应当与发起人以签订协议的方式明确专项基金的设立目的、财产使用方式、各方的权利责任、终止条件和剩余财产的处理等。

二是规范名称使用。基金会要监督专项基金使用带有基金会全称的规范名称。专项基金不得以独立组织的名义开展募捐、与其他组织和个人签订协议或开展其他活动;未经党政机关或者其他组织同意,不得以其名义对外宣传或开展业务活动。

三是全面加强管理。基金会应当建立健全专项基金管理制度,对专项基金的活动实施全过程监管,对专项基金的人员实施严格管理。基金会应当根据专项基金的设立目的,按照捐赠协议的约定管理和使用捐赠财产,专款专用。专项基金列支管理成本时,捐赠协议有约定的,按照其约定;捐赠协议未约定的,除了为实现专项基金公益目的确有必要之外,一般不超过该专项基金年度总支出的10%。专项基金的收支应当全部纳入本基金会账户,不得使用其他单位、组织或个人账户,不得开设独立账户和刻制印章。专项基金不得再设立专项基金。

四是落实信息公开。基金会应当做好专项基金的信息公开,对专项基金的设立和终止信息、管理架构和人员信息、开展的募捐和公益资助项目等信息依照有关法律法规进行全面及时披露。基金会应当按照业务主管单位和登记管理机关的要求,通过年度工作报告和其他方式就专项基金的情况进行报告、接受监管。

五是定期清理整顿。基金会应当定期对下设专项基金进行清理整顿,对于长期不开展活动、管理不善的专项基金要及时督促整改,必要时应当予以终止。专项基金终止的,基金会应当做好后续事宜,妥善处理剩余财产,保护专项基金捐赠人和受助人的合法权益。

二、各业务主管单位应当要求基金会对下设专项基金的管理切实负起领导责任,主动了解专项基金的运作情况,并在思想政治工作、财务和人事管理、对外交往和重大活动等方面加强指导,监督其依法依规开展活动。业务主管单位发现基金会在专项基金管理方面有违法违规行为的,应当及时制止,给予告诫,并协助登记管理机关和其他有关部门进行查处。

三、登记管理机关应当加强对专项基金的监督检查,发现违法违规行为的,应当依法给予行政处罚,并责令改正。同时,各级登记管理机关要对专项基金的管理工作及时进行总结,开展经验交流,树立正面典型,进一步推进专项基金健康有序发展。

具有公益性捐赠税前扣除资格的社会团体的专项基金参照本通知执行。

民政部关于基金会等社会组织不得提供公益捐赠回扣有关问题的通知

（2009 年 4 月 21 日　民发〔2009〕54 号）

各业务主管单位:

自 2004 年《基金会管理条例》实施以来,基金会积极筹集资金,努力规范运作,通过多种措施加大捐赠资金募集和使用的公开透明,不断提高公益捐赠资金的使用效益和管理水平,推动了公益慈善事业的发展。

为了进一步规范基金会的募集和接受公益捐赠行为,严格管理和使用好公益资金,现通知如下:

一、基金会接受的公益捐赠必须依照有关法律法规的规定用于公益目的。不得在接受的公益捐赠中提取回扣返还捐赠人或帮助筹集捐赠的个人或组织。

二、按照捐赠协议,基金会可以在接受的公益捐赠中列支公益项目成本,项目成本必须是直接用于实施公益项目的费用,属于公益支出。基金会应当有效控制公益项目的成本,尽可能将公益捐赠更多地直接用于受助对象。

三、基金会应当加大信息公开的力度,向捐赠人公开,并向社会公示公益捐赠的支出使用情况,接受捐赠人和公众的监督和评价。

今后,登记管理机关将加强对基金会捐赠使用的监管。一旦发现有提供回扣的情形,将依法严肃处理。

社会团体和民办非企业单位接收公益捐赠,依照以上精神执行。

民政部、外交部、公安部、劳动和社会保障部关于基金会、境外基金会代表机构办理外国人就业和居留有关问题的通知

（2007 年 11 月 24 日　民发〔2007〕169 号）

各省、自治区、直辖市民政厅（局）、外事办公室、公安厅（局）、劳动和社会保障厅（局）,新疆生产建设兵团民政局、公安局、劳动和社会保障局:

为规范基金会、境外基金会代表机构外籍工作人员的管理,根据《基金会管理条例》和《外国人在中国就业管理规定》的规定,现就基金会、境外基金会代表机构聘用外籍工作人员的就业与居留有关问题通知如下:

一、基金会、境外基金会代表机构拟聘用外籍工作人员,应当向业务主管单位提出申请,填写登记管理机关制定的表格和《聘用外国人就业申请表》,并提交《外国人在中国就业管理规定》第十一条规定的相关有效文件。

二、业务主管单位核实身份且同意后,将有关材料转送登记管理机关,登记管理机关审查同意后,在《聘用外国人就业申请表》上加盖印章。在民政部登记的基金会、境外基金会代表机构,加盖"中华人民共和国民政部基金会登记专用章"。在各省、自治区、直辖市民政厅（局）登记的基金会,由各省、自治区、直辖市民政厅（局）确定加盖的印章。

三、经登记管理机关同意后,基金会、境外基金会代表机构向省级人民政府劳动保障部门或者其授权的地市级人民政府劳动保障部门提出办理就业许可的申请,劳动保障部门按照《外国人在中国就业管理规定》规定的相关证明材料和基金会、境外基金会代表机构登记证书进行核准,对符合条件者,发放外国人就业许可证书。

四、拟入境的外籍工作人员凭就业许可证书和被授权单位的签证通知函（电）到中国驻外使领馆、处、署办理职业签证。

五、免签或者持非职业签证入境的外籍人员如需在基金会、境外基金会代表机构工作的,应当按照本通知第四条有关规定出境赴中国驻外使领馆、处、署重新办理职业签证。

六、持外交护照的外籍人员如需在基金会、境外基金会代

表机构工作，应当改持普通护照，并按照本通知有关规定办理就业及居留手续。

七、外籍工作人员入境后凭就业许可证书、职业签证等证明材料到劳动保障部门办理就业证。

八、境外基金会代表机构中的外籍负责人（首席代表）可以免办就业许可，凭民政部批准文件（加盖有“中华人民共和国民政部基金会登记专用章”）和被授权单位的签证通知函（电）到中国驻外使领馆、处、署办理职业签证，入境后凭职业签证、民政部批准文件（加盖有“中华人民共和国民政部基金会登记专用章”）及相关证明材料到劳动保障部门直接申请办理就业证。

九、取得就业证的外籍工作人员，入境后30日内凭职业签证、就业证、基金会、境外基金会代表机构公函及相关证明材料到公安机关办理居留许可，并依法办理住宿登记手续。

十、台湾、香港、澳门居民在基金会、境外基金会代表机构工作的，参照本通知规定和《台湾香港澳门居民在内地就业管理规定》办理相关就业手续。

全国社会保障基金境外投资管理暂行规定

（2006年3月14日　全国社会保障基金理事会）

第一章　总　　则

第一条　为规范全国社会保障基金（以下简称全国社保基金）投资于中华人民共和国境外的行为（以下简称境外投资），防范和化解全国社保基金投资风险，根据国家有关法律法规，制定本规定。

第二条　全国社保基金境外投资应遵循安全、稳健原则。

第三条　全国社保基金境外投资，由全国社会保障基金理事会（以下简称社保基金会）负责组织实施。

第四条　财政部会同劳动和社会保障部（以下简称劳动保障部）、国家外汇管理局（以下简称外汇局）制定全国社保基金境外投资管理运作的有关政策，对全国社保基金境外投资运作情况进行监督。

中国证券监督管理委员会（以下简称证监会）、中国银行业监督管理委员会（以下简称银监会）按照各自职能对全国社保基金境外投资相关事宜进行监督。

第二章　全国社保基金境外投资管理人

第五条　社保基金会需委托符合本规定第六条规定的境外投资管理人实施全国社保基金境外投资。

第六条　全国社保基金境外投资管理人应具备以下条件：

（一）财务稳健，资信良好，风险控制指标符合所在国家或地区法律规定和监管机构的要求；

（二）经营资产管理业务达6年以上，最近一个会计年度管理的资产不少于50亿美元（或等值货币）；

（三）从业人员符合所在国家或者地区的有关从业资格要求；

（四）有健全的治理结构和完善的内控制度，经营行为规范；

（五）近3年未受到所在国家或者地区监管机构的重大处罚；

（六）在中国境外设立并登记注册，所在国家或者地区法律和金融监管制度完善，监管机构与证监会签订监管合作谅解备忘录，并保持着有效的监管合作关系。

第七条　社保基金会应参照国际通行原则，组织评选和确定全国社保基金境外投资管理人。评选结果应在评选结束后10日内向财政部、劳动保障部、证监会和外汇局报告。

第八条　社保基金会应与全国社保基金境外投资管理人签订委托资产管理合同，资产管理合同除应符合一般委托经营的惯例外，还应符合以下规定：

（一）合同文字以中文为准，但根据合同需要、市场实务或惯例需以外文为准的，应附中文译本；

（二）明确受托人应遵循利益回避的原则；

（三）明确受托人应负的责任和忠实义务；

（四）明确对投资品种或者工具的限制；

（五）明确投资于任一上市公司股票、债券或其他有价证券总金额的限制；

（六）明确投资于任一上市公司股票占该公司已发行股份总数比例的限制；

（七）明确受托全国社保基金净资产价值及收益率的计算方式；

（八）明确社保基金会可聘请会计师事务所对全国社保基金境外投资管理人管理的全国社保基金资产进行审计；

（九）明确合同解除和终止的有关事项；

（十）需要明确的其他事项。

社保基金会签订全国社保基金委托资产管理合同前，需由执业5年以上的专业律师出具无保留法律意见。

社保基金会应在签订合同之日起15日内，将全国社保基金委托资产管理合同连同法律意见书报告财政部、劳动保障部、证监会和外汇局。

第三章　全国社保基金境外资产托管人

第九条　社保基金会需委托符合本规定第十条规定的境外资产托管人负责全国社保基金境外资产托管业务。

第十条　全国社保基金境外资产托管人应具备以下条件：

（一）最近一个会计年度实收资本不少于50亿美元（或等值货币）或托管资产规模不少于5000亿美元（或等值货币）；

（二）国际公认评级机构最近3年对其长期信用评级在A级或者相当于A级以上；

（三）有足够的熟悉托管业务的专职人员；

（四）具备安全、高效的结算和交割能力；

（五）有符合要求的经营场所、安全防范设施以及与全国社保基金托管业务有关的其他设施；

（六）有完善的内部稽核监控制度和风险控制制度；

（七）近3年未受到所在国家或地区监管机构的重大处罚；

（八）在中国境外设立并登记注册，所在国家或者地区法律和金融监管制度完善，监管机构与银监会已签订监管合作谅解备忘录，并保持着有效的监管合作关系。

第十一条　社保基金会应参照国际通行原则，组织评选和确定全国社保基金境外资产托管人。评选结果应在评选结束后10日内向财政部、劳动保障部、银监会、证监会和外汇局报告。

第十二条　社保基金会应与全国社保基金境外资产托管人签订全国社保基金境外资产托管合同，托管合同除应符合一般托管合同的惯例外，还应符合以下规定：

（一）合同文字以中文为准，但根据合同需要、市场实务或惯例需要以外文为准的，应附中文译本；

（二）明确托管人应负的责任和忠实义务；

（三）明确社保基金会可聘请会计师事务所对全国社保基金境外资产托管人托管的全国社保基金资产进行审计；

（四）明确合同解除和终止的有关事项；

（五）需要明确的其他事项。

社保基金会签订全国社保基金委托资产托管合同前，需由执业5年以上的专业律师出具无保留法律意见。

社保基金会应在签订合同之日起15日内，将全国社保基金委托资产托管合同连同法律意见书报告财政部、劳动保障部、银监会、证监会和外汇局。

第十三条　全国社保基金境外资产托管人应就下列事项向社保基金会作出书面承诺：

（一）遵守本规定第五章二十二、二十三条关于全国社保基金境外外汇资金账户收支范围的规定；

（二）履行本规定第五章第二十五条规定的信息报告义务；

（三）监督全国社保基金境外投资管理人投资运作，发现全国社保基金境外投资管理人违反本规定第五章第二十二、二十三条有关全国社保基金外汇资金账户收支范围规定的，应及时向社保基金会和外汇局报告。

全国社保基金境外资产托管人无正当理由违反前述义务，财政部、劳动保障部和外汇局可建议社保基金会解除全国社保基金境外资产托管合同。

第四章　全国社保基金的境外投资

第十四条　全国社保基金投资境外的资金来源为以外汇形式上缴的境外国有股减持所得。全国社保基金境外投资的比例，按成本计算，不得超过全国社保基金总资产的20%。

第十五条　全国社保基金境外投资限于下列投资品种或者工具：

（一）银行存款；

（二）外国政府债券、国际金融组织债券、外国机构债券和外国公司债券；

（三）中国政府或者企业在境外发行的债券；

（四）银行票据、大额可转让存单等货币市场产品；

（五）股票；

（六）基金；

（七）掉期、远期等衍生金融工具；

（八）财政部会同劳动保障部批准的其他投资品种或工具。

第（一）项所称银行是指境外中资银行和国际公认评级机构最近3年对其长期信用评级在A级或者相当于A级以上的外国银行。

第（二）项所称债券是指国际公认评级机构对其评级在BBB级或者相当于BBB级以上的债券。

第（四）项所称货币市场产品是指国际公认评级机构对其评级在AAA级或者相当于AAA级的货币市场产品。

第（五）项所称股票是指在境外证券交易所上市的股票。

第（六）项所称基金是指证券市场公开发行的基金，基金投资范围需符合本条关于其他投资品种或者工具的规定。

第（七）项所称掉期、远期等衍生金融工具是指金融市场上流通的衍生金融工具。全国社保基金投资衍生金融工具仅限于风险管理需要，严禁用于投机或放大交易。

第十六条　单个全国社保基金境外投资管理人管理的全国社保基金委托资产投资于一家机构发行的单只证券和基金不得超过该证券和基金份额的10%，按成本计算，不得超过其管理的全国社保基金境外委托资产总值的20%。

下列情形，不受前款规定比例的限制：

（一）社保基金会委托全国社保基金境外投资管理人以机构投资者身份参与境外上市配售以及定向配售的；

（二）社保基金会将其持有股票委托给全国社保基金境外投资管理人投资运作的。

第十七条　根据全国社保基金境外投资运作情况，财政部会同劳动保障部可对全国社保基金境外投资品种和比例进行调整。

第十八条　社保基金会应按照分散化原则委托全国社保基金境外投资管理人投资运作。

社保基金会委托单个全国社保基金境外投资管理人管理的资产，不得超过全国社保基金境外投资委托资产总值的50%。

第十九条　全国社保基金境外投资管理费和托管费应参照国际同类产品费用标准确定，并报告财政部和劳动保障部。

第五章　全国社保基金境外投资的外汇管理

第二十条　全国社保基金境外投资应遵循国家外汇管理的有关规定。

第二十一条　社保基金会应参照国际惯例以及境外投资需要，在全国社保基金境外资产托管人处开立全国社保基金境外外汇资金账户。外汇资金账户开立后5个工作日内，社保基金会应将开户情况向外汇局备案。

第二十二条　全国社保基金境外外汇资金账户的收入范围是：

（一）从境内外汇存款账户汇入的资金；

（二）出售投资产品所获资金；

（三）境外投资收益；

（四）境外投资相关收入以及经外汇局批准的其他收入。

第二十三条　全国社保基金境外外汇资金账户的支出范围是：

（一）汇回境内外汇存款账户的资金；

（二）买入投资产品支付的资金；

（三）境外投资相关支出（含相关税费）以及经外汇局批准的其他支出。

第二十四条　社保基金会汇出、汇入本金或收益超过5000万美元（或等值货币），应提前3个工作日向外汇局备案。

经国务院批准，外汇局可根据国际收支形势要求社保基金会调整汇出、汇入外汇本金或收益的时间。

第二十五条　社保基金会应在全国社保基金境外资产托管合同中要求全国社保基金境外资产托管人向外汇局报送下列相关信息：

（一）社保基金会汇出、汇入外汇资金后两个工作日内，报告资金汇出、汇入情况；

（二）每月初5个工作日内，报送上月全国社保基金境外投资有关情况；

（三）每个会计年度初始3个月内，报送上一年度全国社保基金境外投资有关会计报表。

本条所称工作日以全国社保基金境外资产托管人所在国家或地区的工作日为准。

第六章　报 告 制 度

第二十六条　社保基金会应对全国社保基金境外投资管理和托管情况进行监督、检查和评估，按季度、半年、年定期向财政部和劳动保障部报告有关情况。全国社保基金境外投资发生重大事件，社保基金会应立即向财政部、劳动保障部和外汇局报告。

第二十七条　社保基金会应将境外委托资产纳入全国社保基金总资产统一编制财务会计报告，并依照《全国社会保障基金投资管理暂行办法》的规定进行披露和报告。

第二十八条　财政部、劳动保障部和外汇局有权要求社保基金会提供全国社保基金境外投资有关情况的报告，对于社保基金会违反本规定的行为，按照各自职能，责令其改正，并按有关规定给予处罚。

第七章　附　　则

第二十九条　全国社保基金投资于香港特别行政区、澳门特别行政区，适用本规定。

第三十条　本规定自2006年5月1日起施行。

三、基层政权建设与社区治理

1. 基层政权建设

中华人民共和国村民委员会组织法

（1998年11月4日第九届全国人民代表大会常务委员会第五次会议通过　2010年10月28日第十一届全国人民代表大会常务委员会第十七次会议修订　根据2018年12月29日第十三届全国人民代表大会常务委员会第七次会议《关于修改〈中华人民共和国村民委员会组织法〉〈中华人民共和国城市居民委员会组织法〉的决定》修正）

第一章　总　　则

第一条　【立法宗旨和依据】为了保障农村村民实行自治，由村民依法办理自己的事情，发展农村基层民主，维护村民的合法权益，促进社会主义新农村建设，根据宪法，制定本法。

第二条　【村委会的性质和任务】村民委员会是村民自我管理、自我教育、自我服务的基层群众性自治组织，实行民主选举、民主决策、民主管理、民主监督。

村民委员会办理本村的公共事务和公益事业，调解民间纠纷，协助维护社会治安，向人民政府反映村民的意见、要求和提出建议。

村民委员会向村民会议、村民代表会议负责并报告工作。

第三条　【村委会的设立】村民委员会根据村民居住状况、人口多少，按照便于群众自治，有利于经济发展和社会管理的原则设立。

村民委员会的设立、撤销、范围调整，由乡、民族乡、镇的人民政府提出，经村民会议讨论同意，报县级人民政府批准。

村民委员会可以根据村民居住状况、集体土地所有权关系等分设若干村民小组。

第四条　【基层党组织在村民自治中的作用】中国共产党在农村的基层组织，按照中国共产党章程进行工作，发挥领导核心作用，领导和支持村民委员会行使职权；依照宪法和法律，支持和保障村民开展自治活动、直接行使民主权利。

第五条　【乡镇人民政府与村委会的关系】乡、民族乡、镇的人民政府对村民委员会的工作给予指导、支持和帮助，但是不得干预依法属于村民自治范围内的事项。

村民委员会协助乡、民族乡、镇的人民政府开展工作。

第二章　村民委员会的组成和职责

第六条　【村委会的组成】村民委员会由主任、副主任和委员共三至七人组成。

村民委员会成员中，应当有妇女成员，多民族村民居住的村应当有人数较少的民族的成员。

对村民委员会成员，根据工作情况，给予适当补贴。

第七条　【村委会下属机构的设置】村民委员会根据需要设人民调解、治安保卫、公共卫生与计划生育等委员会。村民委员会成员可以兼任下属委员会的成员。人口少的村的村民委员会可以不设下属委员会，由村民委员会成员分工负责人民调解、治安保卫、公共卫生与计划生育等工作。

第八条　【村委会的经济职能】村民委员会应当支持和组织村民依法发展各种形式的合作经济和其他经济，承担本村生产的服务和协调工作，促进农村生产建设和经济发展。

村民委员会依照法律规定，管理本村属于村农民集体所有的土地和其他财产，引导村民合理利用自然资源，保护和改善生态环境。

村民委员会应当尊重并支持集体经济组织依法独立进行经济活动的自主权，维护以家庭承包经营为基础、统分结合的双层经营体制，保障集体经济组织和村民、承包经营户、联户或者合伙的合法财产权和其他合法权益。

第九条　【村委会的社会职能】村民委员会应当宣传宪法、法律、法规和国家的政策，教育和推动村民履行法律规定的义务、爱护公共财产，维护村民的合法权益，发展文化教育，普及科技知识，促进男女平等，做好计划生育工作，促进村与村之间的团结、互助，开展多种形式的社会主义精神文明建设活动。

村民委员会应当支持服务性、公益性、互助性社会组织依法开展活动，推动农村社区建设。

多民族村民居住的村，村民委员会应当教育和引导各民族村民增进团结、互相尊重、互相帮助。

第十条　【对村委会及其成员的要求】村民委员会及其成员应当遵守宪法、法律、法规和国家的政策，遵守并组织实施村民自治章程、村规民约，执行村民会议、村民代表会议的决定、决议，办事公道，廉洁奉公，热心为村民服务，接受村民监督。

第三章 村民委员会的选举

第十一条 【村委会成员的产生方式和任期】村民委员会主任、副主任和委员，由村民直接选举产生。任何组织或者个人不得指定、委派或者撤换村民委员会成员。

村民委员会每届任期五年，届满应当及时举行换届选举。村民委员会成员可以连选连任。

第十二条 【村民选举委员会】村民委员会的选举，由村民选举委员会主持。

村民选举委员会由主任和委员组成，由村民会议、村民代表会议或者各村民小组会议推选产生。

村民选举委员会成员被提名为村民委员会成员候选人，应当退出村民选举委员会。

村民选举委员会成员退出村民选举委员会或者因其他原因出缺的，按照原推选结果依次递补，也可以另行推选。

第十三条 【村民选举资格】年满十八周岁的村民，不分民族、种族、性别、职业、家庭出身、宗教信仰、教育程度、财产状况、居住期限，都有选举权和被选举权；但是，依照法律被剥夺政治权利的人除外。

村民委员会选举前，应当对下列人员进行登记，列入参加选举的村民名单：

（一）户籍在本村并且在本村居住的村民；

（二）户籍在本村，不在本村居住，本人表示参加选举的村民；

（三）户籍不在本村，在本村居住一年以上，本人申请参加选举，并且经村民会议或者村民代表会议同意参加选举的公民。

已在户籍所在村或者居住村登记参加选举的村民，不得再参加其他地方村民委员会的选举。

第十四条 【村民名单】登记参加选举的村民名单应当在选举日的二十日前由村民选举委员会公布。

对登记参加选举的村民名单有异议的，应当自名单公布之日起五日内向村民选举委员会申诉，村民选举委员会应当自收到申诉之日起三日内作出处理决定，并公布处理结果。

第十五条 【村委会的选举程序】选举村民委员会，由登记参加选举的村民直接提名候选人。村民提名候选人，应当从全体村民利益出发，推荐奉公守法、品行良好、公道正派、热心公益、具有一定文化水平和工作能力的村民为候选人。候选人的名额应当多于应选名额。村民选举委员会应当组织候选人与村民见面，由候选人介绍履行职责的设想，回答村民提出的问题。

选举村民委员会，有登记参加选举的村民过半数投票，选举有效；候选人获得参加投票的村民过半数的选票，始得当选。当选人数不足应选名额的，不足的名额另行选举。另行选举的，第一次投票未当选的人员得票多的为候选人，候选人以得票多的当选，但是所得票数不得少于已投选票总数的三分之一。

选举实行无记名投票、公开计票的方法，选举结果应当当场公布。选举时，应当设立秘密写票处。

登记参加选举的村民，选举期间外出不能参加投票的，可以书面委托本村有选举权的近亲属代为投票。村民选举委员会应当公布委托人和受委托人的名单。

具体选举办法由省、自治区、直辖市的人民代表大会常务委员会规定。

第十六条 【罢免程序】本村五分之一以上有选举权的村民或者三分之一以上的村民代表联名，可以提出罢免村民委员会成员的要求，并说明要求罢免的理由。被提出罢免的村民委员会成员有权提出申辩意见。

罢免村民委员会成员，须有登记参加选举的村民过半数投票，并须经投票的村民过半数通过。

第十七条 【对破坏村委会选举的制裁】以暴力、威胁、欺骗、贿赂、伪造选票、虚报选举票数等不正当手段当选村民委员会成员的，当选无效。

对以暴力、威胁、欺骗、贿赂、伪造选票、虚报选举票数等不正当手段，妨害村民行使选举权、被选举权，破坏村民委员会选举的行为，村民有权向乡、民族乡、镇的人民代表大会和人民政府或者县级人民代表大会常务委员会和人民政府及其有关主管部门举报，由乡级或者县级人民政府负责调查并依法处理。

第十八条 【村委会成员职务自行终止的情形】村民委员会成员丧失行为能力或者被判处刑罚的，其职务自行终止。

第十九条 【村委会成员出缺的补选】村民委员会成员出缺，可以由村民会议或者村民代表会议进行补选。补选程序参照本法第十五条的规定办理。补选的村民委员会成员的任期到本届村民委员会任期届满时止。

第二十条 【村委会的工作移交】村民委员会应当自新一届村民委员会产生之日起十日内完成工作移交。工作移交由村民选举委员会主持，由乡、民族乡、镇的人民政府监督。

第四章 村民会议和村民代表会议

第二十一条 【村民会议的组成和召集】村民会议由本村十八周岁以上的村民组成。

村民会议由村民委员会召集。有十分之一以上的村民或者三分之一以上的村民代表提议，应当召集村民会议。召集村民会议，应当提前十天通知村民。

第二十二条 【村民会议的召开】召开村民会议，应当有本村十八周岁以上村民的过半数，或者本村三分之二以上的户的代表参加，村民会议所作决定应当经到会人员的过半数通过。法律对召开村民会议及作出决定另有规定的，依照其规定。

召开村民会议，根据需要可以邀请驻本村的企业、事业单位和群众组织派代表列席。

第二十三条　【村民会议对村委会的监督】村民会议审议村民委员会的年度工作报告，评议村民委员会成员的工作；有权撤销或者变更村民委员会不适当的决定；有权撤销或者变更村民代表会议不适当的决定。

村民会议可以授权村民代表会议审议村民委员会的年度工作报告，评议村民委员会成员的工作，撤销或者变更村民委员会不适当的决定。

第二十四条　【村民会议讨论决定的事项】涉及村民利益的下列事项，经村民会议讨论决定方可办理：

（一）本村享受误工补贴的人员及补贴标准；

（二）从村集体经济所得收益的使用；

（三）本村公益事业的兴办和筹资筹劳方案及建设承包方案；

（四）土地承包经营方案；

（五）村集体经济项目的立项、承包方案；

（六）宅基地的使用方案；

（七）征地补偿费的使用、分配方案；

（八）以借贷、租赁或者其他方式处分村集体财产；

（九）村民会议认为应当由村民会议讨论决定的涉及村民利益的其他事项。

村民会议可以授权村民代表会议讨论决定前款规定的事项。

法律对讨论决定村集体经济组织财产和成员权益的事项另有规定的，依照其规定。

第二十五条　【村民代表会议的组成和产生】人数较多或者居住分散的村，可以设立村民代表会议，讨论决定村民会议授权的事项。村民代表会议由村民委员会成员和村民代表组成，村民代表应当占村民代表会议组成人员的五分之四以上，妇女村民代表应当占村民代表会议组成人员的三分之一以上。

村民代表由村民按每五户至十五户推选一人，或者由各村民小组推选若干人。村民代表的任期与村民委员会的任期相同。村民代表可以连选连任。

村民代表应当向其推选户或者村民小组负责，接受村民监督。

第二十六条　【村民代表会议的召集和召开】村民代表会议由村民委员会召集。村民代表会议每季度召开一次。有五分之一以上的村民代表提议，应当召集村民代表会议。

村民代表会议有三分之二以上的组成人员参加方可召开，所作决定应当经到会人员的过半数同意。

第二十七条　【村民自治章程和村规民约】村民会议可以制定和修改村民自治章程、村规民约，并报乡、民族乡、镇的人民政府备案。

村民自治章程、村规民约以及村民会议或者村民代表会议的决定不得与宪法、法律、法规和国家的政策相抵触，不得有侵犯村民的人身权利、民主权利和合法财产权利的内容。

村民自治章程、村规民约以及村民会议或者村民代表会议的决定违反前款规定的，由乡、民族乡、镇的人民政府责令改正。

第二十八条　【村民小组会议】召开村民小组会议，应当有本村民小组十八周岁以上的村民三分之二以上，或者本村民小组三分之二以上的户的代表参加，所作决定应当经到会人员的过半数同意。

村民小组组长由村民小组会议推选。村民小组组长任期与村民委员会的任期相同，可以连选连任。

属于村民小组的集体所有的土地、企业和其他财产的经营管理以及公益事项的办理，由村民小组会议依照有关法律的规定讨论决定，所作决定及实施情况应当及时向本村民小组的村民公布。

第五章　民主管理和民主监督

第二十九条　【村委会及其成员的工作方法】村民委员会应当实行少数服从多数的民主决策机制和公开透明的工作原则，建立健全各种工作制度。

第三十条　【村务公开的事项】村民委员会实行村务公开制度。

村民委员会应当及时公布下列事项，接受村民的监督：

（一）本法第二十三条、第二十四条规定的由村民会议、村民代表会议讨论决定的事项及其实施情况；

（二）国家计划生育政策的落实方案；

（三）政府拨付和接受社会捐赠的救灾救助、补贴补助等资金、物资的管理使用情况；

（四）村民委员会协助人民政府开展工作的情况；

（五）涉及本村村民利益，村民普遍关心的其他事项。

前款规定事项中，一般事项至少每季度公布一次；集体财务往来较多的，财务收支情况应当每月公布一次；涉及村民利益的重大事项应当随时公布。

村民委员会应当保证所公布事项的真实性，并接受村民的查询。

第三十一条　【村务公开不实的处理】村民委员会不及时公布应当公布的事项或者公布的事项不真实的，村民有权向乡、民族乡、镇的人民政府或者县级人民政府及其有关主管部门反映，有关人民政府或者主管部门应当负责调查核实，责令依法公布；经查证确有违法行为的，有关人员应当依法承担责任。

第三十二条　【村务监督机构】村应当建立村务监督委

员会或者其他形式的村务监督机构,负责村民民主理财,监督村务公开等制度的落实,其成员由村民会议或者村民代表会议在村民中推选产生,其中应有具备财会、管理知识的人员。村民委员会成员及其近亲属不得担任村务监督机构成员。村务监督机构成员向村民会议和村民代表会议负责,可以列席村民委员会会议。

第三十三条 【民主评议】村民委员会成员以及由村民或者村集体承担误工补贴的聘用人员,应当接受村民会议或者村民代表会议对其履行职责情况的民主评议。民主评议每年至少进行一次,由村务监督机构主持。

村民委员会成员连续两次被评议不称职的,其职务终止。

第三十四条 【村务档案】村民委员会和村务监督机构应当建立村务档案。村务档案包括:选举文件和选票,会议记录,土地发包方案和承包合同,经济合同,集体财务账目,集体资产登记文件,公益设施基本资料,基本建设资料,宅基地使用方案,征地补偿费使用及分配方案等。村务档案应当真实、准确、完整、规范。

第三十五条 【对村委会成员的审计】村民委员会成员实行任期和离任经济责任审计,审计包括下列事项:

(一)本村财务收支情况;

(二)本村债权债务情况;

(三)政府拨付和接受社会捐赠的资金、物资管理使用情况;

(四)本村生产经营和建设项目的发包管理以及公益事业建设项目招标投标情况;

(五)本村资金管理使用以及本村集体资产、资源的承包、租赁、担保、出让情况,征地补偿费的使用、分配情况;

(六)本村五分之一以上的村民要求审计的其他事项。

村民委员会成员的任期和离任经济责任审计,由县级人民政府农业部门、财政部门或者乡、民族乡、镇的人民政府负责组织,审计结果应当公布,其中离任经济责任审计结果应当在下一届村民委员会选举之前公布。

第三十六条 【实现村民自治权的司法和行政救济措施】村民委员会或者村民委员会成员作出的决定侵害村民合法权益的,受侵害的村民可以申请人民法院予以撤销,责任人依法承担法律责任。

村民委员会不依照法律、法规的规定履行法定义务的,由乡、民族乡、镇的人民政府责令改正。

乡、民族乡、镇的人民政府干预依法属于村民自治范围事项的,由上一级人民政府责令改正。

第六章 附 则

第三十七条 【协助政府工作及公益事业的经费来源】人民政府对村民委员会协助政府开展工作应当提供必要的条件;人民政府有关部门委托村民委员会开展工作需要经费的,由委托部门承担。

村民委员会办理本村公益事业所需的经费,由村民会议通过筹资筹劳解决;经费确有困难的,由地方人民政府给予适当支持。

第三十八条 【村委会与驻在单位的关系】驻在农村的机关、团体、部队、国有及国有控股企业、事业单位及其人员不参加村民委员会组织,但应当通过多种形式参与农村社区建设,并遵守有关村规民约。

村民委员会、村民会议或者村民代表会议讨论决定与前款规定的单位有关的事项,应当与其协商。

第三十九条 【地方人大的保证职责】地方各级人民代表大会和县级以上地方各级人民代表大会常务委员会在本行政区域内保证本法的实施,保障村民依法行使自治权利。

第四十条 【实施办法的制定】省、自治区、直辖市的人民代表大会常务委员会根据本法,结合本行政区域的实际情况,制定实施办法。

第四十一条 【生效日期】本法自公布之日起施行。

中华人民共和国
城市居民委员会组织法

(1989年12月26日第七届全国人民代表大会常务委员会第十一次会议通过 根据2018年12月29日第十三届全国人民代表大会常务委员会第七次会议《关于修改〈中华人民共和国村民委员会组织法〉〈中华人民共和国城市居民委员会组织法〉的决定》修正)

第一条 为了加强城市居民委员会的建设,由城市居民群众依法办理群众自己的事情,促进城市基层社会主义民主和城市社会主义物质文明、精神文明建设的发展,根据宪法,制定本法。

第二条 居民委员会是居民自我管理、自我教育、自我服务的基层群众性自治组织。

不设区的市、市辖区的人民政府或者它的派出机关对居民委员会的工作给予指导、支持和帮助。居民委员会协助不设区的市、市辖区的人民政府或者它的派出机关开展工作。

第三条 居民委员会的任务:

(一)宣传宪法、法律、法规和国家的政策,维护居民的合法权益,教育居民履行依法应尽的义务,爱护公共财产,开展多种形式的社会主义精神文明建设活动;

(二)办理本居住地区居民的公共事务和公益事业;

(三)调解民间纠纷;

(四)协助维护社会治安;

（五）协助人民政府或者它的派出机关做好与居民利益有关的公共卫生、计划生育、优抚救济、青少年教育等项工作；

（六）向人民政府或者它的派出机关反映居民的意见、要求和提出建议。

第四条 居民委员会应当开展便民利民的社区服务活动，可以兴办有关的服务事业。

居民委员会管理本居民委员会的财产，任何部门和单位不得侵犯居民委员会的财产所有权。

第五条 多民族居住地区的居民委员会，应当教育居民互相帮助，互相尊重，加强民族团结。

第六条 居民委员会根据居民居住状况，按照便于居民自治的原则，一般在一百户至七百户的范围内设立。

居民委员会的设立、撤销、规模调整，由不设区的市、市辖区的人民政府决定。

第七条 居民委员会由主任、副主任和委员共五至九人组成。多民族居住地区，居民委员会中应当有人数较少的民族的成员。

第八条 居民委员会主任、副主任和委员，由本居住地区全体有选举权的居民或者由每户派代表选举产生；根据居民意见，也可以由每个居民小组选举代表二至三人选举产生。居民委员会每届任期五年，其成员可以连选连任。

年满十八周岁的本居住地区居民，不分民族、种族、性别、职业、家庭出身、宗教信仰、教育程度、财产状况、居住期限，都有选举权和被选举权；但是，依照法律被剥夺政治权利的人除外。

第九条 居民会议由十八周岁以上的居民组成。

居民会议可以由全体十八周岁以上的居民或者每户派代表参加，也可以由每个居民小组选举代表二至三人参加。

居民会议必须有全体十八周岁以上的居民、户的代表或者居民小组选举的代表的过半数出席，才能举行。会议的决定，由出席人的过半数通过。

第十条 居民委员会向居民会议负责并报告工作。

居民会议由居民委员会召集和主持。有五分之一以上的十八周岁以上的居民、五分之一以上的户或者三分之一以上的居民小组提议，应当召集居民会议。涉及全体居民利益的重要问题，居民委员会必须提请居民会议讨论决定。

居民会议有权撤换和补选居民委员会成员。

第十一条 居民委员会决定问题，采取少数服从多数的原则。

居民委员会进行工作，应当采取民主的方法，不得强迫命令。

第十二条 居民委员会成员应当遵守宪法、法律、法规和国家的政策，办事公道，热心为居民服务。

第十三条 居民委员会根据需要设人民调解、治安保卫、公共卫生等委员会。居民委员会成员可以兼任下属的委员会的成员。居民较少的居民委员会可以不设下属的委员会，由居民委员会的成员分工负责有关工作。

第十四条 居民委员会可以分设若干居民小组，小组长由居民小组推选。

第十五条 居民公约由居民会议讨论制定，报不设区的市、市辖区的人民政府或者它的派出机关备案，由居民委员会监督执行。居民应当遵守居民会议的决议和居民公约。

居民公约的内容不得与宪法、法律、法规和国家的政策相抵触。

第十六条 居民委员会办理本居住地区公益事业所需的费用，经居民会议讨论决定，可以根据自愿原则向居民筹集，也可以向本居住地区的受益单位筹集，但是必须经受益单位同意；收支账目应当及时公布，接受居民监督。

第十七条 居民委员会的工作经费和来源，居民委员会成员的生活补贴费的范围、标准和来源，由不设区的市、市辖区的人民政府或者上级人民政府规定并拨付；经居民会议同意，可以从居民委员会的经济收入中给予适当补助。

居民委员会的办公用房，由当地人民政府统筹解决。

第十八条 依照法律被剥夺政治权利的人编入居民小组，居民委员会应当对他们进行监督和教育。

第十九条 机关、团体、部队、企业事业组织，不参加所在地的居民委员会，但是应当支持所在地的居民委员会的工作。所在地的居民委员会讨论同这些单位有关的问题，需要他们参加会议时，他们应当派代表参加，并且遵守居民委员会的有关决定和居民公约。

前款所列单位的职工及家属、军人及随军家属，参加居住地区的居民委员会；其家属聚居区可以单独成立家属委员会，承担居民委员会的工作，在不设区的市、市辖区的人民政府或者它的派出机关和本单位的指导下进行工作。家属委员会的工作经费和家属委员会成员的生活补贴费、办公用房，由所属单位解决。

第二十条 市、市辖区的人民政府有关部门，需要居民委员会或者它的下属委员会协助进行的工作，应当经市、市辖区的人民政府或者它的派出机关同意并统一安排。市、市辖区的人民政府的有关部门，可以对居民委员会有关的下属委员会进行业务指导。

第二十一条 本法适用于乡、民族乡、镇的人民政府所在地设立的居民委员会。

第二十二条 省、自治区、直辖市的人民代表大会常务委员会可以根据本法制定实施办法。

第二十三条 本法自 1990 年 1 月 1 日起施行。1954 年 12 月 31 日全国人民代表大会常务委员会通过的《城市居民委员会组织条例》同时废止。

关于加强和改进城市社区居民委员会建设工作的意见

（2010年8月26日　中办发〔2010〕27号）

我国城市社区居民委员会是居民自我管理、自我教育、自我服务的基层群众性自治组织。自2000年11月《中共中央办公厅、国务院办公厅关于转发〈民政部关于在全国推进城市社区建设的意见〉的通知》（中办发〔2000〕23号）下发以来，城市社区居民委员会在服务居民群众、搞好城市管理、密切党群干群关系、维护社会稳定等方面发挥了不可替代的重要作用。当前，我国正处于全面建设小康社会、加快推进社会主义现代化建设的新的历史起点，城市基层正在发生新的深刻变革，社区居民委员会承担的社会管理任务更加繁重、维护社会稳定的功能更加突出，居民群众对社区居民委员会的服务需求更加迫切，但不少社区居民委员会还存在着组织不健全、工作关系不顺、工作人员素质偏低、服务设施薄弱、工作经费难以落实等问题，影响了社区居民委员会功能作用的发挥，影响了城市社区建设的整体推进。为深入贯彻落实党的十七大和十七届三中、四中全会精神，适应新形势新任务需要，进一步完善基层群众自治制度，健全城市基层管理和服务体制，经党中央、国务院同意，现就加强和改进城市社区居民委员会建设工作提出以下意见。

一、正确把握加强和改进城市社区居民委员会建设工作的指导思想、基本原则和目标任务

（一）加强和改进城市社区居民委员会建设的指导思想是：全面贯彻党的十七大和十七届三中、四中全会精神，以邓小平理论和“三个代表”重要思想为指导，深入贯彻落实科学发展观，认真实施《中华人民共和国城市居民委员会组织法》，以服务居民群众为宗旨，以提高居民文明素质和社会文明程度、促进社区和谐为目标，着力加强和改进社区居民委员会组织建设、队伍建设、制度建设、设施建设，努力把社区居民委员会建设成为功能完善、充满活力、作用明显、群众满意的基层群众性自治组织，进一步健全完善以社区党组织为核心的城市社区组织体系，为构建社会主义和谐社会奠定组织基础。

（二）加强和改进城市社区居民委员会建设工作的基本原则是：

——坚持党的领导，把握正确方向。从社会主义初级阶段基本国情出发，坚持同完善社会主义市场经济体制相适应，坚持党的领导、人民当家作主、依法治国有机统一，推进社区居民依法直接行使民主权利，管理社区公共事务和公益事业，建立健全社区党组织领导的充满活力的基层群众自治机制，实现政府行政管理与基层群众自治的有效衔接和良性互动。

——坚持以人为本，服务居民群众。始终把实现好维护好发展好社区居民的根本利益作为工作的出发点和落脚点，把居民的服务需求作为第一信号，把居民满意程度作为检验工作成效的第一标准，真正把加强和改进社区居民委员会建设工作变成服务居民、造福居民的民心工程。

——坚持政府主导，社会共同参与。切实转变政府职能，理顺关系，充分发挥各级党委和政府在政策制定、工作部署、设施建设、财力投入等方面的主导作用，尊重社区居民群众的主体地位，积极动员社会力量共驻共建、资源共享，形成社区居民委员会建设的合力。

——坚持因地制宜，注重工作实效。紧密联系各地实际，区分不同情况，加强分类指导，创新工作载体，切实解决长期以来困扰和阻碍社区居民委员会建设的突出问题，力戒形式主义，使社区居民委员会建设工作始终体现时代性、把握规律性、富于创造性。

（三）加强和改进城市社区居民委员会建设的目标任务是：到2020年，努力使全国城市社区居民委员会的组织体系更加健全，社区居民的组织化程度明显提高；社区居民群众享有更多更切实的民主权利，社区居民自治范围进一步扩大，社区民主管理制度日趋完善；干部队伍结构进一步优化，社区管理和服务能力显著增强；工作用房和居民公益性服务设施能够满足社区居民群众的基本服务需求；政府投入与社会投入相结合的经费保障机制基本建立；内外关系更加协调，全社会尊重、关心和支持社区居民委员会工作的良好氛围进一步形成。

“十二五”时期是全面加强和改进社区居民委员会建设的关键时期。要着力理顺社区工作关系，强化社区管理和服务功能，充实壮大社区工作力量，建立健全社区保障机制，为实现到2020年城市社区居民委员会建设的各项奋斗目标奠定坚实基础。

二、进一步明确城市社区居民委员会的主要职责

（四）依法组织居民开展自治活动。社区居民委员会是社区居民自治的组织者、推动者和实践者，要宣传宪法、法律、法规和国家的政策，教育居民遵守社会公德和居民公约、依法履行应尽义务，开展多种形式的社会主义精神文明建设活动；召集社区居民会议，办理本社区居民的公共事务和公益事业；开展便民利民的社区服务活动，兴办有关服务事业，推动社区互助服务和志愿服务活动；组织居民积极参与社会治安综合治理、开展群防群治，调解民间纠纷，及时化解社区居民群众间的矛盾，促进家庭和睦、邻里和谐；管理本社区居民委员会的财产，推行居务公开；及时向人民政府或者它的派出机关反映社区居民群众的意见、要求和提出建议。

（五）依法协助城市基层人民政府或者它的派出机关开展工作。社区居民委员会是党和政府联系社区居民群众的桥梁和纽带，要协助城市基层人民政府或者它的派出机关做好与居民利益有关的社会治安、社区矫正、公共卫生、计划生育、

优抚救济、社区教育、劳动就业、社会保障、社会救助、住房保障、文化体育、消费维权以及老年人、残疾人、未成年人、流动人口权益保障等工作,推动政府社会管理和公共服务覆盖到全社区。

(六)依法依规组织开展有关监督活动。社区居民委员会是社区居民利益的重要维护者,要组织居民有序参与涉及切身利益的公共政策听证活动,组织居民群众参与对城市基层人民政府或者它的派出机关及其工作人员的工作、驻社区单位参与社区建设的情况进行民主评议,对供水、供电、供气、环境卫生、园林绿化等市政服务单位在社区的服务情况进行监督。指导和监督社区内社会组织、业主委员会、业主大会、物业服务企业开展工作,维护社区居民的合法权益。

三、不断健全城市社区居民委员会组织体系

(七)加快社区居民委员会组织全覆盖。社区居民委员会的设置要充分考虑公共服务资源配置和人口规模、管理幅度等因素,按照便于管理、便于服务、便于居民自治的原则确定管辖范围,一个社区原则上设置一个社区居民委员会。加快城乡结合部、城中村、工矿企业所在地、新建住宅区、流动人口聚居地的社区居民委员会组建工作。新建住宅区居民入住率达到50%的,应及时成立社区居民委员会,在此之前应成立居民小组或由相邻的社区居民委员会代管,实现对社区居民的全员管理和无缝隙管理。社区居民委员会的筹建工作在社区党组织领导下开展。

(八)健全社区居民委员会下属的委员会。调整充实社区居民委员会下属的委员会设置,建立有效承接社区管理和服务的人民调解、治安保卫、公共卫生、计划生育、群众文化等各类下属的委员会,切实增强社区居民委员会组织居民开展自治活动和协助城市基层人民政府或者它的派出机关加强社会管理、提供公共服务的能力。选齐配强居民小组长、楼院门栋长,积极开展楼院门栋居民自治,推动形成社区居民委员会及其下属的委员会、居民小组、楼院门栋上下贯通、左右联动的社区居民委员会组织体系新格局。

(九)规范社区居民委员会专业服务机构。为更好地完成社区管理和服务任务,辖区人口较多、社区管理和服务任务较重的社区居民委员会,根据工作需要可建立社区服务站(或称社区工作站、社会工作站)等专业服务机构。按照专干不单干、分工不分家的原则,社区专业服务机构在社区党组织和社区居民委员会统一领导和管理下开展工作,以形成工作合力。社区居民委员会有足够能力承担应尽职责的社区,可以不另设专业服务机构。

四、努力壮大城市社区居民委员会工作队伍

(十)扩大社区居民委员会工作人员来源渠道。社区居民委员会一般配置5至9人,辖区人口较多、社区管理和服务任务较重的社区居民委员会可适当增加若干社区专职工作人员。社区专职工作人员面向社会公开招聘,优先安排符合岗位要求的就业困难人员,其配备比例、招聘办法及专业服务机构的设置标准由市(地)级人民政府或各省、自治区、直辖市人民政府确定。提倡社区党组织班子成员、社区居民委员会成员与业主委员会成员交叉任职,社区居民委员会下属的委员会和居民小组的负责人可以由社区居民推选产生,也可以由社区居民委员会成员或社区专职工作人员经过民主程序兼任。鼓励社区民警、群团组织负责人通过民主选举程序担任社区居民委员会成员。研究建立新录用公务员到社区锻炼制度。鼓励党政机关和企事业单位优秀年轻干部到社区居民委员会帮助工作或建立经常性联系制度,鼓励高校毕业生、复转军人等社会优秀人才到社区担任专职工作人员,鼓励党政机关、企事业单位在职或退休党员干部、社会知名人士以及社区专职工作人员参与社区居民委员会选举,经过民主选举担任社区居民委员会成员。

(十一)加强对社区居民委员会工作人员的教育培训。根据经济社会发展和社区工作的需要,制定培训规划,丰富培训内容,改进培训方式,提高培训效果。城市基层人民政府或者它的派出机关每年至少对社区居民委员会主任培训一次,其他成员每2年至少接受培训一次。要组织社区居民委员会成员和社区专职工作人员深入学习中国特色社会主义理论体系,学习党的路线方针政策和国家法律法规,学习社会工作知识,增强他们坚持党的领导的信念,牢固树立爱岗敬业、乐于奉献、一心为民的精神,努力掌握在新的历史条件下做好群众工作的方法和本领,不断提高服务群众和依法办事的能力和水平。鼓励社区居民委员会成员和社区专职工作人员立足岗位,自学成才,支持他们参加社会工作等各种职业资格考试和学历教育考试,不断提高综合素质。

(十二)关心社区居民委员会工作人员的成长进步。积极把优秀社区居民委员会工作人员培养发展成为党员,积极推荐符合条件的优秀社区居民委员会工作人员担任各级党代会代表、人大代表、政协委员和劳动模范,加大从优秀社区居民委员会成员、社区专职工作人员中考录公务员和选任街道(乡镇)机关、事业单位领导干部的力度。对工作成绩突出、居民群众满意的社区居民委员会工作人员应及时给予宣传、表彰和奖励。

五、积极完善城市社区党组织领导下的社区居民自治制度

(十三)坚持以扩大党内基层民主带动社区居民民主。推广社区党组织班子成员由党员和群众公开推荐与上级党组织推荐相结合的办法,逐步扩大社区党组织领导班子直接选举范围。全面推进社区党务公开,健全社区党员代表议事制度,引导党员参与民主实践,积极探索扩大党内基层民主多种实现形式,带动和促进社区居民民主健康发展。

(十四)坚持和发展社区民主选举制度。进一步规范社区民主选举程序,稳步扩大社区居民委员会直接选举覆盖面。

社区党组织要加强对社区居民委员会选举工作的领导和指导，提倡按照民主程序将不参与选举的社区党组织负责人推选为居民选举委员会主任，主持居民选举委员会工作。社区居民委员会选举由居民推选产生的居民选举委员会主持。居民选举委员会成员依法被确定为居民委员会成员候选人的，应当退出居民选举委员会，所缺名额从原推选结果中依次递补。在符合相关法律法规规定的前提下，各地要对居民委员会成员候选人的资格条件作出规定，引导居民把办事公道、廉洁奉公、遵纪守法、热心为居民服务的人提名为候选人。探索社区流动人口在居住地参加社区居民委员会选举的方式方法，保障其民主政治权利。

（十五）完善社区民主管理制度。进一步健全社区党组织领导的充满活力的社区居民自治机制，推广社区党员或党员代表议事制度，深入开展以居民会议、议事协商、民主听证为主要形式的民主决策实践，以自我管理、自我教育、自我服务为主要目的的民主管理实践，以居务公开、民主评议为主要内容的民主监督实践，全面推进居民自治制度化、规范化、程序化。积极探索网上论坛、民情恳谈、社区对话等有效形式，鼓励社区居民和驻区单位广泛参与，切实保障社区居民的知情权、参与权、决策权、监督权。

（十六）健全社区居民委员会日常工作制度。社区居民委员会要把工作重点进一步转移到社区管理和服务上来，按照居民活动空间最大化、服务设施效益最优化的要求，改进社区居民委员会服务场所管理，方便居民群众使用。建立健全社区居民委员会与驻区单位协商议事制度，推行分片包块、上门走访、服务承诺、结对帮扶等做法，密切社区居民委员会工作人员与社区居民的关系。实行错时上下班、全日值班、节假日轮休等工作制度，方便群众办事。建立健全社区党组织与社区居民委员会联席会议制度，规范社区居民委员会财产、档案、公章管理，确保社区居民委员会工作有效运转。

六、切实改善城市社区居民委员会服务设施

（十七）加强工作用房和居民公益性服务设施建设。要将社区居民委员会工作用房和居民公益性服务设施建设纳入城市规划、土地利用规划和社区发展相关专项规划，并与社区卫生、警务、文化、体育、养老等服务设施统筹规划建设。地方政府应对建设资金来源、产权归属和使用管理方式等作出明确规定。新建住宅小区和旧城区连片改造居民区的建设单位必须按照国家有关标准要求，将公共服务设施配套建设纳入建设工程规划设计方案。城市规划行政主管部门要按照规定的配套建设指标对建设工程规划设计方案进行审查，对不符合规定配置标准和要求的不予批准。工程的设计、施工及验收使用，应广泛征求社区居民及所在地街道办事处的意见。未按规划要求建设社区居民委员会工作用房和居民公益性服务设施的，不能通过验收。验收合格后，建设单位要根据规定将社区居民委员会工作用房和居民公益性服务设施交给所在地街道办事处使用管理。老城区和已建成居住区没有社区居民委员会工作用房和居民公益性服务设施的或者不能满足需要的，由区（县、市）人民政府负责建设，也可以从其他社区设施中调剂置换，或者以购买、租借等方式解决，所需资金由地方各级人民政府统筹解决。积极推动社区综合服务设施建设，提倡“一室多用”，提高使用效益。服务设施的供暖、水电、煤气、电信等费用应按照当地居民使用价格标准收取。

（十八）积极推进社区信息化建设。整合社区现有信息网络资源，鼓励建立覆盖区（县、市）或更大范围的社区综合信息管理和服务平台，实现数据一次收集、资源多方共享。整合区、街道、社区面向居民群众、驻区单位服务的内容和流程，建设集行政管理、社会事务、便民服务为一体的社区信息服务网络，逐步改善社区居民委员会信息技术装备条件，提高社区居民信息技术运用能力，全面支撑社区管理和服务工作。积极推进社区居民委员会内部管理电子化，减轻工作负担，提高工作效率。

七、逐步理顺城市社区居民委员会与相关组织的工作关系

（十九）自觉接受社区党组织的领导。社区党组织是党在社区全部工作和战斗力的基础，是社区各类组织和各项工作的领导核心。社区居民委员会要自觉接受社区党组织的领导，社区党组织要不断加强自身建设、改进工作方式，切实领导和指导好社区居民委员会工作。以“三有一化”（即有人有钱有场所、构建城市区域化党建格局）为重点，积极推进社区党组织建设，为社会主义和谐社区建设提供坚强组织保证。支持和保障社区居民委员会充分行使职权，及时帮助解决社区居民委员会工作中存在的困难和问题。提倡社区党组织班子成员与社区居民委员会成员交叉任职，健全社区党组织领导社区居民委员会开展工作的相关制度，确保社区党建与和谐社区建设紧密结合，确保党的路线方针政策和各项工作得到贯彻落实。切实加强社区党员教育、管理和服务工作，坚持和完善党员设岗定责、依岗承诺、志愿服务和帮扶结对等制度，进一步落实在职党员到社区报到的要求，拓宽党员服务群众渠道，充分发挥党员在和谐社区建设中的先锋模范作用。

（二十）支持社会组织和社区志愿者参与社区管理和服务。社区居民委员会要积极培育社区服务性、公益性、互助性社会组织，对不具备登记条件的社区服务性、公益性、互助性社会组织，要主动帮助办理备案手续，并在组织运作、活动场地等方面为其提供帮助。社区党组织要加强对社区各类社会组织的政治领导，注意培养社区社会组织负责人队伍。要通过政府购买服务、设立项目资金等途径，积极引导各种社会组织和各类志愿者参与社区管理和服务，鼓励和支持社区居民开展互助服务，使之成为推进社区居民委员会工作的重要力量。大力推行社区志愿者注册制度，健全社区志愿服务网络，力争用3至5年的时间，实现社区志愿者注册率占居民人口

10%以上的目标。

（二十一）发挥业主大会和业主委员会在社区管理和服务中的积极作用。社区居民委员会要积极支持物业服务企业开展多种形式的社区服务，业主委员会和物业服务企业要主动接受社区居民委员会的指导和监督。建立健全社区党组织、社区居民委员会、业主委员会和物业服务企业协调机制，及时协调解决物业服务纠纷，维护各方合法权益。召开业主大会、业主委员会会议应当告知所在社区居民委员会，并听取其意见。

（二十二）强化驻区单位的社区建设责任。建立社区党组织、社区居民委员会、驻区单位联席会议制度，定期研究资源共享、社区共建事项。积极推动驻区单位将文化、教育、体育等活动设施向社区居民开放。推动驻区单位将服务性、公益性、社会性事业逐步向社区开放，为社区居民委员会提供人力、物力、财力支持。探索建立驻区单位社区建设责任评价体系，推动共驻共建、资源共享。要把驻区单位履行社区建设责任的情况纳入和谐社区示范单位创建内容，有关部门在评先表优时要主动听取社区居民委员会对驻区单位的意见。

八、大力加强对城市社区居民委员会建设工作的领导

（二十三）城市基层人民政府或者它的派出机关对社区居民委员会的工作给予指导、支持和帮助。城市基层人民政府或者它的派出机关要大力推进服务型政府建设，切实转变职能，改进管理方式和工作作风，履行好社会管理和公共服务的职责。要在街道社区服务中心设立"一站式"服务大厅，为社区及居民群众提供方便快捷优质的服务。普遍推行社区公共服务事项准入制度，凡属于基层人民政府及其职能部门、街道办事处职责范围内的事项，不得转嫁给社区居民委员会；凡依法应由社区居民委员会协助的事项，应当为社区居民委员会提供必要的经费和工作条件；凡委托给社区居民委员会办理的有关服务事项，应当实行权随责走、费随事转。逐步清理和整合在社区设立的各种工作机构，规范政府部门面向社区居民委员会开展的检查评比达标活动，大力压缩针对社区居民委员会的各类会议、台账和材料报表。加快街道办事处法制建设步伐，省级人民政府要积极研究制定城市基层人民政府或者它的派出机关指导社区居民委员会工作规则。

（二十四）落实领导责任制。要把加强和改进社区居民委员会建设工作纳入党委重要议事日程，纳入政府履行社会管理和公共服务职能的重要内容。各省、自治区、直辖市党委和政府要定期研究社区居民委员会建设工作。区（县、市）委书记要认真履行第一责任人的职责，街道办事处党工委书记要履行好直接责任人的职责，市、区（县、市）领导干部和街道（镇）领导干部要建立社区居民委员会建设联系点，要将社区居民委员会建设工作成效作为市、区（县、市）党委和政府工作目标管理和年度目标考核的重要内容。

（二十五）加强部门协调配合。在当地党委、政府统一领导下，党委组织部门在加强社区居民委员会建设中要发挥抓总引领作用，民政部门要充分发挥牵头指导作用，搞好协调服务。依托社区居民委员会开展公共服务的教育、科技、公安、司法、社会治安综合治理、人力资源和社会保障、城乡建设、文化、卫生、人口和计划生育、环保、体育等部门要强化责任意识，把支持和帮助社区居民委员会建设作为为民办实事的重要内容予以落实。各级发展改革、财政、金融、税务、工商等部门要按照各自职能和权限，采取有效政策措施，积极支持社区居民委员会建设。工会、共青团、妇联及残联、老龄协会、计划生育协会、慈善协会等群众组织要发挥各自优势，积极参与社区居民委员会建设。

（二十六）切实加大经费保障力度。要将社区居民委员会的工作经费、人员报酬以及服务设施和社区信息化建设等项经费纳入财政预算。社区居民委员会兴办公益事业所需费用，经居民会议或居民代表会议讨论，按照自愿原则，可以向社区居民或受益单位筹集。街道办事处要将社区居民委员会工作经费纳入街道办事处银行账户管理，实行专款专用，分账核算，不得挪用、挤占、截留，并定期向社区居民委员会及居民公开使用情况，接受居民监督。加大对财政困难地区一般性转移支付力度，增强其做好社区居民委员会建设工作的保障能力。社区居民委员会成员、社区专职工作人员报酬问题由县级以上地方人民政府统筹解决，其标准原则上不低于上年度当地社会平均工资水平。社区居民委员会成员和社区专职工作人员按国家有关规定参加基本养老、失业、基本医疗、生育、工伤保险，有条件的地方逐步落实住房公积金政策。

（二十七）提高指导社区居民委员会建设的工作水平。要以改革创新精神研究新情况、解决新问题，不断改进社区居民委员会建设的工作方法，创新工作机制。针对不同地区社区居民委员会建设的实际加强分类指导，不断总结和探索社区居民委员会建设工作的经验和规律。要把加强社区居民委员会建设工作与党的建设紧密结合，与社区建设紧密结合，加大宣传力度，大力表彰先进典型，总结推广先进经验，为推进城市社区居民委员会建设、构建社会主义和谐社会创造良好氛围。

各地区各有关部门要按照本意见精神，结合实际，制定贯彻落实的具体措施。

中共中央办公厅、国务院办公厅关于加强和改进村民委员会选举工作的通知

（2009年4月24日　中办发〔2009〕20号）

近年来，村民委员会选举工作在全国各地农村深入开展，对保障村民实行自治、发展农村基层民主发挥了重要作用。但也应看到，有的地方村民委员会选举竞争行为不规范、贿选

现象严重，影响了选举的公正性；有的地方没有严格执行村民委员会选举的法律法规和相关政策，影响了村民的参与热情；有的地方对村民委员会选举中产生的矛盾纠纷化解不及时，影响了农村社会稳定。为进一步做好当前和今后一个时期的村民委员会选举工作，保障村民委员会选举的公正有序，保障村民享有更多更切实的民主权利，推动农村经济平稳较快发展，确保农村社会和谐稳定，经党中央、国务院同意，现就加强和改进村民委员会选举工作通知如下。

一、充分认识加强和改进村民委员会选举工作的重要意义

村民委员会选举，是我国社会主义民主在农村最广泛的实践形式之一。当前，我国农村正在发生新的变革，农村社会结构快速变动，社会利益格局和农民思想观念深刻变化。适应农村改革发展的新形势，不断加强和改进村民委员会选举工作，进一步完善选举各项程序，做深做细做实选举各个环节工作，有利于保障村民依法直接行使民主权利，发展农村基层民主；有利于密切党群干群关系，维护农村社会和谐稳定；有利于调动亿万农民群众建设社会主义新农村的积极性、主动性和创造性，推动农村全面建设小康社会进程。

各地区各部门要高举中国特色社会主义伟大旗帜，以邓小平理论和“三个代表”重要思想为指导，深入贯彻落实科学发展观，按照党的十七大关于坚持和完善基层群众自治制度和党的十七届三中全会关于健全农村民主管理制度的要求，充分认识加强和改进村民委员会选举工作的重要意义，认真研究解决目前选举工作中存在的问题，把以直接选举、公正有序为基本要求的村民委员会选举实践进一步推向深入。

二、切实加强村民委员会选举前的各项准备工作

*加强选举领导机构和工作机构。*凡举行村民委员会换届选举的地方，省、市、县、乡各级都要成立专门的领导机构和工作机构，保证必要的工作人员和经费，推动选举工作有组织、有步骤、有秩序地开展。要积极指导依法推选村民选举委员会，组织好村民委员会选举工作。

*加强选举教育和培训工作。*各地区各部门要在农民群众中广泛深入地开展社会主义民主法制教育，激发他们参与村民委员会选举的热情，了解村民委员会选举的基本程序，珍惜民主权利，真正把办事公道、廉洁奉公、遵纪守法、热心为村民服务的人选进村民委员会。县级党委和政府要重点做好对县乡两级负责村民委员会选举工作的党政干部的培训工作，使他们牢固掌握法律法规和相关政策，不断提高指导选举工作的能力和水平。乡级党委和政府要重点做好对包村干部、村民选举委员会成员的培训工作，使他们熟悉村民委员会选举程序和方法步骤，不断提高实际操作的规范化水平。凡不掌握村民委员会选举法律法规和相关政策的县乡干部以及在选举培训中不合格的县乡干部，不得派到村里指导选举工作。

*加强选举方案制定工作。*县乡两级要围绕组建村民委员会选举领导机构和工作机构、选举教育和培训、选举工作各个阶段的基本要求、选举工作进展安排等制定工作方案。积极开展调查研究，摸清本地区社会结构变化、人口流动、基层干部群众思想状况等社情民意，增强选举方案的指导性和针对性。加强与外出务工经商人员联络沟通，妥善解决他们依法行使选举权和被选举权问题。重点关注村情复杂、干群矛盾突出以及历次选举中问题较多的村，并制定工作预案，加强工作力量，加大指导力度。未经县（市、区）委批准，无故取消或拖延村民委员会换届选举的，要依法追究乡（镇、街道）党委（工委）、政府和村党组织、村民委员会主要负责人的责任。

*加强村级财务审计工作。*乡级党委和政府要认真组织开展对现任村民委员会成员的民主评议，做好村级财务清理和村民委员会成员任期届满审计工作。村集体财务收支情况、集体财产管理使用情况、生产经营和建设项目的发包和管理情况、土地补偿分配和使用情况、村级债权债务情况，以及农民群众反映集中、强烈要求审计的其他内容，要列入审计范围，并及时将审计结果公之于众。

三、依法规范村民委员会选举程序

*规范村民选举委员会产生程序。*村民选举委员会成员必须依法推选产生，任何组织或个人不得任意指定、撤换。提倡按照民主程序将村党组织负责人推选为村民选举委员会主任，主持村民选举委员会工作，发挥村党组织的领导核心作用。村民选举委员会成员依法被确定为村民委员会成员候选人的，应当退出村民选举委员会，所缺名额从原推选结果中依次递补。村民选举委员会成员不履行职责的，经村民会议、村民代表会议或者村民小组讨论同意，按照原推选结果依次递补或者另行推选。

*规范村民委员会成员候选人提名方式。*村民委员会主任、副主任和委员候选人由本村有选举权的村民直接提名产生，候选人的名额应当多于应选名额。在符合法律法规规定的前提下，各地要对村民委员会成员候选人的资格条件作出规定，引导村民把办事公道、廉洁奉公、遵纪守法、热心为村民服务的人提名为候选人。鼓励农村致富能手、复转军人、外出务工经商返乡农民、回乡大中专毕业生、大学生“村官”、县乡机关和企事业单位提前离岗或退休干部职工通过法定程序积极参与选举村民委员会成员的竞争。提倡村党组织成员和村民委员会成员交叉任职，但要从实际出发，不搞一刀切。适应中国特色社会主义新农村建设需要，提倡把更多女性村民特别是村妇代会主任提名为村民委员会成员候选人。

*规范候选人的竞争行为。*村民选举委员会应积极主动、客观公正地向村民介绍正式候选人的情况。有条件的地方，提倡组织候选人同村民见面，介绍治村设想或竞职承诺，回答村民提出的问题，禁止候选人或候选人指使的人私下拉票。要加强对候选人治村设想或竞职承诺的审核把关工作，治村设想或竞职承诺不得有与宪法、法律、法规和国家政策相抵触的内容，不得有侵犯其他村民人身权利、民主权利和合法财产

权利的内容，不得有对竞争对手进行人身攻击的内容。要引导候选人着力围绕发展经济、完善管理、改进服务提出方案和措施，防止出现为当选进行个人捐助村内公益事业财物比拼加码的现象。对候选人承诺捐助村集体的资金或物资，不应由候选人在选举前或选举后私自决定分配方案，而应交由依法选举产生的村民委员会组织召开村民会议或村民代表会议民主讨论决定。

规范投票行为。全面设立秘密划票处，普遍实行秘密写票制度，保障村民在无干扰的情况下自主表达选举意愿。严格规范委托投票，限定选民接受委托投票的人次，禁止投票现场临时委托。严格控制流动票箱的使用，确有必要使用流动票箱的，其对象和人数应由村民代表会议讨论决定，并张榜公布。切实维护选举大会的现场秩序，禁止任何人实施向选民展示钱物等扰乱选举现场秩序、影响选民投票意向的行为。投票结束后，应当公开唱票、计票，当场公布选举结果。

四、扎实做好村民委员会选举后续工作

扎实做好新老村民委员会交接工作。新老村民委员会的交接工作，由乡级政府负责主持，村党组织参与。原村民委员会应依法在规定期限内将印章、办公场所、办公用具、集体财务账目、固定资产、工作档案、债权债务及其他遗留问题等，及时移交给新一届村民委员会。已经完成选举的地方，要认真检查验收。对拒绝移交或者无故拖延移交的，乡级党委和政府、村党组织应当给予批评教育，督促其改正。要耐心做好落选人员思想工作，引导他们积极支持新当选的村民委员会成员开展工作。选举工作结束后，要及时统计、汇总、上报选举结果，建立健全村民委员会选举工作档案。

扎实做好新当选村民委员会成员培训工作。选举结束后，各地区应根据当地实际，制订规划，广泛培训新当选的村民委员会成员，组织他们学习党的路线方针政策，深入学习实践科学发展观，学习法律法规和实用技术，增强村民委员会成员坚持党的领导的信念，增强正确执行政策、坚持依法办事、善于做群众工作的能力，增强带领广大农民群众建设社会主义新农村的本领。

扎实做好村务公开和民主管理制度健全工作。加强对村民委员会成员履行选举期间竞职承诺的监督，防止其利用职权谋取不正当利益。理顺村级各类组织的关系，抓好以村党组织为核心的村级组织配套建设，领导和支持村民委员会等村级组织依照法律法规和章程开展工作。进一步健全完善村党组织领导的充满活力的村民自治机制，深入开展以村民会议、村民代表会议、村民议事为主要形式的民主决策实践，以自我教育、自我管理、自我服务为主要目的的民主管理实践，以村务公开、财务监督、群众评议为主要内容的民主监督实践，全面推进村民自治制度化、规范化、程序化。凡未经村民会议或者村民代表会议讨论决定，任何组织或个人擅自以集体名义借贷，变更和处置村集体的土地、企业、设备、设施等，均为无效，村民有权拒绝，造成的损失由相关责任人承担，构成违纪的给予其党纪政纪处分，涉嫌犯罪的移送司法机关依法处理。对无正当理由拒不履行为村民服务职责或拒不协助乡（镇）政府开展工作的村民委员会成员，村党组织和乡（镇）党委、政府应对其进行批评教育，对拒不改正的应依法启动罢免程序。

扎实做好村民委员会成员合法权益保障工作。妥善解决村干部的报酬和养老保险等问题，帮助他们解决工作和生活中的实际困难，解除他们的后顾之忧。按规定渠道，切实解决村民委员会的活动场所问题，及时拨付工作运行经费；乡级政府需要委托村民委员会承办的事项，应按照“权随责走、费随事转”的原则妥善解决。对于一心为民、工作成绩突出的村民委员会成员，应及时给予宣传表彰。

五、坚决查处村民委员会选举中的贿选等违法违纪行为

坚决制止和查处贿选行为。在村民委员会选举的过程中，候选人及其亲友直接或指使他人用财物或者其他利益收买本村选民、选举工作人员或者其他候选人，影响或左右选民意愿的，都是贿选。各地要结合实际，进一步明确贿选的界限，加强监督，加大查处力度。对参与或指使他人以暴力、威胁、欺骗、贿赂、伪造选票、虚报选举票数等违法手段破坏选举或者妨碍村民依法行使选举权和被选举权的，以及对控告、检举选举违法行为的人进行打击、报复的，要发现一起坚决查处一起。对选举中的违法违纪行为，村民有权向乡、民族乡、镇的人民代表大会和人民政府或者县级人民代表大会常务委员会和人民政府及其有关主管部门举报，有关机关应当负责调查并依法处理。对参与或指使他人以暴力、威胁、欺骗、贿赂、伪造选票、虚报选举票数等违法手段参选的，一经发现即取消其参选资格，已经当选的，其当选无效；违反治安管理规定的，依法给予治安管理处罚；构成犯罪的，依法追究刑事责任。

加大对选举工作人员违法违纪行为的查处力度。村民选举委员会成员在村民委员会选举中有违法违纪行为的，要及时终止其资格。对伪造选举文件、篡改选举结果或者以威胁、贿赂、欺骗等手段，妨害村民依法行使选举权、被选举权的农村党员干部，要给予撤销党内职务、留党察看或者开除党籍处分。农村党员和国家公务员有参与或者怂恿村民委员会选举中违法违纪行为的，要分别给予党纪或者政纪处分。对假借选举之名，打着宗教旗号从事非法活动、民族分裂活动和刑事犯罪活动的，要坚决依法予以打击。

六、加强对村民委员会选举工作的组织领导

健全和落实领导责任制。各级党委、人大、政府要把加强和改进村民委员会选举工作列入重要议事日程，形成党委领导、人大监督、政府实施、各有关部门密切配合的工作体制和运行机制。县级党委书记要认真履行“第一责任人”的职责，乡级党委书记要认真履行“直接责任人”的职责，村党组织要在村民委员会选举中充分发挥领导核心作用。地方各级人大和县级以上地方各级人大常委会在本行政区域内要切实保证村民委员会组织法的实施，保障村民依法行使选举权利。各级党委组织部门要统筹协调村级党组织选举工作和村民委员会选举工作，加强指导。各级民政部门要充分发挥职能作用，认真抓好村民委员会选举工作的指导和监督检查。各级财政部门要落实相关工作经费，保证选举工作顺利进行。各级纪检监察、宣传、信访、公安、司法、综合治理、妇联等部门，各级人民法院、人民检察院，要积极参与、配合村民委员会选举工作。要建立健全工作责任追究制度，对因领导和指导工作不力、敷衍应付、处置不当引发较大规模群体性事件的，要追究相关领导和有关人员的责任。

*认真做好群众来信来访工作。*县乡两级村民委员会换届选举工作领导机构和工作机构要向社会公布办公地址和工作电话，提供咨询服务。对有关村民委员会选举的来信来访，要及时调查研究，妥善答复，切实维护群众合法权益。对群众反映的问题，如果属实或基本属实的，要及时纠正解决；对与实际情况有出入的，要本着有什么问题就解决什么问题的原则进行完善；对与实际情况完全不符的，要尽快说明情况，争取群众的认可；对群众听信谣传、上当受骗的，要及时予以揭露，澄清事实，消除群众误解。县乡村三级都要建立健全村民委员会选举工作信息报告制度，全面掌握选举动态，及时上报选举引发的重大事件。在选情复杂的地方，县乡两级要建立应急处置工作机制，制定应急处置预案，加强对突发事件的防范和处置。

*加大对村民委员会选举工作的监督力度。*要充分发挥党委、人大、政府及其职能部门的监督作用，同时结合实际，发挥村民选举委员会、村民对选举全过程的监督作用。要积极探索舆论监督以及各级党代表、人大代表、政协委员担任选举监督员等形式，加强社会力量对选举工作的监督。

*加强对村民委员会选举工作的舆论引导。*各地区各部门要充分发挥新闻媒体的积极作用，大力宣传党的十七大和十七届三中全会精神，宣传村民委员会选举的法律法规和相关政策，宣传选举中涌现的好经验好做法，形成正面引导的强大声势。县乡村三级都要把宣传教育和舆论引导贯穿于选举工作全过程，把依法办事贯穿于选举实践全过程，把为什么举行村民委员会选举、应该选举什么样的人进村民委员会、什么样的选举行为为法律法规所允许等问题，通过多种方式清清楚楚地告诉广大村民，引导他们行使好自己的民主权利，引导候选人坚持社会主义荣辱观，正确对待自己、其他候选人和村民，正确对待困难、挫折和荣誉，促进理性公平竞争，努力形成和谐选举的良好局面。

各地区各部门要将本通知精神尽快传达贯彻到农村干部群众中，村民委员会选举工作中遇到的重大问题请及时报告中央。

国务院办公厅转发民政部、公安部关于规范村民委员会印章制发使用和管理工作意见的通知

（2001 年 7 月 22 日　国办发〔2001〕52 号）

民政部、公安部《关于规范村民委员会印章制发使用和管理工作的意见》已经国务院同意。现转发给你们，请遵照执行。

关于规范村民委员会印章制发使用和管理工作的意见

村民委员会印章，是村级公共权力的象征，在办理村公共事务和公益事业方面具有重要作用。规范村民委员会印章的制发、使用和管理，是村民委员会组织建设的重要内容。一个时期以来，一些农村村民委员会在印章制发、使用和管理方面存在不规范的现象，对农村的社会管理造成了不良影响，有些甚至给村集体经济造成重大损失。为切实保障广大农民群众的利益，规范农村基层管理，促进村民自治健康有序发展，现就规范村民委员会印章制发、使用和管理工作提出以下意见：

一、村民委员会印章的规格式样和制发程序

村民委员会的印章为圆形，直径不得大于 4.2 厘米，中央刊五角星，五角星外刊县（自治县、旗、市、区）乡（民族乡、镇）村民委员会名称，自左而右环行，或者名称前段自左而右环行、后段在五角星下自左而右横排。民族自治地方的村民委员会，应当并刊汉字和相应的民族文字。印章所刊汉字，应当使用国务院公布的简化字，字体为宋体。

今后，村民委员会的印章一律由乡级人民政府负责制发。刻制村民委员会印章，由村党支部、村民委员会提出意见，交村民代表会议讨论，报乡级人民政府审核，由乡级人民政府到所在地县级人民政府公安机关办理准刻手续，并到指定的厂家刻制。对不按程序刻制村民委员会印章的行为，要进行批评教育，责令改正；造成严重后果的，要依法追究当事人的法律责任。

村民委员会撤销或者合并，被撤销或合并前的村民委员会的印章不得继续使用，制发机关应予及时收缴。村民委员会因故需要更换印章，制发机关应在颁发新印章的同时收缴其旧印章。村民委员会印章丢失，应及时向制发机关报告并申请补发，应予补发的由制发机关登记并办理补发。制发机关应以适当方式公布新印章启用和旧印章作废。使用已作废村民委员会印章的，按私刻公章行为处理。

二、建立健全村民委员会印章的使用管理制度

乡级人民政府和县级人民政府民政部门要加强对村民委

员会印章使用管理的指导。要指导村民委员会建立印章使用的审批、登记、备案制度，并纳入村民自治章程或村规民约之中。村民委员会印章要有专人保管，保管人由村党支部、村民委员会提名，并经村民代表会议讨论后决定。为防止乱用印章，一般情况下，印章使用的审批人与印章保管人不得为同一人。村党支部书记、村民委员会主任一般不宜直接保管印章。凡涉及贷款、承包、对外签订合同等重大问题需使用印章时，村民委员会应及时召开村民会议或村民代表会，经会议讨论同意并经村民委员会主任签字后方可使用。对违反印章使用管理规定的，要视情节轻重给予批评教育，造成严重后果的要追究当事人的法律责任。

村民委员会要加强对印章和印章使用的管理，既要严格遵守印章管理规定和印章使用审批程序，又要方便群众的生产和生活。不得以欠交税费等为借口，在村民办理参军、婚姻状况证明、外出务工证明等手续时，拒绝使用印章，也不得借机吃、拿、卡、要，增加农民负担。

三、加强村民委员会的印章管理工作

乡级人民政府、县级人民政府民政部门要监督做好村民委员会换届后的印章移交工作。换届选举工作结束后，上一届村民委员会应在10天内向本届村民委员会移交印章。拒不移交村民委员会印章的，由制发机关负责追缴，并追究责任。

村民委员会成员在届内被集体罢免的，印章由乡级人民政府暂时代管。乡级人民政府应在重新选举工作结束后及时将印章发给新的村民委员会。

各地应结合正在推行的村民自治工作，对村民委员会印章的制发、使用情况和管理工作进行一次检查，以往做法与本意见不一致的，以本意见为准。

城市居民委员会印章的刻制、使用和管理可参照本意见执行。

国务院批转民政部关于加强城市街道居民委员会工作报告的通知

（1987年6月15日　国发〔1987〕56号）

国务院同意民政部《关于加强城市街道居民委员会工作的报告》，现转发给你们，请遵照执行。

民政部关于加强城市街道居民委员会工作的报告

为了加强城市街道居民委员会的建设，充分发挥居民委员会在城市两个文明建设中的作用，我部于一九八六年十二月三日至九日，在河北省石家庄市召开了全国城市街道居民委员会工作座谈会。会议总结了居民委员会工作取得的成绩，分析了存在的问题，讨论了新时期居民委员会的地位、作用和主要工作，研究了在城市经济、政治体制改革和社会主义精神文明建设的新形势下，进一步加强居民委员会建设的措施，形成了一致的意见。现报告如下：

一、居民委员会在新的历史时期的地位、作用和主要工作

我国城市居民委员会是在一九五四年十二月《城市居民委员会组织条例》颁布以后普遍建立起来的。三十多年来，特别是新宪法颁布以来，居民委员会在社会主义革命和建设中发挥了重要作用，在办理公共事务和公益事业、调解民间纠纷、协助维护社会治安、普及法律教育、移风易俗、向人民政府反映居民的意见、要求和建议等方面，做了大量的工作，促进了城市的安定团结，促进了社会主义物质文明和精神文明建设的发展。

居民委员会是城市基层群众性自治组织，是党和政府联系群众的桥梁和纽带，是社会主义物质文明和精神文明建设的一支重要力量。在新的历史时期，加强居民委员会的工作，充分发挥居民委员会的作用，对于贯彻落实党的十一届三中全会以来的路线、方针、政策，发展安定团结的政治局面，建设高度的社会主义民主，促进城市社会主义物质文明和精神文明建设，具有重要的意义。

今后一个时期居民委员会的主要工作是：

（一）加强社会主义精神文明建设。居民委员会要同本居住地区的机关、团体、部队、企事业等单位密切配合，共同建设社会主义精神文明。要对居民进行社会主义法制、道德和纪律教育，进行爱祖国、爱人民、爱劳动、爱科学、爱社会主义的教育。要扶贫济困、尊敬老人，保护妇女儿童的合法权益，照顾烈军属和荣誉军人，关心鳏寡孤独和残疾人。要广泛开展文明楼（院）、五好家庭的评比表彰活动，建立家庭内部、邻里之间平等、友爱、团结、互助的社会主义新型的人与人之间的关系。要积极兴办老年人活动站、青少年文化站，通过多种有效形式，活跃居民的精神文化生活。要发动群众开展爱国卫生活动，绿化、美化环境，实行计划生育，改革落后愚昧的习俗，破除封建迷信活动，努力把本居住区建设成为文明、整洁、安全、舒适的居住区。

（二）积极参加社会治安的综合治理。居民委员会要采取多种形式，在居民中普及法律知识，增强居民的法制观念。要组织居民开展治安防范活动，协助公安、司法机关严厉打击各种犯罪活动，维护社会治安和社会秩序，做好帮教失足青少年及劳改释放、解除劳教人员的工作，防止和减少犯罪。要及时调解民间纠纷，做好疏导工作，防止矛盾激化。努力使本居住区无刑事案件发生，一般民事纠纷能够得到及时调处。

（三）积极兴办便民、利民的生产、生活服务事业。居民委员会应当充分发挥自我服务的作用，广泛发动群众，动员社会力量，大力兴办便民、利民的生产、生活服务事业，解决居民生活中种种不便，尽量减少他们的后顾之忧，使之专心致志地工作、学习，幸福愉快地生活。

（四）教育居民履行依法应尽的义务，密切人民政府同居民的关系。居民委员会要认真宣传党和政府的方针、政策，教育居民遵守国家的宪法、法律、法规，自觉履行法律规定的公民义务，如计划生育、服兵役、义务教育等。组织居民参加社会事务的民主管理，行使人民当家做主的权利。要及时向人民政府反映居民的意见、要求和提出建议。

二、认真解决居民委员会建设和工作中存在的问题

当前，居民委员会建设和工作中还存在一些问题。主要是：任务过多过重；干部素质与工作需要不相适应；一些地方干部的生活补贴和办公经费、办公用房未得到妥善解决；兴办便民、利民的生产、生活服务事业缺乏相应的扶持保护政策。为了进一步发挥居民委员会在城市两个文明建设中的作用，真正把居民委员会建设成为有活力、有威望的基层群众性自治组织，各级政府要采取有效措施，切实帮助解决一些实际问题。

（一）减轻居民委员会的工作负担。各级政府及其派出机关要切实尊重居民委员会的法律地位。今后，凡属政府职能部门职责范围内的工作，不要推给居民委员会。确需居民委员会帮助完成的事项，应当由街道办事处或基层人民政府统一安排，其他部门和群众团体，不得直接给居民委员会布置工作。

（二）提高居民委员会干部队伍的素质。要广开门路，多方开辟居民委员会干部来源，可以采取选聘或吸收离退休人员，在待业知识青年中选拔优秀分子，从厂矿或事业单位中选调优秀职工参加所在地的居民委员会工作等办法，改善居民委员会的干部结构。同时，要采取措施，制定规划，把居民委员会干部的培训工作开展起来，并逐步使培训工作经常化、制度化，提高居民委员会干部的素质。居民委员会干部要发扬密切联系群众的优良传统，经常深入居民家庭，知百家情，办百家事，与群众打成一片。涉及居民利益的重大问题，要发动居民民主讨论决定。

（三）切实解决居民委员会建设和工作中的实际困难。目前，居民委员会干部生活补贴过低，办公经费较少，有些地方还执行着五十年代规定的标准，实际困难很多。各级人民政府要制定具体办法，按照当地居民的实际生活水平确定统一的补助标准，妥善解决居民委员会干部的生活补贴问题。所需经费，由各地人民政府具体确定，务使居民委员会干部的生活补贴得到落实。对于从事居民委员会工作多年、因年老体弱退下来的居民委员会干部，也要给予一定的生活补贴。补贴的具体办法和标准，各地根据实际情况自行确定。对于居民委员会的办公经费，要予以适当提高，以保证居民委员会起码的办公需要。要采取多种途径解决居民委员会的办公用房。新建居民住宅区，要按国家有关规定将居民委员会办公用房纳入基建规划。老居民住宅区居民委员会没有办公用房的，由市、区人民政府统筹解决。

（四）扶持和保护居民委员会兴办便民利民的生产、生活服务事业。居民委员会兴办便民利民的生产、生活服务网点，是件一举多得的好事，不仅可以为国家创造财富，方便居民的生活，而且可以补充居民委员会所需经费的不足。各级人民政府要积极提倡，从政策上给予扶持和保护。居民委员会举办的生产、生活服务网点，其资产和利润任何部门不得无偿平调。前些年已经无偿平调或上收的服务网点，凡是与当地居民生活密切相关、适合居民委员会经营，且具备腾退条件的，原则上要退还给居民委员会；不能退还的可与居民委员会实行联营或返还一部分利润给居民委员会。对居民委员会兴办的盈利微薄、方便居民的生活服务项目，有关部门要在审批场地、办理营业执照、技术指导、物资供应等方面给予积极支持，税收问题按《中华人民共和国集体企业所得税暂行条例》的有关规定办理。

三、加强对居民委员会工作的领导

加强对居民委员会工作的领导，是做好居民委员会工作、发挥其作用的关键。建议各级人民政府切实加强领导，把居民委员会工作纳入议事日程，确定专人负责，研究解决居民委员会建设和工作中存在的问题。定期培训居民委员会干部，广泛开展评比、表彰先进居民委员会和先进居民委员会干部的活动，动员城市各部门、各单位和全体居民关心、支持居民委员会的工作，切实帮助解决工作中的问题。

街道办事处是城市基层政府的派出机关，负有直接指导居民委员会工作的职责。因此，应当结合城市经济体制改革和政治体制改革，本着简政、放权、搞活的精神，加强街道办事处的建设，使街道办事处享有同它所承担的任务相适应的财力和行政管理权力。各地人民政府可从本地实际情况出发，选择一、二个街道进行简政放权的试点。街道办事处要把指导居民委员会的工作作为一项重要工作抓紧抓好。

民政部门是负责城乡基层政权建设日常工作的部门。要及时总结、交流经验，调查研究城市基层政权和居民委员会工作中的情况和问题，加强对居民委员会工作的指导，努力使居民委员会工作出现一个新局面。

以上报告如无不妥，请批转各地执行。

中共中央、国务院关于加强农村基层政权建设工作的通知

（1986年9月26日　中发〔1986〕22号）

全国农村人民公社政社分开，建立乡政府的工作已经全部结束。这是我国农村继普遍推行联产承包责任制以后，又一项具有深远意义的改革。这项改革已经取得了初步成效，开始改变党政不分、政企不分的状况，加强了党的领导和基层政权的建设，适应了农村经济体制改革的新形势，促进了农村

经济的发展。

农村基层政权体制的改革是政治体制改革的重要组成部分。由于这项改革的时间不长,与此相关的一系列配套改革措施没有跟上去,当前农村基层政权建设中还存在不少问题,主要是党、政、企之间的关系还没有完全理顺,有些地方党政不分、政企不分的现象依然存在,少数地方乡政府还没有完全起到一级政权的作用。

基层政权是人民民主专政的基础组织,一系列的工作都要通过基层政权才能完成。我国有八亿人口在农村,把农村基层政权建设好,对于顺利推进政治体制和经济体制改革,加强社会主义民主和社会主义法制,促进社会主义精神文明建设,实现社会治安和社会风气的根本好转,实现本世纪末全国工农业年总产值翻两番的战略目标,建设有中国特色的社会主义,具有十分重要的意义。为了进一步巩固和发展已取得的改革成果,真正把农村基层政权建设成为密切联系群众、全心全意为人民服务,并且能够有效地领导和管理本行政区域的政治、经济、文化和各项事务的有活力、有权威,高效能的一级政权,特作如下通知:

一、明确党政分工,理顺党政关系

政社分开以后,有些地方仍存在党政不分、以党代政的现象,乡党委包揽行政工作。这不仅不利于加强党的自身建设,也不利于发挥乡政府的作用。

乡党委要按照党章的规定和实行党政分工的要求,集中精力抓好党的路线、方针、政策的贯彻执行,抓好基层党的思想建设和组织建设,加强对共青团、妇联和民兵的领导,抓好农民群众的政治思想教育,促进党风和社会风气的稳定好转。

乡党委对乡政府的领导,主要是政治、思想和方针政策的领导,对干部的选拔、考核、监督,对经济、行政工作中重大问题的决策,而不是包办政府的具体工作。乡党委要保证乡政府依照宪法和法律的规定独立行使职权,支持乡长大胆地开展工作。

为了从制度上保证党政合理分工,各省、自治区、直辖市可按党章和《中华人民共和国地方各级人民代表大会和地方各级人民政府组织法》的规定,结合本地实际情况制订乡党委和乡政府暂行工作条例。中央有关部门在总结经验的基础上,分别制订《中国共产党农村基层组织工作条例》、《乡镇人民代表大会工作条例》和《乡镇人民政府工作条例》。

县级和县级以上党政机关也要解决好党政合理分工的问题,按照党政分工的正常工作渠道领导基层工作。凡属于乡政府的工作,就不要布置给乡党委。县级人民政府每年要召开几次乡长会议,研究安排政府工作。经过上下共同努力,逐步理顺关系,党政协调一致地开展工作。

二、实行政企分开,促进农村经济进一步发展

政社分开后,不少地方虽然分别建立了乡政府和乡经济组织,但实际上政企职责并没有完全分开。不少地方乡政府没有配备管理经济的人员,而把政府管理本乡经济的职权交由乡经济组织行使,仍然是政企不分。乡政府应按实际需要配备必要的专职干部,行使政府管理经济的职能。

乡政府管理经济,主要是运用经济的、法律的和行政的手段,为发展商品生产服务。其主要职责是:制订本行政区域内的经济和社会发展规划并组织实施;协调本行政区域内各村、各经济组织间的关系;监督各经济组织和个体户认真执行国家的法律、法规和政策;保障各经济组织和个体户的合法经济权益,取缔违法经营,打击经济犯罪活动;管理乡级财政,指导和监督合作经济组织,做好财务会计、经济统计和其他经济管理工作;管理、推广科学技术成果。

乡政府要支持乡经济组织行使其自主权,不能包揽或代替经济组织的具体经营活动,更不能把经济组织变成行政管理机构。

三、简政放权,健全和完善乡政府的职能

目前,县级许多部门在乡设有分支机构,并且统得过多过死,使乡政府难以统一组织和管理本行政区域内的各项工作。这种条块分割的管理体制必须逐步改革。改革的基本原则,是简政放权。凡属可以下放的机构和职权,要下放给乡;少数必须由县集中统一领导的机构,仍要集中统一领导。在县级综合改革试点中已经把一些机构下放给乡管理的地方,要认真总结经验,做好巩固和完善工作。尚未开展试点的地方,都要根据当地实际情况,积极进行试点,上级主管部门要积极支持这项工作。

各地要尽快把乡一级财政建立起来。少数确有困难尚未建立的地方,乡政府要有专人负责抓好这项工作。已经建立乡财政的地方,要在发展商品经济的基础上为乡多开辟一些财源。乡财政超收部分,要给乡适当留一些,并尽量实行一定几年不变的办法,以调动基层聚财的积极性,加速乡村建设。乡财政收入中国家预算内部分,包括上级政府划归乡财政的乡镇企业所得税和奖金税、屠宰税、城市维护建设税、集市交易税、牲畜交易税、车船使用牌照税、契税和其他收入,其划归乡的具体范围,由各地根据实际情况确定。

随着政企分开和条块矛盾的逐步解决,要提高乡政府的工作效率,减少管理层次,凡是设了镇政府的地方,就不再设立乡政府;要坚决撤销那些不必要的临时机构;大力精简以农代干的行政人员。除边远山区、交通不便的地区以外,县以下一般不要设立区公所。

四、切实搞好乡政权的自身建设

乡政府要按照《中华人民共和国地方各级人民代表大会和地方各级人民政府组织法》的规定,按期召开人民代表大会,〔1〕向人民代表大会报告工作,听取代表的建议、批评和意见,以加强乡人民代表大会对政府工作的监督。乡人民代表大会会议要充分发扬民主,畅所欲言。对代表提出的意见和建议,要认真研究,作出决议,贯彻执行。要逐步改革和完善选举制度，在基层政权中实现人民的直接民主，使人民充分行使作为国家主人的权利，使乡人民代表大会成为有权威的权力机关。对于那些不称职、不能代表人民利益的乡长，乡人民代表大会有权予以罢免。依法选举产生的正副乡长，除犯有严重错误或确属不胜任工作的以外，一般不宜在任期内调动。如因工作需要必须作个别变动时，应向乡人民代表大会报告，由任免机关批准。对因故出缺的正副乡长，应召开乡人民代表大会进行补选。乡人民代表大会闭会期间，要安排好代表小组的活动，发挥人民代表的作用，经常听取他们的意见和建议。从农村优秀人才中聘用干部的制度要继续坚持，并不断总结经验，使之完善。基层干部应做到能上能下，能官能民。

要高度重视和解决一些地方基层政权软弱涣散的问题。乡党委和乡政府要始终坚持四项基本原则，坚决贯彻党中央既要开放、又要搞活，还要把人们的精神状态搞好的指示，加强社会主义精神文明建设，不断丰富群众的精神文化生活，反对封建迷信、铺张浪费等不良风气。要采取有力措施，加强政法工作，动员各方面的力量，经过扎扎实实的努力，使社会治安和社会风气在近几年内得到根本好转，为改革和建设创造良好的社会环境。

五、努力提高干部素质，认真改进工作作风

今后三年内，各地要把乡干部分期分批培训一遍。地区负责培训乡的正、副职干部，县负责培训乡的一般干部。培训的内容主要是：马克思主义基本理论，法律知识，科学技术和现代管理知识，党在农村的改革和发展经济的各项政策。通过培训，教育乡干部全心全意为人民服务，知法、懂法、守法、依法办事；掌握组织发展商品经济和科学管理的基本技能。地方财政要在培训经费上给予适当安排。

乡干部要切实改进工作作风。要深入群众，加强调查研究，关心群众疾苦，帮民致富，尤其要关心那些生产、生活上还比较困难的贫困户，扶持他们尽快摆脱贫困。要少说空话，多办实事，每年都能扎扎实实为群众办几件事，取信于民。要妥善处理人民内部矛盾，坚持启发疏导，多做思想政治工作，防止简单化和强迫命令。

县以上党政机关要组织力量，分期分批地到基层，特别是到那些较为贫困的乡村去，调查研究，帮助工作；要本着精简上层、加强基层的原则，充实乡级干部队伍；要建立、健全乡级干部岗位责任制，实行目标管理；对于那些长期坚持在贫困地区工作，对改变当地面貌卓有成效的干部，以及扶助贫困地区成果优异的干部，要大力进行表彰，并给以奖励。

六、搞好村（居）民委员会的建设

目前，有相当一部分地方，特别是经济困难地区的村（居）民委员会组织不健全，甚至无人负责，处于瘫痪、半瘫痪状态。这个问题必须引起各级党委和政府的高度重视。

各地要采取措施，认真整顿农村基层组织。要把思想整顿放在首位，教育基层干部全心全意为人民服务，积极带领群众勤劳致富，遵纪守法，抓好物质文明和精神文明建设。其次是组织整顿，要帮助村（居）民委员会建立健全人民调解、治安保卫、公共卫生、社会福利等工作委员会（组）和各项工作制度，妥善解决村（居）民委员会工作人员的经济补贴和工作中遇到的困难。经济特别困难的地方，地方财政要帮助解决村（居）民委员会工作人员的经济补贴。补贴面可以小一些，但一定要落实。

村（居）民委员会要进一步完善村规民约，大力开展创建文明村、评选五好家庭等活动，发动广大村（居）民积极参加社会生活的民主管理，以进一步发挥群众自治组织的自我教育、自我管理、自我建设、自我服务的作用。

七、加强对农村基层政权建设工作的领导

各级党委和政府，首先是县级党委和政府，必须充分认识进一步加强和先善农村基层政权建设，是我国政治体制改革的重要组成部分。做好这项工作，对于巩固人民民主专政，保证社会安定，促进农村经济和社会事业的全面发展具有十分重要的意义。要把这项工作列入重要议事日程，注意总结经验，及时解决存在的问题。要积极推进县级综合改革，做到经济体制改革同政治体制改革互相配合，同步进行，县级以上的体制改革同基层体制改革配套进行，上下左右协调动作，健全和完善基层政权体制。

党中央、国务院责成民政部门负责城乡基层政权建设的日常工作，其主要职责是：调查了解基层政权的现状和存在的问题，提出改进和加强基层政权建设的意见；总结交流经验；组织先进乡镇和先进村（居）民委员会的评比、表彰活动；培训乡镇长和村（居）民委员会主任；指导村（居）民委员会的组织建设和制度建设；制订和修改有关的条例和规章制度。各级党委和政府要支持和督促民政部门做好这项工作，民政部门要把基层政权建设工作列为自己的重要任务，切实抓好。

各级党委和政府接到本通知后，都要认真研究一次农村基层政权建设工作，作出贯彻本通知的具体部署。民族自治地方农村基层政权建设问题，有关省区可根据当地特点和实际需要，参照民族区域自治法的有关规定和本通知的精神，作出具体规定。杂散居地区民族乡的政权建设，大体按本通知要求执行，上级有关部门要注意到这些地区的民族特点，从政策上体现出对少数民族的照顾。各地农村基层政权建设工作中的重大情况和问题，望及时报告党中央、国务院。

村级档案管理办法

（2017 年 11 月 23 日国家档案局、民政部、农业部令第 12 号公布　自 2018 年 1 月 1 日起施行）

第一条　为了加强农村档案工作，规范村级档案管理，服务新形势下的农村工作，根据《中华人民共和国档案法》《中华人民共和国村民委员会组织法》《中华人民共和国农业法》和国家有关规定，制定本办法。

第二条　本办法所称村级档案是指村党组织、村民委员会、村集体经济组织等（以下简称村级组织）在党组织建设、村民自治、生产经营等活动中形成的具有保存价值的文字、图表、音像等不同形式和载体的历史记录。

第三条　村级档案工作主要包括村级组织对村级档案进行的收集、整理、保管、鉴定、利用等工作。

第四条　村级档案工作实行统一领导、集中管理、安全方便的原则。

村级组织应将档案工作作为村级工作的重要事项，健全相应的工作制度，明确领导、健全机制、保障经费，确保档案的真实、完整、规范和安全。

第五条　村级档案工作在业务上接受乡镇人民政府、档案行政管理部门、民政部门、农业部门和相关部门的监督和指导。

第六条　村级组织应当指定专人负责档案的收集、管理和提供利用。有条件的村应当设立专用档案柜和档案库房集中管理档案。

档案管理人员应当具有良好的政治素质，遵纪守法，忠于职守，具备相应的档案管理知识，并经过一定的档案业务培训。

第七条　村级组织形成的具有保存价值的文件材料，均应当按照要求规范整理后归档，任何组织和个人不得据为已有或者拒绝归档。

县级档案行政管理部门可以依据《村级文件材料归档范围和档案保管期限表》（见附件）的规定，制定符合本地实际的村级文件材料归档范围和档案保管期限表。

第八条　村级档案一般包括文书、基建项目、设施设备、会计、音像、实物等类别。各类文件材料整理方法和归档时间如下：

（一）文书类应当按照《文书档案案卷格式》（GB/T 9705-2008）或者《归档文件整理规则》（DA/T 22-2015）的要求进行整理，于次年上半年归档。

（二）基建项目类应当按照《科学技术档案案卷构成的一般要求》（GB/T 11822-2008），并参照《国家重大建设项目文件材料归档要求与档案整理规范》（DA/T 28-2002）的有关规定及时整理归档。

（三）设施设备类应当在开箱验收后即时归档，使用维修记录等按照《科学技术档案案卷构成的一般要求》进行收集管理。

（四）会计类应当按照《会计档案管理办法》（财政部 国家档案局令第79号）的要求进行收集整理，在会计年度终了后于次年3月底之前归档。

（五）照片应当按照《照片档案管理规范》（GB/T 11821-2002）、《数码照片归档与管理规范》（DA/T 50-2014）整理，由拍摄者在拍摄后1个月内将照片原图连同文字说明一并归档。

（六）电子文件应当按照《电子文件归档与电子档案管理规范》（GB/T 18894-2016）收集归档并管理。

（七）实物和其他门类按照档案工作有关规定及时归档。

第九条　档案制成材料和装订材料应当符合档案保护的要求。

第十条　档案库房应当采取防火、防盗、防水（潮）、防光、防尘、防磁、防高温、防有害生物等措施。

档案管理人员应当定期检查档案的保管状况，确保档案安全。对音像档案和电子档案，要定期检查信息记录的安全性，确保档案可读可用。

第十一条　不具备档案安全保管条件的，应当将档案交由乡镇档案机构代为保管，村级组织可以保存档案目录等检索工具以方便利用。

第十二条　村级组织换届选举后10日内，应当履行档案交接手续。必要时可以在选举前将档案暂存乡镇政府。村以及村民小组在设立、撤销、范围调整时，应当将档案妥善移交。

档案工作人员离任时应当进行档案移交，履行交接手续，防止档案散失。

第十三条　销毁已达到保管期限的档案时，应当成立档案鉴定工作小组及时进行鉴定。

鉴定工作小组由村级档案管理人员和形成档案的村级组织的人员（或者村民代表）组成，鉴定后应当形成档案鉴定报告。对失去保存价值的档案，应当清点核对并编制档案销毁清册，经过必要的审批手续后按照规定销毁。

禁止擅自销毁档案。村级档案销毁清册应当永久保存。

第十四条　村级档案工作应当积极推进档案信息化建设，配备必要的设施设备和档案管理软件，建立档案电了目录和全文数据库，逐步实现档案的信息网络共享。

第十五条　村级档案工作应当建立档案查阅利用制度，为本村各类组织及其成员、村民提供服务。查阅档案要遵守利用规定、履行查阅手续，不得有涂改、损毁、调换、抽取档案等行为。

档案管理人员应当围绕村中心工作或村级组织及其成员、村民利用需求，加强档案信息资源的开发利用，积极开展档案编研工作，如编写村史、村志、大事记等。

第十六条　对在村级档案工作中作出突出贡献的村干部、档案工作人员和其他组织、个人，由各级人民政府、档案行政管理部门及相关单位给予表彰和奖励。

第十七条　各省（自治区、直辖市）、新疆生产建设兵团档案行政管理部门商同级民政部门和农业部门，可以结合本办法和本地实际，制定实施办法及细则。

第十八条　本办法由国家档案局、民政部、农业部负责解释。

第十九条　本办法自2018年1月1日起施行。

附件

村级文件材料归档范围和档案保管期限表

一、文书类

1. 党群组织工作文件材料

1.1 本村党组织(党委、党总支、党支部)委员会会议记录、党员大会会议记录、村“两委”联席(班子)会议记录 永久

1.2 本村党组织年度工作计划、总结等材料 永久

1.3 本村党组织关于机构设置、撤并、名称更改、启用和废止印章的请示,上级批复、通知、决定等材料 永久

1.4 本村党务干部任免、分工、考察、奖惩等材料 永久

1.5 本村党组织换届选举候选人的请示、批复和换届选举工作的通知、议程、报告、领导人讲话、大会发言、选举办法、选举结果、决议、上级批复等材料 永久

1.6 本村党员教育培训、组织活动、党性分析、民主评议等方面的计划、总结、会议(活动)记录、请示及上级的批复 永久

1.7 本村发展新党员,党员转正、延期、退党,处置不合格党员等方面的材料 永久

1.8 本村执行上级党组织工作的决定、纪要、报告等材料

(1)重要的 永久

(2)一般的 30年

1.9 本村党组织、党员名册和年报表 永久

1.10 本村党组织关系介绍信、通知书存根 永久

1.11 本村党员交纳党费的清单、票据等 永久

1.12 本村先进集体、先进个人登记表,审批表,名册及各种事迹材料

(1)受到县级(含)以上表彰、奖励的 永久

(2)受到县级以下表彰、奖励的 30年

1.13 本村党员违法违纪的有关材料,处理意见和上级决定、批复等材料

(1)受到警告(不含)以上处分的 永久

(2)受到警告处分的 30年

1.14 本村纪检、党风廉政工作的计划、总结、报告等材料 30年

1.15 本村开展政治思想、形势教育、精神文明建设工作的计划、总结等有关材料 10年

1.16 本村共青团组织发展、换届选举材料,团员名册、组织关系介绍信及存根、团费缴纳、年度统计表等材料 永久

1.17 本村团代会通知、议程、代表名单、开幕词、报告、决定、选举结果、闭幕词等材料 永久

1.18 本村团组织、团员获得表彰奖励及违法违纪受到处分的请示、报告、批复等材料 永久

1.19 本村工会年度工作计划、总结,工会代表大会的通知、名单、议程、开幕词、报告、决议、闭幕词、选举结果等材料 永久

1.20 本村工会干部任免的请示、批复,会议记录,工会干部、会员名册及统计年报表等材料 永久

1.21 本村妇代会换届选举等材料 永久

1.22 本村计划生育工作年度计划、总结、统计表等材料 永久

1.23 本村独生子女证申请表,育龄妇女生育多胎的申请表、审批表及超生调查报告、汇报、处罚决定等材料 永久

1.24 本村村民婚姻状况证明存根等材料 永久

1.25 本村五好家庭、敬老爱幼模范、文明户、好婆婆、好媳妇等评选活动的材料 30年

1.26 上级发布的本村民兵工作需要执行的文件材料 10年

1.27 本村普通民兵、基干民兵登记表和花名册 永久

1.28 本村兵役登记材料,现役军人、退伍军人情况登记表 永久

2. 村务管理文件材料

2.1 本村村委会会议记录、纪要、决议等材料 永久

2.2 本村村委会年度工作计划、总结等材料 永久

2.3 本村村史、组织沿革、大事记等材料 永久

2.4 本村村委会换届选举工作的通知、选票、选举结果、干部任免等材料 永久

2.5 本村各类工作的请示、报告、汇报及上级的批复等材料

(1)重要的 永久

(2)一般的 30年

2.6 本村干部、村民名册,村办股份公司股民名册、各类技术人员名册等 永久

2.7 本村干部的招聘、录用、定级、调配、人员任免、离退、调动介绍信存根、工资表,农业村级协管员的聘书、合同或协议等材料 永久

2.8 本村和村内机构设置、更名、撤并及行政区划与隶属关系的变化,启用、废止印章等材料 永久

2.9 本村关于年终分配方案、工资福利、劳动保护的各种文件材料和参加社会养老保险人员名册 永久

2.10 本村干部、职工工资单及年终收益分配审批表、归户结算表等材料 永久

2.11 本村关于房屋拆迁、土地征用、村民房产、地产等材料,相关人员名册等 永久

2.12 本村的村规民约等各种规章制度材料 永久

2.13 本村各种年度统计报表(包括农副工业生产年报,收益分配报表,土地、人口、户数等基本情况统计表等材料) 永久

2.14 本村各种保险材料、综合治理、安全生产承包责任和各种案件、民事纠纷的调解协议、处理决定等材料 永久

2.15 本村信访信件处理结果等材料

(1)有领导重要批示及处理结果的 永久

(2)有处理结果的 30 年

(3)没有处理结果的 10 年

2.16 本村拥军优属、优抚救助等材料 30 年

2.17 本村开展教育、卫生、合作医疗等工作的材料 永久

2.18 本村规划、经济建设及重大决策等材料 永久

2.19 本村公共设施管理、维修维护的材料 永久

2.20 本村生产管理、企业管理的年度工作计划及总结和重大决策等材料 永久

2.21 本村财务管理的年度计划、总结,有关财务审计情况材料 永久

2.22 本村工业、农业等相关税收征收清册和纳税变动情况等材料 永久

2.23 本村各种经济、人口普查统计表 永久

2.24 本村重大事故事件登记材料,调查处理意见、情况报告及善后工作中形成的材料 永久

2.25 本村创建文明小区、爱国卫生工作形成的材料 30 年

2.26 本村农业村级协管事项公开、协查工作记录等材料 30 年

3. 村级集体经济组织经营管理文件材料

3.1 本村经营管理中长期规划和专项发展计划等材料 永久

3.2 本村企业发展重大经营决策方案、规划 永久

3.3 本村企业董事会会议记录、纪要、决议等材料 永久

3.4 本村企业负责人对企业承包、租赁、任期目标责任等材料 永久

3.5 本村企业改制、转制等各种法律证书等材料 永久

3.6 本村企业历史沿革、大事记等材料 永久

3.7 本村集体经济组织、所属各企业年度工作计划、总结等材料 永久

3.8 本村企业的设置、撤并、名称更改、启用和废止印章的请示、批复、通知等材料 永久

3.9 本村及所属各企业的产权文件、土地使用证,各种集体财产合同、协议、委任书、公证书等法律文本、证书材料 永久

3.10 本村集体经济组织章程,换届选举工作的通知、选举结果等材料 永久

3.11 本村集体经济组织成员(股东)名册、股权登记簿 永久

3.12 本村新办公司、企业项目的申请和批复及可行性报告、章程、合同、验资、营业执照等材料 永久

3.13 本村有关工商企业管理执照的申报、登记、批复以及违章违法被处理,经营不善歇业、破产等材料 永久

3.14 本村企业年度各种统计报表及经济分析等材料 永久

3.15 本村有关物资供销工作的合同、协议等材料 30 年

3.16 本村有关经营活动的争议、索赔、判决等材料 永久

3.17 本村企业合资、独资、联营招商的合同、协议等材料 永久

3.18 本村企业年度经营、销售统计等报表

(1)重要的 永久

(2)一般的 10 年

3.19 本村企业工资计划、工资总额、奖惩、年终分配方案等表册 永久

3.20 本村企业物资管理、安全生产检查、整改措施执行情况等材料 永久

3.21 本村企业环境保护等材料 永久

3.22 本村企业有关产品标准、国际质量认证等材料 永久

3.23 本村企业有关资产评估,资金、价格管理的审查、验证材料 永久

3.24 本村企业有关经营、审计活动中形成的各项证明和结论材料 永久

3.25 本村有关产品市场调查、宣传、广告和用户服务等材料 30 年

3.26 本村有关产品销售等活动中形成的材料 30 年

3.27 本村各类农业普查材料 永久

3.28 本村农作物规划布局,粮、棉、油多种经营实种面积、产量以及采、购、留、分配等材料 永久

3.29 本村科学种植、科学饲养的经验总结及原始记录 永久

3.30 本村“星火”“丰收”“火炬”计划项目的申报、验收材料 永久

3.31 本村农业植保、农机管理、水利建设等材料 永久

3.32 本村副业生产及上交任务的指标(畜、禽、蛋、鱼、菌菇等)以及各项任务完成情况、年报、统计表等材料 永久

3.33 本村村办副业项目材料 30 年

3.34 本村关于土地批租、出让、租赁有关材料 永久

3.35 本村农村集体产权制度改革实施方案、工作计划、总结、汇报材料 永久

3.36 本村成立的农村集体产权制度改革工作领导小组、理事会、监事会等机构及组成人员名单 永久

3.37 本村农村集体产权制度改革工作领导小组、理事会、监事会工作职责及工作制度 30 年

3.38 本村研究农村集体产权制度改革工作所形成的会议记录、纪要、决议 永久

3.39 通过协商、招标、挂牌、拍卖等方式流转农村土地承包经营权的文件材料 永久

3.40 农村集体产权制度改革的动员会、宣传、培训,上级

领导检查等形成的文件材料 10年

3.41 农村耕地保护、土地承包经营权、集体建设用地使用权台账 永久

3.42 集体土地调查材料及统计表 永久

3.43 农村集体土地所有权、农村建设用地使用权、村民宅基地使用权等相关确权、登记、颁证的文件材料 永久

3.44 农村土地承包经营权登记申请书、变更登记申请书、登记簿、核准文件 永久

3.45 农村土地承包经营权流转备案申请书、登记表和备案证明等材料 永久

3.46 农村土地承包经营权确权登记方案、登记册、花名册及审核材料 永久

3.47 农村土地使用权确权登记注册情况公告、注册表 永久

3.48 农村土地承包合同、土地承包经营权流转合同、耕地保护合同 永久

二、基建项目类

1. 项目建议书、申请、报告及批复等材料 永久

2. 可行性研究报告、论证意见、项目评估、调查报告等材料 永久

3. 项目设计任务书、计划任务书或立项报告、批复等材料 永久

4. 基建项目的会议记录等材料 永久

5. 地质勘探合同、报告、记录、说明等材料 永久

6. 征用土地移民申请、报告、批复、通知、许可证、使用证、用地范围等材料 永久

7. 工程建设执照、防火、环保、防疫等审核通知单 长期

8. 工程建设招投标文件、会议纪要等材料 长期

9. 工程初步设计图纸、概算、设计合同等材料 长期

10. 施工设计、说明、总平面图、建设施工图、给排水图等专业图纸 长期

11. 施工合同、协议,施工预决算,图纸会审纪要、技术核定单、工程更改、材料代用、原材料质保书和全套竣工图等材料 永久

12. 施工监理文件材料 长期

13. 水电安装合同、协议,施工预决算,技术交底,图纸会审,材料出厂证明和竣工图等材料 永久

14. 项目竣工验收申请、批复,消防、环保、防疫、档案等验收记录,基建财务结、决算,项目审计,项目竣工验收证书等材料 永久

三、设施设备类

1. 设备仪器购置可行性研究报告、申请、批复和购置仪器资金申请、批复等材料 长期

2. 设施设备招投标文件、设备采购合同、购买协议等材料 长期

3. 设备仪器开箱验收记录、使用说明书、操作手册、合格证、装箱清单等材料 长期

4. 设备仪器安装调试记录、验收报告、操作保养规定等材料 长期

5. 设备仪器运行、检修、保养、事故处理等记录材料 长期

6. 设施设备技术改造、升级改装、革新改进等文件材料 长期

7. 设备仪器报废申请、批复、证明等材料 长期

四、会计类

1. 各类会计原始凭证、记账凭证、汇总凭证 30年

2. 会计账簿类

2.1 银行日记账、现金日记账 30年

2.2 总账、明细账、辅助账簿 30年

3. 会计报表类

3.1 年度财务报表 永久

3.2 年度财务决算表 永久

3.3 月、季度财务报表 10年

4. 其他类

4.1 会计档案移交清册 永久

4.2 会计档案保管清册 永久

4.3 会计档案销毁清册 永久

五、照片类

1. 上级领导来村视察、检查工作的照片 永久

2. 国际友人、专家、学者等知名人士前来活动的照片 永久

3. 本村委会各种会议、重要活动形成的照片 永久

4. 本村委会各种产品、奖状、证书、奖杯、锦旗等的拍摄照片 永久

5. 反映村容、厂貌、市政项目建设等的照片 永久

6. 新闻媒体刊登的反映本村情况的照片 永久

村民委员会选举规程

(2013年5月2日 民发〔2013〕76号)

第一章 村民选举委员会的产生

一、推选村民选举委员会

村民选举委员会主持村民委员会的选举。

村民选举委员会由主任和委员组成,由村民会议、村民代表会议或者村民小组会议推选产生,实行少数服从多数的议事原则。

村民选举委员会的人数应当根据村民居住状况、参加选举村民的多少决定,不少于三人,以奇数为宜。村民之间有近亲属关系的,不宜同时担任村民选举委员会成员。

村民委员会应当及时公布选举委员会主任和委员名单,并报乡级人民政府或者乡级村民委员会选举工作指导机构备案。

二、村民选举委员会的任期

村民选举委员会的任期，自推选组成之日起，至新老村民委员会工作移交后终止。

三、村民选举委员会成员的变动

村民选举委员会成员被提名为村民委员会成员候选人，应当退出村民选举委员会。

村民选举委员会成员退出村民选举委员会或者因其他原因出缺的，按照原推选结果依次递补，也可以另行推选。

村民选举委员会成员不履行职责，致使选举工作无法正常进行的，经村民会议、村民代表会议或者村民小组会议讨论同意，其职务终止。

村民选举委员会成员的变动，应当及时公布，并报乡级人民政府或者乡级村民委员会选举工作指导机构备案。

四、村民选举委员会的职责

村民选举委员会主要履行以下职责：

（一）制定村民委员会选举工作方案；

（二）宣传有关村民委员会选举的法律、法规和政策；

（三）解答有关选举咨询；

（四）召开选举工作会议，部署选举工作；

（五）提名和培训本村选举工作人员；

（六）公布选举日、投票地点和时间，确定投票方式；

（七）登记参加选举的村民，公布参加选举村民的名单，颁发参选证；

（八）组织村民提名确定村民委员会成员候选人，审查候选人参选资格，公布候选人名单；

（九）介绍候选人，组织选举竞争活动；

（十）办理委托投票手续；

（十一）制作或者领取选票、制作票箱，布置选举大会会场、分会场或者投票站；

（十二）组织投票，主持选举大会，确认选举是否有效，公布并上报选举结果和当选名单；

（十三）建立选举工作档案，主持新老村民委员会的工作移交；

（十四）受理申诉，处理选举纠纷；

（十五）办理选举工作中的其他事项。

村民委员会选举工作方案应当由村民会议或者村民代表会议讨论通过，并报乡级人民政府或者乡级村民委员会选举工作指导机构备案。

第二章　选举宣传

一、宣传内容

村民选举委员会应当就以下内容开展宣传：

（一）宪法有关内容，《中华人民共和国村民委员会组织法》，本省（自治区、直辖市）有关村民委员会选举的法规；

（二）中央和地方有关村民委员会选举的政策和规定；

（三）村民委员会选举中村民的权利与义务；

（四）县、乡两级政府村民委员会选举的工作方案；

（五）本村选举工作方案；

（六）其他有关选举事项。

二、宣传方式

村民选举委员会可以采取以下方式进行选举宣传：

（一）广播、电视、报纸、互联网等；

（二）宣传栏、宣传车、宣传单等；

（三）选举宣传会议、选举咨询站；

（四）标语、口号等。

第三章　登记参加选举的村民

一、公布选民登记日

选民登记日前，村民选举委员会应当发布公告，告知本届村民委员会选举的选民登记日。

二、登记对象

村民委员会选举前，应当对下列人员进行登记，列入参加选举的村民名单：

（一）户籍在本村并且在本村居住的村民；

（二）户籍在本村，不在本村居住，本人表示参加选举的村民；

（三）户籍不在本村，在本村居住一年以上，本人申请参加选举，并且经村民会议或者村民代表会议同意参加选举的公民。

已在户籍所在村或者居住村登记参加选举的村民，不得再参加其他地方村民委员会的选举。经村民选举委员会告知，本人书面表示不参加选举的，不列入参加选举的村民名单。

依照法律被剥夺政治权利的人，不得参加村民委员会的选举。

三、登记方法

登记时，既可以村民小组为单位设立登记站，村民到站登记，也可由登记员入户登记。

村民选举委员会应当对登记参加选举的村民名单进行造册。

四、公布选民名单

村民选举委员会应当对登记参加选举的村民名单进行审核确认，并在选举日的二十日前公布。

对登记参加选举的村民名单有异议的，应当自名单公布之日起五日内向村民选举委员会申诉，村民选举委员会应当自收到申诉之日起三日内作出处理决定，并公布处理结果。

登记参加选举的村民名单出现变动的，村民选举委员会应当及时公布。

五、发放参选证

选举日前，村民选举委员会应当根据登记参加选举的村民名单填写、发放参选证，并由村民签收。投票选举时，村民凭参选证领取选票。

第四章 提名确定候选人

一、确定职位和职数

村民会议或者村民代表会议拟定村民委员会的职位和职数，村民选举委员会应当及时公布，并报乡级人民政府或者乡级村民委员会选举工作指导机构备案。

二、确定候选人人数

村民选举委员会应当根据村民委员会主任、副主任、委员的职数，分别拟定候选人名额。候选人名额应当多于应选名额。

三、提名确定候选人

村民委员会成员候选人，应当由登记参加选举的村民直接提名，根据拟定的候选人名额，按照得票多少确定。每一村民提名人数不得超过拟定的候选人名额。无行为能力或者被判处刑罚的，不得提名为候选人。

候选人中应当有适当的妇女名额，没有产生妇女候选人的，以得票最多的妇女为候选人。

四、公布候选人名单

村民选举委员会应当以得票多少为序，公布候选人名单，并报乡级村民委员会选举工作指导机构备案。

候选人不愿意接受提名的，应当及时向村民选举委员会书面提出，由村民选举委员会确认并公布。候选人名额不足时，按原得票多少依次递补。

村民委员会选举，也可以采取无候选人的方式，一次投票产生。

第五章 选举竞争

一、选举竞争的组织

村民选举委员会应当组织候选人与村民见面，由候选人介绍履职设想，回答村民提问。选举竞争应当在村民选举委员会的主持和监督下，公开、公平、公正地进行。村民选举委员会应当对候选人的选举竞争材料进行审核把关。

二、选举竞争的时间

选举竞争活动一般在选举日前进行。候选人在选举日可进行竞职陈述，其他选举竞争活动不宜在当日开展。确有需要的，由村民选举委员会决定并统一组织。

三、选举竞争的形式

村民选举委员会可以组织以下形式的选举竞争活动：

（一）在指定地点公布候选人的选举竞争材料；

（二）组织候选人与村民见面并回答村民问题；

（三）有闭路电视的村，可以组织候选人在电视上陈述；

（四）其他形式。

四、选举竞争的内容

选举竞争材料和选举竞职陈述主要包括以下内容：

（一）候选人的基本情况；

（二）竞争职位及理由；

（三）治村设想；

（四）对待当选与落选的态度。

第六章 投票选举

一、确定投票方式

村民委员会投票选举，可采取以下两种方式：

（一）召开选举大会；

（二）设立投票站。

采取选举大会方式的，可以组织全体登记参加选举的村民集中统一投票；也可以设立中心选举会场，辅之以分会场分别投票。采取投票站方式的，不再召开选举大会，村民在投票站选举日开放时间内自由投票。

选举大会可以设置流动票箱，但应当严格控制流动票箱的使用。

具体投票方式，流动票箱的使用对象和行走路线，由村民代表会议讨论决定。

二、公布选举日、投票方式、投票时间和投票地点

村民选举委员会应当及时公布选举日、投票方式、投票时间和投票地点。

选举日和投票的方式、时间、地点一经公布，任何组织和个人不得随意变动和更改。如因不可抗力，或者无法产生候选人等因素，需要变更的，应当报乡级人民政府或者乡级村民委员会选举工作指导机构批准并及时公布。

三、办理委托投票

登记参加选举的村民，选举期间外出不能参加投票的，可以委托本村有选举权的近亲属代为投票。每一登记参加选举的村民接受委托投票不得超过三人。提名为村民委员会候选人的，不得接受委托。

委托投票应当办理书面委托手续。村民选举委员会应当及时公布委托人和受委托人的名单。

受委托人在选举日凭书面委托凭证和委托人的参选证，领取选票并参加投票。受委托人不得再委托他人。

四、设计和印制选票

选票设计应当遵循明白易懂、科学合理和便于操作、便于统计的原则。县级民政部门可以统一设计选票样式。

村民选举委员会应当在乡级人民政府或者乡级村民委员会选举工作指导机构的指导下，根据选票样式，印制符合本村实际的选票。

选票印制后应当加盖公章并签封，选举日在选举大会或者投票站上，由选举工作人员当众启封。

五、确定选举工作人员

村民选举委员会应当依法依规提名选举工作人员，经村民代表会议讨论通过。选举工作人员包括总监票员、验证发票员、唱票员、计票员、监票员、代书员，投票站工作人员，流动票箱监票员等。

选举工作人员要有一定的文化水平和工作能力，遵纪守法、公道正派。候选人及其近亲属，不得担任选举工作人员。

采取选举大会投票的，选举工作人员名单应当在选举日前公布，并在选举大会上宣布；采用投票站形式投票的，应当在选举日前公布。

选举工作人员确定后，村民选举委员会应当对其进行培训。

六、布置会场或者投票站

村民选举委员会应当在选举日前布置好投票会场或者投票站。

投票会场应当按选举流程设计好领票、写票、投票的循环路线，方便村民投票。投票站的设定应当根据村民居住的集中情况和自然村或者村民小组的分布情况决定，并且应当设立一个中心投票站。

七、投票选举

（一）选举大会投票程序。

采取选举大会进行选举的，由村民选举委员会召集，村民选举委员会主任主持。流程如下：

1. 宣布大会开始；
2. 奏国歌；
3. 报告本次选举工作进展情况；
4. 宣布投票办法和选举工作人员；
5. 候选人发表竞职陈述；
6. 检查票箱；
7. 启封、清点选票；
8. 讲解选票；
9. 根据需要派出流动票箱；
10. 验证发票；
11. 秘密写票、投票；
12. 销毁剩余选票；
13. 集中流动票箱，清点选票数；
14. 检验选票；
15. 公开唱票、计票；
16. 当场公布投票结果；
17. 封存选票，填写选举结果报告单；
18. 宣布当选名单。

投票结束后，应当将所有票箱集中，将选票混在一起，由选举工作人员逐张检验、清点选票总数后，统一唱票、计票。难以确认的选票应当由监票人在公开唱计票前提交村民选举委员会讨论决定。

（二）投票站投票程序。

采取投票站方式选举的，由村民选举委员会主持。流程如下：

1. 同时开放全部投票站；
2. 各投票站工作人员当众检查票箱，并启封、清点选票；
3. 验证发票；
4. 村民秘密写票、投票；
5. 关闭投票站，销毁剩余选票并密封票箱；
6. 集中票箱，清点选票数；
7. 公开验票、唱票、计票；
8. 当场公布选举结果；
9. 封存选票，填写选举结果报告单；
10. 宣布当选名单。

八、选举有效性确认

选举村民委员会，有登记参加选举的村民过半数投票，选举有效。参加投票的村民人数，以从票箱收回的选票数为准。

有下列情形之一的，选举无效：

（一）村民选举委员会未按照法定程序产生的；

（二）候选人的产生不符合法律规定的；

（三）参加投票的村民人数未过登记参加选举的村民半数的；

（四）违反差额选举原则，采取等额选举的；

（五）收回的选票多于发出选票的；

（六）没有公开唱票、计票的；

（七）没有当场公布选举结果的；

（八）其他违反法律、法规有关选举程序规定的。

因村民选举委员会未按照法定程序产生而造成选举无效的，乡级村民委员会选举指导机构应当指导组织重新选举。因其他原因认定选举无效的，由村民选举委员会重新组织选举，时间由村民代表会议确定。

九、确认当选

候选人获得参加投票的村民过半数的选票，始得当选。获得过半数选票的人数超过应选名额时，以得票多的当选；如遇票数相等不能确定当选人时，应当就票数相等的人进行再次投票，以得票多的当选。

村民委员会主任、副主任的当选人中没有妇女，但委员的候选人中有妇女获得过半数选票的，应当首先确定得票最多的妇女当选委员，其他当选人按照得票多少的顺序确定；如果委员的候选人中没有妇女获得过半数选票的，应当从应选名额中确定一个名额另行选举妇女委员，直到选出为止，其他当选人按照得票多少的顺序确定。

选举结果经村民选举委员会确认有效后，须当场宣布，同时应当公布所有候选人和被选人所得票数。以暴力、威胁、欺骗、贿赂、伪造选票、虚报选举票数等不正当手段当选的，当选无效。

村民选举委员会应当在投票选举当日或者次日，公布当选的村民委员会成员名单，并报乡级人民政府备案。村民选举委员会无正当理由不公布选举结果的，乡级人民政府或者乡级村民委员会选举工作指导机构应当予以批评教育，督促其改正。

十、颁发当选证书

县级人民政府主管部门或者乡级人民政府，应当自新一届村民委员会产生之日起十日内向新当选的成员颁发统一印制的当选证书。

十一、另行选举

村民委员会当选人不足应选名额的，不足的名额另行选举。另行选举可以在选举日当日举行，也可以在选举日后十日内进行，具体时间由村民选举委员会确定。

另行选举的，第一次投票未当选的人员得票多的为候选人，候选人以得票多的当选，但得票数不得少于已投选票数的三分之一。

另行选举的程序与第一次选举相同。参加选举的村民以第一次登记的名单为准，不重新进行选民登记。原委托关系继续有效，但被委托人成为候选人的委托关系自行终止，原委托人可以重新办理委托手续。

经另行选举，应选职位仍未选足，但村民委员会成员已选足三人的，不足职位可以空缺。主任未选出的，由副主任主持工作；主任、副主任都未选出的，由村民代表会议在当选的委员中推选一人主持工作。

第七章 选举后续工作

一、工作移交

村民委员会应当自新一届村民委员会产生之日十日内完成工作移交。

原村民委员会应当依法依规将印章、办公场所、办公用具、集体财务账目、固定资产、工作档案、债权债务及其他遗留问题等，及时移交给新一届村民委员会。

移交工作由村民选举委员会主持，乡级人民政府监督。对拒绝移交或者无故拖延移交的，乡级人民政府应当给予批评教育，督促其改正。

二、建立选举工作档案

村民委员会选举工作结束后，应当及时建立选举工作档案，交由新一届村民委员会指定专人保管，至少保存三年以上。

选举工作档案包括：

（一）村民选举委员会成员名单及推选情况材料；

（二）村民选举委员会选举会议记录；

（三）村民选举委员会发布的选举公告；

（四）选民登记册；

（五）候选人名单及得票数；

（六）选票和委托投票书、选举结果统计、选举报告单；

（七）选举大会议程和工作人员名单；

（八）新当选的村民委员会成员名单；

（九）选举工作总结；

（十）其他有关选举的资料。

第八章 村民委员会成员的罢免和补选

一、罢免

本村五分之一以上有选举权的村民或者三分之一以上的村民代表联名，可以提出罢免村民委员会成员的要求，启动罢免程序。

罢免程序如下：

（一）书面向村民委员会提出罢免要求，说明罢免理由；

（二）召开村民代表会议，审议罢免要求；

（三）被罢免对象进行申辩或者书面提出申辩意见；

（四）召开村民会议，进行投票表决；

（五）公布罢免结果。

罢免村民委员会主任的，由副主任主持村民会议投票表决，不设副主任的，由委员推选一人主持；罢免村民委员会副主任、委员的，由村民委员会主任主持。罢免村民委员会全体成员的，或者主任、副主任、委员不主持村民会议的，可在乡级人民政府指导下，由村民会议或者村民代表会议推选代表主持。

罢免村民委员会成员，须有登记参加选举的村民过半数投票，并须经投票的村民过半数通过。罢免获得通过的，被罢免的村民委员会成员自通过之日起终止职务，十日内办理工作交接手续。罢免未获通过的，六个月内不得以同一事实和理由再次提出罢免要求。

二、补选

村民委员会成员出缺，可以由村民会议或者村民代表会议进行补选。

村民委员会成员出缺的原因有：

（一）职务自行终止；

（二）辞职；

（三）罢免。

村民委员会成员因死亡、丧失行为能力、被判处刑罚或者连续两次民主评议不称职，其职务自行终止。村民委员会成员因故辞职，应当书面提出申请，村民委员会应当在三十日内召开村民代表会议，决定是否接受其辞职。村民委员会成员连续两次提出辞职要求的，应当接受其辞职。村民代表会议可以决定对辞职的村民委员会成员进行离任经济责任审计。

补选程序，参照村民委员会选举投票程序。补选村民委员会个别成员的，由村民委员会主持；补选全体村民委员会成员的，由重新推选产生的村民选举委员会主持。补选时，村民委员会没有妇女成员的，应当至少补选一名妇女成员。

村民委员会成员职务自行终止、因故辞职，以及补选结果，村民委员会应当及时公告，并报乡级人民政府备案。

村务监督委员会成员、村民代表和村民小组长的推选可以参照本规程办理。

附件一 村民委员会选举常用文书样式（略）

附件二

选举场地设置

一、场地确定

村民委员会选举应设置选举中心会场，选举中心会场或投票站为选民投票的选举场地。为方便选民投票，可在村内适宜场所设置投票站，投票站设置由村民选举委员会确定并公告。

二、场地面积

选举场地应能够容纳参加投票的选民，还应符合选举中心会场或投票站布置的其他要求。

三、场地悬挂物

选举场地可悬挂有关选举的宣传横幅、候选人的简历介绍展板等，场地悬挂物由村民选举委员会统一负责管理。

四、选举会场布置

(一)主席台。选举中心会场应设置主席台，主席台上方(或后上方)应悬挂“××村第×届村民委员会选举大会”字样的横幅。主席台应设置村民选举委员会主任和委员席位。

(二)监督员席。在主席台或会场侧边应设置专门的选举监督员席。

(三)选民席位划分。选民席位按村民小组划分，选民分区域入席参加选举大会。各区域前宜设置“第××村民小组”字样标牌。

(四)安全通道。选举中心会场应设置快速疏散选民的安全通道，并设置可识别的安全标识。

(五)验证发票处。选举中心会场应设置2至4个验证发票处，每个投票站应设置验证发票处。每个验证发票处应配备2名验证发票员。

(六)写票处。选举中心会场和投票站应设置专门的写票处。写票处应具备封闭性，写票处之间应有障碍物隔离，保证选民投票意愿不被他人察觉。每个写票处应统一配置笔和桌椅。

(七)代书处。选举中心会场和投票站应设置专门的代书处。每个代书处应配备1名熟悉选举程序的代书员。

(八)投票处。选举中心会场和投票站应设置专门的投票处。每个投票箱应配备监票员2名。

(九)计票处。选举中心会场和投票站应设置专门的计票处。每个计票处应配备计票员2名。

(十)流动票箱设置。流动票箱的设置由村民选举委员会确定，并由村民选举委员会负责管理。存在下列情况之一时，不应设置流动票箱：

1. 本村没有不能到站投票的选民；
2. 本村有不能到站的投票选民，但全部办理了委托投票。

(十一)选举场所间的间距。选举场所间的间距一般应符合下列要求：

1. 验证发票处与写票处之间的距离应不少于1.5米；
2. 写票处与代书处之间的距离应不少于1米；
3. 写票处、代书处与投票处的距离应不少于2米。

关于学习宣传和贯彻实施《中华人民共和国村民委员会组织法》的通知

(2010年12月1日　民发〔2010〕162号)

各省、自治区、直辖市党委组织部、宣传部，政府民政厅(局)、司法厅(局)、法制办公室：

新修订的《中华人民共和国村民委员会组织法》(以下简称《村委会组织法》)已于2010年10月28日经第十一届全国人大常委会第十七次会议审议通过。胡锦涛主席同日签署第三十七号主席令，颁布实施。为深入学习宣传和贯彻实施好《村委会组织法》，现就有关事项通知如下：

一、深刻认识贯彻实施《村委会组织法》的重大意义

《村委会组织法》自1998年11月颁布实施以来，我国农村基层民主制度体系逐步完善，组织载体日益健全，自治内容不断丰富，实践形式更加多样，村民自治制度已经发展成为中国特色社会主义民主政治的重要组成部分。为适应农村经济社会发展和城乡户籍制度、农村税费制度改革深化的需要，在总结村民自治实践经验基础上，全国人大常委会对《村委会组织法》进行了修订。新修订的《村委会组织法》，按照党的十七大关于坚持和完善基层群众自治制度和十七届三中全会关于健全农村民主管理制度的要求，以规范程序、完善制度为重点，扩大村民自治范围，着力解决《村委会组织法》实施过程中遇到的突出问题，进一步完善以民主选举、民主决策、民主管理和民主监督为主要内容的村民自治制度，保障和落实农民群众的民主权利，为我们党带领亿万农民群众发展农村基层民主、促进农村和谐稳定提供了法律保障。当前，我国农村正在发生新的变革，农村社会结构快速变动，社会利益格局和农民思想观念深刻变化，农民民主意识、法制意识不断增强。贯彻落实好《村委会组织法》，有利于保障农民依法直接行使民主权利，健全村党组织领导的充满活力的村民自治机制；有利于密切党群干群关系，维护农村社会和谐稳定；有利于调动亿万农民群众建设社会主义新农村的积极性、主动性和创造性，推动农村全面建设小康社会进程。

各地各部门要高举中国特色社会主义伟大旗帜，以邓小平理论和“三个代表”重要思想为指导，深入贯彻落实科学发展观，充分认识学习宣传和贯彻实施好《村委会组织法》的重要意义，把坚持党的领导、人民当家作主、依法治国有机统一于村民自治实践之中，不断推进村民自治制度化、规范化、程序化，努力使贯彻实施《村委会组织法》的成果转化为推进农村基层民主在新的历史起点上科学发展的强大动力，促进农村经济社会又好又快发展。

二、深入开展学习宣传活动

要把《村委会组织法》的学习宣传工作纳入普法规划和农村基层干部培训计划。各级领导干部要以身作则、带头学习、掌握精神，并督促下级机关和干部认真学习。县乡两级负责农村基层民主政治建设的党政干部，要自觉学习、吃透精神。要组织广大农村干部认真学习领会《村委会组织法》的精神实质和任务要求，使其成为农民学法用法的带头人和农村基层民主政治建设的组织者、实施者、推动者。要利用讲习班、培训班、研讨会、以会代训等多种形式，组织对县、乡、村干部进行专门培训，切实提高农村基层干部贯彻执行《村委会组织法》的自觉性。各地的学习宣传和培训工作要以全国人大常委会法工委、民政部、国务院法制办等单位共同编写的《村民委员会组织法学习读本》作为必备参考书。各地要抓住当前有利时机，在今冬明春掀起一个学习贯彻《村委会组织法》的高潮，并将学习宣传活动与正在开展的创先争优活动结合起来，与推进学习型党组织建设结合起来。

要利用广播电视、网络、墙（板）报、农村党员干部现代远程教育网络等宣传教育阵地，大力宣传《村委会组织法》和农村基层民主知识，宣传农村基层民主实践的历史性进展，宣传介绍农民群众参与农村基层民主的典型事例，做到《村委会组织法》不断深入人心，使农民群众不仅明白自己的民主权利，而且学会如何正确地行使自己的民主权利，把参与农村基层民主的积极性变为建设社会主义新农村的自觉行动。

要建立一支专兼职结合的宣传教育队伍，深入开展《村委会组织法》的宣传和法律咨询服务。要通过农民群众喜闻乐见的形式开展宣传教育活动，有条件的地方可以通过农村基层民主实践成就展览，或组织报告团进行宣讲活动等形式，进一步营造贯彻实施《村委会组织法》的良好氛围。要动员鼓励有关人员围绕农村基层民主政治建设的若干重点问题，撰写一批有深度、有分量、通俗易懂的文章，推动农村基层民主理论创新、制度创新和实践创新。

三、不断健全农村基层民主管理制度

要坚持完善村党组织领导的充满活力的村民自治机制，积极探索其实现形式，实现党的领导机制、村“两委”协调机制、党内基层民主机制和村民自治机制的有机融合，保证村党组织充分发挥领导核心作用、村委会依法行使职权、党员和村民的民主权利得到充分尊重。要推动形成农村利益协调机制、诉求表达机制、矛盾调处机制和权益保障机制，落实农民群众的知情权、参与权、表达权、监督权，引导农民群众实行自我管理、自我教育、自我服务，最大限度地增进和谐因素，最大限度地减少不和谐因素。

要进一步完善以宪法为根据、以《村委会组织法》为核心、以地方法规为支撑、以村民自治章程为补充的法律法规和制度体系。要根据新修订的《村委会组织法》的要求和规定，抓紧制定或修订本省（区、市）的《村委会组织法》实施办法、村委会选举办法、村务公开办法等地方配套法规，着重完善民主选举、民主决策、民主管理、民主监督的机制和程序，进一步提高农村基层民主相关法律的针对性和实用性。要组织指导农村干部群众，依照《村委会组织法》，制定或修订村民自治章程、村规民约和切实可行的工作规则，落实农村基层民主的各项具体制度，保障农民群众依法依章办理自己的事情。

要依据《村委会组织法》对现行的法规制度进行检查清理。凡是与《村委会组织法》精神一致的，要继续坚持，并不断完善丰富；不一致的，应当尽快修改或废止。要尊重农民群众的首创精神，对农村基层民主实践中涌现出的好做法，及时归纳、总结并用制度的形式固定下来，条件成熟的，要推动地方立法，把成功经验上升为政策，把成熟的政策固定为法规。

四、继续深化农村基层民主实践

要按照党的十七大和十七届三中、四中、五中全会精神要求，充分发挥农村基层党组织的领导核心作用，深入开展以直接选举、公正有序为基本要求的民主选举实践，以村民会议、村民代表会议、村民议事为主要形式的民主决策实践，以自我教育、自我管理、自我服务为主要目的的民主管理实践，以村务公开、财务监督、群众评议为主要内容的民主监督实践。要根据农村改革发展的新形势新情况，大胆创新农村民主形式，丰富民主内容，拓展民主渠道，全面提升农村基层民主实践的水平。

要认真检查农村基层民主实践中的不足和问题，满腔热情地予以指导和引导，并及时帮助加以解决。要扎实推进村务公开和民主管理“难点村”治理工作，以解决农民群众最关心最直接最现实的利益问题为切入点，全面提升村务公开和民主管理工作整体水平。要大力充实各地各部门指导农村基层民主实践的工作力量，对于长期存在的工作力量不够、经费不足、手段缺乏的问题，各部门自身能够解决的，应当及时解决；各部门难以自行解决的，要报请当地党委、人大、政府尽快协调解决，保证政令畅通。要建立健全社会参与的监督机制，充分发挥人大代表、政协委员、专家学者、新闻媒体、人民群众的监督作用，动员社会力量对《村委会组织法》的贯彻执行情况进行有效监督。

要建设一支守信念、讲奉献、有本领、重品行的农村基层干部队伍，为推动农村科学发展、带领农民致富、维护农村社会稳定提供坚强的组织保证。要建立健全村务监督委员会或者其他形式的村务监督机构，保障其履行职责，促进村集体资产、资金、资源管理使用的公开透明。要坚持服务农民、依靠农民，积极推进农村社区建设，大力培育农村服务性、公益性、互助性社会组织,完善农村基层社会管理和服务体制机制,推动形成政府行政管理和村民自我管理的有效衔接、政府依法行政和村民依法自治的良性互动的局面。

五、切实加强组织领导

各级党委、政府要把贯彻实施《村委会组织法》作为推进农村基层民主政治的基础性工作摆上重要议事日程,明确领导和指导责任,精心组织,分类指导,认真研究解决工作中存在的突出问题和困难。要统筹安排、因地制宜,切实把贯彻执行《村委会组织法》的工作与贯彻落实党的十七届五中全会精神,开展创先争优活动紧密结合起来,一级抓一级、一级带一级,引导广大基层干部积极适应农村社会形势的深刻变化,以求真务实、改革创新的精神贯彻执行好《村委会组织法》,努力开创农村基层民主实践的新局面,推动农村改革发展稳定各项工作的落实。各项贯彻实施工作要本着节俭、务实、有效的原则进行,不搞形式主义,防止增加群众负担。

各地各部门要在党委和政府的统一领导下,紧密配合,形成合力。要根据各自部门工作职责,精心设计活动主题和特色鲜明、务实管用的活动载体,研究制定贯彻执行《村委会组织法》的具体措施,使这项工作既丰富生动,又务实有效。组织部门要切实加强农村基层党组织建设,充分发挥基层党组织战斗堡垒和广大党员先锋模范作用,增强贯彻执行《村委会组织法》的自觉性,支持和保障村民依法开展自治活动、直接行使民主权利。宣传部门要坚持正确的舆论导向,做好新闻媒体的沟通、协调工作,加强正面引导,及时宣传报道村民自治的好经验好做法。司法行政部门要结合"六五"普法规划制定实施和"法律进乡村"活动,深入推进《村委会组织法》宣传普及,促进广大农民群众知法、懂法、守法、用法。政府法制机构要积极配合有关部门抓紧制定或修订《村委会组织法》的配套法规。民政部门要认真开展调查研究,及时掌握各方面情况,切实加强督促指导,充分发挥职能作用,当好党委和政府的参谋助手。

请各地民政部门将学习、宣传、贯彻《村委会组织法》的具体安排和意见报民政部。贯彻执行过程中遇到的重大问题和情况请及时请示报告。

民政部关于切实加强村民委员会选举工作指导的意见

(2010年7月23日 民发〔2010〕109号)

各省、自治区、直辖市民政厅(局)、新疆生产建设兵团民政局:

目前,全国各地农村普遍开展了7至8届村委会选举,总体平稳有序,对保障村民直接行使民主权利,发展农村基层民主发挥了重要作用。但也应看到,一些地方在村委会选举中,由于执法不严、指导不力等原因,出现了一些违法违规现象,如有的村故意简化选举程序,利用委托投票、代写选票等形式徇私舞弊;有的村投票时间尚未结束就开箱计票、唱票;有的村不当众公布选举结果,甚至出现不进行民主推选直接内定候选人的情况;有的村存在贿选等不正当现象且未及时加以制止;有的村选举完成后不及时办理移交手续,甚至存在恶意毁坏集体财务账册、工作档案等文件资料;个别村存在宗族宗派势力、黑恶势力插手村委会选举等情况,影响了选举的公正性,挫伤了村民的参与热情。今明两年,大部分省份将陆续开展新一届村委会换届选举工作,为进一步规范选举程序,引导村民正确行使民主权利,发挥好民政部门的职能作用,切实加强对村委会选举工作的指导,现提出以下意见。

一、认真做好宣传教育和舆论引导工作

宣传教育和舆论引导是做好村委会选举的重要基础。地方民政部门要在党委、政府的统一领导下,会同宣传、广播电视、新闻出版等部门,通过广播、电视、报刊、网络、宣传画、文艺队、公示栏、黑板报等群众喜闻乐见的形式,在村民中广泛深入地开展社会主义民主法制教育,帮助村民了解村委会选举的有关法律、法规和政策,了解选举程序和步骤,珍惜和维护自身的民主权利,增强抵制村委会选举中违法违纪行为的能力和自觉性,真正把奉公守法、品行良好、公道正派、热心公益的人选进村委会。要结合实际大力宣讲村委会选举与社会主义新农村建设、维护农村社会稳定的重要关系,把为什么选举村委会、选举什么样的人进村委会、怎样选好村委会、什么样的选举行为为法律法规所允许等问题,通过多种方式清清楚楚地告诉广大村民群众。要及时讲清村委会选举中出现的违法违规案例所造成的巨大危害和处理结果,表明党和政府纠正违法违规行为的坚定决心和态度,最大程度地消除不利因素对村委会选举的干扰和破坏。要注重做好新闻媒体的沟通协调工作,加强正面引导,多宣传选举中涌现的好经验好做法,防止个别人利用媒体特别是网络作不实报道,甚至恶意炒作,形成正确的舆论导向。

二、认真做好调查研究和摸底排查工作

调查研究和摸底排查是做好村委会选举的重要前提。要重点加强对"难点村"以及撤并村、改制村和经济开发区所属村等特殊村选举工作的调查研究和摸底排查,把做好这些村的选举工作摆在突出位置。县乡要加强分类指导,派得力干部驻村指导,逐个分析村情选情,有针对性地制定工作预案,实施"一村一策",推动这类村庄依法依规完成选举工作。要及时掌握拉票贿选、宗族宗教和黑恶势力、境内外敌对势力插手村委会选举等情况,对可能影响和破坏选举的重大隐患和已经出现的苗头,要专项治理。要加强对带普遍性的选举难点问题进行调查研究,如村党组织在村委会选举中发挥领导核心作用的途径、方法,选举纠纷仲裁和违法行为的纠正,选民、候选人资格认定,竞职规则、贿选界定与处理等问题。要研究制定切实有效的措施,鼓励引导农村致富能手、复转军人、外出务工经商返乡农民、回乡大中专毕业生、大学生"村官"、县乡机关和企事业单位提前离岗或退休干部职工积极参与村委会选举,调动他们的积极性,形成人才辈出的局面。要及时发现总结村民群众创造的好经验、好做法,把实践证明行之有效的做法用制度形式固定下来,不断提高村委会选举的制度化、规范化和程序化水平。

三、认真做好选举前的教育培训工作

教育培训是做好村委会选举的重要步骤。教育培训的重点是县乡两级负责村委会选举工作的党政干部和村民选举委员会的成员。教育培训要以《中华人民共和国村民委员会组织法》、《中共中央办公厅国务院办公厅关于加强和改进村民委员会选举工作的通知》(中办发〔2009〕20 号),以及《中共中央纪委、中共中央组织部、民政部关于认真解决村级组织换届选举中"贿选"问题的通知》(组通字〔2006〕30 号)、《中共中央组织部、民政部关于认真做好村党组织和村民委员会换届工作的通知》(组通字〔2008〕33 号)等法律政策和村委会选举规程为主要内容,使县乡负责村委会选举工作的干部牢牢把握好村委会选举的各项要求,熟悉村委会选举程序和方法步骤,不断提高指导选举工作的能力和实际操作的水平。不熟悉法律政策的县乡干部不宜解答村民的咨询,不宜接待村民的上访,不宜进村入户指导。未开展教育培训的地方,不宜匆匆忙忙组织换届选举。教育培训工作采取分级负责、逐级组织的方法。省级重点培训市、县两级的师资力量和部分县级负责村委会选举工作的党政干部;市级重点培训县、乡两级的师资力量和部分乡镇负责村委会选举工作的党政干部;县级重点培训乡镇负责村委会选举工作的党政干部和村民选举委员会主任;乡级重点培训包村干部和村民选举委员会成员。教育培训要结合当地实际,穿插典型案例,力求生动形象,便于掌握和记忆。

四、认真做好投票程序的组织实施工作

组织实施好投票程序是做好村委会选举的关键环节。要认真指导和引导村民选举委员会依法依规制定好本村选举办法,对村干部任职资格条件、职数、选举程序,选民资格认定、委托投票、不当或非法选举行为裁定、有效选票认定以及回避制度等作出规定,并经村民会议或者村民代表会议审议通过。各省(区、市)要依据地方法规指导基层制定更加具体的选举办法。要切实组织好选举投票工作,选举时,应召开选举大会集中投票或设立中心投票会场和若干投票站投票,当场领票、写票、投票,集中唱票、计票,当场公布选举结果。要严格控制流动票箱的使用,依法办理委托投票手续,规范代写选票。同时,在选票的设计、发放、读取,以及秘密写票间的设计、管理上采取相应措施,运用人防、物防、技防等各种手段做好防范工作,确保法定程序一个不能少,法定步骤一步不能少,绝不允许走过场,图省事。对不懂不会的现象要及时加以指导和帮助。

五、认真做好选举监督和违法违规行为查处工作

选举监督和违法违规行为查处是做好村委会选举的重要保障。要完善村委会选举监督体系,充分发挥村务监督机构以及各级党代表、人大代表、政协委员担任选举观察员等形式的监督作用,积极探索舆论监督,加强社会力量对村委会选举工作的监督。要突出程序监督,依据村委会组织法和各省(区、市)制定的选举办法或选举规程,抓住村民选举委员会产生程序、村委会候选人提名方式、候选人的竞争行为、选举人投票行为等重要环节,全程跟踪监督,保障村委会选举公正有序。要认真做好群众来信来访工作,充分发挥村民群众的监督作用。对群众反映的问题,能解决的要及时予以解决,需要协调其他部门解决的及时协调解决,解决不了的要向村民选举委员会或者村民解释清楚,做到及时回应、妥善解决。村委会选举期间,县(市、区)选举工作机构要公布本地区工作电话,受理群众举报投诉,进行法规政策咨询解答。要加大执法力度,及时查处工作中发现的和群众反映的选举违法违规行为。坚决查处和打击拉票、贿选等违法违规行为,各省(区、市)要根据本地区经济社会发展状况和风俗人情等,具体明确拉票、贿选行为的界定范围,公之于众,并明确拉票、贿选行为的界定部门和界定程序,做到严密防范、露头就管,发现一起、查处一起。要会同有关部门对参与或指使他人以暴力、威胁、欺骗、恶意造谣、贿赂、伪造选票、虚报选票数等手段,以及利用宗族宗教势力破坏选举或妨碍选举的,依法严肃查处;对以不正当竞争手段参选的,一经发现即取消参选资格,已经当选的宣布当选无效;对黑恶势力、境内外敌对势力干扰破坏选举的,做到依法严惩,绝不手软。要进一步完善选举重大问题报告、重要信息报送和情况通报等制度,及时掌握动态,切实加强指导。选情复杂的地方,要成立应急处理工作小组,加强对突发事件的防范、掌控和处理。

六、认真做好选举后移交和人才培育工作

选举后移交和人才培育是做好村委会选举的重要环节。要认真组织好新老班子的交接工作,原村民委员会应依法在规定期限内将印章、办公场所、办公用具、集体财务账目、固定资产、工作档案、债权债务及其他遗留问题等,及时移交给新一届村民委员会。要抓好新当选村委会成员的教育培训,提高他们履行职责、服务群众的能力,增强带领广大农民群众建设社会主义新农村的本领。指导村委会班子健全村务公开和民主管理制度,制定任期目标和工作计划,认真兑现对群众的公开承诺。要深入细致地做好落选人的思想工作,关心爱护离任村委会干部,引导他们积极支持新班子的工作,形成团结和谐的干事氛围。要修订完善村委会议事规则,理顺村级各类组织关系,进一步健全和完善村党组织领导的充满活力的村民自治机制。要健全村民民主评议和考核村委会班子和村委会干部的管理制度,严格兑现奖惩,坚持用制度、程序和奖惩结合的方法,有效地把村干部的权力置于村民监督之下,避免盲目决策和决策失误，堵死滥用权力之路。要结合当前正在开展的“难点村”治理工作和创优争先活动，积极探索人才培养、使用的途径和方法，切实解决部分村庄缺乏带头人的问题。

关于进一步加强新形势下妇女参加村民委员会工作的意见

（2008年12月31日）

为全面贯彻落实党的十七大、十七届三中全会精神，深入学习实践科学发展观，扩大村民自治范围，进一步完善农村村民自治制度，加强农村村委会建设，充分发挥妇女在村民自治实践中作用，不断把村民自治实践引向深入，现就进一步加强新形势下妇女参加村委会工作提出如下意见。

一、充分认识妇女参加村委会工作的重要意义。妇女是“半边天”，是创造人类文明和推动社会发展的一支伟大力量。妇女的发展水平，妇女地位的提高，是社会发展的重要指标，也是衡量社会进步的尺度。随着工业化、信息化、城镇化、市场化、国际化对我国农村影响的不断加深，农村人口流动不断加大，大量农村青壮年劳动力外出务工，在广大农村普遍存在“留守老人”、“留守妇女”、“留守儿童”现象，妇女日益成为村级事务管理和决策的重要力量，成为农业生产、推动农村经济社会又好又快发展的骨干力量，成为农村物质文明、精神文明、政治文明以及生态文明建设的主力军。新形势下，如何更好地发挥农村广大妇女的参与作用，是深化村民自治实践面临的新课题。近年来，各地积极推进妇女参与村民选举、决策和管理，推动妇女参与农村各项事务，提高村委会成员妇女当选比例和妇女参与程度，保障妇女行使政治权利取得了积极成效。实践证明，妇女参加村委会工作，成为村委会成员，有利于妇女的发展和提高，有利于扩大村民自治范围，有利于健全村党组织领导的充满活力的村民自治机制。进一步扩大妇女参加村民自治实践，是发展农村基层民主，保障人民享有更多更切实的民主权利的必然要求，是扩大党的群众基础、巩固党的执政基础的迫切需要，是完善农村村民自治制度的客观需要，对最大限度地激发社会创造活力，最大限度地增加和谐因素，最大限度地减少不和谐因素，维护农村改革发展稳定的大局具有重要意义。各级民政部门、妇联要充分认识农村妇女在经济发展和社会进步建设中的巨大作用，自觉推进妇女参与村委会工作，把妇女当选村委会成员，参与村级事务管理、提高妇女整体素质，作为全面推进村民自治工作的重要内容，切实抓紧抓好。

二、采取有效措施，引导妇女参加村委会工作。要注重引导妇女参与村民自治实践，采取灵活多样的措施，吸引妇女群众参与民主选举、民主决策、民主管理、民主监督等活动。尤其要抓住民主选举这个关键环节，保障妇女在村民选举中的合法权益，确保《村民委员会组织法》关于“村民委员会成员中，妇女应当有适当的名额”的规定落到实处。在推选村民选举委员会时，要引导村民会议或村民小组把符合条件的女村民吸收进去；在村民直接提名村委会成员候选人时，要引导村民提名符合条件的女村民，同时，积极鼓励农村妇女破除封建思想和世俗偏见，勇于挑重担，敢于接受竞争；在介绍正式候选人时，要引导村民选举委员会积极介绍女候选人的业绩，不得给予任何歧视和不公正待遇；在投票选举时，要组织、教育和引导广大村民尤其是农村妇女正确行使民主权利，把村民拥护的思想好、作风正、有文化、有本领、真心实意为群众办事的妇女，选进村委会班子。条件具备的地方，要探索通过政策创新提高妇女当选比例和推进妇女参与的新办法和新形式，如在选票上注明妇女应有名额等方式，确保村委会成员中妇女当选比例有新的提高。对利用宗族、派性势力，给妇女参选、当选设置障碍的，要依法予以制止和处理。已经完成新一届村委会选举的地方，要认真总结经验，凡村委会班子中没有女成员的，当届期内村委会成员出现缺额时，应首先补选女委员，或建议党委部门在村党组织内配备一名妇女。支持妇女代表担任村民民主理财小组成员和村务监督机构成员，有条件的地方可以开展扩大妇女在村民代表会议、村民小组会议组成人员比例的试点。农村妇女代表会由农村妇女民主选举代表组成，要采取有效措施推动农村妇女代表会主任进入村委会。

三、加强对当选女村委会成员的培训，提高妇女干部的自身素质。要结合村委会选举、村务公开和民主管理等具体实践，开展学习培训，使全体妇女既知晓并享有民主权利，又自觉履行法定义务，增强民主法制意识。要依托基层党校、高等院校、农技校、农广校、妇干校以及现代远程教育网络等，加强对女村委会成员开展政治理论、实用技能和妇女工作业务培训，提高妇女干部的政治业务素质。在对新当选村委会成员进行培训时，要注重培训新当选的女性村委会成员，为她们量身定做培训内容和培训方式，使她们迅速掌握村务管理、决策等方面的方法和技能，增强本领，提高能力，以适应农村工作的需要。要广泛开展“双培双带”活动，把女能人培养成妇女干部，把妇女干部培养成女能人，鼓励她们带头致富，带领妇女群众共同致富、共同发展。在组织社会工作专业培训、资格认证时，优先考虑女村委会成员、村妇代会干部和妇女骨干。对任期内全心全意为村民服务，工作成绩显著的女干部，要及时给予表彰，为连选连任，提高妇女在农村社会生活中的地位创造条件。

四、密切配合，切实加强对妇女参加村委会工作的领导。各级民政部和妇联组织要在党委和政府的统一领导下，把进一步加强新形势下妇女参加村委会工作纳入工作整体规划，统筹协调，共同推进。考虑到农村妇女工作在整个村民自治工作中的特殊性、重要性，今后凡进行村委会换届选举的地方，民政部门在报请党委或政府批准村委会换届选举领导（指导）小组时，过去已吸收同级妇联组织参与的，要继续保持，没有吸收的，要增补，以共同推动村民自治工作的发展。要认真研究新情况，解决新问题，及时总结、推广新经验。要加大宣传力度，通过电视、报刊、网络等大众媒体宣传基层妇女为建设社会主义新农村，推进农村村民自治制度建设作出的积极贡献，团结妇女一道努力把城乡社区建设成为管理有序、服务完善、文明祥和的社会生活共同体。

民政部关于切实做好城市社区居民委员会换届选举工作的通知

（2009年2月2日　民函〔2009〕43号）

各省、自治区、直辖市民政厅（局），计划单列市民政局，新疆生产建设兵团民政局：

2009年，全国将有16个省、自治区、直辖市进行城市社区居民委员会（以下简称居委会）换届选举。为切实做好居委会换届选举工作，现就有关事项通知如下：

一、充分认识做好新形势下居委会换届选举工作的重要意义

居委会换届选举是宪法和法律规定的一项重要制度，也是我国社会主义民主在城市基层最广泛的实践形式之一。当前，我国城市基层社会正在发生深刻变化，居委会换届选举工作面临着许多新情况、新问题，特别是随着城市流动人口的激增、就业压力的增大和社区居民民主法制意识的增强，做好居委会换届选举工作的难度在加大、要求在提高、工作量在增加。2009年是我国进入新世纪以来经济发展最为困难的一年。切实做好居委会换届选举工作，对于进一步提高城市社区管理和服务水平，切实保障社区居民享有更多更切实的民主权利，落实中央关于保增长、保民生、保稳定的各项方针政策，都具有重要的意义。各级民政部门要从深入贯彻落实科学发展观和坚定走中国特色社会主义政治发展道路的高度，按照党的十七大关于坚持和完善基层群众自治制度的要求，切实提高对做好2009年居委会换届选举工作重要性的认识，加强组织引导，认真研究解决选举中存在的问题，将居委会换届选举工作抓实做好。

二、认真做好选举前的准备工作

建立健全工作领导机构。凡有居委会换届选举的地方，各级民政部门都要积极向同级党委、人大和政府汇报，在省、市、区、街道层面建议成立由党委、人大和政府领导挂帅，有关部门参与，民政部门组织协调的换届选举工作机构，并保证必要的工作人员和工作经费。要积极指导社区依照有关法律和政策规定组建社区选举委员会，推动选举工作有领导、有步骤、有秩序地开展。

制定完善实施方案。各地特别是市区、街道要在总结和巩固以往换届选举成功经验的基础上研究制定切实可行的换届选举工作实施方案。制定实施方案前要搞好摸底调查，全面掌握社区情况、居委会干部情况及群众关注的突出问题。要重点关注城乡结合部、撤村建居、外来人口聚集、新建住宅区等“难点”社区的选举，对流动人口参选、社区干部交叉任职、候选人竞争演讲等问题做出预案，确保换届选举顺利进行。在撤村建居的地方，凡农村集体经济改制没有完成的，选举时应适用村委会组织法的规定，不能适用居委会组织法的规定。

组织开展选举培训。各地要分级对民政系统工作人员进行培训，使他们熟悉有关法律、法规和政策，熟悉选举的各项程序和相关问题的处置方法，提高指导选举的工作能力。市区、街道要重点做好选举骨干人员的培训，使他们掌握组织选举的必备知识、选举中常见问题的处理方法和技巧，提高实际操作的规范化水平。培训要理论联系实际，以实际操练为重点。

做好宣传动员工作。要通过行之有效的方式，对社区居民进行广泛深入的社会主义民主法制教育，激发他们参与社区居委会选举的热情，了解选举的基本程序，积极主动地参加选民登记和投票选举，同时要引导选民珍惜自己的民主权利，自觉抵制各种违法行为，真正把那些遵纪守法、办事公道、热心为居民服务的人选进居委会。

三、扎实做好投票选举工作

认真做好选民登记工作。对人户分离的城镇居民，原则上要在经常居住地进行登记，对愿意参加户口所在地选举的，要尊重其自主选择的权利，但不得重复行使选举权利。对选派到社区工作的机关干部、复退军人和大学生，也要在尊重其意愿的基础上对其进行登记。对居住在本社区一年以上的外来务工经商人员，应认真听取其意见，尊重其意愿，凡愿意参加本社区选举的人员，并经社区选举委员会同意，应予以登记。对自愿放弃选民权利的社区居民，可不计算在本届选民数内。

民主提名候选人。各地可以依据法律和有关政策提出候选人倡导性条件，但不得与宪法、法律相抵触。候选人居住的社区原则上应与其参选的社区一致。候选人要由居民提名产生，其人数应多于应选人数。有条件的社区要组织候选人与社区居民见面，向社区居民介绍自己的情况及社区治理方案，组织候选人开展有序竞争。坚决反对和抵制贿选。

组织搞好投票选举工作。要严格按照选举程序组织投票，采用大会形式进行选举投票的，要维持好会场秩序。探索利用互联网、手机短信等现代技术和采用分时设立投票站的灵活做法组织投票选举。投票结束后，要公开唱票、计票。每个统计组由一个唱票员、一个计票员和两个监票员组成，分别负责唱票、计票和监票工作。对选举结果有争议的，由社区选举委员会民主裁定。

四、努力做好换届选举的后续工作

搞好工作交接和建章立制工作。新一届居委会产生后，上届居委会要在街道办事处和社区选举委员会的指导监督下，及时办理工作交接手续，并把公章、财务账目、办公设备、服务设施等一并移交。及时指导居委会在原有的基础上进一步健全居民公约，规范民主决策、民主管理、民主监督程序，完善议事协商、共驻共建等制度，推动社区管理和服务工作有条不紊地进行。

对新一届居委会成员进行培训。要对新当选的居委会成员分期分批进行岗位培训，使他们熟练掌握和运用社区建设的有关法律、法规和政策以及居委会的基本工作方法和相关技能，尽快适应新的岗位，进入新的工作角色。对连任的居委会成员不定期进行轮训。

切实解决居委会成员工作报酬、福利待遇和工作条件问题。对新当选人员，要落实他们的工作补贴和各种福利待遇，其报酬应不低于当地平均社会工资水平；对落选人员要做好思想工作，妥善解决好其生活保障问题。要逐步提高居委会工作经费标准，改善居委会工作用房和居民公益性服务设施等工作条件，确保居委会正常开展工作。

五、加强组织引导，确保居委会换届选举工作顺利完成

各级民政部门要积极争取党委政府的重视和支持，依法履行好对换届选举工作的指导职能。要以省为单位统一届期，以便统一部署、统一组织、统一指导、统一检查，提高工作效率，降低选举组织工作成本。要积极扩大居委会直接选举的覆盖面，力争在“十一五”末实现直接选举覆盖面 50% 的目标。要及时把握选情，靠前指导，对换届选举中出现的问题，凡是民政部门能够解决的，应及时解决；需要几个部门联合解决的，要主动与有关部门协商解决；需要报请党委、人大常委会或政府决定的，应及时将解决方案上报。要研究新情况，解决新问题，及时进行督促检查，全面掌握换届选举的进程，把握指导工作的主动权和规律性。换届选举工作结束后要及时以省（自治区、直辖市）为单位向本级人民政府写出书面报告，同时报送民政部。

民政部关于贯彻执行《中华人民共和国城市居民委员会组织法》的通知

（1990 年 1 月 24 日　民基发〔1990〕5 号）

各省、自治区、直辖市民政厅（局），各计划单列市民政局：

《中华人民共和国城市居民委员会组织法》（以下简称《居民委员会组织法》）的颁布施行，标志着我国城市居民委员会建设进入一个新的历史发展阶段。依法建设好居民委员会，对于团结、动员和带领广大居民群众、巩固和发展安定团结的政治局面，促进城市的社会主义物质文明和精神文明建设，具有十重要的意义。为了贯彻落实好《居民委员会组织法》，特作如下通知：

一、认真学习和宣传《居民委员会组织法》

首先，要抓好街道干部和居民委员会干部的学习。要以党的十三届四中全会和五中全会精神为指针，逐条逐款地对《居民委员会组织法》进行学习。其次，在此基础上，要有组织有计划地向居民群众宣传《居民委员会组织法》。宣传的主要内容是：居民委员会的性质、任务和产生办法；什么人有选举权和被选举权；居民自治的内容、形式、原则及居民自治的权利。

二、搞好试点

各省、自治区、直辖市民政厅（局）和计划单列市民政局要在当地政府的领导下，与有关部门一起，组织专人，选择一、二个工作基础比较好的居民委员会进行贯彻《居民委员会组织法》的试点，全面实施《居民委员会组织法》，搞好群众的自我管理、自我教育和自我服务，发挥居民委员会群众自治组织的作用。要注意总结试点经验，通过典型示范，带动全盘，逐步把本地区的居民委员会真正建设成为基层群众性自治组织。

三、进一步加强居民委员会的建设

按照《居民委员会组织法》的规定，选配好居民委员会领导班子。要多方开辟居民委员会干部的来源，不断提高居民委员会干部的文化素质和业务水平。

建立健全居民委员会下设的机构，制定和完善各项规章制度。对于那些工作无人抓、处于涣散状态的居民委员会，要弄清问题的症结，采取有效措施，认真进行整顿。

扶持和保护居民委员会兴办有关的服务事业，推进社区服务活动的开展，增强居民委员会的凝聚力。

四、加强对居民委员会工作的指导

民政部门要做好居民委员会建设的日常工作。当前，要把学习、宣传、贯彻《居民委员会组织法》和指导居民委员会建设的工作作为一件大事来抓。要深入基层，调查研究，弄清本地区居民委员会建设的基本情况，向当地政府提出贯彻执行《居民委员会组织法》的具体方案和实施方法。

请各地将学习、宣传、贯彻《居民委员会组织法》的具体安排和意见，以及贯彻实施过程中的重大情况和问题，于 4 月 1 日前报部。

民政部办公厅关于对家属委员会是否需要民主选举的请示的答复

（1997 年 7 月 15 日　厅办函〔1997〕183 号）

江西省民政厅：

你厅“关于家属委员会是否需要民主选举的请示”收悉，我们原则上同意你们对这个问题的解释，并补充如下：

一、家属委员会是对家属聚居区的居民实行社会管理和服务的群众性自治组织，是居民委员会的一种组织形式，其性质、功能和所承担的任务同居民委员会是一样的。

二、家属委员会与居民委员会的区别在于，一是居民委员会的工作只接受市辖区或不设区的市人民政府以及它的派出机关的指导，而家属委员会不仅要接受市辖区或不设区的市人民政府以及它的派出机关的指导，而且要接受所在单位的指导；二是居民委员会的经费来源、居民委员会成员的生活补贴费用均由市辖区或不设区的市的人民政府规定并拨付，居民委员会的办公用房由当地人民政府统筹解决，而家属委员会的工作经费和家属委员会成员的生活补贴费、办公用房则由所在单位解决。

三、家属委员会的组织结构及其成员的任职条件、任职时间和产生办法，均应同《居民委员会组织法》对居民委员会的规定相一致。

四、家属聚居区的居民参与家属委员会的选举，是法律赋予他们的民主权利，如家属委员会成员不经过民主选举产生，无异于剥夺了居民的民主权利，属违法行为，应坚决予以纠正。

附：关于家属委员会是否需要民主选举的请示

江西省民政厅关于家属委员会是否需要民主选举的请示

（1997年6月28日）

民政部：

最近，省人大内务司法委转来南昌市人大内务司法委关于"企业家属委员会是否与城市居民委员会一样任期3年并进行换届选举的请示"，由于《居委会组织法》没有明确规定，请示如下：

我们认为，机关、团体、部队、企业、事业单位家属聚居区如何设立家属委员会的问题既然列入了《居委会组织法》的条款并规定承担居民委员会的工作，其性质就应该是"自我管理、自我教育、自我服务"的基层群众性自治组织，既然是群众自治组织就应按《居委会组织法》的规定任期3年并进行换届选举，如果是没有任期且不进行民主选举就将改变其性质。另外，我厅在"关于开展居民委员会建设达标升级活动的规定"中不仅包括了家属委员会，而且要求居（家）委会成员"由民主选举产生"。为此，我们意见是家属委员会应与城市居民委员会一样任期3年并进行换届选举。

妥否，请批示。

民政部办公厅关于转发武汉市人民政府关于进一步加强城市居民委员会建设的通知

（1997年7月28日　厅办函〔1997〕191号）

各省、自治区、直辖市民政厅（局），各计划单列市民政局：

武汉市人民政府在充分调查研究的基础上，学习借鉴上海经验，就加强城市居民委员会建设的有关问题作了明确规定，特别是在解决长期制约居民委员会建设的突出问题方面有所突破。现将《武汉市人民政府关于进一步加强居民委员会建设的通知》转发你们，供借鉴参考。

武汉市人民政府关于进一步加强城市居民委员会建设的通知

（1997年5月26日）

各城区人民政府，市人民政府各部门、各直属机构：

城市居民委员会（以下简称居委会）是基层群众性自治组织，是我国政权的基础，是党和政府联系居民群众的桥梁和纽带，是城市工作的落脚点。根据《市委、市人民政府关于学习上海经验，开创武汉改革开放和经济建设新局面的决定》（武发〔1997〕6号）和《中华人民共和国城市居民委员会组织法》、《湖北省实施〈中华人民共和国城市居民委员会组织法〉办法》，为全面贯彻中共中央十四届六中全会精神，充分发挥居委会在创建文明城市中的积极作用，经研究，现对居委会建设中的若干问题通知如下：

一、进一步明确居委会的工作任务

（一）召集和主持居民会议，向居民会议负责并报告工作，执行居民会议的决定、决议，监督执行居民公约。

（二）向居民宣传党的路线、方针、政策和国家法律、法规，教育居民遵纪守法，爱护公共财物，履行法定义务。

（三）加强本居住地区居民的社会主义精神文明建设，开展多种形式的理想道德、科学教育和健康向上的文化娱乐活动，教育居民尊老爱幼、扶困助残、拥军优属、团结互助、移风易俗，养成文明、健康、高尚的生活方式。

（四）开展便民利民的社区服务活动，办理本居住地区的公共事务和公益事业，为居民生活排忧解难。

（五）调解民间纠纷，做好疏导工作，防止矛盾激化，促进居民家庭和邻里团结。

（六）协助有关部门进行社区管理，发动居民开展爱国卫生运动，保持本居住地区整洁，搞好绿化、美化。

（七）协助维护社会治安，配合做好"两劳"释放人员的安置、帮教和常住、暂住人口的登记管理工作。

（八）协助街道办事处做好计划生育、青少年教育和优抚救济等项工作。

（九）维护居民的合法权益，向街道办事处反映居民的意见、要求和提出建议。

二、切实保障居委会的合法权益和依法行使职责

（一）居委会成员的产生和撤换必须严格依法进行。

（二）居委会在研究与驻本居住地区单位有关问题时，通知有关单位派员参加。有关单位要遵守所在地居委会的有关决定和居民公约。居委会成员到驻本居住地区单位和有关部门联系工作时，有关单位和部门应热情接待和积极支持。

（三）有关部门不能把不属于居委会职责范围内的工作交给居委会承担，确需居委会帮助完成的，经与居委会协商同意后，再由街道办事处统一安排。居委会拒绝有关部门直接布置的工作。

（四）居委会享有与其职责相应的居民活动组织权；居民公共事务与公益事业决策管理权；居民公约监督执行权；集体财产管理权；自有资金支配权；居民参军、招工就业推荐权；五好家庭、文明单位的评议权。

（五）产权属居委会的办公、社区服务、社区文化、经济实体等用房、设备以及居委会的收入、上级下拨的办公经费归居委会集体所有，任何单位和个人不得侵占、截留、上收、平调和挪用，审计、财政、民政部门每年要对居委会的收支情况进行审计。

（六）各单位要教育职工增强居民意识，支持居委会的工作，参加居委会的有关活动。居民要尊重和爱护居委会成员，积极配合工作。对干扰、妨碍居委会工作的居民，所在单位要给予批评教育，情节严重的要按规定予以严肃处理。

三、加强居委会的组织建设和制度建设

（一）配齐配强居委会领导班子，居委会成员原则上在街道办事处辖区内通过招聘、选派、选聘等方式推荐，依法选举产生。要把年龄轻、文化素质高、热心居委会工作的同志推选到居委会工作。要把居委会成员的推荐与机关干部的交流、下岗职工的再就业和大中专毕业生的安置结合起来。家属委员会成员由所在单位推荐，经过民主选举产生。街道办事处可选派机关干部协助居委会工作。

（二）要逐步改善居委会成员的年龄和文化结构，新当选的居委会成员原则上不超过50周岁，文化程度在高中以上。居委会成员的最高年龄原则不超过65周岁。为减少居委会成员职数，居委会党支部成员与居委会成员可交叉任职。

（三）居委会要建立健全居民代表会议制度、居委会工作制度、财务管理制度、居委会成员岗位责任制、目标管理和考核检查等项管理制度，组织制定《居民公约》，使居委会工作逐步走上法制化、制度化、规范化的轨道。

（四）区人民政府对居委会主任、街道办事处对居委会其他成员每届内要组织培训一至两次，不断提高居委会成员的自身素质。

四、大力支持居委会搞好社区服务工作和社区管理

（一）居委会的工作以社区服务和社区管理为重点，不再从事与社区服务无关的生产经营活动。居委会所办企业或市场，经营情况好、可以继续兴办的实行所有权和经营权分离，由街道经济组织经营管理，经济收入按居委会与街道办事处协商的比例返还。对污染扰民、占道经营、经营困难、不宜再办下去的要依法注销经营资格。

（二）居委会要大力开展社区服务活动，建立志愿者协会、兴办便民利民的社区服务事业，办理好本居住地区的公共事务和公益事业，为居民的生活排忧解难。

（三）各级人民政府和有关部门及居委会所在地单位要在政策、场地、资金等方面大力支持居委会开展社区服务、社区管理。工商、税务、卫生等部门对居委会兴办的社区服务业在办证、征收税费等方面要给予优惠。

（四）力争在两年内使全市每个居委会都要有文化活动室和一定面积的社区服务场地。市建委、市规划、土地局要根据我市“九五”计划确定的目标，适当提高新建住宅小区配套设施中社区服务设施的规划指标，特别是增加便民利民服务设施、文化教育设施、老年人生活服务设施等的规划指标。

（五）居委会兴办的社区服务业，实行有偿服务与无偿服务相结合，有偿服务的收入主要用于社区服务设施的建设和居民群干的生活补贴。居委会在兴办社区服务业中，要严格执行市人民政府第55号令的规定，严禁利用其活动场所从事赌博、色情等违法经营活动。

五、不断改善居委会群干的生活条件和工作条件

（一）每个居委会配备3名专职干部，在职期间享受事业编制待遇，收入原则上不低于全市职工人均月收入水平。由区财政按上述要求核定人员开支，经费由区街分担。从1997年10月1日开始执行。

（二）从1997年10月1日起，将居委会办公经费由每月300元提高到500元，增加部分仍按市、区、街分别负担60%、20%、20%的办法执行。家属委员会的经费仍按原渠道解决。

（三）对新建的居委会，从建立之日起除按规定划拨经费外，再由区财政一次性增拨3万元经费，用于居委会的筹建和社区服务、社区管理。

（四）除专职成员外的其他居委会成员的生活补贴，由街道办事处统一标准，原则上不得低于全市职工最低工资线，经费由街道办事处和居委会分担。

（五）居委会成员因公负伤，医疗费由所在单位负担；无单位负担的,由居委会负担;居委会支付有困难的,由街道办事处予以补助。居委会成员因公致残,参照党政机关干部评残办法和条件,由市民政局审批,区人民政府给予抚恤。对在居委会工作时间较长的离任成员,由街道办事处一次性补贴一定的经费。对居委会成员要逐步实行养老保险。

(六)居委会的办公用房不得低于50平方米的使用面积,达不到这一标准的,由区人民政府、有关开发建设单位商市规划、房地局制定补建或调整计划,保证1999年底全面达标;家属委员会的办公用房由所在单位解决。居委会办公用房拆迁,必须就地还建,还建面积未达到标准的,应予补足,否则有关部门不得验收使用。新建住宅小区由开发商按每500户无偿提供70平方米使用面积的居委会办公用房,交给街道办事处,由居委会使用。凡因将居委会原有办公用房改作它用而致使居委会办公用房达不到标准的,必须在1997年底前恢复为办公用房。

(七)各城区人民政府要根据先期介入的原则,及时组建和调整居委会。新建居委会以400户至800户为宜。原有居委会过大或过小可作适当调整。新建住宅小区只要迁入一定户数居住户数一时达不到上述标准,就要提前建立居委会。新建住宅小区不得以物业管理机构代替居委会,凡违反上述规定的要立即纠正,物业管理机构应协助居委会的工作,共同搞好社区管理。

六、加强对居委会工作的指导

(一)市、区人民政府要把居委会建设作为一件大事来抓,列入重要议事日程,定期召开专门会议研究居委会工作,每年要对居委会工作进行总结表彰。

(二)市、区人民政府和有关部门要经常深入居委会调查研究,全面掌握工作情况。

(三)市人民政府办公厅要督促有关部门负责居委会有关工作的组织、协调、指导和督办。

(四)民政部门是负责居委会日常工作的职能部门,其职责是:

1. 指导居委会的组织建设和制度建设;

2. 总结交流经验;

3. 组织开展先进居委会和优秀居委会成员的评比表彰活动;

4. 指导社区服务;

5. 组织指导居委会成员的培训工作;

6. 调查了解居委会的现状和存在的问题,为政府提供决策依据;

7. 制定和修改有关的规章制度。

(五)街道办事处负有直接指导居委会建设的职责,主要领导同志要亲自抓,要把居委会建设作为街道办事处的主要工作任务抓紧抓好。要把居委会建设的好坏作为考核街道办事处及主要领导同志工作的重要依据。街道办事处要制定指导居委会工作的办法,建立专门会议制度,及时调查了解和研究解决居委会建设中的困难和问题,要关心、爱护居民群干,切实减轻他们的工作负担。

(六)公安、司法、文化、教育、卫生、计生等有关部门要各司其职,加强对居委会下设的专门委员会和专项工作的指导,并指导好专项业务的培训和制度建设。同时,各部门又要相互配合,狠抓落实,共同促进居委会建设和社区建设。

(七)要把创建模范居委会升级达标活动作为促进居委会建设的一项重要措施继续开展下去,该项活动由民政部门按条件考核验收,每年底由市、区、街分别对达标的模范居委会命名表彰。对模范居委会要着重考核社区服务、社区管理、社区治安、社区环境、社区文化、计划生育等精神文明建设指标。

(八)加强对《中华人民共和国城市居民委员会组织法》和居委会工作的宣传教育,增强法律意识和居民意识,使全市居民进一步认识居委会工作的重要性,关心支持居委会的工作,逐步提高居委会成员的社会政治地位。

(九)各城区人民政府及市有关部门要按照本通知精神,制定有关的落实措施和实施细则,狠抓落实,促进全市居委会工作的健康发展。

民政部关于进一步建立健全村务公开制度深化农村村民自治工作的通知

(1997年8月5日 民基发〔1997〕23号)

各省、自治区、直辖市民政厅(局):

建立健全村务公开制度是加强农村村委会建设的重要内容。近几年来,全国各地在推行村民自治的过程中,对村务公开工作也进行了积极的探索和实践,这对提高村民自治的整体水平和质量,促进农村经济发展和社会稳定起到了很好的作用。为进一步建立健全村务公开制度,深化农村村民自治工作,特作如下通知:

一、提高认识,高度重视村务公开工作

我国农村社会主义市场经济和民主法制建设的实践证明,广大农民群众在积极发展经济的同时,要求民主决策、民主管理、民主监督农村各项事务的愿望在不断增强。切实保护农民群众的民主权利,积极发挥他们参与村务管理的积极性,是今后一个时期农村村民自治工作的一项基本任务。事实表明,一些地方由于村务不公开或公开的程度不够,造成了干群矛盾尖锐,影响了农村社会稳定。而村务公开则强化了民主监督,密切了干群关系,促进了基层廉政建设,有利于社会稳定,符合时代精神。党政领导的重视,农民群众的强烈要求以及推行村务公开的实际效果,已使村务公开工作从整个村民自治工作中突出出来。各级民政部门要从维护农村社会稳定,促进经济发展和社会主义基层民主政治建设的大局出发,深刻认识建立健全村务公开制度的重要性、紧迫性;要抓住当前党政领导重视村务公开工作的有利时机,切实把深入开展村务公开工作当作开展村民自治工作的重要内容,同开展村民自治的其他工作紧密结合起来;要通过推行村务公开促进村民自治整体工作的深化,加强农村基层政权建设;要通过村民自治示范活动的深入开展,促进村务公开工作的持久、健康发展。

二、注重实效,努力实现村务公开的规范化、制度化

推行村务公开,贵在持之以恒、讲求实效。要从农民群众普遍关心的问题入手。从现实情况看,村务公开的内容大体包括以下几个方面:一是财务管理公开;二是计划生育指标公开;三是征用土地和宅基地审批公开;四是农民负担情况公开;五是集体经济项目承包、经营情况公开;六是农用挂钩物资分配和救灾救济款物发放公开;七是村干部年度工作目标、工资报酬、功绩过失情况公开。在实际工作中,各地还可以根据本地实际情况,制定具有自身特点的村务公开内容,并随着形势的变化,不断调整、充实村务公开的内容,真正做到凡涉及农民群众切身利益的大事,都要向群众公开,接受群众监督。

要逐步建立起推行村务公开的运行机制。对村民普遍关心的问题,公开前必须提交村党员大会和村民代表会议审核,做到公开程序规范;公开的事项要全面、准确、具体,做到公开内容规范;要根据大多数村民的意见,决定公开的时间和次数,做到公开时间规范;要从方便村民了解村内事务出发,设置固定的村务公开栏,做到公开阵地规范;要在村民代表会议中建立村务公开小组,具体负责村务公开工作,做到公开管理规范。要建立健全各项村务管理制度,不断完善村务公开的运行机制和保障监督机制,规范、约束干部和群众的行为,使村务公开工作有章可循。

三、重视调查研究、分类指导,不断总结村务公开的新经验

村务公开所涉及的内容是农村群众普遍关注的问题。因此,各级民政部门一定要重视村务公开的调查研究,及时掌握情况,加强分类指导,有针对性地开展工作。没有实行村务公开的地方,要采取有力措施,加大力度,尽快推开。已经实行村务公开的地方,要持之以恒,不断巩固和完善。要抓好典型示范,不断总结新经验,以点带面,推动工作,把村务公开引向深入。要认真总结、推广通过村务公开密切党群干群关系,维护社会稳定的经验,通过村务公开促进农村社会主义民主政治建设的经验,通过村务公开促进农村经济发展、促进社会全面进步的经验,通过村务公开促进村民自治整体推进、不断深化的经验。要认真研究总结村务公开工作自身的运行规律,结合乡镇政府规范化管理的客观要求,积极探索乡镇政务公开的路子,实现乡、村两级公开的互相促进、互相监督,实现乡村两级组织配套建设的有机结合。

四、加强领导,不断提高村务公开工作的水平

推行村务公开是一项政策性很强的工作,一定要加强领导。各级民政部门要发挥职能作用,切实把建立健全村务公开制度、推行村务公开工作当作全面加强村委会建设、深化村民自治工作的重要内容摆上议事日程,抓紧抓好。要在各级党委、政府的领导下,认真研究村务公开的内容、程序、形式和监督等问题。省一级要结合本地实际,加强指导,明确要求;县、乡两级要制定村务公开的具体实施办法,切实搞好村务公开工作。要加强推行村务公开工作的宣传、教育工作,采取多种形式,进行经常性的宣传、教育,使乡村干部增强民主意识、树立群众观点,掌握正确开展村务公开的基本知识,消除对村务公开的种种疑虑和模糊认识,积极主动地投身到村务公开、村民自治工作中去。各级民政部门在开展村民自治示范评比表彰活动中,要将村务公开作为评选村民自治模范单位的重要条件。要加强与有关部门的协调,形成整体合力。要经常深入基层,加大检查、监督力度,及时发现并解决问题,推动村务公开工作不断深入地开展下去。

全国农村村民自治示范活动指导纲要(试行)

(1994年2月4日　民基发〔1994〕5号)

为了贯彻落实中央农村工作会议精神,进一步贯彻《中华人民共和国村民委员会组织法(试行)》(以下简称《村委会组织法》),加强村民委员会的建设,使村民委员会能够切实履行自治职能,管好本村事务,根据《中华人民共和国宪法》、《村委会组织法》以及中共中央(1990)19号文件关于"每个县都要选择几个或十几个村,开展村民自治示范活动,摸索经验,树立典型"的要求,结合各地实践经验,特制定本指导纲要。

一、村民自治示范活动的目标和任务

(一)村民自治示范活动的目标是:到本世纪末,每个省(自治区、直辖市)、每个地(市)、每个县(市)、每个乡(镇)均建有符合标准的村民自治示范单位,并逐步实现每个地(市)建成一个村民自治示范县(市),每个县(市)建成一个村民自治示范乡(镇),每个乡(镇)建成一个村民自治示范村,并能发挥其示范作用。

(二)村民自治示范单位的任务是:全面贯彻《村委会组织法》,村民委员会干部依法由村民直接选举,实行直接民主;建立村民会议或村民代表会议,村中重大事情由村民民主决策;制订村规民约或村民自治章程,村务工作由村民民主管理;建立村务公开制度和村民监督机制,实行民主监督。通过民主选举、民主决策、民主管理、民主监督的系统程序和制度,全面增强和提高村民的参政议政意识和能力,发动和依靠群众,把村委会建设成为自觉执行党的政策和国家法律、法规,履行自治职能,管好本村事务和具有较强凝聚力的群众性自治组织。

二、村民自治示范单位的标准

(三)村民自治示范村是村民自治示范活动的基础。村民自治示范村的标准是:1. 村民直接选举村委会干部,村委会班子团结坚强,干部任期目标责任明确;2. 村委会各下属委员会和村民小组健全,职责明确,制度落实,切实发挥作用;3. 村民参与村务决策和管理,制度健全,村民会议或者村民代表会议真正成为村民发扬民主的组织制度和民主决策的组织形式,真正做到村务公开,民主管理,群众监督;4. 经济发展较快,公益事业办得好,社会管理有序,社会保障工作扎实,村容村貌整洁;5. 治安防范措施完备,社会秩序稳定,民间纠纷调处及时,村风民风好;6. 村民依法履行公民义务,全面完成国家的各项任务。

(四)村民自治示范乡(镇)的标准是:1. 所有村委会组织健全,村民自治制度完善;2. 按期依法进行村委会换届选举;3. 所有的村委会都能按照民主的程序处理村务;4. 乡(镇)政府对村委会实施正确指导,保障村委会依法做好各项工作;5. 所辖区域内85%以上的村委会达到村民自治示范村的标准。

(五)村民自治示范县(市)的标准是:对村民自治认识高,领导得力;建立和形成系统的领导村民自治工作的办法和措施;所辖乡(镇)70%以上达到村民自治示范乡(镇)的标准。

(六)各地可参照以上标准,制定本地区的村民自治示范单位的具体标准,但要注意在各项标准中围绕经济建设这一中心,突出村民自治的内容。

三、村民自治示范活动的工作原则和指导方针

(七)村民自治示范单位在实行村民自治中要坚持如下基本原则:

——必须在各级党组织的领导下,在党的政策和国家法律、法规允许的范围内进行。村委会要自觉接受乡(镇)政府的工作指导,积极协助乡(镇)政府开展工作。

——必须抓住村民民主选举、民主决策、民主管理、民主监督等关键环节,提高村民自治水平。

——必须坚持与农村整体工作相结合,促进农村经济发展,维护农村社会稳定,加强精神文明建设,保证国家在农村各项任务的完成。

(八)指导村民自治示范活动要坚持如下方针:

——确定村民自治示范单位。要注意选择对《村委会组织法》宣传广泛,对村民自治认识统一;工作基础较好,经济发展水平在本地区有一定代表性;领导重视,班子坚强有力;村民有一定的民主意识和自治能力的单位。

——制定村民自治示范方案。要从实际出发,紧紧围绕实现村民自治,促进农村工作的基本内容,突出重点,拟定的措施要易于操作和实施。

——开展村民自治示范工作。要建立和完善村民自治的系统法规和制度,各地要以《村委会组织法》为主要依据,省级制定贯彻实施办法;县级制定村民会议或者村民代表会议制度、村民自治章程的指导意见;乡(镇)制定指导村委会工作规则;村级建立村民会议或者村民代表会议制度,制定村规民约或者村民自治章程。

四、开展村民自治示范活动的措施

(九)检查验收。对村民自治示范单位分级进行检查验收:省级民政部门负责村民自治示范县(市)的检查验收,地(市)级民政部门负责村民自治示范县(市)的初查和村民自治示范乡(镇)的检查验收,县级民政部门负责村民自治示范乡(镇)的初查和村民自治示范村的检查验收。凡验收合格者,由省、地、县各级分别予以命名表彰。在各地命名表彰的基础上,民政部择先选优,进行全国性的命名表彰。

(十)组织观摩。各地要有计划地组织各种形式的交流、观摩,充分发挥村民自治示范单位的引导、带动和辐射作用,逐步把村民自治向面上推进。民政部可根据情况,组织观摩各省、自治区、直辖市的村民自治示范县(市)。

(十一)培训骨干。各地要从实际出发,分期、分批、分层次培训示范县(市)、乡(镇)、村的领导干部和村民骨干以及民政系统从事基层政权和群众自治组织建设工作的干部,使全国逐步形成一批推进村民自治工作的骨干力量。

(十二)点面结合。在非示范单位,根据村民自治的工作内容,提出要求,开展村民自治活动,促进村民自治活动的全面发展。

(十三)宣传配合。要注意运用报刊、电台、电视台等新闻媒介,宣传村民自治典型。

五、村民自治示范活动的领导和指导

(十四)村民委员会的建设工作是各级党委和政府特别是县乡两级党委和政府的一项重要工作,村民自治是村委会建设的核心内容。村民自治示范工作要在各级党委和政府的统一领导下进行,主动接受各级人大常委会的检查监督,民政部门具体负责日常工作。其主要工作是:确定村民自治示范单位;帮助示范单位制定方案;依法指导村委会建设;总结推广示范单位经验;组织对示范单位进行检查验收;向党委、政府汇报工作开展情况。

文书范本

村民委员会选举常用文书样式

1. 村民选举委员会成员名单公告样式

××村村民选举委员会成员名单公告

××选字第×号

根据《中华人民共和国村民委员会组织法》和《××省(区、市)村民委员会选举办法》,经本村村民会议(村民代表会议、各村民小组会议)推选,产生了本村村民选举委员会成员,现将名单公布如下:

主　任:

副主任:

成　员:

村民对选举委员会成员名单如有不同意见,可在名单公布之日起5日内向村民委员会提出。

××村民委员会(公章)

××××年×月×日

2. 选民登记公告样式

××村第×届村民委员会换届选举选民登记通知

××选字第×号

根据《中华人民共和国村民委员会组织法》和《××省(区、市)村民委员会选举办法》,经村民代表会议商议,本村第×届村民委员会换届选民登记时间定为××××年×月×日至××××年×月×日。以下人员将被纳入选民登记范围:

1. 户籍在本村且在本村居住的村民;
2. 户籍在本村,不在本村居住,本人表示参加选举的村民;
3. 户籍不在本村,在本村居住一年以上,本人申请参加选举,并经村民会议或者村民代表会议同意参加选举的公民。

选民登记的地点设在村民委员会或各村民小组组长处,对于偏远的地方,我们也将派工作人员入户进行登记。请村民相互转告,积极参加选民登记,行使选举权利。

××村村民选举委员会(公章)

××××年×月×日

3. 选民名单公告样式

××村第×届村民委员会换届选举选民名单公告

××选字第×号

根据《中华人民共和国村民委员会组织法》和《××省(区、市)村民委员会选举办法》的规定,现将本村登记的选民名单公布如下:

第一村民小组:

×××、×××、×××;×××、×××、×××;

……

第二村民小组:

×××、×××、×××;×××、×××、×××;

……

如有遗漏,或对公布的选民名单有不同意见,请于××××年×月×日前向村民选举委员会提出。

××村村民选举委员会(公章)

××××年×月×日

4. 参选证样式

××村第×届村民委员会选举参选证

编号:(　　)

姓　　名:　　　　性　　别:

年　　龄:　　　　所在村组:

投票时间:　　　　投票地点:

注意事项:

1)凭本证领取选票;

2)此证只限本人使用;

3)未经盖章无效。

××村村民选举委员会(公章)

发证日期:××××年×月×日

5. 正式候选人公告样式

××村第×届村民委员会换届选举正式候选人名单公告

××选字第×号

根据《中华人民共和国村民委员会组织法》和《××省(区、市)村民委员会选举办法》的规定,经本村选民提名,现将本届村民委员会换届选举正式候选人名单公告如下:

主任候选人:×××、×××

副主任候选人:×××、×××

委员候选人:×××、×××

选民如对名单公布的候选人有不同意见,可在×日前向村民选举委员会反映。

××村村民选举委员会(公章)

××××年×月×日

6. 选票样式

	主任			副主任			委员				
姓名	×××	×××		×××	×××		×××	×××	×××	×××	
符号											

说明:

1. 应选主任1名、副主任1名,委员3名。等于或少于应选名额的选票有效;多于应选名额的选票无效;
2. 同意的请在候选人姓名栏下方符号栏内划"○",不同意的划"×";不同意选票上的候选人,可在姓名空格栏内另写上另选其他人的姓名,并在其姓名下方符号栏划"○";
3. 不许划同一候选人担任两种或两种以上职务,如划同一候选人两种或两种以上职务,该选项作废,其他划对的职务视为有效;
4. 任何符号不划的,视为弃权票,胡写乱划而无法辨认的选票视为废票。

7. 委托投票证样式

选民姓名	
被委托人姓名	
委托理由	
村民选举委员会意见	(公章) ××××年×月×日
说明:此证由选民填写,经村民选举委员会批准盖章有效。 被委托人凭此证领取选票。	

8. 疑难选票认定表样式

选票编号	简述选票认定缘由	表决情况		
		同意	反对	弃权

村民选举委员会成员签字:

××××年×月×日

2. 社区治理

中华人民共和国精神卫生法

(2012年10月26日第十一届全国人民代表大会常务委员会第二十九次会议通过　根据2018年4月27日第十三届全国人民代表大会常务委员会第二次会议《关于修改〈中华人民共和国国境卫生检疫法〉等六部法律的决定》修正)

第一章　总　　则

第一条　为了发展精神卫生事业,规范精神卫生服务,维护精神障碍患者的合法权益,制定本法。

第二条　在中华人民共和国境内开展维护和增进公民心理健康、预防和治疗精神障碍、促进精神障碍患者康复的活动,适用本法。

第三条　精神卫生工作实行预防为主的方针,坚持预防、治疗和康复相结合的原则。

第四条　精神障碍患者的人格尊严、人身和财产安全不受侵犯。

精神障碍患者的教育、劳动、医疗以及从国家和社会获得物质帮助等方面的合法权益受法律保护。

有关单位和个人应当对精神障碍患者的姓名、肖像、住址、工作单位、病历资料以及其他可能推断出其身份的信息予以保密;但是,依法履行职责需要公开的除外。

第五条　全社会应当尊重、理解、关爱精神障碍患者。

任何组织或者个人不得歧视、侮辱、虐待精神障碍患者,不得非法限制精神障碍患者的人身自由。

新闻报道和文学艺术作品等不得含有歧视、侮辱精神障碍患者的内容。

第六条　精神卫生工作实行政府组织领导、部门各负其责、家庭和单位尽力尽责、全社会共同参与的综合管理机制。

第七条　县级以上人民政府领导精神卫生工作,将其纳入国民经济和社会发展规划,建设和完善精神障碍的预防、治疗和康复服务体系,建立健全精神卫生工作协调机制和工作责任制,对有关部门承担的精神卫生工作进行考核、监督。

乡镇人民政府和街道办事处根据本地区的实际情况,组织开展预防精神障碍发生、促进精神障碍患者康复等工作。

第八条 国务院卫生行政部门主管全国的精神卫生工作。县级以上地方人民政府卫生行政部门主管本行政区域的精神卫生工作。

县级以上人民政府司法行政、民政、公安、教育、医疗保障等部门在各自职责范围内负责有关的精神卫生工作。

第九条 精神障碍患者的监护人应当履行监护职责,维护精神障碍患者的合法权益。

禁止对精神障碍患者实施家庭暴力,禁止遗弃精神障碍患者。

第十条 中国残疾人联合会及其地方组织依照法律、法规或者接受政府委托,动员社会力量,开展精神卫生工作。

村民委员会、居民委员会依照本法的规定开展精神卫生工作,并对所在地人民政府开展的精神卫生工作予以协助。

国家鼓励和支持工会、共产主义青年团、妇女联合会、红十字会、科学技术协会等团体依法开展精神卫生工作。

第十一条 国家鼓励和支持开展精神卫生专门人才的培养,维护精神卫生工作人员的合法权益,加强精神卫生专业队伍建设。

国家鼓励和支持开展精神卫生科学技术研究,发展现代医学、我国传统医学、心理学,提高精神障碍预防、诊断、治疗、康复的科学技术水平。

国家鼓励和支持开展精神卫生领域的国际交流与合作。

第十二条 各级人民政府和县级以上人民政府有关部门应当采取措施,鼓励和支持组织、个人提供精神卫生志愿服务,捐助精神卫生事业,兴建精神卫生公益设施。

对在精神卫生工作中作出突出贡献的组织、个人,按照国家有关规定给予表彰、奖励。

第二章 心理健康促进和精神障碍预防

第十三条 各级人民政府和县级以上人民政府有关部门应当采取措施,加强心理健康促进和精神障碍预防工作,提高公众心理健康水平。

第十四条 各级人民政府和县级以上人民政府有关部门制定的突发事件应急预案,应当包括心理援助的内容。发生突发事件,履行统一领导职责或者组织处置突发事件的人民政府应当根据突发事件的具体情况,按照应急预案的规定,组织开展心理援助工作。

第十五条 用人单位应当创造有益于职工身心健康的工作环境,关注职工的心理健康;对处于职业发展特定时期或者在特殊岗位工作的职工,应当有针对性地开展心理健康教育。

第十六条 各级各类学校应当对学生进行精神卫生知识教育;配备或者聘请心理健康教育教师、辅导人员,并可以设立心理健康辅导室,对学生进行心理健康教育。学前教育机构应当对幼儿开展符合其特点的心理健康教育。

发生自然灾害、意外伤害、公共安全事件等可能影响学生心理健康的事件,学校应当及时组织专业人员对学生进行心理援助。

教师应当学习和了解相关的精神卫生知识,关注学生心理健康状况,正确引导、激励学生。地方各级人民政府教育行政部门和学校应当重视教师心理健康。

学校和教师应当与学生父母或者其他监护人、近亲属沟通学生心理健康情况。

第十七条 医务人员开展疾病诊疗服务,应当按照诊断标准和治疗规范的要求,对就诊者进行心理健康指导;发现就诊者可能患有精神障碍的,应当建议其到符合本法规定的医疗机构就诊。

第十八条 监狱、看守所、拘留所、强制隔离戒毒所等场所,应当对服刑人员,被依法拘留、逮捕、强制隔离戒毒的人员等,开展精神卫生知识宣传,关注其心理健康状况,必要时提供心理咨询和心理辅导。

第十九条 县级以上地方人民政府人力资源社会保障、教育、卫生、司法行政、公安等部门应当在各自职责范围内分别对本法第十五条至第十八条规定的单位履行精神障碍预防义务的情况进行督促和指导。

第二十条 村民委员会、居民委员会应当协助所在地人民政府及其有关部门开展社区心理健康指导、精神卫生知识宣传教育活动,创建有益于居民身心健康的社区环境。

乡镇卫生院或者社区卫生服务机构应当为村民委员会、居民委员会开展社区心理健康指导、精神卫生知识宣传教育活动提供技术指导。

第二十一条 家庭成员之间应当相互关爱,创造良好、和睦的家庭环境,提高精神障碍预防意识;发现家庭成员可能患有精神障碍的,应当帮助其及时就诊,照顾其生活,做好看护管理。

第二十二条 国家鼓励和支持新闻媒体、社会组织开展精神卫生的公益性宣传,普及精神卫生知识,引导公众关注心理健康,预防精神障碍的发生。

第二十三条 心理咨询人员应当提高业务素质,遵守执业规范,为社会公众提供专业化的心理咨询服务。

心理咨询人员不得从事心理治疗或者精神障碍的诊断、治疗。

心理咨询人员发现接受咨询的人员可能患有精神障碍的,应当建议其到符合本法规定的医疗机构就诊。

心理咨询人员应当尊重接受咨询人员的隐私,并为其保守秘密。

第二十四条　国务院卫生行政部门建立精神卫生监测网络，实行严重精神障碍发病报告制度，组织开展精神障碍发生状况、发展趋势等的监测和专题调查工作。精神卫生监测和严重精神障碍发病报告管理办法，由国务院卫生行政部门制定。

国务院卫生行政部门应当会同有关部门、组织，建立精神卫生工作信息共享机制，实现信息互联互通、交流共享。

第三章　精神障碍的诊断和治疗

第二十五条　开展精神障碍诊断、治疗活动，应当具备下列条件，并依照医疗机构的管理规定办理有关手续：

（一）有与从事的精神障碍诊断、治疗相适应的精神科执业医师、护士；

（二）有满足开展精神障碍诊断、治疗需要的设施和设备；

（三）有完善的精神障碍诊断、治疗管理制度和质量监控制度。

从事精神障碍诊断、治疗的专科医疗机构还应当配备从事心理治疗的人员。

第二十六条　精神障碍的诊断、治疗，应当遵循维护患者合法权益、尊重患者人格尊严的原则，保障患者在现有条件下获得良好的精神卫生服务。

精神障碍分类、诊断标准和治疗规范，由国务院卫生行政部门组织制定。

第二十七条　精神障碍的诊断应当以精神健康状况为依据。

除法律另有规定外，不得违背本人意志进行确定其是否患有精神障碍的医学检查。

第二十八条　除个人自行到医疗机构进行精神障碍诊断外，疑似精神障碍患者的近亲属可以将其送往医疗机构进行精神障碍诊断。对查找不到近亲属的流浪乞讨疑似精神障碍患者，由当地民政等有关部门按照职责分工，帮助送往医疗机构进行精神障碍诊断。

疑似精神障碍患者发生伤害自身、危害他人安全的行为，或者有伤害自身、危害他人安全的危险的，其近亲属、所在单位、当地公安机关应当立即采取措施予以制止，并将其送往医疗机构进行精神障碍诊断。

医疗机构接到送诊的疑似精神障碍患者，不得拒绝为其作出诊断。

第二十九条　精神障碍的诊断应当由精神科执业医师作出。

医疗机构接到依照本法第二十八条第二款规定送诊的疑似精神障碍患者，应当将其留院，立即指派精神科执业医师进行诊断，并及时出具诊断结论。

第三十条　精神障碍的住院治疗实行自愿原则。

诊断结论、病情评估表明，就诊者为严重精神障碍患者并有下列情形之一的，应当对其实施住院治疗：

（一）已经发生伤害自身的行为，或者有伤害自身的危险的；

（二）已经发生危害他人安全的行为，或者有危害他人安全的危险的。

第三十一条　精神障碍患者有本法第三十条第二款第一项情形的，经其监护人同意，医疗机构应当对患者实施住院治疗；监护人不同意的，医疗机构不得对患者实施住院治疗。监护人应当对在家居住的患者做好看护管理。

第三十二条　精神障碍患者有本法第三十条第二款第二项情形，患者或者其监护人对需要住院治疗的诊断结论有异议，不同意对患者实施住院治疗的，可以要求再次诊断和鉴定。

依照前款规定要求再次诊断的，应当自收到诊断结论之日起三日内向原医疗机构或者其他具有合法资质的医疗机构提出。承担再次诊断的医疗机构应当在接到再次诊断要求后指派二名初次诊断医师以外的精神科执业医师进行再次诊断，并及时出具再次诊断结论。承担再次诊断的执业医师应当到收治患者的医疗机构面见、询问患者，该医疗机构应当予以配合。

对再次诊断结论有异议的，可以自主委托依法取得执业资质的鉴定机构进行精神障碍医学鉴定；医疗机构应当公示经公告的鉴定机构名单和联系方式。接受委托的鉴定机构应当指定本机构具有该鉴定事项执业资格的二名以上鉴定人共同进行鉴定，并及时出具鉴定报告。

第三十三条　鉴定人应当到收治精神障碍患者的医疗机构面见、询问患者，该医疗机构应当予以配合。

鉴定人本人或者其近亲属与鉴定事项有利害关系，可能影响其独立、客观、公正进行鉴定的，应当回避。

第三十四条　鉴定机构、鉴定人应当遵守有关法律、法规、规章的规定，尊重科学，恪守职业道德，按照精神障碍鉴定的实施程序、技术方法和操作规范，依法独立进行鉴定，出具客观、公正的鉴定报告。

鉴定人应当对鉴定过程进行实时记录并签名。记录的内容应当真实、客观、准确、完整，记录的文本或者声像载体应当妥善保存。

第三十五条　再次诊断结论或者鉴定报告表明，不能确定就诊者为严重精神障碍患者，或者患者不需要住院治疗的，医疗机构不得对其实施住院治疗。

再次诊断结论或者鉴定报告表明，精神障碍患者有本法第三十条第二款第二项情形的，其监护人应当同意对患者实施住院治疗。监护人阻碍实施住院治疗或者患者擅自脱离住院治疗的，可以由公安机关协助医疗机构采取措施对患者实施住院治疗。

在相关机构出具再次诊断结论、鉴定报告前,收治精神障碍患者的医疗机构应当按照诊疗规范的要求对患者实施住院治疗。

第三十六条 诊断结论表明需要住院治疗的精神障碍患者,本人没有能力办理住院手续的,由其监护人办理住院手续;患者属于查找不到监护人的流浪乞讨人员的,由送诊的有关部门办理住院手续。

精神障碍患者有本法第三十条第二款第二项情形,其监护人不办理住院手续的,由患者所在单位、村民委员会或者居民委员会办理住院手续,并由医疗机构在患者病历中予以记录。

第三十七条 医疗机构及其医务人员应当将精神障碍患者在诊断、治疗过程中享有的权利,告知患者或者其监护人。

第三十八条 医疗机构应当配备适宜的设施、设备,保护就诊和住院治疗的精神障碍患者的人身安全,防止其受到伤害,并为住院患者创造尽可能接近正常生活的环境和条件。

第三十九条 医疗机构及其医务人员应当遵循精神障碍诊断标准和治疗规范,制定治疗方案,并向精神障碍患者或者其监护人告知治疗方案和治疗方法、目的以及可能产生的后果。

第四十条 精神障碍患者在医疗机构内发生或者将要发生伤害自身、危害他人安全、扰乱医疗秩序的行为,医疗机构及其医务人员在没有其他可替代措施的情况下,可以实施约束、隔离等保护性医疗措施。实施保护性医疗措施应当遵循诊断标准和治疗规范,并在实施后告知患者的监护人。

禁止利用约束、隔离等保护性医疗措施惩罚精神障碍患者。

第四十一条 对精神障碍患者使用药物,应当以诊断和治疗为目的,使用安全、有效的药物,不得为诊断或者治疗以外的目的使用药物。

医疗机构不得强迫精神障碍患者从事生产劳动。

第四十二条 禁止对依照本法第三十条第二款规定实施住院治疗的精神障碍患者实施以治疗精神障碍为目的的外科手术。

第四十三条 医疗机构对精神障碍患者实施下列治疗措施,应当向患者或者其监护人告知医疗风险、替代医疗方案等情况,并取得患者的书面同意;无法取得患者意见的,应当取得其监护人的书面同意,并经本医疗机构伦理委员会批准:

(一)导致人体器官丧失功能的外科手术;

(二)与精神障碍治疗有关的实验性临床医疗。

实施前款第一项治疗措施,因情况紧急查找不到监护人的,应当取得本医疗机构负责人和伦理委员会批准。

禁止对精神障碍患者实施与治疗其精神障碍无关的实验性临床医疗。

第四十四条 自愿住院治疗的精神障碍患者可以随时要求出院,医疗机构应当同意。

对有本法第三十条第二款第一项情形的精神障碍患者实施住院治疗的,监护人可以随时要求患者出院,医疗机构应当同意。

医疗机构认为前两款规定的精神障碍患者不宜出院的,应当告知不宜出院的理由;患者或者其监护人仍要求出院的,执业医师应当在病历资料中详细记录告知的过程,同时提出出院后的医学建议,患者或者其监护人应当签字确认。

对有本法第三十条第二款第二项情形的精神障碍患者实施住院治疗,医疗机构认为患者可以出院的,应当立即告知患者及其监护人。

医疗机构应当根据精神障碍患者病情,及时组织精神科执业医师对依照本法第三十条第二款规定实施住院治疗的患者进行检查评估。评估结果表明患者不需要继续住院治疗的,医疗机构应当立即通知患者及其监护人。

第四十五条 精神障碍患者出院,本人没有能力办理出院手续的,监护人应当为其办理出院手续。

第四十六条 医疗机构及其医务人员应当尊重住院精神障碍患者的通讯和会见探访者等权利。除在急性发病期或者为了避免妨碍治疗可以暂时性限制外,不得限制患者的通讯和会见探访者等权利。

第四十七条 医疗机构及其医务人员应当在病历资料中如实记录精神障碍患者的病情、治疗措施、用药情况、实施约束、隔离措施等内容,并如实告知患者或者其监护人。患者及其监护人可以查阅、复制病历资料;但是,患者查阅、复制病历资料可能对其治疗产生不利影响的除外。病历资料保存期限不得少于三十年。

第四十八条 医疗机构不得因就诊者是精神障碍患者,推诿或者拒绝为其治疗属于本医疗机构诊疗范围的其他疾病。

第四十九条 精神障碍患者的监护人应当妥善看护未住院治疗的患者,按照医嘱督促其按时服药、接受随访或者治疗。村民委员会、居民委员会、患者所在单位等应当依患者或者其监护人的请求,对监护人看护患者提供必要的帮助。

第五十条 县级以上地方人民政府卫生行政部门应当定期就下列事项对本行政区域内从事精神障碍诊断、治疗的医疗机构进行检查:

(一)相关人员、设施、设备是否符合本法要求;

(二)诊疗行为是否符合本法以及诊断标准、治疗规范的规定;

(三)对精神障碍患者实施住院治疗的程序是否符合本法规定;

(四)是否依法维护精神障碍患者的合法权益。

县级以上地方人民政府卫生行政部门进行前款规定的检查,应当听取精神障碍患者及其监护人的意见;发现存在违反本法行为的，应当立即制止或者责令改正，并依法作出处理。

第五十一条 心理治疗活动应当在医疗机构内开展。专门从事心理治疗的人员不得从事精神障碍的诊断，不得为精神障碍患者开具处方或者提供外科治疗。心理治疗的技术规范由国务院卫生行政部门制定。

第五十二条 监狱、强制隔离戒毒所等场所应当采取措施，保证患有精神障碍的服刑人员、强制隔离戒毒人员等获得治疗。

第五十三条 精神障碍患者违反治安管理处罚法或者触犯刑法的，依照有关法律的规定处理。

第四章 精神障碍的康复

第五十四条 社区康复机构应当为需要康复的精神障碍患者提供场所和条件，对患者进行生活自理能力和社会适应能力等方面的康复训练。

第五十五条 医疗机构应当为在家居住的严重精神障碍患者提供精神科基本药物维持治疗，并为社区康复机构提供有关精神障碍康复的技术指导和支持。

社区卫生服务机构、乡镇卫生院、村卫生室应当建立严重精神障碍患者的健康档案，对在家居住的严重精神障碍患者进行定期随访，指导患者服药和开展康复训练，并对患者的监护人进行精神卫生知识和看护知识的培训。县级人民政府卫生行政部门应当为社区卫生服务机构、乡镇卫生院、村卫生室开展上述工作给予指导和培训。

第五十六条 村民委员会、居民委员会应当为生活困难的精神障碍患者家庭提供帮助，并向所在地乡镇人民政府或者街道办事处以及县级人民政府有关部门反映患者及其家庭的情况和要求，帮助其解决实际困难，为患者融入社会创造条件。

第五十七条 残疾人组织或者残疾人康复机构应当根据精神障碍患者康复的需要，组织患者参加康复活动。

第五十八条 用人单位应当根据精神障碍患者的实际情况，安排患者从事力所能及的工作，保障患者享有同等待遇，安排患者参加必要的职业技能培训，提高患者的就业能力，为患者创造适宜的工作环境，对患者在工作中取得的成绩予以鼓励。

第五十九条 精神障碍患者的监护人应当协助患者进行生活自理能力和社会适应能力等方面的康复训练。

精神障碍患者的监护人在看护患者过程中需要技术指导的，社区卫生服务机构或者乡镇卫生院、村卫生室、社区康复机构应当提供。

第五章 保障措施

第六十条 县级以上人民政府卫生行政部门会同有关部门依据国民经济和社会发展规划的要求，制定精神卫生工作规划并组织实施。

精神卫生监测和专题调查结果应当作为制定精神卫生工作规划的依据。

第六十一条 省、自治区、直辖市人民政府根据本行政区域的实际情况，统筹规划，整合资源，建设和完善精神卫生服务体系，加强精神障碍预防、治疗和康复服务能力建设。

县级人民政府根据本行政区域的实际情况，统筹规划，建立精神障碍患者社区康复机构。

县级以上地方人民政府应当采取措施，鼓励和支持社会力量举办从事精神障碍诊断、治疗的医疗机构和精神障碍患者康复机构。

第六十二条 各级人民政府应当根据精神卫生工作需要，加大财政投入力度，保障精神卫生工作所需经费，将精神卫生工作经费列入本级财政预算。

第六十三条 国家加强基层精神卫生服务体系建设，扶持贫困地区、边远地区的精神卫生工作，保障城市社区、农村基层精神卫生工作所需经费。

第六十四条 医学院校应当加强精神医学的教学和研究，按照精神卫生工作的实际需要培养精神医学专门人才，为精神卫生工作提供人才保障。

第六十五条 综合性医疗机构应当按照国务院卫生行政部门的规定开设精神科门诊或者心理治疗门诊，提高精神障碍预防、诊断、治疗能力。

第六十六条 医疗机构应当组织医务人员学习精神卫生知识和相关法律、法规、政策。

从事精神障碍诊断、治疗、康复的机构应当定期组织医务人员、工作人员进行在岗培训，更新精神卫生知识。

县级以上人民政府卫生行政部门应当组织医务人员进行精神卫生知识培训，提高其识别精神障碍的能力。

第六十七条 师范院校应当为学生开设精神卫生课程；医学院校应当为非精神医学专业的学生开设精神卫生课程。

县级以上人民政府教育行政部门对教师进行上岗前和在岗培训，应当有精神卫生的内容，并定期组织心理健康教育教师、辅导人员进行专业培训。

第六十八条 县级以上人民政府卫生行政部门应当组织医疗机构为严重精神障碍患者免费提供基本公共卫生服务。

精神障碍患者的医疗费用按照国家有关社会保险的规定由基本医疗保险基金支付。医疗保险经办机构应当按照国家有关规定将精神障碍患者纳入城镇职工基本医疗保险、城镇居民基本医疗保险或者新型农村合作医疗的保障范围。县级人民政府应当按照国家有关规定对家庭经济困难的严重精神障碍患者参加基本医疗保险给予资助。医疗保障、财政等部门应当加强协调，简化程序，实现属于基本医疗保险基金支付的医疗费用由医疗机构与医疗保险经办机构直接结算。

精神障碍患者通过基本医疗保险支付医疗费用后仍有困

难，或者不能通过基本医疗保险支付医疗费用的，医疗保障部门应当优先给予医疗救助。

第六十九条　对符合城乡最低生活保障条件的严重精神障碍患者，民政部门应当会同有关部门及时将其纳入最低生活保障。

对属于农村五保供养对象的严重精神障碍患者，以及城市中无劳动能力、无生活来源且无法定赡养、抚养、扶养义务人，或者其法定赡养、抚养、扶养义务人无赡养、抚养、扶养能力的严重精神障碍患者，民政部门应当按照国家有关规定予以供养、救助。

前两款规定以外的严重精神障碍患者确有困难的，民政部门可以采取临时救助等措施，帮助其解决生活困难。

第七十条　县级以上地方人民政府及其有关部门应当采取有效措施，保证患有精神障碍的适龄儿童、少年接受义务教育，扶持有劳动能力的精神障碍患者从事力所能及的劳动，并为已经康复的人员提供就业服务。

国家对安排精神障碍患者就业的用人单位依法给予税收优惠，并在生产、经营、技术、资金、物资、场地等方面给予扶持。

第七十一条　精神卫生工作人员的人格尊严、人身安全不受侵犯，精神卫生工作人员依法履行职责受法律保护。全社会应当尊重精神卫生工作人员。

县级以上人民政府及其有关部门、医疗机构、康复机构应当采取措施，加强对精神卫生工作人员的职业保护，提高精神卫生工作人员的待遇水平，并按照规定给予适当的津贴。精神卫生工作人员因工致伤、致残、死亡的，其工伤待遇以及抚恤按照国家有关规定执行。

第六章　法律责任

第七十二条　县级以上人民政府卫生行政部门和其他有关部门未依照本法规定履行精神卫生工作职责，或者滥用职权、玩忽职守、徇私舞弊的，由本级人民政府或者上一级人民政府有关部门责令改正，通报批评，对直接负责的主管人员和其他直接责任人员依法给予警告、记过或者记大过的处分；造成严重后果的，给予降级、撤职或者开除的处分。

第七十三条　不符合本法规定条件的医疗机构擅自从事精神障碍诊断、治疗的，由县级以上人民政府卫生行政部门责令停止相关诊疗活动，给予警告，并处五千元以上一万元以下罚款，有违法所得的，没收违法所得；对直接负责的主管人员和其他直接责任人员依法给予或者责令给予降低岗位等级或者撤职、开除的处分；对有关医务人员，吊销其执业证书。

第七十四条　医疗机构及其工作人员有下列行为之一的，由县级以上人民政府卫生行政部门责令改正，给予警告；情节严重的，对直接负责的主管人员和其他直接责任人员依法给予或者责令给予降低岗位等级或者撤职、开除的处分，并可以责令有关医务人员暂停一个月以上六个月以下执业活动：

（一）拒绝对送诊的疑似精神障碍患者作出诊断的；

（二）对依照本法第三十条第二款规定实施住院治疗的患者未及时进行检查评估或者未根据评估结果作出处理的。

第七十五条　医疗机构及其工作人员有下列行为之一的，由县级以上人民政府卫生行政部门责令改正，对直接负责的主管人员和其他直接责任人员依法给予或者责令给予降低岗位等级或者撤职的处分；对有关医务人员，暂停六个月以上一年以下执业活动；情节严重的，给予或者责令给予开除的处分，并吊销有关医务人员的执业证书：

（一）违反本法规定实施约束、隔离等保护性医疗措施的；

（二）违反本法规定，强迫精神障碍患者劳动的；

（三）违反本法规定对精神障碍患者实施外科手术或者实验性临床医疗的；

（四）违反本法规定，侵害精神障碍患者的通讯和会见探访者等权利的；

（五）违反精神障碍诊断标准，将非精神障碍患者诊断为精神障碍患者的。

第七十六条　有下列情形之一的，由县级以上人民政府卫生行政部门、工商行政管理部门依据各自职责责令改正，给予警告，并处五千元以上一万元以下罚款，有违法所得的，没收违法所得；造成严重后果的，责令暂停六个月以上一年以下执业活动，直至吊销执业证书或者营业执照：

（一）心理咨询人员从事心理治疗或者精神障碍的诊断、治疗的；

（二）从事心理治疗的人员在医疗机构以外开展心理治疗活动的；

（三）专门从事心理治疗的人员从事精神障碍的诊断的；

（四）专门从事心理治疗的人员为精神障碍患者开具处方或者提供外科治疗的。

心理咨询人员、专门从事心理治疗的人员在心理咨询、心理治疗活动中造成他人人身、财产或者其他损害的，依法承担民事责任。

第七十七条　有关单位和个人违反本法第四条第三款规定，给精神障碍患者造成损害的，依法承担赔偿责任；对单位直接负责的主管人员和其他直接责任人员，还应当依法给予处分。

第七十八条　违反本法规定，有下列情形之一，给精神障碍患者或者其他公民造成人身、财产或者其他损害的，依法承担赔偿责任：

（一）将非精神障碍患者故意作为精神障碍患者送入医疗机构治疗的；

（二）精神障碍患者的监护人遗弃患者，或者有不履行监护职责的其他情形的；

（三）歧视、侮辱、虐待精神障碍患者，侵害患者的人格尊严、人身安全的；

（四）非法限制精神障碍患者人身自由的；

（五）其他侵害精神障碍患者合法权益的情形。

第七十九条 医疗机构出具的诊断结论表明精神障碍患者应当住院治疗而其监护人拒绝，致使患者造成他人人身、财产损害的，或者患者有其他造成他人人身、财产损害情形的，其监护人依法承担民事责任。

第八十条 在精神障碍的诊断、治疗、鉴定过程中，寻衅滋事，阻挠有关工作人员依照本法的规定履行职责，扰乱医疗机构、鉴定机构工作秩序的，依法给予治安管理处罚。

违反本法规定，有其他构成违反治安管理行为的，依法给予治安管理处罚。

第八十一条 违反本法规定，构成犯罪的，依法追究刑事责任。

第八十二条 精神障碍患者或者其监护人、近亲属认为行政机关、医疗机构或者其他有关单位和个人违反本法规定侵害患者合法权益的，可以依法提起诉讼。

第七章 附 则

第八十三条 本法所称精神障碍，是指由各种原因引起的感知、情感和思维等精神活动的紊乱或者异常，导致患者明显的心理痛苦或者社会适应等功能损害。

本法所称严重精神障碍，是指疾病症状严重，导致患者社会适应等功能严重损害、对自身健康状况或者客观现实不能完整认识，或者不能处理自身事务的精神障碍。

本法所称精神障碍患者的监护人，是指依照民法通则的有关规定可以担任监护人的人。

第八十四条 军队的精神卫生工作，由国务院和中央军事委员会依据本法制定管理办法。

第八十五条 本法自 2013 年 5 月 1 日起施行。

国务院关于发展城市社区卫生服务的指导意见

（2006 年 2 月 21 日 国发〔2006〕10 号）

社区卫生服务是城市卫生工作的重要组成部分，是实现人人享有初级卫生保健目标的基础环节。大力发展社区卫生服务，构建以社区卫生服务为基础、社区卫生服务机构与医院和预防保健机构分工合理、协作密切的新型城市卫生服务体系，对于坚持预防为主、防治结合的方针，优化城市卫生服务结构，方便群众就医，减轻费用负担，建立和谐医患关系，具有重要意义。

改革开放以来，我国城市卫生事业有了很大发展，服务规模不断扩大，科技水平不断提高，医疗条件明显改善，疾病防治能力显著增强，为增进人民健康发挥了重要作用。同时，在城市卫生事业发展中还存在优质资源过分向大医院集中，社区卫生服务资源短缺、服务能力不强、不能满足群众基本卫生服务需求等问题。这是造成群众看病难、看病贵的重要原因之一。为深化城市医疗卫生体制改革，优化城市卫生资源结构，发展社区卫生服务，努力满足群众的基本卫生服务需求，制定以下指导意见：

一、发展社区卫生服务的指导思想、基本原则和工作目标

（一）指导思想。以邓小平理论和“三个代表”重要思想为指导，全面落实科学发展观，坚持为人民健康服务的方向，将发展社区卫生服务作为深化城市医疗卫生体制改革、有效解决城市居民看病难、看病贵问题的重要举措，作为构建新型城市卫生服务体系的基础，着力推进体制、机制创新，为居民提供安全、有效、便捷、经济的公共卫生服务和基本医疗服务。

（二）基本原则。

——坚持社区卫生服务的公益性质，注重卫生服务的公平、效率和可及性。

——坚持政府主导，鼓励社会参与，多渠道发展社区卫生服务。

——坚持实行区域卫生规划，立足于调整现有卫生资源、辅以改扩建和新建，健全社区卫生服务网络。

——坚持公共卫生和基本医疗并重，中西医并重，防治结合。

——坚持以地方为主，因地制宜，探索创新，积极推进。

（三）工作目标。到 2010 年，全国地级以上城市和有条件的县级市要建立比较完善的城市社区卫生服务体系。具体目标是：社区卫生服务机构设置合理，服务功能健全，人员素质较高，运行机制科学，监督管理规范，居民可以在社区享受到疾病预防等公共卫生服务和一般常见病、多发病的基本医疗服务。东中部地区地级以上城市和西部地区省会城市及有条件的地级城市要加快发展，力争在二三年内取得明显进展。

二、推进社区卫生服务体系建设

（四）坚持公益性质，完善社区卫生服务功能。社区卫生服务机构提供公共卫生服务和基本医疗服务，具有公益性质，不以营利为目的。要以社区、家庭和居民为服务对象，以妇女、儿童、老年人、慢性病人、残疾人、贫困居民等为服务重点，以主动服务、上门服务为主，开展健康教育、预防、保健、康复、计划生育技术服务和一般常见病、多发病的诊疗服务。

（五）坚持政府主导、鼓励社会参与，建立健全社区卫生服务网络。地方政府要制订发展规划，有计划、有步骤地建立健全以社区卫生服务中心和社区卫生服务站为主体，以诊所、医务所（室）、护理院等其他基层医疗机构为补充的社区卫生服务网络。在大中型城市，政府原则上按照 3-10 万居民或按照街道办事处所辖范围规划设置 1 所社区卫生服务中心，根据需要可设置若干社区卫生服务站。社区卫生服务中心与社区卫生服务站可实行一体化管理。社区卫生服务机构主要通过调整现有卫生资源，对政府举办的一级、部分二级医院和国有企事业单位所属医疗机构等基层医疗机构进行转型或改造改制设立。现有卫生资源不足的，应加以补充和完善。要按照平等、竞争、择优的原则，统筹社区卫生服务机构发展，鼓励社会力量参与发展社区卫生服务，充分发挥社会力量举办的社区卫生服务机构的作用。

（六）建立社区卫生服务机构与预防保健机构、医院合理的分工协作关系。调整疾病预防控制、妇幼保健等预防保健机构的职能，适宜社区开展的公共卫生服务交由社区卫生服务机构承担。疾病预防控制、妇幼保健等预防保健机构要对社区卫生服务机构提供业务指导和技术支持。实行社区卫生服务机构与大中型医院多种形式的联合与合作，建立分级医疗和双向转诊制度，探索开展社区首诊制试点，由社区卫生服务机构逐步承担大中型医院的一般门诊、康复和护理等服务。

（七）加强社区卫生服务队伍建设。加强高等医学院校的全科医学、社区护理学科教育，积极为社区培训全科医师、护士，鼓励高等医学院校毕业生到社区卫生服务机构服务。完善全科医师、护士等卫生技术人员的任职资格制度，制订聘用办法，加强岗位培训，开展规范化培训，提高人员素质和专业技术能力。要采取多种形式鼓励和组织大中型医院、预防保健机构、计划生育技术服务机构的高、中级卫生技术人员定期到社区卫生服务机构提供技术指导和服务，社区卫生服务机构要有计划地组织卫生技术人员到医院和预防保健机构进修学习、参加学术活动。鼓励退休医护人员依照有关规定参与社区卫生服务。

（八）完善社区卫生服务运行机制。政府举办的社区卫生服务机构属于事业单位，要根据事业单位改革原则，改革人事管理制度，按照服务工作需要和精干、效能的要求，实行定编定岗、公开招聘、合同聘用、岗位管理、绩效考核的办法。对工作绩效优异的人员予以奖励；对经培训仍达不到要求的人员按国家有关规定解除聘用关系。要改革收入分配管理制度，实行以岗位工资和绩效工资为主要内容的收入分配办法，加强和改善工资总额管理。社区卫生服务从业人员的收入不得与服务收入直接挂钩。

各地区要积极探索建立科学合理的社区卫生服务收支运行管理机制，规范收支管理，有条件的可实行收支两条线管理试点。地方政府要按照购买服务的方式，根据社区服务人口、社区卫生服务机构提供的公共卫生服务项目数量、质量和相关成本核定财政补助；尚不具备条件的可以按人员基本工资和开展公共卫生服务所需经费核定政府举办的社区卫生服务机构财政补助，并积极探索、创造条件完善财政补助方式。各地区要采取有效办法，鼓励药品生产经营企业生产、供应质优价廉的社区卫生服务常用药品，开展政府集中采购、统一配送、零差率销售药品和医药分开试点。

（九）加强社区卫生服务的监督管理。规范社区卫生服务机构的设置条件和标准，依法严格社区卫生服务机构、从业人员和技术服务项目的准入，明确社区卫生服务范围和内容，健全社区卫生服务技术操作规程和工作制度，完善社区卫生服务考核评价制度，推进社区卫生服务信息管理系统建设。加强社区卫生服务的标准化建设，对不符合要求的社区卫生服务机构和工作人员，要及时调整、退出，保证服务质量。加强社区卫生服务执业监管，建立社会民主监督制度，将接受服务居民的满意度作为考核社区卫生服务机构和从业人员业绩的重要标准。发挥行业自律组织提供服务、反映诉求、规范行为等作用。加强药品、医疗器械管理，确保医药安全。严格财务管理，加强财政、审计监督。

（十）发挥中医药和民族医药在社区卫生服务中的优势与作用。加强社区中医药和民族医药服务能力建设，合理配备中医药或民族医药专业技术人员，积极开展对社区卫生服务从业人员的中医药基本知识和技能培训，推广和应用适宜的中医药和民族医药技术。在预防、医疗、康复、健康教育等方面，充分利用中医药和民族医药资源，充分发挥中医药和民族医药的特色和优势。

三、完善发展社区卫生服务的政策措施

（十一）制订实施社区卫生服务发展规划。地方政府要制订社区卫生服务发展中长期规划和年度发展计划，将发展社区卫生服务纳入当地国民经济和社会发展规划及区域卫生规划，落实规划实施的政策措施。在城市新建和改建居民区中，社区卫生服务设施要与居民住宅同步规划、同步建设、同步投入使用。市辖区人民政府原则上不再举办医院，着力于发展社区卫生服务。

（十二）加大对社区卫生服务的经费投入。各级政府要调整财政支出结构，建立稳定的社区卫生服务筹资和投入机制，加大对社区卫生服务的投入力度。地方政府要为社区卫生服务机构提供必要的房屋和医疗卫生设备等设施，对业务培训给予适当补助，并根据社区人口、服务项目和数量、质量及相关成本核定预防保健等社区公共卫生服务经费补助。政府举办的社区卫生服务机构的离退休人员费用，在事业单位养老保障制度改革前，由地方政府根据有关规定予以安排。地方政府要根据本地实际情况进一步加大力度安排社区公共卫生服务经费，并随着经济发展逐步增加。中央财政从 2007 年起对中西部地区发展社区公共卫生服务按照一定标准给予补助。中央对中西部地区社区卫生服务机构的基础设施建设、基本设备配置和人员培训等给予必要支持。

（十三）发挥社区卫生服务在医疗保障中的作用。按照“低水平、广覆盖”的原则，不断扩大医疗保险的覆盖范围，完善城镇职工基本医疗保险定点管理办法和医疗费用结算办法，将符合条件的社区卫生服务机构纳入城镇职工基本医疗保险定点医疗机构的范围，将符合规定的医疗服务项目纳入基本医疗保险支付范围，引导参保人员充分利用社区卫生服务。探索建立以社区卫生服务为基础的城市医疗救助制度。

（十四）落实有关部门职责，促进社区卫生服务发展。各有关部门要切实履行职责，共同推进社区卫生服务发展。

——卫生部门负责制订社区卫生服务发展规划、准入标准和管理规范，制订社区公共卫生服务项目，加强行业监督管理。按照国家有关规定，组织开展社区卫生服务从业人员岗位培训和继续教育。

——机构编制部门牵头研究制订政府举办的社区卫生服务机构人员编制标准的意见。

——发展改革部门负责将社区卫生服务发展纳入国民经济和社会发展规划，根据需要安排社区卫生服务机构基础设施建设投资。价格部门研究制订社区卫生服务收费标准和药品价格管理办法。

——教育部门负责全科医学和社区护理学科教育，将社区卫生服务技能作为医学教育的重要内容。

——民政部门负责将社区卫生服务纳入社区建设规划，探索建立以社区卫生服务为基础的城市医疗救助制度，做好社区卫生服务的民主监督工作。

——财政部门负责制订社区卫生服务的财政补助政策及财务收支管理办法。

——人事部门负责完善全科医师、护士等卫生技术人员的任职资格制度，制订社区全科医师、护士等卫生技术人员的聘用办法和吸引优秀卫生人才进社区的有关政策。

——劳动保障部门负责制订促进城镇职工基本医疗保险参保人员到社区卫生服务机构就诊的有关政策措施。

——建设（规划）部门负责按照国家有关标准，将社区卫生服务设施纳入城市建设规划，并依法加强监督。

——人口和计划生育部门负责社区计划生育技术服务的指导和管理。

——食品药品监管部门负责社区卫生服务所需药品和医疗器械的质量监督管理。

——中医药部门负责制订推动中医药和民族医药为社区居民服务的有关政策措施。

四、加强对社区卫生服务工作的领导

（十五）发展社区卫生服务是政府履行社会管理和公共服务职能的一项重要内容，主要责任在地方政府。地方政府要充分认识发展社区卫生服务对于维护居民健康、促进社区和谐的重要意义，认真贯彻落实国家有关方针政策，将发展社区卫生服务纳入政府年度工作目标考核。要成立以政府分管领导为组长、各有关部门负责同志参加的领导小组，加强对社区卫生服务发展工作的领导。省级人民政府要按照指导意见要求，结合本地实际，制订贯彻落实的具体政策措施，层层明确责任，加强调查研究，统筹协调，督查指导，落实工作任务。国务院成立由负责卫生工作的国务院副总理任组长的城市社区卫生工作领导小组，研究制订促进社区卫生发展的方针和政策措施，研究解决工作中的重大问题，加强对地方社区卫生服务工作的检查指导，推动社区卫生服务持续健康发展。

国务院关于加强和改进社区服务工作的意见

（2006年4月9日　国发〔2006〕14号）

随着社会主义市场经济的发展和城镇化进程的加快，城市社区在经济社会发展中的地位越来越重要，社区居民对社区服务的需求越来越多，要求越来越高。做好社区服务工作对于提高居民生活质量、扩大就业、化解社会矛盾、促进和谐社会建设都具有重要意义。现就加强和改进社区服务工作提出以下意见：

一、加强和改进社区服务工作的指导思想、基本原则和主要任务

（一）指导思想。以邓小平理论和“三个代表”重要思想为指导，贯彻落实科学发展观，推进社会主义和谐社会建设，以不断满足社区居民的物质、文化、生活需要为出发点，充分发挥政府、社区居委会、民间组织、驻社区单位、企业及居民个人在社区服务中的作用，整合社区资源，健全服务网络，创新服务方式，拓宽服务领域，强化服务功能。

（二）基本原则。1. 坚持以人为本。着眼于居民多层次、多样化的物质文化需求，特别是对居民最关心、最需要、通过努力又可以解决的问题及时提供服务，为社区居民排忧解难。2. 坚持社会化。发挥政府、社区居委会、民间组织、驻社区单位、企业及个人在社区服务中的作用，政府提供公共服务，鼓励、支持社区居民和社会力量参与社区服务。3. 坚持分类指导。按照政企分开、政事分开原则，区分不同类型的社区服务，实行分类指导。既要整体推进，又要解决薄弱环节、重点项目和关键问题；既要坚持广受居民欢迎的传统服务方式，又要善于运用现代科学技术手段，不断提高社区服务水平。

（三）主要任务。通过努力，逐步建立与社会主义市场经济体制相适应，覆盖社区全体成员、服务主体多元、服务功能完善、服务质量和管理水平较高的社区服务体系，努力实现社区居民困有所助、难有所帮、需有所应。

二、大力推进公共服务体系建设，使政府公共服务覆盖到社区

（四）推进社区就业服务。加强街道、社区劳动保障工作平台建设，通过提供就业再就业咨询、再就业培训、就业岗位信息服务和社区公益性岗位开发等，对就业困难人员提供针对性的服务和援助。结合居民物质文化生活需要开发就业岗位，挖掘社区就业潜力，创建充分就业社区，提高就业稳定性。探索建立信用社区、创业培训与小额担保贷款联动机制，为下岗失业人员自谋职业和自主创业创造条件。建立就业与失业保险、城市居民最低生活保障工作联动机制，促进和帮助享受失业保险、城市居民最低生活保障待遇的相关人员尽快实现就业。

（五）推进社区社会保障服务。加强企业离退休人员社会化管理服务工作，加快老年公共服务设施和服务网络建设。具备条件的地方，可开展老年护理服务，兴建退休人员公寓。充分发挥劳动保障工作平台的作用，促进和帮助城镇居民按规定参加各项社会保险。

（六）推进社区救助服务。加强对失业人员和城市居民最低生活保障对象的动态管理，及时掌握他们的就业及收入状况，切实做到“应保尽保”。积极开展基层社会救助服务，帮助群众解决生产生活中的实际困难。进一步推进社会福利社会化，加快发展社区居家养老服务业。大力发展社区慈善事业，加强对社区捐助接收站点、“慈善超市”的建设和管理。

（七）推进社区卫生和计划生育服务。坚持政府主导、社会力量参与，建立健全以社区卫生服务中心（站）为主体的社区卫生和计划生育服务网络，以妇女、儿童、老年人、慢性病人、残疾人、贫困居民等为重点，为社区居民提供预防保健、健康教育、康复、计划生育技术服务和一般常见病、多发病、慢性病的诊疗服务。大力培养社区卫生服务技术和管理人员，加强对社区卫生服务的监督管理，保证服务质量。实施国家政策规定的计划生育基本项目免费服务。建立民主监督制度，把社区居民满意程度作为考核社区卫生服务工作人员业绩的重要标准。完善社区卫生服务运行机制，发挥社区卫生服务的健康保障功能，努力实现人人享有初级卫生保健的目标。

（八）推进社区文化、教育、体育服务。发展面向基层的公益性文化事业，逐步建设方便社区居民读书、阅报、健身、开展文艺活动的场所，加强对社区休闲广场、演艺厅、棋苑、网吧等文化场所的监督管理，促进社会主义精神文明建设。调动社区资源和力量支持和保障社区内中小学校开展素质教育和社会实践活动，为青少年健康成长创造良好的社区环境。落实《全民科学素质行动计划纲要》，不断提高居民科学素质。统筹各类教育资源，充分发挥社区学院、市民学校的作用，积极创建各种类型的学习型组织，面向社区居民开展多种形式的教育培训和科普活动，建立覆盖各类人群的多渠道、全方位的社区学习服务体系。培育群众性体育组织，落实《全民健身计划纲要》，配置相应的健身器材，不断增强居民体质。

（九）推进社区流动人口管理和服务。按照“公平对待、合理引导、完善管理、搞好服务”和“以现居住地为主，现居住地和户籍所在地互相配合”的原则，实行与户籍人口同宣传、同服务、同管理，为流动人口的生活与就业创造好的环境和条件。简化办事程序，减少相关手续，取消不合理收费，为流动人口提供优质服务。

（十）推进社区安全服务。深入开展基层安全创建活动，加强社区警务室（站）建设，大力实施社区警务战略，建立人防、物防、技防相结合的社区防范机制和防控网络。依托社区居委会等基层组织，挖掘和利用社区资源，加强群防群治队伍建设。深入开展法制宣传教育和咨询服务活动，建立完善收集、反馈社情民意的工作机制，组织开展以社区保安、联防队员为主体，专职和义务相结合的巡逻守望、看楼护院等活动。建立及时有效的矛盾纠纷排查、调处工作机制，加强对刑释解教人员、监外执行人员和有不良行为青少年的帮助、教育和转化工作。做好社区消防工作，提升社区消防安全水平。深入开展打击“黄赌毒”和禁止传销等工作。健全社区环境保护管理制度，建设资源节约型、环境友好型社区。建立传染病、食品安全、灾害事故的应急反应机制，不断提高社区应对突发事件的能力。

（十一）不断改进政府公共服务方式。整合政府各部门在城市基层的办事机构，积极推进“一站式”服务，提高为社区及其居民提供公共服务的水平。政府有关部门不得将应由自身承担的行政性工作摊派给社区组织。对有些社区组织做起来有优势的行政性工作，可依法采取“权随责走、费随事转”的原则，委托社区组织承担。积极探索通过政府“购买服务”、项目管理等多种形式，调动社会组织参与社区服务的积极性，促进公共服务社会化。梳理、整合各类服务热线、呼叫热线，形成社区公共资源共享机制。建设社区信息化平台，提高社区公共服务的自动化、现代化水平。

三、充分发挥社区居委会在社区服务中的作用

（十二）支持社区居委会协助城市基层政府提供社区公共服务。充分发挥社区居委会在了解社区居民需求、提供便民服务方面的独特优势和重要作用。城市基层政府及有关单位要妥善解决社区居委会开展有关服务所必需的房屋、设施和工作经费。要积极指导社区居委会定期听取居民对社区公共服务的意见，并积极向政府反映，促进社区公共服务质量的不断提高。

（十三）支持社区居委会组织社区成员开展自助和互助服务。鼓励并支持社区居委会组织动员驻社区单位和社区居民开展邻里互助等群众性自我服务活动，为居家的孤老、体弱多病和身边无子女老人提供各种应急服务，为优抚对象、残疾人及特困群体缓解生活困难提供服务；倡导社区居民和驻社区单位开展社会捐赠、互帮互助，对社区困难群体实行辅助性生活救助；管理、利用好社区公益性服务设施，方便社区成员生活。有条件的地方，社区居委会可以根据居民需要，建立热线电话救助网络、社区智能服务网络、社区服务站、社区公共服务社等服务载体，开展非营利服务。

（十四）指导社区居委会为发展社区服务提供便利条件。鼓励并指导社区居委会组织居民参与文化、教育、科技、体育、卫生、法律、安全等进社区活动；支持社会各方面力量利用闲置设施、房屋等资源兴办购物、餐饮、就业、医疗、废旧物资回收等与居民生活密切相关的服务网点，并维护其合法权益；引导和管理各类组织和个人依法有序开展社区服务；正确处理好社区居委会与社区物业管理企业的关系，支持和指导物业管理企业依法经营。

四、培育社区服务民间组织，组织开展社区志愿服务活动

（十五）大力培育社区生活服务类民间组织。支持和鼓励社区居民成立形式多样的慈善组织、群众性文体组织、科普组织和为老年人、残疾人、困难群众提供生活服务的组织，使社区居民在参与各种活动中，实现自我服务、自我完善和自我提高。积极支持民间组织开展社区服务活动，加强引导和管理，使其在政府和社区居委会的指导、监督下有序开展服务。

（十六）积极组织开展社区志愿服务活动。培育社区志愿服务意识，弘扬社区志愿服务精神，推行志愿者注册制度。积极动员共产党员、共青团员、公务员、专业技术人员、教师、青少年学生以及身体健康的离退休人员等加入志愿服务队伍，优化志愿人员结构，壮大志愿人员力量。指导建立志愿服务激励机制，使志愿者本人需要帮助时，能够及时得到志愿者组织和其他志愿者的服务。指导志愿组织和志愿人员开展社会救助、优抚、助残、老年服务、再就业服务、维护社区安全、科普和精神文明建设活动，不断创新服务形式，提高服务水平。

五、鼓励和支持各类组织、企业和个人开展社区服务

（十七）鼓励和支持有关单位服务设施向社区居民开放。按照互惠互利、资源共享原则，积极引导社区内或周边单位内部食堂、浴池、文体和科教设施等向社区居民开放。充分利用社区内的学校、培训机构、幼儿园、文物古迹等开展社区教育活动。有关单位开展社区服务，既可以单独经营，也可以与社区组织联营共建。

（十八）鼓励和支持各类组织、企业和个人开展社区服务业务。鼓励相关企业通过连锁经营提供购物、餐饮、家政服务、洗衣、维修、再生资源回收、中介等社区服务。利用现代信息技术、物流配送平台帮助社区内中小企业，实现服务模式创新，推动社区商业体系建设。对开办商业性社区服务项目的，有关部门要依法简化审批手续，维护其合法权益。积极落实各项优惠政策，鼓励下岗失业人员自办或合伙兴办社区服务组织，或通过小时工、非全日制工和阶段性就业等灵活方式参与社区服务。

六、加强领导和政策指导，强化社区服务监管

（十九）加强组织领导。地方各级人民政府和有关部门要充分认识新形势下搞好社区服务的重要性，把这项工作与提高居民生活质量、实施社会救助和再就业工程、发展第三产业、促进精神文明建设等各项工作紧密结合起来。要建立健全政府统一领导、民政部门牵头、有关部门配合、社会广泛参与的社区服务管理体制和工作机制。依托社区提供公共服务的教育、科技、公安、司法行政、劳动保障、建设、文化、卫生、人口计生、环保、体育等部门，要按照社区服务发展要求加强业务指导，提高服务水平。各级发展改革、财政、商务、银行、税务、工商等部门要按照各自职能，进一步制定促进社区服务发展的政策措施。积极鼓励工会、共青团、妇联及残联、老龄、慈善等组织参与社区服务，大力倡导团结互助、扶贫济困的良好风尚，形成推动社区服务发展的合力。

（二十）加强社区服务工作队伍建设。切实解决社区居委会成员及其聘用的服务人员的生活补贴、工资、保险等福利待遇问题，并使待遇水平随经济发展而适当增长。经常开展对社区服务人员的思想教育和业务培训，不断提高他们服务居民、管理社区的能力。加强对社区服务的理论研究，鼓励有条件的大专院校和培训机构开设社会工作专业、社区服务课程，培养专业人才。

（二十一）加强社区服务的统筹规划和政策指导。地方各级人民政府要从实际出发，因地制宜，分级制订社区服务发展规划，确定发展目标和重点，完善相关政策措施，促进社区服务各项工作的落实。要将社区服务设施建设纳入城市规划和土地利用规划，统筹安排，通过新建和改造，完善社区各类服务设施，健全服务体系，增强服务功能。有条件的地方，可以开展农村社区服务的试点，逐步实现城乡社区服务统一规划，统筹发展。

地方各级人民政府和有关部门要帮助社区落实开展公共服务的资金、场所和人员，对社区组织开展的互助性服务、志愿服务和社会力量兴办的微利性商业服务给予政策和资金扶持；对社区营利性商业服务要积极引导向产业化、市场化发展，充分发挥行政机制、互助机制、志愿机制、市场机制在社区服务中的作用。积极推进适宜产业化经营的社区服务实体的股份制改造；鼓励大型服务企业兼并、控股国有或集体所有的社区服务单位，支持个体私营经济参股或兴办社区服务企业。

（二十二）加强对社区服务活动的监督管理。综合运用行政、法律手段监督、管理社区服务。推动制定各类社区服务行业标准并监督执行。建立健全反映社区服务设施、服务管理、居民需求及满意程度等有关信息的采集及工作评估体系。严格财务和审计制度，严禁将救助、福利、公益款物等挪作他用。认真解决社区服务发展中的各种问题，及时查处违法违纪和损害群众利益的行为，保证社区服务健康发展。

各省、自治区、直辖市人民政府要按照本意见精神，结合实际，制订贯彻落实的具体措施。国务院有关部门要加强对本意见贯彻执行情况的监督检查。

民政部关于大力培育发展社区社会组织的意见

（2017 年 12 月 27 日　民发〔2017〕191 号）

各省、自治区、直辖市民政厅（局），各计划单列市民政局，新疆生产建设兵团民政局：

社区社会组织是由社区居民发起成立，在城乡社区开展为民服务、公益慈善、邻里互助、文体娱乐和农村生产技术服务等活动的社会组织。培育发展社区社会组织，对加强社区治理体系建设、推动社会治理重心向基层下移、打造共建共治共享的社会治理格局，具有重要作用。为贯彻落实党的十九大关于“加强和创新社会治理”的精神，根据中央有关文件要求，现就大力培育发展社区社会组织提出如下意见。

一、培育发展社区社会组织的总体要求

深入学习贯彻党的十九大精神，以习近平新时代中国特色社会主义思想为指导，认真落实党中央、国务院关于大力培育发展社区社会组织的部署要求，以满足群众需求为导向，以鼓励扶持为重点，以能力提升为基础，引导社区社会组织健康有序发展，充分发挥社区社会组织提供服务、反映诉求、规范行为的积极作用。力争到2020年，社区社会组织培育发展初见成效，实现城市社区平均拥有不少于10个社区社会组织，农村社区平均拥有不少于5个社区社会组织。再过5到10年，社区社会组织管理制度更加健全，支持措施更加完备，整体发展更加有序，作用发挥更加明显，成为创新基层社会治理的有力支撑。

二、充分发挥社区社会组织的积极作用

（一）提供社区服务。支持社区社会组织承接社区公共服务项目。推动家庭服务、健康服务、养老服务、育幼服务等领域的社区社会组织主动融入城乡社区便民利民服务网络，为社区居民提供多种形式的生活服务。鼓励社区社会组织多为社区内低保对象、特困人员、空巢老人、农村留守人员、困境儿童、残疾人等困难群体提供生活照料、文体娱乐、医疗保健等志愿服务。支持社会工作服务机构面向社区提供心理疏导、人文关怀、精神慰藉和心理健康等专业服务。引导农村社区社会组织发扬邻里互助的传统，开展以生产互助、养老互助、救助互助为主的活动，增强农村居民自我服务能力。

（二）扩大居民参与。发挥社区社会组织扎根社区、贴近群众的优势，广泛动员社区居民参与社区公共事务和公益事业。引导社区社会组织在基层党组织领导下，协助基层群众性自治组织推动社区居民有序参与基层群众自治实践，依法开展自我管理、自我服务、自我教育、自我监督等活动。引导社区居民在参与社区社会组织活动过程中有序表达利益诉求，养成协商意识、掌握协商方法、提高协商能力，协商解决涉及城乡社区公共利益的重大事项、关乎居民切身利益的实际问题和矛盾纠纷。鼓励社区社会组织参与制定自治章程、居民公约和村规民约，拓展流动人口有序参与居住地社区治理渠道，促进流动人口社区融入。

（三）培育社区文化。发挥社区社会组织在完善社区公共文化服务体系中的积极作用，丰富群众性文化活动，提升社区居民生活品质。指导社区社会组织在组织开展文化、教育、体育、科普、娱乐、慈善等社区居民活动中积极培育和践行社会主义核心价值观，倡导移风易俗，弘扬时代新风。鼓励社区社会组织参与社区楷模、文明家庭等各种社区创建活动，弘扬优秀传统文化，维护公序良俗，形成向上向善、孝老爱亲、与邻为善、守望互助的良好社区氛围，增强居民群众的社区认同感、归属感、责任感和荣誉感。

（四）促进社区和谐。发挥社区社会组织在源头治理方面的积极作用，协助提升社区矛盾预防化解能力。支持社区社会组织参与物业纠纷、农村土地承包经营纠纷、家庭纠纷、邻里纠纷调解和信访化解。指导社区社会组织参与群防群治，协助做好社区矫正、社区戒毒、刑满释放人员帮扶、社区防灾减灾、精神障碍社区康复等工作，积极参与平安社区建设，助力社区治安综合治理。

三、加大对社区社会组织的培育扶持力度

（一）实施分类管理。符合法定登记条件的社区社会组织，可以到所在地县级民政部门申请登记，其中符合直接登记条件的可以直接提出申请。民政部门要通过简化登记程序、提高审核效率、结合社区社会组织特点制定章程范本等方式优化登记服务。落实中央有关文件要求，对未达到登记条件的社区社会组织，按照不同规模、业务范围、成员构成和服务对象，由街道办事处（乡镇政府）实施管理，加强分类指导和业务指导；对规模较小、组织较为松散的社区社会组织，由社区党组织领导，基层群众性自治组织对其活动进行指导和管理。

（二）明确发展重点。加快发展生活服务类、公益慈善类和居民互助类社区社会组织。重点培育为老年人、妇女、儿童、残疾人、失业人员、农民工、服刑人员或强制戒毒等限制自由人员的未成年子女、困难家庭、严重精神障碍患者、有不良行为青少年、社区矫正人员等特定群体服务的社区社会组织。鼓励支持有条件的社区社会组织吸纳社会工作专业人才，发挥“三社联动”优势。加快农村社区社会组织发展，引导它们有序参与乡村治理体系建设，在脱贫攻坚、就业创业、生产互助、卫生健康、文化体育、社会治安、纠纷调解、生活救助、减灾救灾、留守人员关爱等方面发挥作用。支持高校毕业生、复转军人和返乡创业农民工创建农村社区社会组织或到农村社区社会组织中就业。

（三）加大扶持力度。要协调有关部门加大对社区社会组织发展的资金支持，鼓励引导社会资金支持社区社会组织发展，推动建立多元化、制度化的资金保障机制。推动基层政府将城乡社区服务纳入政府购买服务指导目录，逐步扩大购买范围和规模，支持社区社会组织承接相关服务项目。中央财政支持社会组织参与社会服务项目将加大对社区服务类社会组织的支持力度。民政部门彩票公益金支持资助社区社会组织开展扶老、助残、救孤、济困等服务项目。鼓励有条件的地方设立社区发展基金会，为城乡社区治理募集资金，为其他社区社会组织提供资助。鼓励有条件的基层群众性自治组织对社区社会组织开展的公益慈善类服务活动给予一定经费和服务场地支持。推动政府资金、社会资金等资金资源向农村社区社会组织和服务项目倾斜。依托街道(乡镇)社区服务中心、城乡社区服务站等设施,建立社区社会组织综合服务平台,鼓励将闲置的宾馆、办公用房、福利设施等国有或集体所有资产,通过无偿使用等优惠方式提供给社区社会组织开展公益活动。有条件的地方可探索设立孵化培育资金,建设孵化基地,为初创的社区社会组织提供公益创投、补贴奖励、活动场地、费用减免等支持。

(四)促进能力提升。加强社区社会组织人才培养,通过强化业务培训、引导参加相关职业资格考试等措施,着力培养一批热心社区事务、熟悉社会组织运作、具备专业服务能力的社区社会组织负责人和业务骨干。推动建立专业社会工作者与社区社会组织联系协作机制,发挥专业支撑作用,提升社区社会组织服务水平。强化社区社会组织项目开发能力,通过开展社区服务项目交流会、公益创投大赛等方式,指导社区社会组织树立项目意识,提升需求发现、项目设计、项目运作水平。推进社区社会组织品牌建设,引导优秀社区社会组织完善自身发展规划和品牌塑造,加强公益活动宣传,提高品牌辨识度和社会知晓度。指导社区社会组织规范资金使用和活动开展,强化决策公开和运作透明,不断提升服务绩效和社会公信力。

四、加强对社区社会组织的管理服务

(一)加强党的领导。按照《中共中央 国务院关于加强和完善城乡社区治理的意见》要求,推动街道(乡镇)党(工)委和城乡社区党组织加强对社区社会组织各项工作的领导,确保社区社会组织全面贯彻落实党的路线方针政策和决策部署,沿着正确方向发展。推动建立城乡社区党组织与社区社会组织定期联系制度,组织和协调社区社会组织参与城乡社区共驻共建活动。鼓励社区党员担任社区社会组织负责人,把符合条件的社区社会组织骨干培养发展为党员,把社区社会组织中的优秀党员吸收到城乡社区党组织领导班子中。社区社会组织要认真落实《中共中央办公厅印发〈关于加强社会组织党的建设工作的意见(试行)〉的通知》要求,在城乡社区党组织的指导下加强自身党的建设工作,推进党的组织和工作有效覆盖。社区社会组织党组织应当结合自身特点开展党组织活动,在业务活动中宣传党的主张,贯彻党的决定,团结动员社区群众,严格落实"三会一课"等制度,做好党员的教育、管理和监督,引导党员发挥先锋模范作用。

(二)加强工作指导。各级民政部门要依法加强已登记的社区社会组织日常活动、负责人、资金往来、信息公开等方面的管理,通过抽查、评估、培训等方式,指导其强化自律诚信和守法意识,按照章程规定健全组织机构,完善运行机制,建立管理制度,强化组织人员、重大活动、收费标准等信息公开,自觉接受监督。指导街道办事处(乡镇政府)、基层群众性自治组织做好未达到登记条件的社区社会组织的培育扶持、服务指导等工作,指导社区社会组织建立必要的活动制度和服务规范,自觉践行服务社区、服务居民的宗旨,对于存在问题的组织及时提醒和帮助纠正。鼓励在街道(乡镇)成立社区社会组织联合会、社区社会组织服务中心等枢纽型社会组织,发挥管理服务协调作用,规范社区社会组织行为,提供资源支持、承接项目、代管资金、人员培训等服务。

(三)做好组织宣传。各级民政部门要在深入学习贯彻党的十九大精神过程中,进一步深化对培育发展社区社会组织工作重要意义的认识,积极争取党委和政府的重视与支持,推动将社区社会组织发展和管理工作纳入基层政府绩效考核内容和社会治安综合治理考评体系。科学制定社区社会组织发展规划、扶持措施、管理制度,加大部门协调力度,完善工作运行机制,形成各部门共同支持社区社会组织发展的工作格局。发挥先进典型的示范引领作用,及时归纳总结发展社区社会组织的先进经验,加大对社区社会组织优秀典型、先进事迹的表扬、奖励和宣传,营造关心、支持社区社会组织发展的良好社会氛围。

关于加强新形势下社区民族工作的意见

(2011年12月15日 民委发〔2011〕204号)

各省、自治区、直辖市及新疆生产建设兵团民(宗)委(厅、局)、民政厅(局):

为促进各民族共同团结奋斗、共同繁荣发展,推进和谐社区建设,现就加强新形势下社区民族工作提出以下意见。

一、充分认识加强社区民族工作的重要意义

1. 做好社区民族工作重要而紧迫。社区是社会的基本单元,也是各民族交流交往的重要平台。当前,随着我国工业化、城镇化的快速发展,民族分布和交往格局正在发生重大变化,城市和散杂居地区的少数民族人口不断增加,各民族交错居住在同一社区的现象日益普遍,社区民族工作任务日趋繁重。各地各部门积极应对,不断探索,创造了许多新鲜经验,社区民族工作取得了显著成绩。但同时,一些社区的民族工作也存在着基础比较薄弱、服务和管理水平有待提高、方法和机制亟需创新等问题。

加强社区民族工作,是服务各族群众、夯实党的执政基础的需要,是促进民族团结、建设和谐社区的需要,是加强和创新社会管理、维护社会稳定的需要。必须站在全局和战略的高度,进一步增强责任感和紧迫感,切实把社区民族工作摆在重要位置,抓紧抓好。

二、全面把握加强社区民族工作的总体要求

2. 坚持社区民族工作的正确方向。社区民族工作要坚持以邓小平理论和"三个代表"重要思想为指导,深入贯彻落实科学发展观，牢牢把握各民族共同团结奋斗、共同繁荣发展的主题，以和谐社区建设为依托，以宣传教育、保障权益、完善服务为工作着力点，整合资源，形成合力，不断加强社区民族工作，进一步巩固和发展平等、团结、互助、和谐的社会主义民族关系，为全面建设小康社会和构建社会主义和谐社会奠定更加坚实的基础。力争用5年左右的时间，在全国形成一个比较健全的社区民族工作网络，培育一批热心民族工作的少数民族联谊组织和社会工作者队伍，建成一批民族团结进步模范社区，努力把社区建设成各族群众团结和睦、安居乐业的幸福家园。

三、进一步明确加强社区民族工作的重点任务

3. 大力推进民族团结宣传教育。认真落实中共中央办公厅、国务院办公厅《关于深入开展民族团结宣传教育活动的意见》（中办发〔2009〕34号），深入宣传民族理论、民族政策、民族法律法规和民族基本常识，不断增强各族群众的国家意识、公民意识和民族团结意识。结合和谐社区建设、文明城市创建、社会管理综合治理等活动，把民族团结教育纳入公民道德教育和社会主义精神文明建设全过程，尤其要切实加强对青少年的宣传教育。

进一步加强对公共服务和社会管理部门工作人员的宣传教育，帮助他们不断增强严格执行党和国家的民族政策的自觉性。广泛开展成就展览、知识竞赛、文体表演和网上交流等各族群众喜闻乐见的活动，让民族团结元素融入社区群众的日常工作、学习和生活中，引导各族群众不断增强对伟大祖国、中华民族、中华文化和中国特色社会主义道路的认同，牢固树立汉族离不开少数民族、少数民族离不开汉族、各少数民族之间也相互离不开的思想观念，自觉维护民族团结、社会稳定和国家统一。

4. 扎实开展民族团结进步创建活动。结合社区实际，采取有力措施，按照中央宣传部、中央统战部、国家民委《关于进一步开展民族团结进步创建活动的意见》（民委发〔2010〕13号）的要求，把创建活动纳入社区发展总体规划，进一步创新形式、创新载体、创新手段，大力推进民族团结进步模范社区、模范单位建设。

坚持以人为本，把创建活动与帮助社区发展经济社会事业结合起来，与解决各族群众生产生活实际困难结合起来，逐步使创建活动成为便民、利民、惠民的民心工程。推动民族团结进步表彰活动制度化、规范化，及时表彰和奖励社区民族团结进步模范集体和个人，努力形成维护民族团结光荣、破坏民族团结可耻的社会氛围。

5. 努力提供满足各族群众需求的便捷服务。建立健全信息平台，密切联系沟通，全面了解和掌握社区少数民族情况，及时反映和解决他们生产生活中存在的困难。加强社区服务体系建设，尊重少数民族风俗习惯，积极创造条件，满足少数民族群众在清真饮食、殡葬服务、欢度民族节日和传承本民族文化等方面的需求。少数民族人口较多、民族工作任务较重的社区，应根据实际通过设立"少数民族服务中心"、"民族之家"、热线电话等方式，为各族群众提供方便畅通的办事渠道。

积极开展对少数民族困难家庭的帮扶工作。充分利用社区资源，通过购买社工服务等方式帮助困难群众解决就业、就学、就医等方面遇到的特殊困难。引导和鼓励社区内的企事业单位、社会团体积极参与社区民族工作，为各族群众提供针对性更强的便捷服务。

切实加强对少数民族流动人口的服务与管理。在外来少数民族人口较多的社区要明确有关责任人，积极提供就业帮助、语言翻译、法律维权等方面的服务。

6. 大力促进社区各民族交流交往、互助合作。充分利用展示橱窗、社区网站、市民学校、文化馆站、文化广场等活动阵地，不断创新和完善社区民族工作载体，为各族群众提供交流、联谊和参与社区建设的渠道。积极开展专项咨询和培训活动，引导和帮助少数民族流动人口尽快适应城市和社区生活。广泛开展丰富多彩、富有民族特色的群众性文体活动，努力活跃社区各族群众的业余文化生活。注意发挥企事业单位、社会团体和社会工作者的作用，利用"互帮"、"共建"等形式，帮助各族群众融入社区。

7. 重视做好少数民族社区工作者的培养和使用工作。少数民族社区工作者来自本民族，熟悉本民族的历史和文化，了解本民族的心理和愿望，是联系各族群众的桥梁和纽带，是做好社区民族工作的重要力量。注意发现和培养少数民族代表人士，逐步形成一支与党和政府同心同德、关心民族工作、热心社区服务的骨干队伍。支持他们积极联系本民族群众，鼓励他们积极建言献策，带动各族群众积极投身和谐社区建设。注重发挥他们在各种群众性组织中的特殊作用，发挥他们在宣传党和国家政策，反映社情民意，特别是在处理涉及民族因素的突发事件、维护民族团结和社会稳定方面的重要作用。

8. 妥善处理涉及民族因素的矛盾纠纷。随着各民族之间交流交往不断增多，社区内各民族之间的共同因素不断增多，但民族特点、民族差异和各民族在经济文化发展上的差异将长期存在，从而可能引发一些涉及民族因素的摩擦、纠纷和矛盾。要不断提高预防和处理有关矛盾和纠纷的工作水平，及时、准确、全面地掌握有关信息，做到早发现、早部署、早处理，力争把问题解决在社区、解决在当地、解决在萌芽状态。

要定期排查影响民族关系的不稳定因素，认真制定和不断完善有关突发事件的处置预案。坚持具体问题具体分析，是什么问题就按什么问题处理，不要把与民族关系无关的问题归入民族问题，也不要把民族问题当做一般的社会问题来处理。对一般的矛盾纠纷，要采取教育、疏导、化解的办法来解决。凡属违法犯罪的，不论涉及哪个民族，都要坚决依法处理。切实维护各族群众的合法权益，维护民族团结、社会和谐、国家统一和法律尊严。

四、切实加强对社区民族工作的组织领导

9. 切实把社区民族工作摆上重要位置。新形势下的社区民族工作，既是社区工作的组成部分，也是民族工作的重要内容。各级民族和民政部门要积极推动有关地区和部门把社区民族工作摆上重要议事日程，自觉加强对马克思主义民族观及党和国家民族法规政策的学习，加强对社区民族工作的研究，努力提高驾驭和处理民族问题的能力。建立健全目标责任制，逐步将社区民族工作状况作为有关地区和部门干部考核的重要内容。少数民族人口较多、民族工作任务较重的乡镇、街道，要将社区民族工作状况作为有关干部选拔任用的重要依据。

10. 创新社区民族工作的体制机制。省（区、市、兵团）民族和民政部门要加强对社区民族工作的指导、协调和督促。市（地、州、盟）、县（市、区、旗）、乡（镇、街道）三级民族和民政部门，要在党委政府统一领导下，逐步推动建立和完善社区民族工作管理体制和工作机制。少数民族人口较多、社区民族工作任务较重的乡镇、街道，要配备民族工作专（兼）职干部。少数民族人口较多的社区要配备民族工作联络员，注意培育一批热心民族工作的少数民族联谊组织和社会工作者队伍。有关部门要为开展社区民族工作提供必要的工作条件，保障必要的工作经费。

11. 加强社区民族工作的监督检查。各级民族和民政部门要采取定期与不定期相结合、上级检查与自查相结合等方式，加强对开展社区民族工作情况的监督检查，重点是检查党和国家民族政策和有关法律法规贯彻落实情况。对查找出的问题要提出切实可行的整改方案，务求取得实效。要及时总结经验，立足各地实际，加强分类指导，力争在今后5年内有计划地建成一批民族团结进步模范社区，促进社区民族团结进步事业蓬勃健康发展。

民政部办公厅关于建立全国和谐社区建设示范单位联系制度的通知

（2010年3月24日　民办发〔2010〕10号）

各省、自治区、直辖市民政厅（局），新疆生产建设兵团民政局：

2009年，在全国和谐社区建设工作会议上，民政部命名表彰了188个城区（市）为全国和谐社区建设示范城区（市）、253个街道为全国和谐社区建设示范街道、500个社区为全国和谐社区建设示范社区。为贯彻落实民政部最近提出的大兴调查研究之风、团结协作之风、改革创新之风的要求，积极探索新形势下推动社区工作科学发展的新思路、新办法、新途径，充分发挥全国和谐社区建设示范单位的榜样作用，现就建立全国和谐社区建设示范单位联系制度，通知如下。

一、总体要求

通过建立全国和谐社区建设示范单位联系制度，深入贯彻落实党的十七大以来中央关于社区建设的一系列重要决策和2009年全国和谐社区建设工作会议精神，切实加强对社区工作的理论和政策性研究，促进各示范单位之间的交流与合作，加大对各示范单位的工作指导力度，真正发挥示范单位的典型引导、辐射带动作用，推动全国和谐社区建设在范围上得到新拓展，在质量上得到新提升，在群众满意度上实现新飞跃。

二、主要任务

（一）传达和学习贯彻好中央关于和谐社区建设的指示精神，督促检查各示范单位相关政策落实情况和任务完成情况，协调解决政策落实中的难点问题，推动中央有关政策在基层的贯彻落实。

（二）加强各示范单位之间的交流与合作，收集、通报各地的年度工作要点、阶段性工作计划和工作进展情况，促进不同区域之间相互借鉴、优势互补、整体推进。

（三）指导和支持各示范单位推进体制机制创新，总结和推广各地创新成果及经验，为工作发展提供思路。

（四）组织开展调查研究，研究确定重大调研课题，为政策制定提供决策依据。

（五）修订、完善和谐社区建设示范单位标准体系，推动和谐社区建设示范单位创建活动科学化、制度化、规范化。

三、职责分工

（一）民政部。主要联系全国和谐社区建设示范城区（市）以及部分示范街道、示范社区。

（二）各省（区、市）民政厅（局）。主要联系本地区的全国和谐社区建设示范街道以及部分示范城区（市）、示范社区。

（三）各城区（市）民政局。主要联系本地区的全国和谐社区建设示范社区以及部分示范街道。

四、工作措施

（一）建立联席会议制度。民政部召集的联席会议由2009年表彰的全国和谐社区建设示范城区（市）和部分示范街道、示范社区以及各省（区、市）民政厅（局）基层政权和社区建设处组成。各示范城区（市）和部分示范街道、示范社区的有关负责人以及各省（区、市）民政厅（局）基层政权和社区建设处处长为联席会议成员，各成员单位1名干部为联席会议联络员。民政部基层政权和社区建设司作为联席会议的总召集单位，负责整体协调和日常工作。联席会议多以片会形式进行。

各省（区、市）民政厅（局）和各城区（市）民政局也要根据需要建立相应的联席会议制度，加强本地区示范单位的联系，推动形成示范单位联系制度工作网络。

（二）建立信息通报制度。民政部联系的各示范单位每季度或半年应向民政部上报一次工作进展情况，包括工作计划、相关政策落实和任务完成情况，并对工作提出意见和建议，临时工作信息可随时报送。民政部根据各地上报情况，不定期编发《全国和谐社区建设示范单位工作动态》简报，分送各示范单位，及时推广各地好的经验和做法，促进各成员单位之间的交流与合作，指导各地研究解决和谐社区建设工作的重要问题和政策落实中的难点问题。

各省（区、市）民政厅（局）和各城区（市）民政局要通过多种形式加强本地区示范单位的信息交流工作，及时掌握工作进展和工作动态，推广好的做法和经验，指导各地开展工作。

（三）建立学习交流制度。民政部依托联席会议片会和每两年召开的城区论坛，组织示范单位定期开展学习交流，及时学习领会党中央、国务院关于和谐社区建设工作的指示及有关会议、文件精神，交流各地工作开展经验，研究解决工作中的难点和突出问题，提出完善政策措施的建议。通过考察、调研、培训班、报告会等多种方式组织协调各示范单位之间开展学习交流活动，使各示范单位主动了解、积极借鉴兄弟单位的新理念、新经验、新办法，取长补短，加强合作，提高推动和谐社区建设工作的能力。

各省（区、市）民政厅（局）和各城区（市）民政局要采取有效措施建立学习交流制度，加强本地区示范单位之间的学习交流，既要立足自身向实践学习、向书本学习、向群众学习，也要以开放的心态积极走出去，把好的经验和做法引进来，形成良好学习氛围，建立长效交流机制，不断推动和谐社区建设工作深入发展。

（四）建立示范单位动态管理制度。各示范单位要对照全国和谐社区建设示范单位标准体系每年自查一次，总结经验，查找不足，不断完善提高。各省（区、市）民政厅（局）要不定期对本地区的示范单位进行检查，并积极组织开展城乡社区之间、不同区域之间的交流与合作，形成以城带乡、优势互补、共同提高的局面。必要时民政部可组织全国示范单位之间进行互查，对工作成效不明显、示范作用不强的及时督促改进；对长期工作不力、改进效果不明显的，建议取消示范单位称号。通过对示范单位实行动态管理，避免出现“牌子到手、创建到头”现象，使和谐社区建设工作保持持续强劲的发展势头。

（五）建立推动地方改革创新制度。各示范单位要根据本地区的实际情况，积极推进和谐社区建设工作体制机制创新，以改革的精神、创新的办法解决前进中的困难和问题，努力在和谐社区建设的领导体制、改革措施、规划标准、投入机制和参与机制上求突破、求发展。各省（区、市）民政厅（局）要加强对本地区示范单位创新实践的指导、支持和帮助，对创新成果及时进行总结和推广。民政部拟采用适当方式定期或不定期推出一批理论和实践创新成果，并给予通报表彰。

各省（区、市）民政厅（局）要高度重视和谐社区建设示范单位联系制度工作，认真组织，精心筹划，研究制定贯彻落实措施，做好本地区的协调工作。各示范单位要大力支持联系制度的建立，积极参与相关工作，切实加强领导，明确专人负责落实，以取得实实在在的效果。民政部将适时召开工作片会，研究协商联系制度的具体事项。

请各地以省（区、市）为单位将民政部召集的联席会议成员和联络员名单（包括姓名、单位、职务、通信地址、办公电话、手机号码）于2010年4月2日之前上报至民政部基层政权和社区建设司城市工作处。民政部联系的部分示范街道、示范社区由各省（区、市）推荐，原则上每省（区、市）推荐2个示范街道、1个示范社区。

民政部关于进一步推进和谐社区建设工作的意见

（2009年11月23日　民发〔2009〕165号）

各省、自治区、直辖市民政厅（局），各计划单列市民政局，新疆生产建设兵团民政局：

近年来，各地全面贯彻落实中央关于构建社会主义和谐社会的重要部署和2005年民政部在吉林省长春市召开的全国社区建设工作会议精神，积极推进和谐社区建设，为加强和改进基层社会管理、提高居民生活质量、维护社会和谐稳定、密切党和政府同人民群众的关系作出了重要贡献，但与我国经济社会发展新要求、人民群众过上美好生活新期待相比仍有很大差距。为深入贯彻落实党的十七大和十七届三中、四中全会精神，充分发挥社区在构建社会主义和谐社会中的重要基础作用，加快形成城乡经济社会发展一体化新格局，根据刚刚闭幕的全国和谐社区建设工作会议精神，现就进一步推进和谐社区建设工作提出以下意见。

一、充分认识进一步推进和谐社区建设工作的重要性和紧迫性

社区是社会的基本单元，是人们社会生活的共同体和人居的基本平台，社区和谐是社会和谐的基础。加强社会管理的重心在社区，改善民生的依托在社区，维护稳定的根基在社区。实践证明，和谐社区建设事关党和国家大政方针的贯彻落实，事关人民群众的切身利益，事关城乡基层的和谐稳定。当前，随着工业化、信息化、城镇化、市场化、国际化的深入发展，我国正处在社会结构深刻变动、利益格局深刻调整、思想观念深刻变化的重要时期，社区日益成为各种利益关系的交会点、各种社会矛盾的集聚点、社会建设的着力点和党在基层执政的支撑点。做好和谐社区建设工作，对于保障城乡困难群众的基本生活权益，满足普通居民群众多层次、多样化的物质文化生活需求，对于夯实我们党的执政基础，激发广大人民群众参与社会建设的积极性、主动性、创造性，为经济社会发展创造更加良好的社会环境，具有重要的现实意义和深远的历史意义。各地民政部门要在党委、政府统一领导下，从贯彻落实科学发展观的高度，从我国经济社会发展的新要求和人民群众过上美好生活的新期待的高度，把和谐社区建设摆在更加突出的位置，切实抓紧抓好，抓出更大成效。

二、进一步推进和谐社区建设工作的总体思路和目标要求

进一步推进和谐社区建设工作，要坚持以邓小平理论和“三个代表”重要思想为指导，深入贯彻落实科学发展观，全面把握党的十七大以来中央关于社区建设的一系列重要决策和部署，围绕中心、服务大局，把服务居民、造福群众作为出发点和落脚点，把建设管理有序、服务完善、文明祥和的社会生活共同体作为基本目标，把统筹推进城乡社区建设作为重要方针，把创新体制机制作为根本动力，把加强以党组织为核心的社区组织体系和社区工作者队伍建设作为基础保证，把和谐社区示范创建活动作为重要载体，推动和谐社区建设在范围上得到新拓展，在质量上得到新提升，在群众满意度上实现新飞跃，为实现全面建设小康社会奋斗目标和构建社会主义和谐社会奠定更加坚实的基础。力争用五年的时间，把全国80%以上的城乡社区建设成为管理有序、服务完善、文明祥和的社会生活共同体；到建党100周年时，把所有城乡社区全面建设成为管理有序、服务完善、文明祥和的社会生活共同体。

三、当前和今后一个时期进一步推进和谐社区建设工作的主要任务

（一）进一步健全以基层群众自治为基础的新型社区管理体制机制，不断提高基层治理水平。加快城乡接合部、“城中村”、工矿企业所在地、新建住宅区、流动人口聚居地的社区党组织和自治组织的组建工作，健全以基层党组织为核心的城乡社区组织体系。积极推进街道管理体制创新和农村综合改革，建立健全利益协调机制、诉求表达机制、矛盾调处机制、权益保障机制和自然灾害、事故灾难、公共卫生事件、社会安全事件应急管理体制机制。落实社会治安综合治理责任制，加强对吸毒人员、刑释解教人员以及流浪儿童、服刑人员的未成年子女、农村留守儿童的管理、监督和教育，加强和改进对流动人口的服务管理以及非公有制经济组织和新社会组织的管理，实现城乡社区的“无缝隙”管理。积极推广、运用现代信息技术，有条件的地方可实行社区网格化管理，提升社区管理的现代化水平。深入开展以民主选举、民主决策、民主管理、民主监督为重要内容的实践活动，健全城乡基层党组织领导的充满活力的基层群众自治机制，推进基层群众自治制度化、规范化、程序化。适应城乡社会结构、利益格局的发展变化，拓展基层群众自治范围，扩大城市居民委员会直接选举的覆盖面，完善农村村民委员会直接选举制度。选齐配强农村村民小组长、城市居民小组长、楼院门栋长、村（居）民代表，形成村（居）委会及其下属的委员会、村（居）民小组、村落、楼院、门栋上下贯通、左右联动的城乡基层群众自治组织体系。广泛开展院落、楼座、门栋自治及邻居节等睦邻活动，强化村（居）民委员会和村（居）民代表对政府公共服务的监督和评议，增强民主的实效性。建立健全共青团、妇联、残联、老年协会等群团组织在社区的机构，大力培育服务性、公益性、互助性社区社会组织，发挥其提供服务、反映诉求、规范行为的作用。适当放宽社区社会组织的登记条件，降低门槛，简化登记手续，及时办理备案手续，并在活动场地等方面提供帮助。积极探索业主自治与居民自治的有效衔接，认真研究物业管理机构参与社区管理与服务的方式和途径，切实维护社区居民和业主的合法权益。建立城乡社区党组织主导的群众维权机制，引导社区居民以理性合法的形式表达利益诉求，维护自身的合法权益。

（二）进一步完善以民生需求为导向的新型社区服务体系，不断提高社区居民生活水平。充分发挥行政机制、互助机制、志愿机制、市场机制的作用，进一步完善覆盖城乡社区居民的社区服务体系，满足居民群众多样化、多层次、多方面的服务需求。依托社区服务中心和社区服务站，积极推进以就业、社会保险、社会救助、社会治安、医疗卫生、计划生育、文化、教育、体育为主要内容的政府公共服务覆盖到社区，促进实现城乡基本公共服务均等化。规范、整合社区公共服务设施的功能作用，提倡“开放式办公、一站式服务”，合理设置服务窗口，优化工作流程，规范服务标准，鼓励开展全程委托代理、全年无休假等便民服务。大力推行社区公共服务事项准入制度，凡属于城乡基层政府及其职能部门职责范围内的事项，不得转嫁给村（居）委会；凡依法应由村（居）委会协助的事项，应当为村（居）委会提供必要的经费和工作条件；凡委托给村（居）委会办理的有关服务事项，应当实行权随责走、费随事转。大力发展居家养老服务，依托社区养老机构和社区老年人日间照料中心，逐步建立以居家为基础、社区为依托、机构为补充的社会养老服务体系。大力推行社区志愿者注册登记制度，尽快建立健全以区、县为单元，以社区、街道为依托，全国统一的社区志愿者注册管理系统。研究制定社区志愿者在升学、择业、晋升等方面的激励措施，鼓励和引导社区居民广泛参与志愿服务活动。大力培育发展社区志愿者组织，依托社区服务中心（站），在街道（乡镇）、社区（村）建立志愿者服务站，健全社区志愿服务网络，力争用3-5年的时间，实现社区志愿者注册率占居民人口10%以上的目标。鼓励社区内或周边单位向社区居民开放内部食堂、浴室、文体和科教设施，支持驻社区单位和社区居民开展邻里互助等群众性自我服务活动，为低收入人群、老年人、残疾人、优抚对象、城市流浪儿童和农村“留守儿童”等提供各种服务，发展慈善事业。鼓励各类组织、企业和个人兴办与居民生活密切相关的城乡社区服务业，推进社区商业服务规模化、集约化、产业化，鼓励企业以连锁经营、品牌加盟等服务业态进社区。进一步完善社区便民服务设施，加快发展家政服务业，深入实施以“便利消费进社区、便民服务进家庭”为主题的“双进工程”。充分挖掘社区资源，鼓励开设具有一定规模的社区居民食堂或就餐点，为社区居民提供卫生方便的就餐送餐服务。引导社区居民树立节能环保观念，积极推动社区再生资源的回收利用、剩余物资的调剂互换。积极推进政府购买服务、社会化运作等方式，对社区组织开展的公益性服务和社会力量兴办的微利服务给予政策和资金扶持。鼓励通过社区网站、呼叫热线、短信平台和有线数字电视平台、电子阅览室、信息服务自助终端，为社区居民提供"一网式"、"一线式"综合服务。

（三）进一步繁荣以增强社区凝聚力为宗旨的城乡社区文化，不断提高社区居民文明素质。广泛开展社会主义核心价值体系宣传普及工作，从城乡社区存在的具体问题入手，深入开展社会公德、职业道德、家庭美德、个人品德教育，推进廉政文化教育进社区，推动形成良好的社会风尚与和谐的人际关系、邻里关系。加强社区文化基础设施建设，在社区建设方便居民读书、阅报、上网、娱乐、健身等活动场所。充分挖掘社区文化资源，广泛开展各具特色的群众性文化活动，着力丰富居民群众的精神文化生活。利用春节、清明、端午、中秋等民族传统节日，广泛开展节日民俗活动和文化娱乐活动，弘扬中华民族优秀文化传统。积极发展社区教育，倡导终身学习理念。加强未成年人思想道德建设，利用社区资源为社区内中小学开展素质教育和社会实践活动提供方便，不断优化青少年成长环境。大力开展全民健身活动，不断增强社区居民体质。重视社区物质文化遗产和非物质文化遗产保护。建立健全社区心理咨询网络，加强对居民的人文关怀和心理疏导。要从看得见、摸得着、见效快的问题入手，对社区人居环境进行整治，实施乡村清洁工程，建设资源节约型、环境友好型社区。健全社区环境保护管理制度，广泛发动社区居民积极参与环保活动，普及社区防灾减灾知识，倡导义务植树护草，文明饲养家禽和宠物，自觉养成节约能源资源、爱护环境、讲究卫生的习惯。做好人口和计划生育工作，推行计划生育居（村）民自治，搞好计划生育技术服务，提高出生人口素质。少数民族聚居的社区要利用公开栏、宣传统筹为重点的社区党建工作，不断提高基层党组织的战斗力。

（四）进一步加强以城乡统筹为重点的社区党建工作，不断提高基层党组织的战斗力。适应市场经济发展和城乡社会结构变化的实际，在所有符合条件的城乡社区、居民区、楼宇、新经济组织和新社会组织、农村专业生产合作社、专业协会、产业链、外出务工经商人员相对集中点等建立不同形式的党组织，加快建立开发区、新建住宅区、城中村、村改居地区社区党组织，明确各种新型党组织与社区党组织的关系，建立"横向到边、纵向到底"的组织领导体系。对尚不具备成立党组织条件的地方，通过设立党员联络服务站、选派党建工作指导员等多种形式，积极开展党建工作，消除社区党建的盲点和空白点，使社区党建工作覆盖到社区的各个层面。广泛开展党员设岗定责、依岗承诺、创先争优、帮扶困难群众等活动，构筑社区党员联系和服务居民的网络。主动抓好社区党员的学习培训和实践锻炼，及时将社区退休人员、复转军人、大中专毕业生、下岗失业人员、流动人口中的党员，纳入社区党员教育管理服务范围，促进形成城乡一体、流入地党组织为主、流出地党组织配合的党员动态管理机制。进一步发展党内基层民主，继续扩大基层党组织领导班子直接选举范围。动员和组织广大党员积极参与基层事务的民主管理和志愿服务，充分发挥先锋模范作用，做推进和谐社区建设的表率。适应城乡基层工作的特点，建立健全以党组织为核心的社区党建工作协商议事机构，围绕地区性、群众性、公益性工作，协调解决社区建设中的重要问题。按照条块结合、资源共享、优势互补、共驻共建的原则，进一步完善社区民意反映机制、科学决策机制、日常沟通机制和应急机制，确保全面准确及时地了解社区居民的呼声和驻区单位的意愿，充分发挥社区党组织在城乡社区管理和服务中的领导核心作用，构建城乡统筹的基层党建新格局。

（五）进一步推进农村社区建设工作，不断扩大农村社区建设的覆盖面和受益面。按照城乡一体化发展要求，选择不同类型的农村地区开展农村社区建设实验工作。统筹土地利用和城乡规划，合理安排市县域城镇建设、农田保护、产业聚集、社区分布、生态涵养等空间布局。统筹城乡社区干部培训，引导城市人才向农村流动。统筹城乡基础设施建设和公共服务，全面提高财政保障农村公共事业水平，逐步建立城乡统一的公共服务制度。统筹城乡劳动就业，加快建立城乡统一的人力资源市场。统筹城乡社会管理，推动流动人口服务和管理体制创新。加快农村社区公共服务设施建设，每个社区应有一个统一标识的综合性社区服务中心，具备办公、管理、服务、活动等多种功能。坚持服务农民、依靠农民，创新农村社会管理体制机制，推行社区化管理，初步具备农村社区利益协调、诉求表达、矛盾化解等功能。拓展村民自治范围，探索农村社区建设与村民自治衔接配套的有效方法。大力推进政府公共服务向农村社区延伸，开展农村社区志愿服务，积极扶持和发展农村社区商业服务，构筑政府基本公共服务、农民志愿服务和互助性服务、市场商业性服务相衔接的新型农村社区服务体系。在城乡单位、城市社区与农村社区之间开展结对帮扶活动，鼓励社会各类组织和个人以资金、技术、信息、智力、技能等方式参与农村社区建设，努力形成全社会关心、支持、参与农村社区建设的良好氛围。

四、切实加强进一步推进和谐社区建设工作的组织领导

（一）把和谐社区建设摆在更加突出的位置。党中央、国务院责成民政部门牵头推进和谐社区建设工作，是对民政部门的信任和重视。各级民政部门要不负重托，采取有效措施，把推进和谐社区建设作为解决民生、维护民利、落实民权的一件大事来抓。主要领导要率先垂范，经常研究部署，提出指导意见；分管领导要抓好落实，经常进行督促检查，提出决策建议；班子成员要明确责任，密切配合做好相关工作。民政部门要切实履行好自身职责，为政府部门和社会各界参与和谐社区建设搭建平台、提供服务，带头搞好行政和社会资源的开发、利用和整合，在推进城乡和谐社区建设中发挥示范作用。

（二）推动建立健全领导体制和工作机制。各地民政部门要积极争取党委、政府的重视和支持，进一步健全党委领导、政府负责、民政牵头、有关部门配合、社会协同、居民参与的社区建设领导体制和工作机制。已建立社区建设领导协调机构的地方，应根据形势发展的需要进一步调整充实领导力量，明确各有关部门的工作职责；尚未建立的，应向当地党委、政府提出建议方案，尽快成立统一的社区建设领导协调机构，切实加强对和谐社区建设工作的组织领导。要积极推动市（地）、县（区）、乡镇（街道）党委和政府把和谐社区建设工作纳入党委的重要议事日程，纳入政府履行社会管理和公共服务职能的重要内容，纳入当地经济社会发展规划，经常研究和谐社区建设中的重点、难点、热点问题，积极引导各地把和谐社区建设纳入领导班子绩效考核和科学发展考评体系的重要内容，进一步加大政策支持力度、财政投入力度，确保有人做事、有钱办事、有地方办事。

（三）切实加强社区工作者队伍建设。根据党的政策和国家有关法律的规定，对城乡社区党组织、群众性自治组织以及其他需要选举产生的基层组织成员实行民主选举，把热爱社区工作、群众拥护的人，选进社区组织的领导班子。提倡社区党组织成员与自治组织成员通过民主程序实行交叉任职，鼓励年轻干部和大中专毕业生到城乡社区建功立业。加大从优秀社区工作者中考录公务员力度。及时组织对新当选或新任社区工作者开展业务培训和岗位轮训，每人每年受训时间一般不少于20小时，不断提高他们管理社会事务、协调利益关系、开展群众工作、处理矛盾纠纷、维护社会稳定的本领。逐步推进社区工作者的专业化、职业化，继续推动落实社区党组织成员、群众性自治组织成员及其聘用的服务人员的生活补贴、工资、保险等福利待遇问题，建立完善城乡社区工作经费和人员待遇正常增长机制。对成绩突出、居民满意的社区工作者，要及时给予表彰和奖励，鼓励他们在社区工作中创造优秀业绩。

（四）继续深入开展和谐社区示范创建活动。各地民政部门要认真履行职责，强化对和谐社区建设工作的指导，为党委和政府当好参谋助手。要以城市和谐社区建设示范单位创建活动和“农村社区建设试验全覆盖”创建活动为载体，进一步完善和谐社区建设示范单位指导标准，改进和完善评估方法，努力实现和谐社区建设示范单位创建活动的科学化、制度化、规范化。要研究制定和谐社区建设示范单位管理办法，丰富创建内容，拓展创建途径渠道，不断深化示范单位创建活动。要积极与有关部门沟通和协调，为和谐社区建设提供政策支持。要进一步健全社区共驻共建机制和社会参与机制，形成全社会共同推进和谐社区建设的合力。继续坚持一手抓推进、一手抓研究的成功经验，加强和谐社区建设的理论研究和舆论宣传工作，广泛动员社会力量参与社区建设理论研究和决策咨询，充分发挥专家、学者的作用，推动社区建设理论创新和实践探索。利用多种形式广泛开展和谐社区宣传教育活动，扩大和谐社区建设的影响，在全社会形成有利于建设和谐社区的良好氛围。

城市社区档案管理办法

（2015年11月23日国家档案局、民政部令第11号公布 自2016年1月1日起施行）

第一条 为规范城市社区档案（以下简称社区档案）管理，根据《中华人民共和国档案法》《中华人民共和国城市居民委员会组织法》和国家有关规定，制定本办法。

第二条 本办法所称社区档案，是指城市社区党组织、居民委员会、社区服务机构、社区社会组织（以下简称社区各类组织）和居民在社区建设中形成的具有保存价值的各种文字、图表、声像、电子数据等不同形式和载体的历史记录。

第三条 社区档案工作在业务上接受街道办事处（乡镇人民政府）以及档案行政管理部门和民政部门的监督和指导。

第四条 社区党组织和居民委员会应当重视档案工作，加强组织领导，将档案工作纳入社区建设内容，促进档案工作与社区其他各项工作同步协调发展。

第五条 社区档案工作经费从社区的办公经费中列支，并应当满足实际工作的需要。

第六条 社区党组织或者居民委员会应当配备专门人员管理本社区各类档案，有条件的地方可以设立综合档案室。

档案管理人员应当经过档案专业知识培训，调离工作岗位时应当在离职前办理档案交接手续。

第七条 社区综合档案室或者档案管理人员负责宣传、贯彻和执行党和国家有关档案工作的法律法规和标准规范，指导、监督本社区文件材料的归档、整理和移交工作。

第八条 社区档案由社区综合档案室或者档案管理人员集中统一管理，任何单位和个人不得据为己有或者擅自销毁。

第九条 社区建设中形成的文件材料可以分为文书类、科技类、会计类等三个大类，具体的归档范围和保管期限参照本办法附件。

第十条 社区文件材料的归档，应当符合以下要求：

（一）归档的文件材料应当齐全、完整、排列有序；装订结实、整齐；备考表填写真实、清楚；归档文件目录或者卷内文件目录明晰、准确；

（二）归档的文件材料中有照片或者复印件的，应当图文清晰；

（三）归档时间：

文书材料于次年6月底前归档；

科技文件材料在科技活动结束后1个月内归档；

会计材料由会计部门在会计年度终了后保管1年，于次年3月底前归档；

声像材料在活动结束或者办理完毕后随时归档；

实物材料及时归档；

电子文件按照《电子文件归档与管理规范》（GB/T18894）和《电子文件归档光盘技术要求和应用规范》（DA/T38）的要求整理。

第十一条　社区档案按照下列规则进行分类编号：

（一）文书档案按照年度——问题（社区党建、居民自治、社区管理、社区服务、社区治安等）进行分类，参照《归档文件整理规则》，以件为单位，按年度——问题——保管期限排列编号；

（二）科技档案中的基建档案按照工程项目分类整理，按照项目——时间排列编号；设备仪器档案按照型号分类整理，按照型号——时间排列编号；

（三）会计档案按照年度——类别（报表、账簿、凭证、其他）分类整理并排列编号；

第十二条　社区综合档案室或者档案管理人员应当设立专室或者专柜保管档案，采取有效的防火、防盗、防高温、防潮、防光、防尘、防鼠、防虫、防磁等措施，确保档案的完整与安全。

第十三条　档案管理人员应当定期对档案及其保管状况进行全面检查，并形成安全检查记录；如有破损、霉变、虫蛀、褪色等现象时，应当及时修补、复制或者进行其他技术处理。

对声像档案和电子档案，要定期检查信息记录的安全性，确保档案可读可用；有条件的地方要及时对声像档案进行数字化转化，以利于长期使用。

第十四条　社区综合档案室或者档案管理人员应当建立档案统计制度，对档案的收进和移出、保管数量、借阅和利用效果、销毁等情况，进行及时、准确的统计。

第十五条　社区综合档案室或者档案管理人员应当建立健全档案利用制度，为档案利用创造条件，简化手续，提供方便。

利用档案时应当按照规定办理手续，并及时做好利用效果登记。

档案管理人员应当认真检查归还档案，如发现有短缺、涂改、污损情况，要及时报告并追查。

第十六条　社区应当组织成立档案鉴定工作小组，对已到期档案及时进行鉴定。

鉴定工作小组由社区档案管理人员和形成档案的组织的人员（或者居民代表）组成，鉴定后应当形成档案鉴定报告。对失去保存价值的档案，应当清点核对并编制档案销毁清册，经过必要的审批手续后按照规定销毁。

禁止擅自销毁档案。档案销毁清册应当永久保存。

第十七条　社区档案应当依法保持齐全完整，不得随意将社区档案拆散、重新组合。

第十八条　社区综合档案室或者档案管理人员应当围绕社区中心工作和居民利用需求，加强档案信息资源的开发利用，积极开展档案编研工作。

第十九条　社区档案管理应当积极采用计算机等先进技术，逐步实现档案管理的信息化、现代化。

第二十条　涉及国家秘密、商业秘密和个人隐私等内容的档案的保管、利用，应当按照国家有关法律法规规定办理。

第二十一条　违反国家有关规定，对档案有损毁、丢失以及出卖、涂改、伪造、泄密等情况的，应当依法追究相关人员责任。构成犯罪的，依法追究刑事责任。

第二十二条　各省（自治区、直辖市）、新疆生产建设兵团档案行政管理部门商同级民政部门，可以结合当地实际情况制定本办法的实施细则。

第二十三条　本办法由国家档案局和民政部负责解释。

第二十四条　本办法自2016年1月1日起实施。

附件：城市社区文件材料归档范围和保管期限表（略）

民政部、财政部、卫生计生委、中国残联关于加快精神障碍社区康复服务发展的意见

（2017年10月26日　民发〔2017〕167号）

各省、自治区、直辖市民政厅（局）、财政厅（局）、卫生计生委、残联，新疆生产建设兵团民政局、财务局、卫生局、残联：

精神卫生问题是影响经济社会发展的重大公共卫生问题和社会问题。当前，我国严重精神障碍患者人数众多，患病率居高不下且因病致残、致贫现象十分突出。社区康复服务是精神障碍患者恢复生活自理能力和社会适应能力，最终摆脱疾病、回归社会的重要途径，是多学科、多专业融合发展的社会服务。近年来，在各级党委政府的领导下，相关部门积极探索推动“社会化、综合性、开放式”的精神障碍社区康复服务工作，取得了良好成效，但与精神障碍患者的社区康复服务需求相比，还存在服务供给不足、区域发展不平衡、工作机制不健全等突出问题。加快精神障碍社区康复服务发展，是贯彻落实“健康中国2030”规划纲要，努力实现残疾人“人人享有康复服务”目标的重要举措，是贯彻落实《中华人民共和国精神卫生法》，坚持预防、治疗、康复相结合的原则，补齐精神卫生康复体系短板的必然要求，有利于预防精神障碍患者致残致贫，有利于促进患者家庭减轻负担、精准脱贫、加快全面小康

进程，对于促进患者家庭幸福和社区和谐，维护社会稳定具有重要意义。

一、总体要求

（一）指导思想。全面贯彻党的十九大精神，按照“四个全面”战略布局和党中央、国务院决策部署，牢固树立和贯彻落实创新、协调、绿色、开放、共享的发展理念，进一步完善体制机制，着力推进资源整合和政策协调，着力加强服务供给和质量提升，不断满足精神障碍患者多层次、多样化社区康复服务需求。

（二）基本原则。

坚持政府主导，社会参与。发挥政府在规划制定、政策扶持、资金投入、监督管理等方面的主导作用，将精神障碍社区康复服务工作纳入精神卫生服务体系，统一部署，协调推进。搭建跨部门合作机制和开放式服务平台，引导和激励社会组织、企事业单位、社区组织、家庭和个人参与服务。

坚持需求为本，强化服务。以促进精神障碍患者生活自理、回归社会为最终目标，不断整合拓展医学康复、教育康复、职业康复、社会康复等专业服务，推动形成全方位、全生命周期的服务模式。

坚持统筹推进，分类指导。加强顶层制度设计和科学布局，促进精神障碍社区康复服务重要制度、重要机制基本成型。强化基层实践和创新，分类指导，精准发力，有针对性解决不同地区的发展问题。

（三）工作目标。到2025年，80%以上的县（市、区）广泛开展精神障碍社区康复服务。在开展精神障碍社区康复的县（市、区），60%以上的居家患者接受社区康复服务，患者病情复发率、致残率显著降低，自理率、就业率不断提高。形成一批具有推广价值的技术规范和服务模式，基本建立家庭为基础、机构为支撑、“社会化、综合性、开放式”的精神障碍社区康复服务体系。

二、主要任务

（一）着力拓展服务供给。加大政府投入，积极引导社会力量参与，不断优化服务存量，扩充服务增量，大力推进服务主体多元化、服务形式多样化。

建立健全基层服务网络。贯彻落实《中华人民共和国精神卫生法》相关要求，由县级人民政府根据区域实际，统筹规划精神障碍社区康复机构建设。有需求和条件的地方，应充分利用现有资源，重点设立以区（县）为服务范围的精神障碍社区康复机构，大力支持有条件的地区开展以城乡社区为范围的精神障碍社区康复服务，增强服务的可及性、灵活性、个性化。加强资源整合，促进精神障碍患者社区康复服务与医疗救治、社会救助、长期照料、就业服务的衔接配合，构建满足精神障碍患者全面康复需要的全人服务网络。

大力培育服务机构。鼓励有条件的地区新建、改扩建一批政府投资举办的精神障碍社区康复机构。民政举办的精神卫生社会福利机构和有条件的残疾人康复中心要普遍开展精神障碍社区康复服务，并对精神障碍社区康复机构发挥辐射带动作用。新建城乡社区服务机构、政府投资新建的残疾人托养机构要设置精神障碍社区康复服务功能，预留服务场地。鼓励现有城乡社区服务机构、残疾人托养机构积极创造条件，为精神障碍社区康复服务提供场地。精神卫生专业机构、社区卫生服务机构应当发挥技术优势，支持精神障碍社区康复服务。支持成立民办非营利精神障碍社区康复机构，符合慈善组织条件的，可直接向民政部门依法申请登记。培育一批民办精神障碍社区康复机构、从事精神障碍社区康复服务的社会工作专业机构和社会组织。现有精神障碍社区康复机构要通过增加服务项目、提升专业水平等方式挖潜增效，增强服务能力。鼓励社会力量参与精神障碍社区康复机构建设，有条件的地区可以探索在服务设施、运行补贴、职称待遇等方面给予一系列扶持政策。

不断丰富服务形式。通过政府购买服务等方式，鼓励和引导社会组织开展精神障碍社区康复工作。围绕精神障碍患者提高生活自理能力、社会适应能力、恢复职业能力等需求，不断丰富服药训练、生活技能训练、社交技能训练、职业能力训练、居家康复指导等服务项目，因地制宜、积极发挥农疗站、工疗站、日间中心、中途宿舍、精神康复综合服务中心、康复会所、阳光家园等不同类型的服务机构作用，为精神障碍患者提供多种类型的康复服务。鼓励精神障碍社区康复机构开展连锁化、品牌化服务。逐步建立精神障碍社区康复服务的个案管理制度，大力推行精准康复。鼓励精神障碍患者参与社区志愿服务活动，发挥自身价值作用，积极接触社会、融入社会。

（二）探索建立服务转介机制。加强精神障碍治疗与康复资源的整合协调，建立信息共享、衔接顺畅、运转有序的服务转介系统，逐步打通医疗、康复服务循环梗阻。

搭建信息转介平台。以区县为单位，依托辖区精神卫生专业机构、区县社会福利院、残疾人康复中心、精神障碍社区康复机构等资源，建设区县级精神障碍患者社区康复资源平台，承担所辖区域精神障碍患者社区康复需求汇总、转介、调剂等服务工作，加强与卫生计生部门严重精神障碍管理系统的信息比对，形成精神卫生专业机构、精神障碍社区康复机构、精神障碍患者和家庭之间的服务信息交换平台和资源调配平台。加强精神障碍社区康复患者档案管理，充分应用信息化手段，提高社区康复资源数据共享与交换的管理能力和服务能力。

建立康复转介机制。精神卫生专业机构要开展精神障碍患者出院康复评估，并向精神障碍患者和监护人提供社区康复建议及相关信息。适宜参加社区康复的患者，经患者和监护人同意后可由医院转介到相应地区的精神障碍患者社区康复资源平台。建立绿色通道，精神障碍患者社区康复期间病情复发的，可通过精神障碍社区康复机构向医院快速转介。

建立就业转介机制。对病情稳定、具有就业意愿且具备就业能力的精神障碍患者,经功能评估合格后,可由精神障碍社区康复机构直接向相关单位推荐就业,或转介到残疾人就业服务机构、其他就业服务机构推荐就业。精神障碍患者就业后,社区康复机构可协助做好有关辅导工作。鼓励各类企事业单位设置公益性庇护性工作岗位,为精神障碍患者提供更多就业机会。

(三)支持家庭更好发挥主体作用。采取有效措施,不断巩固和增强家庭照护功能,促进家庭成为精神障碍社区康复服务体系的重要力量和资源。

强化家庭监护主体责任。监护人要依法履行对精神障碍患者的监护职责和扶养、抚养、赡养等义务,不得虐待、遗弃患者。要密切关注患者病情变化,学习掌握相关知识技能,照料患者日常生活,积极引导患者在家开展康复活动和参加社区康复,协助医疗机构和社区康复机构做好相关康复工作。监护人不履行监护职责或者侵害被监护人合法权益的,应按照有关法律规定承担责任。

构建社区支持网络。村(居)民委员会应当为生活困难的精神障碍患者家庭提供帮助,并向所在地乡镇人民政府或者街道办事处以及县级人民政府有关部门反映患者及其家庭的情况和要求,帮助其解决实际困难,为患者融入社会创造条件。有条件的地区要建立以家属照护者、社区康复协调员、残疾人专职委员、民政专干、社区医务人员、片警等相关人员为主的综合管理小组。精神卫生专业机构和精神障碍社区康复机构要引导家庭照护者建立互助小组,协调组织有能力的社区志愿者和志愿服务组织为有需要的家庭提供志愿服务。乡镇卫生院、社区卫生服务机构应当建立严重精神障碍患者的健康档案,对在家居住的严重精神障碍患者进行定期随访,指导患者服药和开展康复训练。

创新政策支持体系。将家庭照护者居家康复、照护技能培训纳入精神障碍社区康复基本服务范围,定期组织家庭照护者学习交流。支持建立不同规模的精神障碍患者家庭照护支援中心,为家庭提供照护资讯、政策咨询、情感支持等专业服务。鼓励有条件的地区探索实施精神障碍患者家庭照护者喘息服务,缓解家庭压力。积极实施以奖代补政策,确保精神障碍患者监护责任落到实处。全面实施困难残疾人生活补贴和重度残疾人护理补贴制度,有条件的地区可将持有二代残疾人证并且残疾等级为三级、四级的精神障碍患者纳入护理补贴范围,已开展长期护理保险试点的地区,要做好重度残疾人护理补贴与长期护理保险的统筹衔接。

(四)提高服务管理水平。依法构建科学的管理机制,推动精神障碍社区康复服务规范化、标准化、专业化发展,切实维护精神障碍患者和服务机构的合法权益。

健全管理服务机制。推进精神障碍社区康复服务放管结合,加强民办非营利精神障碍社区康复机构内部治理建设。建立精神障碍社区康复机构法人登记管理和业务管理分工明确、有机衔接、规范高效的管理机制。精神障碍社区康复机构要依照法律法规政策和章程健全内部管理制度,从事医疗康复和护理的人员必须具备相应职业资格。支持精神障碍社区康复机构建立行业组织,发挥管理服务协调作用。

建立技术指导体系。以精神卫生、社会工作、社区康复等领域专家学者和经验丰富的实践工作者为骨干,建立部、省、市三级精神障碍社区康复专家技术指导组,有条件的地区可以建立县级专家技术指导组。专家技术指导组通过研讨、培训、评估、调研等方式,对所辖范围内精神障碍社区康复服务进行技术指导。以市为单位,建立精神卫生专业机构对精神障碍社区康复服务定期指导制度,建立社会工作专业机构对精神障碍社区康复服务的定期督导制度。支持通过定点指导或对口帮扶等方式,协助精神障碍社区康复机构提高服务水平。

强化质量安全管理。强化服务机构质量安全主体责任,指导精神障碍社区康复机构健全安全管理预案,加强安全管理能力建设。探索制定精神障碍社区康复服务协议范本,积极引导服务机构与患者或监护人签订服务协议。开展服务质量评估示范活动,鼓励服务机构建立服务质量管理体系。严禁未经有关部门批准、登记或备案,擅自开展精神障碍社区康复服务。支持精神障碍患者维护自身合法权益。

积极推进标准化和标准认证。培养一批标准化技术人才,研究制定精神障碍社区康复服务标准体系,在信息转介、基本服务、管理制度、成熟模式等重点领域扶持制定一批标准和操作规范。加强标准推广应用,鼓励精神障碍社区康复机构参加标准认证,并采用第三方认证手段进行规范。

三、保障措施

(一)加强组织领导。建立政府组织领导、部门各负其责、家庭、单位和个人尽力尽责、全社会共同参与的综合管理机制。将精神障碍社区康复服务发展纳入各级政府重要议事日程,加强统筹规划和组织协调。民政部、卫生计生委、中国残联要各司其责、加强协调,统筹指导全国精神障碍社区康复服务工作。民政部牵头推进精神障碍社区康复服务工作,促进精神障碍社区康复与残疾人社会福利服务、社区建设、社会工作等业务的融合发展;卫生计生委要将精神障碍康复服务纳入精神卫生服务体系,提供医疗技术支持,促进精神障碍预防、治疗、康复工作有机衔接;中国残联要促进精神障碍社区康复服务与残疾人康复工程、托养服务、就业服务等工作同步有序推进。

(二)加强政策协调。充分发挥相关政策作用,推动形成精神障碍社区康复服务发展政策合力。促进社区康复与精神卫生服务体系相协调,努力实现精神障碍预防、治疗、康复均衡发展,推进社区康复在精神卫生综合管理试点中取得突破,促进精神卫生专业机构康复服务、社区卫生服务与社区康复服务的有效衔接。促进社区康复与综合治理相协调，将精神障碍社区康复服务纳入严重精神障碍患者救治救助工作体系，防范肇事肇祸事件发生，推动落实严重精神障碍患者监护职责以奖代补政策与社区康复服务相互支持，促进严重精神障碍患者家庭和谐与社会稳定。促进社区康复与残疾人福利政策相协调，将精神障碍社区康复服务纳入残疾人基本康复服务目录和残疾人社区康复体系，促进精神障碍社区康复服务与残疾人托养服务、残疾人就业服务的衔接配合。

（三）加强资金支持。各地应当建立健全多元化资金投入机制，统筹保障精神障碍社区康复服务所需经费。财政部门要根据精神障碍社区康复服务需求等情况，合理编制支出预算。民政部门要运用留归民政部门使用的彩票公益金对精神障碍社区康复服务给予支持。卫生计生部门要对精神障碍社区康复服务给予技术支持，并将其纳入精神卫生工作支持范围。残联要将精神障碍社区康复服务纳入精准康复、精准扶贫支持范围。政府资助或享受税收优惠政策的残疾人辅助性就业单位、集中使用残疾人用人单位要积极安排病情稳定、有就业意愿且具备就业能力的精神障碍患者。有条件的地区可根据精神障碍社区康复机构服务人数、次数、质量、效果等，通过政府购买服务方式支持其开展精神障碍康复服务。支持符合条件的精神障碍社区康复社会组织依法取得慈善组织公开募捐资格，开展公开募捐活动。鼓励社会力量通过设立专项基金、定向捐赠等公益慈善方式，资助精神障碍社区康复服务。

（四）加强队伍建设。通过招聘引进等方式，广泛建立以精神科医师、社会工作者为核心，以护士、心理治疗师、心理咨询师、公共卫生医师、康复师、社区康复协调员、其他社区康复服务人员为重要专业力量的综合服务团队。加强精神障碍社区康复服务理论研究和科技创新，重点突破一批基础性、关键性、实用性康复技术。依托现有资源，在省级层面和有条件的地市级层面，设立精神障碍社区康复服务培训基地，大力开展精神障碍社区康复服务培训。要通过设立社会工作岗位、加强社会工作培训等方式，积极引入和培育一支熟练掌握精神障碍社区康复服务知识技能的社会工作者队伍。

（五）加强督查指导。建立精神障碍社区康复服务发展评估体系，依托专家技术指导组定期检查评估各地工作情况。将精神障碍社区康复服务发展纳入地方政府目标管理体系和社会治安综合治理考评体系，纳入民政、卫生计生、残联相关年度考核范围。加强经验总结，向全国普及推广一批符合中国国情、普遍适用、科学有效的社区康复服务模式，加快工作滞后地区发展进程，缩小区域发展差距。同时，加大相关政策及工作推进的宣传力度，营造全社会关心关注精神障碍社区康复服务工作的良好舆论氛围。

四、婚姻、收养登记管理

1. 婚姻登记

中华人民共和国民法典（节录）

（2020年5月28日第十三届全国人民代表大会第三次会议通过 2020年5月28日中华人民共和国主席令第45号公布 自2021年1月1日起施行）

……

第五编 婚姻家庭

第一章 一般规定

第一千零四十条 【婚姻家庭编的调整范围】本编调整因婚姻家庭产生的民事关系。

第一千零四十一条 【婚姻家庭关系基本原则】婚姻家庭受国家保护。

实行婚姻自由、一夫一妻、男女平等的婚姻制度。

保护妇女、未成年人、老年人、残疾人的合法权益。

第一千零四十二条 【禁止的婚姻家庭行为】禁止包办、买卖婚姻和其他干涉婚姻自由的行为。禁止借婚姻索取财物。

禁止重婚。禁止有配偶者与他人同居。

禁止家庭暴力。禁止家庭成员间的虐待和遗弃。

第一千零四十三条 【婚姻家庭道德规范】家庭应当树立优良家风，弘扬家庭美德，重视家庭文明建设。

夫妻应当互相忠实，互相尊重，互相关爱；家庭成员应当敬老爱幼，互相帮助，维护平等、和睦、文明的婚姻家庭关系。

第一千零四十四条 【收养的原则】收养应当遵循最有利于被收养人的原则，保障被收养人和收养人的合法权益。

禁止借收养名义买卖未成年人。

第一千零四十五条 【亲属、近亲属与家庭成员】亲属包括配偶、血亲和姻亲。

配偶、父母、子女、兄弟姐妹、祖父母、外祖父母、孙子女、外孙子女为近亲属。

配偶、父母、子女和其他共同生活的近亲属为家庭成员。

第二章 结 婚

第一千零四十六条 【结婚自愿】结婚应当男女双方完全自愿，禁止任何一方对另一方加以强迫，禁止任何组织或者个人加以干涉。

第一千零四十七条 【法定婚龄】结婚年龄，男不得早于二十二周岁，女不得早于二十周岁。

第一千零四十八条 【禁止结婚的情形】直系血亲或者三代以内的旁系血亲禁止结婚。

第一千零四十九条 【结婚程序】要求结婚的男女双方应当亲自到婚姻登记机关申请结婚登记。符合本法规定的，予以登记，发给结婚证。完成结婚登记，即确立婚姻关系。未办理结婚登记的，应当补办登记。

第一千零五十条 【男女双方互为家庭成员】登记结婚后，按照男女双方约定，女方可以成为男方家庭的成员，男方可以成为女方家庭的成员。

第一千零五十一条 【婚姻无效的情形】有下列情形之一的，婚姻无效：

（一）重婚；

（二）有禁止结婚的亲属关系；

（三）未到法定婚龄。

第一千零五十二条 【受胁迫婚姻的撤销】因胁迫结婚的，受胁迫的一方可以向人民法院请求撤销婚姻。

请求撤销婚姻的，应当自胁迫行为终止之日起一年内提出。

被非法限制人身自由的当事人请求撤销婚姻的，应当自恢复人身自由之日起一年内提出。

第一千零五十三条 【隐瞒重大疾病的可撤销婚姻】一方患有重大疾病的，应当在结婚登记前如实告知另一方；不如实告知的，另一方可以向人民法院请求撤销婚姻。

请求撤销婚姻的，应当自知道或者应当知道撤销事由之日起一年内提出。

第一千零五十四条 【婚姻无效或被撤销的法律后果】无效的或者被撤销的婚姻自始没有法律约束力，当事人不具有夫妻的权利和义务。同居期间所得的财产，由当事人协议处理；协议不成的，由人民法院根据照顾无过错方的原则判决。对重婚导致的无效婚姻的财产处理，不得侵害合法婚姻当事人的财产权益。当事人所生的子女，适用本法关于父母子女的规定。

婚姻无效或者被撤销的,无过错方有权请求损害赔偿。

第三章　家庭关系

第一节　夫妻关系

第一千零五十五条　【夫妻平等】夫妻在婚姻家庭中地位平等。

第一千零五十六条　【夫妻姓名权】夫妻双方都有各自使用自己姓名的权利。

第一千零五十七条　【夫妻人身自由权】夫妻双方都有参加生产、工作、学习和社会活动的自由,一方不得对另一方加以限制或者干涉。

第一千零五十八条　【夫妻抚养、教育和保护子女的权利义务平等】夫妻双方平等享有对未成年子女抚养、教育和保护的权利,共同承担对未成年子女抚养、教育和保护的义务。

第一千零五十九条　【夫妻扶养义务】夫妻有相互扶养的义务。

需要扶养的一方,在另一方不履行扶养义务时,有要求其给付扶养费的权利。

第一千零六十条　【夫妻日常家事代理权】夫妻一方因家庭日常生活需要而实施的民事法律行为,对夫妻双方发生效力,但是夫妻一方与相对人另有约定的除外。

夫妻之间对一方可以实施的民事法律行为范围的限制,不得对抗善意相对人。

第一千零六十一条　【夫妻遗产继承权】夫妻有相互继承遗产的权利。

第一千零六十二条　【夫妻共同财产】夫妻在婚姻关系存续期间所得的下列财产,为夫妻的共同财产,归夫妻共同所有:

(一)工资、奖金、劳务报酬;

(二)生产、经营、投资的收益;

(三)知识产权的收益;

(四)继承或者受赠的财产,但是本法第一千零六十三条第三项规定的除外;

(五)其他应当归共同所有的财产。

夫妻对共同财产,有平等的处理权。

第一千零六十三条　【夫妻个人财产】下列财产为夫妻一方的个人财产:

(一)一方的婚前财产;

(二)一方因受到人身损害获得的赔偿或者补偿;

(三)遗嘱或者赠与合同中确定只归一方的财产;

(四)一方专用的生活用品;

(五)其他应当归一方的财产。

第一千零六十四条　【夫妻共同债务】夫妻双方共同签名或者夫妻一方事后追认等共同意思表示所负的债务,以及夫妻一方在婚姻关系存续期间以个人名义为家庭日常生活需要所负的债务,属于夫妻共同债务。

夫妻一方在婚姻关系存续期间以个人名义超出家庭日常生活需要所负的债务,不属于夫妻共同债务;但是,债权人能够证明该债务用于夫妻共同生活、共同生产经营或者基于夫妻双方共同意思表示的除外。

第一千零六十五条　【夫妻约定财产制】男女双方可以约定婚姻关系存续期间所得的财产以及婚前财产归各自所有、共同所有或者部分各自所有、部分共同所有。约定应当采用书面形式。没有约定或者约定不明确的,适用本法第一千零六十二条、第一千零六十三条的规定。

夫妻对婚姻关系存续期间所得的财产以及婚前财产的约定,对双方具有法律约束力。

夫妻对婚姻关系存续期间所得的财产约定归各自所有,夫或者妻一方对外所负的债务,相对人知道该约定的,以夫或者妻一方的个人财产清偿。

第一千零六十六条　【婚内分割夫妻共同财产】婚姻关系存续期间,有下列情形之一的,夫妻一方可以向人民法院请求分割共同财产:

(一)一方有隐藏、转移、变卖、毁损、挥霍夫妻共同财产或者伪造夫妻共同债务等严重损害夫妻共同财产利益的行为;

(二)一方负有法定扶养义务的人患重大疾病需要医治,另一方不同意支付相关医疗费用。

第二节　父母子女关系和其他近亲属关系

第一千零六十七条　【父母与子女间的抚养赡养义务】父母不履行抚养义务的,未成年子女或者不能独立生活的成年子女,有要求父母给付抚养费的权利。

成年子女不履行赡养义务的,缺乏劳动能力或者生活困难的父母,有要求成年子女给付赡养费的权利。

第一千零六十八条　【父母教育、保护未成年子女的权利和义务】父母有教育、保护未成年子女的权利和义务。未成年子女造成他人损害的,父母应当依法承担民事责任。

第一千零六十九条　【子女尊重父母的婚姻权利及赡养义务】子女应当尊重父母的婚姻权利,不得干涉父母离婚、再婚以及婚后的生活。子女对父母的赡养义务,不因父母的婚姻关系变化而终止。

第一千零七十条　【遗产继承权】父母和子女有相互继承遗产的权利。

第一千零七十一条　【非婚生子女权利】非婚生子女享有与婚生子女同等的权利,任何组织或者个人不得加以危害和歧视。

不直接抚养非婚生子女的生父或者生母,应当负担未成年子女或者不能独立生活的成年子女的抚养费。

第一千零七十二条　【继父母子女之间权利义务】继父母与继子女间，不得虐待或者歧视。

继父或者继母和受其抚养教育的继子女间的权利义务关系，适用本法关于父母子女关系的规定。

第一千零七十三条　【亲子关系异议之诉】对亲子关系有异议且有正当理由的，父或者母可以向人民法院提起诉讼，请求确认或者否认亲子关系。

对亲子关系有异议且有正当理由的，成年子女可以向人民法院提起诉讼，请求确认亲子关系。

第一千零七十四条　【祖孙之间的抚养、赡养义务】有负担能力的祖父母、外祖父母，对于父母已经死亡或者父母无力抚养的未成年孙子女、外孙子女，有抚养的义务。

有负担能力的孙子女、外孙子女，对于子女已经死亡或者子女无力赡养的祖父母、外祖父母，有赡养的义务。

第一千零七十五条　【兄弟姐妹间扶养义务】有负担能力的兄、姐，对于父母已经死亡或者父母无力抚养的未成年弟、妹，有扶养的义务。

由兄、姐扶养长大的有负担能力的弟、妹，对于缺乏劳动能力又缺乏生活来源的兄、姐，有扶养的义务。

第四章　离　　婚

第一千零七十六条　【协议离婚】夫妻双方自愿离婚的，应当签订书面离婚协议，并亲自到婚姻登记机关申请离婚登记。

离婚协议应当载明双方自愿离婚的意思表示和对子女抚养、财产以及债务处理等事项协商一致的意见。

第一千零七十七条　【离婚冷静期】自婚姻登记机关收到离婚登记申请之日起三十日内，任何一方不愿意离婚的，可以向婚姻登记机关撤回离婚登记申请。

前款规定期限届满后三十日内，双方应当亲自到婚姻登记机关申请发给离婚证；未申请的，视为撤回离婚登记申请。

第一千零七十八条　【婚姻登记机关对协议离婚的查明】婚姻登记机关查明双方确实是自愿离婚，并已经对子女抚养、财产以及债务处理等事项协商一致的，予以登记，发给离婚证。

第一千零七十九条　【诉讼离婚】夫妻一方要求离婚的，可以由有关组织进行调解或者直接向人民法院提起离婚诉讼。

人民法院审理离婚案件，应当进行调解；如果感情确已破裂，调解无效的，应当准予离婚。

有下列情形之一，调解无效的，应当准予离婚：

（一）重婚或者与他人同居；

（二）实施家庭暴力或者虐待、遗弃家庭成员；

（三）有赌博、吸毒等恶习屡教不改；

（四）因感情不和分居满二年；

（五）其他导致夫妻感情破裂的情形。

一方被宣告失踪，另一方提起离婚诉讼的，应当准予离婚。

经人民法院判决不准离婚后，双方又分居满一年，一方再次提起离婚诉讼的，应当准予离婚。

第一千零八十条　【婚姻关系的解除时间】完成离婚登记，或者离婚判决书、调解书生效，即解除婚姻关系。

第一千零八十一条　【现役军人离婚】现役军人的配偶要求离婚，应当征得军人同意，但是军人一方有重大过错的除外。

第一千零八十二条　【男方提出离婚的限制情形】女方在怀孕期间、分娩后一年内或者终止妊娠后六个月内，男方不得提出离婚；但是，女方提出离婚或者人民法院认为确有必要受理男方离婚请求的除外。

第一千零八十三条　【复婚】离婚后，男女双方自愿恢复婚姻关系的，应当到婚姻登记机关重新进行结婚登记。

第一千零八十四条　【离婚后子女的抚养】父母与子女间的关系，不因父母离婚而消除。离婚后，子女无论由父或者母直接抚养，仍是父母双方的子女。

离婚后，父母对于子女仍有抚养、教育、保护的权利和义务。

离婚后，不满两周岁的子女，以由母亲直接抚养为原则。已满两周岁的子女，父母双方对抚养问题协议不成的，由人民法院根据双方的具体情况，按照最有利于未成年子女的原则判决。子女已满八周岁的，应当尊重其真实意愿。

第一千零八十五条　【离婚后子女抚养费的负担】离婚后，子女由一方直接抚养的，另一方应当负担部分或者全部抚养费。负担费用的多少和期限的长短，由双方协议；协议不成的，由人民法院判决。

前款规定的协议或者判决，不妨碍子女在必要时向父母任何一方提出超过协议或者判决原定数额的合理要求。

第一千零八十六条　【探望子女权利】离婚后，不直接抚养子女的父或者母，有探望子女的权利，另一方有协助的义务。

行使探望权利的方式、时间由当事人协议；协议不成的，由人民法院判决。

父或者母探望子女，不利于子女身心健康的，由人民法院依法中止探望；中止的事由消失后，应当恢复探望。

第一千零八十七条　【离婚时夫妻共同财产的处理】离婚时，夫妻的共同财产由双方协议处理；协议不成的，由人民法院根据财产的具体情况，按照照顾子女、女方和无过错方权益的原则判决。

对夫或者妻在家庭土地承包经营中享有的权益等，应当依法予以保护。

第一千零八十八条　【离婚经济补偿】夫妻一方因抚育子女、照料老年人、协助另一方工作等负担较多义务的,离婚时有权向另一方请求补偿,另一方应当给予补偿。具体办法由双方协议;协议不成的,由人民法院判决。

第一千零八十九条　【离婚时夫妻共同债务的清偿】离婚时,夫妻共同债务应当共同偿还。共同财产不足清偿或者财产归各自所有的,由双方协议清偿;协议不成的,由人民法院判决。

第一千零九十条　【离婚经济帮助】离婚时,如果一方生活困难,有负担能力的另一方应当给予适当帮助。具体办法由双方协议;协议不成的,由人民法院判决。

第一千零九十一条　【离婚损害赔偿】有下列情形之一,导致离婚的,无过错方有权请求损害赔偿:

(一)重婚;

(二)与他人同居;

(三)实施家庭暴力;

(四)虐待、遗弃家庭成员;

(五)有其他重大过错。

第一千零九十二条　【一方侵害夫妻财产的处理规则】夫妻一方隐藏、转移、变卖、毁损、挥霍夫妻共同财产,或者伪造夫妻共同债务企图侵占另一方财产的,在离婚分割夫妻共同财产时,对该方可以少分或者不分。离婚后,另一方发现有上述行为的,可以向人民法院提起诉讼,请求再次分割夫妻共同财产。

第五章　收　　养

第一节　收养关系的成立

第一千零九十三条　【被收养人的条件】下列未成年人,可以被收养:

(一)丧失父母的孤儿;

(二)查找不到生父母的未成年人;

(三)生父母有特殊困难无力抚养的子女。

第一千零九十四条　【送养人的条件】下列个人、组织可以作送养人:

(一)孤儿的监护人;

(二)儿童福利机构;

(三)有特殊困难无力抚养子女的生父母。

第一千零九十五条　【监护人送养未成年人的情形】未成年人的父母均不具备完全民事行为能力且可能严重危害该未成年人的,该未成年人的监护人可以将其送养。

第一千零九十六条　【监护人送养孤儿的限制及变更监护人】监护人送养孤儿的,应当征得有抚养义务的人同意。有抚养义务的人不同意送养、监护人不愿意继续履行监护职责的,应当依照本法第一编的规定另行确定监护人。

第一千零九十七条　【生父母送养子女的原则要求与例外】生父母送养子女,应当双方共同送养。生父母一方不明或者查找不到的,可以单方送养。

第一千零九十八条　【收养人条件】收养人应当同时具备下列条件:

(一)无子女或者只有一名子女;

(二)有抚养、教育和保护被收养人的能力;

(三)未患有在医学上认为不应当收养子女的疾病;

(四)无不利于被收养人健康成长的违法犯罪记录;

(五)年满三十周岁。

第一千零九十九条　【三代以内旁系同辈血亲的收养】收养三代以内旁系同辈血亲的子女,可以不受本法第一千零九十三条第三项、第一千零九十四条第三项和第一千一百零二条规定的限制。

华侨收养三代以内旁系同辈血亲的子女,还可以不受本法第一千零九十八条第一项规定的限制。

第一千一百条　【收养人收养子女数量】无子女的收养人可以收养两名子女;有子女的收养人只能收养一名子女。

收养孤儿、残疾未成年人或者儿童福利机构抚养的查找不到生父母的未成年人,可以不受前款和本法第一千零九十八条第一项规定的限制。

第一千一百零一条　【共同收养】有配偶者收养子女,应当夫妻共同收养。

第一千一百零二条　【无配偶者收养异性子女的限制】无配偶者收养异性子女的,收养人与被收养人的年龄应当相差四十周岁以上。

第一千一百零三条　【收养继子女的特别规定】继父或者继母经继子女的生父母同意,可以收养继子女,并可以不受本法第一千零九十三条第三项、第一千零九十四条第三项、第一千零九十八条和第一千一百条第一款规定的限制。

第一千一百零四条　【收养自愿原则】收养人收养与送养人送养,应当双方自愿。收养八周岁以上未成年人的,应当征得被收养人的同意。

第一千一百零五条　【收养登记、收养协议、收养公证及收养评估】收养应当向县级以上人民政府民政部门登记。收养关系自登记之日起成立。

收养查找不到生父母的未成年人的,办理登记的民政部门应当在登记前予以公告。

收养关系当事人愿意签订收养协议的,可以签订收养协议。

收养关系当事人各方或者一方要求办理收养公证的,应当办理收养公证。

县级以上人民政府民政部门应当依法进行收养评估。

第一千一百零六条　【收养后的户口登记】收养关系成立后,公安机关应当按照国家有关规定为被收养人办理户口登记。

第一千一百零七条　【亲属、朋友的抚养】孤儿或者生父母无力抚养的子女，可以由生父母的亲属、朋友抚养；抚养人与被抚养人的关系不适用本章规定。

第一千一百零八条　【祖父母、外祖父母优先抚养权】配偶一方死亡，另一方送养未成年子女的，死亡一方的父母有优先抚养的权利。

第一千一百零九条　【涉外收养】外国人依法可以在中华人民共和国收养子女。

外国人在中华人民共和国收养子女，应当经其所在国主管机关依照该国法律审查同意。收养人应当提供由其所在国有权机构出具的有关其年龄、婚姻、职业、财产、健康、有无受过刑事处罚等状况的证明材料，并与送养人签订书面协议，亲自向省、自治区、直辖市人民政府民政部门登记。

前款规定的证明材料应当经收养人所在国外交机关或者外交机关授权的机构认证，并经中华人民共和国驻该国使领馆认证，但是国家另有规定的除外。

第一千一百一十条　【保守收养秘密】收养人、送养人要求保守收养秘密的，其他人应当尊重其意愿，不得泄露。

第二节　收养的效力

第一千一百一十一条　【收养的效力】自收养关系成立之日起，养父母与养子女间的权利义务关系，适用本法关于父母子女关系的规定；养子女与养父母的近亲属间的权利义务关系，适用本法关于子女与父母的近亲属关系的规定。

养子女与生父母以及其他近亲属间的权利义务关系，因收养关系的成立而消除。

第一千一百一十二条　【养子女的姓氏】养子女可以随养父或者养母的姓氏，经当事人协商一致，也可以保留原姓氏。

第一千一百一十三条　【收养行为的无效】有本法第一编关于民事法律行为无效规定情形或者违反本编规定的收养行为无效。

无效的收养行为自始没有法律约束力。

第三节　收养关系的解除

第一千一百一十四条　【收养关系的协议解除与诉讼解除】收养人在被收养人成年以前，不得解除收养关系，但是收养人、送养人双方协议解除的除外。养子女八周岁以上的，应当征得本人同意。

收养人不履行抚养义务，有虐待、遗弃等侵害未成年养子女合法权益行为的，送养人有权要求解除养父母与养子女间的收养关系。送养人、收养人不能达成解除收养关系协议的，可以向人民法院提起诉讼。

第一千一百一十五条　【养父母与成年养子女解除收养关系】养父母与成年养子女关系恶化、无法共同生活的，可以协议解除收养关系。不能达成协议的，可以向人民法院提起诉讼。

第一千一百一十六条　【解除收养关系的登记】当事人协议解除收养关系的，应当到民政部门办理解除收养关系登记。

第一千一百一十七条　【收养关系解除的法律后果】收养关系解除后，养子女与养父母以及其他近亲属间的权利义务关系即行消除，与生父母以及其他近亲属间的权利义务关系自行恢复。但是，成年养子女与生父母以及其他近亲属间的权利义务关系是否恢复，可以协商确定。

第一千一百一十八条　【收养关系解除后生活费、抚养费支付】收养关系解除后，经养父母抚养的成年养子女，对缺乏劳动能力又缺乏生活来源的养父母，应当给付生活费。因养子女成年后虐待、遗弃养父母而解除收养关系的，养父母可以要求养子女补偿收养期间支出的抚养费。

生父母要求解除收养关系的，养父母可以要求生父母适当补偿收养期间支出的抚养费；但是，因养父母虐待、遗弃养子女而解除收养关系的除外。

……

最高人民法院关于适用《中华人民共和国民法典》婚姻家庭编的解释(一)

（2020年12月25日最高人民法院审判委员会第1825次会议通过　2020年12月29日最高人民法院公告公布　自2021年1月1日起施行　法释〔2020〕22号）

为正确审理婚姻家庭纠纷案件，根据《中华人民共和国民法典》《中华人民共和国民事诉讼法》等相关法律规定，结合审判实践，制定本解释。

一、一般规定

第一条　持续性、经常性的家庭暴力，可以认定为民法典第一千零四十二条、第一千零七十九条、第一千零九十一条所称的“虐待”。

第二条　民法典第一千零四十二条、第一千零七十九条、第一千零九十一条规定的“与他人同居”的情形，是指有配偶者与婚外异性，不以夫妻名义，持续、稳定地共同居住。

第三条　当事人提起诉讼仅请求解除同居关系的，人民法院不予受理；已经受理的，裁定驳回起诉。

当事人因同居期间财产分割或者子女抚养纠纷提起诉讼的，人民法院应当受理。

第四条　当事人仅以民法典第一千零四十二条为依据提

起诉讼的,人民法院不予受理;已经受理的,裁定驳回起诉。

第五条 当事人请求返还按照习俗给付的彩礼的,如果查明属于以下情形,人民法院应当予以支持:

(一)双方未办理结婚登记手续;

(二)双方办理结婚登记手续但确未共同生活;

(三)婚前给付并导致给付人生活困难。

适用前款第二项、第三项的规定,应当以双方离婚为条件。

二、结　婚

第六条 男女双方依据民法典第一千零四十九条规定补办结婚登记的,婚姻关系的效力从双方均符合民法典所规定的结婚的实质要件时起算。

第七条 未依据民法典第一千零四十九条规定办理结婚登记而以夫妻名义共同生活的男女,提起诉讼要求离婚的,应当区别对待:

(一)1994 年 2 月 1 日民政部《婚姻登记管理条例》公布实施以前,男女双方已经符合结婚实质要件的,按事实婚姻处理。

(二)1994 年 2 月 1 日民政部《婚姻登记管理条例》公布实施以后,男女双方符合结婚实质要件的,人民法院应当告知其补办结婚登记。未补办结婚登记的,依据本解释第三条规定处理。

第八条 未依据民法典第一千零四十九条规定办理结婚登记而以夫妻名义共同生活的男女,一方死亡,另一方以配偶身份主张享有继承权的,依据本解释第七条的原则处理。

第九条 有权依据民法典第一千零五十一条规定向人民法院就已办理结婚登记的婚姻请求确认婚姻无效的主体,包括婚姻当事人及利害关系人。其中,利害关系人包括:

(一)以重婚为由的,为当事人的近亲属及基层组织;

(二)以未到法定婚龄为由的,为未到法定婚龄者的近亲属;

(三)以有禁止结婚的亲属关系为由的,为当事人的近亲属。

第十条 当事人依据民法典第一千零五十一条规定向人民法院请求确认婚姻无效,法定的无效婚姻情形在提起诉讼时已经消失的,人民法院不予支持。

第十一条 人民法院受理请求确认婚姻无效案件后,原告申请撤诉的,不予准许。

对婚姻效力的审理不适用调解,应当依法作出判决。

涉及财产分割和子女抚养的,可以调解。调解达成协议的,另行制作调解书;未达成调解协议的,应当一并作出判决。

第十二条 人民法院受理离婚案件后,经审理确属无效婚姻的,应当将婚姻无效的情形告知当事人,并依法作出确认婚姻无效的判决。

第十三条 人民法院就同一婚姻关系分别受理了离婚和请求确认婚姻无效案件的,对于离婚案件的审理,应当待请求确认婚姻无效案件作出判决后进行。

第十四条 夫妻一方或者双方死亡后,生存一方或者利害关系人依据民法典第一千零五十一条的规定请求确认婚姻无效的,人民法院应当受理。

第十五条 利害关系人依据民法典第一千零五十一条的规定,请求人民法院确认婚姻无效的,利害关系人为原告,婚姻关系当事人双方为被告。

夫妻一方死亡的,生存一方为被告。

第十六条 人民法院审理重婚导致的无效婚姻案件时,涉及财产处理的,应当准许合法婚姻当事人作为有独立请求权的第三人参加诉讼。

第十七条 当事人以民法典第一千零五十一条规定的三种无效婚姻以外的情形请求确认婚姻无效的,人民法院应当判决驳回当事人的诉讼请求。

当事人以结婚登记程序存在瑕疵为由提起民事诉讼,主张撤销结婚登记的,告知其可以依法申请行政复议或者提起行政诉讼。

第十八条 行为人以给另一方当事人或者其近亲属的生命、身体、健康、名誉、财产等方面造成损害为要挟,迫使另一方当事人违背真实意愿结婚的,可以认定为民法典第一千零五十二条所称的"胁迫"。

因受胁迫而请求撤销婚姻的,只能是受胁迫一方的婚姻关系当事人本人。

第十九条 民法典第一千零五十二条规定的"一年",不适用诉讼时效中止、中断或者延长的规定。

受胁迫或者被非法限制人身自由的当事人请求撤销婚姻的,不适用民法典第一百五十二条第二款的规定。

第二十条 民法典第一千零五十四条所规定的"自始没有法律约束力",是指无效婚姻或者可撤销婚姻在依法被确认无效或者被撤销时,才确定该婚姻自始不受法律保护。

第二十一条 人民法院根据当事人的请求,依法确认婚姻无效或者撤销婚姻的,应当收缴双方的结婚证书并将生效的判决书寄送当地婚姻登记管理机关。

第二十二条 被确认无效或者被撤销的婚姻,当事人同居期间所得的财产,除有证据证明为当事人一方所有的以外,按共同共有处理。

三、夫妻关系

第二十三条 夫以妻擅自中止妊娠侵犯其生育权为由请求损害赔偿的,人民法院不予支持;夫妻双方因是否生育发生纠纷,致使感情确已破裂,一方请求离婚的,人民法院经调解无效,应依照民法典第一千零七十九条第三款第五项的规定处理。

第二十四条 民法典第一千零六十二条第一款第三项规定的“知识产权的收益”，是指婚姻关系存续期间，实际取得或者已经明确可以取得的财产性收益。

第二十五条 婚姻关系存续期间，下列财产属于民法典第一千零六十二条规定的“其他应当归共同所有的财产”：

（一）一方以个人财产投资取得的收益；

（二）男女双方实际取得或者应当取得的住房补贴、住房公积金；

（三）男女双方实际取得或者应当取得的基本养老金、破产安置补偿费。

第二十六条 夫妻一方个人财产在婚后产生的收益，除孳息和自然增值外，应认定为夫妻共同财产。

第二十七条 由一方婚前承租、婚后用共同财产购买的房屋，登记在一方名下的，应当认定为夫妻共同财产。

第二十八条 一方未经另一方同意出售夫妻共同所有的房屋，第三人善意购买、支付合理对价并已办理不动产登记，另一方主张追回该房屋的，人民法院不予支持。

夫妻一方擅自处分共同所有的房屋造成另一方损失，离婚时另一方请求赔偿损失的，人民法院应予支持。

第二十九条 当事人结婚前，父母为双方购置房屋出资的，该出资应当认定为对自己子女个人的赠与，但父母明确表示赠与双方的除外。

当事人结婚后，父母为双方购置房屋出资的，依照约定处理；没有约定或者约定不明确的，按照民法典第一千零六十二条第一款第四项规定的原则处理。

第三十条 军人的伤亡保险金、伤残补助金、医药生活补助费属于个人财产。

第三十一条 民法典第一千零六十三条规定为夫妻一方的个人财产，不因婚姻关系的延续而转化为夫妻共同财产。但当事人另有约定的除外。

第三十二条 婚前或者婚姻关系存续期间，当事人约定将一方所有的房产赠与另一方或者共有，赠与方在赠与房产变更登记之前撤销赠与，另一方请求判令继续履行的，人民法院可以按照民法典第六百五十八条的规定处理。

第三十三条 债权人就一方婚前所负个人债务向债务人的配偶主张权利的，人民法院不予支持。但债权人能够证明所负债务用于婚后家庭共同生活的除外。

第三十四条 夫妻一方与第三人串通，虚构债务，第三人主张该债务为夫妻共同债务的，人民法院不予支持。

夫妻一方在从事赌博、吸毒等违法犯罪活动中所负债务，第三人主张该债务为夫妻共同债务的，人民法院不予支持。

第三十五条 当事人的离婚协议或者人民法院生效判决、裁定、调解书已经对夫妻财产分割问题作出处理的，债权人仍有权就夫妻共同债务向男女双方主张权利。

一方就夫妻共同债务承担清偿责任后，主张由另一方按照离婚协议或者人民法院的法律文书承担相应债务的，人民法院应予支持。

第三十六条 夫或者妻一方死亡的，生存一方应当对婚姻关系存续期间的夫妻共同债务承担清偿责任。

第三十七条 民法典第一千零六十五条第三款所称“相对人知道该约定的”，夫妻一方对此负有举证责任。

第三十八条 婚姻关系存续期间，除民法典第一千零六十六条规定情形以外，夫妻一方请求分割共同财产的，人民法院不予支持。

四、父母子女关系

第三十九条 父或者母向人民法院起诉请求否认亲子关系，并已提供必要证据予以证明，另一方没有相反证据又拒绝做亲子鉴定的，人民法院可以认定否认亲子关系一方的主张成立。

父或者母以及成年子女起诉请求确认亲子关系，并提供必要证据予以证明，另一方没有相反证据又拒绝做亲子鉴定的，人民法院可以认定确认亲子关系一方的主张成立。

第四十条 婚姻关系存续期间，夫妻双方一致同意进行人工授精，所生子女应视为婚生子女，父母子女间的权利义务关系适用民法典的有关规定。

第四十一条 尚在校接受高中及其以下学历教育，或者丧失、部分丧失劳动能力等非因主观原因而无法维持正常生活的成年子女，可以认定为民法典第一千零六十七条规定的“不能独立生活的成年子女”。

第四十二条 民法典第一千零六十七条所称“抚养费”，包括子女生活费、教育费、医疗费等费用。

第四十三条 婚姻关系存续期间，父母双方或者一方拒不履行抚养子女义务，未成年子女或者不能独立生活的成年子女请求支付抚养费的，人民法院应予支持。

第四十四条 离婚案件涉及未成年子女抚养的，对不满两周岁的子女，按照民法典第一千零八十四条第三款规定的原则处理。母亲有下列情形之一，父亲请求直接抚养的，人民法院应予支持：

（一）患有久治不愈的传染性疾病或者其他严重疾病，子女不宜与其共同生活；

（二）有抚养条件不尽抚养义务，而父亲要求子女随其生活；

（三）因其他原因，子女确不宜随母亲生活。

第四十五条 父母双方协议不满两周岁子女由父亲直接抚养，并对子女健康成长无不利影响的，人民法院应予支持。

第四十六条 对已满两周岁的未成年子女，父母均要求直接抚养，一方有下列情形之一的，可予优先考虑：

（一）已做绝育手术或者因其他原因丧失生育能力；

（二）子女随其生活时间较长，改变生活环境对子女健康成长明显不利；

(三)无其他子女,而另一方有其他子女；

(四)子女随其生活,对子女成长有利,而另一方患有久治不愈的传染性疾病或者其他严重疾病,或者有其他不利于子女身心健康的情形,不宜与子女共同生活。

第四十七条　父母抚养子女的条件基本相同,双方均要求直接抚养子女,但子女单独随祖父母或者外祖父母共同生活多年,且祖父母或者外祖父母要求并且有能力帮助子女照顾孙子女或者外孙子女的,可以作为父或者母直接抚养子女的优先条件予以考虑。

第四十八条　在有利于保护子女利益的前提下,父母双方协议轮流直接抚养子女的,人民法院应予支持。

第四十九条　抚养费的数额,可以根据子女的实际需要、父母双方的负担能力和当地的实际生活水平确定。

有固定收入的,抚养费一般可以按其月总收入的百分之二十至三十的比例给付。负担两个以上子女抚养费的,比例可以适当提高,但一般不得超过月总收入的百分之五十。

无固定收入的,抚养费的数额可以依据当年总收入或者同行业平均收入,参照上述比例确定。

有特殊情况的,可以适当提高或者降低上述比例。

第五十条　抚养费应当定期给付,有条件的可以一次性给付。

第五十一条　父母一方无经济收入或者下落不明的,可以用其财物折抵抚养费。

第五十二条　父母双方可以协议由一方直接抚养子女并由直接抚养方负担子女全部抚养费。但是,直接抚养方的抚养能力明显不能保障子女所需费用,影响子女健康成长的,人民法院不予支持。

第五十三条　抚养费的给付期限,一般至子女十八周岁为止。

十六周岁以上不满十八周岁,以其劳动收入为主要生活来源,并能维持当地一般生活水平的,父母可以停止给付抚养费。

第五十四条　生父与继母离婚或者生母与继父离婚时,对曾受其抚养教育的继子女,继父或者继母不同意继续抚养的,仍应由生父或者生母抚养。

第五十五条　离婚后,父母一方要求变更子女抚养关系的,或者子女要求增加抚养费的,应当另行提起诉讼。

第五十六条　具有下列情形之一,父母一方要求变更子女抚养关系的,人民法院应予支持:

(一)与子女共同生活的一方因患严重疾病或者因伤残无力继续抚养子女；

(二)与子女共同生活的一方不尽抚养义务或有虐待子女行为,或者其与子女共同生活对子女身心健康确有不利影响；

(三)已满八周岁的子女,愿随另一方生活,该方又有抚养能力；

(四)有其他正当理由需要变更。

第五十七条　父母双方协议变更子女抚养关系的,人民法院应予支持。

第五十八条　具有下列情形之一,子女要求有负担能力的父或者母增加抚养费的,人民法院应予支持:

(一)原定抚养费数额不足以维持当地实际生活水平；

(二)因子女患病、上学,实际需要已超过原定数额；

(三)有其他正当理由应当增加。

第五十九条　父母不得因子女变更姓氏而拒付子女抚养费。父或者母擅自将子女姓氏改为继母或继父姓氏而引起纠纷的,应当责令恢复原姓氏。

第六十条　在离婚诉讼期间,双方均拒绝抚养子女的,可以先行裁定暂由一方抚养。

第六十一条　对拒不履行或者妨害他人履行生效判决、裁定、调解书中有关子女抚养义务的当事人或者其他人,人民法院可依照民事诉讼法第一百一十一条的规定采取强制措施。

五、离　婚

第六十二条　无民事行为能力人的配偶有民法典第三十六条第一款规定行为,其他有监护资格的人可以要求撤销其监护资格,并依法指定新的监护人;变更后的监护人代理无民事行为能力一方提起离婚诉讼的,人民法院应予受理。

第六十三条　人民法院审理离婚案件,符合民法典第一千零七十九条第三款规定“应当准予离婚”情形的,不应当因当事人有过错而判决不准离婚。

第六十四条　民法典第一千零八十一条所称的“军人一方有重大过错”,可以依据民法典第一千零七十九条第三款前三项规定及军人有其他重大过错导致夫妻感情破裂的情形予以判断。

第六十五条　人民法院作出的生效的离婚判决中未涉及探望权,当事人就探望权问题单独提起诉讼的,人民法院应予受理。

第六十六条　当事人在履行生效判决、裁定或者调解书的过程中,一方请求中止探望的,人民法院在征询双方当事人意见后,认为需要中止探望的,依法作出裁定;中止探望的情形消失后,人民法院应当根据当事人的请求书面通知其恢复探望。

第六十七条　未成年子女、直接抚养子女的父或者母以及其他对未成年子女负担抚养、教育、保护义务的法定监护人,有权向人民法院提出中止探望的请求。

第六十八条　对于拒不协助另一方行使探望权的有关个人或者组织,可以由人民法院依法采取拘留、罚款等强制措施，但是不能对子女的人身、探望行为进行强制执行。

第六十九条　当事人达成的以协议离婚或者到人民法院调解离婚为条件的财产以及债务处理协议，如果双方离婚未成，一方在离婚诉讼中反悔的，人民法院应当认定该财产以及债务处理协议没有生效，并根据实际情况依照民法典第一千零八十七条和第一千零八十九条的规定判决。

当事人依照民法典第一千零七十六条签订的离婚协议中关于财产以及债务处理的条款，对男女双方具有法律约束力。登记离婚后当事人因履行上述协议发生纠纷提起诉讼的，人民法院应当受理。

第七十条　夫妻双方协议离婚后就财产分割问题反悔，请求撤销财产分割协议的，人民法院应当受理。

人民法院审理后，未发现订立财产分割协议时存在欺诈、胁迫等情形的，应当依法驳回当事人的诉讼请求。

第七十一条　人民法院审理离婚案件，涉及分割发放到军人名下的复员费、自主择业费等一次性费用的，以夫妻婚姻关系存续年限乘以年平均值，所得数额为夫妻共同财产。

前款所称年平均值，是指将发放到军人名下的上述费用总额按具体年限均分得出的数额。其具体年限为人均寿命七十岁与军人入伍时实际年龄的差额。

第七十二条　夫妻双方分割共同财产中的股票、债券、投资基金份额等有价证券以及未上市股份有限公司股份时，协商不成或者按市价分配有困难的，人民法院可以根据数量按比例分配。

第七十三条　人民法院审理离婚案件，涉及分割夫妻共同财产中以一方名义在有限责任公司的出资额，另一方不是该公司股东的，按以下情形分别处理：

（一）夫妻双方协商一致将出资额部分或者全部转让给该股东的配偶，其他股东过半数同意，并且其他股东均明确表示放弃优先购买权的，该股东的配偶可以成为该公司股东；

（二）夫妻双方就出资额转让份额和转让价格等事项协商一致后，其他股东半数以上不同意转让，但愿意以同等条件购买该出资额的，人民法院可以对转让出资所得财产进行分割。其他股东半数以上不同意转让，也不愿意以同等条件购买该出资额的，视为其同意转让，该股东的配偶可以成为该公司股东。

用于证明前款规定的股东同意的证据，可以是股东会议材料，也可以是当事人通过其他合法途径取得的股东的书面声明材料。

第七十四条　人民法院审理离婚案件，涉及分割夫妻共同财产中以一方名义在合伙企业中的出资，另一方不是该企业合伙人的，当夫妻双方协商一致，将其合伙企业中的财产份额全部或者部分转让给对方时，按以下情形分别处理：

（一）其他合伙人一致同意的，该配偶依法取得合伙人地位；

（二）其他合伙人不同意转让，在同等条件下行使优先购买权的，可以对转让所得的财产进行分割；

（三）其他合伙人不同意转让，也不行使优先购买权，但同意该合伙人退伙或者削减部分财产份额的，可以对结算后的财产进行分割；

（四）其他合伙人既不同意转让，也不行使优先购买权，又不同意该合伙人退伙或者削减部分财产份额的，视为全体合伙人同意转让，该配偶依法取得合伙人地位。

第七十五条　夫妻以一方名义投资设立个人独资企业的，人民法院分割夫妻在该个人独资企业中的共同财产时，应当按照以下情形分别处理：

（一）一方主张经营该企业的，对企业资产进行评估后，由取得企业资产所有权一方给予另一方相应的补偿；

（二）双方均主张经营该企业的，在双方竞价基础上，由取得企业资产所有权的一方给予另一方相应的补偿；

（三）双方均不愿意经营该企业的，按照《中华人民共和国个人独资企业法》等有关规定办理。

第七十六条　双方对夫妻共同财产中的房屋价值及归属无法达成协议时，人民法院按以下情形分别处理：

（一）双方均主张房屋所有权并且同意竞价取得的，应当准许；

（二）一方主张房屋所有权的，由评估机构按市场价格对房屋作出评估，取得房屋所有权的一方应当给予另一方相应的补偿；

（三）双方均不主张房屋所有权的，根据当事人的申请拍卖、变卖房屋，就所得价款进行分割。

第七十七条　离婚时双方对尚未取得所有权或者尚未取得完全所有权的房屋有争议且协商不成的，人民法院不宜判决房屋所有权的归属，应当根据实际情况判决由当事人使用。

当事人就前款规定的房屋取得完全所有权后，有争议的，可以另行向人民法院提起诉讼。

第七十八条　夫妻一方婚前签订不动产买卖合同，以个人财产支付首付款并在银行贷款，婚后用夫妻共同财产还贷，不动产登记于首付款支付方名下的，离婚时该不动产由双方协议处理。

依前款规定不能达成协议的，人民法院可以判决该不动产归登记一方，尚未归还的贷款为不动产登记一方的个人债务。双方婚后共同还贷支付的款项及其相对应财产增值部分，离婚时应根据民法典第一千零八十七条第一款规定的原则，由不动产登记一方对另一方进行补偿。

第七十九条　婚姻关系存续期间，双方用夫妻共同财产出资购买以一方父母名义参加房改的房屋，登记在一方父母名下，离婚时另一方主张按照夫妻共同财产对该房屋进行分割的，人民法院不予支持。购买该房屋时的出资，可以作为债权处理。

第八十条 离婚时夫妻一方尚未退休、不符合领取基本养老金条件，另一方请求按照夫妻共同财产分割基本养老金的，人民法院不予支持；婚后以夫妻共同财产缴纳基本养老保险费，离婚时一方主张将养老金账户中婚姻关系存续期间个人实际缴纳部分及利息作为夫妻共同财产分割的，人民法院应予支持。

第八十一条 婚姻关系存续期间，夫妻一方作为继承人依法可以继承的遗产，在继承人之间尚未实际分割，起诉离婚时另一方请求分割的，人民法院应当告知当事人在继承人之间实际分割遗产后另行起诉。

第八十二条 夫妻之间订立借款协议，以夫妻共同财产出借给一方从事个人经营活动或者用于其他个人事务的，应视为双方约定处分夫妻共同财产的行为，离婚时可以按照借款协议的约定处理。

第八十三条 离婚后，一方以尚有夫妻共同财产未处理为由向人民法院起诉请求分割的，经审查该财产确属离婚时未涉及的夫妻共同财产，人民法院应当依法予以分割。

第八十四条 当事人依据民法典第一千零九十二条的规定向人民法院提起诉讼，请求再次分割夫妻共同财产的诉讼时效期间为三年，从当事人发现之日起计算。

第八十五条 夫妻一方申请对配偶的个人财产或者夫妻共同财产采取保全措施的，人民法院可以在采取保全措施可能造成损失的范围内，根据实际情况，确定合理的财产担保数额。

第八十六条 民法典第一千零九十一条规定的“损害赔偿”，包括物质损害赔偿和精神损害赔偿。涉及精神损害赔偿的，适用《最高人民法院关于确定民事侵权精神损害赔偿责任若干问题的解释》的有关规定。

第八十七条 承担民法典第一千零九十一条规定的损害赔偿责任的主体，为离婚诉讼当事人中无过错方的配偶。

人民法院判决不准离婚的案件，对于当事人基于民法典第一千零九十一条提出的损害赔偿请求，不予支持。

在婚姻关系存续期间，当事人不起诉离婚而单独依据民法典第一千零九十一条提起损害赔偿请求的，人民法院不予受理。

第八十八条 人民法院受理离婚案件时，应当将民法典第一千零九十一条等规定中当事人的有关权利义务，书面告知当事人。在适用民法典第一千零九十一条时，应当区分以下不同情况：

（一）符合民法典第一千零九十一条规定的无过错方作为原告基于该条规定向人民法院提起损害赔偿请求的，必须在离婚诉讼的同时提出。

（二）符合民法典第一千零九十一条规定的无过错方作为被告的离婚诉讼案件，如果被告不同意离婚也不基于该条规定提起损害赔偿请求的，可以就此单独提起诉讼。

（三）无过错方作为被告的离婚诉讼案件，一审时被告未基于民法典第一千零九十一条规定提出损害赔偿请求，二审期间提出的，人民法院应当进行调解；调解不成的，告知当事人另行起诉。双方当事人同意由第二审人民法院一并审理的，第二审人民法院可以一并裁判。

第八十九条 当事人在婚姻登记机关办理离婚登记手续后，以民法典第一千零九十一条规定为由向人民法院提出损害赔偿请求的，人民法院应当受理。但当事人在协议离婚时已经明确表示放弃该项请求的，人民法院不予支持。

第九十条 夫妻双方均有民法典第一千零九十一条规定的过错情形，一方或者双方向对方提出离婚损害赔偿请求的，人民法院不予支持。

六、附　则

第九十一条 本解释自2021年1月1日起施行。

民政部关于贯彻落实《中华人民共和国民法典》中有关婚姻登记规定的通知

（2020年11月24日　民发〔2020〕116号）

各省、自治区、直辖市民政厅（局），各计划单列市民政局，新疆生产建设兵团民政局：

《中华人民共和国民法典》（以下简称《民法典》）将于2021年1月1日起施行。根据《民法典》规定，对婚姻登记有关程序等作出如下调整：

一、婚姻登记机关不再受理因胁迫结婚请求撤销业务

《民法典》第一千零五十二条第一款规定：“因胁迫结婚的，受胁迫的一方可以向人民法院请求撤销婚姻。”因此，婚姻登记机关不再受理因胁迫结婚的撤销婚姻申请，《婚姻登记工作规范》第四条第三款、第五章废止，删除第十四条第（五）项中“及可撤销婚姻”、第二十五条第（二）项中“撤销受胁迫婚姻”及第七十二条第（二）项中“撤销婚姻”表述。

二、调整离婚登记程序

根据《民法典》第一千零七十六条、第一千零七十七条和第一千零七十八条规定，离婚登记按如下程序办理：

（一）申请。夫妻双方自愿离婚的，应当签订书面离婚协议，共同到有管辖权的婚姻登记机关提出申请，并提供以下证件和证明材料：

1. 内地婚姻登记机关或者中国驻外使（领）馆颁发的结婚证；

2. 符合《婚姻登记工作规范》第二十九条至第三十五条规定的有效身份证件;

3. 在婚姻登记机关现场填写的《离婚登记申请书》(附件1)。

(二)受理。婚姻登记机关按照《婚姻登记工作规范》有关规定对当事人提交的上述材料进行初审。

申请办理离婚登记的当事人有一本结婚证丢失的,当事人应当书面声明遗失,婚姻登记机关可以根据另一本结婚证受理离婚登记申请;申请办理离婚登记的当事人两本结婚证都丢失的,当事人应当书面声明结婚证遗失并提供加盖查档专用章的结婚登记档案复印件,婚姻登记机关可根据当事人提供的上述材料受理离婚登记申请。

婚姻登记机关对当事人提交的证件和证明材料初审无误后,发给《离婚登记申请受理回执单》(附件2)。不符合离婚登记申请条件的,不予受理。当事人要求出具《不予受理离婚登记申请告知书》(附件3)的,应当出具。

(三)冷静期。自婚姻登记机关收到离婚登记申请并向当事人发放《离婚登记申请受理回执单》之日起三十日内(自婚姻登记机关收到离婚登记申请之日的次日开始计算期间,期间的最后一日是法定休假日的,以法定休假日结束的次日为期间的最后一日),任何一方不愿意离婚的,可以持本人有效身份证件和《离婚登记申请受理回执单》(遗失的可不提供,但需书面说明情况),向受理离婚登记申请的婚姻登记机关撤回离婚登记申请,并亲自填写《撤回离婚登记申请书》(附件4)。经婚姻登记机关核实无误后,发给《撤回离婚登记申请确认单》(附件5),并将《离婚登记申请书》、《撤回离婚登记申请书》与《撤回离婚登记申请确认单(存根联)》一并存档。

自离婚冷静期届满后三十日内(自冷静期届满日的次日开始计算期间,期间的最后一日是法定休假日的,以法定休假日结束的次日为期间的最后一日),双方未共同到婚姻登记机关申请发给离婚证的,视为撤回离婚登记申请。

(四)审查。自离婚冷静期届满后三十日内(自冷静期届满日的次日开始计算期间,期间的最后一日是法定休假日的,以法定休假日结束的次日为期间的最后一日),双方当事人应当持《婚姻登记工作规范》第五十五条第(四)至(七)项规定的证件和材料,共同到婚姻登记机关申请发给离婚证。

婚姻登记机关按照《婚姻登记工作规范》第五十六条和第五十七条规定的程序和条件执行和审查。婚姻登记机关对不符合离婚登记条件的,不予办理。当事人要求出具《不予办理离婚登记告知书》(附件7)的,应当出具。

(五)登记(发证)。婚姻登记机关按照《婚姻登记工作规范》第五十八条至六十条规定,予以登记,发给离婚证。

离婚协议书一式三份,男女双方各一份并自行保存,婚姻登记机关存档一份。婚姻登记机关在当事人持有的两份离婚协议书上加盖"此件与存档件一致,涂改无效。××××婚姻登记处××××年××月××日"的长方形红色印章并填写日期。多页离婚协议书同时在骑缝处加盖此印章,骑缝处不填写日期。当事人亲自签订的离婚协议书原件存档。婚姻登记机关在存档的离婚协议书加盖"××××婚姻登记处存档件××××年××月××日"的长方形红色印章并填写日期。

三、离婚登记档案归档

婚姻登记机关应当按照《婚姻登记档案管理办法》规定建立离婚登记档案,形成电子档案。

归档材料应当增加离婚登记申请环节所有材料(包括撤回离婚登记申请和视为撤回离婚登记申请的所有材料)。

四、工作要求

(一)加强宣传培训。要将本《通知》纳入信息公开的范围,将更新后的婚姻登记相关规定和工作程序及时在相关网站、婚姻登记场所公开,让群众知悉婚姻登记的工作流程和工作要求,最大限度做到便民利民。要抓紧开展教育培训工作,使婚姻登记员及时掌握《通知》的各项规定和要求,确保婚姻登记工作依法依规开展。

(二)做好配套衔接。加快推进本地区相关配套制度的"废改立"工作,确保与本《通知》的规定相一致。做好婚姻登记信息系统的升级,及时将离婚登记的申请、撤回等环节纳入信息系统,确保与婚姻登记程序有效衔接。

(三)强化风险防控。要做好分析研判,对《通知》实施过程中可能出现的风险和问题要有应对措施,确保矛盾问题得到及时处置。要健全请示报告制度,在《通知》执行过程中遇到的重要问题和有关情况,及时报告民政部。

本通知自2021年1月1日起施行。《民政部关于印发〈婚姻登记工作规范〉的通知》(民发〔2015〕230号)中与本《通知》不一致的,以本《通知》为准。

附件:1. 离婚登记申请书(略)

2. 离婚登记申请受理回执单(略)

3. 不予受理离婚登记申请告知书(略)

4. 撤回离婚登记申请书(略)

5. 撤回离婚登记申请确认单(略)

6. 离婚登记声明书(略)

7. 不予办理离婚登记告知书(略)

8. 离婚登记审查处理表(略)

国务院关于同意在部分地区开展内地居民婚姻登记"跨省通办"试点的批复

(2021年4月30日 国函〔2021〕48号)

民政部:

你部关于在部分地区开展内地居民婚姻登记"跨省通办"试点工作的请示收悉。现批复如下:

为加快推进政务服务“跨省通办”,满足群众在非户籍地办理婚姻登记的需求,推进婚姻登记制度改革,增强人民群众获得感、幸福感,同意在辽宁省、山东省、广东省、重庆市、四川省实施结婚登记和离婚登记“跨省通办”试点,在江苏省、河南省、湖北省武汉市、陕西省西安市实施结婚登记“跨省通办”试点。在试点地区,相应暂时调整实施《婚姻登记条例》第四条第一款、第十条第一款的有关规定(目录附后)。调整后,双方均非本地户籍的婚姻登记当事人可以凭一方居住证和双方户口簿、身份证,在居住证发放地婚姻登记机关申请办理婚姻登记,或者自行选择在一方常住户口所在地办理婚姻登记。试点期限为2年,自2021年6月1日起至2023年5月31日止。

附件:国务院决定在内地居民婚姻登记“跨省通办”试点地区暂时调整实施《婚姻登记条例》有关规定目录(略)

婚姻登记条例

(2003年8月8日中华人民共和国国务院令第387号公布　自2003年10月1日起施行)

第一章　总　　则

第一条　为了规范婚姻登记工作,保障婚姻自由、一夫一妻、男女平等的婚姻制度的实施,保护婚姻当事人的合法权益,根据《中华人民共和国婚姻法》(以下简称婚姻法),制定本条例。

第二条　内地居民办理婚姻登记的机关是县级人民政府民政部门或者乡(镇)人民政府,省、自治区、直辖市人民政府可以按照便民原则确定农村居民办理婚姻登记的具体机关。

中国公民同外国人,内地居民同香港特别行政区居民(以下简称香港居民)、澳门特别行政区居民(以下简称澳门居民)、台湾地区居民(以下简称台湾居民)、华侨办理婚姻登记的机关是省、自治区、直辖市人民政府民政部门或者省、自治区、直辖市人民政府民政部门确定的机关。

第三条　婚姻登记机关的婚姻登记员应当接受婚姻登记业务培训,经考核合格,方可从事婚姻登记工作。

婚姻登记机关办理婚姻登记,除按收费标准向当事人收取工本费外,不得收取其他费用或者附加其他义务。

第二章　结婚登记

第四条　内地居民结婚,男女双方应当共同到一方当事人常住户口所在地的婚姻登记机关办理结婚登记。

中国公民同外国人在中国内地结婚的,内地居民同香港居民、澳门居民、台湾居民、华侨在中国内地结婚的,男女双方应当共同到内地居民常住户口所在地的婚姻登记机关办理结婚登记。

第五条　办理结婚登记的内地居民应当出具下列证件和证明材料:

(一)本人的户口簿、身份证;

(二)本人无配偶以及与对方当事人没有直系血亲和三代以内旁系血亲关系的签字声明。

办理结婚登记的香港居民、澳门居民、台湾居民应当出具下列证件和证明材料:

(一)本人的有效通行证、身份证;

(二)经居住地公证机构公证的本人无配偶以及与对方当事人没有直系血亲和三代以内旁系血亲关系的声明。

办理结婚登记的华侨应当出具下列证件和证明材料:

(一)本人的有效护照;

(二)居住国公证机构或者有权机关出具的、经中华人民共和国驻该国使(领)馆认证的本人无配偶以及与对方当事人没有直系血亲和三代以内旁系血亲关系的证明,或者中华人民共和国驻该国使(领)馆出具的本人无配偶以及与对方当事人没有直系血亲和三代以内旁系血亲关系的证明。

办理结婚登记的外国人应当出具下列证件和证明材料:

(一)本人的有效护照或者其他有效的国际旅行证件;

(二)所在国公证机构或者有权机关出具的、经中华人民共和国驻该国使(领)馆认证或者该国驻华使(领)馆认证的本人无配偶的证明,或者所在国驻华使(领)馆出具的本人无配偶的证明。

第六条　办理结婚登记的当事人有下列情形之一的,婚姻登记机关不予登记:

(一)未到法定结婚年龄的;

(二)非双方自愿的;

(三)一方或者双方已有配偶的;

(四)属于直系血亲或者三代以内旁系血亲的;

(五)患有医学上认为不应当结婚的疾病的。

第七条　婚姻登记机关应当对结婚登记当事人出具的证件、证明材料进行审查并询问相关情况。对当事人符合结婚条件的,应当当场予以登记,发给结婚证;对当事人不符合结婚条件不予登记的,应当向当事人说明理由。

第八条　男女双方补办结婚登记的,适用本条例结婚登记的规定。

第九条　因胁迫结婚的,受胁迫的当事人依据婚姻法第十一条的规定向婚姻登记机关请求撤销其婚姻的,应当出具下列证明材料:

(一)本人的身份证、结婚证;

(二)能够证明受胁迫结婚的证明材料。

婚姻登记机关经审查认为受胁迫结婚的情况属实且不涉及子女抚养、财产及债务问题的,应当撤销该婚姻,宣告结婚证作废。

第三章　离婚登记

第十条　内地居民自愿离婚的，男女双方应当共同到一方当事人常住户口所在地的婚姻登记机关办理离婚登记。

中国公民同外国人在中国内地自愿离婚的，内地居民同香港居民、澳门居民、台湾居民、华侨在中国内地自愿离婚的，男女双方应当共同到内地居民常住户口所在地的婚姻登记机关办理离婚登记。

第十一条　办理离婚登记的内地居民应当出具下列证件和证明材料：

（一）本人的户口簿、身份证；

（二）本人的结婚证；

（三）双方当事人共同签署的离婚协议书。

办理离婚登记的香港居民、澳门居民、台湾居民、华侨、外国人除应当出具前款第（二）项、第（三）项规定的证件、证明材料外，香港居民、澳门居民、台湾居民还应当出具本人的有效通行证、身份证，华侨、外国人还应当出具本人的有效护照或者其他有效国际旅行证件。

离婚协议书应当载明双方当事人自愿离婚的意思表示以及对子女抚养、财产及债务处理等事项协商一致的意见。

第十二条　办理离婚登记的当事人有下列情形之一的，婚姻登记机关不予受理：

（一）未达成离婚协议的；

（二）属于无民事行为能力人或者限制民事行为能力人的；

（三）其结婚登记不是在中国内地办理的。

第十三条　婚姻登记机关应当对离婚登记当事人出具的证件、证明材料进行审查并询问相关情况。对当事人确属自愿离婚，并已对子女抚养、财产、债务等问题达成一致处理意见的，应当当场予以登记，发给离婚证。

第十四条　离婚的男女双方自愿恢复夫妻关系的，应当到婚姻登记机关办理复婚登记。复婚登记适用本条例结婚登记的规定。

第四章　婚姻登记档案和婚姻登记证

第十五条　婚姻登记机关应当建立婚姻登记档案。婚姻登记档案应当长期保管。具体管理办法由国务院民政部门会同国家档案管理部门规定。

第十六条　婚姻登记机关收到人民法院宣告婚姻无效或者撤销婚姻的判决书副本后，应当将该判决书副本收入当事人的婚姻登记档案。

第十七条　结婚证、离婚证遗失或者损毁的，当事人可以持户口簿、身份证向原办理婚姻登记的机关或者一方当事人常住户口所在地的婚姻登记机关申请补领。婚姻登记机关对当事人的婚姻登记档案进行查证，确认属实的，应当为当事人补发结婚证、离婚证。

第五章　罚　　则

第十八条　婚姻登记机关及其婚姻登记员有下列行为之一的，对直接负责的主管人员和其他直接责任人员依法给予行政处分：

（一）为不符合婚姻登记条件的当事人办理婚姻登记的；

（二）玩忽职守造成婚姻登记档案损失的；

（三）办理婚姻登记或者补发结婚证、离婚证超过收费标准收取费用的。

违反前款第（三）项规定收取的费用，应当退还当事人。

第六章　附　　则

第十九条　中华人民共和国驻外使（领）馆可以依照本条例的有关规定，为男女双方均居住于驻在国的中国公民办理婚姻登记。

第二十条　本条例规定的婚姻登记证由国务院民政部门规定式样并监制。

第二十一条　当事人办理婚姻登记或者补领结婚证、离婚证应当交纳工本费。工本费的收费标准由国务院价格主管部门会同国务院财政部门规定并公布。

第二十二条　本条例自2003年10月1日起施行。1994年1月12日国务院批准、1994年2月1日民政部发布的《婚姻登记管理条例》同时废止。

婚姻登记工作规范

（2015年12月8日　民发〔2015〕230号）

第一章　总　　则

第一条　为加强婚姻登记规范化管理，维护婚姻当事人的合法权益，根据《中华人民共和国婚姻法》和《婚姻登记条例》，制定本规范。

第二条　各级婚姻登记机关应当依照法律、法规及本规范，认真履行职责，做好婚姻登记工作。

第二章　婚姻登记机关

第三条　婚姻登记机关是依法履行婚姻登记行政职能的机关。

第四条　婚姻登记机关履行下列职责：

（一）办理婚姻登记；

（二）补发婚姻登记证；

（三）撤销受胁迫的婚姻；

（四）建立和管理婚姻登记档案；

（五）宣传婚姻法律法规，倡导文明婚俗。

第五条　婚姻登记管辖按照行政区域划分。

（一）县、不设区的市、市辖区人民政府民政部门办理双方或者一方常住户口在本行政区域内的内地居民之间的婚姻登记。

省级人民政府可以根据实际情况，规定乡（镇）人民政府办理双方或者一方常住户口在本乡（镇）的内地居民之间的婚姻登记。

（二）省级人民政府民政部门或者其确定的民政部门，办理一方常住户口在辖区内的涉外和涉香港、澳门、台湾居民以及华侨的婚姻登记。

办理经济技术开发区、高新技术开发区等特别区域内居民婚姻登记的机关由省级人民政府民政部门提出意见报同级人民政府确定。

（三）现役军人由部队驻地、入伍前常住户口所在地或另一方当事人常住户口所在地婚姻登记机关办理婚姻登记。

婚姻登记机关不得违反上述规定办理婚姻登记。

第六条 具有办理婚姻登记职能的县级以上人民政府民政部门和乡（镇）人民政府应当按照本规范要求设置婚姻登记处。

省级人民政府民政部门设置、变更或撤销婚姻登记处，应当形成文件并对外公布；市、县（市、区）人民政府民政部门、乡（镇）人民政府设置、变更或撤销婚姻登记处，应当形成文件，对外公布并逐级上报省级人民政府民政部门。省级人民政府民政部门应当相应调整婚姻登记信息系统使用相关权限。

第七条 省、市、县（市、区）人民政府民政部门和乡镇人民政府设置的婚姻登记处分别称为：

××省（自治区、直辖市）民政厅（局）婚姻登记处，××市民政局婚姻登记处，××县（市）民政局婚姻登记处；

××市××区民政局婚姻登记处；

××县（市、区）××乡（镇）人民政府婚姻登记处。

县、不设区的市、市辖区人民政府民政部门设置多个婚姻登记处的，应当在婚姻登记处前冠其所在地的地名。

第八条 婚姻登记处应当在门外醒目处悬挂婚姻登记处标牌。标牌尺寸不得小于1500mm×300mm或550mm×450mm。

第九条 婚姻登记处应当按照民政部要求，使用全国婚姻登记工作标识。

第十条 具有办理婚姻登记职能的县级以上人民政府民政部门和乡（镇）人民政府应当刻制婚姻登记工作业务专用印章和钢印。专用印章和钢印为圆形，直径35mm。

婚姻登记工作业务专用印章和钢印，中央刊“★”，“★”外围刊婚姻登记处所属民政厅（局）或乡（镇）人民政府名称，如：“××省民政厅”、“××市民政局”、“××市××区民政局”、“××县民政局”或者“××县××乡（镇）人民政府”。

“★”下方刊“婚姻登记专用章”。民政局设置多个婚姻登记处的，“婚姻登记专用章”下方刊婚姻登记处序号。

第十一条 婚姻登记处应当有独立的场所办理婚姻登记，并设有候登大厅、结婚登记区、离婚登记室和档案室。结婚登记区、离婚登记室可合并为相应数量的婚姻登记室。

婚姻登记场所应当宽敞、庄严、整洁，设有婚姻登记公告栏。

婚姻登记处不得设在婚纱摄影、婚庆服务、医疗等机构场所内，上述服务机构不得设置在婚姻登记场所内。

第十二条 婚姻登记处应当配备以下设备：

（一）复印机；

（二）传真机；

（三）扫描仪；

（四）证件及纸张打印机；

（五）计算机；

（六）身份证阅读器。

第十三条 婚姻登记处可以安装具有音频和视频功能的设备，并妥善保管音频和视频资料。

婚姻登记场所应当配备必要的公共服务设施，婚姻登记当事人应当按照要求合理使用。

第十四条 婚姻登记处实行政务公开，下列内容应当在婚姻登记处公开展示：

（一）本婚姻登记处的管辖权及依据；

（二）婚姻法的基本原则以及夫妻的权利、义务；

（三）结婚登记、离婚登记的条件与程序；

（四）补领婚姻登记证的条件与程序；

（五）无效婚姻及可撤销婚姻的规定；

（六）收费项目与收费标准；

（七）婚姻登记员职责及其照片、编号；

（八）婚姻登记处办公时间和服务电话，设置多个婚姻登记处的，应当同时公布，巡回登记的，应当公布巡回登记时间和地点；

（九）监督电话。

第十五条 婚姻登记处应当备有《中华人民共和国婚姻法》、《婚姻登记条例》及其他有关文件，供婚姻当事人免费查阅。

第十六条 婚姻登记处在工作日应当对外办公，办公时间在办公场所外公告。

第十七条 婚姻登记处应当通过省级婚姻登记信息系统开展实时联网登记，并将婚姻登记电子数据实时传送给民政部婚姻登记信息系统。

各级民政部门应当为本行政区域内婚姻登记管理信息化建设创造条件，并制定婚姻登记信息化管理制度。

婚姻登记处应当将保存的本辖区未录入信息系统的婚姻登记档案录入婚姻登记历史数据补录系统。

第十八条 婚姻登记处应当按照《婚姻登记档案管理办法》的规定管理婚姻登记档案。

第十九条 婚姻登记处应当制定婚姻登记印章、证书、纸制档案、电子档案等管理制度，完善业务学习、岗位责任、考评奖惩等制度。

第二十条　婚姻登记处应当开通婚姻登记网上预约功能和咨询电话，电话号码在当地114查询台登记。

具备条件的婚姻登记处应当开通互联网网页，互联网网页内容应当包括：办公时间、办公地点；管辖权限；申请结婚登记的条件、办理结婚登记的程序；申请离婚登记的条件、办理离婚登记的程序；申请补领婚姻登记证的程序和需要的证明材料、撤销婚姻的程序等内容。

第二十一条　婚姻登记处可以设立婚姻家庭辅导室，通过政府购买服务或公开招募志愿者等方式聘用婚姻家庭辅导员，并在坚持群众自愿的前提下，开展婚姻家庭辅导服务。婚姻家庭辅导员应当具备以下资格之一：

（一）社会工作师；

（二）心理咨询师；

（三）律师；

（四）其他相应专业资格。

第二十二条　婚姻登记处可以设立颁证厅，为有需要的当事人颁发结婚证。

第三章　婚姻登记员

第二十三条　婚姻登记机关应当配备专职婚姻登记员。婚姻登记员人数、编制可以参照《婚姻登记机关等级评定标准》确定。

第二十四条　婚姻登记员由本级民政部门考核、任命。

婚姻登记员应当由设区的市级以上人民政府民政部门进行业务培训，经考核合格，取得婚姻登记员培训考核合格证明，方可从事婚姻登记工作。其他人员不得从事本规范第二十五条规定的工作。

婚姻登记员培训考核合格证明由省级人民政府民政部门统一印制。

婚姻登记员应当至少每2年参加一次设区的市级以上人民政府民政部门举办的业务培训，取得业务培训考核合格证明。

婚姻登记处应当及时将婚姻登记员上岗或离岗信息逐级上报省级人民政府民政部门，省级人民政府民政部门应当根据上报的信息及时调整婚姻登记信息系统使用相关权限。

第二十五条　婚姻登记员的主要职责：

（一）负责对当事人有关婚姻状况声明的监督；

（二）审查当事人是否具备结婚、离婚、补发婚姻登记证、撤销受胁迫婚姻的条件；

（三）办理婚姻登记手续，签发婚姻登记证；

（四）建立婚姻登记档案。

第二十六条　婚姻登记员应当熟练掌握相关法律法规，熟练使用婚姻登记信息系统，文明执法，热情服务。婚姻登记员一般应具有大学专科以上学历。

婚姻登记员上岗应当佩带标识并统一着装。

第四章　结婚登记

第二十七条　结婚登记应当按照初审—受理—审查—登记（发证）的程序办理。

第二十八条　受理结婚登记申请的条件是：

（一）婚姻登记处具有管辖权；

（二）要求结婚的男女双方共同到婚姻登记处提出申请；

（三）当事人男年满22周岁，女年满20周岁；

（四）当事人双方均无配偶（未婚、离婚、丧偶）；

（五）当事人双方没有直系血亲和三代以内旁系血亲关系；

（六）双方自愿结婚；

（七）当事人提交3张2寸双方近期半身免冠合影照片；

（八）当事人持有本规范第二十九条至第三十五条规定的有效证件。

第二十九条　内地居民办理结婚登记应当提交本人有效的居民身份证和户口簿，因故不能提交身份证的可以出具有效的临时身份证。

居民身份证与户口簿上的姓名、性别、出生日期、公民身份号码应当一致；不一致的，当事人应当先到有关部门更正。

户口簿上的婚姻状况应当与当事人声明一致。不一致的，当事人应当向登记机关提供能够证明其声明真实性的法院生效司法文书、配偶居民死亡医学证明（推断）书等材料；不一致且无法提供相关材料的，当事人应当先到有关部门更正。

当事人声明的婚姻状况与婚姻登记档案记载不一致的，当事人应当向登记机关提供能够证明其声明真实性的法院生效司法文书、配偶居民死亡医学证明（推断）书等材料。

第三十条　现役军人办理结婚登记应当提交本人的居民身份证、军人证件和部队出具的军人婚姻登记证明。

居民身份证、军人证件和军人婚姻登记证明上的姓名、性别、出生日期、公民身份号码应当一致；不一致的，当事人应当先到有关部门更正。

第三十一条　香港居民办理结婚登记应当提交：

（一）港澳居民来往内地通行证或者港澳同胞回乡证；

（二）香港居民身份证；

（三）经香港委托公证人公证的本人无配偶以及与对方当事人没有直系血亲和三代以内旁系血亲关系的声明。

第三十二条　澳门居民办理结婚登记应当提交：

（一）港澳居民来往内地通行证或者港澳同胞回乡证；

（二）澳门居民身份证；

（三）经澳门公证机构公证的本人无配偶以及与对方当事人没有直系血亲和三代以内旁系血亲关系的声明。

第三十三条　台湾居民办理结婚登记应当提交：

(一)台湾居民来往大陆通行证或者其他有效旅行证件;

(二)本人在台湾地区居住的有效身份证;

(三)经台湾公证机构公证的本人无配偶以及与对方当事人没有直系血亲和三代以内旁系血亲关系的声明。

第三十四条 华侨办理结婚登记应当提交:

(一)本人的有效护照;

(二)居住国公证机构或者有权机关出具的、经中华人民共和国驻该国使(领)馆认证的本人无配偶以及与对方当事人没有直系血亲和三代以内旁系血亲关系的证明,或者中华人民共和国驻该国使(领)馆出具的本人无配偶以及与对方当事人没有直系血亲和三代以内旁系血亲关系的证明。

与中国无外交关系的国家出具的有关证明,应当经与该国及中国均有外交关系的第三国驻该国使(领)馆和中国驻第三国使(领)馆认证,或者经第三国驻华使(领)馆认证。

第三十五条 外国人办理结婚登记应当提交:

(一)本人的有效护照或者其他有效的国际旅行证件;

(二)所在国公证机构或者有权机关出具的、经中华人民共和国驻该国使(领)馆认证或者该国驻华使(领)馆认证的本人无配偶的证明,或者所在国驻华使(领)馆出具的本人无配偶证明。

与中国无外交关系的国家出具的有关证明,应当经与该国及中国均有外交关系的第三国驻该国使(领)馆和中国驻第三国使(领)馆认证,或者经第三国驻华使(领)馆认证。

第三十六条 婚姻登记员受理结婚登记申请,应当按照下列程序进行:

(一)询问当事人的结婚意愿;

(二)查验本规范第二十九条至第三十五条规定的相应证件和材料;

(三)自愿结婚的双方各填写一份《申请结婚登记声明书》;《申请结婚登记声明书》中"声明人"一栏的签名必须由声明人在监誓人面前完成并按指纹;

(四)当事人现场复述声明书内容,婚姻登记员作监誓人并在监誓人一栏签名。

第三十七条 婚姻登记员对当事人提交的证件、证明、声明进行审查,符合结婚条件的,填写《结婚登记审查处理表》和结婚证。

第三十八条 《结婚登记审查处理表》的填写:

(一)《结婚登记审查处理表》项目的填写,按照下列规定通过计算机完成:

1."申请人姓名":当事人是中国公民的,使用中文填写;当事人是外国人的,按照当事人护照上的姓名填写。

2."出生日期":使用阿拉伯数字,按照身份证件上的出生日期填写为"××××年××月××日"。

3."身份证件号":当事人是内地居民的,填写居民身份证号;当事人是香港、澳门、台湾居民的,填写香港、澳门、台湾居民身份证号,并在号码后加注"(香港)"、"(澳门)"或者"(台湾)";当事人是华侨的,填写护照或旅行证件号;当事人是外国人的,填写当事人的护照或旅行证件号。

证件号码前面有字符的,应当一并填写。

4."国籍":当事人是内地居民、香港居民、澳门居民、台湾居民、华侨的,填写"中国";当事人是外国人的,按照护照上的国籍填写;无国籍人,填写"无国籍"。

5."提供证件情况":应当将当事人提供的证件、证明逐一填写,不得省略。

6."审查意见":填写"符合结婚条件,准予登记"。

7."结婚登记日期":使用阿拉伯数字,填写为:"××××年××月××日"。填写的日期应当与结婚证上的登记日期一致。

8."结婚证字号"填写式样按照民政部相关规定执行,填写规则见附则。

9."结婚证印制号"填写颁发给当事人的结婚证上印制的号码。

10."承办机关名称":填写承办该结婚登记的婚姻登记处的名称。

(二)"登记员签名":由批准该结婚登记的婚姻登记员亲笔签名,不得使用个人印章或者计算机打印。

(三)在"照片"处粘贴当事人提交的照片,并在骑缝处加盖钢印。

第三十九条 结婚证的填写:

(一)结婚证上"结婚证字号""姓名""性别""出生日期""身份证件号""国籍""登记日期"应当与《结婚登记审查处理表》中相应项目完全一致。

(二)"婚姻登记员":由批准该结婚登记的婚姻登记员使用黑色墨水钢笔或签字笔亲笔签名,签名应清晰可辨,不得使用个人印章或者计算机打印。

(三)在"照片"栏粘贴当事人双方合影照片。

(四)在照片与结婚证骑缝处加盖婚姻登记工作业务专用钢印。

(五)"登记机关":盖婚姻登记工作业务专用印章(红印)。

第四十条 婚姻登记员在完成结婚证填写后,应当进行认真核对、检查。对填写错误、证件被污染或者损坏的,应当将证件报废处理,重新填写。

第四十一条 颁发结婚证,应当在当事人双方均在场时按照下列步骤进行:

(一)向当事人双方询问核对姓名、结婚意愿;

(二)告知当事人双方领取结婚证后的法律关系以及夫妻权利、义务;

(三)见证当事人本人亲自在《结婚登记审查处理表》上的"当事人领证签名并按指纹"一栏中签名并按指纹;

"当事人领证签名并按指纹"一栏不得空白,不得由他人代为填写、代按指纹。

(四)将结婚证分别颁发给结婚登记当事人双方,向双方当事人宣布:取得结婚证,确立夫妻关系;

(五)祝贺新人。

第四十二条 申请补办结婚登记的,当事人填写《申请补办结婚登记声明书》,婚姻登记机关按照结婚登记程序办理。

第四十三条 申请复婚登记的,当事人填写《申请结婚登记声明书》,婚姻登记机关按照结婚登记程序办理。

第四十四条 婚姻登记员每办完一对结婚登记,应当依照《婚姻登记档案管理办法》,对应当存档的材料进行整理、保存,不得出现原始材料丢失、损毁情况。

第四十五条 婚姻登记机关对不符合结婚登记条件的,不予受理。当事人要求出具《不予办理结婚登记告知书》的,应当出具。

第五章 撤销婚姻

第四十六条 受胁迫结婚的婚姻当事人,可以向原办理该结婚登记的机关请求撤销婚姻。

第四十七条 撤销婚姻应当按照初审—受理—审查—报批—公告的程序办理。

第四十八条 受理撤销婚姻申请的条件:

(一)婚姻登记处具有管辖权;

(二)受胁迫的一方和对方共同到婚姻登记机关签署双方无子女抚养、财产及债务问题的声明书;

(三)申请时距结婚登记之日或受胁迫的一方恢复人身自由之日不超过1年;

(四)当事人持有:

1. 本人的身份证、结婚证;

2. 要求撤销婚姻的书面申请;

3. 公安机关出具的当事人被拐卖、解救的相关材料,或者人民法院作出的能够证明当事人被胁迫结婚的判决书。

第四十九条 符合撤销婚姻的,婚姻登记处按以下程序进行:

(一)查验本规范第四十八条规定的证件和证明材料。

(二)当事人在婚姻登记员面前亲自填写《撤销婚姻申请书》,双方当事人在"声明人"一栏签名并按指纹。

(三)当事人宣读本人的申请书,婚姻登记员作监誓人并在监誓人一栏签名。

第五十条 婚姻登记处拟写"关于撤销×××与×××婚姻的决定"报所属民政部门或者乡(镇)人民政府;符合撤销条件的,婚姻登记机关应当批准,并印发撤销决定。

第五十一条 婚姻登记处应当将《关于撤销×××与×××婚姻的决定》送达当事人双方,并在婚姻登记公告栏公告30日。

第五十二条 婚姻登记处对不符合撤销婚姻条件的,应当告知当事人不予撤销原因,并告知当事人可以向人民法院请求撤销婚姻。

第五十三条 除受胁迫结婚之外,以任何理由请求宣告婚姻无效或者撤销婚姻的,婚姻登记机关不予受理。

第六章 离婚登记

第五十四条 离婚登记按照初审—受理—审查—登记(发证)的程序办理。

第五十五条 受理离婚登记申请的条件是:

(一)婚姻登记处具有管辖权;

(二)要求离婚的夫妻双方共同到婚姻登记处提出申请;

(三)双方均具有完全民事行为能力;

(四)当事人持有离婚协议书,协议书中载明双方自愿离婚的意思表示以及对子女抚养、财产及债务处理等事项协商一致的意见;

(五)当事人持有内地婚姻登记机关或者中国驻外使(领)馆颁发的结婚证;

(六)当事人各提交2张2寸单人近期半身免冠照片;

(七)当事人持有本规范第二十九条至第三十五条规定的有效身份证件。

第五十六条 婚姻登记员受理离婚登记申请,应当按照下列程序进行:

(一)分开询问当事人的离婚意愿,以及对离婚协议内容的意愿,并进行笔录,笔录当事人阅后签名。

(二)查验本规范第五十五条规定的证件和材料。申请办理离婚登记的当事人有一本结婚证丢失的,当事人应当书面声明遗失,婚姻登记机关可以根据另一本结婚证办理离婚登记;申请办理离婚登记的当事人两本结婚证都丢失的,当事人应当书面声明结婚证遗失并提供加盖查档专用章的结婚登记档案复印件,婚姻登记机关可根据当事人提供的上述材料办理离婚登记。

(三)双方自愿离婚且对子女抚养、财产及债务处理等事项协商一致的,双方填写《申请离婚登记声明书》;

《申请离婚登记声明书》中"声明人"一栏的签名必须由声明人在监誓人面前完成并按指纹;

婚姻登记员作监誓人并在监誓人一栏签名。

(四)夫妻双方应当在离婚协议上现场签名;婚姻登记员可以在离婚协议书上加盖"此件与存档件一致,涂改无效。XXXX婚姻登记处XX年XX月XX日"的长方形印章。协议书夫妻双方各一份,婚姻登记处存档一份。当事人因离婚协议书遗失等原因,要求婚姻登记机关复印其离婚协议书的,按照《婚姻登记档案管理办法》的规定查阅婚姻登记档案。

离婚登记完成后,当事人要求更换离婚协议书或变更离婚协议内容的,婚姻登记机关不予受理。

第五十七条 婚姻登记员对当事人提交的证件、《申请离婚登记声明书》、离婚协议书进行审查,符合离婚条件的,填写

《离婚登记审查处理表》和离婚证。

《离婚登记审查处理表》和离婚证分别参照本规范第三十八条、第三十九条规定填写。

第五十八条 婚姻登记员在完成离婚证填写后，应当进行认真核对、检查。对打印或者书写错误、证件被污染或者损坏的，应当将证件报废处理，重新填写。

第五十九条 颁发离婚证，应当在当事人双方均在场时按照下列步骤进行：

（一）向当事人双方询问核对姓名、出生日期、离婚意愿；

（二）见证当事人本人亲自在《离婚登记审查处理表》“当事人领证签名并按指纹”一栏中签名并按指纹；

“当事人领证签名并按指纹”一栏不得空白，不得由他人代为填写、代按指纹；

（三）在当事人的结婚证上加盖条型印章，其中注明“双方离婚，证件失效。××婚姻登记处”。注销后的结婚证复印存档，原件退还当事人。

（四）将离婚证颁发给离婚当事人。

第六十条 婚姻登记员每办完一对离婚登记，应当依照《婚姻登记档案管理办法》，对应当存档的材料进行整理、保存，不得出现原始材料丢失、损毁情况。

第六十一条 婚姻登记机关对不符合离婚登记条件的，不予受理。当事人要求出具《不予办理离婚登记告知书》的，应当出具。

第七章 补领婚姻登记证

第六十二条 当事人遗失、损毁婚姻登记证，可以向原办理该婚姻登记的机关或者一方常住户口所在地的婚姻登记机关申请补领。有条件的省份，可以允许本省居民向本辖区内负责内地居民婚姻登记的机关申请补领婚姻登记证。

第六十三条 婚姻登记机关为当事人补发结婚证、离婚证，应当按照初审—受理—审查—发证程序进行。

第六十四条 受理补领结婚证、离婚证申请的条件是：

（一）婚姻登记处具有管辖权；

（二）当事人依法登记结婚或者离婚，现今仍然维持该状况；

（三）当事人持有本规范第二十九条至第三十五条规定的身份证件；

（四）当事人亲自到婚姻登记处提出申请，填写《申请补领婚姻登记证声明书》。

当事人因故不能到婚姻登记处申请补领婚姻登记证的，有档案可查且档案信息与身份信息一致的，可以委托他人办理。委托办理应当提交当事人的户口簿、身份证和经公证机关公证的授权委托书。委托书应当写明当事人姓名、身份证件号码、办理婚姻登记的时间及承办机关、目前的婚姻状况、委托事由、受委托人的姓名和身份证件号码。受委托人应当同时提交本人的身份证件。

当事人结婚登记档案查找不到的，当事人应当提供充分证据证明婚姻关系，婚姻登记机关经过严格审查，确认当事人存在婚姻关系的，可以为其补领结婚证。

第六十五条 婚姻登记员受理补领婚姻登记证申请，应当按照下列程序进行：

（一）查验本规范第六十四条规定的相应证件和证明材料；

（二）当事人填写《申请补领婚姻登记证声明书》，《申请补领婚姻登记证声明书》中“声明人”一栏的签名必须由声明人在监督人面前完成并按指纹；

（三）婚姻登记员作监督人并在监督人一栏签名；

（四）申请补领结婚证的，双方当事人提交 3 张 2 寸双方近期半身免冠合影照片；申请补领离婚证的当事人提交 2 张 2 寸单人近期半身免冠照片。

第六十六条 婚姻登记员对当事人提交的证件、证明进行审查，符合补发条件的，填写《补发婚姻登记证审查处理表》和婚姻登记证。《补发婚姻登记证审查处理表》参照本规范第三十八条规定填写。

第六十七条 补发婚姻登记证时，应当向当事人询问核对姓名、出生日期，见证当事人本人亲自在《补发婚姻登记证审查处理表》“当事人领证签名并按指纹”一栏中签名并按指纹，将婚姻登记证发给当事人。

第六十八条 当事人的户口簿上以曾用名的方式反映姓名变更的，婚姻登记机关可以采信。

当事人办理结婚登记时未达到法定婚龄，通过非法手段骗取婚姻登记，其在申请补领时仍未达法定婚龄的，婚姻登记机关不得补发结婚证；其在申请补领时已达法定婚龄的，当事人应对结婚登记情况作出书面说明，婚姻登记机关补发的结婚证登记日期为当事人达到法定婚龄之日。

第六十九条 当事人办理过结婚登记，申请补领时的婚姻状况因离婚或丧偶发生改变的，不予补发结婚证；当事人办理过离婚登记的，申请补领时的婚姻状况因复婚发生改变的，不予补发离婚证。

第七十条 婚姻登记机关对不具备补发结婚证、离婚证受理条件的，不予受理。

第八章 监督与管理

第七十一条 各级民政部门应当建立监督检查制度，定期对本级民政部门设立的婚姻登记处和下级婚姻登记机关进行监督检查。

第七十二条 婚姻登记机关及其婚姻登记员有下列行为之一的，对直接负责的主管人员和其他直接责任人员依法给予行政处分：

（一）为不符合婚姻登记条件的当事人办理婚姻登记的；

（二）违反程序规定办理婚姻登记、发放婚姻登记证、撤销婚姻的；

（三）要求当事人提交《婚姻登记条例》和本规范规定以外的证件材料的；

（四）擅自提高收费标准或者增加收费项目的；

（五）玩忽职守造成婚姻登记档案损毁的；

（六）购买使用伪造婚姻证书的；

（七）违反规定应用婚姻登记信息系统的。

第七十三条 婚姻登记员违反规定办理婚姻登记，给当事人造成严重后果的，应当由婚姻登记机关承担对当事人的赔偿责任，并对承办人员进行追偿。

第七十四条 婚姻登记证使用单位不得使用非上级民政部门提供的婚姻登记证。各级民政部门发现本行政区域内有使用非上级民政部门提供的婚姻登记证的，应当予以没收，并追究相关责任人的法律责任和行政责任。

第七十五条 婚姻登记机关发现婚姻登记证有质量问题时，应当及时书面报告省级人民政府民政部门或者国务院民政部门。

第七十六条 人民法院作出与婚姻相关的判决、裁定和调解后，当事人将生效司法文书送婚姻登记机关的，婚姻登记机关应当将司法文书复印件存档并将相关信息录入婚姻登记信息系统。

婚姻登记机关应当加强与本地区人民法院的婚姻信息共享工作，完善婚姻信息数据库。

第九章 附 则

第七十七条 本规范规定的当事人无配偶声明或者证明，自出具之日起6个月内有效。

第七十八条 县级或县级以上人民政府民政部门办理婚姻登记的，“结婚证字号”填写式样为“Jaaaaaa-bbbb-cccccc”（其中“aaaaaa”为6位行政区划代码，“bbbb”为当年年号，“cccccc”为当年办理婚姻登记的序号）。“离婚证字号”开头字符为“L”。“补发结婚证字号”开头字符为“BJ”。“补发离婚证字号”开头字符为“BL”。

县级人民政府民政部门设立多个婚姻登记巡回点的，由县级人民政府民政部门明确字号使用规则，规定各登记点使用号段。

乡（镇）人民政府办理婚姻登记的，行政区划代码由6位改为9位（在县级区划代码后增加三位乡镇代码），其他填写方法与上述规定一致。

对为方便人民群众办理婚姻登记、在行政区划单位之外设立的婚姻登记机关，其行政区划代码由省级人民政府民政部门按照前四位取所属地级市行政区划代码前四位，五六位为序号（从61开始，依次为62、63、……、99）的方式统一编码。

第七十九条 当事人向婚姻登记机关提交的“本人无配偶证明”等材料是外国语言文字的，应当翻译成中文。当事人未提交中文译文的，视为未提交该文件。婚姻登记机关可以接受中国驻外国使领馆或有资格的翻译机构出具的翻译文本。

第八十条 本规范自2016年2月1日起实施。

附件：

1. 申请结婚登记声明书
2. 结婚登记审查处理表（略）
3. 申请补办结婚登记声明书（略）
4. 不予办理结婚登记告知书（略）
5. 撤销婚姻申请书（略）
6. 关于撤销×××与×××婚姻的决定（略）
7. 申请离婚登记声明书（略）
8. 离婚登记审查处理表（略）
9. 不予办理离婚登记告知书（略）
10. 申请补领婚姻登记证声明书（略）
11. 补发婚姻登记证审查处理表（略）

婚姻登记档案管理办法

（2006年1月23日民政部、国家档案局令第32号公布 自公布之日起施行）

第一条 为规范婚姻登记档案管理，维护婚姻当事人的合法权益，根据《中华人民共和国档案法》和《婚姻登记条例》，制定本办法。

第二条 婚姻登记档案是婚姻登记机关在办理结婚登记、撤销婚姻、离婚登记、补发婚姻登记证的过程中形成的具有凭证作用的各种记录。

第三条 婚姻登记主管部门对婚姻登记档案工作实行统一领导，分级管理，并接受同级地方档案行政管理部门的监督和指导。

第四条 婚姻登记机关应当履行下列档案工作职责：

（一）及时将办理完毕的婚姻登记材料收集、整理、归档；

（二）建立健全各项规章制度，确保婚姻登记档案的齐全完整；

（三）采用科学的管理方法，提高婚姻登记档案的保管水平；

（四）办理查档服务，出具婚姻登记记录证明，告知婚姻登记档案的存放地；

（五）办理婚姻登记档案的移交工作。

第五条 办理结婚登记（含复婚、补办结婚登记，下同）形成的下列材料应当归档：

（一）《结婚登记审查处理表》；

（二）《申请结婚登记声明书》或者《申请补办结婚登记声明书》；

（三）香港特别行政区居民、澳门特别行政区居民、台湾地区居民、出国人员、华侨以及外国人提交的《婚姻登记条例》第

五条规定的各种证明材料(含翻译材料);

(四)当事人身份证件(从《婚姻登记条例》第五条规定,下同)复印件;

(五)其他有关材料。

第六条 办理撤销婚姻形成的下列材料应当归档:

(一)婚姻登记机关关于撤销婚姻的决定;

(二)《撤销婚姻申请书》;

(三)当事人的结婚证原件;

(四)公安机关出具的当事人被拐卖、解救证明,或人民法院作出的能够证明当事人被胁迫结婚的判决书;

(五)当事人身份证件复印件;

(六)其他有关材料。

第七条 办理离婚登记形成的下列材料应当归档:

(一)《离婚登记审查处理表》;

(二)《申请离婚登记声明书》;

(三)当事人结婚证复印件;

(四)当事人离婚协议书;

(五)当事人身份证件复印件;

(六)其他有关材料。

第八条 办理补发婚姻登记证形成的下列材料应当归档:

(一)《补发婚姻登记证审查处理表》;

(二)《申请补领婚姻登记证声明书》;

(三)婚姻登记档案保管部门出具的婚姻登记档案记录证明或其他有关婚姻状况的证明;

(四)当事人身份证件复印件;

(五)当事人委托办理时提交的经公证机关公证的当事人身份证件复印件和委托书,受委托人本人的身份证件复印件;

(六)其他有关材料。

第九条 婚姻登记档案按照年度—婚姻登记性质分类。婚姻登记性质分为结婚登记类、撤销婚姻类、离婚登记类和补发婚姻登记证类四类。

人民法院宣告婚姻无效或者撤销婚姻的判决书副本归入撤销婚姻类档案。

婚姻无效或者撤销婚姻的,应当在当事人原婚姻登记档案的《结婚登记审查处理表》的"备注"栏中注明有关情况及相应的撤销婚姻类档案的档号。

第十条 婚姻登记材料的立卷归档应当遵循下列原则与方法:

(一)婚姻登记材料按照年度归档。

(二)一对当事人婚姻登记材料组成一卷。

(三)卷内材料分别按照本办法第五、六、七、八条规定的顺序排列。

(四)以有利于档案保管和利用的方法固定案卷。

(五)按本办法第九条的规定对案卷进行分类,并按照办理婚姻登记的时间顺序排列。

(六)在卷内文件首页上端的空白处加盖归档章(见附件1),并填写有关内容。归档章设置全宗号、年度、室编卷号、馆编卷号和页数等项目。

全宗号:档案馆给立档单位编制的代号。

年度:案卷的所属年度。

室编卷号:案卷排列的顺序号,每年每个类别分别从"1"开始标注。

馆编卷号:档案移交时按进馆要求编制。

页数:卷内材料有文字的页面数。

(七)按室编卷号的顺序将婚姻登记档案装入档案盒,并填写档案盒封面、盒脊和备考表的项目。

档案盒封面应标明全宗名称和婚姻登记处名称(见附件2)。

档案盒盒脊设置全宗号、年度、婚姻登记性质、起止卷号和盒号等项目(见附件3)。其中,起止卷号填写盒内第一份案卷和最后一份案卷的卷号,中间用"—"号连接;盒号即档案盒的排列顺序号,在档案移交时按进馆要求编制。

备考表置于盒内,说明本盒档案的情况,并填写整理人、检查人和日期(见附件4)。

(八)按类别分别编制婚姻登记档案目录(见附件5)。

(九)每年的婚姻登记档案目录加封面后装订成册,一式三份,并编制目录号(见附件6)。

第十一条 婚姻登记材料的归档要求:

(一)当年的婚姻登记材料应当在次年的3月31日前完成立卷归档;

(二)归档的婚姻登记材料必须齐全完整,案卷规范、整齐,复印件一律使用A4规格的复印纸,复印件和照片应当图像清晰;

(三)归档章、档案盒封面、盒脊、备考表等项目,使用蓝黑墨水或碳素墨水钢笔填写;婚姻登记档案目录应当打印;备考表和档案目录一律使用A4规格纸张。

第十二条 使用计算机办理婚姻登记所形成的电子文件,应当与纸质文件一并归档,归档要求参照《电子文件归档与管理规范》(GB/T18894-2002)。

第十三条 婚姻登记档案的保管期限为100年。对有继续保存价值的可以延长保管期限直至永久。

第十四条 婚姻登记档案应当按照下列规定进行移交:

(一)县级(含)以上地方人民政府民政部门形成的婚姻登记档案,应当在本单位档案部门保管一定时期后向同级国家档案馆移交,具体移交时间由双方商定。

(二)具有办理婚姻登记职能的乡(镇)人民政府形成的婚姻登记档案应当向乡(镇)档案部门移交,具体移交时间从乡(镇)的规定。

乡(镇)人民政府应当将每年的婚姻登记档案目录副本向上一级人民政府民政部门报送。

（三）被撤销或者合并的婚姻登记机关的婚姻登记档案应当按照前两款的规定及时移交。

第十五条　婚姻登记档案的利用应当遵守下列规定：

（一）婚姻登记档案保管部门应当建立档案利用制度，明确办理程序，维护当事人的合法权益；

（二）婚姻登记机关可以利用本机关移交的婚姻登记档案；

（三）婚姻当事人持有合法身份证件，可以查阅本人的婚姻登记档案；婚姻当事人因故不能亲自前往查阅的，可以办理授权委托书，委托他人代为办理，委托书应当经公证机关公证；

（四）人民法院、人民检察院、公安和安全部门为确认当事人的婚姻关系，持单位介绍信可以查阅婚姻登记档案；律师及其他诉讼代理人在诉讼过程中，持受理案件的法院出具的证明材料及本人有效证件可以查阅与诉讼有关的婚姻登记档案；

（五）其他单位、组织和个人要求查阅婚姻登记档案的，婚姻登记档案保管部门在确认其利用目的合理的情况下，经主管领导审核，可以利用；

（六）利用婚姻登记档案的单位、组织和个人，不得公开婚姻登记档案的内容，不得损害婚姻登记当事人的合法权益；

（七）婚姻登记档案不得外借，仅限于当场查阅；复印的婚姻登记档案需加盖婚姻登记档案保管部门的印章方为有效。

第十六条　婚姻登记档案的鉴定销毁应当符合下列要求：

（一）婚姻登记档案保管部门对保管期限到期的档案要进行价值鉴定，对无保存价值的予以销毁，但婚姻登记档案目录应当永久保存。

（二）对销毁的婚姻登记档案应当建立销毁清册，载明销毁档案的时间、种类和数量，并永久保存。

（三）婚姻登记档案保管部门应当派人监督婚姻登记档案的销毁过程，确保销毁档案没有漏销或者流失，并在销毁清册上签字。

第十七条　本办法由民政部负责解释。

第十八条　本办法自公布之日起施行。

中国边民与毗邻国边民婚姻登记办法

（2012年8月8日民政部令第45号公布　自2012年10月1日起施行）

第一条　为规范边民婚姻登记工作，保护婚姻当事人的合法婚姻权益，根据《中华人民共和国婚姻法》、《婚姻登记条例》，制定本办法。

第二条　本办法所称边民是指中国与毗邻国边界线两侧县级行政区域内有当地常住户口的中国公民和外国人。中国与毗邻国就双方国家边境地区和边民的范围达成有关协议的，适用协议的规定。

第三条　本办法适用于中国边民与毗邻国边民在中国边境地区办理婚姻登记。

第四条　边民办理婚姻登记的机关是边境地区县级人民政府民政部门。

边境地区婚姻登记机关应当按照便民原则在交通不便的乡（镇）巡回登记。

第五条　中国边民与毗邻国边民在中国边境地区结婚，男女双方应当共同到中国一方当事人常住户口所在地的婚姻登记机关办理结婚登记。

第六条　办理结婚登记的中国边民应当出具下列证件、证明材料：

（一）本人的居民户口簿、居民身份证；

（二）本人无配偶以及与对方当事人没有直系血亲和三代以内旁系血亲关系的签字声明。

办理结婚登记的毗邻国边民应当出具下列证明材料：

（一）能够证明本人边民身份的有效护照、国际旅行证件或者边境地区出入境通行证件；

（二）所在国公证机构或者有权机关出具的、经中华人民共和国驻该国使（领）馆认证或者该国驻华使（领）馆认证的本人无配偶的证明，或者所在国驻华使（领）馆出具的本人无配偶的证明，或者由毗邻国边境地区与中国乡（镇）人民政府同级的政府出具的本人无配偶证明。

第七条　办理结婚登记的当事人有下列情形之一的，婚姻登记机关不予登记：

（一）未到中国法定结婚年龄的；

（二）非双方自愿的；

（三）一方或者双方已有配偶的；

（四）属于直系血亲或者三代以内旁系血亲的；

（五）患有医学上认为不应当结婚的疾病的。

第八条　婚姻登记机关应当对结婚登记当事人出具的证件、证明材料进行审查并询问相关情况，对当事人符合结婚条件的，应当当场予以登记，发给结婚证。对当事人不符合结婚条件不予登记的，应当向当事人说明理由。

第九条　男女双方补办结婚登记的，适用本办法关于结婚登记的规定。

第十条　未到婚姻登记机关办理结婚登记以夫妻名义同居生活的，不成立夫妻关系。

第十一条　因受胁迫结婚的，受胁迫的边民可以依据《中华人民共和国婚姻法》第十一条的规定向婚姻登记机关请求撤销其婚姻。受胁迫方应当出具下列证件、证明材料：

（一）本人的身份证件；

（二）结婚证；

（三）要求撤销婚姻的书面申请；

（四）公安机关出具或者人民法院作出的能够证明当事人被胁迫结婚的证明材料。

受胁迫方为毗邻国边民的，其身份证件包括能够证明边民身份的有效护照、国际旅行证件或者边境地区出入境通行证件。

婚姻登记机关经审查认为受胁迫结婚的情况属实且不涉及子女抚养、财产及债务问题的，应当撤销该婚姻，宣告结婚证作废。

第十二条　中国边民与毗邻国边民在中国边境地区自愿离婚的，应当共同到中国边民常住户口所在地的婚姻登记机关办理离婚登记。

第十三条　办理离婚登记的双方当事人应当出具下列证件、证明材料：

（一）本人的结婚证；

（二）双方当事人共同签署的离婚协议书。

除上述材料外，办理离婚登记的中国边民还需要提供本人的居民户口簿和居民身份证，毗邻国边民还需要提供能够证明边民身份的有效护照、国际旅行证件或者边境地区出入境通行证件。

离婚协议书应当载明双方当事人自愿离婚的意思表示以及对子女抚养、财产及债务处理等事项协商一致的意见。

第十四条　办理离婚登记的当事人有下列情形之一的，婚姻登记机关不予受理：

（一）未达成离婚协议的；

（二）属于无民事行为能力或者限制民事行为能力人的；

（三）其结婚登记不是在中国内地办理的。

第十五条　婚姻登记机关应当对离婚登记当事人出具的证件、证明材料进行审查并询问相关情况。对当事人确属自愿离婚，并已对子女抚养、财产、债务等问题达成一致处理意见的，应当当场予以登记，发给离婚证。

第十六条　离婚的男女双方自愿恢复夫妻关系的，应当到婚姻登记机关办理复婚登记。复婚登记适用本办法关于结婚登记的规定。

第十七条　结婚证、离婚证遗失或者损毁的，中国边民可以持居民户口簿、居民身份证，毗邻国边民可以持能够证明边民身份的有效护照、国际旅行证件或者边境地区出入境通行证向原办理婚姻登记的机关或者中国一方当事人常住户口所在地的婚姻登记机关申请补领。婚姻登记机关对当事人的婚姻登记档案进行查证，确认属实的，应当为当事人补发结婚证、离婚证。

第十八条　本办法自2012年10月1日起施行。1995年颁布的《中国与毗邻国边民婚姻登记管理试行办法》（民政部令第1号）同时废止。

民政部、总政治部关于士官婚姻管理有关问题的通知

（2011年12月28日　民发〔2011〕219号）

各省、自治区、直辖市民政厅（局），各计划单列市民政局，新疆生产建设兵团民政局；各军区、各军兵种、各总部、军事科学院、国防大学、国防科学技术大学、武警部队政治部：

为加强士官队伍建设，进一步做好新形势下士官婚姻管理工作，根据士官管理有关规定，现就有关事项通知如下：

一、士官符合下列条件之一的，经师（旅）级以上单位政治机关批准，可以在驻地或者部队内部找对象结婚：

（一）中级士官；

（二）年龄超过28周岁的男士官或者年龄超过26周岁的女士官；

（三）烈士子女、孤儿或者因战、因公、因病致残的士官。

二、军队政治机关负责对士官在部队驻地或者部队内部找对象结婚的条件进行审查，符合条件的按有关规定出具《军人婚姻登记证明》。婚姻登记机关依据军队政治机关出具的《军人婚姻登记证明》，为士官办理婚姻登记。

三、民政部、总政治部《关于军队人员婚姻管理有关问题的通知》（政组〔2010〕14号）与本通知不一致的，以本《通知》为准。

民政部办公厅关于暂未领取居民身份证军人办理婚姻登记问题的处理意见

（2010年4月13日　民办函〔2010〕80号）

各省、自治区、直辖市民政厅（局），计划单列市民政局，新疆生产建设兵团民政局：

自民政部、解放军总政治部《关于军队人员婚姻管理有关问题的通知》（政组〔2010〕14号，以下简称《通知》）印发实行以来，一些地方反映部分军人申请办理婚姻登记时，无法按照《通知》要求提供本人居民身份证。经解放军总政治部了解，虽然公安部和总参、总政、总后、总装文件规定，军人居民身份证于2008年底全部办理完毕，但由于种种原因，目前确有一些部队官兵没有取得居民身份证。为满足无居民身份证军人婚姻登记的需求，经与解放军总政组织部协商，按下述意见办理：

一、团级以上政治机关出具《军人婚姻登记证明》时，根据军人无居民身份证的具体情况，在证明右上角分别标注“暂未

领取居民身份证、已编制公民身份号码。”或“暂未领取居民身份证、未编制公民身份号码。”并在标注处加盖印章。对“暂未领取居民身份证、未编制公民身份号码”的,《军人婚姻登记证明》中“公民身份号码”栏填写“无”。

二、军人持标注有“暂未领取居民身份证、已编制公民身份号码”或“暂未领取居民身份证、未编制公民身份号码”的,若除居民身份证外,当事人其他证件、证明材料齐全且符合相关规定的,婚姻登记机关应当受理其有关登记或补领证件的申请。

为保障军人婚姻权益,在文件下发过程中,军人持2010年8月1日之前出具的有效期内的《军人婚姻登记证明》或旧式婚姻状况证明,若证明中未标注“暂未领取居民身份证”,但军人声称无居民身份证的,由军人本人做出无居民身份证书面声明,婚姻登记机关可不要求声明人提供居民身份证。

三、军人有居民身份证或“暂未领取居民身份证、已编制公民身份号码”的,《申请结(离)婚登记声明书》、《结(离)婚登记审查处理表》及《结(离)婚证》上的“身份证件号”按照《通知》要求填写;“暂未领取居民身份证、未编制公民身份号码”的,上述材料中的“身份证号码”栏填写当事人的《军官证》或《文职干部证》、《学员证》、《士兵证》、《离休证》、《退休证》等军人身份证件号码。

关于对婚姻登记严重失信当事人开展联合惩戒的合作备忘录

(2018年2月26日 发改财金〔2018〕342号)

为深入学习贯彻习近平新时代中国特色社会主义思想和党的十九大精神,落实《中华人民共和国婚姻法》《婚姻登记条例》等法律法规精神以及《国务院关于印发社会信用体系建设规划纲要(2014-2020年)的通知》(国发〔2014〕21号)、《国务院关于建立完善守信联合激励和失信联合惩戒制度加快推进社会诚信建设的指导意见》(国发〔2016〕33号)、《国家发展改革委 人民银行关于加强和规范守信联合激励和失信联合惩戒对象名单管理工作的指导意见》(发改财金规〔2017〕1798号)等文件要求,加快推进婚姻登记领域信用体系建设,加大对婚姻登记领域严重失信行为的惩戒力度,促进婚姻家庭和谐稳定,加快推进社会信用体系建设,国家发展改革委、人民银行、民政部、中央组织部、中央宣传部、中央编办、中央文明办、最高人民法院、教育部、工业和信息化部、公安部、司法部、财政部、人力资源社会保障部、商务部、卫生计生委、审计署、国资委、海关总署、税务总局、工商总局、质检总局、新闻出版广电总局、统计局、旅游局、银监会、证监会、保监会、国家公务员局、共青团中央、全国妇联等部门就婚姻登记领域严重失信当事人开展联合惩戒工作达成如下一致意见。

一、联合惩戒对象

联合惩戒对象为婚姻登记严重失信当事人。当事人有以下行为之一的,由民政部门列入严重失信名单:

(一)使用伪造、变造或者冒用他人身份证件、户口簿、无配偶证明及其他证件、证明材料的;

(二)作无配偶、无直系亲属关系、无三代以内旁系血亲等虚假声明的;

(三)故意隐瞒对方无民事行为能力或限制民事行为能力状况,严重损害对方合法权益的;

(四)其他严重违反《中华人民共和国婚姻法》和《婚姻登记条例》行为的。

二、信息共享与联合惩戒的实施方式

民政部基于全国婚姻登记信用信息平台,建立严重失信名单,通过全国信用信息共享平台与全国婚姻登记信用信息平台实现数据交换和共享。最高人民法院将婚姻登记当事人的判决或调解离婚、撤销婚姻登记、宣告婚姻无效、宣告死亡等案件信息与民政部交换和共享。公安部将婚姻登记当事人及其配偶的身份信息、死亡信息通过国家人口基础信息库与民政部交换和共享。工业和信息化部将婚姻登记当事人的通信信息与民政部交换和共享。卫生计生委将婚姻登记当事人及其配偶的死亡信息与民政部交换和共享。签署本备忘录的各相关部门从全国信用信息共享平台获取婚姻登记严重失信名单后,执行或者协助执行本备忘录规定的惩戒措施,有关部门根据实际情况将联合惩戒的实施情况反馈国家发展改革委和民政部。

三、联合惩戒措施及实施单位

(一)限制招录(聘)为国家公职人员。限制婚姻登记严重失信当事人招录(聘)为公务员、事业单位工作人员。

实施单位:中央组织部、人力资源社会保障部、国家公务员局等

(二)限制登记为事业单位法定代表人。

实施单位:中央编办

(三)限制任职证券公司、基金管理公司、期货公司、融资性担保公司或金融机构、认证机构的董事、监事、高级管理人员。

实施单位:财政部、商务部、工商总局、质检总局、银监会、证监会、保监会、地方政府确定的融资性担保公司监管机构

(四)限制担任国有企业法定代表人、董事、监事、高级管理人员。限制婚姻登记严重失信当事人担任国有企业法定代表人、董事、监事、高级管理人员;已担任相关职务的,提出其不再担任相关职务的意见。

实施单位:中央组织部、国资委、财政部、工商总局等

(五)限制参评道德模范等荣誉。婚姻登记严重失信当事

人不得参加道德模范、五四青年奖、三八红旗手、全国五好文明家庭、最美家庭等评选,已经获得荣誉的予以撤销。

实施单位:中央宣传部、中央文明办、共青团中央、全国妇联等

(六)限制参与相关行业的评先、评优。婚姻登记严重失信当事人为律师、教师、医生、公务员的,在一定期限内限制其参与评先、评优。

实施单位:司法部、教育部、卫生计生委、国家公务员局

(七)供入股证券公司、基金管理公司、期货公司审批或备案,私募投资基金管理人登记,独立基金销售机构审批时审慎性参考。将婚姻登记严重失信当事人相关信息作为证券公司、基金管理公司及期货公司的设立及股权或实际控制人变更审批或备案,私募投资基金管理人登记,独立基金销售机构审批的审慎性参考。

实施单位:证监会

(八)供设立认证机构审批时审慎性参考。

实施单位:质检总局

(九)供金融机构融资授信时审慎性参考。将婚姻登记严重失信当事人信息作为金融机构对拟授信对象融资授信审批时的审慎性参考。

实施单位:人民银行、银监会

(十)限制补贴性资金支持。限制婚姻登记严重失信当事人申请补贴性资金支持。

实施单位:国家发展改革委、财政部、人力资源社会保障部、国资委等

(十一)限制成为海关认证企业。婚姻登记严重失信当事人为企业法定代表人(负责人)、负责关务的高级管理人员、财务负责人时,在企业申请海关认证企业时,不予通过;对已经成为海关认证企业的,按照规定下调企业信用等级。

实施单位:海关总署

(十二)作为选择政府采购供应商、选聘评审专家的审慎性参考。将婚姻登记严重失信当事人信息作为政府采购供应商、选聘评审专家的审慎性参考。

实施单位:财政部

(十三)供重点行业从业人员职业资质资格许可和认定参考。对婚姻登记严重失信当事人申请律师、教师、医生、社会工作者、注册会计师、税务师、认证从业人员、证券期货从业人员、新闻工作者、导游等资质资格认证予以从严审核,对已成为相关从业人员的相关主体予以重点关注。

实施单位:教育部、司法部、财政部、卫生计生委、审计署、税务总局、质检总局、新闻出版广电总局、统计局、旅游局、证监会

(十四)依法追究违法者的法律责任。对于有使用伪造、变造的身份证件、户口簿、证明材料或者有冒用他人身份证件等违法行为的当事人,依法追究其法律责任。

实施单位:公安部

四、联合惩戒的动态管理

民政部对婚姻登记严重失信名单进行动态管理,及时更新相关信息,相关记录在后台长期保存。有关部门依据各自法定职责,按照法律法规和有关规定实施联合惩戒或者解除联合惩戒。

五、其他事宜

各部门和单位应密切协作,积极落实本备忘录,及时在本系统内下发,并指导监督本系统各级单位按照有关规定实施联合惩戒。

本备忘录签署后,各部门、各领域内相关法律、法规、规章及规范性文件有修改或调整,与本备忘录不一致的,以修改或调整后的法律法规为准。实施过程中具体操作问题,由各部门另行协商明确。

附表:联合惩戒措施相关依据和实施单位(略)

民政部办公厅关于婚姻登记字号启用新填写方法的通知

(2009年11月23日　民办发〔2009〕29号)

各省、自治区、直辖市民政厅(局),计划单列市民政局,新疆生产建设兵团民政局:

为进一步加强婚姻登记规范化建设,加强婚姻登记信息化管理,避免婚姻登记字号重复等问题,现就启用婚姻登记字号新填写方法一事通知如下:

一、县级或县级以上人民政府民政部门办理婚姻登记的,结婚证字号填写方法为Jaaaaaa-bbbb-cccccc,离婚证字号填写方法为Laaaaaa-bbbb-cccccc,补领结婚证字号填写方法为BJaaaaaa-bbbb-cccccc,补领离婚证字号填写方法为BLaaaaaa-bbbb-cccccc,其中“aaaaaa”为6位行政区划代码(参见《中华人民共和国行政区划代码》,GB/T 2260-2002),“bbbb”为当年年号,“cccccc”为当年办理婚姻登记的序号,如北京市东城区民政局2010年办理的第一对结婚登记字号为J110101-2010-000001。

县级民政部门设立多个婚姻登记巡回点的,由县级民政部门通过规定某一号段由某一登记点使用或其他有效方法明确字号使用规则。

二、乡(镇)人民政府办理婚姻登记的,行政区划代码由6位改为9位(参见《县级以下行政区划代码编制规则》,GB/T 10114-2003),其他填写方法与上述规定一致。

三、经济技术开发区、高新技术开发区、农垦等非行政区成立民政局并设立婚姻登记机关的,行政区划代码由省级民政部门按照前一二位为省级代码、三四位为00、五六位为序号的方式统一编码并印发通知,如江苏省无锡市高新技术开发区可编码为320001。

婚姻登记字号新填写方法于2010年1月1日正式启用，因婚姻登记信息系统无法及时改版的，原婚姻登记字号填写方法延用至2010年6月30日。已经使用民政部2009年版婚姻登记信息系统的，登记字号新填写方法自系统使用之日起启用。

民政部关于进一步做好婚姻登记规范化建设工作的通知

（2009年4月28日　民函〔2009〕113号）

今年初，民政部召开了全国婚姻登记规范化建设视频会议。会后，各地结合自身情况，不同程度地开展贯彻落实工作，但有些地方进展相对缓慢，推进过程中也遇到一些问题。为进一步做好婚姻登记规范化建设工作，现就有关事项通知如下：

一、着力推进婚姻登记信息化建设工作

婚姻登记信息化建设是开展婚姻登记工作的重要载体和实现长远发展的关键平台。各地民政部门要加快信息化建设工作的推进速度，特别是尚未实现省内联网的省级民政部门，应加紧解决信息化建设经费问题，积极协调财政、发展改革等部门争取今年的专项经费，或向财政部门申请追加经费，或主动向信息产业等相关部门申请信息化专项经费，以尽快建立省级婚姻登记与管理信息平台，力争在“十一五”期间完成省级婚姻登记信息联网工作。目前，我部正在研发全国婚姻登记信息系统，将于年中免费提供给各地使用，请尚未建立省级婚姻登记与管理信息平台的省份参照《全国婚姻登记系统硬件环境配置建议》（见附件1）的要求，尽快配备相关设备，为下一步系统部署做好准备。已搭建信息平台的省份，应当积极开展婚姻登记档案补录工作，进一步提高在线登记和婚姻管理信息化的能力和水平。网络条件好的地方，要继续推动网上预约登记。各地还应当多方筹措资金，为基层登记机关配置计算机、打印机等硬件设备。

二、科学调整规范化建设指标要求

为推动婚姻登记规范化建设工作又好又快发展，更好地体现科学发展理念，我部在进行充分论证和多方征求意见的基础上，结合基层实际情况，决定对民政部《关于评选全国婚姻登记机关规范化建设窗口单位的通知》（民函〔2006〕156号）中的指标进行调整，将年婚姻工作量（包括结婚登记、离婚登记、补发婚姻登记证、出具（无）婚姻登记记录证明）低于1000件的婚姻登记机关候登室（区）、婚姻登记室（区）总面积的达标标准，由不少于30平方米，调整为不少于15平方米。

三、加大力度逐级开展督导检查工作

民政部将成立由纪检、监察和社会事务等部门组成的部督导检查小组，对部分省份规范化建设进展情况进行督查。各地也应当结合民政部2009年纪检、监察工作要求成立督查组对本地登记机关开展督查，以督查为手段，进一步优化婚姻登记机关设置和人员配置；进一步改善婚姻登记工作管理水平，登记流程和档案管理工作；进一步提高依法行政水平，纠正在登记工作中不能依法办事等问题；特别是要进一步规范婚姻服务工作，坚决杜绝乱收费、搭车收费等损害群众利益的行为。

四、精心组织规范化建设评审工作

今年底，民政部将对新达到规范化要求的单位进行评审（已参加2008年评审的单位将不再参加此次评审），评审范围、条件及评审要求，参照2008年《民政部关于评审“全国婚姻登记规范化建设合格单位”的通知》（民函〔2008〕137号）。对于年婚姻工作量（包括结婚登记、离婚登记、补发婚姻登记证、出具（无）婚姻登记记录证明）低于1000件的婚姻登记机关候登室（区）、婚姻登记室（区）总面积的达标标准按照不少于15平方米执行。各省、自治区、直辖市民政厅（局）应于2009年11月10日前将婚姻登记规范化单位名单、评审表（见附件2）及反映合格单位基本情况的电子版照片（包括婚姻登记机关标识牌、候登区域、婚姻登记区域、档案室环境建设及婚姻登记员合影）统一报送民政部社会事务司婚姻收养管理处。2010年，民政部将对“十一五”期间婚姻登记规范化建设情况进行总结，对婚姻登记工作达到规范化要求的民政局和乡镇人民政府进行评审并颁发奖牌，并为辖区婚姻登记规范化建设作出突出贡献的省、自治区、直辖市民政厅（局）和设区的市民政局及个人予以表扬。各地民政部门要认真组织本地区婚姻登记规范化建设评审工作，对工作进度滞后以及存在明显问题的地方，进行通报批评；对确因客观原因难以按时推进的，予以指导帮助；对工作卓有成效的地方及人员，给予表扬，并将婚姻登记规范化的建设水平、进度与未来几年民政工作的评选挂钩，充分调动地方民政部门的积极性和主动性，为婚姻登记规范化建设工作提供动力。

各省、自治区、直辖市民政部门应当制定本地区“十一五”后期婚姻登记规范化建设实施规划，明确2009年和2010年两年的主要目标和实施方案，并于5月30日前将该规划和《婚姻登记规范化建设情况报表》（见附件3、附件4）一同报送民政部社会事务司。

附件：

1. 全国婚姻登记系统硬件环境配置建议（略）

2. “全国婚姻登记规范化单位”评审表（略）

3. 县级（含）以上民政部门婚姻登记规范化建设情况报表（略）

4. 乡镇人民政府婚姻登记规范化建设情况报表（略）

民政部关于进一步规范（无）婚姻登记记录证明相关工作的通知

（2015 年 8 月 27 日）

各省、自治区、直辖市民政厅（局），各计划单列市民政局，新疆生产建设兵团民政局：

为落实国务院简政放权、方便群众办事创业的有关要求，经与教育部、公安部、司法部、住房和城乡建设部、银监会协商，现就进一步规范（无）婚姻登记记录证明相关工作通知如下：

一、自文件发布之日起，除对涉台和本通知附件所列清单中已列出国家的公证事项仍可继续出具证明外，各地民政部门不再向任何部门和个人出具（无）婚姻登记记录证明。各地民政部门在出具证明时，应当根据当事人所涉事项，在出具证明中注明“本证明仅限于 XXX（申请人）办理赴 XX 国家（或者台湾地区）的 XX 公证事项使用，用于其他事项无效。”

二、各地要高度重视婚姻登记信息化建设工作，确保按时完成《民政部关于加强婚姻登记信息化建设的通知》（民函〔2013〕183 号）确定的各项任务。省级民政部门要切实加大资金、人力投入，不断完善本省（区、市）婚姻登记信息数据库。各级婚姻登记机关要加快纸质历史数据补录工作进度，为有法律法规依据的部门核对当事人的婚姻登记记录情况提供有力支撑。

三、做好政策落实和宣传工作。各地要从转变政府职能、方便群众办事创业和坚持依法行政的角度，统一思想认识，采取有效措施确保此项工作落实到位。会同相关部门落实部门间信息核对的具体措施，使此项简政放权的工作真正惠及广大人民群众。按照政务公开的要求，在办事窗口（大厅）公告取消（无）婚姻登记记录证明的相关规定，并通过多种渠道特别是微信、微博、互联网等新媒体大力宣传，营造良好的社会舆论氛围。

附件：涉外领域需出具（无）婚姻登记记录证明国家清单

哈萨克斯坦

芬兰

奥地利

荷兰

德国

阿根廷

乌拉圭

墨西哥

波兰

注：民政部将根据今后情况变化对清单中所列国家及时进行动态调整，并通知各地民政部门。

民政部办公厅关于爱尔兰公民无配偶证明样式变更的通知

（2008 年 6 月 4 日　民办函〔2008〕129 号）

各省、自治区、直辖市民政厅（局），计划单列市民政局：

近日，爱尔兰大使馆知会我部，爱尔兰驻华使领馆为希望在华结婚的爱尔兰公民出具的无配偶证明格式已作更改。自即日起，各地涉外婚姻登记机关可将爱尔兰使领馆出具的所附格式的证明作为无配偶证明采用。

附件：爱尔兰驻华使领馆出具的无配偶证明样式（略）

民政部关于外国人、华侨提供的无配偶证明认定问题的通知

（2008 年 2 月 15 日　民函〔2008〕49 号）

各省、自治区、直辖市民政厅（局），计划单列市民政局，新疆生产建设兵团民政局：

近来，我部陆续接到各地反映，一些国家出具的无配偶证明内容和形式发生变化，证明中不标明“未婚”、“单身”或“离异”等表明当事人无配偶的字样，而是改为“婚姻无障碍”、具备“婚姻法律能力”、“婚姻查找无记录”等内容；有的外国人、华侨出具有结婚记录的“婚姻查找记录”证明，同时又提供离婚判决书等离婚证件；有的外国人、华侨出具婚姻状况栏为空白或无婚姻状况栏的户籍证明。对于以上证明能否作为无配偶证明使用问题，我部认为，根据《婚姻登记条例》规定，来华办理结婚登记的外国人、华侨需提交无配偶证明，以上证明未载明当事人无配偶，因此不能单独作为无配偶证明予以采用。考虑到各国出证制度的差异，上述证明需同时附有以下材料一并作为无配偶证明使用：

一、当事人持“婚姻无障碍”、具备“婚姻法律能力”证明的，需一并提交该国有权机关出具的“婚姻无障碍”、具备“婚姻法律能力”即指当事人无配偶的证明材料。

二、当事人持“婚姻查找无记录”、“婚姻查找记录”（当事人又提供离婚判决书等离婚证件）、婚姻状况栏为空白或无婚姻状况栏的户籍证明的，需一并提交经中国驻该国使（领）馆认证或该国驻华使（领）馆认证的本人无配偶声明。

三、若有关国家照会我部，明确该国出具的“婚姻无障碍”、具备“婚姻法律能力”、“婚姻查找无记录”等证明即指当事人无配偶的，经我部通知各地后，该国出具的上述证明可以作为无配偶证明使用。近日，法国驻华大使馆照会我部，明确法国出具的“婚姻无障碍”证明与无配偶证明具有相同的效力和作用，今后，各地应当将法国出具的“婚姻无障碍”证明作

为无配偶证明采用。

请各地严格执行有关规定，避免同类证明在有的地区被采用、在有的地区不被采用问题。各地婚姻登记机关可以通过多种形式进行宣传，并向当事人做好解释工作。

◎请示答复

民政部办公厅关于持中国护照在台工作人员办理结婚登记所需证件、证明材料问题的复函

（2008年8月20日　民办函〔2008〕181号）

湖北省民政厅：

你厅《关于出国人员无法出具所需证件、证明材料事项的请示》（鄂民政函〔2008〕213号）收悉。

来函称：当事人陈××2004年持中国护照在美国留学两年后，于2006年9月17日到台湾大学物理系从事学术科技研究至今。现陈××持中国护照、台湾地区入出境许可证、切结（宣誓）书（台湾地方法院公证处出具）到武汉市办理结婚登记时遇到困难，即按《婚姻登记条例》规定，如按出国人员身份办理结婚登记，陈××无法（不便）到美国开具无配偶证明；如按台湾居民身份办理结婚登记，当事人又没有台湾身份证和台湾居民来往内地通行证。由于目前没有针对办理此类婚姻登记的法律依据，来函希望能够进行具体指导。

经商国务院台湾事务办公室，现答复如下：考虑到持中国护照的在台工作人员回内地办理结婚登记遇到的实际困难，今后，该类人员出具以下证件和证明材料的，婚姻登记机关应当为其办理结婚登记：（1）本人的有效护照；（2）台湾地区入出境许可证；（3）经台湾公证机构公证的无配偶证明（切结书、宣誓书）；（4）经台湾公证机构公证的在台就业单位出具的当事人在该单位就业的证明。

文书范本

离婚协议书（参考文本）

离婚协议书

男方：×××

女方：×××

双方经过充分考虑、协商，现就离婚问题达成协议如下：

（简述双方离婚的原因）

一、双方在感情上已经完全破裂，没有和好的可能。因此，双方均同意解除婚姻关系（双方是否自愿离婚的意思表示）。

二、明确子女的抚养归属权及抚养费（含生活费、教育费、医疗费等）的负担，并写明给付上述费用的具体时间、方式。在抚养费条款之后，还应当就非直接抚养一方对子女的探望权作出时间、地点等明确具体的约定。

三、夫妻共同财产的分割（含房产、物业、电器、家具、通讯设备、交通工具、现金存款、有价证券、股权等）。

四、对债权债务的处理（对夫妻关系存续期间共同的债权、债务的享有和承担的具体处理）。

男方：×××

女方：×××

年　月　日

1. 首部。

(1)标题。应当居中标明“离婚协议书”。

(2)当事人的基本情况。应依次写明其姓名、性别、年龄、民族、籍贯、职业或者工作单位和职务、住址、联系电话。

2. 正文。

(1)双方都愿意解除婚姻关系的意思表示。

(2)关于对子女抚养问题的约定。包括子女的抚养权、抚育费和探视权等。

(3)对财产问题的约定。

(4)对经济帮助的约定。

(5)其他约定。

3. 结尾。

由当事人双方签名;有见证人的,见证人也应签名;最后写明订立协议的时间。

2. 收养登记

中国公民收养子女登记办法

(1999年5月12日国务院批准 1999年5月25日民政部令第14号发布 根据2019年3月2日《国务院关于修改部分行政法规的决定》修订)

第一条 为了规范收养登记行为,根据《中华人民共和国收养法》(以下简称收养法),制定本办法。

第二条 中国公民在中国境内收养子女或者协议解除收养关系的,应当依照本办法的规定办理登记。

办理收养登记的机关是县级人民政府民政部门。

第三条 收养社会福利机构抚养的查找不到生父母的弃婴、儿童和孤儿的,在社会福利机构所在地的收养登记机关办理登记。

收养非社会福利机构抚养的查找不到生父母的弃婴和儿童的,在弃婴和儿童发现地的收养登记机关办理登记。

收养生父母有特殊困难无力抚养的子女或者由监护人监护的孤儿的,在被收养人生父母或者监护人常住户口所在地(组织作监护人的,在该组织所在地)的收养登记机关办理登记。

收养三代以内同辈旁系血亲的子女,以及继父或者继母收养继子女的,在被收养人生父或者生母常住户口所在地的收养登记机关办理登记。

第四条 收养关系当事人应当亲自到收养登记机关办理成立收养关系的登记手续。

夫妻共同收养子女的,应当共同到收养登记机关办理登记手续;一方因故不能亲自前往的,应当书面委托另一方办理登记手续,委托书应当经过村民委员会或者居民委员会证明或者经过公证。

第五条 收养人应当向收养登记机关提交收养申请书和下列证件、证明材料:

(一)收养人的居民户口簿和居民身份证;

(二)由收养人所在单位或者村民委员会、居民委员会出具的本人婚姻状况和抚养教育被收养人的能力等情况的证明,以及收养人出具的子女情况声明;

(三)县级以上医疗机构出具的未患有在医学上认为不应当收养子女的疾病的身体健康检查证明。

收养查找不到生父母的弃婴、儿童的,并应当提交收养人经常居住地计划生育部门出具的收养人生育情况证明;其中收养非社会福利机构抚养的查找不到生父母的弃婴、儿童的,收养人还应当提交下列证明材料:

(一)收养人经常居住地计划生育部门出具的收养人无子女的证明;

(二)公安机关出具的捡拾弃婴、儿童报案的证明。

收养继子女的,可以只提交居民户口簿、居民身份证和收养人与被收养人生父或者生母结婚的证明。

对收养人出具的子女情况声明,登记机关可以进行调查核实。

第六条 送养人应当向收养登记机关提交下列证件和证明材料:

(一)送养人的居民户口簿和居民身份证(组织作监护人的,提交其负责人的身份证件);

(二)收养法规定送养时应当征得其他有抚养义务的人同意的,并提交其他有抚养义务的人同意送养的书面意见。

社会福利机构为送养人的,并应当提交弃婴、儿童进入社会福利机构的原始记录,公安机关出具的捡拾弃婴、儿童报案的证明,或者孤儿的生父母死亡或者宣告死亡的证明。

监护人为送养人的,并应当提交实际承担监护责任的证明,孤儿的父母死亡或者宣告死亡的证明,或者被收养人生父母无完全民事行为能力并对被收养人有严重危害的证明。

生父母为送养人的,并应当提交与当地计划生育部门签订的不违反计划生育规定的协议;有特殊困难无力抚养子女的,还应当提交送养人有特殊困难的声明。其中,因丧偶或者一方下落不明由单方送养的,还应当提交配偶死亡或者下落不明的证明。对送养人有特殊困难的声明,登记机关可以进行调查核实;子女由三代以内同辈旁系血亲收养的,还应当提交公安机关出具的或者经过公证的与收养人有亲属关系的证明。

被收养人是残疾儿童的,并应当提交县级以上医疗机构出具的该儿童的残疾证明。

第七条 收养登记机关收到收养登记申请书及有关材料后,应当自次日起30日内进行审查。对符合收养法规定条件的,为当事人办理收养登记,发给收养登记证,收养关系自登记之日起成立;对不符合收养法规定条件的,不予登记,并对当事人说明理由。

收养查找不到生父母的弃婴、儿童的,收养登记机关应当在登记前公告查找其生父母;自公告之日起满60日,弃婴、儿童的生父母或者其他监护人未认领的,视为查找不到生父母的弃婴、儿童。公告期间不计算在登记办理期限内。

第八条 收养关系成立后,需要为被收养人办理户口登记或者迁移手续的,由收养人持收养登记证到户口登记机关按照国家有关规定办理。

第九条 收养关系当事人协议解除收养关系的,应当持居民户口簿、居民身份证、收养登记证和解除收养关系的书面协议,共同到被收养人常住户口所在地的收养登记机关办理解除收养关系登记。

第十条 收养登记机关收到解除收养关系登记申请书及有关材料后,应当自次日起30日内进行审查;对符合收养法规定的,为当事人办理解除收养关系的登记,收回收养登记证,发给解除收养关系证明。

第十一条 为收养关系当事人出具证明材料的组织,应当如实出具有关证明材料。出具虚假证明材料的,由收养登记机关没收虚假证明材料,并建议有关组织对直接责任人员给予批评教育,或者依法给予行政处分、纪律处分。

第十二条 收养关系当事人弄虚作假骗取收养登记的,收养关系无效,由收养登记机关撤销登记,收缴收养登记证。

第十三条 本办法规定的收养登记证、解除收养关系证明的式样,由国务院民政部门制订。

第十四条 华侨以及居住在香港、澳门、台湾地区的中国公民在内地收养子女的,申请办理收养登记的管辖以及所需要出具的证件和证明材料,按照国务院民政部门的有关规定执行。

第十五条 本办法自发布之日起施行。

外国人在中华人民共和国收养子女登记办法

(1999年5月12日国务院批准 1999年5月25日民政部令第15号公布 自发布之日起施行)

第一条 为了规范涉外收养登记行为,根据《中华人民共和国收养法》,制定本办法。

第二条 外国人在中华人民共和国境内收养子女(以下简称外国人在华收养子女),应当依照本办法办理登记。

收养人夫妻一方为外国人,在华收养子女,也应当依照本办法办理登记。

第三条 外国人在华收养子女,应当符合中国有关收养法律的规定,并应当符合收养人所在国有关收养法律的规定;因收养人所在国法律的规定与中国法律的规定不一致而产生的问题,由两国政府有关部门协商处理。

第四条 外国人在华收养子女,应当通过所在国政府或者政府委托的收养组织(以下简称外国收养组织)向中国政府委托的收养组织(以下简称中国收养组织)转交收养申请并提交收养人的家庭情况报告和证明。

前款规定的收养人的收养申请、家庭情况报告和证明,是指由其所在国有权机构出具,经其所在国外交机关或者外交机关授权的机构认证,并经中华人民共和国驻该国使馆或者领馆认证的下列文件:

(一)跨国收养申请书;

(二)出生证明;

(三)婚姻状况证明;

(四)职业、经济收入和财产状况证明;

(五)身体健康检查证明;

(六)有无受过刑事处罚的证明;

(七)收养人所在国主管机关同意其跨国收养子女的证明;

(八)家庭情况报告,包括收养人的身份、收养的合格性和适当性、家庭状况和病史、收养动机以及适合于照顾儿童的特点等。

在华工作或者学习连续居住1年以上的外国人在华收养子女,应当提交前款规定的除身体健康检查证明以外的文件,并应当提交在华所在单位或者有关部门出具的婚姻状况证明,职业、经济收入或者财产状况证明,有无受过刑事处罚证明以及县级以上医疗机构出具的身体健康检查证明。

第五条 送养人应当向省、自治区、直辖市人民政府民政部门提交本人的居民户口簿和居民身份证(社会福利机构作送养人的,应当提交其负责人的身份证件)、被收养人的户籍证明等情况证明,并根据不同情况提交下列有关证明材料:

（一）被收养人的生父母（包括已经离婚的）为送养人的，应当提交生父母有特殊困难无力抚养的证明和生父母双方同意送养的书面意见；其中，被收养人的生父或者生母因丧偶或者一方下落不明，由单方送养的，并应当提交配偶死亡或者下落不明的证明以及死亡的或者下落不明的配偶的父母不行使优先抚养权的书面声明；

（二）被收养人的父母均不具备完全民事行为能力，由被收养人的其他监护人作送养人的，应当提交被收养人的父母不具备完全民事行为能力且对被收养人有严重危害的证明以及监护人有监护权的证明；

（三）被收养人的父母均已死亡，由被收养人的监护人作送养人的，应当提交其生父母的死亡证明、监护人实际承担监护责任的证明，以及其他有抚养义务的人同意送养的书面意见；

（四）由社会福利机构作送养人的，应当提交弃婴、儿童被遗弃和发现的情况证明以及查找其父母或者其他监护人的情况证明；被收养人是孤儿的，应当提交孤儿父母的死亡或者宣告死亡证明，以及有抚养孤儿义务的其他人同意送养的书面意见。

送养残疾儿童的，还应当提交县级以上医疗机构出具的该儿童的残疾证明。

第六条 省、自治区、直辖市人民政府民政部门应当对送养人提交的证件和证明材料进行审查，对查找不到生父母的弃婴和儿童公告查找其生父母；认为被收养人、送养人符合收养法规定条件的，将符合收养法规定的被收养人、送养人名单通知中国收养组织，同时转交下列证件和证明材料：

（一）送养人的居民户口簿和居民身份证（社会福利机构作送养人的，为其负责人的身份证件）复制件；

（二）被收养人是弃婴或者孤儿的证明、户籍证明、成长情况报告和身体健康检查证明的复制件及照片。

省、自治区、直辖市人民政府民政部门查找弃婴或者儿童生父母的公告应当在省级地方报纸上刊登。自公告刊登之日起满 60 日，弃婴和儿童的生父母或者其他监护人未认领的，视为查找不到生父母的弃婴和儿童。

第七条 中国收养组织对外国收养人的收养申请和有关证明进行审查后，应当在省、自治区、直辖市人民政府民政部门报送的符合收养法规定条件的被收养人中，参照外国收养人的意愿，选择适当的被收养人，并将该被收养人及其送养人的有关情况通过外国政府或者外国收养组织送交外国收养人。外国收养人同意收养的，中国收养组织向其发出来华收养子女通知书，同时通知有关的省、自治区、直辖市人民政府民政部门向送养人发出被收养人已被同意收养的通知。

第八条 外国人来华收养子女，应当亲自来华办理登记手续。夫妻共同收养的，应当共同来华办理收养手续；一方因故不能来华的，应当书面委托另一方。委托书应当经所在国公证和认证。

第九条 外国人来华收养子女，应当与送养人订立书面收养协议。协议一式 3 份，收养人、送养人各执 1 份，办理收养登记手续时收养登记机关收存 1 份。

书面协议订立后，收养关系当事人应当共同到被收养人常住户口所在地的省、自治区、直辖市人民政府民政部门办理收养登记。

第十条 收养关系当事人办理收养登记时，应当填写外国人来华收养子女登记申请书并提交收养协议，同时分别提供有关材料。

收养人应当提供下列材料：

（一）中国收养组织发出的来华收养子女通知书；

（二）收养人的身份证件和照片。

送养人应当提供下列材料：

（一）省、自治区、直辖市人民政府民政部门发出的被收养人已被同意收养的通知；

（二）送养人的居民户口簿和居民身份证（社会福利机构作送养人的，为其负责人的身份证件）、被收养人的照片。

第十一条 收养登记机关收到外国人来华收养子女登记申请书和收养人、被收养人及其送养人的有关材料后，应当自次日起 7 日内进行审查，对符合本办法第十条规定的，为当事人办理收养登记，发给收养登记证书。收养关系自登记之日起成立。

收养登记机关应当将登记结果通知中国收养组织。

第十二条 收养关系当事人办理收养登记后，各方或者一方要求办理收养公证的，应当到收养登记地的具有办理涉外公证资格的公证机构办理收养公证。

第十三条 被收养人出境前，收养人应当凭收养登记证书到收养登记地的公安机关为被收养人办理出境手续。

第十四条 外国人在华收养子女，应当向登记机关交纳登记费。登记费的收费标准按照国家有关规定执行。

中国收养组织是非营利性公益事业单位，为外国收养人提供收养服务，可以收取服务费。服务费的收费标准按照国家有关规定执行。

为抚养在社会福利机构生活的弃婴和儿童，国家鼓励外国收养人、外国收养组织向社会福利机构捐赠。受赠的社会福利机构必须将捐赠财物全部用于改善所抚养的弃婴和儿童的养育条件，不得挪作它用，并应当将捐赠财物的使用情况告知捐赠人。受赠的社会福利机构还应当接受有关部门的监督，并应当将捐赠的使用情况向社会公布。

第十五条 中国收养组织的活动受国务院民政部门监督。

第十六条 本办法自发布之日起施行。1993 年 11 月 3 日国务院批准，1993 年 11 月 10 日司法部、民政部发布的《外国人在中华人民共和国收养子女实施办法》同时废止。

国务院办公厅关于加强孤儿保障工作的意见

（2010年11月16日　国办发〔2010〕54号）

党和政府历来关心孤儿的健康成长。新中国成立以来，我国孤儿福利事业取得了长足进展，孤儿生活状况得到了明显改善，但总体看，孤儿保障体系还不够健全，保障水平有待提高。为建立与我国经济社会发展水平相适应的孤儿保障制度，使孤儿生活得更加幸福、更有尊严，经国务院同意，现提出以下意见：

一、拓展安置渠道，妥善安置孤儿

孤儿是指失去父母、查找不到生父母的未满18周岁的未成年人，由地方县级以上民政部门依据有关规定和条件认定。地方各级政府要按照有利于孤儿身心健康成长的原则，采取多种方式，拓展孤儿安置渠道，妥善安置孤儿。

（一）亲属抚养。孤儿的监护人依照《中华人民共和国民法通则》等法律法规确定。孤儿的祖父母、外祖父母、兄、姐要依法承担抚养义务、履行监护职责；鼓励关系密切的其他亲属、朋友担任孤儿监护人；没有前述监护人的，未成年人的父、母的所在单位或者未成年人住所地的居民委员会、村民委员会或者民政部门担任监护人。监护人不履行监护职责或者侵害孤儿合法权益的，应承担相应的法律责任。

（二）机构养育。对没有亲属和其他监护人抚养的孤儿，经依法公告后由民政部门设立的儿童福利机构收留抚养。有条件的儿童福利机构可在社区购买、租赁房屋，或在机构内部建造单元式居所，为孤儿提供家庭式养育。公安部门应及时为孤儿办理儿童福利机构集体户口。

（三）家庭寄养。由孤儿父母生前所在单位或者孤儿住所地的村（居）民委员会或者民政部门担任监护人的，可由监护人对有抚养意愿和抚养能力的家庭进行评估，选择抚育条件较好的家庭开展委托监护或者家庭寄养，并给予养育费用补贴，当地政府可酌情给予劳务补贴。

（四）依法收养。鼓励收养孤儿。收养孤儿按照《中华人民共和国收养法》的规定办理。对中国公民依法收养的孤儿，需要为其办理户口登记或者迁移手续的，户口登记机关应及时予以办理，并在登记与户主关系时注明子女关系。对寄养的孤儿，寄养家庭有收养意愿的，应优先为其办理收养手续。继续稳妥开展涉外收养，进一步完善涉外收养办法。

二、建立健全孤儿保障体系，维护孤儿基本权益

（一）建立孤儿基本生活保障制度。为满足孤儿基本生活需要，建立孤儿基本生活保障制度。各省、自治区、直辖市政府按照不低于当地平均生活水平的原则，合理确定孤儿基本生活最低养育标准，机构抚养孤儿养育标准应高于散居孤儿养育标准，并建立孤儿基本生活最低养育标准自然增长机制。地方各级财政要安排专项资金，确保孤儿基本生活费及时足额到位；中央财政安排专项资金，对地方支出孤儿基本生活费按照一定标准给予补助。民政、财政部门要建立严格的孤儿基本生活费管理制度，加强监督检查，确保专款专用、按时发放，确保孤儿基本生活费用于孤儿。

（二）提高孤儿医疗康复保障水平。将孤儿纳入城镇居民基本医疗保险、新型农村合作医疗、城乡医疗救助等制度覆盖范围，适当提高救助水平，参保（合）费用可通过城乡医疗救助制度解决；将符合规定的残疾孤儿医疗康复项目纳入基本医疗保障范围，稳步提高待遇水平；有条件的地方政府和社会慈善组织可为孤儿投保意外伤害保险和重大疾病保险等商业健康保险或补充保险。卫生部门要对儿童福利机构设置的医院、门诊部、诊所、卫生所（室）给予支持和指导；疾病预防控制机构要加强对儿童福利机构防疫工作的指导，及时调查处理机构内发生的传染病疫情；鼓励、支持医疗机构采取多种形式减免孤儿医疗费用。继续实施“残疾孤儿手术康复明天计划”。

（三）落实孤儿教育保障政策。家庭经济困难的学龄前孤儿到学前教育机构接受教育的，由当地政府予以资助。将义务教育阶段的孤儿寄宿生全面纳入生活补助范围。在普通高中、中等职业学校、高等职业学校和普通本科高校就读的孤儿，纳入国家资助政策体系优先予以资助；孤儿成年后仍在校就读的，继续享有相应政策；学校为其优先提供勤工助学机会。切实保障残疾孤儿受教育的权利，具备条件的残疾孤儿，在普通学校随班就读；不适合在普通学校就读的视力、听力、言语、智力等残疾孤儿，安排到特殊教育学校就读；不能到特殊教育学校就读的残疾孤儿，鼓励并扶持儿童福利机构设立特殊教育班或特殊教育学校，为其提供特殊教育。

（四）扶持孤儿成年后就业。认真贯彻落实《中华人民共和国就业促进法》和《国务院关于做好促进就业工作的通知》（国发〔2008〕5号）等精神，鼓励和帮扶有劳动能力的孤儿成年后实现就业，按规定落实好职业培训补贴、职业技能鉴定补贴、免费职业介绍、职业介绍补贴和社会保险补贴等政策；孤儿成年后就业困难的，优先安排其到政府开发的公益性岗位就业。人力资源社会保障部门要进一步落实孤儿成年后就业扶持政策，提供针对性服务和就业援助，促进有劳动能力的孤儿成年后就业。

（五）加强孤儿住房保障和服务。居住在农村的无住房孤儿成年后，按规定纳入农村危房改造计划优先予以资助，乡镇政府和村民委员会要组织动员社会力量和当地村民帮助其建房。居住在城市的孤儿成年后，符合城市廉租住房保障条件或其他保障性住房供应条件的，当地政府要优先安排、应保尽保。对有房产的孤儿，监护人要帮助其做好房屋的维修和保护工作。

三、加强儿童福利机构建设，提高专业保障水平

（一）完善儿童福利机构设施。“十二五”期间，继续实施“儿童福利机构建设蓝天计划”，孤儿较多的县（市）可独立设置儿童福利机构，其他县（市）要依托民政部门设立的社会福利机构建设相对独立的儿童福利设施，并根据实际需要，为其配备抚育、康复、特殊教育必需的设备器材和救护车、校车等，完善儿童福利机构养护、医疗康复、特殊教育、技能培训、监督评估等方面的功能。儿童福利机构设施建设、维修改造及有关设备购置，所需经费由财政预算、民政部门使用的彩票公益金、社会捐助等多渠道解决。发展改革部门要充分考虑儿童福利事业发展需要，统筹安排儿童福利机构设施建设项目，逐步改善儿童福利机构条件。海关在办理国（境）外无偿捐赠给儿童福利机构的物资设备通关手续时，给予通关便利。

（二）加强儿童福利机构工作队伍建设。科学设置儿童福利机构岗位，加强孤残儿童护理员、医护人员、特教教师、社工、康复师等专业人员培训。在整合现有儿童福利机构从业人员队伍的基础上，积极创造条件，通过购买服务和社会化用工等形式，充实儿童福利机构工作力量，提升服务水平。按照国家有关规定，落实对儿童福利机构工作人员的工资倾斜政策。将儿童福利机构中设立的特殊教育班或特殊教育学校的教师、医护人员专业技术职务评定工作纳入教育、卫生系统职称评聘体系，在结构比例、评价方面给予适当倾斜。教育、卫生部门举办的继续教育和业务培训要主动吸收儿童福利机构相关人员参加。积极推进孤残儿童护理员职业资格制度建设，支持开发孤残儿童护理员教材，设置孤残儿童护理员专业，对孤残儿童护理员进行培训。

（三）发挥儿童福利机构的作用。儿童福利机构是孤儿保障的专业机构，要发挥其在孤儿保障中的重要作用。对社会上无人监护的孤儿，儿童福利机构要及时收留抚养，确保孤儿居有定所、生活有着。要发挥儿童福利机构的专业优势，为亲属抚养、家庭寄养的孤儿提供有针对性的指导和服务。

四、健全工作机制，促进孤儿福利事业健康发展

（一）加强组织领导。地方各级政府要高度重视孤儿保障工作，把孤儿福利事业纳入国民经济和社会发展总体规划、相关专项规划和年度计划。要加强对孤儿保障工作的领导，健全“政府主导，民政牵头，部门协作，社会参与”的孤儿保障工作机制，及时研究解决孤儿保障工作中存在的实际困难和问题。民政部门要发挥牵头部门作用，加强孤儿保障工作能力建设，充实儿童福利工作力量，强化对儿童福利机构的监督管理，建设好全国儿童福利信息管理系统。财政部门要建立稳定的经费保障机制，将孤儿保障所需资金纳入社会福利事业发展资金预算，通过财政拨款、民政部门使用的彩票公益金等渠道安排资金，切实保障孤儿的基本生活和儿童福利专项工作经费。发展改革、教育、公安、司法、人力资源社会保障、住房城乡建设、卫生、人口计生等部门要将孤儿保障有关工作列入职责范围和目标管理，进一步明确责任。

（二）保障孤儿合法权益。依法保护孤儿的人身、财产权利，积极引导法律服务人员为孤儿提供法律服务，为符合法律援助条件的孤儿依法提供法律援助。有关方面要严厉打击查处拐卖孤儿、遗弃婴儿等违法犯罪行为，及时发现并制止公民私自收养弃婴和儿童的行为。公安部门应及时出具弃婴捡拾报案证明，积极查找弃婴和儿童的生父母或者其他监护人。卫生部门要加强对医疗保健机构的监督管理，医疗保健机构发现弃婴，应及时向所在地公安机关报案，不得转送他人。有关部门要尽快研究拟订有关儿童福利的法规。

（三）加强宣传引导。进一步加大宣传工作力度，弘扬中华民族慈幼恤孤的人道主义精神和传统美德，积极营造全社会关心关爱孤儿的氛围。大力发展孤儿慈善事业，引导社会力量通过慈善捐赠、实施公益项目、提供服务等多种方式，广泛开展救孤恤孤活动。

收养登记工作规范

（2008年8月25日民政部公布　根据2020年10月20日《民政部关于修改部分规范性文件的公告》修订）

为了规范收养登记工作，根据《中华人民共和国民法典》、《外国人在中华人民共和国收养子女登记办法》、《中国公民收养子女登记办法》和《华侨以及居住在香港、澳门、台湾地区的中国公民办理收养登记的管辖以及所需要出具的证件和证明材料的规定》，制定本规范。

第一章　收养登记机关和登记员

第一条　收养登记机关是依法履行收养登记行政职能的各级人民政府民政部门。

收养登记机关应当依照法律、法规及本规范，认真履行职责，做好收养登记工作。

第二条　收养登记机关的职责：

（一）办理收养登记；

（二）办理解除收养登记；

（三）撤销收养登记；

（四）补发收养登记证和解除收养关系证明；

（五）出具收养关系证明；

（六）办理寻找弃婴（弃儿）生父母公告；

（七）建立和保管收养登记档案；

（八）宣传收养法律法规。

第三条　收养登记的管辖按照《外国人在中华人民共和国收养子女登记办法》、《中国公民收养子女登记办法》和《华侨以及居住在香港、澳门、台湾地区的中国公民办理收养登记的管辖以及所需要出具的证件和证明材料的规定》的有关规定确定。

第四条 收养登记机关办理收养登记应当使用民政厅或者民政局公章。

收养登记机关应当按照有关规定刻制收养登记专用章。

第五条 收养登记机关应当设置有专门的办公场所，并在醒目位置悬挂收养登记处（科）标识牌。

收养登记场所应当庄严、整洁，设有收养登记公告栏。

第六条 收养登记实行政务公开，应当在收养登记场所公开展示下列内容：

（一）本收养登记机关的管辖权及依据；

（二）收养法的基本原则以及父母和子女的权利、义务；

（三）办理收养登记、解除收养登记的条件与程序；

（四）补领收养登记证的条件与程序；

（五）无效收养及可撤销收养的规定；

（六）收费项目与收费标准、依据；

（七）收养登记员职责及其照片、编号；

（八）办公时间和服务电话（电话号码在当地 114 查询台登记）；

（九）监督电话。

收养登记场所应当备有《中华人民共和国民法典》、《外国人在中华人民共和国收养子女登记办法》、《中国公民收养子女登记办法》和《华侨以及居住在香港、澳门、台湾地区的中国公民办理收养登记的管辖以及所需要出具的证件和证明材料的规定》，及其他有关文件供收养当事人免费查阅。

收养登记机关对外办公时间应当为国家法定办公时间。

第七条 收养登记机关应当实行计算机管理。各级民政部门应当为本行政区域内收养登记管理信息化建设创造条件。

第八条 收养登记机关应当配备收养登记员。收养登记员由本级民政部门考核、任免。

第九条 收养登记员的主要职责：

（一）解答咨询；

（二）审查当事人是否具备收养登记、解除收养登记、补发收养登记证、撤销收养登记的条件；

（三）颁发收养登记证；

（四）出具收养登记证明；

（五）及时将办理完毕的收养登记材料收集、整理、归档。

第十条 收养登记员应当熟练掌握相关法律法规和计算机操作，依法行政，热情服务，讲求效率。

收养登记员应当尊重当事人的意愿，保守收养秘密。

第十一条 收养登记员办理收养登记及相关业务应当按照申请—受理—审查—报批—登记—颁证的程序办理。

第十二条 收养登记员在完成表格和证书、证明填写后，应当进行认真核对、检查，并复印存档。对打印或者书写错误、证件被污染或者损坏的，应当作废处理，重新填写。

第二章 收养登记

第十三条 受理收养登记申请的条件是：

（一）收养登记机关具有管辖权；

（二）收养登记当事人提出申请；

（三）当事人持有的证件、证明材料符合规定。

收养人和被收养人应当提交 2 张 2 寸近期半身免冠合影照片。送养人应当提交 2 张 2 寸近期半身免冠合影或者单人照片，社会福利机构送养的除外。

第十四条 收养登记员受理收养登记申请，应当按照下列程序进行：

（一）区分收养登记类型，查验当事人提交的证件和证明材料、照片是否符合此类型的要求；

（二）询问或者调查当事人的收养意愿、目的和条件，告知收养登记的条件和弄虚作假的后果；

（三）见证当事人在《收养登记申请书》（附件 1）上签名；

（四）将当事人的信息输入计算机应当用程序，并进行核查；

（五）复印当事人的身份证件、户口簿。单身收养的应当复印无婚姻登记记录证明、离婚证或者配偶死亡证明；夫妻双方共同收养的应当复印结婚证。

第十五条 《收养登记申请书》的填写：

（一）当事人"姓名"：当事人是中国公民的，使用中文填写；当事人是外国人的，按照当事人护照上的姓名填写；

（二）"出生日期"：使用阿拉伯数字，按照身份证件上的出生日期填写为"××××年××月××日"；

（三）"身份证件号"：当事人是内地居民的，填写公民身份号码；当事人是香港、澳门、台湾居民中的中国公民的，填写香港、澳门、台湾居民身份证号，并在号码后加注"（香港）"、"（澳门）"或者"（台湾）"；当事人是华侨的，填写护照号；当事人是外国人的，填写护照号。

证件号码前面有字符的，应当一并填写；

（四）"国籍"：当事人是内地居民、华侨以及居住在香港、澳门、台湾地区的中国公民的，填写"中国"；当事人是外国人的，按照护照上的国籍填写；

（五）"民族"、"职业"和"文化程度"，按照《中华人民共和国国家标准》填写；

（六）"健康状况"填写"健康"、"良好"、"残疾"或者其他疾病；

（七）"婚姻状况"填写"未婚"、"已婚"、"离婚"、"丧偶"，

（八）"家庭收入"填写家庭年收入总和；

（九）"住址"填写户口簿上的家庭住址；

（十）送养人是社会福利机构的，填写"送养人情况（1）"，经办人应当是社会福利机构工作人员。送养人是非社会福利机构的，填写"送养人情况（2）"，"送养人和被收养人关系"是

亲属关系的，应当写明具体亲属关系；不是亲属关系的，应当写明“非亲属”。

收养非社会福利机构抚养的查找不到生父母的儿童的，送养人有关内容不填；

（十一）“被收养后改名为”填写被收养人被收养后更改的姓名。未更改姓名的，此栏不填；

（十二）被收养人“身份类别”分别填写“孤儿”、“社会福利机构抚养的查找不到生父母的儿童”、“非社会福利机构抚养的查找不到生父母的儿童”、“生父母有特殊困难无力抚养的子女”、“继子女”。收养三代以内同辈旁系血亲的子女，应当写明具体亲属关系；

（十三）继父母收养继子女的，要同时填写收养人和送养人有关内容。单身收养后，收养人结婚，其配偶要求收养继子女的；送养人死亡或者被人民法院宣告死亡的，送养人有关内容不填；

（十四）《收养登记申请书》中收养人、被收养人和送养人（送养人是社会福利机构的经办人）的签名必须由当事人在收养登记员当面完成；

当事人没有书写能力的，由当事人口述，收养登记员代为填写。收养登记员代当事人填写完毕后，应当宣读，当事人认为填写内容无误，在当事人签名处按指纹。当事人签名一栏不得空白，也不得由他人代为填写、代按指纹。

第十六条　收养登记员要分别询问或者调查收养人、送养人、8周岁以上的被收养人和其他应当询问或者调查的人。

询问或者调查的重点是被询问人或者被调查人的姓名、年龄、健康状况、经济和教育能力、收养人、送养人和被收养人之间的关系、收养的意愿和目的。特别是对年满10周岁以上的被收养人应当询问是否同意被收养和有关协议内容。

询问或者调查结束后，要将笔录给被询问人或者被调查人阅读。被询问人或者被调查人要写明“已阅读询问（或者调查）笔录，与本人所表示的意思一致（或者调查情况属实）”，并签名。被询问人或者被调查人没有书写能力的，可由收养登记员向被询问或者被调查人宣读所记录的内容，并注明“由收养登记员记录，并向当事人宣读，被询问人（被调查人）在确认所记录内容正确无误后按指纹。”然后请被询问人或者被调查人在注明处按指纹。

第十七条　收养查找不到生父母的弃婴、弃儿的，收养登记机关应当根据《中国公民收养子女登记办法》第七条的规定，在登记前公告查找其生父母（附件2）。

公告应当刊登在收养登记机关所在地设区的市（地区）级以上地方报纸上。公告要有查找不到生父母的弃婴、弃儿的照片。办理公告时收养登记员要保存捡拾证明和捡拾地派出所出具的报案证明。派出所出具的报案证明应当有出具该证明的警员签名和警号。

第十八条　办理内地居民收养登记和华侨收养登记，以及香港、澳门、台湾居民中的中国公民的收养登记，收养登记员收到当事人提交的申请书及有关材料后，应当自次日起30日内进行审查。对符合收养条件的，为当事人办理收养登记，填写《收养登记审查处理表》（附件3），报民政局主要领导或者分管领导批准，并填发收养登记证。

办理涉外收养登记，收养登记员收到当事人提交的申请书及有关材料后，应当自次日起7日内进行审查。对符合收养条件的，为当事人办理收养登记，填写《收养登记审查处理表》，报民政厅（局）主要领导或者分管领导批准，并填发收养登记证。

第十九条　《收养登记审查处理表》和收养登记证由计算机打印，未使用计算机进行收养登记的，应当使用蓝黑、黑色墨水的钢笔或者签字笔填写。

第二十条　《收养登记审查处理表》的填写：

（一）“提供证件情况”：应当对当事人提供的证件、证明材料核实后填写“齐全”；

（二）“审查意见”：填写“符合收养条件，准予登记”；

（三）“主要领导或者分管领导签名”：由批准该收养登记的民政厅（局）主要领导或者分管领导亲笔签名，不得使用个人印章或者计算机打印；

（四）“收养登记员签名”：由办理该收养登记的收养登记员亲笔签名，不得使用个人印章或者计算机打印；

（五）“收养登记日期”：使用阿拉伯数字，填写为：“××××年××月××日”。填写的日期应当与收养登记证上的登记日期一致；

（六）“承办机关名称”：填写承办单位名称；

（七）“收养登记证字号”填写式样为“（XXXX）AB收字YYYYY”（AB为收养登记机关所在省级和县级或者市级和区级的行政区域简称，XXXX为年号，YYYYY为当年办理收养登记的序号）；

（八）“收养登记证印制号”填写颁发给当事人的收养登记证上印制的号码。

第二十一条　收养登记证的填写按照《民政部办公厅关于启用新式〈收养登记证〉的通知》（民办函〔2006〕203号）的要求填写。

收养登记证上收养登记字号、姓名、性别、国籍、出生日期、身份证件号、住址、被收养人身份、更改的姓名，以及登记日期应当与《收养登记申请书》和《收养登记审查处理表》中相应项目一致。

无送养人的，“送养人姓名（名称）”一栏不填。

第二十二条　颁发收养登记证，应当在当事人在场时按照下列步骤进行：

（一）核实当事人姓名和收养意愿；

（二）告知当事人领取收养登记证后的法律关系以及父母和子女的权利、义务；

（三）见证当事人本人亲自在附件3上的“当事人领证签名或者按指纹”一栏中签名；当事人没有书写能力的，应当按指纹。

“当事人领证签名或者按指纹”一栏不得空白，不得由他人代为填写、代按指纹；

（四）将收养登记证颁发给收养人，并向当事人宣布：取得收养登记证，确立收养关系。

第二十三条 收养登记机关对不符合收养登记条件的，不予受理，但应当向当事人出具《不予办理收养登记通知书》（附件4），并将当事人提交的证件和证明材料全部退还当事人。对于虚假证明材料，收养登记机关予以没收。

第三章 解除收养登记

第二十四条 受理解除收养关系登记申请的条件是：

（一）收养登记机关具有管辖权；

（二）收养人、送养人和被收养人共同到被收养人常住户口所在地的收养登记机关提出申请；

（三）收养人、送养人自愿解除收养关系并达成协议。被收养人年满8周岁的，已经征得其同意；

（四）持有收养登记机关颁发的收养登记证。经公证机构公证确立收养关系的，应当持有公证书；

（五）收养人、送养人和被收养人各提交2张2寸单人近期半身免冠照片，社会福利机构送养的除外；

（六）收养人、送养人和被收养人持有身份证件、户口簿。

送养人是社会福利机构的，要提交社会福利机构法定代表人居民身份证复印件。

养父母与成年养子女协议解除收养关系的，无需送养人参与。

第二十五条 收养登记员受理解除收养关系登记申请，应当按照下列程序进行：

（一）查验当事人提交的照片、证件和证明材料。

当事人提供的收养登记证上的姓名、出生日期、公民身份号码与身份证、户口簿不一致的，当事人应当书面说明不一致的原因；

（二）向当事人讲明收养法关于解除收养关系的条件；

（三）询问当事人的解除收养关系意愿以及对解除收养关系协议内容的意愿；

（四）收养人、送养人和被收养人参照本规范第十五条的相关内容填写《解除收养登记申请书》（附件5）；

（五）将当事人的信息输入计算机应当用程序，并进行核查；

（六）复印当事人的身份证件、户口簿。

第二十六条 收养登记员要分别询问收养人、送养人、8周岁以上的被收养人和其他应当询问的人。

询问的重点是被询问人的姓名、年龄、健康状况、民事行为能力、收养人、送养人和被收养人之间的关系、解除收养登记的意愿。对8周岁以上的被收养人应当询问是否同意解除收养登记和有关协议内容。

对未成年的被收养人，要询问送养人同意解除收养登记后接纳被收养人和有关协议内容。

询问结束后，要将笔录给被询问人阅读。被询问人要写明“已阅读询问笔录，与本人所表示的意思一致”，并签名。被询问人没有书写能力的，可由收养登记员向被询问人宣读所记录的内容，并注明“由收养登记员记录，并向当事人宣读，被询问人在确认所记录内容正确无误后按指纹。”然后请被询问人在注明处按指纹。

第二十七条 收养登记员收到当事人提交的证件、申请解除收养关系登记申请书、解除收养关系协议书后，应当自次日起30日内进行审查。对符合解除收养条件的，为当事人办理解除收养关系登记，填写《解除收养登记审查处理表》（附件6），报民政厅（局）主要领导或者分管领导批准，并填发《解除收养关系证明》。

“解除收养关系证明字号”填写式样为“（XXXX）AB解字YYYYY”（AB为收养登记机关所在省级和县级或者市级和区级的行政区域简称，XXXX为年号，YYYYY为当年办理解除收养登记的序号）。

第二十八条 颁发解除收养关系证明，应当在当事人均在场时按照下列步骤进行：

（一）核实当事人姓名和解除收养关系意愿；

（二）告知当事人领取解除收养关系证明后的法律关系；

（三）见证当事人本人亲自在《解除收养登记审查处理表》“领证人签名或者按指纹”一栏中签名；当事人没有书写能力的，应当按指纹。

“领证人签名或者按指纹”一栏不得空白，不得由他人代为填写、代按指纹；

（四）收回收养登记证，收养登记证遗失应当提交查档证明；

（五）将解除收养关系证明一式两份分别颁发给解除收养关系的收养人和被收养人，并宣布：取得解除收养关系证明，收养关系解除。

第二十九条 收养登记机关对不符合解除收养关系登记条件的，不予受理，但应当向当事人出具《不予办理解除收养登记通知书》（附件7），将当事人提交的证件和证明材料全部退还当事人。对于虚假证明材料，收养登记机关予以没收。

第四章 撤销收养登记

第三十条 收养关系当事人弄虚作假骗取收养登记的，按照《中国公民收养子女登记办法》第十二条的规定，由利害关系人、有关单位或者组织向原收养登记机关提出，由收养登记机关撤销登记，收缴收养登记证。

第三十一条　收养登记员受理撤销收养登记申请，应当按照下列程序进行：

（一）查验申请人提交的证件和证明材料；

（二）申请人在收养登记员面前亲自填写《撤销收养登记申请书》（附件8），并签名。

申请人没有书写能力的，可由当事人口述，第三人代为填写，当事人在“申请人”一栏按指纹。

第三人应当在申请书上注明代写人的姓名、公民身份号码、住址、与申请人的关系。

收养登记机关工作人员不得作为第三人代申请人填写；

（三）申请人宣读本人的申请书，收养登记员作见证人并在见证人一栏签名；

（四）调查涉案当事人的收养登记情况。

第三十二条　符合撤销条件的，收养登记机关拟写《关于撤销×××与×××收养登记决定书》（附件9），报民政厅（局）主要领导或者分管领导批准，并印发撤销决定。

第三十三条　收养登记机关应当将《关于撤销×××与×××收养登记决定书》送达每位当事人，收缴收养登记证，并在收养登记机关的公告栏公告30日。

第三十四条　收养登记机关对不符合撤销收养条件的，应当告知当事人不予撤销的原因，并告知当事人可以向人民法院起诉。

第五章　补领收养登记证、解除收养关系证明

第三十五条　当事人遗失、损毁收养证件，可以向原收养登记机关申请补领。

第三十六条　受理补领收养登记证、解除收养关系证明申请的条件是：

（一）收养登记机关具有管辖权；

（二）依法登记收养或者解除收养关系，目前仍然维持该状况；

（三）收养人或者被收养人亲自到收养登记机关提出申请。

收养人或者被收养人因故不能到原收养登记机关申请补领收养登记证的，可以委托他人办理。委托办理应当提交经公证机关公证的当事人的身份证件复印件和委托书。委托书应当写明当事人办理收养登记的时间及承办机关、目前的收养状况、委托事由、受委托人的姓名和身份证件号码。受委托人应当同时提交本人的身份证件。

夫妻双方共同收养子女的，应当共同到收养登记机关提出申请，一方不能亲自到场的，应当书面委托另一方，委托书应当经过村（居）民委员会证明或者经过公证。外国人的委托书应当经所在国公证和认证。夫妻双方一方死亡的，另一方应当出具配偶死亡的证明；离婚的出具离婚证件，可以一方提出申请。

被收养人未成年的，可由监护人提出申请。监护人要提交监护证明；

（四）申请人持有身份证件、户口簿；

（五）申请人持有查档证明。

收养登记档案遗失的，申请人应当提交能够证明其收养状况的证明。户口本上父母子女关系的记载，单位、村（居）民委员会或者近亲属出具的写明当事人收养状况的证明可以作为当事人收养状况证明使用；

（六）收养人和被收养人的2张2寸合影或者单人近期半身免冠照片。

监护人提出申请的，要提交监护人1张2寸合影或者单人近期半身免冠照片。监护人为单位的，要提交单位法定代表人身份证件复印件和经办人1张2寸单人近期半身免冠照片。

第三十七条　收养登记员受理补领收养登记证、解除收养关系证明，应当按照下列程序进行：

（一）查验申请人提交的照片、证件和证明材料。

申请人出具的身份证、户口簿上的姓名、年龄、公民身份号码与原登记档案不一致的，申请人应当书面说明不一致的原因，收养登记机关可根据申请人出具的身份证件补发收养登记证；

（二）向申请人讲明补领收养登记证、解除收养关系证明的条件；

（三）询问申请人当时办理登记的情况和现在的收养状况。

对于没有档案可查的，收养登记员要对申请人进行询问。询问结束后，要将笔录给被询问人阅读。被询问人要写明“已阅读询问笔录，与本人所表示的意思一致”，并签名。被询问人没有书写能力的，可由收养登记员向被询问人宣读所记录的内容，并注明“由收养登记员记录，并向被询问人宣读，被询问人在确认所记录内容正确无误后按指纹。”然后请被询问人在注明处按指纹；

（四）申请人参照本规范第十五条相关规定填写《补领收养登记证申请书》（附件10）；

（五）将申请人的信息输入计算机应当用程序，并进行核查；

（六）向出具查档证明的机关进行核查；

（七）复印当事人的身份证件、户口簿。

第三十八条　收养登记员收到申请人提交的证件、证明后，应当自次日起30日内进行审查，符合补发条件的，填写《补发收养登记证审查处理表》（附件11），报民政厅（局）主要领导或者分管领导批准，并填发收养登记证、解除收养关系证明。

《补发收养登记证审查处理表》和收养登记证按照《民政部办公厅关于启用新式〈收养登记证〉的通知》（民办函〔2006〕203号）和本规范相关规定填写。

第三十九条　补发收养登记证、解除收养关系证明，应当在申请人或者委托人在场时按照下列步骤进行：

（一）向申请人或者委托人核实姓名和原登记日期；

（二）见证申请人或者委托人在《补发收养登记证审查处理表》“领证人签名或者按指纹”一栏中签名；申请人或者委托人没有书写能力的，应当按指纹。

“领证人签名或者按指纹”一栏不得空白，不得由他人代为填写、代按指纹；

（三）将补发的收养登记证、解除收养登记证发给申请人或者委托人，并告知妥善保管。

第四十条　收养登记机关对不具备补发收养登记证、解除收养关系证明受理条件的，不予受理，并告知原因和依据。

第四十一条　当事人办理过收养或者解除收养关系登记，申请补领时的收养状况因解除收养关系或者收养关系当事人死亡发生改变的，不予补发收养登记证，可由收养登记机关出具收养登记证明。

收养登记证明不作为收养人和被收养人现在收养状况的证明。

第四十二条　出具收养登记证明的申请人范围和程序与补领收养登记证相同。申请人向原办理该收养登记的机关提出申请，并填写《出具收养登记证明申请书》（附件12）。收养登记员收到当事人提交的证件、证明后，应当自次日起30日内进行审查，符合出证条件的，填写《出具收养登记证明审查处理表》（附件13），报民政厅（局）主要领导或者分管领导批准，并填写《收养登记证明书》（附件14），发给申请人。

第四十三条　“收养登记证明字号”填写式样为“（XXXX）AB证字YYYYY”（AB为收养登记机关所在省级和县级或者市级和区级的行政区域简称，XXXX为年号，YYYYY为当年出具收养登记证明的序号）。

第六章　收养档案和证件管理

第四十四条　收养登记机关应当按照《收养登记档案管理暂行办法》（民发〔2003〕181号）的规定，制定立卷、归档、保管、移交和使用制度，建立和管理收养登记档案，不得出现原始材料丢失、损毁情况。

第四十五条　收养登记机关不得购买非上级民政部门提供的收养证件。各级民政部门发现本行政区域内有购买、使用非上级民政部门提供的收养证件的，应当予以没收，并追究相关责任人的法律责任和行政责任。

收养登记机关已将非法购制的收养证件颁发给收养当事人的，应当追回，并免费为当事人换发符合规定的收养登记证、解除收养关系证明。

报废的收养证件由收养登记机关登记造册，统一销毁。

收养登记机关发现收养证件有质量问题时，应当及时书面报告省（自治区、直辖市）人民政府民政部门。

第七章　监督与管理

第四十六条　各级民政部门应当建立监督检查制度，定期对本级民政部门设立的收养登记处（科）和下级收养登记机关进行监督检查，发现问题，及时纠正。

第四十七条　收养登记机关应当按规定到指定的物价部门办理收费许可证，按照国家规定的标准收取收养登记费，并使用财政部门统一制定的收费票据。

第四十八条　收养登记机关及其收养登记员有下列行为之一的，对直接负责的主管人员和其他直接责任人员依法给予行政处分：

（一）为不符合收养登记条件的当事人办理收养登记的；

（二）依法应当予以登记而不予登记的；

（三）违反程序规定办理收养登记、解除收养关系登记、撤销收养登记及其他证明的；

（四）要求当事人提交《中华人民共和国收养法》、《中国公民收养子女登记办法》、《华侨以及居住在香港、澳门、台湾地区的中国公民办理收养登记的管辖以及所需要出具的证件和证明材料的规定》、《外国人在中华人民共和国收养子女登记办法》和本规范规定以外的证件和证明材料的；

（五）擅自提高收费标准、增加收费项目或者不使用规定收费票据的；

（六）玩忽职守造成收养登记档案损毁的；

（七）泄露当事人收养秘密并造成严重后果的；

（八）购买使用伪造收养证书的。

第四十九条　收养登记员违反规定办理收养登记，给当事人造成严重后果的，应当由收养登记机关承担对当事人的赔偿责任，并对承办人员进行追偿。

第八章　附　　则

第五十条　收养查找不到生父母的弃婴、儿童的公告费，由收养人缴纳。

第五十一条　收养登记当事人提交的居民身份证与常住户口簿上的姓名、性别、出生日期应当一致；不一致的，当事人应当先到公安部门更正。

居民身份证或者常住户口簿丢失，当事人应当先到公安户籍管理部门补办证件。当事人无法提交居民身份证的，可提交有效临时身份证办理收养登记。当事人无法提交居民户口簿的，可提交公安部门或者有关户籍管理机构出具的加盖印章的户籍证明办理收养登记。

第五十二条　收养登记当事人提交的所在单位或者村民委员会、居民委员会、县级以上医疗机构、人口计生部门出具的证明，以及本人的申请，有效期6个月。

第五十三条　人民法院依法判决或者调解结案的收养案件，确认收养关系效力或者解除收养关系的，不再办理收养登记或者解除收养登记。

第五十四条 《中华人民共和国收养法》公布施行以前所形成的收养关系，收养关系当事人申请办理收养登记的，不予受理。

附件(略)

收养评估办法(试行)

(2020年12月30日)

第一条 为了加强收养登记管理，规范收养评估工作，保障被收养人的合法权益，根据《中华人民共和国民法典》，制定本办法。

第二条 中国内地居民在中国境内收养子女的，按照本办法进行收养评估。但是，收养继子女的除外。

第三条 本办法所称收养评估，是指民政部门对收养申请人是否具备抚养、教育和保护被收养人的能力进行调查、评估，并出具评估报告的专业服务行为。

第四条 收养评估应当遵循最有利于被收养人的原则，独立、客观、公正地对收养申请人进行评估，依法保护个人信息和隐私。

第五条 民政部门进行收养评估，可以自行组织，也可以委托第三方机构开展。

委托第三方机构开展收养评估的，民政部门应当与受委托的第三方机构签订委托协议。

第六条 民政部门自行组织开展收养评估的，应当组建收养评估小组。收养评估小组应有2名以上熟悉收养相关法律法规和政策的在编人员。

第七条 受委托的第三方机构应当同时具备下列条件：

(一)具有法人资格；

(二)组织机构健全，内部管理规范；

(三)业务范围包含社会调查或者评估，或者具备评估相关经验；

(四)有5名以上具有社会工作、医学、心理学等专业背景或者从事相关工作2年以上的专职工作人员；

(五)开展评估工作所需的其他条件。

第八条 收养评估内容包括收养申请人以下情况：收养动机、道德品行、受教育程度、健康状况、经济及住房条件、婚姻家庭关系、共同生活家庭成员意见、抚育计划、邻里关系、社区环境、与被收养人融合情况等。

收养申请人与被收养人融合的时间不少于30日。

第九条 收养评估流程包括书面告知、评估准备、实施评估、出具评估报告。

(一)书面告知。民政部门收到收养登记申请有关材料后，经初步审查收养申请人、送养人、被收养人符合《中华人民共和国民法典》、《中国公民收养子女登记办法》要求的，应当书面告知收养申请人将对其进行收养评估。委托第三方机构开展评估的，民政部门应当同时书面告知受委托的第三方机构。

(二)评估准备。收养申请人确认同意进行收养评估的，第三方机构应当选派2名以上具有社会工作、医学、心理学等专业背景或者从事相关工作2年以上的专职工作人员开展评估活动。

民政部门自行组织收养评估的，由收养评估小组开展评估活动。

(三)实施评估。评估人员根据评估需要，可以采取面谈、查阅资料、实地走访等多种方式进行评估，全面了解收养申请人的情况。

(四)出具报告。收养评估小组和受委托的第三方机构应当根据评估情况制作书面收养评估报告。收养评估报告包括正文和附件两部分：正文部分包括评估工作的基本情况、评估内容分析、评估结论等；附件部分包括记载评估过程的文字、语音、照片、影像等资料。委托第三方机构评估的，收养评估报告应当由参与评估人员签名，并加盖机构公章。民政部门自行组织评估的，收养评估报告应当由收养评估小组成员共同签名。

第十条 收养评估报告应当在收养申请人确认同意进行收养评估之日起60日内作出。收养评估期间不计入收养登记办理期限。

收养评估报告应当作为民政部门办理收养登记的参考依据。

第十一条 收养评估期间，收养评估小组或者受委托的第三方机构发现收养申请人及其共同生活家庭成员有下列情形之一的，应当向民政部门报告：

(一)弄虚作假，伪造、变造相关材料或者隐瞒相关事实的；

(二)参加非法组织、邪教组织的；

(三)买卖、性侵、虐待或者遗弃、非法送养未成年人，及其他侵犯未成年人身心健康的；

(四)有持续性、经常性的家庭暴力的；

(五)有故意犯罪行为，判处或者可能判处有期徒刑以上刑罚的；

(六)患有精神类疾病、传染性疾病、重度残疾或者智力残疾、重大疾病的；

(七)存在吸毒、酗酒、赌博、嫖娼等恶习的；

(八)故意或者过失导致正与其进行融合的未成年人受到侵害或者面临其他危险情形的；

(九)有其他不利于未成年人身心健康行为的。

存在前款规定第(八)项规定情形的，民政部门应当立即向公安机关报案。

第十二条 评估人员、受委托的第三方机构与收养申请人、送养人有利害关系的，应当回避。

第十三条 民政部门应当加强对收养评估小组的监督和管理。

委托第三方机构开展收养评估的，民政部门应当对受委托第三方履行协议情况进行监督。

第十四条 开展收养评估不得收取任何费用。地方收养评估工作所需经费应当纳入同级民政部门预算。

第十五条 华侨以及居住在香港、澳门、台湾地区的中国公民申请收养的，当地有权机构已经作出收养评估报告的，民政部门可以不再重复开展收养评估。没有收养评估报告的，民政部门可以依据当地有权机构出具的相关证明材料，对收养申请人进行收养评估。

外国人申请收养的，收养评估按照有关法律法规规定执行。

第十六条 省级民政部门可以结合当地情况细化、补充收养评估内容、流程，并报民政部备案。

第十七条 本办法自2021年1月1日起施行，《民政部关于印发〈收养能力评估工作指引〉的通知》（民发〔2015〕168号）同时废止。

华侨以及居住在香港、澳门、台湾地区的中国公民办理收养登记的管辖以及所需要出具的证件和证明材料的规定

（1999年5月25日民政部令第16号发布　自发布之日起施行）

第一条 根据《中国公民收养子女登记办法》，制定本规定。

第二条 华侨以及居住在香港、澳门、台湾地区的中国公民在内地收养子女的，应当到被收养人常住户口所在地的直辖市、设区的市、自治州人民政府民政部门或者地区（盟）行政公署民政部门申请办理收养登记。

第三条 居住在已与中国建立外交关系国家的华侨申请办理成立收养关系的登记时，应当提交收养申请书和下列证件、证明材料：

（一）护照；

（二）收养人居住国有权机构出具的收养人的年龄、婚姻、有无子女、职业、财产、健康、有无受过刑事处罚等状况的证明材料，该证明材料应当经其居住国外交机关或者外交机关授权的机构认证，并经中国驻该国使领馆认证。

第四条 居住在未与中国建立外交关系国家的华侨申请办理成立收养关系的登记时，应当提交收养申请书和下列证件、证明材料：

（一）护照；

（二）收养人居住国有权机构出具的收养人的年龄、婚姻、有无子女、职业、财产、健康、有无受过刑事处罚等状况的证明材料，该证明材料应当经其居住国外交机关或者外交机关授权的机构认证，并经已与中国建立外交关系的国家驻该国使领馆认证。

第五条 香港居民中的中国公民申请办理成立收养关系的登记时，应当提交收养申请书和下列证件、证明材料：

（一）香港居民身份证、香港居民来往内地通行证或者香港同胞回乡证；

（二）经国家主管机关委托的香港委托公证人证明的收养人的年龄、婚姻、有无子女、职业、财产、健康、有无受过刑事处罚等状况的证明材料。

第六条 澳门居民中的中国公民申请办理成立收养关系的登记时，应当提交收养申请书和下列证件、证明材料：

（一）澳门居民身份证、澳门居民来往内地通行证或者澳门同胞回乡证；

（二）澳门地区有权机构出具的收养人的年龄、婚姻、有无子女、职业、财产、健康、有无受过刑事处罚等状况的证明材料。

第七条 台湾居民申请办理成立收养关系的登记时，应当提交收养申请书和下列证件、证明材料：

（一）在台湾地区居住的有效证明；

（二）中华人民共和国主管机关签发或签注的在有效期内的旅行证件；

（三）经台湾地区公证机构公证的收养人的年龄、婚姻、有无子女、职业、财产、健康、有无受过刑事处罚等状况的证明材料。

第八条 本规定自发布之日起施行。

民政部办公厅关于启用"全国收养登记管理信息系统"及启用新式收养登记字号的通知

（2010年11月19日　民办函〔2010〕289号）

各省、自治区、直辖市民政厅（局），各计划单列市民政局，新疆生产建设兵团民政局：

为加强全国收养登记管理信息化建设，我部研发了"全国收养登记管理信息系统"并在试点省份完成试运行。为保证该系统于2011年1月1日在全国正式启用，同时避免在系统使用过程中出现收养登记字号重复等问题，现就有关事项通知如下：

一、认真测试，保证系统按时启用

"全国收养登记管理信息系统"以信息化基础支撑环境为依托，系统和数据库建在民政部，为办理内地居民收养登记、涉港澳台居民和华侨收养登记的民政局提供实时在线登

记服务。该系统访问地址为:http://adopt. mca. gov. cn 或 http://202. 108. 98. 55,用户名为办理收养登记的民政局所属地行政区划代码(参见《中华人民共和国行政区划代码》,GB/T 2260-2006),如北京市东城区民政局用户名为 110101,各地初始密码均为 123456。

收到通知后,办理内地居民收养登记、涉港澳台居民和华侨收养登记的民政局应及时登录系统并更改初始密码,在系统正式启用前认真测试练习,保证正确操作,测试数据由我部于 2011 年 1 月 1 日前统一删除。我部将择期举办系统操作培训班,培训时间及地点另行通知。已经自行开发收养登记管理信息系统的民政部门,可以继续使用原系统办理收养登记。

二、启用新式收养登记字号

自 2011 年 1 月 1 日起,各地启用新式收养登记字号填写方法。办理收养登记的,收养登记字号为 Saaaaaa-bbbb-cccc;办理解除收养登记的,解除收养登记字号为 Jaaaaaa-bbbb-cccc;办理撤销收养登记的,撤销收养登记字号为 Caaaaaa-bbbb-cccc;补发收养登记证的,补发收养登记证字号为 BSaaaaaa-bbbb-cccc;补发解除收养登记证的,补发解除收养登记证字号为 BJaaaaaa-bbbb-cccc;出具收养登记证明的,收养登记证明字号为 Zaaaaaa-bbbb-cccc。

以上"aaaaaa"为办理收养登记的民政局所属地行政区划代码,"bbbb"为当年年号,"cccc"为当年办理登记、补发证件或出具证明序号,如北京市民政局 2011 年办理的第一对涉外收养登记字号为 S110000-2011-0001。

各地在使用系统过程中遇到问题,可通过省级民政部门及时与开发公司或我部联系。

民政部办公厅关于生父母一方为非中国内地居民送养内地子女有关问题的意见

(2009 年 9 月 24 日民办发〔2009〕26 号公布 根据 2020 年 10 月 20 日《民政部关于修改部分规范性文件的公告》修订)

《中华人民共和国收养法》实施十年来,随着我国对外交流的不断深入,收养领域出现了许多新情况和新问题,为深入贯彻落实科学发展观,充分体现儿童最佳利益原则,切实维护收养关系当事人的合法权益和合理诉求,根据《中华人民共和国民法典》的有关规定,现就解决生父母一方为中国内地居民,另一方为非中国内地居民(外国人、华侨以及港澳台居民,下同)送养中国内地户籍子女问题提出以下意见:

一、被收养人的生父母应当提供的材料

(一)被收养人的生父或者生母是中国内地居民的,应当提供下列材料:

1. 本人居民身份证、户口簿以及 2 张 2 寸近期半身免冠照片;

2. 本人与被收养人的父母子女关系证明;

3. 本人签署的同意送养子女的书面意见;

4. 被收养人居民身份证、户口簿以及 2 张 2 寸近期半身免冠照片。

父母子女关系证明是指 DNA 鉴定证明或者公安机关、人民法院、公证机构以及其他有权机关出具的能够证明父母子女关系的文书。(下同)

(二)被收养人的生父或者生母是非中国内地居民的,应当提供下列材料:

1. 本人有效身份证件(外国人、华侨应当提供本人有效护照或者其他有效的国际旅行证件,港澳台居民应当提供有效通行证和身份证,下同)和 2 张 2 寸近期半身免冠照片;

2. 本人与被收养人的父母子女关系证明;

3. 本人签署的同意送养子女的书面意见;

4. 所在国或者所在地区有权机关出具的不反对此送养行为的证明。

若送养人所在国无法出具材料 4 中的证明,也可以提供所在国驻华使领馆出具的表明该国法律不反对此类送养行为的证明。华侨无需提供材料 4。

送养人有特殊困难无力抚养子女的,应当同时提交父母有特殊困难无力抚养子女的证明。"有特殊困难"是指生父母家庭人均收入处于当地居民最低生活保障水平的,或者生父母因病、因残导致家庭生活困难的,或者因其他客观原因导致家庭无力抚养子女的。送养人为中国内地居民的,提供本人声明及所在街道办事处、乡镇人民政府出具的当事人有特殊困难无力抚养的证明。送养人为非中国内地居民的,提供本人声明及所在国或所在地区有权机构出具的本人有特殊困难无力抚养子女的证明,当事人在中国内地居住满一年,无法提供所在国或者所在地区出具的有特殊困难无力抚养子女证明,也可以只出具本人声明。

被收养人父母一方死亡或者下落不明的,送养人应当提交死亡或者下落不明的证明以及死亡或者下落不明一方的父母不行使优先抚养权的书面证明。由非中国内地居民单方送养的,应当同时提交本部分(一)中第 2、4 项材料。

被收养人是残疾儿童的,应当提交县级或者二级以上医疗机构出具的该儿童的残疾证明。

被收养人年满 8 周岁的,应当提交被收养人同意被收养的证明。

外国人、华侨提交的声明、书面意见或者所在国出具的证明材料,应当经我国驻该国使领馆认证或者该国驻华使领馆公证或者认证。港澳台地区居民提交的声明、书面意见或者所在地区出具的证明材料应当经有权机关公证。

二、办理收养登记的程序

收养人应当按照其身份提供相应的证件和证明材料，并按照现行法律程序办理收养手续。收养登记机关应当根据收养关系当事人的身份对其证件及证明材料进行审查，符合《中华人民共和国民法典》及相关规定的，予以登记，发给收养登记证。不符合规定的，应当说明原因。

民政部、公安部、司法部、卫生部、人口计生委关于解决国内公民私自收养子女有关问题的通知

（2008年9月5日　民发〔2008〕132号）

各省、自治区、直辖市民政厅（局）、公安厅（局）、司法厅（局）、卫生厅（局）、人口计生委，新疆生产建设兵团民政局、公安局、司法局、卫生局、人口计生委：

《中华人民共和国收养法》（以下简称《收养法》）实施以来，国内公民依法收养意识不断增强，通过办理收养登记，有效地保障了收养关系当事人的合法权益。但目前依然存在国内公民未经登记私自收养子女的情况，因收养关系不能成立，导致已经被抚养的未成年人在落户、入学、继承等方面的合法权益无法得到有效保障。为全面贯彻落实科学发展观，体现以人为本，依法保护当事人的合法权益，进一步做好国内公民收养子女登记工作，现就解决国内公民私自收养子女问题通知如下：

一、区分不同情况，妥善解决现存私自收养子女问题

（一）1999年4月1日，《收养法》修改决定施行前国内公民私自收养子女的，依据司法部《关于办理收养法实施前建立的事实收养关系公证的通知》（司发通〔1993〕125号）、《关于贯彻执行〈中华人民共和国收养法〉若干问题的意见》（司发通〔2000〕33号）和公安部《关于国内公民收养弃婴等落户问题的通知》（公通字〔1997〕54号）的有关规定办理。

依据司法部《关于贯彻执行〈中华人民共和国收养法〉若干问题的意见》（司发通〔2000〕33号）的规定，对当事人之间抚养的事实已办理公证的，抚养人可持公证书、本人的合法有效身份证件及相关证明材料，向其常住户口所在地的户口登记机关提出落户申请，经县、市公安机关审批同意后，办理落户手续。

（二）1999年4月1日，《收养法》修改决定施行后国内公民私自收养子女的，按照下列情况办理：

1. 收养人符合《收养法》规定的条件，私自收养非社会福利机构抚养的查找不到生父母的弃婴和儿童，捡拾证明不齐全的，由收养人提出申请，到弃婴和儿童发现地的县（市）人民政府民政部门领取并填写《捡拾弃婴（儿童）情况证明》，经收养人常住户口所在地的村（居）民委员会确认，乡（镇）人民政府、街道办事处审核并出具《子女情况证明》，发现地公安部门对捡拾人进行询问并出具《捡拾弃婴（儿童）报案证明》，收养人持上述证明及《中国公民收养子女登记办法》（以下简称《登记办法》）规定的其他证明材料到弃婴和儿童发现地的县（市）人民政府民政部门办理收养登记。

2. 收养人具备抚养教育能力，身体健康，年满30周岁，先有子女，后又私自收养非社会福利机构抚养的查找不到生父母的弃婴和儿童，或者先私自收养非社会福利机构抚养的查找不到生父母的弃婴和儿童，后又生育子女的，由收养人提出申请，到弃婴和儿童发现地的县（市）人民政府民政部门领取并填写《捡拾弃婴（儿童）情况证明》，发现地公安部门出具《捡拾弃婴（儿童）报案证明》。弃婴和儿童发现地的县（市）人民政府民政部门应公告查找其生父母，并由发现地的社会福利机构办理入院登记手续，登记集体户口。对于查找不到生父母的弃婴、儿童，按照收养社会福利机构抚养的弃婴和儿童予以办理收养手续。由收养人常住户口所在地的村（居）民委员会确认，乡（镇）人民政府、街道办事处负责审核并出具收养前当事人《子女情况证明》。在公告期内或收养后有检举收养人政策外生育的，由人口计生部门予以调查处理。确属政策外生育的，由人口计生部门按有关规定处理。

捡拾地没有社会福利机构的，可到由上一级人民政府民政部门指定的机构办理。

3. 收养人不满30周岁，但符合收养人的其他条件，私自收养非社会福利机构抚养的查找不到生父母的弃婴和儿童且愿意继续抚养的，可向弃婴和儿童发现地的县（市）人民政府民政部门或社会福利机构提出助养申请，登记集体户口后签订义务助养协议，监护责任由民政部门或社会福利机构承担。待收养人年满30周岁后，仍符合收养人条件的，可以办理收养登记。

4. 单身男性私自收养非社会福利机构抚养的查找不到生父母的女性弃婴和儿童，年龄相差不到40周岁的，由当事人常住户口所在地的乡（镇）人民政府、街道办事处，动员其将弃婴和儿童送交当地县（市）人民政府民政部门指定的社会福利机构抚养。

夫妻双方在婚姻关系存续期间私自收养女性弃婴和儿童，后因离婚或者丧偶，女婴由男方抚养，年龄相差不到40周岁，抚养事实满一年的，可凭公证机构出具的抚养事实公证书，以及人民法院离婚判决书、离婚调解书、离婚证或者其妻死亡证明等相关证明材料，到县（市）人民政府民政部门申请办理收养登记。

5. 私自收养生父母有特殊困难无力抚养的子女、由监护人送养的孤儿，或者私自收养三代以内同辈旁系血亲的子女，符合《收养法》规定条件的，应当依法办理登记手续；不符合条件的，应当将私自收养的子女交由生父母或者监护人抚养。

（三）私自收养发生后，收养人因经济状况，身体健康等原

因不具备抚养能力，或者收养人一方死亡、离异，另一方不愿意继续抚养，或者养父母双亡的，可由收养人或其亲属将被收养人送交社会福利机构抚养（被收养人具备完全民事行为能力的除外）。其亲属符合收养人条件且愿意收养的，应当依法办理收养登记。

（四）对于不符合上述规定的国内公民私自收养，依据《收养法》及相关法律法规的规定，由当事人常住户口所在地的乡（镇）人民政府、街道办事处，动员其将弃婴或儿童送交社会福利机构抚养。

二、综合治理，建立依法安置弃婴的长效机制

有关部门要高度重视，从构建社会主义和谐社会的高度出发，采取有力措施，加大《收养法》、《登记办法》等法律、法规和政策的宣传贯彻力度，充分发挥乡（镇）人民政府、街道办事处，村（居）民委员会的作用，广泛深入地向群众宣传弃婴收养的有关规定，切实做到依法安置，依法登记和依法收养。

民政部门应协调、协助本辖区内弃婴的报案、临时安置、移送社会福利机构等工作。同时，要进一步加强、规范社会福利机构建设，提高养育水平，妥善接收、安置查找不到生父母的弃婴和儿童；对不按规定，拒绝接收的，要责令改正。

公安部门应依据有关规定及时为弃婴捡拾人出具捡拾报案证明，为查找不到生父母的弃婴和儿童办理社会福利机构集体户口，将已被收养的儿童户口迁至收养人家庭户口，并在登记与户主关系时注明子女关系；应积极查找弃婴和儿童的生父母或其他监护人，严厉打击查处借收养名义拐卖儿童、遗弃婴儿等违法犯罪行为。

司法行政部门应指导公证机构依法办理收养公证和当事人之间抚养事实公证。

卫生部门应加强对医疗保健机构的监督管理，配合民政、公安部门做好弃婴和儿童的收养登记工作。医疗保健机构发现弃婴和弃儿，应及时向所在地公安部门报案并移送福利机构，不得转送他人或私自收养。

人口计生部门应积极配合民政部门做好收养登记工作，掌握辖区内居民的家庭成员情况和育龄人员的生育情况，做好相关工作。

各地应广泛深入宣传通知精神，集中处理本行政区域内2009年4月1日之前发生的国内公民私自收养。自本通知下发之日起，公民捡拾弃婴的，一律到当地公安部门报案，查找不到生父母和其他监护人的一律由公安部门送交当地社会福利机构或者民政部门指定的抚养机构抚养。公民申请收养子女的，应到民政部门申请办理收养登记。对本通知下发之前已经处理且执行完结的私自收养子女的问题，不再重新处理；正在处理过程中，但按照通知规定不予处理的，终止有关程序；已经发生，尚未处理的，按本通知执行。

各级政府和有关部门应以科学发展观为统领，本着"以人为本、儿童至上、区别对待、依法办理"的原则，积极稳妥地解决已经形成的私自收养问题。各省、自治区、直辖市相关部门应根据通知精神，结合本地实际情况，制订相关实施意见。对已确立的收养关系的户口迁移，应按当地公安部门的现行规定执行。

附件：1. 捡拾弃婴（儿童）情况证明（略）

2. 子女情况证明（略）

3. 捡拾弃婴（儿童）报案证明（略）

民政部关于社会福利机构涉外送养工作的若干规定

（2003年9月4日民发〔2003〕112号公布　根据2020年10月20日《民政部关于修改部分规范性文件的公告》修订）

各省、自治区、直辖市民政厅（局），计划单列市民政局，新疆生产建设兵团民政局：

为了进一步规范社会福利机构的涉外送养行为，维护被送养儿童的合法权益，保证涉外送养工作的健康发展，现作如下规定：

一、涉外送养的儿童必须是社会福利机构抚养的丧失父母的孤儿（以下简称孤儿）或查找不到生父母的弃婴、儿童。

二、社会福利机构送养儿童，应当向省级人民政府民政部门报送以下证明材料：

（一）社会福利机构负责人的身份证复制件。

（二）被送养儿童的户籍证明复制件。

（三）被送养儿童成长情况报告。

成长情况报告应包括以下内容：入院经过、入院初期的身体状况、在院期间各阶段的身心发育状况及免疫接种情况、性格特征及表现、喜好、与他人交往等情况。

被送养儿童年龄为0-6周岁的，还应提交《被送养儿童成长状况表》（见附件1），此表每3个月填写一次。

（四）《被送养儿童体格检查表》及化验检查报告单（见附件2）。

体检应当在定点医院进行。定点医院应当是地（市）级以上的儿童医院或设有儿科的综合性医院。定点医院由社会福利机构的主管民政部门提出，省级人民政府民政部门审核批准，报中国收养中心备案。社会福利机构或其主管民政部门要与定点医院签订合作协议，明确双方的权利和责任。体检结果有效期为6个月，超过期限的应当重新体检。

被送养儿童是病残的，应提交病残诊断证明、检查报告、治疗情况报告等。

（五）被送养儿童2寸免冠彩色照片、近期全身生活照片。

被送养儿童是病残儿童且病残有外观表现的，还应提供病残部位照片。

（六）被送养儿童是孤儿的，应当提交《社会福利机构接收孤儿入院登记表》(见附件3)、孤儿父母死亡或者宣告死亡的证明、其他有抚养义务的人同意送养的书面意见。

被送养儿童是弃婴的,应当提交公安机关出具的捡拾弃婴报案的证明、《捡拾弃婴登记表》(见附件4)、《社会福利机构接收弃婴入院登记表》(见附件5)。

(七)被送养儿童年满7周岁以上的,应提交儿童有关情况的报告。

(八)被送养儿童是年满8周岁以上的,应提交该儿童同意被送养的书面意见。

三、社会福利机构送养弃婴、儿童,省级人民政府民政部门应当在当地省级报纸上刊登查找弃婴、儿童生父母的公告。自公告刊登之日起满60日,弃婴、儿童的生父母或其他监护人未认领的,视为查找不到生父母的弃婴、儿童。

公告应包括以下内容:弃婴、儿童的姓名、年龄、性别、身体特征、被捡拾的时间、地点、随身携带物品、公告期限、认领方式,并附1寸入院初期的正面免冠照片。弃婴、儿童入院前姓名不详、年龄为估算的,要特别注明。

四、省级人民政府民政部门负责审查社会福利机构报送的材料,着重审查以下内容:

(一)报送的材料是否齐全、有效。

(二)被送养儿童的身体发育状况是否达到相应的发育水平;体检结果是否达到涉外送养各项指标的要求,是否患有智力低下、脑瘫及其他潜在性的不宜涉外送养的疾病。

(三)儿童来源是否清楚,身心发育是否健康,道德品质是否良好。

(四)有无其他不宜涉外送养的问题。

省级人民政府民政部门审查合格后,填写《涉外送养审查意见表》(见附件6),由省级人民政府民政部门负责人签署意见,并加盖印章。

五、省级人民政府民政部门审查同意后,应当向中国收养中心报送以下材料:

(一)涉外送养儿童名单。

(二)本规定第二条所列材料的复制件。

(三)《涉外送养审查意见表》。

六、被送养儿童的材料报送中国收养中心后,省级人民政府民政部门应当做好以下工作:

(一)所报送儿童寄养在家庭的,适时通知社会福利机构解除寄养关系。

(二)如有国内公民申请收养,应当及时通报中国收养中心。若该儿童尚未选配外国收养家庭,优先安排国内公民收养;若外国收养人已同意收养该儿童,则不再安排国内公民收养。

(三)如发生儿童病重或死亡等重大情况不能送养时,应当及时书面通报中国收养中心。

七、中国收养中心为被送养儿童选择到外国收养人后,向省级人民政府民政部门发出《涉外送养通知》,由省级人民政府民政部门书面通知社会福利机构。

八、社会福利机构接到被送养儿童已被同意收养的通知后,应当做好以下工作:

(一)复查被送养儿童身心发育等方面的情况,如果情况发生较大变化不宜涉外送养的,应当及时通过省级人民政府民政部门书面通报中国收养中心。

(二)将收养父母的情况如实告诉7周岁以上被送养儿童,并为其提供心理咨询和辅导。

(三)做好交接被送养儿童收养登记的各项准备工作。

九、收养登记前,省级人民政府民政部门应视具体情况确定适当的融和期,以便收养人与被送养儿童相互了解和融和。省级人民政府民政部门应当在法定工作日和指定的办公地点安排外国收养人与被送养儿童、送养人见面,在确认收养关系当事人的身份无误后,由送养人向收养人介绍被送养儿童的情况和有关事项,并向外国收养人交接被送养儿童。交接被送养儿童时,送养人和收养人应当签订融和期间委托监护协议(见附件7)。

融和期满后,收养关系当事人对收养事宜无疑义的,收养人和送养人应当订立书面收养协议(见附件8),协议一式三份。

十、收养协议订立后,收养关系当事人应当共同到被送养儿童常住户口所在地的省级人民政府民政部门,依照《外国人在中华人民共和国收养子女登记办法》的规定,办理收养登记。收养登记完成后,省级人民政府民政部门应当及时将收养登记结果转交中国收养中心,并附收养登记证件的复制件。

十一、从事涉外收养工作的人员应当严格依法办事,增强组织纪律观念,遵守外事工作纪律,恪守职业道德,保守工作秘密;不得私自联系涉外收养事务,不得指定收养;严禁在工作中弄虚作假,严禁从涉外收养中获取不正当收益。未经中国收养中心同意,禁止向外国收养人、外国收养组织提供被送养儿童的信息资料;未经省级人民政府民政部门同意,社会福利机构不得擅自接洽外国收养人、外国收养组织。

十二、本规定自下发之日起执行。

附件(略)

民政部、国家宗教事务局关于规范宗教界收留孤儿、弃婴活动的通知

(2014年4月30日 民发〔2014〕99号)

各省、自治区、直辖市民政厅(局)、宗教局(民宗委、厅、局),新疆生产建设兵团民政局、民宗局:

济孤恤幼是宗教界行慈举善的重要形式。近年来,宗教界在孤儿、弃婴救助方面发挥了积极作用,但也存在一些监管

不到位、抚育不科学、教育无保障等问题。根据《关于进一步做好弃婴相关工作的通知》(民发〔2013〕83号),为规范宗教界收留孤儿、弃婴活动,现就有关事项通知如下:

一、正确对待和妥善处理宗教界收留孤儿、弃婴问题,关系到儿童合法权益保障,关系到宗教界积极作用发挥,关系到社会和谐稳定。要深入贯彻以人为本的理念,始终坚持儿童优先、儿童利益最大化的原则,采取有效措施规范宗教界收留孤儿、弃婴活动。

二、宗教界收留孤儿、弃婴活动,是指依法登记的宗教团体、宗教活动场所和经认定备案的宗教教职人员及上述三类主体兴办的收留孤儿、弃婴机构(三类主体兴办的收留孤儿、弃婴机构,以下简称"宗教界兴办机构")从事的收留孤儿、弃婴活动。除上述三类主体外,其他组织和个人不得以宗教为名从事收留孤儿、弃婴活动。

三、宗教团体、宗教活动场所及宗教界兴办机构要有相对稳定的人力、财力资源,要有符合国家消防安全和卫生防疫标准的制度,具备儿童健康成长必需的抚育、教育等条件。

基本具备上述条件的宗教界兴办机构,应申请与民政部门合办,并严格按照双方签订的合办协议,加强日常管理,强化抚育责任,依法依规开展活动。不同意与民政部门合办的,以及基本具备上述条件的宗教团体、宗教活动场所,要主动向民政部门提出代养申请。民政部门要与其签订代养协议,明确责任,加强业务指导和规范管理。宗教事务部门要配合民政部门做好宗教界的工作。

不具备上述条件的宗教团体、宗教活动场所及宗教界兴办机构,民政、宗教事务部门要提出整改期限和整改措施,指导和帮助其改善基础设施和收留条件。对于经整改仍不具备上述基本条件的,或虽具备上述条件但既不同意合办又不签订代养协议的,民政、宗教事务部门要会同公安等有关部门责令其停止收留活动。能够查找到监护人的,将孤儿、弃婴交付监护人;查找不到监护人的,送交民政部门设立的儿童福利机构收留抚养。

宗教教职人员个人已收留孤儿、弃婴的,按照《关于进一步做好弃婴相关工作的通知》(民发〔2013〕83号)相关规定执行。

四、与民政部门合办或签订代养协议的宗教界兴办机构,以及已经与民政部签订代养协议且具备落户条件的宗教团体和宗教活动场所,可接受孤儿、弃婴落户。宗教团体和宗教活动场所不具备落户条件的,应到与其合办或签订代养协议的儿童福利机构落户。

五、民政部门要按照《关于发放孤儿基本生活费的通知》(民发〔2010〕161号)的相关规定,积极为宗教界收留的儿童进行孤儿身份认定。材料齐全的,将其纳入孤儿国家保障范围,按照当地孤儿养育标准发放基本生活费;材料不全但可以补齐的,民政部门要协调相关部门为其补齐手续并纳入孤儿国家保障范围;材料确实无法补齐不能认定为孤儿的,要按照国家相关规定予以救助。

六、宗教界收留孤儿、弃婴活动应遵守的基本原则和享受的扶持优惠政策,适用《关于鼓励和规范宗教界从事公益慈善活动的意见》(国宗发〔2012〕6号)。宗教界要按照《中华人民共和国未成年人保护法》、《中华人民共和国义务教育法》等法律法规,充分保障孤儿、弃婴的合法权益。不得强制收留的孤儿、弃婴信仰宗教。

七、民政、宗教事务部门要积极协调公安、卫生计生等有关部门为宗教界收留的孤儿、弃婴查找监护人,办理户籍登记;协调卫生计生部门适度减免宗教界收留孤儿、弃婴的治病费用,减轻其经济负担;协调教育部门帮助宗教界收留的孤儿、弃婴入学就读,保障其接受义务教育权利,减免相关费用;协调新闻宣传部门加强政策法规宣传,对责令停止收留活动的,做好社会舆论引导和解释工作。

八、民政、宗教事务部门要强化服务意识,寓管理于服务之中,帮助协调解决宗教界收留孤儿、弃婴存在的困难和问题。民政部门要充分发挥在孤儿、弃婴保障工作中的主导作用,加强指导管理。宗教事务部门要配合民政等相关部门加强对宗教界从事收留孤儿、弃婴活动的监督检查,推动规范管理。

自本通知下发之日起,宗教界申请设立收留孤儿、弃婴的机构,必须与当地县级以上人民政府民政部门共同举办。

民政部关于规范生父母有特殊困难无力抚养的子女和社会散居孤儿收养工作的意见

(2014年9月28日民发〔2014〕206号公布 根据2020年10月20日《民政部关于修改部分规范性文件的公告》修订)

各省、自治区、直辖市民政厅(局):

为规范生父母有特殊困难无力抚养的子女和社会散居孤儿(以下简称两类儿童)的收养工作,切实维护被收养儿童的合法权益,根据《中华人民共和国民法典》及《中国公民收养子女登记办法》、《外国人在中华人民共和国收养子女登记办法》及相关规定,现就两类儿童收养提出如下意见:

一、坚持两类儿童收养工作原则

收养应当有利于被收养未成年人的抚养、成长。要落实儿童利益最佳的原则,把"一切为了孩子"的要求贯穿于收养工作始终,让儿童回归家庭,得到父母的关爱和良好的教育。要坚持国内收养优先的原则,鼓励、支持符合条件的国内家庭收养,研究创制亲属收养的政策措施,积极引导国内家庭转变收养观念,帮助大龄和残疾儿童实现国内收养。同时,积极稳妥地开展涉外收养工作。要遵循平等自愿的原则,充分尊重被收养人和送养人的意愿,切实维护其合法权益。对送养八周岁以上未成年人的，要征得其本人同意。告知送养人送养的权利义务，让其知晓送养后的法律后果，方便其行使选择权利。他人不得诱使或强迫监护人送养。要坚持依法登记的原则，强化对收养登记工作人员的管理约束，不断增强法律意识，提高依法办事能力，严格依法依规办理收养登记。

二、明确送养人和送养意愿

生父母有特殊困难无力抚养的子女由生父母作为送养人。生父母均不具备完全民事行为能力且对被收养人有严重危害可能的，由被收养人的监护人作为送养人。社会散居孤儿由其监护人作为送养人。社会散居孤儿的监护人依法变更为社会福利机构的，可以由社会福利机构送养。送养人可以向民政部门提出送养意愿。民政部门可以委托社会福利机构代为接收送养意愿。

三、严格规范送养材料

提交送养材料时，送养人可以直接向县级以上人民政府民政部门提交，也可以由受委托的社会福利机构转交。受委托的社会福利机构应当协助送养人按照要求提交送养证明材料。

送养人应当提交下列证件和证明材料：本人及被收养人的居民身份证和居民户口簿或公安机关出具的户籍证明，《生父母或监护人同意送养的书面意见》（见附件1），并根据下列情况提交相关证明材料。

（一）生父母作为送养人的，应当提交下列证明材料：

1. 生父母有特殊困难无力抚养子女的证明；

2. 生父母与当地卫生和计划生育部门签订的计划生育协议。

生父母有特殊困难无力抚养的证明是指生父母所在单位或者村（居）委会根据下列证件、证明材料之一出具的能够确定生父母有特殊困难无力抚养的相关证明：

（1）县级以上医疗机构出具的重特大疾病证明；

（2）县级残疾人联合会出具的重度残疾证明；

（3）人民法院判处有期徒刑或无期徒刑、死刑的判决书。

生父母确因其他客观原因无力抚养子女的，乡镇人民政府、街道办事处出具的有关证明可以作为生父母有特殊困难无力抚养的证明使用。

（二）如生父母一方死亡或者下落不明的，送养人还应当提交下列证明：

1. 死亡证明、公安机关或者其他有关机关出具的下落不明的证明；

2. 经公证的死亡或者下落不明一方的父母不行使优先抚养权的书面声明（见附件2）。

（三）生父母以外的监护人作为送养人的，应当提交下列证明材料：

1. 生父母的死亡证明或者人民法院出具的能够证明生父母双方均不具备完全民事行为能力的文书；

2. 监护人所在单位或村（居）委会出具的监护人实际承担监护责任的证明；

3. 其他有抚养义务的人（祖父母、外祖父母、成年兄姐）出具的经公证的同意送养的书面意见（见附件3）。

生父母均不具备完全民事行为能力的，还应当提交生父母所在单位、村（居）委会、医疗机构、司法鉴定机构或者其他有权机关出具的生父母对被收养人有严重危害可能的证明。

（四）涉外送养的，送养人还应当提交下列材料：

1. 被收养人照片；

2. 县级以上医疗机构出具的被收养人体检报告；

3. 被收养人成长报告。

体检报告参照《关于社会福利机构涉外送养若干规定》（民发〔2003〕112号）办理。被收养人成长报告应全面、准确地反映儿童的情况，包括儿童生父母简要情况、儿童成长发育情况、生活习惯、性格爱好等。7岁以上儿童的成长报告应着重反映儿童心理发育、学习、与人交往、道德品行等方面的情况。

四、依法办理收养登记

（一）中国公民收养两类儿童登记。

中国公民收养两类儿童登记的办理，按照《中国公民收养子女登记办法》及相关规定执行。

（二）外国人收养两类儿童登记。

外国人收养两类儿童登记的办理，由省级人民政府民政部门对送养人提交的涉外送养材料进行审查，认为符合法律规定的，填写《生父母有特殊困难无力抚养的子女和社会散居孤儿涉外送养审查意见表》（见附件4），并向中国儿童福利和收养中心报送，同时附两套上述涉外送养材料的复制件以及被收养人照片。

中国儿童福利和收养中心为被收养人选择到外国收养人后，向省级人民政府民政部门发出《涉外送养通知》，由省级人民政府民政部门书面通知送养人，或者由受委托的社会福利机构代为转交送养人。

送养人接到书面通知后，省级人民政府民政部门和受委托的社会福利机构，应当积极协助送养人做好交接工作，并指导送养人将收养人的情况如实告诉7周岁以上被收养人，帮助送养人做好被收养人的心理辅导。

受委托的社会福利机构可在自身条件允许时，应当事人一方要求，指定人员陪同送养人和被收养人办理收养登记。

外国人收养两类儿童的其他事宜参照《关于社会福利机构涉外送养若干规定》（民发〔2003〕112号）执行。

五、做好两类儿童收养工作的相关要求

各级人民政府民政部门要加强对受托社会福利机构指导督促，做好宣传引导工作，依法保障两类儿童收养工作的健康开展。要切实加强对被收养人的身份审核。受委托的社会福利机构要对被收养人和送养人的情况进行实地调查走访，重点了解是否符合两类儿童的送养条件，注意做好调查笔录、材料保存等工作，严防弄虚作假。有条件的地方可通过政府购买服务、引入社会工作者等方式开展收养评估工作，对被收养人和送养人的情况进行了解把握。各级人民政府民政部门要加强对送养证明材料的审查，依法办理收养登记。

附件：

1. 生父母或监护人同意送养的书面意见（略）

2. 死亡或下落不明一方的父母不行使优先抚养权的书面声明（略）

3. 其他有抚养义务的人同意送养的书面意见（略）

4. 生父母有特殊困难无力抚养的子女和社会散居孤儿涉外送养审查意见表（略）

民政部、公安部关于开展查找不到生父母的打拐解救儿童收养工作的通知

（2015年8月20日民发〔2015〕159号公布　根据2020年10月20日《民政部关于修改部分规范性文件的公告》修订）

各省、自治区、直辖市民政厅（局）、公安厅（局），新疆生产建设兵团民政局、公安局：

家庭是儿童成长的最佳环境，为落实党的十八届三中全会通过的《中共中央关于全面深化改革若干重大问题的决定》中关于健全困境儿童分类保障制度的要求以及国务院办公厅《中国反对拐卖人口行动计划（2013—2020年）》（国办发〔2013〕19号）的相关要求，进一步完善打拐解救儿童安置渠道，使查找不到生父母的打拐解救儿童能够通过收养回归家庭中健康、快乐成长，根据《中华人民共和国民法典》等法律法规的有关规定，现就查找不到生父母的打拐解救儿童收养问题通知如下：

一、全力查找打拐解救儿童生父母

儿童失踪后，其监护人应当及时向公安机关报警。公安机关接到儿童失踪报警后，应当立即出警处置并立案侦查，迅速启动儿童失踪快速查找机制，充分调动警务资源，第一时间组织查找，并及时免费采集失踪儿童父母血样录入全国打拐DNA信息库。

公安机关解救被拐卖儿童后，对于查找到生父母或其他监护人的，应当及时送还。对于暂时查找不到生父母及其他监护人的，应当送交社会福利机构或者救助保护机构抚养，并签发打拐解救儿童临时照料通知书（附件1），由社会福利机构或者救助保护机构承担临时监护责任。同时，公安机关要一律采集打拐解救儿童血样，检验后录入全国打拐DNA信息库比对，寻找儿童的生父母。公安机关经查找，1个月内未找到儿童生父母或其他监护人的，应当为社会福利机构或者救助保护机构出具暂时未查找到生父母或其他监护人的证明（附件2）。社会福利机构或者救助保护机构在接收打拐解救儿童后，应当在报纸和全国打拐解救儿童寻亲公告平台上发布儿童寻亲公告。公告满30日，儿童的生父母或者其他监护人未认领的，救助保护机构应当在7日内将儿童及相关材料移交当地社会福利机构。社会福利机构应当尽快为儿童办理入院手续并申报落户手续，公安机关应当积极办理落户手续。

从儿童被送交社会福利机构或者救助保护机构之日起满12个月，公安机关未能查找到儿童生父母或其他监护人的，应当向社会福利机构出具查找不到生父母或其他监护人的证明（附件3）。

打拐解救儿童在社会福利机构或者救助保护机构期间，如有人主张其为被公告儿童的生父母或者其他监护人的，上述机构应当立即通知公安机关，由公安机关开展调查核实工作。公安机关经调查确认找到打拐解救儿童生父母或其他监护人的，应当出具打拐解救儿童送还通知书（附件4），由社会福利机构或者救助保护机构配合该儿童生父母或其他监护人将儿童接回。

二、依法开展收养登记工作

社会福利机构收到查找不到生父母或其他监护人的证明后，对于符合收养条件的儿童，应当及时进行国内送养，使儿童能够尽快回归正常的家庭生活。

办理收养登记前，社会福利机构应当与收养家庭签订收养协议（附件5）。

收养人应当填写收养申请书并向有管辖权的收养登记机关提交下列证件、证明材料：

（一）居民户口簿和居民身份证；

（二）婚姻登记证或者离婚判决书、离婚调解书；

（三）县级以上医疗机构出具的未患有在医学上认为不应当收养子女疾病的身体健康检查证明；

收养登记机关应当对收养人进行收养能力评估。收养能力评估可以通过委托第三方等方式开展。收养能力评估应当包括收养人收养动机、职业和经济状况、受教育程度、身体情况、道德品质、家庭关系等内容。

社会福利机构应当向收养登记机关提交下列证件、证明材料：

（一）社会福利机构法人登记证书、法定代表人身份证明和授权委托书；

（二）被收养人照片、指纹、DNA信息和情况说明；

（三）被收养人进入社会福利机构的原始记录和查找不到生父母或其他监护人的证明等相关证明材料；

被收养人有残疾或者患有重病的，社会福利机构应当同时提交县级以上医疗机构出具的残疾证明或者患病证明。

被收养人年满8周岁的，收养登记机关还应就收养登记

事项单独征得其本人同意。

收养登记机关在收到收养登记申请书及相关材料后，应当按照规定进行公告。自公告之日起满60日，打拐解救儿童的生父母或者其他监护人未认领的，收养登记机关应当为符合条件的当事人办理收养登记。对不符合条件的，不予登记并对当事人说明理由。

三、妥善处理打拐解救儿童收养关系解除问题

打拐解救儿童被收养后，公安机关查找到其生父母或其他监护人，或者其生父母或其他监护人又查找到该儿童的，如儿童的生父母或其他监护人要求解除收养关系，且经公安机关确认该儿童确属于被盗抢、被拐骗或者走失的，收养人应当与社会福利机构共同到民政部门办理解除收养关系登记。

儿童的生父母双方或者其他监护人有出卖或者故意遗弃儿童行为的，应当依法追究法律责任，已成立的合法收养关系不受影响。

四、扎实抓好政策落实工作

（一）切实加强组织领导。各地要从落实党中央和国务院关于加强被拐卖受害人的救助、安置、康复和回归社会工作有关要求的高度充分认识此项工作的重要意义，将其作为保护未成年人合法权益和打击整治拐卖儿童犯罪买方市场的重要举措抓紧抓好。各地民政部门和公安部门要建立协调沟通机制，形成工作合力，细化职责分工，将好事办好。要做好督促检查工作，确保此项工作尽快落实。

（二）尽快解决历史问题。各地要优先解决已经在社会福利机构或者救助保护机构长期生活的打拐解救儿童的落户和收养问题。对于社会福利机构或者救助保护机构内尚未采集血样的打拐解救儿童，当地公安机关应当及时采集DNA信息入库比对查找其生父母，相关费用由公安机关承担，社会福利机构应当协助配合。对于采集了DNA信息、并在本通知实行前已经查找其生父母或其他监护人满12个月的儿童，公安机关应当直接向社会福利机构出具查找不到生父母或其他监护人的证明。社会福利机构或者救助保护机构应当及时在报纸和全国打拐解救儿童寻亲公告平台上发布寻亲公告，公告期满后救助保护机构应当在7日内将儿童及相关材料移交当地社会福利机构。社会福利机构应当在公安机关配合下尽快办理落户等手续，对于符合收养条件的儿童，按照本通知要求及时送养。

（三）着力做好宣传引导。各地要通过多种渠道主动做好政策宣传工作，特别是做好与新闻媒体的沟通，使群众充分了解相关法律规定和打拐解救儿童的生活状况，知晓办理收养登记对于保护打拐解救儿童权益和打击拐卖儿童犯罪的重要意义，营造良好的社会舆论氛围。

附件：1. 打拐解救儿童临时照料通知书（略）

2. 暂时未查找到生父母或其他监护人证明（略）

3. 查找不到生父母或其他监护人证明（略）

4. 打拐解救儿童送还通知书（略）

5. 收养协议（略）

五、社会福利和慈善事业

1. 儿童福利

中华人民共和国未成年人保护法

（1991年9月4日第七届全国人民代表大会常务委员会第二十一次会议通过　2006年12月29日第十届全国人民代表大会常务委员会第二十五次会议第一次修订　根据2012年10月26日第十一届全国人民代表大会常务委员会第二十九次会议《关于修改〈中华人民共和国未成年人保护法〉的决定》修正　2020年10月17日第十三届全国人民代表大会常务委员会第二十二次会议第二次修订）

第一章　总　　则

第一条　为了保护未成年人身心健康，保障未成年人合法权益，促进未成年人德智体美劳全面发展，培养有理想、有道德、有文化、有纪律的社会主义建设者和接班人，培养担当民族复兴大任的时代新人，根据宪法，制定本法。

第二条　本法所称未成年人是指未满十八周岁的公民。

第三条　国家保障未成年人的生存权、发展权、受保护权、参与权等权利。

未成年人依法平等地享有各项权利，不因本人及其父母或者其他监护人的民族、种族、性别、户籍、职业、宗教信仰、教育程度、家庭状况、身心健康状况等受到歧视。

第四条　保护未成年人，应当坚持最有利于未成年人的原则。处理涉及未成年人事项，应当符合下列要求：

（一）给予未成年人特殊、优先保护；

（二）尊重未成年人人格尊严；

（三）保护未成年人隐私权和个人信息；

（四）适应未成年人身心健康发展的规律和特点；

（五）听取未成年人的意见；

（六）保护与教育相结合。

第五条　国家、社会、学校和家庭应当对未成年人进行理想教育、道德教育、科学教育、文化教育、法治教育、国家安全教育、健康教育、劳动教育，加强爱国主义、集体主义和中国特色社会主义的教育，培养爱祖国、爱人民、爱劳动、爱科学、爱社会主义的公德，抵制资本主义、封建主义和其他腐朽思想的侵蚀，引导未成年人树立和践行社会主义核心价值观。

第六条　保护未成年人，是国家机关、武装力量、政党、人民团体、企业事业单位、社会组织、城乡基层群众性自治组织、未成年人的监护人以及其他成年人的共同责任。

国家、社会、学校和家庭应当教育和帮助未成年人维护自身合法权益，增强自我保护的意识和能力。

第七条　未成年人的父母或者其他监护人依法对未成年人承担监护职责。

国家采取措施指导、支持、帮助和监督未成年人的父母或者其他监护人履行监护职责。

第八条　县级以上人民政府应当将未成年人保护工作纳入国民经济和社会发展规划，相关经费纳入本级政府预算。

第九条　县级以上人民政府应当建立未成年人保护工作协调机制，统筹、协调、督促和指导有关部门在各自职责范围内做好未成年人保护工作。协调机制具体工作由县级以上人民政府民政部门承担，省级人民政府也可以根据本地实际情况确定由其他有关部门承担。

第十条　共产主义青年团、妇女联合会、工会、残疾人联合会、关心下一代工作委员会、青年联合会、学生联合会、少年先锋队以及其他人民团体、有关社会组织，应当协助各级人民政府及其有关部门、人民检察院、人民法院做好未成年人保护工作，维护未成年人合法权益。

第十一条　任何组织或者个人发现不利于未成年人身心健康或者侵犯未成年人合法权益的情形，都有权劝阻、制止或者向公安、民政、教育等有关部门提出检举、控告。

国家机关、居民委员会、村民委员会、密切接触未成年人的单位及其工作人员，在工作中发现未成年人身心健康受到侵害、疑似受到侵害或者面临其他危险情形的，应当立即向公安、民政、教育等有关部门报告。

有关部门接到涉及未成年人的检举、控告或者报告，应当依法及时受理、处置，并以适当方式将处理结果告知相关单位和人员。

第十二条　国家鼓励和支持未成年人保护方面的科学研究，建设相关学科、设置相关专业，加强人才培养。

第十三条　国家建立健全未成年人统计调查制度，开展未成年人健康、受教育等状况的统计、调查和分析，发布未成年人保护的有关信息。

第十四条 国家对保护未成年人有显著成绩的组织和个人给予表彰和奖励。

第二章 家庭保护

第十五条 未成年人的父母或者其他监护人应当学习家庭教育知识，接受家庭教育指导，创造良好、和睦、文明的家庭环境。

共同生活的其他成年家庭成员应当协助未成年人的父母或者其他监护人抚养、教育和保护未成年人。

第十六条 未成年人的父母或者其他监护人应当履行下列监护职责：

（一）为未成年人提供生活、健康、安全等方面的保障；

（二）关注未成年人的生理、心理状况和情感需求；

（三）教育和引导未成年人遵纪守法、勤俭节约，养成良好的思想品德和行为习惯；

（四）对未成年人进行安全教育，提高未成年人的自我保护意识和能力；

（五）尊重未成年人受教育的权利，保障适龄未成年人依法接受并完成义务教育；

（六）保障未成年人休息、娱乐和体育锻炼的时间，引导未成年人进行有益身心健康的活动；

（七）妥善管理和保护未成年人的财产；

（八）依法代理未成年人实施民事法律行为；

（九）预防和制止未成年人的不良行为和违法犯罪行为，并进行合理管教；

（十）其他应当履行的监护职责。

第十七条 未成年人的父母或者其他监护人不得实施下列行为：

（一）虐待、遗弃、非法送养未成年人或者对未成年人实施家庭暴力；

（二）放任、教唆或者利用未成年人实施违法犯罪行为；

（三）放任、唆使未成年人参与邪教、迷信活动或者接受恐怖主义、分裂主义、极端主义等侵害；

（四）放任、唆使未成年人吸烟（含电子烟，下同）、饮酒、赌博、流浪乞讨或者欺凌他人；

（五）放任或者迫使应当接受义务教育的未成年人失学、辍学；

（六）放任未成年人沉迷网络，接触危害或者可能影响其身心健康的图书、报刊、电影、广播电视节目、音像制品、电子出版物和网络信息等；

（七）放任未成年人进入营业性娱乐场所、酒吧、互联网上网服务营业场所等不适宜未成年人活动的场所；

（八）允许或者迫使未成年人从事国家规定以外的劳动；

（九）允许、迫使未成年人结婚或者为未成年人订立婚约；

（十）违法处分、侵吞未成年人的财产或者利用未成年人牟取不正当利益；

（十一）其他侵犯未成年人身心健康、财产权益或者不依法履行未成年人保护义务的行为。

第十八条 未成年人的父母或者其他监护人应当为未成年人提供安全的家庭生活环境，及时排除引发触电、烫伤、跌落等伤害的安全隐患；采取配备儿童安全座椅、教育未成年人遵守交通规则等措施，防止未成年人受到交通事故的伤害；提高户外安全保护意识，避免未成年人发生溺水、动物伤害等事故。

第十九条 未成年人的父母或者其他监护人应当根据未成年人的年龄和智力发展状况，在作出与未成年人权益有关的决定前，听取未成年人的意见，充分考虑其真实意愿。

第二十条 未成年人的父母或者其他监护人发现未成年人身心健康受到侵害、疑似受到侵害或者其他合法权益受到侵犯的，应当及时了解情况并采取保护措施；情况严重的，应当立即向公安、民政、教育等部门报告。

第二十一条 未成年人的父母或者其他监护人不得使未满八周岁或者由于身体、心理原因需要特别照顾的未成年人处于无人看护状态，或者将其交由无民事行为能力、限制民事行为能力、患有严重传染性疾病或者其他不适宜的人员临时照护。

未成年人的父母或者其他监护人不得使未满十六周岁的未成年人脱离监护单独生活。

第二十二条 未成年人的父母或者其他监护人因外出务工等原因在一定期限内不能完全履行监护职责的，应当委托具有照护能力的完全民事行为能力人代为照护；无正当理由的，不得委托他人代为照护。

未成年人的父母或者其他监护人在确定被委托人时，应当综合考虑其道德品质、家庭状况、身心健康状况、与未成年人生活情感上的联系等情况，并听取有表达意愿能力未成年人的意见。

具有下列情形之一的，不得作为被委托人：

（一）曾实施性侵害、虐待、遗弃、拐卖、暴力伤害等违法犯罪行为；

（二）有吸毒、酗酒、赌博等恶习；

（三）曾拒不履行或者长期怠于履行监护、照护职责；

（四）其他不适宜担任被委托人的情形。

第二十三条 未成年人的父母或者其他监护人应当及时将委托照护情况书面告知未成年人所在学校、幼儿园和实际居住地的居民委员会、村民委员会，加强和未成年人所在学校、幼儿园的沟通；与未成年人、被委托人至少每周联系和交流一次，了解未成年人的生活、学习、心理等情况，并给予未成年人亲情关爱。

未成年人的父母或者其他监护人接到被委托人、居民委员会、村民委员会、学校、幼儿园等关于未成年人心理、行为异常的通知后,应当及时采取干预措施。

第二十四条 未成年人的父母离婚时,应当妥善处理未成年子女的抚养、教育、探望、财产等事宜,听取有表达意愿能力未成年人的意见。不得以抢夺、藏匿未成年子女等方式争夺抚养权。

未成年人的父母离婚后,不直接抚养未成年子女的一方应当依照协议、人民法院判决或者调解确定的时间和方式,在不影响未成年人学习、生活的情况下探望未成年子女,直接抚养的一方应当配合,但被人民法院依法中止探望权的除外。

第三章 学校保护

第二十五条 学校应当全面贯彻国家教育方针,坚持立德树人,实施素质教育,提高教育质量,注重培养未成年学生认知能力、合作能力、创新能力和实践能力,促进未成年学生全面发展。

学校应当建立未成年学生保护工作制度,健全学生行为规范,培养未成年学生遵纪守法的良好行为习惯。

第二十六条 幼儿园应当做好保育、教育工作,遵循幼儿身心发展规律,实施启蒙教育,促进幼儿在体质、智力、品德等方面和谐发展。

第二十七条 学校、幼儿园的教职员工应当尊重未成年人人格尊严,不得对未成年人实施体罚、变相体罚或者其他侮辱人格尊严的行为。

第二十八条 学校应当保障未成年学生受教育的权利,不得违反国家规定开除、变相开除未成年学生。

学校应当对尚未完成义务教育的辍学未成年学生进行登记并劝返复学;劝返无效的,应当及时向教育行政部门书面报告。

第二十九条 学校应当关心、爱护未成年学生,不得因家庭、身体、心理、学习能力等情况歧视学生。对家庭困难、身心有障碍的学生,应当提供关爱;对行为异常、学习有困难的学生,应当耐心帮助。

学校应当配合政府有关部门建立留守未成年学生、困境未成年学生的信息档案,开展关爱帮扶工作。

第三十条 学校应当根据未成年学生身心发展特点,进行社会生活指导、心理健康辅导、青春期教育和生命教育。

第三十一条 学校应当组织未成年学生参加与其年龄相适应的日常生活劳动、生产劳动和服务性劳动,帮助未成年学生掌握必要的劳动知识和技能,养成良好的劳动习惯。

第三十二条 学校、幼儿园应当开展勤俭节约、反对浪费、珍惜粮食、文明饮食等宣传教育活动,帮助未成年人树立浪费可耻、节约为荣的意识,养成文明健康、绿色环保的生活习惯。

第三十三条 学校应当与未成年学生的父母或者其他监护人互相配合,合理安排未成年学生的学习时间,保障其休息、娱乐和体育锻炼的时间。

学校不得占用国家法定节假日、休息日及寒暑假期,组织义务教育阶段的未成年学生集体补课,加重其学习负担。

幼儿园、校外培训机构不得对学龄前未成年人进行小学课程教育。

第三十四条 学校、幼儿园应当提供必要的卫生保健条件,协助卫生健康部门做好在校、在园未成年人的卫生保健工作。

第三十五条 学校、幼儿园应当建立安全管理制度,对未成年人进行安全教育,完善安保设施、配备安保人员,保障未成年人在校、在园期间的人身和财产安全。

学校、幼儿园不得在危及未成年人人身安全、身心健康的校舍和其他设施、场所中进行教育教学活动。

学校、幼儿园安排未成年人参加文化娱乐、社会实践等集体活动,应当保护未成年人的身心健康,防止发生人身伤害事故。

第三十六条 使用校车的学校、幼儿园应当建立健全校车安全管理制度,配备安全管理人员,定期对校车进行安全检查,对校车驾驶人进行安全教育,并向未成年人讲解校车安全乘坐知识,培养未成年人校车安全事故应急处理技能。

第三十七条 学校、幼儿园应当根据需要,制定应对自然灾害、事故灾难、公共卫生事件等突发事件和意外伤害的预案,配备相应设施并定期进行必要的演练。

未成年人在校内、园内或者本校、本园组织的校外、园外活动中发生人身伤害事故的,学校、幼儿园应当立即救护,妥善处理,及时通知未成年人的父母或者其他监护人,并向有关部门报告。

第三十八条 学校、幼儿园不得安排未成年人参加商业性活动,不得向未成年人及其父母或者其他监护人推销或者要求其购买指定的商品和服务。

学校、幼儿园不得与校外培训机构合作为未成年人提供有偿课程辅导。

第三十九条 学校应当建立学生欺凌防控工作制度,对教职员工、学生等开展防治学生欺凌的教育和培训。

学校对学生欺凌行为应当立即制止,通知实施欺凌和被欺凌未成年学生的父母或者其他监护人参与欺凌行为的认定和处理;对相关未成年学生及时给予心理辅导、教育和引导;对相关未成年学生的父母或者其他监护人给予必要的家庭教育指导。

对实施欺凌的未成年学生,学校应当根据欺凌行为的性质和程度,依法加强管教。对严重的欺凌行为,学校不得隐瞒,应当及时向公安机关、教育行政部门报告,并配合相关部门依法处理。

第四十条 学校、幼儿园应当建立预防性侵害、性骚扰未成年人工作制度。对性侵害、性骚扰未成年人等违法犯罪行为，学校、幼儿园不得隐瞒，应当及时向公安机关、教育行政部门报告，并配合相关部门依法处理。

学校、幼儿园应当对未成年人开展适合其年龄的性教育，提高未成年人防范性侵害、性骚扰的自我保护意识和能力。对遭受性侵害、性骚扰的未成年人，学校、幼儿园应当及时采取相关的保护措施。

第四十一条 婴幼儿照护服务机构、早期教育服务机构、校外培训机构、校外托管机构等应当参照本章有关规定，根据不同年龄阶段未成年人的成长特点和规律，做好未成年人保护工作。

第四章 社会保护

第四十二条 全社会应当树立关心、爱护未成年人的良好风尚。

国家鼓励、支持和引导人民团体、企业事业单位、社会组织以及其他组织和个人，开展有利于未成年人健康成长的社会活动和服务。

第四十三条 居民委员会、村民委员会应当设置专人专岗负责未成年人保护工作，协助政府有关部门宣传未成年人保护方面的法律法规，指导、帮助和监督未成年人的父母或者其他监护人依法履行监护职责，建立留守未成年人、困境未成年人的信息档案并给予关爱帮扶。

居民委员会、村民委员会应当协助政府有关部门监督未成年人委托照护情况，发现被委托人缺乏照护能力、怠于履行照护职责等情况，应当及时向政府有关部门报告，并告知未成年人的父母或者其他监护人，帮助、督促被委托人履行照护职责。

第四十四条 爱国主义教育基地、图书馆、青少年宫、儿童活动中心、儿童之家应当对未成年人免费开放；博物馆、纪念馆、科技馆、展览馆、美术馆、文化馆、社区公益性互联网上网服务场所以及影剧院、体育场馆、动物园、植物园、公园等场所，应当按照有关规定对未成年人免费或者优惠开放。

国家鼓励爱国主义教育基地、博物馆、科技馆、美术馆等公共场馆开设未成年人专场，为未成年人提供有针对性的服务。

国家鼓励国家机关、企业事业单位、部队等开发自身教育资源，设立未成年人开放日，为未成年人主题教育、社会实践、职业体验等提供支持。

国家鼓励科研机构和科技类社会组织对未成年人开展科学普及活动。

第四十五条 城市公共交通以及公路、铁路、水路、航空客运等应当按照有关规定对未成年人实施免费或者优惠票价。

第四十六条 国家鼓励大型公共场所、公共交通工具、旅游景区景点等设置母婴室、婴儿护理台以及方便幼儿使用的坐便器、洗手台等卫生设施，为未成年人提供便利。

第四十七条 任何组织或者个人不得违反有关规定，限制未成年人应当享有的照顾或者优惠。

第四十八条 国家鼓励创作、出版、制作和传播有利于未成年人健康成长的图书、报刊、电影、广播电视节目、舞台艺术作品、音像制品、电子出版物和网络信息等。

第四十九条 新闻媒体应当加强未成年人保护方面的宣传，对侵犯未成年人合法权益的行为进行舆论监督。新闻媒体采访报道涉及未成年人事件应当客观、审慎和适度，不得侵犯未成年人的名誉、隐私和其他合法权益。

第五十条 禁止制作、复制、出版、发布、传播含有宣扬淫秽、色情、暴力、邪教、迷信、赌博、引诱自杀、恐怖主义、分裂主义、极端主义等危害未成年人身心健康内容的图书、报刊、电影、广播电视节目、舞台艺术作品、音像制品、电子出版物和网络信息等。

第五十一条 任何组织或者个人出版、发布、传播的图书、报刊、电影、广播电视节目、舞台艺术作品、音像制品、电子出版物或者网络信息，包含可能影响未成年人身心健康内容的，应当以显著方式作出提示。

第五十二条 禁止制作、复制、发布、传播或者持有有关未成年人的淫秽色情物品和网络信息。

第五十三条 任何组织或者个人不得刊登、播放、张贴或者散发含有危害未成年人身心健康内容的广告；不得在学校、幼儿园播放、张贴或者散发商业广告；不得利用校服、教材等发布或者变相发布商业广告。

第五十四条 禁止拐卖、绑架、虐待、非法收养未成年人，禁止对未成年人实施性侵害、性骚扰。

禁止胁迫、引诱、教唆未成年人参加黑社会性质组织或者从事违法犯罪活动。

禁止胁迫、诱骗、利用未成年人乞讨。

第五十五条 生产、销售用于未成年人的食品、药品、玩具、用具和游戏游艺设备、游乐设施等，应当符合国家或者行业标准，不得危害未成年人的人身安全和身心健康。上述产品的生产者应当在显著位置标明注意事项，未标明注意事项的不得销售。

第五十六条 未成年人集中活动的公共场所应当符合国家或者行业安全标准，并采取相应安全保护措施。对可能存在安全风险的设施，应当定期进行维护，在显著位置设置安全警示标志并标明适龄范围和注意事项；必要时应当安排专门人员看管。

大型的商场、超市、医院、图书馆、博物馆、科技馆、游乐场、车站、码头、机场、旅游景区景点等场所运营单位应当设置搜寻走失未成年人的安全警报系统。场所运营单位接到求助后，应当立即启动安全警报系统，组织人员进行搜寻并向公安机关报告。

公共场所发生突发事件时，应当优先救护未成年人。

第五十七条 旅馆、宾馆、酒店等住宿经营者接待未成年人入住，或者接待未成年人和成年人共同入住时，应当询问父母或者其他监护人的联系方式、入住人员的身份关系等有关情况；发现有违法犯罪嫌疑的，应当立即向公安机关报告，并及时联系未成年人的父母或者其他监护人。

第五十八条 学校、幼儿园周边不得设置营业性娱乐场所、酒吧、互联网上网服务营业场所等不适宜未成年人活动的场所。营业性歌舞娱乐场所、酒吧、互联网上网服务营业场所等不适宜未成年人活动场所的经营者，不得允许未成年人进入；游艺娱乐场所设置的电子游戏设备，除国家法定节假日外，不得向未成年人提供。经营者应当在显著位置设置未成年人禁入、限入标志；对难以判明是否是未成年人的，应当要求其出示身份证件。

第五十九条 学校、幼儿园周边不得设置烟、酒、彩票销售网点。禁止向未成年人销售烟、酒、彩票或者兑付彩票奖金。烟、酒和彩票经营者应当在显著位置设置不向未成年人销售烟、酒或者彩票的标志；对难以判明是否是未成年人的，应当要求其出示身份证件。

任何人不得在学校、幼儿园和其他未成年人集中活动的公共场所吸烟、饮酒。

第六十条 禁止向未成年人提供、销售管制刀具或者其他可能致人严重伤害的器具等物品。经营者难以判明购买者是否是未成年人的，应当要求其出示身份证件。

第六十一条 任何组织或者个人不得招用未满十六周岁未成年人，国家另有规定的除外。

营业性娱乐场所、酒吧、互联网上网服务营业场所等不适宜未成年人活动的场所不得招用已满十六周岁的未成年人。

招用已满十六周岁未成年人的单位和个人应当执行国家在工种、劳动时间、劳动强度和保护措施等方面的规定，不得安排其从事过重、有毒、有害等危害未成年人身心健康的劳动或者危险作业。

任何组织或者个人不得组织未成年人进行危害其身心健康的表演等活动。经未成年人的父母或者其他监护人同意，未成年人参与演出、节目制作等活动，活动组织方应当根据国家有关规定，保障未成年人合法权益。

第六十二条 密切接触未成年人的单位招聘工作人员时，应当向公安机关、人民检察院查询应聘者是否具有性侵害、虐待、拐卖、暴力伤害等违法犯罪记录；发现其具有前述行为记录的，不得录用。

密切接触未成年人的单位应当每年定期对工作人员是否具有上述违法犯罪记录进行查询。通过查询或者其他方式发现其工作人员具有上述行为的，应当及时解聘。

第六十三条 任何组织或者个人不得隐匿、毁弃、非法删除未成年人的信件、日记、电子邮件或者其他网络通讯内容。

除下列情形外，任何组织或者个人不得开拆、查阅未成年人的信件、日记、电子邮件或者其他网络通讯内容：

（一）无民事行为能力未成年人的父母或者其他监护人代未成年人开拆、查阅；

（二）因国家安全或者追查刑事犯罪依法进行检查；

（三）紧急情况下为了保护未成年人本人的人身安全。

第五章 网络保护

第六十四条 国家、社会、学校和家庭应当加强未成年人网络素养宣传教育，培养和提高未成年人的网络素养，增强未成年人科学、文明、安全、合理使用网络的意识和能力，保障未成年人在网络空间的合法权益。

第六十五条 国家鼓励和支持有利于未成年人健康成长的网络内容的创作与传播，鼓励和支持专门以未成年人为服务对象、适合未成年人身心健康特点的网络技术、产品、服务的研发、生产和使用。

第六十六条 网信部门及其他有关部门应当加强对未成年人网络保护工作的监督检查，依法惩处利用网络从事危害未成年人身心健康的活动，为未成年人提供安全、健康的网络环境。

第六十七条 网信部门会同公安、文化和旅游、新闻出版、电影、广播电视等部门根据保护不同年龄阶段未成年人的需要，确定可能影响未成年人身心健康网络信息的种类、范围和判断标准。

第六十八条 新闻出版、教育、卫生健康、文化和旅游、网信等部门应当定期开展预防未成年人沉迷网络的宣传教育，监督网络产品和服务提供者履行预防未成年人沉迷网络的义务，指导家庭、学校、社会组织互相配合，采取科学、合理的方式对未成年人沉迷网络进行预防和干预。

任何组织或者个人不得以侵害未成年人身心健康的方式对未成年人沉迷网络进行干预。

第六十九条 学校、社区、图书馆、文化馆、青少年宫等场所为未成年人提供的互联网上网服务设施，应当安装未成年人网络保护软件或者采取其他安全保护技术措施。

智能终端产品的制造者、销售者应当在产品上安装未成年人网络保护软件，或者以显著方式告知用户未成年人网络保护软件的安装渠道和方法。

第七十条 学校应当合理使用网络开展教学活动。未经学校允许，未成年学生不得将手机等智能终端产品带入课堂，带入学校的应当统一管理。

学校发现未成年学生沉迷网络的，应当及时告知其父母或者其他监护人，共同对未成年学生进行教育和引导，帮助其恢复正常的学习生活。

第七十一条 未成年人的父母或者其他监护人应当提高网络素养，规范自身使用网络的行为，加强对未成年人使用网络行为的引导和监督。

未成年人的父母或者其他监护人应当通过在智能终端产品上安装未成年人网络保护软件、选择适合未成年人的服务模式和管理功能等方式，避免未成年人接触危害或者可能影响其身心健康的网络信息，合理安排未成年人使用网络的时间，有效预防未成年人沉迷网络。

第七十二条　信息处理者通过网络处理未成年人个人信息的，应当遵循合法、正当和必要的原则。处理不满十四周岁未成年人个人信息的，应当征得未成年人的父母或者其他监护人同意，但法律、行政法规另有规定的除外。

未成年人、父母或者其他监护人要求信息处理者更正、删除未成年人个人信息的，信息处理者应当及时采取措施予以更正、删除，但法律、行政法规另有规定的除外。

第七十三条　网络服务提供者发现未成年人通过网络发布私密信息的，应当及时提示，并采取必要的保护措施。

第七十四条　网络产品和服务提供者不得向未成年人提供诱导其沉迷的产品和服务。

网络游戏、网络直播、网络音视频、网络社交等网络服务提供者应当针对未成年人使用其服务设置相应的时间管理、权限管理、消费管理等功能。

以未成年人为服务对象的在线教育网络产品和服务，不得插入网络游戏链接，不得推送广告等与教学无关的信息。

第七十五条　网络游戏经依法审批后方可运营。

国家建立统一的未成年人网络游戏电子身份认证系统。网络游戏服务提供者应当要求未成年人以真实身份信息注册并登录网络游戏。

网络游戏服务提供者应当按照国家有关规定和标准，对游戏产品进行分类，作出适龄提示，并采取技术措施，不得让未成年人接触不适宜的游戏或者游戏功能。

网络游戏服务提供者不得在每日二十二时至次日八时向未成年人提供网络游戏服务。

第七十六条　网络直播服务提供者不得为未满十六周岁的未成年人提供网络直播发布者账号注册服务；为年满十六周岁的未成年人提供网络直播发布者账号注册服务时，应当对其身份信息进行认证，并征得其父母或者其他监护人同意。

第七十七条　任何组织或者个人不得通过网络以文字、图片、音视频等形式，对未成年人实施侮辱、诽谤、威胁或者恶意损害形象等网络欺凌行为。

遭受网络欺凌的未成年人及其父母或者其他监护人有权通知网络服务提供者采取删除、屏蔽、断开链接等措施。网络服务提供者接到通知后，应当及时采取必要的措施制止网络欺凌行为，防止信息扩散。

第七十八条　网络产品和服务提供者应当建立便捷、合理、有效的投诉和举报渠道，公开投诉、举报方式等信息，及时受理并处理涉及未成年人的投诉、举报。

第七十九条　任何组织或者个人发现网络产品、服务含有危害未成年人身心健康的信息，有权向网络产品和服务提供者或者网信、公安等部门投诉、举报。

第八十条　网络服务提供者发现用户发布、传播可能影响未成年人身心健康的信息且未作显著提示的，应当作出提示或者通知用户予以提示；未作出提示的，不得传输相关信息。

网络服务提供者发现用户发布、传播含有危害未成年人身心健康内容的信息的，应当立即停止传输相关信息，采取删除、屏蔽、断开链接等处置措施，保存有关记录，并向网信、公安等部门报告。

网络服务提供者发现用户利用其网络服务对未成年人实施违法犯罪行为的，应当立即停止向该用户提供网络服务，保存有关记录，并向公安机关报告。

第六章　政府保护

第八十一条　县级以上人民政府承担未成年人保护协调机制具体工作的职能部门应当明确相关内设机构或者专门人员，负责承担未成年人保护工作。

乡镇人民政府和街道办事处应当设立未成年人保护工作站或者指定专门人员，及时办理未成年人相关事务；支持、指导居民委员会、村民委员会设立专人专岗，做好未成年人保护工作。

第八十二条　各级人民政府应当将家庭教育指导服务纳入城乡公共服务体系，开展家庭教育知识宣传，鼓励和支持有关人民团体、企业事业单位、社会组织开展家庭教育指导服务。

第八十三条　各级人民政府应当保障未成年人受教育的权利，并采取措施保障留守未成年人、困境未成年人、残疾未成年人接受义务教育。

对尚未完成义务教育的辍学未成年学生，教育行政部门应当责令父母或者其他监护人将其送入学校接受义务教育。

第八十四条　各级人民政府应当发展托育、学前教育事业，办好婴幼儿照护服务机构、幼儿园，支持社会力量依法兴办母婴室、婴幼儿照护服务机构、幼儿园。

县级以上地方人民政府及其有关部门应当培养和培训婴幼儿照护服务机构、幼儿园的保教人员，提高其职业道德素质和业务能力。

第八十五条　各级人民政府应当发展职业教育，保障未成年人接受职业教育或者职业技能培训，鼓励和支持人民团体、企业事业单位、社会组织为未成年人提供职业技能培训服务。

第八十六条　各级人民政府应当保障具有接受普通教育能力、能适应校园生活的残疾未成年人就近在普通学校、幼儿园接受教育；保障不具有接受普通教育能力的残疾未成年人在特殊教育学校、幼儿园接受学前教育、义务教育和职业教育。

各级人民政府应当保障特殊教育学校、幼儿园的办学、办园条件，鼓励和支持社会力量举办特殊教育学校、幼儿园。

第八十七条 地方人民政府及其有关部门应当保障校园安全，监督、指导学校、幼儿园等单位落实校园安全责任，建立突发事件的报告、处置和协调机制。

第八十八条 公安机关和其他有关部门应当依法维护校园周边的治安和交通秩序，设置监控设备和交通安全设施，预防和制止侵害未成年人的违法犯罪行为。

第八十九条 地方人民政府应当建立和改善适合未成年人的活动场所和设施，支持公益性未成年人活动场所和设施的建设和运行，鼓励社会力量兴办适合未成年人的活动场所和设施，并加强管理。

地方人民政府应当采取措施，鼓励和支持学校在国家法定节假日、休息日及寒暑假期将文化体育设施对未成年人免费或者优惠开放。

地方人民政府应当采取措施，防止任何组织或者个人侵占、破坏学校、幼儿园、婴幼儿照护服务机构等未成年人活动场所的场地、房屋和设施。

第九十条 各级人民政府及其有关部门应当对未成年人进行卫生保健和营养指导，提供卫生保健服务。

卫生健康部门应当依法对未成年人的疫苗预防接种进行规范，防治未成年人常见病、多发病，加强传染病防治和监督管理，做好伤害预防和干预，指导和监督学校、幼儿园、婴幼儿照护服务机构开展卫生保健工作。

教育行政部门应当加强未成年人的心理健康教育，建立未成年人心理问题的早期发现和及时干预机制。卫生健康部门应当做好未成年人心理治疗、心理危机干预以及精神障碍早期识别和诊断治疗等工作。

第九十一条 各级人民政府及其有关部门对困境未成年人实施分类保障，采取措施满足其生活、教育、安全、医疗康复、住房等方面的基本需要。

第九十二条 具有下列情形之一的，民政部门应当依法对未成年人进行临时监护：

（一）未成年人流浪乞讨或者身份不明，暂时查找不到父母或者其他监护人；

（二）监护人下落不明且无其他人可以担任监护人；

（三）监护人因自身客观原因或者因发生自然灾害、事故灾难、公共卫生事件等突发事件不能履行监护职责，导致未成年人监护缺失；

（四）监护人拒绝或者怠于履行监护职责，导致未成年人处于无人照料的状态；

（五）监护人教唆、利用未成年人实施违法犯罪行为，未成年人需要被带离安置；

（六）未成年人遭受监护人严重伤害或者面临人身安全威胁，需要被紧急安置；

（七）法律规定的其他情形。

第九十三条 对临时监护的未成年人，民政部门可以采取委托亲属抚养、家庭寄养等方式进行安置，也可以交由未成年人救助保护机构或者儿童福利机构进行收留、抚养。

临时监护期间，经民政部门评估，监护人重新具备履行监护职责条件的，民政部门可以将未成年人送回监护人抚养。

第九十四条 具有下列情形之一的，民政部门应当依法对未成年人进行长期监护：

（一）查找不到未成年人的父母或者其他监护人；

（二）监护人死亡或者被宣告死亡且无其他人可以担任监护人；

（三）监护人丧失监护能力且无其他人可以担任监护人；

（四）人民法院判决撤销监护人资格并指定由民政部门担任监护人；

（五）法律规定的其他情形。

第九十五条 民政部门进行收养评估后，可以依法将其长期监护的未成年人交由符合条件的申请人收养。收养关系成立后，民政部门与未成年人的监护关系终止。

第九十六条 民政部门承担临时监护或者长期监护职责的，财政、教育、卫生健康、公安等部门应当根据各自职责予以配合。

县级以上人民政府及其民政部门应当根据需要设立未成年人救助保护机构、儿童福利机构，负责收留、抚养由民政部门监护的未成年人。

第九十七条 县级以上人民政府应当开通全国统一的未成年人保护热线，及时受理、转介侵犯未成年人合法权益的投诉、举报；鼓励和支持人民团体、企业事业单位、社会组织参与建设未成年人保护服务平台、服务热线、服务站点，提供未成年人保护方面的咨询、帮助。

第九十八条 国家建立性侵害、虐待、拐卖、暴力伤害等违法犯罪人员信息查询系统，向密切接触未成年人的单位提供免费查询服务。

第九十九条 地方人民政府应当培育、引导和规范有关社会组织、社会工作者参与未成年人保护工作，开展家庭教育指导服务，为未成年人的心理辅导、康复救助、监护及收养评估等提供专业服务。

第七章 司法保护

第一百条 公安机关、人民检察院、人民法院和司法行政部门应当依法履行职责，保障未成年人合法权益。

第一百零一条 公安机关、人民检察院、人民法院和司法行政部门应当确定专门机构或者指定专门人员，负责办理涉及未成年人案件。办理涉及未成年人案件的人员应当经过专门培训，熟悉未成年人身心特点。专门机构或者专门人员中，应当有女性工作人员。

公安机关、人民检察院、人民法院和司法行政部门应当对上述机构和人员实行与未成年人保护工作相适应的评价考核标准。

第一百零二条 公安机关、人民检察院、人民法院和司法行政部门办理涉及未成年人案件，应当考虑未成年人身心特点和健康成长的需要，使用未成年人能够理解的语言和表达方式，听取未成年人的意见。

第一百零三条 公安机关、人民检察院、人民法院、司法行政部门以及其他组织和个人不得披露有关案件中未成年人的姓名、影像、住所、就读学校以及其他可能识别出其身份的信息，但查找失踪、被拐卖未成年人等情形除外。

第一百零四条 对需要法律援助或者司法救助的未成年人，法律援助机构或者公安机关、人民检察院、人民法院和司法行政部门应当给予帮助，依法为其提供法律援助或者司法救助。

法律援助机构应当指派熟悉未成年人身心特点的律师为未成年人提供法律援助服务。

法律援助机构和律师协会应当对办理未成年人法律援助案件的律师进行指导和培训。

第一百零五条 人民检察院通过行使检察权，对涉及未成年人的诉讼活动等依法进行监督。

第一百零六条 未成年人合法权益受到侵犯，相关组织和个人未代为提起诉讼的，人民检察院可以督促、支持其提起诉讼；涉及公共利益的，人民检察院有权提起公益诉讼。

第一百零七条 人民法院审理继承案件，应当依法保护未成年人的继承权和受遗赠权。

人民法院审理离婚案件，涉及未成年子女抚养问题的，应当尊重已满八周岁未成年子女的真实意愿，根据双方具体情况，按照最有利于未成年子女的原则依法处理。

第一百零八条 未成年人的父母或者其他监护人不依法履行监护职责或者严重侵犯被监护的未成年人合法权益的，人民法院可以根据有关人员或者单位的申请，依法作出人身安全保护令或者撤销监护人资格。

被撤销监护人资格的父母或者其他监护人应当依法继续负担抚养费用。

第一百零九条 人民法院审理离婚、抚养、收养、监护、探望等案件涉及未成年人的，可以自行或者委托社会组织对未成年人的相关情况进行社会调查。

第一百一十条 公安机关、人民检察院、人民法院讯问未成年犯罪嫌疑人、被告人，询问未成年被害人、证人，应当依法通知其法定代理人或者其成年亲属、所在学校的代表等合适成年人到场，并采取适当方式，在适当场所进行，保障未成年人的名誉权、隐私权和其他合法权益。

人民法院开庭审理涉及未成年人案件，未成年被害人、证人一般不出庭作证；必须出庭的，应当采取保护其隐私的技术手段和心理干预等保护措施。

第一百一十一条 公安机关、人民检察院、人民法院应当与其他有关政府部门、人民团体、社会组织互相配合，对遭受性侵害或者暴力伤害的未成年被害人及其家庭实施必要的心理干预、经济救助、法律援助、转学安置等保护措施。

第一百一十二条 公安机关、人民检察院、人民法院办理未成年人遭受性侵害或者暴力伤害案件，在询问未成年被害人、证人时，应当采取同步录音录像等措施，尽量一次完成；未成年被害人、证人是女性的，应当由女性工作人员进行。

第一百一十三条 对违法犯罪的未成年人，实行教育、感化、挽救的方针，坚持教育为主、惩罚为辅的原则。

对违法犯罪的未成年人依法处罚后，在升学、就业等方面不得歧视。

第一百一十四条 公安机关、人民检察院、人民法院和司法行政部门发现有关单位未尽到未成年人教育、管理、救助、看护等保护职责的，应当向该单位提出建议。被建议单位应当在一个月内作出书面回复。

第一百一十五条 公安机关、人民检察院、人民法院和司法行政部门应当结合实际，根据涉及未成年人案件的特点，开展未成年人法治宣传教育工作。

第一百一十六条 国家鼓励和支持社会组织、社会工作者参与涉及未成年人案件中未成年人的心理干预、法律援助、社会调查、社会观护、教育矫治、社区矫正等工作。

第八章 法律责任

第一百一十七条 违反本法第十一条第二款规定，未履行报告义务造成严重后果的，由上级主管部门或者所在单位对直接负责的主管人员和其他直接责任人员依法给予处分。

第一百一十八条 未成年人的父母或者其他监护人不依法履行监护职责或者侵犯未成年人合法权益的，由其居住地的居民委员会、村民委员会予以劝诫、制止；情节严重的，居民委员会、村民委员会应当及时向公安机关报告。

公安机关接到报告或者公安机关、人民检察院、人民法院在办理案件过程中发现未成年人的父母或者其他监护人存在上述情形的，应当予以训诫，并可以责令其接受家庭教育指导。

第一百一十九条 学校、幼儿园、婴幼儿照护服务等机构及其教职员工违反本法第二十七条、第二十八条、第二十九条规定的，由公安、教育、卫生健康、市场监督管理等部门按照职责分工责令改正；拒不改正或者情节严重的，对直接负责的主管人员和其他直接责任人员依法给予处分。

第一百二十条 违反本法第四十四条、第四十五条、第四十七条规定，未给予未成年人免费或者优惠待遇的，由市场监督管理、文化和旅游、交通运输等部门按照职责分工责令限期改正，给予警告；拒不改正的，处一万元以上十万元以下罚款。

第一百二十一条 违反本法第五十条、第五十一条规定的，由新闻出版、广播电视、电影、网信等部门按照职责分工责令限期改正，给予警告，没收违法所得，可以并处十万元以下罚款；拒不改正或者情节严重的，责令暂停相关业务、停产停业或者吊销营业执照、吊销相关许可证，违法所得一百万元以上的，并处违法所得一倍以上十倍以下的罚款，没有违法所得或者违法所得不足一百万元的，并处十万元以上一百万元以下罚款。

第一百二十二条 场所运营单位违反本法第五十六条第二款规定、住宿经营者违反本法第五十七条规定的，由市场监督管理、应急管理、公安等部门按照职责分工责令限期改正，给予警告；拒不改正或者造成严重后果的，责令停业整顿或者吊销营业执照、吊销相关许可证，并处一万元以上十万元以下罚款。

第一百二十三条 相关经营者违反本法第五十八条、第五十九条第一款、第六十条规定的，由文化和旅游、市场监督管理、烟草专卖、公安等部门按照职责分工责令限期改正，给予警告，没收违法所得，可以并处五万元以下罚款；拒不改正或者情节严重的，责令停业整顿或者吊销营业执照、吊销相关许可证，可以并处五万元以上五十万元以下罚款。

第一百二十四条 违反本法第五十九条第二款规定，在学校、幼儿园和其他未成年人集中活动的公共场所吸烟、饮酒的，由卫生健康、教育、市场监督管理等部门按照职责分工责令改正，给予警告，可以并处五百元以下罚款；场所管理者未及时制止的，由卫生健康、教育、市场监督管理等部门按照职责分工给予警告，并处一万元以下罚款。

第一百二十五条 违反本法第六十一条规定的，由文化和旅游、人力资源和社会保障、市场监督管理等部门按照职责分工责令限期改正，给予警告，没收违法所得，可以并处十万元以下罚款；拒不改正或者情节严重的，责令停产停业或者吊销营业执照、吊销相关许可证，并处十万元以上一百万元以下罚款。

第一百二十六条 密切接触未成年人的单位违反本法第六十二条规定，未履行查询义务，或者招用、继续聘用具有相关违法犯罪记录人员的，由教育、人力资源和社会保障、市场监督管理等部门按照职责分工责令限期改正，给予警告，并处五万元以下罚款；拒不改正或者造成严重后果的，责令停业整顿或者吊销营业执照、吊销相关许可证，并处五万元以上五十万元以下罚款，对直接负责的主管人员和其他直接责任人员依法给予处分。

第一百二十七条 信息处理者违反本法第七十二条规定，或者网络产品和服务提供者违反本法第七十三条、第七十四条、第七十五条、第七十六条、第七十七条、第八十条规定的，由公安、网信、电信、新闻出版、广播电视、文化和旅游等有关部门按照职责分工责令改正，给予警告，没收违法所得，违法所得一百万元以上的，并处违法所得一倍以上十倍以下罚款，没有违法所得或者违法所得不足一百万元的，并处十万元以上一百万元以下罚款，对直接负责的主管人员和其他责任人员处一万元以上十万元以下罚款；拒不改正或者情节严重的，并可以责令暂停相关业务、停业整顿、关闭网站、吊销营业执照或者吊销相关许可证。

第一百二十八条 国家机关工作人员玩忽职守、滥用职权、徇私舞弊，损害未成年人合法权益的，依法给予处分。

第一百二十九条 违反本法规定，侵犯未成年人合法权益，造成人身、财产或者其他损害的，依法承担民事责任。

违反本法规定，构成违反治安管理行为的，依法给予治安管理处罚；构成犯罪的，依法追究刑事责任。

第九章 附 则

第一百三十条 本法中下列用语的含义：

（一）密切接触未成年人的单位，是指学校、幼儿园等教育机构；校外培训机构；未成年人救助保护机构、儿童福利机构等未成年人安置、救助机构；婴幼儿照护服务机构、早期教育服务机构；校外托管、临时看护机构；家政服务机构；为未成年人提供医疗服务的医疗机构；其他对未成年人负有教育、培训、监护、救助、看护、医疗等职责的企业事业单位、社会组织等。

（二）学校，是指普通中小学、特殊教育学校、中等职业学校、专门学校。

（三）学生欺凌，是指发生在学生之间，一方蓄意或者恶意通过肢体、语言及网络等手段实施欺压、侮辱，造成另一方人身伤害、财产损失或者精神损害的行为。

第一百三十一条 对中国境内未满十八周岁的外国人、无国籍人，依照本法有关规定予以保护。

第一百三十二条 本法自2021年6月1日起施行。

中华人民共和国预防未成年人犯罪法

（1999年6月28日第九届全国人民代表大会常务委员会第十次会议通过　根据2012年10月26日第十一届全国人民代表大会常务委员会第二十九次会议《关于修改〈中华人民共和国预防未成年人犯罪法〉的决定》修正　2020年12月26日第十三届全国人民代表大会常务委员会第二十四次会议修订）

第一章 总 则

第一条 为了保障未成年人身心健康，培养未成年人良好品行，有效预防未成年人违法犯罪，制定本法。

第二条 预防未成年人犯罪，立足于教育和保护未成年人相结合，坚持预防为主、提前干预，对未成年人的不良行为和严重不良行为及时进行分级预防、干预和矫治。

第三条 开展预防未成年人犯罪工作，应当尊重未成年人人格尊严，保护未成年人的名誉权、隐私权和个人信息等合法权益。

第四条 预防未成年人犯罪，在各级人民政府组织下，实行综合治理。

国家机关、人民团体、社会组织、企业事业单位、居民委员会、村民委员会、学校、家庭等各负其责、相互配合，共同做好预防未成年人犯罪工作，及时消除滋生未成年人违法犯罪行为的各种消极因素，为未成年人身心健康发展创造良好的社会环境。

第五条 各级人民政府在预防未成年人犯罪方面的工作职责是：

（一）制定预防未成年人犯罪工作规划；

（二）组织公安、教育、民政、文化和旅游、市场监督管理、网信、卫生健康、新闻出版、电影、广播电视、司法行政等有关部门开展预防未成年人犯罪工作；

（三）为预防未成年人犯罪工作提供政策支持和经费保障；

（四）对本法的实施情况和工作规划的执行情况进行检查；

（五）组织开展预防未成年人犯罪宣传教育；

（六）其他预防未成年人犯罪工作职责。

第六条 国家加强专门学校建设，对有严重不良行为的未成年人进行专门教育。专门教育是国民教育体系的组成部分，是对有严重不良行为的未成年人进行教育和矫治的重要保护处分措施。

省级人民政府应当将专门教育发展和专门学校建设纳入经济社会发展规划。县级以上地方人民政府成立专门教育指导委员会，根据需要合理设置专门学校。

专门教育指导委员会由教育、民政、财政、人力资源社会保障、公安、司法行政、人民检察院、人民法院、共产主义青年团、妇女联合会、关心下一代工作委员会、专门学校等单位，以及律师、社会工作者等人员组成，研究确定专门学校教学、管理等相关工作。

专门学校建设和专门教育具体办法，由国务院规定。

第七条 公安机关、人民检察院、人民法院、司法行政部门应当由专门机构或者经过专业培训、熟悉未成年人身心特点的专门人员负责预防未成年人犯罪工作。

第八条 共产主义青年团、妇女联合会、工会、残疾人联合会、关心下一代工作委员会、青年联合会、学生联合会、少年先锋队以及有关社会组织，应当协助各级人民政府及其有关部门、人民检察院和人民法院做好预防未成年人犯罪工作，为预防未成年人犯罪培育社会力量，提供支持服务。

第九条 国家鼓励、支持和指导社会工作服务机构等社会组织参与预防未成年人犯罪相关工作，并加强监督。

第十条 任何组织或者个人不得教唆、胁迫、引诱未成年人实施不良行为或者严重不良行为，以及为未成年人实施上述行为提供条件。

第十一条 未成年人应当遵守法律法规及社会公共道德规范，树立自尊、自律、自强意识，增强辨别是非和自我保护的能力，自觉抵制各种不良行为以及违法犯罪行为的引诱和侵害。

第十二条 预防未成年人犯罪，应当结合未成年人不同年龄的生理、心理特点，加强青春期教育、心理关爱、心理矫治和预防犯罪对策的研究。

第十三条 国家鼓励和支持预防未成年人犯罪相关学科建设、专业设置、人才培养及科学研究，开展国际交流与合作。

第十四条 国家对预防未成年人犯罪工作有显著成绩的组织和个人，给予表彰和奖励。

第二章 预防犯罪的教育

第十五条 国家、社会、学校和家庭应当对未成年人加强社会主义核心价值观教育，开展预防犯罪教育，增强未成年人的法治观念，使未成年人树立遵纪守法和防范违法犯罪的意识，提高自我管控能力。

第十六条 未成年人的父母或者其他监护人对未成年人的预防犯罪教育负有直接责任，应当依法履行监护职责，树立优良家风，培养未成年人良好品行；发现未成年人心理或者行为异常的，应当及时了解情况并进行教育、引导和劝诫，不得拒绝或者怠于履行监护职责。

第十七条 教育行政部门、学校应当将预防犯罪教育纳入学校教学计划，指导教职员工结合未成年人的特点，采取多种方式对未成年学生进行有针对性的预防犯罪教育。

第十八条 学校应当聘任从事法治教育的专职或者兼职教师，并可以从司法和执法机关、法学教育和法律服务机构等单位聘请法治副校长、校外法治辅导员。

第十九条 学校应当配备专职或者兼职的心理健康教育教师，开展心理健康教育。学校可以根据实际情况与专业心理健康机构合作，建立心理健康筛查和早期干预机制，预防和解决学生心理、行为异常问题。

学校应当与未成年学生的父母或者其他监护人加强沟通，共同做好未成年学生心理健康教育；发现未成年学生可能患有精神障碍的，应当立即告知其父母或者其他监护人送相关专业机构诊治。

第二十条 教育行政部门应当会同有关部门建立学生欺凌防控制度。学校应当加强日常安全管理，完善学生欺凌发现和处置的工作流程，严格排查并及时消除可能导致学生欺凌行为的各种隐患。

第二十一条 教育行政部门鼓励和支持学校聘请社会工作者长期或者定期进驻学校，协助开展道德教育、法治教育、生命教育和心理健康教育，参与预防和处理学生欺凌等行为。

第二十二条 教育行政部门、学校应当通过举办讲座、座谈、培训等活动，介绍科学合理的教育方法，指导教职员工、未成年学生的父母或者其他监护人有效预防未成年人犯罪。

学校应当将预防犯罪教育计划告知未成年学生的父母或者其他监护人。未成年学生的父母或者其他监护人应当配合学校对未成年学生进行有针对性的预防犯罪教育。

第二十三条 教育行政部门应当将预防犯罪教育的工作效果纳入学校年度考核内容。

第二十四条 各级人民政府及其有关部门、人民检察院、人民法院、共产主义青年团、少年先锋队、妇女联合会、残疾人联合会、关心下一代工作委员会等应当结合实际，组织、举办多种形式的预防未成年人犯罪宣传教育活动。有条件的地方可以建立青少年法治教育基地，对未成年人开展法治教育。

第二十五条 居民委员会、村民委员会应当积极开展有针对性的预防未成年人犯罪宣传活动，协助公安机关维护学校周围治安，及时掌握本辖区内未成年人的监护、就学和就业情况，组织、引导社区社会组织参与预防未成年人犯罪工作。

第二十六条 青少年宫、儿童活动中心等校外活动场所应当把预防犯罪教育作为一项重要的工作内容，开展多种形式的宣传教育活动。

第二十七条 职业培训机构、用人单位在对已满十六周岁准备就业的未成年人进行职业培训时，应当将预防犯罪教育纳入培训内容。

第三章 对不良行为的干预

第二十八条 本法所称不良行为，是指未成年人实施的不利于其健康成长的下列行为：

（一）吸烟、饮酒；

（二）多次旷课、逃学；

（三）无故夜不归宿、离家出走；

（四）沉迷网络；

（五）与社会上具有不良习性的人交往，组织或者参加实施不良行为的团伙；

（六）进入法律法规规定未成年人不宜进入的场所；

（七）参与赌博、变相赌博，或者参加封建迷信、邪教等活动；

（八）阅览、观看或者收听宣扬淫秽、色情、暴力、恐怖、极端等内容的读物、音像制品或者网络信息等；

（九）其他不利于未成年人身心健康成长的不良行为。

第二十九条 未成年人的父母或者其他监护人发现未成年人有不良行为的，应当及时制止并加强管教。

第三十条 公安机关、居民委员会、村民委员会发现本辖区内未成年人有不良行为的，应当及时制止，并督促其父母或者其他监护人依法履行监护职责。

第三十一条 学校对有不良行为的未成年学生，应当加强管理教育，不得歧视；对拒不改正或者情节严重的，学校可以根据情况予以处分或者采取以下管理教育措施：

（一）予以训导；

（二）要求遵守特定的行为规范；

（三）要求参加特定的专题教育；

（四）要求参加校内服务活动；

（五）要求接受社会工作者或者其他专业人员的心理辅导和行为干预；

（六）其他适当的管理教育措施。

第三十二条 学校和家庭应当加强沟通，建立家校合作机制。学校决定对未成年学生采取管理教育措施的，应当及时告知其父母或者其他监护人；未成年学生的父母或者其他监护人应当支持、配合学校进行管理教育。

第三十三条 未成年学生偷窃少量财物，或者有殴打、辱骂、恐吓、强行索要财物等学生欺凌行为，情节轻微的，可以由学校依照本法第三十一条规定采取相应的管理教育措施。

第三十四条 未成年学生旷课、逃学的，学校应当及时联系其父母或者其他监护人，了解有关情况；无正当理由的，学校和未成年学生的父母或者其他监护人应当督促其返校学习。

第三十五条 未成年人无故夜不归宿、离家出走的，父母或者其他监护人、所在的寄宿制学校应当及时查找，必要时向公安机关报告。

收留夜不归宿、离家出走未成年人的，应当及时联系其父母或者其他监护人、所在学校；无法取得联系的，应当及时向公安机关报告。

第三十六条 对夜不归宿、离家出走或者流落街头的未成年人，公安机关、公共场所管理机构等发现或者接到报告后，应当及时采取有效保护措施，并通知其父母或者其他监护人、所在的寄宿制学校，必要时应当护送其返回住所、学校；无法与其父母或者其他监护人、学校取得联系的，应当护送未成年人到救助保护机构接受救助。

第三十七条 未成年人的父母或者其他监护人、学校发现未成年人组织或者参加实施不良行为的团伙，应当及时制止；发现该团伙有违法犯罪嫌疑的，应当立即向公安机关报告。

第四章 对严重不良行为的矫治

第三十八条 本法所称严重不良行为，是指未成年人实施的有刑法规定、因不满法定刑事责任年龄不予刑事处罚的行为，以及严重危害社会的下列行为：

（一）结伙斗殴，追逐、拦截他人，强拿硬要或者任意损毁、占用公私财物等寻衅滋事行为；

（二）非法携带枪支、弹药或者弩、匕首等国家规定的管制器具；

（三）殴打、辱骂、恐吓，或者故意伤害他人身体；

（四）盗窃、哄抢、抢夺或者故意损毁公私财物；

（五）传播淫秽的读物、音像制品或者信息等；

（六）卖淫、嫖娼，或者进行淫秽表演；

（七）吸食、注射毒品，或者向他人提供毒品；

（八）参与赌博赌资较大；

（九）其他严重危害社会的行为。

第三十九条 未成年人的父母或者其他监护人、学校、居民委员会、村民委员会发现有人教唆、胁迫、引诱未成年人实施严重不良行为的，应当立即向公安机关报告。公安机关接到报告或者发现有上述情形的，应当及时依法查处；对人身安全受到威胁的未成年人，应当立即采取有效保护措施。

第四十条 公安机关接到举报或者发现未成年人有严重不良行为的，应当及时制止，依法调查处理，并可以责令其父母或者其他监护人消除或者减轻违法后果，采取措施严加管教。

第四十一条 对有严重不良行为的未成年人，公安机关可以根据具体情况，采取以下矫治教育措施：

（一）予以训诫；

（二）责令赔礼道歉、赔偿损失；

（三）责令具结悔过；

（四）责令定期报告活动情况；

（五）责令遵守特定的行为规范，不得实施特定行为、接触特定人员或者进入特定场所；

（六）责令接受心理辅导、行为矫治；

（七）责令参加社会服务活动；

（八）责令接受社会观护，由社会组织、有关机构在适当场所对未成年人进行教育、监督和管束；

（九）其他适当的矫治教育措施。

第四十二条 公安机关在对未成年人进行矫治教育时，可以根据需要邀请学校、居民委员会、村民委员会以及社会工作服务机构等社会组织参与。

未成年人的父母或者其他监护人应当积极配合矫治教育措施的实施，不得妨碍阻挠或者放任不管。

第四十三条 对有严重不良行为的未成年人，未成年人的父母或者其他监护人、所在学校无力管教或者管教无效的，可以向教育行政部门提出申请，经专门教育指导委员会评估同意后，由教育行政部门决定送入专门学校接受专门教育。

第四十四条 未成年人有下列情形之一的，经专门教育指导委员会评估同意，教育行政部门会同公安机关可以决定将其送入专门学校接受专门教育：

（一）实施严重危害社会的行为，情节恶劣或者造成严重后果；

（二）多次实施严重危害社会的行为；

（三）拒不接受或者配合本法第四十一条规定的矫治教育措施；

（四）法律、行政法规规定的其他情形。

第四十五条 未成年人实施刑法规定的行为、因不满法定刑事责任年龄不予刑事处罚的，经专门教育指导委员会评估同意，教育行政部门会同公安机关可以决定对其进行专门矫治教育。

省级人民政府应当结合本地的实际情况，至少确定一所专门学校按照分校区、分班级等方式设置专门场所，对前款规定的未成年人进行专门矫治教育。

前款规定的专门场所实行闭环管理，公安机关、司法行政部门负责未成年人的矫治工作，教育行政部门承担未成年人的教育工作。

第四十六条 专门学校应当在每个学期适时提请专门教育指导委员会对接受专门教育的未成年学生的情况进行评估。对经评估适合转回普通学校就读的，专门教育指导委员会应当向原决定机关提出书面建议，由原决定机关决定是否将未成年学生转回普通学校就读。

原决定机关决定将未成年学生转回普通学校的，其原所在学校不得拒绝接收；因特殊情况，不适宜转回原所在学校的，由教育行政部门安排转学。

第四十七条 专门学校应当对接受专门教育的未成年人分级分类进行教育和矫治，有针对性地开展道德教育、法治教育、心理健康教育，并根据实际情况进行职业教育；对没有完成义务教育的未成年人，应当保证其继续接受义务教育。

专门学校的未成年学生的学籍保留在原学校，符合毕业条件的，原学校应当颁发毕业证书。

第四十八条 专门学校应当与接受专门教育的未成年人的父母或者其他监护人加强联系，定期向其反馈未成年人的矫治和教育情况，为父母或者其他监护人、亲属等看望未成年人提供便利。

第四十九条 未成年人及其父母或者其他监护人对本章规定的行政决定不服的，可以依法提起行政复议或者行政诉讼。

第五章 对重新犯罪的预防

第五十条 公安机关、人民检察院、人民法院办理未成年人刑事案件，应当根据未成年人的生理、心理特点和犯罪的情况，有针对性地进行法治教育。

对涉及刑事案件的未成年人进行教育，其法定代理人以外的成年亲属或者教师、辅导员等参与有利于感化、挽救未成年人的，公安机关、人民检察院、人民法院应当邀请其参加有关活动。

第五十一条 公安机关、人民检察院、人民法院办理未成年人刑事案件，可以自行或者委托有关社会组织、机构对未成年犯罪嫌疑人或者被告人的成长经历、犯罪原因、监护、教育等情况进行社会调查；根据实际需要并经未成年犯罪嫌疑人、被告人及其法定代理人同意，可以对未成年犯罪嫌疑人、被告人进行心理测评。

社会调查和心理测评的报告可以作为办理案件和教育未成年人的参考。

第五十二条 公安机关、人民检察院、人民法院对于无固定住所、无法提供保证人的未成年人适用取保候审的，应当指定合适成年人作为保证人，必要时可以安排取保候审的未成年人接受社会观护。

第五十三条 对被拘留、逮捕以及在未成年犯管教所执行刑罚的未成年人，应当与成年人分别关押、管理和教育。对未成年人的社区矫正，应当与成年人分别进行。

对有上述情形且没有完成义务教育的未成年人，公安机关、人民检察院、人民法院、司法行政部门应当与教育行政部门相互配合，保证其继续接受义务教育。

第五十四条 未成年犯管教所、社区矫正机构应当对未成年犯、未成年社区矫正对象加强法治教育，并根据实际情况对其进行职业教育。

第五十五条 社区矫正机构应当告知未成年社区矫正对象安置帮教的有关规定，并配合安置帮教工作部门落实或者解决未成年社区矫正对象的就学、就业等问题。

第五十六条 对刑满释放的未成年人，未成年犯管教所应当提前通知其父母或者其他监护人按时接回，并协助落实安置帮教措施。没有父母或者其他监护人、无法查明其父母或者其他监护人的，未成年犯管教所应当提前通知未成年人原户籍所在地或者居住地的司法行政部门安排人员按时接回，由民政部门或者居民委员会、村民委员会依法对其进行监护。

第五十七条 未成年人的父母或者其他监护人和学校、居民委员会、村民委员会对接受社区矫正、刑满释放的未成年人，应当采取有效的帮教措施，协助司法机关以及有关部门做好安置帮教工作。

居民委员会、村民委员会可以聘请思想品德优秀，作风正派，热心未成年人工作的离退休人员、志愿者或其他人员协助做好前款规定的安置帮教工作。

第五十八条 刑满释放和接受社区矫正的未成年人，在复学、升学、就业等方面依法享有与其他未成年人同等的权利，任何单位和个人不得歧视。

第五十九条 未成年人的犯罪记录依法被封存的，公安机关、人民检察院、人民法院和司法行政部门不得向任何单位或者个人提供，但司法机关因办案需要或者有关单位根据国家有关规定进行查询的除外。依法进行查询的单位和个人应当对相关记录信息予以保密。

未成年人接受专门矫治教育、专门教育的记录，以及被行政处罚、采取刑事强制措施和不起诉的记录，适用前款规定。

第六十条 人民检察院通过依法行使检察权，对未成年人重新犯罪预防工作等进行监督。

第六章 法律责任

第六十一条 公安机关、人民检察院、人民法院在办理案件过程中发现实施严重不良行为的未成年人的父母或者其他监护人不依法履行监护职责的，应当予以训诫，并可以责令其接受家庭教育指导。

第六十二条 学校及其教职员工违反本法规定，不履行预防未成年人犯罪工作职责，或者虐待、歧视相关未成年人的，由教育行政等部门责令改正，通报批评；情节严重的，对直接负责的主管人员和其他直接责任人员依法给予处分。构成违反治安管理行为的，由公安机关依法予以治安管理处罚。

教职员工教唆、胁迫、引诱未成年人实施不良行为或者严重不良行为，以及品行不良、影响恶劣的，教育行政部门、学校应当依法予以解聘或者辞退。

第六十三条 违反本法规定，在复学、升学、就业等方面歧视相关未成年人的，由所在单位或者教育、人力资源社会保障等部门责令改正；拒不改正的，对直接负责的主管人员或者其他直接责任人员依法给予处分。

第六十四条 有关社会组织、机构及其工作人员虐待、歧视接受社会观护的未成年人，或者出具虚假社会调查、心理测评报告的，由民政、司法行政等部门对直接负责的主管人员或者其他直接责任人员依法给予处分，构成违反治安管理行为的，由公安机关予以治安管理处罚。

第六十五条 教唆、胁迫、引诱未成年人实施不良行为或者严重不良行为，构成违反治安管理行为的，由公安机关依法予以治安管理处罚。

第六十六条 国家机关及其工作人员在预防未成年人犯罪工作中滥用职权、玩忽职守、徇私舞弊的，对直接负责的主管人员和其他直接责任人员，依法给予处分。

第六十七条 违反本法规定，构成犯罪的，依法追究刑事责任。

第七章 附　　则

第六十八条 本法自 2021 年 6 月 1 日起施行。

中华人民共和国家庭教育促进法

（2021年10月23日第十三届全国人民代表大会常务委员会第三十一次会议通过）

目　　录

第一章　总　　则

第一条　为了发扬中华民族重视家庭教育的优良传统，引导全社会注重家庭、家教、家风，增进家庭幸福与社会和谐，培养德智体美劳全面发展的社会主义建设者和接班人，制定本法。

第二条　本法所称家庭教育，是指父母或者其他监护人为促进未成年人全面健康成长，对其实施的道德品质、身体素质、生活技能、文化修养、行为习惯等方面的培育、引导和影响。

第三条　家庭教育以立德树人为根本任务，培育和践行社会主义核心价值观，弘扬中华民族优秀传统文化、革命文化、社会主义先进文化，促进未成年人健康成长。

第四条　未成年人的父母或者其他监护人负责实施家庭教育。

国家和社会为家庭教育提供指导、支持和服务。

国家工作人员应当带头树立良好家风，履行家庭教育责任。

第五条　家庭教育应当符合以下要求：

（一）尊重未成年人身心发展规律和个体差异；

（二）尊重未成年人人格尊严，保护未成年人隐私权和个人信息，保障未成年人合法权益；

（三）遵循家庭教育特点，贯彻科学的家庭教育理念和方法；

（四）家庭教育、学校教育、社会教育紧密结合、协调一致；

（五）结合实际情况采取灵活多样的措施。

第六条　各级人民政府指导家庭教育工作，建立健全家庭学校社会协同育人机制。县级以上人民政府负责妇女儿童工作的机构，组织、协调、指导、督促有关部门做好家庭教育工作。

教育行政部门、妇女联合会统筹协调社会资源，协同推进覆盖城乡的家庭教育指导服务体系建设，并按照职责分工承担家庭教育工作的日常事务。

县级以上精神文明建设部门和县级以上人民政府公安、民政、司法行政、人力资源和社会保障、文化和旅游、卫生健康、市场监督管理、广播电视、体育、新闻出版、网信等有关部门在各自的职责范围内做好家庭教育工作。

第七条　县级以上人民政府应当制定家庭教育工作专项规划，将家庭教育指导服务纳入城乡公共服务体系和政府购买服务目录，将相关经费列入财政预算，鼓励和支持以政府购买服务的方式提供家庭教育指导。

第八条　人民法院、人民检察院发挥职能作用，配合同级人民政府及其有关部门建立家庭教育工作联动机制，共同做好家庭教育工作。

第九条　工会、共产主义青年团、残疾人联合会、科学技术协会、关心下一代工作委员会以及居民委员会、村民委员会等应当结合自身工作，积极开展家庭教育工作，为家庭教育提供社会支持。

第十条　国家鼓励和支持企业事业单位、社会组织及个人依法开展公益性家庭教育服务活动。

第十一条　国家鼓励开展家庭教育研究，鼓励高等学校开设家庭教育专业课程，支持师范院校和有条件的高等学校加强家庭教育学科建设，培养家庭教育服务专业人才，开展家庭教育服务人员培训。

第十二条　国家鼓励和支持自然人、法人和非法人组织为家庭教育事业进行捐赠或者提供志愿服务，对符合条件的，依法给予税收优惠。

国家对在家庭教育工作中做出突出贡献的组织和个人，按照有关规定给予表彰、奖励。

第十三条　每年5月15日国际家庭日所在周为全国家庭教育宣传周。

第二章　家庭责任

第十四条　父母或者其他监护人应当树立家庭是第一个课堂、家长是第一任老师的责任意识，承担对未成年人实施家庭教育的主体责任，用正确思想、方法和行为教育未成年人养成良好思想、品行和习惯。

共同生活的具有完全民事行为能力的其他家庭成员应当协助和配合未成年人的父母或者其他监护人实施家庭教育。

第十五条　未成年人的父母或者其他监护人及其他家庭成员应当注重家庭建设，培育积极健康的家庭文化，树立和传承优良家风，弘扬中华民族家庭美德，共同构建文明、和睦的家庭关系，为未成年人健康成长营造良好的家庭环境。

第十六条　未成年人的父母或者其他监护人应当针对不同年龄段未成年人的身心发展特点，以下列内容为指引，开展家庭教育：

（一）教育未成年人爱党、爱国、爱人民、爱集体、爱社会主义，树立维护国家统一的观念，铸牢中华民族共同体意识，培养家国情怀；

（二）教育未成年人崇德向善、尊老爱幼、热爱家庭、勤俭节约、团结互助、诚信友爱、遵纪守法，培养其良好社会公德、家庭美德、个人品德意识和法治意识；

（三）帮助未成年人树立正确的成才观，引导其培养广泛兴趣爱好、健康审美追求和良好学习习惯，增强科学探索精神、创新意识和能力；

（四）保证未成年人营养均衡、科学运动、睡眠充足、身心愉悦，引导其养成良好生活习惯和行为习惯，促进其身心健康发展；

（五）关注未成年人心理健康，教导其珍爱生命，对其进行交通出行、健康上网和防欺凌、防溺水、防诈骗、防拐卖、防性侵等方面的安全知识教育，帮助其掌握安全知识和技能，增强其自我保护的意识和能力；

（六）帮助未成年人树立正确的劳动观念，参加力所能及的劳动，提高生活自理能力和独立生活能力，养成吃苦耐劳的优秀品格和热爱劳动的良好习惯。

第十七条 未成年人的父母或者其他监护人实施家庭教育，应当关注未成年人的生理、心理、智力发展状况，尊重其参与相关家庭事务和发表意见的权利，合理运用以下方式方法：

（一）亲自养育，加强亲子陪伴；

（二）共同参与，发挥父母双方的作用；

（三）相机而教，寓教于日常生活之中；

（四）潜移默化，言传与身教相结合；

（五）严慈相济，关心爱护与严格要求并重；

（六）尊重差异，根据年龄和个性特点进行科学引导；

（七）平等交流，予以尊重、理解和鼓励；

（八）相互促进，父母与子女共同成长；

（九）其他有益于未成年人全面发展、健康成长的方式方法。

第十八条 未成年人的父母或者其他监护人应当树立正确的家庭教育理念，自觉学习家庭教育知识，在孕期和未成年人进入婴幼儿照护服务机构、幼儿园、中小学校等重要时段进行有针对性的学习，掌握科学的家庭教育方法，提高家庭教育的能力。

第十九条 未成年人的父母或者其他监护人应当与中小学校、幼儿园、婴幼儿照护服务机构、社区密切配合，积极参加其提供的公益性家庭教育指导和实践活动，共同促进未成年人健康成长。

第二十条 未成年人的父母分居或者离异的，应当相互配合履行家庭教育责任，任何一方不得拒绝或者怠于履行；除法律另有规定外，不得阻碍另一方实施家庭教育。

第二十一条 未成年人的父母或者其他监护人依法委托他人代为照护未成年人的，应当与被委托人、未成年人保持联系，定期了解未成年人学习、生活情况和心理状况，与被委托人共同履行家庭教育责任。

第二十二条 未成年人的父母或者其他监护人应当合理安排未成年人学习、休息、娱乐和体育锻炼的时间，避免加重未成年人学习负担，预防未成年人沉迷网络。

第二十三条 未成年人的父母或者其他监护人不得因性别、身体状况、智力等歧视未成年人，不得实施家庭暴力，不得胁迫、引诱、教唆、纵容、利用未成年人从事违反法律法规和社会公德的活动。

第三章 国家支持

第二十四条 国务院应当组织有关部门制定、修订并及时颁布全国家庭教育指导大纲。

省级人民政府或者有条件的设区的市级人民政府应当组织有关部门编写或者采用适合当地实际的家庭教育指导读本，制定相应的家庭教育指导服务工作规范和评估规范。

第二十五条 省级以上人民政府应当组织有关部门统筹建设家庭教育信息化共享服务平台，开设公益性网上家长学校和网络课程，开通服务热线，提供线上家庭教育指导服务。

第二十六条 县级以上地方人民政府应当加强监督管理，减轻义务教育阶段学生作业负担和校外培训负担，畅通学校家庭沟通渠道，推进学校教育和家庭教育相互配合。

第二十七条 县级以上地方人民政府及有关部门组织建立家庭教育指导服务专业队伍，加强对专业人员的培养，鼓励社会工作者、志愿者参与家庭教育指导服务工作。

第二十八条 县级以上地方人民政府可以结合当地实际情况和需要，通过多种途径和方式确定家庭教育指导机构。

家庭教育指导机构对辖区内社区家长学校、学校家长学校及其他家庭教育指导服务站点进行指导，同时开展家庭教育研究、服务人员队伍建设和培训、公共服务产品研发。

第二十九条 家庭教育指导机构应当及时向有需求的家庭提供服务。

对于父母或者其他监护人履行家庭教育责任存在一定困难的家庭，家庭教育指导机构应当根据具体情况，与相关部门协作配合，提供有针对性的服务。

第三十条 设区的市、县、乡级人民政府应当结合当地实际采取措施，对留守未成年人和困境未成年人家庭建档立卡，提供生活帮扶、创业就业支持等关爱服务，为留守未成年人和困境未成年人的父母或者其他监护人实施家庭教育创造条件。

教育行政部门、妇女联合会应当采取有针对性的措施，为留守未成年人和困境未成年人的父母或者其他监护人实施家庭教育提供服务，引导其积极关注未成年人身心健康状况、加强亲情关爱。

第三十一条 家庭教育指导机构开展家庭教育指导服务

活动，不得组织或者变相组织营利性教育培训。

第三十二条　婚姻登记机构和收养登记机构应当通过现场咨询辅导、播放宣传教育片等形式，向办理婚姻登记、收养登记的当事人宣传家庭教育知识，提供家庭教育指导。

第三十三条　儿童福利机构、未成年人救助保护机构应当对本机构安排的寄养家庭、接受救助保护的未成年人的父母或者其他监护人提供家庭教育指导。

第三十四条　人民法院在审理离婚案件时，应当对有未成年子女的夫妻双方提供家庭教育指导。

第三十五条　妇女联合会发挥妇女在弘扬中华民族家庭美德、树立良好家风等方面的独特作用，宣传普及家庭教育知识，通过家庭教育指导机构、社区家长学校、文明家庭建设等多种渠道组织开展家庭教育实践活动，提供家庭教育指导服务。

第三十六条　自然人、法人和非法人组织可以依法设立非营利性家庭教育服务机构。

县级以上地方人民政府及有关部门可以采取政府补贴、奖励激励、购买服务等扶持措施，培育家庭教育服务机构。

教育、民政、卫生健康、市场监督管理等有关部门应当在各自职责范围内，依法对家庭教育服务机构及从业人员进行指导和监督。

第三十七条　国家机关、企业事业单位、群团组织、社会组织应当将家风建设纳入单位文化建设，支持职工参加相关的家庭教育服务活动。

文明城市、文明村镇、文明单位、文明社区、文明校园和文明家庭等创建活动，应当将家庭教育情况作为重要内容。

第四章　社会协同

第三十八条　居民委员会、村民委员会可以依托城乡社区公共服务设施，设立社区家长学校等家庭教育指导服务站点，配合家庭教育指导机构组织面向居民、村民的家庭教育知识宣传，为未成年人的父母或者其他监护人提供家庭教育指导服务。

第三十九条　中小学校、幼儿园应当将家庭教育指导服务纳入工作计划，作为教师业务培训的内容。

第四十条　中小学校、幼儿园可以采取建立家长学校等方式，针对不同年龄段未成年人的特点，定期组织公益性家庭教育指导服务和实践活动，并及时联系、督促未成年人的父母或者其他监护人参加。

第四十一条　中小学校、幼儿园应当根据家长的需求，邀请有关人员传授家庭教育理念、知识和方法，组织开展家庭教育指导服务和实践活动，促进家庭与学校共同教育。

第四十二条　具备条件的中小学校、幼儿园应当在教育行政部门的指导下，为家庭教育指导服务站点开展公益性家庭教育指导服务活动提供支持。

第四十三条　中小学校发现未成年学生严重违反校规校纪的，应当及时制止、管教，告知其父母或者其他监护人，并为其父母或者其他监护人提供有针对性的家庭教育指导服务；发现未成年学生有不良行为或者严重不良行为的，按照有关法律规定处理。

第四十四条　婴幼儿照护服务机构、早期教育服务机构应当为未成年人的父母或者其他监护人提供科学养育指导等家庭教育指导服务。

第四十五条　医疗保健机构在开展婚前保健、孕产期保健、儿童保健、预防接种等服务时，应当对有关成年人、未成年人的父母或者其他监护人开展科学养育知识和婴幼儿早期发展的宣传和指导。

第四十六条　图书馆、博物馆、文化馆、纪念馆、美术馆、科技馆、体育场馆、青少年宫、儿童活动中心等公共文化服务机构和爱国主义教育基地每年应当定期开展公益性家庭教育宣传、家庭教育指导服务和实践活动，开发家庭教育类公共文化服务产品。

广播、电视、报刊、互联网等新闻媒体应当宣传正确的家庭教育知识，传播科学的家庭教育理念和方法，营造重视家庭教育的良好社会氛围。

第四十七条　家庭教育服务机构应当加强自律管理，制定家庭教育服务规范，组织从业人员培训，提高从业人员的业务素质和能力。

第五章　法律责任

第四十八条　未成年人住所地的居民委员会、村民委员会、妇女联合会，未成年人的父母或者其他监护人所在单位，以及中小学校、幼儿园等有关密切接触未成年人的单位，发现父母或者其他监护人拒绝、怠于履行家庭教育责任，或者非法阻碍其他监护人实施家庭教育的，应当予以批评教育、劝诫制止，必要时督促其接受家庭教育指导。

未成年人的父母或者其他监护人依法委托他人代为照护未成年人，有关单位发现被委托人不依法履行家庭教育责任的，适用前款规定。

第四十九条　公安机关、人民检察院、人民法院在办理案件过程中，发现未成年人存在严重不良行为或者实施犯罪行为，或者未成年人的父母或者其他监护人不正确实施家庭教育侵害未成年人合法权益的，根据情况对父母或者其他监护人予以训诫，并可以责令其接受家庭教育指导。

第五十条　负有家庭教育工作职责的政府部门、机构有下列情形之一的，由其上级机关或者主管单位责令限期改正；情节严重的，对直接负责的主管人员和其他直接责任人员依法予以处分：

（一）不履行家庭教育工作职责；

（二）截留、挤占、挪用或者虚报、冒领家庭教育工作经费；

（三）其他滥用职权、玩忽职守或者徇私舞弊的情形。

第五十一条　家庭教育指导机构、中小学校、幼儿园、婴幼儿照护服务机构、早期教育服务机构违反本法规定，不履行或者不正确履行家庭教育指导服务职责的，由主管部门责令限期改正；情节严重的，对直接负责的主管人员和其他直接责任人员依法予以处分。

第五十二条　家庭教育服务机构有下列情形之一的，由主管部门责令限期改正；拒不改正或者情节严重的，由主管部门责令停业整顿、吊销营业执照或者撤销登记：

（一）未依法办理设立手续；

（二）从事超出许可业务范围的行为或作虚假、引人误解宣传，产生不良后果；

（三）侵犯未成年人及其父母或者其他监护人合法权益。

第五十三条　未成年人的父母或者其他监护人在家庭教育过程中对未成年人实施家庭暴力的，依照《中华人民共和国未成年人保护法》、《中华人民共和国反家庭暴力法》等法律的规定追究法律责任。

第五十四条　违反本法规定，构成违反治安管理行为的，由公安机关依法予以治安管理处罚；构成犯罪的，依法追究刑事责任。

第六章　附　　则

第五十五条　本法自2022年1月1日起施行。

民政部关于开展全国未成年人保护示范创建的通知

（2021年8月18日　民函〔2021〕68号）

各省、自治区、直辖市民政厅（局），计划单列市民政局，新疆生产建设兵团民政局：

为深入贯彻落实党中央、国务院关于未成年人保护工作的重大决策部署和《中华人民共和国未成年人保护法》，全面总结推广各地未成年人保护工作的实践经验和有效做法，充分发挥示范引领、典型带路、辐射带动作用，推动新时代未成年人保护工作高质量发展，经报全国评比达标表彰工作协调小组批准，商国务院未成年人保护工作领导小组有关成员单位同意，决定组织开展全国未成年人保护示范创建。现就有关事项通知如下：

一、总体要求

坚持以习近平新时代中国特色社会主义思想为指导，深入学习贯彻习近平总书记关于未成年人保护工作的重要指示精神，全面贯彻党的十九大和十九届二中、三中、四中、五中全会精神，落实党中央、国务院关于未成年人保护工作的重大决策部署，以打造未成年人保护工作示范地区为驱动，以依法保护未成年人合法权益、促进未成年人全面发展为目标，以构建未成年人家庭保护、学校保护、社会保护、网络保护、政府保护、司法保护“六位一体”的未成年人保护工作体系为重点，坚持问题导向，优化顶层设计，着力创建一批领导重视、制度健全、机制有效、措施有力、服务规范的未成年人保护工作示范地区，为建立健全与经济社会发展相适应的中国特色未成年人保护制度积累经验、提供示范。

二、基本原则

一是坚持党的领导。将坚持党的领导贯穿未成年人保护工作全过程。示范创建地区要将未成年人保护工作纳入重要议事日程、国民经济和社会发展规划及相关绩效评价，着力完善政策制度和保障措施，进一步明确部门职责和任务分工，加强部门沟通协作，细化业务流程和工作要求，充分发挥群团组织优势，广泛动员社会力量参与。

二是坚持最有利于未成年人的原则。把依法保障未成年人生存权、发展权、受保护权、参与权作为示范创建的出发点和落脚点，从未成年人身心发展特点出发完善相关制度、谋划相关工作，切实维护好未成年人的合法权益。

三是坚持机制创新。统筹协调多种资源，注重创新制度设计，用心打造示范模式，着力健全符合未成年人身心发展需要的工作机制，努力创建适应新时代经济社会发展的未成年人保护工作体系。

四是坚持强化基层能力。强化落实基层政府及部门职责，通过购买社会服务、设立公益岗位、培育社会工作服务机构、招募使用志愿者、加强培训等多种方式，进一步推动和加强基层工作队伍建设，提升基层工作能力。

三、创建范围和条件

全国未成年人保护示范创建以县（市、区、旗）及直辖市的区（县）为主要对象，以《全国未成年人保护示范县（市、区、旗）创建达标体系（试行）》（以下简称《创建达标体系》，见附件1）为工作目标，突出政治标准和创建质量，严控数量，优中选优，原则上每两年开展一次。达到申报条件的县（市、区、旗）可以申报全国未成年人保护示范县（市、区、旗）。首次示范创建拟命名全国未成年人保护示范县（市、区、旗）不超过150个。

四、创建程序

（一）自愿申报。各县（市、区、旗）对照《创建达标体系》进行自评，对工作基础好、实绩突出、积极性高、经创建能够达到工作标准要求的，可以填写《全国未成年人保护示范县（市、区、旗）申报表》（以下简称《申报表》，见附件2），经地市级民政部门查验，向省级民政部门申报。首次自愿申报应于2021年10月底前完成。

（二）初步推荐。省级民政部门牵头对自愿申报县（市、区、旗）进行严格把关，本着从严从实、优中选优的原则，向民政部报送拟创建地区推荐名单。首次初步推荐应于2021年11月底前完成。对存在《创建达标体系》负面工作清单项中一项及以上事项的不予推荐。首次初步推荐比例一般不得高于本省份县(市、区、旗)总数的6%(直辖市和新疆生产建设兵团结合实际视情推荐),整体工作基础较好的省份可以酌情增加推荐比例。

(三)全面创建。创建县(市、区、旗)要对照《创建达标体系》,制定创建方案,健全体制机制,强化工作落实,整体推进,固强补弱,确保创建工作取得实实在在的效果。

(四)省级评价。省级民政部门牵头,会同省级未成年人保护工作领导小组(委员会)有关成员单位,对创建县(市、区、旗)的创建效果进行量化考核(具体考核细则由民政部另行制定印发),并将评价结果以及相关材料报送民政部。首次省级评价应于2022年3月底前完成。

(五)评估核实。民政部牵头,会同国务院未成年人保护工作领导小组有关成员单位,参考省级评价意见,通过书面调阅材料、组织评估工作组或采取交叉评估、第三方独立评估等形式,按照一定比例对创建县(市、区、旗)进行抽查评估核实。首次评估核实应于2022年4月底前完成。

(六)公示命名。根据评估核实情况,组织国务院未成年人保护工作领导小组成员单位有关人员及专家进行评审,提出示范地区建议名单,经征求国务院未成年人保护工作领导小组成员单位意见后,确定示范地区候选名单,并按照相关要求进行公示,对公示无异议的县(市、区、旗)予以确认。首次命名应于2022年5月底前完成。

五、工作要求

(一)加强组织领导。各地要及时向同级党委和政府汇报,把示范创建作为深入贯彻党中央、国务院关于未成年人保护工作决策部署和《中华人民共和国未成年人保护法》的一项重要举措,纳入重要议事日程和工作重点,做好动员部署。各地要科学制定工作计划和实施方案,协同相关部门明确细化职责分工和具体任务,着力突破重点难点、改善薄弱环节,使示范创建真正成为全面加强未成年人保护工作、推动建立与经济社会发展相适应的未成年人保护制度的重要抓手。

(二)强化保障措施。各地要通过制度创新、政策倾斜、措施加力、服务拓展等方式,强化政策创新和制度供给。要通过购买社会组织服务、设立公益岗位、设立社会工作和志愿服务站、培育社会工作服务机构等渠道,采取细化工作任务、制定工作指导和流程标准、加强培训等方式,强化工作能力建设。各地应根据实际工作需要,统筹安排相关资金支持示范创建工作,研究奖励措施,加强激励机制建设。

(三)注重工作实效。各地要严格工作要求,确保自愿申报客观务实,考察推荐公正全面,工作成果扎实有效。要将解决未成年人的实际问题、促进其健康成长的实际需要作为示范创建的重心和落脚点。要坚持深耕细作,不搞花架子,不打绣花拳,实实在在提升未成年人的获得感、幸福感和安全感。要及时总结示范创建工作典型经验,切实发挥示范引领作用。

(四)强化监督管理。加强未成年人保护示范创建的调研评估,推动示范地区全面达到示范标准。建立退出机制,加强动态管理,每年对已经获得"全国未成年人保护示范县(市、区、旗)"称号的按照一定比例进行抽查复核,对工作不达标或发生重大侵害未成年人权益事件或案件、造成恶劣社会影响的,取消其示范称号,确保示范创建活动的权威性、影响力和示范作用。

附件:1. 全国未成年人保护示范县(市、区、旗)创建达标体系(试行)(略)

2. 全国未成年人保护示范县(市、区、旗)申报表(略)

国务院未成年人保护工作领导小组关于加强未成年人保护工作的意见

(2021年6月6日　国未保组〔2021〕1号)

未成年人保护工作关系国家未来和民族振兴。党中央始终高度重视未成年人工作,关心未成年人成长。习近平总书记多次指出,少年儿童是祖国的未来,是中华民族的希望,强调培养好少年儿童是一项战略任务,事关长远。为深入学习贯彻习近平总书记重要指示批示精神,贯彻落实党中央、国务院关于加强未成年人保护工作决策部署,推动《中华人民共和国未成年人保护法》等法律法规落地落细,现就加强未成年人保护工作提出如下意见:

一、总体要求

(一)指导思想。

以习近平新时代中国特色社会主义思想为指导,深入学习贯彻习近平总书记关于未成年人保护工作重要指示批示精神,全面贯彻落实党的十九大、十九届二中、三中、四中、五中全会精神和党中央、国务院关于未成年人保护工作决策部署,立足新发展阶段、贯彻新发展理念、构建新发展格局,以满足人民日益增长的美好生活需要为根本目的,进一步加强组织领导、完善运行机制、强化制度建设、健全服务体系,切实保护未成年人身心健康、保障未成年人合法权益。

(二)基本原则。

——坚持党对未成年人保护工作的领导。把党的领导贯穿未成年人保护工作全过程各方面,紧紧围绕统筹推进"五位一体"总体布局和协调推进"四个全面"战略布局,坚持思想道德教育和权益维护保障相融合,大力培育和践行社会主义核心价值观,培养有理想、有道德、有文化、有纪律的社会主义建设者和接班人,培养担当民族复兴大任的时代新人。

——坚持最有利于未成年人的原则。以依法保障未成年人平等享有生存权、发展权、受保护权和参与权等权利,促进未成年人全面健康成长作为出发点和落脚点，在制定法律法规、政策规划和配置公共资源等方面优先考虑未成年人的利益和需求，在处理未成年人事务中始终把未成年人权益和全面健康成长放在首位，确保未成年人依法得到特殊、优先保护。

——坚持系统谋划统筹推进。加强全局谋划、统筹布局、整体推进，有效发挥各级未成年人保护工作协调机制统筹协调、督促指导作用，着力补短板、强弱项，强化顶层设计、部门协作。坚持未成年人保护工作的政治性、群众性、时代性、协同性，积极推动各方力量参与未成年人保护工作，构建家庭保护、学校保护、社会保护、网络保护、政府保护、司法保护“六位一体”的新时代未成年人保护工作格局。

（三）总体目标。

到2025年，上下衔接贯通、部门协调联动的未成年人保护工作体制机制基本形成，制度体系逐步健全，与未成年人保护法相衔接的法律法规体系不断完善，工作力量有效加强，侵害未成年人合法权益案件发生率明显下降，全社会关心关注未成年人健康成长的氛围显著增强。到2035年，与我国经济社会发展相适应、与人口发展战略相匹配的未成年人保护工作体系全面建立，加强未成年人保护工作成为各部门、各行业和社会各界的行动自觉，成为全面建成社会主义现代化国家的显著标志之一，未成年人的生存权、发展权、受保护权、参与权等权利得到更加充分保障。

二、重点任务

（一）强化家庭监护责任。

1. 加强家庭监护指导帮助。巩固和强化家庭监护主体责任，加大宣传培训和健康教育力度，指导未成年人的父母或者其他监护人依法履行监护职责，抚养、教育和保护未成年人。推动构建家庭教育指导服务体系，加强社区家长学校、家庭教育指导服务站点建设，为未成年人的父母或其他监护人、被委托人每年提供不少于一次公益性家庭教育指导服务。婚姻登记机关办理离婚登记及人民法院审理家事案件时涉及未成年子女的，要对当事人进行未成年人保护相关家庭教育指导。

2. 完善家庭监护支持政策。全面落实产假等生育类假期制度和哺乳时间相关规定，鼓励有条件的地区探索开展育儿假试点。加强家庭照护支持指导，增强家庭科学育儿能力。有条件的地区，探索对依法收养孤儿和残疾儿童、非生父母履行监护权的家庭在水电气等公共服务方面给予优惠。地方政府在配租公租房时，对符合当地住房保障条件且有未成年子女的家庭，可根据其未成年子女数量在户型选择方面给予适当照顾。推进儿童福利机构拓展集养、治、教、康和专业社会工作服务于一体的社会服务功能，探索向社会残疾儿童提供服务。

3. 推进家庭监护监督工作。指导村（居）民委员会等相关组织对未成年人的父母或者其他监护人履行监护情况开展监督。村（居）民委员会等相关组织发现未成年人的父母或者其他监护人拒绝或者怠于履行监护责任时，要予以劝阻、制止或者批评教育，督促其履行监护职责；情节严重导致未成年人处于危困状态或造成严重后果的，要及时采取保护措施并向相关部门报告。

4. 依法处置监护人侵害未成年人权益行为。公安机关接到报告或者公安机关、人民检察院、人民法院在办理案件过程中发现未成年人的父母或者其他监护人存在不依法履行监护职责或者侵犯未成年人合法权益的，应当予以训诫，并可以责令其接受家庭教育指导。对监护人严重损害未成年人身心健康及合法权益，或者不履行监护职责致未成年人处于危困状态等监护侵害行为，依法督促、支持起诉。加强宣传引导和警示教育，及时向社会公布监护人侵害未成年人权益行为处置情况案例。

（二）加强学校保护工作。

5. 加强未成年人思想道德教育。指导学校深入开展共产主义、中国特色社会主义和中国梦学习宣传教育，坚持立德树人，培育和践行社会主义核心价值观，引导广大未成年人听党话、跟党走，养成良好思想品德和行为习惯。指导学校加强新修订的《中华人民共和国未成年人保护法》等法律法规宣传教育，深入开展未成年人法治教育，提升学生法治意识。深化团教协作，强化少先队实践育人作用，加强未成年人思想道德引领。

6. 健全学校保护制度。制定《未成年人学校保护规定》，整合、完善学校保护制度体系。完善校园安全风险防控体系和依法处理机制，加强校园周边综合治理。提高学生安全意识和自我防护能力，开展反欺凌、交通安全、应急避险自救、防范针对未成年人的犯罪行为等安全教育。积极发展公共交通和专用校车，解决学生上下学乘车难问题，使用校车的学校要加强校车安全管理和使用。强化校园食品安全管理，严格落实校长（园长）集中用餐陪餐、家长代表陪餐、用餐信息公开等制度。严厉打击涉及学校和学生安全的违法犯罪行为。推动落实义务教育学校课后服务全覆盖，与当地正常下班时间相衔接，解决家长接学生困难问题。

7. 有效防范学生欺凌。进一步完善考评机制，将学生欺凌防治工作纳入责任督学挂牌督导范围、作为教育质量评价和工作考评重要内容。建立健全学生欺凌报告制度，制定学生欺凌防治工作责任清单，压实岗位责任。指导学校定期全面排查，及时发现苗头迹象或隐患点，做好疏导化解工作。完善校规校纪，健全教育惩戒工作机制，依法依规处置欺凌事件。

8. 创新学校保护工作机制。建立学校保护工作评估制度，评估结果纳入学校管理水平评价和校长考评考核范围。严格落实教职员工准入查询性侵违法犯罪信息制度。充分发挥“法治副校长”、“法治辅导员”作用,常态化开展“法治进校园”、组织模拟法庭、以案释法、开设法治网课等多样化法治教育和法治实践活动,教育引导未成年人遵纪守法。依托中小学校、社区建设少年警校,加强对未成年人的法治教育、安全教育。引入专业力量参与学生管理服务,有条件的地方,可通过建立学校社会工作站、设立社会工作岗位、政府购买服务等方式,推进学校社会工作发展。

(三)加大社会保护力度。

9. 有效落实强制报告制度。指导国家机关、村(居)民委员会、密切接触未成年人的单位、组织及其工作人员有效履行侵害未成年人事件强制报告义务,提升识别、发现和报告意识与能力。建立强制报告线索的受理、调查、处置和反馈制度。加强强制报告法律法规和政策措施的宣传培训和教育引导工作。依法依规对未履行报告义务的组织和个人予以惩处。

10. 切实发挥群团组织作用。共青团组织要大力推动实施中长期青年发展规划,依托“青年之家”、“12355 青少年服务台”、“青少年维权岗”等阵地有效维护青少年发展权益。妇联组织要加强对未成年人的父母或其他监护人、被委托人的家庭教育指导,依托“儿童之家”等活动场所,为未成年人保护工作提供支持。残联组织要加强残疾未成年人权益保障,落实残疾儿童康复救助制度,指导有条件的地方,扩大残疾儿童康复救助年龄范围,放宽对救助对象家庭经济条件的限制。工会组织要积极开展职工未成年子女关爱服务,推动用人单位母婴设施建设。关心下一代工作委员会等单位、组织要在职责范围内协助相关部门做好未成年人保护工作。

11. 积极指导村(居)民委员会履行法定职责。指导村(居)民委员会落实专人专岗负责未成年人保护工作的法定要求,每个村(社区)至少设立一名儿童主任,优先由村(居)民委员会女性委员或村(社区)妇联主席兼任,儿童数量较多的村(社区)要增设补充儿童主任。推进村(社区)少先队组织建设。持续推进“儿童之家”建设。鼓励村(居)民委员会设立下属的未成年人保护委员会。指导村(居)民委员会落实强制报告和家庭监护监督职责,提升发现报告能力。加强村(社区)未成年人活动场所和设施建设,推进村(社区)党群服务中心、文化活动室等服务设施向未成年人开放。指导村(居)民委员会组织开展未成年人保护相关政策宣讲、知识培训活动。

12. 加强未成年人保护领域社会组织建设。培育和发展未成年人保护领域社会组织,到 2025 年,实现未成年人保护专业性社会组织县(市、区、旗)全覆盖。大力发展未成年人保护领域专业社会工作和志愿服务,充分发挥社会工作者在未成年人保护工作中资源链接、能力建设、心理干预、权益保护、法律服务、社会调查、社会观护、教育矫治、社区矫正、收养评估等专业优势,积极引导志愿者参与未成年人保护工作。健全未成年人保护领域慈善行为导向机制,依托全国儿童福利信息系统、全国慈善信息公开平台等加强数据共享和供需对接,引导公益慈善组织提供个性化、差异化、有针对性的服务。

(四)完善网络保护工作。

13. 完善未成年人网络保护法规政策体系。加快推动出台未成年人网络保护条例,完善配套政策,净化未成年人网络环境,保障未成年人网络空间安全,保护未成年人合法网络权益,构建网络环境保护长效机制。推动制定未成年人网络保护行业规范和行为准则。加强涉未成年人网课平台和教育移动互联网应用程序规范管理,完善未成年人网课平台备案管理制度。

14. 加强未成年人个人信息网络保护。指导监督网络运营者有效履行未成年人个人信息网络保护的平台责任,严格依照法律规定和用户协议收集和使用未成年人个人信息。指导网络运营者对未成年人及其监护人提出的更正、删除未成年人网上个人信息的诉求,依法依规予以配合。严厉打击通过网络以文字、图片、音视频等形式对未成年人实施侮辱、诽谤、猥亵或恶意损害形象等网络欺凌行为,指导网络运营者及时配合制止网络欺凌行为并防止信息扩散。

15. 加强防止未成年人网络沉迷工作。规范网络游戏、网络直播和网络短视频等服务,有效遏制未成年人网络沉迷、过度消费等行为。加强前置审查,严格网络游戏审批管理。严格实行网络游戏用户账号实名注册制度,推动建立统一的未成年人网络游戏电子身份认证系统。有效控制未成年人使用网络游戏时段、时长,规定时间内不得以任何形式为未成年人提供游戏服务。严格规范向未成年人提供付费服务。加强中小学生手机管理,推进未成年学生在校专心学习。

(五)强化政府保护职能。

16. 有效落实政府监护职责。加强政府监护体制机制建设,提高长期监护专业化服务水平,建立健全临时监护工作制度。建立监护评估制度,建立健全由民政部门指定监护人和终止临时监护情形时监护人的监护能力评估工作规范,科学评判其履行监护职责的能力和条件,推动监护评估规范化专业化。完善因突发事件影响造成监护缺失未成年人救助保护制度措施。进一步健全孤儿保障制度,建立基本生活保障标准动态调整机制。

17. 加强困境未成年人关爱服务。加强困境未成年人分类保障,分类实施困境未成年人保障政策。将符合条件的未成年人纳入最低生活保障、特困人员救助供养等社会救助范围,加强对困难家庭的重病、重残未成年人生活保障工作。合理确定事实无人抚养儿童生活补助标准,对符合条件的事实无人抚养儿童按规定落实医疗救助政策。结合实施乡村振兴战略深化农村留守儿童关爱服务,完善义务教育控辍保学工作机制。进一步落实家庭经济困难儿童教育资助政策和义务教育阶段“两免一补”政策。

18. 建设高质量教育体系。坚持教育公益性原则,推进基本公共教育服务均等化,推动义务教育优质均衡发展和城乡一体化。保障农业转移人口随迁子女平等享有基本公共教育服务。完善普惠性学前教育和特殊教育、专门教育保障机制,鼓励高中阶段学校多样化发展。办好每所学校,关心每名学生成长,坚决克服唯分数、唯升学倾向。规范校外培训,切实减轻中小学生过重校外培训负担。

19. 加强未成年人健康综合保障。完善医疗卫生和医疗保障制度,确保未成年人享有基本医疗、卫生保健服务。加强儿童早期发展服务,推动建立医疗机构对儿童视力、听力、肢体、智力残疾和儿童孤独症早期筛查、诊断、干预和政府康复救助衔接机制,深入开展重点地区儿童营养改善等项目。做好未成年人基本医疗保障工作,统筹基本医疗保险、大病保险、医疗救助三重制度,实施综合保障。鼓励有条件的地方研究将基本的治疗性康复辅助器具逐步纳入基本医疗保险支付范围。加强未成年人心理健康教育和服务。重视未成年人早期视力保护,加强综合防控儿童近视工作,及时预防和控制近视的发生与发展。加强中小学生睡眠管理工作,保证中小学生享有充足睡眠时间。切实加强未成年人肥胖防控工作。

20. 推进婴幼儿照护服务。发展普惠托育服务体系,加大对社区婴幼儿照护服务支持力度。遵循婴幼儿发展规律,完善有关政策法规体系和标准规范,促进婴幼儿照护服务专业化、规范化建设。加强托育机构监督管理,做好卫生保健、备案登记等工作,积极构建综合监管体系。加快培养婴幼儿照护服务专业人才,大力开展职业培训,增强从业人员法治意识。切实强化和落实各方面责任,确保婴幼儿安全和健康。

21. 加强和创新未成年人成长社会环境治理。构建未成年人成长社会环境治理联合执法机制,加大执法力度。落实未成年人入住旅馆、宾馆、酒店的核查与报告制度。加大对营业性歌舞娱乐场所、酒吧、互联网上网服务营业场所违规接待未成年人行为的处罚力度。落实密切接触未成年人行业违法犯罪信息准入查询制度。严格禁止向未成年人销售烟(含电子烟)、酒、彩票或者兑付彩票奖金。依法依规及时清理中小学校、幼儿园、托育机构周边设置的营业性娱乐场所、酒吧、互联网上网服务营业场所及烟(含电子烟)、酒、彩票销售网点。对部分儿童用品依法实施强制性产品认证管理,保障未成年人健康安全。加大互联网上涉及未成年人的重点应用服务的整治和查处力度,加强监管,督促企业切实落实针对未成年人保护的各项措施。督促中小学校、幼儿园、婴幼儿照护服务机构、线下教育培训机构、游乐园等未成年人集中活动场所落实安全主体责任。推进未成年人文身治理工作。做好未满十六周岁辍学学生劝返复学工作。加大对未成年人违法婚姻的治理力度,防止未成年人早婚早育现象。

(六)落实司法保护职责。

22. 依法妥善办理涉未成年人案件。坚持“教育、感化、挽救”方针和“教育为主、惩罚为辅”原则,严格落实未成年人刑事案件特别程序,依法惩戒和精准帮教相结合,促进未成年人顺利回归社会。办理未成年人遭受性侵害或者暴力伤害案件,施行“一站式取证”保护机制。对于性侵害未成年人犯罪,公安、检察部门积极主动沟通,询问被害人同步录音录像全覆盖。对涉案未成年人实施必要的心理干预、经济救助、法律援助、转学安置等保护措施,积极引导专业社会工作者参与相关保护工作。

23. 加强少年法庭建设。深化涉未成年人案件综合审判改革,将与未成年人权益保护和犯罪预防关系密切的涉及未成年人的刑事、民事及行政诉讼案件纳入少年法庭收案范围。审理涉及未成年人的案件,从有利于未成年人健康成长的角度出发,推行社会调查、社会观护、心理疏导、司法救助、诉讼教育引导等制度,依法给予未成年人特殊、优先保护。加强未成年人法律援助,积极开展司法救助,及时帮扶司法过程中陷入困境的未成年人,充分体现司法的人文关怀。

24. 深化未成年人检察法律监督。依法对涉及未成年人的诉讼活动、未成年人重新犯罪预防工作等开展法律监督。及时对未尽到未成年人教育、管理、救助、看护等保护职责的有关单位提出建议。进一步加强涉及未成年人刑事、民事、行政、公益诉讼检察业务统一集中办理工作。开展未成年人刑事案件羁押必要性审查,对涉及未成年人刑事案件立案、侦查和审判活动,以及涉及未成年人民事诉讼、行政诉讼和执行活动进行监督。开展未成年人监管及未成年人社区矫正活动监督。加大对侵犯未成年人合法权益案件督促、支持相关组织和个人代为提起诉讼的力度,涉及公共利益的依法提起公益诉讼。推动未成年人司法保护协作机制和社会支持体系建设。

25. 严厉打击涉未成年人违法犯罪行为。依法严惩利用未成年人实施黑恶势力犯罪,对拉拢、胁迫未成年人参加有组织犯罪的,从严追诉、从重量刑。加强未成年人毒品预防教育,引导未成年人从小认清毒品危害,自觉抵制毒品。依法严厉惩治引诱、纵容未成年人从事吸贩毒活动的违法犯罪分子。落实《中国反对拐卖人口行动计划(2021-2030年)》,预防和惩治拐卖未成年人犯罪行为。预防和打击使用童工违法行为。依法查处生产、销售用于未成年人的假冒伪劣食品、药品、玩具、用具和相关设施设备违法犯罪行为。

三、保障措施

(一)加强组织领导。强化党委领导、政府负责、民政牵头、部门协同、社会参与的未成年人保护工作格局。推动各地党委和政府将未成年人保护工作纳入国民经济和社会发展规划及工作绩效评价。依法将未成年人保护工作纳入乡镇(街道)、村(社区)职责范围。将未成年人保护工作开展情况作为平安建设考核重要内容,落实落细文明城市、文明村镇、文明单位、文明家庭和文明校园创建中未成年人保护相关要求。制定实施《中国儿童发展纲要(2021-2030年)》。按有关规定组织开展未成年人保护工作表彰奖励，对有突出表现的给予表彰。

（二）加大工作保障。加强未成年人服务设施建设，建立和改善适合未成年人的活动场所和设施，支持公益性未成年人活动场所和设施的建设和运行。加强未成年人救助保护机构等场所服务设施设备建设。将未成年人保护工作相关经费纳入本级预算。将未成年人关爱服务纳入政府购买服务指导性目录，通过政府购买服务等方式引导社会工作专业服务机构、公益慈善类社会组织为留守儿童、困境儿童等特殊儿童群体提供专业服务。加强民政部本级和地方各级政府用于社会福利事业的彩票公益金对未成年人保护工作的支持。加强未成年人保护科学研究和人才培养。

（三）充实工作力量。充实基层未成年人保护工作力量，实现未成年人保护工作一线有机构负责、有专人办事、有经费保障。指导各地根据需要，通过整合相关编制资源、盘活编制存量、推动机构转型等方式加强未成年人救助保护机构建设，承担好需依法临时监护的未成年人收留、抚养等相关工作。指导乡镇（街道）设立未成年人保护工作站，及时办理未成年人保护相关事务。加强儿童督导员、儿童主任专业化建设，鼓励其考取社会工作职业资格。加强未成年人审判组织建设和审判专业化、队伍职业化建设。各级人民法院、人民检察院根据实际需要明确相应机构或者指定人员负责未成年人审判、检察工作。指导基层公安派出所加强未成年人保护工作，根据实际明确相关人员负责未成年人保护工作。

（四）深入宣传引导。深入开展未成年人保护工作和《中华人民共和国未成年人保护法》等法律法规的宣传教育，中央和地方有关新闻媒体可设置专栏，基层单位要充分利用所属网站、新媒体、宣传栏等平台，开展全方位、多角度、立体式宣传活动，贯彻落实《新时代爱国主义教育实施纲要》、《新时代公民道德建设实施纲要》，营造全社会关心支持未成年人保护工作的良好氛围。进一步规范新闻媒体对涉及未成年人相关热点事件的宣传报道，传播社会正能量。

（五）强化监督检查。加强对未成年人保护工作的监督检查，建立健全业务指导、督促检查和重大事项通报制度。各级未成年人保护工作协调机制设立专兼职相结合的未成年人权益督查专员，负责牵头对各地各部门开展未成年人保护工作情况进行督促检查，对存在的突出问题以及侵害未成年人权益的恶性案件、重大事件进行跟踪指导、挂牌督办、限时整改。

国务院办公厅关于加强和改进流浪未成年人救助保护工作的意见

（2011年8月15日　国办发〔2011〕39号）

党中央、国务院高度重视未成年人权益保护工作，近年来国家出台了一系列法律法规和政策，未成年人权益保护工作取得了积极成效。但受人口流动加速、一些家庭监护缺失和社会不良因素影响，未成年人流浪现象仍然存在，甚至出现胁迫、诱骗、利用未成年人乞讨和实施违法犯罪活动等问题，严重侵害了未成年人合法权益，妨害了未成年人健康成长。为进一步完善流浪未成年人救助保护体系，切实加强和改进流浪未成年人救助保护工作，经国务院同意，现提出如下意见：

一、充分认识流浪未成年人救助保护工作的重要意义

做好流浪未成年人救助保护工作，关系到未成年人的健康成长，关系到社会和谐安定，关系到以人为本执政理念的落实。及时有效救助保护流浪未成年人，是各级政府的重要职责，是维护未成年人合法权益的重要内容，是预防未成年人违法犯罪的重要举措，是加强和创新社会管理的重要方面，是社会文明进步的重要体现。各地区、各有关部门要充分认识加强和改进流浪未成年人救助保护工作的重要性和紧迫性，进一步统一思想，提高认识，认真落实《中华人民共和国未成年人保护法》、《中华人民共和国预防未成年人犯罪法》和《中华人民共和国义务教育法》等法律法规，不断完善政策措施，提升救助保护水平，维护好流浪未成年人的合法权益。

二、流浪未成年人救助保护工作的总体要求和基本原则

（一）总体要求。牢固树立以人为本、执政为民的理念，贯彻预防为主、标本兼治的方针，健全机制，完善政策，落实责任，加快推进流浪未成年人救助保护体系建设，确保流浪未成年人得到及时救助保护、教育矫治、回归家庭和妥善安置，最大限度减少未成年人流浪现象，坚决杜绝胁迫、诱骗、利用未成年人乞讨等违法犯罪行为。

（二）基本原则。

坚持未成年人权益保护优先。把未成年人权益保护和健康成长作为首要任务，加强对家庭监护的指导和监督，及时救助流浪未成年人，严厉打击胁迫、诱骗、利用未成年人乞讨等违法犯罪行为，切实保障未成年人的生存权、发展权、参与权、受保护权。

坚持救助保护和教育矫治并重。积极主动救助流浪未成年人，保障其生活、维护其权益；同时加强流浪未成年人思想、道德、文化和法制教育，强化心理疏导和行为矫治，帮助其顺利回归家庭。

坚持源头预防和综合治理。综合运用经济、行政、司法等手段，落实义务教育、社会保障和扶贫开发等政策，强化家庭、学校、社会共同责任，不断净化社会环境，防止未成年人外出流浪。

坚持政府主导和社会参与。落实政府责任，加大政府投入，加强各方协作，充分发挥基层组织作用，调动社会各方面参与流浪未成年人救助保护的积极性，形成救助保护工作的合力。

三、加强和改进流浪未成年人救助保护工作的政策措施

（一）实行更加积极主动的救助保护。公安机关发现流浪乞讨的未成年人，应当护送到救助保护机构接受救助。其中由成年人携带流浪乞讨的，应当进行调查、甄别，对有胁迫、诱骗、利用未成年人乞讨等违法犯罪嫌疑的，要依法查处；对由父母或其他监护人携带流浪乞讨的，应当批评、教育并引导护送到救助保护机构接受救助，无力自行返乡的由救助保护机构接送返乡，公安机关予以协助配合。民政部门要积极开展主动救助，引导护送流浪未成年人到救助保护机构接受救助。城管部门发现流浪未成年人，应当告知并协助公安或民政部门将其护送到救助保护机构接受救助。对突发急病的流浪未成年人，公安机关和民政、城管部门应当直接护送到定点医院进行救治。

充分发挥村（居）民委员会等基层组织作用，组织和动员居民提供线索，劝告、引导流浪未成年人向公安机关、救助保护机构求助，或及时向公安机关报警。

（二）加大打击拐卖未成年人犯罪力度。公安机关要严厉打击拐卖未成年人犯罪，对来历不明的流浪乞讨和被强迫从事违法犯罪活动的未成年人，要一律采集生物检材，检验后录入全国打拐DNA（脱氧核糖核酸）信息库比对，及时发现、解救失踪被拐未成年人。加强接处警工作，凡接到涉及未成年人失踪被拐报警的，公安机关要立即出警处置，认真核查甄别，打击违法犯罪活动。强化立案工作，实行未成年人失踪快速查找机制，充分调动警务资源，第一时间组织查找。建立跨部门、跨警种、跨地区打击拐卖犯罪工作机制。民政等有关部门要协助公安机关做好被拐未成年人的调查、取证和解救工作。

（三）帮助流浪未成年人及时回归家庭。救助保护机构和公安机关要综合运用救助保护信息系统、公安人口管理信息系统、全国打拐DNA（脱氧核糖核酸）信息库和向社会发布寻亲公告等方式，及时查找流浪未成年人父母或其他监护人。

对查找到父母或其他监护人的流浪未成年人，救助保护机构要及时安排接送返乡，交通运输、铁道等部门要在购票、进出站、乘车等方面积极协助。流出地救助保护机构应当通知返乡流浪未成年人或其监护人常住户口所在地的乡镇人民政府（街道办事处）做好救助保护和帮扶工作。流出地救助保护机构要对流浪未成年人的家庭监护情况进行调查评估：对确无监护能力的，由救助保护机构协助监护人及时委托其他人员代为监护；对拒不履行监护责任、经反复教育不改的，由救助保护机构向人民法院提出申请撤销其监护人资格，依法另行指定监护人。

对暂时查找不到父母或其他监护人的流浪未成年人，在继续查找的同时，要通过救助保护机构照料、社会福利机构代养、家庭寄养等多种方式予以妥善照顾。对经过2年以上仍查找不到父母或其他监护人的，公安机关要按户籍管理有关法规政策规定为其办理户口登记手续，以便于其就学、就业等正常生活。对在打拐过程中被解救且查找不到父母或其他监护人的婴幼儿，民政部门要将其安置到社会福利机构抚育，公安机关要按规定为其办理户口登记手续。

（四）做好流浪未成年人的教育矫治。救助保护机构要依法承担流浪未成年人的临时监护责任，为其提供文化和法制教育、心理辅导、行为矫治、技能培训等救助保护服务，对合法权益受到侵害的，要协助司法部门依法为其提供法律援助或司法救助。救助保护机构要在教育行政部门指导下帮助流浪未成年人接受义务教育或替代教育，对沾染不良习气的，要通过思想、道德和法制教育，矫治不良习惯，纠正行为偏差；对有严重不良行为的，按照有关规定送专门学校进行矫治和接受教育。对流浪残疾未成年人，卫生、残联等部门要指导救助保护机构对其进行心理疏导、康复训练等。

（五）强化流浪未成年人源头预防和治理。预防未成年人流浪是家庭、学校、政府和社会的共同责任，做好源头预防是解决未成年人流浪问题的治本之策。家庭是预防和制止未成年人流浪的第一责任主体，应当依法履行对未成年人的监护责任和抚养义务。有关部门和基层组织要加强对家庭履行监护责任的指导和监督，对困难家庭予以帮扶，提升家庭抚育和教育能力，帮助其解决实际困难。村（居）民委员会要建立随访制度，对父母或其他监护人不依法履行监护责任或者侵害未成年人权益的，要予以劝诫、制止；情节严重的，要报告公安机关予以训诫，责令其改正；构成违反治安管理行为的，由公安机关依法给予行政处罚。

学校是促进未成年人健康成长的重要阵地，要坚持育人为本、德育为先，加强学生思想道德教育和心理健康辅导，根据学生特点和需要，开展职业教育和技能培训，使学生掌握就业技能，实现稳定就业；对品行有缺点、学习有困难的学生，要进行重点教育帮扶；对家庭经济困难的学生，要按照有关规定给予教育资助和特别关怀。教育行政部门要建立适龄儿童辍学、失学信息通报制度，指导学校做好劝学、返学工作，乡镇人民政府（街道办事处）、村（居）民委员会要积极做好协助工作。

地方各级政府和有关部门要进一步落实义务教育、社会保障和扶贫开发等政策，充分调动社会各方面的力量，把流浪未成年人救助保护纳入重点青少年群体教育帮助工作、"春蕾计划"、"安康计划"和家庭教育工作的总体计划；将流浪残疾未成年人纳入残疾未成年人康复、教育总体安排；充分发挥志愿者、社工队伍和社会组织作用，鼓励和支持其参与流浪未成年人救助、教育、矫治等服务。

四、健全工作机制，形成救助保护工作合力

（一）加强组织领导。进一步完善政府主导、民政牵头、部门负责、社会参与的流浪未成年人救助保护工作机制。建立民政部牵头的部际联席会议制度，研究解决突出问题和困难，制定和完善相关政策措施，指导和督促地方做好工作。民政部要发挥牵头部门作用，加强组织协调，定期通报各省（区、市）流浪未成年人救助保护工作情况，建立挂牌督办和警示制度。地方各级政府要高度重视，建立由政府分管领导牵头的流浪未成年人救助保护工作机制；要建立和完善工作责任追究机制，对工作不力、未成年人流浪现象严重的地区，追究该地区相关领导的责任。

（二）完善法律法规。抓紧做好流浪乞讨人员救助管理法律法规规章修订相关工作，完善流浪未成年人救助保护制度，健全流浪未成年人救助保护、教育矫治、回归安置和源头预防等相关规定，规范救助保护工作行为，强化流浪未成年人司法救助和保护，为流浪未成年人救助保护工作提供有力的法律保障。

（三）加强能力建设。各级政府要加强流浪未成年人救助保护能力建设，进一步提高管理和服务水平。要充分发挥现有救助保护机构、各类社会福利机构的作用，不断完善救助保护设施。要加强救助保护机构工作队伍建设，合理配备人员编制，按照国家有关规定落实救助保护机构工作人员的工资倾斜政策，对救助保护机构教师按照国家有关规定开展职称评定和岗位聘用。公安机关要根据需要在救助保护机构内设立警务室或派驻民警，协助救助保护机构做好管理工作。财政部门要做好流浪乞讨人员救助资金保障工作，地方财政要建立稳定的经费保障机制，中央财政给予专项补助。

（四）加强宣传引导。进一步加大未成年人权益保护法律法规宣传力度，开展多种形式的法制宣传活动，在全社会牢固树立未成年人权益保护意识。加强舆论引导，弘扬中华民族恤孤慈幼的传统美德，鼓励社会力量通过开展慈善捐助、实施公益项目、提供志愿服务等多种方式，积极参与流浪未成年人救助保护工作，营造关心关爱流浪未成年人的良好氛围。

国务院关于加强农村留守儿童关爱保护工作的意见

（2016年2月4日　国发〔2016〕13号）

近年来，随着我国经济社会发展和工业化、城镇化进程推进，一些地方农村劳动力为改善家庭经济状况、寻求更好发展，走出家乡务工、创业，但受工作不稳定和居住、教育、照料等客观条件限制，有的选择将未成年子女留在家乡交由他人监护照料，导致大量农村留守儿童出现。农村劳动力外出务工为我国经济建设作出了积极贡献，对改善自身家庭经济状况起到了重要作用，客观上为子女的教育和成长创造了一定的物质基础和条件，但也导致部分儿童与父母长期分离，缺乏亲情关爱和有效监护，出现心理健康问题甚至极端行为，遭受意外伤害甚至不法侵害。这些问题严重影响儿童健康成长，影响社会和谐稳定，各方高度关注，社会反响强烈。进一步加强农村留守儿童关爱保护工作，为广大农村留守儿童健康成长创造更好的环境，是一项重要而紧迫的任务。现提出以下意见：

一、充分认识做好农村留守儿童关爱保护工作的重要意义

留守儿童是指父母双方外出务工或一方外出务工另一方无监护能力、不满十六周岁的未成年人。农村留守儿童问题是我国经济社会发展中的阶段性问题，是我国城乡发展不均衡、公共服务不均等、社会保障不完善等问题的深刻反映。近年来，各地区、各有关部门积极开展农村留守儿童关爱保护工作，对促进广大农村留守儿童健康成长起到了积极作用，但工作中还存在一些薄弱环节，突出表现在家庭监护缺乏监督指导、关爱服务体系不完善、救助保护机制不健全等方面，农村留守儿童关爱保护工作制度化、规范化、机制化建设亟待加强。

农村留守儿童和其他儿童一样是祖国的未来和希望，需要全社会的共同关心。做好农村留守儿童关爱保护工作，关系到未成年人健康成长，关系到家庭幸福与社会和谐，关系到全面建成小康社会大局。党中央、国务院对做好农村留守儿童关爱保护工作高度重视。加强农村留守儿童关爱保护工作、维护未成年人合法权益，是各级政府的重要职责，也是家庭和全社会的共同责任。各地区、各有关部门要充分认识加强农村留守儿童关爱保护工作的重要性和紧迫性，增强责任感和使命感，加大工作力度，采取有效措施，确保农村留守儿童得到妥善监护照料和更好关爱保护。

二、总体要求

（一）指导思想。全面落实党的十八大和十八届二中、三中、四中、五中全会精神，深入贯彻习近平总书记系列重要讲话精神，按照国务院决策部署，以促进未成年人健康成长为出发点和落脚点，坚持依法保护，不断健全法律法规和制度机制，坚持问题导向，强化家庭监护主体责任，加大关爱保护力度，逐步减少儿童留守现象，确保农村留守儿童安全、健康、受教育等权益得到有效保障。

（二）基本原则。

坚持家庭尽责。落实家庭监护主体责任，监护人要依法尽责，在家庭发展中首先考虑儿童利益；加强对家庭监护和委托监护的督促指导，确保农村留守儿童得到妥善监护照料、亲情关爱和家庭温暖。

坚持政府主导。把农村留守儿童关爱保护工作作为各级政府重要工作内容，落实县、乡镇人民政府属地责任，强化民政等有关部门的监督指导责任，健全农村留守儿童关爱服务体系和救助保护机制，切实保障农村留守儿童合法权益。

坚持全民关爱。充分发挥村（居）民委员会、群团组织、社会组织、专业社会工作者、志愿者等各方面积极作用，着力解

决农村留守儿童在生活、监护、成长过程中遇到的困难和问题,形成全社会关爱农村留守儿童的良好氛围。

坚持标本兼治。既立足当前,完善政策措施,健全工作机制,着力解决农村留守儿童监护缺失等突出问题;又着眼长远,统筹城乡发展,从根本上解决儿童留守问题。

(三)总体目标。家庭、政府、学校尽职尽责,社会力量积极参与的农村留守儿童关爱保护工作体系全面建立,强制报告、应急处置、评估帮扶、监护干预等农村留守儿童救助保护机制有效运行,侵害农村留守儿童权益的事件得到有效遏制。到2020年,未成年人保护法律法规和制度体系更加健全,全社会关爱保护儿童的意识普遍增强,儿童成长环境更为改善、安全更有保障,儿童留守现象明显减少。

三、完善农村留守儿童关爱服务体系

(一)强化家庭监护主体责任。父母要依法履行对未成年子女的监护职责和抚养义务。外出务工人员要尽量携带未成年子女共同生活或父母一方留家照料,暂不具备条件的应当委托有监护能力的亲属或其他成年人代为监护,不得让不满十六周岁的儿童脱离监护单独居住生活。外出务工人员要与留守未成年子女常联系、多见面,及时了解掌握他们的生活、学习和心理状况,给予更多亲情关爱。父母或受委托监护人不履行监护职责的,村(居)民委员会、公安机关和有关部门要及时予以劝诫、制止;情节严重或造成严重后果的,公安等有关机关要依法追究其责任。

(二)落实县、乡镇人民政府和村(居)民委员会职责。县级人民政府要切实加强统筹协调和督促检查,结合本地实际制定切实可行的农村留守儿童关爱保护政策措施,认真组织开展关爱保护行动,确保关爱保护工作覆盖本行政区域内所有农村留守儿童。乡镇人民政府(街道办事处)和村(居)民委员会要加强对监护人的法治宣传、监护监督和指导,督促其履行监护责任,提高监护能力。村(居)民委员会要定期走访、全面排查,及时掌握农村留守儿童的家庭情况、监护情况、就学情况等基本信息,并向乡镇人民政府(街道办事处)报告;要为农村留守儿童通过电话、视频等方式与父母联系提供便利。乡镇人民政府(街道办事处)要建立翔实完备的农村留守儿童信息台账,一人一档案,实行动态管理、精准施策,为有关部门和社会力量参与农村留守儿童关爱保护工作提供支持;通过党员干部上门家访、驻村干部探访、专业社会工作者随访等方式,对重点对象进行核查,确保农村留守儿童得到妥善照料。县级民政部门及救助管理机构要对乡镇人民政府(街道办事处)、村(居)民委员会开展的监护监督等工作提供政策指导和技术支持。

(三)加大教育部门和学校关爱保护力度。县级人民政府要完善控辍保学部门协调机制,督促监护人送适龄儿童、少年入学并完成义务教育。教育行政部门要落实免费义务教育和教育资助政策,确保农村留守儿童不因贫困而失学;支持和指导中小学校加强心理健康教育,促进学生心理、人格积极健康发展,及早发现并纠正心理问题和不良行为;加强对农村留守儿童相对集中学校教职工的专题培训,着重提高班主任和宿舍管理人员关爱照料农村留守儿童的能力;会同公安机关指导和协助中小学校完善人防、物防、技防措施,加强校园安全管理,做好法治宣传和安全教育,帮助儿童增强防范不法侵害的意识、掌握预防意外伤害的安全常识。中小学校要对农村留守儿童受教育情况实施全程管理,利用电话、家访、家长会等方式加强与家长、受委托监护人的沟通交流,了解农村留守儿童生活情况和思想动态,帮助监护人掌握农村留守儿童学习情况,提升监护人责任意识和教育管理能力;及时了解无故旷课农村留守儿童情况,落实辍学学生登记、劝返复学和书面报告制度,劝返无效的,应书面报告县级教育行政部门和乡镇人民政府,依法采取措施劝返复学;帮助农村留守儿童通过电话、视频等方式加强与父母的情感联系和亲情交流。寄宿制学校要完善教职工值班制度,落实学生宿舍安全管理责任,丰富校园文化生活,引导寄宿学生积极参与体育、艺术、社会实践等活动,增强学校教育吸引力。

(四)发挥群团组织关爱服务优势。各级工会、共青团、妇联、残联、关工委等群团组织要发挥自身优势,积极为农村留守儿童提供假期日间照料、课后辅导、心理疏导等关爱服务。工会、共青团要广泛动员广大职工、团员青年、少先队员等开展多种形式的农村留守儿童关爱服务和互助活动。妇联要依托妇女之家、儿童之家等活动场所,为农村留守儿童和其他儿童提供关爱服务,加强对农村留守儿童父母、受委托监护人的家庭教育指导,引导他们及时关注农村留守儿童身心健康状况,加强亲情关爱。残联要组织开展农村留守残疾儿童康复等工作。关工委要组织动员广大老干部、老战士、老专家、老教师、老模范等离退休老同志,协同做好农村留守儿童的关爱与服务工作。

(五)推动社会力量积极参与。加快孵化培育社会工作专业服务机构、公益慈善类社会组织、志愿服务组织,民政等部门要通过政府购买服务等方式支持其深入城乡社区、学校和家庭,开展农村留守儿童监护指导、心理疏导、行为矫治、社会融入和家庭关系调适等专业服务。充分发挥市场机制作用,支持社会组织、爱心企业依托学校、社区综合服务设施举办农村留守儿童托管服务机构,财税部门要依法落实税费减免优惠政策。

四、建立健全农村留守儿童救助保护机制

(一)建立强制报告机制。学校、幼儿园、医疗机构、村(居)民委员会、社会工作服务机构、救助管理机构、福利机构及其工作人员,在工作中发现农村留守儿童脱离监护单独居住生活或失踪、监护人丧失监护能力或不履行监护责任、疑似遭受家庭暴力、疑似遭受意外伤害或不法侵害等情况的,应当在第一时间向公安机关报告。负有强制报告责任的单位和人员未履行报告义务的，其上级机关和有关部门要严肃追责。其他公民、社会组织积极向公安机关报告的，应及时给予表扬和奖励。

（二）完善应急处置机制。公安机关要及时受理有关报告，第一时间出警调查，有针对性地采取应急处置措施，强制报告责任人要协助公安机关做好调查和应急处置工作。属于农村留守儿童单独居住生活的，要责令其父母立即返回或确定受委托监护人，并对父母进行训诫；属于监护人丧失监护能力或不履行监护责任的，要联系农村留守儿童父母立即返回或委托其他亲属监护照料；上述两种情形联系不上农村留守儿童父母的，要就近护送至其他近亲属、村（居）民委员会或救助管理机构、福利机构临时监护照料，并协助通知农村留守儿童父母立即返回或重新确定受委托监护人。属于失踪的，要按照儿童失踪快速查找机制及时开展调查。属于遭受家庭暴力的，要依法制止，必要时通知并协助民政部门将其安置到临时庇护场所、救助管理机构或者福利机构实施保护；属于遭受其他不法侵害、意外伤害的，要依法制止侵害行为、实施保护；对于上述两种情形，要按照有关规定调查取证，协助其就医、鉴定伤情，为进一步采取干预措施、依法追究相关法律责任打下基础。公安机关要将相关情况及时通报乡镇人民政府（街道办事处）。

（三）健全评估帮扶机制。乡镇人民政府（街道办事处）接到公安机关通报后，要会同民政部门、公安机关在村（居）民委员会、中小学校、医疗机构以及亲属、社会工作专业服务机构的协助下，对农村留守儿童的安全处境、监护情况、身心健康状况等进行调查评估，有针对性地安排监护指导、医疗救治、心理疏导、行为矫治、法律服务、法律援助等专业服务。对于监护人家庭经济困难且符合有关社会救助、社会福利政策的，民政及其他社会救助部门要及时纳入保障范围。

（四）强化监护干预机制。对实施家庭暴力、虐待或遗弃农村留守儿童的父母或受委托监护人，公安机关应当给予批评教育，必要时予以治安管理处罚，情节恶劣构成犯罪的，依法立案侦查。对于监护人将农村留守儿童置于无人监管和照看状态导致其面临危险且经教育不改的，或者拒不履行监护职责六个月以上导致农村留守儿童生活无着的，或者实施家庭暴力、虐待或遗弃农村留守儿童导致其身心健康严重受损的，其近亲属、村（居）民委员会、县级民政部门等有关人员或者单位要依法向人民法院申请撤销监护人资格，另行指定监护人。

五、从源头上逐步减少儿童留守现象

（一）为农民工家庭提供更多帮扶支持。各地要大力推进农民工市民化，为其监护照料未成年子女创造更好条件。符合落户条件的要有序推进其本人及家属落户。符合住房保障条件的要纳入保障范围，通过实物配租公共租赁住房或发放租赁补贴等方式，满足其家庭的基本居住需求。不符合上述条件的，要在生活居住、日间照料、义务教育、医疗卫生等方面提供帮助。倡导用工单位、社会组织和专业社会工作者、志愿者队伍等社会力量，为其照料未成年子女提供便利条件和更多帮助。公办义务教育学校要普遍对农民工未成年子女开放，要通过政府购买服务等方式支持农民工未成年子女接受义务教育；完善和落实符合条件的农民工子女在输入地参加中考、高考政策。

（二）引导扶持农民工返乡创业就业。各地要大力发展县域经济，落实国务院关于支持农民工返乡创业就业的一系列政策措施。中西部地区要充分发挥比较优势，积极承接东部地区产业转移，加快发展地方优势特色产业，加强基本公共服务，制定和落实财政、金融等优惠扶持政策，落实定向减税和普遍性降费政策，为农民工返乡创业就业提供便利条件。人力资源社会保障等有关部门要广泛宣传农民工返乡创业就业政策，加强农村劳动力的就业创业技能培训，对有意愿就业创业的，要有针对性地推荐用工岗位信息或创业项目信息。

六、强化农村留守儿童关爱保护工作保障措施

（一）加强组织领导。各地要将农村留守儿童关爱保护工作纳入重要议事日程，建立健全政府领导，民政部门牵头，教育、公安、司法行政、卫生计生等部门和妇联、共青团等群团组织参加的农村留守儿童关爱保护工作领导机制，及时研究解决工作中的重大问题。民政部要牵头建立农村留守儿童关爱保护工作部际联席会议制度，会同有关部门在2016年上半年开展一次全面的农村留守儿童摸底排查，依托现有信息系统完善农村留守儿童信息管理功能，健全信息报送机制。各级妇儿工委和农民工工作领导小组要将农村留守儿童关爱保护作为重要工作内容，统筹推进相关工作。各地民政、公安、教育等部门要强化责任意识，督促有关方面落实相关责任。要加快推动完善未成年人保护相关法律法规，进一步明确权利义务和各方职责，特别要强化家庭监护主体责任，为农村留守儿童关爱保护工作提供有力法律保障。

（二）加强能力建设。统筹各方资源，充分发挥政府、市场、社会的作用，逐步完善救助管理机构、福利机构场所设施，满足临时监护照料农村留守儿童的需要。加强农村寄宿制学校建设，促进寄宿制学校合理分布，满足农村留守儿童入学需求。利用现有公共服务设施开辟儿童活动场所，提供必要托管服务。各级财政部门要优化和调整支出结构，多渠道筹措资金，支持做好农村留守儿童关爱保护工作。各地要积极引导社会资金投入，为农村留守儿童关爱保护工作提供更加有力的支撑。各地区、各有关部门要加强农村留守儿童关爱保护工作队伍建设，配齐配强工作人员，确保事有人干、责有人负。

（三）强化激励问责。各地要建立和完善工作考核和责任追究机制，对认真履责、工作落实到位、成效明显的，要按照国家有关规定予以表扬和奖励；对工作不力、措施不实、造成严重后果的，要追究有关领导和人员责任。对贡献突出的社会组织和个人，要适当给予奖励。

（四）做好宣传引导。加强未成年人保护法律法规和政策措施宣传工作，开展形式多样的宣传教育活动，强化政府主导、全民关爱的责任意识和家庭自觉履行监护责任的法律意识。建立健全舆情监测预警和应对机制，理性引导社会舆论，及时回应社会关切，宣传报道先进典型，营造良好社会氛围。

各省（区、市）要结合本地实际，制定具体实施方案。对本意见的执行情况，国务院将适时组织专项督查。

国务院关于加强困境儿童保障工作的意见

（2016年6月13日　国发〔2016〕36号）

儿童是家庭的希望，是国家和民族的未来。在党和政府的高度重视下，我国保障儿童权益的法律体系逐步健全，广大儿童合法权益得到有效保障，生存发展环境进一步优化，在家庭、政府和社会的关爱下健康成长。同时，也有一些儿童因家庭经济贫困、自身残疾、缺乏有效监护等原因，面临生存、发展和安全困境，一些冲击社会道德底线的极端事件时有发生，不仅侵害儿童权益，也影响社会和谐稳定，是全面建成小康社会亟需妥善解决的突出问题。

困境儿童包括因家庭贫困导致生活、就医、就学等困难的儿童，因自身残疾导致康复、照料、护理和社会融入等困难的儿童，以及因家庭监护缺失或监护不当遭受虐待、遗弃、意外伤害、不法侵害等导致人身安全受到威胁或侵害的儿童。为困境儿童营造安全无虞、生活无忧、充满关爱、健康发展的成长环境，是家庭、政府和社会的共同责任。做好困境儿童保障工作，关系儿童切身利益和健康成长，关系千家万户安居乐业、和谐幸福，关系社会稳定和文明进步，关系全面建成小康社会大局。为加强困境儿童保障工作，确保困境儿童生存、发展、安全权益得到有效保障，现提出以下意见。

一、总体要求

（一）指导思想。全面落实党的十八大和十八届三中、四中、五中全会精神，深入贯彻习近平总书记系列重要讲话精神，按照党中央、国务院决策部署，以促进儿童全面发展为出发点和落脚点，坚持问题导向，优化顶层设计，强化家庭履行抚养义务和监护职责的意识和能力，综合运用社会救助、社会福利和安全保障等政策措施，分类施策，精准帮扶，为困境儿童健康成长营造良好环境。

（二）基本原则。

坚持家庭尽责。强化家庭是抚养、教育、保护儿童，促进儿童发展第一责任主体的意识，大力支持家庭提高抚养监护能力，形成有利于困境儿童健康成长的家庭环境。

坚持政府主导。落实政府责任，积极推动完善保障儿童权益、促进儿童发展的相关立法，制定配套政策措施，健全工作机制，统筹各方资源，加快形成困境儿童保障工作合力。

坚持社会参与。积极孵化培育相关社会组织，动员引导广大企业和志愿服务力量参与困境儿童保障工作，营造全社会关心关爱困境儿童的良好氛围。

坚持分类保障。针对困境儿童监护、生活、教育、医疗、康复、服务和安全保护等方面的突出问题，根据困境儿童自身、家庭情况分类施策，促进困境儿童健康成长。

（三）总体目标。加快形成家庭尽责、政府主导、社会参与的困境儿童保障工作格局，建立健全与我国经济社会发展水平相适应的困境儿童分类保障制度，困境儿童服务体系更加完善，全社会关爱保护儿童的意识明显增强，困境儿童成长环境更为改善、安全更有保障。

二、加强困境儿童分类保障

针对困境儿童生存发展面临的突出问题和困难，完善落实社会救助、社会福利等保障政策，合理拓展保障范围和内容，实现制度有效衔接，形成困境儿童保障政策合力。

（一）保障基本生活。对于无法定抚养人的儿童，纳入孤儿保障范围。对于无劳动能力、无生活来源、法定抚养人无抚养能力的未满16周岁儿童，纳入特困人员救助供养范围。对于法定抚养人有抚养能力但家庭经济困难的儿童，符合最低生活保障条件的纳入保障范围并适当提高救助水平。对于遭遇突发性、紧迫性、临时性基本生活困难家庭的儿童，按规定实施临时救助时要适当提高对儿童的救助水平。对于其他困境儿童，各地区也要做好基本生活保障工作。

（二）保障基本医疗。对于困难的重病、重残儿童，城乡居民基本医疗保险和大病保险给予适当倾斜，医疗救助对符合条件的适当提高报销比例和封顶线。落实小儿行为听力测试、儿童听力障碍语言训练等医疗康复项目纳入基本医疗保障范围政策。对于最低生活保障家庭儿童、重度残疾儿童参加城乡居民基本医疗保险的个人缴费部分给予补贴。对于纳入特困人员救助供养范围的儿童参加城乡居民基本医疗保险给予全额资助。加强城乡居民基本医疗保险、大病保险、医疗救助、疾病应急救助和慈善救助的有效衔接，实施好基本公共卫生服务项目，形成困境儿童医疗保障合力。

（三）强化教育保障。对于家庭经济困难儿童，要落实教育资助政策和义务教育阶段"两免一补"政策。对于残疾儿童，要建立随班就读支持保障体系，为其中家庭经济困难的提供包括义务教育、高中阶段教育在内的12年免费教育。对于农业转移人口及其他常住人口随迁子女，要将其义务教育纳入各级政府教育发展规划和财政保障范畴，全面落实在流入地参加升学考试政策和接受中等职业教育免学费政策。支持特殊教育学校、取得办园许可的残疾儿童康复机构和有条件的儿童福利机构开展学前教育。支持儿童福利机构特教班在做好机构内残疾儿童特殊教育的同时，为社会残疾儿童提供特殊教育。完善义务教育控辍保学工作机制，确保困境儿童入学和不失学，依法完成义务教育。

（四）落实监护责任。对于失去父母、查找不到生父母的儿童，纳入孤儿安置渠道，采取亲属抚养、机构养育、家庭寄养和依法收养方式妥善安置。对于父母没有监护能力且无其他监护人的儿童，以及人民法院指定由民政部门担任监护人的儿童，由民政部门设立的儿童福利机构收留抚养。对于儿童生父母或收养关系已成立的养父母不履行监护职责且经公安机关教育不改的，由民政部门设立的儿童福利机构、救助保护机构临时监护，并依法追究生父母、养父母法律责任。对于决定执行行政拘留的被处罚人或采取刑事拘留等限制人身自由刑事强制措施的犯罪嫌疑人，公安机关应当询问其是否有未成年子女需要委托亲属、其他成年人或民政部门设立的儿童福利机构、救助保护机构监护，并协助其联系有关人员或民政部门予以安排。对于服刑人员、强制隔离戒毒人员的缺少监护人的未成年子女，执行机关应当为其委托亲属、其他成年人或民政部门设立的儿童福利机构、救助保护机构监护提供帮助。对于依法收养儿童，民政部门要完善和强化监护人抚养监护能力评估制度，落实妥善抚养监护要求。

（五）加强残疾儿童福利服务。对于0-6岁视力、听力、言语、智力、肢体残疾儿童和孤独症儿童，加快建立康复救助制度，逐步实现免费得到手术、康复辅助器具配置和康复训练等服务。对于社会散居残疾孤儿，纳入“残疾孤儿手术康复明天计划”对象范围。支持儿童福利机构在做好机构内孤残儿童服务的同时，为社会残疾儿童提供替代照料、养育辅导、康复训练等服务。纳入基本公共服务项目的残疾人康复等服务要优先保障残疾儿童需求。

三、建立健全困境儿童保障工作体系

强化和落实基层政府、部门职责，充实和提升基层工作能力，充分发挥群团组织优势，广泛动员社会力量参与，建立健全覆盖城乡、上下联动、协同配合的困境儿童保障工作体系。

（一）构建县（市、区、旗）、乡镇（街道）、村（居）三级工作网络。

县级人民政府要建立政府领导，民政部门、妇儿工委办公室牵头，教育、卫生计生、人力资源社会保障等部门和公安机关、残联组织信息共享、协调联动的工作机制，统筹做好困境儿童保障政策落实和指导、协调、督查等工作。要参照农村留守儿童救助保护机制，建立面向城乡困境儿童包括强制报告、应急处置、评估帮扶、监护干预等在内的困境儿童安全保护机制。要依托县级儿童福利机构、救助保护机构、特困人员救助供养机构、残疾人服务机构、城乡社区公共服务设施等，健全困境儿童服务网络，辐射城乡社区，发挥临时庇护、收留抚养、福利服务等功能。

乡镇人民政府（街道办事处）负责民政工作的机构要建立翔实完备的困境儿童信息台账，一人一档案，实行动态管理，为困境儿童保障工作提供信息支持。乡镇人民政府（街道办事处）要畅通与县级人民政府及其民政部门、妇儿工委办公室和教育、卫生计生、人力资源社会保障等部门以及公安机关、残联组织的联系，并依托上述部门（组织）在乡镇（街道）的办事（派出）机构，及时办理困境儿童及其家庭社会救助、社会福利、安全保护等事务。

村（居）民委员会要设立由村（居）民委员会委员、大学生村官或者专业社会工作者等担（兼）任的儿童福利督导员或儿童权利监察员，负责困境儿童保障政策宣传和日常工作，通过全面排查、定期走访及时掌握困境儿童家庭、监护、就学等基本情况，指导监督家庭依法履行抚养义务和监护职责，并通过村（居）民委员会向乡镇人民政府（街道办事处）报告情况。村（居）民委员会对于发现的困境儿童及其家庭，属于家庭经济贫困、儿童自身残疾等困难情形的，要告知或协助其申请相关社会救助、社会福利等保障；属于家庭监护缺失或监护不当导致儿童人身安全受到威胁或侵害的，要落实强制报告责任；并积极协助乡镇人民政府（街道办事处）、民政部门、妇儿工委办公室和教育、卫生计生、人力资源社会保障等部门及公安机关、残联组织开展困境儿童保障工作。

（二）建立部门协作联动机制。

民政部门、妇儿工委办公室要发挥牵头作用，做好综合协调、指导督促等工作，会同教育、卫生计生、人力资源社会保障等有关部门和公安机关、残联组织，推动各有关方面共同做好困境儿童保障工作。民政、教育、卫生计生、人力资源社会保障、住房城乡建设等社会救助管理部门要进一步完善政策措施，健全“一门受理、协同办理”等工作机制，确保符合条件的困境儿童及其家庭及时得到有效帮扶。民政、教育、卫生计生部门和公安机关要督促和指导中小学校、幼儿园、托儿所、医疗卫生机构、社会福利机构、救助保护机构切实履行困境儿童安全保护机制赋予的强制报告、应急处置、评估帮扶、监护干预等职责，保障困境儿童人身安全。

（三）充分发挥群团组织作用。

各级群团组织要发挥自身优势，广泛开展适合困境儿童特点和需求的关爱、帮扶、维权等服务，发挥示范带动作用。工会、共青团、妇联要广泛动员广大职工、团员青年、妇女等开展多种形式的困境儿童关爱服务，依托职工之家、妇女之家、儿童之家、家长学校、家庭教育指导中心、青少年综合服务平台等，加强对困境儿童及其家庭的教育指导和培训帮扶。残联组织要依托残疾人服务设施加强残疾儿童康复训练、特殊教育等工作，加快建立残疾儿童康复救助制度，加强残疾儿童康复机构建设和康复服务专业技术人员培训培养，组织实施残疾儿童康复救助项目，提高康复保障水平和服务能力。关工委要组织动员广大老干部、老战士、老专家、老教师、老模范等离退休老同志，协同做好困境儿童关爱服务工作。

（四）鼓励支持社会力量参与。

建立政府主导与社会参与良性互动机制。加快孵化培育专业社会工作服务机构、慈善组织、志愿服务组织，引导其围绕困境儿童基本生活、教育、医疗、照料、康复等需求，捐赠资金物资、实施慈善项目、提供专业服务。落实国家有关税费优惠政策，通过政府和社会资本合作(PPP)等方式，支持社会力量举办困境儿童托养照料、康复训练等服务机构，并鼓励其参与承接政府购买服务。支持社会工作者、法律工作者等专业人员和志愿者针对困境儿童不同特点提供心理疏导、精神关爱、家庭教育指导、权益维护等服务。鼓励爱心家庭依据相关规定，为有需要的困境儿童提供家庭寄养、委托代养、爱心助养等服务，帮助困境儿童得到妥善照料和家庭亲情。积极倡导企业履行社会责任，通过一对一帮扶、慈善捐赠、实施公益项目等多种方式，为困境儿童及其家庭提供更多帮助。

四、加强工作保障

(一)强化组织领导。各地区要将困境儿童保障工作纳入重要议事日程和经济社会发展等规划，完善政策措施，健全工作机制，及时研究解决工作中的重大问题。要完善工作考核，强化激励问责，制定督查考核办法，明确督查指标，建立常态化、经常化的督查考核机制，定期通报工作情况，及时总结推广先进经验。民政部、国务院妇儿工委办公室、教育部、公安部、国家卫生计生委等有关部门和全国妇联、中国残联要积极推动制定完善儿童福利、儿童保护和家庭教育、儿童收养等法律法规，为困境儿童保障工作提供有力法律保障。加强各级各部门困境儿童工作信息共享和动态监测。

(二)强化能力建设。统筹各方资源，充分发挥政府、市场、社会作用，逐步完善儿童福利机构或社会福利机构儿童部、救助保护机构场所设施，健全服务功能，增强服务能力，满足监护照料困境儿童需要。利用现有公共服务设施开辟儿童之家等儿童活动和服务场所，将面向儿童服务功能纳入社区公共服务体系。各级财政部门要优化和调整支出结构，多渠道筹措资金，支持做好困境儿童保障工作。各地区要积极引导社会资金投入，为困境儿童保障工作提供更加有力支撑；要加强困境儿童保障工作队伍建设，制定儿童福利督导员或儿童权利监察员工作规范，明确工作职责，强化责任意识，提高服务困境儿童能力。

(三)强化宣传引导。加强儿童权益保障法律法规和困境儿童保障政策宣传，开展形式多样的宣传教育活动，强化全社会保护儿童权利意识，强化家庭履责的法律意识和政府主导、全民关爱的责任意识。大力弘扬社会主义核心价值观和中华民族恤孤慈幼的传统美德，鼓励、倡导、表彰邻里守望和社区互助行为，宣传报道先进典型，发挥示范带动作用。建立健全舆情监测预警和应对机制，及时妥善回应社会关切。

各地区、各部门要根据实际情况和职责分工制定具体实施办法。民政部、国务院妇儿工委办公室要加强对本意见执行情况的监督检查，重大情况及时向国务院报告。国务院将适时组织专项督查。

民政部关于贯彻落实《国务院关于加强农村留守儿童关爱保护工作的意见》的通知

(2016年4月27日　民函〔2016〕119号)

各省、自治区、直辖市民政厅(局)，各计划单列市民政局，新疆生产建设兵团民政局：

2016年2月4日，国务院印发了《关于加强农村留守儿童关爱保护工作的意见》(国发〔2016〕13号，以下简称《意见》)。为抓好《意见》贯彻落实工作，现就有关要求通知如下：

一、充分认识《意见》出台的重大意义

党中央、国务院高度重视农村留守儿童关爱保护工作。党的十八届三中、五中全会分别对建立健全农村留守儿童关爱服务体系做出决策部署。国务院连续三年在《政府工作报告》中对农村留守儿童工作提出明确要求。《中共中央 国务院关于打赢脱贫攻坚战的决定》(中发〔2015〕34号)将农村留守儿童关爱保护工作列为重点工作任务。进一步加强农村留守儿童关爱保护工作，为广大农村留守儿童健康成长创造更好的环境，是一项重要而紧迫的任务。

《意见》的印发实施，是党中央、国务院高度重视农村留守儿童关爱保护工作的重要体现。《意见》是以农村留守儿童关爱保护为切入点的第一份系统性地明确未成年人保护政策措施和工作机制的国务院文件，是未成年人保护工作的重大制度创新，为健全未成年人保护制度，落实《中华人民共和国未成年人保护法》提供了有力的政策遵循。贯彻实施好《意见》，对于做好农村留守儿童关爱保护工作，保护未成年人合法权益，促进未成年人健康成长，维护家庭幸福与社会和谐，服务全面建成小康社会大局具有十分重要的意义。

各级民政部门要从全局和战略的高度，深刻认识《意见》出台的重大意义，迅速把思想和行动统一到党中央、国务院决策部署和工作要求上来，切实增强政治责任感和历史使命感，按照全国加强农村留守儿童关爱保护工作电视电话会议精神，把做好农村留守儿童关爱保护工作摆上重要议事日程，发挥牵头作用，履行部门职能，加强组织领导，采取有效措施，加大工作力度，切实抓好《意见》贯彻落实，推动农村留守儿童关爱保护政策措施落地生根，见到实实在在的成效。

二、准确把握民政部门的职责要求

《意见》紧紧抓住农村留守儿童关爱保护工作中的突出问题和薄弱环节，针对完善关爱服务体系和健全救助保护机制等重点环节，提出了系统性的顶层设计和有针对性的政策安排，明确了家庭、政府及有关部门、群团组织、学校、村(居)民委员会和社会力量的职责任务。各地要认真学习领会《意见》精神，深入理解《意见》规定的政策措施和工作要求，准确把握民政部门在农村留守儿童关爱保护工作中的职责要求。

一是承担牵头组织职责。提请地方党委政府把农村留守儿童关爱保护工作纳入脱贫攻坚和全面小康社会建设大局，协助地方党委政府结合实际制定具体实施方案，推动建立健全政府领导、民政牵头、有关部门和群团组织参加的农村留守儿童关爱保护工作领导机制。主动加强与编制、发展改革、财政、人力资源社会保障等有关部门的沟通协调，争取必要的关爱保护工作经费保障，加强关爱保护工作机构和队伍建设。

二是做好统筹协调工作。配合公安机关、乡镇人民政府（街道办事处）建立强制报告信息和应急处置情况共享机制，及时掌握处于困境中的农村留守儿童信息，共同做好家庭监护情况调查评估、救助帮扶、监护干预等工作。加强与各级工会、妇联、共青团等群团组织和中小学校的沟通协作和资源整合，实现家庭、学校、社区、社会关爱的统筹、协调、可持续的联动。通过孵化培育、政府购买服务、引导志愿服务等方式，支持和引导社会工作专业服务机构、公益慈善类社会组织、志愿服务组织，深入村庄、学校和家庭开展农村留守儿童关爱服务。会同相关部门深入解读宣传《意见》精神，及时总结推广成熟工作经验。

三是发挥督促指导作用。通过政策指导、技术支持等方式，指导乡镇人民政府（街道办事处）、村（居）民委员会做好摸底排查、定期走访、重点核查、家庭监护监督等工作。加大未成年人保护法律和政策培训力度，指导村（居）民委员会、社会工作服务机构、救助管理机构、福利机构切实履行强制报告义务，并协助公安机关做好调查和应急处置工作。主动会同相关部门，对各地区、各部门、基层政府、基层组织的责任落实、协作配合、实际成效等情况定期或不定期进行督促检查和评估考核，及时掌握和通报工作进展情况。

四是落实兜底保障职责。指导乡镇人民政府（街道办事处）、村（居）民委员会主动发现报告处于生活困境的农村留守儿童，及时将符合条件的农村留守儿童及其家庭纳入有关社会救助、社会福利政策保障范围或协调公益慈善力量提供关爱帮扶，帮助农村留守儿童及其家庭解决实际生活困难。指导救助管理机构、福利机构及时接收公安机关护送来的无人监护或遭受监护侵害的农村留守儿童，做好临时监护照料工作。依法开展家庭监护干预工作，运用法律手段保护遭受监护侵害的农村留守儿童合法权益，确保其得到妥善照料监护。

三、扎实做好贯彻落实《意见》的重点工作

（一）协助地方党委政府制定具体实施意见或方案。发挥参谋作用，认真总结前期工作经验和未成年人社会保护工作有效做法，协助地方党委政府抓紧制定具体实施意见或方案，进一步完善政策规定和保障措施，明确部门职责和任务分工，细化业务流程和工作要求，确保关爱保护措施因地制宜、切实可行。实施意见或方案要强化关爱服务和救助保护政策措施的有效衔接，区分情况和类型，因人施策、按需帮扶，确保农村留守儿童得到妥善照料和有效关爱。要着眼长远，在加快统筹城乡发展、推进基本公共服务均等化进程中，从根本上逐步解决农村留守儿童问题。

（二）推动建立健全组织领导和统筹协调机制。协助地方党委政府在今年6月底前建立健全政府领导、民政牵头、有关部门和群团组织参加的农村留守儿童关爱保护工作组织领导和统筹协调机制，加强力量资源统筹、信息沟通、工作协调和优势互补，形成各司其职、分工协作、齐抓共管、整体推进的良好工作格局。

（三）认真组织开展农村留守儿童摸底排查工作。按照《民政部 教育部 公安部关于开展农村留守儿童摸底排查工作的通知》（民发〔2016〕42号）要求，督促指导乡镇人民政府（街道办事处）和村（居）民委员会全面开展摸底排查工作，将摸排数据、教育事业统计和学籍系统中农村留守儿童数据、公安机关户籍数据进行比对核实，把底数摸清，情况搞准，并健全信息报送机制，形成详实完备、动态更新的农村留守儿童信息库，为细化完善关爱保护政策措施，引导基层自治组织和社会力量实行精准关爱保护提供基础数据支持。

（四）加强基层关爱保护工作能力建设。加强县（市、区、旗）未成年人保护机构、儿童福利机构建设并完善相关设施设备，创造条件推动流浪未成年人救助保护中心转型升级为未成年人保护中心。探索通过设置公益岗位、聘用专业社工、吸纳志愿者、灵活用工等途径，充实救助管理机构、福利机构、乡镇（街道）和村（居）的关爱保护工作力量。积极争取财政部门支持，按照使用宗旨安排彩票公益金支持开展农村留守儿童关爱保护工作。

四、统筹推进农村留守儿童关爱保护和未成年人社会保护工作

未成年人社会保护试点工作已经开展近三年，实践探索了监测预防、发现报告、评估帮扶、监护干预等工作机制，积累了一定的成熟经验和有效做法。《意见》总结、应用未成年人社会保护试点工作经验，全面把握新形势下农村留守儿童关爱保护工作特点，依法设计了包括强制报告、应急处置、评估帮扶、监护干预等环节在内的救助保护机制，要把这套机制逐步覆盖到所有未成年人。今年全国“两会”审议通过的“十三五”规划纲要将农村留守儿童关爱保护和未成年人社会保护列为基本公共服务内容，各地要以贯彻落实《意见》为契机，统筹推进农村留守儿童关爱保护和未成年人社会保护工作，在政策措施、保护机制、服务体系、工作力量和资源配置等方面统筹衔接。

各地要将贯彻落实《意见》和全国加强农村留守儿童关爱保护工作电视电话会议精神的进展情况于6月底前上报民政部。

教育部等九部门关于防治中小学生欺凌和暴力的指导意见

（2016年11月1日　教基一〔2016〕6号）

各省、自治区、直辖市教育厅（教委）、综治办、高级人民法院、人民检察院、公安厅（局）、民政厅（局）、司法厅（局）、团委、妇联，新疆生产建设兵团教育局、综治办、人民法院、人民检察院、公安局、民政局、司法局、团委、妇联：

在党中央、国务院的正确领导下，在各级党委政府及教育、综治、公安、司法等有关部门和共青团、妇联等群团组织的共同努力下，发生在中小学生之间的欺凌和暴力事件得到遏制，预防青少年违法犯罪工作取得明显成效。但是，由于在落实主体责任、健全制度措施、实施教育惩戒、形成工作合力等方面还存在薄弱环节，少数地方学生之间欺凌和暴力问题仍时有发生，损害了学生身心健康，造成了不良社会影响。为全面贯彻党的教育方针，落实立德树人根本任务，切实防治学生欺凌和暴力事件的发生，现提出如下指导意见。

一、积极有效预防学生欺凌和暴力

1. 切实加强中小学生思想道德教育、法治教育和心理健康教育。各地要紧密联系中小学生的思想实际，积极培育和践行社会主义核心价值观。落实《中小学生守则（2015年修订）》，引导全体中小学生从小知礼仪、明是非、守规矩，做到珍爱生命、尊重他人、团结友善、不恃强凌弱，弘扬公序良俗、传承中华美德。落实《中小学法制教育指导纲要》、《青少年法治教育大纲》，开展“法治进校园”全国巡讲活动，让学生知晓基本的法律边界和行为底线，消除未成年人违法犯罪不需要承担任何责任的错误认识，养成遵规守法的良好行为习惯。落实《中小学心理健康教育指导纲要（2012年修订）》，培养学生健全人格和积极心理品质，对有心理困扰或心理问题的学生开展科学有效的心理辅导，提高其心理健康水平。切实加强家庭教育，家长要注重家风建设，加强对孩子的管教，注重孩子思想品德教育和良好行为习惯培养，从源头上预防学生欺凌和暴力行为发生。

2. 认真开展预防欺凌和暴力专题教育。各地要在专项整治的基础上，结合典型案例，集中开展预防学生欺凌和暴力专题教育。要强化学生校规校纪教育，通过课堂教学、专题讲座、班团队会、主题活动、编发手册、参观实践等多种形式，提高学生对欺凌和暴力行为严重危害性的认识，增强自我保护意识和能力，自觉遵守校规校纪，做到不实施欺凌和暴力行为。研制学校防治学生欺凌和暴力的指导手册，全面加强教职工特别是班主任专题培训，提高教职工有效防治学生欺凌和暴力的责任意识和能力水平。要通过家访、家长会、家长学校等途径，帮助家长了解防治学生欺凌和暴力知识，增强监护责任意识，提高防治能力。要加强中小学生违法犯罪预防综合基地和人才建设，为开展防治学生欺凌和暴力专题教育提供支持和帮助。

3. 严格学校日常安全管理。中小学校要制定防治学生欺凌和暴力工作制度，将其纳入学校安全工作统筹考虑，健全应急处置预案，建立早期预警、事中处理及事后干预等机制。要加强师生联系，密切家校沟通，及时掌握学生思想情绪和同学关系状况，特别要关注学生有无学习成绩突然下滑、精神恍惚、情绪反常、无故旷课等异常表现及产生的原因，对可能的欺凌和暴力行为做到早发现、早预防、早控制。严格落实值班、巡查制度，禁止学生携带管制刀具等危险物品进入学校，针对重点学生、重点区域、重点时段开展防治工作。对发现的欺凌和暴力事件线索和苗头要认真核实、准确研判，对早期发现的轻微欺凌事件，实施必要的教育、惩戒。

4. 强化学校周边综合治理。各级综治组织要加大新形势下群防群治工作力度，实现人防物防技防在基层综治中心的深度融合，动员社会各方面力量做好校园周边地区安全防范工作。要依托全国社会治安综合治理信息系统，整合各有关部门信息资源，发挥青少年犯罪信息数据库作用，加强对重点青少年群体的动态研判。进一步加强校园及周边地区社会治安防控体系建设，作为公共安全视频监控建设联网应用示范工作的重要内容，推进校园及周边地区公共安全视频监控系统全覆盖，加大视频图像集成应用力度，实现对青少年违法犯罪活动的预测预警、实时监控、轨迹追踪及动态管控。把学校周边作为社会治安重点地区排查整治工作的重点，加强组织部署和检查考核。要对中小学生欺凌和暴力问题突出的地区和单位，根据《中共中央办公厅 国务院办公厅关于印发〈健全落实社会治安综合治理领导责任制规定〉的通知》要求，通过通报、约谈、挂牌督办、实施一票否决权制等方式进行综治领导责任督导和追究。公安机关要在治安情况复杂、问题较多的学校周边设置警务室或治安岗亭，密切与学校的沟通协作，积极配合学校排查发现学生欺凌和暴力隐患苗头，并及时预防处置。要加强学生上下学重要时段、学生途经重点路段的巡逻防控和治安盘查，对发现的苗头性、倾向性欺凌和暴力问题，要采取相应防范措施并通知学校和家长，及时干预，震慑犯罪。

二、依法依规处置学生欺凌和暴力事件

5. 保护遭受欺凌和暴力学生身心安全。各地要建立中小学生欺凌和暴力事件及时报告制度，一旦发现学生遭受欺凌和暴力，学校和家长要及时相互通知，对严重的欺凌和暴力事件，要向上级教育主管部门报告，并迅速联络公安机关介入处置。报告时相关人员有义务保护未成年人合法权益，学校、家长、公安机关及媒体应保护遭受欺凌和暴力学生以及知情学生的身心安全，严格保护学生隐私，防止泄露有关学生个人及其家庭的信息。特别要防止网络传播等因素导致事态蔓延，

造成恶劣社会影响，使受害学生再次受到伤害。

6. 强化教育惩戒威慑作用。对实施欺凌和暴力的中小学生必须依法依规采取适当的矫治措施予以教育惩戒，既做到真情关爱、真诚帮助，力促学生内心感化、行为转化，又充分发挥教育惩戒措施的威慑作用。对实施欺凌和暴力的学生，学校和家长要进行严肃的批评教育和警示谈话，情节较重的，公安机关应参与警示教育。对屡教不改、多次实施欺凌和暴力的学生，应登记在案并将其表现记入学生综合素质评价，必要时转入专门学校就读。对构成违法犯罪的学生，根据《刑法》、《治安管理处罚法》、《预防未成年人犯罪法》等法律法规予以处置，区别不同情况，责令家长或者监护人严加管教，必要时可由政府收容教养，或者给予相应的行政、刑事处罚，特别是对犯罪性质和情节恶劣、手段残忍、后果严重的，必须坚决依法惩处。对校外成年人教唆、胁迫、诱骗、利用在校中小学生违法犯罪行为，必须依法从重惩处，有效遏制学生欺凌和暴力等案事件发生。各级公安、检察、审判机关要依法办理学生欺凌和暴力犯罪案件，做好相关侦查、审查逮捕、审查起诉、诉讼监督、审判和犯罪预防工作。

7. 实施科学有效的追踪辅导。欺凌和暴力事件妥善处置后，学校要持续对当事学生追踪观察和辅导教育。对实施欺凌和暴力的学生，要充分了解其行为动机和深层原因，有针对性地进行教育引导和帮扶，给予其改过机会，避免歧视性对待。对遭受欺凌和暴力的学生及其家人提供帮助，及时开展相应的心理辅导和家庭支持，帮助他们尽快走出心理阴影，树立自信，恢复正常学习生活。对确实难以回归本校本班学习的当事学生，教育部门和学校要妥善做好班级调整和转学工作。要认真做好学生欺凌和暴力典型事件通报工作，既要充分发挥警示教育作用，又要注意不过分渲染事件细节。

三、切实形成防治学生欺凌和暴力的工作合力

8. 加强部门统筹协调。各地要把防治学生欺凌和暴力工作作为全面依法治国，建设社会主义和谐社会的重要任务。教育、综治、人民法院、人民检察院、公安、民政、司法、共青团、妇联等部门组织，应成立防治学生欺凌和暴力工作领导小组，明确任务分工，强化工作职责，完善防治办法，加强考核检查，健全工作机制，形成政府统一领导、相关部门齐抓共管、学校家庭社会三位一体的工作合力。

9. 依法落实家长监护责任。管教孩子是家长的法定监护职责。引导广大家长要增强法治意识，掌握科学的家庭教育理念，尽量多安排时间与孩子相处交流，及时了解孩子的日常表现和思想状况，积极与学校沟通情况，自觉发挥榜样作用，切实加强对孩子的管教，特别要做好孩子离校后的监管看护教育工作，避免放任不管、缺教少护、教而不当。要落实监护人责任追究制度，根据《民法》等相关法律法规，未成年学生对他人的人身和财产造成损害的，依法追究其监护人的法律责任。

10. 加强平安文明校园建设。中小学校要把防治学生欺凌和暴力作为加强平安文明校园建设的重要内容。学校党组织要充分发挥政治核心作用，加强组织协调和教育引导。校长是学校防治学生欺凌和暴力的第一责任人，分管法治教育副校长和班主任是直接责任人，要充分调动全体教职工的积极性，明确相关岗位职责，将学校防治学生欺凌和暴力的各项工作落实到每个管理环节、每位教职工。要努力创造温馨和谐、积极向上的校园环境，重视校园绿化、美化和人文环境建设。加强优良校风、教风、学风建设，开展内容健康、格调高雅、丰富多彩的校园活动，形成团结向上、互助友爱、文明和谐的校园氛围，激励学生爱学校、爱老师、爱同学，提高校园整体文明程度。要健全各项管理制度、校规校纪，落实《义务教育学校管理标准》，提高学校治理水平，推进依法依规治校，建设无欺凌和暴力的平安文明校园。

11. 全社会共同保护未成年学生健康成长。要建立学校、家庭、社区（村）、公安、司法、媒体等各方面沟通协作机制，畅通信息共享渠道，进一步加强对学生保护工作的正面宣传引导，防止媒体过度渲染报道事件细节，避免学生欺凌和暴力通过网络新媒体扩散演变为网络欺凌，消除暴力文化通过不良出版物、影视节目、网络游戏侵蚀、影响学生的心理和行为，引发连锁性事件。要依托各地 12355 青少年服务台，开设自护教育热线，组织专业社会工作者、公益律师、志愿者开展有针对性的自护教育、心理辅导和法律咨询。坚持标本兼治、常态长效，净化社会环境，强化学校周边综合治理，切实为保护未成年人平安健康成长提供良好社会环境。

民政部关于进一步加强受艾滋病影响儿童福利保障工作的意见

（2009 年 3 月 6 日　民发〔2009〕26 号）

各省、自治区、直辖市民政厅（局）、新疆生产建设兵团民政局：

艾滋病是全世界面临的重大公共卫生问题和社会问题。为深入学习实践科学发展观，贯彻落实国务院《艾滋病防治条例》、《中国遏制与防治艾滋病行动计划（2006－2010）》以及民政部等 15 部门《关于加强孤儿救助工作的意见》，进一步加强受艾滋病影响儿童福利保障工作，提出以下意见：

一、进一步提高认识，加强领导，健全受艾滋病影响儿童福利保障工作机制

受艾滋病影响儿童包括艾滋病致孤儿童、父母一方感染艾滋病或因艾滋病死亡的儿童、携带艾滋病病毒或感染艾滋病的儿童。

民政部门是受艾滋病影响儿童福利保障工作的主要职能部门，各级民政部门要坚持以人为本，从维护儿童生存权和发展权的需要出发，充分认识到做好受艾滋病影响儿童福利保障工作的重要性和紧迫性。要在当地政府领导下，推动建立政府领导、民政牵头、部门配合、社会参与的受艾滋病影响儿童福利保障工作机制。要加强调研，摸清底数和情况，积极推动制定和落实政府的各项保障政策。要加大资金投入和补贴力度，提高保障标准，提升服务水平，逐步为受艾滋病影响儿童建立稳定的、福利性的制度安排。要主动协调有关部门，形成合力，营造有利于受艾滋病影响儿童健康成长的社会环境。

二、立足民政职能，做好受艾滋病影响儿童福利保障工作

各级民政部门要采取资金保障与服务保障相结合的方式，满足受艾滋病影响儿童的基本生活以及教育、医疗、技能培训等多方面的需求，切实保障受艾滋病影响儿童和其他儿童一样健康成长。

（一）要制定艾滋病致孤儿童的基本生活不低于当地平均生活水平的养育标准。要坚持儿童利益优先的原则，根据受艾滋病影响儿童发育成长的需要，科学核定养育标准，制定不低于当地居民平均生活水平的基本生活保障金发放标准，分类给予保障。其中，艾滋病致孤儿童全额发放基本生活保障金，最低养育标准为每人每月600元，并创造条件对孤儿监护抚养人给予一定的补贴和支持。父母一方感染了艾滋病或因艾滋病死亡的儿童可参照艾滋病致孤儿童标准执行福利补贴。携带艾滋病病毒或感染艾滋病的儿童在发放基本生活保障金最低每人每月600元的基础上，给予适当的营养医疗补贴。各级民政部门要积极争取党政领导重视和各级财政支持，建立受艾滋病影响儿童基本生活保障的长效机制。要借鉴河南、湖北等地的成熟做法和经验，对艾滋病致孤儿童、父母中一方感染了艾滋病或因艾滋病去世的儿童、携带艾滋病病毒或感染艾滋病的儿童实行分类保障，推动建立起省、市分级负担、有稳定资金渠道的福利保障制度。

（二）要为受艾滋病影响儿童提供与其他儿童均等的受教育机会。根据有关规定，对处于义务教育阶段的受艾滋病影响儿童免收杂费，免费提供教科书并补助寄宿生生活费；对被公办普通高中、中等职业学校和高等学校录取的受艾滋病影响儿童，纳入现有资助政策体系，给予教育救助，联系孤儿所在学校优先为其提供勤工俭学机会；对集中安置受艾滋病影响儿童的福利机构，在安排教学工作时给予指导和支持。

（三）要为受艾滋病影响儿童提供便利的基本医疗条件。对受艾滋病影响儿童中的艾滋病毒感染者要采取适应儿童的医疗手段，进行免费的抗病毒治疗和抗机会性感染治疗；对未感染艾滋病毒的其他受艾滋病影响儿童，要在政府举办的乡镇医疗机构提供基本的卫生医疗服务。鼓励、支持医疗机构采用多种形式自愿减免受艾滋病影响儿童的医疗费用。积极争取卫生部门对儿童福利机构内设的门诊部、诊所、卫生所（室）给予指导和支持。各级民政部门要将受艾滋病影响的贫困家庭儿童纳入城乡医疗救助体系。要通过医疗救助制度，资助受艾滋病影响的贫困家庭儿童参加新型农村合作医疗或城镇居民基本医疗保险，其救治费用按照当地新型农村合作医疗或城镇居民基本医疗保险制度规定报销后仍有困难的，由民政部门在医疗救助基金中给予适当解决。

（四）要建立大龄受艾滋病影响儿童就业和生活服务制度。受艾滋病影响儿童中升入高等院校读书的，不管是否超过18岁，都要资助他们完成学业。不能继续升学的，要有计划、有步骤地开展职业技能培训、心理关怀、就业服务等形式的帮扶活动，提高其自谋职业的能力和社会适应能力，促进其身心健康地成长，更好地融入社会生活。积极协调有关部门对城镇登记失业的适龄孤儿按规定提供职业培训补贴和免费职业介绍，并落实小额担保贷款政策，鼓励和帮助其自谋职业和自主创业。

（五）要采取多种形式妥善安置艾滋病致孤儿童。要因地制宜，按照“分散抚养为主，集中养育为辅”的原则，尊重儿童意愿，采取家庭收养、家庭寄养、机构集中养育和模拟小家庭养育等途径安置艾滋病致孤儿童。家庭是儿童最好的成长环境，鼓励依法收养艾滋病致孤儿童，尽可能将艾滋病致孤儿童安置在有抚养意愿和能力的亲属家庭。在认真落实中央各部门关怀生活困难的艾滋病患者、患者家属和患者遗孤各项政策的基础上，对以上家庭给予适当的抚养费补贴和物质援助，鼓励支持亲属家庭承担责任。保障模拟小家庭家长工资和艾滋病致孤儿童安置指导中心的事业经费，确保艾滋病致孤儿童得到妥善安置。安置艾滋病致孤儿童，孤儿监护人或抚养人要与孤儿户口所在地的村（居）委会签订相关合同或协议，保障孤儿土地、房屋等财产所有权，并在其具备独立生活能力时归还。

三、健全工作网络，动员社会力量，保障受艾滋病影响儿童健康成长

要建立健全工作网络，以各级艾滋病致孤儿童安置指导中心、儿童福利机构为依托，建立儿童养育的指导、巡查和监督制度，开展对孤儿收养、寄养家庭和受艾滋病影响家庭的走访支持、服务指导、技术培训和监督检查工作。

要通过引入专业社会工作者制度，积极探索适合儿童身心发育要求的抚养模式，为受艾滋病影响儿童提供人性化、专业化的福利服务。建立联系人制度，运用专业方法和科学知识为受艾滋病影响儿童提供心理辅导、性格培养等各方面帮助，确保受艾滋病影响儿童遇到问题，有诉求渠道和机制，通过联系人得到妥善解决。要维护受艾滋病影响儿童的隐私权，防止将他们的姓名、肖像在各类媒体上公开曝光。

要动员社会力量，促进社会各界关心受艾滋病影响儿童，鼓励民间组织、企业事业单位等社会力量支持参与，为受艾滋病影响儿童生存、发展创造良好的舆论氛围和社会环境，让他们和其他儿童一样在祖国同一片蓝天下健康成长。

民政部、财政部关于发放艾滋病病毒感染儿童基本生活费的通知

（2012 年 10 月 23 日　民发〔2012〕179 号）

各省、自治区、直辖市民政厅（局）、财政厅（局），新疆生产建设兵团民政局、财务局：

为贯彻落实《中国儿童发展纲要（2011—2020）》有关要求，进一步推进适度普惠型儿童福利制度建设，拓展儿童福利范围，提升儿童福利水平，民政部、财政部决定，自 2012 年 1 月起为全国携带艾滋病病毒及患有艾滋病的儿童（统称艾滋病病毒感染儿童，以下简称“感染儿童”）发放基本生活费，现就有关问题通知如下：

一、充分认识发放基本生活费的重要意义

党和政府历来高度重视儿童福利工作，给予包括感染儿童在内的各类困难儿童群体特别的关怀。艾滋病是全世界面临的重大公共卫生问题和社会问题。目前我国艾滋病疫情属于总体低流行，但在特定人群和局部地区呈现出高流行态势。为感染儿童发放基本生活费，是构建和谐社会、维护社会稳定、促进社会公平正义的实际行动，是加强我国艾滋病防治工作的重要举措，是维护感染儿童合法权益、帮助感染儿童健康成长的客观要求，是促进儿童发展、推进普惠型儿童福利制度建设的重要途径。各地要充分认识这项工作的重要性和紧迫性，将其作为政府保障民生、改善民生的重点工作内容，增强责任感和使命感，高度重视，扎实推进。

二、明确基本生活费发放范围

本项基本生活费发放对象为感染艾滋病病毒的儿童。儿童系指未满 18 周岁的未成年人。

三、科学制定基本生活费标准

各省（自治区、直辖市）要根据城乡生活水平、儿童成长需要和财力状况，按照不低于当地平均生活水平的原则，合理确定感染儿童基本生活费标准，具体标准参照当地孤儿基本生活费额度，全额执行。

四、全面落实基本生活费保障资金

地方各级财政部门要将感染儿童基本生活费纳入孤儿基本生活费范围，列入财政预算。省级财政部门要进一步加大投入，保障感染儿童基本生活费所需资金。地方各级民政部门要根据保障对象的范围认真核定感染儿童身份，在每年申报孤儿基本生活费资金时，将感染儿童纳入，一并提出资金需求，经同级财政部门审核后列入财政预算。中央财政按照孤儿基本生活费补助标准，对各地发放感染儿童基本生活费进行补助。

五、严格规范基本生活费发放程序

感染儿童基本生活费的管理既要严格规范，又要考虑到感染儿童的特点和城乡实际，因地制宜采取合理可行的办法和程序。

（一）申请、审核和审批。感染儿童申请基本生活费，由其监护人向感染儿童户籍所在地的县级人民政府民政部门提出申请，申请时应出具国家医疗卫生机构开具的医学证明（HIV 抗体确症检测报告单，HIV 抗体检测呈阳性）。县级人民政府民政部门要认真审核申请材料，提出核定、审批意见。为保护感染儿童的隐私，不得以公示的方式核实了解情况。

（二）资金发放。县级人民政府财政部门根据同级民政部门提出的支付申请，将感染儿童基本生活费直接拨付到其监护人个人账户。财政直接支付确有困难的，可通过县级人民政府民政部门按规定程序以现金形式发放。

（三）动态管理。县级人民政府民政部门要采取多种形式，深入调查了解感染儿童基本生活保障情况，及时按照程序和规定办理增发或停发感染儿童基本生活费的手续。要将审批、发放工作与儿童福利信息系统建设结合起来，借助信息化手段实现对发放工作的动态管理，规范程序，提高效率。

（四）监督指导。县级人民政府民政部门要与感染儿童的监护人签订协议。协议应对监护人领取、使用基本生活费以及感染儿童养育状况提出相应要求，明确监护人应依法履行的监护职责和抚养义务。

发放感染儿童基本生活费是一项政策性强、比较敏感的工作，各地民政、财政部门要切实加强管理，确保发放工作顺利进行。对于感染儿童基本生活费发放工作中遇到的困难和问题，及时报告民政部、财政部。

流浪未成年人需求和家庭监护情况评估规范

（2012 年 9 月 13 日　民发〔2012〕158 号）

第一章　总　　则

第一条　为了解流浪未成年人需求和家庭监护情况，通过评估对流浪未成年人生活照料、心理疏导、行为矫治、回归安置等救助保护提供多元化服务建议，预防未成年人再次流浪，保障其生存权、受保护权、发展权、参与权等权益，制定本规范。

第二条　本规范适用于依法举办的为流浪未成年人提供救助、保护、教育的救助保护机构。

第三条　流浪未成年人需求和家庭监护情况评估的对象，是进入救助保护机构的有评估必要的流浪未成年人及其家庭。

第四条　流浪未成年人需求评估是指对流浪未成年人情况进行了解，确定其需求满足情况、存在问题及其成因，形成

阶段性评估结论的过程。

第五条 流浪未成年人家庭监护评估是指对流浪未成年人的家庭监护状况、监护能力进行了解,确定家庭监护存在的问题及其成因,形成阶段性评估结论的过程。

第六条 坚持以未成年人权益保护为中心,通过评估促进流浪未成年人救助保护工作的科学化、专业化、个性化。

第七条 流浪未成年人需求和家庭监护情况评估,应当由救助保护机构工作人员、专业技术人员或者委托具有相应从业资质的社会组织、相关机构开展。

第八条 阶段性评估资料应当妥善存放。评估人员应当保护评估对象的隐私信息,不得擅自将评估相关资料、评估经过与结论对外披露。因研究、统计确需对外提供评估资料的,应当隐去可能会据以辨认出评估对象的信息。

第二章 评 估 方 法

第九条 评估方式包括:

(一)与评估对象进行直接交流;

(二)查阅流浪未成年人救助记录或者受助档案;

(三)电话访问、问卷调查;

(四)赴乡镇(街道)、社区实地调查或者咨询相关专业机构。

第十条 评估应当选择合适的评估方法和工具,科学应用评估量表。

第十一条 应当保证评估环境的私密性,重视流浪未成年人的主观感受。

第三章 流浪未成年人需求评估

第十二条 了解流浪未成年人的基本信息,包括:

(一)姓名、性别、年龄、民族、文化程度及宗教信仰;

(二)身份信息、户籍所在地或者经常住所地。

第十三条 了解并检视流浪未成年人健康状况,包括:

(一)既往病史,是否有危重病、精神病、传染病、内外伤等;

(二)对身体状况、治疗情况的自我描述,并查看相关资料;

(三)必要时可以由医生对其身体状况进行检查、诊断。

第十四条 了解流浪未成年人的流浪经历,包括:

(一)流浪原因、流浪时间和流浪的次数;

(二)流浪期间的生存方式;

(三)是否有被剥削、诱骗、胁迫、拐卖、虐待、遗弃等经历;

(四)是否有不良行为、严重不良行为或者违法犯罪行为。

第十五条 了解流浪未成年人的受教育情况,包括:

(一)受教育背景和受教育意愿;

(二)道德、法律、卫生、生活技能以及其他常识方面的认知。

第十六条 了解流浪未成年人对家庭基本信息、家庭关系、家庭监护情况和家庭经济能力的自我描述。

第十七条 评估流浪未成年人的社会认知、自我认知与流浪经历之间的相互影响,包括:

(一)对同伴、同学、亲人、朋友、老师以及其它相关人员,学校、家庭、救助机构或者其他机构的认知;

(二)对自己行为、心理的评价和认识;

(三)有无重大心理创伤或者异常行为表现;

(四)必要时由专业心理工作者进行心理评估。

第十八条 了解流浪未成年人对就学、就业的规划以及回归安置的意愿。

第四章 流浪未成年人家庭监护评估

第十九条 了解流浪未成年人家庭基本信息,包括:

(一)家庭成员组成,家庭成员文化程度、宗教信仰以及生活习俗;

(二)家庭成员的健康状况、既往病史;

(三)家庭重大变故,家庭成员有无犯罪记录。

第二十条 了解流浪未成年人的家庭关系,包括:

(一)家庭成员之间是否和睦;

(二)流浪未成年人与监护人亲疏关系和互动情况;

(三)流浪未成年人法定监护人与临时监护人的关系。

第二十一条 了解流浪未成年人家庭经济能力,包括:

(一)家庭成员的生活现状;

(二)家庭成员的就业以及收入情况;

(三)社会保障情况和其他社会支持情况。

第二十二条 了解流浪未成年人家庭监护状况,包括:

(一)家庭监护意愿和能力,存在的主要问题;

(二)有无虐待、剥削、遗弃或者严重疏于照管等现象;

(三)监护责任知晓程度、监护计划和方式方法。

第二十三条 了解流浪未成年人家庭所处社会环境,包括:

(一)地理位置以及周边安全情况;

(二)学校、社区对家庭监护的支持程度;

(三)当地政府、有关部门和基层组织对家庭监护的支持程度;

(四)地区经济社会发展情况。

第二十四条 评估流浪未成年人的回归安置条件,包括:

(一)监护人对流浪未成年人就学、就业的规划以及回归安置的意愿;

(二)监护人是否有监护意愿和监护抚养能力;

(三)是否能落实与流浪未成年人相关的义务教育、社会保障政策和帮扶措施。

第五章 评 估 报 告

第二十五条 应及时记录流浪未成年人需求和家庭监护

情况评估进展,形成比较完整的评估报告。

第二十六条 评估报告应当包括以下内容:

(一)流浪未成年人及其家庭的基本信息;

(二)流浪未成年人需求情况;

(三)流浪未成年人家庭监护情况;

(四)有利因素、主要问题及其原因分析;

(五)阶段性评估结论;

(六)服务建议。

第二十七条 服务建议应对流浪未成年人及其家庭监护提出有针对性的干预帮扶措施。

第二十八条 应当将流浪未成年人需求和家庭监护评估报告纳入受助档案,为机构转介、跟踪回访提供参考依据。

第六章 附 则

第二十九条 流浪未成年人需求评估和家庭监护情况评估,既可以综合评估,也可以分别评估。流入地救助保护机构重点开展流浪未成年人需求评估,流出地救助保护机构重点开展流浪未成年人家庭监护情况评估。

民政部、中央综治办、最高人民法院、发展改革委、教育部、公安部、司法部、财政部、劳动和社会保障部、建设部、农业部、卫生部、人口计生委、共青团中央、全国妇联关于加强孤儿救助工作的意见

(2006年3月29日 民发〔2006〕52号)

各省、自治区、直辖市民政厅(局)、综治委、高级人民法院、发展改革委、教育厅(教委)、公安厅(局)、司法厅(局)、财政厅(局)、劳动和社会保障厅(局)、建设厅(委)、农业厅(局)、卫生厅(局)、人口计生委、团委、妇联;新疆生产建设兵团民政局、综治委、法院、发展改革委、教育局、公安局、司法局、财务局、劳动和社会保障局、建设局、农业局、卫生局、人口计生委、团委、妇联:

孤儿是社会上最弱小、最困难的群体,党和政府历来关心和重视孤残儿童福利事业。最近,胡锦涛总书记要求应区别情况,完善救助制度,使孤儿都能健康成长。为贯彻落实胡锦涛总书记的指示精神和《中共中央关于制定国民经济和社会发展第十一个五年规划的建议》、《中共中央国务院关于进一步加强和改进未成年人思想道德建设的若干意见》,发展具有中国特色的儿童福利事业,现就加强孤儿救助工作提出以下意见:

一、高度重视孤儿救助工作

据不完全统计,全国现有失去父母和事实上无人抚养的未成年人(以下简称孤儿)57.3万名,他们失去父母,无人抚养,处于生存、发展的困境,是社会福利事业和社会救助工作的重点对象。在全面建设小康社会、构建社会主义和谐社会的新阶段,党和政府坚持"立党为公、执政为民",树立以人为本的科学发展观,提出了加强社会福利事业建设、完善社会救助体系的目标,为加强孤儿救助工作提出了新的要求,指明了方向。各级政府,特别是地方各级政府要切实加强领导,采取有效措施,完善社会救助制度,提高社会福利水平,为保障孤儿的基本生活和健康成长创造条件。要建立政府领导、民政牵头、部门配合、社会参与的孤儿救助保护工作机制,明确部门责任,制定优惠政策,加大资金投入,广泛动员社会力量,满足孤儿生活、教育、康复、医疗和就业等方面的基本需求,营造保障孤儿合法权益、有利孤儿健康成长的良好社会环境。

二、采取多种形式妥善安置孤儿

各级政府应当按照有利于孤儿成长的原则,区别不同情况,依据有关法律、法规,妥善做好孤儿安置工作。

(一)孤儿的监护人应当依法履行监护职责,维护孤儿的合法权益。监护人不履行监护职责或侵害被监护人的合法权益的,应当承担相应的法律责任。人民法院可以根据有关人员或有关单位的申请,依法撤销监护人的资格。

(二)由孤儿父母生前所在单位或孤儿住所地的村(居)民委员会担任监护人的,可以由监护人委托有抚养意愿和抚养能力的家庭养育孤儿。

(三)由民政部门监护的孤儿,可以在社会(儿童)福利院、敬老院、孤儿学校、SOS儿童村和流浪未成年人救助保护中心等机构集中安置,并可以根据《家庭寄养管理暂行办法》的规定,开展家庭寄养。

(四)要根据《中华人民共和国收养法》的规定,积极开展孤儿收养工作。对"事实收养"问题,要根据不同情况予以解决,符合收养条件的,依法办理登记和相关手续,切实保护被收养儿童的合法权益。

(五)对于暂时查找不到家庭的流浪未成年人,可以根据具体情况延长其在流浪未成年人救助保护机构的救助和教育时间。对于确实无法查明身份的流浪未成年人,可由流浪未成年人救助保护机构和儿童福利机构安置。

(六)对因父母服刑或其他原因暂时失去生活依靠的未成年人,可以依据相关法律规定妥善安置。

三、保障孤儿基本生活和合法权益

各有关部门要认真履行职责,制定和落实优惠政策,密切配合,共同做好孤儿救助工作。

(一)财政部门应当将孤儿救助所需资金纳入城乡社会救助和社会福利事业发展资金需求,统筹考虑,合理安排。通过财政预算安排、民政部门使用福利彩票公益金资助和社会捐赠等多渠道筹集资金,保障孤儿的基本生活不低于当地平

均生活水平。中央财政将加大对财政困难地区一般性转移支付力度,增强这些地区的财政保障能力。

(二)发展改革部门应当统筹考虑儿童福利机构和流浪未成年人救助保护机构建设。到2010年,基本达到每个地级市都拥有一所具有养护、医疗康复、教育能力的儿童福利机构。在财力允许的情况下,国家发展改革委在固定资产投资项目安排中,对中西部地区和东北地区的儿童福利机构建设予以适当支持。

(三)政府举办的非营利性医疗机构应当为孤儿提供基本的卫生医疗服务。鼓励、支持医疗机构采用多种形式自愿减免散居孤儿医疗费用。卫生部门对儿童福利机构设置的为所收养的孤儿服务的门诊部、诊所、卫生所(室)要给予指导和支持。

(四)教育部门应当对处于义务教育阶段的孤儿免收杂费,免费提供教科书并补助寄宿生生活费;对被公办普通高中、中等职业学校和高等学校录取的孤儿,应当纳入现有资助政策体系,给予教育救助。孤儿所在学校要优先为其提供勤工俭学机会。教育部门对儿童福利机构和流浪未成年人救助保护机构开办的特教班应当给予指导和支持。

(五)劳动和社会保障部门及有关部门应当对城镇登记失业的适龄孤儿按规定提供职业培训补贴和免费职业介绍,并落实小额担保贷款政策,鼓励和帮助其自谋职业和自主创业;县、乡(镇)政府和村民委员会要积极扶持法定劳动年龄内有劳动能力但未就业的农村孤儿从事农业生产活动,或引导和帮助其进城务工,劳动保障部门要按规定落实相关就业服务政策。

(六)人口和计划生育部门等为收养当事人出具证明材料的部门或机构,应当及时、如实出具证明材料。

(七)公安部门对孤儿安置需办理常住户口登记或者迁移手续的,要依法及时予以办理;对遗弃儿童和利用孤儿从事非法活动的违法犯罪行为要严肃查处,坚决打击。

(八)司法部门应当依法保护孤儿的人身、财产权利。司法行政部门和人民法院应当依法对有需要的孤儿提供法律援助或者司法救助。

(九)因地制宜解决孤儿住房问题。监护人应当帮助有房产的孤儿做好房屋的维修、保护工作。居住在农村无住房的孤儿成年后,乡(镇)政府和村民委员会要组织动员社会力量和居住地村民帮助其建房。儿童福利机构中的孤儿成年结婚后,符合廉租住房、经济适用住房申请条件的,当地政府和建设(房地产)部门应当给予优先安排。

四、民政部门要积极发挥职能作用

(一)要加强协调指导。作为孤儿救助职能部门,民政部门要在地方党委政府的领导下,与有关部门密切协作,充分发挥牵头作用。要针对孤儿成长过程中遇到的困难,认真研究对策措施,不断完善法规政策,要加强协调,共同落实孤儿救助的各项政策,切实保障孤儿的合法权益。

(二)要全面提高儿童福利机构的管理服务水平。要完善儿童福利机构孤儿、弃婴接收、救治和以岗位责任制为核心的管理制度,健全儿童养育、康复标准,并通过引入社会工作专业制度、聘用专业社会工作者等方式,积极探索适应儿童身心发育要求的养育模式,为孤儿提供规范优质的服务。要及时安排儿童福利机构收养的残疾孤儿进行治疗和康复,并将非定向的社会捐赠资金优先用于残疾孤儿的治疗和康复。

(三)要建立健全孤儿福利服务工作网络。民政部门可以根据需要委托福利院和敬老院,负责孤儿生活费的日常办理工作,加强对孤儿收养、寄养家庭的走访、服务指导、技术培训和监督检查工作。

(四)民政部门要将符合条件的社会散居孤儿纳入城乡医疗救助制度;已经开展新型农村合作医疗试点的地区,要用医疗救助基金资助农村孤儿参加新型农村合作医疗,其救治费用按照当地新型农村合作医疗制度规定报销后仍有困难的,由民政部门在医疗救助基金中解决。

五、广泛动员社会力量关心和帮助孤儿

要利用"六一"儿童节、"助残日"和专项慈善活动等时机,通过各种媒体广泛开展宣传,号召社会各界奉献爱心、帮助孤儿,为孤儿生存、发展创造良好的舆论氛围和社会环境。共青团、妇联等群团组织要协助各级政府开展孤儿权益的保护工作,倡导和组织广大青少年、妇女通过开展志愿者活动等多种形式为孤儿提供及时有效的服务,并对女童和艾滋病致孤儿童给予特殊的关爱。要大力推进社会福利社会化,发展慈善事业,鼓励民间组织、企业事业单位、公民和外资等社会力量支持参与儿童福利事业,进一步推动孤儿救助工作的开展。

发展儿童福利事业,完善孤儿救助制度是贯彻"三个代表"重要思想,树立科学发展观,落实"十一五"规划的一项重要任务;是体现社会公平、维护社会稳定,构建社会主义和谐社会的一项具体措施;是弘扬中华民族扶危济困传统美德,加强社会主义精神文明建设的一个实际行动。各级政府及有关部门要高度重视,狠抓落实,社会各界要大力支持,积极参与,让孤儿分享改革发展的成果,在充满亲情的社会主义大家庭中健康成长。

民政部、财政部关于发放孤儿基本生活费的通知

(2010年11月26日　民发〔2010〕161号)

各省、自治区、直辖市民政厅(局)、财政厅(局),新疆生产建设兵团民政局、财务局:

为贯彻落实《国务院办公厅关于加强孤儿保障工作的意

见》(国办发〔2010〕54号,以下简称《意见》)精神,建立健全孤儿保障制度,切实保障孤儿合法权益,促进孤儿健康成长,民政部、财政部决定,自2010年1月起为全国孤儿发放基本生活费,现就有关问题通知如下:

一、充分认识发放孤儿基本生活费的重要意义

党和政府历来高度重视儿童福利工作,给予孤儿等特殊困难儿童特别的关怀。特别是改革开放以来,我国经济社会快速健康发展,社会保障体系逐步完善,孤儿各项权益得到了相应保障。但是从全国范围来看,面向孤儿群体的保障制度尚不健全,孤儿保障水平偏低,难以满足其成长需求,儿童福利机构护理人员短缺且专业化程度低,孤儿在医疗康复、教育、住房及成年后的就业等方面还有很多困难。发放孤儿基本生活费,是落实科学发展观、构建社会主义和谐社会的实际行动,是使孤儿共享改革开放成果的重要举措,是维护孤儿合法权益、保障孤儿健康成长的客观要求,是完善社会福利体系的重要内容。各地要充分认识到这项工作的重要意义,将其作为政府改善民生、建立健全社会福利体系的重点工作内容,增强责任感和使命感,高度重视,扎实推进。

二、合理确定发放对象范围

根据《意见》,孤儿保障的对象是失去父母、查找不到生父母的未成年人。其中,"未成年人"定义依据《中华人民共和国未成年人保护法》,指未满18周岁的公民。

三、科学制定标准,全面落实保障资金

各省(自治区、直辖市)要根据城乡生活水平、儿童成长需要和财力状况,按照保障孤儿的基本生活不低于当地平均生活水平的原则,合理确定孤儿基本生活最低养育标准,具体标准参照民政部关于孤儿最低养育标准的指导意见确定。机构供养孤儿养育标准应高于散居孤儿养育标准。地方各级财政要将孤儿基本生活费列入预算,省级财政要进一步加大投入,保障孤儿基本生活费所需资金。地方各级民政部门要根据保障对象的范围认真核定孤儿身份,提出资金需求,经同级财政部门审核后列入预算。中央财政2010年安排25亿元专项补助资金,对东、中、西部地区孤儿分别按照月人均180元、270元、360元的标准予以补助。以后年度按民政部审核的上年孤儿人数及孤儿基本养育需求,逐年测算安排中央财政补助金额。各地财政部门要统筹安排中央补助和地方资金,建立孤儿基本生活最低养育标准自然增长机制。孤儿基本生活费保障资金实行专项管理,专账核算,专款专用,严禁挤占挪用。

四、严格规范发放程序

孤儿基本生活费的管理既要严格规范,又要考虑到孤儿养育的特点和城乡实际,因地制宜,采取合理可行的办法和程序。

(一)申请、审核和审批。社会散居孤儿申请孤儿基本生活费,由孤儿监护人向孤儿户籍所在地的街道办事处或乡(镇)人民政府提出申请,申请时应出具孤儿父母死亡证明或人民法院宣告孤儿父母死亡或失踪的证明。街道办事处或乡(镇)人民政府对申请人和孤儿情况进行核实并提出初步意见,上报县级人民政府民政部门审批。县级人民政府民政部门要认真审核申请材料,提出核定、审批意见。为保护孤儿的隐私,应避免以公示的方式核实了解情况。

福利机构孤儿的基本生活费,由福利机构负责汇总孤儿信息并向所属民政部门提出申请,由所属民政部门审批。省级民政部门会同财政部门,于每年3月底之前,将本地区截止上一年底的孤儿人数、保障标准、资金安排情况联合上报民政部、财政部。

(二)资金发放。县级财政部门根据同级民政部门提出的支付申请,将孤儿基本生活费直接拨付到孤儿或其监护人个人账户或福利机构集体账户。财政直接支付确有困难的,可通过县级民政部门按规定程序以现金形式发放。

(三)动态管理。街道办事处、乡(镇)人民政府和县级人民政府民政部门要采取多种形式,深入调查了解孤儿保障情况,及时按照程序和规定办理增发或停发孤儿基本生活费的手续。要将审批、发放工作与儿童福利信息系统建设结合起来,借助信息化手段实现对发放工作的动态管理,规范程序,提高效率。

(四)监督指导。县级人民政府民政部门要与社会散居孤儿的监护人签订协议。协议应对监护人领取、使用孤儿基本生活费以及孤儿养育状况提出相应要求,明确监护人应依法履行的监护职责和抚养义务。县(市)民政部门要依托福利机构设立儿童福利指导中心。有条件的地区,应独立设立儿童福利指导中心,儿童福利指导中心可受所属民政部门委托,负责为孤儿建档造册,对孤儿养育状况进行定期巡查和监督评估,对监护人进行指导和培训;负责代理孤儿权益的相关事务,协助所属民政部门与财政、卫生、教育、人力资源社会保障、住房城乡建设等部门协调,落实孤儿医疗康复、教育、住房及成年后就业等相关的优惠政策,为孤儿成长提供必要的服务和支持。

发放孤儿基本生活费是一项全新的工作,各地民政、财政部门要切实加强管理,确保发放工作顺利进行。对于孤儿基本生活费发放工作中遇到的困难和问题,及时报告民政部、财政部。

民政部、国家计委、财政部、国家教委、卫生部、交通部关于进一步发展孤残儿童福利事业的通知

(1997年1月21日　民福发〔1997〕3号)

各省、自治区、直辖市、计划单列市民政厅(局)、计委(计经委)、财政厅(局)、教委(教育厅)、卫生厅(局)、交通厅(局):

孤残儿童福利事业是我国社会保障工作的重要组成部分。新中国成立40多年来,特别是党的十一届三中全会以

来，随着我国社会经济的蓬勃发展，孤残儿童福利事业也得到了长足发展，取得了显著成绩。但是，孤残儿童福利事业目前仍存在着不少困难和问题，这些困难和问题亟待解决。主要是：福利院数量少、规模小，床位不足，收养能力低；生活标准低，医疗、康复、教育比较困难；基础设施差；工作人员队伍不稳定。为此，今年3月国务院召开专门会议，听取了民政部等有关部门关于当前我国孤残儿童福利事业发展状况和问题的汇报，研究了孤儿、弃婴和加强儿童福利院建设等问题。

为了落实国务院关于研究孤儿问题的会议纪要（国阅〔1996〕54号）文件精神，认真贯彻《中华人民共和国国民经济和社会发展"九五"计划和2010年远景目标纲要》中提出的"切实保护妇女、未成年人、老年人、残疾人等社会群体和优抚救济对象的合法权益"和"积极发展社会福利事业和社区服务，加强福利设施建设"的指导方针，进一步发展我国孤残儿童福利事业，特作如下通知：

一、各级政府要将孤残儿童福利事业列入国民经济和社会发展计划，促进孤残儿童福利事业的发展水平与当地国民经济和社会发展水平相适应。"九五"期间，各级计划部门要把儿童（社会）福利院的床位数纳入社会发展的计划指标，同时对有关儿童（社会）福利院基本建设的立项予以统一安排。到"九五"末期，争取在各直辖市、省会城市、计划单列市及重点地区至少兴办1所儿童福利院，在70%左右的县（或县级市）建立起综合性的社会福利院（含儿童部），全国儿童收养的床位数力争达到30000张。到2010年，基本达到每个地级市都拥有一所具有养护、医疗康复、教育能力的儿童福利院。

二、加强基础设施建设，增加对儿童（社会）福利院的资金投入。"九五"期间，各地要加强对儿童（社会）福利院基础设施的建设，加快对现有儿童（社会）福利院基础设施更新改造工作的步伐。危房改造、生活护理设施更新所需的经费原则上由地方政府统筹解决，中央将通过转移支付制度对老、少、边、穷地区的财政予以支持。民政部计划利用中国社会福利有奖募捐资金，对全国800所新建社会福利院儿童部和100所儿童福利院基础设施的重点改造给予资助。

三、提高社会福利机构中收养儿童的生活费标准。各地要根据当地居民平均生活水平编制社会福利机构的经费预算。经费预算应按上年预算指标加当年合理增长部分安排。调整后的儿童生活费标准应不低于当地居民平均生活水平，具体标准和提高的幅度由县以上人民政府根据实际情况制定。提高标准所需经费由地方政府解决。

四、逐步建立和完善对孤儿和弃婴的救治制度。凡需要急救的孤儿和弃婴，要先送至当地医疗机构进行救治。经诊断治疗后，由医院签发诊断证明并连同健康证、残疾证，交由福利院按照有关规定办理入院手续。救治所需的经费，经民政部门申请、卫生部门证明，地方政府安排统筹解决，地方有奖募捐委员会也要视资金募集情况予以资助。各地卫生部门要在1997年4月底以前，将县级以上地区为孤残儿童救治的指定医院报卫生部核准。

五、进一步扶持孤残儿童福利事业的发展。各地教育部门对福利院收养的就读于小学、初中的学龄儿童、少年免收杂费和书本费；对被高中（含职业高中）、技校、中专、高等学校录取的福利院孤儿，学校可免收学杂费，并给予必要的经济资助，书本费可由学校和福利院协商解决。福利机构的救护车及生活用车可由各地根据有关规定和实际工作需要，经福利机构按程序报请地方交通主管部门审批后，减免征收养路费。儿童（社会）福利院专业技术人员及其他各类工作人员的配备和队伍稳定问题，各地要予以充分重视，并注意解决他们的工作、生活等方面的实际困难；要进一步提高儿童（社会）福利院医护人员的医护水平，并由当地民政、卫生部门共同负责对其进行必要的专业技术培训。同时，卫生部门要根据福利院工作的特点制定适合民政系统专业技术特点的职称考核办法，在条件成熟的地区，卫生部门可授权民政部门对儿童（社会）福利院的医护人员进行中级及中级职称以下的考核评定，对经考试合格的专业技术人员给予资格认定。

六、切实加强孤残儿童的保护。各级政府要高度重视儿童福利事业发展，将儿童福利院的建设作为政府为人民群众办好事、办实事的一项政治任务来抓，协调有关部门落实优惠政策，保证项目实施。各地民政、计委、财政、教委、卫生、交通等部门，要在当地政府领导下，结合本地区实际情况，制定具体措施，落实保护政策，及时帮助儿童（社会）福利院解决实际困难。各地民政部门要加强对儿童（社会）福利院的领导，维护孤残儿童的切身利益。要帮助儿童（社会）福利院改善内部管理、建立健全各项管理制度和岗位责任制，规范工作规程，提高服务水平，确保孤残儿童幸福、健康地成长。

民政部关于制定福利机构儿童最低养育标准的指导意见

（2009年6月9日　民发〔2009〕77号）

各省、自治区、直辖市民政厅（局），计划单列市民政局，新疆生产建设兵团民政局：

党中央、国务院高度重视儿童福利事业，尤其是孤儿、弃婴的权益保障。2005年10月15日，胡锦涛总书记批示："孤儿是社会上最弱小、最困难的群体，应区别情况，完善救助制度，使他们都能健康成长。"2006年"六一"国际儿童节前夕，胡锦涛总书记视察北京市儿童福利院时特别指出："各级党委和政府都要把孤残儿童放在心上，健全救助制度，完善福利设施，推进特殊教育，动员社会力量为孤残儿童奉献爱心，使他们和其他小朋友一样，在祖国的同一片蓝天下健康幸福成长。"为贯彻落实胡锦涛总书记重要指示精神，加强孤儿福利保障工作，民政部启动实施了“儿童福利机构建设蓝天计划”，建立了“残疾孤儿手术康复明天计划”长效机制，进一步加强了儿童福利机构建设，改善了残疾孤儿健康状况，提高了福利机构儿童的生活质量。但是，相当多的福利机构仍然存在着儿童养育标准低的突出现象。

针对福利机构儿童残疾比例高、残疾种类多、营养康复和医疗需求大的特点，为保障在院儿童身心全面发展需要，避免出现养育标准过低、康复条件较差、各地养育标准差距较大的问题，经测算论证，民政部建议福利机构儿童最低养育标准为每人每月 1000 元。这一标准包含伙食费、服装被褥费、日常用品费、教育费、医疗费和康复费，不包含儿童大病医疗救助费、寄养家庭劳务费等（详见附表）。为推动各地尽快制定出科学、合理的福利机构儿童养育标准，现提出以下意见：

一、制定福利机构儿童养育标准的重要意义

儿童福利机构是集中养育孤儿、弃婴的场所，是地方各级政府对孤儿、弃婴履行监护义务、承担养育责任的载体，在儿童福利服务体系中发挥着骨干作用，是保障孤儿、弃婴生存权益的最后一道“安全网”。孤儿、弃婴的现实生存和未来发展状况，完全取决于各级政府是否能够为他们提供满足其健康成长需要的养育条件。制定福利机构儿童养育标准，有利于维护孤儿、弃婴的合法权益，促进社会公平正义，实现全体人民共享改革发展成果；有利于促进我国人权事业全面发展，体现社会主义制度的优越性，树立我国良好的国际形象。各地要从坚持立党为公、执政为民的高度，从全面建设小康社会、构建社会主义和谐社会的高度，充分认识制定福利机构儿童养育标准的重要意义，增强责任感和使命感，切实采取有力措施，做好本地福利机构儿童养育标准的制定和落实工作。

二、制定福利机构儿童养育标准的总体要求

各地要以邓小平理论和“三个代表”重要思想为指导，深入贯彻落实科学发展观，紧紧围绕改善孤儿和弃婴养育条件、提高孤儿和弃婴生活质量的目标，着眼于解决孤儿、弃婴最迫切、最直接、最现实的利益问题，树立“一切为了孩子，为了孩子的一切”的理念，以全国福利机构儿童最低养育标准为基准，科学制定和落实本地福利机构儿童养育标准，并建立自然增长机制，实现儿童福利事业与经济社会的协调发展。

三、加强对儿童福利机构养育工作的指导

各地要及时向当地政府汇报，把制定和落实福利机构儿童养育标准工作纳入到政府关注民生、建立健全社会保障体系的重点工作中来。地方各级民政部门作为儿童福利机构的上级主管部门，要进一步加强对儿童福利机构的指导和支持，主动帮助解决福利机构的现实困难和实际问题，为在院儿童创造积极健康的成长条件。社会各界捐赠给儿童福利机构的款物要直接用于儿童成长支出，不得冲抵福利机构行政事业经费和儿童养育费。儿童福利机构要切实负起责任，完善岗位责任制，规范内部管理，加强人员培训，不断提高养育质量和康复训练、特殊教育水平。要进一步加强专业化、标准化建设，不断改善残疾孤儿健康状况，为他们成年后融入社会打下良好基础。要密切关注孤儿、弃婴的身心发育和性格培养，促进他们全面健康成长。儿童福利工作者和福利机构工作人员要进一步增强使命感和责任感，满怀爱心和热忱，把抚养、教育孤儿、弃婴的工作做实、做细、做好。

各地要对制定和落实福利机构儿童养育标准工作做出具体部署和安排，并将工作情况于今年 10 月底前报社会福利和慈善事业促进司。

附件：福利机构儿童养育费用支出参照表（均值）（略）

家庭寄养管理办法

（2014 年 9 月 24 日民政部令第 54 号公布　自 2014 年 12 月 1 日起施行）

第一章　总　　则

第一条　为了规范家庭寄养工作，促进寄养儿童身心健康成长，根据《中华人民共和国未成年人保护法》和国家有关规定，制定本办法。

第二条　本办法所称家庭寄养，是指经过规定的程序，将民政部门监护的儿童委托在符合条件的家庭中养育的照料模式。

第三条　家庭寄养应当有利于寄养儿童的抚育、成长，保障寄养儿童的合法权益不受侵犯。

第四条　国务院民政部门负责全国家庭寄养监督管理工作。

县级以上地方人民政府民政部门负责本行政区域内家庭寄养监督管理工作。

第五条　县级以上地方人民政府民政部门设立的儿童福利机构负责家庭寄养工作的组织实施。

第六条　县级以上人民政府民政部门应当会同有关部门采取措施，鼓励、支持符合条件的家庭参与家庭寄养工作。

第二章　寄 养 条 件

第七条　未满十八周岁、监护权在县级以上地方人民政府民政部门的孤儿、查找不到生父母的弃婴和儿童，可以被寄养。

需要长期依靠医疗康复、特殊教育等专业技术照料的重度残疾儿童，不宜安排家庭寄养。

第八条　寄养家庭应当同时具备下列条件：

（一）有儿童福利机构所在地的常住户口和固定住所。寄养儿童入住后，人均居住面积不低于当地人均居住水平；

（二）有稳定的经济收入，家庭成员人均收入在当地处于中等水平以上；

（三）家庭成员未患有传染病或者精神疾病，以及其他不利于寄养儿童抚育、成长的疾病；

（四）家庭成员无犯罪记录，无不良生活嗜好，关系和睦，与邻里关系融洽；

（五）主要照料人的年龄在三十周岁以上六十五周岁以下，身体健康，具有照料儿童的能力、经验，初中以上文化程度。

具有社会工作、医疗康复、心理健康、文化教育等专业知识的家庭和自愿无偿奉献爱心的家庭，同等条件下优先考虑。

第九条　每个寄养家庭寄养儿童的人数不得超过二人，且该家庭无未满六周岁的儿童。

第十条　寄养残疾儿童，应当优先在具备医疗、特殊教育、康复训练条件的社区中为其选择寄养家庭。

第十一条　寄养年满十周岁以上儿童的，应当征得寄养儿童的同意。

第三章　寄养关系的确立

第十二条　确立家庭寄养关系，应当经过以下程序：

（一）申请。拟开展寄养的家庭应当向儿童福利机构提出书面申请，并提供户口簿、身份证复印件，家庭经济收入和住房情况、家庭成员健康状况以及一致同意申请等证明材料；

（二）评估。儿童福利机构应当组织专业人员或者委托社会工作服务机构等第三方专业机构对提出申请的家庭进行实地调查，核实申请家庭是否具备寄养条件和抚育能力，了解其邻里关系、社会交往、有无犯罪记录、社区环境等情况，并根据调查结果提出评估意见；

（三）审核。儿童福利机构应当根据评估意见对申请家庭进行审核，确定后报主管民政部门备案；

（四）培训。儿童福利机构应当对寄养家庭主要照料人进行培训；

（五）签约。儿童福利机构应当与寄养家庭主要照料人签订寄养协议，明确寄养期限、寄养双方的权利义务、寄养家庭的主要照料人、寄养融合期限、违约责任及处理等事项。家庭寄养协议自双方签字（盖章）之日起生效。

第十三条　寄养家庭应当履行下列义务：

（一）保障寄养儿童人身安全，尊重寄养儿童人格尊严；

（二）为寄养儿童提供生活照料，满足日常营养需要，帮助其提高生活自理能力；

（三）培养寄养儿童健康的心理素质，树立良好的思想道德观念；

（四）按照国家规定安排寄养儿童接受学龄前教育和义务教育。负责与学校沟通，配合学校做好寄养儿童的学校教育；

（五）对患病的寄养儿童及时安排医治。寄养儿童发生急症、重症等情况时，应当及时进行医治，并向儿童福利机构报告；

（六）配合儿童福利机构为寄养的残疾儿童提供辅助矫治、肢体功能康复训练、聋儿语言康复训练等方面的服务；

（七）配合儿童福利机构做好寄养儿童的送养工作；

（八）定期向儿童福利机构反映寄养儿童的成长状况，并接受其探访、培训、监督和指导；

（九）及时向儿童福利机构报告家庭住所变更情况；

（十）保障寄养儿童应予保障的其他权益。

第十四条　儿童福利机构主要承担以下职责：

（一）制定家庭寄养工作计划并组织实施；

（二）负责寄养家庭的招募、调查、审核和签约；

（三）培训寄养家庭中的主要照料人，组织寄养工作经验交流活动；

（四）定期探访寄养儿童，及时处理存在的问题；

（五）监督、评估寄养家庭的养育工作；

（六）建立家庭寄养服务档案并妥善保管；

（七）根据协议规定发放寄养儿童所需款物；

（八）向主管民政部门及时反映家庭寄养工作情况并提出建议。

第十五条　寄养协议约定的主要照料人不得随意变更。确需变更的，应当经儿童福利机构同意，经培训后在家庭寄养协议主要照料人一栏中变更。

第十六条　寄养融合期的时间不得少于六十日。

第十七条　寄养家庭有协议约定的事由在短期内不能照料寄养儿童的，儿童福利机构应当为寄养儿童提供短期养育服务。短期养育服务时间一般不超过三十日。

第十八条　寄养儿童在寄养期间不办理户口迁移手续，不改变与民政部门的监护关系。

第四章　寄养关系的解除

第十九条　寄养家庭提出解除寄养关系的，应当提前一个月向儿童福利机构书面提出解除寄养关系的申请，儿童福利机构应当予以解除。但在融合期内提出解除寄养关系的除外。

第二十条　寄养家庭有下列情形之一的，儿童福利机构应当解除寄养关系：

（一）寄养家庭及其成员有歧视、虐待寄养儿童行为的；

（二）寄养家庭成员的健康、品行不符合本办法第八条第（三）和（四）项规定的；

（三）寄养家庭发生重大变故，导致无法履行寄养义务的；

（四）寄养家庭变更住所后不符合本办法第八条规定的；

（五）寄养家庭借机对外募款敛财的；

（六）寄养家庭不履行协议约定的其他情形。

第二十一条　寄养儿童有下列情形之一的，儿童福利机构应当解除寄养关系：

（一）寄养儿童与寄养家庭关系恶化，确实无法共同生活的；

（二）寄养儿童依法被收养、被亲生父母或者其他监护人认领的；

（三）寄养儿童因就医、就学等特殊原因需要解除寄养关系的。

第二十二条 解除家庭寄养关系，儿童福利机构应当以书面形式通知寄养家庭，并报其主管民政部门备案。家庭寄养关系的解除以儿童福利机构批准时间为准。

第二十三条 儿童福利机构拟送养寄养儿童时，应当在报送被送养人材料的同时通知寄养家庭。

第二十四条 家庭寄养关系解除后，儿童福利机构应当妥善安置寄养儿童，并安排社会工作、医疗康复、心理健康教育等专业技术人员对其进行辅导、照料。

第二十五条 符合收养条件、有收养意愿的寄养家庭，可以依法优先收养被寄养儿童。

第五章 监督管理

第二十六条 县级以上地方人民政府民政部门对家庭寄养工作负有以下监督管理职责：

（一）制定本地区家庭寄养工作政策；

（二）指导、检查本地区家庭寄养工作；

（三）负责寄养协议的备案，监督寄养协议的履行；

（四）协调解决儿童福利机构与寄养家庭之间的争议；

（五）与有关部门协商，及时处理家庭寄养工作中存在的问题。

第二十七条 开展跨县级或者设区的市级行政区域的家庭寄养，应当经过共同上一级人民政府民政部门同意。

不得跨省、自治区、直辖市开展家庭寄养。

第二十八条 儿童福利机构应当聘用具有社会工作、医疗康复、心理健康教育等专业知识的专职工作人员。

第二十九条 家庭寄养经费，包括寄养儿童的养育费用补贴、寄养家庭的劳务补贴和寄养工作经费等。

寄养儿童养育费用补贴按照国家有关规定列支。寄养家庭劳务补贴、寄养工作经费等由当地人民政府予以保障。

第三十条 家庭寄养经费必须专款专用，儿童福利机构不得截留或者挪用。

第三十一条 儿童福利机构可以依法通过与社会组织合作、通过接受社会捐赠获得资助。

与境外社会组织或者个人开展同家庭寄养有关的合作项目，应当按照有关规定办理手续。

第六章 法律责任

第三十二条 寄养家庭不履行本办法规定的义务，或者未经同意变更主要照料人的，儿童福利机构可以督促其改正，情节严重的，可以解除寄养协议。

寄养家庭成员侵害寄养儿童的合法权益，造成人身财产损害的，依法承担民事责任；构成犯罪的，依法追究刑事责任。

第三十三条 儿童福利机构有下列情形之一的，由设立该机构的民政部门进行批评教育，并责令改正；情节严重的，对直接负责的主管人员和其他直接责任人员依法给予处分：

（一）不按照本办法的规定承担职责的；

（二）在办理家庭寄养工作中牟取利益，损害寄养儿童权益的；

（三）玩忽职守导致寄养协议不能正常履行的；

（四）跨省、自治区、直辖市开展家庭寄养，或者未经上级部门同意擅自开展跨县级或者设区的市级行政区域家庭寄养的；

（五）未按照有关规定办理手续，擅自与境外社会组织或者个人开展家庭寄养合作项目的。

第三十四条 县级以上地方人民政府民政部门不履行家庭寄养工作职责，由上一级人民政府民政部门责令其改正。情节严重的，对直接负责的主管人员和其他直接责任人员依法给予处分。

第七章 附则

第三十五条 对流浪乞讨等生活无着未成年人承担临时监护责任的未成年人救助保护机构开展家庭寄养，参照本办法执行。

第三十六条 尚未设立儿童福利机构的，由县级以上地方人民政府民政部门负责本行政区域内家庭寄养的组织实施，具体工作参照本办法执行。

第三十七条 本办法自2014年12月1日起施行，2003年颁布的《家庭寄养管理暂行办法》（民发〔2003〕144号）同时废止。

最高人民法院、最高人民检察院、公安部、民政部关于依法处理监护人侵害未成年人权益行为若干问题的意见

（2014年12月18日 法发〔2014〕24号）

为切实维护未成年人合法权益，加强未成年人行政保护和司法保护工作，确保未成年人得到妥善监护照料，根据民法通则、民事诉讼法、未成年人保护法等法律规定，现就处理监护人侵害未成年人权益行为（以下简称监护侵害行为）的有关工作制定本意见。

一、一般规定

1. 本意见所称监护侵害行为，是指父母或者其他监护人（以下简称监护人）性侵害、出卖、遗弃、虐待、暴力伤害未成年人，教唆、利用未成年人实施违法犯罪行为，胁迫、诱骗、利用未成年人乞讨，以及不履行监护职责严重危害未成年人身心

健康等行为。

2. 处理监护侵害行为，应当遵循未成年人最大利益原则，充分考虑未成年人身心特点和人格尊严，给予未成年人特殊、优先保护。

3. 对于监护侵害行为，任何组织和个人都有权劝阻、制止或者举报。

公安机关应当采取措施，及时制止在工作中发现以及单位、个人举报的监护侵害行为，情况紧急时将未成年人带离监护人。

民政部门应当设立未成年人救助保护机构（包括救助管理站、未成年人救助保护中心），对因受到监护侵害进入机构的未成年人承担临时监护责任，必要时向人民法院申请撤销监护人资格。

人民法院应当依法受理人身安全保护裁定申请和撤销监护人资格案件并作出裁判。

人民检察院对公安机关、人民法院处理监护侵害行为的工作依法实行法律监督。

人民法院、人民检察院、公安机关设有办理未成年人案件专门工作机构的，应当优先由专门工作机构办理监护侵害案件。

4. 人民法院、人民检察院、公安机关、民政部门应当充分履行职责，加强指导和培训，提高保护未成年人的能力和水平；加强沟通协作，建立信息共享机制，实现未成年人行政保护和司法保护的有效衔接。

5. 人民法院、人民检察院、公安机关、民政部门应当加强与妇儿工委、教育部门、卫生部门、共青团、妇联、关工委、未成年人住所地村（居）民委员会等的联系和协作，积极引导、鼓励、支持法律服务机构、社会工作服务机构、公益慈善组织和志愿者等社会力量，共同做好受监护侵害的未成年人的保护工作。

二、报告和处置

6. 学校、医院、村（居）民委员会、社会工作服务机构等单位及其工作人员，发现未成年人受到监护侵害的，应当及时向公安机关报案或者举报。

其他单位及其工作人员、个人发现未成年人受到监护侵害的，也应当及时向公安机关报案或者举报。

7. 公安机关接到涉及监护侵害行为的报案、举报后，应当立即出警处置，制止正在发生的侵害行为并迅速进行调查。符合刑事立案条件的，应当立即立案侦查。

8. 公安机关在办理监护侵害案件时，应当依照法定程序，及时、全面收集固定证据，保证办案质量。

询问未成年人，应当考虑未成年人的身心特点，采取和缓的方式进行，防止造成进一步伤害。

未成年人有其他监护人的，应当通知其他监护人到场。其他监护人无法通知或者未能到场的，可以通知未成年人的其他成年亲属、所在学校、村（居）民委员会、未成年人保护组织的代表以及专业社会工作者等到场。

9. 监护人的监护侵害行为构成违反治安管理行为的，公安机关应当依法给予治安管理处罚，但情节特别轻微不予治安管理处罚的，应当给予批评教育并通报当地村（居）民委员会；构成犯罪的，依法追究刑事责任。

10. 对于疑似患有精神障碍的监护人，已实施危害未成年人安全的行为或者有危害未成年人安全危险的，其近亲属、所在单位、当地公安机关应当立即采取措施予以制止，并将其送往医疗机构进行精神障碍诊断。

11. 公安机关在出警过程中，发现未成年人身体受到严重伤害、面临严重人身安全威胁或者处于无人照料等危险状态的，应当将其带离实施监护侵害行为的监护人，就近护送至其他监护人、亲属、村（居）民委员会或者未成年人救助保护机构，并办理书面交接手续。未成年人有表达能力的，应当就护送地点征求未成年人意见。

负责接收未成年人的单位和人员（以下简称临时照料人）应当对未成年人予以临时紧急庇护和短期生活照料，保护未成年人的人身安全，不得侵害未成年人合法权益。

公安机关应当书面告知临时照料人有权依法向人民法院申请人身安全保护裁定和撤销监护人资格。

12. 对身体受到严重伤害需要医疗的未成年人，公安机关应当先行送医救治，同时通知其他有监护资格的亲属照料，或者通知当地未成年人救助保护机构开展后续救助工作。

监护人应当依法承担医疗救治费用。其他亲属和未成年人救助保护机构等垫付医疗救治费用的，有权向监护人追偿。

13. 公安机关将受监护侵害的未成年人护送至未成年人救助保护机构的，应当在五个工作日内提供案件侦办查处情况说明。

14. 监护侵害行为可能构成虐待罪的，公安机关应当告知未成年人及其近亲属有权告诉或者代为告诉，并通报所在地同级人民检察院。

未成年人及其近亲属没有告诉的，由人民检察院起诉。

三、临时安置和人身安全保护裁定

15. 未成年人救助保护机构应当接收公安机关护送来的受监护侵害的未成年人，履行临时监护责任。

未成年人救助保护机构履行临时监护责任一般不超过一年。

16. 未成年人救助保护机构可以采取家庭寄养、自愿助养、机构代养或者委托政府指定的寄宿学校安置等方式，对未成年人进行临时照料，并为未成年人提供心理疏导、情感抚慰等服务。

未成年人因临时监护需要转学、异地入学接受义务教育的，教育行政部门应当予以保障。

17. 未成年人的其他监护人、近亲属要求照料未成年人的，经公安机关或者村（居）民委员会确认其身份后，未成年人救助保护机构可以将未成年人交由其照料，终止临时监护。

关系密切的其他亲属、朋友要求照料未成年人的，经未成年人父、母所在单位或者村（居）民委员会同意，未成年人救助保护机构可以将未成年人交由其照料，终止临时监护。

未成年人救助保护机构将未成年人送交亲友临时照料的，应当办理书面交接手续，并书面告知临时照料人有权依法向人民法院申请人身安全保护裁定和撤销监护人资格。

18. 未成年人救助保护机构可以组织社会工作服务机构等社会力量，对监护人开展监护指导、心理疏导等教育辅导工作，并对未成年人的家庭基本情况、监护情况、监护人悔过情况、未成年人身心健康状况以及未成年人意愿等进行调查评估。监护人接受教育辅导及后续表现情况应当作为调查评估报告的重要内容。

有关单位和个人应当配合调查评估工作的开展。

19. 未成年人救助保护机构应当与公安机关、村（居）民委员会、学校以及未成年人亲属等进行会商，根据案件侦办查处情况说明、调查评估报告和监护人接受教育辅导等情况，并征求有表达能力的未成年人意见，形成会商结论。

经会商认为本意见第 11 条第 1 款规定的危险状态已消除，监护人能够正确履行监护职责的，未成年人救助保护机构应当及时通知监护人领回未成年人。监护人应当在三日内领回未成年人并办理书面交接手续。会商形成结论前，未成年人救助保护机构不得将未成年人交由监护人领回。

经会商认为监护侵害行为属于本意见第 35 条规定情形的，未成年人救助保护机构应当向人民法院申请撤销监护人资格。

20. 未成年人救助保护机构通知监护人领回未成年人的，应当将相关情况通报未成年人所在学校、辖区公安派出所、村（居）民委员会，并告知其对通报内容负有保密义务。

21. 监护人领回未成年人的，未成年人救助保护机构应当指导村（居）民委员会对监护人的监护情况进行随访，开展教育辅导工作。

未成年人救助保护机构也可以组织社会工作服务机构等社会力量，开展前款工作。

22. 未成年人救助保护机构或者其他临时照料人可以根据需要，在诉讼前向未成年人住所地、监护人住所地或者侵害行为地人民法院申请人身安全保护裁定。

未成年人救助保护机构或者其他临时照料人也可以在诉讼中向人民法院申请人身安全保护裁定。

23. 人民法院接受人身安全保护裁定申请后，应当按照民事诉讼法第一百条、第一百零一条、第一百零二条的规定作出裁定。经审查认为存在侵害未成年人人身安全危险的，应当作出人身安全保护裁定。

人民法院接受诉讼前人身安全保护裁定申请后，应当在四十八小时内作出裁定。接受诉讼中人身安全保护裁定申请，情况紧急的，也应当在四十八小时内作出裁定。人身安全保护裁定应当立即执行。

24. 人身安全保护裁定可以包括下列内容中的一项或者多项：

（一）禁止被申请人暴力伤害、威胁未成年人及其临时照料人；

（二）禁止被申请人跟踪、骚扰、接触未成年人及其临时照料人；

（三）责令被申请人迁出未成年人住所；

（四）保护未成年人及其临时照料人人身安全的其他措施。

25. 被申请人拒不履行人身安全保护裁定，危及未成年人及其临时照料人人身安全或者扰乱未成年人救助保护机构工作秩序的，未成年人、未成年人救助保护机构或者其他临时照料人有权向公安机关报告，由公安机关依法处理。

被申请人有其他拒不履行人身安全保护裁定行为的，未成年人、未成年人救助保护机构或者其他临时照料人有权向人民法院报告，人民法院根据民事诉讼法第一百一十一条、第一百一十五条、第一百一十六条的规定，视情节轻重处以罚款、拘留；构成犯罪的，依法追究刑事责任。

26. 当事人对人身安全保护裁定不服的，可以申请复议一次。复议期间不停止裁定的执行。

四、申请撤销监护人资格诉讼

27. 下列单位和人员（以下简称有关单位和人员）有权向人民法院申请撤销监护人资格：

（一）未成年人的其他监护人，祖父母、外祖父母、兄、姐，关系密切的其他亲属、朋友；

（二）未成年人住所地的村（居）民委员会，未成年人父、母所在单位；

（三）民政部门及其设立的未成年人救助保护机构；

（四）共青团、妇联、关工委、学校等团体和单位。

申请撤销监护人资格，一般由前款中负责临时照料未成年人的单位和人员提出，也可以由前款中其他单位和人员提出。

28. 有关单位和人员向人民法院申请撤销监护人资格的，应当提交相关证据。

有包含未成年人基本情况、监护存在问题、监护人悔过情况、监护人接受教育辅导情况、未成年人身心健康状况以及未成年人意愿等内容的调查评估报告的，应当一并提交。

29. 有关单位和人员向公安机关、人民检察院申请出具相关案件证明材料的，公安机关、人民检察院应当提供证明案件事实的基本材料或者书面说明。

30. 监护人因监护侵害行为被提起公诉的案件，人民检察院应当书面告知未成年人及其临时照料人有权依法申请撤销监护人资格。

对于监护侵害行为符合本意见第 35 条规定情形而相关单位和人员没有提起诉讼的，人民检察院应当书面建议当地民政部门或者未成年人救助保护机构向人民法院申请撤销监护人资格。

31. 申请撤销监护人资格案件，由未成年人住所地、监护人住所地或者侵害行为地基层人民法院管辖。

人民法院受理撤销监护人资格案件，不收取诉讼费用。

五、撤销监护人资格案件审理和判后安置

32. 人民法院审理撤销监护人资格案件，比照民事诉讼法规定的特别程序进行，在一个月内审理结案。有特殊情况需要延长的，由本院院长批准。

33. 人民法院应当全面审查调查评估报告等证据材料，听取被申请人、有表达能力的未成年人以及村(居)民委员会、学校、邻居等的意见。

34. 人民法院根据案件需要可以聘请适当的社会人士对未成年人进行社会观护，并可以引入心理疏导和测评机制，组织专业社会工作者、儿童心理问题专家等专业人员参与诉讼，为未成年人和被申请人提供心理辅导和测评服务。

35. 被申请人有下列情形之一的，人民法院可以判决撤销其监护人资格：

(一)性侵害、出卖、遗弃、虐待、暴力伤害未成年人，严重损害未成年人身心健康的；

(二)将未成年人置于无人监管和照看的状态，导致未成年人面临死亡或者严重伤害危险，经教育不改的；

(三)拒不履行监护职责长达六个月以上，导致未成年人流离失所或者生活无着的；

(四)有吸毒、赌博、长期酗酒等恶习无法正确履行监护职责或者因服刑等原因无法履行监护职责，且拒绝将监护职责部分或者全部委托给他人，致使未成年人处于困境或者危险状态的；

(五)胁迫、诱骗、利用未成年人乞讨，经公安机关和未成年人救助保护机构等部门三次以上批评教育拒不改正，严重影响未成年人正常生活和学习的；

(六)教唆、利用未成年人实施违法犯罪行为，情节恶劣的；

(七)有其他严重侵害未成年人合法权益行为的。

36. 判决撤销监护人资格，未成年人有其他监护人的，应当由其他监护人承担监护职责。其他监护人应当采取措施避免未成年人继续受到侵害。

没有其他监护人的，人民法院根据最有利于未成年人的原则，在民法通则第十六条第二款、第四款规定的人员和单位中指定监护人。指定个人担任监护人的，应当综合考虑其意愿、品行、身体状况、经济条件、与未成年人的生活情感联系以及有表达能力的未成年人的意愿等。

没有合适人员和其他单位担任监护人的，人民法院应当指定民政部门担任监护人，由其所属儿童福利机构收留抚养。

37. 判决不撤销监护人资格的，人民法院可以根据需要走访未成年人及其家庭，也可以向当地民政部门、辖区公安派出所、村(居)民委员会、共青团、妇联、未成年人所在学校、监护人所在单位等发出司法建议，加强对未成年人的保护和对监护人的监督指导。

38. 被撤销监护人资格的侵害人，自监护人资格被撤销之日起三个月至一年内，可以书面向人民法院申请恢复监护人资格，并应当提交相关证据。

人民法院应当将前款内容书面告知侵害人和其他监护人、指定监护人。

39. 人民法院审理申请恢复监护人资格案件，按照变更监护关系的案件审理程序进行。

人民法院应当征求未成年人现任监护人和有表达能力的未成年人的意见，并可以委托申请人住所地的未成年人救助保护机构或者其他未成年人保护组织，对申请人监护意愿、悔改表现、监护能力、身心状况、工作生活情况等进行调查，形成调查评估报告。

申请人正在服刑或者接受社区矫正的，人民法院应当征求刑罚执行机关或者社区矫正机构的意见。

40. 人民法院经审理认为申请人确有悔改表现并且适宜担任监护人的，可以判决恢复其监护人资格，原指定监护人的监护人资格终止。

申请人具有下列情形之一的，一般不得判决恢复其监护人资格：

(一)性侵害、出卖未成年人的；

(二)虐待、遗弃未成年人六个月以上、多次遗弃未成年人，并且造成重伤以上严重后果的；

(三)因监护侵害行为被判处五年有期徒刑以上刑罚的。

41. 撤销监护人资格诉讼终结后六个月内，未成年人及其现任监护人可以向人民法院申请人身安全保护裁定。

42. 被撤销监护人资格的父、母应当继续负担未成年人的抚养费用和因监护侵害行为产生的各项费用。相关单位和人员起诉的，人民法院应予支持。

43. 民政部门应当根据有关规定，将符合条件的受监护侵害的未成年人纳入社会救助和相关保障范围。

44. 民政部门担任监护人的，承担抚养职责的儿童福利机构可以送养未成年人。

送养未成年人应当在人民法院作出撤销监护人资格判决一年后进行。侵害人有本意见第 40 条第 2 款规定情形的，不受一年后送养的限制。

2. 老年人福利

中华人民共和国老年人权益保障法

（1996年8月29日第八届全国人民代表大会常务委员会第二十一次会议通过　根据2009年8月27日第十一届全国人民代表大会常务委员会第十次会议《关于修改部分法律的决定》第一次修正　2012年12月28日第十一届全国人民代表大会常务委员会第三十次会议修订　根据2015年4月24日第十二届全国人民代表大会常务委员会第十四次会议《关于修改〈中华人民共和国电力法〉等六部法律的决定》第二次修正　根据2018年12月29日第十三届全国人民代表大会常务委员会第七次会议《关于修改〈中华人民共和国劳动法〉等七部法律的决定》第三次修正）

第一章　总　　则

第一条　为了保障老年人合法权益，发展老龄事业，弘扬中华民族敬老、养老、助老的美德，根据宪法，制定本法。

第二条　本法所称老年人是指六十周岁以上的公民。

第三条　国家保障老年人依法享有的权益。

老年人有从国家和社会获得物质帮助的权利，有享受社会服务和社会优待的权利，有参与社会发展和共享发展成果的权利。

禁止歧视、侮辱、虐待或者遗弃老年人。

第四条　积极应对人口老龄化是国家的一项长期战略任务。

国家和社会应当采取措施，健全保障老年人权益的各项制度，逐步改善保障老年人生活、健康、安全以及参与社会发展的条件，实现老有所养、老有所医、老有所为、老有所学、老有所乐。

第五条　国家建立多层次的社会保障体系，逐步提高对老年人的保障水平。

国家建立和完善以居家为基础、社区为依托、机构为支撑的社会养老服务体系。

倡导全社会优待老年人。

第六条　各级人民政府应当将老龄事业纳入国民经济和社会发展规划，将老龄事业经费列入财政预算，建立稳定的经费保障机制，并鼓励社会各方面投入，使老龄事业与经济、社会协调发展。

国务院制定国家老龄事业发展规划。县级以上地方人民政府根据国家老龄事业发展规划，制定本行政区域的老龄事业发展规划和年度计划。

县级以上人民政府负责老龄工作的机构，负责组织、协调、指导、督促有关部门做好老年人权益保障工作。

第七条　保障老年人合法权益是全社会的共同责任。

国家机关、社会团体、企业事业单位和其他组织应当按照各自职责，做好老年人权益保障工作。

基层群众性自治组织和依法设立的老年人组织应当反映老年人的要求，维护老年人合法权益，为老年人服务。

提倡、鼓励义务为老年人服务。

第八条　国家进行人口老龄化国情教育，增强全社会积极应对人口老龄化意识。

全社会应当广泛开展敬老、养老、助老宣传教育活动，树立尊重、关心、帮助老年人的社会风尚。

青少年组织、学校和幼儿园应当对青少年和儿童进行敬老、养老、助老的道德教育和维护老年人合法权益的法制教育。

广播、电影、电视、报刊、网络等应当反映老年人的生活，开展维护老年人合法权益的宣传，为老年人服务。

第九条　国家支持老龄科学研究，建立老年人状况统计调查和发布制度。

第十条　各级人民政府和有关部门对维护老年人合法权益和敬老、养老、助老成绩显著的组织、家庭或者个人，对参与社会发展做出突出贡献的老年人，按照国家有关规定给予表彰或者奖励。

第十一条　老年人应当遵纪守法，履行法律规定的义务。

第十二条　每年农历九月初九为老年节。

第二章　家庭赡养与扶养

第十三条　老年人养老以居家为基础，家庭成员应当尊重、关心和照料老年人。

第十四条　赡养人应当履行对老年人经济上供养、生活上照料和精神上慰藉的义务，照顾老年人的特殊需要。

赡养人是指老年人的子女以及其他依法负有赡养义务的人。

赡养人的配偶应当协助赡养人履行赡养义务。

第十五条　赡养人应当使患病的老年人及时得到治疗和护理；对经济困难的老年人，应当提供医疗费用。

对生活不能自理的老年人，赡养人应当承担照料责任；不能亲自照料的，可以按照老年人的意愿委托他人或者养老机构等照料。

第十六条　赡养人应当妥善安排老年人的住房，不得强迫老年人居住或者迁居条件低劣的房屋。

老年人自有的或者承租的住房，子女或者其他亲属不得侵占，不得擅自改变产权关系或者租赁关系。

老年人自有的住房，赡养人有维修的义务。

第十七条　赡养人有义务耕种或者委托他人耕种老年人承包的田地，照管或者委托他人照管老年人的林木和牲畜等，收益归老年人所有。

第十八条　家庭成员应当关心老年人的精神需求，不得忽视、冷落老年人。

与老年人分开居住的家庭成员，应当经常看望或者问候老年人。

用人单位应当按照国家有关规定保障赡养人探亲休假的权利。

第十九条　赡养人不得以放弃继承权或者其他理由，拒绝履行赡养义务。

赡养人不履行赡养义务，老年人有要求赡养人付给赡养费等权利。

赡养人不得要求老年人承担力不能及的劳动。

第二十条　经老年人同意，赡养人之间可以就履行赡养义务签订协议。赡养协议的内容不得违反法律的规定和老年人的意愿。

基层群众性自治组织、老年人组织或者赡养人所在单位监督协议的履行。

第二十一条　老年人的婚姻自由受法律保护。子女或者其他亲属不得干涉老年人离婚、再婚及婚后的生活。

赡养人的赡养义务不因老年人的婚姻关系变化而消除。

第二十二条　老年人对个人的财产，依法享有占有、使用、收益和处分的权利，子女或者其他亲属不得干涉，不得以窃取、骗取、强行索取等方式侵犯老年人的财产权益。

老年人有依法继承父母、配偶、子女或者其他亲属遗产的权利，有接受赠与的权利。子女或者其他亲属不得侵占、抢夺、转移、隐匿或者损毁应当由老年人继承或者接受赠与的财产。

老年人以遗嘱处分财产，应当依法为老年配偶保留必要的份额。

第二十三条　老年人与配偶有相互扶养的义务。

由兄、姐扶养的弟、妹成年后，有负担能力的，对年老无赡养人的兄、姐有扶养的义务。

第二十四条　赡养人、扶养人不履行赡养、扶养义务的，基层群众性自治组织、老年人组织或者赡养人、扶养人所在单位应当督促其履行。

第二十五条　禁止对老年人实施家庭暴力。

第二十六条　具备完全民事行为能力的老年人，可以在近亲属或者其他与自己关系密切、愿意承担监护责任的个人、组织中协商确定自己的监护人。监护人在老年人丧失或者部分丧失民事行为能力时，依法承担监护责任。

老年人未事先确定监护人的，其丧失或者部分丧失民事行为能力时，依照有关法律的规定确定监护人。

第二十七条　国家建立健全家庭养老支持政策，鼓励家庭成员与老年人共同生活或者就近居住，为老年人随配偶或者赡养人迁徙提供条件，为家庭成员照料老年人提供帮助。

第三章　社会保障

第二十八条　国家通过基本养老保险制度，保障老年人的基本生活。

第二十九条　国家通过基本医疗保险制度，保障老年人的基本医疗需要。享受最低生活保障的老年人和符合条件的低收入家庭中的老年人参加新型农村合作医疗和城镇居民基本医疗保险所需个人缴费部分，由政府给予补贴。

有关部门制定医疗保险办法，应当对老年人给予照顾。

第三十条　国家逐步开展长期护理保障工作，保障老年人的护理需求。

对生活长期不能自理、经济困难的老年人，地方各级人民政府应当根据其失能程度等情况给予护理补贴。

第三十一条　国家对经济困难的老年人给予基本生活、医疗、居住或者其他救助。

老年人无劳动能力、无生活来源、无赡养人和扶养人，或者其赡养人和扶养人确无赡养能力或者扶养能力的，由地方各级人民政府依照有关规定给予供养或者救助。

对流浪乞讨、遭受遗弃等生活无着的老年人，由地方各级人民政府依照有关规定给予救助。

第三十二条　地方各级人民政府在实施廉租住房、公共租赁住房等住房保障制度或者进行危旧房屋改造时，应当优先照顾符合条件的老年人。

第三十三条　国家建立和完善老年人福利制度，根据经济社会发展水平和老年人的实际需要，增加老年人的社会福利。

国家鼓励地方建立八十周岁以上低收入老年人高龄津贴制度。

国家建立和完善计划生育家庭老年人扶助制度。

农村可以将未承包的集体所有的部分土地、山林、水面、滩涂等作为养老基地，收益供老年人养老。

第三十四条　老年人依法享有的养老金、医疗待遇和其他待遇应当得到保障，有关机构必须按时足额支付，不得克扣、拖欠或者挪用。

国家根据经济发展以及职工平均工资增长、物价上涨等情况，适时提高养老保障水平。

第三十五条　国家鼓励慈善组织以及其他组织和个人为老年人提供物质帮助。

第三十六条　老年人可以与集体经济组织、基层群众性自治组织、养老机构等组织或者个人签订遗赠扶养协议或者其他扶助协议。

负有扶养义务的组织或者个人按照遗赠扶养协议，承担该老年人生养死葬的义务，享有受遗赠的权利。

第四章　社会服务

第三十七条　地方各级人民政府和有关部门应当采取措施，发展城乡社区养老服务，鼓励、扶持专业服务机构及其他组织和个人，为居家的老年人提供生活照料、紧急救援、医疗护理、精神慰藉、心理咨询等多种形式的服务。

对经济困难的老年人,地方各级人民政府应当逐步给予养老服务补贴。

第三十八条　地方各级人民政府和有关部门、基层群众性自治组织,应当将养老服务设施纳入城乡社区配套设施建设规划,建立适应老年人需要的生活服务、文化体育活动、日间照料、疾病护理与康复等服务设施和网点,就近为老年人提供服务。

发扬邻里互助的传统,提倡邻里间关心、帮助有困难的老年人。

鼓励慈善组织、志愿者为老年人服务。倡导老年人互助服务。

第三十九条　各级人民政府应当根据经济发展水平和老年人服务需求,逐步增加对养老服务的投入。

各级人民政府和有关部门在财政、税费、土地、融资等方面采取措施,鼓励、扶持企业事业单位、社会组织或者个人兴办、运营养老、老年人日间照料、老年文化体育活动等设施。

第四十条　地方各级人民政府和有关部门应当按照老年人口比例及分布情况,将养老服务设施建设纳入城乡规划和土地利用总体规划,统筹安排养老服务设施建设用地及所需物资。

公益性养老服务设施用地,可以依法使用国有划拨土地或者农民集体所有的土地。

养老服务设施用地,非经法定程序不得改变用途。

第四十一条　政府投资兴办的养老机构,应当优先保障经济困难的孤寡、失能、高龄等老年人的服务需求。

第四十二条　国务院有关部门制定养老服务设施建设、养老服务质量和养老服务职业等标准,建立健全养老机构分类管理和养老服务评估制度。

各级人民政府应当规范养老服务收费项目和标准,加强监督和管理。

第四十三条　设立公益性养老机构,应当依法办理相应的登记。

设立经营性养老机构,应当在市场监督管理部门办理登记。

养老机构登记后即可开展服务活动,并向县级以上人民政府民政部门备案。

第四十四条　地方各级人民政府加强对本行政区域养老机构管理工作的领导,建立养老机构综合监管制度。

县级以上人民政府民政部门负责养老机构的指导、监督和管理,其他有关部门依照职责分工对养老机构实施监督。

第四十五条　县级以上人民政府民政部门依法履行监督检查职责,可以采取下列措施:

(一)向养老机构和个人了解情况;

(二)进入涉嫌违法的养老机构进行现场检查;

(三)查阅或者复制有关合同、票据、账簿及其他有关资料;

(四)发现养老机构存在可能危及人身健康和生命财产安全风险的,责令限期改正,逾期不改正的,责令停业整顿。

县级以上人民政府民政部门调查养老机构涉嫌违法的行为,应当遵守《中华人民共和国行政强制法》和其他有关法律、行政法规的规定。

第四十六条　养老机构变更或者终止的,应当妥善安置收住的老年人,并依照规定到有关部门办理手续。有关部门应当为养老机构妥善安置老年人提供帮助。

第四十七条　国家建立健全养老服务人才培养、使用、评价和激励制度,依法规范用工,促进从业人员劳动报酬合理增长,发展专职、兼职和志愿者相结合的养老服务队伍。

国家鼓励高等学校、中等职业学校和职业培训机构设置相关专业或者培训项目,培养养老服务专业人才。

第四十八条　养老机构应当与接受服务的老年人或者其代理人签订服务协议,明确双方的权利、义务。

养老机构及其工作人员不得以任何方式侵害老年人的权益。

第四十九条　国家鼓励养老机构投保责任保险,鼓励保险公司承保责任保险。

第五十条　各级人民政府和有关部门应当将老年医疗卫生服务纳入城乡医疗卫生服务规划,将老年人健康管理和常见病预防等纳入国家基本公共卫生服务项目。鼓励为老年人提供保健、护理、临终关怀等服务。

国家鼓励医疗机构开设针对老年病的专科或者门诊。

医疗卫生机构应当开展老年人的健康服务和疾病防治工作。

第五十一条　国家采取措施,加强老年医学的研究和人才培养,提高老年病的预防、治疗、科研水平,促进老年病的早期发现、诊断和治疗。

国家和社会采取措施,开展各种形式的健康教育,普及老年保健知识,增强老年人自我保健意识。

第五十二条　国家采取措施,发展老龄产业,将老龄产业列入国家扶持行业目录。扶持和引导企业开发、生产、经营适应老年人需要的用品和提供相关的服务。

第五章　社会优待

第五十三条　县级以上人民政府及其有关部门根据经济社会发展情况和老年人的特殊需要,制定优待老年人的办法,逐步提高优待水平。

对常住在本行政区域内的外埠老年人给予同等优待。

第五十四条　各级人民政府和有关部门应当为老年人及时、便利地领取养老金、结算医疗费和享受其他物质帮助提供条件。

第五十五条 各级人民政府和有关部门办理房屋权属关系变更、户口迁移等涉及老年人权益的重大事项时，应当就办理事项是否为老年人的真实意思表示进行询问，并依法优先办理。

第五十六条 老年人因其合法权益受侵害提起诉讼交纳诉讼费确有困难的，可以缓交、减交或者免交；需要获得律师帮助，但无力支付律师费用的，可以获得法律援助。

鼓励律师事务所、公证处、基层法律服务所和其他法律服务机构为经济困难的老年人提供免费或者优惠服务。

第五十七条 医疗机构应当为老年人就医提供方便，对老年人就医予以优先。有条件的地方，可以为老年人设立家庭病床，开展巡回医疗、护理、康复、免费体检等服务。

提倡为老年人义诊。

第五十八条 提倡与老年人日常生活密切相关的服务行业为老年人提供优先、优惠服务。

城市公共交通、公路、铁路、水路和航空客运，应当为老年人提供优待和照顾。

第五十九条 博物馆、美术馆、科技馆、纪念馆、公共图书馆、文化馆、影剧院、体育场馆、公园、旅游景点等场所，应当对老年人免费或者优惠开放。

第六十条 农村老年人不承担兴办公益事业的筹劳义务。

第六章 宜居环境

第六十一条 国家采取措施，推进宜居环境建设，为老年人提供安全、便利和舒适的环境。

第六十二条 各级人民政府在制定城乡规划时，应当根据人口老龄化发展趋势、老年人口分布和老年人的特点，统筹考虑适合老年人的公共基础设施、生活服务设施、医疗卫生设施和文化体育设施建设。

第六十三条 国家制定和完善涉及老年人的工程建设标准体系，在规划、设计、施工、监理、验收、运行、维护、管理等环节加强相关标准的实施与监督。

第六十四条 国家制定无障碍设施工程建设标准。新建、改建和扩建道路、公共交通设施、建筑物、居住区等，应当符合国家无障碍设施工程建设标准。

各级人民政府和有关部门应当按照国家无障碍设施工程建设标准，优先推进与老年人日常生活密切相关的公共服务设施的改造。

无障碍设施的所有人和管理人应当保障无障碍设施正常使用。

第六十五条 国家推动老年宜居社区建设，引导、支持老年宜居住宅的开发，推动和扶持老年人家庭无障碍设施的改造，为老年人创造无障碍居住环境。

第七章 参与社会发展

第六十六条 国家和社会应当重视、珍惜老年人的知识、技能、经验和优良品德，发挥老年人的专长和作用，保障老年人参与经济、政治、文化和社会生活。

第六十七条 老年人可以通过老年人组织，开展有益身心健康的活动。

第六十八条 制定法律、法规、规章和公共政策，涉及老年人权益重大问题的，应当听取老年人和老年人组织的意见。

老年人和老年人组织有权向国家机关提出老年人权益保障、老龄事业发展等方面的意见和建议。

第六十九条 国家为老年人参与社会发展创造条件。根据社会需要和可能，鼓励老年人在自愿和量力的情况下，从事下列活动：

（一）对青少年和儿童进行社会主义、爱国主义、集体主义和艰苦奋斗等优良传统教育；

（二）传授文化和科技知识；

（三）提供咨询服务；

（四）依法参与科技开发和应用；

（五）依法从事经营和生产活动；

（六）参加志愿服务、兴办社会公益事业；

（七）参与维护社会治安、协助调解民间纠纷；

（八）参加其他社会活动。

第七十条 老年人参加劳动的合法收入受法律保护。

任何单位和个人不得安排老年人从事危害其身心健康的劳动或者危险作业。

第七十一条 老年人有继续受教育的权利。

国家发展老年教育，把老年教育纳入终身教育体系，鼓励社会办好各类老年学校。

各级人民政府对老年教育应当加强领导，统一规划，加大投入。

第七十二条 国家和社会采取措施，开展适合老年人的群众性文化、体育、娱乐活动，丰富老年人的精神文化生活。

第八章 法律责任

第七十三条 老年人合法权益受到侵害的，被侵害人或者其代理人有权要求有关部门处理，或者依法向人民法院提起诉讼。

人民法院和有关部门，对侵犯老年人合法权益的申诉、控告和检举，应当依法及时受理，不得推诿、拖延。

第七十四条 不履行保护老年人合法权益职责的部门或者组织，其上级主管部门应当给予批评教育，责令改正。

国家工作人员违法失职，致使老年人合法权益受到损害的，由其所在单位或者上级机关责令改正，或者依法给予处分；构成犯罪的，依法追究刑事责任。

第七十五条 老年人与家庭成员因赡养、扶养或者住房、财产等发生纠纷,可以申请人民调解委员会或者其他有关组织进行调解,也可以直接向人民法院提起诉讼。

人民调解委员会或者其他有关组织调解前款纠纷时,应当通过说服、疏导等方式化解矛盾和纠纷;对有过错的家庭成员,应当给予批评教育。

人民法院对老年人追索赡养费或者扶养费的申请,可以依法裁定先予执行。

第七十六条 干涉老年人婚姻自由,对老年人负有赡养义务、扶养义务而拒绝赡养、扶养,虐待老年人或者对老年人实施家庭暴力的,由有关单位给予批评教育;构成违反治安管理行为的,依法给予治安管理处罚;构成犯罪的,依法追究刑事责任。

第七十七条 家庭成员盗窃、诈骗、抢夺、侵占、勒索、故意损毁老年人财物,构成违反治安管理行为的,依法给予治安管理处罚;构成犯罪的,依法追究刑事责任。

第七十八条 侮辱、诽谤老年人,构成违反治安管理行为的,依法给予治安管理处罚;构成犯罪的,依法追究刑事责任。

第七十九条 养老机构及其工作人员侵害老年人人身和财产权益,或者未按照约定提供服务的,依法承担民事责任;有关主管部门依法给予行政处罚;构成犯罪的,依法追究刑事责任。

第八十条 对养老机构负有管理和监督职责的部门及其工作人员滥用职权、玩忽职守、徇私舞弊的,对直接负责的主管人员和其他直接责任人员依法给予处分;构成犯罪的,依法追究刑事责任。

第八十一条 不按规定履行优待老年人义务的,由有关主管部门责令改正。

第八十二条 涉及老年人的工程不符合国家规定的标准或者无障碍设施所有人、管理人未尽到维护和管理职责的,由有关主管部门责令改正;造成损害的,依法承担民事责任;对有关单位、个人依法给予行政处罚;构成犯罪的,依法追究刑事责任。

第九章 附 则

第八十三条 民族自治地方的人民代表大会,可以根据本法的原则,结合当地民族风俗习惯的具体情况,依照法定程序制定变通的或者补充的规定。

第八十四条 本法施行前设立的养老机构不符合本法规定条件的,应当限期整改。具体办法由国务院民政部门制定。

第八十五条 本法自2013年7月1日起施行。

中共中央、国务院
关于加强新时代老龄工作的意见

(2021年11月18日)

有效应对我国人口老龄化,事关国家发展全局,事关亿万百姓福祉,事关社会和谐稳定,对于全面建设社会主义现代化国家具有重要意义。为实施积极应对人口老龄化国家战略,加强新时代老龄工作,提升广大老年人的获得感、幸福感、安全感,现提出如下意见。

一、总体要求

(一)指导思想。以习近平新时代中国特色社会主义思想为指导,深入贯彻党的十九大和十九届二中、三中、四中、五中、六中全会精神,加强党对老龄工作的全面领导,坚持以人民为中心,将老龄事业发展纳入统筹推进"五位一体"总体布局和协调推进"四个全面"战略布局,实施积极应对人口老龄化国家战略,把积极老龄观、健康老龄化理念融入经济社会发展全过程,加快建立健全相关政策体系和制度框架,大力弘扬中华民族孝亲敬老传统美德,促进老年人养老服务、健康服务、社会保障、社会参与、权益保障等统筹发展,推动老龄事业高质量发展,走出一条中国特色积极应对人口老龄化道路。

(二)工作原则

——坚持党委领导、各方参与。在党委领导下,充分发挥政府在推进老龄事业发展中的主导作用,社会参与,全民行动,提供基本公益性产品和服务。充分发挥市场机制作用,提供多元化产品和服务。注重发挥家庭养老、个人自我养老的作用,形成多元主体责任共担、老龄化风险梯次应对、老龄事业人人参与的新局面。

——坚持系统谋划、综合施策。坚持应对人口老龄化和促进经济社会发展相结合,坚持满足老年人需求和解决人口老龄化问题相结合,确保各项政策制度目标一致、功能协调、衔接配套,努力实现老有所养、老有所医、老有所为、老有所学、老有所乐,让老年人共享改革发展成果、安享幸福晚年。

——坚持整合资源、协调发展。构建居家社区机构相协调、医养康养相结合的养老服务体系和健康支撑体系,大力发展普惠型养老服务,促进资源均衡配置。推动老龄事业与产业、基本公共服务与多样化服务协调发展,统筹好老年人经济保障、服务保障、精神关爱、作用发挥等制度安排。

——坚持突出重点、夯实基层。聚焦解决老年人健康养老最紧迫的问题,坚持保基本、促公平、提质量,尽力而为、量力而行,确保人人享有基本养老服务和公共卫生服务。推动老龄工作重心下移、资源下沉,推进各项优质服务资源向老年人的身边、家边和周边聚集,确保老龄工作有人抓、老年人事情有人管、老年人困难有人帮。

二、健全养老服务体系

(三)创新居家社区养老服务模式。以居家养老为基础,通过新建、改造、租赁等方式,提升社区养老服务能力,着力发展街道(乡镇)、城乡社区两级养老服务网络,依托社区发展以居家为基础的多样化养老服务。地方政府负责探索并推动建立专业机构服务向社区、家庭延伸的模式。街道社区负责引进助餐、助洁等方面为老服务的专业机构,社区组织引进相关护理专业机构开展居家老年人照护工作;政府加强组织和监督工作。政府要培育为老服务的专业机构并指导其规范发展,引导其按照保本微利原则提供持续稳定的服务。充分发挥社区党组织作用,探索"社区+物业+养老服务"模式,增加居家社区养老服务有效供给。结合实施乡村振兴战略,加强农村养老服务机构和设施建设,鼓励以村级邻里互助点、农村幸福院为依托发展互助式养老服务。

(四)进一步规范发展机构养老。各地要通过直接建设、委托运营、购买服务、鼓励社会投资等多种方式发展机构养老。加强光荣院建设。公办养老机构优先接收经济困难的失能(含失智,下同)、孤寡、残疾、高龄老年人以及计划生育特殊家庭老年人、为社会作出重要贡献的老年人,并提供符合质量和安全标准的养老服务。建立健全养老服务标准和评价体系,加强对养老机构建设和运营的监管。研究制定养老机构预收服务费用管理政策,严防借养老机构之名圈钱、欺诈等行为。

(五)建立基本养老服务清单制度。各地要根据财政承受能力,制定基本养老服务清单,对健康、失能、经济困难等不同老年人群体,分类提供养老保障、生活照料、康复照护、社会救助等适宜服务。清单要明确服务对象、服务内容、服务标准和支出责任,并根据经济社会发展和科技进步进行动态调整。2022年年底前,建立老年人能力综合评估制度,评估结果在全国范围内实现跨部门互认。

(六)完善多层次养老保障体系。扩大养老保险覆盖面,逐步实现基本养老保险法定人员全覆盖。尽快实现企业职工基本养老保险全国统筹。健全基本养老保险待遇调整机制,保障领取待遇人员基本生活。大力发展企业(职业)年金,促进和规范发展第三支柱养老保险。探索通过资产收益扶持制度等增加农村老年人收入。

三、完善老年人健康支撑体系

(七)提高老年人健康服务和管理水平。在城乡社区加强老年健康知识宣传和教育,提升老年人健康素养。做好国家基本公共卫生服务项目中的老年人健康管理和中医药健康管理服务。加强老年人群重点慢性病的早期筛查、干预及分类指导,开展老年口腔健康、老年营养改善、老年痴呆防治和心理关爱行动。提高失能、重病、高龄、低收入等老年人家庭医生签约服务覆盖率,提高服务质量。扩大医联体提供家庭病床、上门巡诊等居家医疗服务的范围,可按规定报销相关医疗费用,并按成本收取上门服务费。积极发挥基层医疗卫生机构为老年人提供优质中医药服务的作用。加强国家老年医学中心建设,布局若干区域老年医疗中心。加强综合性医院老年医学科建设,2025年二级及以上综合性医院设立老年医学科的比例达到60%以上。通过新建改扩建、转型发展,加强老年医院、康复医院、护理院(中心、站)以及优抚医院建设,建立医疗、康复、护理双向转诊机制。加快建设老年友善医疗机构,方便老年人看病就医。

(八)加强失能老年人长期照护服务和保障。完善从专业机构到社区、家庭的长期照护服务模式。按照实施国家基本公共卫生服务项目的有关要求,开展失能老年人健康评估与健康服务。依托护理院(中心、站)、社区卫生服务中心、乡镇卫生院等医疗卫生机构以及具备服务能力的养老服务机构,为失能老年人提供长期照护服务。发展"互联网+照护服务",积极发展家庭养老床位和护理型养老床位,方便失能老年人照护。稳步扩大安宁疗护试点。稳妥推进长期护理保险制度试点,指导地方重点围绕进一步明确参保和保障范围、持续健全多元筹资机制、完善科学合理的待遇政策、健全待遇支付等相关标准及管理办法、创新管理和服务机制等方面,加大探索力度,完善现有试点,积极探索建立适合我国国情的长期护理保险制度。

(九)深入推进医养结合。卫生健康部门与民政部门要建立医养结合工作沟通协调机制。鼓励医疗卫生机构与养老机构开展协议合作,进一步整合优化基层医疗卫生和养老资源,提供医疗救治、康复护理、生活照料等服务。支持医疗资源丰富地区的二级及以下医疗机构转型,开展康复、护理以及医养结合服务。鼓励基层积极探索相关机构养老床位和医疗床位按需规范转换机制。根据服务老年人的特点,合理核定养老机构举办的医疗机构医保限额。2025年年底前,每个县(市、区、旗)有1所以上具有医养结合功能的县级特困人员供养服务机构。符合条件的失能老年人家庭成员参加照护知识等相关职业技能培训的,按规定给予职业培训补贴。创建一批医养结合示范项目。

四、促进老年人社会参与

(十)扩大老年教育资源供给。将老年教育纳入终身教育体系,教育部门牵头研究制定老年教育发展政策举措,采取促进有条件的学校开展老年教育、支持社会力量举办老年大学(学校)等办法,推动扩大老年教育资源供给。鼓励有条件的高校、职业院校开设老年教育相关专业和课程,加强学科专业建设与人才培养。编写老年教育相关教材。依托国家开放大学筹建国家老年大学,搭建全国老年教育资源共享和公共服务平台。创新机制,推动部门、行业企业、高校举办的老年大学面向社会开放办学。发挥社区党组织作用,引导老年人践行积极老龄观。

(十一)提升老年文化体育服务质量。各地要通过盘活空置房、公园、商场等资源,支持街道社区积极为老年人提供文化体育活动场所,组织开展文化体育活动,实现老年人娱乐、健身、文化、学习、消费、交流等方面的结合。培养服务老年人的基层文体骨干,提高老年人文体活动参与率和质量,文化和旅游、体育等部门要做好规范和管理工作。开发老年旅游产品和线路,提升老年旅游服务质量和水平。县(市、区、旗)应整合现有资源,设置适宜老年人的教育、文化、健身、交流场所。

(十二)鼓励老年人继续发挥作用。把老有所为同老有所养结合起来,完善就业、志愿服务、社区治理等政策措施,充分发挥低龄老年人作用。在学校、医院等单位和社区家政服务、公共场所服务管理等行业,探索适合老年人灵活就业的模式。鼓励各地建立老年人才信息库,为有劳动意愿的老年人提供职业介绍、职业技能培训和创新创业指导服务。深入开展“银龄行动”,引导老年人以志愿服务形式积极参与基层民主监督、移风易俗、民事调解、文教卫生等活动。发挥老年人在家庭教育、家风传承等方面的积极作用。加强离退休干部职工基层党组织建设,鼓励老党员将组织关系及时转入经常居住地,引导老党员结合自身实际发挥作用,做好老年人精神关爱和思想引导工作。全面清理阻碍老年人继续发挥作用的不合理规定。

五、着力构建老年友好型社会

(十三)加强老年人权益保障。各地在制定涉及老年人利益的具体措施时,应当征求老年人的意见。建立完善涉老婚姻家庭、侵权等矛盾纠纷的预警、排查、调解机制。加强老年人权益保障普法宣传,提高老年人运用法律手段保护权益意识,提升老年人识骗防骗能力,依法严厉打击电信网络诈骗等违法犯罪行为。完善老年人监护制度。倡导律师事务所、公证机构、基层法律服务机构为老年人减免法律服务费用,为行动不便的老年人提供上门服务。建立适老型诉讼服务机制,为老年人便利参与诉讼活动提供保障。

(十四)打造老年宜居环境。各地要落实无障碍环境建设法规、标准和规范,将无障碍环境建设和适老化改造纳入城市更新、城镇老旧小区改造、农村危房改造、农村人居环境整治提升统筹推进,让老年人参与社会活动更加安全方便。鼓励有条件的地方对经济困难的失能、残疾、高龄等老年人家庭,实施无障碍和适老化改造、配备生活辅助器具、安装紧急救援设施、开展定期探访。指导各地结合实际出台家庭适老化改造标准,鼓励更多家庭开展适老化改造。在鼓励推广新技术、新方式的同时,保留老年人熟悉的传统服务方式,加快推进老年人常用的互联网应用和移动终端、APP应用适老化改造。实施“智慧助老”行动,加强数字技能教育和培训,提升老年人数字素养。

(十五)强化社会敬老。深入开展人口老龄化国情教育。实施中华孝亲敬老文化传承和创新工程。持续推进“敬老月”系列活动和“敬老文明号”创建活动,结合时代楷模、道德模范等评选,选树表彰孝亲敬老先进典型。将为老志愿服务纳入中小学综合实践活动和高校学生实践内容。加强老年优待工作,在出行便利、公交乘车优惠、门票减免等基础上,鼓励有条件的地方进一步拓展优待项目、创新优待方式,在醒目位置设置老年人优待标识,推广老年人凭身份证等有效证件享受各项优待政策。有条件的地方要积极落实外埠老年人同等享受本地优待项目。发挥广播电视和网络视听媒体作用,加强宣传引导,营造良好敬老社会氛围。

六、积极培育银发经济

(十六)加强规划引导。编制相关专项规划,完善支持政策体系,统筹推进老龄产业发展。鼓励各地利用资源禀赋优势,发展具有比较优势的特色老龄产业。统筹利用现有资金渠道支持老龄产业发展。

(十七)发展适老产业。相关部门要制定老年用品和服务目录、质量标准,推进养老服务认证工作。各地要推动与老年人生活密切相关的食品、药品以及老年用品行业规范发展,提升传统养老产品的功能和质量,满足老年人特殊需要。企业和科研机构要加大老年产品的研发制造力度,支持老年产品关键技术成果转化、服务创新,积极开发适合老年人使用的智能化、辅助性以及康复治疗等方面的产品,满足老年人提高生活品质的需求。鼓励企业设立线上线下融合、为老年人服务的专柜和体验店,大力发展养老相关产业融合的新模式新业态。鼓励商业保险机构在风险可控和商业可持续的前提下,开发老年人健康保险产品。市场监管等部门要加强监管,严厉打击侵犯知识产权和制售假冒伪劣商品等违法行为,维护老年人消费权益,营造安全、便利、诚信的消费环境。

七、强化老龄工作保障

(十八)加强人才队伍建设。加快建设适应新时代老龄工作需要的专业技术、社会服务、经营管理、科学研究人才和志愿者队伍。用人单位要切实保障养老服务人员工资待遇,建立基于岗位价值、能力素质、业绩贡献的工资分配机制,提升养老服务岗位吸引力。大力发展相关职业教育,开展养老服务、护理人员培养培训行动。对在养老机构举办的医疗机构中工作的医务人员,可参照执行基层医务人员相关激励政策。

(十九)加强老年设施供给。各地区各有关部门要按照《国家积极应对人口老龄化中长期规划》的要求,加强老年设施建设,加快实现养老机构护理型床位、老年大学(学校)等方面目标。各地要制定出台新建城区、新建居住区、老城区和已建成居住区配套养老服务设施设置标准和实施细则,落实养老服务设施设置要求。新建城区、新建居住区按标准要求配套建设养老服务设施实现全覆盖。到2025年,老城区和已建成居住区结合城镇老旧小区改造、居住区建设补短板行动等补建一批养老服务设施,“一刻钟”居家养老服务圈逐步完善。依托和整合现有资源,发展街道(乡镇)区域养老服务中心或为老服务综合体，按规定统筹相关政策和资金，为老年人提供综合服务。探索老年人服务设施与儿童服务设施集中布局、共建共享。

（二十）完善相关支持政策。适应今后一段时期老龄事业发展的资金需求，完善老龄事业发展财政投入政策和多渠道筹资机制，继续加大中央预算内投资支持力度，进一步提高民政部本级和地方各级政府用于社会福利事业的彩票公益金用于养老服务的比例。各地要统筹老龄事业发展，加大财政投入力度，各相关部门要用好有关资金和资源，积极支持老龄工作。研究制定住房等支持政策，完善阶梯电价、水价、气价政策，鼓励成年子女与老年父母就近居住或共同生活，履行赡养义务、承担照料责任。对赡养负担重的零就业家庭成员，按规定优先安排公益性岗位。落实相关财税支持政策，鼓励各类公益性社会组织或慈善组织加大对老龄事业投入。开展全国示范性老年友好型社区创建活动，将老年友好型社会建设情况纳入文明城市评选的重要内容。

（二十一）强化科学研究和国际合作。加大国家科技计划（专项、基金等）、社会科学基金等对老龄领域科技创新、基础理论和政策研究的支持力度。支持研究机构和高校设立老龄问题研究智库。推进跨领域、跨部门、跨层级的涉老数据共享，健全老年人生活状况统计调查和发布制度。积极参与全球及地区老龄问题治理，推动实施积极应对人口老龄化国家战略与落实2030年可持续发展议程相关目标有效对接。

八、加强组织实施

（二十二）加强党对老龄工作的领导。各级党委和政府要高度重视并切实做好老龄工作，坚持党政主要负责人亲自抓、负总责，将老龄工作重点任务纳入重要议事日程，纳入经济社会发展规划，纳入民生实事项目，纳入工作督查和绩效考核范围。加大制度创新、政策供给、财政投入力度，健全老龄工作体系，强化基层力量配备。发挥城乡基层党组织和基层自治组织作用，把老龄工作组织好、落实好，做到层层有责任、事事有人抓。建设党性坚强、作风优良、能力过硬的老龄工作干部队伍。综合运用应对人口老龄化能力评价结果，做好老龄工作综合评估。

（二十三）落实工作责任。全国老龄工作委员会要强化老龄工作统筹协调职能，加强办事机构能力建设。卫生健康部门要建立完善老年健康支撑体系，组织推进医养结合，组织开展疾病防治、医疗照护、心理健康与关怀服务等老年健康工作。发展改革部门要拟订并组织实施养老服务体系规划，推进老龄事业和产业发展与国家发展规划、年度计划相衔接，推动养老服务业发展。民政部门要统筹推进、督促指导、监督管理养老服务工作，拟订养老服务体系政策、标准并组织实施，承担老年人福利和特殊困难老年人救助工作。教育、科技、工业和信息化、公安、财政、人力资源社会保障、自然资源、住房城乡建设、商务、文化和旅游、金融、税务、市场监管、体育、医疗保障等部门要根据职责分工，认真履职，主动作为，及时解决工作中遇到的问题，形成齐抓共管、整体推进的工作机制。

（二十四）广泛动员社会参与。注重发挥工会、共青团、妇联、残联等群团组织和老年人相关社会组织、机关企事业单位的作用，结合各自职能开展老龄工作，形成全社会共同参与的工作格局。发挥中国老龄协会推动老龄事业发展的作用，提升基层老年协会能力。及时总结推广老龄工作先进典型经验。

关于切实解决老年人运用智能技术困难的实施方案

（2020年11月15日　国办发〔2020〕45号）

随着我国互联网、大数据、人工智能等信息技术快速发展，智能化服务得到广泛应用，深刻改变了生产生活方式，提高了社会治理和服务效能。但同时，我国老龄人口数量快速增长，不少老年人不会上网、不会使用智能手机，在出行、就医、消费等日常生活中遇到不便，无法充分享受智能化服务带来的便利，老年人面临的"数字鸿沟"问题日益凸显。为进一步推动解决老年人在运用智能技术方面遇到的困难，让老年人更好共享信息化发展成果，制定本实施方案。

一、总体要求

（一）指导思想。

以习近平新时代中国特色社会主义思想为指导，全面贯彻党的十九大和十九届二中、三中、四中、五中全会精神，认真落实党中央、国务院决策部署，坚持以人民为中心的发展思想，满足人民日益增长的美好生活需要，持续推动充分兼顾老年人需要的智慧社会建设，坚持传统服务方式与智能化服务创新并行，切实解决老年人在运用智能技术方面遇到的困难。要适应统筹推进疫情防控和经济社会发展工作要求，聚焦老年人日常生活涉及的高频事项，做实做细为老年人服务的各项工作，增进包括老年人在内的全体人民福祉，让老年人在信息化发展中有更多获得感、幸福感、安全感。

（二）基本原则。

——坚持传统服务与智能创新相结合。在各类日常生活场景中，必须保留老年人熟悉的传统服务方式，充分保障在运用智能技术方面遇到困难的老年人的基本需求；紧贴老年人需求特点，加强技术创新，提供更多智能化适老产品和服务，促进智能技术有效推广应用，让老年人能用、会用、敢用、想用。坚持"两条腿"走路，使智能化管理适应老年人，并不断改进传统服务方式，为老年人提供更周全、更贴心、更直接的便利化服务。

——坚持普遍适用与分类推进相结合。强化问题导向和需求导向，针对老年人在运用智能技术方面遇到的突出共性问题，采取普遍适用的政策措施；对不同年龄段、不同教育背景、不同生活环境和习惯的老年人，分类梳理问题，采取有针对性、差异化的解决方案。

——坚持线上服务与线下渠道相结合。线上服务更加突出人性化，充分考虑老年人习惯，便利老年人使用；线下渠道进一步优化流程、简化手续，不断改善老年人服务体验，与线上服务融合发展、互为补充，有效发挥兜底保障作用。

——坚持解决突出问题与形成长效机制相结合。围绕老年人出行、就医等高频事项和服务场景，抓紧解决目前最突出、最紧迫的问题，切实保障老年人基本服务需要；在此基础上，逐步总结积累经验，不断提升智能化服务水平，完善服务保障措施，建立长效机制，有效解决老年人面临的“数字鸿沟”问题。

（三）工作目标。

在政策引导和全社会的共同努力下，有效解决老年人在运用智能技术方面遇到的困难，让广大老年人更好地适应并融入智慧社会。到2020年底前，集中力量推动各项传统服务兜底保障到位，抓紧出台实施一批解决老年人运用智能技术最迫切问题的有效措施，切实满足老年人基本生活需要。到2021年底前，围绕老年人出行、就医、消费、文娱、办事等高频事项和服务场景，推动老年人享受智能化服务更加普遍，传统服务方式更加完善。到2022年底前，老年人享受智能化服务水平显著提升、便捷性不断提高，线上线下服务更加高效协同，解决老年人面临的“数字鸿沟”问题的长效机制基本建立。

二、重点任务

（一）做好突发事件应急响应状态下对老年人的服务保障。

1. 完善“健康码”管理，便利老年人通行。在新冠肺炎疫情低风险地区，除机场、铁路车站、长途客运站、码头和出入境口岸等特殊场所外，一般不用查验“健康码”。对需查验“健康码”的情形，通过技术手段将疫情防控相关信息自动整合到“健康码”，简化操作以适合老年人使用，优化代办代查等服务，继续推行“健康码”全国互通互认，便利老年人跨省通行。各地不得将“健康码”作为人员通行的唯一凭证，对老年人等群体可采取凭有效身份证件登记、持纸质证明通行、出示“通信行程卡”作为辅助行程证明等替代措施。有条件的地区和场所要为不使用智能手机的老年人设立“无健康码通道”，做好服务引导和健康核验。在充分保障个人信息安全前提下，推进“健康码”与身份证、社保卡、老年卡、市民卡等互相关联，逐步实现“刷卡”或“刷脸”通行。对因“健康码”管理不当造成恶劣影响的，根据有关规定追究相关单位负责人的责任。（国家卫生健康委、国务院办公厅、工业和信息化部牵头，相关部门及各地区按职责分工负责）

2. 保障居家老年人基本服务需要。在常态化疫情防控下，为有效解决老年人无法使用智能技术获取线上服务的困难，组织、引导、便利城乡社区组织、机构和各类社会力量进社区、进家庭，建设改造一批社区便民消费服务中心、老年服务站等设施，为居家老年人特别是高龄、空巢、失能、留守等重点群体，提供生活用品代购、餐饮外卖、家政预约、代收代缴、挂号取药、上门巡诊、精神慰藉等服务，满足基本生活需求。（商务部、民政部、住房城乡建设部、国家卫生健康委等相关部门按职责分工负责）

3. 在突发事件处置中做好帮助老年人应对工作。在自然灾害、事故灾难、公共卫生事件、社会安全事件等突发事件处置中，需采取必要智能化管理和服务措施的，要在应急预案中统筹考虑老年人需要，提供突发事件风险提醒、紧急避难场所提示、“一键呼叫”应急救援、受灾人群转移安置、救灾物资分配发放等线上线下相结合的应急救援和保障服务，切实解决在应急处置状态下老年人遇到的困难。（应急部、公安部、国家卫生健康委等相关部门及各地区按职责分工负责）

（二）便利老年人日常交通出行。

4. 优化老年人打车出行服务。保持巡游出租车扬召服务，对电召服务要提高电话接线率。引导网约车平台公司优化约车软件，增设“一键叫车”功能，鼓励提供电召服务，对老年人订单优先派车。鼓励有条件的地区在医院、居民集中居住区、重要商业区等场所设置出租车候客点、临时停靠点，依托信息化技术提供便捷叫车服务。（交通运输部及各地区按职责分工负责）

5. 便利老年人乘坐公共交通。铁路、公路、水运、民航客运等公共交通在推行移动支付、电子客票、扫码乘车的同时，保留使用现金、纸质票据、凭证、证件等乘车的方式。推进交通一卡通全国互通与便捷应用，支持具备条件的社保卡增加交通出行功能，鼓励有条件的地区推行老年人凭身份证、社保卡、老年卡等证件乘坐城市公共交通。（交通运输部、人力资源社会保障部、人民银行、国家铁路局、中国民航局、中国国家铁路集团有限公司及各地区按职责分工负责）

6. 提高客运场站人工服务质量。进一步优化铁路、公路、水运、民航客运场站及轨道交通站点等窗口服务，方便老年人现场购票、打印票证等。高速公路服务区、收费站等服务窗口要为老年人提供咨询、指引等便利化服务和帮助。（交通运输部、国家铁路局、中国民航局、中国国家铁路集团有限公司及各地区按职责分工负责）

（三）便利老年人日常就医。

7. 提供多渠道挂号等就诊服务。医疗机构、相关企业要完善电话、网络、现场等多种预约挂号方式，畅通家人、亲友、家庭签约医生等代老年人预约挂号的渠道。医疗机构应提供一定比例的现场号源，保留挂号、缴费、打印检验报告等人工服务窗口，配备导医、志愿者、社会工作者等人员，为老年人提供就医指导服务。（国家卫生健康委负责）

8. 优化老年人网上办理就医服务。简化网上办理就医服务流程，为老年人提供语音引导、人工咨询等服务，逐步实现网上就医服务与医疗机构自助挂号、取号叫号、缴费、打印检验报告、取药等智能终端设备的信息联通，促进线上线下服务结合。推动通过身份证、社保卡、医保电子凭证等多介质办理就医服务，鼓励在就医场景中应用人脸识别等技术。（国家卫生健康委、公安部、人力资源社会保障部、国家医保局等相关部门按职责分工负责）

9. 完善老年人日常健康管理服务。搭建社区、家庭健康服务平台，由家庭签约医生、家人和有关市场主体等共同帮助老年人获得健康监测、咨询指导、药品配送等服务，满足居家老年人的健康需求。推进"互联网+医疗健康"，提供老年人常见病、慢性病复诊以及随访管理等服务。（国家卫生健康委负责）

（四）便利老年人日常消费。

10. 保留传统金融服务方式。任何单位和个人不得以格式条款、通知、声明、告示等方式拒收现金。要改善服务人员的面对面服务，零售、餐饮、商场、公园等老年人高频消费场所，水电气费等基本公共服务费用、行政事业性费用缴纳，应支持现金和银行卡支付。强化支付市场监管，加大对拒收现金、拒绝银行卡支付等歧视行为的整改整治力度。采用无人销售方式经营的场所应以适当方式满足消费者现金支付需求，提供现金支付渠道或转换手段。（人民银行、国家发展改革委、市场监管总局、银保监会等相关部门按职责分工负责）

11. 提升网络消费便利化水平。完善金融科技标准规则体系，推动金融机构、非银行支付机构、网络购物平台等优化用户注册、银行卡绑定和支付流程，打造大字版、语音版、民族语言版、简洁版等适老手机银行 APP，提升手机银行产品的易用性和安全性，便利老年人进行网上购物、订餐、家政、生活缴费等日常消费。平台企业要提供技术措施，保障老年人网上支付安全。（人民银行、国家发展改革委、市场监管总局、银保监会、证监会等相关部门按职责分工负责）

（五）便利老年人文体活动。

12. 提高文体场所服务适老化程度。需要提前预约的公园、体育健身场馆、旅游景区、文化馆、图书馆、博物馆、美术馆等场所，应保留人工窗口和电话专线，为老年人保留一定数量的线下免预约进入或购票名额。同时，在老年人进入文体场馆和旅游景区、获取电子讲解、参与全民健身赛事活动、使用智能健身器械等方面，提供必要的信息引导、人工帮扶等服务。（文化和旅游部、住房城乡建设部、体育总局及各地区按职责分工负责）

13. 丰富老年人参加文体活动的智能化渠道。引导公共文化体育机构、文体和旅游类企业提供更多适老化智能产品和服务，同时开展丰富的传统文体活动。针对广场舞、群众歌咏等方面的普遍文化需求，开发设计适老智能应用，为老年人社交娱乐提供便利。探索通过虚拟现实、增强现实等技术，帮助老年人便捷享受在线游览、观赛观展、体感健身等智能化服务。（文化和旅游部、体育总局及各地区按职责分工负责）

（六）便利老年人办事服务。

14. 优化"互联网+政务服务"应用。依托全国一体化政务服务平台，进一步推进政务数据共享，优化政务服务，实现社会保险待遇资格认证、津贴补贴领取等老年人高频服务事项便捷办理，让老年人办事少跑腿。各级政务服务平台应具备授权代理、亲友代办等功能，方便不使用或不会操作智能手机的老年人网上办事。（国务院办公厅牵头，相关部门及各地区按职责分工负责）

15. 设置必要的线下办事渠道。医疗、社保、民政、金融、电信、邮政、信访、出入境、生活缴费等高频服务事项，应保留线下办理渠道，并向基层延伸，为老年人提供便捷服务。实体办事大厅和社区综合服务设施应合理布局，配备引导人员，设置现场接待窗口，优先接待老年人，推广"一站式"服务，进一步改善老年人办事体验。（相关部门及各地区按职责分工负责）

（七）便利老年人使用智能化产品和服务应用。

16. 扩大适老化智能终端产品供给。推动手机等智能终端产品适老化改造，使其具备大屏幕、大字体、大音量、大电池容量、操作简单等更多方便老年人使用的特点。积极开发智能辅具、智能家居和健康监测、养老照护等智能化终端产品。发布智慧健康养老产品及服务推广目录，开展应用试点示范，按照适老化要求推动智能终端持续优化升级。建设智慧健康养老终端设备的标准及检测公共服务平台，提升适老产品设计、研发、检测、认证能力。（工业和信息化部、国家发展改革委、民政部、国家卫生健康委、市场监管总局等相关部门按职责分工负责）

17. 推进互联网应用适老化改造。组织开展互联网网站、移动互联网应用改造专项行动，重点推动与老年人日常生活密切相关的政务服务、社区服务、新闻媒体、社交通讯、生活购物、金融服务等互联网网站、移动互联网应用适老化改造，使其更便于老年人获取信息和服务。优化界面交互、内容朗读、操作提示、语音辅助等功能，鼓励企业提供相关应用的"关怀模式"、"长辈模式"，将无障碍改造纳入日常更新维护。（工业和信息化部、民政部、人民银行、银保监会、证监会等相关部门按职责分工负责）

18. 为老年人提供更优质的电信服务。持续开展电信普遍服务试点，推进行政村移动网络深度覆盖，加强偏远地区养老服务机构、老年活动中心等宽带网络覆盖。开展精准降费，引导基础电信企业为老年人提供更大力度的资费优惠，合理降低使用手机、宽带网络等服务费用，推出更多老年人用得起的电信服务。（工业和信息化部、财政部、国务院国资委等相关部门按职责分工负责）

19. 加强应用培训。针对老年人在日常生活中的应用困难，组织行业培训机构和专家开展专题培训，提高老年人对智能化应用的操作能力。鼓励亲友、村(居)委会、老年协会、志愿者等为老年人运用智能化产品提供相应帮助。引导厂商针对老年人常用的产品功能,设计制作专门的简易使用手册和视频教程。(教育部、民政部、人力资源社会保障部、国家卫生健康委、市场监管总局、银保监会、证监会等相关部门按职责分工负责)

20. 开展老年人智能技术教育。将加强老年人运用智能技术能力列为老年教育的重点内容,通过体验学习、尝试应用、经验交流、互助帮扶等,引导老年人了解新事物、体验新科技,积极融入智慧社会。推动各类教育机构针对老年人研发全媒体课程体系,通过老年大学(学校)、养老服务机构、社区教育机构等,采取线上线下相结合的方式,帮助老年人提高运用智能技术的能力和水平。(教育部、民政部、国家卫生健康委等相关部门按职责分工负责)

三、保障措施

(一)健全工作机制。建立国家发展改革委、国家卫生健康委牵头,国务院各有关部门参加的部际联席会议机制,明确责任分工,加强统筹推进。各地区要建立相应的协调推进机制,细化措施,确保任务落实到位。各地区、各部门要加强工作协同和信息共享,形成统筹推进、分工负责、上下联动的工作格局,加快建立解决老年人面临"数字鸿沟"问题的长效机制。(国家发展改革委、国家卫生健康委牵头,相关部门及各地区按职责分工负责)

(二)完善法规规范。加快推动制修订涉及现金支付、消费者权益保护、防止诈骗、无障碍改造等相关法律法规和部门规章,切实保障老年人使用智能技术过程中的各项合法权益。各地区要围绕出行、就医、消费、办事等老年人日常生活需求,推动相关地方性法规制修订工作。加快推进相关智能产品与服务标准规范制修订工作,进一步明确有关适老化的内容。(司法部、人民银行、市场监管总局牵头,相关部门及各地区按职责分工负责)

(三)加强督促落实。各地区、各部门要明确时间表、路线图,建立工作台账,强化工作落实,及时跟踪分析涉及本地区、本部门的相关政策措施实施进展及成效,确保各项工作措施做实做细、落实到位。要定期组织开展第三方评估,对各地区公共服务适老化程度进行评价,相关结果纳入积极应对人口老龄化综合评估。(国家发展改革委、国家卫生健康委牵头,相关部门及各地区按职责分工负责)

(四)保障信息安全。规范智能化产品和服务中的个人信息收集、使用等活动,综合运用多种安全防护手段和风险控制措施,加强技术监测和监督检查,及时曝光并处置违法违规获取个人信息等行为。实施常态化综合监管,加强与媒体等社会力量合作,充分依托各类举报投诉热线,严厉打击电信网络诈骗等违法行为,切实保障老年人安全使用智能化产品、享受智能化服务。(中央网信办、工业和信息化部、公安部等相关部门按职责分工负责)

(五)开展普及宣传。将促进老年人融入智慧社会作为人口老龄化国情教育重点,加强正面宣传和舆论监督,弘扬尊重和关爱老年人的社会风尚。开展智慧助老行动,将解决老年人运用智能技术困难相关工作,纳入老年友好城市、老年友好社区、老年宜居环境等建设中统筹推进。对各地区有益做法、典型案例及时进行宣传报道,组织开展经验交流。(中央宣传部、中央网信办、国家发展改革委、住房城乡建设部、国家卫生健康委等相关部门按职责分工负责)

民政部办公厅关于在疫情防控期间加强特殊困难老年人关爱服务的通知

(2020年3月6日 民办发〔2020〕7号)

各省、自治区、直辖市民政厅(局),新疆生产建设兵团民政局:

为深入贯彻习近平总书记2月23日在统筹推进新冠肺炎疫情防控和经济社会发展工作部署会议上关于加强对因疫情在家孤寡老人等群体走访探视并提供必要帮助的重要指示精神,认真落实《国务院应对新型冠状病毒感染肺炎疫情联防联控机制关于进一步做好民政服务机构疫情防控工作的通知》(国发明电〔2020〕6号)有关要求,切实加强特殊困难老年人关爱服务,现将有关工作通知如下:

一、全面开展摸底排查。各地要依托留守老年人信息系统、养老服务信息系统等现有信息平台,采取县级民政部门统一组织,动员和指导乡镇政府(街道办事处)、村(居)委会协助落实的方式,对特殊困难老年人开展全面摸底排查,重点排查独居特别是生活不能自理的特困老年人,受疫情影响在家隔离的孤寡老人,家人被隔离收治而无人照料的老年人,暂时无人照料的留守(空巢)老年人等特殊群体;重点排查家庭疫情防控情况,赡养人、托养人履行赡养、托养义务情况,日常生活需求、健康状况、精神状态等情况。要切实摸清真实底数,科学评估风险等级,明确分类帮扶措施,建立关爱服务台账,确保将全部特殊困难老年人纳入关爱服务范围。

二、及时做好关爱服务工作。各地要充分发挥各类基层组织、社会组织、社区工作者、社会工作者、志愿者等方面力量作用,按照就近就便原则,将帮扶对象落实到人,分类开展走访探视和关爱服务工作。对因疫情影响在家隔离的孤寡老人尤其是特困老年人,要每天至少开展1次走访探视,根据实际需求提供必要帮扶;对基本生活存在困难、符合相关救助条件的,要及时协助其申请临时救助、最低生活保障等社会救助。对因家人参加抗击疫情或被隔离收治而无人照料的老年人,要协助落实临时照料人,及时做好生活照料、康复护理等工作,密切关注其身体状况和心理变化、精神状态。对因疫情影响在家隔离的留守(空巢)、独居老年人特别是高龄、失能老年人,要在督促家庭成员履行赡养(扶养)责任的基础上,引导村(居)委会、物业企业、社会组织、志愿者等,有针对性地开展走访探视、精神慰藉、生活照料等服务;赡养人、扶养人无法履行赡养(扶养)责任的,请所在乡镇政府(街道办事处)及时介入,通过政府购买服务、组织志愿服务等方式,提供必要帮扶。对因疫情影响不能返回养老机构的老年人,要指导相关养老机构加强信息沟通,及时掌握老年人心理状态和身体状况,必要时给予心理疏导和上门服务。对于出现疑似症状的上述老年人,要在当地新冠肺炎疫情联防联控机制统一安排和卫生防疫部门指导下,按照规定立即送诊,不得迟报、瞒报、漏报。一旦确诊,要协助做好相关密切接触者的隔离管理,防止疫情扩散。支持社会工作服务机构、心理咨询服务机构、社会工作者、心理咨询员等专业力量通过电话、咨询热线、网络微信、上门服务等线上线下方式,及时为有需要的特殊困难老年人提供心理调适、情绪疏导、精神抚慰等服务。

三、支持养老机构优先保障生活不能自理特殊困难老年人入住需求。对本区域生活不能自理且有集中供养意愿的特困老人,生活不能自理、无人照料且有机构入住需求的其他孤寡老人,因子女参加抗击疫情、因疫情接受隔离治疗等原因导致家庭无力照顾、确需返院和拟新入住的生活不能自理老年人,各地民政部门要指导、支持养老机构按照《民政部办公厅关于分区分级精准做好养老服务机构疫情防控与恢复服务秩序工作的指导意见》(民办发〔2020〕6号)要求,在确保疫情防控到位的前提下,为其安排入住服务,保障生活不能自理特殊困难老年人的刚性服务需求。

四、落实工作责任强化监督指导。各县级民政部门要落实主管职责,主动争取当地党委和政府支持,将疫情防控期间特殊困难老年人关爱服务纳入联防联控工作重点,组织开展特殊困难老年人排查摸底,督促落实关爱服务举措,采取"四不两直"方式进行抽查,对发现的问题和困难及时研究解决,将不担当不作为问题及时向相关部门报告,确保国家和当地相关政策要求落实到位。要协调推动乡镇政府(街道办事处)落实属地责任,确保辖区内特殊困难老年人走访探视、生活照料、帮扶服务等工作落实到位。要发挥村(居)委会的协管职责,指导和支持其组织专门力量,深入特殊困难老年人家庭,具体开展关爱服务工作。要指导乡镇政府(街道办事处),以村(居)委会为依托,建立关爱服务工作机制,织密服务网络,做到责任到单位、到具体人员,覆盖所有需要帮扶服务的特殊困难老年人。要强化家庭成员赡养(扶养)主责,督促赡养(扶养)人履行经济供养、生活照料、精神慰藉等义务。

各省(区、市)民政厅(局)要将特殊困难老年人关爱服务作为重点工作,加强工作指导与督查,切实做好特殊困难老年人的基本生活和服务保障。相关落实情况和经验做法及时向当地联防联控机制和民政部报告。

民政部、市场监管总局关于强化养老服务领域食品安全管理的意见

(2021年9月13日　民发〔2021〕73号)

各省、自治区、直辖市民政厅(局)、市场监管局(厅、委),新疆生产建设兵团民政局、市场监管局:

为深入贯彻党的十九届五中全会关于提高食品安全保障水平的决策部署和《中共中央 国务院关于深化改革加强食品安全工作的意见》要求,严格执行《中华人民共和国食品安全法》及其实施条例、《中华人民共和国老年人权益保障法》、《国务院办公厅关于建立健全养老服务综合监管制度促进养老服务高质量发展的意见》和《养老机构管理办法》有关规定,严格落实食品安全"四个最严"要求,强化养老服务领域食品安全管理,更好保障老年人身体健康和生命安全,现提出以下意见。

一、全面履行主体责任

(一)*养老服务机构要严格履行食品安全管理主体责任。*养老服务机构要落实食品安全管理"院长负责制"。养老服务机构法定代表人或者主要负责人要定期组织研究部署食品安全工作,参加食品安全检查,研究重大隐患整改措施,下达隐患整改任务并跟踪落实。养老服务机构引入社会力量承包或者委托经营食堂的,应当选择依法取得食品经营许可、能承担食品安全责任、社会信誉良好的餐饮服务单位,并督促承包方、受委托方落实食品安全管理制度。对造成食物中毒事故、存在食品安全问题且拒不整改,或连续整改不到位的承包方或者受委托经营方,应及时终止承包或委托经营行为。养老服务机构从供餐单位订餐的,应当严把订餐质量关,对供餐单位提供的食品进行查验。鼓励有条件的养老服务机构购买食品安全责任保险,发挥保险的风险分担机制作用。妥善储存、加工、分发社会捐赠食品,防止浪费。

(二)*食品生产经营者要严格履行食品安全主体责任。*为养老服务机构提供餐饮服务的食品生产经营者(包括:自营内设食堂的养老服务机构、经营养老服务机构内设食堂的承包经营方和受委托经营方、为养老服务机构集体用餐提供订餐服务的供餐单位),应当依照法律、法规和食品安全标准开展食品经营活动,保证食品安全。依法取得食品经营许可,建立健全食品安全管理制度,按照国家有关规定设置食品安全管理机构、配备专职食品安全管理人员。建立并严格执行从业人员健康管理制度。患有卫生健康部门规定的有碍食品安全疾病的人员,不得从事接触直接入口食品的工作。从事接触直接入口食品工作的从业人员应当每年进行健康检查,取得健康证明后方可上岗工作,必要时应当进行临时健康检查。从业人员应保持良好个人卫生,按照要求定期参加食品安全

培训考核。每周至少开展一次食品安全自查,发现食品安全问题和隐患,立即采取整改措施;有发生食品安全事故潜在风险的,应当立即停止食品生产经营活动,并向所在地县级人民政府市场监管部门报告。配备与生产经营活动相适应的加工、贮存等设施设备,定期清洗与维护。应当制定并实施原料控制要求,建立进货查验制度,保证购进原辅料的质量符合国家食品安全标准。严格执行餐饮服务食品安全操作规范和食品安全国家标准、餐饮服务通用卫生规范,及时检查待加工食品及原料;食品保存条件和保存期限符合要求。餐具、饮具清洗消毒要执行相关规定,保证干净、卫生。养老服务机构食堂、供餐单位应当对每餐次加工制作的每种食品成品进行留样。每个品种留样量应当满足检验需要,不得少于125克,并记录留样食品名称、留样量、留样时间、留样人员等。为居家老年人提供配餐助餐服务的社区老年餐桌、老年食堂等,应当依法取得食品生产经营许可,依照法律法规和食品安全标准从事食品经营行为,保证食品安全。

二、进一步强化监督管理责任

(三)民政部门要切实履行养老服务机构主管部门管理责任。加强对养老服务机构食品安全教育和日常管理。将养老服务机构食堂的质量安全作为养老服务机构质量建设的重要内容,纳入综合监管。指导、督促养老服务机构建立健全食品安全管理制度,落实食品安全管理责任。督促养老服务机构提高食品安全意识和能力,定期开展食品安全自查自纠,及时消除食品安全风险隐患。督促养老服务机构在发生疑似食源性疾病事件后,立即采取措施,及时按照《中华人民共和国食品安全法》等有关规定报告,并配合做好相关工作。配合有关部门依法依规处理食品安全事故。

(四)市场监管部门要压实养老服务机构和社区老年配餐助餐服务场所食品安全监管责任。加大对供餐单位、养老服务机构食堂的监督检查力度。接到疑似食源性疾病报告后,应当及时会同有关部门,科学、规范进行调查和采样送检,按规定进行报告和通报。对发生食源性疾病的食品经营者,要重点检查食品经营者是否存在食品安全违法违规行为,是否隐瞒、谎报、缓报,是否隐匿、伪造、毁灭、转移有关证据。对引发食源性疾病暴发,且查明存在违法违规行为的食品经营者,要依法严惩重处。强化行政执法与刑事司法衔接,及时向公安机关移送涉嫌犯罪的食品安全案件。

三、大力推进社会共治

(五)充分发挥"明厨亮灶"作用。具备条件的养老服务机构可以采用透明、视频等方式公开展示餐饮服务相关过程。采用透明式展示的,可以通过透明玻璃窗、玻璃墙展示;采用视频方式展示的,可以通过视频直播方式公开展示,也可以将视频信息上传至网络平台。市场监管、民政部门要积极借助"互联网+明厨亮灶",检查供餐单位和养老服务机构食堂的食品安全状况,主动查找、发现食品安全问题及风险隐患。通过"明厨亮灶"发现违法违规问题的,可以向市场监管部门举报。市场监管部门要对投诉举报的问题进行调查核实,属于违法行为的,及时依法处理。

(六)大力开展食品安全科普宣教。养老服务机构要将食品安全知识纳入岗位培训内容,每半年至少开展一次食品安全宣传教育活动,提升食品安全事故防范能力。养老服务机构要结合所服务的老年人特点,重点宣传普及合理膳食理念和就餐安全知识,提醒老年人常见的食品安全误区,帮助养成良好个人卫生习惯,提升食品安全意识和健康素养。民政、市场监管部门要积极开发使用多种形式科普宣传载体,包括编写和发放书面材料,制作和展示海报、展板,编制和播放公益广告、短视频、微电影、动漫等。

(七)有序组织院民委员会及家属代表参与检查。养老服务机构在食品采购、食堂管理、供餐单位选择等涉及老年人用餐的重大事项上,应当以适当方式听取老年人和家属代表的意见。畅通食品安全投诉渠道,听取老年人和家属对食堂、外购食品以及其他有关食品安全的意见建议。具备条件的养老服务机构可以邀请院民委员会代表参与食品安全自查。养老服务机构对院民委员会代表发现或者反映的食品安全问题或风险隐患,应当查明情况,制定整改措施并落实。

四、以担当负责精神抓落实

(八)提高政治站位。各级民政、市场监管部门要坚持以人民为中心的发展思想,进一步增强责任感、使命感、紧迫感,落实管理监督责任,积极防范化解养老服务领域食品安全风险。

(九)加大扶持力度。鼓励社会力量参与,通过慈善捐赠、开展志愿服务等多种形式提升养老服务机构和社区老年餐桌食品安全水平。

(十)加强督导检查。各级市场监管、民政部门要联合采取明查暗访、飞行检查、实地检查、查阅资料、约谈等方式,对养老服务领域食品安全工作开展督导检查。对工作中发现的问题,要督促相关责任单位和人员及时整改。

国务院关于加快发展养老服务业的若干意见

(2013年9月6日 国发〔2013〕35号)

近年来,我国养老服务业快速发展,以居家为基础、社区为依托、机构为支撑的养老服务体系初步建立,老年消费市场初步形成,老龄事业发展取得显著成就。但总体上看,养老服务和产品供给不足、市场发育不健全、城乡区域发展不平衡等问题还十分突出。当前,我国已经进入人口老龄化快速发展阶段,2012年底我国60周岁以上老年人口已达1.94亿,2020年将达到2.43亿,2025年将突破3亿。积极应对人口老龄化,加快发展养老服务业,不断满足老年人持续增长的养老服务需求,是全面建成小康社会的一项紧迫任务,有利于保障老年人权益,共享改革发展成果,有利于拉动消费、扩大就业,有利于保障和改善民生,促进社会和谐,推进经济社会持续健康发展。为加快发展养老服务业,现提出以下意见:

一、总体要求

(一)指导思想。以邓小平理论、"三个代表"重要思想、科学发展观为指导,从国情出发,把不断满足老年人日益增长的养老服务需求作为出发点和落脚点,充分发挥政府作用,通过简政放权,创新体制机制,激发社会活力,充分发挥社会力量的主体作用,健全养老服务体系,满足多样化养老服务需求,努力使养老服务业成为积极应对人口老龄化、保障和改善民生的重要举措,成为扩大内需、增加就业、促进服务业发展、推动经济转型升级的重要力量。

(二)基本原则。

深化体制改革。加快转变政府职能,减少行政干预,加大政策支持和引导力度,激发各类服务主体活力,创新服务供给方式,加强监督管理,提高服务质量和效率。

坚持保障基本。以政府为主导,发挥社会力量作用,着力保障特殊困难老年人的养老服务需求,确保人人享有基本养老服务。加大对基层和农村养老服务的投入,充分发挥社区基层组织和服务机构在居家养老服务中的重要作用。支持家庭、个人承担应尽责任。

注重统筹发展。统筹发展居家养老、机构养老和其他多种形式的养老,实行普遍性服务和个性化服务相结合。统筹城市和农村养老资源,促进基本养老服务均衡发展。统筹利用各种资源,促进养老服务与医疗、家政、保险、教育、健身、旅游等相关领域的互动发展。

完善市场机制。充分发挥市场在资源配置中的基础性作用,逐步使社会力量成为发展养老服务业的主体,营造平等参与、公平竞争的市场环境,大力发展养老服务业,提供方便可及、价格合理的各类养老服务和产品,满足养老服务多样化、多层次需求。

(三)发展目标。到2020年,全面建成以居家为基础、社区为依托、机构为支撑的,功能完善、规模适度、覆盖城乡的养老服务体系。养老服务产品更加丰富,市场机制不断完善,养老服务业持续健康发展。

——服务体系更加健全。生活照料、医疗护理、精神慰藉、紧急救援等养老服务覆盖所有居家老年人。符合标准的日间照料中心、老年人活动中心等服务设施覆盖所有城市社区,90%以上的乡镇和60%以上的农村社区建立包括养老服务在内的社区综合服务设施和站点。全国社会养老床位数达到每千名老年人35-40张,服务能力大幅增强。

——产业规模显著扩大。以老年生活照料、老年产品用品、老年健康服务、老年体育健身、老年文化娱乐、老年金融服务、老年旅游等为主的养老服务业全面发展,养老服务业增加值在服务业中的比重显著提升,全国机构养老、居家社区生活照料和护理等服务提供1000万个以上就业岗位。涌现一批带动力强的龙头企业和大批富有创新活力的中小企业,形成一批养老服务产业集群,培育一批知名品牌。

——发展环境更加优化。养老服务业政策法规体系建立健全,行业标准科学规范,监管机制更加完善,服务质量明显提高。全社会积极应对人口老龄化意识显著增强,支持和参与养老服务的氛围更加浓厚,养老志愿服务广泛开展,敬老、养老、助老的优良传统得到进一步弘扬。

二、主要任务

(一)统筹规划发展城市养老服务设施。

加强社区服务设施建设。各地在制定城市总体规划、控制性详细规划时,必须按照人均用地不少于0.1平方米的标准,分区分级规划设置养老服务设施。凡新建城区和新建居住(小)区,要按标准要求配套建设养老服务设施,并与住宅同步规划、同步建设、同步验收、同步交付使用;凡老城区和已建成居住(小)区无养老服务设施或现有设施没有达到规划和建设指标要求的,要限期通过购置、置换、租赁等方式开辟养老服务设施,不得挪作他用。

综合发挥多种设施作用。各地要发挥社区公共服务设施的养老服务功能,加强社区养老服务设施与社区服务中心(服务站)及社区卫生、文化、体育等设施的功能衔接,提高使用率,发挥综合效益。要支持和引导各类社会主体参与社区综合服务设施建设、运营和管理,提供养老服务。各类具有为老年人服务功能的设施都要向老年人开放。

实施社区无障碍环境改造。各地区要按照无障碍设施工程建设相关标准和规范,推动和扶持老年人家庭无障碍设施的改造,加快推进坡道、电梯等与老年人日常生活密切相关的公共设施改造。

(二)大力发展居家养老服务网络。

发展居家养老便捷服务。地方政府要支持建立以企业和机构为主体、社区为纽带、满足老年人各种服务需求的居家养老服务网络。要通过制定扶持政策措施,积极培育居家养老服务企业和机构,上门为居家老年人提供助餐、助浴、助洁、助急、助医等定制服务;大力发展家政服务,为居家老年人提供规范化、个性化服务。要支持社区建立健全居家养老服务网点,引入社会组织和家政、物业等企业,兴办或运营老年供餐、社区日间照料、老年活动中心等形式多样的养老服务项目。

发展老年人文体娱乐服务。地方政府要支持社区利用社区公共服务设施和社会场所组织开展适合老年人的群众性文化体育娱乐活动,并发挥群众组织和个人积极性。鼓励专业养老机构利用自身资源优势,培训和指导社区养老服务组织和人员。

发展居家网络信息服务。地方政府要支持企业和机构运用互联网、物联网等技术手段创新居家养老服务模式，发展老年电子商务，建设居家服务网络平台，提供紧急呼叫、家政预约、健康咨询、物品代购、服务缴费等适合老年人的服务项目。

（三）大力加强养老机构建设。

支持社会力量举办养老机构。各地要根据城乡规划布局要求，统筹考虑建设各类养老机构。在资本金、场地、人员等方面，进一步降低社会力量举办养老机构的门槛，简化手续、规范程序、公开信息，行政许可和登记机关要核定其经营和活动范围，为社会力量举办养老机构提供便捷服务。鼓励境外资本投资养老服务业。鼓励个人举办家庭化、小型化的养老机构，社会力量举办规模化、连锁化的养老机构。鼓励民间资本对企业厂房、商业设施及其他可利用的社会资源进行整合和改造，用于养老服务。

办好公办保障性养老机构。各地公办养老机构要充分发挥托底作用，重点为"三无"（无劳动能力，无生活来源，无赡养人和扶养人、或者其赡养人和扶养人确无赡养和扶养能力）老人、低收入老人、经济困难的失能半失能老人提供无偿或低收费的供养、护理服务。政府举办的养老机构要实用适用，避免铺张豪华。

开展公办养老机构改制试点。有条件的地方可以积极稳妥地把专门面向社会提供经营性服务的公办养老机构转制成为企业，完善法人治理结构。政府投资兴办的养老床位应逐步通过公建民营等方式管理运营，积极鼓励民间资本通过委托管理等方式，运营公有产权的养老服务设施。要开展服务项目和设施安全标准化建设，不断提高服务水平。

（四）切实加强农村养老服务。

健全服务网络。要完善农村养老服务托底的措施，将所有农村"三无"老人全部纳入五保供养范围，适时提高五保供养标准，健全农村五保供养机构功能，使农村五保老人老有所养。在满足农村五保对象集中供养需求的前提下，支持乡镇五保供养机构改善设施条件并向社会开放，提高运营效益，增强护理功能，使之成为区域性养老服务中心。依托行政村、较大自然村，充分利用农家大院等，建设日间照料中心、托老所、老年活动站等互助性养老服务设施。农村党建活动室、卫生室、农家书屋、学校等要支持农村养老服务工作，组织与老年人相关的活动。充分发挥村民自治功能和老年协会作用，督促家庭成员承担赡养责任，组织开展邻里互助、志愿服务，解决周围老年人实际生活困难。

拓宽资金渠道。各地要进一步落实《中华人民共和国老年人权益保障法》有关农村可以将未承包的集体所有的部分土地、山林、水面、滩涂等作为养老基地，收益供老年人养老的要求。鼓励城市资金、资产和资源投向农村养老服务。各级政府用于养老服务的财政性资金应重点向农村倾斜。

建立协作机制。城市公办养老机构要与农村五保供养机构等建立长期稳定的对口支援和合作机制，采取人员培训、技术指导、设备支援等方式，帮助其提高服务能力。建立跨地区养老服务协作机制，鼓励发达地区支援欠发达地区。

（五）繁荣养老服务消费市场。

拓展养老服务内容。各地要积极发展养老服务业，引导养老服务企业和机构优先满足老年人基本服务需求，鼓励和引导相关行业积极拓展适合老年人特点的文化娱乐、体育健身、休闲旅游、健康服务、精神慰藉、法律服务等服务，加强残障老年人专业化服务。

开发老年产品用品。相关部门要围绕适合老年人的衣、食、住、行、医、文化娱乐等需要，支持企业积极开发安全有效的康复辅具、食品药品、服装服饰等老年用品用具和服务产品，引导商场、超市、批发市场设立老年用品专区专柜；开发老年住宅、老年公寓等老年生活设施，提高老年人生活质量。引导和规范商业银行、保险公司、证券公司等金融机构开发适合老年人的理财、信贷、保险等产品。

培育养老产业集群。各地和相关行业部门要加强规划引导，在制定相关产业发展规划中，要鼓励发展养老服务中小企业，扶持发展龙头企业，实施品牌战略，提高创新能力，形成一批产业链长、覆盖领域广、经济社会效益显著的产业集群。健全市场规范和行业标准，确保养老服务和产品质量，营造安全、便利、诚信的消费环境。

（六）积极推进医疗卫生与养老服务相结合。

推动医养融合发展。各地要促进医疗卫生资源进入养老机构、社区和居民家庭。卫生管理部门要支持有条件的养老机构设置医疗机构。医疗机构要积极支持和发展养老服务，有条件的二级以上综合医院应当开设老年病科，增加老年病床数量，做好老年慢病防治和康复护理。要探索医疗机构与养老机构合作新模式，医疗机构、社区卫生服务机构应当为老年人建立健康档案，建立社区医院与老年人家庭医疗契约服务关系，开展上门诊视、健康查体、保健咨询等服务，加快推进面向养老机构的远程医疗服务试点。医疗机构应当为老年人就医提供优先优惠服务。

健全医疗保险机制。对于养老机构内设的医疗机构，符合城镇职工（居民）基本医疗保险和新型农村合作医疗定点条件的，可申请纳入定点范围，入住的参保老年人按规定享受相应待遇。完善医保报销制度，切实解决老年人异地就医结算问题。鼓励老年人投保健康保险、长期护理保险、意外伤害保险等人身保险产品，鼓励和引导商业保险公司开展相关业务。

三、政策措施

（一）完善投融资政策。要通过完善扶持政策，吸引更多民间资本，培育和扶持养老服务机构和企业发展。各级政府要加大投入，安排财政性资金支持养老服务体系建设。金融机构要加快金融产品和服务方式创新，拓宽信贷抵押担保物范围，积极支持养老服务业的信贷需求。积极利用财政贴息、小额贷款等方式，加大对养老服务业的有效信贷投入。加强养老服务机构信用体系建设，增强对信贷资金和民间资本的吸引力。逐步放宽限制，鼓励和支持保险资金投资养老服务领域。开展老年人住房反向抵押养老保险试点。鼓励养老机构投保责任保险，保险公司承保责任保险。地方政府发行债券应统筹考虑养老服务需求，积极支持养老服务设施建设及无障碍改造。

（二）完善土地供应政策。各地要将各类养老服务设施建设用地纳入城镇土地利用总体规划和年度用地计划，合理安排用地需求，可将闲置的公益性用地调整为养老服务用地。民间资本举办的非营利性养老机构与政府举办的养老机构享有相同的土地使用政策，可以依法使用国有划拨土地或者农民集体所有的土地。对营利性养老机构建设用地，按照国家对经营性用地依法办理有偿用地手续的规定，优先保障供应，并制定支持发展养老服务业的土地政策。严禁养老设施建设用地改变用途、容积率等土地使用条件搞房地产开发。

（三）完善税费优惠政策。落实好国家现行支持养老服务业的税收优惠政策，对养老机构提供的养护服务免征营业税，对非营利性养老机构自用房产、土地免征房产税、城镇土地使用税，对符合条件的非营利性养老机构按规定免征企业所得税。对企事业单位、社会团体和个人向非营利性养老机构的捐赠，符合相关规定的，准予在计算其应纳税所得额时按税法规定比例扣除。各地对非营利性养老机构建设要免征有关行政事业性收费，对营利性养老机构建设要减半征收有关行政事业性收费，对养老机构提供养老服务也要适当减免行政事业性收费，养老机构用电、用水、用气、用热按居民生活类价格执行。境内外资本举办养老机构享有同等的税收等优惠政策。制定和完善支持民间资本投资养老服务业的税收优惠政策。

（四）完善补贴支持政策。各地要加快建立养老服务评估机制，建立健全经济困难的高龄、失能等老年人补贴制度。可根据养老服务的实际需要，推进民办公助，选择通过补助投资、贷款贴息、运营补贴、购买服务等方式，支持社会力量举办养老服务机构，开展养老服务。民政部本级彩票公益金和地方各级政府用于社会福利事业的彩票公益金，要将50%以上的资金用于支持发展养老服务业，并随老年人口的增加逐步提高投入比例。国家根据经济社会发展水平和职工平均工资增长、物价上涨等情况，进一步完善落实基本养老、基本医疗、最低生活保障等政策，适时提高养老保障水平。要制定政府向社会力量购买养老服务的政策措施。

（五）完善人才培养和就业政策。教育、人力资源社会保障、民政部门要支持高等院校和中等职业学校增设养老服务相关专业和课程，扩大人才培养规模，加快培养老年医学、康复、护理、营养、心理和社会工作等方面的专门人才，制定优惠政策，鼓励大专院校对口专业毕业生从事养老服务工作。充分发挥开放大学作用，开展继续教育和远程学历教育。依托院校和养老机构建立养老服务实训基地。加强老年护理人员专业培训，对符合条件的参加养老护理职业培训和职业技能鉴定的从业人员按规定给予相关补贴，在养老机构和社区开发公益性岗位，吸纳农村转移劳动力、城镇就业困难人员等从事养老服务。养老机构应当积极改善养老护理员工作条件，加强劳动保护和职业防护，依法缴纳养老保险费等社会保险费，提高职工工资福利待遇。养老机构应当科学设置专业技术岗位，重点培养和引进医生、护士、康复医师、康复治疗师、社会工作者等具有执业或职业资格的专业技术人员。对在养老机构就业的专业技术人员，执行与医疗机构、福利机构相同的执业资格、注册考核政策。

（六）鼓励公益慈善组织支持养老服务。引导公益慈善组织重点参与养老机构建设、养老产品开发、养老服务提供，使公益慈善组织成为发展养老服务业的重要力量。积极培育发展为老服务公益慈善组织。积极扶持发展各类为老服务志愿组织，开展志愿服务活动。倡导机关干部和企事业单位职工、大中小学学生参加养老服务志愿活动。支持老年群众组织开展自我管理、自我服务和服务社会活动。探索建立健康老人参与志愿互助服务的工作机制，建立为老志愿服务登记制度。弘扬敬老、养老、助老的优良传统，支持社会服务窗口行业开展“敬老文明号”创建活动。

四、组织领导

（一）健全工作机制。各地要将发展养老服务业纳入国民经济和社会发展规划，纳入政府重要议事日程，进一步强化工作协调机制，定期分析养老服务业发展情况和存在问题，研究推进养老服务业加快发展的各项政策措施，认真落实养老服务业发展的相关任务要求。民政部门要切实履行监督管理、行业规范、业务指导职责，推动公办养老机构改革发展。发展改革部门要将养老服务业发展纳入经济社会发展规划、专项规划和区域规划，支持养老服务设施建设。财政部门要在现有资金渠道内对养老服务业发展给予财力保障。老龄工作机构要发挥综合协调作用，加强督促指导工作。教育、公安消防、卫生计生、国土、住房城乡建设、人力资源社会保障、商务、税务、金融、质检、工商、食品药品监管等部门要各司其职，及时解决工作中遇到的问题，形成齐抓共管、整体推进的工作格局。

（二）开展综合改革试点。国家选择有特点和代表性的区域进行养老服务业综合改革试点，在财政、金融、用地、税费、人才、技术及服务模式等方面进行探索创新，先行先试，完善体制机制和政策措施，为全国养老服务业发展提供经验。

（三）强化行业监管。民政部门要健全养老服务的准入、退出、监管制度，指导养老机构完善管理规范、改善服务质量，及时查处侵害老年人人身财产权益的违法行为和安全生产责任事故。价格主管部门要探索建立科学合理的养老服务定价机制，依法确定适用政府定价和政府指导价的范围。有关部门要建立完善养老服务业统计制度。其他各有关部门要依照职责分工对养老服务业实施监督管理。要积极培育和发展养老服务行业协会，发挥行业自律作用。

（四）加强督促检查。各地要加强工作绩效考核，确保责任到位、任务落实。省级人民政府要根据本意见要求，结合实际抓紧制定实施意见。国务院相关部门要根据本部门职责，制定具体政策措施。民政部、发展改革委、财政部等部门要抓紧研究提出促进民间资本参与养老服务业的具体措施和意见。发展改革委、民政部和老龄工作机构要加强对本意见执行情况的监督检查，及时向国务院报告。国务院将适时组织专项督查。

（此件有删减）

国务院办公厅转发卫生计生委等部门关于推进医疗卫生与养老服务相结合指导意见的通知

（2015年11月18日 国办发〔2015〕84号）

各省、自治区、直辖市人民政府，国务院各部委、各直属机构：

卫生计生委、民政部、发展改革委、财政部、人力资源社会保障部、国土资源部、住房城乡建设部、全国老龄办、中医药局《关于推进医疗卫生与养老服务相结合的指导意见》已经国务院同意，现转发给你们，请认真贯彻执行。

关于推进医疗卫生与养老服务相结合的指导意见

（卫生计生委 民政部 发展改革委 财政部 人力资源社会保障部 国土资源部 住房城乡建设部 全国老龄办 中医药局）

为贯彻落实《国务院关于加快发展养老服务业的若干意见》（国发〔2013〕35号）和《国务院关于促进健康服务业发展的若干意见》（国发〔2013〕40号）等文件要求，进一步推进医疗卫生与养老服务相结合，现提出以下意见。

一、充分认识推进医疗卫生与养老服务相结合的重要性

我国是世界上老年人口最多的国家，老龄化速度较快。失能、部分失能老年人口大幅增加，老年人的医疗卫生服务需求和生活照料需求叠加的趋势越来越显著，健康养老服务需求日益强劲，目前有限的医疗卫生和养老服务资源以及彼此相对独立的服务体系远远不能满足老年人的需要，迫切需要为老年人提供医疗卫生与养老相结合的服务。医疗卫生与养老服务相结合，是社会各界普遍关注的重大民生问题，是积极应对人口老龄化的长久之计，是我国经济发展新常态下重要的经济增长点。加快推进医疗卫生与养老服务相结合，有利于满足人民群众日益增长的多层次、多样化健康养老服务需求，有利于扩大内需、拉动消费、增加就业，有利于推动经济持续健康发展和社会和谐稳定，对稳增长、促改革、调结构、惠民生和全面建成小康社会具有重要意义。

二、基本原则和发展目标

（一）基本原则。

保障基本，统筹发展。把保障老年人基本健康养老需求放在首位，对有需求的失能、部分失能老年人，以机构为依托，做好康复护理服务，着力保障特殊困难老年人的健康养老服务需求；对多数老年人，以社区和居家养老为主，通过医养有机融合，确保人人享有基本健康养老服务。推动普遍性服务和个性化服务协同发展，满足多层次、多样化的健康养老需求。

政府引导，市场驱动。发挥政府在制定规划、出台政策、引导投入、规范市场、营造环境等方面的引导作用，统筹各方资源，推动形成互利共赢的发展格局。充分发挥市场在资源配置中的决定性作用，营造平等参与、公平竞争的市场环境，充分调动社会力量的积极性和创造性。

深化改革，创新机制。加快政府职能转变，创新服务供给和资金保障方式，积极推进政府购买服务，激发各类服务主体潜力和活力，提高医养结合服务水平和效率。加强部门协作，提升政策引导、服务监管等工作的系统性和协同性，促进行业融合发展。

（二）发展目标。

到2017年，医养结合政策体系、标准规范和管理制度初步建立，符合需求的专业化医养结合人才培养制度基本形成，建成一批兼具医疗卫生和养老服务资质和能力的医疗卫生机构或养老机构（以下统称医养结合机构），逐步提升基层医疗卫生机构为居家老年人提供上门服务的能力，80%以上的医疗机构开设为老年人提供挂号、就医等便利服务的绿色通道，50%以上的养老机构能够以不同形式为入住老年人提供医疗卫生服务，老年人健康养老服务可及性明显提升。

到2020年，符合国情的医养结合体制机制和政策法规体系基本建立，医疗卫生和养老服务资源实现有序共享，覆盖城乡、规模适宜、功能合理、综合连续的医养结合服务网络基本形成，基层医疗卫生机构为居家老年人提供上门服务的能力明显提升。所有医疗机构开设为老年人提供挂号、就医等便利服务的绿色通道，所有养老机构能够以不同形式为入住老年人提供医疗卫生服务，基本适应老年人健康养老服务需求。

三、重点任务

（三）建立健全医疗卫生机构与养老机构合作机制。鼓励养老机构与周边的医疗卫生机构开展多种形式的协议合作，建立健全协作机制，本着互利互惠原则，明确双方责任。医疗卫生机构为养老机构开通预约就诊绿色通道，为入住老年人提供医疗巡诊、健康管理、保健咨询、预约就诊、急诊急救、中医养生保健等服务，确保入住老年人能够得到及时有效的医疗救治。养老机构内设的具备条件的医疗机构可作为医院（含中医医院）收治老年人的后期康复护理场所。鼓励二级以上综合医院（含中医医院，下同）与养老机构开展对口支援、合作共建。通过建设医疗养老联合体等多种方式，整合医疗、康复、养老和护理资源，为老年人提供治疗期住院、康复期护理、稳定期生活照料以及临终关怀一体化的健康和养老服务。

（四）支持养老机构开展医疗服务。养老机构可根据服务需求和自身能力，按相关规定申请开办老年病医院、康复医院、护理院、中医医院、临终关怀机构等，也可内设医务室或护理站，提高养老机构提供基本医疗服务的能力。养老机构设置的医疗机构要符合国家法律法规和卫生计生行政部门、中医药管理部门的有关规定，符合医疗机构基本标准，并按规定由相关部门实施准入和管理，依法依规开展医疗卫生服务。卫生计生行政部门和中医药管理部门要加大政策规划支持和技术指导力度。养老机构设置的医疗机构，符合条件的可按规定纳入城乡基本医疗保险定点范围。鼓励执业医师到养老机构设置的医疗机构多点执业，支持有相关专业特长的医师及专业人员在养老机构规范开展疾病预防、营养、中医调理养生等非诊疗行为的健康服务。

（五）推动医疗卫生服务延伸至社区、家庭。充分依托社区各类服务和信息网络平台，实现基层医疗卫生机构与社区养老服务机构的无缝对接。发挥卫生计生系统服务网络优势，结合基本公共卫生服务的开展为老年人建立健康档案，并为65岁以上老年人提供健康管理服务，到2020年65岁以上老年人健康管理率达到70%以上。鼓励为社区高龄、重病、失能、部分失能以及计划生育特殊家庭等行动不便或确有困难的老年人，提供定期体检、上门巡诊、家庭病床、社区护理、健康管理等基本服务。推进基层医疗卫生机构和医务人员与社区、居家养老结合，与老年人家庭建立签约服务关系，为老年人提供连续性的健康管理服务和医疗服务。提高基层医疗卫生机构为居家老年人提供上门服务的能力，规范为居家老年人提供的医疗和护理服务项目，将符合规定的医疗费用纳入医保支付范围。

（六）鼓励社会力量兴办医养结合机构。鼓励社会力量针对老年人健康养老需求，通过市场化运作方式，举办医养结合机构以及老年康复、老年护理等专业医疗机构。在制定医疗卫生和养老相关规划时，要给社会力量举办医养结合机构留出空间。按照“非禁即入”原则，凡符合规划条件和准入资质的，不得以任何理由加以限制。整合审批环节，明确并缩短审批时限，鼓励有条件的地方提供一站式便捷服务。通过特许经营、公建民营、民办公助等模式，支持社会力量举办非营利性医养结合机构。支持企业围绕老年人的预防保健、医疗卫生、康复护理、生活照料、精神慰藉等方面需求，积极开发安全有效的食品药品、康复辅具、日常照护、文化娱乐等老年人用品用具和服务产品。

（七）鼓励医疗卫生机构与养老服务融合发展。鼓励地方因地制宜，采取多种形式实现医疗卫生和养老服务融合发展。统筹医疗卫生与养老服务资源布局，重点加强老年病医院、康复医院、护理院、临终关怀机构建设，公立医院资源丰富的地区可积极稳妥地将部分公立医院转为康复、老年护理等接续性医疗机构。提高综合医院为老年患者服务的能力，有条件的二级以上综合医院要开设老年病科，做好老年慢性病防治和康复护理相关工作。提高基层医疗卫生机构康复、护理床位占比，鼓励其根据服务需求增设老年养护、临终关怀病床。全面落实老年医疗服务优待政策，医疗卫生机构要为老年人特别是高龄、重病、失能及部分失能老年人提供挂号、就诊、转诊、取药、收费、综合诊疗等就医便利服务。有条件的医疗卫生机构可以通过多种形式、依法依规开展养老服务。鼓励各级医疗卫生机构和医务工作志愿者定期为老年人开展义诊。充分发挥中医药（含民族医药，下同）的预防保健特色优势，大力开发中医药与养老服务相结合的系列服务产品。

四、保障措施

（八）完善投融资和财税价格政策。对符合条件的医养结合机构，按规定落实好相关支持政策。拓宽市场化融资渠道，探索政府和社会资本合作（PPP）的投融资模式。鼓励和引导各类金融机构创新金融产品和服务方式，加大金融对医养结合领域的支持力度。有条件的地方可通过由金融和产业资本共同筹资的健康产业投资基金支持医养结合发展。用于社会福利事业的彩票公益金要适当支持开展医养结合服务。积极推进政府购买基本健康养老服务，逐步扩大购买服务范围，完善购买服务内容，各类经营主体平等参与。

（九）加强规划布局和用地保障。各级政府要在土地利用总体规划和城乡规划中统筹考虑医养结合机构发展需要，做好用地规划布局。对非营利性医养结合机构，可采取划拨方式，优先保障用地；对营利性医养结合机构，应当以租赁、出让等有偿方式保障用地，养老机构设置医疗机构，可将在项目中配套建设医疗服务设施相关要求作为土地出让条件，并明确不得分割转让。依法需招标拍卖挂牌出让土地的，应当采取招标拍卖挂牌出让方式。

（十）探索建立多层次长期照护保障体系。继续做好老年人照护服务工作。进一步开发包括长期商业护理保险在内的多种老年护理保险产品，鼓励有条件的地方探索建立长期护理保险制度，积极探索多元化的保险筹资模式，保障老年人长期护理服务需求。鼓励老年人投保长期护理保险产品。建立健全长期照护项目内涵、服务标准以及质量评价等行业规范和体制机制，探索建立从居家、社区到专业机构等比较健全的专业照护服务提供体系。

落实好将偏瘫肢体综合训练、认知知觉功能康复训练、日常生活能力评定等医疗康复项目纳入基本医疗保障范围的政策，为失能、部分失能老年人治疗性康复提供相应保障。

（十一）加强人才队伍建设。做好职称评定、专业技术培训和继续医学教育等方面的制度衔接，对养老机构和医疗卫生机构中的医务人员同等对待。完善薪酬、职称评定等激励机制，鼓励医护人员到医养结合机构执业。建立医疗卫生机构与医养结合机构人员进修轮训机制，促进人才有序流动。将老年医学、康复、护理人才作为急需紧缺人才纳入卫生计生人员培训规划。加强专业技能培训，大力推进养老护理员等职业技能鉴定工作。支持高等院校和中等职业学校增设相关专业课程，加快培养老年医学、康复、护理、营养、心理和社会工作等方面专业人才。

（十二）强化信息支撑。积极开展养老服务和社区服务信息惠民试点，利用老年人基本信息档案、电子健康档案、电子病历等，推动社区养老服务信息平台与区域人口健康信息平台对接，整合信息资源，实现信息共享，为开展医养结合服务提供信息和技术支撑。组织医疗机构开展面向养老机构的远程医疗服务。鼓励各地探索基于互联网的医养结合服务新模式，提高服务的便捷性和针对性。

五、组织实施

（十三）加强组织领导和部门协同。各地区、各有关部门要高度重视，把推进医养结合工作摆在重要位置，纳入深化医药卫生体制改革和促进养老、健康服务业发展的总体部署，各地要及时制定出台推进医养结合的政策措施、规划制度和具体方案。各相关部门要加强协同配合，落实和完善相关优惠扶持政策，共同支持医养结合发展。发展改革部门要将推动医疗卫生与养老服务相结合纳入国民经济和社会发展规划。卫生计生、民政和发展改革部门要做好养老机构和医疗卫生机构建设的规划衔接，加强在规划和审批等环节的合作，制定完善医养结合机构及为居家老年人提供医疗卫生和养老服务的标准规范并加强监管。财政部门要落实相关投入政策，积极支持医养结合发展。人力资源社会保障、卫生计生部门要将符合条件的医养结合机构纳入城乡基本医疗保险定点范围。国土资源部门要切实保障医养结合机构的土地供应。城乡规划主管部门要统筹规划医养结合机构的用地布局。老龄工作部门要做好入住医养结合机构和接受居家医养服务老年人的合法权益保障工作。中医药管理部门要研究制定中医药相关服务标准规范并加强监管，加强中医药适宜技术和服务产品推广，加强中医药健康养老人才培养，做好中医药健康养老工作。

（十四）抓好试点示范。国家选择有条件、有代表性的地区组织开展医养结合试点，规划建设一批特色鲜明、示范性强的医养结合试点项目。各地要结合实际积极探索促进医养结合的有效形式，每个省（区、市）至少设 1 个省级试点地区，积累经验、逐步推开。卫生计生、民政部门要会同相关部门密切跟踪各地进展，帮助解决试点中的重大问题，及时总结推广好的经验和做法，完善相关政策措施。

（十五）加强考核督查。各地区、各有关部门要建立以落实医养结合政策情况、医养结合服务覆盖率、医疗卫生机构和养老机构无缝对接程度、老年人护理服务质量、老年人满意度等为主要指标的考核评估体系，加强绩效考核。卫生计生、民政部门要会同相关部门加强对医养结合工作的督查，定期通报地方工作进展情况，确保各项政策措施落到实处。

养老机构管理办法

（2020 年 9 月 1 日民政部令第 66 号公布　自 2020 年 11 月 1 日起施行）

第一章　总　　则

第一条　为了规范对养老机构的管理，促进养老服务健康发展，根据《中华人民共和国老年人权益保障法》和有关法律、行政法规，制定本办法。

第二条　本办法所称养老机构是指依法办理登记，为老年人提供全日集中住宿和照料护理服务，床位数在 10 张以上的机构。

养老机构包括营利性养老机构和非营利性养老机构。

第三条　县级以上人民政府民政部门负责养老机构的指导、监督和管理。其他有关部门依照职责分工对养老机构实施监督。

第四条　养老机构应当按照建筑、消防、食品安全、医疗卫生、特种设备等法律、法规和强制性标准开展服务活动。

养老机构及其工作人员应当依法保障收住老年人的人身权、财产权等合法权益。

第五条　入住养老机构的老年人及其代理人应当遵守养老机构的规章制度，维护养老机构正常服务秩序。

第六条　政府投资兴办的养老机构在满足特困人员集中供养需求的前提下，优先保障经济困难的孤寡、失能、高龄、计划生育特殊家庭等老年人的服务需求。

政府投资兴办的养老机构，可以采取委托管理、租赁经营等方式，交由社会力量运营管理。

第七条　民政部门应当会同有关部门采取措施，鼓励、支持企业事业单位、社会组织或者个人兴办、运营养老机构。

鼓励自然人、法人或者其他组织依法为养老机构提供捐赠和志愿服务。

第八条 鼓励养老机构加入养老服务行业组织，加强行业自律和诚信建设，促进行业规范有序发展。

第二章 备案办理

第九条 设立营利性养老机构，应当在市场监督管理部门办理登记。设立非营利性养老机构，应当依法办理相应的登记。

养老机构登记后即可开展服务活动。

第十条 营利性养老机构办理备案，应当在收住老年人后10个工作日以内向服务场所所在地的县级人民政府民政部门提出。非营利性养老机构办理备案，应当在收住老年人后10个工作日以内向登记管理机关同级的人民政府民政部门提出。

第十一条 养老机构办理备案，应当向民政部门提交备案申请书、养老机构登记证书、符合本办法第四条要求的承诺书等材料，并对真实性负责。

备案申请书应当包括下列内容：

（一）养老机构基本情况，包括名称、住所、法定代表人或者主要负责人信息等；

（二）服务场所权属；

（三）养老床位数量；

（四）服务设施面积；

（五）联系人和联系方式。

民政部门应当加强信息化建设，逐步实现网上备案。

第十二条 民政部门收到养老机构备案材料后，对材料齐全的，应当出具备案回执；材料不齐全的，应当指导养老机构补正。

第十三条 已经备案的养老机构变更名称、法定代表人或者主要负责人等登记事项，或者变更服务场所权属、养老床位数量、服务设施面积等事项的，应当及时向原备案民政部门办理变更备案。

养老机构在原备案机关辖区内变更服务场所的，应当及时向原备案民政部门办理变更备案。营利性养老机构跨原备案机关辖区变更服务场所的，应当及时向变更后的服务场所所在地县级人民政府民政部门办理备案。

第十四条 民政部门应当通过政府网站、政务新媒体、办事大厅公示栏、服务窗口等途径向社会公开备案事项及流程、材料清单等信息。

民政部门应当依托全国一体化在线政务服务平台，推进登记管理机关、备案机关信息系统互联互通、数据共享。

第三章 服务规范

第十五条 养老机构应当建立入院评估制度，对老年人的身心状况进行评估，并根据评估结果确定照料护理等级。

老年人身心状况发生变化，需要变更照料护理等级的，养老机构应当重新进行评估。

养老机构确定或者变更老年人照料护理等级，应当经老年人或者其代理人同意。

第十六条 养老机构应当与老年人或者其代理人签订服务协议，明确当事人的权利和义务。

服务协议一般包括下列条款：

（一）养老机构的名称、住所、法定代表人或者主要负责人、联系方式；

（二）老年人或者其代理人和紧急联系人的姓名、住址、身份证明、联系方式；

（三）照料护理等级和服务内容、服务方式；

（四）收费标准和费用支付方式；

（五）服务期限和场所；

（六）协议变更、解除与终止的条件；

（七）暂停或者终止服务时老年人安置方式；

（八）违约责任和争议解决方式；

（九）当事人协商一致的其他内容。

第十七条 养老机构按照服务协议为老年人提供生活照料、康复护理、精神慰藉、文化娱乐等服务。

第十八条 养老机构应当为老年人提供饮食、起居、清洁、卫生等生活照料服务。

养老机构应当提供符合老年人住宿条件的居住用房，并配备适合老年人安全保护要求的设施、设备及用具，定期对老年人的活动场所和物品进行消毒和清洗。

养老机构提供的饮食应当符合食品安全要求、适宜老年人食用、有利于老年人营养平衡、符合民族风俗习惯。

第十九条 养老机构应当为老年人建立健康档案，开展日常保健知识宣传，做好疾病预防工作。养老机构在老年人突发危重疾病时，应当及时转送医疗机构救治并通知其紧急联系人。

养老机构可以通过设立医疗机构或者采取与周边医疗机构合作的方式，为老年人提供医疗服务。养老机构设立医疗机构的，应当按照医疗机构管理相关法律法规进行管理。

第二十条 养老机构发现老年人为传染病病人或者疑似传染病病人的，应当及时向附近的疾病预防控制机构或者医疗机构报告，配合实施卫生处理、隔离等预防控制措施。

养老机构发现老年人为疑似精神障碍患者的，应当依照精神卫生相关法律法规的规定处理。

第二十一条 养老机构应当根据需要为老年人提供情绪疏导、心理咨询、危机干预等精神慰藉服务。

第二十二条 养老机构应当开展适合老年人的文化、教育、体育、娱乐活动，丰富老年人的精神文化生活。

养老机构开展文化、教育、体育、娱乐活动时，应当为老年人提供必要的安全防护措施。

第二十三条 养老机构应当为老年人家庭成员看望或者问候老年人提供便利，为老年人联系家庭成员提供帮助。

第二十四条 鼓励养老机构运营社区养老服务设施，或者上门为居家老年人提供助餐、助浴、助洁等服务。

第四章 运营管理

第二十五条 养老机构应当按照国家有关规定建立健全安全、消防、食品、卫生、财务、档案管理等规章制度，制定服务标准和工作流程，并予以公开。

第二十六条 养老机构应当配备与服务和运营相适应的工作人员，并依法与其签订聘用合同或者劳动合同，定期开展职业道德教育和业务培训。

养老机构中从事医疗、康复、消防等服务的人员，应当具备相应的职业资格。

养老机构应当加强对养老护理人员的职业技能培训，建立健全体现职业技能等级等因素的薪酬制度。

第二十七条 养老机构应当依照其登记类型、经营性质、运营方式、设施设备条件、管理水平、服务质量、照料护理等级等因素合理确定服务项目的收费标准，并遵守国家和地方政府价格管理有关规定。

养老机构应当在醒目位置公示各类服务项目收费标准和收费依据，接受社会监督。

第二十八条 养老机构应当实行24小时值班，做好老年人安全保障工作。

养老机构应当在各出入口、接待大厅、值班室、楼道、食堂等公共场所安装视频监控设施，并妥善保管视频监控记录。

第二十九条 养老机构内设食堂的，应当取得市场监督管理部门颁发的食品经营许可证，严格遵守相关法律、法规和食品安全标准，执行原料控制、餐具饮具清洗消毒、食品留样等制度，并依法开展食堂食品安全自查。

养老机构从供餐单位订餐的，应当从取得食品生产经营许可的供餐单位订购，并按照要求对订购的食品进行查验。

第三十条 养老机构应当依法履行消防安全职责，健全消防安全管理制度，实行消防工作责任制，配置消防设施、器材并定期检测、维修，开展日常防火巡查、检查，定期组织灭火和应急疏散消防安全培训。

养老机构的法定代表人或者主要负责人对本单位消防安全工作全面负责，属于消防安全重点单位的养老机构应当确定消防安全管理人，负责组织实施本单位消防安全管理工作，并报告当地消防救援机构。

第三十一条 养老机构应当依法制定自然灾害、事故灾难、公共卫生事件、社会安全事件等突发事件应急预案，在场所内配备报警装置和必要的应急救援设备、设施，定期开展突发事件应急演练。

突发事件发生后，养老机构应当立即启动应急预案，采取防止危害扩大的必要处置措施，同时根据突发事件应对管理职责分工向有关部门和民政部门报告。

第三十二条 养老机构应当建立老年人信息档案，收集和妥善保管服务协议等相关资料。档案的保管期限不少于服务协议期满后五年。

养老机构及其工作人员应当保护老年人的个人信息和隐私。

第三十三条 养老机构应当按照国家有关规定接受、使用捐赠、资助。

鼓励养老机构为社会工作者、志愿者在机构内开展服务提供便利。

第三十四条 鼓励养老机构投保责任保险，降低机构运营风险。

第三十五条 养老机构因变更或者终止等原因暂停、终止服务的，应当在合理期限内提前书面通知老年人或者其代理人，并书面告知民政部门。

老年人需要安置的，养老机构应当根据服务协议约定与老年人或者其代理人协商确定安置事宜。民政部门应当为养老机构妥善安置老年人提供帮助。

养老机构终止服务后，应当依法清算并办理注销登记。

第五章 监督检查

第三十六条 民政部门应当加强对养老机构服务和运营的监督检查，发现违反本办法规定的，及时依法予以处理并向社会公布。

民政部门在监督检查中发现养老机构存在应当由其他部门查处的违法违规行为的，及时通报有关部门处理。

第三十七条 民政部门依法履行监督检查职责，可以采取以下措施：

（一）向养老机构和个人了解情况；

（二）进入涉嫌违法的养老机构进行现场检查；

（三）查阅或者复制有关合同、票据、账簿及其他有关资料；

（四）发现养老机构存在可能危及人身健康和生命财产安全风险的，责令限期改正，逾期不改正的，责令停业整顿。

民政部门实施监督检查时，监督检查人员不得少于2人，应当出示执法证件。

对民政部门依法进行的监督检查，养老机构应当配合，如实提供相关资料和信息，不得隐瞒、拒绝、阻碍。

第三十八条 对已经备案的养老机构，备案民政部门应当自备案之日起20个工作日以内进行现场检查，并核实备案信息；对未备案的养老机构，服务场所所在地的县级人民政府民政部门应当自发现其收住老年人之日起20个工作日以内进行现场检查，并督促及时备案。

民政部门应当每年对养老机构服务安全和质量进行不少于一次的现场检查。

第三十九条　民政部门应当采取随机抽取检查对象、随机选派检查人员的方式对养老机构实施监督检查。抽查情况及查处结果应当及时向社会公布。

民政部门应当结合养老机构的服务规模、信用记录、风险程度等情况,确定抽查比例和频次。对违法失信、风险高的养老机构,适当提高抽查比例和频次,依法依规实施严管和惩戒。

第四十条　民政部门应当加强对养老机构非法集资的防范、监测和预警工作,发现养老机构涉嫌非法集资的,按照有关规定及时移交相关部门。

第四十一条　民政部门应当充分利用信息技术手段,加强对养老机构的监督检查,提高监管能力和水平。

第四十二条　民政部门应当定期开展养老服务行业统计工作,养老机构应当及时准确报送相关信息。

第四十三条　养老机构应当听取老年人或者其代理人的意见和建议,发挥其对养老机构服务和运营的监督促进作用。

第四十四条　民政部门应当畅通对养老机构的举报投诉渠道,依法及时处理有关举报投诉。

第四十五条　民政部门发现个人或者组织未经登记以养老机构名义开展活动的,应当书面通报相关登记管理机关,并配合做好查处工作。

第六章　法律责任

第四十六条　养老机构有下列行为之一的,由民政部门责令改正,给予警告;情节严重的,处以3万元以下的罚款:

(一)未建立入院评估制度或者未按照规定开展评估活动的;

(二)未与老年人或者其代理人签订服务协议,或者未按照协议约定提供服务的;

(三)未按照有关强制性国家标准提供服务的;

(四)工作人员的资格不符合规定的;

(五)利用养老机构的房屋、场地、设施开展与养老服务宗旨无关的活动的;

(六)未依照本办法规定预防和处置突发事件的;

(七)歧视、侮辱、虐待老年人以及其他侵害老年人人身和财产权益行为的;

(八)向负责监督检查的民政部门隐瞒有关情况、提供虚假材料或者拒绝提供反映其活动情况真实材料的;

(九)法律、法规、规章规定的其他违法行为。

养老机构及其工作人员违反本办法有关规定,构成违反治安管理行为的,依法给予治安管理处罚;构成犯罪的,依法追究刑事责任。

第四十七条　民政部门及其工作人员在监督管理工作中滥用职权、玩忽职守、徇私舞弊的,对直接负责的主管人员和其他责任人员依法依规给予处分;构成犯罪的,依法追究刑事责任。

第七章　附　　则

第四十八条　国家对农村五保供养服务机构的管理有特别规定的,依照其规定办理。

第四十九条　本办法自2020年11月1日起施行。2013年6月28日民政部发布的《养老机构管理办法》同时废止。

国家卫生计生委办公厅关于印发《养老机构医务室基本标准(试行)》和《养老机构护理站基本标准(试行)》的通知

(2014年10月31日　国卫办医发〔2014〕57号)

各省、自治区、直辖市卫生计生委,新疆生产建设兵团卫生局:

为指导养老机构作好医务室、护理站的建设和管理,促进医养结合,我委根据《执业医师法》、《医疗机构管理条例》、《护士条例》等法律、法规及有关规定,组织制定了《养老机构医务室基本标准(试行)》和《养老机构护理站基本标准(试行)》。现印发给你们,请遵照执行。

养老机构医务室基本标准(试行)

养老机构医务室是设置在养老机构内,为养老机构患者提供老年保健,一般常见病、多发病诊疗、护理,诊断明确的慢性病治疗,急诊救护等服务的医疗机构。

一、人员

(一)至少有1名取得执业医师资格,经注册后在医疗、保健机构中执业满5年,身体健康的临床类别执业医师或中医类别执业医师。执业医师人数≥2人的,至少应含有1名中医类别执业医师。

(二)至少有1名注册护士。养老机构床位达到100张以上时,每增加100张床位,至少增加1名注册护士。护理员按需配备。

(三)其他药学、医技人员按需配备。

二、房屋

(一)整体设计应满足无障碍设计要求。

(二)建筑面积不少于40平方米。

(三)至少设有诊室、治疗室、处置室。

(四)每室独立且符合卫生学布局及流程。其中,治疗室、处置室的　使用面积均不少于10平方米;如设观察室,其使用面积不少于15平方米;如设康复室,应增加相应建筑面积

（增加的建筑面积不少于50平方米）。

（五）应当设医疗废物存放点，与治疗区域隔开。

三、设备

（一）基本设备。

诊桌、诊椅、诊床、诊察凳、方盘、纱布罐、听诊器、血压计、体温表、注射器、身高体重计、视力卡、视力灯箱、压舌板、药品柜、紫外线消毒灯、高压灭菌设备、处置台、器械柜、便携式心电图机、血糖测定仪、雾化吸入器、出诊箱、轮椅、输液椅、候诊椅、医用冰箱、污物桶。

设置康复室的，至少配备与康复需求相适应的运动治疗、物理治疗和作业治疗设备。

开展中医药服务的，还应当配备脉枕、针灸器具、火罐、电针仪、艾灸仪等等。

（二）急救设备。

心电监护仪、心脏氧源（氧气瓶/制氧机）、供氧设备、吸痰器、开口器、牙垫、口腔通气道、简易呼吸器。

（三）健康教育及其他设备。

健康教育宣传栏、健康教育影像设备、能连接互联网的计算机及打印设备、电话等通讯设备，健康档案管理等有关设备。

（四）有与工作需要相应的其他设备。

四、具有与功能任务相适应的转诊制度、药品登记分发制度、健康教育制度等各项规章制度，以及急救流程、技术操作规范，制定人员岗位职责。

养老机构护理站基本标准（试行）

养老机构护理站是设置在养老机构内，为养老机构患者提供常见病多发病护理、慢性病护理、康复指导、心理护理、根据医嘱进行处置、消毒隔离指导、健康教育等服务的医疗机构。

一、人员

（一）至少有2名具有护士以上职称的注册护士，其中有1名具有主管护师以上职称。养老机构床位达到100张以上时，每增加100张床位，至少增加1名注册护士。

（二）至少有1名康复治疗人员。

（三）按工作需求配备护理员，注册护士与护理员之比为1∶2.5。

二、房屋

（一）整体设计应当满足无障碍设计要求。

（二）建筑面积不少于30平方米。

（三）至少设有治疗室、处置室。每室独立且符合卫生学布局及流程。

（四）应当设医疗废物存放点，与治疗区域隔开。

三、设备

（一）诊桌、诊椅、诊察凳、方盘、纱布罐、听诊器、火罐、刮痧板、血压计、体温表、身高体重计、血糖测定仪、体外除颤设备、治疗车、药品柜、紫外线消毒灯、高压灭菌设备、处置台、轮椅、输液椅、医用冰箱、污物桶。

（二）有必要的健康教育、办公和通讯联络设备，有诊疗护理记录及文件保存条件。

（三）有与工作需要相应的其他设备。

四、具有与功能任务相适应的转诊制度、药品登记分发制度、健康教育制度等各项规章制度，以及急救流程、技术操作规范，制定人员岗位职责。

民政部关于推进养老服务评估工作的指导意见

（2013年7月30日 民发〔2013〕127号）

各省、自治区、直辖市民政厅（局），新疆生产建设兵团民政局：

为深入贯彻《中华人民共和国老年人权益保障法》（以下简称《老年人权益保障法》）关于建立健全养老服务评估制度的要求，全面落实《国务院办公厅关于印发社会养老服务体系建设规划（2011-2015年）的通知》（国办发〔2011〕60号）和《民政部关于开展“社会养老服务体系建设推进年”活动暨启动“敬老爱老助老工程”的意见》（民发〔2012〕35号）等文件精神，推动建立统一规范的养老服务评估制度，提出如下意见：

一、充分认识养老服务评估工作的重要意义

养老服务评估，是为科学确定老年人服务需求类型、照料护理等级以及明确护理、养老服务等补贴领取资格等，由专业人员依据相关标准，对老年人生理、心理、精神、经济条件和生活状况等进行的综合分析评价工作。从评估时间上可以分为首次评估（准入评估）和持续评估（跟踪式评估）。建立健全养老服务评估制度，是积极应对人口老龄化、深入贯彻落实《老年人权益保障法》，保障老年人合法权益的重要举措；是推进社会养老服务体系建设，提升养老服务水平，充分保障经济困难的孤寡、失能、高龄、失独等老年人服务需求的迫切需要；是合理配置养老服务资源，充分调动和发挥社会力量参与，全面提升养老机构服务质量和运行效率的客观要求。各地要站在坚持以人为本、加强社会建设的高度，从大力发展养老服务事业的全局出发，提高思想认识，加强组织领导，完善配套措施，稳步推进养老服务评估工作深入开展。

二、推进养老服务评估工作的总体要求

（一）指导思想。以科学发展观为指导，以保障老年人养老服务需求为核心，科学确定评估标准，认真制定评估方案，合理设计评估流程，积极培育评估队伍，广泛吸收社会力量参与，高效利用评估结果，为建立和完善以居家为基础、社区为依托、机构为支撑的社会养老服务体系，实现老有所养目标发挥积极作用，逐步实现基本养老服务均等化。

（二）基本原则。

1. 权益优先，平等自愿。坚持老年人权益优先，把推进养老服务评估工作与保障老年人合法权益、更好地享受社会服务和社会优待结合起来。坚持平等自愿，尊重受评估老年人意愿，切实加强隐私保护。

2. 政府指导，社会参与。充分发挥政府在推动养老服务评估工作中的主导作用，进一步明确部门职责、理顺关系，建立完善资金人才保障机制。充分发挥和依托专业机构、养老机构、第三方社会组织的技术优势，强化社会监督，提升评估工作的社会参与度和公信力。

3. 客观公正，科学规范。以评估标准为工具，逐步统一工作规程和操作要求，保证结果真实准确。逐步扩大持续评估项目范围，努力提升评估质量。坚持中立公正立场，客观真实地反映老年人能力水平和服务需求。

4. 试点推进，统筹兼顾。试点先行，不断完善工作步骤和推进方案，建立符合本地区养老服务发展特点和水平的评估制度，并逐步扩大试点范围。要把推进养老服务评估工作与做好居家社区养老服务、机构养老等工作紧密结合，建立衔接紧密、信息互联共享的合作机制。

（三）主要目标。2013年底前，各地要根据本意见制定实施方案，确定开展评估地区范围，做好组织准备工作，落实评估机构和人员队伍。2014年初要启动评估工作试点，根据进展情况逐步扩大覆盖范围。到“十二五”末，力争建立起科学合理、运转高效的长效评估机制，基本实现养老服务评估科学化、常态化和专业化。

三、推进养老服务评估工作的主要任务

（一）探索建立评估组织模式。养老服务评估可以由基层民政部门、乡镇人民政府（街道办事处）、社会组织以及养老机构单独或者联合组织开展，养老服务评估可以分为居家养老服务需求评估、机构养老服务需求评估和补贴领取资格评估等。各地要依据本地社会养老服务体系建设情况和老年人需求实际，积极探索在社区公共服务平台建立评估站点；要采取政府购买服务、社工介入等方式，积极鼓励社会力量参与，合理确定本地区养老服务评估形式。要加大宣传引导力度，充分调动老年人参与的积极性和主动性。

（二）探索完善评估指标体系。民政部将于近期发布的《老年人能力评估》行业标准，是养老服务评估工作的主要依据。该标准为老年人能力评估提供了统一、规范和可操作的评估工具，规定老年人能力评估的对象、指标、实施及结果。标准下发后，各地应当积极采用该标准，或者根据该标准结合实际情况制订或者修改地方标准。老年人能力评估应当以确定老年人服务需求为重点，突出老年人自我照料能力评估。评估指标应当涵盖日常行为能力、精神卫生情况、感知觉情况、社会参与状况等方面，所需健康体检应当在经卫生行政部门许可的开展健康体检服务的医疗机构内进行。对老年人经济状况、居住状况、生活环境等方面的评估标准，各地可根据当地平均生活水平、养老服务资源状况、护理或者养老服务补贴相关政策等综合制定。要将定性分析和定量分析相结合，积极探索将评估指标与可通过面谈、走访等方法观察反映的指标相结合，逐步建立科学、全面、开放的评估指标体系。

（三）探索完善评估流程。养老服务评估应当包括申请、初评、评定、社会公示、结果告知、部门备案等环节。评估申请要坚持自愿原则，由老年人本人或者代理人提出；无民事行为能力或者限制民事行为能力的老年人可以由其监护人提出申请。评估应当按照先易后难原则，首先评估老年人经济状况、身份特征等借助相关材料即可核实的项目，然后再评估生活环境、能力状况等需要实地核实、检查的项目。要根据评估项目，合理确定评估时间，在优先保障评估质量的前提下，兼顾评估效率。对受年龄增长等原因影响较大的评估项目，应当进行持续评估。对首次评估确定为完全失能等级、且康复难度大的老年人，可不再进行持续评估。评估结果应当及时告知评估对象，评估对象或者利害关系人对评估结果有异议的，可申请原评估机构重新评估。评估过程中应当加强对受评估老年人个人信息的保护，除养老服务等补贴领取资格的评估需要在本村（居）民委员会范围内公示外，评估机构不得泄露评估结果。

（四）探索评估结果综合利用机制。评估结果是制定国家宏观养老政策，推进养老社会化服务的重要基础资料，是争取财政经费保障，保证各项针对老年人的服务和优待措施落实的主要依据。各地要充分运用好评估结果，使评估工作综合效益最大化。一是用于推进居家养老服务社会化。居家养老服务机构可以根据评估结果分析老年人服务需求，在征得老年人同意的前提下，加强与相关服务单位的对接，制定个性化的服务方案，提高居家养老服务的针对性和效率。二是用于确定机构养老需求和照料护理等级。对于经评估属于经济困难的孤寡、失能、高龄、失独等老年人，政府投资兴办的养老机构，应当优先安排入住。养老机构应当将评估结果作为老年人入院、制定护理计划和风险防范的主要依据。三是用于老年人健康管理。各地要把评估工作纳入养老服务信息系统建设，并结合国家社会养老综合信息服务平台建设及应用示范工程项目，推进建立老年人健康档案，提高康复护理等服务水平。四是作为养老机构的立项依据。要根据服务辐射区域内老年人能力和需求评估状况，合理规划建设符合实际需要的养老机构，提高设施设备使用效率。同时，各地要逐步建立护理补贴和养老服务补贴制度，有效利用评估结果，完善并落实老年人社会福利政策。对于经评估属于生活长期不能自理、经济困难的老年人，可以根据其失能程度等情况作为给予护理补贴依据；对于经评估属于经济困难的老年人，可以给予养老服务补贴。

（五）探索建立养老评估监督机制。各地民政部门要加强对养老服务评估工作的指导，探索建立有效的监督约束机制，畅通评估对象利益表达渠道。各地民政部门和评估机构应当通过网络、服务须知、宣传手册等载体，主动公开评估指标、流程，自觉接受社会监督。各地民政部门要以定期检查和随机抽查等方式对评估指标、评估结果等进行检查。对评估行为不规范的机构和人员，予以纠正并向社会公开。要建立养老服务评估档案，妥善保管申请书、评估报告及建议等文档，逐步提高评估工作信息化水平。

四、推进养老服务评估工作的保障措施

（一）加强组织领导。各地民政部门要按照养老服务工作关口前移和重心下沉的要求，切实加强领导，把评估纳入养老服务工作重要议事日程，制定切实可行的实施方案，建立分工明确、责任到人的推进机制，为评估工作顺利开展提供坚强组织保障。各地可选择基础条件好、工作积极性高的地区作为先行试点，给予指导和支持，定期研究分析进展情况，不断总结完善评估方式方法。各地民政部门要加强对评估工作重点难点问题的研究，积极协调相关部门，增进共识、凝聚合力、攻坚克难，努力形成结果共享、协同推进的工作格局。要充分整合现有资金渠道，积极争取当地财政支持，引导社会力量投入，福利彩票公益金可用于支持养老服务评估试点，建立经费保障机制，为评估工作提供保障。

（二）加强人才队伍建设。养老服务评估工作专业性强，标准比较细致，各地要依托专业机构、相关机构和社会组织加强评估机构建设，有条件的地方可以建立专门的评估机构。要依托大中专院校、示范养老机构，加快培养评估专业人才。要选择责任心强、业务素质过硬的人员参与评估，加强岗前培训，使其具备医学、心理学、社会学、法律、社会保障、社会工作等基础知识。要建立养老服务评估专家队伍，积极开展技术指导，提供有力人才支持。

（三）营造良好社会环境。要抓紧制定完善与《老年人权益保障法》等法律法规要求相适应的具体措施，建立健全有利于养老服务评估示范推广、创新创制的政策体系，建立社会力量参与的激励评价机制，加快推进与养老服务评估配套的行业标准、信息化管理等软环境建设。要把推动养老服务评估工作与落实老年人合法权益，改善老年人生活、健康、安全以及参与社会发展的保障条件结合起来，积极营造敬老、爱老、助老的浓厚社会氛围。

民政部关于鼓励和引导民间资本进入养老服务领域的实施意见

（2012年7月24日　民发〔2012〕129号）

各省、自治区、直辖市民政厅（局）、新疆生产建设兵团民政局：

养老服务是党和政府高度关切、社会各界广泛关注、人民群众迫切需求的重大民生问题，在我国应对人口老龄化挑战、保障和改善民生、加强和创新社会管理中发挥着重要作用。鼓励和引导民间资本进入养老服务领域，对于实现养老服务投资主体多元化，缓解养老服务供需矛盾，加快推进以居家为基础、社区为依托、机构为支撑的社会养老服务体系建设，具有重要意义。为贯彻落实《国务院关于鼓励和引导民间投资健康发展的若干意见》（国发〔2010〕13号）精神，民政部结合当前养老服务发展实际，制定本实施意见。

一、鼓励民间资本参与居家和社区养老服务

（一）采取政府补助、购买服务、协调指导、评估认证等方式，鼓励各类民间资本进入居家养老服务领域。

（二）支持民间资本拓展居家养老服务内容，为老年人提供生活照料、家政服务、精神慰藉、康复护理、居家无障碍设施改造、紧急呼叫、安全援助和社会参与等多方面服务。

（三）鼓励民间资本在城镇社区举办老年人日间照料中心、托老所、老年之家、老年活动中心等养老服务设施，支持社区养老服务网点连锁发展、扩大布点，提高社区养老服务的可及性。

（四）鼓励民间资本参与农村居家和社区养老服务发展，重点为向留守老年人及其他有需要的老年人提供日间照料、短期托养、配餐等服务。支持村民自治组织发展农村互助养老模式。

二、鼓励民间资本举办养老机构或服务设施

（五）鼓励和支持民间资本举办适宜老年人特别是失能、半失能、高龄老年人集中照料、护理、康复、娱乐的养老院、养护院、老年公寓、敬老院等多种形式的养老机构。

（六）民间资本举办的养老机构或服务设施，可以按照举办目的，区分营利和非营利性质，自主选择民办非企业单位和企业两种法人登记类型。

（七）对于民间资本举办的非营利、营利性养老机构或服务设施，支持其根据市场需求，丰富服务形式和服务内容，为老年人提供多样化的选择性服务。

（八）鼓励民间资本举办的养老机构规模化、品牌化、连锁化和网络化发展，支持其跨区联合、资源共享，发展异地互动养老，推动形成一批具有知名品牌和较强竞争力的养老机构。

（九）鼓励民间资本对闲置的医院、企业厂房、商业设施、农村集体房屋及各类公办培训中心、活动中心、疗养院、旅馆、招待所等可利用的社会资源进行整合和改造，使之用于养老服务。

（十）按照《外商投资产业指导目录》的要求，鼓励境外资本在境内投资设立养老机构。对境内养老机构现有的税收等优惠政策，同样适用于符合条件的境外投资者。港澳地区服务提供者在内地举办非营利性养老机构，按有关规定执行。

三、鼓励民间资本参与提供基本养老服务

（十一）对于政府举办的尤其是新建的养老机构或服务设施，在明晰产权的基础上，提倡通过公开招投标，以承包、联营、合资、合作等方式，交由社会组织、企业或有能力的个人等民间资本运营或管理。

（十二）鼓励民间资本举办的养老机构接收安置政府供养对象，政府按照规定标准拨付相关生活、医疗、照料等费用。

（十三）各级民政部门要采取政府购买服务的方式，支持民间资本在为孤老优抚对象、"三无"、五保及低收入的高龄、独居、失能等困难老年人提供的基本养老服务中，发挥积极作用。

四、鼓励民间资本参与养老产业发展

（十四）积极支持民间资本参与发展老年生活服务、医疗康复、饮食服装、营养保健、休闲旅游、文化传媒、金融和房地产等养老产业。

（十五）鼓励和引导民间资本开发老年保健、老年照护、老年康复辅具、老年住宅、老年宜居社区等产品和服务市场。

（十六）鼓励民间资本投资建设各类专业化养老服务机构或组织，承接政府或社会委托，提供养老服务评估、咨询和第三方认证等服务。

五、落实民间资本参与养老服务优惠政策

（十七）将民间资本举办养老机构或服务设施纳入经济社会发展规划、城乡建设规划、土地利用规划和年度土地利用计划，合理安排用地需求，符合条件的，按照土地划拨目录依法划拨。

（十八）对民间资本举办的非营利性养老机构或服务设施提供养老服务，根据其投资额、建设规模、床位数、入住率和覆盖社区数、入户服务老人数等因素，给予一定的建设补贴或运营补贴。

（十九）对民间资本举办的养老机构或服务设施提供的养护服务免征营业税。对符合条件的非营利性养老机构或服务设施自用房产、土地免征房产税、城镇土地使用税，其免税收入不计入所得税应纳税收入。

（二十）民间资本举办的各类养老机构或服务设施按有关规定，要与居民家庭用电、用水、用气、用热同价。

（二十一）对民间资本举办的养老机构或服务设施所办医疗机构已取得执业许可证并申请城镇职工（居民）基本医疗保险或新型农村合作医疗保险定点机构的，经审查合格后纳入定点范围。

（二十二）民间资本举办的非营利性养老机构或服务设施提供的养老服务，其价格实行政府指导价。营利性养老机构提供的服务，根据其提供的服务质量，实行企业自主定价。

（二十三）鼓励社会向民间资本举办的非营利性养老机构进行捐赠，按规定享受相关税收优惠政策。

六、加大对民间资本进入养老服务领域资金支持

（二十四）争取建立养老服务长效投入机制和动态保障机制，不断增加对民间资本进入养老服务领域的财政支持。

（二十五）争取设立多种形式的专项投资，鼓励和引导民间资本进入养老服务领域。在安排中央专项补助资金支持社会养老服务体系建设工作中，要将民间资本参与运营或管理的养老机构纳入资助范围。

（二十六）各级民政部门福利彩票公益金每年留存部分要按不低于50%的比例用于社会养老服务体系建设，并不断加大对民间资本提供养老服务的扶持力度。

（二十七）鼓励金融机构加快金融产品和服务方式创新，通过创新信贷品种、增加信贷投入、放宽贷款条件、扩大抵押担保范围等方式，加大对民间资本进入养老服务领域的金融支持。

七、加强对民间资本进入养老服务领域指导规范

（二十八）完善养老服务法律、法规和政策，加强养老服务监督和管理，为鼓励和引导民间资本进入养老服务领域创造公平竞争的市场环境。

（二十九）制订养老服务资格认证、建筑设施、人员配备、分类管理、安全卫生、等级评定等标准，建立养老服务需求与质量评估制度，推动各级各类养老服务标准的贯彻落实，规范民间资本养老服务提供行为。

（三十）开展养老服务从业人员职业道德建设、专业技能培训和职业资格鉴定，提升法律意识、责任意识和业务水平，推行院长岗前培训和养老护理员持证上岗制度，提升民间资本提供养老服务的质量和水平。

（三十一）指导民间资本举办的养老机构或服务设施加强管理服务，健全规章制度，落实安全责任，实现安全、健康、有序发展。

（三十二）培育和发展养老服务行业协会，发挥其在行业自律、监督评估和沟通协调等方面的作用，促进民间资本投资主体行业自律和维护自身合法权益。

（三十三）地方各级民政部门要发挥好宏观管理、行业规范和业务指导职能，进一步采取切实有效措施，鼓励和引导民间资本进入养老服务领域。工作推进过程中遇到的困难和问题，请及时报部。

财政部、国家税务总局关于对老年服务机构有关税收政策问题的通知

（2000年11月24日　财税〔2000〕97号）

各省、自治区、直辖市财政厅（局）、国家税务局、地方税务局：

为贯彻中共中央、国务院《关于加强老龄工作的决定》（中发〔2000〕13号）精神，现对政府部门和社会力量兴办的老年服务机构有关税收政策问题通知如下：

一、对政府部门和企事业单位、社会团体以及个人等社会

力量投资兴办的福利性、非营利性的老年服务机构,暂免征收企业所得税,以及老年服务机构自用房产、土地、车船的房产税、城镇土地使用税、车船使用税。

二、对企事业单位、社会团体和个人等社会力量,通过非营利性的社会团体和政府部门向福利性、非营利性的老年服务机构的捐赠,在缴纳企业所得税和个人所得税前关准于全额扣除。

三、本通知所称老年服务机构,是指专门为老年人提供生活照料、文化、护理、健身等多方面服务的福利性、非营利性的机构,主要包括:老年社会福利院、敬老院(养老院)、老年服务中心、老年公寓(含老年护理院、康复中心、托老所)等。

本通知自2000年10月1日起执行。

养老保障管理业务管理办法

(2015年7月30日　保监发〔2015〕73号)

第一章　总　　则

第一条　为规范养老保险公司养老保障管理业务经营行为,保护养老保障管理业务活动当事人的合法权益,促进保险业积极参与多层次养老保障体系建设,根据《中华人民共和国保险法》等法律法规,制定本办法。

第二条　本办法所称养老保险公司,是指经中国保险监督管理委员会(以下简称中国保监会)批准设立并依法登记注册的商业养老保险公司。

第三条　本办法所称养老保障管理业务,是指养老保险公司作为管理人,接受政府机关、企事业单位及其他社会组织等团体委托人和个人委托人的委托,为其提供养老保障以及与养老保障相关的资金管理服务,包括方案设计、受托管理、账户管理、投资管理、待遇支付、薪酬递延、福利计划、留才激励等服务事项。

第四条　养老保险公司开展养老保障管理业务,应当遵守法律、行政法规和中国保监会等监管机构的规定,遵循自愿、公平、诚实信用原则,不得损害客户的合法权益和社会公共利益。

第五条　养老保险公司开展养老保障管理业务,应当充分了解委托人的需求,遵循风险匹配原则,充分发挥养老保险公司在受托管理、账户管理、投资管理、风险管理和年金给付等方面的综合优势,向委托人提供合适的产品和服务。

第六条　中国保监会依据法律、行政法规和本办法的规定,对养老保险公司开展养老保障管理业务进行监督管理。中国保监会派出机构在中国保监会授权范围内履行监管职责。

第二章　业务规范

第七条　养老保险公司开展养老保障管理业务,应当具备完善的公司治理结构、健全的内部控制制度、科学的投资决策体系以及规范的业务操作流程。

第八条　养老保险公司开展养老保障管理业务,可以在全国范围内展业,但应当具备与展业活动相适应的客户服务能力。

第九条　养老保险公司开展个人养老保障管理业务,应当具备企业年金业务或者保险业务两年以上经营经验。

第十条　养老保险公司开展养老保障管理业务,应当要求委托人以真实身份参与养老保障管理业务并承诺委托资金的来源、用途符合法律法规规定。承诺方式包括书面承诺或网络实名确认等。委托人未做承诺,或者养老保险公司明知委托人身份不真实、委托资金来源或者用途不合法,养老保险公司不得为其办理养老保障管理业务。

第十一条　养老保险公司开展养老保障管理业务,可以采取下列形式:

(一)为单一团体委托人办理单一型养老保障管理业务;

(二)为多个团体委托人办理集合型养老保障管理业务;

(三)为多个个人委托人办理集合型养老保障管理业务。

养老保险公司采取形式(一)开展养老保障管理业务的,受托管理的委托人资金初始金额不得低于5000万元人民币;采取形式(三)开展养老保障管理业务的,封闭式投资组合受托管理的个人委托人资金初始金额不得低于1万元人民币。

第十二条　养老保险公司开展团体养老保障管理业务,应当要求团体委托人提供下列材料:

(一)经董事会决议、职工代表大会或其他决策程序通过的养老保障管理方案,或有关政府部门对养老保障方案的批复、核准文件;

(二)所有受益人名单和身份信息。

如团体养老保障管理业务只有个人缴费,无团体缴费的,上述材料(一)可免于提供。

养老保险公司开展个人养老保障管理业务,应当要求个人委托人提供下列材料:

(一)个人身份信息;

(二)个人资金账户信息。

第十三条　养老保险公司开展养老保障管理业务,应当依照法律、行政法规和本办法的规定,与委托人签订受托管理合同,就双方的权利、义务和相关事宜做出明确约定。受托管理合同应当包括下列基本事项:

(一)委托人资金的缴费规则;

(二)投资范围、投资限制和投资比例;

(三)投资策略和管理期限;

(四)委托人资金的管理方式和管理权限;

(五)各类风险揭示;

(六)委托人账户信息的提供及查询方式;

(七)当事人的权利与义务;

（八）管理费用的计算方法和支付方式；

（九）其他服务内容及其费用的提取、支付方式；

（十）合同解除和终止的条件、程序及客户资产的清算返还事宜；

（十一）违约责任和纠纷的解决方式；

（十二）中国保监会规定的其他事项。

第十四条 养老保险公司开展养老保障管理业务，应当履行下列职责：

（一）建立、维护委托人和受益人账户信息，并向委托人和受益人提供账户查询服务；

（二）制定基金投资策略并进行投资管理；

（三）定期估值并与资产托管人核对；

（四）监督基金管理情况；

（五）计算并办理待遇支付；

（六）定期编制并向委托人提供养老保障管理报告；

（七）妥善保存养老保障管理业务有关记录；

（八）国家规定和合同约定的其他职责。

第十五条 养老保险公司可以自行开展养老保障管理业务的各项工作，也可以委托其他合格金融机构承担部分管理人职责，但应当对其承接的养老保障管理业务承担最终责任。

养老保险公司委托其他合格金融机构承担部分管理人职责的，应当与选聘的金融机构签订委托管理合同，明确约定各方的权利、义务和相关事宜。

第十六条 养老保险公司开展的养老保障管理业务，不需计提保险责任准备金。

第十七条 养老保险公司开发的养老保障管理产品，应当在销售前向中国保监会备案。

产品备案材料包括以下文件：

（一）《养老保障管理产品备案报送材料清单表》，加盖公司公章；

（二）养老保障管理产品合同文本；

（三）投资组合说明书；

（四）总精算师声明书；

（五）法律责任人声明书；

（六）产品可行性报告；

（七）财务管理办法；

（八）业务管理办法；

（九）投资风险提示函；

（十）中国保监会规定的其他材料。

第十八条 养老保障管理产品主要内容发生变更的，养老保险公司应当在销售前向中国保监会备案。

发生下列情形之一的，属于产品主要内容变更：

（一）产品名称变更；

（二）管理人变更；

（三）管理费费率上调；

（四）主要投资政策变更；

（五）中国保监会规定的其他情形。

产品变更备案材料包括以下文件：

（一）变更备案报送材料清单表，加盖公司公章；

（二）变更原因、主要变更内容的对比说明；

（三）产品变更涉及的文本（包括合同文本、投资组合说明书等）；

（四）总精算师声明书；

（五）法律责任人声明书；

（六）中国保监会规定的其他材料。

第十九条 团体养老保障管理产品名称应符合以下格式：养老保险公司名称+说明性文字+单一型或集合型+团体养老保障管理产品，个人养老保障管理产品名称应符合以下格式：养老保险公司名称+说明性文字+个人养老保障管理产品。其中，养老保险公司名称可以用全称或简称；说明性文字由各养老保险公司自定，字数不得超过10个。

第二十条 养老保险公司开展养老保障管理业务，应当以养老保障管理产品名义开设产品层银行资金账户和组合层银行资金账户、资产类账户。其中，为单一委托人办理养老保障管理业务，开设的产品层银行资金账户名称应包含养老保障管理产品名称，组合层银行资金账户、资产类账户名称应包含养老保障管理产品名称、投资组合名称；为多个委托人办理集合养老保障管理业务，开设的产品层银行资金账户名称应包含养老保障管理产品名称，组合层银行资金账户、资产类账户名称应包含养老保障管理产品名称和投资组合名称。

第二十一条 养老保险公司开展养老保障管理业务，应当对每个养老保障管理产品建立独立的养老保障管理基金。对养老保障管理基金的管理应当遵循专户管理、账户隔离和独立核算的原则，确保养老保障管理基金独立于任何为基金管理提供服务的自然人、法人或其他组织的固有财产及其管理的其他财产。

专户管理是指对每个养老保障管理基金开设专门的银行资金账户和资产类账户进行管理。

账户隔离是指养老保障管理基金的银行资金账户和资产类账户应当与养老保险公司自身的及其管理的任何银行资金账户和资产类账户实现完全的独立分离，不得存在债权债务关系，也不得承担连带责任；不得发生买卖、交易、财产转移和利益输送行为，仅在投资账户建立初期，为建立该账户而发生的现金转移，可不受此限制。

独立核算是指对每个养老保障管理基金单独进行会计账务处理，并提供资产负债表和利润表等财务报表。

第二十二条 养老保障管理基金应当实行第三方托管制度。养老保险公司应当委托独立的资产托管人并签订资产托管合同，明确约定各方的权利、义务和相关事宜。

资产托管人的资格、职责、选择等有关事项比照中国保监会资产托管的有关规定执行。

第二十三条　养老保障管理基金托管人应当根据本办法和资产托管合同向相关机构申请开立资产类账户，依据基金管理人的委托授权书以及资产托管合同开立资金账户，并通知基金管理人。

第二十四条　养老保障管理基金采用完全积累账户制管理。养老保障管理基金投资运营所得收益，全额计入养老保障管理基金的各类账户。

第二十五条　养老保险公司可以为团体委托人设置公共账户，用以记录委托人缴费及其投资收益等账户信息。如存在个人受益人的，可以分别为受益人设立个人账户；个人账户下可以分设团体缴费账户和个人缴费账户，分别记录团体缴费和个人缴费的缴费明细及其投资收益等账务信息。

第二十六条　养老保险公司为个人受益人设立个人账户的，应当与委托人明确约定权益归属原则和领取支付条件，其中对于个人受益人本人缴费部分的权益，应当全额计入个人缴费账户。

委托人为团体客户的，个人受益人离职后，其个人账户可以在原养老保障管理基金管理人设置的保留账户继续管理。

第二十七条　养老保险公司开展养老保障管理业务，应当根据管理合同约定收取管理费用。管理费用可以包括以下项目：

（一）初始费。初始费是养老保险公司受托管理资金进入基金管理专户时一次性扣除的管理成本。初始费按照当期缴费总额的一定比例收取。

（二）管理费。管理费是养老保险公司为养老保障管理基金提供受托管理、账户管理、投资管理、待遇支付等服务的运营成本。管理费每年按照当年养老保障管理基金净值的一定比例收取，或根据管理形式及服务类型采取定额收费的形式收取。

（三）托管费。托管费是资产托管人为养老保障管理基金提供基金托管服务的运营成本。托管费每年按照当年养老保障管理基金净值的一定比例收取，或根据管理形式及服务类型采取定额收费的形式收取。

（四）解约费。委托人提前解除养老保障委托管理合同的，养老保险公司可以按照解除合同时养老保障管理基金净值的一定比例一次性收取解约费。养老保险公司应根据合同存续期限设置递减的解约费比例。

养老保险公司为个人受益人设立个人账户的，个人受益人提前退出的，应当通过委托人提出退出申请，养老保险公司可以按照受益人个人账户净值的比例一次性收取解约费。养老保险公司应根据个人账户的存续期设置递减的解约费比例。

（五）投资转换费。投资转换费是养老保险公司为养老保障管理基金提供投资转换服务的运营成本。投资转换费按照投资转换基金净值的一定比例收取，或采取定额收费的形式收取。

第二十八条　养老保障管理业务团体委托人提前解除合同时，养老保险公司应当要求其提供已通知受益人解约事宜的有效证明，并按照委托人要求与权益归属原则处理养老保障管理基金。

养老保障管理业务个人委托人提前解除合同时，养老保险公司应当在扣除解约费后，以银行转账方式将个人委托人资金余额划拨至个人委托人本人的银行资金账户。

第二十九条　养老保险公司和资产托管人应当按照有关法律、行政法规的规定保存资产管理业务的会计账册，并妥善保存有关的合同、协议、交易记录等文件、资料。

第三十条　养老保险公司应当通过公司网站或指定网站向个人委托人披露个人养老保障管理产品信息，并保证所披露信息的真实性、准确性和完整性。应向个人委托人披露的个人养老保障管理产品信息包括：

（一）募集公告、养老保障管理合同；

（二）组合募集情况；

（三）组合资产净值、份额净值；

（四）投资方向；

（五）应予披露的其他信息。

封闭式投资组合上述披露事项（三）可免于提供。

第三十一条　养老保险公司应当于每年度结束后60日内，向团体委托人提供上一年度的养老保障管理报告，并向受益人提供年度对账单以及个人权益信息查询等服务。

第三十二条　养老保险公司应当于每年度结束后60日内，在公司网站上披露养老保障管理业务的基本信息，包括基金规模、基金数目、基金收益率等，但需要保密的客户信息除外。

第三十三条　养老保险公司应当加强养老保障管理业务销售人员管理，销售人员应满足以下要求：

（一）充分了解并自觉遵守养老保障管理业务相关法律法规；

（二）熟悉养老保障管理产品特性以及向委托人提供咨询意见所涉及的其他金融产品的特性，并对有关产品市场有所认识和理解；

（三）具备相关监管部门要求的行业资格。

第三十四条　养老保险公司通过互联网渠道销售养老保障管理产品，应当参照中国保监会互联网保险监管规定中关于网络平台建设、信息披露、第三方合作协议签署、交易信息管理、客户服务管理、业务数据安全管理、客户信息安全管理、应急处置等方面的相关规定执行。

第三章　投资管理

第三十五条　养老保障管理基金投资范围比照中国保监

会保险资金运用相关监管规定执行。

第三十六条　养老保障管理基金投资账户的资产配置范围包括流动性资产、固定收益类资产、上市权益类资产、基础设施投资计划、不动产相关金融产品、其他金融资产。流动性资产、固定收益类资产、上市权益类资产、基础设施投资计划、不动产相关金融产品、其他金融资产的分类和定义遵照中国保监会资金运用相关监管规定。

第三十七条　养老保障管理基金可由养老保险公司自行投资管理,也可委托给符合条件的投资管理人进行投资管理。

投资管理人是指在中国境内依法设立的,符合中国保监会规定的保险资产管理公司、证券公司、证券资产管理公司、证券投资基金管理公司及其子公司等专业投资管理机构。

第三十八条　养老保障管理产品设立的投资组合类型,包括开放式投资组合和封闭式投资组合。

开放式投资组合是指基金份额总额不固定,基金份额可以在养老保障管理合同约定的时间和场所缴费或者领取;封闭式投资组合是指基金份额总额在养老保障管理合同约定的封闭期限内固定不变,基金份额不得提前申请领取。

第三十九条　养老保险公司应当加强养老保障管理产品投资账户的流动性管理,确保投资账户能够满足流动性需要。其中,对于开放式投资组合的流动性管理应当符合以下要求:

(一)流动性资产的投资余额不得低于投资组合价值的5%;

(二)基础设施投资计划、不动产相关金融产品、其他金融资产的投资余额不得超过投资组合价值的75%,其中单一项目的投资余额不得超过投资组合价值的50%;

(三)针对投资组合特点建立相应的流动性管理方案。

投资组合建立初期、10个工作日内赎回比例超过投资组合价值10%时、投资组合清算期间,投资组合可以突破上述有关流动性管理的比例限制,但应在30个工作日内调整至规定范围内。

第四十条　养老保险公司设立封闭式投资组合,应当在投资组合说明书中明示“封闭式”,并在产品或募集公告中明示封闭期限及投资方向。

第四十一条　养老保险公司设立的封闭式投资组合应当满足产品与投资资产配置独立性、期限结构匹配性要求。

第四十二条　封闭式投资组合投资另类金融产品的,养老保险公司在销售时,应当向购买客户主动披露拟投资的另类金融产品的投资品种、基础资产、投资比例、估值方法、流动性管理策略、主要投资风险等。

另类金融产品是指传统的存款、股票、债券、证券投资基金等之外的金融产品。

第四章　风险控制

第四十三条　养老保险公司开展养老保障管理业务,应当建立相应的风险管理体系,并将养老保障管理业务的风险管理纳入养老保险公司全面风险管理体系之中。养老保障管理业务风险管理体系应覆盖市场风险、信用风险、流动性风险、操作风险、战略风险、声誉风险等各类风险,并就相关风险制定有效的管控措施。

第四十四条　在向委托人推介养老保障管理产品时,养老保险公司应当充分了解委托人的风险偏好、风险认知能力和风险承受能力,合理评估委托人的财务状况,并根据所了解的委托人的情况推荐合适的产品供委托人自主选择。

第四十五条　在与委托人签订受托管理合同时,养老保险公司应当向委托人提供投资风险提示函,充分揭示投资风险,包括市场风险、信用风险、流动性风险、操作风险及其他风险,以及上述风险的含义、特征、可能引起的后果,并要求委托人对投资风险提示函内容进行确认。确认方式包括书面确认或网络实名验证确认等。

第四十六条　养老保险公司应当向客户如实披露其投资管理能力和历史业绩等情况。养老保险公司向客户做出投资收益预测,必须恪守诚信原则,提供充分合理的依据;并以书面方式或在销售网站该产品销售界面显著位置特别声明,所述预测结果仅供客户参考,不构成养老保险公司对客户的承诺。

第四十七条　养老保险公司应当合理控制短期个人养老保障管理产品业务规模,年度新增业务规模应与公司的资本实力相匹配。

短期个人养老保障管理产品是指产品期限在三年以内(含三年),销售给个人客户的养老保障管理产品。

经营商业保险业务的养老保险公司,受托管理的封闭式短期个人养老保障管理业务的年度新增规模不得超过公司上一年度末偿付能力溢额的10倍;不经营商业保险业务的养老保险公司,受托管理的封闭式短期个人养老保障管理业务的年度新增规模不得超过公司上一年度末公司净资产的10倍。

第四十八条　养老保险公司开展个人养老保障管理业务,应对发行的每一期产品按管理费收入10%的比例计提风险准备金,计提总额达到养老保险公司上年度管理个人养老保障管理业务总规模的1%时,不再计提。计提的风险准备金专门用于赔偿因投资管理机构违法违规、违反受托管理合同、未尽责履职等原因给养老保障基金财产或受益人造成的损失。

风险准备金应当存放在养老保险公司或其委托的投资管理人在资产托管人处开立的专用存款账户。

养老保险公司可以对已提取的风险准备金进行自主投资管理或委托投资管理人投资,风险准备金可投资于银行存款、国债、中央银行票据、中央企业债券、中央级金融机构发行的金融债券等高流动性、低风险的金融产品。投资管理产生的投资收益,应当纳入风险准备金管理。

第四十九条　养老保险公司及其从业人员开展养老保障管理业务,不得有以下行为:

(一)以虚假、片面、误导、夸大的方式宣传推介养老保障管理产品;

(二)向客户做出保证其资金本金不受损失或者承担损失的承诺;

(三)以欺骗、隐瞒或诱导等方式销售养老保障管理产品;

(四)挪用、侵占客户资金;

(五)将养老保障管理业务与其他业务混合操作;

(六)以转移养老保障管理基金投资收益或者亏损为目的,在不同的投资组合之间进行买卖,损害客户的利益;

(七)利用所管理的养老保障管理基金谋取不正当利益;

(八)不公平地对待养老保障管理基金,损害客户的利益;

(九)从事内幕交易及其他不正当交易行为;

(十)法律、行政法规和中国保监会等监管机构规定禁止的其他行为。

第五十条　养老保险公司自身不得对养老保障管理基金的投资收益承担任何形式的保证责任,不得在管理合同和产品设计中列入投资收益保证条款。

第五十一条　养老保险公司可以为养老保障管理基金的保值增值向第三方合格机构购买风险买断合同,相应的费用可以列入基金的运营成本。养老保险公司不得对担保机构提供任何形式的反担保。

第三方合格机构应当满足以下条件:

(一)注册资本不低于5亿元人民币;

(二)上一年度经审计的净资产不低于20亿元人民币;

(三)为养老保障管理基金承担风险买断合同的总金额不超过上一年度经审计的净资产的10倍;

(四)最近三年未受过重大处罚;

(五)中国保监会规定的其他条件。

养老保险公司为养老保障管理基金购买风险买断合同的,应当在受托管理合同或投资风险提示函中向委托人充分揭示购买风险买断合同后养老保障管理基金仍然存在投资损失的风险。

第五十二条　养老保险公司应当依法采取预防、监控措施,建立健全客户身份识别制度、大额交易和可疑交易报告制度,全面履行反洗钱义务。

第五十三条　发生以下情形之一的,养老保险公司应当选择会计师事务所对养老保障管理业务进行外部审计,相应的审计费用可以列入基金的运营成本。

(一)养老保障管理基金投资运作满三个会计年度时;

(二)养老保障管理基金管理人职责终止时;

(三)国家规定的其他情形。

养老保险公司应当自收到外部审计机构出具的审计报告之日起的30日内向委托人提交审计报告。

同一家会计师事务所连续审计三次的,应当予以更换。

第五章　监督管理

第五十四条　开展养老保障管理业务的养老保险公司,应当在每年3月31日之前向中国保监会提交养老保障管理业务专题报告。专题报告包括以下内容:

(一)管理合同签订及履行情况;

(二)基金运作及投资收益情况;

(三)资产托管及投资监督情况;

(四)管理费用收取情况;

(五)风险准备金的提取、投资管理、使用、年末结余等情况;

(六)中国保监会要求的其他事项。

第五十五条　养老保险公司按照本办法有关规定和合同约定发生外部审计的,应当自收到外部审计机构出具的审计报告之日起的30日内向中国保监会报送审计报告。

第五十六条　中国保监会及其派出机构对养老保险公司、资产托管人、投资管理人开展养老保障管理业务的情况,进行定期或者不定期的检查,养老保险公司、资产托管人、投资管理人应当予以配合。

第五十七条　养老保险公司及其从业人员违反本办法的,由中国保监会依照法律、行政法规进行处罚;法律、行政法规没有规定的,由中国保监会责令改正;涉嫌犯罪的,依法移交司法机关追究刑事责任。

第六章　附　则

第五十八条　本办法由中国保监会负责解释。

第五十九条　养老金管理公司开展养老保障管理业务,应遵守本办法规定。

第六十条　本办法自下发之日起施行。《养老保障管理业务管理暂行办法》(保监发〔2013〕43号)同时废止。

人力资源社会保障部财政部关于机关事业单位基本养老保险关系和职业年金转移接续有关问题的通知

(2017年1月12日　人社部规〔2017〕1号)

各省、自治区、直辖市及新疆生产建设兵团人力资源社会保障厅(局)、财政(务)厅(局):

按照《国务院关于机关事业单位工作人员养老保险制度改革的决定》(国发〔2015〕2号)和《国务院办公厅关于印发机关事业单位职业年金办法的通知》(国办发〔2015〕18号)的规定,为做好机关事业单位养老保险参保人员基本养老保险

关系和职业年金转移接续工作,切实维护流动就业人员的养老保险权益,现就有关问题通知如下:

一、关于机关事业单位基本养老保险关系转移接续

(一)参保人员在同一统筹范围内的机关事业单位之间流动的,只转移基本养老保险关系,不转移基金。

(二)参保人员在机关事业单位养老保险制度内跨统筹范围流动的,在转移基本养老保险关系的同时,转移基金。

(三)参保人员从机关事业单位流动到企业的,在转移基本养老保险关系的同时,转移基金。其中,参保人员经组织批准从机关事业单位调动到企业的,基本养老保险关系转移至调入企业参保地的企业职工基本养老保险社保经办机构;参保人员因辞职、辞退等原因离开机关事业单位的,基本养老保险关系转移至户籍所在地的企业职工基本养老保险社保经办机构。以后在户籍所在地以外就业参保的,基本养老保险关系转移接续按照《国务院办公厅关于转发人力资源社会保障部、财政部城镇企业职工基本养老保险关系转移接续暂行办法的通知》(国办发〔2009〕66 号)相关规定执行;高校、科研院所等事业单位专业技术人员离岗创业保留人事关系期间,可暂不转移基本养老保险关系。待其正式办理离职后,根据其重新就业情况,按照上述办法相应转移接续基本养老保险关系。

(四)参保人员跨统筹范围流动或从机关事业单位流动到企业的,个人缴费部分按计入本人基本养老保险个人账户的全部储存额计算转移;单位缴费部分以本人改革后各年度实际缴费工资为基数,按 12%的总和转移,参保缴费不足 1 年的,按实际缴费月数计算转移。

(五)参保人员从企业流动到机关事业单位的,在转移基本养老保险关系的同时,个人缴费部分和单位缴费部分转移比照国办发〔2009〕66 号文件相关规定执行。其中,改革前曾参加企业职工基本养老保险、改革后参加机关事业单位基本养老保险的参保人员,按照上述办法转移接续在企业参保期间的基本养老保险关系。

(六)改革前参加地方原有机关事业单位养老保险试点、改革后纳入机关事业单位基本养老保险的人员,在转移接续基本养老保险关系时,不转移参加试点期间的单位缴费和个人缴费,改革前的个人缴费本息按照《人力资源社会保障部、财政部关于贯彻落实〈国务院关于机关事业单位工作人员养老保险制度改革的决定〉的通知》(人社部发〔2015〕28 号)有关规定执行。

二、关于机关事业单位参保人员养老保险关系转移接续后的职业年金补记

(一)参保人员办理了正式调动或辞职、辞退手续离开机关事业单位的,根据改革前本人在机关事业单位工作的年限长短补记职业年金,以实账方式划转至本人职业年金个人账户,所需资金由其原所在单位按现行经费保障渠道解决。

(二)参保人员从企业再次流动到机关事业单位的,本人退休时,按照机关事业单位养老保险办法计发待遇,同时补记职业年金的本金及投资收益划转到待遇领取地机关事业单位基本养老保险统筹基金。若参保人员在退休前从机关事业单位又流动到企业的,不再重复补记职业年金,原补记的职业年金转移和管理运营按照国办发〔2015〕18 号文件规定执行。

三、关于养老保险关系转移接续后的相关待遇计发参数

(一)参保人员在机关事业单位之间跨统筹范围流动的,待达到退休年龄时,视同缴费指数根据本人退休时的职务职级(技术职称)所对应的待遇领取地的视同缴费指数标准确定;过渡期内老办法待遇标准中的退休补贴标准,根据 2014 年 9 月本人的职务职级(技术职称)对应的待遇领取地退休补贴标准确定;在其他统筹地区参保缴费时段的实际缴费指数,可以按照本人相应年度缴费工资基数和待遇领取地对应的上年度在岗职工平均工资计算,也可以按照本人相应年度缴费工资基数和其他统筹地区对应的上年度在岗职工平均工资计算,就高不就低。

(二)参保人员从机关事业单位流动到企业参保的,其视同缴费指数按企业职工基本养老保险有关政策确定。

(三)改革后,参保人员从企业流动到机关事业单位,过渡期内达到退休年龄的,可参照待遇领取地同等条件(如职务、技术职称等)人员的标准,确定其老办法待遇标准,实行新老办法对比计发养老待遇,具体办法由各地根据实际制定。过渡期之后达到退休年龄的,直接按照新办法计发养老待遇。其他类似人员,按照上述办法处理。

(四)参保人员在机关事业单位与企业之间流动的,养老保险关系转移接续后的基本养老保险缴费年限(含视同缴费年限)、个人账户储存额累计计算。

四、关于养老保险关系转移接续后的待遇领取地确定

(一)参加机关事业单位养老保险制度的人员达到退休年龄时,其退休时的基本养老保险关系所在地为待遇领取地。

(二)参保人员从机关事业单位流动到企业的,待达到退休年龄时,按照国办发〔2009〕66 号文件等规定确定待遇领取地。

五、关于处理多重养老保险关系

参保人员同时存续多重基本养老保险关系或重复缴纳基本养老保险费的,应按照"先转后清"的原则,由转入地社保经办机构负责按规定清理。

六、关于职业年金转移接续

职业年金个人账户实账部分按照国办发〔2015〕18 号文件的规定转移接续,职业年金单位缴费采取记账方式管理的部分,按以下办法转移接续:

(一)参保人员在由相应的同级财政全额供款的单位之间流动时,可转移本人的职业年金单位缴费部分的累计记账额，继续由转入单位采取记账方式管理。

（二）参保人员由机关事业单位流动到企业、在非同级财政全额供款的单位之间流动，或者由财政全额供款单位流动到非财政全额供款单位的，应当由转出单位相应的同级财政保障拨付资金记实后转移接续。

（三）参保人员由非财政全额供款单位流动到财政全额供款单位后，原实账积累的个人账户资金按规定转移接续，同时其到新就业单位后的职业年金单位缴费部分可采取记账方式管理。

七、关于职业年金、企业年金个人账户管理和待遇计发

（一）参保人员在机关事业单位与企业之间流动时，本人职业年金或者企业年金个人账户包含的按照规定正常缴费形成的职业年金（以下简称正常缴费）、参加本地机关事业单位养老保险试点的个人缴费本息划转的资金（以下简称划转缴费）、补记的职业年金（以下简称补记缴费）和企业年金分别管理并计算收益。

（二）参保人员从机关事业单位流动到企业并在企业职工养老保险制度内达到退休年龄，参加所在企业建立企业年金计划的，将正常缴费、补记缴费和企业年金累计储存额合并计算，按照企业年金制度相关规定领取企业年金待遇，同时将划转缴费累计储存额一次性支付给本人。

（三）参保人员从机关事业单位流动到企业并在企业职工养老保险制度内达到退休年龄，所在企业没有建立企业年金计划并由原管理机构管理运营正常缴费、划转缴费和补记缴费的，将正常缴费和补记缴费累计储存额合并计算，按照国办发〔2015〕18 号文件规定领取职业年金待遇，同时将划转缴费累计储存额一次性支付给本人。

（四）参保人员从企业流动到机关事业单位的，原在企业建立的企业年金按规定转移并投资运营。在机关事业单位养老保险制度内达到退休年龄的，过渡期内，企业年金累计储存额不计入新老办法标准对比范围，按照企业年金制度相关规定领取企业年金待遇，同时按照国办发〔2015〕18 号文件规定领取职业年金待遇；过渡期之后，将职业年金、企业年金累计储存额合并计算，按照国办发〔2015〕18 号文件规定领取职业年金待遇。

（五）参保人员在职期间或退休后死亡的，其正常缴费、划转缴费、补记缴费和企业年金累计储存余额可以继承。

机关事业单位基本养老保险关系和职业年金转移接续经办规程另行制定。

本通知自 2014 年 10 月 1 日开始执行，已有规定与本通知不一致的，按本通知执行。

人力资源社会保障部财政部关于 2017 年调整退休人员基本养老金的通知

（2017 年 4 月 13 日　人社部发〔2017〕30 号）

各省、自治区、直辖市人民政府，国务院各部委、各直属机构，新疆生产建设兵团：

经国务院批准，从 2017 年 1 月 1 日起调整企业和机关事业单位退休人员（以下简称退休人员）基本养老金水平。现就有关事项通知如下：

一、调整范围。2016 年 12 月 31 日前已按规定办理退休手续并按月领取基本养老金的退休人员。

二、调整水平。总体调整水平按照 2016 年退休人员月人均基本养老金的 5.5%左右确定。

三、调整办法。此次调整退休人员基本养老金，要兼顾企业和机关事业单位退休人员，按照调整办法大体统一的原则，采取定额调整、挂钩调整与适当倾斜相结合的办法。定额调整要体现公平原则；挂钩调整要体现“多工作、多缴费、多得养老金”的激励机制，可与退休人员本人缴费年限（或工作年限）、基本养老金水平等因素挂钩；对高龄退休人员、艰苦边远地区企业退休人员，可适当提高调整水平。继续确保企业退休军转干部基本养老金不低于当地企业退休人员平均水平。要合理确定定额调整、挂钩调整与适当倾斜三部分比重，增强调整办法的激励性导向。

四、资金来源。调整基本养老金所需资金，参加企业职工基本养老保险的从企业基本养老保险基金中列支，参加机关事业单位工作人员基本养老保险的从机关事业单位基本养老保险基金中列支。对中西部地区、老工业基地、新疆生产建设兵团和在京中央国家机关及所属事业单位，中央财政予以适当补助。未参加职工基本养老保险的，调整所需资金由原渠道解决。

各地区要通过扩大养老保险覆盖面、加强基金征缴、完善省级统筹、调整财政支出结构加大对养老保险基金补助力度等措施，提高养老保险基金的支付能力，不得发生新的拖欠。

五、组织实施。调整退休人员基本养老金，体现了党中央、国务院对广大退休人员的亲切关怀，直接关系各类退休人员的切身利益，涉及面广，政策性强，敏感度高。各地区要高度重视，切实加强领导，精心组织实施，准确解读政策，正确引导舆论，确保各项工作平稳进行。各地区要按照国务院统一部署，结合本地区实际，制定具体实施方案，合理确定调整水平和调整办法，对调整养老金工作的组织领导、工作进度、资金保障等作出周密安排，于 2017 年 5 月 31 日前报送人力资源社会保障部、财政部审批后组织实施。各地区要严格按照两部批准的实施方案执行，把各项调整政策落实到位，不得自行提高调整水平、突破调整政策。对自行提高调整水平的地区,将予以批评问责,并相应扣减中央财政补助资金。在京中央国家机关及所属事业单位的调整方案由人力资源社会保障部、财政部制定并组织实施。

民政部、公安部、司法部、财政部、人力资源社会保障部、文化部、卫生计生委、国务院扶贫办、全国老龄办关于加强农村留守老年人关爱服务工作的意见

(2017 年 12 月 28 日　民发〔2017〕193 号)

各省、自治区、直辖市民政厅(局)、公安厅(局)、司法厅(局)、财政厅(局)、人力资源社会保障厅(局)、文化厅(局)、卫生计生委、扶贫办、老龄办、新疆生产建设兵团民政局、公安局、司法局、财务局、人力资源社会保障局、文化局、卫生计生委、扶贫办、老龄办:

农村留守老年人问题是我国工业化、城镇化、市场化和经济社会发展的阶段性问题,是城乡发展不均衡、公共服务不均等、社会保障不完善等问题的深刻反映。农村留守老年人关爱服务是农村养老服务体系的重要组成部分。关爱服务体系的完善关乎广大农村留守老年人的晚年幸福生活,关系到脱贫攻坚的目标实现,关系到社会和谐稳定和全面建成小康社会大局。党中央、国务院高度重视农村留守老年人关爱服务工作,党的十九大报告明确要求加快建立健全农村留守老年人关爱服务体系。为贯彻落实党中央、国务院决策部署,进一步加强农村留守老年人关爱服务工作,现提出以下意见:

一、把握农村留守老年人关爱服务工作的总体要求

加强农村留守老年人关爱服务工作,要深入贯彻党的十九大精神和习近平新时代中国特色社会主义思想,以促进农村留守老年人安享幸福晚年生活为落脚点,着力完善关爱服务网络,提升关爱服务能力,健全关爱服务体制机制,切实把握好四方面原则与要求:

一是明确职责、完善机制。强化家庭和子女在赡养、扶养留守老年人中的主体责任和法定义务,落实县乡两级政府在维护留守老年人权益中的基本职责,充分发挥老年人组织、村民互助服务组织、社会工作服务机构作用,建立健全家庭尽责、基层主导、社会协同、全民行动、政府支持保障的农村留守老年人关爱服务工作机制。

二是突出重点、强化服务。各地要加强资源统筹,以防范留守生活安全风险为重点内容,以经济困难家庭的高龄、失能留守老年人为重点对象,督促各方履行关爱职责,增强生活照料、精神慰藉、安全监护、权益维护等基本服务,防止冲击社会道德底线的问题发生。

三是因地制宜、改革创新。各地区要结合当地经济社会发展水平,结合当地人文风俗文化习惯,结合当地人口老龄化形势趋势,深入研究、开拓创新,积极探索有效管用的农村留守老年人关爱服务政策措施与实践模式。

四是加强统筹、综合施策。将农村留守老年人关爱服务体系纳入养老服务体系统筹设计,做好政策衔接;与城乡一体化、基本公共服务均等化和农业现代化发展相适应,与信息化、智能化等现代技术推广应用相同步,从城市和农村两端发力逐步解决农村老年人留守问题。

力争到 2020 年,农村留守老年人关爱服务工作机制和基本制度全面建立,关爱服务体系初步形成,关爱服务普遍开展,养老、孝老、敬老的乡村社会氛围更加浓厚,农村贫困留守老年人全部脱贫。

二、强化家庭在农村留守老年人赡养与关爱服务中的主体责任

家庭是农村留守老年人赡养和关爱服务的责任主体。子女或其他赡养人要依法履行对老年人经济上供养、生活上照料和精神上慰藉的义务,扶养人要依法履行扶养义务。子女或其他赡养人、扶养人应当经常看望或者问候留守老年人,不得忽视、冷落老年人。支持家族成员和亲友对留守老年人给予生活照料和精神关爱,鼓励邻里乡亲为留守老年人提供关爱服务,避免让生活不能自理的老年人单独居住生活。在尊重老年人意愿的前提下,赡养义务人可与亲属或其他人签订委托照顾协议,相关情况应向村民委员会报备。提高子女或其他赡养人的守法意识,增强村规民约对家庭赡养义务人的道德约束,发挥孝亲敬老典型的示范引导作用。对赡养人、扶养人不履行赡养、扶养义务的,村民委员会、老年人组织或者赡养人、扶养人所在单位应当监督其履行;情节严重的,相关执法部门要依法追究其法律责任。

三、发挥村民委员会在农村留守老年人关爱服务中的权益保障作用

村民委员会要在县乡两级政府的统筹协调和组织引导下,加强留守老年人关爱服务工作。协助做好辖区内留守老年人基本信息摸查;以电话问候、上门访问等方式,定期探访留守老年人,及时了解留守老年人生活情况,将存在安全风险和生活困难的留守老年人作为重点帮扶对象,村民委员会要及时通知并督促其子女和其他家庭成员予以照顾,同时报告乡镇人民政府。将关爱服务纳入村规民约,推动形成孝敬父母、尊重老人、互帮互助、邻里相亲的良好乡村社会风尚。鼓励乡贤人士、社会爱心企业和个人资助开展留守老年人关爱服务。

四、发挥为老组织和设施在农村留守老年人关爱服务中的独特作用

增强农村老年协会对留守老年人的关爱服务能力。支持

乡镇、村建立老年协会或其他老年人组织，鼓励留守老年人人会互助养老。鼓励和引导农村老年协会积极参与和组织留守老年人关爱服务，开展老年人喜闻乐见的文体娱乐、教育培训、知识讲座等活动，提供权益维护、互助养老等服务。鼓励各地将农村互助幸福院等养老服务设施委托交由老年协会等社会力量运营管理，面向留守老年人提供服务，把具备资质的老年协会纳入政府购买服务承接主体。

发挥农村特困人员供养服务机构和养老服务设施在留守老年人关爱服务中的重要作用。鼓励有条件的农村特困人员供养服务机构在满足特困人员集中供养需求的基础上，发挥辐射功能，为经济困难家庭的高龄、失能留守老年人提供服务。持续推进农村互助幸福院建设，有条件的地方，可将日常运行维护费用纳入财政预算支持范围。

发挥农村各类公共服务设施在留守老年人关爱服务中的支持作用。支持农村卫生服务中心提升服务能力，拓展服务范围，为农村留守老年人提供健康管理、基本医疗和长期护理服务。支持农村综合性文化服务中心、农村社区综合服务设施、老年学校、党员活动室等公共服务设施建设，鼓励各有关部门和组织下沉基层的公共服务项目面向留守老年人开展服务。

五、促进社会力量广泛参与留守老年人关爱服务

广泛开展关爱农村留守老年人志愿服务。鼓励农村基层组织组建志愿者队伍，为志愿服务活动开展提供场所和其他便利条件，完善志愿服务信息网络，建立健全农村志愿服务体系。引导城市和农村志愿者和志愿服务组织为留守老年人提供内容丰富、形式多样、符合需要的志愿服务。鼓励低龄健康老年人为高龄、失能留守老年人提供力所能及的志愿服务，探索建立志愿服务互助循环机制。

探索推动社会工作专业力量参与留守老年人关爱服务。加大农村社会工作专业人才培养力度，支持农村基层组织、为老服务组织根据需要配备使用社会工作专业人才。发挥社会工作人文关怀、助人自助的专业优势，通过设立社会工作站点、政府购买服务等方式，及时为留守老年人提供心理疏导、情绪疏解、精神慰藉、代际沟通、家庭关系调适、社会融入等服务。

支持社会组织为留守老年人提供关爱服务。落实税费减免等优惠政策，加快孵化培育专业化为老社会服务机构，提升其开展农村留守老年人安全防护、生活照料、紧急援助、康复护理等专业服务的能力。鼓励农村经济合作社、农村电商组织等其他社会力量参与关爱留守老年人。

六、加强政府对农村留守老年人关爱服务的支持保障

加强组织领导。各地要建立健全党委领导下的政府支持保障、部门协同配合、群团组织积极参与、村民委员会和老年协会发挥骨干作用、社会力量广泛参与的农村留守老年人关爱服务工作机制。各级老龄工作委员会、养老服务业发展领导小组要将农村留守老年人关爱服务纳入统筹指导范围，推进留守老年人关爱服务与老龄工作、养老服务协调发展。鼓励各地建立健全工作考核、责任追究和奖惩机制。

明确职责分工。公安部门要依法严厉打击侵害留守老年人合法权益的违法犯罪行为，督促、指导乡镇政府落实农村为老设施的消防设施器材建设、日常消防安全管理和老年人消防安全宣传教育工作。民政部门牵头做好工作协调，培养壮大农村养老服务和社会工作专业人才队伍，加强农村养老服务设施建设，将农村留守老年人关爱服务体系纳入农村养老服务体系统筹考虑。司法行政部门要做好法治宣传教育工作，依法为留守老年人提供法律援助服务。财政部门要积极支持农村留守老年人关爱服务工作，完善政府购买服务制度。人力资源社会保障部门要建立健全覆盖城乡居民基本养老保险、基本医疗保险等社会保障公共服务体系，逐步提升社会保障水平。文化部门要依托基层综合性文化服务中心，为农村留守老年人提供丰富多彩的文化服务，丰富老年人精神文化生活。卫生计生部门要落实基本公共卫生服务项目，为65岁以上农村留守老年人提供健康管理服务，会同民政等部门推进医养结合工作。扶贫部门要落实脱贫攻坚政策，支持做好贫困留守老年人脱贫工作。老龄工作机构要统筹协调留守老年人关爱工作，培育和发展老年协会，做好留守老年人权益维护，加强孝亲敬老社会宣传与人口老龄化国情教育。

加强资源支持。地方各级财政要优化和调整支出结构，支持做好留守老年人关爱服务工作。鼓励有条件的地区通过购买服务形式开展留守老年人关爱服务。不断完善基本医疗、基本养老、社会救助、社会福利等社会保障制度，落实相关社会保障政策，切实维护农村留守老年人基本权益。坚持应扶尽扶，精准识别农村贫困人口，将符合条件的农村留守老年人全部纳入建档立卡范围，给予政策扶持，帮助其脱贫增收。鼓励有条件的地区统筹辖区为老服务资源，探索建立留守老年人关爱服务清单制度，定期梳理并发布留守老年人关爱服务项目内容和资源获取渠道。鼓励有条件的地区将村集体收入按一定比例用于农村留守老年人关爱服务。支持利用移动互联网、物联网等现代科学技术，依托城乡社区为老服务设施，为留守老年人获取有关服务以及与其外出工作子女亲情交流等，搭建高效、便捷、适用的智能服务网络平台。

建立信息台账与定期探访制度。建立信息共享和动态管理的农村留守老年人信息台账。乡镇政府要定期组织排查，对农村留守老年人进行摸底，掌握辖区农村留守老年人的家庭结构、经济来源、健康状况、照料情况、存在困难问题等动态信息；重点排查经济困难家庭的高龄、失能留守老年人，做到精准到村、到户、到人。省市县级层面要掌握辖区留守老年人的数量规模、基本分布、主要特征等总体信息。以县为单位，由乡镇人民政府统筹指导，由村民委员会协助实施，建立农村留守老年人定期探访制度，及时了解或评估农村留守老年人生活情况、家庭赡养责任落实情况，将相关信息及时更新到留守老年人信息台账，并为留守老年人提供相应援助服务。有条件的地区可探索建立留守老年人风险评估制度，制定风险等级标准，对风险等级高的留守老年人及时进行干预，实施关爱救助。

做好宣传引导。及时研究总结与宣传推广各地农村留守老年人关爱服务实践先进经验。大力宣扬积极老龄化理念，倡导健康生活理念，开展健康生活知识教育，引导留守老年人保持身心健康。加强《中华人民共和国老年人权益保障法》等法律法规宣传，提高子女或其他赡养人守法意识，督促落实赡养义务；加强孝亲敬老传统美德宣传，形成互帮互助、助老爱老的良好风尚，营造全社会正确对待、积极接纳、关心关爱留守老年人的友好环境。

各省（自治区、直辖市）民政部门要主动会同有关部门根据此意见，结合当地实际，抓紧制定和出台具体实施意见或实施细则，加快建立和完善农村留守老年人关爱服务制度。

3. 残疾人福利

中华人民共和国残疾人保障法

（1990年12月28日第七届全国人民代表大会常务委员会第十七次会议通过　2008年4月24日第十一届全国人民代表大会常务委员会第二次会议修订　根据2018年10月26日第十三届全国人民代表大会常务委员会第六次会议《关于修改〈中华人民共和国野生动物保护法〉等十五部法律的决定》修正）

第一章　总　　则

第一条　为了维护残疾人的合法权益，发展残疾人事业，保障残疾人平等地充分参与社会生活，共享社会物质文化成果，根据宪法，制定本法。

第二条　残疾人是指在心理、生理、人体结构上，某种组织、功能丧失或者不正常，全部或者部分丧失以正常方式从事某种活动能力的人。

残疾人包括视力残疾、听力残疾、言语残疾、肢体残疾、智力残疾、精神残疾、多重残疾和其他残疾的人。

残疾标准由国务院规定。

第三条　残疾人在政治、经济、文化、社会和家庭生活等方面享有同其他公民平等的权利。

残疾人的公民权利和人格尊严受法律保护。

禁止基于残疾的歧视。禁止侮辱、侵害残疾人。禁止通过大众传播媒介或者其他方式贬低损害残疾人人格。

第四条　国家采取辅助方法和扶持措施，对残疾人给予特别扶助，减轻或者消除残疾影响和外界障碍，保障残疾人权利的实现。

第五条　县级以上人民政府应当将残疾人事业纳入国民经济和社会发展规划，加强领导，综合协调，并将残疾人事业经费列入财政预算，建立稳定的经费保障机制。

国务院制定中国残疾人事业发展纲要，县级以上地方人民政府根据中国残疾人事业发展纲要，制定本行政区域的残疾人事业发展规划和年度计划，使残疾人事业与经济、社会协调发展。

县级以上人民政府负责残疾人工作的机构，负责组织、协调、指导、督促有关部门做好残疾人事业的工作。

各级人民政府和有关部门，应当密切联系残疾人，听取残疾人的意见，按照各自的职责，做好残疾人工作。

第六条　国家采取措施，保障残疾人依照法律规定，通过各种途径和形式，管理国家事务，管理经济和文化事业，管理社会事务。

制定法律、法规、规章和公共政策，对涉及残疾人权益和残疾人事业的重大问题，应当听取残疾人和残疾人组织的意见。

残疾人和残疾人组织有权向各级国家机关提出残疾人权益保障、残疾人事业发展等方面的意见和建议。

第七条　全社会应当发扬人道主义精神，理解、尊重、关心、帮助残疾人，支持残疾人事业。

国家鼓励社会组织和个人为残疾人提供捐助和服务。

国家机关、社会团体、企业事业单位和城乡基层群众性自治组织，应当做好所属范围内的残疾人工作。

从事残疾人工作的国家工作人员和其他人员，应当依法履行职责，努力为残疾人服务。

第八条　中国残疾人联合会及其地方组织，代表残疾人的共同利益，维护残疾人的合法权益，团结教育残疾人，为残疾人服务。

中国残疾人联合会及其地方组织依照法律、法规、章程或者接受政府委托，开展残疾人工作，动员社会力量，发展残疾人事业。

第九条　残疾人的扶养人必须对残疾人履行扶养义务。

残疾人的监护人必须履行监护职责，尊重被监护人的意愿，维护被监护人的合法权益。

残疾人的亲属、监护人应当鼓励和帮助残疾人增强自立能力。

禁止对残疾人实施家庭暴力，禁止虐待、遗弃残疾人。

第十条　国家鼓励残疾人自尊、自信、自强、自立，为社会主义建设贡献力量。

残疾人应当遵守法律、法规，履行应尽的义务，遵守公共秩序，尊重社会公德。

第十一条　国家有计划地开展残疾预防工作，加强对残疾预防工作的领导，宣传、普及母婴保健和预防残疾的知识，建立健全出生缺陷预防和早期发现、早期治疗机制，针对遗传、疾病、药物、事故、灾害、环境污染和其他致残因素，组织和动员社会力量，采取措施，预防残疾的发生，减轻残疾程度。

国家建立健全残疾人统计调查制度，开展残疾人状况的统计调查和分析。

第十二条 国家和社会对残疾军人、因公致残人员以及其他为维护国家和人民利益致残的人员实行特别保障，给予抚恤和优待。

第十三条 对在社会主义建设中做出显著成绩的残疾人，对维护残疾人合法权益、发展残疾人事业、为残疾人服务做出显著成绩的单位和个人，各级人民政府和有关部门给予表彰和奖励。

第十四条 每年5月的第三个星期日为全国助残日。

第二章 康 复

第十五条 国家保障残疾人享有康复服务的权利。

各级人民政府和有关部门应当采取措施，为残疾人康复创造条件，建立和完善残疾人康复服务体系，并分阶段实施重点康复项目，帮助残疾人恢复或者补偿功能，增强其参与社会生活的能力。

第十六条 康复工作应当从实际出发，将现代康复技术与我国传统康复技术相结合；以社区康复为基础，康复机构为骨干，残疾人家庭为依托；以实用、易行、受益广的康复内容为重点，优先开展残疾儿童抢救性治疗和康复；发展符合康复要求的科学技术，鼓励自主创新，加强康复新技术的研究、开发和应用，为残疾人提供有效的康复服务。

第十七条 各级人民政府鼓励和扶持社会力量兴办残疾人康复机构。

地方各级人民政府和有关部门，应当组织和指导城乡社区服务组织、医疗预防保健机构、残疾人组织、残疾人家庭和其他社会力量，开展社区康复工作。

残疾人教育机构、福利性单位和其他为残疾人服务的机构，应当创造条件，开展康复训练活动。

残疾人在专业人员的指导和有关工作人员、志愿工作者及亲属的帮助下，应当努力进行功能、自理能力和劳动技能的训练。

第十八条 地方各级人民政府和有关部门应当根据需要有计划地在医疗机构设立康复医学科室，举办残疾人康复机构，开展康复医疗与训练、人员培训、技术指导、科学研究等工作。

第十九条 医学院校和其他有关院校应当有计划地开设康复课程，设置相关专业，培养各类康复专业人才。

政府和社会采取多种形式对从事康复工作的人员进行技术培训；向残疾人、残疾人亲属、有关工作人员和志愿工作者普及康复知识，传授康复方法。

第二十条 政府有关部门应当组织和扶持残疾人康复器械、辅助器具的研制、生产、供应、维修服务。

第三章 教 育

第二十一条 国家保障残疾人享有平等接受教育的权利。

各级人民政府应当将残疾人教育作为国家教育事业的组成部分，统一规划，加强领导，为残疾人接受教育创造条件。

政府、社会、学校应当采取有效措施，解决残疾儿童、少年就学存在的实际困难，帮助其完成义务教育。

各级人民政府对接受义务教育的残疾学生、贫困残疾人家庭的学生提供免费教科书，并给予寄宿生活费等费用补助；对接受义务教育以外其他教育的残疾学生、贫困残疾人家庭的学生按照国家有关规定给予资助。

第二十二条 残疾人教育，实行普及与提高相结合、以普及为重点的方针，保障义务教育，着重发展职业教育，积极开展学前教育，逐步发展高级中等以上教育。

第二十三条 残疾人教育应当根据残疾人的身心特性和需要，按照下列要求实施：

（一）在进行思想教育、文化教育的同时，加强身心补偿和职业教育；

（二）依据残疾类别和接受能力，采取普通教育方式或者特殊教育方式；

（三）特殊教育的课程设置、教材、教学方法、入学和在校年龄，可以有适度弹性。

第二十四条 县级以上人民政府应当根据残疾人的数量、分布状况和残疾类别等因素，合理设置残疾人教育机构，并鼓励社会力量办学、捐资助学。

第二十五条 普通教育机构对具有接受普通教育能力的残疾人实施教育，并为其学习提供便利和帮助。

普通小学、初级中等学校，必须招收能适应其学习生活的残疾儿童、少年入学；普通高级中等学校、中等职业学校和高等学校，必须招收符合国家规定的录取要求的残疾考生入学，不得因其残疾而拒绝招收；拒绝招收的，当事人或者其亲属、监护人可以要求有关部门处理，有关部门应当责令该学校招收。

普通幼儿教育机构应当接收能适应其生活的残疾幼儿。

第二十六条 残疾幼儿教育机构、普通幼儿教育机构附设的残疾儿童班、特殊教育机构的学前班、残疾儿童福利机构、残疾儿童家庭，对残疾儿童实施学前教育。

初级中等以下特殊教育机构和普通教育机构附设的特殊教育班，对不具有接受普通教育能力的残疾儿童、少年实施义务教育。

高级中等以上特殊教育机构、普通教育机构附设的特殊教育班和残疾人职业教育机构，对符合条件的残疾人实施高级中等以上文化教育、职业教育。

提供特殊教育的机构应当具备适合残疾人学习、康复、生活特点的场所和设施。

第二十七条 政府有关部门、残疾人所在单位和有关社会组织应当对残疾人开展扫除文盲、职业培训、创业培训和其他成人教育，鼓励残疾人自学成才。

第二十八条 国家有计划地举办各级各类特殊教育师范院校、专业，在普通师范院校附设特殊教育班，培养、培训特殊教育师资。普通师范院校开设特殊教育课程或者讲授有关内容，使普通教师掌握必要的特殊教育知识。

特殊教育教师和手语翻译，享受特殊教育津贴。

第二十九条 政府有关部门应当组织和扶持盲文、手语的研究和应用，特殊教育教材的编写和出版，特殊教育教学用具及其他辅助用品的研制、生产和供应。

第四章 劳动就业

第三十条 国家保障残疾人劳动的权利。

各级人民政府应当对残疾人劳动就业统筹规划，为残疾人创造劳动就业条件。

第三十一条 残疾人劳动就业，实行集中与分散相结合的方针，采取优惠政策和扶持保护措施，通过多渠道、多层次、多种形式，使残疾人劳动就业逐步普及、稳定、合理。

第三十二条 政府和社会举办残疾人福利企业、盲人按摩机构和其他福利性单位，集中安排残疾人就业。

第三十三条 国家实行按比例安排残疾人就业制度。

国家机关、社会团体、企业事业单位、民办非企业单位应当按照规定的比例安排残疾人就业，并为其选择适当的工种和岗位。达不到规定比例的，按照国家有关规定履行保障残疾人就业义务。国家鼓励用人单位超过规定比例安排残疾人就业。

残疾人就业的具体办法由国务院规定。

第三十四条 国家鼓励和扶持残疾人自主择业、自主创业。

第三十五条 地方各级人民政府和农村基层组织，应当组织和扶持农村残疾人从事种植业、养殖业、手工业和其他形式的生产劳动。

第三十六条 国家对安排残疾人就业达到、超过规定比例或者集中安排残疾人就业的用人单位和从事个体经营的残疾人，依法给予税收优惠，并在生产、经营、技术、资金、物资、场地等方面给予扶持。国家对从事个体经营的残疾人，免除行政事业性收费。

县级以上地方人民政府及其有关部门应当确定适合残疾人生产、经营的产品、项目，优先安排残疾人福利性单位生产或者经营，并根据残疾人福利性单位的生产特点确定某些产品由其专产。

政府采购，在同等条件下应当优先购买残疾人福利性单位的产品或者服务。

地方各级人民政府应当开发适合残疾人就业的公益性岗位。

对申请从事个体经营的残疾人，有关部门应当优先核发营业执照。

对从事各类生产劳动的农村残疾人，有关部门应当在生产服务、技术指导、农用物资供应、农副产品购销和信贷等方面，给予帮助。

第三十七条 政府有关部门设立的公共就业服务机构，应当为残疾人免费提供就业服务。

残疾人联合会举办的残疾人就业服务机构，应当组织开展免费的职业指导、职业介绍和职业培训，为残疾人就业和用人单位招用残疾人提供服务和帮助。

第三十八条 国家保护残疾人福利性单位的财产所有权和经营自主权，其合法权益不受侵犯。

在职工的招用、转正、晋级、职称评定、劳动报酬、生活福利、休息休假、社会保险等方面，不得歧视残疾人。

残疾职工所在单位应当根据残疾职工的特点，提供适当的劳动条件和劳动保护，并根据实际需要对劳动场所、劳动设备和生活设施进行改造。

国家采取措施，保障盲人保健和医疗按摩人员从业的合法权益。

第三十九条 残疾职工所在单位应当对残疾职工进行岗位技术培训，提高其劳动技能和技术水平。

第四十条 任何单位和个人不得以暴力、威胁或者非法限制人身自由的手段强迫残疾人劳动。

第五章 文化生活

第四十一条 国家保障残疾人享有平等参与文化生活的权利。

各级人民政府和有关部门鼓励、帮助残疾人参加各种文化、体育、娱乐活动，积极创造条件，丰富残疾人精神文化生活。

第四十二条 残疾人文化、体育、娱乐活动应当面向基层，融于社会公共文化生活，适应各类残疾人的不同特点和需要，使残疾人广泛参与。

第四十三条 政府和社会采取下列措施，丰富残疾人的精神文化生活：

（一）通过广播、电影、电视、报刊、图书、网络等形式，及时宣传报道残疾人的工作、生活等情况，为残疾人服务；

（二）组织和扶持盲文读物、盲人有声读物及其他残疾人读物的编写和出版，根据盲人的实际需要，在公共图书馆设立盲文读物、盲人有声读物图书室；

（三）开办电视手语节目，开办残疾人专题广播栏目，推进电视栏目、影视作品加配字幕、解说；

（四）组织和扶持残疾人开展群众性文化、体育、娱乐活动，举办特殊艺术演出和残疾人体育运动会，参加国际性比赛和交流；

（五）文化、体育、娱乐和其他公共活动场所，为残疾人提供方便和照顾。有计划地兴办残疾人活动场所。

第四十四条　政府和社会鼓励、帮助残疾人从事文学、艺术、教育、科学、技术和其他有益于人民的创造性劳动。

第四十五条　政府和社会促进残疾人与其他公民之间的相互理解和交流，宣传残疾人事业和扶助残疾人的事迹，弘扬残疾人自强不息的精神，倡导团结、友爱、互助的社会风尚。

第六章　社 会 保 障

第四十六条　国家保障残疾人享有各项社会保障的权利。

政府和社会采取措施，完善对残疾人的社会保障，保障和改善残疾人的生活。

第四十七条　残疾人及其所在单位应当按照国家有关规定参加社会保险。

残疾人所在城乡基层群众性自治组织、残疾人家庭，应当鼓励、帮助残疾人参加社会保险。

对生活确有困难的残疾人，按照国家有关规定给予社会保险补贴。

第四十八条　各级人民政府对生活确有困难的残疾人，通过多种渠道给予生活、教育、住房和其他社会救助。

县级以上地方人民政府对享受最低生活保障待遇后生活仍有特别困难的残疾人家庭，应当采取其他措施保障其基本生活。

各级人民政府对贫困残疾人的基本医疗、康复服务、必要的辅助器具的配置和更换，应当按照规定给予救助。

对生活不能自理的残疾人，地方各级人民政府应当根据情况给予护理补贴。

第四十九条　地方各级人民政府对无劳动能力、无扶养人或者扶养人不具有扶养能力、无生活来源的残疾人，按照规定予以供养。

国家鼓励和扶持社会力量举办残疾人供养、托养机构。

残疾人供养、托养机构及其工作人员不得侮辱、虐待、遗弃残疾人。

第五十条　县级以上人民政府对残疾人搭乘公共交通工具，应当根据实际情况给予便利和优惠。残疾人可以免费携带随身必备的辅助器具。

盲人持有效证件免费乘坐市内公共汽车、电车、地铁、渡船等公共交通工具。盲人读物邮件免费寄递。

国家鼓励和支持提供电信、广播电视服务的单位对盲人、听力残疾人、言语残疾人给予优惠。

各级人民政府应当逐步增加对残疾人的其他照顾和扶助。

第五十一条　政府有关部门和残疾人组织应当建立和完善社会各界为残疾人捐助和服务的渠道，鼓励和支持发展残疾人慈善事业，开展志愿者助残等公益活动。

第七章　无障碍环境

第五十二条　国家和社会应当采取措施，逐步完善无障碍设施，推进信息交流无障碍，为残疾人平等参与社会生活创造无障碍环境。

各级人民政府应当对无障碍环境建设进行统筹规划，综合协调，加强监督管理。

第五十三条　无障碍设施的建设和改造，应当符合残疾人的实际需要。

新建、改建和扩建建筑物、道路、交通设施等，应当符合国家有关无障碍设施工程建设标准。

各级人民政府和有关部门应当按照国家无障碍设施工程建设规定，逐步推进已建成设施的改造，优先推进与残疾人日常工作、生活密切相关的公共服务设施的改造。

对无障碍设施应当及时维修和保护。

第五十四条　国家采取措施，为残疾人信息交流无障碍创造条件。

各级人民政府和有关部门应当采取措施，为残疾人获取公共信息提供便利。

国家和社会研制、开发适合残疾人使用的信息交流技术和产品。

国家举办的各类升学考试、职业资格考试和任职考试，有盲人参加的，应当为盲人提供盲文试卷、电子试卷或者由专门的工作人员予以协助。

第五十五条　公共服务机构和公共场所应当创造条件，为残疾人提供语音和文字提示、手语、盲文等信息交流服务，并提供优先服务和辅助性服务。

公共交通工具应当逐步达到无障碍设施的要求。有条件的公共停车场应当为残疾人设置专用停车位。

第五十六条　组织选举的部门应当为残疾人参加选举提供便利；有条件的，应当为盲人提供盲文选票。

第五十七条　国家鼓励和扶持无障碍辅助设备、无障碍交通工具的研制和开发。

第五十八条　盲人携带导盲犬出入公共场所，应当遵守国家有关规定。

第八章　法 律 责 任

第五十九条　残疾人的合法权益受到侵害的，可以向残疾人组织投诉，残疾人组织应当维护残疾人的合法权益，有权要求有关部门或者单位查处。有关部门或者单位应当依法查处，并予以答复。

残疾人组织对残疾人通过诉讼维护其合法权益需要帮助的，应当给予支持。

残疾人组织对侵害特定残疾人群体利益的行为，有权要求有关部门依法查处。

第六十条 残疾人的合法权益受到侵害的，有权要求有关部门依法处理，或者依法向仲裁机构申请仲裁，或者依法向人民法院提起诉讼。

对有经济困难或者其他原因确需法律援助或者司法救助的残疾人，当地法律援助机构或者人民法院应当给予帮助，依法为其提供法律援助或者司法救助。

第六十一条 违反本法规定，对侵害残疾人权益行为的申诉、控告、检举，推诿、拖延、压制不予查处，或者对提出申诉、控告、检举的人进行打击报复的，由其所在单位、主管部门或者上级机关责令改正，并依法对直接负责的主管人员和其他直接责任人员给予处分。

国家工作人员未依法履行职责，对侵害残疾人权益的行为未及时制止或者未给予受害残疾人必要帮助，造成严重后果的，由其所在单位或者上级机关依法对直接负责的主管人员和其他直接责任人员给予处分。

第六十二条 违反本法规定，通过大众传播媒介或者其他方式贬低损害残疾人人格的，由文化、广播电视、电影、新闻出版或者其他有关主管部门依据各自的职权责令改正，并依法给予行政处罚。

第六十三条 违反本法规定，有关教育机构拒不接收残疾学生入学，或者在国家规定的录取要求以外附加条件限制残疾学生就学的，由有关主管部门责令改正，并依法对直接负责的主管人员和其他直接责任人员给予处分。

第六十四条 违反本法规定，在职工的招用等方面歧视残疾人的，由有关主管部门责令改正；残疾人劳动者可以依法向人民法院提起诉讼。

第六十五条 违反本法规定，供养、托养机构及其工作人员侮辱、虐待、遗弃残疾人的，对直接负责的主管人员和其他直接责任人员依法给予处分；构成违反治安管理行为的，依法给予行政处罚。

第六十六条 违反本法规定，新建、改建和扩建建筑物、道路、交通设施，不符合国家有关无障碍设施工程建设标准，或者对无障碍设施未进行及时维修和保护造成后果的，由有关主管部门依法处理。

第六十七条 违反本法规定，侵害残疾人的合法权益，其他法律、法规规定行政处罚的，从其规定；造成财产损失或者其他损害的，依法承担民事责任；构成犯罪的，依法追究刑事责任。

第九章 附 则

第六十八条 本法自2008年7月1日起施行。

国务院关于印发“十四五”残疾人保障和发展规划的通知

（2021年7月8日 国发〔2021〕10号）

现将《“十四五”残疾人保障和发展规划》印发给你们，请认真贯彻执行。

“十四五”残疾人保障和发展规划

为贯彻落实习近平总书记关于残疾人事业的重要指示批示精神和党中央、国务院决策部署，进一步保障残疾人民生、促进残疾人发展，依据《中华人民共和国残疾人保障法》和《中华人民共和国国民经济和社会发展第十四个五年规划和2035年远景目标纲要》，制定本规划。

一、编制背景

党中央、国务院高度重视残疾人事业发展，对残疾人格外关心、格外关注。“十三五”时期，残疾人事业取得重大成就，“全面建成小康社会，残疾人一个也不能少”的目标如期实现。710万农村建档立卡贫困残疾人脱贫，城乡新增180.8万残疾人就业，1076.8万困难残疾人被纳入最低生活保障范围。1212.6万困难残疾人得到生活补贴，1473.8万重度残疾人得到护理补贴。残疾人基本康复服务覆盖率达到80%，辅助器具适配率达到80%。残疾儿童少年接受义务教育的比例达到95%，5万多残疾学生进入高等院校学习。城乡无障碍环境明显改善，关爱帮助残疾人的社会氛围日益浓厚。越来越多的残疾人更加勇敢地面对生活的挑战，更加坚强地为梦想而奋斗，为经济社会发展作出了重要贡献。我国在国际残疾人事务中的影响力显著提升。这些重大成就，有效改善了残疾人民生，有力推动了社会文明进步，成为全面建成小康社会的重要方面，彰显了中国共产党领导和中国特色社会主义制度的显著优势。

我国有8500多万残疾人。“十四五”时期，由于人口老龄化加快等因素，残疾仍会多发高发。残疾人人数众多、特性突出，特别需要关心帮助。当前面临的突出问题：一是残疾人返贫致贫风险高，相当数量的低收入残疾人家庭生活还比较困难。二是残疾人社会保障水平和就业质量还不高，残疾人家庭人均收入与社会平均水平相比还存在不小差距。三是残疾人公共服务总量不足、分布不均衡、质量效益还不高，残疾人就学就医、康复照护、无障碍等多样化需求还没有得到满足。四是残疾人平等权利还没有得到充分实现，歧视残疾人、侵害残疾人权益的现象还时有发生。五是残疾人事业仍然是经济社会发展的短板，欠发达地区、农村和基层为残疾人服务的能力尤其薄弱。

残疾人事业是中国特色社会主义事业的重要组成部分，扶残助残是社会文明进步的重要标志。习近平总书记强调，“残疾人事业一定要继续推动”，要“促进残疾人全面发展和共同富裕”。在全面建设社会主义现代化国家的新征程中，决不能让残疾人掉队。“十四五”时期，要继续加快发展残疾人事业，团结带领残疾人和全国人民一道，积极投身全面建设社会主义现代化国家的伟大实践，共建共享更加幸福美好的生活。

二、总体要求

（一）指导思想。

高举中国特色社会主义伟大旗帜，深入贯彻党的十九大和十九届二中、三中、四中、五中全会精神，坚持以习近平新时代中国特色社会主义思想为指导，贯彻落实习近平总书记关于残疾人事业的重要指示批示精神和党中央、国务院决策部署，立足新发展阶段、贯彻新发展理念、构建新发展格局，坚持弱有所扶，以推动残疾人事业高质量发展为主题，以巩固拓展残疾人脱贫攻坚成果、促进残疾人全面发展和共同富裕为主线，保障残疾人平等权利，增进残疾人民生福祉，增强残疾人自我发展能力，推动残疾人事业向着现代化迈进，不断满足残疾人美好生活需要。

（二）基本原则。

坚持党的全面领导。健全党委领导、政府负责的残疾人工作领导体制，为残疾人保障和发展提供坚强的政治保障、组织保障。

坚持以人民为中心。坚持对残疾人格外关心、格外关注，解决好残疾人最关心、最直接、最现实的利益问题。激发残疾人的积极性、主动性、创造性，不断增强残疾人的获得感、幸福感、安全感。

坚持保基本、兜底线。着力完善残疾人社会福利制度和关爱服务体系，织密扎牢残疾人民生保障安全网，堵漏洞、补短板、强弱项，改善残疾人生活品质，促进残疾人共享经济社会发展成果。

坚持固根基、提质量。深化残疾人服务供给侧改革，强化残疾人事业人才培养、科技应用、信息化、智能化等基础保障条件，推动残疾人事业高质量发展，满足残疾人多层次、多样化的发展需要。

坚持统筹协调、形成合力。发挥政府主导作用和社会力量、市场主体协同作用，发挥地方优势和基层首创精神，集成政策、整合资源、优化服务，促进残疾人事业与经济社会协调发展，推动城乡、区域残疾人事业均衡发展。

（三）主要目标。

到2025年，残疾人脱贫攻坚成果巩固拓展，生活品质得到新改善，民生福祉达到新水平。多层次的残疾人社会保障制度基本建立，残疾人基本民生得到稳定保障，重度残疾人得到更好照护。多形式的残疾人就业支持体系基本形成，残疾人实现较为充分较高质量的就业。均等化的残疾人基本公共服务体系更加完备，残疾人思想道德素养、科学文化素质和身心健康水平明显提高。无障碍环境持续优化，残疾人在政治、经济、文化、社会、家庭生活等各方面平等权利得到更好实现。残疾人事业基础保障条件明显改善，质量效益不断提升。

到2035年，残疾人事业与经济社会协调发展，与国家基本实现现代化目标相适应。残疾人物质生活更为宽裕，精神生活更为丰富，与社会平均水平的差距显著缩小。平等包容的社会氛围更加浓厚，残疾人充分享有平等参与、公平发展的权利，残疾人的全面发展和共同富裕取得更为明显的实质性进展。

专栏1　“十四五”残疾人保障和发展主要指标

类别	指　　标	2020年	2025年	属性
收入和就业	1. 残疾人家庭人均收入年均增长（%）	——	与国内生产总值增长基本同步	预期性
	2. 城乡残疾人职业技能培训人数（人）	——	200万	预期性
社会保障和基本公共服务	3. 符合条件的残疾人纳入最低生活保障比例（%）	100	100	约束性
	4. 困难残疾人生活补贴覆盖率（%）	100	100	约束性
	5. 重度残疾人护理补贴覆盖率（%）	100	100	约束性
	6. 残疾人城乡居民基本养老保险参保率（%）	90	>90	预期性
	7. 残疾人城乡居民基本医疗保险参保率（%）	>95	>95	预期性
	8. 残疾儿童少年义务教育入学率（%）	95	97	预期性
	9. 残疾人基本康复服务覆盖率（%）	>80	85	约束性
	10. 残疾人辅助器具适配率（%）	>80	85	约束性
	11. 困难重度残疾人家庭无障碍改造数（户）	——	110万	约束性

三、重点任务

（一）完善残疾人社会保障制度，为残疾人提供更加稳定更高水平的民生保障。

1. 巩固拓展残疾人脱贫攻坚成果。健全易返贫致贫人口动态监测预警和帮扶机制，将符合条件的残疾人及时纳入易返贫致贫监测范围，对易返贫致贫残疾人及时给予有效帮扶。对脱贫人口中完全丧失劳动能力或部分丧失劳动能力且无法通过产业就业获得稳定收入的残疾人，按规定纳入农村低保或特困人员救助供养范围，做到应保尽保、应兜尽兜。做好易地搬迁残疾人后续帮扶工作。按照巩固拓展脱贫攻坚成果同乡村振兴有效衔接要求，持续做好农村低收入残疾人家庭帮扶工作。继续把残疾人帮扶作为东西部协作工作重要内容，持续动员社会力量参与残疾人帮扶。依法保障农村残疾人的土地承包经营权、宅基地使用权、集体收益分配权等权益。在深化农村集体产权制度改革中帮助残疾人共享集体经济发展成果。扶持农村残疾人参与乡村富民产业，分享产业链增值收益。充分发挥基层党组织在扶残助残中的重要作用，组织协调各方面资源力量加强对残疾人的关心关爱。

2. 强化残疾人社会救助保障。为符合条件的残疾人和残疾人家庭提供特困人员救助供养或最低生活保障。加强对生活无着流浪乞讨残疾人的救助安置和寻亲服务。做好对符合条件残疾人的医疗救助，强化医疗救助与基本医疗保险、大病保险的互补衔接，减轻困难残疾人医疗费用负担。加强临时救助，在重大疫情等突发公共事件中做好对困难残疾人的急难救助。

3. 加快发展残疾人托养和照护服务。积极发展服务类社会救助，推动开展残疾人长期照护服务。着力增强县级特困人员救助供养服务机构对残疾人特困对象的照护服务能力。鼓励通过政府购买服务对社会救助家庭中生活不能自理的残疾人提供必要的访视、照护服务。落实托养服务机构扶持政策，继续实施"阳光家园计划"，为就业年龄段（16—59 周岁）智力、精神和重度肢体残疾人等提供托养服务，支持中西部地区残疾人托养服务发展。研究探索老年人能力评估标准、长期护理保险失能等级评估标准等与国家残疾人残疾分类和分级标准的衔接，支持养老服务机构完善服务功能，接收符合条件的盲人、聋人等老年残疾人。研究制定低收入重度残疾人照护服务指导意见，为符合条件的重度残疾人提供集中照护、日间照料、居家服务、邻里互助等多种形式的社会化照护服务。

4. 提高残疾人保险覆盖率和待遇水平。落实地方政府为重度残疾人代缴城乡居民基本养老保险费、资助符合条件的残疾人参加城乡居民基本医疗保险、对残疾人个体工商户和安置残疾人就业单位社会保险进行补贴等政策，帮助残疾人按规定参加基本养老和基本医疗保险，实现应保尽保。研究制定职工基本养老保险参保人员病残津贴政策。落实好 29 项符合条件的残疾人医疗康复项目纳入基本医保支付范围的政策，按规定做好重性精神病药物维持治疗参保患者门诊保障工作。支持就业残疾人依法参加失业保险，享受失业保险待遇。推进用人单位依法参加工伤保险，按规定支付工伤保险待遇，加强工伤预防和工伤职工康复工作。开展长期护理保险试点的地区，按规定将符合条件的残疾人纳入保障范围。鼓励残疾人参加意外伤害、补充养老等商业保险。鼓励商业保险机构开发残疾人商业保险产品、财产信托等服务。

5. 完善残疾人社会福利制度和社会优待政策。全面落实困难残疾人生活补贴和重度残疾人护理补贴制度，普遍建立补贴标准动态调整机制，有条件的地方可按规定扩大对象范围。有条件的地方可以对城乡困难残疾人、重度残疾人基本型辅助器具适配给予补贴，为残疾人携带辅助器具、导盲犬等乘坐公共交通工具、出入公共场所和进出境提供便利。落实低收入残疾人家庭生活用水、电、气、暖优惠补贴政策和电信业务资费优惠政策。落实残疾人机动轮椅车燃油补贴政策，落实残疾人乘坐市内公共汽车电车、城市轨道交通等优待政策，鼓励铁路、民航等为残疾人提供优惠便利。完善残疾人驾驶机动车政策。加强残疾孤儿、事实无人抚养残疾儿童医疗、康复、教育等服务，合理确定包括残疾孤儿、事实无人抚养残疾儿童在内的孤儿、事实无人抚养儿童等基本生活费标准，提升儿童福利机构安全管理水平和服务质量。加快建设精神卫生福利服务体系，为特殊困难精神残疾人提供康复、照护等服务。逐步实现在内地长期居住的港澳台地区残疾人享有居住地普惠性社会保障和公共服务。

6. 保障残疾人基本住房安全便利。优先解决低收入残疾人家庭住房安全问题。持续支持符合条件的农村低收入残疾人家庭实施危房改造，对符合条件的城镇残疾人家庭优先配租公租房，不断改善残疾人居住条件。城镇保障性住房建设、农村危房改造统筹考虑无障碍设施设备建设安装。

7. 落实残疾军人和伤残民警抚恤优待政策。构建科学化残疾评鉴、制度化退役安置、规范化收治休养、标准化待遇保障的伤病残军人安置管理和服务优待体系，合理确定残疾军人抚恤金标准，妥善解决伤病残军人生活待遇、子女入学等现实困难。修订《军人抚恤优待条例》、《人民警察抚恤优待办法》，加强相关抚恤优待工作，协调推动国家综合性消防救援队伍人员伤残优待政策落实落地。促进残疾军人、伤残民警残疾评定标准与国家残疾人残疾分类和分级标准合理衔接，保证残疾军人、伤残民警优先享受扶残助残政策待遇、普惠性社会保障和公共服务。

8. 加强重大疫情等突发公共事件中对残疾人的保护。推动公共卫生立法和突发公共事件应急预案保障残疾人等重点人群。制定重大疫情、自然灾害、安全事故等突发公共事件中残疾人社会支持和防护保护指南，研发适用于残疾人的专业救援技术和设备。加强残疾人集中场所和残疾人服务机构安全保障、应急服务、消防安全能力建设。村(社区)可以通过结对帮扶等方式,动员村(居)民协助残疾人更好应对突发灾害事故、及时疏散逃生。开展残疾人应急科普宣传,引导残疾人增强自救互救能力。

专栏2 残疾人社会保障重点项目

一、资金类

1. 最低生活保障。将符合条件的残疾人家庭全部纳入最低生活保障范围,低保边缘家庭的重度残疾人经本人申请参照单人户纳入低保范围。对纳入低保范围后生活仍有困难的残疾人和残疾人家庭,采取必要措施给予生活保障。

2. 困难残疾人生活补贴和重度残疾人护理补贴。完善困难残疾人生活补贴和重度残疾人护理补贴标准动态调整机制,补贴标准根据经济社会发展水平和残疾人生活保障需求、长期照护需求以及财政承受能力统筹确定,逐步完善补贴办法。推动两项补贴资格认定申请"跨省通办",构建主动发现、精准发放、动态监管的智慧管理服务机制。

3. 残疾人基本型辅助器具适配资助。通过政府补贴等方式,对符合条件的残疾人适配辅助器具给予支持。

4. 残疾人电信业务资费优惠。合理降低残疾人使用移动电话、宽带网络等服务费用,减免残疾人使用助残公益类移动互联网应用程序(APP)流量资费。

5. 残疾评定补贴。为符合条件的低收入和重度残疾人残疾评定提供补贴和便利服务。

二、服务类

1. 困难残疾人走访探视服务。村(居)委会和残疾人协会对困难残疾人开展经常性走访探视,发现问题及时报告,协助予以解决。

2. 低收入重度残疾人照护服务。低收入重度残疾人数量和服务需求较多的乡镇(街道)可建立集中照护服务机构;有条件的村(社区)依托公共服务设施,为符合条件的重度残疾人提供集中照护、日间照料、居家服务、邻里互助等多种形式的社会化照护服务。

3. 就业年龄段残疾人托养服务。乡镇(街道)根据需要建立残疾人托养服务机构,或依托党群服务中心、社区服务中心、社会福利机构、社会组织、企业等为就业年龄段智力、精神和重度肢体残疾人等提供生活照料和护理、生活自理能力训练、社会适应能力训练、运动能力训练、职业康复与劳动技能训练、辅助性就业等服务。政府投资建设的市、县级残疾人托养服务机构要发挥示范作用。

4. 残疾人社会工作和家庭支持服务。开展残疾人社会工作服务,为残疾人建立社会支持网络,让更多残疾人有"微信群"、"朋友圈"。为残疾人家庭提供临时照护"喘息服务"、心理辅导和康复、教育等专业指导。逐步在残疾人服务机构中设置社会工作岗位。

续表

5. 重大疫情等突发公共事件中困难残疾人急难救助。对因疫情防控在家隔离的残疾人,落实包保联系人,加强走访探视,及时提供必要帮助。因突发事件等紧急情况,监护人暂时无法履行监护职责、被监护人处于无人照料状态的,被监护人住所地的村(居)委会或者相关部门应当及时为被监护人提供必要的临时生活照护。

(二)帮扶城乡残疾人就业创业,帮助残疾人通过生产劳动过上更好更有尊严的生活。

1. 完善残疾人就业法规政策。修订实施《残疾人就业条例》。落实残疾人就业支持政策,保障残疾人就业培训、就业服务、补贴奖励等相关资金投入。完善残疾人按比例就业制度,制定党政机关、事业单位、国有企业带头安置残疾人就业办法,合理认定按比例安排残疾人就业形式。加强残疾人就业促进政策与社会保障政策的衔接,纳入低保范围的已就业残疾人可按规定在核算其家庭收入时扣减必要的就业成本,并在其家庭成员人均收入超过当地低保标准后给予一定时间的渐退期。按照国家有关规定,对残疾人就业先进个人和用人单位予以表彰。

2. 多渠道、多形式促进残疾人就业创业。开展残疾人就业促进专项行动。对正式招录(聘)残疾人的用人单位按规定给予岗位补贴、社会保险补贴、职业培训补贴、设施设备购置改造补贴、职业技能鉴定补贴等扶持,对超比例安排残疾人就业的用人单位给予奖励。规范残疾人按比例就业年审并实现全国联网认证。落实残疾人集中就业单位税费优惠、政府优先采购等扶持政策,稳定残疾人集中就业。支持非营利性残疾人集中就业机构持续发展。在经营场地、设施设备、社会保险补贴、金融信贷等方面扶持残疾人自主创业、灵活就业,鼓励残疾人通过新就业形态实现就业。加大对"阳光家园"、"残疾人之家"等辅助性就业机构的支持保障力度,组织智力、精神和重度肢体残疾人等就业更为困难的残疾人就近就便参加生产劳动、进行职业康复、实现社会融合。统筹现有公益性岗位,安排符合条件的残疾人就业。修订《盲人医疗按摩管理办法》,推动省级盲人按摩医院建设,制定盲人保健按摩有关标准,扶持和规范盲人按摩行业发展。拓宽残疾人特别是盲人在文化艺术、心理卫生和互联网服务等领域就业渠道。为残疾人特别是聋人参加职业技能培训、就业创业提供无障碍支持服务。支持手工制作等残疾妇女就业创业项目,鼓励残疾人参与文化产业。扶持残疾人亲属就业创业,实现零就业残疾人家庭至少有一人就业。

专栏3 残疾人就业补贴奖励重点项目

一、补贴类

1. 残疾人自主就业创业补贴。对自主创业、灵活就业的残疾人，按规定给予经营场所租赁补贴、社会保险补贴、职业培训和创业培训补贴、设施设备购置补贴、网络资费补助、一次性创业补贴；对求职创业的应届高校残疾人毕业生给予补贴。

2. 残疾学生见习补贴。对符合条件的残疾学生在见习期间给予一定标准的补贴。

3. 招录（聘）残疾人的用人单位补贴。对正式招录（聘）残疾人的用人单位，按规定给予岗位补贴、社会保险补贴、职业培训补贴、设施设备购置改造补贴、职业技能鉴定补贴；对安排残疾人见习的用人单位给予一次性补贴。

4. 辅助性就业机构补贴。对残疾人辅助性就业机构给予一次性建设、场地租金、机构运行、无障碍环境改造、生产设备和辅助器具购置等补贴。

5. 通过公益性岗位安排残疾人就业的用人单位补贴。对通过公益性岗位安排残疾人就业并缴纳社会保险费的用人单位给予社会保险补贴。

二、奖励类

1. 超比例安排残疾人就业奖励。对超比例安排残疾人就业的用人单位给予奖励。

2. 残疾人就业服务奖励。充分发挥残疾人就业服务中心、公共就业服务机构、劳务派遣公司、经营性人力资源服务机构在残疾人就业供需对接方面的作用，对推荐残疾人稳定就业一年以上的单位，按就业人数给予奖励。

3. 提升残疾人职业素质和就业创业能力。制定实施《残疾人职业技能提升计划（2021—2025年）》，帮助有就业愿望和培训需求的残疾人普遍得到相应的职业素质培训、就业技能培训、岗位技能培训和创业培训。继续开展农村残疾人实用技术培训。支持符合条件的残疾人技能大师建立工作室。开发线上线下相结合的残疾人职业技能培训优质课程资源。完善残疾人职业技能培训保障和管理制度。研究制定残疾人职业技能培训补贴标准。开发适合残疾人就业或为残疾人服务的新职业。举办第七届全国残疾人职业技能竞赛暨第四届全国残疾人展能节、全国残疾人岗位精英职业技能竞赛等残疾人职业技能竞赛，组团参加国际残疾人职业技能竞赛。

4. 改进残疾人就业服务。健全残疾人就业服务体系，充分发挥残疾人就业服务机构和各类公共就业服务平台、人力资源服务机构、社会组织作用，为残疾人和用人单位提供全链条、专业化、精准化服务。建立残疾人就业辅导员制度，扩大就业辅导员队伍。为高校残疾人毕业生建立就业帮扶工作台账，按照“一人一档”、“一人一策”要求重点帮扶。将符合条件的就业困难残疾人纳入就业援助范围，持续开展“就业援助月”等专项就业服务活动。加强各级残疾人就业服务机构规范化建设，明确保障条件、专业人员配备等要求。通过政府购买服务等方式开展残疾人就业服务，拓宽服务渠道，提高服务质量。举办残疾人职业人才交流、残疾人就业产品市场营销、残疾人就业创业成果展示等活动。

5. 维护残疾人就业权益。合理确定残疾人取得职业资格和公务员、事业单位人员等入职的体检条件，对于具有正常履行职责的身体条件和心理素质的残疾人，应依法保障其平等就业权益。用人单位应当为残疾职工提供适合其身心特点的劳动条件、劳动保护、无障碍环境及合理便利，在晋职、晋级、职称评定、社会保险、生活福利等方面给予其平等待遇。加强残疾人就业劳动监察，坚决防范和打击侵害残疾人就业权益的行为。

专栏4 残疾人就业服务重点项目

1. 党政机关、事业单位按比例安排残疾人就业项目。编制50人以上（含50人）的省级、地市级党政机关，编制67人以上（含67人）的事业单位（中小学、幼儿园除外），安排残疾人就业未达到规定比例的，2025年前至少安排1名残疾人。县级及以上残联机关干部队伍中要有15%以上（含15%）的残疾人。

2. 农村残疾人就业帮扶基地建设项目。依托农村创业创新孵化实训基地和家庭农场、农民合作社、农业社会化服务组织等新型农业经营主体，扶持一批辐射带动能力强、经营管理规范、具有一定规模的残疾人就业帮扶基地，带动残疾人稳定就业、生产增收。

3. 残疾人职业技能培训和创业孵化基地建设项目。依托企业、职业院校、社会培训机构等，建设一批残疾人职业技能培训和创业孵化基地，打造残疾人职业技能培训、实习见习和就业创业示范服务平台。

4. 盲人按摩提升项目。大力推进盲人医疗按摩人员在医院、社区卫生服务机构等就业执业，完善职称评定有关规定。促进盲人保健按摩行业规范化、标准化、专业化、品牌化发展。

5. 残疾人新就业形态扶持项目。鼓励互联网平台企业、中介服务机构等帮助残疾人参与网络零售、云客服、直播带货、物流快递、小店经济等新就业形态。

6. 残疾人辅助性就业项目。加强残疾人辅助性就业机构能力建设，鼓励引导市场主体和社会力量提供辅助性就业服务，提升残疾人就业水平和质量。

7. 残疾人公益性岗位项目。地方设立的乡村保洁员、水管员、护路员、生态护林员、社会救助协理员、农家书屋管理员、社区服务人员等公益性岗位优先安排残疾人。

（三）健全残疾人关爱服务体系，提升残疾人康复、教育、文化、体育等公共服务质量。

1. 加强残疾人健康服务。全面推进残疾人家庭医生签约服务，支持保障签约医生为残疾人提供基本医疗、公共卫生和健康管理等个性化服务。加强和改善残疾人医疗服务，为残疾人提供就医便利，维护残疾人平等就医权利。加强残疾人心理健康服务。关注残疾妇女健康，开展生殖健康服务。将残疾人健康状况、卫生服务需求与利用等纳入国家卫生服务调查，加强残疾人健康状况评估。

2. 提升残疾人康复服务质量。完善残疾人基本康复服务目录，继续实施精准康复服务行动，提升康复服务质量，满足残疾人基本康复服务需求。落实残疾儿童康复救助制度，合理确定康复救助标准，增加康复服务供给，确保残疾儿童得到及时有效的康复服务。加强精神卫生综合管理服务，广泛开展精神障碍社区康复。健全综合医院康复医学科、康复医院（康复医疗中心）、基层医疗卫生机构三级康复医疗服务体系。加强残疾人康复机构建设，完善全面康复业务布局，充实职业康复、社会康复、心理康复等功能。支持儿童福利机构增加和完善康复功能，配备相应的康复设备和专业技术人员，与医疗机构加强合作，提高康复医疗服务能力。加强社区康复，推广残疾人自助、互助康复，促进康复服务市场化发展。建成高起点、高水平、国际化的康复大学，加快培养高素质、专业化康复人才。完善康复人才职称评定办法。加强康复学科建设和科学技术研究，发挥中医药在康复中的独特优势，推动康复服务高质量发展。

3. 加快发展康复辅助器具服务。开展康复辅助器具产业国家综合创新试点。推广安全适用的基本型康复辅助器具，加快康复辅助器具创新产品研发生产，增强优质康复辅助器具供给能力，推动康复辅助器具服务提质升级。鼓励实施公益性康复辅助器具适配项目。完善康复辅助器具适配服务网络，加强各级康复辅助器具适配服务机构建设，支持社会力量及医疗、康复、养老机构和残疾人教育、就业、托养机构开展康复辅助器具适配服务。推广社区康复辅助器具租赁、回收、维修等服务。完善康复辅助器具标准体系，充分发挥标准对康复辅助器具产业的支持和引领作用。加强康复辅助器具产品质量检验认证。搭建产业促进和信息交流平台，继续办好中国国际福祉博览会等展示交流活动。

4. 强化残疾预防。制定实施残疾预防行动计划，结合残疾预防日、预防出生缺陷日、爱眼日、爱耳日、全国防灾减灾日等节点，广泛开展残疾预防宣传教育，形成全人群、全生命周期的残疾预防意识。加强出生缺陷综合防治，构建覆盖城乡居民，涵盖婚前、孕前、孕期、新生儿期和儿童期各阶段的出生缺陷防治体系，继续针对先天性结构畸形等疾病实施干预救助项目，预防和减少出生缺陷、发育障碍致残。大力推进0—6岁儿童残疾筛查，建立筛查、诊断、康复救助衔接机制。加强省、市、县三级妇幼保健机构能力建设，夯实县、乡、村儿童保健服务网络，不断提升儿童致残性疾病早发现、早诊断、早干预、早康复能力和效果。实施慢性病预防干预措施，开展重大慢性病早诊早治，减少慢性病致残。开展社会心理服务和社区心理干预，预防和减少精神残疾发生。开展防盲治盲、防聋治聋工作，加强对麻风病等传染病和碘缺乏病、大骨节病等地方病的防控。加强安全生产、消防安全和交通安全管理，加强道路交通安全执法和安全防护设施建设，加快公共场所急救设备配备，提高自然灾害和火灾现场应急处置能力、突发事件紧急医学救援能力和院前急救能力，防止老年人跌倒、儿童意外伤害致残，减少因灾害、事故、职业伤害等致残。

专栏5　残疾人健康和康复服务重点项目

1. 残疾人精准康复服务行动。开展残疾人康复需求调查评估，为残疾人普遍提供基本康复服务，为家庭照护者提供居家康复、照护技能培训和支持服务。针对特困残疾人和残疾孤儿实施“福康工程”、孤儿医疗康复明天计划等康复服务项目。

2. 残疾儿童康复救助项目。为符合条件的残疾儿童提供手术、辅助器具适配、康复训练等服务。有条件的地区，可扩大残疾儿童康复救助年龄范围，也可放宽对救助对象家庭经济条件的限制，合理确定救助标准，提高康复质量。

3. 精神卫生综合管理服务。开展严重精神障碍患者日常发现、登记报告、随访管理、服药指导、社区康复、心理支持和疏导等服务，为家庭照护者提供技能培训、心理支持和疏导等服务。健全精神障碍社区康复服务体系，实现80%以上县（市、区、旗）开展精神障碍社区康复服务。

4. 残疾人互助康复项目。推广脊髓损伤者“希望之家”、中途失明者“光明之家”、精神障碍患者家属专家交流互助等残疾人互助康复项目。

5. 康复辅助器具产业培育项目。鼓励康复辅助器具企业转型升级和并购重组，做大做强龙头企业，带动产业发展。

6. 康复专业人才培养项目。加强康复医疗人才队伍建设，开展残疾人康复专业技术人员规范化培训。将康复专业纳入全科医生、家庭医生、村医等培养培训内容。

7. 康复大学建设项目。建成高起点、高水平、国际化的康复大学，加强学科建设，加快培养高素质康复人才，推动现代康复医学基础研究。

5. 健全残疾人教育体系。坚持立德树人，促进残疾儿童少年德智体美劳全面发展。制定实施《第三期特殊教育提升计划（2021—2025年）》。巩固提高残疾儿童少年义务教育水平，加快发展非义务教育阶段特殊教育。健全普通学校随班就读支持保障体系，发挥残疾人教育专家委员会作用，实现适龄残疾儿童少年“一人一案”科学教育安置。着力发展以职业教育为重点的残疾人高中阶段教育,使完成义务教育且有意愿的残疾青少年都能接受适宜的中等职业教育。稳步推进残疾人高等教育,支持有条件的高校面向残疾考生开展单考单招,为残疾人接受高等教育提供支持服务。开展残疾人融合教育示范区、示范校和优秀教育教学案例遴选。支持高校开展残疾人融合教育。落实从学前到研究生教育全覆盖的学生资助政策,对家庭经济困难的残疾学生(幼儿)予以资助。为残疾学生提供辅助器具、特殊学习用品、康复训练和无障碍等支持服务,为残疾学生参加国家教育考试和部分职业考试提供合理便利。

6. 完善特殊教育保障机制。发挥高校等机构特殊教育专业优势,建设国家和省级特殊教育资源中心(基地)。各省(自治区、直辖市)根据残疾学生规模、类型、分布等情况,因地制宜合理配置特殊教育资源。支持符合条件的儿童福利机构单独设立特教班、特教幼儿园、特教学校开展特殊教育。继续改善特殊教育学校办学条件,加强特殊教育学校规范化建设,推行新课标新教材,改革教学教研,建立学校、家庭、社会协同育人机制。加强特殊教育师资队伍建设,创新培养方式,按国家有关规定开展表彰奖励,提升教书育人能力素质。加强特殊教育督导和质量监测评估。制定实施《第二期国家手语和盲文规范化行动计划(2021—2025 年)》,加快推广国家通用手语和国家通用盲文。

专栏 6　残疾人教育重点项目

1. 残疾儿童少年义务教育巩固提高项目。县(市、区、旗)规范设立残疾人教育专家委员会,对适龄残疾儿童少年入学需求进行排查和评估,给予科学教育安置。推动各地规范送教上门工作。

2. 残疾幼儿学前康复教育发展项目。鼓励普通幼儿园招收具有接受普通教育能力的残疾幼儿,支持特殊教育学校、残疾儿童康复机构、儿童福利机构开展学前康复教育,有条件的地方建立残疾儿童学前康复教育机构,加强公办残疾儿童学前康复教育机构建设,支持视力、听力、智力残疾儿童和孤独症儿童接受学前康复教育。

3. 残疾人职业教育提升项目。支持普通职业院校招收具有接受普通教育能力的残疾学生。支持特殊教育学校与普通职业院校联合开展残疾人职业教育。鼓励各省(自治区、直辖市)至少办好一所面向全省(自治区、直辖市)招生的残疾人中等职业学校。支持中高等职业学校(含特教学校中职部)加强实训基地建设,为残疾学生实习实训提供保障和便利。

4. 融合教育推广项目。鼓励普通学校招收具有接受普通教育能力的残疾儿童少年,同等条件下在招生片区内优先安排残疾儿童少年就近就便入学。设置随班就读区域资源中心或资源教室,配备必要的教育教学、康复训练设施设备和专业人员。

续表

5. 特殊教育师资培养项目。师范类院校和综合性院校的师范专业开设特殊教育课程。加强评估,提高师范类院校特殊教育专业质量和水平。实施特殊教育学校校长、特殊教育骨干教师和融合教育骨干教师培训项目。改进培养模式,加大中西部地区特殊教育教师定向培养力度。鼓励高校面向一线教师开展特殊教育专业硕士研究生教育。支持高校残疾人毕业生从事特殊教育。

6. 手语盲文推广项目。丰富国家通用手语,加强手语翻译认证审核和注册管理,开展面向公共服务行业的国家通用手语推广。加强国家手语和盲文研究中心建设,依托华夏出版社和中国盲文出版社建设国家通用手语数字推广中心、国家通用盲文研究和推广中心。加强手语盲文研究推广人才培养。推动盲文数字化出版。推进国家通用手语、国家通用盲文在特殊教育教材中的应用。

7. 提升残疾人公共文化服务。鼓励残疾人参加“书香中国·阅读有我”等公共文化活动,持续开展“残疾人文化周”、“共享芬芳·共铸美好”等残疾人群众性文化艺术活动,推动基层创建一批残健融合文化服务示范中心(站、点),不断满足残疾人文化需求、增强残疾人精神力量。加强中西部和农村地区重度残疾人文化服务,为盲人、聋人提供无障碍文化服务。鼓励电视台、广播电台、网络视听媒体和融媒体中心开设残疾人专题节目。发展特殊艺术,鼓励残疾人参与文化艺术创作和非物质文化遗产传承,扶持残疾人题材图书等出版。扶持残疾人特殊艺术人才和师资培养。举办第十届、第十一届全国残疾人艺术汇演,举办国际特殊艺术交流活动。扶持中国残疾人艺术团和地方残疾人文艺小分队开展基层巡演。

8. 推动残疾人体育全面发展。筹办好北京冬残奥会,实现“简约、安全、精彩”目标。实施残疾人奥运争光行动,不断提高竞技水平,在北京冬残奥会和东京残奥会等重大国际赛事上力争好成绩。办好杭州亚残运会和第十一届、第十二届全国残运会暨特奥会等重大赛事。实施残疾人康复健身体育行动,将残疾人作为重点人群纳入全民健身公共服务体系建设,组织残疾人参加各级各类全民健身活动,推动残疾人康复健身体育身边化服务。加强残疾人体育运动保护研究。

专栏 7　残疾人文化、体育服务重点项目

一、残疾人文化服务

1. “五个一”文化进家庭、进社区项目。为重度残疾人家庭开展“五个一”(读一本书、看一场电影、游一次园、参观一次展览、参加一次文化活动)文化服务。依托新时代文明实践中心和基层文化设施,增添必要的文化设备,推动基层创建一批残健融合文化服务示范中心(站、点)。

续表

2. 盲人文化服务项目。为盲人提供盲文读物、有声读物、大字读物、数字阅读、无障碍电影电视剧等产品和服务。继续开展盲人数字阅读推广工程。推动公共图书馆盲人阅览室(区)建设,加强中国盲文图书馆和分支馆建设,增加公共图书馆盲文图书和视听文献资源。鼓励电影院线、有线电视提供无障碍影视服务。

3. 聋人文化服务项目。鼓励影视作品、网络视频加配字幕,鼓励有条件的省市级电视台开播国家通用手语或实时字幕栏目。

4. 网络视听媒体文化服务项目。加强残疾人融媒体平台建设,依托网络视听媒体开设残疾人文化宣传专题节目。

5. 特殊艺术推广项目。支持中国残疾人艺术团创编精品舞台演出剧目,培育"我的梦"特殊艺术品牌。鼓励残疾人参与文化艺术创作,支持残疾儿童少年艺术教育。

6. 残疾人文化产业发展项目。扶持一批吸纳较多残疾人就业、具有较好市场发展前景的文化产业基地。

二、残疾人体育发展

1. 残疾人奥运争光行动。完善训练、科研、医疗等复合型支撑团队,提高国家残疾人体育训练基地保障服务能力,不断提升残疾人竞技体育水平。

2. 残疾人康复健身体育行动。推广适合残疾人的康复健身体育项目、方法和器材,设立残疾人自强康复健身示范点,培养残疾人康复健身社会体育指导员。为重度残疾人提供康复体育进家庭服务。组织举办"残疾人冰雪运动季"、"残疾人健身周"、"全国特奥日"等群众性体育品牌活动。

9. 大力发展残疾人慈善事业和服务产业。鼓励残联、工会、共青团、妇联、科协等群团组织和社会组织、企事业单位等实施助残慈善项目。深入开展"青年志愿者助残阳光行动"、"关心我的残疾人邻居"、"牵着蜗牛去散步"和"集善优品"消费助残等志愿服务关爱行动。培育"集善工程"、"通向明天"等残疾人慈善事业品牌。生活服务业发展布局充分考虑残疾人需求,加快康复辅助器具、康复教育、托养照护、生活服务、无障碍、文化休闲等残疾人服务业发展,满足残疾人多元化、多层次品质生活需求。采取政府购买服务、政府和社会资本合作等方式,加快培育助残社会组织和企业,吸引社会力量和市场主体参与残疾人服务。

10. 加强残疾人服务标准化和行业管理。细化残疾人基本公共服务项目的设施建设、功能布局、施工规范、设备配置、人员配备、服务流程、管理规范等软硬件标准要求,完善标准体系,加强标准间统筹衔接和基层设施设备共建共享。加强康复、托养等残疾人服务行业管理,全面开展绩效评价,支持残疾人和残疾人亲属参与评价。在场地、设备、人才、技术等方面扶持各类残疾人服务机构发展,优先扶持公益性、普惠性残疾人服务机构,支持残疾人服务机构连锁化、品牌化运营。开展残疾人服务需求评估和服务资源调查,为残疾人提供适合的产品和服务。严格规范残疾评定和残疾人证核发管理,全面推行残疾人证电子证照应用,实现"跨省通办"。

(四)保障残疾人平等权利,为残疾人提供无障碍环境和便利化条件。

1. 提高残疾人事业法治化水平。落实宪法、民法典等法律法规关于保障残疾人权益的规定,健全残疾人权益保障法律法规体系,推动残疾人保障法等法律法规有效实施。涉及残疾人的立法应充分论证,开展反残疾歧视评估,广泛征询残疾人、残疾人组织和社会各方面意见。研究完善残疾人就业、无障碍环境建设法律制度,开展残疾人社会保障、残疾人成人监护等立法研究。将残疾人保障法等相关法律法规宣传教育纳入"八五"普法,认真落实"谁执法、谁普法"普法责任制,加大全媒体普法宣传力度。配合各级人大、政协开展残疾人保障法等法律法规执法检查、视察和调研。支持各地制定保护残疾人权益的地方性法规和优惠扶助规定。

2. 创新残疾人法律服务和权益维护。开展残疾人尊法学法守法用法专项行动。将残疾人作为公共法律服务的重点对象,完善公共法律服务平台无障碍功能,依据国家有关规定扩大残疾人法律援助覆盖面,重点提升残疾人法律援助质量。完善残疾人法律救助工作协调机制,培养助残公益律师队伍,开展法律援助志愿助残行动,为残疾人提供及时有效的法律救助服务。加强对残疾人的司法保护,方便残疾人诉讼。发挥"12385"残疾人服务热线和网络信访平台作用,建立健全残疾人权益维护应急处置机制。坚决打击侵害残疾人权益的违法犯罪行为。不断拓宽残疾人和残疾人组织民主参与、民主协商渠道,有效保障残疾人的知情权、参与权、表达权、监督权,支持更多残疾人、残疾人亲友和残疾人工作者进入各级人大、政协并提供履职便利。

3. 提升无障碍设施建设管理水平。新建设施严格执行无障碍相关标准规范。在乡村建设行动、城市更新行动、城镇老旧小区改造和居住社区建设中统筹推进无障碍设施建设和改造。城市道路、公共交通、社区服务设施、公共服务设施和残疾人服务设施、残疾人集中就业单位等加快开展无障碍设施建设和改造。提高残疾人家庭无障碍改造水平。加快推广无障碍公共厕所。探索传统无障碍设施设备数字化、智能化升级。开展无障碍市县村镇达标验收工作。提高无障碍设施规划建设管理水平,推进无障碍设计设施认证工作,提高全社会无障碍意识,加强无障碍监督,保障残疾人、老年人等通行安全和使用便利。

4. 加快发展信息无障碍。将信息无障碍作为数字社会、数字政府、智慧城市建设的重要组成部分,纳入文明城市测评指标。推广便利普惠的电信服务,加快政府政务、公共服务、电子商务、电子导航等信息无障碍建设,加快普及互联网网站、移动互联网应用程序和自助公共服务设备无障碍。推进智能化服务要适应残疾人需求，智能工具应当便于残疾人日常生活使用。促进信息无障碍国家标准推广应用，加强对互联网内容可访问性的测试、认证能力建设，开展互联网和移动互联网无障碍化评级评价。支持研发生产科技水平高、性价比优的信息无障碍终端产品。

专栏8 无障碍重点项目

一、无障碍设施

1. 道路交通无障碍。城市主要道路、主要商业区和大型居住区的人行天桥和人行地下通道配备无障碍设施，人行横道交通信号灯逐步完善无障碍服务功能。公共停车场和大型居住区的停车场设置并标明无障碍停车位。民用航空器、客运列车、客运船舶、公共汽车电车、城市轨道交通车辆等公共交通工具逐步配备无障碍设备。

2. 公共服务设施无障碍。加快推动医疗、教育、文化、体育、交通、金融、邮政、商业、旅游、餐饮等公共服务设施和特殊教育、康复、托养、社会福利等残疾人服务设施、残疾人集中就业单位无障碍改造。

3. 社区和家庭无障碍。居住建筑、居住社区建设无障碍设施。为困难重度残疾人家庭实施无障碍改造。

4. 无障碍公共厕所。加快推进公共服务设施、交通设施、旅游景区等无障碍公共厕所建设。

二、信息无障碍

1. 互联网网站和移动互联网应用程序信息无障碍。加快政府门户网站、政务服务平台和网上办事大厅信息无障碍建设。推动新闻资讯、社交通讯、生活购物、医疗健康、金融服务、学习教育、旅游出行等互联网网站、移动互联网应用程序（APP）的无障碍改造。

2. 自助服务终端信息无障碍。推进自动售卖设备、医院自助就医设备、银行自动柜员机、地铁自助检票设备、机场自助值机设备等自助公共服务设备的无障碍改造。

3. 食品药品说明信息无障碍。利用图像识别、二维码等技术加快食品药品信息识别无障碍。

4. 应急服务信息无障碍。把国家通用手语、国家通用盲文作为应急语言文字服务内容，政府新闻发布会和电视、网络发布突发公共事件信息时加配字幕和手语，医院、疏散避险场所和集中隔离场所等设置语音、字幕等信息提示装置。

三、无障碍服务

政府新闻发布会配备同步速录字幕、手语翻译，鼓励政务服务大厅和公共服务场所为残疾人提供字幕、手语、语音等服务。支持地方建设听力、言语残疾人无障碍信息服务平台。

5. 营造全社会助残和残疾人自强的文明社会氛围。深入开展习近平新时代中国特色社会主义思想学习教育，学习宣传习近平总书记关于残疾人事业的重要指示批示精神，坚持以社会主义核心价值观为引领，加强新时代中国特色残疾人事业理论和实践研究，厚植残疾人事业发展的思想文化基础。将扶残助残纳入公民道德建设、文明创建活动和新时代文明实践中心建设，弘扬人道主义精神和扶残助残传统美德，营造理解、尊重、关心、帮助残疾人的文明社会氛围。激发残疾人自强不息精神，鼓励残疾人自尊、自信、自强、自立。加强残疾人事业全媒体传播能力建设，办好全国助残日、国际残疾人日和全国残疾人事业好新闻作品评选等主题宣传活动，支持残疾人题材优秀纪录片、公益广告、网络视听节目制作播出。开展“全国自强模范”和助残先进评选表彰。

（五）完善支持保障条件，促进残疾人事业高质量发展。

1. 强化党委领导、政府负责的领导体制。加强党对残疾人工作的领导，确保习近平总书记关于残疾人事业的重要指示批示精神和党中央、国务院决策部署有效落实，为残疾人事业发展提供坚强政治保障。完善党委领导、政府负责、部门协同、社会参与、市场推动、残疾人组织充分发挥作用的领导体制和工作机制，各级政府残疾人工作委员会统筹协调，有关部门分工协作、履职尽责，形成协同高效的工作合力。

2. 健全多元化投入格局。各级政府按规定做好残疾人事业经费保障。加快构建预算绩效管理体系，资金原则上优先保障实施效果好、残疾人满意度高的项目。落实残疾人事业金融、税收等支持政策，吸引社会资本、慈善捐赠等资金，形成多渠道、多元化投入格局。

3. 加强基础设施和信息化建设。实现有条件的县（市、区、旗）残疾人服务设施全覆盖，促进服务设施规范运营和发挥效益。地方可对新建民办残疾人康复和托养机构给予支持。鼓励地方将政府投资建设的残疾人服务设施无偿或低价提供给公益性、普惠性残疾人服务机构使用。乡镇（街道）、村（社区）为残疾人服务提供场地保障。加强特殊教育学校、残疾人服务设施和基层残疾人组织的信息基础设施建设。推动残疾人基本公共服务项目纳入各地政务服务“一网通办”平台、社会保障卡等加载残疾人服务功能。坚持传统服务方式与智能化服务创新并行，建立线上线下相结合的残疾人服务体系，推动数字化服务在助残中的普惠应用。完善残疾人口基础数据，改进残疾人服务需求和服务供给调查统计，加强残疾人服务大数据建设。

4. 加快科技创新和人才培养。将科技助残纳入科技强国行动纲要，促进生命健康、人工智能等领域科学技术在残疾人服务中示范应用，开展残疾预防、主动健康、康复等基础研究，扶持智能化康复辅助器具、康复设备、盲文数字出版、无障碍等领域关键技术研究和产品推广应用。利用现有资源研究设立康复国家重点实验室，鼓励企业、高校、科研院所等参与残疾人服务科技创新和应用。推动建立从中职、高职到本科、硕士、博士等较为完整的残疾人服务相关专业人才培养体系，鼓励有条件的职业院校和普通本科院校增设康复治疗、康复工程技术、特殊教育、手语、盲文等相关专业，加强残疾人服务从业人员职业能力建设和职称评定，加快培养残疾人康复、教育、就业、托养照护、文化、体育、社会工作等专业人才队伍。

专栏9　基础设施、信息化和科技创新重点项目

1. 残疾人服务设施兜底线工程项目。继续支持残疾人康复、托养等服务设施建设，配置专业设备和器材。支持集中安置盲人医疗按摩人员执业的按摩专科医院建设。

2. 特殊教育学校提升项目。鼓励人口20万以上的县（市）独立设置特殊教育学校，有条件的省（自治区、直辖市）建立孤独症儿童特殊教育学校。各省（自治区、直辖市）扶持一所残疾人职业院校建设提升实训基地。

3. 精神卫生福利设施建设项目。优化精神卫生社会福利机构布局，改善现有设施条件，在精神卫生服务能力不足的地区建设100个左右精神卫生福利设施，逐步形成布局合理、功能完善的精神卫生福利设施体系，为困难精神障碍患者提供集中照护、康复服务。

4. 互联网康复项目。建立线上线下相结合的康复服务平台，支持“爱心阳光”中国残疾人综合服务云平台和华夏云课堂建设，为基层康复机构、残疾人、残疾儿童少年及其家长提供指导和服务。

5. 残疾人就业创业网络服务平台项目。完善全国残疾人职业技能培训管理系统、就业服务管理系统、按比例就业年审系统和盲人医疗按摩人员管理系统，保障系统有效运行。

6. 残疾人服务大数据建设项目。建设残疾人口基础信息和服务需求、服务资源信息数据库，实现与政府有关部门数据的联通共享，推动精准化服务和精细化管理。

7. 科技助残项目。实施相关科技计划项目，开展智能助听、中高端假肢、儿童康复机器人、基于智慧城市的无障碍等技术研发，推动3D盲文绿色印刷生产、语音字幕实时转换、智能化轮椅、柔性可穿戴外骨骼辅助机器人等技术和产品推广应用。

5. 促进残疾人事业城乡、区域协同发展。结合乡村建设行动，加强和改善农村残疾人服务。强化县城残疾人综合服务能力。城镇公共服务设施辐射带动乡村残疾人服务，引导鼓励城镇残疾人服务资源向乡村延伸。城镇残疾人基本公共服务逐步覆盖常住人口。促进中西部、东北地区残疾人事业加快发展，鼓励东部地区探索率先实现残疾人事业现代化。支持革命老区、民族地区、边疆地区残疾人事业加快发展。促进京津冀残疾人事业协同发展，提升长江经济带、黄河流域残疾人事业整体水平，发挥粤港澳大湾区残疾人事业高质量发展先行示范作用，推进长三角残疾人公共服务便利共享。鼓励各地发挥地方优势创新残疾人保障和发展措施。

6. 增强基层为残疾人服务的能力。将残疾人公共服务纳入县（市、区、旗）、乡镇（街道）政府公共服务事项清单和村（居）委会承担的社区工作事项清单及协助政府的社区工作事项清单。实施县域残疾人服务能力提升行动，建设县、乡、村三级联动互补的基层残疾人服务网络。县（市、区、旗）明确残疾人基本公共服务实施标准，开展残疾人需求评估，加强服务资源统筹。乡镇（街道）普遍建立“阳光家园”、“残疾人之家”等服务机构，开展残疾人集中照护、日间照料、社区康复、辅助性就业等服务。将残疾人服务纳入城乡社区治理和服务体系建设，村（居）委会将残疾人作为重点服务对象，加强走访探视，根据残疾人需求协助政府做好集中照护、日间照料、居家服务、邻里互助、安全提示、辅助性就业、社会工作等服务，实现“乡乡有机构、村村有服务”。针对残疾人特殊困难推行上门办、网上办、就近办、一次办等便利化服务。发现侵犯残疾人合法权益的违法犯罪行为，及时报告并采取有效措施加以解决。支持各类社会组织在城乡社区有序开展助残服务。

7. 发挥残疾人组织桥梁纽带作用。各级残联要深入学习贯彻习近平新时代中国特色社会主义思想和习近平总书记关于残疾人事业的重要指示批示精神，以政治建设为统领，落实党的建设、全面从严治党各项任务，进一步增强“四个意识”、坚定“四个自信”、做到“两个维护”。发扬优良传统，履行好残联的“代表、服务、管理”职能，为残疾人解难，为党和政府分忧，把残疾人群众紧紧凝聚在党的周围，听党话、跟党走。深化各级残联改革建设，加强服务创新，增强工作活力。强化县（市、区、旗）和乡镇（街道）残联建设，实现村（社区）残疾人协会全覆盖。改善乡镇（街道）残联、村（社区）残协专职委员待遇，提高其履职能力。支持残疾人专门协会建设，发挥“代表、服务、维权、监督”职能。通过专兼挂等多种方式增强残疾人工作力量，培养忠诚、干净、担当，懂残疾人、知残疾人、爱残疾人、心系残疾人的高素质残联干部队伍。重视各级残联残疾人干部、年轻干部、基层干部培养选拔。加强各级残联党风廉政建设和反腐败斗争。广大残疾人工作者要不忘初心、牢记使命，自觉践行好干部标准，恪守职业道德，加强思想修养，提高专业素质，全心全意为残疾人服务。

8. 积极营造残疾人事业发展的良好国际环境。服务国家外交大局，履行联合国《残疾人权利公约》，落实2030年可持续发展议程涉残疾人可持续发展目标，参与国际残疾人事务。务实开展“一带一路”残疾人群体交流和残疾人事务合作，深化与重点国家及周边国家和地区残疾人事务合作。继续开展“亚太残疾人十年”等残疾人事务区域合作，支持康复国际等国际残疾人组织发挥作用。加强对外宣传，讲好中国残疾人故事，展示我国残疾人人权保障和发展成就。

四、实施机制

实施好本规划是各级政府和全社会的责任。国务院有关部门和单位要根据职责分工制定配套实施方案，各地区要依据本规划制定当地“十四五”残疾人保障和发展（或残疾人事业）规划，确保各项任务落到实处。

国务院残疾人工作委员会及有关部门要对规划实施情况进行年度监测、中期评估和总结评估，开展第三方评估和社会满意度调查，及时发现和解决规划实施中出现的问题。各地区要将当地“十四五”残疾人保障和发展（或残疾人事业）规划实施情况纳入政府工作考核。省级以上政府残疾人工作委员会要在“十四五”期末对规划实施情况进行评估总结，按照国家有关规定对先进典型予以表彰。

国务院关于全面建立困难残疾人生活补贴和重度残疾人护理补贴制度的意见

（2015年9月22日　国发〔2015〕52号）

各省、自治区、直辖市人民政府，国务院各部委、各直属机构：

残疾人是需要格外关心、格外关注的特殊困难群体。党和政府高度重视残疾人福利保障工作。为解决残疾人特殊生活困难和长期照护困难，国务院决定全面建立困难残疾人生活补贴和重度残疾人护理补贴（以下统称残疾人两项补贴）制度。这是保障残疾人生存发展权益的重要举措，对全面建成小康社会具有重要意义。为此，现提出以下意见：

一、总体要求

（一）指导思想。深入贯彻党的十八大和十八届二中、三中、四中全会精神，按照党中央、国务院决策部署，以协调推进“四个全面”战略布局为统领，以加快推进残疾人小康进程为目标，以残疾人需求为导向，加强顶层制度设计，制定残疾人专项福利政策，逐步完善残疾人社会保障体系。

（二）基本原则。

坚持需求导向，待遇适度。从残疾人最直接最现实最迫切的需求入手，着力解决残疾人因残疾产生的额外生活支出和长期照护支出困难。立足经济社会发展状况，科学合理确定保障标准，逐步提高保障水平。

坚持制度衔接，全面覆盖。注重与社会救助、社会保险、公益慈善有效衔接，努力形成残疾人社会保障合力。做到应补尽补，确保残疾人两项补贴制度覆盖所有符合条件的残疾人。

坚持公开公正，规范有序。建立和完善标准统一、便民利民的申请、审核、补贴发放机制，做到阳光透明、客观公正。加强政策评估和绩效考核，不断提高制度运行效率。

坚持资源统筹，责任共担。积极发挥家庭、社会、政府作用，形成家庭善尽义务、社会积极扶助、政府兜底保障的责任共担格局。

二、主要内容

（一）补贴对象。困难残疾人生活补贴主要补助残疾人因残疾产生的额外生活支出，对象为低保家庭中的残疾人，有条件的地方可逐步扩大到低收入残疾人及其他困难残疾人。低收入残疾人及其他困难残疾人的认定标准由县级以上地方人民政府参照相关规定、结合实际情况制定。重度残疾人护理补贴主要补助残疾人因残疾产生的额外长期照护支出，对象为残疾等级被评定为一级、二级且需要长期照护的重度残疾人，有条件的地方可扩大到非重度智力、精神残疾人或其他残疾人，逐步推动形成面向所有需要长期照护残疾人的护理补贴制度。长期照护是指因残疾产生的特殊护理消费品和照护服务支出持续6个月以上时间。

（二）补贴标准。残疾人两项补贴标准由省级人民政府根据经济社会发展水平和残疾人生活保障需求、长期照护需求统筹确定，并适时调整。有条件的地方可以按照残疾人的不同困难程度制定分档补贴标准，提高制度精准性，加大补贴力度。

（三）补贴形式。残疾人两项补贴采取现金形式按月发放。有条件的地方可根据实际情况详细划分补贴类别和标准，采取凭据报销或政府购买服务形式发放重度残疾人护理补贴。

（四）政策衔接。符合条件的残疾人，可同时申领困难残疾人生活补贴和重度残疾人护理补贴。既符合残疾人两项补贴条件，又符合老年、因公致残、离休等福利性生活补贴（津贴）、护理补贴（津贴）条件的残疾人，可择高申领其中一类生活补贴（津贴）、护理补贴（津贴）。享受孤儿基本生活保障政策的残疾儿童不享受困难残疾人生活补贴，可享受重度残疾人护理补贴。残疾人两项补贴不计入城乡最低生活保障家庭的收入。领取工伤保险生活护理费、纳入特困人员供养保障的残疾人不享受残疾人两项补贴。

三、申领程序和管理办法

（一）自愿申请。残疾人两项补贴由残疾人向户籍所在地街道办事处或乡镇政府受理窗口提交书面申请。残疾人的法定监护人，法定赡养、抚养、扶养义务人，所在村民（居民）委员会或其他委托人可以代为办理申请事宜。申请残疾人两项补贴应持有第二代中华人民共和国残疾人证，并提交相关证明材料。

（二）逐级审核。街道办事处或乡镇政府依托社会救助、社会服务“一门受理、协同办理”机制，受理残疾人两项补贴申请并进行初审。初审合格材料报送县级残联进行相关审核。审核合格材料转送县级人民政府民政部门审定，残疾人家庭经济状况依托居民家庭经济状况核对机制审核。审定合格材料由县级人民政府民政部门会同县级残联报同级财政部门申请拨付资金。

（三）补贴发放。补贴资格审定合格的残疾人自递交申请当月计发补贴。残疾人两项补贴采取社会化形式发放，通过金融机构转账存入残疾人账户。特殊情况下需要直接发放现金的，要制定专门的监管办法，防止和杜绝冒领、重复领取、克扣现象。

（四）定期复核。采取残疾人主动申报和发放部门定期抽查相结合的方式，建立残疾人两项补贴定期复核制度，实行残疾人两项补贴应补尽补、应退则退的动态管理。定期复核内容包括申请人资格条件是否发生变化、补贴是否及时足额发放到位等。

四、保障措施

（一）加强组织领导。各地区、各部门要充分认识全面建立残疾人两项补贴制度的重要性，将其作为保障和改善民生的重要任务，完善政府领导、民政牵头、残联配合、部门协作、社会参与的工作机制。民政部门要履行主管部门职责，做好补贴资格审定、补贴发放、监督管理等工作，推进残疾人两项补贴制度与相关社会福利、社会救助、社会保险制度有机衔接。财政部门要加强资金保障，及时足额安排补贴资金及工作经费，确保残疾人两项补贴制度顺利实施。中央财政通过增加一般性转移支付予以支持。残联组织要发挥“代表、服务、管理”职能作用，及时掌握残疾人需求，严格残疾人证发放管理，做好残疾人两项补贴相关审核工作。

（二）加强制度落实。地方已经实施的残疾人两项补贴制度补贴对象范围小于本意见要求的，要严格按本意见执行，有条件的地方可适当扩大补贴范围。要通过政府购买服务、引导市场服务、鼓励慈善志愿服务等方式，健全补贴与服务相结合的残疾人社会福利体系，促进残疾人服务业发展。

（三）加强监督管理。地方各级人民政府要将残疾人两项补贴工作纳入年度考核内容，重点督查落实情况。残疾人两项补贴资金发放使用情况要定期向社会公示，接受社会监督，财政、审计、监察部门要加强监督检查，防止出现挤占、挪用、套取等违法违规现象。民政部门要会同残联组织定期开展残疾人两项补贴工作绩效评估，及时处理残疾人及其他群众的投诉建议，不断完善相关政策措施，切实维护残疾人合法权益。要统筹建立统一的残疾人两项补贴工作网络信息平台，加强对基本信息的实时监测、比对、归纳分析和动态管理，不断提高工作效率。

（四）加强政策宣传。各地要及时组织学习培训，全面掌握残疾人两项补贴制度精神和内容，正确组织实施残疾人两项补贴工作。要充分利用多种媒介宣传残疾人两项补贴制度，营造良好舆论氛围，引导全社会更加关心、关爱残疾人。要充分考虑残疾人获取信息的特殊要求和实际困难，采用灵活多样形式进行宣传解读，确保残疾人及其家属知晓残疾人两项补贴制度内容，了解基本申领程序和要求。要及时做好残疾人两项补贴政策解释工作，协助残疾人便捷办理相关手续。

残疾人两项补贴制度自2016年1月1日起全面实施。各地要结合实际制定贯彻实施办法，推进落实相关工作。民政部、财政部、中国残联要根据职责，抓紧制定具体政策措施。国务院将适时组织专项督查。

残疾人就业条例

（2007年2月25日中华人民共和国国务院令第488号公布　自2007年5月1日起施行）

第一章　总　　则

第一条　为了促进残疾人就业，保障残疾人的劳动权利，根据《中华人民共和国残疾人保障法》和其他有关法律，制定本条例。

第二条　国家对残疾人就业实行集中就业与分散就业相结合的方针，促进残疾人就业。

县级以上人民政府应当将残疾人就业纳入国民经济和社会发展规划，并制定优惠政策和具体扶持保护措施，为残疾人就业创造条件。

第三条　机关、团体、企业、事业单位和民办非企业单位（以下统称用人单位）应当依照有关法律、本条例和其他有关行政法规的规定，履行扶持残疾人就业的责任和义务。

第四条　国家鼓励社会组织和个人通过多种渠道、多种形式，帮助、支持残疾人就业，鼓励残疾人通过应聘等多种形式就业。禁止在就业中歧视残疾人。

残疾人应当提高自身素质，增强就业能力。

第五条　各级人民政府应当加强对残疾人就业工作的统筹规划，综合协调。县级以上人民政府负责残疾人工作的机构，负责组织、协调、指导、督促有关部门做好残疾人就业工作。

县级以上人民政府劳动保障、民政等有关部门在各自的职责范围内，做好残疾人就业工作。

第六条　中国残疾人联合会及其地方组织依照法律、法规或者接受政府委托，负责残疾人就业工作的具体组织实施与监督。

工会、共产主义青年团、妇女联合会，应当在各自的工作范围内，做好残疾人就业工作。

第七条　各级人民政府对在残疾人就业工作中做出显著成绩的单位和个人，给予表彰和奖励。

第二章　用人单位的责任

第八条　用人单位应当按照一定比例安排残疾人就业，

并为其提供适当的工种、岗位。

用人单位安排残疾人就业的比例不得低于本单位在职职工总数的1.5%。具体比例由省、自治区、直辖市人民政府根据本地区的实际情况规定。

用人单位跨地区招用残疾人的，应当计入所安排的残疾人职工人数之内。

第九条　用人单位安排残疾人就业达不到其所在地省、自治区、直辖市人民政府规定比例的，应当缴纳残疾人就业保障金。

第十条　政府和社会依法兴办的残疾人福利企业、盲人按摩机构和其他福利性单位（以下统称集中使用残疾人的用人单位），应当集中安排残疾人就业。

集中使用残疾人的用人单位的资格认定，按照国家有关规定执行。

第十一条　集中使用残疾人的用人单位中从事全日制工作的残疾人职工，应当占本单位在职职工总数的25%以上。

第十二条　用人单位招用残疾人职工，应当依法与其签订劳动合同或者服务协议。

第十三条　用人单位应当为残疾人职工提供适合其身体状况的劳动条件和劳动保护，不得在晋职、晋级、评定职称、报酬、社会保险、生活福利等方面歧视残疾人职工。

第十四条　用人单位应当根据本单位残疾人职工的实际情况，对残疾人职工进行上岗、在岗、转岗等培训。

第三章　保障措施

第十五条　县级以上人民政府应当采取措施，拓宽残疾人就业渠道，开发适合残疾人就业的公益性岗位，保障残疾人就业。

县级以上地方人民政府发展社区服务事业，应当优先考虑残疾人就业。

第十六条　依法征收的残疾人就业保障金应当纳入财政预算，专项用于残疾人职业培训以及为残疾人提供就业服务和就业援助，任何组织或者个人不得贪污、挪用、截留或者私分。残疾人就业保障金征收、使用、管理的具体办法，由国务院财政部门会同国务院有关部门规定。

财政部门和审计机关应当依法加强对残疾人就业保障金使用情况的监督检查。

第十七条　国家对集中使用残疾人的用人单位依法给予税收优惠，并在生产、经营、技术、资金、物资、场地使用等方面给予扶持。

第十八条　县级以上地方人民政府及其有关部门应当确定适合残疾人生产、经营的产品、项目，优先安排集中使用残疾人的用人单位生产或者经营，并根据集中使用残疾人的用人单位的生产特点确定某些产品由其专产。

政府采购，在同等条件下，应当优先购买集中使用残疾人的用人单位的产品或者服务。

第十九条　国家鼓励扶持残疾人自主择业、自主创业。对残疾人从事个体经营的，应当依法给予税收优惠，有关部门应当在经营场地等方面给予照顾，并按照规定免收管理类、登记类和证照类的行政事业性收费。

国家对自主择业、自主创业的残疾人在一定期限内给予小额信贷等扶持。

第二十条　地方各级人民政府应当多方面筹集资金，组织和扶持农村残疾人从事种植业、养殖业、手工业和其他形式的生产劳动。

有关部门对从事农业生产劳动的农村残疾人，应当在生产服务、技术指导、农用物资供应、农副产品收购和信贷等方面给予帮助。

第四章　就业服务

第二十一条　各级人民政府和有关部门应当为就业困难的残疾人提供有针对性的就业援助服务，鼓励和扶持职业培训机构为残疾人提供职业培训，并组织残疾人定期开展职业技能竞赛。

第二十二条　中国残疾人联合会及其地方组织所属的残疾人就业服务机构应当免费为残疾人就业提供下列服务：

（一）发布残疾人就业信息；

（二）组织开展残疾人职业培训；

（三）为残疾人提供职业心理咨询、职业适应评估、职业康复训练、求职定向指导、职业介绍等服务；

（四）为残疾人自主择业提供必要的帮助；

（五）为用人单位安排残疾人就业提供必要的支持。

国家鼓励其他就业服务机构为残疾人就业提供免费服务。

第二十三条　受劳动保障部门的委托，残疾人就业服务机构可以进行残疾人失业登记、残疾人就业与失业统计；经所在地劳动保障部门批准，残疾人就业服务机构还可以进行残疾人职业技能鉴定。

第二十四条　残疾人职工与用人单位发生争议的，当地法律援助机构应当依法为其提供法律援助，各级残疾人联合会应当给予支持和帮助。

第五章　法律责任

第二十五条　违反本条例规定，有关行政主管部门及其工作人员滥用职权、玩忽职守、徇私舞弊，构成犯罪的，依法追究刑事责任；尚不构成犯罪的，依法给予处分。

第二十六条　违反本条例规定，贪污、挪用、截留、私分残疾人就业保障金，构成犯罪的，依法追究刑事责任；尚不构成犯罪的，对有关责任单位、直接负责的主管人员和其他直接责任人员依法给予处分或者处罚。

第二十七条　违反本条例规定,用人单位未按照规定缴纳残疾人就业保障金的,由财政部门给予警告,责令限期缴纳;逾期仍不缴纳的,除补缴欠缴数额外,还应当自欠缴之日起,按日加收5‰的滞纳金。

第二十八条　违反本条例规定,用人单位弄虚作假,虚报安排残疾人就业人数,骗取集中使用残疾人的用人单位享受的税收优惠待遇的,由税务机关依法处理。

第六章　附　则

第二十九条　本条例所称残疾人就业,是指符合法定就业年龄有就业要求的残疾人从事有报酬的劳动。

第三十条　本条例自2007年5月1日起施行。

残疾人教育条例

(1994年8月23日中华人民共和国国务院令第161号发布　根据2011年1月8日《国务院关于废止和修改部分行政法规的决定》修订　2017年1月11日国务院第161次常务会议修订通过　2017年2月1日中华人民共和国国务院令第674号公布　自2017年5月1日起施行)

第一章　总　则

第一条　为了保障残疾人受教育的权利,发展残疾人教育事业,根据《中华人民共和国教育法》和《中华人民共和国残疾人保障法》,制定本条例。

第二条　国家保障残疾人享有平等接受教育的权利,禁止任何基于残疾的教育歧视。

残疾人教育应当贯彻国家的教育方针,并根据残疾人的身心特性和需要,全面提高其素质,为残疾人平等地参与社会生活创造条件。

第三条　残疾人教育是国家教育事业的组成部分。

发展残疾人教育事业,实行普及与提高相结合、以普及为重点的方针,保障义务教育,着重发展职业教育,积极开展学前教育,逐步发展高级中等以上教育。

残疾人教育应当提高教育质量,积极推进融合教育,根据残疾人的残疾类别和接受能力,采取普通教育方式或者特殊教育方式,优先采取普通教育方式。

第四条　县级以上人民政府应当加强对残疾人教育事业的领导,将残疾人教育纳入教育事业发展规划,统筹安排实施,合理配置资源,保障残疾人教育经费投入,改善办学条件。

第五条　国务院教育行政部门主管全国的残疾人教育工作,统筹规划、协调管理全国的残疾人教育事业;国务院其他有关部门在国务院规定的职责范围内负责有关的残疾人教育工作。

县级以上地方人民政府教育行政部门主管本行政区域内的残疾人教育工作;县级以上地方人民政府其他有关部门在各自的职责范围内负责有关的残疾人教育工作。

第六条　中国残疾人联合会及其地方组织应当积极促进和开展残疾人教育工作,协助相关部门实施残疾人教育,为残疾人接受教育提供支持和帮助。

第七条　学前教育机构、各级各类学校及其他教育机构应当依照本条例以及国家有关法律、法规的规定,实施残疾人教育;对符合法律、法规规定条件的残疾人申请入学,不得拒绝招收。

第八条　残疾人家庭应当帮助残疾人接受教育。

残疾儿童、少年的父母或者其他监护人应当尊重和保障残疾儿童、少年接受教育的权利,积极开展家庭教育,使残疾儿童、少年及时接受康复训练和教育,并协助、参与有关教育机构的教育教学活动,为残疾儿童、少年接受教育提供支持。

第九条　社会各界应当关心和支持残疾人教育事业。残疾人所在社区、相关社会组织和企事业单位,应当支持和帮助残疾人平等接受教育、融入社会。

第十条　国家对为残疾人教育事业作出突出贡献的组织和个人,按照有关规定给予表彰、奖励。

第十一条　县级以上人民政府负责教育督导的机构应当将残疾人教育实施情况纳入督导范围,并可以就执行残疾人教育法律法规情况、残疾人教育教学质量以及经费管理和使用情况等实施专项督导。

第二章　义务教育

第十二条　各级人民政府应当依法履行职责,保障适龄残疾儿童、少年接受义务教育的权利。

县级以上人民政府对实施义务教育的工作进行监督、指导、检查,应当包括对残疾儿童、少年实施义务教育工作的监督、指导、检查。

第十三条　适龄残疾儿童、少年的父母或者其他监护人,应当依法保证其残疾子女或者被监护人入学接受并完成义务教育。

第十四条　残疾儿童、少年接受义务教育的入学年龄和年限,应当与当地儿童、少年接受义务教育的入学年龄和年限相同;必要时,其入学年龄和在校年龄可以适当提高。

第十五条　县级人民政府教育行政部门应当会同卫生行政部门、民政部门、残疾人联合会,根据新生儿疾病筛查和学龄前儿童残疾筛查、残疾人统计等信息,对义务教育适龄残疾儿童、少年进行入学前登记,全面掌握本行政区域内义务教育适龄残疾儿童、少年的数量和残疾情况。

第十六条　县级人民政府应当根据本行政区域内残疾儿童、少年的数量、类别和分布情况,统筹规划,优先在部分普通学校中建立特殊教育资源教室,配备必要的设备和专门从事残疾人教育的教师及专业人员，指定其招收残疾儿童、少年接受义务教育；并支持其他普通学校根据需要建立特殊教育资源教室，或者安排具备相应资源、条件的学校为招收残疾学生的其他普通学校提供必要的支持。

县级人民政府应当为实施义务教育的特殊教育学校配备必要的残疾人教育教学、康复评估和康复训练等仪器设备，并加强九年一贯制义务教育特殊教育学校建设。

第十七条 适龄残疾儿童、少年能够适应普通学校学习生活、接受普通教育的，依照《中华人民共和国义务教育法》的规定就近到普通学校入学接受义务教育。

适龄残疾儿童、少年能够接受普通教育，但是学习生活需要特别支持的，根据身体状况就近到县级人民政府教育行政部门在一定区域内指定的具备相应资源、条件的普通学校入学接受义务教育。

适龄残疾儿童、少年不能接受普通教育的，由县级人民政府教育行政部门统筹安排进入特殊教育学校接受义务教育。

适龄残疾儿童、少年需要专人护理，不能到学校就读的，由县级人民政府教育行政部门统筹安排，通过提供送教上门或者远程教育等方式实施义务教育，并纳入学籍管理。

第十八条 在特殊教育学校学习的残疾儿童、少年，经教育、康复训练，能够接受普通教育的，学校可以建议残疾儿童、少年的父母或者其他监护人将其转入或者升入普通学校接受义务教育。

在普通学校学习的残疾儿童、少年，难以适应普通学校学习生活的，学校可以建议残疾儿童、少年的父母或者其他监护人将其转入指定的普通学校或者特殊教育学校接受义务教育。

第十九条 适龄残疾儿童、少年接受教育的能力和适应学校学习生活的能力应当根据其残疾类别、残疾程度、补偿程度以及学校办学条件等因素判断。

第二十条 县级人民政府教育行政部门应当会同卫生行政部门、民政部门、残疾人联合会，建立由教育、心理、康复、社会工作等方面专家组成的残疾人教育专家委员会。

残疾人教育专家委员会可以接受教育行政部门的委托，对适龄残疾儿童、少年的身体状况、接受教育的能力和适应学校学习生活的能力进行评估，提出入学、转学建议；对残疾人义务教育问题提供咨询，提出建议。

依照前款规定作出的评估结果属于残疾儿童、少年的隐私，仅可被用于对残疾儿童、少年实施教育、康复。教育行政部门、残疾人教育专家委员会、学校及其工作人员对在工作中了解的残疾儿童、少年评估结果及其他个人信息负有保密义务。

第二十一条 残疾儿童、少年的父母或者其他监护人与学校就入学、转学安排发生争议的，可以申请县级人民政府教育行政部门处理。

接到申请的县级人民政府教育行政部门应当委托残疾人教育专家委员会对残疾儿童、少年的身体状况、接受教育的能力和适应学校学习生活的能力进行评估并提出入学、转学建议，并根据残疾人教育专家委员会的评估结果和提出的入学、转学建议，综合考虑学校的办学条件和残疾儿童、少年及其父母或者其他监护人的意愿，对残疾儿童、少年的入学、转学安排作出决定。

第二十二条 招收残疾学生的普通学校应当将残疾学生合理编入班级；残疾学生较多的，可以设置专门的特殊教育班级。

招收残疾学生的普通学校应当安排专门从事残疾人教育的教师或者经验丰富的教师承担随班就读或者特殊教育班级的教育教学工作，并适当缩减班级学生数额，为残疾学生入学后的学习、生活提供便利和条件，保障残疾学生平等参与教育教学和学校组织的各项活动。

第二十三条 在普通学校随班就读残疾学生的义务教育，可以适用普通义务教育的课程设置方案、课程标准和教材，但是对其学习要求可以有适度弹性。

第二十四条 残疾儿童、少年特殊教育学校（班）应当坚持思想教育、文化教育、劳动技能教育与身心补偿相结合，并根据学生残疾状况和补偿程度，实施分类教学；必要时，应当听取残疾学生父母或者其他监护人的意见，制定符合残疾学生身心特性和需要的个别化教育计划，实施个别教学。

第二十五条 残疾儿童、少年特殊教育学校（班）的课程设置方案、课程标准和教材，应当适合残疾儿童、少年的身心特性和需要。

残疾儿童、少年特殊教育学校（班）的课程设置方案、课程标准由国务院教育行政部门制订；教材由省级以上人民政府教育行政部门按照国家有关规定审定。

第二十六条 县级人民政府教育行政部门应当加强对本行政区域内的残疾儿童、少年实施义务教育工作的指导。

县级以上地方人民政府教育行政部门应当统筹安排支持特殊教育学校建立特殊教育资源中心，在一定区域内提供特殊教育指导和支持服务。特殊教育资源中心可以受教育行政部门的委托承担以下工作：

（一）指导、评价区域内的随班就读工作；

（二）为区域内承担随班就读教育教学任务的教师提供培训；

（三）派出教师和相关专业服务人员支持随班就读，为接受送教上门和远程教育的残疾儿童、少年提供辅导和支持；

（四）为残疾学生父母或者其他监护人提供咨询；

（五）其他特殊教育相关工作。

第三章 职业教育

第二十七条 残疾人职业教育应当大力发展中等职业教育，加快发展高等职业教育，积极开展以实用技术为主的中期、短期培训，以提高就业能力为主，培养技术技能人才，并加强对残疾学生的就业指导。

第二十八条　残疾人职业教育由普通职业教育机构和特殊职业教育机构实施，以普通职业教育机构为主。

县级以上地方人民政府应当根据需要，合理设置特殊职业教育机构，改善办学条件，扩大残疾人中等职业学校招生规模。

第二十九条　普通职业学校不得拒绝招收符合国家规定的录取标准的残疾人入学，普通职业培训机构应当积极招收残疾人入学。

县级以上地方人民政府应当采取措施，鼓励和支持普通职业教育机构积极招收残疾学生。

第三十条　实施残疾人职业教育的学校和培训机构，应当根据社会需要和残疾人的身心特性合理设置专业，并与企业合作设立实习实训基地，或者根据教学需要和条件办好实习基地。

第四章　学前教育

第三十一条　各级人民政府应当积极采取措施，逐步提高残疾幼儿接受学前教育的比例。

县级人民政府及其教育行政部门、民政部门等有关部门应当支持普通幼儿园创造条件招收残疾幼儿；支持特殊教育学校和具备办学条件的残疾儿童福利机构、残疾儿童康复机构等实施学前教育。

第三十二条　残疾幼儿的教育应当与保育、康复结合实施。

招收残疾幼儿的学前教育机构应当根据自身条件配备必要的康复设施、设备和专业康复人员，或者与其他具有康复设施、设备和专业康复人员的特殊教育机构、康复机构合作对残疾幼儿实施康复训练。

第三十三条　卫生保健机构、残疾幼儿的学前教育机构、儿童福利机构和家庭，应当注重对残疾幼儿的早期发现、早期康复和早期教育。

卫生保健机构、残疾幼儿的学前教育机构、残疾儿童康复机构应当就残疾幼儿的早期发现、早期康复和早期教育为残疾幼儿家庭提供咨询、指导。

第五章　普通高级中等以上教育及继续教育

第三十四条　普通高级中等学校、高等学校、继续教育机构应当招收符合国家规定的录取标准的残疾考生入学，不得因其残疾而拒绝招收。

第三十五条　设区的市级以上地方人民政府可以根据实际情况举办实施高级中等以上教育的特殊教育学校，支持高等学校设置特殊教育学院或者相关专业，提高残疾人的受教育水平。

第三十六条　县级以上人民政府教育行政部门以及其他有关部门、学校应当充分利用现代信息技术，以远程教育等方式为残疾人接受成人高等教育、高等教育自学考试等提供便利和帮助，根据实际情况开设适合残疾人学习的专业、课程，采取灵活开放的教学和管理模式，支持残疾人顺利完成学业。

第三十七条　残疾人所在单位应当对本单位的残疾人开展文化知识教育和技术培训。

第三十八条　扫除文盲教育应当包括对年满15周岁以上的未丧失学习能力的文盲、半文盲残疾人实施的扫盲教育。

第三十九条　国家、社会鼓励和帮助残疾人自学成才。

第六章　教　　师

第四十条　县级以上人民政府应当重视从事残疾人教育的教师培养、培训工作，并采取措施逐步提高他们的地位和待遇，改善他们的工作环境和条件，鼓励教师终身从事残疾人教育事业。

县级以上人民政府可以采取免费教育、学费减免、助学贷款代偿等措施，鼓励具备条件的高等学校毕业生到特殊教育学校或者其他特殊教育机构任教。

第四十一条　从事残疾人教育的教师，应当热爱残疾人教育事业，具有社会主义的人道主义精神，尊重和关爱残疾学生，并掌握残疾人教育的专业知识和技能。

第四十二条　专门从事残疾人教育工作的教师（以下称特殊教育教师）应当符合下列条件：

（一）依照《中华人民共和国教师法》的规定取得教师资格；

（二）特殊教育专业毕业或者经省、自治区、直辖市人民政府教育行政部门组织的特殊教育专业培训并考核合格。

从事听力残疾人教育的特殊教育教师应当达到国家规定的手语等级标准，从事视力残疾人教育的特殊教育教师应当达到国家规定的盲文等级标准。

第四十三条　省、自治区、直辖市人民政府可以根据残疾人教育发展的需求，结合当地实际为特殊教育学校和指定招收残疾学生的普通学校制定教职工编制标准。

县级以上地方人民政府教育行政部门应当会同其他有关部门，在核定的编制总额内，为特殊教育学校配备承担教学、康复等工作的特殊教育教师和相关专业人员；在指定招收残疾学生的普通学校设置特殊教育教师等专职岗位。

第四十四条　国务院教育行政部门和省、自治区、直辖市人民政府应当根据残疾人教育发展的需要有计划地举办特殊教育师范院校，支持普通师范院校和综合性院校设置相关院系或者专业，培养特殊教育教师。

普通师范院校和综合性院校的师范专业应当设置特殊教育课程，使学生掌握必要的特殊教育的基本知识和技能，以适应对随班就读的残疾学生的教育教学需要。

第四十五条 县级以上地方人民政府教育行政部门应当将特殊教育教师的培训纳入教师培训计划，以多种形式组织在职特殊教育教师进修提高专业水平；在普通教师培训中增加一定比例的特殊教育内容和相关知识，提高普通教师的特殊教育能力。

第四十六条 特殊教育教师和其他从事特殊教育的相关专业人员根据国家有关规定享受特殊岗位补助津贴及其他待遇；普通学校的教师承担残疾学生随班就读教学、管理工作的，应当将其承担的残疾学生教学、管理工作纳入其绩效考核内容，并作为核定工资待遇和职务评聘的重要依据。

县级以上人民政府教育行政部门、人力资源社会保障部门在职务评聘、培训进修、表彰奖励等方面，应当为特殊教育教师制定优惠政策、提供专门机会。

第七章 条件保障

第四十七条 省、自治区、直辖市人民政府应当根据残疾人教育的特殊情况，依据国务院有关行政主管部门的指导性标准，制定本行政区域内特殊教育学校的建设标准、经费开支标准、教学仪器设备配备标准等。

义务教育阶段普通学校招收残疾学生，县级人民政府财政部门及教育行政部门应当按照特殊教育学校生均预算内公用经费标准足额拨付费用。

第四十八条 各级人民政府应当按照有关规定安排残疾人教育经费，并将所需经费纳入本级政府预算。

县级以上人民政府根据需要可以设立专项补助款，用于发展残疾人教育。

地方各级人民政府用于义务教育的财政拨款和征收的教育费附加，应当有一定比例用于发展残疾儿童、少年义务教育。

地方各级人民政府可以按照有关规定将依法征收的残疾人就业保障金用于特殊教育学校开展各种残疾人职业教育。

第四十九条 县级以上地方人民政府应当根据残疾人教育发展的需要统筹规划、合理布局，设置特殊教育学校，并按照国家有关规定配备必要的残疾人教育教学、康复评估和康复训练等仪器设备。

特殊教育学校的设置，由教育行政部门按照国家有关规定审批。

第五十条 新建、改建、扩建各级各类学校应当符合《无障碍环境建设条例》的要求。

县级以上地方人民政府及其教育行政部门应当逐步推进各级各类学校无障碍校园环境建设。

第五十一条 招收残疾学生的学校对经济困难的残疾学生，应当按照国家有关规定减免学费和其他费用，并按照国家资助政策优先给予补助。

国家鼓励有条件的地方优先为经济困难的残疾学生提供免费的学前教育和高中教育，逐步实施残疾学生高中阶段免费教育。

第五十二条 残疾人参加国家教育考试，需要提供必要支持条件和合理便利的，可以提出申请。教育考试机构、学校应当按照国家有关规定予以提供。

第五十三条 国家鼓励社会力量举办特殊教育机构或者捐资助学；鼓励和支持民办学校或者其他教育机构招收残疾学生。

县级以上地方人民政府及其有关部门对民办特殊教育机构、招收残疾学生的民办学校，应当按照国家有关规定予以支持。

第五十四条 国家鼓励开展残疾人教育的科学研究，组织和扶持盲文、手语的研究和应用，支持特殊教育教材的编写和出版。

第五十五条 县级以上人民政府及其有关部门应当采取优惠政策和措施，支持研究、生产残疾人教育教学专用仪器设备、教具、学具、软件及其他辅助用品，扶持特殊教育机构兴办和发展福利企业和辅助性就业机构。

第八章 法律责任

第五十六条 地方各级人民政府及其有关部门违反本条例规定，未履行残疾人教育相关职责的，由上一级人民政府或者其有关部门责令限期改正；情节严重的，予以通报批评，并对直接负责的主管人员和其他直接责任人员依法给予处分。

第五十七条 学前教育机构、学校、其他教育机构及其工作人员违反本条例规定，有下列情形之一的，由其主管行政部门责令改正，对直接负责的主管人员和其他直接责任人员依法给予处分；构成违反治安管理行为的，由公安机关依法给予治安管理处罚；构成犯罪的，依法追究刑事责任：

（一）拒绝招收符合法律、法规规定条件的残疾学生入学的；

（二）歧视、侮辱、体罚残疾学生，或者放任对残疾学生的歧视言行，对残疾学生造成身心伤害的；

（三）未按照国家有关规定对经济困难的残疾学生减免学费或者其他费用的。

第九章 附则

第五十八条 本条例下列用语的含义：

融合教育是指将对残疾学生的教育最大程度地融入普通教育。

特殊教育资源教室是指在普通学校设置的装备有特殊教育和康复训练设施设备的专用教室。

第五十九条 本条例自 2017 年 5 月 1 日起施行。

无障碍环境建设条例

（2012年6月13日国务院第208次常务会议通过　2012年6月28日中华人民共和国国务院令第622号公布　自2012年8月1日起施行）

第一章　总　　则

第一条　为了创造无障碍环境，保障残疾人等社会成员平等参与社会生活，制定本条例。

第二条　本条例所称无障碍环境建设，是指为便于残疾人等社会成员自主安全地通行道路、出入相关建筑物、搭乘公共交通工具、交流信息、获得社区服务所进行的建设活动。

第三条　无障碍环境建设应当与经济和社会发展水平相适应，遵循实用、易行、广泛受益的原则。

第四条　县级以上人民政府负责组织编制无障碍环境建设发展规划并组织实施。

编制无障碍环境建设发展规划，应当征求残疾人组织等社会组织的意见。

无障碍环境建设发展规划应当纳入国民经济和社会发展规划以及城乡规划。

第五条　国务院住房和城乡建设主管部门负责全国无障碍设施工程建设活动的监督管理工作，会同国务院有关部门制定无障碍设施工程建设标准，并对无障碍设施工程建设的情况进行监督检查。

国务院工业和信息化主管部门等有关部门在各自职责范围内，做好无障碍环境建设工作。

第六条　国家鼓励、支持采用无障碍通用设计的技术和产品，推进残疾人专用的无障碍技术和产品的开发、应用和推广。

第七条　国家倡导无障碍环境建设理念，鼓励公民、法人和其他组织为无障碍环境建设提供捐助和志愿服务。

第八条　对在无障碍环境建设工作中作出显著成绩的单位和个人，按照国家有关规定给予表彰和奖励。

第二章　无障碍设施建设

第九条　城镇新建、改建、扩建道路、公共建筑、公共交通设施、居住建筑、居住区，应当符合无障碍设施工程建设标准。

乡、村庄的建设和发展，应当逐步达到无障碍设施工程建设标准。

第十条　无障碍设施工程应当与主体工程同步设计、同步施工、同步验收投入使用。新建的无障碍设施应当与周边的无障碍设施相衔接。

第十一条　对城镇已建成的不符合无障碍设施工程建设标准的道路、公共建筑、公共交通设施、居住建筑、居住区，县级以上人民政府应当制定无障碍设施改造计划并组织实施。

无障碍设施改造由所有权人或者管理人负责。

第十二条　县级以上人民政府应当优先推进下列机构、场所的无障碍设施改造：

（一）特殊教育、康复、社会福利等机构；

（二）国家机关的公共服务场所；

（三）文化、体育、医疗卫生等单位的公共服务场所；

（四）交通运输、金融、邮政、商业、旅游等公共服务场所。

第十三条　城市的主要道路、主要商业区和大型居住区的人行天桥和人行地下通道，应当按照无障碍设施工程建设标准配备无障碍设施，人行道交通信号设施应当逐步完善无障碍服务功能，适应残疾人等社会成员通行的需要。

第十四条　城市的大中型公共场所的公共停车场和大型居住区的停车场，应当按照无障碍设施工程建设标准设置并标明无障碍停车位。

无障碍停车位为肢体残疾人驾驶或者乘坐的机动车专用。

第十五条　民用航空器、客运列车、客运船舶、公共汽车、城市轨道交通车辆等公共交通工具应当逐步达到无障碍设施的要求。有关主管部门应当制定公共交通工具的无障碍技术标准并确定达标期限。

第十六条　视力残疾人携带导盲犬出入公共场所，应当遵守国家有关规定，公共场所的工作人员应当按照国家有关规定提供无障碍服务。

第十七条　无障碍设施的所有权人和管理人，应当对无障碍设施进行保护，有损毁或者故障及时进行维修，确保无障碍设施正常使用。

第三章　无障碍信息交流

第十八条　县级以上人民政府应当将无障碍信息交流建设纳入信息化建设规划，并采取措施推进信息交流无障碍建设。

第十九条　县级以上人民政府及其有关部门发布重要政府信息和与残疾人相关的信息，应当创造条件为残疾人提供语音和文字提示等信息交流服务。

第二十条　国家举办的升学考试、职业资格考试和任职考试，有视力残疾人参加的，应当为视力残疾人提供盲文试卷、电子试卷，或者由工作人员予以协助。

第二十一条　设区的市级以上人民政府设立的电视台应当创造条件，在播出电视节目时配备字幕，每周播放至少一次配播手语的新闻节目。

公开出版发行的影视类录像制品应当配备字幕。

第二十二条　设区的市级以上人民政府设立的公共图书馆应当开设视力残疾人阅览室，提供盲文读物、有声读物，其他图书馆应当逐步开设视力残疾人阅览室。

第二十三条　残疾人组织的网站应当达到无障碍网站设计标准，设区的市级以上人民政府网站、政府公益活动网站，应当逐步达到无障碍网站设计标准。

第二十四条　公共服务机构和公共场所应当创造条件为残疾人提供语音和文字提示、手语、盲文等信息交流服务，并对工作人员进行无障碍服务技能培训。

第二十五条　举办听力残疾人集中参加的公共活动，举办单位应当提供字幕或者手语服务。

第二十六条　电信业务经营者提供电信服务，应当创造条件为有需求的听力、言语残疾人提供文字信息服务，为有需求的视力残疾人提供语音信息服务。

电信终端设备制造者应当提供能够与无障碍信息交流服务相衔接的技术、产品。

第四章　无障碍社区服务

第二十七条　社区公共服务设施应当逐步完善无障碍服务功能，为残疾人等社会成员参与社区生活提供便利。

第二十八条　地方各级人民政府应当逐步完善报警、医疗急救等紧急呼叫系统，方便残疾人等社会成员报警、呼救。

第二十九条　对需要进行无障碍设施改造的贫困家庭，县级以上地方人民政府可以给予适当补助。

第三十条　组织选举的部门应当为残疾人参加选举提供便利，为视力残疾人提供盲文选票。

第五章　法律责任

第三十一条　城镇新建、改建、扩建道路、公共建筑、公共交通设施、居住建筑、居住区，不符合无障碍设施工程建设标准的，由住房和城乡建设主管部门责令改正，依法给予处罚。

第三十二条　肢体残疾人驾驶或者乘坐的机动车以外的机动车占用无障碍停车位，影响肢体残疾人使用的，由公安机关交通管理部门责令改正，依法给予处罚。

第三十三条　无障碍设施的所有权人或者管理人对无障碍设施未进行保护或者及时维修，导致无法正常使用的，由有关主管部门责令限期维修；造成使用人人身、财产损害的，无障碍设施的所有权人或者管理人应当承担赔偿责任。

第三十四条　无障碍环境建设主管部门工作人员滥用职权、玩忽职守、徇私舞弊的，依法给予处分；构成犯罪的，依法追究刑事责任。

第六章　附　　则

第三十五条　本条例自2012年8月1日起施行。

残疾人专用品免征进口税收暂行规定

（1997年1月22日国务院批准　1997年4月10日海关总署令第61号发布　自发布之日起施行）

第一条　为了支持残疾人康复工作，有利于残疾人专用品进口，制定本规定。

第二条　进口下列残疾人专用品，免征进口关税和进口环节增值税、消费税：

（一）肢残者用的支辅具，假肢及其零部件，假眼，假鼻，内脏托带，矫形器，矫形鞋，非机动助行器，代步工具（不包括汽车、摩托车），生活自助具，特殊卫生用品；

（二）视力残疾者用的盲杖，导盲镜，助视器，盲人阅读器；

（三）语言、听力残疾者用的语言训练器；

（四）智力残疾者用的行为训练器，生活能力训练用品。

进口前款所列残疾人专用品，由纳税人直接在海关办理免税手续。

第三条　有关单位进口的国内不能生产的下列残疾人专用品，按隶属关系经民政部或者中国残疾人联合会批准，并报海关总署审核后，免征进口关税和进口环节增值税、消费税：

（一）残疾人康复及专用设备，包括床房监护设备、中心监护设备、生化分析仪和超声诊断仪；

（二）残疾人特殊教育设备和职业教育设备；

（三）残疾人职业能力评估测试设备；

（四）残疾人专用劳动设备和劳动保护设备；

（五）残疾人文体活动专用设备；

（六）假肢专用生产、装配、检测设备，包括假肢专用铣磨机、假肢专用真空成型机、假肢专用平板加热器和假肢综合检测仪；

（七）听力残疾者用的助听器。

第四条　本规定第三条规定的有关单位，是指：

（一）民政部直属企事业单位和省、自治区、直辖市民政部门所属福利机构、假肢厂和荣誉军人康复医院（包括各类革命伤残军人休养院、荣军医院和荣军康复医院）；

（二）中国残疾人联合会（中国残疾人福利基金会）直属事业单位和省、自治区、直辖市残疾人联合会（残疾人福利基金会）所属福利机构和康复机构。

第五条　依据本规定免税进口的残疾人专用品，不得擅自移作他用。

违反前款规定，将免税进口的物品擅自移作他用，构成走私罪的，依法追究刑事责任；尚不构成犯罪的，按走私行为或者违反海关监管规定的行为论处。

第六条　海关总署根据本规定制定实施办法。

第七条　本规定自发布之日起施行。

工伤保险辅助器具配置管理办法

（2016年2月16日人力资源和社会保障部、民政部、国家卫生和计划生育委员会令第27号公布　根据2018年12月14日人力资源和社会保障部令第38号修订）

第一章　总　则

第一条　为了规范工伤保险辅助器具配置管理，维护工伤职工的合法权益，根据《工伤保险条例》，制定本办法。

第二条　工伤职工因日常生活或者就业需要，经劳动能力鉴定委员会确认，配置假肢、矫形器、假眼、假牙和轮椅等辅助器具的，适用本办法。

第三条　人力资源社会保障行政部门负责工伤保险辅助器具配置的监督管理工作。民政、卫生计生等行政部门在各自职责范围内负责工伤保险辅助器具配置的有关监督管理工作。

社会保险经办机构（以下称经办机构）负责对申请承担工伤保险辅助器具配置服务的辅助器具装配机构和医疗机构（以下称工伤保险辅助器具配置机构）进行协议管理，并按照规定核付配置费用。

第四条　设区的市级（含直辖市的市辖区、县）劳动能力鉴定委员会（以下称劳动能力鉴定委员会）负责工伤保险辅助器具配置的确认工作。

第五条　省、自治区、直辖市人力资源社会保障行政部门负责制定工伤保险辅助器具配置机构评估确定办法。

经办机构按照评估确定办法，与工伤保险辅助器具配置机构签订服务协议，并向社会公布签订服务协议的工伤保险辅助器具配置机构（以下称协议机构）名单。

第六条　人力资源社会保障部根据社会经济发展水平、工伤职工日常生活和就业需要等，组织制定国家工伤保险辅助器具配置目录，确定配置项目、适用范围、最低使用年限等内容，并适时调整。

省、自治区、直辖市人力资源社会保障行政部门可以结合本地区实际，在国家目录确定的配置项目基础上，制定省级工伤保险辅助器具配置目录，适当增加辅助器具配置项目，并确定本地区辅助器具配置最高支付限额等具体标准。

第二章　确认与配置程序

第七条　工伤职工认为需要配置辅助器具的，可以向劳动能力鉴定委员会提出辅助器具配置确认申请，并提交下列材料：

（一）《工伤认定决定书》原件，或者其他确认工伤的文件；

（二）居民身份证或者社会保障卡等有效身份证明原件；

（三）有效的诊断证明、按照医疗机构病历管理有关规定复印或者复制的检查、检验报告等完整病历材料。

工伤职工本人因身体等原因无法提出申请的，可由其近亲属或者用人单位代为申请。

第八条　劳动能力鉴定委员会收到辅助器具配置确认申请后，应当及时审核；材料不完整的，应当自收到申请之日起5个工作日内一次性书面告知申请人需要补正的全部材料；材料完整的，应当在收到申请之日起60日内作出确认结论。伤情复杂、涉及医疗卫生专业较多的，作出确认结论的期限可以延长30日。

第九条　劳动能力鉴定委员会专家库应当配备辅助器具配置专家，从事辅助器具配置确认工作。

劳动能力鉴定委员会应当根据配置确认申请材料，从专家库中随机抽取3名或者5名专家组成专家组，对工伤职工本人进行现场配置确认。专家组中至少包括1名辅助器具配置专家、2名与工伤职工伤情相关的专家。

第十条　专家组根据工伤职工伤情，依据工伤保险辅助器具配置目录有关规定，提出是否予以配置的确认意见。专家意见不一致时，按照少数服从多数的原则确定专家组的意见。

劳动能力鉴定委员会根据专家组确认意见作出配置辅助器具确认结论。其中，确认予以配置的，应当载明确认配置的理由、依据和辅助器具名称等信息；确认不予配置的，应当说明不予配置的理由。

第十一条　劳动能力鉴定委员会应当自作出确认结论之日起20日内将确认结论送达工伤职工及其用人单位，并抄送经办机构。

第十二条　工伤职工收到予以配置的确认结论后，及时向经办机构进行登记，经办机构向工伤职工出具配置费用核付通知单，并告知下列事项：

（一）工伤职工应当到协议机构进行配置；

（二）确认配置的辅助器具最高支付限额和最低使用年限；

（三）工伤职工配置辅助器具超目录或者超出限额部分的费用，工伤保险基金不予支付。

第十三条　工伤职工可以持配置费用核付通知单，选择协议机构配置辅助器具。

协议机构应当根据与经办机构签订的服务协议，为工伤职工提供配置服务，并如实记录工伤职工信息、配置器具产品信息、最高支付限额、最低使用年限以及实际配置费用等配置服务事项。

前款规定的配置服务记录经工伤职工签字后，分别由工伤职工和协议机构留存。

第十四条　协议机构或者工伤职工与经办机构结算配置费用时，应当出具配置服务记录。经办机构核查后，应当按照工伤保险辅助器具配置目录有关规定及时支付费用。

第十五条　工伤职工配置辅助器具的费用包括安装、维修、训练等费用，按照规定由工伤保险基金支付。

经经办机构同意，工伤职工到统筹地区以外的协议机构配置辅助器具发生的交通、食宿费用，可以按照统筹地区人力资源社会保障行政部门的规定，由工伤保险基金支付。

第十六条　辅助器具达到规定的最低使用年限的，工伤职工可以按照统筹地区人力资源社会保障行政部门的规定申请更换。

工伤职工因伤情发生变化，需要更换主要部件或者配置新的辅助器具的，经向劳动能力鉴定委员会重新提出确认申请并经确认后，由工伤保险基金支付配置费用。

第三章　管理与监督

第十七条　辅助器具配置专家应当具备下列条件之一：

（一）具有医疗卫生中高级专业技术职务任职资格；

（二）具有假肢师或者矫形器师职业资格；

（三）从事辅助器具配置专业技术工作 5 年以上。

辅助器具配置专家应当具有良好的职业品德。

第十八条　工伤保险辅助器具配置机构的具体条件，由省、自治区、直辖市人力资源社会保障行政部门会同民政、卫生计生行政部门规定。

第十九条　经办机构与工伤保险辅助器具配置机构签订的服务协议，应当包括下列内容：

（一）经办机构与协议机构名称、法定代表人或者主要负责人等基本信息；

（二）服务协议期限；

（三）配置服务内容；

（四）配置费用结算；

（五）配置管理要求；

（六）违约责任及争议处理；

（七）法律、法规规定应当纳入服务协议的其他事项。

第二十条　配置的辅助器具应当符合相关国家标准或者行业标准。统一规格的产品或者材料等辅助器具在装配前应当由国家授权的产品质量检测机构出具质量检测报告，标注生产厂家、产品品牌、型号、材料、功能、出品日期、使用期和保修期等事项。

第二十一条　协议机构应当建立工伤职工配置服务档案，并至少保存至服务期限结束之日起两年。经办机构可以对配置服务档案进行抽查，并作为结算配置费用的依据之一。

第二十二条　经办机构应当建立辅助器具配置工作回访制度，对辅助器具装配的质量和服务进行跟踪检查，并将检查结果作为对协议机构的评价依据。

第二十三条　工伤保险辅助器具配置机构违反国家规定的辅助器具配置管理服务标准，侵害工伤职工合法权益的，由民政、卫生计生行政部门在各自监管职责范围内依法处理。

第二十四条　有下列情形之一的，经办机构不予支付配置费用：

（一）未经劳动能力鉴定委员会确认，自行配置辅助器具的；

（二）在非协议机构配置辅助器具的；

（三）配置辅助器具超目录或者超出限额部分的；

（四）违反规定更换辅助器具的。

第二十五条　工伤职工或者其近亲属认为经办机构未依法支付辅助器具配置费用，或者协议机构认为经办机构未履行有关协议的，可以依法申请行政复议或者提起行政诉讼。

第四章　法律责任

第二十六条　经办机构在协议机构管理和核付配置费用过程中收受当事人财物的，由人力资源社会保障行政部门责令改正，对直接负责的主管人员和其他直接责任人员依法给予处分；情节严重，构成犯罪的，依法追究刑事责任。

第二十七条　从事工伤保险辅助器具配置确认工作的组织或者个人有下列情形之一的，由人力资源社会保障行政部门责令改正，处 2000 元以上 1 万元以下的罚款；情节严重，构成犯罪的，依法追究刑事责任：

（一）提供虚假确认意见的；

（二）提供虚假诊断证明或者病历的；

（三）收受当事人财物的。

第二十八条　协议机构不按照服务协议提供服务的，经办机构可以解除服务协议，并按照服务协议追究相应责任。

经办机构不按时足额结算配置费用的，由人力资源社会保障行政部门责令改正；协议机构可以解除服务协议。

第二十九条　用人单位、工伤职工或者其近亲属骗取工伤保险待遇，辅助器具装配机构、医疗机构骗取工伤保险基金支出的，按照《工伤保险条例》第六十条的规定，由人力资源社会保障行政部门责令退还，处骗取金额 2 倍以上 5 倍以下的罚款；情节严重，构成犯罪的，依法追究刑事责任。

第五章　附　　则

第三十条　用人单位未依法参加工伤保险，工伤职工需要配置辅助器具的，按照本办法的相关规定执行，并由用人单位支付配置费用。

第三十一条　本办法自 2016 年 4 月 1 日起施行。

财政部、国家税务总局、民政部关于生产和装配伤残人员专门用品企业免征企业所得税的通知

（2016 年 10 月 24 日　财税〔2016〕111 号）

各省、自治区、直辖市、计划单列市财政厅（局）、国家税务局、地方税务局、民政厅（局），新疆生产建设兵团财务局、民政局：

经国务院批准，现对生产和装配伤残人员专门用品的企业征免企业所得税政策明确如下：

一、自2016年1月1日至2020年12月31日期间，对符合下列条件的居民企业，免征企业所得税：

1. 生产和装配伤残人员专门用品，且在民政部发布的《中国伤残人员专门用品目录》范围之内。

2. 以销售本企业生产或者装配的伤残人员专门用品为主，其所取得的年度伤残人员专门用品销售收入（不含出口取得的收入）占企业收入总额60%以上。

3. 企业账证健全，能够准确、完整地向主管税务机关提供纳税资料，且本企业生产或者装配的伤残人员专门用品所取得的收入能够单独、准确核算；

4. 企业拥有假肢制作师、矫形器制作师资格证书的专业技术人员不得少于1人；其企业生产人员如超过20人，则其拥有假肢制作师、矫形器制作师资格证书的专业技术人员不得少于全部生产人员的1/6。

5. 具有与业务相适应的测量取型、模型加工、接受腔成型、打磨、对线组装、功能训练等生产装配专用设备和工具。

6. 具有独立的接待室、假肢或者矫形器（辅助器具）制作室和假肢功能训练室，使用面积不少于115平方米。

二、享受本通知税收优惠的企业，应当按照《国家税务总局关于发布〈企业所得税优惠政策事项办理办法〉的公告》（国家税务总局公告2015年第76号）规定向税务机关履行备案手续，妥善保管留存备查资料。

附件：中国伤残人员专门用品目录（略）

财政部、税务总局、民政部关于生产和装配伤残人员专门用品企业免征企业所得税的公告

（2021年4月2日　财政部、税务总局、民政部公告2021年第14号）

为帮助伤残人员康复或者恢复残疾肢体功能，现对生产和装配伤残人员专门用品的企业免征企业所得税政策明确如下：

一、自2021年1月1日至2023年12月31日期间，对符合下列条件的居民企业，免征企业所得税：

1. 生产和装配伤残人员专门用品，且在民政部发布的《中国伤残人员专门用品目录》范围之内。

2. 以销售本企业生产或者装配的伤残人员专门用品为主，其所取得的年度伤残人员专门用品销售收入（不含出口取得的收入）占企业收入总额60%以上。

收入总额，是指《中华人民共和国企业所得税法》第六条规定的收入总额。

3. 企业账证健全，能够准确、完整地向主管税务机关提供纳税资料，且本企业生产或者装配的伤残人员专门用品所取得的收入能够单独、准确核算。

4. 企业拥有假肢制作师、矫形器制作师资格证书的专业技术人员不得少于1人；其企业生产人员如超过20人，则其拥有假肢制作师、矫形器制作师资格证书的专业技术人员不得少于全部生产人员的1/6。

5. 具有与业务相适应的测量取型、模型加工、接受腔成型、打磨、对线组装、功能训练等生产装配专用设备和工具。

6. 具有独立的接待室、假肢或者矫形器（辅助器具）制作室和假肢功能训练室，使用面积不少于115平方米。

二、符合本公告规定条件的企业，按照《国家税务总局关于发布修订后的〈企业所得税优惠政策事项办理办法〉的公告》（国家税务总局公告2018年第23号）的规定，采取"自行判别、申报享受、相关资料留存备查"的办理方式享受税收优惠政策。

附件：中国伤残人员专门用品目录（略）

民政部、中国残疾人联合会关于残疾军人享受社会残疾人待遇有关问题的通知

（2013年3月21日　财税〔2007〕92号）

各省、自治区、直辖市民政厅（局）、残联，各计划单列市民政局、残联，新疆生产建设兵团民政局、残联：

残疾军人是为国家作出特殊贡献的优抚对象，是社会残疾人的重要组成部分。现就残疾军人享受社会残疾人待遇有关问题通知如下：

一、本通知中"残疾军人"是指在服役期间因战因公因病致残，并按规定评定了残疾等级、持有合法有效的《中华人民共和国残疾军人证》的退役军人。

二、残疾军人除享受国家给予的特殊待遇外，同时也应享受当地社会残疾人的相应待遇。

三、惠及所有残疾人政策待遇，残疾军人凭《中华人民共和国残疾军人证》应予享受；惠及特定残疾人的政策待遇（如安装假肢、配发轮椅车等），按照有关身体残疾的特殊要求，符合条件的残疾军人应予享受。具体办法由地方民政部门和残联制定。

四、各地民政、残联部门要密切协作，加强有关政策宣传，加大工作力度，建立信息共享机制，确保残疾军人享受社会残疾人的相应待遇。

财政部、国家税务总局关于促进残疾人就业增值税优惠政策的通知

（2016 年 5 月 5 日　财税〔2016〕52 号）

各省、自治区、直辖市、计划单列市财政厅（局）、国家税务局，新疆生产建设兵团财务局：

为继续发挥税收政策促进残疾人就业的作用，进一步保障残疾人权益，经国务院批准，决定对促进残疾人就业的增值税政策进行调整完善。现将有关政策通知如下：

一、对安置残疾人的单位和个体工商户（以下称纳税人），实行由税务机关按纳税人安置残疾人的人数，限额即征即退增值税的办法。

安置的每位残疾人每月可退还的增值税具体限额，由县级以上税务机关根据纳税人所在区县（含县级市、旗，下同）适用的经省（含自治区、直辖市、计划单列市，下同）人民政府批准的月最低工资标准的 4 倍确定。

二、享受税收优惠政策的条件

（一）纳税人（除盲人按摩机构外）月安置的残疾人占在职职工人数的比例不低于 25%（含 25%），并且安置的残疾人人数不少于 10 人（含 10 人）；

盲人按摩机构月安置的残疾人占在职职工人数的比例不低于 25%（含 25%），并且安置的残疾人人数不少于 5 人（含 5 人）。

（二）依法与安置的每位残疾人签订了一年以上（含一年）的劳动合同或服务协议。

（三）为安置的每位残疾人按月足额缴纳了基本养老保险、基本医疗保险、失业保险、工伤保险和生育保险等社会保险。

（四）通过银行等金融机构向安置的每位残疾人，按月支付了不低于纳税人所在区县适用的经省人民政府批准的月最低工资标准的工资。

三、《财政部 国家税务总局关于教育税收政策的通知》（财税〔2004〕39 号）第一条第 7 项规定的特殊教育学校举办的企业，只要符合本通知第二条第（一）项第一款规定的条件，即可享受本通知第一条规定的增值税优惠政策。这类企业在计算残疾人人数时可将在企业上岗工作的特殊教育学校的全日制在校学生计算在内，在计算企业在职职工人数时也要将上述学生计算在内。

四、纳税人中纳税信用等级为税务机关评定的 C 级或 D 级的，不得享受本通知第一条、第三条规定的政策。

五、纳税人按照纳税期限向主管国税机关申请退还增值税。本纳税期已交增值税额不足退还的，可在本纳税年度内以前纳税期已交增值税扣除已退增值税的余额中退还，仍不足退还的可结转本纳税年度内以后纳税期退还，但不得结转以后年度退还。纳税期限不为按月的，只能对其符合条件的月份退还增值税。

六、本通知第一条规定的增值税优惠政策仅适用于生产销售货物，提供加工、修理修配劳务，以及提供营改增现代服务和生活服务税目（不含文化体育服务和娱乐服务）范围的服务取得的收入之和，占其增值税收入的比例达到 50% 的纳税人，但不适用于上述纳税人直接销售外购货物（包括商品批发和零售）以及销售委托加工的货物取得的收入。

纳税人应当分别核算上述享受税收优惠政策和不得享受税收优惠政策业务的销售额，不能分别核算的，不得享受本通知规定的优惠政策。

七、如果既适用促进残疾人就业增值税优惠政策，又适用重点群体、退役士兵、随军家属、军转干部等支持就业的增值税优惠政策的，纳税人可自行选择适用的优惠政策，但不能累加执行。一经选定，36 个月内不得变更。

八、残疾人个人提供的加工、修理修配劳务，免征增值税。

九、税务机关发现已享受本通知增值税优惠政策的纳税人，存在不符合本通知第二条、第三条规定条件，或者采用伪造或重复使用残疾人证、残疾军人证等手段骗取本通知规定的增值税优惠的，应将纳税人发生上述违法违规行为的纳税期内按本通知已享受到的退税全额追缴入库，并自发现当月起 36 个月内停止其享受本通知规定的各项税收优惠。

十、本通知有关定义

（一）残疾人，是指法定劳动年龄内，持有《中华人民共和国残疾人证》或者《中华人民共和国残疾军人证（1 至 8 级）》的自然人，包括具有劳动条件和劳动意愿的精神残疾人。

（二）残疾人个人，是指自然人。

（三）在职职工人数，是指与纳税人建立劳动关系并依法签订劳动合同或者服务协议的雇员人数。

（四）特殊教育学校举办的企业，是指特殊教育学校主要为在校学生提供实习场所、并由学校出资自办、由学校负责经营管理、经营收入全部归学校所有的企业。

十一、本通知规定的增值税优惠政策的具体征收管理办法，由国家税务总局制定。

十二、本通知自 2016 年 5 月 1 日起执行，《财政部 国家税务总局关于促进残疾人就业税收优惠政策的通知》（财税〔2007〕92 号）、《财政部 国家税务总局关于将铁路运输和邮政业纳入营业税改征增值税试点的通知》（财税〔2013〕106 号）附件 3 第二条第（二）项同时废止。纳税人 2016 年 5 月 1 日前执行财税〔2007〕92 号和财税〔2013〕106 号文件发生的应退未退的增值税余额，可按照本通知第五条规定执行。

关于规范残疾人机动轮椅车运营问题维护社会稳定的意见

（2007年5月11日　公通字〔2007〕28号）

近年来，随着我国经济社会的不断发展，城市化进程的不断加快，许多城市在创建卫生城市、文明城市、旅游城市等活动中，加快了城市建设和改造，调整交通运输结构，整顿运营秩序，强化交通秩序管理。为规范城市道路交通秩序，维护社会稳定，现就规范残疾人机动轮椅车运营问题提出如下意见：

一、加强领导，建立规范残疾人机动轮椅车运营问题的工作机制

关心残疾人生活现状，改善残疾人生存环境，是实践“三个代表”重要思想，落实科学发展观，构建社会主义和谐社会的具体体现。各级公安、民政、劳动保障、建设、交通、工商、保险、残联等部门，要加强对残疾人机动轮椅车运营工作的领导和协调，制定切实可行的管理办法，建立长效管理机制，规范残疾人机动轮椅车运营；要加强宣传工作，共同营造全社会关心、帮助残疾人的良好社会氛围，确保社会的和谐与稳定。

二、全面清理，严厉打击非残疾人利用残疾人机动轮椅车从事运营活动

在允许运营的城市，各有关部门要在当地政府的统一领导下，组织对残疾人机动轮椅车运营进行全面清理。要严厉打击非残疾人利用残疾人机动轮椅车从事运营活动，取缔未办理运营手续的残疾人驾驶残疾人轮椅车从事运营活动，取消转让运营车辆残疾人的运营资格；要制定工作方案，明确各部门职责，建立残疾人机动轮椅车运营清理整顿协作机制。

三、研究政策，稳妥处理好残疾人机动轮椅车运营问题

残疾人机动轮椅车是下肢残疾人的代步工具，原则上不应用于运营。鉴于目前我国许多残疾人就业困难和社会保障制度尚不健全的实际，各地应本着“从实际出发，区别对待，规范管理，逐步淘汰”的原则，妥善解决现有残疾人机动轮椅车运营问题。在没有解决好保障残疾人就业和生活的城市，应当根据当地经济社会发展水平、出租汽车总量和运营市场的供求关系，以及残疾人社会保障情况，由政府严格核定进入运营市场的残疾人机动轮椅车总量。在当地残联提出申请，有关部门审查，经社会听证后把残疾人机动轮椅车运营作为过渡措施，确定运营期限，报当地人民政府批准后执行，同时通过安置或扶持就业、发放生活补助等保障措施，在切实保障残疾人生活的基础上逐步淘汰从事运营的残疾人机动轮椅车。

四、加强管理，规范残疾人机动轮椅车运营活动

在允许运营的城市，各有关部门要在当地政府的统一领导下，切实履行职责，对残疾人机动轮椅车运营进行严格管理。公安机关交通管理部门要根据《道路交通安全法》，对残疾人机动轮椅车按非机动车进行管理，核发残疾人机动轮椅车驾驶证、行驶证和号牌，配合有关部门取缔残疾人机动轮椅车非法运营，维护道路交通秩序。对残疾人驾驶机动轮椅车违反《道路交通安全法》的交通违法行为，要给予相应处罚。城市客运和市容管理部门或道路运输管理机构要根据公安机关交通管理部门出具的车辆检验合格证明和核发的残疾人机动轮椅车驾驶证、行驶证和号牌，残联出具的适合驾驶残疾人机动轮椅车的身体状况、无业或生活无其他经济来源证明，以及机动车第三者责任险投保证明、承运人责任保险投保证明等，在政府核定的数量范围内办理运营手续。工商行政管理部门对申办运营手续的残疾人，符合登记条件的准予登记，发给营业执照。残联要及时掌握残疾人机动轮椅车运营有关情况，教育、引导残疾人遵纪守法，做好对残疾车主的文明驾驶教育和学习交通法规等工作，提高驾驶人员技术和职业道德素质，积极配合政府和有关部门做好有关管理工作。各地要统一残疾人运营机动轮椅车的车容和标识。

五、完善措施，妥善解决残疾人的生活保障问题

各有关部门要采取切实有效的措施，制定相关的配套政策，从社会保障、就业等方面解决残疾人的生活保障问题。要加大残疾人就业工作力度，广开就业渠道，积极稳妥地发展福利企业，提高残疾人集中就业比例；推动按比例安排残疾人就业工作，努力开辟适合残疾人就业的门路，做到工作性质适宜残疾人，工作相对稳定，收入达到当地最低工资标准。对取消运营后不适宜就业的残疾人，符合条件的要将其家庭及时纳入低保范围，并根据残疾人的不同情况适当提高对本人的补助水平，以保障残疾人及其家庭的基本生活。

国家税务总局关于明确残疾人所得征免个人所得税范围的批复

（1999年5月21日　国税函〔1999〕329号）

河南省地方税务局：

你局《关于如何确定残疾人所得征免个人所得税的范围的请示》（豫地税函〔1999〕067号）收悉。经研究，现批复如下：

根据《中华人民共和国个人所得税法》（以下简称税法）第五条第一款及其实施条例第十六条的规定，经省级人民政府批准可减征个人所得税的残疾、孤老人员和烈属的所得仅限于劳动所得，具体所得项目为：工资、薪金所得；个体工商户的生产经营所得；对企事业单位的承包经营、承租经营所得；劳务报酬所得；稿酬所得，特许权使用费所得。

税法第二条所列的其他各项所得，不属减征照顾的范围。

残疾人服务机构管理办法

（2018年3月5日　民发〔2018〕31号）

第一章　总　　则

第一条　为维护和保障残疾人的合法权益，加强和规范残疾人服务机构管理，根据《中华人民共和国残疾人保障法》、《残疾预防和残疾人康复条例》等有关法律法规，制定本办法。

第二条　本办法所称残疾人服务机构是指国家、社会和个人举办的，依法登记的专门为残疾人提供供养、托养、照料、康复、辅助性就业等相关服务的机构。属于综合性社会福利机构中内设的残疾人服务机构的管理，参照此办法执行。

《残疾人教育条例》、《特殊教育学校暂行规程》等规定的残疾人职业教育机构不适用于本办法。

第三条　残疾人服务机构应当遵守国家法律、法规和政策，坚持以人为本，保障服务对象的人格尊严和合法权益。

入住残疾人服务机构的残疾人应当遵守机构的规章制度。

第四条　国务院民政、卫生计生、人力资源社会保障等有关部门是残疾人服务机构的行业管理部门，负责对全国残疾人服务机构进行指导、监督和管理。行业管理部门应当按照职能和残疾人服务机构提供服务的主要内容，对残疾人服务机构进行政策和业务指导，履行相关监管责任。

县级以上地方人民政府民政、卫生计生、人力资源社会保障等相关部门，负责对本行政区域内残疾人服务机构进行指导、监督和管理。

中国残疾人联合会及其地方组织依照相关法律法规或者接受政府委托，对残疾人服务机构进行监督。

第五条　残疾人服务机构应当依法登记。国家机关、事业单位举办或其他组织利用国有资产举办的非营利性残疾人服务机构，应当按照《事业单位登记管理暂行条例》等事业单位登记管理规定到事业单位登记（管理）机关办理登记。非营利性残疾人服务机构符合《民办非企业单位登记管理暂行条例》等民办非企业单位（社会服务机构）登记管理有关规定的，应当到民政部门办理登记。营利性残疾人服务机构，应当依据法律法规规定的管辖权限到工商行政管理部门办理登记。

第六条　县级以上地方人民政府民政、卫生计生、人力资源社会保障等相关部门，应当提请本级人民政府根据经济社会发展规划和残疾人数量、分布状况及服务需求，制定并实施残疾人服务机构设置规划，将残疾人服务机构设置纳入基本公共服务体系规划。

第七条　鼓励公民、法人或者其他组织通过捐赠、设置公益慈善项目、提供志愿服务等方式，为残疾人服务机构提供帮助。

第二章　服务提供

第八条　残疾人服务机构接收残疾人，为残疾人提供服务前，应当对残疾人服务需求、身心状况等与服务相关的基本情况进行评估，并根据残疾类型、残疾等级和评估结果制定适合的服务方案，实施分级分类服务。

残疾人服务机构应当对接受服务的残疾人进行定期评估，并根据评估结果适时调整服务方案。

第九条　残疾人服务机构应当与接受服务的残疾人或其代理人签订具有法律效力、权责明晰的服务协议。服务协议一般载明下列事项：

（一）残疾人服务机构的名称、住所、法定代表人或者主要负责人、联系方式；

（二）残疾人或者其代理人指定的经常联系人的姓名、住址、身份证明、联系方式；

（三）服务内容和服务方式；

（四）收费标准以及费用支付方式；

（五）服务期限和地点；

（六）当事人的权利和义务；

（七）协议变更、解除与终止的条件；

（八）违约责任；

（九）争议解决方式；

（十）当事人协商一致的其他内容。

第十条　残疾人服务机构应当依照其登记类型、业务性质、设施设备条件、管理水平、服务质量、护理等级等因素确定服务项目的收费标准。

残疾人服务机构应当在醒目位置公示各类服务项目收费标准和收费依据，并遵守国家和地方政府价格管理有关规定。

残疾人服务机构应当依法接受政府有关部门对财务收支状况、收费项目和调价频次等的监督。

第十一条　残疾人服务机构按照服务协议为接收的残疾人提供的服务，应当符合相关国家标准或者行业标准和规范。

第十二条　对于具有劳动能力的残疾人，残疾人服务机构可以根据其特点，配备专业人员帮助其进行适当的社会康复和职业康复。

对于有就业意愿的残疾人，提供辅助性就业等服务的残疾人服务机构可以组织开展适宜的辅助性生产劳动项目，并与参与劳动的残疾人或残疾人亲属签订相关协议，符合劳动合同法律法规规定的，依法签订劳动合同。

第十三条　残疾人服务机构可以通过设立医疗机构或者采取与医疗机构合作的方式，为残疾人提供医疗服务。残疾人服务机构开展诊疗服务的，应当依法取得《医疗机构执业许可证》。

第十四条　残疾人服务机构可以通过设置康复辅助器具配置室等方式，为残疾人获得和使用康复辅助器具服务提供便利条件。

第十五条　残疾人服务机构应当根据需要为残疾人提供情绪疏导、心理咨询、危机干预等精神慰藉服务。其中，对于智力障碍、精神障碍残疾人应当配备专业人员进行专业服务。

第十六条　残疾人服务机构应当定期开展适合残疾人的文化、体育、娱乐活动，丰富残疾人的精神文化生活。残疾人服务机构开展文化、体育、娱乐活动时，应当为残疾人提供必要的安全防护措施。

第十七条　残疾人服务机构提供服务时，应当注意保护残疾人隐私、尊重残疾人民族风俗习惯、保障服务对象的人身权益。

第十八条　残疾人服务机构因歇业、解散、被撤销或者其他原因暂停或终止服务的，行业管理部门应当指导和督促残疾人服务机构妥善处理后续事宜，最大限度保障残疾人合法权益。

第三章　内部管理

第十九条　残疾人服务机构应当按照国家有关规定建立完善安全、消防、卫生、财务、档案、无障碍环境等管理制度，制定服务标准和工作流程，并予以公开。

第二十条　残疾人服务机构应当配备与服务和运营相适应的工作人员，并依法与其签订聘用合同或者劳动合同，明确工作人员的岗位职责和工作流程，实行岗位责任制。

残疾人服务机构中从事医疗、康复、心理咨询、社会工作等服务的专业技术人员，应当依据相关法律法规持证上岗，或上岗前接受专业技能培训。

残疾人服务机构应当定期组织工作人员进行职业道德教育和业务培训。

第二十一条　残疾人服务机构应当遵循国家统一的财务、会计制度，按规定实施财务管理，依法建立会计账簿并进行会计核算。

第二十二条　残疾人服务机构应当按照《无障碍环境建设条例》等要求，为残疾人提供符合相关技术标准的无障碍设施。

第二十三条　残疾人服务机构应当为残疾人建立基本信息档案，一人一档，并妥善保存相关原始资料。

残疾人服务机构应当保护残疾人的个人信息。

第二十四条　残疾人服务机构申请登记认定为慈善组织、接受和使用捐赠物资等，应当遵守慈善事业有关法律法规。

残疾人服务机构接受社会捐赠、政府补助的，应当专款专用，有详尽的使用记录，并公开接受捐赠的情况和受赠资产使用、管理情况。

第二十五条　残疾人服务机构应当建立健全照料、护理、膳食、特殊设施设备等方面的安全管理制度和工作责任机制，并在公共区域安装实时监控装置。

残疾人服务机构应当制定突发事件应急预案，并按照应急处理程序处置突发事件。突发事件应当及时向行业管理部门和有关部门报告，并有完整的过程和应急处理记录。

第四章　监督检查

第二十六条　行业管理部门应当通过信息化手段等多种方式，加强与登记机关、残疾人联合会对残疾人服务机构的信息共享。

第二十七条　行业管理部门、残疾人联合会可以通过书面检查、随机抽查等方式，对残疾人服务机构进行监督检查，并向社会公布检查结果。上级主管部门可以委托下级部门进行监督检查。

第二十八条　行业管理部门、残疾人联合会可以委托第三方机构对残疾人服务机构的管理水平、服务质量、运行情况等进行专业评估。评估结果可以作为政府购买服务、资助扶持、分级管理的依据。

第二十九条　残疾人服务机构应当经常听取残疾人及家属的意见和建议，发挥残疾人及家属对于服务和管理的监督促进作用。

第三十条　残疾人服务机构应当以适当方式向社会公开服务对象的重大事项。

行业管理部门应当建立对残疾人服务机构的举报和投诉制度，接到举报、投诉后，应当及时核实、处理。

第三十一条　行业管理部门、残疾人联合会应当定期开展残疾人服务机构行业统计分析工作，残疾人服务机构应当及时准确报送相关信息。

第三十二条　上级行业管理部门应当加强对下级行业管理部门的指导和监督，及时纠正残疾人服务机构管理中的违法违规行为。

第五章　法律责任

第三十三条　残疾人服务机构有下列行为的，行业管理部门可以根据情况给予纠正，直至建议登记（管理）机关撤销登记或吊销营业执照。有关责任人构成犯罪的，依法追究刑事责任。

（一）未与残疾人或者其代理人签订服务协议，或者协议不符合规定的；

（二）未按照国家有关标准和规定开展服务的；

（三）配备的医疗、康复、心理咨询、社会工作等专业技术人员未依据相关法律法规持证上岗或者未经过岗前培训的；

（四）向负责监督检查的管理部门隐瞒有关情况、提供虚假材料或者拒绝提供反映其活动情况真实材料的；

（五）利用残疾人服务机构的房屋、场地、设施开展与服务宗旨无关的活动的；

（六）歧视、侮辱、虐待或者遗弃残疾人以及其他侵犯残疾人合法权益行为的；

（七）擅自暂停或者终止服务的；

（八）法律、法规、规章规定的其他违法行为。

第三十四条 行业管理部门及其工作人员违反本办法有关规定，由上级行政机关责令改正；情节严重的，对直接负责的主管人员和其他责任人员依法给予行政处分；构成犯罪的，依法追究刑事责任。

第六章 附 则

第三十五条 行业管理部门可以根据本办法，结合本领域管理的残疾人服务机构的特点，制定具体实施细则。

第三十六条 本办法自下发之日起施行。

4. 福利机构

国务院办公厅转发民政部等部门关于加快实现社会福利社会化意见的通知

（2000年2月27日 国办发〔2000〕19号）

民政部、国家计委、国家经贸委、教育部、财政部、劳动保障部、国土资源部、建设部、外经贸部、卫生部、税务总局《关于加快实现社会福利社会化的意见》已经国务院批准，现转发给你们，请认真贯彻执行。

民政部、国家计委、国家经贸委、教育部、财政部、劳动保障部、国土资源部、建设部、外经贸部、卫生部、税务总局关于加快实现社会福利社会化的意见

（2000年2月13日）

为了推进我国社会福利事业的改革与发展，建立适应社会主义市场经济体制的社会福利服务体系，现就加快实现社会福利社会化问题提出如下意见：

一、推进社会福利社会化的必要性和紧迫性

新中国成立50年来特别是改革开放以来，在党和政府的重视、关怀下，我国以老年人、残疾人、孤儿等社会特殊困难群体为主要对象的社会福利事业取得了长足进展，在社会主义物质文明和精神文明建设中发挥了积极作用。

我国已经进入老龄社会，老年人口基数大，增长快，特别是随着家庭小型化的发展，社会化养老的需求迅速增长。同时，残疾人和孤儿的养护、康复条件也亟待改善。但是长期以来，我国社会福利由国家和集体包办，存在资金不足、福利机构少、服务水平较低等问题，难以满足人民群众对福利服务需求日益增长的需要。社会福利事业的改革与发展，已经引起党和政府及全社会的广泛关注。为此，必须从长远和全局出发，广泛动员和依靠社会力量，大力推进社会福利社会化，加快社会福利事业的发展，这对于进一步建立健全社会保障制度，促进社会稳定和社会文明进步具有重要意义。同时，推进社会福利社会化，对于扩大内需，拉动经济增长，增加就业，也有积极的现实意义。

推进社会福利社会化不仅是必要的，也是切实可行的。全社会对社会福利需求的急剧增长，使社会福利社会化具有广阔的发展前景；我国综合国力的增强，人民群众生活水平和道德水准的提高，为推进社会福利社会化奠定了良好的基础；企业“办社会”职能分离后的资源与社会上闲置资源的综合开发利用和置换，国内外一些社会团体、慈善组织和个人的积极参与（捐助或投资），社区服务中养老、托幼和助残等系列化服务的蓬勃发展，为实现社会福利社会化创造了有利条件。

二、推进社会福利社会化的指导思想、目标和总体要求

（一）推进社会福利社会化的指导思想：立足我国社会主义初级阶段的基本国情，以邓小平理论和党的十五大精神为指导，在供养方式上坚持以居家为基础、以社区为依托、以社会福利机构为补充的发展方向，探索出一条国家倡导资助、社会各方面力量积极兴办社会福利事业的新路子，建立与社会主义市场经济体制和社会发展相适应的社会福利事业管理体制和运行机制，促进社会福利事业健康有序地发展。

（二）推进社会福利社会化的目标：到2005年，在我国基本建成以国家兴办的社会福利机构为示范、其他多种所有制形式的社会福利机构为骨干、社区福利服务为依托、居家供养为基础的社会福利服务网络。各类社会福利机构的数量和集中收养人员的数量每年以10%左右的速度增长，尤其是老年人社会福利服务机构的数量有较大增长；城市中各种所有制形式的养老服务机构床位数达到每千名老人10张左右，普遍建立起社区福利服务设施并开展家庭护理等系列服务项目；农村90%以上的乡镇建立起以“五保”老人为主要对象，同时面向所有老年人、残疾人和孤儿的社会福利机构。

（三）推进社会福利社会化的总体要求：

一是投资主体多元化。从我国的基本国情出发，推进社会福利社会化采取国家、集体和个人等多渠道投资方式，形成社会福利机构多种所有制形式共同发展的格局。各级政府应根据经济和社会发展的需要，逐年增加对社会福利事业的投入，重点用在一些基础性、示范性社会福利机构的建设上，同时采取民办公助的办法，将一部分资金用于鼓励、支持和资助各种社会力量兴办社会福利机构；适当增加中国福利彩票发行额度，为社会福利事业的发展筹措更多的资金；采取优惠政策，鼓励集体、村（居）民自治组织、社会团体、个人和外资以多种形式捐助或兴办社会福利事业；企事业单位可以根据自身条件自愿捐助社会福利事业，或利用闲置资源投资“面向社

区、自主经营、自负盈亏”的社会福利事业；儿童福利机构在今后一段时期仍以政府管理为主，也可吸纳社会资金合办，同时通过收养、寄养、助养和接受捐赠等多种形式，走社会化发展的路子。

二是服务对象公众化。社会福利机构除确保国家供养的“三无”对象（无劳动能力、无生活来源、无法定抚养人或赡养人）、孤儿等特困群体的需求外，还要面向全社会老年人、残疾人，拓展服务领域，扩大服务范围和覆盖面，并根据服务对象的不同情况，实行有偿、减免或无偿等多种服务。

三是服务方式多样化。社会福利机构和社区除集中养老、助残外，应发挥多种服务功能，为家庭服务提供支持。要大力发展社区福利服务设施和网点，建立社区福利服务体系，因地制宜地为老年人、残疾人、孤儿等特殊困难群体提供各种福利服务。要积极推进单位福利设施社会化。

四是服务队伍专业化。要逐步提高社会福利服务队伍的专业化水平，制定岗位专业标准和操作规范，实行职业资格和技术等级管理认证制度；加强社会福利工作系统的专业教育、在职教育及岗位技能培训，建立并完善学科建设和教材体系；大力倡导志愿者服务，加强志愿者服务队伍建设，使志愿者服务制度化、规范化。

三、制定优惠政策，引导社会力量积极参与社会福利事业

对社会力量投资创办社会福利机构，各级政府及有关部门应给予政策上的扶持和优惠。

（一）各地要将社会福利机构及床位数作为社会发展的指导性指标纳入国民经济和社会发展计划，要在基本建设计划中统筹安排社会福利设施建设。

（二）社会福利机构的建设用地，按照法律、法规规定应当采用划拨方式供地的，要划拨供地；按照法律、法规规定应当采用有偿方式供地的，在地价上要适当给予优惠；属出让土地的，土地出让金收取标准应适当降低。

（三）各地在制定城市居住区规划时，无论是新区建设还是旧区改造，都应按原国家技术监督局、建设部发布的《城市居住区规划设计规范》（GB50180—93）的有关规定，将社会福利设施特别是老年人服务设施纳入公共设施进行统一规划。城镇人口不足6万人的街道办事处要设立一处老年人综合福利服务设施，同时附设一处可容纳30名左右老人的养老院；城镇人口超过6万人的街道办事处则要按上述要求增设新的老年人综合福利服务设施。要充分考虑社会福利服务对象的要求和社会福利事业发展的需要，尽可能在靠近社区、交通便利、环境良好的区位安排社会福利设施建设，施工中要严格按照规划和福利机构建设、建筑标准及规范实施，建成后任何部门和单位不得挤占。各市人民政府对此项市政基础设施配套建设费应酌情给予减免。

（四）对社会福利机构及其提供的福利性服务和兴办的第三产业，安置残疾人的福利企业，以及单位和个人捐赠支持社会福利事业的，国家给予税收优惠政策，按照现行国家税法规定执行。

（五）对获得民政部门批准设置的社会福利机构按规定到有关部门办理法人注册登记时，有关部门应优先办理；对未获得民政部门批准而设置的社会福利机构，有关部门不应办理法人注册登记手续。

（六）对社会福利机构的用电按当地最优惠价格收费，用水按居民生活用水价格收费；对社会福利机构使用电话等电信业务要给予优惠和优先照顾。

（七）各地在制定本区域卫生事业发展规划时，要充分考虑老年人、残疾人、孤残儿童的医疗、预防、保健、康复等卫生需要，积极支持社区卫生服务机构开展老年医疗、预防、保健、康复、健康教育等工作，鼓励并扶持社会力量兴办以老年人、残疾人、孤儿为服务对象的非营利性医疗机构。对社会福利机构所办医疗机构已取得执业许可证并申请城镇职工基本医疗保险定点医疗机构的，可根据劳动保障部下发的《关于印发城镇职工基本医疗保险定点医疗机构管理暂行办法的通知》（劳社部发〔1999〕14号）的规定，经审查合格后纳入城镇职工基本医疗保险定点范围，社会福利机构收养人员中的基本医疗保险参保人员，在定点的社会福利机构所办医疗机构就医所发生的医疗费用，按基本医疗保险的规定支付。

（八）对社会福利机构中收养的（包括社会福利机构在社区和居民家庭中分散寄养的）就读于小学、初中的孤儿，要按有关规定免收杂费、书本费；对被高中（职业高中）、技校、中专、高等学校录取的孤儿，要免收学费、住宿费。

（九）对各类社会福利机构中具有劳动能力的成年孤残人员，应积极采取措施，优先推荐就业，免费给予上岗前的培训。社会福利企业、事业单位及其职工，要依据国家有关规定，参加社会保险，缴纳社会保险费，依法保障职工享受各项社会保险待遇的权益。对进入社会福利机构养老并享受社会保险的人员，社会保险机构可委托社会福利机构代办其养老金发放等服务性工作。

四、统筹规划，规范管理，有序发展

（一）统筹规划、依法规范社会福利事业的发展。各级政府及有关部门要加强调查研究，合理确定社会福利事业发展目标，对社会福利机构的数量、布局、规模档次以及资金、用地等统筹安排，防止盲目发展、一哄而起和重复建设，避免资源浪费。

要抓紧制定社会福利事业的有关法规，使社会福利事业的建设与管理有章可循、有法可依。今后，申办社会福利机构，要严格执行民政部颁布的《社会福利机构管理暂行办法》的有关规定，老年人福利设施建设要按照建设部、民政部联合颁布的《老年人建筑设计规范》（JGJ122—99）进行设计和施工，接受行政主管部门的检查和监督。

（二）建立充满生机和活力的管理体制和运行机制。要按照社会主义市场经济体制的要求，处理好社会福利工作中政府职能和社会化的关系，研究制定社会福利机构分类管理的政策措施，逐步建立起政府宏观管理、社会力量兴办、社会福利机构自主经营的管理体制。要按照产业化的发展方向逐步建立起适应市场经济要求的运行机制。要深化现有国家、集体兴办的社会福利机构改革，探索社会化管理的新路子，盘活存量。对新办的社会福利机构，要打破旧框框，按照市场经济的要求运作，真正体现市场配置资源、价值规律调节、公平竞争、优胜劣汰的市场经济法则，使各类社会福利机构都能够自主经营、自负盈亏、自我发展。

（三）加强领导，促进社会福利社会化有序发展。社会化是我国社会福利事业发展的方向，也是我国社会福利事业管理体制的重大改革，必须积极稳妥地推进。各级政府要切实加强领导，把社会福利社会化列入重要议事日程，作为一件大事抓紧抓好；要从实际出发，因地制宜，积极推进；要注意抓好试点，总结经验，逐步推广。各级民政部门要当好政府的参谋，提出切实可行的实施方案，做好服务协调和督促检查工作。各有关部门要密切配合，大力协助，为社会福利社会化健康有序地发展做出积极贡献。

儿童福利机构管理办法

（2018 年 10 月 30 日民政部令第 63 号公布　自 2019 年 1 月 1 日起施行）

第一章　总　　则

第一条　为了加强儿童福利机构管理，维护儿童的合法权益，根据《中华人民共和国民法总则》、《中华人民共和国未成年人保护法》等有关法律法规，制定本办法。

第二条　本办法所称儿童福利机构是指民政部门设立的，主要收留抚养由民政部门担任监护人的未满 18 周岁儿童的机构。

儿童福利机构包括按照事业单位法人登记的儿童福利院、设有儿童部的社会福利院等。

第三条　国务院民政部门负责指导、监督全国儿童福利机构管理工作。

县级以上地方人民政府民政部门负责本行政区域内儿童福利机构管理工作，依照有关法律法规和本办法的规定，对儿童福利机构进行监督和检查。

第四条　儿童福利机构应当坚持儿童利益最大化，依法保障儿童的生存权、发展权、受保护权、参与权等权利，不断提高儿童生活、医疗、康复和教育水平。

儿童福利机构及其工作人员不得歧视、侮辱、虐待儿童。

第五条　儿童福利机构的建设应当纳入县级以上地方人民政府国民经济和社会发展规划，建设水平应当与当地经济和社会发展相适应。

第六条　儿童福利机构所需经费由县级以上地方人民政府财政部门按照规定予以保障。

第七条　鼓励自然人、法人或者其他组织通过捐赠、设立公益慈善项目、提供志愿服务等方式，参与儿童福利机构相关服务。

第八条　对在儿童福利机构服务和管理工作中做出突出成绩的单位和个人，依照国家有关规定给予表彰和奖励。

第二章　服 务 对 象

第九条　儿童福利机构应当收留抚养下列儿童：

（一）无法查明父母或者其他监护人的儿童；

（二）父母死亡或者宣告失踪且没有其他依法具有监护资格的人的儿童；

（三）父母没有监护能力且没有其他依法具有监护资格的人的儿童；

（四）人民法院指定由民政部门担任监护人的儿童；

（五）法律规定应当由民政部门担任监护人的其他儿童。

第十条　儿童福利机构收留抚养本办法第九条第（一）项规定的儿童的，应当区分情况登记保存以下材料：

（一）属于无法查明父母或者其他监护人的被遗弃儿童的，登记保存公安机关出具的经相关程序确认查找不到父母或者其他监护人的捡拾报案证明、儿童福利机构发布的寻亲公告、民政部门接收意见等材料。

（二）属于无法查明父母或者其他监护人的打拐解救儿童的，登记保存公安机关出具的打拐解救儿童临时照料通知书、DNA 信息比对结果、暂时未查找到生父母或者其他监护人的证明，儿童福利机构发布的寻亲公告，民政部门接收意见以及其他与儿童有关的材料。

（三）属于超过 3 个月仍无法查明父母或者其他监护人的流浪乞讨儿童的，登记保存公安机关出具的 DNA 信息比对结果、未成年人救助保护机构发布的寻亲公告、民政部门接收意见以及其他与儿童有关的材料。

第十一条　儿童福利机构收留抚养本办法第九条第（二）项规定的儿童的，应当登记保存儿童户籍所在地乡镇人民政府（街道办事处）提交的儿童父母死亡证明或者宣告死亡、宣告失踪的判决书以及没有其他依法具有监护资格的人的情况报告，民政部门接收意见等材料。

第十二条　儿童福利机构收留抚养本办法第九条第（三）项规定的儿童的，应当登记保存儿童户籍所在地乡镇人民政府（街道办事处）提交的父母没有监护能力的情况报告、没有其他依法具有监护资格的人的情况报告，民政部门接收意见等材料。

父母一方死亡或者失踪的，还应当登记保存死亡或者失踪一方的死亡证明或者宣告死亡、宣告失踪的判决书。

第十三条 儿童福利机构收留抚养本办法第九条第(四)项规定的儿童的,应当登记保存人民法院生效判决书、民政部门接收意见等材料。

第十四条 儿童福利机构可以接受未成年人救助保护机构委托,收留抚养民政部门承担临时监护责任的儿童。儿童福利机构应当与未成年人救助保护机构签订委托协议。

儿童福利机构应当接收需要集中供养的未满16周岁的特困人员。

第三章 服务内容

第十五条 儿童福利机构接收儿童后,应当及时送医疗机构进行体检和传染病检查。确实无法送医疗机构的,应当先行隔离照料。

第十六条 儿童福利机构收留抚养本办法第九条第(一)项规定的儿童的,应当保存儿童随身携带的能够标识其身份或者具有纪念价值的物品。

第十七条 儿童福利机构收留抚养本办法第九条规定的儿童,应当及时到当地公安机关申请办理户口登记。

第十八条 儿童福利机构应当根据《儿童福利机构基本规范》等国家标准、行业标准,提供日常生活照料、基本医疗、基本康复等服务,依法保障儿童受教育的权利。

第十九条 儿童福利机构应当设置起居室、活动室、医疗室、隔离室、康复室、厨房、餐厅、值班室、卫生间、储藏室等功能区域,配备符合儿童安全保护要求的设施设备。

第二十条 儿童福利机构应当考虑儿童个体差异,组织专业人员进行评估,并制定个性化抚养方案。

第二十一条 儿童福利机构应当提供吃饭、穿衣、如厕、洗澡等生活照料服务。

除重度残疾儿童外,对于6周岁以上儿童,儿童福利机构应当按照性别区分生活区域。女童应当由女性工作人员提供前款规定的生活照料服务。

儿童福利机构提供的饮食应当符合卫生要求,有利于儿童营养平衡。

第二十二条 儿童福利机构应当保障儿童参加基本医疗保险,安排儿童定期体检、免疫接种,做好日常医疗护理、疾病预防控制等工作。

儿童福利机构可以通过设立医疗机构或者采取与定点医疗机构合作的方式,为儿童提供基本医疗服务。

发现儿童为疑似传染病病人或者精神障碍患者时,儿童福利机构应当依照传染病防治、精神卫生等相关法律法规的规定处理。

第二十三条 儿童福利机构应当根据儿童的残疾状况提供有针对性的康复服务。暂不具备条件的,可以与有资质的康复服务机构合作开展康复服务。

第二十四条 对符合入学条件的儿童,儿童福利机构应当依法保障其接受普通教育;对符合特殊教育学校入学条件的儿童,应当依法保障其接受特殊教育。

鼓励具备条件的儿童福利机构开展特殊教育服务。

第二十五条 儿童确需跨省级行政区域接受手术医治、康复训练、特殊教育的,儿童福利机构应当选择具备相应资质的机构,并经所属民政部门批准同意。

儿童福利机构应当动态掌握儿童情况,并定期实地探望。

第二十六条 对于符合条件、适合送养的儿童,儿童福利机构依法安排送养。送养儿童前,儿童福利机构应当将儿童的智力、精神健康、患病及残疾状况等重要事项如实告知收养申请人。

对于符合家庭寄养条件的儿童,儿童福利机构按照《家庭寄养管理办法》的规定办理。

第二十七条 出现下列情形,儿童福利机构应当为儿童办理离院手续:

(一)儿童父母或者其他监护人出现的;

(二)儿童父母恢复监护能力或者有其他依法具有监护资格的人的;

(三)儿童父母或者其他监护人恢复监护人资格的;

(四)儿童被依法收养的;

(五)儿童福利机构和未成年人救助保护机构签订的委托协议期满或者被解除的;

(六)其他情形应当离院的。

第二十八条 出现本办法第二十七条第(一)项情形的,儿童福利机构应当根据情况登记保存公安机关出具的打拐解救儿童送还通知书,儿童确属于走失、被盗抢或者被拐骗的结案证明,人民法院撤销宣告失踪或者宣告死亡的判决书,以及能够反映原监护关系的材料等。

出现本办法第二十七条第(二)项情形的,儿童福利机构应当登记保存儿童原户籍所在地乡镇人民政府(街道办事处)提交的父母恢复监护能力或者有其他依法具有监护资格的人的情况报告。

出现本办法第二十七条第(三)项情形的,儿童福利机构应当登记保存人民法院恢复监护人资格的判决书。

出现本办法第二十七条第(一)项至第(三)项情形的,儿童福利机构还应当登记保存父母、其他监护人或者其他依法具有监护资格的人提交的户口簿、居民身份证复印件等证明身份的材料以及民政部门离院意见等材料。

出现本办法第二十七条第(四)项情形的,儿童福利机构应当登记保存收养登记证复印件、民政部门离院意见等材料。

出现本办法第二十七条第(五)项情形的,儿童福利机构应当登记保存儿童福利机构和未成年人救助保护机构签订的委托协议或者解除委托协议的相关材料。

第二十九条 儿童离院的,儿童福利机构应当出具儿童离院确认书。

第三十条 由民政部门担任监护人的儿童年满 18 周岁后，儿童福利机构应当报请所属民政部门提请本级人民政府解决其户籍、就学、就业、住房、社会保障等安置问题，并及时办理离院手续。

第三十一条 儿童福利机构收留抚养的儿童正常死亡或者经医疗卫生机构救治非正常死亡的，儿童福利机构应当取得负责救治或者正常死亡调查的医疗卫生机构签发的《居民死亡医学证明(推断)书》；儿童未经医疗卫生机构救治非正常死亡的，儿童福利机构应当取得由公安司法部门按照规定及程序出具的死亡证明。

儿童福利机构应当及时将儿童死亡情况报告所属民政部门，并依法做好遗体处理、户口注销等工作。

第四章 内部管理

第三十二条 儿童福利机构应当按照国家有关规定建立健全安全、食品、应急、财务、档案管理、信息化等制度。

第三十三条 儿童福利机构应当落实岗位安全责任，在各出入口、接待大厅、楼道、食堂、观察室以及儿童康复、教育等区域安装具有存储功能的视频监控系统。监控录像资料保存期不少于 3 个月，载有特殊、重要资料的存储介质应当归档保存。

第三十四条 儿童福利机构应当实行 24 小时值班巡查制度。值班人员应当熟知机构内抚养儿童情况，做好巡查记录，在交接班时重点交接患病等特殊状况儿童。

第三十五条 儿童福利机构应当依法建立并落实逐级消防安全责任制，健全消防安全管理制度，按照国家标准、行业标准配置消防设施、器材，对消防设施、器材进行维护保养和检测，保障疏散通道、安全出口、消防车通道畅通，开展日常防火巡查、检查，定期组织消防安全教育培训和灭火、应急疏散演练。

第三十六条 儿童福利机构应当加强食品安全管理，保障儿童用餐安全卫生、营养健康。

儿童福利机构内设食堂的，应当取得市场监管部门的食品经营许可；儿童福利机构从供餐单位订餐以及外购预包装食品的，应当从取得食品生产经营许可的企业订购，并按照要求对订购的食品进行查验。

儿童福利机构应当按照有关规定对食品留样备查。

第三十七条 儿童福利机构应当制定疫情、火灾、食物中毒等突发事件应急预案。

突发事件发生后，儿童福利机构应当立即启动应急处理程序，根据突发事件应对管理职责分工向有关部门报告。

第三十八条 儿童福利机构应当执行国家统一的会计制度，依法使用资金，专款专用，不得挪用、截留孤儿基本生活费等专项经费。

第三十九条 儿童福利机构应当建立儿童个人档案，做到一人一档。

第四十条 儿童福利机构应当依托全国儿童福利信息管理系统，及时采集并录入儿童的基本情况及重要医疗、康复、教育等信息，并定期更新数据。

第四十一条 儿童福利机构应当根据工作需要设置岗位。从事医疗卫生等准入类职业的专业技术人员，应当持相关的国家职业资格证书上岗。鼓励其他专业人员接受职业技能培训。

第四十二条 儿童福利机构应当鼓励、支持工作人员参加职业资格考试或者职称评定，按照国家有关政策妥善解决医疗、康复、教育、社会工作等专业技术人员的职称、工资及福利待遇。

儿童福利机构工作人员着装应当整洁、统一。

第四十三条 儿童福利机构与境外组织开展活动和合作项目的，应当按照国家有关规定办理相关手续。

第五章 保障与监督

第四十四条 县级以上地方人民政府民政部门应当支持儿童福利机构发展，协调落实相关政策和保障措施。

第四十五条 鼓励县级以上地方人民政府民政部门通过引入专业社会工作机构、公益慈善项目等多种方式提高儿童福利机构专业服务水平。

第四十六条 县级以上地方人民政府民政部门应当加强儿童福利机构人员队伍建设，定期培训儿童福利机构相关人员。

第四十七条 县级以上地方人民政府民政部门应当建立健全日常监管制度，对其设立的儿童福利机构及工作人员履行下列监督管理职责：

(一)负责对儿童福利机构建立健全内部管理制度、规范服务流程、加强风险防控等情况进行监督检查；

(二)负责对执行儿童福利机构管理相关法律法规及本办法情况进行监督检查；

(三)负责对违反儿童福利机构管理相关法律法规及本办法行为，依法给予处分；

(四)负责儿童福利机构监督管理的其他事项。

上级民政部门应当加强对下级民政部门的指导和监督检查，及时处理儿童福利机构管理中的违法违规行为。

第四十八条 对私自收留抚养无法查明父母或者其他监护人的儿童的社会服务机构、宗教活动场所等组织，县级以上地方人民政府民政部门应当会同公安、宗教事务等有关部门责令其停止收留抚养活动，并将收留抚养的儿童送交儿童福利机构。

对现存的与民政部门签订委托代养协议的组织，民政部门应当加强监督管理。

第四十九条 儿童福利机构及其工作人员不依法履行收

留抚养职责，或者歧视、侮辱、虐待儿童的，由所属民政部门责令改正，依法给予处分；构成犯罪的，依法追究刑事责任。

第五十条 民政部门及其工作人员在儿童福利机构管理工作中滥用职权、玩忽职守、徇私舞弊的，由有权机关责令改正，依法给予处分；构成犯罪的，依法追究刑事责任。

第六章 附 则

第五十一条 本办法所称未成年人救助保护机构是指未成年人（救助）保护中心和设有未成年人救助保护科（室）的救助管理站。

第五十二条 本办法自2019年1月1日起施行。

民政部关于在广东省试点开展港澳服务提供者以独资民办非企业单位形式举办残疾人福利机构工作的通知

（2009年2月13日 民发〔2009〕17号）

广东省民政厅：

2008年7月经国务院批准的《〈内地与香港关于建立更紧密经贸关系的安排〉补充协议五》及《〈内地与澳门关于建立更紧密经贸关系的安排〉补充协议五》，作出了"在广东省试点，允许香港服务提供者以独资民办非企业单位形式举办残疾人福利机构"和"在广东省试点，允许澳门服务提供者以独资民办非企业单位形式举办残疾人福利机构"的安排。为了落实国务院的部署，现就有关事项通知如下：

一、试点范围

自2009年起，香港、澳门特别行政区的社会组织和个人（以下简称申办人），以独资民办非企业单位形式在中国内地举办残疾人福利机构的，应当在广东省内举办。

二、管理机关

你厅作为广东省试点工作的管理机关，参照《民办非企业单位登记管理暂行条例》（以下简称《条例》）、《社会福利机构管理暂行办法》（以下简称《办法》）和《残疾人社会福利机构基本规范》（中华人民共和国行业标准MZ-2001）的规定，履行业务主管单位和登记管理机关的监督、管理职能。

三、申办条件

申办残疾人福利机构的，除应当符合《内地与香港关于建立更紧密经贸关系的安排》附件5《关于"服务提供者"定义及相关规定》、《条例》第8条规定的条件及《办法》第11条规定的基本标准以外，还应当符合以下条件：

（一）申办人为个人的，应当是香港、澳门特别行政区具有完全民事行为能力且无犯罪记录的永久性居民；申办人为社会组织的，应当是依据香港、澳门特别行政区法律组建或设立的具有独立法人资格的组织，且其负责人无犯罪记录；申办人应当从事残疾人服务领域工作3年以上；

（二）举办资金应当全部来自申办人，其中开办经费应当符合每张床位不低于10000元人民币的标准；

（三）管理人员、专业技术人员、护理人员应当符合国家对该行业从业人员的资格要求；

（四）直接服务于服务对象的工作人员与服务对象的比例不得小于1∶3；

（五）拟申办的残疾人福利机构应当具备法人条件。

四、申请审批程序

（一）申办人在提出申请时，应当向你厅提交下列材料：

1. 申请《社会福利机构设置批准证书》的书面报告；

2. 服务场所的所有权证明或者使用权证明；

3. 建设、消防、卫生防疫等有关部门的验收报告或者审查意见书；

4. 验资证明及资产评估报告；

5. 机构的规章制度；

6. 管理人员、专业技术人员和护理人员的名单及有效证件的复印件以及工作人员的健康状况证明；

7. 申办人个人或者社会组织的负责人、残疾人福利机构拟任负责人的基本情况、身份证明以及无犯罪记录证明；其中，香港居民的身份证明，应当经内地认可的公证人公证；澳门居民的身份证明，应当经澳门特别行政区政府公证部门或者内地认可的公证人公证；申办人为社会组织的，应当提交该组织依法登记的证明，并进行公证；

8. 护理人员、工作人员的职业技能资格证明；

9. 民办非企业单位登记申请书；

10. 符合《条例》第10条规定的章程草案；

11. 其他需要提供的材料。

（二）你厅应当自受理申请之日起60日内，对试点申办人提交的材料进行审查和实地验收。

符合规定条件的，发给《社会福利机构设置批准证书》，根据有关材料继续作登记审查。准予登记的，发给《民办非企业单位（法人）登记证书》；不准予登记的，应当以书面形式向申办人说明理由。

不符合规定条件的，将审查结果以书面形式通知申办人。

（三）你厅应当根据以上规定及《民政部门实施行政许可办法》的有关规定，制定工作流程，简化登记手续，做好审批工作。

五、其他相关问题

（一）为方便香港澳门服务提供者在广东以独资民办非企业单位形式举办残疾人福利机构，你厅可制定"港澳服务提供者在广东以独资民办非企业单位形式举办残疾人福利机构申请指引"，"申请指引"可明确管理机关、申办对象、申办条件、申请登记程序、审批期限、咨询服务等有关事项。

（二）按照本通知规定举办的残疾人福利机构，享受广东省现行的予以其他社会福利机构的同等优惠政策。

（三）管理机关的工作人员、试点残疾人福利机构有违法行为的，按照《条例》和《办法》的有关规定予以处分、处罚。

民政部关于社会福利基金筹集、管理与使用规定

（1999年3月16日　民福发〔1999〕9号）

根据民政部“三定”方案和财政部、民政部发布的《社会福利基金使用管理暂行办法》（以下简称《暂行办法》），本着社会福利基金筹集、管理和使用分开的原则，现就民政部社会福利基金的筹集、管理与使用作如下规定。

一、社会福利基金的筹集和收缴

中国福利彩票发行中心负责中国福利彩票的发行和社会福利基金的筹集工作。包括：

（一）定期编制和报送中国福利彩票年度发行计划，并根据国务院批准的年度发行计划组织实施。

（二）根据《暂行办法》规定的中央级社会福利基金留成比例（彩票销售总额的5%），负责同各省、自治区、直辖市彩票发行机构具体办理中央级留成社会福利基金的收缴。收缴社会福利基金时，应向缴款单位出具财政部门统一印制或监制的票据。

（三）向民政部集中上缴所筹集的社会福利基金。根据财政部的有关规定，每季度末20日以前，通过银行直接汇入民政部预算外资金收入过渡账户或将转账支票送缴民政部财务和机关事务司。民政部财务和机关事务司收到汇缴款项后，出具财政部门统一印制或监制的票据。

二、社会福利基金的财政专户缴款和财务管理

民政部财务和机关事务司负责中央级社会福利基金的财政专户缴款和财务管理工作。包括：

（一）按照《暂行办法》的有关规定，负责向财政部报送《民政部本级社会福利基金收支计划》。

（二）向财政部预算外资金专户办理民政部本级社会福利基金收入的集中上缴。根据财政部的有关规定，每季度末25日以前，填制银行《进账单》（注明预算外资金收入项目、具体金额等）；通过银行转账支票将社会福利基金从民政部过渡账户中一次全额上缴财政部中央预算外资金财政专户。

（三）按照民政部制定的《民政部本级社会福利基金收支计划》和资助项目的进度办理财务拨款手续。

（四）负责社会福利基金的日常财务工作，年终编制社会福利基金收支决算报财政部审批。

三、社会福利基金安排使用

民政部社会福利和社会事务司负责本级福利基金资助项目评审的日常工作。包括：

（一）根据《暂行办法》中社会福利基金使用范围的有关规定，按照中国福利彩票发行额度编制《民政部本级社会福利基金收支计划》，经财务和机关事务司审核，报送部评审委员会。

（二）负责接受和整理民政部本级社会福利基金资助项目的申请报告及有关资料，组织必要的考查评估，并提出评估意见。

（三）按照《暂行办法》中社会福利基金使用的有关规定和年度支出计划，按时编制民政部本级社会福利基金年度资助项目方案，经评审委员会审议后报部长办公会议审定。

（四）定期向社会公布民政部本级社会福利基金的使用情况。

（五）负责保管民政部本级社会福利基金资助项目的档案。

（六）负责筹备民政部评审委员会会议并承办其日常工作。

四、社会福利基金项目的评定审查

民政部社会福利基金项目评审委员会负责民政部本级福利基金资助项目的评定、审查。

民政部社会福利基金项目评审委员会由部领导、各有关司（局）和单位的负责人组成。

五、社会福利基金使用的监督检查

审计、纪检和监察部门负责对民政部本级社会福利基金的使用进行监督检查。

民政部办公厅关于对民办社会福利机构登记有关事宜的函

（1998年6月18日　厅办函〔1998〕103号）

广东省民政厅：

你厅给社会团体和民办非企业单位管理司传真的《广东省民办社会福利机构管理办法》（省政府令第37号）收悉。

经研究并报部领导同意现答复如下：

一、依据1989年国务院颁布施行的《社会团体登记管理条例》和新修订上报国务院的《社会团体登记管理条例》的有关规定，民办社会福利机构均不属于社会团体。

二、根据中办发（1996）22号文件我部起草上报国务院的《民办非企业单位登记管理条例》中已明确了民办社会福利机构属于该《条例》的调整范围，确定为民办非企业单位法人。鉴于此，建议你厅应尽快商省法制办，明确民办社会福利机构应纳入民办非企业单位的法律调整范畴，待国务院颁布《条例》后，再行办理登记为宜。

三、你省若需急于办理民办社会福利机构的登记事宜，也应按民办非企业单位对待。

精神卫生社会福利机构基本规范

（2014 年 9 月 9 日　民政部公告第 329 号）

1　范　　围

本规范规定了精神卫生社会福利机构的服务、设施设备、运行管理、评价与改进。

本规范适用于精神卫生社会福利机构的设置与管理。

其他社会福利机构设置的精神障碍患者服务区可参照执行本规范。

2　规范性引用文件

下列文件对本标准的应用是必不可少的。凡是注日期的引用文件，仅注日期的版本适用于本文件。

凡是不注日期的引用文件，其最新版本（包括所有的修改单）适用于本文件。

GB/T 24421.2　服务业组织标准化工作指南第 2 部分：标准体系

GB 50763—2012《无障碍设计规范》

GB 5749—2006《生活饮用水卫生标准》

3　术语和定义

3.1　**精神卫生社会福利机构** social welfare institutions for people with mental disorders

为精神障碍患者中的特困人员、流浪乞讨人员、低收入人群、复员退伍军人等特殊困难群体提供集中救治、救助、护理、康复和照料等服务的社会福利机构。

3.2　**特困人员** low-income people

指无劳动能力、无生活来源且无法定赡养、抚养、扶养义务人，或者其法定赡养、抚养、扶养义务人无赡养、抚养、扶养能力的老年人、残疾人以及未满 16 周岁的未成年人。

3.3　**精神障碍** mental disorder

是指由各种原因引起的感知、情感和思维等精神活动的紊乱或者异常，导致患者明显的心理痛苦或者社会适应等功能损害。

4　设 立 条 件

4.1　机构有承担特困人员及其他精神障碍患者医疗、护理、康复和长期照料的能力。

4.1.1 有与从事精神卫生福利服务相适应的医疗、护理、康复、社会工作和生活照料人员。

4.1.2 有满足开展精神卫生福利服务需要的设施和设备。

4.1.3 有完善的精神卫生福利服务管理制度和质量监控制度。

4.2　应具有以下资质证书：

（1）法人资格证书

（2）《社会福利机构设置批准证书》

4.3　开展精神障碍诊疗服务的机构应具有《医疗机构执业许可证》。

5　建 筑 设 施

5.1　机构建筑应符合 GB 50763-2012 的规定。

5.2　建筑设施应遵照精神障碍患者的心理特点，尊重患者隐私，满足精神卫生福利服务的工作流程。

5.3　院区选址应符合下列要求：

（1）交通便利；

（2）地形规整平坦，地质构造稳定，水文地质条件良好；

（3）供水、供电、供气、通讯等公用基础设施完善；

（4）远离具有易燃、易爆产品生产、储存区域。

5.4　院区应设置围墙或栏杆，围墙及栏杆应设置防攀爬措施。

5.5　建筑宜采用单层或多层建筑，不宜设计阳台。三层及以上主要业务功能建筑物应设置电梯，并应设置封闭式电梯厅。

5.6　住院病区至少应有两个不同方向的出入口，以满足安全疏散和洁污分流的要求。

5.7　住院病区的环境应符合下列要求：

（1）环境宜安静，噪音应控制在 35～40db（A）；

（2）温湿度适宜，室温：冬季以 18～22℃，夏季以 26～28℃为宜，湿度以 30～65%为宜；

（3）有良好的朝向和自然采光、通风条件，50%以上的病房应具有良好日照；

（4）应设置一般照明和夜间照明，照明灯具应在进门处或值班室受控；

（5）墙壁应采用柔和的淡色。

5.8　住院病区室内净高宜不低于 2.8 米，走廊净宽宜不低于 3 米。

5.9　住院病区基本用房组成应包括带卫生间病房、不带卫生间病房、公共卫生间、浴室、活动室、隔离室、急救室、治疗室、患者餐厅、护士办公、医生办公、护士站、值班室、库房、配餐室、开水间、污洗室、污物暂存间。

5.10　住院病区应分设男女病区，护士站设置宜靠近病区出入口。

5.11　每个房间的床位数不宜超过 8 张，每床位使用面积不少于 5 平方米。

5.12　装修设计与材料选择，应符合功能部位的特点和使用要求，选用经济、实用、美观的材料与构造。

（1）地面应选用耐用、防滑、便于清扫、消毒的构造与材料，踢脚板应选用坚固耐用构造和材料；

(2)内墙面应符合清洁、消毒的一般要求,转角宜做成圆弧形;

(3)住院病区、隔离室以及患者集中活动场所,不应采用装配式吊顶构造,不应出现可以被吊挂的构造或构件;

(4)病房门、患者使用的卫生间门、浴室门应朝外开。病房门上宜设观察窗,选用安全玻璃(如双层钢化夹胶玻璃),病房、隔离室和患者集中活动的用房不应采用闭门器,所有紧固件应选用不易被松动的品种和型号,患者使用的门执手应选用不宜被吊挂的规格;

(5)患者使用的卫生间、盥洗室、浴室的玻璃应采用镜面金属板或其他不易破碎的材料。

(6)病房、隔离室和患者集中活动的用房所有窗玻璃应选用安全玻璃(如双层钢化夹胶玻璃),窗的开启形式为平移,并应做好水平、上下限位构造,开启部位应配置防护栏杆,所有紧固件均应选用不易被松动的规格,窗插销选用按钮暗装构造。

5.13 供水、供电、供暖设施应遵循专业规范、安全可靠。

(1)供水水质应符合 GB 5749—2006 规定;

(2)宜采用双回路供电或设置应急自备电源;

(3)患者可接触到的环境内的电气装置应考虑安全措施,防止患者受到伤害;

(4)患者可接触到的环境内的照明装置应为封闭式,高度不低于 2.4m,且为非吊杆吊链式;

(5)患者可接触到的环境内插座应采用安全插座;

5.14 对涉及污染环境的污物(含医疗废弃物、污废水等)有符合规定的处理设施。

5.15 信息系统应有办公自动化系统、住院业务管理系统、财务管理系统、人事管理系统。

5.16 应有相应的通讯系统和安全防范系统。

5.17 应有规范、简洁、清晰、醒目的标识系统。

(1)建筑物外部环境标识应包括民政系统统一标识、院徽、院名、单体建筑物名称标识、院区总平面图、出入口标识、停车指示和交通标识、多项指示牌、急救专用通道警示、宣传栏;

(2)室内标识系统应包括机构简介标牌、各楼层平面图、各楼层科室分布总索引、楼层号牌、通道分流指引、科室名称牌、公共安全标识牌、无障碍设施标识、消防疏散图标识牌。

5.18 应有供患者使用的阅览室、影视厅、棋牌室等文化娱乐设施。

6 设　　备

6.1 室内设施设备应无尖角、凸出部分。

6.2 卧室应有安全坚固的床、床头柜、衣物柜、座椅。

6.3 餐厅应有餐桌、座椅、时钟、公告栏、垃圾桶、消毒柜、洗涤池、饮水设施、防蝇设备。

6.4 卫生间应有便池、坐便器、洗手池、安全扶手。

6.5 浴室应有安全的淋浴设备、安全扶手、防滑垫、衣物柜、通风设施。

6.6 洗衣房应有水池、洗衣机、烘干机、消毒设备。

6.7 活动室应有电视、音响、空调和桌椅。

6.8 应按照规范配置锹、钩、桶、沙箱、灭火器等消防器材。

6.9 可配备救护车、生活用车。

7 人　　员

7.1 有人事管理机构,有相应的岗位职责。

7.2 有岗位聘用、工资薪酬、绩效考核、考勤休假、教育培训、员工奖惩制度。

7.3 有完善的职业安全防护制度和措施。

7.4 应有针对员工健康的保健计划,并为有需要的员工提供心理健康服务。

7.5 应有符合机构功能任务的行政人员、后勤人员、医生、护士、社会工作人员、康复工作人员、生活照料人员。

7.6 工作人员与实际开放床位比例不低于 0.8∶1.0。

8 管　　理

8.1 运行管理

8.1.1 有行政办公、后勤管理机构,有相应的岗位职责。

8.1.2 有发展目标、中长期发展规划、年度工作计划及总结。

8.1.3 行政管理应有文件管理制度、会议制度、印章管理制度、档案管理制度、值班制度、应急管理制度。

8.1.4 后勤服务应有水电管理制度、安全保卫制度、消防安全制度、设备管理制度、环境卫生制度。

8.1.5 财务管理应有财务报销制度、采购制度、固定资产管理制度。

8.1.6 运行机制和决策程序清晰,实行管理问责制。

8.2 医疗管理

8.2.1 有医疗管理组织机构,有相应的岗位职责。

8.2.2 应有患者定期健康检查制度、传染性疾病筛查制度、查房制度、疑难病例讨论制度、急诊会诊制度、危重患者抢救制度、查对制度、医生交接班制度、病历管理制度、转诊制度、医疗质量控制制度。

8.2.3 应有医疗建设规范和工作计划,并组织实施。

8.2.4 应遵循病历书写基本规范。

8.2.5 应加强医疗缺陷管理,制定措施,加以防范,及时发现和纠正差错事故。

8.3 护理管理

8.3.1 有护理管理组织机构,有相应的岗位职责。

8.3.2 有查对制度、交接班制度、分级护理制度、护理查房制度、护理会诊制度、护理质量管理制度、护理缺陷报告制度、危重患者抢救制度、护理投诉处理制度。

8.3.3 有护理建设规范和工作计划,并组织实施。

8.3.4 护理人员应持证上岗,佩戴工作牌和穿护理工作服。

8.3.5 有护理质量标准、质量控制办法并定期检查、考核与评价。

8.3.6 护理人员应掌握常用护理急救技术,熟悉抢救程序,抢救药品及抢救仪器的使用。

8.3.7 应依法采用约束保护措施和正确使用安全保护器具。

8.4 **感染控制**

8.4.1 有感染管理组织机构,有相应的岗位职责。

8.4.2 有院内感染管理责任制度、院内感染监测制度、院内感染病例诊断和实时报告制度、消毒隔离制度、消毒灭菌效果监测制度。

8.4.3 医院感染专业人员应当具备医院感染预防与控制工作的专业知识,并能够承担医院感染管理和业务技术工作。

8.4.4 按照规定向疾病预防控制部门报告感染事件时应同时报告主管民政部门。

8.4.5 应及时隔离治疗患有传染性疾病的精神障碍患者。

8.5 **应急管理和安全**

8.5.1 有应急管理和安全组织机构,有相应的岗位职责。

8.5.2 有预防安全事故的管理制度和安全工作守则。

8.5.3 有应对自然灾害、消防、饮食、医疗、公共卫生及其它突发安全事件的应急预案。

8.5.4 应有工作人员24小时值班制度。

8.5.5 有防范和减少患者跌倒、坠床、噎食、自杀、暴力攻击、擅自离院等意外事件发生的管理细则。

9 服　　务

9.1 **入出院服务**

9.1.1 有入出院服务组织机构,有相应的岗位职责。

9.1.2 有入院登记制度、入院体检制度、疾病筛查制度、短期隔离制度、风险评估制度、出院制度、转院制度。

9.1.3 入院登记信息应包括身份信息、家庭信息、健康信息、社会保障信息、背景调查。

9.1.4 办理入院登记时,应检查随身携带物品,查缴违禁物品,审核相关证明材料。

9.1.5 应对病情稳定的新入院患者制定适应性服务计划,使其尽快融入院内生活,减少因不适应而产生的负面影响。

9.1.6 办理出院手续时,应有出院通知单、疾病诊断书、物品移交清单。

9.2 **生活照料**

9.2.1 有生活照料服务组织机构,有相应的岗位职责。

9.2.2 有生活护理制度、个人清洁卫生制度、被服换洗制度、活动制度、探访制度。

9.2.3 应制订精神障碍患者每日生活安排及活动计划。

9.2.4 应保持房间整洁、空气清新、无异味。

9.2.5 每月换洗床单、被罩、枕巾、晾晒被褥不得少于2次,必要时随时换洗。

9.2.6 应为特困精神障碍患者提供干净、得体的服装,每周至少换洗1次,必要时随时换洗。

9.2.7 应做好精神障碍患者的个人清洁卫生。定期为患者修剪指(趾)甲、洗澡、理发,做好口腔护理。

9.2.8 除非天气、病情等特殊原因,每天户外活动时间宜不少于2小时。

9.2.9 应满足精神障碍患者正常的通讯和会见探访者的需要。

9.3 **营养和膳食服务**

9.3.1 有营养和膳食服务组织机构,有相应的岗位职责。

9.3.2 有膳食管理制度、卫生制度、清洁消毒制度、食品留样制度、烹饪加工制度、食品原料采购索证制度、库房分类管理制度。

9.3.3 食堂应取得《食品卫生许可证》。

9.3.4 营养师和厨师应持证上岗,按规定体检。

9.3.5 每周有食谱,保持合理配餐、营养均衡,能提供患者健康需要的特殊饮食。

9.3.6 每年召开膳食管理会议不应少于2次,征求患者家属及相关方意见。

9.3.7 食品应24小时留样,防止食物中毒事件的发生。

9.3.8 患者进餐时应有工作人员看护,防止噎食等意外发生。

9.3.9 尊重少数民族和宗教信仰人士的饮食习俗。

9.4 **康复**

9.4.1 有康复服务组织机构,有相应的岗位职责。

9.4.2 有康复训练制度、康复安全管理制度、康复效果评估制度、康复档案管理制度。

9.4.3 应针对患者需求,开展生理康复、心理康复、职业康复和社交康复服务。

9.4.4 应针对出院准备期的患者开展增进服药依从性、社会适应能力训练。

9.4.5 应采取随班就读或院内办班,保证患有精神障碍的适龄儿童、少年接受义务教育。

9.4.6 应开展工娱治疗,帮助有劳动能力的精神障碍患者从事力所能及的劳动。

9.5 **社会工作**

9.5.1 有社会工作服务组织机构,有相应的岗位职责。

9.5.2 有个案工作制度、小组工作制度、团体工作制度、社会工作档案管理制度、社会工作督导制度、社会工作服务效果评估制度、志愿者招募和管理制度。

9.5.3 社会工作人员应取得相应的职业资格证书。

9.5.4 应针对患者开展社会适应能力训练、出院前评估、社会救助、政策咨询、社会支持、健康教育、疾病管理服务。

9.5.5 应针对患者家属开展社会支持、政策咨询、健康教育服务。

10 评价与改进

10.1 有根据相关规章制度、岗位职责编制的检查评分及检查记录表,并组织定期检查、监督和评价。

10.2 接受上级主管部门的监督管理。

10.3 评价的方法应客观公正、简单易行,并能够较全面的验证机构内各项工作的实施情况。

10.4 应建立持续改进机制,改进可按照 P-D-C-A(计划-实施-检查-处置)的管理模式进行。

10.5 定期进行服务满意度调查,并将调查结果进行汇总、分析,作为持续改进的依据。

5. 慈善事业

中华人民共和国公益事业捐赠法

(1999 年 6 月 28 日第九届全国人民代表大会常务委员会第十次会议通过 1999 年 6 月 28 日中华人民共和国主席令第 19 号公布 自 1999 年 9 月 1 日起施行)

第一章 总 则

第一条 为了鼓励捐赠,规范捐赠和受赠行为,保护捐赠人、受赠人和受益人的合法权益,促进公益事业的发展,制定本法。

第二条 自然人、法人或者其他组织自愿无偿向依法成立的公益性社会团体和公益性非营利的事业单位捐赠财产,用于公益事业的,适用本法。

第三条 本法所称公益事业是指非营利的下列事项:

(一)救助灾害、救济贫困、扶助残疾人等困难的社会群体和个人的活动;

(二)教育、科学、文化、卫生、体育事业;

(三)环境保护、社会公共设施建设;

(四)促进社会发展和进步的其他社会公共和福利事业。

第四条 捐赠应当是自愿和无偿的,禁止强行摊派或者变相摊派,不得以捐赠为名从事营利活动。

第五条 捐赠财产的使用应当尊重捐赠人的意愿,符合公益目的,不得将捐赠财产挪作他用。

第六条 捐赠应当遵守法律、法规,不得违背社会公德,不得损害公共利益和其他公民的合法权益。

第七条 公益性社会团体受赠的财产及其增值为社会公共财产,受国家法律保护,任何单位和个人不得侵占、挪用和损毁。

第八条 国家鼓励公益事业的发展,对公益性社会团体和公益性非营利的事业单位给予扶持和优待。

国家鼓励自然人、法人或者其他组织对公益事业进行捐赠。

对公益事业捐赠有突出贡献的自然人、法人或者其他组织,由人民政府或者有关部门予以表彰。对捐赠人进行公开表彰,应当事先征求捐赠人的意见。

第二章 捐赠和受赠

第九条 自然人、法人或者其他组织可以选择符合其捐赠意愿的公益性社会团体和公益性非营利的事业单位进行捐赠。捐赠的财产应当是其有权处分的合法财产。

第十条 公益性社会团体和公益性非营利的事业单位可以依照本法接受捐赠。

本法所称公益性社会团体是指依法成立的,以发展公益事业为宗旨的基金会、慈善组织等社会团体。

本法所称公益性非营利的事业单位是指依法成立的,从事公益事业的不以营利为目的的教育机构、科学研究机构、医疗卫生机构、社会公共文化机构、社会公共体育机构和社会福利机构等。

第十一条 在发生自然灾害时或者境外捐赠人要求县级以上人民政府及其部门作为受赠人时,县级以上人民政府及其部门可以接受捐赠,并依照本法的有关规定对捐赠财产进行管理。

县级以上人民政府及其部门可以将受赠财产转交公益性社会团体或者公益性非营利的事业单位;也可以按照捐赠人的意愿分发或者兴办公益事业,但是不得以本机关为受益对象。

第十二条 捐赠人可以与受赠人就捐赠财产的种类、质量、数量和用途等内容订立捐赠协议。捐赠人有权决定捐赠的数量、用途和方式。

捐赠人应当依法履行捐赠协议,按照捐赠协议约定的期限和方式将捐赠财产转移给受赠人。

第十三条 捐赠人捐赠财产兴建公益事业工程项目,应当与受赠人订立捐赠协议,对工程项目的资金、建设、管理和使用作出约定。

捐赠的公益事业工程项目由受赠单位按照国家有关规定办理项目审批手续,并组织施工或者由受赠人和捐赠人共同组织施工。工程质量应当符合国家质量标准。

捐赠的公益事业工程项目竣工后,受赠单位应当将工程建设、建设资金的使用和工程质量验收情况向捐赠人通报。

第十四条 捐赠人对于捐赠的公益事业工程项目可以留名纪念;捐赠人单独捐赠的工程项目或者主要由捐赠人出资兴建的工程项目,可以由捐赠人提出工程项目的名称,报县级以上人民政府批准。

第十五条 境外捐赠人捐赠的财产，由受赠人按照国家有关规定办理入境手续；捐赠实行许可证管理的物品，由受赠人按照国家有关规定办理许可证申领手续，海关凭许可证验放、监管。

华侨向境内捐赠的，县级以上人民政府侨务部门可以协助办理有关入境手续，为捐赠人实施捐赠项目提供帮助。

第三章 捐赠财产的使用和管理

第十六条 受赠人接受捐赠后，应当向捐赠人出具合法、有效的收据，将受赠财产登记造册，妥善保管。

第十七条 公益性社会团体应当将受赠财产用于资助符合其宗旨的活动和事业。对于接受的救助灾害的捐赠财产，应当及时用于救助活动。基金会每年用于资助公益事业的资金数额，不得低于国家规定的比例。

公益性社会团体应当严格遵守国家的有关规定，按照合法、安全、有效的原则，积极实现捐赠财产的保值增值。

公益性非营利的事业单位应当将受赠财产用于发展本单位的公益事业，不得挪作他用。

对于不易储存、运输和超过实际需要的受赠财产，受赠人可以变卖，所取得的全部收入，应当用于捐赠目的。

第十八条 受赠人与捐赠人订立了捐赠协议的，应当按照协议约定的用途使用捐赠财产，不得擅自改变捐赠财产的用途。如果确需改变用途的，应当征得捐赠人的同意。

第十九条 受赠人应当依照国家有关规定，建立健全财务会计制度和受赠财产的使用制度，加强对受赠财产的管理。

第二十条 受赠人每年度应当向政府有关部门报告受赠财产的使用、管理情况，接受监督。必要时，政府有关部门可以对其财务进行审计。

海关对减免关税的捐赠物品依法实施监督和管理。

县级以上人民政府侨务部门可以参与对华侨向境内捐赠财产使用与管理的监督。

第二十一条 捐赠人有权向受赠人查询捐赠财产的使用、管理情况，并提出意见和建议。对于捐赠人的查询，受赠人应当如实答复。

第二十二条 受赠人应当公开接受捐赠的情况和受赠财产的使用、管理情况，接受社会监督。

第二十三条 公益性社会团体应当厉行节约，降低管理成本，工作人员的工资和办公费用从利息等收入中按照国家规定的标准开支。

第四章 优惠措施

第二十四条 公司和其他企业依照本法的规定捐赠财产用于公益事业，依照法律、行政法规的规定享受企业所得税方面的优惠。

第二十五条 自然人和个体工商户依照本法的规定捐赠财产用于公益事业，依照法律、行政法规的规定享受个人所得税方面的优惠。

第二十六条 境外向公益性社会团体和公益性非营利的事业单位捐赠的用于公益事业的物资，依照法律、行政法规的规定减征或者免征进口关税和进口环节的增值税。

第二十七条 对于捐赠的工程项目，当地人民政府应当给予支持和优惠。

第五章 法律责任

第二十八条 受赠人未征得捐赠人的许可，擅自改变捐赠财产的性质、用途的，由县级以上人民政府有关部门责令改正，给予警告。拒不改正的，经征求捐赠人的意见，由县级以上人民政府将捐赠财产交由与其宗旨相同或者相似的公益性社会团体或者公益性非营利的事业单位管理。

第二十九条 挪用、侵占或者贪污捐赠款物的，由县级以上人民政府有关部门责令退还所用、所得款物，并处以罚款；对直接责任人员，由所在单位依照有关规定予以处理；构成犯罪的，依法追究刑事责任。

依照前款追回、追缴的捐赠款物，应当用于原捐赠目的和用途。

第三十条 在捐赠活动中，有下列行为之一的，依照法律、法规的有关规定予以处罚；构成犯罪的，依法追究刑事责任：

（一）逃汇、骗购外汇的；

（二）偷税、逃税的；

（三）进行走私活动的；

（四）未经海关许可并且未补缴应缴税额，擅自将减税、免税进口的捐赠物资在境内销售、转让或者移作他用的。

第三十一条 受赠单位的工作人员，滥用职权，玩忽职守，徇私舞弊，致使捐赠财产造成重大损失的，由所在单位依照有关规定予以处理；构成犯罪的，依法追究刑事责任。

第六章 附 则

第三十二条 本法自1999年9月1日起施行。

中华人民共和国慈善法

（2016年3月16日第十二届全国人民代表大会第四次会议通过 2016年3月16日中华人民共和国主席令第43号公布 自2016年9月1日起施行）

第一章 总 则

第一条 为了发展慈善事业，弘扬慈善文化，规范慈善活动，保护慈善组织、捐赠人、志愿者、受益人等慈善活动参与者的合法权益，促进社会进步，共享发展成果，制定本法。

第二条 自然人、法人和其他组织开展慈善活动以及与慈善有关的活动，适用本法。其他法律有特别规定的，依照其规定。

第三条 本法所称慈善活动，是指自然人、法人和其他组织以捐赠财产或者提供服务等方式，自愿开展的下列公益活动：

（一）扶贫、济困；

（二）扶老、救孤、恤病、助残、优抚；

（三）救助自然灾害、事故灾难和公共卫生事件等突发事件造成的损害；

（四）促进教育、科学、文化、卫生、体育等事业的发展；

（五）防治污染和其他公害，保护和改善生态环境；

（六）符合本法规定的其他公益活动。

第四条 开展慈善活动，应当遵循合法、自愿、诚信、非营利的原则，不得违背社会公德，不得危害国家安全、损害社会公共利益和他人合法权益。

第五条 国家鼓励和支持自然人、法人和其他组织践行社会主义核心价值观，弘扬中华民族传统美德，依法开展慈善活动。

第六条 国务院民政部门主管全国慈善工作，县级以上地方各级人民政府民政部门主管本行政区域内的慈善工作；县级以上人民政府有关部门依照本法和其他有关法律法规，在各自的职责范围内做好相关工作。

第七条 每年9月5日为“中华慈善日”。

第二章 慈善组织

第八条 本法所称慈善组织，是指依法成立、符合本法规定，以面向社会开展慈善活动为宗旨的非营利性组织。

慈善组织可以采取基金会、社会团体、社会服务机构等组织形式。

第九条 慈善组织应当符合下列条件：

（一）以开展慈善活动为宗旨；

（二）不以营利为目的；

（三）有自己的名称和住所；

（四）有组织章程；

（五）有必要的财产；

（六）有符合条件的组织机构和负责人；

（七）法律、行政法规规定的其他条件。

第十条 设立慈善组织，应当向县级以上人民政府民政部门申请登记，民政部门应当自受理申请之日起三十日内作出决定。符合本法规定条件的，准予登记并向社会公告；不符合本法规定条件的，不予登记并书面说明理由。

本法公布前已经设立的基金会、社会团体、社会服务机构等非营利性组织，可以向其登记的民政部门申请认定为慈善组织，民政部门应当自受理申请之日起二十日内作出决定。符合慈善组织条件的，予以认定并向社会公告；不符合慈善组织条件的，不予认定并书面说明理由。

有特殊情况需要延长登记或者认定期限的，报经国务院民政部门批准，可以适当延长，但延长的期限不得超过六十日。

第十一条 慈善组织的章程，应当符合法律法规的规定，并载明下列事项：

（一）名称和住所；

（二）组织形式；

（三）宗旨和活动范围；

（四）财产来源及构成；

（五）决策、执行机构的组成及职责；

（六）内部监督机制；

（七）财产管理使用制度；

（八）项目管理制度；

（九）终止情形及终止后的清算办法；

（十）其他重要事项。

第十二条 慈善组织应当根据法律法规以及章程的规定，建立健全内部治理结构，明确决策、执行、监督等方面的职责权限，开展慈善活动。

慈善组织应当执行国家统一的会计制度，依法进行会计核算，建立健全会计监督制度，并接受政府有关部门的监督管理。

第十三条 慈善组织应当每年向其登记的民政部门报送年度工作报告和财务会计报告。报告应当包括年度开展募捐和接受捐赠情况、慈善财产的管理使用情况、慈善项目实施情况以及慈善组织工作人员的工资福利情况。

第十四条 慈善组织的发起人、主要捐赠人以及管理人员，不得利用其关联关系损害慈善组织、受益人的利益和社会公共利益。

慈善组织的发起人、主要捐赠人以及管理人员与慈善组织发生交易行为的，不得参与慈善组织有关该交易行为的决策，有关交易情况应当向社会公开。

第十五条 慈善组织不得从事、资助危害国家安全和社会公共利益的活动，不得接受附加违反法律法规和违背社会公德条件的捐赠，不得对受益人附加违反法律法规和违背社会公德的条件。

第十六条 有下列情形之一的，不得担任慈善组织的负责人：

（一）无民事行为能力或者限制民事行为能力的；

（二）因故意犯罪被判处刑罚，自刑罚执行完毕之日起未逾五年的；

（三）在被吊销登记证书或者被取缔的组织担任负责人，自该组织被吊销登记证书或者被取缔之日起未逾五年的；

（四）法律、行政法规规定的其他情形。

第十七条 慈善组织有下列情形之一的，应当终止：

（一）出现章程规定的终止情形的；

（二）因分立、合并需要终止的；

（三）连续二年未从事慈善活动的；

（四）依法被撤销登记或者吊销登记证书的；

（五）法律、行政法规规定应当终止的其他情形。

第十八条 慈善组织终止，应当进行清算。

慈善组织的决策机构应当在本法第十七条规定的终止情形出现之日起三十日内成立清算组进行清算，并向社会公告。不成立清算组或者清算组不履行职责的，民政部门可以申请人民法院指定有关人员组成清算组进行清算。

慈善组织清算后的剩余财产，应当按照慈善组织章程的规定转给宗旨相同或者相近的慈善组织；章程未规定的，由民政部门主持转给宗旨相同或者相近的慈善组织，并向社会公告。

慈善组织清算结束后，应当向其登记的民政部门办理注销登记，并由民政部门向社会公告。

第十九条 慈善组织依法成立行业组织。

慈善行业组织应当反映行业诉求，推动行业交流，提高慈善行业公信力，促进慈善事业发展。

第二十条 慈善组织的组织形式、登记管理的具体办法由国务院制定。

第三章 慈善募捐

第二十一条 本法所称慈善募捐，是指慈善组织基于慈善宗旨募集财产的活动。

慈善募捐，包括面向社会公众的公开募捐和面向特定对象的定向募捐。

第二十二条 慈善组织开展公开募捐，应当取得公开募捐资格。依法登记满二年的慈善组织，可以向其登记的民政部门申请公开募捐资格。民政部门应当自受理申请之日起二十日内作出决定。慈善组织符合内部治理结构健全、运作规范的条件的，发给公开募捐资格证书；不符合条件的，不发给公开募捐资格证书并书面说明理由。

法律、行政法规规定自登记之日起可以公开募捐的基金会和社会团体，由民政部门直接发给公开募捐资格证书。

第二十三条 开展公开募捐，可以采取下列方式：

（一）在公共场所设置募捐箱；

（二）举办面向社会公众的义演、义赛、义卖、义展、义拍、慈善晚会等；

（三）通过广播、电视、报刊、互联网等媒体发布募捐信息；

（四）其他公开募捐方式。

慈善组织采取前款第一项、第二项规定的方式开展公开募捐的，应当在其登记的民政部门管辖区域内进行，确有必要在其登记的民政部门管辖区域外进行的，应当报其开展募捐活动所在地的县级以上人民政府民政部门备案。捐赠人的捐赠行为不受地域限制。

慈善组织通过互联网开展公开募捐的，应当在国务院民政部门统一或者指定的慈善信息平台发布募捐信息，并可以同时在其网站发布募捐信息。

第二十四条 开展公开募捐，应当制定募捐方案。募捐方案包括募捐目的、起止时间和地域、活动负责人姓名和办公地址、接受捐赠方式、银行账户、受益人、募得款物用途、募捐成本、剩余财产的处理等。

募捐方案应当在开展募捐活动前报慈善组织登记的民政部门备案。

第二十五条 开展公开募捐，应当在募捐活动现场或者募捐活动载体的显著位置，公布募捐组织名称、公开募捐资格证书、募捐方案、联系方式、募捐信息查询方法等。

第二十六条 不具有公开募捐资格的组织或者个人基于慈善目的，可以与具有公开募捐资格的慈善组织合作，由该慈善组织开展公开募捐并管理募得款物。

第二十七条 广播、电视、报刊以及网络服务提供者、电信运营商，应当对利用其平台开展公开募捐的慈善组织的登记证书、公开募捐资格证书进行验证。

第二十八条 慈善组织自登记之日起可以开展定向募捐。

慈善组织开展定向募捐，应当在发起人、理事会成员和会员等特定对象的范围内进行，并向募捐对象说明募捐目的、募得款物用途等事项。

第二十九条 开展定向募捐，不得采取或者变相采取本法第二十三条规定的方式。

第三十条 发生重大自然灾害、事故灾难和公共卫生事件等突发事件，需要迅速开展救助时，有关人民政府应当建立协调机制，提供需求信息，及时有序引导开展募捐和救助活动。

第三十一条 开展募捐活动，应当尊重和维护募捐对象的合法权益，保障募捐对象的知情权，不得通过虚构事实等方式欺骗、诱导募捐对象实施捐赠。

第三十二条 开展募捐活动，不得摊派或者变相摊派，不得妨碍公共秩序、企业生产经营和居民生活。

第三十三条 禁止任何组织或者个人假借慈善名义或者假冒慈善组织开展募捐活动，骗取财产。

第四章 慈善捐赠

第三十四条 本法所称慈善捐赠，是指自然人、法人和其他组织基于慈善目的，自愿、无偿赠与财产的活动。

第三十五条 捐赠人可以通过慈善组织捐赠，也可以直接向受益人捐赠。

第三十六条 捐赠人捐赠的财产应当是其有权处分的合法财产。捐赠财产包括货币、实物、房屋、有价证券、股权、知识产权等有形和无形财产。

捐赠人捐赠的实物应当具有使用价值，符合安全、卫生、环保等标准。

捐赠人捐赠本企业产品的，应当依法承担产品质量责任和义务。

第三十七条　自然人、法人和其他组织开展演出、比赛、销售、拍卖等经营性活动，承诺将全部或者部分所得用于慈善目的的，应当在举办活动前与慈善组织或者其他接受捐赠的人签订捐赠协议，活动结束后按照捐赠协议履行捐赠义务，并将捐赠情况向社会公开。

第三十八条　慈善组织接受捐赠，应当向捐赠人开具由财政部门统一监（印）制的捐赠票据。捐赠票据应当载明捐赠人、捐赠财产的种类及数量、慈善组织名称和经办人姓名、票据日期等。捐赠人匿名或者放弃接受捐赠票据的，慈善组织应当做好相关记录。

第三十九条　慈善组织接受捐赠，捐赠人要求签订书面捐赠协议的，慈善组织应当与捐赠人签订书面捐赠协议。

书面捐赠协议包括捐赠人和慈善组织名称，捐赠财产的种类、数量、质量、用途、交付时间等内容。

第四十条　捐赠人与慈善组织约定捐赠财产的用途和受益人时，不得指定捐赠人的利害关系人作为受益人。

任何组织和个人不得利用慈善捐赠违反法律规定宣传烟草制品，不得利用慈善捐赠以任何方式宣传法律禁止宣传的产品和事项。

第四十一条　捐赠人应当按照捐赠协议履行捐赠义务。捐赠人违反捐赠协议逾期未交付捐赠财产，有下列情形之一的，慈善组织或者其他接受捐赠的人可以要求交付；捐赠人拒不交付的，慈善组织和其他接受捐赠的人可以依法向人民法院申请支付令或者提起诉讼：

（一）捐赠人通过广播、电视、报刊、互联网等媒体公开承诺捐赠的；

（二）捐赠财产用于本法第三条第一项至第三项规定的慈善活动，并签订书面捐赠协议的。

捐赠人公开承诺捐赠或者签订书面捐赠协议后经济状况显著恶化，严重影响其生产经营或者家庭生活的，经向公开承诺捐赠地或者书面捐赠协议签订地的民政部门报告并向社会公开说明情况后，可以不再履行捐赠义务。

第四十二条　捐赠人有权查询、复制其捐赠财产管理使用的有关资料，慈善组织应当及时主动向捐赠人反馈有关情况。

慈善组织违反捐赠协议约定的用途，滥用捐赠财产的，捐赠人有权要求其改正；拒不改正的，捐赠人可以向民政部门投诉、举报或者向人民法院提起诉讼。

第四十三条　国有企业实施慈善捐赠应当遵守有关国有资产管理的规定，履行批准和备案程序。

第五章　慈善信托

第四十四条　本法所称慈善信托属于公益信托，是指委托人基于慈善目的，依法将其财产委托给受托人，由受托人按照委托人意愿以受托人名义进行管理和处分，开展慈善活动的行为。

第四十五条　设立慈善信托、确定受托人和监察人，应当采取书面形式。受托人应当在慈善信托文件签订之日起七日内，将相关文件向受托人所在地县级以上人民政府民政部门备案。

未按照前款规定将相关文件报民政部门备案的，不享受税收优惠。

第四十六条　慈善信托的受托人，可以由委托人确定其信赖的慈善组织或者信托公司担任。

第四十七条　慈善信托的受托人违反信托义务或者难以履行职责的，委托人可以变更受托人。变更后的受托人应当自变更之日起七日内，将变更情况报原备案的民政部门重新备案。

第四十八条　慈善信托的受托人管理和处分信托财产，应当按照信托目的，恪尽职守，履行诚信、谨慎管理的义务。

慈善信托的受托人应当根据信托文件和委托人的要求，及时向委托人报告信托事务处理情况、信托财产管理使用情况。慈善信托的受托人应当每年至少一次将信托事务处理情况及财务状况向其备案的民政部门报告，并向社会公开。

第四十九条　慈善信托的委托人根据需要，可以确定信托监察人。

信托监察人对受托人的行为进行监督，依法维护委托人和受益人的权益。信托监察人发现受托人违反信托义务或者难以履行职责的，应当向委托人报告，并有权以自己的名义向人民法院提起诉讼。

第五十条　慈善信托的设立、信托财产的管理、信托当事人、信托的终止和清算等事项，本章未规定的，适用本法其他有关规定；本法未规定的，适用《中华人民共和国信托法》的有关规定。

第六章　慈善财产

第五十一条　慈善组织的财产包括：

（一）发起人捐赠、资助的创始财产；

（二）募集的财产；

（三）其他合法财产。

第五十二条　慈善组织的财产应当根据章程和捐赠协议的规定全部用于慈善目的，不得在发起人、捐赠人以及慈善组织成员中分配。

任何组织和个人不得私分、挪用、截留或者侵占慈善财产。

第五十三条　慈善组织对募集的财产，应当登记造册，严格管理,专款专用。

捐赠人捐赠的实物不易储存、运输或者难以直接用于慈善目的的,慈善组织可以依法拍卖或者变卖,所得收入扣除必要费用后,应当全部用于慈善目的。

第五十四条 慈善组织为实现财产保值、增值进行投资的,应当遵循合法、安全、有效的原则,投资取得的收益应当全部用于慈善目的。慈善组织的重大投资方案应当经决策机构组成人员三分之二以上同意。政府资助的财产和捐赠协议约定不得投资的财产,不得用于投资。慈善组织的负责人和工作人员不得在慈善组织投资的企业兼职或者领取报酬。

前款规定事项的具体办法,由国务院民政部门制定。

第五十五条 慈善组织开展慈善活动,应当依照法律法规和章程的规定,按照募捐方案或者捐赠协议使用捐赠财产。慈善组织确需变更募捐方案规定的捐赠财产用途的,应当报民政部门备案;确需变更捐赠协议约定的捐赠财产用途的,应当征得捐赠人同意。

第五十六条 慈善组织应当合理设计慈善项目,优化实施流程,降低运行成本,提高慈善财产使用效益。

慈善组织应当建立项目管理制度,对项目实施情况进行跟踪监督。

第五十七条 慈善项目终止后捐赠财产有剩余的,按照募捐方案或者捐赠协议处理;募捐方案未规定或者捐赠协议未约定的,慈善组织应当将剩余财产用于目的相同或者相近的其他慈善项目,并向社会公开。

第五十八条 慈善组织确定慈善受益人,应当坚持公开、公平、公正的原则,不得指定慈善组织管理人员的利害关系人作为受益人。

第五十九条 慈善组织根据需要可以与受益人签订协议,明确双方权利义务,约定慈善财产的用途、数额和使用方式等内容。

受益人应当珍惜慈善资助,按照协议使用慈善财产。受益人未按照协议使用慈善财产或者有其他严重违反协议情形的,慈善组织有权要求其改正;受益人拒不改正的,慈善组织有权解除协议并要求受益人返还财产。

第六十条 慈善组织应当积极开展慈善活动,充分、高效运用慈善财产,并遵循管理费用最必要原则,厉行节约,减少不必要的开支。慈善组织中具有公开募捐资格的基金会开展慈善活动的年度支出,不得低于上一年总收入的百分之七十或者前三年收入平均数额的百分之七十;年度管理费用不得超过当年总支出的百分之十,特殊情况下,年度管理费用难以符合前述规定的,应当报告其登记的民政部门并向社会公开说明情况。

具有公开募捐资格的基金会以外的慈善组织开展慈善活动的年度支出和管理费用的标准,由国务院民政部门会同国务院财政、税务等部门依照前款规定的原则制定。

捐赠协议对单项捐赠财产的慈善活动支出和管理费用有约定的,按照其约定。

第七章 慈善服务

第六十一条 本法所称慈善服务,是指慈善组织和其他组织以及个人基于慈善目的,向社会或者他人提供的志愿无偿服务以及其他非营利服务。

慈善组织开展慈善服务,可以自己提供或者招募志愿者提供,也可以委托有服务专长的其他组织提供。

第六十二条 开展慈善服务,应当尊重受益人、志愿者的人格尊严,不得侵害受益人、志愿者的隐私。

第六十三条 开展医疗康复、教育培训等慈善服务,需要专门技能的,应当执行国家或者行业组织制定的标准和规程。

慈善组织招募志愿者参与慈善服务,需要专门技能的,应当对志愿者开展相关培训。

第六十四条 慈善组织招募志愿者参与慈善服务,应当公示与慈善服务有关的全部信息,告知服务过程中可能发生的风险。

慈善组织根据需要可以与志愿者签订协议,明确双方权利义务,约定服务的内容、方式和时间等。

第六十五条 慈善组织应当对志愿者实名登记,记录志愿者的服务时间、内容、评价等信息。根据志愿者的要求,慈善组织应当无偿、如实出具志愿服务记录证明。

第六十六条 慈善组织安排志愿者参与慈善服务,应当与志愿者的年龄、文化程度、技能和身体状况相适应。

第六十七条 志愿者接受慈善组织安排参与慈善服务的,应当服从管理,接受必要的培训。

第六十八条 慈善组织应当为志愿者参与慈善服务提供必要条件,保障志愿者的合法权益。

慈善组织安排志愿者参与可能发生人身危险的慈善服务前,应当为志愿者购买相应的人身意外伤害保险。

第八章 信息公开

第六十九条 县级以上人民政府建立健全慈善信息统计和发布制度。

县级以上人民政府民政部门应当在统一的信息平台,及时向社会公开慈善信息,并免费提供慈善信息发布服务。

慈善组织和慈善信托的受托人应当在前款规定的平台发布慈善信息,并对信息的真实性负责。

第七十条 县级以上人民政府民政部门和其他有关部门应当及时向社会公开下列慈善信息:

(一)慈善组织登记事项;

(二)慈善信托备案事项;

(三)具有公开募捐资格的慈善组织名单;

(四)具有出具公益性捐赠税前扣除票据资格的慈善组

织名单；

（五）对慈善活动的税收优惠、资助补贴等促进措施；

（六）向慈善组织购买服务的信息；

（七）对慈善组织、慈善信托开展检查、评估的结果；

（八）对慈善组织和其他组织以及个人的表彰、处罚结果；

（九）法律法规规定应当公开的其他信息。

第七十一条　慈善组织、慈善信托的受托人应当依法履行信息公开义务。信息公开应当真实、完整、及时。

第七十二条　慈善组织应当向社会公开组织章程和决策、执行、监督机构成员信息以及国务院民政部门要求公开的其他信息。上述信息有重大变更的，慈善组织应当及时向社会公开。

慈善组织应当每年向社会公开其年度工作报告和财务会计报告。具有公开募捐资格的慈善组织的财务会计报告须经审计。

第七十三条　具有公开募捐资格的慈善组织应当定期向社会公开其募捐情况和慈善项目实施情况。

公开募捐周期超过六个月的，至少每三个月公开一次募捐情况，公开募捐活动结束后三个月内应当全面公开募捐情况。

慈善项目实施周期超过六个月的，至少每三个月公开一次项目实施情况，项目结束后三个月内应当全面公开项目实施情况和募得款物使用情况。

第七十四条　慈善组织开展定向募捐的，应当及时向捐赠人告知募捐情况、募得款物的管理使用情况。

第七十五条　慈善组织、慈善信托的受托人应当向受益人告知其资助标准、工作流程和工作规范等信息。

第七十六条　涉及国家秘密、商业秘密、个人隐私的信息以及捐赠人、慈善信托的委托人不同意公开的姓名、名称、住所、通讯方式等信息，不得公开。

第九章　促进措施

第七十七条　县级以上人民政府应当根据经济社会发展情况，制定促进慈善事业发展的政策和措施。

县级以上人民政府有关部门应当在各自职责范围内，向慈善组织、慈善信托受托人等提供慈善需求信息，为慈善活动提供指导和帮助。

第七十八条　县级以上人民政府民政部门应当建立与其他部门之间的慈善信息共享机制。

第七十九条　慈善组织及其取得的收入依法享受税收优惠。

第八十条　自然人、法人和其他组织捐赠财产用于慈善活动的，依法享受税收优惠。企业慈善捐赠支出超过法律规定的准予在计算企业所得税应纳税所得额时当年扣除的部分，允许结转以后三年内在计算应纳税所得额时扣除。

境外捐赠用于慈善活动的物资，依法减征或者免征进口关税和进口环节增值税。

第八十一条　受益人接受慈善捐赠，依法享受税收优惠。

第八十二条　慈善组织、捐赠人、受益人依法享受税收优惠的，有关部门应当及时办理相关手续。

第八十三条　捐赠人向慈善组织捐赠实物、有价证券、股权和知识产权的，依法免征权利转让的相关行政事业性费用。

第八十四条　国家对开展扶贫济困的慈善活动，实行特殊的优惠政策。

第八十五条　慈善组织开展本法第三条第一项、第二项规定的慈善活动需要慈善服务设施用地的，可以依法申请使用国有划拨土地或者农村集体建设用地。慈善服务设施用地非经法定程序不得改变用途。

第八十六条　国家为慈善事业提供金融政策支持，鼓励金融机构为慈善组织、慈善信托提供融资和结算等金融服务。

第八十七条　各级人民政府及其有关部门可以依法通过购买服务等方式，支持符合条件的慈善组织向社会提供服务，并依照有关政府采购的法律法规向社会公开相关情况。

第八十八条　国家采取措施弘扬慈善文化，培育公民慈善意识。

学校等教育机构应当将慈善文化纳入教育教学内容。国家鼓励高等学校培养慈善专业人才，支持高等学校和科研机构开展慈善理论研究。

广播、电视、报刊、互联网等媒体应当积极开展慈善公益宣传活动，普及慈善知识，传播慈善文化。

第八十九条　国家鼓励企业事业单位和其他组织为开展慈善活动提供场所和其他便利条件。

第九十条　经受益人同意，捐赠人对其捐赠的慈善项目可以冠名纪念，法律法规规定需要批准的，从其规定。

第九十一条　国家建立慈善表彰制度，对在慈善事业发展中做出突出贡献的自然人、法人和其他组织，由县级以上人民政府或者有关部门予以表彰。

第十章　监督管理

第九十二条　县级以上人民政府民政部门应当依法履行职责，对慈善活动进行监督检查，对慈善行业组织进行指导。

第九十三条　县级以上人民政府民政部门对涉嫌违反本法规定的慈善组织，有权采取下列措施：

（一）对慈善组织的住所和慈善活动发生地进行现场检查；

（二）要求慈善组织作出说明，查阅、复制有关资料；

（三）向与慈善活动有关的单位和个人调查与监督管理有关的情况；

（四）经本级人民政府批准，可以查询慈善组织的金融账户；

（五）法律、行政法规规定的其他措施。

第九十四条 县级以上人民政府民政部门对慈善组织、有关单位和个人进行检查或者调查时,检查人员或者调查人员不得少于二人,并应当出示合法证件和检查、调查通知书。

第九十五条 县级以上人民政府民政部门应当建立慈善组织及其负责人信用记录制度,并向社会公布。

民政部门应当建立慈善组织评估制度,鼓励和支持第三方机构对慈善组织进行评估,并向社会公布评估结果。

第九十六条 慈善行业组织应当建立健全行业规范,加强行业自律。

第九十七条 任何单位和个人发现慈善组织、慈善信托有违法行为的,可以向民政部门、其他有关部门或者慈善行业组织投诉、举报。民政部门、其他有关部门或者慈善行业组织接到投诉、举报后,应当及时调查处理。

国家鼓励公众、媒体对慈善活动进行监督,对假借慈善名义或者假冒慈善组织骗取财产以及慈善组织、慈善信托的违法违规行为予以曝光,发挥舆论和社会监督作用。

第十一章 法律责任

第九十八条 慈善组织有下列情形之一的,由民政部门责令限期改正;逾期不改正的,吊销登记证书并予以公告:

(一)未按照慈善宗旨开展活动的;

(二)私分、挪用、截留或者侵占慈善财产的;

(三)接受附加违反法律法规或者违背社会公德条件的捐赠,或者对受益人附加违反法律法规或者违背社会公德的条件的。

第九十九条 慈善组织有下列情形之一的,由民政部门予以警告、责令限期改正;逾期不改正的,责令限期停止活动并进行整改:

(一)违反本法第十四条规定造成慈善财产损失的;

(二)将不得用于投资的财产用于投资的;

(三)擅自改变捐赠财产用途的;

(四)开展慈善活动的年度支出或者管理费用的标准违反本法第六十条规定的;

(五)未依法履行信息公开义务的;

(六)未依法报送年度工作报告、财务会计报告或者报备募捐方案的;

(七)泄露捐赠人、志愿者、受益人个人隐私以及捐赠人、慈善信托的委托人不同意公开的姓名、名称、住所、通讯方式等信息的。

慈善组织违反本法规定泄露国家秘密、商业秘密的,依照有关法律的规定予以处罚。

慈善组织有前两款规定的情形,经依法处理后一年内再出现前款规定的情形,或者有其他情节严重情形的,由民政部门吊销登记证书并予以公告。

第一百条 慈善组织有本法第九十八条、第九十九条规定的情形,有违法所得的,由民政部门予以没收;对直接负责的主管人员和其他直接责任人员处二万元以上二十万元以下罚款。

第一百零一条 开展募捐活动有下列情形之一的,由民政部门予以警告、责令停止募捐活动;对违法募集的财产,责令退还捐赠人;难以退还的,由民政部门予以收缴,转给其他慈善组织用于慈善目的;对有关组织或者个人处二万元以上二十万元以下罚款:

(一)不具有公开募捐资格的组织或者个人开展公开募捐的;

(二)通过虚构事实等方式欺骗、诱导募捐对象实施捐赠的;

(三)向单位或者个人摊派或者变相摊派的;

(四)妨碍公共秩序、企业生产经营或者居民生活的。

广播、电视、报刊以及网络服务提供者、电信运营商未履行本法第二十七条规定的验证义务的,由其主管部门予以警告,责令限期改正;逾期不改正的,予以通报批评。

第一百零二条 慈善组织不依法向捐赠人开具捐赠票据、不依法向志愿者出具志愿服务记录证明或者不及时主动向捐赠人反馈有关情况的,由民政部门予以警告,责令限期改正;逾期不改正的,责令限期停止活动。

第一百零三条 慈善组织弄虚作假骗取税收优惠的,由税务机关依法查处;情节严重的,由民政部门吊销登记证书并予以公告。

第一百零四条 慈善组织从事、资助危害国家安全或者社会公共利益活动的,由有关机关依法查处,由民政部门吊销登记证书并予以公告。

第一百零五条 慈善信托的受托人有下列情形之一的,由民政部门予以警告,责令限期改正;有违法所得的,由民政部门予以没收;对直接负责的主管人员和其他直接责任人员处二万元以上二十万元以下罚款:

(一)将信托财产及其收益用于非慈善目的的;

(二)未按照规定将信托事务处理情况及财务状况向民政部门报告或者向社会公开的。

第一百零六条 慈善服务过程中,因慈善组织或者志愿者过错造成受益人、第三人损害的,慈善组织依法承担赔偿责任;损害是由志愿者故意或者重大过失造成的,慈善组织可以向其追偿。

志愿者在参与慈善服务过程中,因慈善组织过错受到损害的,慈善组织依法承担赔偿责任;损害是由不可抗力造成的,慈善组织应当给予适当补偿。

第一百零七条 自然人、法人或者其他组织假借慈善名义或者假冒慈善组织骗取财产的,由公安机关依法查处。

第一百零八条 县级以上人民政府民政部门和其他有关部门及其工作人员有下列情形之一的,由上级机关或者监察机关责令改正;依法应当给予处分的,由任免机关或者监察机关对直接负责的主管人员和其他直接责任人员给予处分：

（一）未依法履行信息公开义务的；

（二）摊派或者变相摊派捐赠任务，强行指定志愿者、慈善组织提供服务的；

（三）未依法履行监督管理职责的；

（四）违法实施行政强制措施和行政处罚的；

（五）私分、挪用、截留或者侵占慈善财产的；

（六）其他滥用职权、玩忽职守、徇私舞弊的行为。

第一百零九条　违反本法规定，构成违反治安管理行为的，由公安机关依法给予治安管理处罚；构成犯罪的，依法追究刑事责任。

第十二章　附　　则

第一百一十条　城乡社区组织、单位可以在本社区、单位内部开展群众性互助互济活动。

第一百一十一条　慈善组织以外的其他组织可以开展力所能及的慈善活动。

第一百一十二条　本法自2016年9月1日起施行。

慈善组织公开募捐管理办法

（2016年8月31日民政部令第59号公布　自2016年9月1日起施行）

第一条　为了规范慈善组织开展公开募捐，根据《中华人民共和国慈善法》（以下简称《慈善法》），制定本办法。

第二条　慈善组织公开募捐资格和公开募捐活动管理，适用本办法。

第三条　依法取得公开募捐资格的慈善组织可以面向公众开展募捐。不具有公开募捐资格的组织和个人不得开展公开募捐。

第四条　县级以上人民政府民政部门依法对其登记的慈善组织公开募捐资格和公开募捐活动进行监督管理，并对本行政区域内涉及公开募捐的有关活动进行监督管理。

第五条　依法登记或者认定为慈善组织满二年的社会组织，申请公开募捐资格，应当符合下列条件：

（一）根据法律法规和本组织章程建立规范的内部治理结构，理事会能够有效决策，负责人任职符合有关规定，理事会成员和负责人勤勉尽职，诚实守信；

（二）理事会成员来自同一组织以及相互间存在关联关系组织的不超过三分之一，相互间具有近亲属关系的没有同时在理事会任职；

（三）理事会成员中非内地居民不超过三分之一，法定代表人由内地居民担任；

（四）秘书长为专职，理事长（会长）、秘书长不得由同一人兼任，有与本慈善组织开展活动相适应的专职工作人员；

（五）在省级以上人民政府民政部门登记的慈善组织有三名以上监事组成的监事会；

（六）依法办理税务登记，履行纳税义务；

（七）按照规定参加社会组织评估，评估结果为3A及以上；

（八）申请时未纳入异常名录；

（九）申请公开募捐资格前二年，未因违反社会组织相关法律法规受到行政处罚，没有其他违反法律、法规、国家政策行为的。

《慈善法》公布前设立的非公募基金会、具有公益性捐赠税前扣除资格的社会团体，登记满二年，经认定为慈善组织的，可以申请公开募捐资格。

第六条　慈善组织申请公开募捐资格，应当向其登记的民政部门提交下列材料：

（一）申请书，包括本组织符合第五条各项条件的具体说明和书面承诺；

（二）注册会计师出具的申请前二年的财务审计报告，包括年度慈善活动支出和年度管理费用的专项审计；

（三）理事会关于申请公开募捐资格的会议纪要。

有业务主管单位的慈善组织，还应当提交经业务主管单位同意的证明材料。

评估等级在4A及以上的慈善组织免于提交第一款第二项、第三项规定的材料。

第七条　民政部门收到全部有效材料后，应当依法进行审核。

情况复杂的，民政部门可以征求有关部门意见或者通过论证会、听证会等形式听取意见，也可以根据需要对该组织进行实地考察。

第八条　民政部门应当自受理之日起二十日内作出决定。对符合条件的慈善组织，发给公开募捐资格证书；对不符合条件的，不发给公开募捐资格证书并书面说明理由。

第九条　《慈善法》公布前登记设立的公募基金会，凭其标明慈善组织属性的登记证书向登记的民政部门申领公开募捐资格证书。

第十条　开展公开募捐活动，应当依法制定募捐方案。募捐方案包括募捐目的、起止时间和地域、活动负责人姓名和办公地址、接受捐赠方式、银行账户、受益人、募得款物用途、募捐成本、剩余财产的处理等。

第十一条　慈善组织应当在开展公开募捐活动的十日前将募捐方案报送登记的民政部门备案。材料齐备的，民政部门应当即时受理，对予以备案的向社会公开；对募捐方案内容不齐备的，应当即时告知慈善组织，慈善组织应当在十日内向其登记的民政部门予以补正。

为同一募捐目的开展的公开募捐活动可以合并备案。公开募捐活动进行中，募捐方案的有关事项发生变化的，慈善组织应当在事项发生变化之日起十日内向其登记的民政部门补正并说明理由。

有业务主管单位的慈善组织，还应当同时将募捐方案报送业务主管单位。

开展公开募捐活动，涉及公共安全、公共秩序、消防等事项的，还应当按照其他有关规定履行批准程序。

第十二条　慈善组织为应对重大自然灾害、事故灾难和公共卫生事件等突发事件，无法在开展公开募捐活动前办理募捐方案备案的，应当在公开募捐活动开始后十日内补办备案手续。

第十三条　慈善组织在其登记的民政部门管辖区域外，以《慈善法》第二十三条第一款第一项、第二项方式开展公开募捐活动的，除向其登记的民政部门备案外，还应当在开展公开募捐活动十日前，向其开展募捐活动所在地的县级人民政府民政部门备案，提交募捐方案、公开募捐资格证书复印件、确有必要在当地开展公开募捐活动的情况说明。

第十四条　慈善组织开展公开募捐活动应当按照本组织章程载明的宗旨和业务范围，确定明确的募捐目的和捐赠财产使用计划；应当履行必要的内部决策程序；应当使用本组织账户，不得使用个人和其他组织的账户；应当建立公开募捐信息档案，妥善保管、方便查阅。

第十五条　慈善组织开展公开募捐活动，应当在募捐活动现场或者募捐活动载体的显著位置，公布本组织名称、公开募捐资格证书、募捐方案、联系方式、募捐信息查询方法等。

第十六条　慈善组织通过互联网开展公开募捐活动的，应当在民政部统一或者指定的慈善信息平台发布公开募捐信息，并可以同时在以本慈善组织名义开通的门户网站、官方微博、官方微信、移动客户端等网络平台发布公开募捐信息。

第十七条　具有公开募捐资格的慈善组织与不具有公开募捐资格的组织或者个人合作开展公开募捐活动，应当依法签订书面协议，使用具有公开募捐资格的慈善组织名义开展公开募捐活动；募捐活动的全部收支应当纳入该慈善组织的账户，由该慈善组织统一进行财务核算和管理，并承担法律责任。

第十八条　慈善组织为急难救助设立慈善项目，开展公开募捐活动时，应当坚持公开、公平、公正的原则，合理确定救助标准，监督受益人珍惜慈善资助，按照募捐方案的规定合理使用捐赠财产。

第十九条　慈善组织应当加强对募得捐赠财产的管理，依据法律法规、章程规定和募捐方案使用捐赠财产。确需变更募捐方案规定的捐赠财产用途的，应当召开理事会进行审议，报其登记的民政部门备案，并向社会公开。

第二十条　慈善组织应当依照有关规定定期将公开募捐情况和慈善项目实施情况向社会公开。

第二十一条　具有公开募捐资格的慈善组织有下列情形之一的，由登记的民政部门纳入活动异常名录并向社会公告：

（一）不符合本办法第五条规定条件的；

（二）连续六个月不开展公开募捐活动的。

第二十二条　慈善组织被依法撤销公开募捐资格的，应当立即停止公开募捐活动并将相关情况向社会公开。

出现前款规定情形的，民政部门应当及时向社会公告。

第二十三条　慈善组织有下列情形之一的，民政部门可以给予警告、责令限期改正：

（一）伪造、变造、出租、出借公开募捐资格证书的；

（二）未依照本办法进行备案的；

（三）未按照募捐方案确定的时间、期限、地域范围、方式进行募捐的；

（四）开展公开募捐未在募捐活动现场或者募捐活动载体的显著位置公布募捐活动信息的；

（五）开展公开募捐取得的捐赠财产未纳入慈善组织统一核算和账户管理的；

（六）其他违反本办法情形的。

第二十四条　公开募捐资格证书、公开募捐方案范本等格式文本，由民政部统一制定。

第二十五条　本办法由民政部负责解释。

第二十六条　本办法自2016年9月1日起施行。

慈善组织认定办法

（2016年8月31日民政部令第58号公布　自2016年9月1日起施行）

第一条　为了规范慈善组织认定工作，根据《中华人民共和国慈善法》（以下简称《慈善法》）的规定，制定本办法。

第二条　《慈善法》公布前已经设立的基金会、社会团体、社会服务机构等非营利性组织，申请认定为慈善组织，适用本办法。

第三条　县级以上人民政府民政部门对其登记的基金会、社会团体、社会服务机构进行慈善组织认定。

第四条　基金会、社会团体、社会服务机构申请认定为慈善组织，应当符合下列条件：

（一）申请时具备相应的社会组织法人登记条件；

（二）以开展慈善活动为宗旨，业务范围符合《慈善法》第三条的规定；申请时的上一年度慈善活动的年度支出和管理费用符合国务院民政部门关于慈善组织的规定；

（三）不以营利为目的，收益和营运结余全部用于章程规定的慈善目的；财产及其孳息没有在发起人、捐赠人或者本组织成员中分配；章程中有关于剩余财产转给目的相同或者相近的其他慈善组织的规定；

（四）有健全的财务制度和合理的薪酬制度；

（五）法律、行政法规规定的其他条件。

第五条　有下列情形之一的，不予认定为慈善组织：

（一）有法律法规和国家政策规定的不得担任慈善组织负责人的情形的；

（二）申请前二年内受过行政处罚的；

（三）申请时被民政部门列入异常名录的；

（四）有其他违反法律法规和国家政策行为的。

第六条　申请认定为慈善组织，社会团体应当经会员（代表）大会表决通过，基金会、社会服务机构应当经理事会表决通过；有业务主管单位的，还应当经业务主管单位同意。

第七条　申请认定慈善组织的基金会，应当向民政部门提交下列材料：

（一）申请书；

（二）符合本办法第四条规定以及不存在第五条所列情形的书面承诺；

（三）按照本办法第六条规定召开会议形成的会议纪要。

申请认定为慈善组织的社会团体、社会服务机构，除前款规定的材料外，还应当向民政部门提交下列材料：

（一）关于申请理由、慈善宗旨、开展慈善活动等情况的说明；

（二）注册会计师出具的上一年度财务审计报告，含慈善活动年度支出和管理费用的专项审计。

有业务主管单位的，还应当提交业务主管单位同意的证明材料。

第八条　民政部门自收到全部有效材料后，应当依法进行审核。

情况复杂的，民政部门可以征求有关部门意见或者通过论证会、听证会等形式听取意见，也可以根据需要对该组织进行实地考察。

第九条　民政部门应当自受理申请之日起二十日内作出决定。符合慈善组织条件的，予以认定并向社会公告；不符合慈善组织条件的，不予认定并书面说明理由。

第十条　认定为慈善组织的基金会、社会团体、社会服务机构，由民政部门换发登记证书，标明慈善组织属性。

慈善组织符合税收法律法规规定条件的，依照税法规定享受税收优惠。

第十一条　基金会、社会团体、社会服务机构在申请时弄虚作假的，由民政部门撤销慈善组织的认定，将该组织及直接责任人纳入信用记录，并向社会公布。

对出具虚假审计报告的注册会计师及其所属的会计师事务所，由民政部门通报有关部门。

第十二条　本办法由民政部负责解释。

第十三条　本办法自2016年9月1日起施行。

慈善信托管理办法

（2017年7月7日　银监发〔2017〕37号）

第一章　总　　则

第一条　为规范慈善信托，保护慈善信托当事人的合法权益，促进慈善事业发展，根据《中华人民共和国慈善法》（简称《慈善法》）、《中华人民共和国信托法》（简称《信托法》）、《中华人民共和国银行业监督管理法》（简称《银行业监督管理法》）等法律法规，制定本办法。

第二条　本办法所称慈善信托属于公益信托，是指委托人基于慈善目的，依法将其财产委托给受托人，由受托人按照委托人意愿以受托人名义进行管理和处分，开展慈善活动的行为。

第三条　开展慈善信托，应当遵循合法、自愿、诚信的原则，不得违背社会公德、危害国家安全、损害社会公共利益和他人合法权益。

第四条　国家鼓励发展慈善信托，支持自然人、法人和其他组织践行社会主义核心价值观，弘扬中华民族传统美德，依法开展慈善活动。

第五条　慈善信托的委托人、受托人、受益人以及监察人在中华人民共和国境内开展慈善信托，适用本办法。

第六条　国务院银行业监督管理机构及其派出机构、国务院民政部门及县级以上地方各级人民政府民政部门根据各自法定职责对慈善信托实施监督管理。

第二章　慈善信托的设立

第七条　设立慈善信托，必须有合法的慈善信托目的。

以开展下列慈善活动为目的而设立的信托，属于慈善信托：

（一）扶贫、济困；

（二）扶老、救孤、恤病、助残、优抚；

（三）救助自然灾害、事故灾难和公共卫生事件等突发事件造成的损害；

（四）促进教育、科学、文化、卫生、体育等事业的发展；

（五）防治污染和其他公害，保护和改善生态环境；

（六）符合《慈善法》规定的其他公益活动。

第八条　慈善信托的委托人应当是具有完全民事行为能力的自然人、法人或者依法成立的其他组织。

第九条　慈善信托的受托人可以由委托人确定其信赖的慈善组织或者信托公司担任。

第十条　慈善信托的委托人不得指定或者变相指定与委托人或受托人具有利害关系的人作为受益人。

第十一条　慈善信托的委托人根据需要，可以确定监察人。

监察人对受托人的行为进行监督,依法维护委托人和受益人的权益。监察人发现受托人违反信托义务或者难以履行职责的,应当向委托人报告,并有权以自己的名义向人民法院提起诉讼。

第十二条　设立慈善信托,必须有确定的信托财产,并且该信托财产必须是委托人合法所有的财产。

前款所称财产包括合法的财产权利。

第十三条　设立慈善信托、确定受托人和监察人,应当采取书面形式。

书面形式包括信托合同、遗嘱或者法律、行政法规规定的其他书面文件等。

第十四条　慈善信托文件应当载明下列事项:

(一)慈善信托名称;

(二)慈善信托目的;

(三)委托人、受托人的姓名或者名称、住所,如设置监察人,监察人的姓名或者名称、住所;

(四)受益人范围及选定的程序和方法;

(五)信托财产的范围、种类、状况和管理方法;

(六)年度慈善支出的比例或数额;

(七)信息披露的内容和方式;

(八)受益人取得信托利益的形式和方法;

(九)信托报酬收取标准和方法。

除前款所列事项外,可以载明信托期限、新受托人的选任方式、信托终止事由、争议解决方式等事项。

第三章　慈善信托的备案

第十五条　受托人应当在慈善信托文件签订之日起7日内,将相关文件向受托人所在地县级以上人民政府民政部门备案。

未按照前款规定将相关文件报民政部门备案的,不享受税收优惠。

第十六条　信托公司担任受托人的,由其登记注册地设区市的民政部门履行备案职责;慈善组织担任受托人的,由准予其登记或予以认定的民政部门履行备案职责。

第十七条　同一慈善信托有两个或两个以上的受托人时,委托人应当确定其中一个承担主要受托管理责任的受托人按照本章规定进行备案。备案的民政部门应当将备案信息与其他受托人所在地的县级以上人民政府民政部门共享。

第十八条　慈善信托的受托人向民政部门申请备案时,应当提交以下书面材料:

(一)备案申请书;

(二)委托人身份证明(复印件)和关于信托财产合法性的声明;

(三)担任受托人的信托公司的金融许可证或慈善组织准予登记或予以认定的证明材料(复印件);

(四)信托文件;

(五)开立慈善信托专用资金账户证明、商业银行资金保管协议,非资金信托除外;

(六)信托财产交付的证明材料(复印件);

(七)其他材料。

以上材料一式四份,由受托人提交履行备案职责的民政部门指定的受理窗口。

第十九条　备案后,发生第三十八条规定的部分变更事项时,慈善信托的受托人应当在变更之日起7日内按照第十八条的规定向原备案的民政部门申请备案,并提交发生变更的相关书面材料。

如当月发生两起或两起以上变更事项的,可以在下月10日前一并申请备案。

第二十条　慈善信托的受托人违反信托义务或者难以履行职责的,委托人可以变更受托人。变更后的受托人应当在变更之日起7日内,将变更情况报原备案的民政部门重新备案。

申请重新备案时,应当提交以下书面材料:

(一)原备案的信托文件和备案回执;

(二)重新备案申请书;

(三)原受托人出具的慈善信托财产管理处分情况报告;

(四)作为变更后受托人的信托公司的金融许可证或慈善组织准予登记或予以认定的证明材料(复印件);

(五)重新签订的信托合同等信托文件;

(六)开立慈善信托专用资金账户证明、商业银行资金保管协议,非资金信托除外;

(七)其他材料。

以上书面材料一式四份,由变更后的受托人提交原备案的民政部门受理窗口。

第二十一条　慈善信托备案申请符合《慈善法》、《信托法》和本办法规定的,民政部门应当在收到备案申请材料之日起7日内出具备案回执;不符合规定的,应当在收到备案申请材料之日起7日内一次性书面告知理由和需要补正的相关材料。

第二十二条　信托公司新设立的慈善信托项目应当按照监管要求及时履行报告或产品登记义务。

第四章　慈善信托财产的管理和处分

第二十三条　慈善信托财产及其收益,应当全部用于慈善目的。

第二十四条　受托人管理和处分慈善信托财产,应当按照慈善信托目的,恪尽职守,履行诚信、谨慎管理的义务。

第二十五条　受托人除依法取得信托报酬外,不得利用慈善信托财产为自己谋取利益。

第二十六条　慈善信托财产与受托人固有财产相区别,受托人不得将慈善信托财产转为其固有财产。

任何组织和个人不得私分、挪用、截留或者侵占慈善信托财产。

第二十七条　受托人必须将慈善信托财产与其固有财产分别管理、分别记账，并将不同慈善信托的财产分别管理、分别记账。

第二十八条　对于资金信托，应当委托商业银行担任保管人，并且依法开立慈善信托资金专户；对于非资金信托，当事人可以委托第三方进行保管。

第二十九条　受托人应当自己处理慈善信托事务，但信托文件另有规定或者有不得已事由的，可以委托他人代为处理。

受托人依法将慈善信托事务委托他人代理的，应当对他人处理慈善信托事务的行为承担责任。

受托人因依法将慈善信托事务委托他人代理而向他人支付的报酬，在其信托报酬中列支。

第三十条　慈善信托财产运用应当遵循合法、安全、有效的原则，可以运用于银行存款、政府债券、中央银行票据、金融债券和货币市场基金等低风险资产，但委托人和信托公司另有约定的除外。

第三十一条　受托人不得将其固有财产与慈善信托财产进行交易或者将不同委托人的信托财产进行相互交易，但信托文件另有规定或者经委托人同意，并以公平的市场价格进行交易的除外。

第三十二条　委托人、受托人及其管理人员不得利用其关联关系，损害慈善信托利益和社会公共利益，有关交易情况应当向社会公开。

第三十三条　受托人应当根据信托文件和委托人的要求，及时向委托人报告慈善信托事务处理情况、信托财产管理使用情况。

第三十四条　慈善信托的受托人应严格按照有关规定管理和处分慈善信托财产，不得借慈善信托名义从事非法集资、洗钱等活动。

第三十五条　受托人应当妥善保存管理慈善信托事务的全部资料，保存期自信托终止之日起不少于十五年。

第三十六条　受托人违反法律、行政法规和信托文件的规定，造成慈善信托财产损失的，应当以其固有财产承担相应的赔偿责任。

第五章　慈善信托的变更和终止

第三十七条　慈善信托的受托人违反信托文件义务或者出现依法解散、法定资格丧失、被依法撤销、被宣告破产或者其他难以履行职责的情形时，委托人可以变更受托人。

第三十八条　根据信托文件约定或者经原委托人同意，可以变更以下事项：

（一）增加新的委托人；

（二）增加信托财产；

（三）变更信托受益人范围及选定的程序和方法；

（四）国务院民政部门和国务院银行业监督管理机构规定的其他情形。

第三十九条　慈善信托的受托人不得自行辞任，信托文件另有规定的除外。

第四十条　有下列情形之一的，慈善信托终止：

（一）信托文件规定的终止事由出现；

（二）信托的存续违反信托目的；

（三）信托目的已经实现或者不能实现；

（四）信托当事人协商同意；

（五）信托被撤销；

（六）信托被解除。

第四十一条　自慈善信托终止事由发生之日起15日内，受托人应当将终止事由、日期、剩余信托财产处分方案和有关情况报告备案的民政部门。

第四十二条　慈善信托终止的，受托人应当在30日内作出处理慈善信托事务的清算报告，向备案的民政部门报告后，由受托人予以公告。

慈善信托若设置信托监察人，清算报告应事先经监察人认可。

第四十三条　慈善信托终止，没有信托财产权利归属人或者信托财产权利归属人是不特定的社会公众，经备案的民政部门批准，受托人应当将信托财产用于与原慈善目的相近似的目的，或者将信托财产转移给具有近似目的的其他慈善信托或者慈善组织。

第六章　促 进 措 施

第四十四条　慈善信托的委托人、受托人和受益人按照国家有关规定享受税收优惠。

第四十五条　信托公司开展慈善信托业务免计风险资本，免予认购信托业保障基金。

第四十六条　鼓励地方各级人民政府根据经济社会发展情况，制定和出台促进慈善信托事业发展的政策和措施。

第七章　监督管理和信息公开

第四十七条　银行业监督管理机构负责信托公司慈善信托业务和商业银行慈善信托账户资金保管业务的监督管理工作。县级以上人民政府民政部门负责慈善信托备案和相关监督管理工作。

第四十八条　民政部门和银行业监督管理机构应当建立经常性的监管协作机制，加强事中、事后监管，切实提高监管有效性。

第四十九条　民政部门和银行业监督管理机构根据各自法定管理职责，对慈善信托的受托人应当履行的受托职责、管理慈善信托财产及其收益的情况、履行信息公开和告知义务以及其他与慈善信托相关的活动进行监督检查。

第五十条 民政部门和银行业监督管理机构根据各自法定管理职责，联合或委托第三方机构对慈善信托的规范管理、慈善目的的实现和慈善信托财产的运用效益等进行评估。

第五十一条 民政部门和银行业监督管理机构根据履行职责的需要，可以与受托人的主要负责人和相关人员进行监督管理谈话，要求就受托人的慈善信托活动和风险管理的重大事项作出说明。

第五十二条 除依法设立的信托公司或依法予以登记或认定的慈善组织外，任何单位和个人不得以“慈善信托”等名义开展活动。

第五十三条 行业组织应当加强行业自律，反映行业诉求，推动行业交流，提高慈善信托公信力，促进慈善信托事业发展。

第五十四条 任何单位和个人发现慈善信托违法违规行为的，可以向民政部门、银行业监督管理机构和其他有关部门进行投诉、举报。民政部门、银行业监督管理机构和其他有关部门接到投诉、举报后，应当及时调查处理。

国家鼓励公众、媒体对慈善信托活动进行监督，对慈善信托违法违规行为予以曝光，发挥舆论和社会监督作用。

第五十五条 民政部门和银行业监督管理机构应当及时向社会公开下列慈善信托信息：

（一）慈善信托备案事项；

（二）慈善信托终止事项；

（三）对慈善信托检查、评估的结果；

（四）对慈善信托受托人的行政处罚和监管措施的结果；

（五）法律法规规定应当公开的其他信息。

第五十六条 受托人应当在民政部门提供的信息平台上，发布以下慈善信息，并对信息的真实性负责。

（一）慈善信托设立情况说明；

（二）信托事务处理情况报告、财产状况报告；

（三）慈善信托变更、终止事由；

（四）备案的民政部门要求公开的其他信息。

第五十七条 涉及国家秘密、商业秘密、个人隐私的信息以及慈善信托的委托人不同意公开的姓名、名称、住所、通讯方式等信息，不得公开。

第五十八条 慈善信托的受托人应当于每年 3 月 31 日前向备案的民政部门报送慈善信托事务处理情况和慈善信托财产状况的年度报告。

第八章 法律责任

第五十九条 慈善信托的受托人有下列情形之一的，由民政部门予以警告，责令限期改正；有违法所得的，由民政部门予以没收；对直接负责的主管人员和其他直接责任人员处二万元以上二十万元以下罚款：

（一）将信托财产及其收益用于非慈善目的的；

（二）未按照规定将信托事务处理情况及财务状况向民政部门报告或者向社会公开的。

第六十条 信托公司违反本办法规定的，银行业监督管理机构可以根据《银行业监督管理法》等法律法规，采取相应的行政处罚和监管措施。

第六十一条 慈善信托的当事人违反《慈善法》有关规定，构成违反治安管理行为的，依法移送公安机关给予治安管理处罚；构成犯罪的，依法移送公安、司法机关追究刑事责任。

第九章 附 则

第六十二条 本办法由国务院银行业监督管理机构与国务院民政部门共同负责解释。

第六十三条 此前有关慈善信托的相关规定与本办法不一致的，以本办法为准。

第六十四条 省、自治区、直辖市、计划单列市人民政府民政部门和国务院银行业监督管理机构的省一级派出机构可以按照本办法规定结合当地实际联合制定实施细则，但不得设置或变相设置限制性条件。

第六十五条 本办法自印发之日起施行。

慈善组织信息公开办法

（2018 年 8 月 6 日民政部令第 61 号公布 自 2018 年 9 月 1 日起施行）

第一条 为规范慈善组织的信息公开行为，保护捐赠人、志愿者、受益人等慈善活动参与者的合法权益，维护社会公众的知情权，促进慈善事业发展，根据《中华人民共和国慈善法》（以下简称《慈善法》）制定本办法。

第二条 慈善组织应当依法履行信息公开义务，信息公开应当真实、完整、及时。

慈善组织应当建立信息公开制度，明确信息公开的范围、方式和责任。

慈善组织应当对信息的真实性负责，不得有虚假记载、误导性陈述或者重大遗漏，不得以新闻发布、广告推广等形式代替应当履行的信息公开义务。

第三条 慈善组织应当依照有关法律法规和本办法规定，在民政部门提供的统一的信息平台（以下简称统一信息平台），向社会公开下列信息：

（一）本办法规定的基本信息；

（二）年度工作报告和财务会计报告；

（三）公开募捐情况；

（四）慈善项目有关情况；

（五）慈善信托有关情况；

（六）重大资产变动及投资、重大交换交易及资金往来、关联交易行为等情况；

（七）法律法规要求公开的其他信息。

第四条 慈善组织应当自下列基本信息形成之日起30日内，在统一信息平台向社会公开：

（一）经民政部门核准的章程；

（二）决策、执行、监督机构成员信息；

（三）下设的办事机构、分支机构、代表机构、专项基金和其他机构的名称、设立时间、存续情况、业务范围或者主要职能；

（四）发起人、主要捐赠人、管理人员、被投资方以及与慈善组织存在控制、共同控制或者重大影响关系的个人或者组织（以下简称重要关联方）；

（五）本组织的联系人、联系方式，以本组织名义开通的门户网站、官方微博、官方微信或者移动客户端等网络平台；

（六）本组织的信息公开制度、项目管理制度、财务和资产管理制度。

基本信息中属于慈善组织登记事项的，由民政部门予以公开，慈善组织可以免予公开。

慈善组织可以将基本信息制作纸质文本置于本组织的住所，方便社会公众查阅、复制。

第五条 具有公开募捐资格的慈善组织应当公开的基本信息还包括：

（一）按年度公开在本组织领取报酬从高到低排序前五位人员的报酬金额；

（二）本组织出国（境）经费、车辆购置及运行费用、招待费用、差旅费用的标准。

第六条 慈善组织应当按照有关法律法规规定的时限，将年度工作报告和财务会计报告在统一信息平台向社会公开。具有公开募捐资格的慈善组织的年度财务会计报告需经审计。

年度工作报告的具体内容和基本格式由国务院民政部门统一制定。

第七条 慈善组织开展公开募捐活动，应当在募捐活动现场或者募捐活动载体的显著位置，公布组织名称、公开募捐资格证书、备案的募捐方案、联系方式、募捐信息查询方法等，并在统一信息平台向社会公开。慈善组织与其他组织或者个人合作开展公开募捐的，还应当公开合作方的有关信息。

慈善组织通过互联网开展公开募捐的，应当按照有关规定发布募捐信息。

第八条 具有公开募捐资格的慈善组织开展公开募捐活动，应当在公开募捐活动结束后三个月内在统一信息平台公开下列信息：

（一）募得款物情况；

（二）已经使用的募得款物的用途，包括用于慈善项目和其他用途的支出情况；

（三）尚未使用的募得款物的使用计划。

公开募捐周期超过六个月的，至少每三个月公开一次前款第（一）、第（二）项所规定的信息。

第九条 慈善组织在设立慈善项目时，应当在统一信息平台公开该慈善项目的名称和内容，慈善项目结束的，应当公开有关情况。

具有公开募捐资格的慈善组织为慈善项目开展公开募捐活动的，还应当公开相关募捐活动的名称。

慈善项目由慈善信托支持的，还应当公开相关慈善信托的名称。

第十条 具有公开募捐资格的慈善组织，应当在慈善项目终止后三个月内，在统一信息平台向社会公开慈善项目实施情况，包括：项目名称、项目内容、实施地域、受益人群、来自公开募捐和其他来源的收入、项目的支出情况，项目终止后有剩余财产的还应当公开剩余财产的处理情况。

项目实施周期超过六个月的，至少每三个月公开一次项目实施情况。

第十一条 慈善组织担任慈善信托受托人的，应当每年至少一次将信托事务处理情况及财务状况在统一信息平台向社会公开。

第十二条 慈善组织发生下列情形后30日内，应当在统一信息平台向社会公开具体内容和金额：

（一）重大资产变动；

（二）重大投资；

（三）重大交易及资金往来。

前款中规定的重大资产变动、重大投资、重大交易及资金往来的具体标准，由慈善组织依据有关法律法规规章在本组织章程或者财务资产管理制度中规定。

第十三条 慈善组织在下列关联交易等行为发生后30日内，应当在统一信息平台向社会公开具体内容和金额：

（一）接受重要关联方捐赠；

（二）对重要关联方进行资助；

（三）与重要关联方共同投资；

（四）委托重要关联方开展投资活动；

（五）与重要关联方发生交易；

（六）与重要关联方发生资金往来。

第十四条 慈善组织应当在统一信息平台为每年的年度工作报告和财务会计报告、每个公开募捐活动和慈善项目建立相对独立的信息条目。

慈善组织需要对统一信息平台的信息进行更正的，应当在统一信息平台填写并公布更正说明，有独立信息条目的在相应信息条目下予以公布。基本信息发生变更的，慈善组织应当在变更后30日内在统一信息平台向社会公布。

第十五条 慈善组织开展定向募捐的，应当及时向捐赠人告知募捐情况、捐赠款物管理使用情况。捐赠人要求将捐赠款物管理使用情况向社会公开的，慈善组织应当向社会公开。

第十六条 慈善组织应当向受益人告知其资助标准、工作流程和工作规范等信息。

鼓励慈善组织向社会公开前款规定的信息。

第十七条 慈善组织招募志愿者参与慈善服务，应当公示与慈善服务有关的全部信息，以及在服务过程中可能发生的风险。

第十八条 慈善组织对外公开有关机关登记、核准、备案的事项时，应当与有关机关的信息一致。

慈善组织公布的信息相互之间应当一致。

慈善组织在其他渠道公布的信息，应当与其在统一信息平台上公布的信息一致。

第十九条 涉及国家秘密、商业秘密、个人隐私的信息以及捐赠人、志愿者、受益人、慈善信托的委托人不同意公开的姓名、名称、住所、通讯方式等信息，不得公开。

第二十条 慈善组织不及时公开应当公开的事项或者公开的事项不真实的，任何单位或者个人可以向民政部门投诉、举报。

第二十一条 民政部门可以要求慈善组织就信息公开的相关事项作出说明，必要时可以进行约谈，并向社会公开。

第二十二条 慈善组织违反本办法规定的，民政部门可以责令限期改正。

第二十三条 慈善组织有下列情形的，民政部门依据《慈善法》第九十九条的有关规定进行处罚：

（一）未依法履行信息公开义务的；

（二）泄露捐赠人、志愿者、受益人个人隐私以及捐赠人、志愿者、受益人、慈善信托的委托人不同意公开的姓名、名称、住所、通讯方式等信息的。

第二十四条 慈善组织在信息公开中违反有关法律法规规章和本办法规定的，民政部门应当进行记录，并将相关情况通报有关部门，根据有关规定实施联合惩戒。

第二十五条 民政部门工作人员在工作中滥用职权、徇私舞弊、玩忽职守的，由上级机关或者监察机关依法责令改正；依法应当给予处分的，由任免机关或者监察机关对直接负责的主管人员和其他直接责任人员给予处分。

第二十六条 本办法自2018年9月1日起施行。

慈善组织保值增值投资活动管理暂行办法

（2018年10月30日民政部令第62号公布 自2019年1月1日起施行）

第一条 为规范慈善组织的投资活动，防范慈善财产运用风险，促进慈善组织持续健康发展，根据《中华人民共和国慈善法》（以下简称《慈善法》）等法律法规，制定本办法。

第二条 县级以上人民政府民政部门（以下简称民政部门）依法登记、认定的慈善组织进行投资活动，适用本办法。

第三条 慈善组织应当以面向社会开展慈善活动为宗旨，充分、高效运用慈善财产，在确保年度慈善活动支出符合法定要求和捐赠财产及时足额拨付的前提下，可以开展投资活动。

慈善组织开展投资活动应当遵循合法、安全、有效的原则，投资取得的收益应当全部用于慈善目的。

第四条 本办法所称投资活动，主要包括下列情形：

（一）直接购买银行、信托、证券、基金、期货、保险资产管理机构、金融资产投资公司等金融机构发行的资产管理产品；

（二）通过发起设立、并购、参股等方式直接进行股权投资；

（三）将财产委托给受金融监督管理部门监管的机构进行投资。

第五条 慈善组织可以用于投资的财产限于非限定性资产和在投资期间暂不需要拨付的限定性资产。

慈善组织接受的政府资助的财产和捐赠协议约定不得投资的财产，不得用于投资。

第六条 慈善组织在投资资产管理产品时，应当审慎选择，购买与本组织风险识别能力和风险承担能力相匹配的产品。

慈善组织直接进行股权投资的，被投资方的经营范围应当与慈善组织的宗旨和业务范围相关。

慈善组织开展委托投资的，应当选择中国境内有资质从事投资管理业务，且管理审慎、信誉较高的机构。

第七条 慈善组织不得进行下列投资活动：

（一）直接买卖股票；

（二）直接购买商品及金融衍生品类产品；

（三）投资人身保险产品；

（四）以投资名义向个人、企业提供借款；

（五）不符合国家产业政策的投资；

（六）可能使本组织承担无限责任的投资；

（七）违背本组织宗旨、可能损害信誉的投资；

（八）非法集资等国家法律法规禁止的其他活动。

第八条 慈善组织应当在财务和资产管理制度中规定以下内容：

（一）投资遵循的基本原则；

（二）投资决策程序和管理流程；

（三）决策机构、执行机构、监督机构在投资活动中的相关职责；

（四）投资负面清单；

（五）重大投资的标准；

(六)投资风险管控制度;

(七)投资活动中止、终止或者退出机制;

(八)违规投资责任追究制度。

第九条　慈善组织的财务和资产管理制度以及重大投资方案应当经决策机构组成人员三分之二以上同意。

第十条　慈善组织的发起人、主要捐赠人、负责人、理事、理事来源单位以及其他与慈善组织之间存在控制、共同控制或者重大影响关系的个人或者组织,当其利益与慈善组织投资行为关联时,不得利用关联关系损害慈善组织利益。

第十一条　慈善组织应当及时回收到期的本金和收益,依法依规及时进行会计核算。

第十二条　慈善组织应当为投资活动建立专项档案,完整保存投资的决策、执行、管理等资料。专项档案的保存时间不少于20年。

第十三条　慈善组织应当根据投资活动的风险水平以及所能承受的损失程度,合理建立止损机制。

慈善组织可以建立风险准备金制度。

第十四条　慈善组织在开展投资活动时,其负责人、理事和工作人员应当遵守法律法规和本组织章程的规定,严格履行忠实、谨慎、勤勉义务。

慈善组织在开展投资活动时有违法违规行为,致使慈善组织财产损失的,相关人员应当承担相应责任。

第十五条　慈善组织的负责人和工作人员不得在慈善组织投资的企业兼职或者领取报酬,但受慈善组织委托可以作为股东代表、董事或者监事参与被投资企业的股东会、董事会。

第十六条　民政部门可以要求慈善组织就投资活动、风险控制、内部管理等事项作出说明,必要时可以进行约谈。

第十七条　慈善组织将不得用于投资的财产用于投资,民政部门依据《慈善法》第九十九条的有关规定进行处罚。慈善组织违反本办法规定,民政部门可以给予警告,并责令限期改正。

第十八条　慈善组织的财务和资产管理制度、重大投资情况应当依法依规向社会公开,接受社会监督。

第十九条　未认定为慈善组织的基金会、具有公益性捐赠税前扣除资格的社会团体和社会服务机构开展投资活动应当遵守本办法规定。

第二十条　本办法自2019年1月1日起施行。

公开募捐违法案件管辖规定(试行)

(2018年11月30日　民发〔2018〕142号)

第一条　为明确公开募捐违法案件的管辖,及时查处相关违法行为,维护慈善募捐管理秩序,根据《中华人民共和国慈善法》、《中华人民共和国行政处罚法》、《社会团体登记管理条例》、《基金会管理条例》以及《民办非企业单位登记管理暂行条例》等法律法规,制定本规定。

第二条　本规定所称公开募捐违法案件,包括具有公开募捐资格的慈善组织在公开募捐活动中发生的违法案件,不具有公开募捐资格的慈善组织或者其他社会组织违法开展公开募捐活动的案件,以及社会组织以外的组织或者个人违法开展公开募捐活动的案件。

第三条　具有公开募捐资格的慈善组织在公开募捐活动中发生的违法案件,不具有公开募捐资格的慈善组织或者其他社会组织违法开展公开募捐活动的案件,由其登记的民政部门管辖。

第四条　社会组织以外的组织或者个人违法开展公开募捐活动的案件,由违法行为发生地的县级人民政府民政部门按照下列情形管辖:

(一)通过在公共场所设置募捐箱的方式开展公开募捐的,由募捐箱设置地的民政部门管辖;

(二)通过举办面向社会公众的义演、义赛、义卖、义展、义拍、慈善晚会等方式开展公开募捐的,由义演、义赛、义卖、义展、义拍、慈善晚会等活动举办地的民政部门管辖;

(三)通过广播、电视、报刊等媒体开展公开募捐的,由提供信息服务的广播电台、电视台、报刊出版单位所在地的民政部门管辖;

(四)通过互联网开展公开募捐的,由组织住所地、个人居住地等所在地民政部门管辖。无法确定所在地的,由互联网信息服务提供者许可或者备案机关所在地的民政部门管辖。

违法活动发生地涉及两个以上民政部门的,由共同上一级民政部门或者其指定的民政部门管辖。

第五条　民政部门发现或者收到有关公开募捐违法案件线索后,应当进行甄别。本机关有管辖权的,依法调查处理;不属于本机关管辖的,应当及时将案件材料移送有管辖权的民政部门,受移送的民政部门应当受理。

第六条　民政部门对管辖权发生争议的,由争议各方按照本规定确定的原则协商解决。协商不成的,由共同上一级民政部门指定的民政部门管辖。

第七条　上级民政部门指定管辖的,应当书面通知被指定的民政部门和其他相关民政部门。

相关民政部门收到上级民政部门书面通知后,应当及时将案件材料移送被指定管辖的民政部门。

第八条　民政部门在案件调查过程中,发现已有其他民政部门正在办理的,应当中止调查。管辖确定后,有管辖权的民政部门应当继续调查,其他民政部门应当及时移交案件材料。

第九条　对案件有管辖权的民政部门可以书面请其他民政部门协助调查。跨行政区域调查的,应当提前告知当地民政部门,当地民政部门应当予以配合。

第十条　本规定自发布之日起施行。

关于对慈善捐赠领域相关主体实施守信联合激励和失信联合惩戒的合作备忘录

（2018年2月11日　发改财金〔2018〕331号）

为深入学习贯彻习近平新时代中国特色社会主义思想和党的十九大精神，落实《国务院关于促进市场公平竞争维护市场正常秩序的若干意见》（国发〔2014〕20号）、《国务院关于印发社会信用体系建设规划纲要（2014-2020年）的通知》（国发〔2014〕21号）、《国务院关于建立完善守信联合激励和失信联合惩戒制度加快推进社会诚信建设的指导意见》（国发〔2016〕33号）、《国家发展改革委 人民银行关于加强和规范守信联合激励和失信联合惩戒对象名单管理工作的指导意见》（发改财金规〔2017〕1798号）等文件关于"褒扬诚信、惩戒失信"的总体要求，着眼于弘扬和践行社会主义核心价值观，国家发展改革委、人民银行、民政部、中央文明办、中央网信办、最高人民法院、教育部、科技部、工业和信息化部、公安部、司法部、财政部、人力资源社会保障部、国土资源部、环境保护部、住房城乡建设部、交通运输部、文化部、卫生计生委、海关总署、税务总局、工商总局、质检总局、新闻出版广电总局、体育总局、食品药品监管总局、知识产权局、旅游局、银监会、证监会、保监会、民航局、文物局、国务院扶贫办、全国总工会、共青团中央、全国妇联、中国科协、贸促会、铁路总公司等部门对慈善捐赠领域相关主体实施守信联合激励和失信惩戒措施达成如下一致意见。

一、信息共享与联合激励、联合惩戒的实施方式

民政部和其他有关部门通过全国信用信息共享平台向签署本备忘录的相关部门提供守信联合激励与失信联合惩戒的名单及相关信息，并按照有关规定动态更新。同时，在"信用中国"网站、"慈善中国"网站、国家企业信用信息公示系统、民政部门户网站等向社会公布。各部门从全国信用信息共享平台中获取守信联合激励与失信联合惩戒信息，执行或协助执行本备忘录规定的激励和惩戒措施，定期将联合激励与惩戒实施情况通过该系统反馈给国家发展改革委和民政部。

二、守信联合激励的对象和措施

（一）联合激励对象

守信联合激励的对象有两类，一是在民政部门依法登记或认定、评估等级在4A以上的慈善组织（以下简称"守信慈善组织"）；二是有良好的捐赠记录，以及在扶贫济困领域有突出贡献的捐赠人，包括自然人、法人和非法人组织（以下简称"守信捐赠人"）。同时，联合激励的对象必须是全国信用信息共享平台核查信用优良的自然人、法人或非法人组织，即无不良信用记录，不属于黑名单、重点关注名单对象。

（二）激励措施

1. 为守信慈善组织登记事项变更、相关业务办理建立绿色通道，提供便利服务。（实施单位：民政部）

2. "中央财政支持社会组织示范项目"在同等条件下，优先向守信慈善组织倾斜。（实施单位：民政部）

3. 在同等条件下，优先向守信慈善组织购买服务，并为守信慈善组织承接政府购买服务项目提供指导。（实施单位：民政部、各有关部门和单位）

4. 在同等条件下，优先推荐参加"中华慈善奖"、"先进社会组织"评选。（实施单位：民政部）

5. 为守信捐赠人申请入住公办养老机构提供便利服务。（实施单位：民政部）

6. 在孤儿收养中，作为判断收养人家庭收养能力的一个因素。（实施单位：民政部）

7. 在婚姻、殡葬、社会救助、优抚安置等服务中为守信捐赠人提供便利服务。（实施单位：民政部）

8. 依法享受税收优惠。企业发生的公益性捐赠支出，在年度利润总额12%以内的部分，准予在计算应纳税所得额时扣除；超过年度利润总额12%的部分，准予结转以后三年内在计算应纳税所得额时扣除。（实施单位：税务总局、财政部）

9. 作为纳税信用评价的重要外部参考。（实施单位：税务总局）

10. 在实施政府性资金项目安排时，同等条件下优先考虑。（实施单位：财政部、国家发展改革委）

11. 将守信记录纳入金融信用信息基础数据库，作为银行业金融机构融资授信的重要参考。（实施单位：人民银行、银监会）

12. 守信捐赠人的纳税信用级别为A级的，可一次领取不超过3个月的增值税发票用量；纳税信用级别为B级的，可一次领取不超过2个月的增值税发票用量。以上两类纳税人生产经营情况发生变化，需要调整增值税发票用量，手续齐全的，按照规定即时办理。普通发票用量，税务机关可根据领购单位和个人的经营范围、规模、守信情况，合理确定领购发票数量。（实施单位：税务总局）

13. 以下便利优化措施，适用于海关企业信用等级为认证企业的守信慈善组织或者捐赠人：

（1）适用较低进出口货物查验率；

（2）简化进出口货物单证审核；

（3）优先办理进出口货物通关手续；

（4）海关优先设立协调员，解决进出口通关问题；

（5）享受AEO互认国家或地区海关提供的通关便利措施。

海关企业信用等级为一般信用企业的守信慈善组织或者捐赠人，海关优先对其开展信用培育或提供相关培训。（实施单位：海关总署）。

14. 用于慈善活动的捐赠物资适用较低的检验检疫口岸

查验率。(实施单位:质检总局)

15. 在办理中小城市落户或者大城市居住证等方面,为守信捐赠人提供便利服务。(实施单位:公安部)

16. 在专利申请、版权登记、诉讼维权等方面提供法律允许范围内的优先、加快服务。(实施单位:知识产权局、新闻出版广电总局、贸促会)

17. 办理社保等业务时给予提前预约、优先办理、简化流程等必要便利。(实施单位:人力资源社会保障部)

18. 参加政府招标供应土地时,同等条件下优先给予考虑。(实施单位:国土资源部)

19. 办理环境影响评价文件审批等环境保护许可事项中提供便捷服务。(实施单位:环境保护部)

20. 作为全国性奖励评估、评优表彰重要参考。(实施单位:中央文明办、国务院扶贫办、全国总工会、共青团中央、全国妇联、中国科协及其他有关部门)

21. 在学习培训、公派出国等方面,同等条件下优先选择守信捐赠人。(实施单位:教育部、人力资源社会保障部)

22. 在举办和组织企业参加经贸展览会、论坛、洽谈会及有关国际会议时给予优先考虑。(实施单位:贸促会)

23. 在法律顾问、商事调解、经贸和海事仲裁等方面优先提供咨询和支持。(实施单位:司法部、贸促会)

24. 鼓励博物馆、科学技术馆、公共图书馆、文化馆、美术馆、体育场馆等公共文化体育设施和公园、旅游景点等场所,给予免票游览、使用或票价优惠等服务。(实施单位:文化部、旅游局、体育总局、文物局、中国科协)

25. 鼓励城市交通系统给予购票优惠政策。(实施单位:交通运输部)

26. 鼓励航空公司推行"诚信机票"计划,提供优先服务、"信用购票"等便利措施和优惠政策。(实施单位:民航局)

(三)联合激励的动态管理

各部门和单位通过全国信用信息共享平台获取联合激励对象名单,执行或者协助执行本备忘录规定的激励措施,并根据实际情况将执行情况通过全国信用信息共享平台反馈至国家发展改革委和民政部。

各单位在日常监管中,发现联合激励对象存在慈善捐赠领域违法失信行为的,及时通过全国信用信息共享平台,反馈至国家发展改革委和民政部。一经核实,立即取消其参与守信联合激励资格并及时通报各单位,停止适用守信联合激励措施。

三、失信联合惩戒的对象和措施

(一)联合惩戒对象

联合惩戒对象为在慈善捐赠活动中有失信行为的相关自然人、法人和非法人组织。其中包括:(1)被民政部门按照有关规定列入社会组织严重违法失信名单的慈善组织(以下简称"失信慈善组织")。(2)上述组织的法定代表人和直接负责的主管人员。(3)在通过慈善组织捐赠中失信,被人民法院依法判定承担责任的捐赠人(以下简称"失信捐赠人")。(4)在接受慈善组织资助中失信,被人民法院依法判定承担责任的受益人(以下简称"失信受益人")。(5)被公安机关依法查处的假借慈善名义或假冒慈善组织骗取财产的自然人、法人和非法人组织。

(二)惩戒措施

1. 对失信慈善组织,按照有关规定降低评估等级,情节严重的,取消评估等级。(实施单位:民政部)

2. 取消或限制取得公益性捐赠税前扣除资格和优先获得政府购买服务、政府奖励资格。(实施单位:民政部、财政部)

3. 失信慈善组织负责人,在其今后申请新的慈善组织、参与慈善活动事中事后监管中给予重点关注。(实施单位:民政部、教育部、文化部、环境保护部等有关部门)

4. 捐赠人捐赠本企业产品不符合安全、卫生、环保等标准的,依法追究其产品安全责任。(实施单位:工商总局、卫生计生委、质检总局、食品药品监管总局等有关监管部门)

5. 依法限制作为供应商参加政府采购活动。(实施单位:财政部)

6. 在申请政府性资金支持时,采取从严审核、降低支持力度或不予支持等限制措施。(实施单位:财政部、国家发展改革委)

7. 限制取得政府供应土地。(实施单位:国土资源部)

8. 依法对申请发行企业债券不予受理;依法限制发行公司债券;限制注册非金融企业债务融资工具,并按照注册发行有关工作要求,强化信息披露,加强投资人保护机制管理,防范有关风险;在股票发行审核及在全国中小企业股份转让系统挂牌公开转让审核中,将其严重失信信息作为重要参考。(实施单位:国家发展改革委、证监会、人民银行)

9. 引导金融机构按照风险定价原则,将失信主体相关信息作为银行授信决策和信贷管理的重要参考,对失信主体提高财产保险费率。(实施单位:人民银行、银监会、保监会)

10. 在上市公司或者非上市公众公司收购的事中事后监管中予以重点关注。将其失信行为作为境内上市公司实行股权激励计划或相关人员成为股权激励对象事中事后监管的参考。将其失信行为作为非上市公众公司重大资产重组审核的参考。(实施单位:证监会)

11. 限制申请科技扶持项目,将其严重失信行为记入科研诚信记录,并依据有关规定暂停审批其新的科技项目扶持资金申报等。(实施单位:科技部)

12. 相关单位可在市场监管、现场检查等工作中予以参考。(实施单位:民政部、工商总局、税务总局、质检总局、食品药品监管总局)

13. 失信主体申请适用海关认证企业管理的,不予通过认证;已经成为认证企业的,按规定下调企业信用等级。(实

施单位:海关总署)

14. 失信主体办理海关业务时,对其进出口货物实施严密监管,加强单证审核、布控查验、加工贸易担保征收、后续稽查或统计监督核查。(实施单位:海关总署)

15. 在高新技术企业认定、检验机构认可等工作中作为重要参考。(实施单位:科技部、质检总局等有关单位)

16. 失信受益人信息作为在同一时段内认定低保、医疗救助、临时救助等社会救助对象、保障性住房等保障对象,以及复核其救助保障资格的重要参考。(实施单位:民政部、人力资源社会保障部、住房城乡建设部)

17. 失信情况记入金融信用信息基础数据库,作为限制融资或授信的重要参考。(实施单位:人民银行等有关机构)

18. 对申请人民法院强制执行的案件当事人,被人民法院按照有关规定依法采取限制消费措施或依法纳入失信被执行人名单的,限制乘坐飞机、列车软卧、G字头动车组列车、其他动车组列车一等以上座位等高消费及其他非生活和工作必需的消费行为。(实施单位:最高人民法院、民航局、铁路总公司等有关单位)

19. 限制购买非经营必需车辆等非生活和工作必需的消费行为。(实施单位:住房城乡建设部等有关部门)

20. 限制失信慈善组织从事互联网信息服务。(实施单位:工业和信息化部、民政部)

21. 将其失信行为作为证券公司、基金管理公司、期货公司的设立及股权或实际控制人变更审批或备案,私募投资基金管理人登记、重大事项变更以及基金备案的参考。将其失信行为作为独立基金销售机构审批的参考。将其失信行为作为证券公司、基金管理公司、期货公司、保险公司的董事、监事和高级管理人员及分支机构负责人任职审批或备案的参考,对其证券、基金、期货从业资格申请予以从严审核,对已成为证券、基金、期货从业人员的相关主体予以重点关注。(实施单位:证监会、保监会)

22. 限制取得荣誉称号和奖励,已取得的荣誉称号和奖励予以撤销。(实施单位:中央文明办、国务院扶贫办、全国总工会、共青团中央、全国妇联、中国科协及其他有关部门)

23. 将失信主体的失信信息协调互联网新闻信息服务单位,向社会公布。(实施单位:中央网信办)

24. 限制其取得认证机构资质;限制其获得认证证书。(实施单位:质检总局)

(三)联合惩戒的动态管理

民政部、国家发展改革委通过全国信用信息共享平台向签署本备忘录的其他部门和单位提供慈善捐赠领域失信责任主体信息并按照有关规定动态更新。有关单位根据各自的法定职责,按照法律法规和相关规定实施惩戒或解除惩戒。超过效力期限的,不再实施联合惩戒。同时,逐步建立惩戒效果定期通报机制,相关部门根据实际情况定期将联合惩戒的实施情况通过全国信用信息共享平台反馈至国家发展改革委和民政部。

四、其他事宜

各部门应密切协作,积极落实本备忘录,制定实施细则和操作流程。

本备忘录签署后,各部门、各领域内相关法律、法规、规章及规范性文件修改或调整,与本备忘录不一致的,以修改后的法律、法规、规章及规范性文件为准。实施过程中具体操作问题,由各部门协商解决。

6. 福利彩票

彩票管理条例

(2009年4月22日国务院第58次常务会议通过 2009年5月4日中华人民共和国国务院令第554号公布 自2009年7月1日起施行)

第一章 总 则

第一条 为了加强彩票管理,规范彩票市场发展,维护彩票市场秩序,保护彩票参与者的合法权益,促进社会公益事业发展,制定本条例。

第二条 本条例所称彩票,是指国家为筹集社会公益资金,促进社会公益事业发展而特许发行、依法销售,自然人自愿购买,并按照特定规则获得中奖机会的凭证。

彩票不返还本金、不计付利息。

第三条 国务院特许发行福利彩票、体育彩票。未经国务院特许,禁止发行其他彩票。禁止在中华人民共和国境内发行、销售境外彩票。

第四条 彩票的发行、销售和开奖,应当遵循公开、公平、公正和诚实信用的原则。

第五条 国务院财政部门负责全国的彩票监督管理工作。国务院民政部门、体育行政部门按照各自的职责分别负责全国的福利彩票、体育彩票管理工作。

省、自治区、直辖市人民政府财政部门负责本行政区域的彩票监督管理工作。省、自治区、直辖市人民政府民政部门、体育行政部门按照各自的职责分别负责本行政区域的福利彩票、体育彩票管理工作。

县级以上各级人民政府公安机关和县级以上工商行政管理机关,在各自的职责范围内,依法查处非法彩票,维护彩票市场秩序。

第二章 彩票发行和销售管理

第六条 国务院民政部门、体育行政部门依法设立的福利彩票发行机构、体育彩票发行机构(以下简称彩票发行机构),分别负责全国的福利彩票、体育彩票发行和组织销售工作。

省、自治区、直辖市人民政府民政部门、体育行政部门依法设立的福利彩票销售机构、体育彩票销售机构(以下简称彩票销售机构),分别负责本行政区域的福利彩票、体育彩票销售工作。

第七条 彩票发行机构申请开设、停止福利彩票、体育彩票的具体品种(以下简称彩票品种)或者申请变更彩票品种审批事项的,应当依照本条例规定的程序报国务院财政部门批准。

国务院财政部门应当根据彩票市场健康发展的需要,按照合理规划彩票市场和彩票品种结构、严格控制彩票风险的原则,对彩票发行机构的申请进行审查。

第八条 彩票发行机构申请开设彩票品种,应当经国务院民政部门或者国务院体育行政部门审核同意,向国务院财政部门提交下列申请材料:

(一)申请书;

(二)彩票品种的规则;

(三)发行方式、发行范围;

(四)市场分析报告及技术可行性分析报告;

(五)开奖、兑奖操作规程;

(六)风险控制方案。

国务院财政部门应当自受理申请之日起90个工作日内,通过专家评审、听证会等方式对开设彩票品种听取社会意见,对申请进行审查并作出书面决定。

第九条 彩票发行机构申请变更彩票品种的规则、发行方式、发行范围等审批事项的,应当经国务院民政部门或者国务院体育行政部门审核同意,向国务院财政部门提出申请并提交与变更事项有关的材料。国务院财政部门应当自受理申请之日起45个工作日内,对申请进行审查并作出书面决定。

第十条 彩票发行机构申请停止彩票品种的,应当经国务院民政部门或者国务院体育行政部门审核同意,向国务院财政部门提出书面申请并提交与停止彩票品种有关的材料。国务院财政部门应当自受理申请之日起10个工作日内,对申请进行审查并作出书面决定。

第十一条 经批准开设、停止彩票品种或者变更彩票品种审批事项的,彩票发行机构应当在开设、变更、停止的10个自然日前,将有关信息向社会公告。

第十二条 因维护社会公共利益的需要,在紧急情况下,国务院财政部门可以采取必要措施,决定变更彩票品种审批事项或者停止彩票品种。

第十三条 彩票发行机构、彩票销售机构应当依照政府采购法律、行政法规的规定,采购符合标准的彩票设备和技术服务。

彩票设备和技术服务的标准,由国务院财政部门会同国务院民政部门、体育行政部门依照国家有关标准化法律、行政法规的规定制定。

第十四条 彩票发行机构、彩票销售机构应当建立风险管理体系和可疑资金报告制度,保障彩票发行、销售的安全。

彩票发行机构、彩票销售机构负责彩票销售系统的数据管理、开奖兑奖管理以及彩票资金的归集管理,不得委托他人管理。

第十五条 彩票发行机构、彩票销售机构可以委托单位、个人代理销售彩票。彩票发行机构、彩票销售机构应当与接受委托的彩票代销者签订彩票代销合同。福利彩票、体育彩票的代销合同示范文本分别由国务院民政部门、体育行政部门制定。

彩票代销者不得委托他人代销彩票。

第十六条 彩票销售机构应当为彩票代销者配置彩票投注专用设备。彩票投注专用设备属于彩票销售机构所有,彩票代销者不得转借、出租、出售。

第十七条 彩票销售机构应当在彩票发行机构的指导下,统筹规划彩票销售场所的布局。彩票销售场所应当按照彩票发行机构的统一要求,设置彩票销售标识,张贴警示标语。

第十八条 彩票发行机构、彩票销售机构、彩票代销者不得有下列行为:

(一)进行虚假性、误导性宣传;

(二)以诋毁同业者等手段进行不正当竞争;

(三)向未成年人销售彩票;

(四)以赊销或者信用方式销售彩票。

第十九条 需要销毁彩票的,由彩票发行机构报国务院财政部门批准后,在国务院民政部门或者国务院体育行政部门的监督下销毁。

第二十条 彩票发行机构、彩票销售机构应当及时将彩票发行、销售情况向社会全面公布,接受社会公众的监督。

第三章 彩票开奖和兑奖管理

第二十一条 彩票发行机构、彩票销售机构应当按照批准的彩票品种的规则和开奖操作规程开奖。

国务院民政部门、体育行政部门和省、自治区、直辖市人民政府民政部门、体育行政部门应当加强对彩票开奖活动的监督,确保彩票开奖的公开、公正。

第二十二条 彩票发行机构、彩票销售机构应当确保彩票销售数据的完整、准确和安全。当期彩票销售数据封存后至开奖活动结束前,不得查阅、变更或者删除销售数据。

第二十三条 彩票发行机构、彩票销售机构应当加强对开奖设备的管理,确保开奖设备正常运行,并配置备用开奖设备。

第二十四条 彩票发行机构、彩票销售机构应当在每期彩票销售结束后,及时向社会公布当期彩票的销售情况和开奖结果。

第二十五条 彩票中奖者应当自开奖之日起60个自然日内,持中奖彩票到指定的地点兑奖,彩票品种的规则规定需要出示身份证件的，还应当出示本人身份证件。逾期不兑奖的视为弃奖。

禁止使用伪造、变造的彩票兑奖。

第二十六条 彩票发行机构、彩票销售机构、彩票代销者应当按照彩票品种的规则和兑奖操作规程兑奖。

彩票中奖奖金应当以人民币现金或者现金支票形式一次性兑付。

不得向未成年人兑奖。

第二十七条 彩票发行机构、彩票销售机构、彩票代销者以及其他因职务或者业务便利知悉彩票中奖者个人信息的人员，应当对彩票中奖者个人信息予以保密。

第四章 彩票资金管理

第二十八条 彩票资金包括彩票奖金、彩票发行费和彩票公益金。彩票资金构成比例由国务院决定。

彩票品种中彩票资金的具体构成比例，由国务院财政部门按照国务院的决定确定。

随着彩票发行规模的扩大和彩票品种的增加，可以降低彩票发行费比例。

第二十九条 彩票发行机构、彩票销售机构应当按照国务院财政部门的规定开设彩票资金账户，用于核算彩票资金。

第三十条 国务院财政部门和省、自治区、直辖市人民政府财政部门应当建立彩票发行、销售和资金管理信息系统，及时掌握彩票销售和资金流动情况。

第三十一条 彩票奖金用于支付彩票中奖者。彩票单注奖金的最高限额，由国务院财政部门根据彩票市场发展情况决定。

逾期未兑奖的奖金，纳入彩票公益金。

第三十二条 彩票发行费专项用于彩票发行机构、彩票销售机构的业务费用支出以及彩票代销者的销售费用支出。

彩票发行机构、彩票销售机构的业务费实行收支两条线管理，其支出应当符合彩票发行机构、彩票销售机构财务管理制度。

第三十三条 彩票公益金专项用于社会福利、体育等社会公益事业，不用于平衡财政一般预算。

彩票公益金按照政府性基金管理办法纳入预算，实行收支两条线管理。

第三十四条 彩票发行机构、彩票销售机构应当按照国务院财政部门的规定，及时上缴彩票公益金和彩票发行费中的业务费，不得截留或者挪作他用。财政部门应当及时核拨彩票发行机构、彩票销售机构的业务费。

第三十五条 彩票公益金的分配政策，由国务院财政部门会同国务院民政、体育行政等有关部门提出方案，报国务院批准后执行。

第三十六条 彩票发行费、彩票公益金的管理、使用单位，应当依法接受财政部门、审计机关和社会公众的监督。

彩票公益金的管理、使用单位，应当每年向社会公告公益金的使用情况。

第三十七条 国务院财政部门和省、自治区、直辖市人民政府财政部门应当每年向本级人民政府报告上年度彩票公益金的筹集、分配和使用情况，并向社会公告。

第五章 法律责任

第三十八条 违反本条例规定，擅自发行、销售彩票，或者在中华人民共和国境内发行、销售境外彩票构成犯罪的，依法追究刑事责任；尚不构成犯罪的，由公安机关依法给予治安管理处罚；有违法所得的，没收违法所得。

第三十九条 彩票发行机构、彩票销售机构有下列行为之一的，由财政部门责令停业整顿；有违法所得的，没收违法所得，并处违法所得3倍的罚款；对直接负责的主管人员和其他直接责任人员，依法给予处分；构成犯罪的，依法追究刑事责任：

（一）未经批准开设、停止彩票品种或者未经批准变更彩票品种审批事项的；

（二）未按批准的彩票品种的规则、发行方式、发行范围、开奖兑奖操作规程发行、销售彩票或者开奖兑奖的；

（三）将彩票销售系统的数据管理、开奖兑奖管理或者彩票资金的归集管理委托他人管理的；

（四）违反规定查阅、变更、删除彩票销售数据的；

（五）以赊销或者信用方式销售彩票的；

（六）未经批准销毁彩票的；

（七）截留、挪用彩票资金的。

第四十条 彩票发行机构、彩票销售机构有下列行为之一的，由财政部门责令改正；有违法所得的，没收违法所得；对直接负责的主管人员和其他直接责任人员，依法给予处分：

（一）采购不符合标准的彩票设备或者技术服务的；

（二）进行虚假性、误导性宣传的；

（三）以诋毁同业者等手段进行不正当竞争的；

（四）向未成年人销售彩票的；

（五）泄露彩票中奖者个人信息的；

（六）未将逾期未兑奖的奖金纳入彩票公益金的；

（七）未按规定上缴彩票公益金、彩票发行费中的业务费的。

第四十一条 彩票代销者有下列行为之一的，由民政部门、体育行政部门责令改正，处2000元以上1万元以下罚款；有违法所得的，没收违法所得：

（一）委托他人代销彩票或者转借、出租、出售彩票投注专用设备的；

（二）进行虚假性、误导性宣传的；

（三）以诋毁同业者等手段进行不正当竞争的；

（四）向未成年人销售彩票的；

（五）以赊销或者信用方式销售彩票的。

彩票代销者有前款行为受到处罚的，彩票发行机构、彩票销售机构有权解除彩票代销合同。

第四十二条 伪造、变造彩票或使用伪造、变造的彩票兑奖的，依法给予治安管理处罚；构成犯罪的，依法追究刑事责任。

第四十三条 彩票公益金管理、使用单位违反彩票公益金管理、使用规定的，由财政部门责令限期改正；有违法所得的，没收违法所得；在规定期限内不改正的，没收已使用彩票公益金形成的资产，取消其彩票公益金使用资格。

第四十四条 依照本条例的规定履行彩票管理职责的财政部门、民政部门、体育行政部门的工作人员，在彩票监督管理活动中滥用职权、玩忽职守、徇私舞弊，构成犯罪的，依法追究刑事责任；尚不构成犯罪的，依法给予处分。

第六章 附 则

第四十五条 本条例自2009年7月1日起施行。

彩票管理条例实施细则

（2012年1月18日财政部、民政部、国家体育总局令第67号公布 根据2018年8月16日《财政部、民政部、国家体育总局关于修改〈彩票管理条例实施细则〉的决定》修订）

第一章 总 则

第一条 根据《彩票管理条例》（以下简称条例），制定本细则。

第二条 条例第二条所称特定规则，是指经财政部批准的彩票游戏规则。

条例第二条所称凭证，是指证明彩票销售与购买关系成立的专门凭据，应当记载彩票游戏名称，购买数量和金额，数字、符号或者图案，开奖和兑奖等相关信息。

第三条 财政部负责全国的彩票监督管理工作，主要职责是：

（一）制定彩票监督管理制度和政策；

（二）监督管理全国彩票市场以及彩票的发行和销售活动，监督彩票资金的解缴和使用；

（三）会同民政部、国家体育总局等有关部门提出彩票公益金分配政策建议；

（四）审批彩票品种的开设、停止和有关审批事项的变更；

（五）会同民政部、国家体育总局制定彩票设备和技术服务标准；

（六）审批彩票发行机构财务收支计划，监督彩票发行机构财务管理活动；

（七）审批彩票发行机构的彩票销毁方案。

第四条 民政部、国家体育总局按照各自的职责分别负责全国的福利彩票、体育彩票管理工作，主要职责是：

（一）制定全国福利彩票、体育彩票事业的发展规划和管理制度；

（二）设立福利彩票、体育彩票发行机构；

（三）制定民政部门、体育行政部门彩票公益金使用管理办法，指导地方民政部门、体育行政部门彩票公益金的使用和管理；

（四）审核福利彩票、体育彩票品种的开设、停止和有关审批事项的变更；

（五）监督福利彩票、体育彩票发行机构的彩票销毁工作；

（六）制定福利彩票、体育彩票的代销合同示范文本。

第五条 省级财政部门负责本行政区域的彩票监督管理工作，主要职责是：

（一）制定本行政区域的彩票监督管理具体实施办法；

（二）监督管理本行政区域彩票市场以及彩票的销售活动，监督本行政区域彩票资金的解缴和使用；

（三）会同省级民政部门、体育行政部门制定本行政区域的彩票公益金管理办法；

（四）审批彩票销售机构财务收支计划，监督彩票销售机构财务管理活动。

第六条 省级民政部门、体育行政部门按照各自的职责分别负责本行政区域的福利彩票、体育彩票管理工作，主要职责是：

（一）设立本行政区域的福利彩票、体育彩票销售机构；

（二）批准建立本行政区域福利彩票、体育彩票的销售网络；

（三）制定本行政区域民政部门、体育行政部门彩票公益金使用管理办法，指导省以下民政部门、体育行政部门彩票公益金的使用和管理；

（四）监督本行政区域彩票代销者的代销行为。

第七条 条例第五条所称非法彩票，是指违反条例规定以任何方式发行、销售以下形式的彩票：

（一）未经国务院特许，擅自发行、销售福利彩票、体育彩票之外的其他彩票；

（二）在中华人民共和国境内，擅自发行、销售的境外彩票；

（三）未经财政部批准，擅自发行、销售的福利彩票、体育彩票品种和彩票游戏；

（四）未经彩票发行机构、彩票销售机构委托，擅自销售的福利彩票、体育彩票。

（五）擅自利用互联网销售的福利彩票、体育彩票。

县级以上财政部门、民政部门、体育行政部门，以及彩票发行机构、彩票销售机构，应当积极配合公安机关和市场监督管理部门依法查处非法彩票，维护彩票市场秩序。

第二章 彩票发行和销售管理

第八条 福利彩票发行机构、体育彩票发行机构，按照统一发行、统一管理、统一标准的原则，分别负责全国的福利彩票、体育彩票发行和组织销售工作，主要职责是：

（一）制定全国福利彩票、体育彩票发行销售的发展规划、管理制度、工作规范和技术标准等；

（二）建立全国福利彩票、体育彩票的发行销售系统、市场调控机制、激励约束机制和监督管理机制；

（三）组织彩票品种的研发，申请开设、停止彩票品种或者变更彩票品种审批事项，经批准后组织实施；

（四）负责组织管理全国福利彩票、体育彩票的销售系统数据、资金归集结算、设备和技术服务、销售渠道和场所规划、印制和物流、开奖兑奖、彩票销毁；

（五）负责组织管理全国福利彩票、体育彩票的形象建设、彩票代销、营销宣传、业务培训、人才队伍建设等工作。

第九条 福利彩票销售机构、体育彩票销售机构，在福利彩票发行机构、体育彩票发行机构的统一组织下，分别负责本行政区域的福利彩票、体育彩票销售工作，主要职责是：

（一）制定本行政区域福利彩票、体育彩票销售管理办法和工作规范；

（二）向彩票发行机构提出停止彩票品种或者变更彩票品种审批事项的建议；

（三）制定本行政区域彩票销售实施方案，并组织实施；

（四）负责本行政区域福利彩票、体育彩票销售系统的建设、运营和维护；

（五）负责实施本行政区域福利彩票、体育彩票的销售系统数据管理、资金归集结算、销售渠道和场所规划、物流管理、开奖兑奖；

（六）负责组织实施本行政区域福利彩票、体育彩票的形象建设、彩票代销、营销宣传、业务培训、人才队伍建设等工作。

第十条 各省、自治区、直辖市福利彩票、体育彩票的销售网络，由福利彩票销售机构、体育彩票销售机构提出方案，分别报省级民政部门、体育行政部门批准后建立。

第十一条 条例第七条所称彩票品种，是指按照彩票游戏机理和特征划分的彩票类型，包括乐透型、数字型、竞猜型、传统型、即开型、视频型、基诺型等。

条例第七条所称开设，是指在已发行销售的彩票品种之外，增加新的品种。

条例第七条所称变更，是指在已发行销售的彩票品种之内，对彩票游戏规则、发行方式、发行范围等事项进行调整。

第十二条 彩票发行机构拟开设彩票品种或者拟变更彩票品种涉及对技术方案进行重大调整的，可以根据需要委托专业检测机构进行技术检测。

第十三条 对彩票发行机构申请开设彩票品种的审查，按照以下程序办理：

（一）彩票发行机构将拟开设彩票品种的申请材料报民政部或者国家体育总局进行审核；

（二）民政部或者国家体育总局审核同意后，彩票发行机构向财政部提交申请材料；

（三）财政部自收到申请材料之日起10个工作日之内，对申请材料进行初步审核，并出具受理或者不予受理意见书；

（四）受理申请后，财政部通过专家评审、听证会等方式听取社会意见；

（五）财政部自受理申请之日起90个工作日内，根据条例、有关彩票管理的制度规定以及社会意见作出书面决定。

第十四条 彩票发行机构申请变更彩票品种审批事项的，应当向财政部提交下列申请材料：

（一）申请书；

（二）拟变更彩票品种审批事项的具体内容，包括对彩票游戏规则、发行方式、发行范围等的具体调整方案；

（三）对变更彩票品种审批事项的市场分析报告；

（四）财政部要求报送的其他材料。

第十五条 对彩票发行机构申请变更彩票品种审批事项的审查，按照以下程序办理：

（一）彩票发行机构将拟变更彩票品种审批事项的申请材料报民政部或者国家体育总局进行审核；

（二）民政部或者国家体育总局审核同意后，彩票发行机构向财政部提交申请材料；

（三）财政部自收到申请材料之日起10个工作日之内，对申请材料进行初步审核，并出具受理或者不予受理意见书；

（四）财政部自受理申请之日起45个工作日内，根据条例、有关彩票管理的制度规定作出书面决定。

第十六条 彩票发行机构申请停止彩票品种或者彩票游戏，应当向财政部报送拟停止彩票品种或者彩票游戏上市以来的销售情况、奖池和调节基金余额、停止发行销售的理由等相关材料。

第十七条 对彩票发行机构申请停止彩票品种或者彩票游戏的审查，按照以下程序办理：

（一）彩票发行机构将拟停止彩票品种或者彩票游戏的申请材料报民政部或者国家体育总局进行审核；

（二）民政部或者国家体育总局审核同意后，彩票发行机构向财政部提交申请材料；

（三）财政部自收到申请材料之日起5个工作日之内，对申请材料进行初步审核，并出具受理或者不予受理意见书；

（四）财政部自受理申请之日起10个工作日内，根据条例、有关彩票管理的制度规定作出书面决定。

第十八条 彩票销售机构认为本行政区域内需要停止彩票品种或者彩票游戏、变更彩票品种审批事项的，经省级财政部门提出意见后可以向彩票发行机构提出书面申请建议。

第十九条 条例第十三条所称彩票设备和技术服务，根据彩票发行销售业务的专业性、市场性特点和彩票市场发展需要，分为专用的彩票设备和技术服务与通用的彩票设备和技术服务。

专用的彩票设备和技术服务包括：彩票投注专用设备，彩票开奖设备和服务，彩票发行销售信息技术系统的开发、集成、测试、运营及维护，彩票印制、仓储和运输，彩票营销策划和广告宣传，以及彩票技术和管理咨询等。

通用的彩票设备和技术服务包括：计算机、网络设备、打印机、复印机等通用硬件产品，数据库系统、软件工具等商业软件产品，以及工程建设等。

第二十条 彩票发行机构、彩票销售机构采购彩票设备和技术服务，依照政府采购法及相关规定，以公开招标作为主要采购方式。经同级财政部门批准，彩票发行机构、彩票销售机构采购专用的彩票设备和技术服务，可以采用邀请招标、竞争性谈判、单一来源采购、询价或者国务院政府采购监督管理部门认定的其他采购方式。

第二十一条 彩票代销者应当具备以下条件：

（一）年满18周岁且具有完全民事行为能力的个人，或者具有独立法人资格的单位；

（二）有与从事彩票代销业务相适应的资金；

（三）有满足彩票销售需要的场所；

（四）近五年内无刑事处罚记录和不良商业信用记录；

（五）彩票发行机构、彩票销售机构规定的其他条件。

第二十二条 彩票发行机构、彩票销售机构向社会征召彩票代销者和设置彩票销售场所，应当遵循以下原则：

（一）统筹规划，合理布局；

（二）公开公正，规范透明；

（三）从优选择，兼顾公益。

第二十三条 彩票发行机构、彩票销售机构应当根据民政部、国家体育总局制定的彩票代销合同示范文本，与彩票代销者签订彩票代销合同。彩票代销合同应当包括以下内容：

（一）委托方与受托方的姓名或者名称、住所及法定代表人姓名；

（二）合同订立时间、地点、生效时间和有效期限；

（三）委托方与受托方的权利和义务；

（四）彩票销售场所的设立、迁移、暂停销售、撤销；

（五）彩票投注专用设备的提供与管理；

（六）彩票资金的结算，以及销售费用、押金或者保证金的管理，

（七）不得向未成年人销售彩票和兑奖的约定；

（八）监督和违约责任；

（九）其他内容。

委托方与受托方应当遵守法律法规、规章制度和有关彩票管理政策，严格履行彩票代销合同。

第二十四条 签订彩票代销合同后，彩票发行机构、彩票销售机构应当向彩票代销者发放彩票代销证。福利彩票代销证、体育彩票代销证的格式分别由福利彩票发行机构、体育彩票发行机构制定。

彩票代销证应当置于彩票销售场所的显著位置。

彩票代销证是彩票代销者代理销售彩票的合法资格证明，不得转借、出租、出售。

第二十五条 彩票代销证应当记载以下事项：

（一）彩票代销证编号；

（二）彩票代销者的姓名或者名称、住所及法定代表人姓名；

（三）彩票销售场所地址；

（四）彩票代销证的有效期限；

（五）彩票发行机构规定的其他事项。

第二十六条 彩票发行机构、彩票销售机构应当对从事彩票代销业务的人员进行专业培训。

第二十七条 纸质即开型彩票的废票、尾票，应当定期销毁。

销毁彩票应当采用粉碎、打浆等方式。

第二十八条 彩票发行机构申请销毁纸质即开型彩票的废票、尾票的，应当向财政部提出书面申请并提交拟销毁彩票的名称、面值、数量、金额，以及销毁时间、地点、方式等材料。

财政部应当自受理申请之日起10个工作日内，对申请进行审查并作出书面决定。

彩票发行机构应当自财政部作出书面决定之日起30个工作日内分别在民政部、国家体育总局的监督下销毁彩票，并于销毁后20个工作日内向财政部报送销毁情况报告。

第二十九条 彩票发行机构、彩票销售机构、彩票代销者在难以判断彩票购买者或者兑奖者是否为未成年人的情况下，可以要求彩票购买者或者兑奖者出示能够证明其年龄的有效身份证件。

第三十条 彩票市场实行休市制度。休市期间，停止彩票的销售、开奖和兑奖。休市的彩票品种和具体时间由财政部向社会公告。

第三十一条 彩票发行机构、彩票销售机构应当于每年5月31日前，向社会公告上年度各彩票品种的销售量、中奖金额、奖池资金余额、调节基金余额等情况。

第三章 彩票开奖和兑奖管理

第三十二条 彩票发行机构、彩票销售机构应当向社会公告彩票游戏的开奖方式、开奖时间、开奖地点。

第三十三条 条例第二十二条所称开奖活动结束，是指彩票游戏的开奖号码全部摇出或者开奖结果全部产生。

通过专用摇奖设备确定开奖号码的，应当在当期彩票销

售截止时封存彩票销售原始数据；通过专用电子摇奖设备或者根据体育比赛项目确定开奖号码的，应当定期封存彩票销售原始数据。

彩票销售原始数据保存期限，自封存之日起不得少于60个月。

第三十四条　民政部、国家体育总局和省级民政部门、体育行政部门应当制定福利彩票、体育彩票的开奖监督管理办法，加强对彩票开奖活动的监督。

第三十五条　彩票发行机构、彩票销售机构应当统一购置、直接管理开奖设备。

彩票发行机构、彩票销售机构不得将开奖设备转借、出租、出售。

第三十六条　彩票发行机构、彩票销售机构使用专用摇奖设备或者专用电子摇奖设备开奖的，开始摇奖前，应当对摇奖设备进行检测。摇奖设备进入正式摇奖程序后，不得中途暂停或者停止运行。

因设备、设施故障等造成摇奖中断的，已摇出的号码有效。未摇出的剩余号码，应当尽快排除故障后继续摇出；设备、设施故障等无法排除的，应当启用备用摇奖设备、设施继续摇奖。

摇奖活动结束后，彩票发行机构、彩票销售机构负责摇奖的工作人员应当对摇奖结果进行签字确认。签字确认文件保存期限不得少于60个月。

第三十七条　根据体育比赛结果进行开奖的彩票游戏，体育比赛裁定的比赛结果经彩票发行机构或者彩票销售机构依据彩票游戏规则确认后，作为开奖结果。

体育比赛因各种原因提前、推迟、中断、取消或者被认定为无效场次的，其开奖和兑奖按照经批准的彩票游戏规则执行。

第三十八条　未按照彩票游戏规则和开奖操作规程进行的开奖活动及开奖结果无效。

因自然灾害等不可抗力事件导致不能按期开奖的，应当及时向社会公告后延期开奖；导致开奖中断的，已开出的号码有效，应当及时向社会公告后延期开出剩余号码。

第三十九条　彩票发行机构、彩票销售机构应当及时、准确、完整地向社会公告当期彩票销售和开奖情况，公告内容包括：

（一）彩票游戏名称，开奖日期或者期号；

（二）当期彩票销售金额；

（三）当期彩票开奖结果；

（四）奖池资金余额；

（五）兑奖期限。

第四十条　彩票售出后出现下列情况的，不予兑奖：

（一）彩票因受损、玷污等原因导致无法正确识别的；

（二）纸质即开型彩票出现兑奖区覆盖层撕刮不开、无兑奖符号、保安区裸露等问题的。

不予兑奖的彩票如果是因印制、运输、仓储、销售原因造成的，彩票发行机构、彩票销售机构应当予以收回，并按彩票购买者意愿退还其购买该彩票所支付的款项或者更换同等金额彩票。

第四十一条　彩票中奖者应当自开奖之日起60个自然日内兑奖。最后一天为《全国年节及纪念日放假办法》规定的全体公民放假的节日或者彩票市场休市的，顺延至全体公民放假的节日后或者彩票市场休市结束后的第一个工作日。

第四十二条　彩票中奖奖金不得以人民币以外的其他货币兑付，不得以实物形式兑付，不得分期多次兑付。

第四十三条　彩票发行机构、彩票销售机构、彩票代销者及其工作人员不得违背彩票中奖者本人意愿，以任何理由和方式要求彩票中奖者捐赠中奖奖金。

第四章　彩票资金管理

第四十四条　条例第二十八条所称彩票资金，是指彩票销售实现后取得的资金，包括彩票奖金、彩票发行费、彩票公益金。

条例第二十八条所称彩票资金构成比例，是指彩票奖金、彩票发行费、彩票公益金占彩票资金的比重。

条例第二十八条所称彩票资金的具体构成比例，是指在彩票游戏规则中规定的，按照彩票销售额计提彩票奖金、彩票发行费、彩票公益金的具体比例。

第四十五条　彩票发行机构、彩票销售机构应当开设彩票资金专用账户，包括彩票资金归集结算账户、彩票投注设备押金或者保证金账户。

第四十六条　彩票奖金应当按照彩票游戏规则的规定支付给彩票中奖者。

彩票游戏单注奖金的最高限额，由财政部根据彩票市场发展情况在彩票游戏规则中规定。

第四十七条　彩票发行机构、彩票销售机构应当按照彩票游戏规则的规定设置奖池和调节基金。奖池和调节基金应当按照彩票游戏规则的规定分别核算和使用。

彩票发行机构、彩票销售机构应当设置一般调节基金。彩票游戏经批准停止销售后的奖池和调节基金结余，转入一般调节基金。

第四十八条　经同级财政部门审核批准后，彩票发行机构、彩票销售机构开展彩票游戏派奖活动所需资金，可以从该彩票游戏的调节基金或者一般调节基金中支出。

不得使用奖池资金、业务费开展派奖活动。

第四十九条　条例第三十二条所称业务费，是指彩票发行机构、彩票销售机构按照彩票销售额一定比例提取的，专项用于彩票发行销售活动的经费。

第五十条　彩票发行机构、彩票销售机构的业务费提取比例,由彩票发行机构、彩票销售机构根据彩票市场发展需要提出方案,报同级民政部门或者体育行政部门商同级财政部门核定后执行。

第五十一条 彩票发行机构、彩票销售机构的业务费由彩票发行机构、彩票销售机构按月缴入中央财政专户和省级财政专户,实行收支两条线管理。

彩票代销者的销售费用,由彩票发行机构、彩票销售机构与彩票代销者按照彩票代销合同的约定进行结算。

第五十二条 彩票发行机构、彩票销售机构应当根据彩票市场发展情况和发行销售业务需要,编制年度财务收支计划,报同级财政部门审核批准后执行。

财政部和省级财政部门应当按照国家有关规定审核批准彩票发行机构、彩票销售机构的年度财务收支计划,并根据其业务开支需要和业务费缴纳情况及时拨付资金。

未拨付的彩票发行机构、彩票销售机构的业务费,用于弥补彩票发行机构、彩票销售机构的收支差额,不得用于平衡财政一般预算或者其他支出。

第五十三条 彩票销售机构的业务费实行省级集中统一管理,由福利彩票销售机构、体育彩票销售机构按照省级财政部门审核批准的年度财务收支计划,分别统筹安排用于本行政区域内福利彩票、体育彩票的销售工作。

第五十四条 彩票发行机构、彩票销售机构应当在业务费中提取彩票发行销售风险基金、彩票兑奖周转金。

彩票发行销售风险基金专项用于因彩票市场变化或者不可抗力事件等造成的彩票发行销售损失支出。彩票兑奖周转金专项用于向彩票中奖者兑付奖金的周转支出。

第五十五条 彩票公益金按照政府性基金管理办法纳入预算,实行收支两条线管理,专项用于社会福利、体育等社会公益事业,结余结转下年继续使用,不得用于平衡财政一般预算。

第五十六条 彩票公益金按照国务院批准的分配政策在中央与地方之间分配,由彩票销售机构分别上缴中央财政和省级财政。

上缴中央财政的彩票公益金,由财政部驻各省、自治区、直辖市财政监察专员办事处就地征收;上缴省级财政的彩票公益金,由省级财政部门负责征收。

第五十七条 逾期未兑奖的奖金纳入彩票公益金,由彩票销售机构结算归集后上缴省级财政,全部留归地方使用。

第五十八条 中央和省级彩票公益金的管理、使用单位,应当会同同级财政部门制定彩票公益金资助项目实施管理办法。

彩票公益金的管理、使用单位,应当及时向社会进行公告或者发布消息,依法接受财政部门、审计部门和社会公众的监督。

彩票公益金资助的基本建设设施、设备或者社会公益活动,应当以显著方式标明彩票公益金资助标识。

第五十九条 财政部应当每年向社会公告上年度全国彩票公益金的筹集、分配和使用情况。省级财政部门应当每年向社会公告上年度本行政区域彩票公益金的筹集、分配和使用情况。

中央和地方各级彩票公益金的管理、使用单位,应当每年向社会公告上年度彩票公益金的使用规模、资助项目和执行情况等。

第五章 法律责任

第六十条 彩票发行机构、彩票销售机构有下列行为之一的,由财政部门责令改正;对直接负责的主管人员和其他直接责任人员,建议所在单位或者主管部门给予相应的处分:

(一)违反彩票销售原始数据、彩票开奖设备管理规定的;

(二)违反彩票发行销售风险基金、彩票兑奖周转金或者彩票游戏的奖池资金、调节基金以及一般调节基金管理规定的;

(三)未按批准的销毁方式、期限销毁彩票的;

(四)未按规定向社会公告相关信息的;

(五)使用奖池资金、业务费开展派奖活动的;

(六)未以人民币现金或者现金支票形式一次性兑奖的。

第六十一条 彩票代销者有下列行为之一的,由民政部门、体育行政部门责令改正;情节严重的,责成彩票发行机构、彩票销售机构解除彩票代销合同:

(一)转借、出租、出售彩票代销证的;

(二)未以人民币现金或者现金支票形式一次性兑奖的。

第六十二条 各级财政部门、民政部门、体育行政部门及其工作人员,在彩票监督管理活动中存在违反本细则规定的行为,以及滥用职权、玩忽职守、徇私舞弊等违法违纪行为的,依照《中华人民共和国行政许可法》《中华人民共和国公务员法》《中华人民共和国监察法》《财政违法行为处罚处分条例》《彩票管理条例》等国家有关规定追究相应责任;涉嫌犯罪的,依法移送司法机关处理。

第六章 附 则

第六十三条 本细则自2012年3月1日起施行。

中央专项彩票公益金支持精神病人福利机构项目管理办法

(2014年6月18日 财综〔2014〕44号)

第一章 总 则

第一条 为了规范和加强中央专项彩票公益金支持精神病人福利机构项目管理工作,根据《彩票管理条例》、《彩票管理条例实施细则》和《彩票公益金管理办法》(财综〔2012〕15号)的有关规定,制定本办法。

第二条 本办法所称中央专项彩票公益金支持精神病人福利机构项目(以下简称项目),是指2014年至2015年利用中央财政安排的中央专项彩票公益金进行建设的精神病人福利机构项目。

第三条 本办法所称精神病人福利机构,是指对城镇"三无"、农村五保、流浪乞讨人员、复员退伍军人等城乡特殊困难群体中精神障碍患者开展救治、救助、康复、护理和照料等服务的精神病人社会福利院。

第四条 用于项目的中央专项彩票公益金(以下简称项目资金),应当坚持公开透明、规范管理、讲求绩效和专款专用的原则。

第二章 资金使用范围与标准

第五条 项目资金用于支持地级精神病人福利机构新建、迁建、改扩建和配置设备。

第六条 新建、迁建精神病人福利机构的资助标准为每个3000万元,改扩建精神病人福利机构的资助标准为每个2000万元。

第七条 项目重点资助在本地区具有填补空白意义或有辐射示范和带动作用的,具有精神障碍患者救治、救助、康复、长期护理照料等服务功能的精神病人福利机构。

第三章 项目申报

第八条 项目申报审批程序如下:

(一)民政部会同财政部制定项目整体规划、申报办法和项目申报书范本,下达各地精神病人福利机构建设指标;

(二)省级民政部门会同同级财政部门根据项目申报办法和申报书范本组织本地区申报工作,经审核并提出意见形成申报文件后,上报民政部和财政部;

(三)民政部会同财政部组织评审立项。

第九条 项目申报须满足如下条件:

(一)项目所在地政府应当无偿提供土地,项目须经所在地政府发展改革委员会批准;

(二)每个新建、迁建项目新增床位应当不少于300张,每个改扩建项目新增床位应当不少于200张;

(三)项目建设主体应当包括门诊室、医技科室、工疗室、康复训练(医疗康复、职业康复、社会康复)、护理照料、保障系统等设施用房,无障碍设施建设应当符合《无障碍环境建设条例》要求,医疗设备的配置标准应当符合卫生部门的要求。

第十条 项目申报应当提供如下材料:

(一)项目申报书;

(二)本地区医疗保障水平和社会救助等配套政策,特别是特殊困难精神障碍患者的救治、救助政策等情况;

(三)项目后续管理运转方式;

(四)其他需要说明的材料。

第十一条 项目经批准立项后,原则上不得调整。执行过程中由于特殊原因需要调整的,应当按照原申报审批程序报批。

第四章 资金使用

第十二条 项目资金预算由财政部按照项目资金资助标准和各地精神病人福利机构建设指标,按年度下达各省、自治区、直辖市财政厅(局)和新疆生产建设兵团财务局(以下简称省级财政部门)。

第十三条 地方财政部门应对项目资金实行专项管理,并严格按照规定用途使用,不得截留、挤占、挪用。

第十四条 项目资金安排使用时,填列《政府收支分类科目》中229类"其他支出"60款"彩票公益金安排的支出"02项"用于社会福利的彩票公益金支出"。

第十五条 项目资金支出属于政府采购范围的,按照政府采购有关规定执行。

第十六条 项目资金支付管理,按照财政国库管理制度有关规定执行。

第五章 公告报告

第十七条 由项目资金资助建设的场所和设施设备,应当在显著位置标识"彩票公益金资助——中国福利彩票和中国体育彩票"字样。

第十八条 省级财政部门和省级民政部门,应当于每年3月底前,将上一年度项目资金分配使用和项目执行情况报送财政部和民政部。

第十九条 省级民政部门应当于每年6月底前,向社会公告上一年度项目资金分配使用和项目执行情况。

第六章 监督管理

第二十条 各级财政部门和民政部门应当加强对项目资金管理和项目实施情况的监督检查,确保资金专款专用。

第二十一条 单位和个人违反规定,截留、挤占、挪用项目资金的,依照《财政违法行为处罚处分条例》、《彩票管理条例》等国家有关规定追究法律责任。

第七章 附 则

第二十二条 本办法由财政部和民政部负责解释。

第二十三条 本办法自印发之日起施行。

中央专项彩票公益金支持农村幸福院项目管理办法

（2013年4月28日　财综〔2013〕56号）

第一章　总　　则

第一条　为了规范和加强中央专项彩票公益金支持农村幸福院项目管理工作，根据《彩票管理条例》、《彩票管理条例实施细则》和《彩票公益金管理办法》（财综〔2012〕15号）的有关规定，制定本办法。

第二条　本办法所称中央专项彩票公益金支持农村幸福院项目（以下简称项目），是指2013年至2015年由财政部安排中央专项彩票公益金，支持开展的农村幸福院设施修缮和设备用品配备等工作。

第三条　本办法所称农村幸福院，是指由村民委员会进行管理，为农村老年人提供就餐、文化娱乐等照料服务的公益性活动场所。包括农村老年人日间照料中心、托老所、老年灶、老年人活动中心等。

第四条　用于项目的中央专项彩票公益金（以下简称项目资金），应当坚持公开透明、规范管理和专款专用的安排使用原则。

第二章　资金使用范围与标准

第五条　项目资金使用范围是设施修缮和设备用品配备。

第六条　项目资金标准为每个项目补助3万元。

第三章　项 目 申 报

第七条　项目申报应当具备下列条件：

（一）具有适合兴办农村幸福院的场地和设施；

（二）经村民会议或者村民代表会议讨论决定；

（三）具有筹资和建设方案。

第八条　项目申报应当提供以下材料：

（一）项目申报书；

（二）项目筹资和建设方案；

（三）项目管理运营方案；

（四）其他需要说明的材料。

第九条　项目申报程序如下：

（一）民政部会同财政部每年年初向各地下达农村幸福院的补助数量指标；

（二）省级民政部门会同省级财政部门制定项目申报办法及申报书范本，组织本地区进行申报和评审立项工作；

（三）省级民政部门会同省级财政部门审核立项后，上报民政部和财政部备案；

（四）民政部会同财政部抽查复核项目立项。

第十条　项目数量指标分配遵循“公平规范、激励先进、促进均衡”原则。

第十一条　项目经批准立项后，原则上不得调整。执行过程中由于特殊原因需要调整的，应当按照原申报审批程序报批。

第四章　资 金 使 用

第十二条　项目资金预算由财政部根据项目资金标准和复核确定的农村幸福院数量指标，按年度下达各省、自治区、直辖市财政厅（局）和新疆生产建设兵团财务局。

第十三条　省级财政部门根据当地财力情况，可以安排资金与中央财政安排的项目资金统筹使用。

第十四条　地方财政部门应当对项目资金实行专项管理，并严格按照规定用途使用，不得截留、挤占、挪用。

第十五条　项目资金安排使用时，填列《政府收支分类科目》中229类“其他支出”60款“彩票公益金安排的支出”02项“用于社会福利的彩票公益金支出”。

第十六条　项目资金支付按照财政国库管理制度有关规定执行。

第十七条　项目实施单位应当按照方案进行建设和运营管理，提高项目管理服务水平和运营效能。

第十八条　省级民政部门应当建立项目资金支出绩效评价制度，对项目资金使用、项目建设及使用等情况进行综合考评。

第五章　公 告 报 告

第十九条　由项目资金补助的农村幸福院，应当以显著方式标明“彩票公益金资助——中国福利彩票和中国体育彩票”标识。

第二十条　省级财政部门和省级民政部门，应当于每年3月底前，将上一年度项目资金分配使用和项目执行情况报送财政部和民政部。

第二十一条　省级民政部门应当于每年6月底前，向社会公告上一年度项目资金分配使用和项目执行情况。

第六章　监 督 管 理

第二十二条　各级财政部门应当加强对项目资金管理和项目实施情况的监督检查，确保资金专款专用。

第二十三条　省级民政部门应当设立投诉电话，接受投诉并及时处理。

第二十四条　单位和个人违反规定，截留、挤占、挪用项目资金的，依照《财政违法行为处罚处分条例》（国务院令第427号）追究法律责任。

第七章　附　　则

第二十五条　省级民政部门应当会同省级财政部门根据

本办法制定具体的项目实施办法，报民政部和财政部备案。

第二十六条 本办法由财政部和民政部负责解释。

第二十七条 本办法自印发之日起施行。

互联网销售彩票管理暂行办法

（2010年9月26日 财综〔2010〕83号）

第一章 总 则

第一条 为促进彩票市场健康发展，规范互联网销售彩票行为，维护彩票市场秩序，保护彩票参与者的合法权益，根据《彩票管理条例》（以下简称条例），制定本办法。

第二条 在中华人民共和国境内开展互联网销售彩票业务适用本办法。

第三条 互联网销售彩票是指使用浏览器或客户端等软件，通过互联网等计算机信息网络系统销售彩票。

第四条 未经财政部批准，任何单位不得开展互联网销售彩票业务。

第二章 审批管理

第五条 财政部负责互联网销售彩票业务的监督管理工作。

福利彩票发行机构、体育彩票发行机构（以下简称彩票发行机构）分别负责互联网销售福利彩票、体育彩票的统一规划和实施管理工作。

福利彩票销售机构、体育彩票销售机构（以下简称彩票销售机构）根据彩票发行机构的授权，分别负责互联网销售福利彩票、体育彩票的有关工作。

第六条 彩票发行机构可以与单位合作或者授权彩票销售机构开展互联网销售彩票业务，也可以委托单位开展互联网代理销售彩票业务。

彩票发行机构、经授权的彩票销售机构与单位合作开展互联网销售彩票业务的，应当与合作单位签订互联网销售彩票的合作协议；彩票发行机构委托单位开展互联网代理销售彩票业务的，应当与接受委托的单位（以下简称“互联网代销者”）签订互联网销售彩票的代销合同。

第七条 合作单位、互联网代销者应当具备以下条件：

（一）具有独立法人资格；

（二）注册资本不低于5000万元人民币；

（三）有符合要求的场所和安全保障措施；

（四）有健全的组织机构、内部控制制度和风险管理措施；

（五）单位及其高级管理人员近五年内无犯罪记录和不良商业信用记录；

（六）取得相关互联网信息服务经营许可证。

第八条 彩票发行机构申请开展、调整或者停止互联网销售彩票业务的，应当根据条例规定，经民政部或者国家体育总局审核同意，向财政部提出书面申请。

财政部应当根据条例规定，对彩票发行机构的申请进行审查并作出书面决定。

第九条 申请开展互联网销售彩票业务的，彩票发行机构应当向财政部提交下列申请材料：

（一）申请书；

（二）市场分析报告及技术可行性分析报告；

（三）合作单位或者互联网代销者的资质证明材料；

（四）合同类材料，包括与银行、设备和技术服务供应商、合作单位或者互联网代销者等单位的合同或者协议意向书；

（五）管理类材料，包括合作单位或者互联网代销者管理、资金管理、销售管理、风险控制方案、设备和技术服务管理、监督和审计管理、应急处理等；

（六）第三方专业检测机构出具的技术检测报告。

第十条 申请调整互联网销售彩票品种的，彩票发行机构应当向财政部提交调整申请书及有关材料。

第十一条 申请停止互联网销售彩票业务的，彩票发行机构应当向财政部提交下列申请材料：

（一）申请书；

（二）彩票参与者合法权益保障方案；

（三）停止后的相关处理方案。

第十二条 经财政部批准开展、调整或者停止互联网销售彩票业务的，彩票发行机构应当在开展、调整或者停止互联网销售彩票业务的10个自然日前，将互联网销售彩票的品种、合作单位或互联网代销者及网站等有关信息向社会公告。

第三章 销售管理

第十三条 彩票发行机构、经授权的彩票销售机构、合作单位或者互联网代销者应当按财政部批准的彩票品种进行销售。未经财政部批准，任何彩票品种不得利用互联网销售。

第十四条 合作单位或者互联网代销者，应当按照财政部批准的事项和合作协议或者代销合同开展互联网销售彩票业务，不得委托他人代销。

第十五条 彩票购买者利用互联网购买彩票，应当通过彩票发行机构的互联网销售彩票管理系统注册开设投注账户。投注账户仅限彩票购买者本人使用，账户信息包括彩票购买者姓名、有效身份证件号码、联系电话、交易记录、资金收付记录等。

第十六条 彩票购买者应当提供本人使用的银行借记卡账户，并与投注账户绑定。

银行借记卡账户与投注账户的个人有关信息应当一致。

第十七条 彩票发行机构应当及时划转、结算彩票购买者的投注资金，确保互联网销售彩票过程中的资金安全。

第十八条 彩票购买者的投注信息由互联网销售彩票管

理系统的前端服务平台受理,由后台管理系统对彩票购买者的投注信息和投注账户资金结余情况核实确认后,向彩票购买者发送彩票购买成功或未成功信息。

信息内容应当包括投注账号、投注彩票游戏名称和金额、投注时间、合作单位或者互联网代销者名称以及相关的验证码等,或购买未成功的原因。

第十九条 彩票发行机构、经授权的彩票销售机构、合作单位或者互联网代销者应当妥善保管彩票购买者投注账户信息,并对彩票购买者个人信息进行保密。

第二十条 合作单位或者互联网代销者应当按彩票发行机构的规定缴纳销售保证金,用于防范互联网销售彩票活动中可能产生的各种风险。

第二十一条 彩票发行机构、经授权的彩票销售机构应当保存彩票销售原始数据,保存期限不得少于60个月。

第二十二条 彩票发行机构、经授权的彩票销售机构应当定期对彩票购买者的投注账户信息进行统计,及时掌握彩票购买者基本信息及变化情况。

第二十三条 禁止为未成年人开设投注账号。不得向未成年人兑奖。

第四章 资金管理

第二十四条 互联网销售彩票资金按照财政部批准的彩票游戏规则规定的比例,分别计提彩票奖金、彩票发行费和彩票公益金。

第二十五条 彩票发行机构应当按规定归集互联网销售彩票的资金,分配结算彩票奖金、彩票发行费和彩票公益金。

彩票发行机构应当根据彩票购买者的银行借记卡账户所属行政区域,对互联网销售彩票销量进行省际划分,并分别计入各省、自治区、直辖市的彩票销量。

第二十六条 彩票中奖奖金由彩票发行机构、彩票销售机构按规定支付给中奖者。

第二十七条 彩票发行费按规定比例和代销合同,分别计提彩票发行机构业务费、彩票销售机构业务费、互联网代销者销售费用。

彩票发行机构业务费、彩票销售机构业务费按规定分别缴入中央财政专户和省级财政专户,互联网代销者的销售费用按照代销合同进行结算。

第二十八条 彩票公益金按规定分别缴入中央国库和省级国库。

第五章 安全管理

第二十九条 彩票发行机构应当制定互联网销售彩票的设备和技术服务标准,建立资金风险管理体系和制度,保障互联网销售彩票的资金安全。

第三十条 彩票发行机构应当建立互联网销售彩票管理系统。管理系统应当包括销售监控系统、后台管理系统和前端服务平台,具有投注账户的开设和管理、投注受理和确认、资金划转结算、奖金支付管理、统计报表、投注服务指南、信息查询、销售实时监控等功能。

第三十一条 互联网销售彩票管理系统应当具备完善的数据备份、数据恢复、防病毒、防入侵等安全措施,确保系统安全可靠运行。

第三十二条 互联网销售彩票的数据应当以彩票发行机构互联网销售彩票管理系统的记录为准。

第三十三条 互联网销售彩票管理系统应当预留信息采集接口。

第六章 附 则

第三十四条 彩票发行机构应根据条例和本办法规定,制定互联网销售彩票管理规范,对合作单位或者互联网代销者管理、投注账户管理、资金管理、销售管理、兑奖管理、风险控制方案、设备和技术服务管理、监督和审计管理、应急处理等做出明确规定。

第三十五条 违反本办法规定的,根据条例规定进行处理。

第三十六条 本办法由财政部负责解释。

第三十七条 本办法自发布之日起施行。

电话销售彩票管理暂行办法

(2014年3月27日 财综〔2014〕15号)

第一章 总 则

第一条 为规范电话销售彩票行为,维护彩票市场秩序,保护彩票参与者的合法权益,促进彩票市场持续健康发展,根据《彩票管理条例》(以下简称《条例》)、《彩票管理条例实施细则》(以下简称《实施细则》),制定本办法。

第二条 在中华人民共和国境内开展电话销售彩票业务适用本办法。

第三条 电话销售彩票是指利用固定电话、移动电话通过短信、语音、客户端等方式销售彩票。

第四条 财政部负责全国电话销售彩票业务的监督管理工作。

省级财政部门负责本行政区域电话销售彩票业务的监督管理工作。

第五条 福利彩票发行机构、体育彩票发行机构(以下简称彩票发行机构)分别负责全国电话销售福利彩票、体育彩票业务的统一规划、管理和组织销售工作。福利彩票销售机构、体育彩票销售机构(以下简称彩票销售机构)分别负责本行政区域电话销售福利彩票、体育彩票业务的具体实施工作。

第六条 未经财政部批准,任何单位和个人不得开展电话销售彩票业务。

第二章 审批管理

第七条 彩票销售机构需要在本行政区域开展、调整或者停止电话销售彩票业务的,应当经省级财政部门提出意见后,向彩票发行机构提出书面申请建议。

彩票发行机构对彩票销售机构的申请建议研究同意后,应当经民政部或者国家体育总局审核同意,向财政部提出书面申请。

第八条 彩票销售机构可以委托单位开展电话代理销售彩票业务。

彩票销售机构委托单位开展电话代理销售彩票业务,应当与接受委托的单位(以下简称“电话代销者”)签订电话销售彩票的代销合同。

第九条 电话代销者应当具备以下条件:

(一)具有独立法人资格;

(二)注册资本不低于1000万元人民币;

(三)有符合要求的场所和安全保障措施;

(四)有健全的组织机构、内部控制制度和风险管理措施;

(五)单位及其高级管理人员近五年内无犯罪记录和不良商业信用记录;

(六)取得相关增值电信业务经营许可证。

第十条 申请开展电话销售彩票业务的,彩票发行机构应当向财政部提交下列申请材料:

(一)申请书,包括电话代销者、电话代销者销售费用管理方案、电话销售的彩票游戏、限额限时管理方案等;

(二)市场分析报告及技术可行性分析报告;

(三)电话代销者的资质证明材料;

(四)合同类材料,与电话代销者的合同(协议)意向书;

(五)管理类材料,包括电话代销者管理、资金管理、销售管理、风险控制方案、设备和技术服务管理、监督和审计管理、应急处理方案等;

(六)第三方专业检测机构出具的电话销售彩票管理系统、电话销售彩票监控预警系统和彩票游戏技术检测报告。

第十一条 申请调整电话代销者、电话代销者销售费用管理方案、电话销售的彩票游戏和限额限时管理方案等电话销售彩票业务的,彩票发行机构应当向财政部提交与调整事项有关的材料。

第十二条 申请停止电话销售彩票业务的,彩票发行机构应当向财政部提交下列申请材料:

(一)申请书;

(二)彩票参与者合法权益保障方案;

(三)停止后的相关处理方案。

第十三条 财政部应当根据《条例》、《实施细则》有关变更彩票品种审批事项的规定,对彩票发行机构的申请进行审查并作出书面决定。

第十四条 获得财政部批准后,彩票销售机构应当在开展、调整或者停止电话销售彩票业务的10个自然日前,将电话代销者、电话销售的彩票游戏、限额限时管理方案等有关信息向社会公告。

第三章 销售管理

第十五条 彩票销售机构和电话代销者应当按照财政部批准的电话销售的彩票游戏进行销售。未经财政部批准,任何彩票游戏不得利用电话销售。

第十六条 电话销售的彩票游戏包括奖池由彩票销售机构管理的彩票游戏和手机即开型彩票游戏等。

第十七条 电话代销者应当按照财政部批准的事项、代销合同开展电话销售彩票业务,不得委托他人代销。

第十八条 彩票购买者利用电话购买彩票,应当注册开设投注账户。投注账户信息包括彩票购买者姓名、有效身份证件号码、银行借记卡账号、注册电话号码、归属行政区域等。

彩票购买者提供的银行借记卡账户、注册电话号码应当与投注账户的个人有关信息一致。

每个有效身份证件仅限注册一个电话销售彩票投注账户。投注账户仅限彩票购买者本人使用,彩票购买者应当保管好投注账户、密码等信息。

第十九条 彩票发行机构统一管理投注账户,负责彩票购买者身份信息验证、注册电话号码绑定、银行借记卡绑定等,并依据绑定的注册电话号码、绑定的银行借记卡或者其他相关信息划分投注账户归属行政区域。

彩票销售机构依据属地原则具体管理本行政区域投注账户。

禁止利用电话跨省销售彩票。

第二十条 彩票发行机构应当建立全国统一的电话销售彩票投注账户管理系统。彩票销售机构或电话代销者接受彩票购买者开设、变更或者注销投注账户等请求,经彩票销售机构初审后向彩票发行机构提出申请,彩票发行机构通过电话销售彩票投注账户管理系统审核有关信息并最终确认。

第二十一条 彩票购买者利用电话购买彩票,电话代销者或者彩票销售机构应当参照彩票发行机构制定的范本,与彩票购买者签订服务协议。

第二十二条 彩票销售机构利用电话销售彩票,应当实行投注限额限时管理,对彩票购买者利用电话购买彩票的当天投注额度、单一彩票游戏投注额度、持续投注时间等作出明确规定。

第二十三条 彩票销售机构应当及时划转、结算彩票购买者的投注资金,确保电话销售彩票过程中的资金安全。

第二十四条 彩票购买者的投注信息经电话销售彩票管理系统受理、彩票销售系统确认后,由电话销售彩票管理系统向彩票购买者发送购买成功或者未成功信息。

第二十五条 彩票发行机构、彩票销售机构和电话代销者应当妥善保管彩票购买者投注账户信息,并对彩票购买者个人信息进行保密。

第二十六条 电话代销者应当按照彩票发行机构、彩票销售机构的规定缴纳销售保证金,用于防范电话销售彩票活动中可能产生的风险。

第二十七条 彩票销售机构应当保存彩票销售原始数据,保存期限不得少于60个月。

第二十八条 禁止为未成年人开设投注账户。不得向未成年人兑奖。

第四章 资金管理

第二十九条 电话销售彩票的资金按照财政部批准的比例,分别计提彩票奖金、彩票发行费和彩票公益金。

第三十条 彩票销售机构应当按照规定归集电话销售彩票的资金,分配结算彩票奖金、彩票发行费和彩票公益金。

第三十一条 彩票奖金由彩票销售机构按照规定支付给中奖者。

第三十二条 彩票发行费按照规定比例和代销合同,分别计提彩票发行机构业务费、彩票销售机构业务费、电话代销者销售费用。

彩票发行机构业务费、彩票销售机构业务费按照规定分别缴入中央财政专户和省级财政专户,电话代销者销售费用按照代销合同进行结算。

第三十三条 彩票公益金按照规定分别缴入中央国库和省级国库。

第五章 安全管理

第三十四条 彩票发行机构应当制定全国统一的电话销售彩票设备和技术服务标准,定期组织对彩票发行机构和彩票销售机构电话销售彩票有关管理系统进行安全测评和风险评估。

彩票销售机构应当建立健全彩票资金管理体系和制度,保障电话销售彩票的资金管理规范和安全。

第三十五条 彩票发行机构和彩票销售机构应当加强电话销售彩票客户端管理。

彩票销售机构对电话销售彩票客户端软件进行初审后,报经彩票发行机构组织检测合格,在彩票发行机构官方网站或者指定的电话销售彩票客户端软件发布平台发布,只供电话销售彩票投注使用。彩票发行机构应当定期组织对电话销售彩票客户端进行安全测评和风险评估。

第三十六条 彩票发行机构应当建立电话销售彩票监控预警系统。电话销售彩票监控预警系统应当具有实时监控电话销售的彩票游戏、数据和资金、跨行政区域销售彩票游戏行为识别、限额限时管理等功能。

第三十七条 彩票销售机构应当建立电话销售彩票管理系统。电话销售彩票管理系统应当具有投注账户管理、投注受理和确认、资金划转结算、奖金支付管理、统计报表、投注服务指南、销售信息查询等功能。

第三十八条 电话销售彩票监控预警系统和电话销售彩票管理系统应当具有完善的数据备份、数据恢复、防病毒、防入侵等安全措施,确保系统安全可靠运行。

第三十九条 电话销售彩票监控预警系统和电话销售彩票管理系统应当实时连接,实现彩票销售数据实时交换,保证彩票销售数据的安全性、时效性和一致性。

第四十条 电话销售彩票的数据应当与彩票销售系统实现实时交换,并以彩票销售系统的记录为准。

第四十一条 彩票发行机构应当建立电话销售彩票信息查询平台,用于电话销售彩票注册用户查验所购电话销售的彩票游戏信息真伪。

第四十二条 电话销售彩票监控预警系统和电话销售彩票管理系统应当预留信息采集接口。

第六章 附 则

第四十三条 彩票发行机构应当根据《条例》、《实施细则》和本办法规定,制定电话销售彩票管理规范,对投注账户管理、资金管理、销售管理、兑奖管理、风险控制方案、设备和技术标准及服务管理、监督和审计管理、应急处理等做出明确规定。

彩票销售机构应当根据彩票发行机构的统一要求,加强电话代销者管理,制定本行政区域的电话销售彩票操作规程。

第四十四条 违反本办法规定的,依照《条例》、《实施细则》规定追究法律责任。

第四十五条 本办法自2014年4月1日起施行。财政部2010年9月26日发布的《电话销售彩票管理暂行办法》(财综[2010]82号)同时废止。

彩票公益金管理办法

(2021年5月20日 财综[2021]18号)

第一章 总 则

第一条 为了规范和加强彩票公益金筹集、分配和使用管理,健全彩票公益金监督机制,提高资金使用效益,根据《中华人民共和国预算法》、《中华人民共和国预算法实施条例》、《彩票管理条例》、《彩票管理条例实施细则》等有关规定，制定本办法。

第二条 彩票公益金是按照规定比例从彩票发行销售收入中提取的，专项用于社会福利、体育等社会公益事业的资金。

逾期未兑奖的奖金纳入彩票公益金。

第三条 彩票公益金纳入政府性基金预算管理，结余结转按有关规定执行。

第二章 收缴管理

第四条 彩票公益金由各省、自治区、直辖市彩票销售机构（以下简称彩票销售机构）根据国务院批准的彩票公益金分配政策和财政部批准的提取比例，按照每月彩票销售额据实结算后分别上缴中央财政和省级财政。

逾期未兑奖的奖金由彩票销售机构上缴省级财政，全部留归地方使用。

第五条 上缴中央财政的彩票公益金，由财政部各地监管局负责执收。具体程序为：

（一）彩票销售机构于每月10日前向财政部当地监管局报送《上缴中央财政的彩票公益金申报表》（见附件1）及相关材料，申报上月彩票销售金额和应上缴中央财政的彩票公益金金额；

（二）财政部各地监管局完成彩票销售机构申报资料的审核工作并核定缴款金额后，按照收入收缴相关规定，向彩票销售机构开具《非税收入一般缴款书》；

（三）彩票销售机构于每月15日前，按照《非税收入一般缴款书》载明的缴款金额上缴中央财政。

第六条 财政部各地监管局应当于每季度终了后20日内、年度终了后30日内，向财政部报送《上缴中央财政的彩票公益金统计报表》（见附件2），相关重大问题应随时报告。

第七条 上缴省级财政的彩票公益金，由各省、自治区、直辖市人民政府财政部门（以下简称省级财政部门）负责执收，具体收缴程序按照省级财政部门的有关规定执行。

省级财政部门应当于年度终了后30日内，向财政部报送《上缴地方财政的彩票公益金统计报表》（见附件3）。

第八条 财政部各地监管局和省级财政部门应当于年度终了后30日内，完成对上一年度应缴中央财政和省级财政彩票公益金的清算及收缴工作。

第三章 分配和使用

第九条 彩票公益金的管理、分配和使用，应当充分体现公益属性，突出支持重点，并向欠发达地区和社会弱势群体等倾斜。坚持科学规范、厉行节约，依法依规安排预算。坚持公开透明、强化监管，主动接受人大、审计、财政和社会监督。坚持统筹谋划、讲求绩效，发挥资金使用效益。

第十条 彩票公益金不得用于以下方面的支出：

（一）已有财政拨款保障的各类工资福利、奖金等人员支出；

（二）与实施彩票公益金项目无直接关系的人员支出、日常运转支出及其他支出；

（三）公务接待、公务用车购置及运行等支出；

（四）以营利为目的的相关支出；

（五）建设楼堂馆所及职工住宅；

（六）其他国家规定禁止列支的支出。

第十一条 加强彩票公益金与一般公共预算的统筹衔接。彩票公益金与一般公共预算都安排支出的项目，要制定统一的资金管理办法，实行统一的资金分配方式。

第十二条 为促进社会公益事业发展，保证彩票公益金项目顺利开展，彩票公益金使用单位为基金会的，可据实列支管理费，即基金会为组织和实施彩票公益金项目活动所发生的管理性质的支出，使用情况应向社会公告。

管理费列支实施分档管理，随着项目支出规模的扩大，列支比例应适当降低；最高列支比例不得超过本单位当年彩票公益金项目支出的2.5%。本办法实施前列支比例高于2.5%的单位，按规定调减比例；低于2.5%的单位，确需调增比例的，按规定程序报批。相关资金使用管理办法应对报批程序、支出范围等作出具体规定。

第十三条 上缴中央财政的彩票公益金，用于社会福利事业、体育事业、补充全国社会保障基金和国务院批准的其他专项公益事业，财政部应会同民政部、国家体育总局等有关部门、单位制定资金使用管理办法。

第十四条 中央财政安排用于社会福利事业和体育事业的彩票公益金，按照以下程序执行：

（一）财政部根据国务院批准的彩票公益金分配政策每年核定用于社会福利事业和体育事业的彩票公益金预算支出指标，分别列入中央本级支出以及中央对地方转移支付预算；

（二）列入中央本级支出的彩票公益金，由民政部和国家体育总局以项目库为基础提出项目支出预算安排建议，按规定报财政部审核。民政部和国家体育总局根据财政部批复的预算，组织实施和管理；

（三）列入中央对地方转移支付预算的彩票公益金，由财政部分别会同民政部和国家体育总局确定资金分配原则，民政部、国家体育总局按职责提出有关资金的分地区建议数，报财政部审核后下达。

第十五条 中央财政安排用于补充全国社会保障基金的彩票公益金，由财政部根据国务院批准的彩票公益金分配政策每年核定预算支出指标，并按照有关规定拨付全国社会保障基金理事会。

第十六条 中央财政安排用于其他专项公益事业的彩票

公益金,按照以下程序执行:

(一)申请使用彩票公益金的部门、单位,应当将相关项目纳入项目库并按程序向财政部提交项目申报材料,财政部审核后报国务院审批;

(二)经国务院批准后,财政部分别列入中央本级支出和中央对地方转移支付预算,并在部门预算中批复或下达地方;

(三)申请使用彩票公益金的部门、单位,根据财政部批复的项目支出预算,按资金使用管理办法组织实施和管理。项目资金支出预算因特殊原因需要进行调整的,应当报财政部审核批准;

(四)中央财政安排用于其他专项公益事业的彩票公益金支持项目因政策到期、政策调整、客观条件发生变化等已无必要继续实施的,按规定程序予以取消。

第十七条 上缴省级财政的彩票公益金,按照国务院批准的彩票公益金分配政策,由省级财政部门商民政、体育行政等有关部门研究确定分配原则。

第十八条 省级以上(含省级,下同)民政、体育行政等有关部门、单位,申请使用彩票公益金时,应当向同级财政部门提交项目申报材料。项目申报材料应当包括以下内容:

(一)项目申报书;

(二)项目可行性研究报告;

(三)项目实施方案;

(四)项目绩效目标;

(五)同级财政部门要求报送的其他材料。

第十九条 加强彩票公益金项目管理,完善项目库建设,建立健全项目入库评审机制和项目滚动管理机制。

第二十条 彩票公益金按照中央本级支出和转移支付支出分别编列预算,执行中未经规定程序不得相互调整。项目支出预算批准后,应当严格执行,不得擅自调整。

第二十一条 彩票公益金资金支付按照财政国库集中支付制度有关规定执行。

第二十二条 省级以上民政、体育行政等彩票公益金使用部门、单位,应当于每年3月底前向同级财政部门报送上一年度彩票公益金使用情况。具体包括:

(一)项目组织实施情况;

(二)项目资金使用和结余情况;

(三)项目社会效益和经济效益;

(四)同级财政部门要求报送的其他材料。

第二十三条 加强彩票公益金全过程绩效管理,建立彩票公益金绩效评价常态化机制。省级以上财政部门以及民政、体育行政等彩票公益金使用部门、单位应建立和完善彩票公益金支出绩效自评及评价制度,提高彩票公益金资源配置效率和使用效益。

第二十四条 强化彩票公益金绩效评价结果应用,将评价结果作为安排彩票公益金预算、完善政策和改进管理的重要依据。对评价结果较差的项目,限期整改,并视情予以调减项目预算直至取消。

第四章 宣传公告

第二十五条 彩票公益金资助的基本建设设施、设备或者社会公益活动等,应当以显著方式标明"彩票公益金资助—中国福利彩票和中国体育彩票"标识。

第二十六条 省级财政部门应当于每年4月底前,向省级人民政府和财政部提交上一年度本行政区域内彩票公益金的筹集、分配和使用情况报告;每年6月底前,向社会公告上一年度本行政区域内彩票公益金的筹集、分配和使用情况。

财政部应当于每年8月底前,向社会公告上一年度全国彩票公益金的筹集、分配和使用情况。

第二十七条 省级以上民政、体育行政等彩票公益金使用部门、单位,应当于每年6月底前,向社会公告上一年度本部门、单位彩票公益金的使用规模、资助项目、执行情况和实际效果等。具体包括:

(一)彩票公益金项目总体资金规模、支出内容、执行情况等;

(二)彩票公益金具体项目的资金规模、支出内容、执行情况等;

(三)彩票公益金项目支出绩效目标及绩效目标完成情况等;

(四)其他相关内容。

第五章 监督检查

第二十八条 彩票销售机构应当严格按照本办法的规定缴纳彩票公益金,不得拒缴、拖欠、截留、挤占、挪用彩票公益金。

第二十九条 彩票公益金的使用部门、单位,应当按照同级财政部门批准的项目支出预算执行,不得挤占、挪用、虚列、虚报冒领、套取彩票公益金,不得改变彩票公益金使用范围。

第三十条 各级财政部门应当加强对彩票公益金筹集、分配、使用等的监督管理,确保彩票公益金及时、足额上缴财政和按规定用途使用。

第三十一条 违反本办法规定,拒缴、拖欠、截留、挤占、挪用、虚列、虚报冒领、套取彩票公益金,改变彩票公益金使用范围的,不按规定向社会公告的,以及有其他滥用职权、玩忽职守、徇私舞弊等违纪违法行为的,依法责令改正,并视情调减项目预算支出直至取消。对负有责任的领导人员和直接责任人员依法给予处分;涉嫌犯罪的,依法移送有关机关处理。

第六章 附 则

第三十二条 省级财政部门应当根据本办法规定,结合本地实际,制定本行政区域的彩票公益金使用管理办法,报财政部备案。

第三十三条　本办法自发布之日起施行。《财政部关于印发〈彩票公益金管理办法〉的通知》(财综〔2012〕15号)同时废止。

附:1. 上缴中央财政的彩票公益金申报表
2. 上缴中央财政的彩票公益金统计报表
3. 上缴地方财政的彩票公益金统计报表

附1:

上缴中央财政的彩票公益金申报表

所属期:　　　年　　月
填报日期:　　年　月　日　　　　　　　　　　金额单位:万元

<table>
<tr><td>申报单位</td><td colspan="5">省(自治区、直辖市)彩票销售机构</td><td>联系人</td><td></td></tr>
<tr><td>地　　址</td><td colspan="5"></td><td>联系电话</td><td></td></tr>
<tr><td>项目
彩票
游戏</td><td>行次</td><td>彩票销售金额</td><td>彩票公益金提取比例(%)</td><td>彩票公益金金额</td><td>上缴中央财政比例(%)</td><td>上缴中央财政金额</td><td>备注</td></tr>
<tr><td></td><td>1</td><td></td><td></td><td></td><td></td><td></td><td></td></tr>
<tr><td></td><td>2</td><td></td><td></td><td></td><td></td><td></td><td></td></tr>
<tr><td></td><td>3</td><td></td><td></td><td></td><td></td><td></td><td></td></tr>
<tr><td></td><td>4</td><td></td><td></td><td></td><td></td><td></td><td></td></tr>
<tr><td></td><td>5</td><td></td><td></td><td></td><td></td><td></td><td></td></tr>
<tr><td></td><td>6</td><td></td><td></td><td></td><td></td><td></td><td></td></tr>
<tr><td></td><td>……</td><td></td><td></td><td></td><td></td><td></td><td></td></tr>
<tr><td>合计</td><td></td><td></td><td></td><td></td><td></td><td></td><td></td></tr>
<tr><td colspan="5">申报单位签章:

年　月　日</td><td colspan="3">财政部监管局审核意见:

年　月　日</td></tr>
</table>

附2:

上缴中央财政的彩票公益金统计报表

填报单位:　财政部　　　　监管局　　　　所属期:　　　　　　金额单位:万元

<table>
<tr><td rowspan="2">项　目</td><td rowspan="2">行次</td><td colspan="3">本期数</td><td colspan="3">累计数</td><td rowspan="2">备　注</td></tr>
<tr><td>合计</td><td>福利彩票</td><td>体育彩票</td><td>合计</td><td>福利彩票</td><td>体育彩票</td></tr>
<tr><td>彩票销售金额</td><td>1</td><td></td><td></td><td></td><td></td><td></td><td></td><td></td></tr>
<tr><td>彩票公益金金额</td><td>2</td><td></td><td></td><td></td><td></td><td></td><td></td><td></td></tr>
<tr><td>应上缴中央财政金额</td><td>3</td><td></td><td></td><td></td><td></td><td></td><td></td><td></td></tr>
<tr><td>已上缴中央财政金额</td><td>4</td><td></td><td></td><td></td><td></td><td></td><td></td><td></td></tr>
</table>

填表人:　　　　　　　　联系电话:　　　　　　填报日期:　　年　　月　　日

附 3：

上缴地方财政的彩票公益金统计报表

填报单位：　　省(自治区、直辖市)财政厅(局)　　所属年度：　　金额单位：万元

项　目	行次	合计	福利彩票	体育彩票	备注
彩票销售金额	1				
彩票公益金总额	2				
其中：按彩票销售量提取的彩票公益金	3				
逾期未兑奖奖金金额	4				

填表人：　　联系电话：　　填报日期：　年　月　日

民政部办公厅关于印发《民政部彩票公益金使用管理办法》等六个办法的通知

(2019 年 12 月 31 日　民办发〔2019〕34 号)

各省、自治区、直辖市民政厅(局)，各计划单列市民政局，新疆生产建设兵团民政局；各司(局)，各直属单位：

新修订的《民政部彩票公益金使用管理办法》、《民政部彩票公益金民政部项目立项和评审办法》、《民政部彩票公益金使用管理信息公开办法》、《民政部彩票公益金服务和其他类项目管理办法》、《民政部彩票公益金培训项目管理办法》、《民政部彩票公益金预算操作规程》已经 2019 年第 41 次部党组会议审议通过，现印发给你们，请遵照执行。《民政部办公厅关于印发〈民政部彩票公益金使用管理办法〉等六个办法的通知》(民办发〔2018〕8 号)和《民政部办公厅关于印发〈民政部彩票公益金预算操作规程〉的通知》(民办发〔2018〕9 号)同时废止。

民政部彩票公益金使用管理办法

第一章　总　则

第一条　为加强民政部彩票公益金使用管理，明确管理责任，规范管理程序，提高资金使用效益，根据《彩票管理条例》、《彩票管理条例实施细则》、《彩票公益金管理办法》、《中央集中彩票公益金支持社会福利事业资金使用管理办法》等规定，制定本办法。

第二条　本办法所称民政部彩票公益金(以下简称“公益金”)是指按国务院有关规定由财政部核定、民政部负责分配和管理使用的，专项用于社会福利和相关公益事业发展的中央集中彩票公益金。

第三条　公益金使用应当遵循福利彩票“扶老、助残、救孤、济困”的发行宗旨，主要用于资助为老年人、残疾人、儿童(孤儿，农村留守儿童和困境儿童，事实无人抚养儿童以及艾滋病病毒感染儿童等，下同)和其他基本生活特别困难人员等特殊群体提供服务的社会福利项目，以及符合宗旨的其他社会公益项目。具体包括：

(一)社会福利基本设施建设项目；

(二)社会福利服务项目；

(三)符合宗旨的培训等能力建设项目；

(四)符合宗旨的其他社会公益项目。

第四条　公益金纳入政府性基金预算管理，专款专用。公益金使用管理应当严格执行国家法律法规和财务规章制度。

第五条　公益金的使用管理体现“公平、公正、公开”原则，按照“谁使用、谁管理、谁负责”的要求实行归口管理，并纳入民政部权力清单，按照权力清单规定进行规范操作。

第六条　公益金预算分为民政部项目支出预算和补助地方支出预算两部分。补助地方项目资金分配应当以因素法为主。

第二章　管理职责

第七条　规划财务司(以下简称“规财司”)是公益金使用管理统筹协调单位和部机关公益金项目资金核拨单位，负责公益金预算管理。承担汇总审核公益金预算、建立并管理公益金项目库、汇总上一年度公益金使用情况、制定公益金使用管理相关制度、建设公益金项目管理平台、牵头开展项目审计、做好公益金使用管理日常工作等职责，并承担部机关公益金项目的报销管理和财务核算等工作。

第八条　归口管理单位是公益金切块资金具体管理单位，负责本业务领域切块公益金的使用管理，职责包括：承担本业务领域公益金项目的规划及预算申请；承担本业务领域

民政部项目的指导和督促项目执行，拟定相关公益金使用管理办法等职责。

具体归口业务和单位分工：民政部项目中，老年人福利类项目由养老服务司负责归口管理；残疾人福利类项目由社会事务司负责归口管理；儿童福利类项目由儿童福利司负责归口管理；培训类项目由机关党委（人事司）负责归口管理。

补助地方项目中，老年人福利类项目由养老服务司负责归口管理；残疾人福利类项目和殡葬设施改造项目由社会事务司负责归口管理；儿童福利类项目由儿童福利司负责归口管理；社会工作和志愿服务项目由慈善事业促进和社会工作司负责归口管理。

第九条 项目单位是部机关司（局）和直属单位等公益金项目具体执行单位，负责公益金预算执行。承担公益金项目预算编写、组织预算项目具体执行、进行财务管理、配合做好项目绩效评价和信息公开、制定本单位公益金使用管理制度等职责。

第十条 省级民政部门承担补助地方项目资金在本地区的分配、使用管理和监督，报告项目实施和资金使用情况等职责。

第三章 资金分配和预算报审

第十一条 每年上半年，归口管理单位按照本领域公益金项目规划和公益金使用管理办法，指导项目单位开展立项及项目论证工作，并在规定的时间内要求项目单位报送预算申报材料。

补助地方项目资金由归口管理单位会同有关司局（单位）按照部重点工作部署，采用因素法等方式，按照人口、区域、财政困难程度、机构基数、工作绩效、试点开展情况等因素，提出预算申报方案。

第十二条 项目单位向归口管理单位提交的项目应当符合以下条件：

（一）符合国家有关方针政策、福利彩票发行宗旨以及民政部确定的使用分配原则；

（二）属于项目单位的职能范围并符合促进事业发展需要；

（三）有明确的项目目标、组织实施计划；

（四）经费测算符合相关领域国家或行业标准，并从严把握，精打细算。

项目单位提交的预算申报材料应包括以下内容：

（一）项目基本信息；

（二）项目立项依据；

（三）项目实施方案；

（四）项目支出计划；

（五）项目支出明细；

（六）项目支出绩效目标申报表；

（七）要求报送的其他材料。

第十三条 归口管理单位应从资金使用范围、测算标准、项目单位执行能力等方面进行认真审核，将通过审核的项目及申报材料在规定时间内书面提交规财司。

第十四条 规财司对归口管理单位提交的项目及申报材料进行汇总审核，民政部项目需经第三方机构评审、司长办公会审核、分管副部长审定、内部公示等程序后纳入项目库。

第十五条 规财司根据财政部确定的民政部可使用公益金额度，在归口管理单位预算规划和年度资金需求的基础上，按照以下原则拟定下一年度资金切块分配方案：

（一）符合宗旨。优先支持延续性项目，严格审核新增项目，新增项目必须符合"扶老、助残、救孤、济困"宗旨和分配原则。

（二）统筹规划。支持用于落实党中央、国务院关于推进社会福利事业的重大决策部署，落实国民经济和社会发展规划、民政事业发展规划和社会福利业务发展方面的专项规划。

（三）突出重点。支持用于落实民政部、相关司（局）的年度业务中心工作、基础工作和重点改革发展项目。

（四）综合平衡。按照国家有关政策规定，切分好各项目类型资金的比例，并综合考虑、适当平衡。

第十六条 下一年度资金切块分配方案由规财司报分管副部长核报部长批准。

第十七条 规财司根据下一年度资金切块分配方案，在与有关部门沟通的基础上，按照轻重缓急从项目库选取项目，形成公益金年度资金支出预算草案，经司长办公会审核通过，报分管副部长审核同意，提请部党组会议审议通过后纳入民政部部门预算草案报送财政部审批。

第十八条 补助地方项目资金下达各省（区、市）和新疆生产建设兵团后，由省级民政部门按照民政部确定的资金使用方向和分配原则，结合工作实际，采取因素法、项目法等方式，提出资金分配方案，报同级财政部门审核后及时下拨资金。

第四章 预算执行

第十九条 预算下达后，项目单位要严格按照财政部批复的预算执行，不得擅自调整，不得截留、挤占、挪用资金，不得违规分包或转包。在预算执行过程中，如发生项目变更、终止，确需调整预算的，应当按有关规定和程序报经民政部审核后上报财政部审批。

第二十条 项目预算执行实行项目负责人负责制，项目单位负责人要对所承担项目资金的使用和效益负责。

第二十一条 项目单位要建立健全内部控制制度，逐项目制定资金使用管理办法。项目单位是直属单位的，还应当加强单位财务部门对预算执行的日常监管，并接受财政、审计等部门以及民政部有关司局的监督和检查。

第二十二条 项目单位要按批复预算启动项目实施，及时申请拨付资金，加快预算执行，减少项目结转结余资金。结转资金按原用途继续使用，结余资金按规定及时上交。

第二十三条 项目资金使用中，涉及政府采购和购买服务的，要按照有关法定程序办理。对辅助工作、技术服务涉及委托事项的，要依法依规签订委托协议。项目单位要强化合同管理，加强对政府采购和购买服务合同、委托协议的审核以及成果验收管理，必要时可通过聘请法律专业人士等方式审核合同文本，降低合同风险，确保资金使用效益。使用公益金形成的资产要按国家有关要求进行登记管理。

第二十四条 项目单位要严格按照国家财务规章制度、公益金管理有关规定支出资金，严禁虚报套取、挤占、挪用，不得用于：

(一)因公出国(境)费、公务接待费、公务用车购置及运行费；

(二)行政事业单位的基本支出；

(三)发放工资、奖金、津补贴等人员支出；

(四)以营利为目的的活动；

(五)不符合规定用途的支出。

第二十五条 省级民政部门对补助地方项目资金要实行专项管理，专款专用，不得截留、挤占、挪用。要督促资金使用部门、单位建立项目责任制、制定资金使用管理办法，加快项目执行进度。

第五章 信息公开

第二十六条 公益金资助的基本建设设施、设备、社会福利服务项目及其他社会公益活动等，应当依据有关规定以显著方式标明资助标识。

福利彩票公益金资助的基本建设设施、设备，项目单位应当在主体建筑物或设施设备的显著位置设立或铭刻标注“彩票公益金资助-中国福利彩票”的永久性标识。

福利彩票公益金资助的培训类项目，应当在项目培训通知、培训课件及培训现场等显著位置标注或悬挂“彩票公益金资助-中国福利彩票”标识。

福利彩票公益金资助的服务类项目，应当在服务过程中通过小旗或佩戴胸牌等形式向受助对象展示“彩票公益金资助-中国福利彩票”标识。

福利彩票公益金资助的社会公益活动等其他项目，项目单位应当选择合适方式设立资助标识。

第二十七条 完善公益金使用管理信息公开制度，以公开为原则，以不公开为例外，及时公开公益金使用管理过程及结果的信息。

项目单位要通过本单位网站、民政部官网或其他媒介，主动向社会公开公益金项目基本情况、本单位公益金使用管理制度、绩效评估及审计结果、接受投诉等信息；每年6月底前向社会公开项目进展情况、资金使用进度及项目成效成果等信息。

各省级民政部门应当于每年4月1日前将上一年度民政部补助地方项目资金的使用规模、资助项目、执行情况和实际效果等报部归口管理单位，并于每年6月底前向社会公告。

规财司应当于每年6月底前以民政部名义向社会公告上一年度部本级彩票公益金的使用规模、资助项目、执行情况和实际效果等。

以上公开的信息要及时通报中福彩中心。中福彩中心通过自身宣传渠道和平台进行信息公开和宣传，有关内容要纳入福利彩票年度社会责任报告。

第六章 绩效管理与审计监督

第二十八条 建立公益金使用审计制度。民政部要加大彩票公益金审计监督力度，每年对民政部项目组织实施全面审计，对补助地方项目进行抽样审计，覆盖所有省份。

第二十九条 省级民政部门要建立补助地方项目资金使用的绩效评价和审计制度，每年对省本级执行项目全面审计，对市、县执行项目抽样审计。年度绩效评价、审计结果报民政部。

第三十条 审计结果、绩效评价结果作为下一年度公益金预算安排的重要参考依据。

第三十一条 建立健全公益金使用责任追究制度。将项目单位彩票公益金使用管理情况纳入年度财务制度执行情况考核范围。对公益金使用管理中出现以下行为之一的，缓拨、停拨或收回已拨付资金，情节严重的，削减或取消下一年度公益金预算额度，情节特别严重的，依法依纪追究有关单位和个人责任。

(一)未建立公益金项目管理制度；

(二)虚报套取、挤占、挪用公益金；

(三)违规用于第二十四条明示的“不得用于”支出项；

(四)违规分包或转包；

(五)其他违法违纪行为。

第七章 附 则

第三十二条 本办法自印发之日起施行。

民政部彩票公益金民政部项目立项和评审办法

第一条 为规范民政部彩票公益金中民政部项目(以下简称“项目”)立项审核和预算评审工作，根据《彩票管理条例》、《彩票管理条例实施细则》、《彩票公益金管理办法》、《中央集中彩票公益金支持社会福利事业资金使用管理办法》等规定，制定本办法。

第二条 民政部机关司(局)和直属单位根据职责分工、

依照本办法规定申报项目立项。

第三条　符合福利彩票“扶老、助残、救孤、济困”发行宗旨的，为老年人、残疾人、儿童（孤儿，农村留守儿童和困境儿童，事实无人抚养儿童以及艾滋病病毒感染儿童等，下同）和其他基本生活特别困难人员等特殊群体提供服务和支持的下列项目，可以申报项目立项：

（一）社会福利服务项目；

（二）符合宗旨的其他社会公益项目；

（三）与民政部确定的培训等重要计划相一致的项目。其中培训仅限于以下项目：一是受专业局限省内培训对象少于100人的项目；二是新增业务示范性培训，此类培训应当形成授课方案、培训教材和师资队伍等成果，具有可复制性，每类培训对象不得超过200人。

第四条　每年4月10日前，项目申报单位应当根据民政部重点工作安排向归口管理单位提出立项申请，并提交以下材料：

（一）项目基本信息；

（二）项目立项依据；

（三）项目实施方案；

（四）项目支出计划；

（五）项目支出明细；

（六）项目支出绩效目标申报表；

（七）要求报送的其他材料。

第五条　归口管理单位对申报单位提交的立项申报材料进行审核。在材料齐全有效的基础上，重点审核以下内容，并逐项提出意见：

（一）项目是否符合福利彩票发行宗旨和公益金使用有关规定、是否属于一般公共财政预算支持范围；

（二）是否属于部本级的事权、是否属于项目单位的职能范围并具备相应执行能力；

（三）是否符合部确定的重要项目要求；

（四）项目实施方案设计是否合理、可行，是否有明确的实施期限、项目绩效目标、组织实施计划，是否存在重大社会风险等；

（五）项目支出内容是否依法合规，经费测算是否符合相关领域国家或行业标准并科学合理，预算支出是否有用于行政事业单位的基本支出、违法发放工资奖金津补贴等人员支出、以营利为目的的活动等国家财务规章制度和公益金管理有关规定禁止的情形。

对专业性、技术性较强的问题，归口管理单位可通过专家咨询等方式听取意见。

第六条　归口管理单位应当于当年5月1日前将审核通过的立项申报材料和书面审核意见报送规划财务司（以下简称“规财司”）。

第七条　规财司委托第三方机构对申报项目进行评审。确定第三方评审机构，可以根据政府采购有关规定或采取政府购买服务方式从社会上遴选。评审机构应当具备以下条件：

（一）具有独立承担民事责任的能力；

（二）具有良好的商业信誉和健全的财务会计制度；

（三）具有履行合同所必需的设备和专业技术能力；

（四）有依法缴纳税收和社会保障资金的良好记录；

（五）参加政府采购活动近3年内，在经营活动中没有重大违法违规记录；

（六）法律、行政法规规定的其他条件。

第八条　规财司综合归口管理单位审核和第三方机构评审意见后，召开司长办公会议对每一个项目立项提出审核意见，报分管副部长审定。

第九条　分管副部长审定通过的项目在部机关内网公示一周后纳入项目库进行管理。公示期间，对项目有不同意见的，应书面向规财司提出，规财司应当会同归口管理单位及时研究提出处理意见并报部领导审定。

第十条　归口管理单位、规财司在立项审核中不履行或者不正确履行工作职责，或存在其他违纪违规情形造成损失或者不良影响的，应当依纪依规追究相关责任人的责任。

第十一条　本办法自印发之日起施行。

民政部彩票公益金使用管理信息公开办法

第一章　总　则

第一条　为加强和规范对民政部彩票公益金使用管理的社会监督，根据《彩票管理条例》、《中华人民共和国政府信息公开条例》、《彩票公益金管理办法》、《中央集中彩票公益金支持社会福利事业资金使用管理办法》等规定，制定本办法。

第二条　本办法中的民政部彩票公益金（以下简称“公益金”），包括民政部项目支出和补助地方项目支出。

第三条　公益金使用管理信息公开遵循真实、准确、完整、及时、便民的原则，谁使用、谁分配、谁管理、谁公开，做到应公开尽公开。

第四条　各级民政部门、各申报公益金项目预算的民政部门内设机构和直属单位（以下简称“项目单位”）是公益金使用管理信息公开的责任主体。

第二章　公开内容

第五条　民政部对民政部项目应当公开以下信息：

（一）项目名称、项目单位、资金额度、项目联系人及联系方式等；

（二）资金管理办法等。

第六条　民政部对补助地方项目应当公开以下信息：

（一）项目名称、项目主要内容、资金使用方向、资金额度等；

（二）各省份资金分配额度；

（三）资金管理办法等。

第七条 地方各级民政部门对民政部补助地方项目应当公开以下信息：

（一）获得上一级民政部门补助及补助下一级民政部门的资金额度、资金使用方向等；

（二）由本级民政部门使用的项目信息，包括项目名称、项目单位、资金额度、项目联系人及联系方式等；

（三）资金管理办法等。

第八条 各公益金项目单位应当对所执行项目公开以下信息：

（一）项目信息，包括项目名称、项目主要内容、项目周期、资金额度、项目负责人、联系方式、项目完成情况、实际效果等；

（二）其他有利于体现项目效果的文字、图片、影像资料等；

（三）项目和资金管理办法等。

第九条 除本办法第五条、第六条、第七条、第八条规定的应当公开的公益金项目使用管理信息外，鼓励各级民政部门、各项目单位根据实际情况通过多种形式增加信息公开内容。

第三章 公开方式和程序

第十条 每年6月底前，各级民政部门和各项目单位应当按照本办法规定，在本部门、本单位门户网站上发布公益金有关使用管理信息。项目单位无门户网站的，可由相关民政部门门户网站代为发布信息。下级民政部门无门户网站的，可由上级民政部门或人民政府门户网站代为发布信息。

民政部通过部门户网站和中国福利彩票发行管理中心门户网站同步公开部本级彩票公益金使用管理信息，并对各省级民政部门发布情况进行汇总链接。

第十一条 各级民政部门应当按照财政部门有关规定，将公益金有关信息纳入部门预（决）算信息公开。

第十二条 每年3月底前，省级民政部门应当向本省财政部门报送上一年度彩票公益金使用情况。每年4月1日前，各省级民政部门应当将上年度本省份使用民政部补助地方项目有关情况（含使用规模、资助项目、执行情况和实际效果等）上报民政部，并于6月底前向社会公告；每年6月底前，民政部应当将上年度公益金使用情况向社会公告。

第十三条 各级民政部门、各项目单位应当建立健全信息发布的内部报批审核机制，加强信息审核，对上报、发布信息的真实性、准确性负责。

第十四条 各级民政部门、各项目单位应当按照有关规定设立、使用和管理彩票公益金资助标识。

第四章 监 督

第十五条 各级民政部门和项目单位在信息公开工作中应当主动接受有关部门的监督和社会监督。通过信息公开暴露、发现的问题，由相关部门依法依纪处理。

第十六条 项目单位在信息公开中存在以下情形之一的，由所属民政部门予以责令改正，通报批评；情节严重的，依法依规处理：

（一）拒不公开信息的；

（二）公开信息有较大错漏的；

（三）延期公开信息的；

（四）违反本办法规定的其他行为的。

地方各级民政部门在信息公开中存在前款规定行为的，由上级民政部门责令改正，通报批评；违反《中华人民共和国政府信息公开条例》的，按照其规定处理。

第五章 附 则

第十七条 省级民政部门可参照本办法，结合实际制定本地区公益金使用管理信息公开办法。

第十八条 本办法自印发之日起施行。

民政部彩票公益金服务和其他类项目管理办法

第一条 为加强和规范民政部彩票公益金服务和其他类项目的资金使用和管理，根据《彩票管理条例》、《彩票公益金管理办法》、《中央集中彩票公益金支持社会福利事业资金使用管理办法》等规定，制定本办法。

第二条 本办法所称民政部彩票公益金服务和其他类项目，是指由民政部机关和直属单位等申请使用民政部彩票公益金设立、实施的，主要为老年人、残疾人、儿童（孤儿，农村留守儿童和困境儿童，事实无人抚养儿童以及艾滋病病毒感染儿童等，下同）和其他基本生活特别困难人员提供服务和支持的民政部项目以及其他管理类民政部项目（以下简称“服务和其他类项目”）。

第三条 规划财务司（以下简称“规财司”）是公益金使用管理统筹协调单位和部机关公益金项目资金核拨单位。养老服务司是老年人福利类项目归口管理单位；社会事务司是残疾人福利类项目归口管理单位；儿童福利司是儿童福利类项目归口管理单位。申请设立、实施服务和其他类项目的民政部机关司（局）和直属单位等，是该类项目的项目单位。

第四条 服务和其他类项目实行项目负责人负责制。项目单位主要负责人对所承担项目资金的使用和效益负责。

第五条 申报服务和其他类项目的民政部机关司（局）和直属单位等，在每年4月10日前，向归口管理单位提出项目申请。项目申报材料应包括以下内容：

（一）项目基本信息；

（二）项目立项依据；

（三）项目实施方案（含服务对象、服务方式、进度安排等要素）；

（四）项目支出计划；

（五）项目支出明细；

（六）项目支出绩效目标申报表；

（七）要求报送的其他材料。

第六条 归口管理单位对申报单位提交的立项申报材料进行审核。在材料齐全有效的基础上，重点审核以下内容，并逐项提出意见，不符合要求的予以否定或退回重报。

（一）项目是否符合福利彩票发行宗旨和公益金使用有关规定、是否属于一般公共财政预算支持范围；

（二）是否属于部本级的事权、是否属于项目单位的职责范围并具备相应执行能力；

（三）是否符合部确定的重要项目要求；

（四）项目实施方案设计是否合理、可行，是否有明确的实施期限、项目绩效目标、组织实施计划，是否存在重大社会风险等；

（五）项目支出内容是否依法合规，经费测算是否符合相关领域国家或行业标准并科学合理，预算支出是否存在国家财务规章制度和公益金管理有关规定禁止的情形。

对专业性、技术性较强的问题，归口管理单位可通过专家咨询等方式听取意见。

第七条 归口管理单位应当于当年5月1日前将审核通过的立项申报材料和书面审核意见报送规财司，会同其他类项目一并接受评审。

第八条 通过评审、正式立项的项目，项目单位应当建立健全内部控制制度，明确项目负责人，制定项目资金使用管理办法，并在项目立项后一个月内报归口管理单位备案。

第九条 预算下达后，项目单位应当严格按照财政部批复的预算执行，不得擅自调整，不得违规分包或转包。如发生项目变更、终止，需要调整预算的，应当按有关规定和程序报经民政部审核后上报财政部审批。

第十条 项目单位应当按批复预算启动项目实施，及时申请拨付资金，加快预算执行，减少项目结转结余资金。结转资金按原用途继续使用，结余资金按规定及时上交。

第十一条 纳入民政部机关本级预算的服务和其他类项目的资金拨付按下列程序进行：

（一）项目单位向归口管理单位提交申请拨付资金的书面申请，并附户名、开户行、账号、资金使用情况报告以及归口管理单位要求提交的其他材料；

（二）归口管理单位进行审核，同意拨付资金的，应当将有关信息录入部预算管理系统，打印审批表（见附件1），后附项目单位有关请款材料报送规财司；

（三）规财司对归口管理单位报送的审批表及有关请款材料进行审核。审核通过的，将审批表等所有请款材料返还归口管理单位，由归口管理单位按程序填写报销单申请拨款。审核未通过的，将有关请款材料退回归口管理单位，由后者进行补充完善。

第十二条 项目单位应当严格按照国家财务规章制度、公益金管理有关规定支出资金，不得挤占、挪用和超范围支出，不得用于以下内容：

（一）因公出国（境）费、公务接待费、公务用车购置及运行费；

（二）行政事业单位的基本支出；

（三）发放工资、奖金、津补贴等人员支出；

（四）以营利为目的的活动；

（五）其他超过预算批复之外的用途。

第十三条 项目资金使用中，涉及政府采购和购买服务的，应当按照有关法定程序办理；对辅助工作、技术服务涉及委托事项的，应当依法依规签订委托协议。项目单位应当强化合同管理，加强对政府采购和购买服务合同、委托协议的审核以及成果验收管理，必要时可通过聘请法律专业人士等方式审核合同文本，降低合同风险，确保资金使用效益。使用公益金形成的资产应当按国家有关要求进行登记管理。

第十四条 每年6月底前，项目单位应当按照有关规定，在本单位门户网站上发布公益金有关使用管理信息。项目单位无门户网站的，可由民政部网站代为发布信息。各项目单位应当建立健全信息发布的内部报批审核机制，加强信息审核，对上报、发布信息的真实性、准确性负责。

第十五条 项目单位应当对所执行项目公开以下信息：

（一）项目信息，包括项目名称、项目主要内容、项目周期、资金额度、项目负责人、联系方式、项目完成情况、实际效果等；

（二）其他有利于体现项目效果的文字、图片、影像资料等；

（三）项目和资金管理办法等。

鼓励项目单位根据实际情况通过多种形式增加信息公开内容。

第十六条 项目单位应当在项目执行过程中，通过活动场所悬挂横幅、工作人员佩戴胸牌、发放服务手册等形式，向受助对象展示"彩票公益金资助-中国福利彩票"标识。

第十七条 年度结束后，项目单位应当及时开展项目绩效自评，填写《项目支出绩效自评表》（见附件2），于1月底前经归口管理单位审核后报规财司；同时须对未完成绩效目标及指标的原因逐条分析，提出解决措施并落实整改。规财司监督项目单位落实整改相关问题。

第十八条 规财司会同归口管理单位对全部项目进行审计。审计主要内容包括：项目单位管理制度的健全性，预算执行情况、资金使用合法合规性；项目完成情况；项目是否发生偏离；信息公开和宣传情况等。

第十九条 加强问题整改和责任追究。项目单位对审计中发现的问题应当及时整改,并在1个月内向归口管理单位和规财司报送整改情况报告。对于不按项目申报书实施项目,变更项目内容的;无正当理由拖延项目,造成项目未按规定的时限结项的,应当收回未执行的项目资金,并削减下一年度项目资金。

对于未经审批与其他单位联合执行项目,委托其他单位承办项目,追回全部项目资金。

对于提供虚假材料,虚报套取、挤占、挪用彩票公益金,利用项目开展营利活动及其他违法违纪行为,依法依纪追究项目单位和有关负责人责任。

第二十条 项目单位中的直属单位应当根据本办法完善本单位财务管理制度,做到彩票公益金服务和其他类项目资金独立核算,主动接受相关管理部门的检查。

第二十一条 本办法自印发之日起施行。

附:

1. 彩票公益金民政部项目支出审批表(样表)(略)
2. 项目支出绩效自评表(略)

民政部彩票公益金培训项目管理办法

第一条 为加强对民政部彩票公益金培训项目的管理,规范举办培训行为和资金使用,提高培训质量和实际效果,根据《中央和国家机关培训费管理办法》、《民政部机关和直属单位举办培训班管理办法》、《中央集中彩票公益金支持社会福利事业资金使用管理办法》等规定,制定本办法。

第二条 本办法所称民政部彩票公益金培训项目,是指民政部机关司(局)和直属单位依申请设立、实施的彩票公益金支持的培训项目(以下简称"培训项目")。

第三条 培训项目应符合福利彩票"扶老、助残、救孤、济困"的发行宗旨,为老年人、残疾人、儿童(孤儿,农村留守儿童和困境儿童,事实无人抚养儿童以及艾滋病病毒感染儿童等,下同)和其他基本生活特别困难人员等提供服务和支持。已由一般公共预算财政拨款支持的培训班,不再安排彩票公益金支持举办。

第四条 培训项目实行项目管理与计划管理相结合。项目管理是指按照业务领域由相关单位申请立项、组织实施、总结评估。计划管理是指在培训项目通过立项评审列入年度预算后,由机关党委(人事司)按照相关程序将其编入民政部年度培训计划,有关单位依照计划组织实施。

第五条 机关党委(人事司)是培训项目的归口管理单位。规划财务司(以下简称"规财司")是公益金使用管理统筹协调单位和部机关公益金项目资金核拨单位。

第六条 培训项目的主办单位为机关司(局)和直属单位。项目主办单位是项目申报、实施的主体责任单位,承担公益金培训项目预算编制、组织培训项目具体执行和监督、绩效评估和信息公开等工作。

机关司(局)主办的培训项目,需由事业单位或社会组织承办的,必须通过政府购买服务方式确定项目承办单位。项目主办单位应当与承办单位依法签订购买(采购)合同并加强合同管理。项目承办单位负责制定培训班方案、组织实施培训班、做好培训项目经费管理等工作。

直属单位主办的培训项目,必须直接执行,不得转由其他单位承办。

项目主办单位直接执行的,须同时履行好主办和承办两方面责任。

第七条 培训项目实行项目负责人负责制。项目主办单位主要负责人应当对项目执行的全过程负责,项目承办单位主要负责人应当对培训资金的使用和效益负责。

第八条 申报培训项目的民政部机关司(局)和直属单位依据部重点工作安排,在每年4月10日前,向机关党委(人事司)提出下一年度项目申请,项目申报材料应包括以下内容:

(一)项目基本信息;

(二)项目立项依据;

(三)项目实施方案(含计划举办培训班时间、地点、承办单位、培训内容等要素);

(四)项目支出计划;

(五)项目支出明细;

(六)项目支出绩效目标申报表;

(七)要求报送的其他材料。

直属单位申请主办培训项目,须按业务管理权限书面征得相关司(局)同意。

第九条 培训项目实施方案应当依据《民政部机关和直属单位举办培训班管理办法》、《民政部彩票公益金使用管理办法》等有关规定编制。

(一)培训项目内容符合民政部确定的民政人才发展规划重要项目要求;

(二)培训对象必须是与老年人、残疾人、儿童和其他基本生活特别困难人员直接相关的服务人员,且限于以下范围:

1. 受专业局限省级区域内培训对象少于100人的项目;

2. 新增业务示范性培训。由党中央、国务院或民政部印发政策文件部署的新业务,两年内可安排资金支持培训项目;此类培训应具有可复制性,须形成授课方案、培训教材和师资队伍等成果,每类培训对象不得超过200人;

(三)培训项目费用专款专用,列支项目应当严格遵照《中央和国家机关培训费管理办法》和《民政部彩票公益金使用管理办法》等规定;

(四)培训项目的举办地点一般选择具有固定教学场地、

师资队伍等资质条件的机构，择优选择党校、行政学院、干部学院、高校培训基地，以及养老服务机构、儿童福利机构、精神卫生福利服务机构、特困人员供养服务机构、救助保护机构等民政服务机构。

第十条 机关党委（人事司）对各单位申请的培训项目进行审核，重点审核以下方面，逐项提出审核意见，不符合要求的予以否定或退回重报。

（一）是否符合福利彩票发行宗旨、是否应列入一般公共预算、项目是否符合公益金使用有关规定；

（二）是否属于民政部本级的事权、是否属于项目单位的职能范围并具备相应执行能力；

（三）是否符合民政部确定的重要项目要求；

（四）项目实施方案设计是否可行，是否有明确的实施期限、项目绩效目标、组织实施计划，是否存在重大社会风险等；

（五）项目支出内容是否真实合规，经费测算是否符合培训费用相关规定和标准，并科学合理，预算支出是否符合国家财务规章制度和公益金管理有关规定，有无用于行政事业单位的基本支出、违规发放工资、奖金、津补贴等人员支出、以营利为目的的活动等违规情形。

审核结果经机关党委（人事司）司长办公会讨论通过后，于每年5月1日前提交规财司汇总。

第十一条 机关党委（人事司）根据预算审核结果，将培训项目涉及的培训班次依程序编入下一年度民政部培训计划，并履行相关审批程序。

第十二条 举办培训班应严格按照培训计划和项目实施方案，在规定的时限内完成相关工作。

第十三条 部机关培训项目的资金拨付按下列程序进行：

（一）项目主办单位向机关党委（人事司）提交拨付资金的书面申请，并附户名、开户行、账号、资金使用情况报告以及要求提交的其他材料；

（二）机关党委（人事司）进行审核，同意拨付资金的，将有关资金申请信息录入部预算管理系统，打印审批表（见附件），后附项目单位有关请款材料报送规财司；

（三）规财司对机关党委（人事司）报送的审批表及有关请款材料进行审核。审核通过的，将审批表等所有请款材料返还机关党委（人事司），由机关党委（人事司）按程序填写报销单申请拨款。审核未通过的，将有关请款材料退回机关党委（人事司），由机关党委（人事司）进行补充完善。

第十四条 实施培训项目应当坚持逐班执行、逐班核算、逐班报销，遵守中央相关廉政要求和财经纪律，严格按照项目方案和培训计划办班，严格遵守以下规定：

（一）不得随意调整培训计划所列的班次及培训对象、日程、预算等要素；

（二）不得与民政系统以外的单位联合承办或委托其他单位承办培训项目，不得委托宾馆、饭店承办培训班；

（三）不得向任何单位或个人转嫁、摊派、收取任何培训费用；

（四）培训费用实报实销，不得采取“以拨代支”等形式执行预算，不得在培训机构、宾馆饭店等场所留存培训经费；

（五）禁止到境外举办任何形式的培训班；

（六）不得到风景名胜区办班，培训期间不得安排宴请，不得组织旅游以及与培训无关的参观活动，不得以任何名义发放纪念品。

第十五条 完善自我评估和第三方评估相结合的培训项目绩效评价机制。培训项目主办单位应当按年度开展自评，于年度结束后2个月内形成自评报告报送机关党委（人事司）和规财司。规财司会同机关党委（人事司）根据有关规定，视情况聘请有资质的评估机构对项目执行情况进行第三方评估。自评结果、审计结果及绩效评价结果要作为下一年度公益金预算安排的重要参考依据。

自评报告应包括下列内容：项目组织实施情况、项目资金使用和结余情况、项目社会效益和经济效益、项目信息公开和宣传情况以及要求报送的其他相关材料。

第十六条 规财司会同机关党委（人事司）对全部培训项目进行审计。审计主要内容包括：培训项目主办单位管理制度的健全性；预算执行情况、资金使用合法合规性；培训项目完成情况；培训项目是否发生偏离；信息公开和宣传情况等。

第十七条 加强问题整改和责任追究。培训项目主办单位对审计中发现的问题应当及时整改，并在1个月内向机关党委（人事司）和规财司报送整改情况报告。对于不按项目申报书和培训计划实施项目，变更培训项目内容的；无正当理由拖延项目，造成项目未按规定的时限结项的，应收回未执行的项目资金，并削减下一年度培训项目资金。

对于未经审批与其他单位联合执行培训项目，委托其他单位承办培训项目，或“以拨代支”执行项目的，应当中止实施，追回全部项目资金。

对于提供虚假材料、虚报、套取、挤占、挪用彩票公益金，利用培训项目开展营利活动及其他违法违纪行为，依法依纪追究项目主办单位和有关负责人责任。

第十八条 每年6月底前，项目主办单位应当按照有关规定，在本单位门户网站上发布公益金有关使用管理信息；无门户网站的，可以由民政部网站代为发布信息。各项目主办单位应当建立健全信息发布的内部报批审核机制，加强信息审核，对上报、发布信息的真实性、准确性负责。

第十九条 项目主办单位应当对所执行项目公开以下信息：

（一）项目信息，包括项目名称、项目主要内容、项目周期、资金额度、项目负责人、联系方式、项目完成情况、实际效果等；

（二）其他有利于体现项目效果的文字、图片、影像资料等；

（三）项目和资金管理办法等。

鼓励项目主办单位根据实际情况通过多种形式增加信息公开内容。

第二十条 主办或承办公益金培训项目的直属单位应当根据本办法，完善本单位培训项目财务管理制度，做到彩票公益金培训项目资金独立核算，主动接受相关管理部门的检查。

第二十一条 本办法自印发之日起施行。

附：彩票公益金民政部项目支出审批表（样表）（略）

民政部彩票公益金预算操作规程

为加强民政部彩票公益金使用管理，规范资金分配流程，提高资金使用效益，根据《彩票公益金管理办法》、《中央集中彩票公益金支持社会福利事业资金使用管理办法》、《财政部关于推进中央部门中期财政规划管理的意见》、《财政部关于加强和改进中央部门项目支出预算管理的通知》等规定，制定本操作规程。

一、"一上"预算申报

根据彩票公益金使用范围，民政部彩票公益金项目分为老年人福利类项目、残疾人福利类项目、儿童（孤儿，农村留守儿童和困境儿童，事实无人抚养儿童以及艾滋病病毒感染儿童等，下同）福利类项目和社会公益类项目；根据彩票公益金使用主体，民政部彩票公益金项目分为民政部项目和补助地方项目。按照有关规定，确定"一上"预算的分配额度（预算盘子）和工作流程如下。

（一）确定年度公益金预算总额。

在申报"一上"预算时，根据财政部下达的民政部彩票公益金年度支出控制数，确定三年支出规划中前两个年度的预算总额。

第三年度的预算总额由民政部规划财务司（以下简称"规财司"）根据近三年全国彩票销售等情况估算确定。

（二）民政部项目"一上"预算申报。

1. 项目申报单位向归口管理单位提交立项申报资料。

2. 归口管理单位审核项目申报单位立项申报资料，将通过审核的申报资料和书面审核意见报规财司。

3. 规财司组织立项评审，经司长办公会审议、分管副部长审核、部党组会议审定等流程确定"一上"预算申报项目，纳入民政部部门预算"一上"报送财政部。

4. 民政部项目资金原则上不超过民政部彩票公益金总额的5%。

（三）补助地方项目"一上"预算申报。

1. 补助地方项目由归口管理单位向规财司报送项目三年支出规划和年度预算申报材料。

2. 确定补助地方项目切块资金分配方案。补助地方项目切块资金预算总额为民政部彩票公益金预算总额减去民政部项目预算总额。切块比例和项目额度按照老年人福利类项目总额（含民政部项目和补助地方项目）不低于民政部彩票公益金总额的55%、社会公益类项目总额（含民政部项目和补助地方项目）不超过民政部彩票公益金总额的10%来控制；剩余额度切分给补助地方残疾人福利类和补助地方儿童福利类项目，原则上按1:1分配。年度补助地方项目资金预算具体分配比例和额度，由规财司商各归口管理单位提出初步方案，经司长办公会审议、分管部领导审核后，报部党组会议审定。

3. 归口管理单位调整确定项目三年支出规划和年度预算申报材料并报规财司。

二、"一下"预算批复和"二上"预算申报

（一）规财司根据财政部核定下达民政部彩票公益金项目三年支出规划及各项目"一下"预算控制数，分配下达各项目单位。

（二）民政部项目由归口管理单位督促项目单位按照有关规定和财政部"一下"要求申报"二上"预算申报材料，经审核后报送规财司。

（三）补助地方项目由归口管理单位编制"二上"预算申报材料并报规财司。

（四）规财司汇总审核形成民政部彩票公益金"二上"预算草案报分管副部长、部长审定后，纳入民政部部门"二上"预算草案报财政部。

三、"二下"预算批复和执行

（一）项目单位在"二上"预算申报后，要做好项目预算执行的各项前期准备工作。

（二）财政部下达"二下"预算后，民政部项目单位要严格按照年度预算批复的功能分类科目、用款计划、项目进度、有关合同和规定程序做好项目预算执行工作，涉及政府采购的应严格执行政府采购有关规定。如发生项目变更、终止，需要调整预算的，应按有关规定和程序报经规财司审核后上报财政部审批。

（三）财政部下达"二下"预算后，补助地方项目业务主管司局要会同有关司局（单位）按照部重点工作部署，采用因素法等方式，按照人口、区域、财政困难程度、机构基数、工作绩效、试点开展情况等因素，提出补助各省、自治区、直辖市和新疆生产建设兵团的资金分配方案，资金分配方案由规财司汇总审核后，按程序提请部党组会议审定，报财政部申请核拨资金。

本规程自印发之日起施行。

附：民政部彩票公益金预算工作流程图（略）

中央集中彩票公益金资助青少年体育活动管理办法(试行)

（2017年4月24日）

第一章　总　　则

第一条　为鼓励支持公益性青少年体育活动有序开展，规范和加强中央集中彩票公益金支持体育事业专项资金（以下简称“彩票公益金”）资助青少年体育活动项目（以下简称“资助项目”）管理，提高资金使用效益，动员和鼓励社会力量参与青少年体育工作，推动青少年体育活动广泛、深入、持久开展，根据《中央集中彩票公益金支持体育事业专项资金管理办法》等法规和文件，制定本办法。

第二条　本办法中青少年体育活动是指面向广大青少年群体组织开展的，以运动项目普及和运动水平提高为目的的体育赛事、技能培训、集中训练、文化交流、项目推广、健身指导等。

第三条　国家体育总局青少年体育司（以下简称“青少司”）对彩票公益金资助开展青少年体育活动项目的经费预算进行审核。

第四条　资助原则

（一）自愿申请、公平竞争、专家评审、择优立项。

（二）量入为出。依据体育总局年度彩票公益金投入总量确定活动的资助金额。

（三）统筹兼顾，突出重点。重点资助参与面广、有较大影响和知名度的青少年体育活动项目。

（四）专款专用。谁使用，谁负责。

第五条　资助范围

（一）具有示范引领效应的全国性青少年体育活动。

（二）具有示范引领效应的区域性青少年体育活动。

第二章　申报与确定

第六条　申报单位

（一）体育总局直属单位。

（二）全国性单项体育协会、行业体育协会。

（三）省级体育行政部门、省级体育社会组织。

第七条　申报程序

（一）体育总局直属单位及各省（区、市）体育局资助对象根据年度组织开展青少年体育活动计划，经所在单位同意，将拟申请彩票公益金资助开展的活动项目按照国家体育总局经济司（以下简称“经济司”）对下一年度部门预算编制工作通知有关要求，由所在单位统一向经济司报送“一上”预算报表及项目文本，经济司汇总后转青少司。新增活动项目于每年3月20日前将下一年度需彩票公益金资助开展的活动项目文本上报体育总局青少司审核。

非预算申请单位按照政府购买服务相关法规制度程序进行申报。

（二）申报单位应填写《中央集中彩票公益金资助青少年体育活动新增项目申报文本》（见附件）。

（三）申报单位应当合理编制项目总预算，预算资助金额标准不超过每人每天350元，活动天数不少于5天（含报到和离会），结合预计活动支出，提出合理的项目资助金额申请。

（四）体育总局直属单位负责本单位内所有资助项目的初审、汇总和上报工作。

（五）省级体育行政部门负责本行政区域内资助项目的初审、汇总和上报工作，地方体育行政部门不得越级申报。

第八条　审核依据

（一）以三大球、田径、游泳等基础大项、冰雪项目、民族传统体育等项目，奥运项目青少年训练营，阳光体育大会等青少年体育系列活动以及社会上喜闻乐见的体育项目等优先资助。

（二）历年资助经费使用情况和活动实际开展状况。

（三）申请资助开展项目的站（次）、参与人数、活动影响力、活动宣传情况等。

第九条　审核程序

（一）青少司职能处室根据本办法审核由经济司汇总转来的各申报单位上报材料，逐步探讨引入并委托第三方协助进行审核，对单位资质、硬件条件、活动实施方案、进度、经费预算等重点内容的完整性、规范性、合理性进行审核，并提出审核建议。

（二）青少司司务会对预算审核等建议进行讨论研究，确定后报经济司审核。

第三章　实施与管理

第十条　资助项目单位接受青少司对活动的业务指导，确保组织工作的各项要求落实到位。

第十一条　资助项目单位严格按照国家财务和彩票公益金的有关管理规定使用经费，专项用于青少年体育活动，确保资助经费专款专用。资助经费核算必须纳入单位会计核算体系，单独核算，并完整保留与资助项目有关的会计资料。

第十二条　不得任意更改活动名称和时间，且实际参与人数不得低于申请资助经费预算时的人数。

第十三条　资助项目单位组织开展活动要积极宣传公益金的宗旨和社会公益形象，按照《彩票公益金资助项目宣传管理办法》有关规定执行。

第十四条　资助项目实行绩效评估制度。

（一）资助项目执行期间，由各单位自行组织专家进行评估，将评估结果报送青少司，青少司根据评估效果进行抽查。

（二）资助项目完成15日内，资助项目单位向青少司报送项目总结材料，包括活动组织材料、图像视频材料、经费支出与执行材料等。

（三）项目绩效评估不合格以及违法规定使用经费的，体育总局将取消资助项目单位下一年度申请资格。

第十五条　青少司将委托专业机构有重点地检查项目经费管理情况和使用效率，并对部分资助项目进行审计，资助项目单位应当积极配合，如实反映情况。检查及审计结论作为评审新报资助项目的重要依据。

第四章　附　　则

第十六条　本办法自印发之日起施行。

附件：中央集中彩票公益金资助青少年体育活动新增项目申请文本（略）

中央集中彩票公益金支持社会福利事业资金使用管理办法

（2017年11月22日　财社〔2017〕237号）

第一章　总　　则

第一条　为加强中央集中彩票公益金支持社会福利事业专项资金管理，提高资金使用效益，根据《彩票管理条例》、《彩票管理条例实施细则》、《彩票公益金管理办法》（财综〔2012〕15号），以及中央财政预算资金管理有关规定制定本办法。

第二条　本办法所称中央集中彩票公益金支持社会福利事业资金（以下简称彩票公益金）是根据国务院有关政策，从中央集中彩票公益金中，按一定比例安排用于民政领域社会福利事业发展的专项资金。

第三条　彩票公益金纳入政府性基金预算，由财政、民政部门按职责共同管理。财政部门负责审核民政部门报送的预算编制建议、批复预算，会同民政部门分配下达资金、对资金使用情况进行监督和绩效管理等。民政部门负责按资金使用范围编制资金预算建议、预算资金执行、项目日常管理等。

第四条　各级财政、民政部门应当加强彩票公益金与一般公共预算资金的衔接，统筹使用彩票公益金与一般公共预算资金。

第五条　彩票公益金使用管理应当严格执行国家法律法规和财务规章制度，接受财政、审计、民政等部门的监督和检查。

第二章　使 用 范 围

第六条　彩票公益金的使用应当遵循福利彩票“扶老、助残、救孤、济困”的发行宗旨，主要用于资助为老年人、残疾人、儿童等特殊群体提供服务的社会福利项目，以及符合宗旨的其他社会公益项目。

第七条　彩票公益金用于老年人福利类项目预算总额不得低于彩票公益金总额的50%。重大政策调整涉及彩票公益金分配比例的，按照相关规定执行。

第八条　彩票公益金的使用应当严格按照有关规定，严禁虚报套取、挤占挪用，不得用于因公出国（境）费、公务接待费、公务用车购置及运行费、行政事业单位的基本支出、营利活动以及其他不符合规定用途的支出。

第三章　分配和使用管理

第九条　彩票公益金预算分为民政部项目支出预算和补助地方项目支出预算两部分，预算的编制、报送和审批分别执行中央部门预算和中央对地方转移支付预算管理制度，并实行中期财政规划管理。

第十条　民政部项目实行项目库管理，纳入项目库的项目原则上均应当通过评审，项目立项和预算申报应当严格执行中央部门预算管理有关规定，不与一般公共预算安排的项目交叉重复。

第十一条　补助地方项目资金分配应当以因素法为主，由民政部会同财政部确定资金分配原则，并提出分地区建议数，经财政部审核下达地方。

分配因素主要选取人口、区域、财力状况、相关机构数量、工作绩效等因素。不同项目资金分配可根据实际情况确定具体分配因素，并明确相应的权重。

第十二条　补助地方项目资金下达地方后，省级民政部门按照民政部、财政部确定的资金使用方向和分配原则，结合本地工作实际，提出资金分配方案，报同级财政部门审核后及时下拨资金。

第十三条　各级民政部门要严格按照财政部门批复的预算执行，不得擅自调整预算，不得截留、挤占、挪用资金。在预算执行过程中，如发生项目变更、终止，确需调整预算的，应当按照有关规定和程序进行审批。

各级民政部门和彩票公益金使用单位应当加强项目资金管理，加快预算执行进度，强化项目结项管理。

第十四条　彩票公益金的资金支付，按照国库集中支付制度有关规定执行。

第十五条　彩票公益金结转结余资金的使用和管理，按照财政部门有关结转结余资金的使用和管理办法执行。

第十六条　彩票公益金使用过程中涉及政府采购的，按照国家有关政府采购的规定执行。

第四章　信 息 公 开

第十七条　各级民政部门、彩票公益金使用单位应当根据有关规定，公开彩票公益金使用规模、资助项目、执行情况和实际效果等相关信息，接受社会监督。

第十八条 每年3月底前，省级民政部门应当向本省财政部门报送上一年度彩票公益金使用情况。每年4月1日前，省级民政部门应当将上年度本省份使用中央补助地方彩票公益金的使用规模、资助项目、执行情况和实际效果等情况上报民政部。每年6月底前，民政部应当将上年度彩票公益金使用规模、资助项目、执行情况和实际效果等向社会公告。

第十九条 各级民政部门、彩票公益金使用单位应当按照有关规定设立、使用和管理彩票公益金资助标识。

第五章 绩效管理与监督检查

第二十条 各级民政、财政部门应当根据预算绩效管理相关要求，实施对彩票公益金的全过程预算绩效管理。所有民政部项目均应当按规定编制绩效目标，未按要求编制绩效目标的项目不得纳入项目库。

补助地方项目纳入中央对地方转移支付绩效管理，按规定编制该项资金绩效目标。各省份在收到中央补助资金后60日内将区域绩效目标报民政部、财政部备案，并抄送财政部驻各地财政监察专员办事处。省级财政、民政部门在对下分配资金时同步下达分区域或分项目绩效目标。

各级民政、财政部门应当在预算执行中开展绩效目标执行监控；在年度执行结束后，按要求组织开展绩效评价。绩效评价结果作为下一年度调整政策、改进管理、分配预算的参考和重要依据。

第二十一条 各级财政、民政部门应当加强彩票公益金项目资金管理使用的监督检查，确保资金专款专用。

第二十二条 民政部应当结合实际随机选取一定数量的项目和向下一级分配资金的项目，委托第三方审计机构开展审计。

第二十三条 对于彩票公益金使用管理中存在的各类财政违法行为，依照《预算法》、《预算法实施条例》、《财政违法行为处罚处分条例》和《彩票管理条例》等有关规定处理。

第二十四条 各级财政、民政部门及其工作人员，在彩票公益金使用管理活动中，存在违反本办法规定的行为，以及其他滥用职权、玩忽职守、徇私舞弊等违法违纪行为的，依照《预算法》、《公务员法》、《行政监察法》、《彩票管理条例》等国家有关规定追究相应责任；涉嫌犯罪的，依法移送司法机关处理。

第六章 附 则

第二十五条 省级财政部门、民政部门可以参照本办法规定，结合本地实际，制定本地区彩票公益金管理办法。

第二十六条 本办法自印发之日起施行。原《社会福利基金使用管理暂行办法》（财社字〔1998〕第124号）同时废止。

文书范本

中国福利彩票代销合同示范文本①

甲方（委托方）：____________（福利彩票销售机构名称）
法定代表人：
职务：
住所：
委托代理人：
身份证号码：
通讯地址：
电话：
传真：
邮编：

乙方（受托方为自然人用）：____________
身份证号码：
户口所在地：
住所：

① 民发〔2012〕151号。

通讯地址:
电话:
邮编:
乙方(受托方为法人用):____________________
法定代表人:
职务:
住所:
委托代理人:
身份证号码:
通讯地址:
电话:
传真:
邮编:

甲、乙双方根据《中华人民共和国合同法》、《彩票管理条例》、《彩票管理条例实施细则》等相关法律法规和省级以上人民政府财政部门、民政部门以及国务院民政部门设立的福利彩票发行机构制定的有关彩票管理政策和规定、规范,本着平等自愿、诚实信用的原则,就乙方代理销售中国福利彩票(以下简称“福利彩票”)事宜签订本合同。具体内容约定如下:

第一条 委托事项

甲方委托乙方在________省(自治区、直辖市)________市________区(县)____________________(具体地点)设立福利彩票销售站点,代销____________________(具体品种)福利彩票。

第二条 委托期限

乙方代销福利彩票的期限为______年,自______年____月____日起,至______年____月____日止。

第三条 代销费用

甲方按照双方的约定,向乙方支付福利彩票销售额________%的代销费。

第四条 甲方的权利

(一)甲方有权要求乙方遵守《彩票管理条例》、《彩票管理条例实施细则》等相关法规、规章和省级以上人民政府财政部门、民政部门以及国务院民政部门设立的福利彩票发行机构制定的有关彩票管理政策和规定、规范;

(二)甲方有权根据相关规定及委托事项对乙方销售福利彩票的行为进行监督、检查;

(三)甲方有权根据国家政策调整和彩票市场发展需要,调整代销费比例;

(四)甲方有权向乙方收取押金或者保证金,押金或者保证金不计利息;

(五)甲方有权对乙方拖欠的福利彩票销售款、其他应缴费用和因乙方原因造成甲方提供的福利彩票销售设备故障、损坏或者丢失产生的损失,从其押金或者保证金中予以扣除。

第五条 甲方的义务

(一)甲方应按本合同第三条约定向乙方支付福利彩票代销费;

(二)甲方与乙方签订福利彩票代销合同后,应在______个工作日内,向乙方发放福利彩票代销证,并提供相应的合格福利彩票销售设备供乙方使用。甲方提供的福利彩票销售设备所有权归甲方所有;

(三)甲方接到乙方福利彩票销售专用设备发生故障的报修申请后,应及时响应,并予以维修。经维修后仍不能正常使用的,应予更换;

(四)甲方应对乙方的福利彩票销售员进行上岗前培训,经考核合格后准予其上岗;

(五)甲方应在合同权利义务终止、收回甲方提供的可正常使用的福利彩票销售设备和福利彩票代销证、结清有关款项后,在______个工作日内退还乙方押金或者保证金。

第六条 乙方的权利

(一)乙方有权按本合同第三条约定取得代销费;

(二)合同权利义务终止且乙方无违约情形,乙方交还甲方提供的可正常使用的福利彩票销售设备和福利彩票代销证、结清有关款项后,有权向甲方要求返还所交纳的押金或者保证金;

(三)乙方有权在合同履行期间,对甲方提供的销售设备以及宣传品,按照有关规定和本合同约定的用途、方式,合理使用。

第七条　乙方的义务

（一）乙方应当遵守《彩票管理条例》、《彩票管理条例实施细则》等相关法规、规章和省级以上人民政府财政部门、民政部门以及国务院民政部门设立的福利彩票发行机构制定的有关彩票管理政策和规定、规范；

（二）乙方销售福利彩票后，应及时向甲方交纳福利彩票销售款，或者按照与甲方约定的预存款交款方式或实时交款方式，及时结交福利彩票销售款；

（三）乙方应当向甲方交纳押金或者保证金，押金或者保证金不计利息。押金或者保证金金额不足时，乙方应当及时予以补足；

（四）乙方应当维护福利彩票的形象，不得侵犯甲方的名誉权、知识产权；

（五）乙方销售福利彩票，应当妥善保管甲方发放的福利彩票代销证，将其置于彩票销售场所的显著位置，不得转借、出租、出售；设置福利彩票标识；张贴福利彩票发行宗旨的宣传标语、针对非理性购买彩票的提示标语、不得向未成年人销售彩票和兑奖的警示标语；公示开奖结果；承担兑奖义务并回收兑奖彩票，防止流失已兑奖彩票；

（六）乙方必须按照彩票游戏规则和兑奖操作规程兑奖。应当以人民币现金形式向彩票中奖者一次性兑付彩票中奖奖金，不得以实物形式兑付，不得分期多次兑付；

（七）乙方有义务对彩票中奖者个人信息予以保密，未经彩票中奖者本人同意，不得泄露彩票中奖者身份特征信息；不得违背彩票中奖者本人意愿，以任何理由和方式要求彩票中奖者捐赠中奖奖金或者变相捐赠中奖奖金；

（八）乙方有义务对销售的福利彩票票面的完整性予以审核，不得销售票面信息不完整的福利彩票；

（九）乙方应当规范使用、维护甲方提供的福利彩票销售设备，不得转借、出租、出售甲方提供的福利彩票销售设备，不得擅自改变甲方提供的福利彩票销售设备用途，不得拆卸甲方提供的福利彩票销售设备或更换其零部件；不得查阅、修改、复制、删除甲方提供的福利彩票销售设备装载的程序和有关数据文件，或者安装、运行其他程序和文件；不得擅自外接设备。甲方提供的福利彩票销售设备出现故障、损坏或者丢失，乙方应当在______个小时内告知甲方；

（十）乙方应按甲方制定的福利彩票销售站点规范化建设的要求建设销售站点。未经甲方书面同意，乙方不得擅自迁移销售站点；

（十一）乙方福利彩票销售人员须接受甲方组织的上岗前培训，并取得福利彩票销售资格。如乙方更换福利彩票销售人员，应当提前______个工作日以书面形式通知甲方；

（十二）乙方及其销售人员应当参加甲方组织的与其销售福利彩票行为相关的会议、培训及活动；

（十三）乙方销售福利彩票，不得有本合同约定之外的其他彩票销售行为；

（十四）乙方不得无正当理由中止销售福利彩票，不得变更或者变相变更福利彩票面额销售，不得以赊销、信用方式销售福利彩票；

（十五）乙方不得向未成年人销售福利彩票和兑奖；

（十六）乙方如果提前解除合同，应当向甲方送交书面申请，经甲方书面同意后方能停止销售福利彩票，并按规定办理有关手续；

（十七）福利彩票代销合同权利义务终止后 个工作日内，乙方应当将甲方提供的福利彩票销售设备、福利彩票代销证退还甲方，并保证退还的福利彩票销售设备能正常使用。

第八条　甲方的违约责任

（一）甲方未按约定向乙方支付代销费的，每迟延一日，应当额外向乙方支付拖欠费用的 ‰作为违约金，最高不超过______%。违约金达到拖欠费用15%的，乙方有权解除合同并要求甲方支付所欠费用及违约金；

（二）乙方使用甲方提供的福利彩票销售专用设备出现故障并向甲方报修后，甲方拒绝维修或经维修仍无法正常使用且不更换可以正常使用的销售设备达到______天的，乙方有权解除合同并要求甲方支付违约金。违约金支付具体事宜由甲乙双方另行约定；

（三）甲方在合同权利义务终止、收回甲方提供的福利彩票销售设备和福利彩票代销证、结清有关款项______个工作日内，未向乙方退还押金或者保证金的，每迟延一日，应额外向乙方支付拖欠费用的______‰作为违约金，最高不超过______%。

第九条　乙方的违约责任

（一）因乙方原因造成甲方提供的福利彩票销售设备故障、损坏或者丢失的，由乙方承担维修费用或照价赔偿责任，乙方应按甲方要求赔偿损失；

（二）乙方未按甲、乙双方约定交纳福利彩票销售款、押金或者保证金的，每迟延一日，应额外支付拖欠金额的______‰作为违约金，最高不超过______%；

（三）乙方有下列情形之一，经甲方提出 天后拒不改正，甲方有权责令乙方暂停销售福利彩票并进行限期整改：

1. 对彩票中奖者，未以人民币现金形式一次性兑付彩票中奖奖金，或者无故拒绝兑奖、拖延兑奖的，或者违背彩票中奖者本人意愿，以任何理由和方式要求彩票中奖者捐赠中奖奖金或变相捐赠中奖奖金的，或者泄露彩票中奖者个人信息但未造成严重后果的；

2. 未按规定期限交纳福利彩票销售款及其他应缴费用的；

3. 无正当理由连续或者累计停止销售福利彩票，一年内达到______天的；

4. 未按规定设置福利彩票代销证、福利彩票标识的；

5. 未按规定张贴福利彩票发行宗旨的宣传标语、针对非理性购买彩票的提示标语、不得向未成年人销售彩票和兑奖的警示标语的；

6. 私自更换销售人员，或者销售人员未取得销售资格而销售福利彩票的；

7. 无正当理由不参加由甲方组织的与乙方销售福利彩票行为相关的会议、培训及活动的；

8. 以赊销、信用方式销售福利彩票的；

9. 以诋毁同业者等手段进行不正当竞争的；

10. 具有其他应当限期进行整改的情况的。

乙方整改后经甲方认定具备销售条件的，可以重新恢复福利彩票销售资格。

（四）乙方有包括但不限于下列情形之一的，甲方有权取消乙方福利彩票代销资格，并以书面形式通知乙方解除本合同，自通知到达乙方之日起合同解除。甲方有权视损失情况扣除乙方的押金或者保证金：

1. 向未成年人销售福利彩票和兑奖的；

2. 以误导、欺骗方式销售福利彩票的；

3. 设立分销站点，或者转让、转租、转借销售站点的；

4. 转借、出租、出售福利彩票代销证的；

5. 销售本合同约定之外的其他彩票的；

6. 通过手机、互联网等超出福利彩票机构规定范围和方式销售福利彩票的；

7. 变更或者变相变更彩票面额进行销售，或者销售已经作废的福利彩票的；

8. 未按批准的地址设立销售站点，或擅自迁移销售站点的；

9. 转借、出租、出售甲方提供的福利彩票销售设备，或者擅自改变甲方提供的福利彩票销售设备用途，或者拆卸甲方提供的福利彩票销售设备或更换其零部件，或者查阅、修改、复制、删除甲方提供的福利彩票销售设备装载的程序和有关数据文件，或者安装、运行其他程序和文件，或者擅自外接设备的；

10. 泄露彩票中奖者个人信息造成严重后果的；

11. 进行虚假性、误导性宣传的；

12. 有损害福利彩票形象的言行的。

第十条 合同的终止

（一）合同期满自然终止；

（二）双方协商一致的，可以提前解除本合同；

（三）因国家法律、法规、政策调整或根据彩票市场发展需要，甲方需调整代销费比例或变更代销合同条款，乙方不予认可的，乙方可以单方解除本合同；

（四）乙方有包括但不限于第九条第四款所列情形之一的，甲方可以单方解除本合同；

（五）因乙方自然人死亡、丧失民事行为能力或者法人破产、被吊销营业执照的，本合同解除。

第十一条 特别约定

（一）乙方在履行本合同期间，因其他违法行为受到相应行政机关的行政处罚或者被追究刑事责任的，甲方有权解除本合同；

（二）因自然灾害等不可抗力事件导致本合同不能继续履行的，双方互不承担违约责任。但遭受不可抗力一方应在不可抗力事由消失后及时通知对方，并采取必要的措施，减少损失；

（三）因电力、通讯等非甲乙双方的原因造成不能正常销售福利彩票的，双方互不承担责任；

（四）由于非甲方原因造成乙方及第三方人身伤害或者财产损失的，甲方不承担责任；

(五)因国家法律、法规、政策调整导致本合同不能继续履行或者解除的,双方互不承担违约责任;

(六)因履行本合同发生争议的,双方应协商解决。协商不成的,应向甲方所在地人民法院提起诉讼。

第十二条 其他

(一)甲方与乙方均应遵守法律法规、规章制度和省级以上人民政府财政部门、民政部门以及国务院民政部门设立的福利彩票发行机构制定的有关彩票管理的政策和规定、规范,严格履行本合同。如本合同的条款与上述法律法规、规章制度和政策规定不一致的,以上述法律法规、规章制度和政策规定为准。

(二)对本合同未尽事宜及对本合同部分条款的变更,双方可另行签订补充协议,补充协议与本合同具有同等法律效力。

(三)《中国福利彩票代销申请书》作为本合同附件,与本合同具有同等法律效力。

(四)甲乙双方通信地址等联系方式发生变化的,应于变化后的 日内通知对方,否则按原通信地址等联系方式进行的联系,视为送达;

(五)乙方符合甲方有关福利彩票销售场所条件的,双方签字、盖章。本合同自双方签字、盖章之日起生效,一式______份,双方各执______份,具有同等法律效力。

甲方:__________(福利彩票销售机构名称)

法定代表人(签字):

委托代理人(签字):

甲方公章

签订地点:

年 月 日

乙方(自然人或法定代表人)(签字):

委托代理人(签字):

乙方印鉴或者公章

签订地点:

年 月 日

附件:《中国福利彩票代销申请书示范文本》

中国福利彩票代销申请书示范文本

申请人(自然人)姓名:________性别:________出生日期:________

身份证号码:____________________

家庭地址及邮编:____________________

住宅电话:____________

移动电话:____________

电子邮件:____________

申请人(单位)名称:____________

法定代表人或负责人:____________

单位地址及邮编:____________________

联系人姓名:________办公电话:________移动电话:________

一、申请事项

申请设立福利彩票销售场所地址:

申请销售福利彩票品种:

二、申请人承诺

(一)申请人具有可用于代销____________(具体品种)中国福利彩票的固定经营场所及所需资金;

(二)申请人不具有以下任何一种情形:

1. 申请人为自然人但无民事行为能力或者限制民事行为能力,或者申请人为单位但不具有独立法人资格的;

2. 担任破产清算的公司、企业的董事或者厂长、经理，对该公司、企业的破产负有个人责任的，自该公司、企业破产清算完结之日起未逾三年；

3. 担任因违法被吊销营业执照、责令关闭的公司、企业的法定代表人，并负有个人责任的，自该公司、企业被吊销营业执照之日起未逾三年；

4. 有被人民法院强制执行、结案的案件，未逾三年的；

5. 代销福利彩票因违反规定被解除合同未逾三年的；

6. 存在刑事处罚记录和不良商业信用记录未逾五年的。

（三）申请人按规定为彩票销售人员提供符合所在地县级以上人民政府人力资源社会保障部门规定的相关工资、保险和福利待遇。

（四）如申请人所承诺内容不实，或者未能履行承诺内容，（福利彩票销售机构名称）可以解除福利彩票代销合同，因此造成的损失由申请人承担。

三、申请人需要提供的证明材料明细

1. 申请人及销售人员的基本信息，包括：身份证复印件（申请人为单位的，须提供经其法定代表人签字的法定代表人身份证复印件）、《企业法人营业执照》复印件和企业年检合格证明的复印件；

2. 经营场所房屋权属证明或者租赁合同；

3. 金融机构出具的资金证明。

申请人（签字）：
（印鉴或者公章）
年 月 日

六、社会救助

1. 综　合

中华人民共和国社区矫正法

（2019年12月28日第十三届全国人民代表大会常务委员会第十五次会议通过　2019年12月28日中华人民共和国主席令第40号公布　自2020年7月1日起施行）

第一章　总　则

第一条　为了推进和规范社区矫正工作，保障刑事判决、刑事裁定和暂予监外执行决定的正确执行，提高教育矫正质量，促进社区矫正对象顺利融入社会，预防和减少犯罪，根据宪法，制定本法。

第二条　对被判处管制、宣告缓刑、假释和暂予监外执行的罪犯，依法实行社区矫正。

对社区矫正对象的监督管理、教育帮扶等活动，适用本法。

第三条　社区矫正工作坚持监督管理与教育帮扶相结合，专门机关与社会力量相结合，采取分类管理、个别化矫正，有针对性地消除社区矫正对象可能重新犯罪的因素，帮助其成为守法公民。

第四条　社区矫正对象应当依法接受社区矫正，服从监督管理。

社区矫正工作应当依法进行，尊重和保障人权。社区矫正对象依法享有的人身权利、财产权利和其他权利不受侵犯，在就业、就学和享受社会保障等方面不受歧视。

第五条　国家支持社区矫正机构提高信息化水平，运用现代信息技术开展监督管理和教育帮扶。社区矫正工作相关部门之间依法进行信息共享。

第六条　各级人民政府应当将社区矫正经费列入本级政府预算。

居民委员会、村民委员会和其他社会组织依法协助社区矫正机构开展工作所需的经费应当按照规定列入社区矫正机构本级政府预算。

第七条　对在社区矫正工作中做出突出贡献的组织、个人，按照国家有关规定给予表彰、奖励。

第二章　机构、人员和职责

第八条　国务院司法行政部门主管全国的社区矫正工作。县级以上地方人民政府司法行政部门主管本行政区域内的社区矫正工作。

人民法院、人民检察院、公安机关和其他有关部门依照各自职责，依法做好社区矫正工作。人民检察院依法对社区矫正工作实行法律监督。

地方人民政府根据需要设立社区矫正委员会，负责统筹协调和指导本行政区域内的社区矫正工作。

第九条　县级以上地方人民政府根据需要设置社区矫正机构，负责社区矫正工作的具体实施。社区矫正机构的设置和撤销，由县级以上地方人民政府司法行政部门提出意见，按照规定的权限和程序审批。

司法所根据社区矫正机构的委托，承担社区矫正相关工作。

第十条　社区矫正机构应当配备具有法律等专业知识的专门国家工作人员（以下称社区矫正机构工作人员），履行监督管理、教育帮扶等执法职责。

第十一条　社区矫正机构根据需要，组织具有法律、教育、心理、社会工作等专业知识或者实践经验的社会工作者开展社区矫正相关工作。

第十二条　居民委员会、村民委员会依法协助社区矫正机构做好社区矫正工作。

社区矫正对象的监护人、家庭成员，所在单位或者就读学校应当协助社区矫正机构做好社区矫正工作。

第十三条　国家鼓励、支持企业事业单位、社会组织、志愿者等社会力量依法参与社区矫正工作。

第十四条　社区矫正机构工作人员应当严格遵守宪法和法律，忠于职守，严守纪律，清正廉洁。

第十五条　社区矫正机构工作人员和其他参与社区矫正工作的人员依法开展社区矫正工作，受法律保护。

第十六条　国家推进高素质的社区矫正工作队伍建设。社区矫正机构应当加强对社区矫正工作人员的管理、监督、培训和职业保障，不断提高社区矫正工作的规范化、专业化水平。

第三章　决定和接收

第十七条　社区矫正决定机关判处管制、宣告缓刑、裁定假释、决定或者批准暂予监外执行时应当确定社区矫正执行地。

社区矫正执行地为社区矫正对象的居住地。社区矫正对象在多个地方居住的,可以确定经常居住地为执行地。

社区矫正对象的居住地、经常居住地无法确定或者不适宜执行社区矫正的,社区矫正决定机关应当根据有利于社区矫正对象接受矫正、更好地融入社会的原则,确定执行地。

本法所称社区矫正决定机关,是指依法判处管制、宣告缓刑、裁定假释、决定暂予监外执行的人民法院和依法批准暂予监外执行的监狱管理机关、公安机关。

第十八条 社区矫正决定机关根据需要,可以委托社区矫正机构或者有关社会组织对被告人或者罪犯的社会危险性和对所居住社区的影响,进行调查评估,提出意见,供决定社区矫正时参考。居民委员会、村民委员会等组织应当提供必要的协助。

第十九条 社区矫正决定机关判处管制、宣告缓刑、裁定假释、决定或者批准暂予监外执行,应当按照刑法、刑事诉讼法等法律规定的条件和程序进行。

社区矫正决定机关应当对社区矫正对象进行教育,告知其在社区矫正期间应当遵守的规定以及违反规定的法律后果,责令其按时报到。

第二十条 社区矫正决定机关应当自判决、裁定或者决定生效之日起五日内通知执行地社区矫正机构,并在十日内送达有关法律文书,同时抄送人民检察院和执行地公安机关。社区矫正决定地与执行地不在同一地方的,由执行地社区矫正机构将法律文书转送所在地的人民检察院、公安机关。

第二十一条 人民法院判处管制、宣告缓刑、裁定假释的社区矫正对象,应当自判决、裁定生效之日起十日内到执行地社区矫正机构报到。

人民法院决定暂予监外执行的社区矫正对象,由看守所或者执行取保候审、监视居住的公安机关自收到决定之日起十日内将社区矫正对象移送社区矫正机构。

监狱管理机关、公安机关批准暂予监外执行的社区矫正对象,由监狱或者看守所自收到批准决定之日起十日内将社区矫正对象移送社区矫正机构。

第二十二条 社区矫正机构应当依法接收社区矫正对象,核对法律文书、核实身份、办理接收登记、建立档案,并宣告社区矫正对象的犯罪事实、执行社区矫正的期限以及应当遵守的规定。

第四章 监督管理

第二十三条 社区矫正对象在社区矫正期间应当遵守法律、行政法规,履行判决、裁定、暂予监外执行决定等法律文书确定的义务,遵守国务院司法行政部门关于报告、会客、外出、迁居、保外就医等监督管理规定,服从社区矫正机构的管理。

第二十四条 社区矫正机构应当根据裁判内容和社区矫正对象的性别、年龄、心理特点、健康状况、犯罪原因、犯罪类型、犯罪情节、悔罪表现等情况,制定有针对性的矫正方案,实现分类管理、个别化矫正。矫正方案应当根据社区矫正对象的表现等情况相应调整。

第二十五条 社区矫正机构应当根据社区矫正对象的情况,为其确定矫正小组,负责落实相应的矫正方案。

根据需要,矫正小组可以由司法所、居民委员会、村民委员会的人员,社区矫正对象的监护人、家庭成员,所在单位或者就读学校的人员以及社会工作者、志愿者等组成。社区矫正对象为女性的,矫正小组中应有女性成员。

第二十六条 社区矫正机构应当了解掌握社区矫正对象的活动情况和行为表现。社区矫正机构可以通过通信联络、信息化核查、实地查访等方式核实有关情况,有关单位和个人应当予以配合。

社区矫正机构开展实地查访等工作时,应当保护社区矫正对象的身份信息和个人隐私。

第二十七条 社区矫正对象离开所居住的市、县或者迁居,应当报经社区矫正机构批准。社区矫正机构对于有正当理由的,应当批准;对于因正常工作和生活需要经常性跨市、县活动的,可以根据情况,简化批准程序和方式。

因社区矫正对象迁居等原因需要变更执行地的,社区矫正机构应当按照有关规定作出变更决定。社区矫正机构作出变更决定后,应当通知社区矫正决定机关和变更后的社区矫正机构,并将有关法律文书抄送变更后的社区矫正机构。变更后的社区矫正机构应当将法律文书转送所在地的人民检察院、公安机关。

第二十八条 社区矫正机构根据社区矫正对象的表现,依照有关规定对其实施考核奖惩。社区矫正对象认罪悔罪、遵守法律法规、服从监督管理、接受教育表现突出的,应当给予表扬。社区矫正对象违反法律法规或者监督管理规定的,应当视情节依法给予训诫、警告、提请公安机关予以治安管理处罚,或者依法提请撤销缓刑、撤销假释、对暂予监外执行的收监执行。

对社区矫正对象的考核结果,可以作为认定其是否确有悔改表现或者是否严重违反监督管理规定的依据。

第二十九条 社区矫正对象有下列情形之一的,经县级司法行政部门负责人批准,可以使用电子定位装置,加强监督管理:

(一)违反人民法院禁止令的;

(二)无正当理由,未经批准离开所居住的市、县的;

(三)拒不按照规定报告自己的活动情况,被给予警告的;

(四)违反监督管理规定,被给予治安管理处罚的;

(五)拟提请撤销缓刑、假释或者暂予监外执行收监执行的。

前款规定的使用电子定位装置的期限不得超过三个月。对于不需要继续使用的，应当及时解除；对于期限届满后，经评估仍有必要继续使用的，经过批准，期限可以延长，每次不得超过三个月。

社区矫正机构对通过电子定位装置获得的信息应当严格保密，有关信息只能用于社区矫正工作，不得用于其他用途。

第三十条　社区矫正对象失去联系的，社区矫正机构应当立即组织查找，公安机关等有关单位和人员应当予以配合协助。查找到社区矫正对象后，应当区别情形依法作出处理。

第三十一条　社区矫正机构发现社区矫正对象正在实施违反监督管理规定的行为或者违反人民法院禁止令等违法行为的，应当立即制止；制止无效的，应当立即通知公安机关到场处置。

第三十二条　社区矫正对象有被依法决定拘留、强制隔离戒毒、采取刑事强制措施等限制人身自由情形的，有关机关应当及时通知社区矫正机构。

第三十三条　社区矫正对象符合刑法规定的减刑条件的，社区矫正机构应当向社区矫正执行地的中级以上人民法院提出减刑建议，并将减刑建议书抄送同级人民检察院。

人民法院应当在收到社区矫正机构的减刑建议书后三十日内作出裁定，并将裁定书送达社区矫正机构，同时抄送人民检察院、公安机关。

第三十四条　开展社区矫正工作，应当保障社区矫正对象的合法权益。社区矫正的措施和方法应当避免对社区矫正对象的正常工作和生活造成不必要的影响；非依法律规定，不得限制或者变相限制社区矫正对象的人身自由。

社区矫正对象认为其合法权益受到侵害的，有权向人民检察院或者有关机关申诉、控告和检举。受理机关应当及时办理，并将办理结果告知申诉人、控告人和检举人。

第五章　教育帮扶

第三十五条　县级以上地方人民政府及其有关部门应当通过多种形式为教育帮扶社区矫正对象提供必要的场所和条件，组织动员社会力量参与教育帮扶工作。

有关人民团体应当依法协助社区矫正机构做好教育帮扶工作。

第三十六条　社区矫正机构根据需要，对社区矫正对象进行法治、道德等教育，增强其法治观念，提高其道德素质和悔罪意识。

对社区矫正对象的教育应当根据其个体特征、日常表现等实际情况，充分考虑其工作和生活情况，因人施教。

第三十七条　社区矫正机构可以协调有关部门和单位，依法对就业困难的社区矫正对象开展职业技能培训、就业指导，帮助社区矫正对象中的在校学生完成学业。

第三十八条　居民委员会、村民委员会可以引导志愿者和社区群众，利用社区资源，采取多种形式，对有特殊困难的社区矫正对象进行必要的教育帮扶。

第三十九条　社区矫正对象的监护人、家庭成员，所在单位或者就读学校应当协助社区矫正机构做好对社区矫正对象的教育。

第四十条　社区矫正机构可以通过公开择优购买社区矫正社会工作服务或者其他社会服务，为社区矫正对象在教育、心理辅导、职业技能培训、社会关系改善等方面提供必要的帮扶。

社区矫正机构也可以通过项目委托社会组织等方式开展上述帮扶活动。国家鼓励有经验和资源的社会组织跨地区开展帮扶交流和示范活动。

第四十一条　国家鼓励企业事业单位、社会组织为社区矫正对象提供就业岗位和职业技能培训。招用符合条件的社区矫正对象的企业，按照规定享受国家优惠政策。

第四十二条　社区矫正机构可以根据社区矫正对象的个人特长，组织其参加公益活动，修复社会关系，培养社会责任感。

第四十三条　社区矫正对象可以按照国家有关规定申请社会救助、参加社会保险、获得法律援助，社区矫正机构应当给予必要的协助。

第六章　解除和终止

第四十四条　社区矫正对象矫正期满或者被赦免的，社区矫正机构应当向社区矫正对象发放解除社区矫正证明书，并通知社区矫正决定机关、所在地的人民检察院、公安机关。

第四十五条　社区矫正对象被裁定撤销缓刑、假释，被决定收监执行，或者社区矫正对象死亡的，社区矫正终止。

第四十六条　社区矫正对象具有刑法规定的撤销缓刑、假释情形的，应当由人民法院撤销缓刑、假释。

对于在考验期限内犯新罪或者发现判决宣告以前还有其他罪没有判决的，应当由审理该案件的人民法院撤销缓刑、假释，并书面通知原审人民法院和执行地社区矫正机构。

对于有第二款规定以外的其他需要撤销缓刑、假释情形的，社区矫正机构应当向原审人民法院或者执行地人民法院提出撤销缓刑、假释建议，并将建议书抄送人民检察院。社区矫正机构提出撤销缓刑、假释建议时，应当说明理由，并提供有关证据材料。

第四十七条　被提请撤销缓刑、假释的社区矫正对象可能逃跑或者可能发生社会危险的，社区矫正机构可以在提出撤销缓刑、假释建议的同时，提请人民法院决定对其予以逮捕。

人民法院应当在四十八小时内作出是否逮捕的决定。决定逮捕的，由公安机关执行。逮捕后的羁押期限不得超过三十日。

第四十八条 人民法院应当在收到社区矫正机构撤销缓刑、假释建议书后三十日内作出裁定，将裁定书送达社区矫正机构和公安机关，并抄送人民检察院。

人民法院拟撤销缓刑、假释的，应当听取社区矫正对象的申辩及其委托的律师的意见。

人民法院裁定撤销缓刑、假释的，公安机关应当及时将社区矫正对象送交监狱或者看守所执行。执行以前被逮捕的，羁押一日折抵刑期一日。

人民法院裁定不予撤销缓刑、假释的，对被逮捕的社区矫正对象，公安机关应当立即予以释放。

第四十九条 暂予监外执行的社区矫正对象具有刑事诉讼法规定的应当予以收监情形的，社区矫正机构应当向执行地或者原社区矫正决定机关提出收监执行建议，并将建议书抄送人民检察院。

社区矫正决定机关应当在收到建议书后三十日内作出决定，将决定书送达社区矫正机构和公安机关，并抄送人民检察院。

人民法院、公安机关对暂予监外执行的社区矫正对象决定收监执行的，由公安机关立即将社区矫正对象送交监狱或者看守所收监执行。

监狱管理机关对暂予监外执行的社区矫正对象决定收监执行的，监狱应当立即将社区矫正对象收监执行。

第五十条 被裁定撤销缓刑、假释和被决定收监执行的社区矫正对象逃跑的，由公安机关追捕，社区矫正机构、有关单位和个人予以协助。

第五十一条 社区矫正对象在社区矫正期间死亡的，其监护人、家庭成员应当及时向社区矫正机构报告。社区矫正机构应当及时通知社区矫正决定机关、所在地的人民检察院、公安机关。

第七章 未成年人社区矫正特别规定

第五十二条 社区矫正机构应当根据未成年社区矫正对象的年龄、心理特点、发育需要、成长经历、犯罪原因、家庭监护教育条件等情况，采取针对性的矫正措施。

社区矫正机构为未成年社区矫正对象确定矫正小组，应当吸收熟悉未成年人身心特点的人员参加。

对未成年人的社区矫正，应当与成年人分别进行。

第五十三条 未成年社区矫正对象的监护人应当履行监护责任，承担抚养、管教等义务。

监护人怠于履行监护职责的，社区矫正机构应当督促、教育其履行监护责任。监护人拒不履行监护职责的，通知有关部门依法作出处理。

第五十四条 社区矫正机构工作人员和其他依法参与社区矫正工作的人员对履行职责过程中获得的未成年人身份信息应当予以保密。

除司法机关办案需要或者有关单位根据国家规定查询外，未成年社区矫正对象的档案信息不得提供给任何单位或者个人。依法进行查询的单位，应当对获得的信息予以保密。

第五十五条 对未完成义务教育的未成年社区矫正对象，社区矫正机构应当通知并配合教育部门为其完成义务教育提供条件。未成年社区矫正对象的监护人应当依法保证其按时入学接受并完成义务教育。

年满十六周岁的社区矫正对象有就业意愿的，社区矫正机构可以协调有关部门和单位为其提供职业技能培训，给予就业指导和帮助。

第五十六条 共产主义青年团、妇女联合会、未成年人保护组织应当依法协助社区矫正机构做好未成年人社区矫正工作。

国家鼓励其他未成年人相关社会组织参与未成年人社区矫正工作，依法给予政策支持。

第五十七条 未成年社区矫正对象在复学、升学、就业等方面依法享有与其他未成年人同等的权利，任何单位和个人不得歧视。有歧视行为的，应当由教育、人力资源和社会保障等部门依法作出处理。

第五十八条 未成年社区矫正对象在社区矫正期间年满十八周岁的，继续按照未成年人社区矫正有关规定执行。

第八章 法律责任

第五十九条 社区矫正对象在社区矫正期间有违反监督管理规定行为的，由公安机关依照《中华人民共和国治安管理处罚法》的规定给予处罚；具有撤销缓刑、假释或者暂予监外执行收监情形的，应当依法作出处理。

第六十条 社区矫正对象殴打、威胁、侮辱、骚扰、报复社区矫正机构工作人员和其他依法参与社区矫正工作的人员及其近亲属，构成犯罪的，依法追究刑事责任；尚不构成犯罪的，由公安机关依法给予治安管理处罚。

第六十一条 社区矫正机构工作人员和其他国家工作人员有下列行为之一的，应当给予处分；构成犯罪的，依法追究刑事责任：

（一）利用职务或者工作便利索取、收受贿赂的；

（二）不履行法定职责的；

（三）体罚、虐待社区矫正对象，或者违反法律规定限制或者变相限制社区矫正对象的人身自由的；

（四）泄露社区矫正工作秘密或者其他依法应当保密的信息的；

（五）对依法申诉、控告或者检举的社区矫正对象进行打击报复的；

（六）有其他违纪违法行为的。

第六十二条 人民检察院发现社区矫正工作违反法律规定的，应当依法提出纠正意见、检察建议。有关单位应当将采纳纠正意见、检察建议的情况书面回复人民检察院，没有采纳的应当说明理由。

第九章 附 则

第六十三条 本法自2020年7月1日起施行。

中华人民共和国社区矫正法实施办法

（2020年6月18日 司发通〔2020〕59号）

第一条 为了推进和规范社区矫正工作，根据《中华人民共和国刑法》《中华人民共和国刑事诉讼法》《中华人民共和国社区矫正法》等有关法律规定，制定本办法。

第二条 社区矫正工作坚持党的绝对领导，实行党委政府统一领导、司法行政机关组织实施、相关部门密切配合、社会力量广泛参与、检察机关法律监督的领导体制和工作机制。

第三条 地方人民政府根据需要设立社区矫正委员会，负责统筹协调和指导本行政区域内的社区矫正工作。

司法行政机关向社区矫正委员会报告社区矫正工作开展情况，提请社区矫正委员会协调解决社区矫正工作中的问题。

第四条 司法行政机关依法履行以下职责：

（一）主管本行政区域内社区矫正工作；

（二）对本行政区域内设置和撤销社区矫正机构提出意见；

（三）拟定社区矫正工作发展规划和管理制度，监督检查社区矫正法律法规和政策的执行情况；

（四）推动社会力量参与社区矫正工作；

（五）指导支持社区矫正机构提高信息化水平；

（六）对在社区矫正工作中作出突出贡献的组织、个人，按照国家有关规定给予表彰、奖励；

（七）协调推进高素质社区矫正工作队伍建设；

（八）其他依法应当履行的职责。

第五条 人民法院依法履行以下职责：

（一）拟判处管制、宣告缓刑、决定暂予监外执行的，可以委托社区矫正机构或者有关社会组织对被告人或者罪犯的社会危险性和对所居住社区的影响，进行调查评估，提出意见，供决定社区矫正时参考；

（二）对执行机关报请假释的，审查执行机关移送的罪犯假释后对所居住社区影响的调查评估意见；

（三）核实并确定社区矫正执行地；

（四）对被告人或者罪犯依法判处管制、宣告缓刑、裁定假释、决定暂予监外执行；

（五）对社区矫正对象进行教育，及时通知并送达法律文书；

（六）对符合撤销缓刑、撤销假释或者暂予监外执行收监执行条件的社区矫正对象，作出判决、裁定和决定；

（七）对社区矫正机构提请逮捕的，及时作出是否逮捕的决定；

（八）根据社区矫正机构提出的减刑建议作出裁定；

（九）其他依法应当履行的职责。

第六条 人民检察院依法履行以下职责：

（一）对社区矫正决定机关、社区矫正机构或者有关社会组织的调查评估活动实行法律监督；

（二）对社区矫正决定机关判处管制、宣告缓刑、裁定假释、决定或者批准暂予监外执行活动实行法律监督；

（三）对社区矫正法律文书及社区矫正对象交付执行活动实行法律监督；

（四）对监督管理、教育帮扶社区矫正对象的活动实行法律监督；

（五）对变更刑事执行、解除矫正和终止矫正的活动实行法律监督；

（六）受理申诉、控告和举报，维护社区矫正对象的合法权益；

（七）按照刑事诉讼法的规定，在对社区矫正实行法律监督中发现司法工作人员相关职务犯罪，可以立案侦查直接受理的案件；

（八）其他依法应当履行的职责。

第七条 公安机关依法履行以下职责：

（一）对看守所留所服刑罪犯拟暂予监外执行的，可以委托开展调查评估；

（二）对看守所留所服刑罪犯拟暂予监外执行的，核实并确定社区矫正执行地；对符合暂予监外执行条件的，批准暂予监外执行；对符合收监执行条件的，作出收监执行的决定；

（三）对看守所留所服刑罪犯批准暂予监外执行的，进行教育，及时通知并送达法律文书；依法将社区矫正对象交付执行；

（四）对社区矫正对象予以治安管理处罚；到场处置经社区矫正机构制止无效，正在实施违反监督管理规定或者违反人民法院禁止令等违法行为的社区矫正对象；协助社区矫正机构处置突发事件；

（五）协助社区矫正机构查找失去联系的社区矫正对象；执行人民法院作出的逮捕决定；被裁定撤销缓刑、撤销假释和被决定收监执行的社区矫正对象逃跑的，予以追捕；

（六）对裁定撤销缓刑、撤销假释，或者对人民法院、公安机关决定暂予监外执行收监的社区矫正对象，送交看守所或者监狱执行；

（七）执行限制社区矫正对象出境的措施；

（八）其他依法应当履行的职责。

第八条 监狱管理机关以及监狱依法履行以下职责：

（一）对监狱关押罪犯拟提请假释的，应当委托进行调查评估；对监狱关押罪犯拟暂予监外执行的，可以委托进行调查评估；

（二）对监狱关押罪犯拟暂予监外执行的，依法核实并确定社区矫正执行地；对符合暂予监外执行条件的，监狱管理机关作出暂予监外执行决定；

（三）对监狱关押罪犯批准暂予监外执行的，进行教育，及时通知并送达法律文书；依法将社区矫正对象交付执行；

（四）监狱管理机关对暂予监外执行罪犯决定收监执行的，原服刑或者接收其档案的监狱应当立即将罪犯收监执行；

（五）其他依法应当履行的职责。

第九条 社区矫正机构是县级以上地方人民政府根据需要设置的，负责社区矫正工作具体实施的执行机关。社区矫正机构依法履行以下职责：

（一）接受委托进行调查评估，提出评估意见；

（二）接收社区矫正对象，核对法律文书、核实身份、办理接收登记，建立档案；

（三）组织入矫和解矫宣告，办理入矫和解矫手续；

（四）建立矫正小组、组织矫正小组开展工作，制定和落实矫正方案；

（五）对社区矫正对象进行监督管理，实施考核奖惩；审批会客、外出、变更执行地等事项；了解掌握社区矫正对象的活动情况和行为表现；组织查找失去联系的社区矫正对象，查找后依情形作出处理；

（六）提出治安管理处罚建议，提出减刑、撤销缓刑、撤销假释、收监执行等变更刑事执行建议，依法提请逮捕；

（七）对社区矫正对象进行教育帮扶，开展法治道德等教育，协调有关方面开展职业技能培训、就业指导，组织公益活动等事项；

（八）向有关机关通报社区矫正对象情况，送达法律文书；

（九）对社区矫正工作人员开展管理、监督、培训，落实职业保障；

（十）其他依法应当履行的职责。

设置和撤销社区矫正机构，由县级以上地方人民政府司法行政部门提出意见，按照规定的权限和程序审批。社区矫正日常工作由县级社区矫正机构具体承担；未设置县级社区矫正机构的，由上一级社区矫正机构具体承担。省、市两级社区矫正机构主要负责监督指导、跨区域执法的组织协调以及与同级社区矫正决定机关对接的案件办理工作。

第十条 司法所根据社区矫正机构的委托，承担社区矫正相关工作。

第十一条 社区矫正机构依法加强信息化建设，运用现代信息技术开展监督管理和教育帮扶。

社区矫正工作相关部门之间依法进行信息共享，人民法院、人民检察院、公安机关、司法行政机关依法建立完善社区矫正信息交换平台，实现业务协同、互联互通，运用现代信息技术及时准确传输交换有关法律文书，根据需要实时查询社区矫正对象交付接收、监督管理、教育帮扶、脱离监管、被治安管理处罚、被采取强制措施、变更刑事执行、办理再犯罪案件等情况，共享社区矫正工作动态信息，提高社区矫正信息化水平。

第十二条 对拟适用社区矫正的，社区矫正决定机关应当核实社区矫正对象的居住地。社区矫正对象在多个地方居住的，可以确定经常居住地为执行地。没有居住地，居住地、经常居住地无法确定或者不适宜执行社区矫正的，应当根据有利于社区矫正对象接受矫正、更好地融入社会的原则，确定社区矫正执行地。被确定为执行地的社区矫正机构应当及时接收。

社区矫正对象的居住地是指其实际居住的县（市、区）。社区矫正对象的经常居住地是指其经常居住的，有固定住所、固定生活来源的县（市、区）。

社区矫正对象应如实提供其居住、户籍等情况，并提供必要的证明材料。

第十三条 社区矫正决定机关对拟适用社区矫正的被告人、罪犯，需要调查其社会危险性和对所居住社区影响的，可以委托拟确定为执行地的社区矫正机构或者有关社会组织进行调查评估。社区矫正机构或者有关社会组织收到委托文书后应当及时通知执行地县级人民检察院。

第十四条 社区矫正机构、有关社会组织接受委托后，应当对被告人或者罪犯的居所情况、家庭和社会关系、犯罪行为的后果和影响、居住地村（居）民委员会和被害人意见、拟禁止的事项、社会危险性、对所居住社区的影响等情况进行调查了解，形成调查评估意见，与相关材料一起提交委托机关。调查评估时，相关单位、部门、村（居）民委员会等组织、个人应当依法为调查评估提供必要的协助。

社区矫正机构、有关社会组织应当自收到调查评估委托函及所附材料之日起十个工作日内完成调查评估，提交评估意见。对于适用刑事案件速裁程序的，应当在五个工作日内完成调查评估，提交评估意见。评估意见同时抄送执行地县级人民检察院。需要延长调查评估时限的，社区矫正机构、有关社会组织应当与委托机关协商，并在协商确定的期限内完成调查评估。因被告人或者罪犯的姓名、居住地不真实、身份不明等原因，社区矫正机构、有关社会组织无法进行调查评估的，应当及时向委托机关说明情况。社区矫正决定机关对调查评估意见的采信情况，应当在相关法律文书中说明。

对调查评估意见以及调查中涉及的国家秘密、商业秘密、个人隐私等信息，应当保密，不得泄露。

第十五条 社区矫正决定机关应当对社区矫正对象进行教育，书面告知其到执行地县级社区矫正机构报到的时间期限以及逾期报到或者未报到的后果，责令其按时报到。

第十六条 社区矫正决定机关应当自判决、裁定或者决定生效之日起五日内通知执行地县级社区矫正机构，并在十日内将判决书、裁定书、决定书、执行通知书等法律文书送达执行地县级社区矫正机构，同时抄送人民检察院。收到法律文书后，社区矫正机构应当在五日内送达回执。

社区矫正对象前来报到时，执行地县级社区矫正机构未收到法律文书或者法律文书不齐全，应当先记录在案，为其办理登记接收手续，并通知社区矫正决定机关在五日内送达或者补齐法律文书。

第十七条 被判处管制、宣告缓刑、裁定假释的社区矫正对象到执行地县级社区矫正机构报到时，社区矫正机构应当核对法律文书、核实身份，办理登记接收手续。对社区矫正对象存在因行动不便、自行报到确有困难等特殊情况的，社区矫正机构可以派员到其居住地等场所办理登记接收手续。

暂予监外执行的社区矫正对象，由公安机关、监狱或者看守所依法移送至执行地县级社区矫正机构，办理交付接收手续。罪犯原服刑地与居住地不在同一省、自治区、直辖市，需要回居住地暂予监外执行的，原服刑地的省级以上监狱管理机关或者设区的市一级以上公安机关应当书面通知罪犯居住地的监狱管理机关、公安机关，由其指定一所监狱、看守所接收社区矫正对象档案，负责办理其收监、刑满释放等手续。对看守所留所服刑罪犯暂予监外执行，原服刑地与居住地在同一省、自治区、直辖市的，可以不移交档案。

第十八条 执行地县级社区矫正机构接收社区矫正对象后，应当建立社区矫正档案，包括以下内容：

（一）适用社区矫正的法律文书；

（二）接收、监管审批、奖惩、收监执行、解除矫正、终止矫正等有关社区矫正执行活动的法律文书；

（三）进行社区矫正的工作记录；

（四）社区矫正对象接受社区矫正的其他相关材料。

接受委托对社区矫正对象进行日常管理的司法所应当建立工作档案。

第十九条 执行地县级社区矫正机构、受委托的司法所应当为社区矫正对象确定矫正小组，与矫正小组签订矫正责任书，明确矫正小组成员的责任和义务，负责落实矫正方案。

矫正小组主要开展下列工作：

（一）按照矫正方案，开展个案矫正工作；

（二）督促社区矫正对象遵纪守法，遵守社区矫正规定；

（三）参与对社区矫正对象的考核评议和教育活动；

（四）对社区矫正对象走访谈话，了解其思想、工作和生活情况，及时向社区矫正机构或者司法所报告；

（五）协助对社区矫正对象进行监督管理和教育帮扶；

（六）协助社区矫正机构或者司法所开展其他工作。

第二十条 执行地县级社区矫正机构接收社区矫正对象后，应当组织或者委托司法所组织入矫宣告。

入矫宣告包括以下内容：

（一）判决书、裁定书、决定书、执行通知书等有关法律文书的主要内容；

（二）社区矫正期限；

（三）社区矫正对象应当遵守的规定、被剥夺或者限制行使的权利、被禁止的事项以及违反规定的法律后果；

（四）社区矫正对象依法享有的权利；

（五）矫正小组人员组成及职责；

（六）其他有关事项。

宣告由社区矫正机构或者司法所的工作人员主持，矫正小组成员及其他相关人员到场，按照规定程序进行。宣告后，社区矫正对象应当在书面材料上签字，确认已经了解所宣告的内容。

第二十一条 社区矫正机构应当根据社区矫正对象被判处管制、宣告缓刑、假释和暂予监外执行的不同裁判内容和犯罪类型、矫正阶段、再犯罪风险等情况，进行综合评估，划分不同类别，实施分类管理。

社区矫正机构应当把社区矫正对象的考核结果和奖惩情况作为分类管理的依据。

社区矫正机构对不同类别的社区矫正对象，在矫正措施和方法上应当有所区别，有针对性地开展监督管理和教育帮扶工作。

第二十二条 执行地县级社区矫正机构、受委托的司法所要根据社区矫正对象的性别、年龄、心理特点、健康状况、犯罪原因、悔罪表现等具体情况，制定矫正方案，有针对性地消除社区矫正对象可能重新犯罪的因素，帮助其成为守法公民。

矫正方案应当包括社区矫正对象基本情况、对社区矫正对象的综合评估结果、对社区矫正对象的心理状态和其他特殊情况的分析、拟采取的监督管理、教育帮扶措施等内容。

矫正方案应当根据分类管理的要求、实施效果以及社区矫正对象的表现等情况，相应调整。

第二十三条 执行地县级社区矫正机构、受委托的司法所应当根据社区矫正对象的个人生活、工作及所处社区的实际情况，有针对性地采取通信联络、信息化核查、实地查访等措施，了解掌握社区矫正对象的活动情况和行为表现。

第二十四条 社区矫正对象应当按照有关规定和社区矫正机构的要求，定期报告遵纪守法、接受监督管理、参加教育学习、公益活动和社会活动等情况。发生居所变化、工作变动、家庭重大变故以及接触对其矫正可能产生不利影响人员等情况时，应当及时报告。被宣告禁止令的社区矫正对象应当定期报告遵守禁止令的情况。

暂予监外执行的社区矫正对象应当每个月报告本人身体情况。保外就医的，应当到省级人民政府指定的医院检查，每三个月向执行地县级社区矫正机构、受委托的司法所提交病情复查情况。执行地县级社区矫正机构根据社区矫正对象的病情及保证人等情况，可以调整报告身体情况和提交复查情况的期限。延长一个月至三个月以下的，报上一级社区矫正机构批准；延长三个月以上的，逐级上报省级社区矫正机构批准。批准延长的，执行地县级社区矫正机构应当及时通报同级人民检察院。

社区矫正机构根据工作需要，可以协调对暂予监外执行的社区矫正对象进行病情诊断、妊娠检查或者生活不能自理的鉴别。

第二十五条 未经执行地县级社区矫正机构批准，社区矫正对象不得接触其犯罪案件中的被害人、控告人、举报人，不得接触同案犯等可能诱发其再犯罪的人。

第二十六条 社区矫正对象未经批准不得离开所居住市、县。确有正当理由需要离开的，应当经执行地县级社区矫正机构或者受委托的司法所批准。

社区矫正对象外出的正当理由是指就医、就学、参与诉讼、处理家庭或者工作重要事务等。

前款规定的市是指直辖市的城市市区、设区的市的城市市区和县级市的辖区。在设区的同一市内跨区活动的，不属于离开所居住的市、县。

第二十七条 社区矫正对象确需离开所居住的市、县的，一般应当提前三日提交书面申请，并如实提供诊断证明、单位证明、入学证明、法律文书等材料。

申请外出时间在七日内的，经执行地县级社区矫正机构委托，可以由司法所批准，并报执行地县级社区矫正机构备案；超过七日的，由执行地县级社区矫正机构批准。执行地县级社区矫正机构每次批准外出的时间不超过三十日。

因特殊情况确需外出超过三十日的，或者两个月内外出时间累计超过三十日的，应报上一级社区矫正机构审批。上一级社区矫正机构批准社区矫正对象外出的，执行地县级社区矫正机构应当及时通报同级人民检察院。

第二十八条 在社区矫正对象外出期间，执行地县级社区矫正机构、受委托的司法所应当通过电话通讯、实时视频等方式实施监督管理。

执行地县级社区矫正机构根据需要，可以协商外出目的地社区矫正机构协助监督管理，并要求社区矫正对象在到达和离开时向当地社区矫正机构报告，接受监督管理。外出目的地社区矫正机构在社区矫正对象报告后，可以通过电话通讯、实地查访等方式协助监督管理。

社区矫正对象应在外出期限届满前返回居住地，并向执行地县级社区矫正机构或者司法所报告，办理手续。因特殊原因无法按期返回的，应及时向社区矫正机构或者司法所报告情况。发现社区矫正对象违反外出管理规定的，社区矫正机构应当责令其立即返回，并视情节依法予以处理。

第二十九条 社区矫正对象确因正常工作和生活需要经常性跨市、县活动的，应当由本人提出书面申请，写明理由、经常性去往市县名称、时间、频次等，同时提供相应证明，由执行地县级社区矫正机构批准，批准一次的有效期为六个月。在批准的期限内，社区矫正对象到批准市、县活动的，可以通过电话、微信等方式报告活动情况。到期后，社区矫正对象仍需要经常性跨市、县活动的，应当重新提出申请。

第三十条 社区矫正对象因工作、居所变化等原因需要变更执行地的，一般应当提前一个月提出书面申请，并提供相应证明材料，由受委托的司法所签署意见后报执行地县级社区矫正机构审批。

执行地县级社区矫正机构收到申请后，应当在五日内书面征求新执行地县级社区矫正机构的意见。新执行地县级社区矫正机构接到征求意见函后，应当在五日内核实有关情况，作出是否同意接收的意见并书面回复。执行地县级社区矫正机构根据回复意见，作出决定。执行地县级社区矫正机构对新执行地县级社区矫正机构的回复意见有异议的，可以报上一级社区矫正机构协调解决。

经审核，执行地县级社区矫正机构不同意变更执行地的，应在决定作出之日起五日内告知社区矫正对象。同意变更执行地的，应对社区矫正对象进行教育，书面告知其到新执行地县级社区矫正机构报到的时间期限以及逾期报到或者未报到的后果，责令其按时报到。

第三十一条 同意变更执行地的，原执行地县级社区矫正机构应当在作出决定之日起五日内，将有关法律文书和档案材料移交新执行地县级社区矫正机构，并将有关法律文书抄送社区矫正决定机关和原执行地县级人民检察院、公安机关。新执行地县级社区矫正机构收到法律文书和档案材料后，在五日内送达回执，并将有关法律文书抄送所在地县级人民检察院、公安机关。

同意变更执行地的，社区矫正对象应当自收到变更执行地决定之日起七日内，到新执行地县级社区矫正机构报到。新执行地县级社区矫正机构应当核实身份、办理登记接收手续。发现社区矫正对象未按规定时间报到的，新执行地县级社区矫正机构应当立即通知原执行地县级社区矫正机构，由原执行地县级社区矫正机构组织查找。未及时办理交付接收，造成社区矫正对象脱管漏管的，原执行地社区矫正机构会同新执行地社区矫正机构妥善处置。

对公安机关、监狱管理机关批准暂予监外执行的社区矫正对象变更执行地的，公安机关、监狱管理机关在收到社区矫正机构送达的法律文书后，应与新执行地同级公安机关、监狱管理机关办理交接。新执行地的公安机关、监狱管理机关应指定一所看守所、监狱接收社区矫正对象档案，负责办理其收监、刑满释放等手续。看守所、监狱在接收档案之日起五日内，应当将有关情况通报新执行地县级社区矫正机构。对公安机关批准暂予监外执行的社区矫正对象在同一省、自治区、直辖市变更执行地的，可以不移交档案。

第三十二条　社区矫正机构应当根据有关法律法规、部门规章和其他规范性文件，建立内容全面、程序合理、易于操作的社区矫正对象考核奖惩制度。

社区矫正机构、受委托的司法所应当根据社区矫正对象认罪悔罪、遵守有关规定、服从监督管理、接受教育等情况，定期对其考核。对于符合表扬条件、具备训诫、警告情形的社区矫正对象，经执行地县级社区矫正机构决定，可以给予其相应奖励或者处罚，作出书面决定。对于涉嫌违反治安管理行为的社区矫正对象，执行地县级社区矫正机构可以向同级公安机关提出建议。社区矫正机构奖励或者处罚的书面决定应当抄送人民检察院。

社区矫正对象的考核结果与奖惩应当书面通知其本人，定期公示，记入档案，做到准确及时、公开公平。社区矫正对象对考核奖惩提出异议的，执行地县级社区矫正机构应当及时处理，并将处理结果告知社区矫正对象。社区矫正对象对处理结果仍有异议的，可以向人民检察院提出。

第三十三条　社区矫正对象认罪悔罪、遵守法律法规、服从监督管理、接受教育表现突出的，应当给予表扬。

社区矫正对象接受社区矫正六个月以上并且同时符合下列条件的，执行地县级社区矫正机构可以给予表扬：

（一）服从人民法院判决，认罪悔罪；

（二）遵守法律法规；

（三）遵守关于报告、会客、外出、迁居等规定，服从社区矫正机构的管理；

（四）积极参加教育学习等活动，接受教育矫正的。

社区矫正对象接受社区矫正期间，有见义勇为、抢险救灾等突出表现，或者帮助他人、服务社会等突出事迹的，执行地县级社区矫正机构可以给予表扬。对于符合法定减刑条件的，由执行地县级社区矫正机构依照本办法第四十二条的规定，提出减刑建议。

第三十四条　社区矫正对象具有下列情形之一的，执行地县级社区矫正机构应当给予训诫：

（一）不按规定时间报到或者接受社区矫正期间脱离监管，未超过十日的；

（二）违反关于报告、会客、外出、迁居等规定，情节轻微的；

（三）不按规定参加教育学习等活动，经教育仍不改正的；

（四）其他违反监督管理规定，情节轻微的。

第三十五条　社区矫正对象具有下列情形之一的，执行地县级社区矫正机构应当给予警告：

（一）违反人民法院禁止令，情节轻微的；

（二）不按规定时间报到或者接受社区矫正期间脱离监管，超过十日的；

（三）违反关于报告、会客、外出、迁居等规定，情节较重的；

（四）保外就医的社区矫正对象无正当理由不按时提交病情复查情况，经教育仍不改正的；

（五）受到社区矫正机构两次训诫，仍不改正的；

（六）其他违反监督管理规定，情节较重的。

第三十六条　社区矫正对象违反监督管理规定或者人民法院禁止令，依法应予治安管理处罚的，执行地县级社区矫正机构应当及时提请同级公安机关依法给予处罚，并向执行地同级人民检察院抄送治安管理处罚建议书副本，及时通知处理结果。

第三十七条　电子定位装置是指运用卫星等定位技术，能对社区矫正对象进行定位等监管，并具有防拆、防爆、防水等性能的专门的电子设备，如电子定位腕带等，但不包括手机等设备。

对社区矫正对象采取电子定位装置进行监督管理的，应当告知社区矫正对象监管的期限、要求以及违反监管规定的后果。

第三十八条　发现社区矫正对象失去联系的，社区矫正机构应当立即组织查找，可以采取通信联络、信息化核查、实地查访等方式查找，查找时要做好记录，固定证据。查找不到的，社区矫正机构应当及时通知公安机关，公安机关应当协助查找。社区矫正机构应当及时将组织查找的情况通报人民检察院。

查找到社区矫正对象后，社区矫正机构应当根据其脱离监管的情形，给予相应处置。虽能查找到社区矫正对象下落但其拒绝接受监督管理的，社区矫正机构应当视情节依法提请公安机关予以治安管理处罚，或者依法提请撤销缓刑、撤销假释、对暂予监外执行的收监执行。

第三十九条　社区矫正机构根据执行禁止令的需要，可以协调有关的部门、单位、场所、个人协助配合执行禁止令。

对禁止令确定需经批准才能进入的特定区域或者场所，社区矫正对象确需进入的，应当经执行地县级社区矫正机构批准，并通知原审人民法院和执行地县级人民检察院。

第四十条　发现社区矫正对象有违反监督管理规定或者人民法院禁止令等违法情形的，执行地县级社区矫正机构应当调查核实情况，收集有关证据材料，提出处理意见。

社区矫正机构发现社区矫正对象有撤销缓刑、撤销假释或者暂予监外执行收监执行的法定情形的，应当组织开展调查取证工作，依法向社区矫正决定机关提出撤销缓刑、撤销假释或者暂予监外执行收监执行建议，并将建议书抄送同级人民检察院。

第四十一条　社区矫正对象被依法决定行政拘留、司法拘留、强制隔离戒毒等或者因涉嫌犯新罪、发现判决宣告前还有其他罪没有判决被采取强制措施的，决定机关应当自作出决定之日起三日内将有关情况通知执行地县级社区矫正机构和执行地县级人民检察院。

第四十二条 社区矫正对象符合法定减刑条件的，由执行地县级社区矫正机构提出减刑建议书并附相关证据材料，报经地（市）社区矫正机构审核同意后，由地（市）社区矫正机构提请执行地的中级人民法院裁定。

依法应由高级人民法院裁定的减刑案件，由执行地县级社区矫正机构提出减刑建议书并附相关证据材料，逐级上报省级社区矫正机构审核同意后，由省级社区矫正机构提请执行地的高级人民法院裁定。

人民法院应当自收到减刑建议书和相关证据材料之日起三十日内依法裁定。

社区矫正机构减刑建议书和人民法院减刑裁定书副本，应当同时抄送社区矫正执行地同级人民检察院、公安机关及罪犯原服刑或者接收其档案的监狱。

第四十三条 社区矫正机构、受委托的司法所应当充分利用地方人民政府及其有关部门提供的教育帮扶场所和有关条件，按照因人施教的原则，有针对性地对社区矫正对象开展教育矫正活动。

社区矫正机构、司法所应当根据社区矫正对象的矫正阶段、犯罪类型、现实表现等实际情况，对其实施分类教育；应当结合社区矫正对象的个体特征、日常表现等具体情况，进行个别教育。

社区矫正机构、司法所根据需要可以采用集中教育、网上培训、实地参观等多种形式开展集体教育；组织社区矫正对象参加法治、道德等方面的教育活动；根据社区矫正对象的心理健康状况，对其开展心理健康教育、实施心理辅导。

社区矫正机构、司法所可以通过公开择优购买服务或者委托社会组织执行项目等方式，对社区矫正对象开展教育活动。

第四十四条 执行地县级社区矫正机构、受委托的司法所按照符合社会公共利益的原则，可以根据社区矫正对象的劳动能力、健康状况等情况，组织社区矫正对象参加公益活动。

第四十五条 执行地县级社区矫正机构、受委托的司法所依法协调有关部门和单位，根据职责分工，对遇到暂时生活困难的社区矫正对象提供临时救助；对就业困难的社区矫正对象提供职业技能培训和就业指导；帮助符合条件的社区矫正对象落实社会保障措施；协助在就学、法律援助等方面遇到困难的社区矫正对象解决问题。

第四十六条 社区矫正对象在缓刑考验期内，有下列情形之一的，由执行地同级社区矫正机构提出撤销缓刑建议：

（一）违反禁止令，情节严重的；

（二）无正当理由不按规定时间报到或者接受社区矫正期间脱离监管，超过一个月的；

（三）因违反监督管理规定受到治安管理处罚，仍不改正的；

（四）受到社区矫正机构两次警告，仍不改正的；

（五）其他违反有关法律、行政法规和监督管理规定，情节严重的情形。

社区矫正机构一般向原审人民法院提出撤销缓刑建议。如果原审人民法院与执行地同级社区矫正机构不在同一省、自治区、直辖市的，可以向执行地人民法院提出建议，执行地人民法院作出裁定的，裁定书同时抄送原审人民法院。

社区矫正机构撤销缓刑建议书和人民法院的裁定书副本同时抄送社区矫正执行地同级人民检察院。

第四十七条 社区矫正对象在假释考验期内，有下列情形之一的，由执行地同级社区矫正机构提出撤销假释建议：

（一）无正当理由不按规定时间报到或者接受社区矫正期间脱离监管，超过一个月的；

（二）受到社区矫正机构两次警告，仍不改正的；

（三）其他违反有关法律、行政法规和监督管理规定，尚未构成新的犯罪的。

社区矫正机构一般向原审人民法院提出撤销假释建议。如果原审人民法院与执行地同级社区矫正机构不在同一省、自治区、直辖市的，可以向执行地人民法院提出建议，执行地人民法院作出裁定的，裁定书同时抄送原审人民法院。

社区矫正机构撤销假释的建议书和人民法院的裁定书副本同时抄送社区矫正执行地同级人民检察院、公安机关、罪犯原服刑或者接收其档案的监狱。

第四十八条 被提请撤销缓刑、撤销假释的社区矫正对象具备下列情形之一的，社区矫正机构在提出撤销缓刑、撤销假释建议书的同时，提请人民法院决定对其予以逮捕：

（一）可能逃跑的；

（二）具有危害国家安全、公共安全、社会秩序或者他人人身安全现实危险的；

（三）可能对被害人、举报人、控告人或者社区矫正机构工作人员等实施报复行为的；

（四）可能实施新的犯罪的。

社区矫正机构提请人民法院决定逮捕社区矫正对象时，应当提供相应证据，移送人民法院审查决定。

社区矫正机构提请逮捕、人民法院作出是否逮捕决定的法律文书，应当同时抄送执行地县级人民检察院。

第四十九条 暂予监外执行的社区矫正对象有下列情形之一的，由执行地县级社区矫正机构提出收监执行建议：

（一）不符合暂予监外执行条件的；

（二）未经社区矫正机构批准擅自离开居住的市、县，经警告拒不改正，或者拒不报告行踪，脱离监管的；

（三）因违反监督管理规定受到治安管理处罚，仍不改正的；

（四）受到社区矫正机构两次警告的；

（五）保外就医期间不按规定提交病情复查情况，经警告拒不改正的；

（六）暂予监外执行的情形消失后，刑期未满的；

（七）保证人丧失保证条件或者因不履行义务被取消保证人资格，不能在规定期限内提出新的保证人的；

（八）其他违反有关法律、行政法规和监督管理规定，情节严重的情形。

社区矫正机构一般向执行地社区矫正决定机关提出收监执行建议。如果原社区矫正决定机关与执行地县级社区矫正机构在同一省、自治区、直辖市的，可以向原社区矫正决定机关提出建议。

社区矫正机构的收监执行建议书和决定机关的决定书，应当同时抄送执行地县级人民检察院。

第五十条　人民法院裁定撤销缓刑、撤销假释或者决定暂予监外执行收监执行的，由执行地县级公安机关本着就近、便利、安全的原则，送交社区矫正对象执行地所属的省、自治区、直辖市管辖范围内的看守所或者监狱执行刑罚。

公安机关决定暂予监外执行收监执行的，由执行地县级公安机关送交存放或者接收罪犯档案的看守所收监执行。

监狱管理机关决定暂予监外执行收监执行的，由存放或者接收罪犯档案的监狱收监执行。

第五十一条　撤销缓刑、撤销假释的裁定和收监执行的决定生效后，社区矫正对象下落不明的，应当认定为在逃。

被裁定撤销缓刑、撤销假释和被决定收监执行的社区矫正对象在逃的，由执行地县级公安机关负责追捕。撤销缓刑、撤销假释裁定书和对暂予监外执行罪犯收监执行决定书，可以作为公安机关追逃依据。

第五十二条　社区矫正机构应当建立突发事件处置机制，发现社区矫正对象非正常死亡、涉嫌实施犯罪、参与群体性事件的，应当立即与公安机关等有关部门协调联动、妥善处置，并将有关情况及时报告上一级社区矫正机构，同时通报执行地人民检察院。

第五十三条　社区矫正对象矫正期限届满，且在社区矫正期间没有应当撤销缓刑、撤销假释或者暂予监外执行收监执行情形的，社区矫正机构依法办理解除矫正手续。

社区矫正对象一般应当在社区矫正期满三十日前，作出个人总结，执行地县级社区矫正机构应当根据其在接受社区矫正期间的表现等情况作出书面鉴定，与安置帮教工作部门做好衔接工作。

执行地县级社区矫正机构应当向社区矫正对象发放解除社区矫正证明书，并书面通知社区矫正决定机关，同时抄送执行地县级人民检察院和公安机关。

公安机关、监狱管理机关决定暂予监外执行的社区矫正对象刑期届满的，由看守所、监狱依法为其办理刑满释放手续。

社区矫正对象被赦免的，社区矫正机构应当向社区矫正对象发放解除社区矫正证明书，依法办理解除矫正手续。

第五十四条　社区矫正对象矫正期满，执行地县级社区矫正机构或者受委托的司法所可以组织解除矫正宣告。

解矫宣告包括以下内容：

（一）宣读对社区矫正对象的鉴定意见；

（二）宣布社区矫正期限届满，依法解除社区矫正；

（三）对判处管制的，宣布执行期满，解除管制；对宣告缓刑的，宣布缓刑考验期满，原判刑罚不再执行；对裁定假释的，宣布考验期满，原判刑罚执行完毕。

宣告由社区矫正机构或者司法所工作人员主持，矫正小组成员及其他相关人员到场，按照规定程序进行。

第五十五条　社区矫正机构、受委托的司法所应当根据未成年社区矫正对象的年龄、心理特点、发育需要、成长经历、犯罪原因、家庭监护教育条件等情况，制定适应未成年人特点的矫正方案，采取有益于其身心健康发展、融入正常社会生活的矫正措施。

社区矫正机构、司法所对未成年社区矫正对象的相关信息应当保密。对未成年社区矫正对象的考核奖惩和宣告不公开进行。对未成年社区矫正对象进行宣告或者处罚时，应通知其监护人到场。

社区矫正机构、司法所应当选任熟悉未成年人身心特点，具有法律、教育、心理等专业知识的人员负责未成年人社区矫正工作，并通过加强培训、管理，提高专业化水平。

第五十六条　社区矫正工作人员的人身安全和职业尊严受法律保护。

对任何干涉社区矫正工作人员执法的行为，社区矫正工作人员有权拒绝，并按照规定如实记录和报告。对于侵犯社区矫正工作人员权利的行为，社区矫正工作人员有权提出控告。

社区矫正工作人员因依法履行职责遭受不实举报、诬告陷害、侮辱诽谤，致使名誉受到损害的，有关部门或者个人应当及时澄清事实，消除不良影响，并依法追究相关单位或者个人的责任。

对社区矫正工作人员追究法律责任，应当根据其行为的危害程度、造成的后果、以及责任大小予以确定，实事求是，过罚相当。社区矫正工作人员依法履职的，不能仅因社区矫正对象再犯罪而追究其法律责任。

第五十七条　有关单位对人民检察院的书面纠正意见在规定的期限内没有回复纠正情况的，人民检察院应当督促回复。经督促被监督单位仍不回复或者没有正当理由不纠正的，人民检察院应当向上一级人民检察院报告。

有关单位对人民检察院的检察建议在规定的期限内经督促无正当理由不予整改或者整改不到位的，检察机关可以将相关情况报告上级人民检察院，通报被建议单位的上级机关、行政主管部门或者行业自律组织等，必要时可以报告同级党委、人大,通报同级政府、纪检监察机关。

第五十八条 本办法所称"以上""内",包括本数;"以下""超过",不包括本数。

第五十九条 本办法自2020年7月1日起施行。最高人民法院、最高人民检察院、公安部、司法部2012年1月10日印发的《社区矫正实施办法》(司发通〔2012〕12号)同时废止。

社会救助暂行办法

(2014年2月21日中华人民共和国国务院令第649号公布 根据2019年3月2日《国务院关于修改部分行政法规的决定》修订)

第一章 总 则

第一条 为了加强社会救助,保障公民的基本生活,促进社会公平,维护社会和谐稳定,根据宪法,制定本办法。

第二条 社会救助制度坚持托底线、救急难、可持续,与其他社会保障制度相衔接,社会救助水平与经济社会发展水平相适应。

社会救助工作应当遵循公开、公平、公正、及时的原则。

第三条 国务院民政部门统筹全国社会救助体系建设。国务院民政、应急管理、卫生健康、教育、住房城乡建设、人力资源社会保障、医疗保障等部门,按照各自职责负责相应的社会救助管理工作。

县级以上地方人民政府民政、应急管理、卫生健康、教育、住房城乡建设、人力资源社会保障、医疗保障等部门,按照各自职责负责本行政区域内相应的社会救助管理工作。

前两款所列行政部门统称社会救助管理部门。

第四条 乡镇人民政府、街道办事处负责有关社会救助的申请受理、调查审核,具体工作由社会救助经办机构或者经办人员承担。

村民委员会、居民委员会协助做好有关社会救助工作。

第五条 县级以上人民政府应当将社会救助纳入国民经济和社会发展规划,建立健全政府领导、民政部门牵头、有关部门配合、社会力量参与的社会救助工作协调机制,完善社会救助资金、物资保障机制,将政府安排的社会救助资金和社会救助工作经费纳入财政预算。

社会救助资金实行专项管理,分账核算,专款专用,任何单位或者个人不得挤占挪用。社会救助资金的支付,按照财政国库管理的有关规定执行。

第六条 县级以上人民政府应当按照国家统一规划建立社会救助管理信息系统,实现社会救助信息互联互通、资源共享。

第七条 国家鼓励、支持社会力量参与社会救助。

第八条 对在社会救助工作中作出显著成绩的单位、个人,按照国家有关规定给予表彰、奖励。

第二章 最低生活保障

第九条 国家对共同生活的家庭成员人均收入低于当地最低生活保障标准,且符合当地最低生活保障家庭财产状况规定的家庭,给予最低生活保障。

第十条 最低生活保障标准,由省、自治区、直辖市或者设区的市级人民政府按照当地居民生活必需的费用确定、公布,并根据当地经济社会发展水平和物价变动情况适时调整。

最低生活保障家庭收入状况、财产状况的认定办法,由省、自治区、直辖市或者设区的市级人民政府按照国家有关规定制定。

第十一条 申请最低生活保障,按照下列程序办理:

(一)由共同生活的家庭成员向户籍所在地的乡镇人民政府、街道办事处提出书面申请;家庭成员申请有困难的,可以委托村民委员会、居民委员会代为提出申请。

(二)乡镇人民政府、街道办事处应当通过入户调查、邻里访问、信函索证、群众评议、信息核查等方式,对申请人的家庭收入状况、财产状况进行调查核实,提出初审意见,在申请人所在村、社区公示后报县级人民政府民政部门审批。

(三)县级人民政府民政部门经审查,对符合条件的申请予以批准,并在申请人所在村、社区公布;对不符合条件的申请不予批准,并书面向申请人说明理由。

第十二条 对批准获得最低生活保障的家庭,县级人民政府民政部门按照共同生活的家庭成员人均收入低于当地最低生活保障标准的差额,按月发给最低生活保障金。

对获得最低生活保障后生活仍有困难的老年人、未成年人、重度残疾人和重病患者,县级以上地方人民政府应当采取必要措施给予生活保障。

第十三条 最低生活保障家庭的人口状况、收入状况、财产状况发生变化的,应当及时告知乡镇人民政府、街道办事处。

县级人民政府民政部门以及乡镇人民政府、街道办事处应当对获得最低生活保障家庭的人口状况、收入状况、财产状况定期核查。

最低生活保障家庭的人口状况、收入状况、财产状况发生变化的,县级人民政府民政部门应当及时决定增发、减发或者停发最低生活保障金;决定停发最低生活保障金的,应当书面说明理由。

第三章 特困人员供养

第十四条 国家对无劳动能力、无生活来源且无法定赡养、抚养、扶养义务人,或者其法定赡养、抚养、扶养义务人无赡养、抚养、扶养能力的老年人、残疾人以及未满16周岁的未成年人，给予特困人员供养。

第十五条　特困人员供养的内容包括：

（一）提供基本生活条件；

（二）对生活不能自理的给予照料；

（三）提供疾病治疗；

（四）办理丧葬事宜。

特困人员供养标准，由省、自治区、直辖市或者设区的市级人民政府确定、公布。

特困人员供养应当与城乡居民基本养老保险、基本医疗保障、最低生活保障、孤儿基本生活保障等制度相衔接。

第十六条　申请特困人员供养，由本人向户籍所在地的乡镇人民政府、街道办事处提出书面申请；本人申请有困难的，可以委托村民委员会、居民委员会代为提出申请。

特困人员供养的审批程序适用本办法第十一条规定。

第十七条　乡镇人民政府、街道办事处应当及时了解掌握居民的生活情况，发现符合特困供养条件的人员，应当主动为其依法办理供养。

第十八条　特困供养人员不再符合供养条件的，村民委员会、居民委员会或者供养服务机构应当告知乡镇人民政府、街道办事处，由乡镇人民政府、街道办事处审核并报县级人民政府民政部门核准后，终止供养并予以公示。

第十九条　特困供养人员可以在当地的供养服务机构集中供养，也可以在家分散供养。特困供养人员可以自行选择供养形式。

第四章　受灾人员救助

第二十条　国家建立健全自然灾害救助制度，对基本生活受到自然灾害严重影响的人员，提供生活救助。

自然灾害救助实行属地管理，分级负责。

第二十一条　设区的市级以上人民政府和自然灾害多发、易发地区的县级人民政府应当根据自然灾害特点、居民人口数量和分布等情况，设立自然灾害救助物资储备库，保障自然灾害发生后救助物资的紧急供应。

第二十二条　自然灾害发生后，县级以上人民政府或者人民政府的自然灾害救助应急综合协调机构应当根据情况紧急疏散、转移、安置受灾人员，及时为受灾人员提供必要的食品、饮用水、衣被、取暖、临时住所、医疗防疫等应急救助。

第二十三条　灾情稳定后，受灾地区县级以上人民政府应当评估、核定并发布自然灾害损失情况。

第二十四条　受灾地区人民政府应当在确保安全的前提下，对住房损毁严重的受灾人员进行过渡性安置。

第二十五条　自然灾害危险消除后，受灾地区人民政府应急管理等部门应当及时核实本行政区域内居民住房恢复重建补助对象，并给予资金、物资等救助。

第二十六条　自然灾害发生后，受灾地区人民政府应当为因当年冬寒或者次年春荒遇到生活困难的受灾人员提供基本生活救助。

第五章　医疗救助

第二十七条　国家建立健全医疗救助制度，保障医疗救助对象获得基本医疗卫生服务。

第二十八条　下列人员可以申请相关医疗救助：

（一）最低生活保障家庭成员；

（二）特困供养人员；

（三）县级以上人民政府规定的其他特殊困难人员。

第二十九条　医疗救助采取下列方式：

（一）对救助对象参加城镇居民基本医疗保险或者新型农村合作医疗的个人缴费部分，给予补贴；

（二）对救助对象经基本医疗保险、大病保险和其他补充医疗保险支付后，个人及其家庭难以承担的符合规定的基本医疗自负费用，给予补助。

医疗救助标准，由县级以上人民政府按照经济社会发展水平和医疗救助资金情况确定、公布。

第三十条　申请医疗救助的，应当向乡镇人民政府、街道办事处提出，经审核、公示后，由县级人民政府医疗保障部门审批。最低生活保障家庭成员和特困供养人员的医疗救助，由县级人民政府医疗保障部门直接办理。

第三十一条　县级以上人民政府应当建立健全医疗救助与基本医疗保险、大病保险相衔接的医疗费用结算机制，为医疗救助对象提供便捷服务。

第三十二条　国家建立疾病应急救助制度，对需要急救但身份不明或者无力支付急救费用的急重危伤病患者给予救助。符合规定的急救费用由疾病应急救助基金支付。

疾病应急救助制度应当与其他医疗保障制度相衔接。

第六章　教育救助

第三十三条　国家对在义务教育阶段就学的最低生活保障家庭成员、特困供养人员，给予教育救助。

对在高中教育（含中等职业教育）、普通高等教育阶段就学的最低生活保障家庭成员、特困供养人员，以及不能入学接受义务教育的残疾儿童，根据实际情况给予适当教育救助。

第三十四条　教育救助根据不同教育阶段需求，采取减免相关费用、发放助学金、给予生活补助、安排勤工助学等方式实施，保障教育救助对象基本学习、生活需求。

第三十五条　教育救助标准，由省、自治区、直辖市人民政府根据经济社会发展水平和教育救助对象的基本学习、生活需求确定、公布。

第三十六条　申请教育救助，应当按照国家有关规定向就读学校提出，按规定程序审核、确认后，由学校按照国家有关规定实施。

第七章 住房救助

第三十七条 国家对符合规定标准的住房困难的最低生活保障家庭、分散供养的特困人员，给予住房救助。

第三十八条 住房救助通过配租公共租赁住房、发放住房租赁补贴、农村危房改造等方式实施。

第三十九条 住房困难标准和救助标准，由县级以上地方人民政府根据本行政区域经济社会发展水平、住房价格水平等因素确定、公布。

第四十条 城镇家庭申请住房救助的，应当经由乡镇人民政府、街道办事处或者直接向县级人民政府住房保障部门提出，经县级人民政府民政部门审核家庭收入、财产状况和县级人民政府住房保障部门审核家庭住房状况并公示后，对符合申请条件的申请人，由县级人民政府住房保障部门优先给予保障。

农村家庭申请住房救助的，按照县级以上人民政府有关规定执行。

第四十一条 各级人民政府按照国家规定通过财政投入、用地供应等措施为实施住房救助提供保障。

第八章 就业救助

第四十二条 国家对最低生活保障家庭中有劳动能力并处于失业状态的成员，通过贷款贴息、社会保险补贴、岗位补贴、培训补贴、费用减免、公益性岗位安置等办法，给予就业救助。

第四十三条 最低生活保障家庭有劳动能力的成员均处于失业状态的，县级以上地方人民政府应当采取有针对性的措施，确保该家庭至少有一人就业。

第四十四条 申请就业救助的，应当向住所地街道、社区公共就业服务机构提出，公共就业服务机构核实后予以登记，并免费提供就业岗位信息、职业介绍、职业指导等就业服务。

第四十五条 最低生活保障家庭中有劳动能力但未就业的成员，应当接受人力资源社会保障等有关部门介绍的工作；无正当理由，连续3次拒绝接受介绍的与其健康状况、劳动能力等相适应的工作的，县级人民政府民政部门应当决定减发或者停发其本人的最低生活保障金。

第四十六条 吸纳就业救助对象的用人单位，按照国家有关规定享受社会保险补贴、税收优惠、小额担保贷款等就业扶持政策。

第九章 临时救助

第四十七条 国家对因火灾、交通事故等意外事件，家庭成员突发重大疾病等原因，导致基本生活暂时出现严重困难的家庭，或者因生活必需支出突然增加超出家庭承受能力，导致基本生活暂时出现严重困难的最低生活保障家庭，以及遭遇其他特殊困难的家庭，给予临时救助。

第四十八条 申请临时救助的，应当向乡镇人民政府、街道办事处提出，经审核、公示后，由县级人民政府民政部门审批；救助金额较小的，县级人民政府民政部门可以委托乡镇人民政府、街道办事处审批。情况紧急的，可以按照规定简化审批手续。

第四十九条 临时救助的具体事项、标准，由县级以上地方人民政府确定、公布。

第五十条 国家对生活无着的流浪、乞讨人员提供临时食宿、急病救治、协助返回等救助。

第五十一条 公安机关和其他有关行政机关的工作人员在执行公务时发现流浪、乞讨人员的，应当告知其向救助管理机构求助。对其中的残疾人、未成年人、老年人和行动不便的其他人员，应当引导、护送到救助管理机构；对突发急病人员，应当立即通知急救机构进行救治。

第十章 社会力量参与

第五十二条 国家鼓励单位和个人等社会力量通过捐赠、设立帮扶项目、创办服务机构、提供志愿服务等方式，参与社会救助。

第五十三条 社会力量参与社会救助，按照国家有关规定享受财政补贴、税收优惠、费用减免等政策。

第五十四条 县级以上地方人民政府可以将社会救助中的具体服务事项通过委托、承包、采购等方式，向社会力量购买服务。

第五十五条 县级以上地方人民政府应当发挥社会工作服务机构和社会工作者作用，为社会救助对象提供社会融入、能力提升、心理疏导等专业服务。

第五十六条 社会救助管理部门及相关机构应当建立社会力量参与社会救助的机制和渠道，提供社会救助项目、需求信息，为社会力量参与社会救助创造条件、提供便利。

第十一章 监督管理

第五十七条 县级以上人民政府及其社会救助管理部门应当加强对社会救助工作的监督检查，完善相关监督管理制度。

第五十八条 申请或者已获得社会救助的家庭，应当按照规定如实申报家庭收入状况、财产状况。

县级以上人民政府民政部门根据申请或者已获得社会救助家庭的请求、委托，可以通过户籍管理、税务、社会保险、不动产登记、工商登记、住房公积金管理、车船管理等单位和银行、保险、证券等金融机构，代为查询、核对其家庭收入状况、财产状况；有关单位和金融机构应当予以配合。

县级以上人民政府民政部门应当建立申请和已获得社会救助家庭经济状况信息核对平台，为审核认定社会救助对象提供依据。

第五十九条　县级以上人民政府社会救助管理部门和乡镇人民政府、街道办事处在履行社会救助职责过程中，可以查阅、记录、复制与社会救助事项有关的资料，询问与社会救助事项有关的单位、个人，要求其对相关情况作出说明，提供相关证明材料。有关单位、个人应当如实提供。

第六十条　申请社会救助，应当按照本办法的规定提出；申请人难以确定社会救助管理部门的，可以先向社会救助经办机构或者县级人民政府民政部门求助。社会救助经办机构或者县级人民政府民政部门接到求助后，应当及时办理或者转交其他社会救助管理部门办理。

乡镇人民政府、街道办事处应当建立统一受理社会救助申请的窗口，及时受理、转办申请事项。

第六十一条　履行社会救助职责的工作人员对在社会救助工作中知悉的公民个人信息，除按照规定应当公示的信息外，应当予以保密。

第六十二条　县级以上人民政府及其社会救助管理部门应当通过报刊、广播、电视、互联网等媒体，宣传社会救助法律、法规和政策。

县级人民政府及其社会救助管理部门应当通过公共查阅室、资料索取点、信息公告栏等便于公众知晓的途径，及时公开社会救助资金、物资的管理和使用等情况，接受社会监督。

第六十三条　履行社会救助职责的工作人员行使职权，应当接受社会监督。

任何单位、个人有权对履行社会救助职责的工作人员在社会救助工作中的违法行为进行举报、投诉。受理举报、投诉的机关应当及时核实、处理。

第六十四条　县级以上人民政府财政部门、审计机关依法对社会救助资金、物资的筹集、分配、管理和使用实施监督。

第六十五条　申请或者已获得社会救助的家庭或者人员，对社会救助管理部门作出的具体行政行为不服的，可以依法申请行政复议或者提起行政诉讼。

第十二章　法律责任

第六十六条　违反本办法规定，有下列情形之一的，由上级行政机关或者监察机关责令改正；对直接负责的主管人员和其他直接责任人员依法给予处分：

（一）对符合申请条件的救助申请不予受理的；

（二）对符合救助条件的救助申请不予批准的；

（三）对不符合救助条件的救助申请予以批准的；

（四）泄露在工作中知悉的公民个人信息，造成后果的；

（五）丢失、篡改接受社会救助款物、服务记录等数据的；

（六）不按照规定发放社会救助资金、物资或者提供相关服务的；

（七）在履行社会救助职责过程中有其他滥用职权、玩忽职守、徇私舞弊行为的。

第六十七条　违反本办法规定，截留、挤占、挪用、私分社会救助资金、物资的，由有关部门责令追回；有违法所得的，没收违法所得；对直接负责的主管人员和其他直接责任人员依法给予处分。

第六十八条　采取虚报、隐瞒、伪造等手段，骗取社会救助资金、物资或者服务的，由有关部门决定停止社会救助，责令退回非法获取的救助资金、物资，可以处非法获取的救助款额或者物资价值1倍以上3倍以下的罚款；构成违反治安管理行为的，依法给予治安管理处罚。

第六十九条　违反本办法规定，构成犯罪的，依法追究刑事责任。

第十三章　附　　则

第七十条　本办法自2014年5月1日起施行。

国务院关于全面建立临时救助制度的通知

（2014年10月3日　国发〔2014〕47号）

各省、自治区、直辖市人民政府，国务院各部委、各直属机构：

为贯彻落实党的十八大和十八届二中、三中全会精神，进一步发挥社会救助托底线、救急难作用，解决城乡困难群众突发性、紧迫性、临时性生活困难，根据《社会救助暂行办法》有关规定，国务院决定全面建立临时救助制度。现就有关问题通知如下：

一、充分认识全面建立临时救助制度的重要意义

党和政府高度重视社会救助工作。多年来，以最低生活保障、特困人员供养、受灾人员救助等基本生活救助和医疗、教育、住房、就业等专项救助制度为支撑的社会救助体系基本建立，绝大多数困难群众得到了及时、有效的救助。同时，社会救助体系仍存在"短板"，解决一些遭遇突发性、紧迫性、临时性生活困难的群众救助问题仍缺乏相应的制度安排，迫切需要全面建立临时救助制度，发挥救急难功能，使城乡困难群众基本生活都能得到有效保障，兜住底线。

建立临时救助制度是填补社会救助体系空白，提升社会救助综合效益，确保社会救助安全网网底不破的必然要求，对于全面深化改革、促进社会公平正义、全面建成小康社会具有重要意义。各地区、各部门要充分认识建立临时救助制度的重要性和紧迫性，增强使命感和责任感，将其作为加强和改善民生的一项重要任务，全面落实，扎实推进。

二、明确建立临时救助制度的目标任务和总体要求

临时救助制度要以解决城乡群众突发性、紧迫性、临时性基本生活困难问题为目标,通过完善政策措施,健全工作机制,强化责任落实,鼓励社会参与,增强救助时效,补“短板”、扫“盲区”,编实织密困难群众基本生活安全网,切实保障困难群众基本生活权益。

临时救助制度实行地方各级人民政府负责制。县级以上地方人民政府民政部门要统筹做好本行政区域内的临时救助工作,卫生计生、教育、住房城乡建设、人力资源社会保障、财政等部门要主动配合,密切协作。

国务院民政部门统筹全国临时救助制度建设。国务院民政、卫生计生、教育、住房城乡建设、人力资源社会保障、财政等部门,按照各自职责做好相关工作。

临时救助工作要坚持应救尽救,确保有困难的群众都能求助有门,并按规定得到及时救助;坚持适度救助,着眼于解决基本生活困难、摆脱临时困境,既要尽力而为,又要量力而行;坚持公开公正,做到政策公开、过程透明、结果公正;坚持制度衔接,加强各项救助、保障制度的衔接配合,形成整体合力;坚持资源统筹,政府救助、社会帮扶、家庭自救有机结合。

三、临时救助制度的主要内容

临时救助是国家对遭遇突发事件、意外伤害、重大疾病或其他特殊原因导致基本生活陷入困境,其他社会救助制度暂时无法覆盖或救助之后基本生活暂时仍有严重困难的家庭或个人给予的应急性、过渡性的救助。

(一)对象范围。

家庭对象。因火灾、交通事故等意外事件,家庭成员突发重大疾病等原因,导致基本生活暂时出现严重困难的家庭;因生活必需支出突然增加超出家庭承受能力,导致基本生活暂时出现严重困难的最低生活保障家庭;遭遇其他特殊困难的家庭。

个人对象。因遭遇火灾、交通事故、突发重大疾病或其他特殊困难,暂时无法得到家庭支持,导致基本生活陷入困境的个人。其中,符合生活无着的流浪、乞讨人员救助条件的,由县级人民政府按有关规定提供临时食宿、急病救治、协助返回等救助。

因自然灾害、事故灾难、公共卫生、社会安全等突发公共事件,需要开展紧急转移安置和基本生活救助,以及属于疾病应急救助范围的,按照有关规定执行。

县级以上地方人民政府应当根据当地实际,制定具体的临时救助对象认定办法,规定意外事件、突发重大疾病、生活必需支出突然增加以及其他特殊困难的类型和范围。

(二)申请受理。

依申请受理。凡认为符合救助条件的城乡居民家庭或个人均可以向所在地乡镇人民政府(街道办事处)提出临时救助申请;受申请人委托,村(居)民委员会或其他单位、个人可以代为提出临时救助申请。对于具有本地户籍、持有当地居住证的,由当地乡镇人民政府(街道办事处)受理;对于上述情形以外的,当地乡镇人民政府(街道办事处)应当协助其向县级人民政府设立的救助管理机构(即救助管理站、未成年人救助保护中心等)申请救助;当地县级人民政府没有设立救助管理机构的,乡镇人民政府(街道办事处)应当协助其向县级人民政府民政部门申请救助。申请临时救助,应按规定提交相关证明材料,无正当理由,乡镇人民政府(街道办事处)不得拒绝受理;因情况紧急无法在申请时提供相关证明材料的,乡镇人民政府(街道办事处)可先行受理。

主动发现受理。乡镇人民政府(街道办事处)、村(居)民委员会要及时核实辖区居民遭遇突发事件、意外事故、罹患重病等特殊情况,帮助有困难的家庭或个人提出救助申请。公安、城管等部门在执法中发现身处困境的未成年人、精神病人等无民事行为能力人或限制民事行为能力人,以及失去主动求助能力的危重病人等,应主动采取必要措施,帮助其脱离困境。乡镇人民政府(街道办事处)或县级人民政府民政部门、救助管理机构在发现或接到有关部门、社会组织、公民个人报告救助线索后,应主动核查情况,对于其中符合临时救助条件的,应协助其申请救助并受理。

(三)审核审批。

一般程序。乡镇人民政府(街道办事处)应当在村(居)民委员会协助下,对临时救助申请人的家庭经济状况、人口状况、遭遇困难类型等逐一调查,视情组织民主评议,提出审核意见,并在申请人所居住的村(居)民委员会张榜公示后,报县级人民政府民政部门审批。对申请临时救助的非本地户籍居民,户籍所在地县级人民政府民政部门应配合做好有关审核工作。县级人民政府民政部门根据乡镇人民政府(街道办事处)提交的审核意见作出审批决定。救助金额较小的,县级人民政府民政部门可以委托乡镇人民政府(街道办事处)审批,但应报县级人民政府民政部门备案。对符合条件的,应及时予以批准;不符合条件不予批准,并书面向申请人说明理由。申请人以同一事由重复申请临时救助,无正当理由的,不予救助。对于不持有当地居住证的非本地户籍人员,县级人民政府民政部门、救助管理机构可以按生活无着人员救助管理有关规定审核审批,提供救助。

紧急程序。对于情况紧急、需立即采取措施以防止造成无法挽回的损失或无法改变的严重后果的,乡镇人民政府(街道办事处)、县级人民政府民政部门应先行救助。紧急情况解除之后,应按规定补齐审核审批手续。

(四)救助方式。

对符合条件的救助对象,可采取以下救助方式:

发放临时救助金。各地要全面推行临时救助金社会化发放,按照财政国库管理制度将临时救助金直接支付到救助对象个人账户,确保救助金足额、及时发放到位。必要时,可直接发放现金。

发放实物。根据临时救助标准和救助对象基本生活需要,可采取发放衣物、食品、饮用水,提供临时住所等方式予以救助。对于采取实物发放形式的，除紧急情况外，要严格按照政府采购制度的有关规定执行。

提供转介服务。对给予临时救助金、实物救助后，仍不能解决临时救助对象困难的，可分情况提供转介服务。对符合最低生活保障或医疗、教育、住房、就业等专项救助条件的，要协助其申请；对需要公益慈善组织、社会工作服务机构等通过慈善项目、发动社会募捐、提供专业服务、志愿服务等形式给予帮扶的，要及时转介。

（五）救助标准。

临时救助标准要与当地经济社会发展水平相适应。县级以上地方人民政府要根据救助对象困难类型、困难程度，统筹考虑其他社会救助制度保障水平，合理确定临时救助标准，并适时调整。临时救助标准应向社会公布。省级人民政府要加强对本行政区域内临时救助标准制定的统筹，推动形成相对统一的区域临时救助标准。

四、建立健全临时救助工作机制

（一）建立“一门受理、协同办理”机制。

各地要建立“一门受理、协同办理”机制，依托乡镇人民政府（街道办事处）政务大厅、办事大厅等，设立统一的社会救助申请受理窗口，方便群众求助。要根据部门职责建立受理、分办、转办、结果反馈流程，明确办理时限和要求，跟踪办理结果，将有关情况及时告知求助对象。要建立社会救助热线，畅通求助、报告渠道。

（二）加快建立社会救助信息共享机制。

各级政府要建立社会救助管理部门之间的信息共享机制，充分利用已有资源，加快建设社会救助管理信息系统，实现民政与卫生计生、教育、住房城乡建设、人力资源社会保障等部门的信息共享。要依法完善跨部门、多层次、信息共享的救助申请家庭经济状况核对机制，提高审核甄别能力。要建立救助对象需求与公益慈善组织、社会工作服务机构的救助资源对接机制，实现政府救助与社会帮扶的有机结合，做到因情施救、各有侧重、相互补充。

（三）建立健全社会力量参与机制。

要充分发挥群众团体、社会组织尤其是公益慈善组织、社会工作服务机构和企事业单位、志愿者队伍等社会力量资源丰富、方法灵活、形式多样的特点，通过委托、承包、采购等方式向社会力量购买服务，鼓励、支持其参与临时救助。要动员、引导具有影响力的公益慈善组织、大中型企业等设立专项公益基金，在民政部门的统筹协调下有序开展临时救助。

公益慈善组织、社会工作服务机构、企事业单位、志愿者队伍等社会力量可以利用自身优势，在对象发现、专业服务、发动社会募捐等方面发挥积极作用。社会力量参与社会救助的，按照国家有关规定享受财政补贴、税收优惠、费用减免等政策。

（四）不断完善临时救助资金筹集机制。

地方各级人民政府要将临时救助资金列入财政预算；省级人民政府要优化财政支出结构，切实加大临时救助资金投入；城乡居民最低生活保障资金有结余的地方，可安排部分资金用于最低生活保障对象的临时救助支出。中央财政对地方实施临时救助制度给予适当补助，重点向救助任务重、财政困难、工作成效突出的地区倾斜。

五、强化临时救助制度实施的保障措施

（一）加强组织领导。地方各级人民政府要按照属地原则，将建立完善临时救助制度列入重要议事日程，抓紧完善配套政策措施，确保2014年底前全面实施临时救助制度。要进一步建立健全政府领导、民政部门牵头、有关部门配合、社会力量参与的社会救助工作协调机制，及时研究解决工作中遇到的问题。要将临时救助等社会救助工作列入地方领导班子和领导干部政绩考核评价指标体系，并合理确定权重；考核结果纳入政府领导班子和相关领导干部综合考核评价的重要内容，作为干部选拔任用、管理监督的重要依据。民政部门要切实履行主管部门职责，发挥好统筹协调作用；财政部门要加强资金保障，提高资金使用效益；其他有关部门要各司其职，积极配合，形成齐抓共管、整体推进的工作格局。

（二）加强能力建设。省级人民政府要切实加强临时救助能力建设，统筹考虑常住人口、最低生活保障对象和特困供养人员数量等因素，制定落实基层社会救助职责的具体办法和措施。地方各级人民政府要结合本地实际全面落实临时救助制度要求，科学整合县（市、区）、乡镇人民政府（街道办事处）管理机构及人力资源，充实加强基层临时救助工作力量，确保事有人管、责有人负。要积极研究制定政府购买服务的具体办法，充分利用市场机制，加强基层临时救助能力建设。要充分发挥社区居民委员会和村民委员会的作用，协助做好困难排查、信息报送、宣传引导、公示监督等工作。要加强人员培训，不断提高临时救助管理服务水平。要加强经费保障，将临时救助所需工作经费纳入社会救助工作经费统筹考虑，列入地方各级财政预算。

（三）加强监督管理。县级以上地方人民政府要切实担负起临时救助政策制定、资金投入、工作保障和监督管理责任，乡镇人民政府（街道办事处）要切实履行临时救助受理、审核等职责，民政部门要会同卫生计生、教育、住房城乡建设、人力资源社会保障等部门，按照“一门受理、协同办理”的工作要求，明确各业务环节的经办主体责任，强化责任落实，确保困难群众求助有门、受助及时。民政、财政部门要会同有关部门将临时救助制度落实情况作为督查督办的重点内容，定期组织开展专项检查。财政、审计、监察部门要加强对临时救助资金管理使用情况的监督检查，防止挤占、挪用、套取等违纪违法现象发生。对于出具虚假证明材料骗取救助的单位和个人，要在社会信用体系中予以记录。临时救助实施情况要定期向社会公开，充分发挥社会监督作用，对于公众和媒体发现揭露的问题，应及时查处并公布处理结果。要完善临时救助责任追究制度,明确细化责任追究对象、方式和程序,加大行政问责力度,对因责任不落实、相互推诿、处置不及时等造成严重后果的单位和个人,要依纪依法追究责任。

(四)加强政策宣传。各地要组织好临时救助政策宣传,充分利用报刊、广播、电视等媒体和互联网,以及公共查阅室、资料索取点、信息宣传栏、宣传册、明白纸等群众喜闻乐见的途径和形式,不断加大政策宣传普及力度,使临时救助政策家喻户晓、人人皆知。要加强舆论引导,从政府作用、个人权利、家庭责任、社会参与等方面,多角度宣传临时救助的功能定位和制度特点,引导社会公众理解、支持临时救助工作,营造良好社会舆论氛围,弘扬中华民族团结友爱、互助共济的传统美德。

国家选择有特点、有代表性的区域进行"救急难"工作综合试点,在体制机制、服务方式、信息共享、财政税费等方面进行探索创新,先行先试,为不断完善临时救助制度,全面开展"救急难"工作提供经验。省级人民政府要根据本通知要求,结合实际,抓紧制定配套落实政策,国务院相关部门要根据本部门职责,抓紧制定具体政策措施。民政部、财政部要加强对本通知执行情况的监督检查,及时向国务院报告。国务院将适时组织专项督查。

民政部印发《关于指导村(居)民委员会协助做好社会救助工作的意见》

(2015年6月1日 民发〔2015〕104号)

各省、自治区、直辖市民政厅(局),各计划单列市民政局,新疆生产建设兵团民政局:

为进一步健全完善社会救助经办服务体系,充分发挥城乡基层群众性自治组织在社会救助工作中的重要作用,根据《社会救助暂行办法》、《国务院关于进一步加强和改进最低生活保障工作的意见》(国发〔2012〕45号)要求,现就指导村(居)民委员会协助做好社会救助工作提出如下意见:

一、充分认识村(居)民委员会协助做好社会救助工作的重要性

村(居)民委员会是居民自我管理、自我教育、自我服务的基层群众性自治组织,是党和政府联系广大人民群众的桥梁和纽带,在服务居民群众、深化基层治理、密切党群干群关系、维护社会稳定等方面发挥着不可替代的重要作用。社会救助事关困难群众衣食冷暖和基本生活保障,是党和政府维护困难群众生存权益、促进社会稳定和公平正义的托底性、基础性制度安排。困难群众居住在社区、生活在社区、服务依托社区,与村(居)民委员会的联系最为紧密,村(居)民委员会最了解困难群众的生活状况和救助需求。健全完善社会救助经办服务体系,落实好各项社会救助政策,不断提升基层社会救助服务水平,真正为困难群众排忧解难,离不开村(居)民委员会的参与、协助和配合。

二、进一步明确村(居)民委员会协助做好社会救助工作的主要内容

依据《中华人民共和国村民委员会组织法》、《中华人民共和国城市居民委员会组织法》的有关规定,村(居)民委员会应当协助基层政府或其派出机关开展与居民利益有关的公共事务、社区服务等工作。社会救助与社区居民利益息息相关,是社区公共服务不可或缺的重要方面。各地民政部门要厘清责任、突出重点,进一步明确村(居)民委员会协助做好社会救助工作的主要内容。

(一)协助做好救助对象发现报告工作。

各地民政部门要指导、督促村(居)民委员会将发现排查困难群众列为日常重点工作,安排社区工作者、专业社会工作者、志愿者等经常性走访居民家庭,了解、收集困难群众的现状信息,掌握、核实辖区内居民生活困难及遭遇突发事件、意外事故、罹患重病等急难情况,并及时告知乡镇人民政府(街道办事处)。指导、督促村(居)民委员会在日常工作中,将辖区内的留守儿童、独居老人、残疾人、重病患者等易陷入生活困境的人群作为重点,开展经常性走访、问候;关注居住在本辖区的外来人员,帮助有困难的家庭和个人提出救助申请。指导有条件的村(居)民委员会在社区公共服务场所开设救助咨询服务窗口,开通救助服务热线,方便困难群众求助。

(二)协助做好社会救助申请审核审批工作。

一是协助提出救助申请。指导、督促村(居)民委员会接受申请最低生活保障、特困人员供养、医疗救助、教育救助、住房救助、临时救助等社会救助有困难的家庭或个人的委托,代其向乡镇人民政府(街道办事处)或相关救助机构提交书面申请及材料。指导、督促村(居)民委员会将申请人所有申请材料全部上交,不得自行作出不予受理或不符合救助条件的决定。要指导、督促村(居)民委员会成员及其他社区工作者主动申报备案其近亲属申请救助的情况。

二是协助开展调查审核。指导、督促村(居)民委员会协助乡镇人民政府(街道办事处),组织驻村(社区)干部、社区救助专干、专业社会工作者等工作人员,通过入户调查、邻里访问等形式,对社会救助申请人声明的家庭经济状况、人口状况、遭遇困难类型等逐一调查核实,并由调查人员和申请人签字确认。调查审核的责任主体是乡镇人民政府(街道办事处),村(居)民委员会不能自行作出调查审核结论。

三是协助组织群众评议。指导、督促村(居)民委员会在入户调查结束后,协助乡镇人民政府(街道办事处)组织村(居)民代表或者群众评议小组对救助申请人声明的家庭收入、财产状况以及入户调查结果的客观性、真实性和完整性进行评议。

四是协助进行抽查复核。县级民政部门要在村(居)民委员会的参与下开展抽查复核工作，全面、准确地听取村（居）民委员会关于入户调查、邻里访问、群众评议以及村（居）民委员会成员等社区工作人员近亲属申请救助备案等情况介绍。有条件的地方，县级民政部门可邀请乡镇人民政府（街道办事处）、村（居）民委员会参与审批。

五是协助公示审核审批结果。乡镇人民政府（街道办事处）根据家庭经济状况调查审核、群众评议等情况对救助申请提出审核意见后，要在村（居）民委员会协助下在村（居）务公开栏公示审核结果。县级民政部门作出救助批准决定后，要在村（居）民委员会协助下在村（居）务公开栏公示拟救助的申请人姓名、家庭成员、救助金额等信息。两次公示的责任主体分别是乡镇人民政府（街道办事处）和县级民政部门，村（居）民委员会不能自行公示相关信息。要指导村（居）民委员会及时维护公示栏，确保相关公示信息完整、可视。

（三）协助做好社会救助动态管理工作。

各地民政部门要指导、督促村（居）民委员会配合乡镇人民政府（街道办事处）以及县级社会救助管理部门，按照有关规定分类、定期核查辖区内已获得救助对象的家庭人口状况、经济状况等变化情况；要督促辖区内已获得救助对象在家庭人口、经济状况等发生变化时，主动报告乡镇人民政府（街道办事处）。对于村（居）民委员会在日常工作中发现救助对象家庭情况发生变化的，要督促其及时报告。

（四）协助做好社会力量参与社会救助有关工作。

各地民政部门要指导村（居）民委员会充分发挥自身独特优势，以社区为平台，结合城乡社区建设，积极促进驻社区单位、社区社会组织、业主委员会、社区志愿者等主体参与社会救助，鼓励、引导社区居民开展社会救助志愿服务和互助服务。要为社会工作服务机构和专业社会工作者进入社区创造条件，支持他们针对救助对象的不同需求，开展心理疏导、精神抚慰、能力提升、社会融入等专业服务。要大力发展社区慈善，规范社区募捐，探索设立社区爱心救助基金，鼓励、支持社会组织、企事业单位和爱心人士等针对困境家庭和救助对象开展慈善救助。要创新发展社区慈善超市，依托居委会建立社会捐助站点，引导居民积极捐赠家庭闲置物品，培育发展社区社会救助社会组织。要加强社区救助资源的信息共享，实现困难群众的救助需求信息、政府相关部门的救助资源、社会组织的救助项目、社会各界的爱心捐赠和志愿服务的有效对接。

（五）协助做好社会救助政策宣传工作。

各地民政部门要指导村（居）民委员会利用城乡社区公共服务信息平台、公示栏、信息宣传栏、宣传册、现场解答等群众喜闻乐见的途径和形式，不断加大社会救助政策宣传普及力度，使社会救助政策法规深入人心、家喻户晓。要重点向居民群众宣传最低生活保障、特困人员供养、医疗救助、教育救助、住房救助、就业救助和临时救助等政策的资格条件和申请审批程序，不断提高社会救助政策的透明度和知晓度。要在城乡社区大力弘扬中华民族团结友爱、互助共济的传统美德，引导社会公众理解、支持社会救助工作，营造良好社会舆论氛围。

三、切实加强对村（居）民委员会协助做好社会救助工作的领导和指导

（一）加强组织领导。各级民政部门要努力争取党委、政府的重视和支持，把村（居）民委员会协助做好社会救助工作纳入基层社会治理的重要内容，及时解决工作中存在的问题。要把村（居）民委员会协助做好社会救助工作列为提升基层社会救助经办服务能力的重要举措，抓紧协调研究具体办法和支持措施，切实发挥好村（居）民委员会的功能作用。

（二）加强能力建设。各级民政部门要指导村（居）民委员会根据辖区幅度、人口规模等因素，安排必要的人员协助做好社会救助工作。切实加强经费保障，将村（居）民委员会协助做好社会救助工作所需经费纳入社会救助工作经费统筹考虑，并按照“费随事转”原则，适当给予经费补助。要加强社会救助管理信息系统与社区综合信息管理服务平台的对接，实现社会救助对象数据和社区居民数据统一采集、多方共享。各级民政部门要有针对性地加强培训工作，确保村（居）民委员会相关工作人员熟悉、掌握社会救助政策与社会工作专业理念、方法和技巧。

（三）加强工作指导。各级民政部门要切实加强村（居）民委员会协助做好社会救助工作的指导，对于一些带有规律性、方向性的经验做法，要及时完善、总结并推广。要抓紧研究政府购买社会救助服务的机制、路径和办法，不断创新村（居）民委员会协助做好社会救助工作的模式、方法。探索将社会组织引入社会救助，逐步拓展社会救助服务内涵，积极指导村（居）民委员会以社区为平台，统筹整合政府救助、慈善救助和社会服务等资源，实施形式多样的救助服务，最大程度满足困难群众的救助需求。要加强对村（居）民委员会协助开展社会救助工作的监督检查，对徇私舞弊、虚构瞒报、优亲厚友、敷衍塞责造成严重后果的，要依法依规追究责任。

住房和城乡建设部、民政部、财政部关于做好住房救助有关工作的通知

（2014 年 11 月 13 日　建保〔2014〕160 号）

各省、自治区住房城乡建设厅、民政厅、财政厅，直辖市建委（国土资源房屋管理局、住房保障房屋管理局）、民政局、财政局，新疆生产建设兵团建设局、民政局、财政局：

住房救助是社会救助的重要组成部分，是针对住房困难的社会救助对象实施的住房保障。住房救助是切实保障特殊

困难群众获得能够满足其家庭生活需要的基本住房，在住房方面保民生、促公平的托底性制度安排。为依法做好住房救助工作，根据《社会救助暂行办法》和《国务院关于全面建立临时救助制度的通知》（国发[2014]47号）有关规定，现就有关事项通知如下：

一、明确住房救助对象。住房救助对象是指符合县级以上地方人民政府规定标准的、住房困难的最低生活保障家庭和分散供养的特困人员。城镇住房救助对象，属于公共租赁住房制度保障范围。农村住房救助对象，属于优先实施农村危房改造的对象范围。

二、规范住房救助方式。要充分考虑住房救助对象经济条件差、住房支付能力不足的客观条件，通过配租公共租赁住房、发放低收入住房困难家庭租赁补贴、农村危房改造等方式实施住房救助。对城镇住房救助对象，要优先配租公共租赁住房或发放低收入住房困难家庭租赁补贴，其中对配租公共租赁住房的，应给予租金减免，确保其租房支出可负担。对农村住房救助对象，应优先纳入当地农村危房改造计划，优先实施改造。

三、健全住房救助标准。县级以上地方人民政府要统筹考虑本行政区域经济发展水平和住房价格水平等因素，合理确定、及时公布住房救助对象的住房困难条件，以及城镇家庭实施住房救助后住房应当达到的标准和对住房救助对象实施农村危房改造的补助标准。住房困难标准及住房救助标准应当按年度实行动态管理，以确保救助对象住房条件能随着经济和社会发展水平的进步而相应地提高。

四、完善住房救助实施程序。市、县人民政府应当本着方便、快捷、随到随办的原则，建立"一门受理、协同办理"机制，完善申请审核、资格复核、具体实施等住房救助程序规定，方便城乡家庭申请住房救助。

城镇家庭可通过乡镇人民政府、街道办事处或者直接向住房保障部门提出申请，经县级民政部门确认申请家庭的最低生活保障及特困供养人员资格，由住房保障部门负责审核家庭住房状况并公示。经审核符合规定条件的，应当纳入城镇住房保障轮候对象范围，优先给予保障。各地要完善城镇住房救助对象家庭资格复核制度，不再符合住房救助条件但符合公共租赁住房保障对象条件的，可继续承租公共租赁住房，同时相应调整租金。

农村居民（家庭）应向户籍所在地的乡镇人民政府提出申请。乡镇人民政府对申请人的最低生活保障或特困供养人员资格、住房状况进行确认、调查核实并公示后，报县级人民政府住房城乡建设部门会同民政部门审批。对经审批决定纳入住房救助范围的，应将其作为农村危房改造对象优先纳入当地农村危房改造计划。

五、落实优惠政策。各地要按规定，落实公共租赁住房筹集、发放低收入住房困难家庭租赁补贴、农村危房改造的财税、金融和用地等优惠政策，为实施住房救助提供有力支持。

六、加强实施管理。各地要全面公开住房救助政策、救助程序、救助结果等信息，畅通投诉监督渠道，接受社会监督。各地在制定公共租赁住房筹集、发放低收入住房困难家庭租赁补贴、农村危房改造年度计划时，应优先满足当年实施住房救助的需要。各级住房城乡建设部门（住房保障部门）应会同民政等部门，组织对本辖区内累计实施、当年实施住房救助的情况，以及尚待实施住房救助的对象规模等，进行调查摸底，并将有关情况于当年11月底前报住房城乡建设部。

中华人民共和国反家庭暴力法

（2015年12月27日第十二届全国人民代表大会常务委员会第十八次会议通过　2015年12月27日中华人民共和国主席令第37号公布　自2016年3月1日起施行）

第一章　总　　则

第一条　为了预防和制止家庭暴力，保护家庭成员的合法权益，维护平等、和睦、文明的家庭关系，促进家庭和谐、社会稳定，制定本法。

第二条　本法所称家庭暴力，是指家庭成员之间以殴打、捆绑、残害、限制人身自由以及经常性谩骂、恐吓等方式实施的身体、精神等侵害行为。

第三条　家庭成员之间应当互相帮助，互相关爱，和睦相处，履行家庭义务。

反家庭暴力是国家、社会和每个家庭的共同责任。

国家禁止任何形式的家庭暴力。

第四条　县级以上人民政府负责妇女儿童工作的机构，负责组织、协调、指导、督促有关部门做好反家庭暴力工作。

县级以上人民政府有关部门、司法机关、人民团体、社会组织、居民委员会、村民委员会、企业事业单位，应当依照本法和有关法律规定，做好反家庭暴力工作。

各级人民政府应当对反家庭暴力工作给予必要的经费保障。

第五条　反家庭暴力工作遵循预防为主，教育、矫治与惩处相结合原则。

反家庭暴力工作应当尊重受害人真实意愿，保护当事人隐私。

未成年人、老年人、残疾人、孕期和哺乳期的妇女、重病患者遭受家庭暴力的，应当给予特殊保护。

第二章　家庭暴力的预防

第六条　国家开展家庭美德宣传教育，普及反家庭暴力知识，增强公民反家庭暴力意识。

工会、共产主义青年团、妇女联合会、残疾人联合会应当在各自工作范围内，组织开展家庭美德和反家庭暴力宣传教育。

广播、电视、报刊、网络等应当开展家庭美德和反家庭暴力宣传。

学校、幼儿园应当开展家庭美德和反家庭暴力教育。

第七条 县级以上人民政府有关部门、司法机关、妇女联合会应当将预防和制止家庭暴力纳入业务培训和统计工作。

医疗机构应当做好家庭暴力受害人的诊疗记录。

第八条 乡镇人民政府、街道办事处应当组织开展家庭暴力预防工作，居民委员会、村民委员会、社会工作服务机构应当予以配合协助。

第九条 各级人民政府应当支持社会工作服务机构等社会组织开展心理健康咨询、家庭关系指导、家庭暴力预防知识教育等服务。

第十条 人民调解组织应当依法调解家庭纠纷，预防和减少家庭暴力的发生。

第十一条 用人单位发现本单位人员有家庭暴力情况的，应当给予批评教育，并做好家庭矛盾的调解、化解工作。

第十二条 未成年人的监护人应当以文明的方式进行家庭教育，依法履行监护和教育职责，不得实施家庭暴力。

第三章 家庭暴力的处置

第十三条 家庭暴力受害人及其法定代理人、近亲属可以向加害人或者受害人所在单位、居民委员会、村民委员会、妇女联合会等单位投诉、反映或者求助。有关单位接到家庭暴力投诉、反映或者求助后，应当给予帮助、处理。

家庭暴力受害人及其法定代理人、近亲属也可以向公安机关报案或者依法向人民法院起诉。

单位、个人发现正在发生的家庭暴力行为，有权及时劝阻。

第十四条 学校、幼儿园、医疗机构、居民委员会、村民委员会、社会工作服务机构、救助管理机构、福利机构及其工作人员在工作中发现无民事行为能力人、限制民事行为能力人遭受或者疑似遭受家庭暴力的，应当及时向公安机关报案。公安机关应当对报案人的信息予以保密。

第十五条 公安机关接到家庭暴力报案后应当及时出警，制止家庭暴力，按照有关规定调查取证，协助受害人就医、鉴定伤情。

无民事行为能力人、限制民事行为能力人因家庭暴力身体受到严重伤害、面临人身安全威胁或者处于无人照料等危险状态的，公安机关应当通知并协助民政部门将其安置到临时庇护场所、救助管理机构或者福利机构。

第十六条 家庭暴力情节较轻，依法不给予治安管理处罚的，由公安机关对加害人给予批评教育或者出具告诫书。

告诫书应当包括加害人的身份信息、家庭暴力的事实陈述、禁止加害人实施家庭暴力等内容。

第十七条 公安机关应当将告诫书送交加害人、受害人，并通知居民委员会、村民委员会。

居民委员会、村民委员会、公安派出所应当对收到告诫书的加害人、受害人进行查访，监督加害人不再实施家庭暴力。

第十八条 县级或者设区的市级人民政府可以单独或者依托救助管理机构设立临时庇护场所，为家庭暴力受害人提供临时生活帮助。

第十九条 法律援助机构应当依法为家庭暴力受害人提供法律援助。

人民法院应当依法对家庭暴力受害人缓收、减收或者免收诉讼费用。

第二十条 人民法院审理涉及家庭暴力的案件，可以根据公安机关出警记录、告诫书、伤情鉴定意见等证据，认定家庭暴力事实。

第二十一条 监护人实施家庭暴力严重侵害被监护人合法权益的，人民法院可以根据被监护人的近亲属、居民委员会、村民委员会、县级人民政府民政部门等有关人员或者单位的申请，依法撤销其监护人资格，另行指定监护人。

被撤销监护人资格的加害人，应当继续负担相应的赡养、扶养、抚养费用。

第二十二条 工会、共产主义青年团、妇女联合会、残疾人联合会、居民委员会、村民委员会等应当对实施家庭暴力的加害人进行法治教育，必要时可以对加害人、受害人进行心理辅导。

第四章 人身安全保护令

第二十三条 当事人因遭受家庭暴力或者面临家庭暴力的现实危险，向人民法院申请人身安全保护令的，人民法院应当受理。

当事人是无民事行为能力人、限制民事行为能力人，或者因受到强制、威吓等原因无法申请人身安全保护令的，其近亲属、公安机关、妇女联合会、居民委员会、村民委员会、救助管理机构可以代为申请。

第二十四条 申请人身安全保护令应当以书面方式提出；书面申请确有困难的，可以口头申请，由人民法院记入笔录。

第二十五条 人身安全保护令案件由申请人或者被申请人居住地、家庭暴力发生地的基层人民法院管辖。

第二十六条 人身安全保护令由人民法院以裁定形式作出。

第二十七条 作出人身安全保护令，应当具备下列条件：

（一）有明确的被申请人；

（二）有具体的请求；

（三）有遭受家庭暴力或者面临家庭暴力现实危险的情形。

第二十八条　人民法院受理申请后，应当在七十二小时内作出人身安全保护令或者驳回申请；情况紧急的，应当在二十四小时内作出。

第二十九条　人身安全保护令可以包括下列措施：

（一）禁止被申请人实施家庭暴力；

（二）禁止被申请人骚扰、跟踪、接触申请人及其相关近亲属；

（三）责令被申请人迁出申请人住所；

（四）保护申请人人身安全的其他措施。

第三十条　人身安全保护令的有效期不超过六个月，自作出之日起生效。人身安全保护令失效前，人民法院可以根据申请人的申请撤销、变更或者延长。

第三十一条　申请人对驳回申请不服或者被申请人对人身安全保护令不服的，可以自裁定生效之日起五日内向作出裁定的人民法院申请复议一次。人民法院依法作出人身安全保护令的，复议期间不停止人身安全保护令的执行。

第三十二条　人民法院作出人身安全保护令后，应当送达申请人、被申请人、公安机关以及居民委员会、村民委员会等有关组织。人身安全保护令由人民法院执行，公安机关以及居民委员会、村民委员会等应当协助执行。

第五章　法律责任

第三十三条　加害人实施家庭暴力，构成违反治安管理行为的，依法给予治安管理处罚；构成犯罪的，依法追究刑事责任。

第三十四条　被申请人违反人身安全保护令，构成犯罪的，依法追究刑事责任；尚不构成犯罪的，人民法院应当给予训诫，可以根据情节轻重处以一千元以下罚款、十五日以下拘留。

第三十五条　学校、幼儿园、医疗机构、居民委员会、村民委员会、社会工作服务机构、救助管理机构、福利机构及其工作人员未依照本法第十四条规定向公安机关报案，造成严重后果的，由上级主管部门或者本单位对直接负责的主管人员和其他直接责任人员依法给予处分。

第三十六条　负有反家庭暴力职责的国家工作人员玩忽职守、滥用职权、徇私舞弊的，依法给予处分；构成犯罪的，依法追究刑事责任。

第六章　附　　则

第三十七条　家庭成员以外共同生活的人之间实施的暴力行为，参照本法规定执行。

第三十八条　本法自2016年3月1日起施行。

民政部、全国妇联关于做好家庭暴力受害人庇护救助工作的指导意见

（2015年9月24日　民发〔2015〕189号）

各省、自治区、直辖市民政厅（局）、妇联，新疆生产建设兵团民政局、妇联：

为加大反对家庭暴力工作力度，依法保护家庭暴力受害人，特别是遭受家庭暴力侵害的妇女、未成年人、老年人等弱势群体的人身安全和其他合法权益，根据《中华人民共和国妇女权益保障法》、《中华人民共和国未成年人保护法》、《中华人民共和国老年人权益保障法》、《社会救助暂行办法》等有关规定，现就民政部门和妇联组织做好家庭暴力受害人（以下简称受害人）庇护救助工作提出以下指导意见：

一、工作对象

家庭暴力受害人庇护救助工作对象是指常住人口及流动人口中，因遭受家庭暴力导致人身安全受到威胁，处于无处居住等暂时生活困境，需要进行庇护救助的未成年人和寻求庇护救助的成年受害人。寻求庇护救助的妇女可携带需要其照料的未成年子女同时申请庇护。

二、工作原则

（一）*未成年人特殊、优先保护原则*。为遭受家庭暴力侵害的未成年人提供特殊、优先保护，积极主动庇护救助未成年受害人。依法干预处置监护人侵害未成年人合法权益的行为，切实保护未成年人合法权益。

（二）*依法庇护原则*。依法为受害人提供临时庇护救助服务，充分尊重受害人合理意愿，严格保护其个人隐私。积极运用家庭暴力告诫书、人身安全保护裁定、调解诉讼等法治手段，保障受害人人身安全，维护其合法权益。

（三）*专业化帮扶原则*。积极购买社会工作、心理咨询等专业服务，鼓励受害人自主接受救助方案和帮扶方式，协助家庭暴力受害人克服心理阴影和行为障碍，协调解决婚姻、生活、学习、工作等方面的实际困难，帮助其顺利返回家庭、融入社会。

（四）*社会共同参与原则*。在充分发挥民政部门和妇联组织职能职责和工作优势的基础上，动员引导多方面社会力量参与受害人庇护救助服务和反对家庭暴力宣传等工作，形成多方参与、优势互补、共同协作的工作合力。

三、工作内容

（一）*及时受理求助*。妇联组织要及时接待受害人求助请求或相关人员的举报投诉，根据调查了解的情况向公安机关报告，请公安机关对家庭暴力行为进行调查处置。妇联组织、民政部门发现未成年人遭受虐待、暴力伤害等家庭暴力情形的，应当及时报请公安机关进行调查处置和干预保护。民政部门及救助管理机构应当及时接收公安机关、妇联等有关部

门护送或主动寻求庇护救助的受害人，办理入站登记手续，根据性别、年龄实行分类分区救助，妥善安排食宿等临时救助服务并做好隐私保护工作。救助管理机构庇护救助成年受害人期限一般不超过10天，因特殊情况需要延长的，报主管民政部门备案。城乡社区服务机构可以为社区内遭受家庭暴力的居民提供应急庇护救助服务。

（二）按需提供转介服务。民政部门及救助管理机构和妇联组织可以通过与社会工作服务机构、心理咨询机构等专业力量合作方式对受害人进行安全评估和需求评估，根据受害人的身心状况和客观需求制定个案服务方案。要积极协调人民法院、司法行政、人力资源社会保障、卫生等部门、社会救助经办机构、医院和社会组织，为符合条件的受害人提供司法救助、法律援助、婚姻家庭纠纷调解、就业援助、医疗救助、心理康复等转介服务。对于实施家庭暴力的未成年人监护人，应通过家庭教育指导、监护监督等多种方式，督促监护人改善监护方式，提升监护能力；对于目睹家庭暴力的未成年人，要提供心理辅导和关爱服务。

（三）加强受害人人身安全保护。民政部门及救助管理机构或妇联组织可以根据需要协助受害人或代表未成年受害人向人民法院申请人身安全保护裁定，依法保护受害人的人身安全，避免其再次受到家庭暴力的侵害。成年受害人在庇护期间自愿离开救助管理机构的，应提出书面申请，说明离开原因，可自行离开、由受害人亲友接回或由当地村（居）民委员会、基层妇联组织护送回家。其他监护人、近亲属前来接领未成年受害人的，经公安机关或村（居）民委员会确认其身份后，救助管理机构可以将未成年受害人交由其照料，并与其办理书面交接手续。

（四）强化未成年受害人救助保护。民政部门和救助管理机构要按照《最高人民法院最高人民检察院公安部民政部关于依法处理监护人侵害未成年人权益行为若干问题的意见》（法发〔2014〕24号）要求，做好未成年受害人临时监护、调查评估、多方会商等工作。救助管理机构要将遭受家庭暴力侵害的未成年受害人安排在专门区域进行救助保护。对于年幼的未成年受害人，要安排专业社会工作者或专人予以陪护和精心照料，待其情绪稳定后可根据需要安排到爱心家庭寄养。未成年受害人接受司法机关调查时，民政部门或救助管理机构要安排专职社会工作者或专人予以陪伴，必要时请妇联组织派员参加，避免其受到“二次伤害”。对于遭受严重家庭暴力侵害的未成年人，民政部门或救助管理机构、妇联组织可以向人民法院提出申请，要求撤销施暴人监护资格，依法另行指定监护人。

四、工作要求

（一）健全工作机制。民政部门和妇联组织要建立有效的信息沟通渠道，建立健全定期会商、联合作业、协同帮扶等联动协作机制，细化具体任务职责和合作流程，共同做好受害人的庇护救助和权益维护工作。民政部门及救助管理机构要为妇联组织、司法机关开展受害人维权服务、司法调查等工作提供设施场所、业务协作等便利。妇联组织要依法为受害人提供维权服务。

（二）加强能力建设。民政部门及救助管理机构和妇联组织要选派政治素质高、业务能力强的工作人员参与受害人庇护救助工作，加强对工作人员的业务指导和能力培训。救助管理机构应开辟专门服务区域设立家庭暴力庇护场所，实现与流浪乞讨人员救助服务区域的相对隔离，有条件的地方可充分利用现有设施设置生活居室、社会工作室、心理访谈室、探访会客室等，设施陈列和环境布置要温馨舒适。救助管理机构要加强家庭暴力庇护工作的管理服务制度建设，建立健全来访会谈、出入登记、隐私保护、信息查阅等制度。妇联组织要加强“12338”法律维权热线和维权队伍建设，为受害人主动求助、法律咨询和依法维权提供便利渠道和服务。

（三）动员社会参与。民政部门和救助管理机构可以通过购买服务、项目合作、志愿服务等多种方式，鼓励支持社会组织、社会工作服务机构、法律服务机构参与家庭暴力受害人庇护救助服务，提供法律政策咨询、心理疏导、婚姻家庭纠纷调解、家庭关系辅导、法律援助等服务，并加强对社会力量的统筹协调。妇联组织可以发挥政治优势、组织优势和群众工作优势，动员引导爱心企业、爱心家庭和志愿者等社会力量通过慈善捐赠、志愿服务等方式参与家庭暴力受害人庇护救助服务。

（四）强化宣传引导。各级妇联组织和民政部门要积极调动舆论资源，主动借助新兴媒体，切实运用各类传播阵地，公布家庭暴力救助维权热线电话，开设反对家庭暴力专题栏目，传播介绍反对家庭暴力的法律法规；加强依法处理家庭暴力典型事例（案例）的法律解读、政策释义和宣传报道，引导受害人及时保存证据，依法维护自身合法权益；城乡社区服务机构要积极开展反对家庭暴力宣传，提高社区居民参与反对家庭暴力工作的意识，鼓励社区居民主动发现和报告监护人虐待未成年人等家庭暴力线索。

关于改革完善社会救助制度的意见

（2020年8月）

社会救助事关困难群众基本生活和衣食冷暖，是保障基本民生、促进社会公平、维护社会稳定的兜底性、基础性制度安排，也是我们党全心全意为人民服务根本宗旨的集中体现。为全面贯彻党中央、国务院决策部署，统筹发展社会救助体系，巩固脱贫攻坚成果，切实兜住兜牢基本民生保障底线，现就改革完善社会救助制度提出如下意见。

一、总体要求

（一）指导思想。以习近平新时代中国特色社会主义思想为指导，全面贯彻党的十九大和十九届二中、三中、四中全会精神，紧紧围绕统筹推进“五位一体”总体布局和协调推进“四个全面”战略布局，坚持以人民为中心的发展思想，按照保基本、兜底线、救急难、可持续的总体思路，以统筹救助资源、增强兜底功能、提升服务能力为重点，完善法规制度，健全体制机制，强化政策落实，不断增强困难群众的获得感、幸福感、安全感。

（二）基本原则。坚持党对社会救助工作的全面领导，充分发挥各级党组织作用，为保障困难群众基本生活提供有力政治保证和组织保证。坚持以人民为中心，把维护困难群众基本权益作为社会救助的根本出发点和落脚点，确保困难群众共享改革发展成果。坚持问题导向，聚焦突出问题，回应群众关切，不断增强困难群众的幸福感和满意度。坚持尽力而为、量力而行，与经济社会发展水平相适应，既不降低标准，也不吊高胃口。坚持统筹兼顾，加强政策衔接，形成兜底保障困难群众基本生活的合力。

（三）总体目标。用 2 年左右时间，健全分层分类、城乡统筹的中国特色社会救助体系，在制度更加成熟更加定型上取得明显成效。社会救助法制健全完备，体制机制高效顺畅，服务管理便民惠民，兜底保障功能有效发挥，城乡困难群众都能得到及时救助。到 2035 年，实现社会救助事业高质量发展，改革发展成果更多更公平惠及困难群众，民生兜底保障安全网密实牢靠，总体适应基本实现社会主义现代化的宏伟目标。

二、重点任务

（一）建立健全分层分类的社会救助体系

1. 构建综合救助格局。以增强社会救助及时性、有效性为目标，加快构建政府主导、社会参与、制度健全、政策衔接、兜底有力的综合救助格局。以基本生活救助、专项社会救助、急难社会救助为主体，社会力量参与为补充，建立健全分层分类的救助制度体系。完善体制机制，运用现代信息技术推进救助信息聚合、救助资源统筹、救助效率提升，实现精准救助、高效救助、温暖救助、智慧救助。

2. 打造多层次救助体系。完善低保、特困和低收入家庭认定办法。对共同生活的家庭成员人均收入低于当地最低生活保障标准且符合财产状况规定的家庭，给予最低生活保障。对无劳动能力、无生活来源、无法定赡养抚养扶养义务人或者其法定义务人无履行义务能力的城乡老年人、残疾人、未成年人，给予特困人员救助供养。同时，根据实际需要给予相应的医疗、住房、教育、就业等专项社会救助。对不符合低保或特困供养条件的低收入家庭和刚性支出较大导致基本生活出现严重困难的家庭，根据实际需要给予相应的医疗、住房、教育、就业等专项社会救助或实施其他必要救助措施。对遭遇突发事件、意外伤害、重大疾病，受传染病疫情等突发公共卫生事件影响或由于其他特殊原因导致基本生活暂时陷入困境的家庭或个人以及临时遇困、生活无着人员，给予急难社会救助。对遭遇自然灾害的，给予受灾人员救助。

3. 创新社会救助方式。积极发展服务类社会救助，形成“物质+服务”的救助方式。探索通过政府购买服务对社会救助家庭中生活不能自理的老年人、未成年人、残疾人等提供必要的访视、照料服务。加强专业社会工作服务，帮助救助对象构建家庭和社会支持网络。完善对重度残疾人、重病患者以及老年人、未成年人等特殊困难群体的救助政策，依据困难类型、困难程度实施类别化、差异化救助。

4. 促进城乡统筹发展。推进社会救助制度城乡统筹，加快实现城乡救助服务均等化。顺应农业转移人口市民化进程，及时对符合条件的农业转移人口提供相应救助帮扶。有条件的地区有序推进持有居住证人员在居住地申办社会救助。加大农村社会救助投入，逐步缩小城乡差距。加强与乡村振兴战略衔接。推进城镇困难群众解困脱困。

（二）夯实基本生活救助

5. 完善基本生活救助制度。规范完善最低生活保障制度，分档或根据家庭成员人均收入与低保标准的实际差额发放低保金。对不符合低保条件的低收入家庭中的重度残疾人、重病患者等完全丧失劳动能力和部分丧失劳动能力且无法依靠产业就业帮扶脱贫的人员，采取必要措施保障其基本生活。将特困救助供养覆盖的未成年人年龄从 16 周岁延长至 18 周岁。

6. 规范基本生活救助标准调整机制。综合考虑居民人均消费支出或人均可支配收入等因素，结合财力状况合理制定低保标准和特困人员供养标准并建立动态调整机制。制定基本生活救助家庭财产标准或条件。各省（自治区、直辖市）制定本行政区域内相对统一的区域救助标准或最低指导标准。进一步完善社会救助和保障标准与物价上涨挂钩的联动机制。

7. 加强分类动态管理。健全社会救助对象定期核查机制。对特困人员、短期内经济状况变化不大的低保家庭，每年核查一次；对收入来源不固定、家庭成员有劳动能力的低保家庭，每半年核查一次。复核期内救助对象家庭经济状况没有明显变化的，不再调整救助水平。规范救助对象家庭人口、经济状况重大变化报告机制。

（三）健全专项社会救助

8. 健全医疗救助制度。健全医疗救助对象动态认定核查机制，将符合条件的救助对象纳入救助范围，做好分类资助参保和直接救助工作。完善疾病应急救助。在突发疫情等紧急情况时，确保医疗机构先救治、后收费。健全重大疫情医疗救治医保支付政策，确保贫困患者不因费用问题影响就医。加强医疗救助与其他医疗保障制度、社会救助制度衔接，发挥制度合力，减轻困难群众就医就诊后顾之忧。

9. 健全教育救助制度。对在学前教育、义务教育、高中阶段教育（含中等职业教育）和普通高等教育（含高职、大专）阶段就学的低保、特困等家庭学生以及因身心障碍等原因不方便入学接受义务教育的适龄残疾未成年人，根据不同教育阶段需求和实际情况，采取减免相关费用、发放助学金、安排勤工助学岗位、送教上门等方式，给予相应的教育救助。

10. 健全住房救助制度。对符合规定标准的住房困难的低保家庭、分散供养的特困人员等实施住房救助。对农村住房救助对象优先实施危房改造，对城镇住房救助对象优先实施公租房保障。探索建立农村低收入群体住房安全保障长效机制，稳定、持久保障农村低收入家庭住房安全。

11. 健全就业救助制度。为社会救助对象优先提供公共就业服务，按规定落实税费减免、贷款贴息、社会保险补贴、公益性岗位补贴等政策，确保零就业家庭实现动态"清零"。对已就业的低保对象，在核算其家庭收入时扣减必要的就业成本，并在其家庭成员人均收入超过当地低保标准后给予一定时间的渐退期。

12. 健全受灾人员救助制度。健全自然灾害应急救助体系，调整优化国家应急响应启动标准和条件，完善重大自然灾害应对程序和措施，逐步建立与经济社会发展水平相适应的自然灾害救助标准调整机制，统筹做好应急救助、过渡期生活救助、旱灾临时生活困难救助、冬春临时生活困难救助和因灾倒损民房恢复重建等工作。

13. 发展其他救助帮扶。鼓励各地根据城乡居民遇到的困难类型，适时给予相应救助帮扶。加强法律援助，依法为符合条件的社会救助对象提供法律援助服务。积极开展司法救助，帮助受到侵害但无法获得有效赔偿的生活困难当事人摆脱生活困境，为涉刑事案件家庭提供救助帮扶、心理疏导、关系调适等服务。开展取暖救助，使寒冷地区的困难群众冬天不受冻。做好身故困难群众基本殡葬服务，为其减免相关费用。推进残疾儿童康复救助、重度残疾人护理补贴、孤儿基本生活保障等工作，加强事实无人抚养儿童等困境儿童保障，做好与社会救助政策衔接工作。鼓励有条件的地方将困难残疾人生活补贴延伸至低收入家庭。

（四）完善急难社会救助

14. 强化急难社会救助功能。对遭遇突发性、紧迫性、灾难性困难，生活陷入困境，靠自身和家庭无力解决，其他社会救助制度暂时无法覆盖或救助之后生活仍有困难的家庭或个人，通过临时救助或生活无着流浪乞讨人员救助给予应急性、过渡性生活保障。依据困难情况制定临时救助标准，分类分档予以救助。逐步取消户籍地、居住地申请限制，探索由急难发生地实施临时救助。畅通急难社会救助申请和急难情况及时报告、主动发现渠道，建立健全快速响应、个案会商"救急难"工作机制。

15. 完善临时救助政策措施。将临时救助分为急难型临时救助和支出型临时救助。实施急难型临时救助，可实行"小金额先行救助"，事后补充说明情况；实施支出型临时救助，按照审核审批程序办理。采取"跟进救助"、"一次审批、分阶段救助"等方式，增强救助时效性。必要时启动县级困难群众基本生活保障工作协调机制进行"一事一议"审批。推动在乡镇（街道）建立临时救助备用金制度。加强临时救助与其他救助制度、慈善帮扶的衔接，形成救助合力。

16. 加强和改进生活无着流浪乞讨人员救助管理。强化地方党委和政府属地管理责任，压实各级民政部门、救助管理机构和托养机构责任，切实保障流浪乞讨人员人身安全和基本生活。完善源头治理和回归稳固机制，做好长期滞留人员落户安置工作，为符合条件人员落实社会保障政策。积极为走失、务工不着、家庭暴力受害人等离家在外的临时遇困人员提供救助。

17. 做好重大疫情等突发公共事件困难群众急难救助工作。将困难群众急难救助纳入突发公共事件相关应急预案，明确应急期社会救助政策措施和紧急救助程序。重大疫情等突发公共卫生事件和其他突发公共事件发生时，要及时分析研判对困难群众造成的影响以及其他各类人员陷入生活困境的风险，积极做好应对工作，适时启动紧急救助程序，适当提高受影响地区城乡低保、特困人员救助等保障标准，把因突发公共事件陷入困境的人员纳入救助范围，对受影响严重地区人员发放临时生活补贴，及时启动相关价格补贴联动机制，强化对困难群体的基本生活保障。

（五）促进社会力量参与

18. 发展慈善事业。鼓励支持自然人、法人及其他组织以捐赠财产、设立项目、提供服务等方式，自愿开展慈善帮扶活动。动员引导慈善组织加大社会救助方面支出。按照有关规定，对参与社会救助的慈善组织给予税收优惠、费用减免等，有突出表现的给予表彰。建立政府救助与慈善救助衔接机制。加强对慈善组织和互联网公开募捐信息平台的监管，对互联网慈善进行有效引导和规范，推进信息公开，防止诈捐、骗捐。

19. 引导社会工作专业力量参与社会救助。通过购买服务、开发岗位、政策引导、提供工作场所、设立基层社工站等方式，鼓励社会工作服务机构和社会工作者协助社会救助部门开展家庭经济状况调查评估、建档访视、需求分析等事务，并为救助对象提供心理疏导、资源链接、能力提升、社会融入等服务。鼓励引导以社会救助为主的服务机构按一定比例设置社会工作专业岗位。

20. 促进社会救助领域志愿服务发展。支持引导志愿服务组织、社会爱心人士开展扶贫济困志愿服务。加强社会救助志愿服务制度建设，积极发挥志愿服务在汇聚社会资源、帮扶困难群众、保护弱势群体、传递社会关爱等方面作用。

21. 推进政府购买社会救助服务。进一步完善政府购买社会救助服务政策措施，鼓励社会力量和市场主体参与社会救助，扩大社会救助服务供给。制定政府购买社会救助服务清单，规范购买流程，加强监督评估。政府购买社会救助服务所需经费从已有社会救助工作经费或困难群众救助补助资金等社会救助专项经费中列支。

（六）深化“放管服”改革

22. 建立完善主动发现机制。将走访、发现需要救助的困难群众列为村（社区）组织重要工作内容。承担社会救助工作的国家公职人员以及承担政府委托从事困难群众服务工作的企事业单位、基层群众性自治组织、社会组织等，在工作中发现困难群众基本生活难以为继的，应当及时报告有关部门。县级民政部门开通“12349”社会救助服务热线，逐步实现全国联通。

23. 全面推行“一门受理、协同办理”。乡镇（街道）经办机构统一受理社会救助申请，根据申请人困难情况、致贫原因，统筹考虑家庭人口结构、健康状况、劳动能力和劳动条件、刚性支出等因素，综合评估救助需求，提出综合实施社会救助措施的意见，并按照职责分工及时办理或转请县级相关职能部门办理。鼓励有条件的地方异地受理基本生活救助申请。

24. 优化审核确认程序。有条件的地方可按程序将低保、特困等社会救助审核确认权限下放至乡镇（街道），县级民政部门加强监督指导。对没有争议的救助申请家庭，可不再进行民主评议。取消可以通过国家或地方政务服务平台查询的相关证明材料。健全社会救助家庭经济状况核对机制，发挥各级核对机构作用。

25. 加快服务管理转型升级。加强社会救助信息化，推进互联网、大数据、人工智能、区块链、5G等现代信息技术在社会救助领域的运用。依托国家数据共享交换平台体系，完善社会救助资源库，将政府部门、群团组织等开展救助帮扶的各类信息统一汇集、互通共享，为相关部门、单位和社会力量开展救助帮扶提供支持。推动社会救助服务向移动端延伸，实现救助事项“掌上办”、“指尖办”，为困难群众提供方便快捷的救助事项申请、办理、查询等服务。

三、保障措施

（一）加强组织领导。强化党委领导、政府负责、民政牵头、部门协同、社会参与的工作机制。地方各级依法依规成立社会救助工作领导小组或困难群众基本生活保障工作协调机制。将社会救助政策落实情况纳入各地区各部门工作绩效评价。加快推进社会救助立法。完善社会救助统计制度。加强社会救助政策宣传和理论研究。按有关规定申报社会救助表彰奖励项目，对有突出表现的给予表彰。

（二）落实部门责任。民政部门承担社会救助体系建设牵头统筹职责，负责基本生活救助；教育、人力资源社会保障、住房城乡建设、卫生健康、应急管理、医疗保障等部门根据职责分工，分别负责相关专项社会救助；财政部门根据困难群众基本生活保障需要和物价变动等情况，做好各项社会救助资金保障。中央财政困难群众救助补助资金重点向救助任务重、财政困难地区倾斜。

（三）提高基层服务能力。实施基层社会救助能力提升工程。各省（自治区、直辖市）党委和政府要统筹研究制定按照社会救助对象数量、人员结构等因素完善救助机构、合理配备相应工作人员的具体措施。强化乡镇（街道）社会救助责任和相关保障条件。村级设立社会救助协理员，困难群众较多的村（社区）建立社会救助服务站（点）。开展社会救助所需工作经费纳入地方各级财政预算。关爱基层救助工作人员，提供必要的工作场所、交通、通信费用以及薪资待遇，保障履职需要。加强业务培训，打造政治过硬、业务素质高、对困难群众有感情的社会救助干部队伍。

（四）加强监督检查。加强资金监管，强化审计监督，对挤占、挪用、截留和滞留资金等问题，及时纠正并依法依规追究有关责任人的责任。健全“双随机、一公开”监督机制，加强社会救助事中事后监管。加大对骗取社会救助行为查处力度，依法依规追回骗取的社会救助金并追究相应责任。建立容错纠错机制，鼓励各地根据实际情况改革创新，激励基层干部担当作为，落实“三个区分开来”要求，对秉持公心、履职尽责但因客观原因出现失误偏差且能够及时纠正的经办人员依法依规免于问责。

国务院应对新型冠状病毒感染肺炎疫情联防联控机制关于进一步做好民政服务机构疫情防控工作的通知

（2020年2月28日　国发明电〔2020〕6号）

各省、自治区、直辖市人民政府，国务院各部委、各直属机构：

为进一步做好养老机构（含公办、民办）、儿童福利机构、未成年人救助保护机构、精神卫生福利机构、流浪乞讨人员救助管理机构（含托养机构）和殡葬服务机构等民政服务机构新冠肺炎疫情防控和服务保障工作，根据中央应对疫情工作领导小组部署，现提出以下要求：

一、严防民政服务机构发生聚集性感染

各地民政部门要切实履行主管职责，督促指导各类民政服务机构严格按照《关于依法科学精准做好新冠肺炎疫情防控工作的通知》要求，重点防控输入性疫情和内部疾病传播，坚决切断传染源，阻断传播途径。

强化出入管理。湖北省和武汉市及其他地区发生了疫情感染的养老机构要坚决执行民政部印发的《新冠肺炎疫情高风险地区及被感染养老机构防控指南》，落实当地防控工作部署，按照封闭管理要求，严格管控服务对象和工作人员进出；其他地区未发生疫情感染的养老机构，要继续落实好《养老机构新型冠状病毒感染的肺炎疫情防控指南（第二版）》要求。儿童福利机构、未成年人救助保护机构要按照防控工作要求，妥善安排收住人员生活，切实履行监护职责，待疫情结束后，再有序开展安置等相关工作。精神卫生福利机构要严格落实各项防控措施，继续做好特困人员、流浪乞讨人员中的精神障碍患者及公安部门移交的肇事肇祸精神障碍患者的精神康复服务，按照当地疫情防控统一部署，有序开展精神障碍社区康复等服务。流浪乞讨人员救助管理机构要按照“应救尽救”要求，对于有临时住宿需求的求助人员，及时收住并安排在独立区域隔离观察不少于14天；对于观察期未满要求离站的受助人员，要及时安排核酸检测，确定其未感染后按规定办理离站。各地对于救助管理机构收住能力已饱和、不能满足求助人员临时住宿需求的，要开辟临时庇护场所，提供临时救助。殡葬服务机构在保障遗体接运、火化和骨灰暂存等基本殡葬服务外，可暂停开展守灵、告别、祭奠等人员聚集活动；对于新冠肺炎患者遗体，要按照《中华人民共和国传染病防治法》规定，及时进行卫生处理，就近安排火化。取消民政服务机构内人员集中用餐和其他各类人员聚集活动。加强机构内服务对象心理疏导，开展协助拨打亲情电话等精神慰藉活动。

强化人员配置。各地要尽快增派医疗和护理力量，统筹解决民政服务机构防疫力量薄弱、人手不足等问题。民政服务机构受疫情影响工作人员严重紧缺的，民政、人力资源社会保障部门要加大招录力度，确保民政服务机构正常运转。返岗和新招录的工作人员应当隔离观察至少14天，身体状况无异常的方可安排上岗。民政服务机构要保护关心爱护工作人员，做好防护保障，合理安排轮休，保障他们的身心健康。

强化物资保障。湖北省和武汉市以及疫情严重地区，要按照三级防护标准配备、下发防控物资，确保民政服务机构每日防护需要；其他地区要在保障日常防护需要的同时，按照不少于三天需求量做好储备，确保应急使用。各地要采取统一配送方式，保障民政服务机构所需米面油、肉蛋菜等生活物资供应，将民政服务机构纳入社会捐赠物资调配范围。要区分民政服务机构性质，根据防控工作需要，通过财政资金、社会捐赠资金或机构自筹等方式，按现行经费渠道统筹解决疫情防控所需资金。

强化防护能力。民政服务机构要通过手机信息、宣传栏、板报、广播等多种形式，深入宣传疫情防护知识。按照科学预防、积极防治的要求，组织工作人员和服务对象勤洗手、戴口罩，做好个人卫生防护，做好定期监测体温和消毒、通风等工作，提高防护能力。

各地不得将收住有服务对象的民政服务机构征用为疑似病例隔离点。各地医养结合机构在疫情期间不得擅自对外开展发热病人诊疗排查活动。

二、坚决落实“四早”要求及时收治感染患者

坚决落实“早发现、早报告、早隔离、早治疗”要求，做到应检尽检、应收尽收、应治尽治，切实保障老年人、儿童、精神障碍患者、流浪乞讨人员等特殊人群的生命安全和身体健康。

早发现。湖北省和武汉市以及疫情严重地区，要及时对民政服务机构收住的服务对象和工作人员进行全员核酸检测排查，确保不漏一人。卫生健康部门要派出流动医疗小组到民政服务机构上门开展医学排查和治疗指导。疾控机构要指导民政服务机构做好消毒和密切接触者追踪管理等工作。

早报告。各地要落实疫情监测报告责任，安排专人负责，加强应急值守，确保民政服务机构疫情监测报告及时、准确、到位，做好疫情应急响应和处置。

早隔离。对于民政服务机构内出现的疑似病例，各地要及时转运到隔离点进行医学观察，最大限度缩短疑似病例收治时间。对于已发现确诊或疑似病例且密切接触服务对象较多的民政服务机构，各地要根据实际需要，按照集中隔离点的防控标准，配备必要的医务人员和设备，纳入辖区集中隔离点范围进行规范管理。

早治疗。各地对于民政服务机构内出现的确诊患者和疑似病例，要及时转运到定点收治医院、隔离点或轻症治疗点接受治疗或观察。要组织医疗卫生机构到民政服务机构开展上门巡诊，避免收住的服务对象因外出就医造成感染。

三、做好特殊群体兜底保障

各地对于受疫情影响在家隔离的孤寡老人、因家人被隔离收治而无人照料的老年人和未成年人，以及社会散居孤儿、留守儿童、留守老年人等特殊群体，要组织开展走访探视，及时提供帮助，防止发生冲击社会道德底线的事件。各地要建立社区干部联系帮扶一线医务人员家庭制度，帮助解决老幼照护等实际困难，解除一线医务人员后顾之忧。

各地要强化落实属地责任，按照本通知要求，加强统一领导和督促指导，将民政服务机构的疫情排查、转移隔离、集中救治、物资保障等作为防控工作重点，确保各项政策措施落实到位，保障好民政服务对象的生活和健康。

国务院办公厅关于健全重特大疾病医疗保险和救助制度的意见

（2021年10月28日　国办发〔2021〕42号）

各省、自治区、直辖市人民政府，国务院各部委、各直属机构：

做好重特大疾病医疗保障，是进一步减轻困难群众和大病患者医疗费用负担、防范因病致贫返贫、筑牢民生保障底线的重要举措。为深入贯彻党中央、国务院关于深化医疗保障制度改革和完善社会救助制度的决策部署，巩固拓展医疗保障脱贫攻坚成果，不断增强人民群众获得感、幸福感、安全感，经国务院同意，现就健全重特大疾病医疗保险和救助制度提出以下意见。

一、总体要求

以习近平新时代中国特色社会主义思想为指导，全面贯彻党的十九大和十九届二中、三中、四中、五中全会精神，坚持以人民为中心，坚持共同富裕方向，坚持应保尽保、保障基本，尽力而为、量力而行，推动民生改善更可持续。聚焦减轻困难群众重特大疾病医疗费用负担，建立健全防范和化解因病致贫返贫长效机制，强化基本医保、大病保险、医疗救助（以下统称三重制度）综合保障，实事求是确定困难群众医疗保障待遇标准，确保困难群众基本医疗有保障，不因罹患重特大疾病影响基本生活，同时避免过度保障。促进三重制度综合保障与慈善救助、商业健康保险等协同发展、有效衔接，构建政府主导、多方参与的多层次医疗保障体系。

二、科学确定医疗救助对象范围

（一）*及时精准确定救助对象*。医疗救助公平覆盖医疗费用负担较重的困难职工和城乡居民，根据救助对象类别实施分类救助。对低保对象、特困人员、低保边缘家庭成员和纳入监测范围的农村易返贫致贫人口，按规定给予救助。对不符合低保、特困人员救助供养或低保边缘家庭条件，但因高额医疗费用支出导致家庭基本生活出现严重困难的大病患者（以下称因病致贫重病患者），根据实际给予一定救助。综合考虑家庭经济状况、医疗费用支出、医疗保险支付等情况，由省（自治区、直辖市）民政部门会同医疗保障等相关部门合理确定因病致贫重病患者认定条件。县级以上地方人民政府规定的其他特殊困难人员，按上述救助对象类别给予相应救助。

三、强化三重制度综合保障

（二）*确保困难群众应保尽保*。困难群众依法参加基本医保，按规定享有三重制度保障权益。全面落实城乡居民基本医保参保财政补助政策，对个人缴费确有困难的群众给予分类资助。全额资助特困人员，定额资助低保对象、返贫致贫人口。定额资助标准由省级人民政府根据实际确定。适应人口流动和参保需求变化，灵活调整救助对象参保缴费方式，确保其及时参保、应保尽保。

（三）*促进三重制度互补衔接*。发挥基本医保主体保障功能，严格执行基本医保支付范围和标准，实施公平适度保障；增强大病保险减负功能，探索完善大病保险对低保对象、特困人员和返贫致贫人口的倾斜支付政策，发挥补充保障作用；夯实医疗救助托底保障功能，按照“先保险后救助”的原则，对基本医保、大病保险等支付后个人医疗费用负担仍然较重的救助对象按规定实施救助，合力防范因病致贫返贫风险。完善农村易返贫致贫人口医保帮扶措施，推动实现巩固拓展医疗保障脱贫攻坚成果同乡村振兴有效衔接。

四、夯实医疗救助托底保障

（四）*明确救助费用保障范围*。坚持保基本，妥善解决救助对象政策范围内基本医疗需求。救助费用主要覆盖救助对象在定点医药机构发生的住院费用、因慢性病需长期服药或患重特大疾病需长期门诊治疗的费用。由医疗救助基金支付的药品、医用耗材、诊疗项目原则上应符合国家有关基本医保支付范围的规定。基本医保、大病保险起付线以下的政策范围内个人自付费用，按规定纳入救助保障。除国家另有明确规定外，各统筹地区不得自行制定或用变通的方法擅自扩大医疗救助费用保障范围。

（五）*合理确定基本救助水平*。按救助对象家庭困难情况，分类设定年度救助起付标准（以下简称起付标准）。对低保对象、特困人员原则上取消起付标准，暂不具备条件的地区，其起付标准不得高于所在统筹地区上年居民人均可支配收入的5%，并逐步探索取消起付标准。低保边缘家庭成员起付标准按所在统筹地区上年居民人均可支配收入的10%左右确定，因病致贫重病患者按25%左右确定。对低保对象、特困人员符合规定的医疗费用可按不低于70%的比例救助，其他救助对象救助比例原则上略低于低保对象。具体救助比例的确定要适宜适度，防止泛福利化倾向。各统筹地区要根据经济社会发展水平、人民健康需求、医疗救助基金支撑能力，合理设定医疗救助年度救助限额。农村易返贫致贫人口救助水平，按巩固拓展医疗保障脱贫攻坚成果有效衔接乡村振兴战略有关政策规定执行。

（六）*统筹完善托底保障措施*。加强门诊慢性病、特殊疾病救助保障，门诊和住院救助共用年度救助限额，统筹资金使用，着力减轻救助对象门诊慢性病、特殊疾病医疗费用负担。对规范转诊且在省域内就医的救助对象，经三重制度综合保障后政策范围内个人负担仍然较重的，给予倾斜救助，具体救助标准由统筹地区人民政府根据医疗救助基金筹资情况科学确定，避免过度保障。通过明确诊疗方案、规范诊疗等措施降低医疗成本，合理控制困难群众政策范围内自付费用比例。

五、建立健全防范和化解因病致贫返贫长效机制

（七）*强化高额医疗费用支出预警监测*。实施医疗救助对象信息动态管理。分类健全因病致贫和因病返贫双预警机制，结合实际合理确定监测标准。重点监测经基本医保、大病保险等支付后个人年度医疗费用负担仍然较重的低保边缘家庭成员和农村易返贫致贫人口，做到及时预警。加强部门间信息共享和核查比对，协同做好风险研判和处置。加强对监测人群的动态管理，符合条件的及时纳入救助范围。

（八）*依申请落实综合保障政策*。全面建立依申请救助机制，畅通低保边缘家庭成员和农村易返贫致贫人口、因病致贫重病患者医疗救助申请渠道，增强救助时效性。已认定为低保对象、特困人员的，直接获得医疗救助。强化医疗救助、临时救助、慈善救助等综合性保障措施，精准实施分层分类帮扶。综合救助水平要根据家庭经济状况、个人实际费用负担情况合理确定。

六、积极引导慈善等社会力量参与救助保障

（九）*发展壮大慈善救助*。鼓励慈善组织和其他社会组织设立大病救助项目，发挥补充救助作用。促进互联网公开募捐信息平台发展和平台间慈善资源共享，规范互联网个人大病求助平台信息发布，推行阳光救助。支持医疗救助领域社会工作服务和志愿服务发展，丰富救助服务内容。根据经济社会发展水平和各方承受能力，探索建立罕见病用药保障机制，整合医疗保障、社会救助、慈善帮扶等资源,实施综合保障。建立慈善参与激励机制,落实相应税收优惠、费用减免等政策。

（十）鼓励医疗互助和商业健康保险发展。支持开展职工医疗互助,规范互联网平台互助,加强风险管控,引导医疗互助健康发展。支持商业健康保险发展,满足基本医疗保障以外的保障需求。鼓励商业保险机构加强产品创新,在产品定价、赔付条件、保障范围等方面对困难群众适当倾斜。

七、规范经办管理服务

（十一）加快推进一体化经办。细化完善救助服务事项清单,出台医疗救助经办管理服务规程,做好救助对象信息共享互认、资助参保、待遇给付等经办服务。推动基本医保和医疗救助服务融合,依托全国统一的医疗保障信息平台,依法依规加强数据归口管理。统一协议管理,强化定点医疗机构费用管控主体责任。统一基金监管,做好费用监控、稽查审核,保持打击欺诈骗保高压态势,对开展医疗救助服务的定点医疗机构实行重点监控,确保基金安全高效、合理使用。推动实行"一站式"服务、"一窗口"办理,提高结算服务便利性。

（十二）优化救助申请审核程序。简化申请、审核、救助金给付流程,低保对象、特困人员直接纳入"一站式"结算,探索完善其他救助对象费用直接结算方式。加强部门工作协同,全面对接社会救助经办服务,按照职责分工做好困难群众医疗救助申请受理、分办转办及结果反馈。动员基层干部,依托基层医疗卫生机构,做好政策宣传和救助申请委托代办等,及时主动帮助困难群众。

（十三）提高综合服务管理水平。加强对救助对象就医行为的引导,推行基层首诊,规范转诊,促进合理就医。完善定点医疗机构医疗救助服务内容,提高服务质量,按规定做好基本医保和医疗救助费用结算。按照安全有效、经济适宜、救助基本的原则,引导医疗救助对象和定点医疗机构优先选择纳入基本医保支付范围的药品、医用耗材和诊疗项目,严控不合理费用支出。经基层首诊转诊的低保对象、特困人员在市域内定点医疗机构住院,实行"先诊疗后付费",全面免除其住院押金。做好异地安置和异地转诊救助对象登记备案、就医结算,按规定转诊的救助对象,执行户籍地所在统筹地区救助标准。未按规定转诊的救助对象,所发生的医疗费用原则上不纳入医疗救助范围。

八、强化组织保障

（十四）加强组织领导。强化党委领导、政府主导、部门协同、社会参与的重特大疾病保障工作机制。将困难群众重特大疾病医疗救助托底保障政策落实情况作为加强和改善民生的重要指标,纳入医疗救助工作绩效评价。各省(自治区、直辖市)要落实主体责任,细化政策措施,强化监督检查,确保政策落地、待遇落实、群众得实惠。要结合落实医疗保障待遇清单制度,制定出台细化措施,切实规范医疗救助保障范围,坚持基本保障标准,确保制度可持续发展。加强政策宣传解读,及时回应社会关切,营造良好舆论氛围。各地区政策实施情况及时报送国家医保局。

（十五）加强部门协同。建立健全部门协同机制,加强医疗保障、社会救助、医疗卫生制度政策及经办服务统筹协调。医疗保障部门要统筹推进医疗保险、医疗救助制度改革和管理工作,落实好医疗保障政策。民政部门要做好低保对象、特困人员、低保边缘家庭成员等救助对象认定工作,会同相关部门做好因病致贫重病患者认定和相关信息共享,支持慈善救助发展。财政部门要按规定做好资金支持。卫生健康部门要强化对医疗机构的行业管理,规范诊疗路径,促进分级诊疗。税务部门要做好基本医保保费征缴相关工作。银保监部门要加强对商业保险机构承办大病保险的行业监管,规范商业健康保险发展。乡村振兴部门要做好农村易返贫致贫人口监测和信息共享。工会要做好职工医疗互助和罹患大病困难职工帮扶。

（十六）加强基金预算管理。在确保医疗救助基金安全运行基础上,统筹协调基金预算和政策制定,落实医疗救助投入保障责任。拓宽筹资渠道,动员社会力量,通过慈善和社会捐助等多渠道筹集资金,统筹医疗救助资金使用。加强预算执行监督,全面实施预算绩效管理。促进医疗救助统筹层次与基本医保统筹层次相协调,提高救助资金使用效率。

（十七）加强基层能力建设。加强基层医疗保障经办队伍建设,统筹医疗保障公共服务需求和服务能力配置,做好相应保障。积极引入社会力量参与经办服务,大力推动医疗救助经办服务下沉,重点提升信息化和经办服务水平。加强医疗救助政策和业务能力培训,努力打造综合素质高、工作作风好、业务能力强的基层经办队伍。

2. 扶　贫

民政部关于推进深度贫困地区民政领域脱贫攻坚工作的意见

（2018年4月7日　民发〔2018〕43号）

各省、自治区、直辖市民政厅(局),新疆生产建设兵团民政局:

为深入贯彻落实中办、国办《关于支持深度贫困地区脱贫攻坚的实施意见》(厅字〔2017〕41号),充分发挥民政部门在脱贫攻坚中的重要作用,助推深度贫困地区脱贫攻坚工作,提出以下意见。

一、充分认识在深度贫困地区开展民政领域脱贫攻坚工作的重要意义

党的十八大以来,以习近平同志为核心的党中央坚持精准扶贫精准脱贫基本方略,推动脱贫攻坚取得决定性进展,伟大成就举世瞩目。同时也要看到,随着脱贫攻坚不断深入,西藏、四省藏区、南疆四地州和四川凉山州、云南怒江州、甘肃临夏州(以下简称“三区三州”)以及其他自然条件差、经济基础弱、贫困程度深的深度贫困地区脱贫攻坚任务仍然艰巨,残疾人、孤寡老人、长期患病者等“无业可扶、无力脱贫”的贫困人口以及部分教育文化水平低、缺乏技能的贫困群众脱贫任务仍然较重。民政工作事关基本民生保障,在深度贫困地区脱贫攻坚中承担着重要职责,发挥着重要作用。各地民政部门要深入学习贯彻习近平新时代中国特色社会主义思想,全面贯彻落实党的十九大和十九届一中、二中、三中全会精神,按照习近平总书记关于深度贫困地区脱贫攻坚工作重要部署,把做好深度贫困地区民政领域脱贫攻坚工作,助推深度贫困地区脱贫攻坚作为民政系统的一项重要政治任务,摆上重要位置,增强责任担当,加大工作力度,确保取得实实在在的成效。

二、多措并举合力推进民政领域脱贫攻坚工作

(一)加强农村低保制度与扶贫开发政策有效衔接。科学制定农村低保标准,确保脱贫攻坚期内深度贫困地区的农村低保标准不低于国家扶贫标准。完善农村低保制度,将建档立卡贫困人口中完全或部分丧失劳动能力、无法依靠产业扶持和就业帮助脱贫的家庭纳入农村低保范围;对于生活困难、靠家庭供养且无法单独立户的成年无业重度残疾人,经个人申请,可按照单人户纳入低保范围。对于低保家庭中的老年人、未成年人、重度残疾人和重病患者等特殊困难人群,采取增发低保金等多种措施提高救助水平。对于参与扶贫项目的农村低保对象,在核算其家庭收入时可以扣减必要的工作成本,并给予一定期限的“渐退”期,实现稳定脱贫后再退出低保范围。对于建档立卡范围内的有劳动能力但未就业的低保对象,无正当理由连续3次拒不参加扶贫项目的,可减发或停发其本人的低保金。推动社会救助家庭经济状况核对机制建设,做好建档立卡贫困人口与农村低保对象的数据比对工作。

(二)加大临时救助、特困人员救助供养力度。加快推进深度贫困地区农村特困人员供养服务机构建设和设施改造,用三年时间确保每个深度贫困县新建或改建1-2所农村特困人员供养服务机构(农村敬老院),提升机构托底保障能力和服务质量,逐步提高生活不能自理特困人员集中供养率。参考农村特困人员分散供养模式,对于建档立卡贫困人口、低保对象中事实无人供养照料的贫困人员,采取政府购买服务的方式,委托近邻、旁系亲属等给予照料。加大深度贫困地区临时救助政策落实力度,对于脱贫再返贫的建档立卡贫困人口,及时给予临时救助,保障其基本生活。

(三)落实残疾人福利保障政策。研究建立动态调整和可持续发展机制,逐步形成与经济社会发展水平相一致的困难残疾人生活补贴制度和重度残疾人护理补贴制度。根据深度贫困地区脱贫攻坚任务要求,有效识别、区分和衔接残疾人补贴对象和建档立卡贫困人口,逐步扩大困难残疾人生活补贴和重度残疾人护理补贴覆盖面。将深度贫困地区符合条件的人员纳入“福康工程”实施范围,为其配置假肢、矫形器等康复辅助器具或开展肢体畸形矫正手术及康复。鼓励深度贫困地区通过政府购买服务,采用托养等方式,为贫困重度残疾人提供集中或社会化照料护理服务。

(四)做好农村留守儿童、妇女和老年人关爱保护工作。进一步健全完善农村留守儿童、妇女和老年人关爱服务体系,充实基层工作力量,创新工作方式,切实把各项工作落到实处。推进深度贫困地区农村留守儿童关爱保护工作,建立发现报告、应急处置、评估帮扶和监护干预工作机制,保障农村留守儿童健康成长。切实发挥社会工作专业人才在满足农村留守儿童心理社会服务需求、促进农村留守儿童全面健康成长中的积极作用。推动落实农村留守老人关爱服务政策,建立健全农村留守老人信息台账和定期探访制度,加快农村养老服务体系建设。

(五)鼓励和引导社会力量参与深度贫困地区脱贫攻坚。引导全国性社会组织重点支持“三区三州”,推动社会组织与深度贫困地区加强信息对接和工作联系。在公益慈善项目交流展示、公益日、对口帮扶等项目活动中,增加社会组织参与“三区三州”等深度贫困地区脱贫攻坚工作内容,推动社会组织参与深度贫困地区扶贫项目。引导社会工作专业人才资源、社会组织资源、项目服务资源和社会资金资源向深度贫困地区倾斜,实施“社会工作专业人才服务边远贫困地区、边疆民族地区和革命老区计划”“社会工作服务机构牵手计划”“社会工作教育对口扶贫计划”。积极发展慈善信托,扩大社会捐赠、用好慈善资源,发挥慈善事业在扶贫济困中的积极作用。在第十届“中华慈善奖”评选表彰工作中,重点表彰在扶贫济困领域作出突出贡献的个人、单位、慈善项目和慈善信托项目。改进民政部补助地方彩票公益金管理,突出向深度贫困地区倾斜。

(六)加强深度贫困地区基层政权和社区建设。健全自治、法治、德治相结合的贫困地区乡村治理体系,促进乡村治理与脱贫攻坚政策协同。加强贫困地区乡镇政府服务能力建设,加强贫困村村民委员会班子成员和村民小组干部队伍建设,有效履行脱贫攻坚和乡村治理职责。加强村务监督和村务公开,及时公开脱贫攻坚过程中涉及扶贫政策、扶贫项目、扶贫资金等信息。广泛开展村级协商,引导群众在脱贫攻坚政策落实中依法有序表达意愿,凝聚发展共识。健全贫困村农村社区服务体系,推进农村社区综合服务设施建设,深入实施网络扶贫行动计划,支持将“三区三州”纳入相关省份城乡社区服务体系建设专项资金保障范围。引导群众破陋习、讲文明,推进婚姻、殡葬移风易俗改革,树立勤俭节约新风尚。

(七)推动深度贫困地区优化行政区划设置。支持贫困地区优化行政区划设置。支持优化中心城市市辖区规模结构,增强区域中心城市对贫困地区的辐射带动能力。有序推动符合条件的县改市,稳妥推进省直管县和扩权强县改革。通过适时开展行政区划调整，为转移就业脱贫拓展空间，为易地扶贫搬迁脱贫提供载体。

三、切实加强民政领域脱贫攻坚工作组织保障

各地民政部门要将深度贫困地区脱贫攻坚工作列入重要议事日程，紧紧围绕深度贫困地区民政领域脱贫攻坚任务分工，明确责任，精心组织，统筹安排。要加强与相关部门的沟通协调和信息共享，多方争取支持帮助，共同研究解决深度贫困地区民政领域脱贫攻坚中的问题。

（一）明确责任分工。各地要针对深度贫困地区民政领域脱贫攻坚工作，研究提出符合实际、具有可行性的政策措施，必要时可采取超常规的政策措施。民政部重点支持“三区三州”，有关省份民政厅（局）重点支持辖区内的深度贫困县（市、区）。

（二）加大资金支持。各地在汇总分配中央财政、省级财政安排的民政领域补助资金时，要切实加大对深度贫困地区的支持力度，降低深度贫困地区资金配套要求。民政部将争取相关部门支持，在分配中央财政安排的民政领域补助资金时，对“三区三州”予以倾斜支持。

（三）加大项目扶持。各地在推动实施“十三五”民政相关规划、安排民政领域项目时，要优先考虑深度贫困地区的重点发展任务、重大工程项目、重要改革试点。要争取有关部门支持，优先考虑、优先安排深度贫困地区的养老服务设施、特困人员供养服务设施、城乡社区建设、殡葬设施等民政基础设施建设项目。

（四）加强人才培训。各地要扎实开展好面向深度贫困地区基层民政干部和民政技能人才的培训工作，不断提高基层民政人才业务素质。民政部组织开展的面向基层民政干部的各类培训重点向“三区三州”倾斜，优先培训来自“三区三州”的人员。

关于贯彻落实《法律援助条例》切实解决困难群众打官司难问题的意见

（2004年9月6日　司法通〔2004〕127号）

各省、自治区、直辖市司法厅（局）、民政厅（局）、财政厅（局）、劳动和社会保障厅（局）、国土资源厅（局）、建设厅（局）、卫生厅（局）、工商行政管理局、档案局，新疆生产建设兵团司法局、民政局、财务局、劳动和社会保障局、国土资源局、建设局、卫生局、档案局：

《法律援助条例》（以下简称《条例》）自2003年9月1日颁布实施以来，我国法律援助工作取得了明显的成效，在一定程度上缓解了困难群众请律师难、打官司难的问题。但是，目前法律援助工作还存在经费短缺、相关制度不配套、经济欠发达地区困难群众申请法律援助难等问题，制约了法律援助工作的发展。为进一步贯彻落实《条例》，切实保障困难群众的合法权益，现提出如下意见：

一、认真贯彻落实《条例》，全面开展法律援助工作

《条例》的颁布实施，是我国民主法治建设中的一件大事，是党和政府落实“三个代表”重要思想的重要举措，是坚持立党为公、执政为民的具体体现，有助于落实“国家尊重和保障人权”、“公民在法律面前一律平等”的宪法原则，对于进一步规范和加强法律援助工作，促进司法公正，完善社会保障体系，推动社会文明进步，具有十分重要的意义。

保证《条例》的顺利实施，是各级人民政府的责任，各级司法行政部门、法律援助机构要充分发挥主观能动性，有效组织法律援助工作，各级人民政府有关部门应当积极支持和配合法律援助工作。

通过政府各职能部门的共同努力，保障经济困难的公民获得必要的无偿的法律服务，促进“社会主义司法制度必须保障在全社会实现公平和正义”目标的实现。

二、增加财政投入，保障法律援助事业与经济、社会协调发展

为保证条例的顺利实施，各级人民政府要按照条例的规定，根据本行政区域的经济发展水平及财力状况，将每年法律援助所需要的经费数额，逐步纳入年度财政预算。要随着当地经济发展及财政收入的增加，并根据法律援助的实际需要安排经费，保障法律援助事业与经济、社会协调发展。

为保证法律援助工作在不同地区、不同区域的协调发展，省级财政部门应设立法律援助专项经费，对本行政区域内的贫困地区予以补助；中央财政根据财力可能积极支持贫困地区开展法律援助工作。

各级司法行政部门要积极探索建立资金筹措的社会化、经常化机制，广泛开辟政府财政拨款以外的法律援助经费筹措渠道，充分利用社会财力支持法律援助事业。

要对法律援助经费的使用加强管理和监督，建立完善的财务制度，做到专款专用。

三、完善法律援助机构与民政部门的工作配合机制

各地法律援助机构应当定期向当地民政部门了解有关困难群众的法律援助需求状况，各地民政部门应当将所掌握的本地区经济困难群众的情况，及时与当地法律援助机构进行沟通，并采取相应的便民措施，使困难群众得到及时的法律援助。

法律援助机构依条例规定审查法律援助申请人的经济状况时，应根据县级以上（含县级）民政部门颁发的有关救济凭证或者出具的经济困难书面证明，及时为申请人办理有关法律援助手续，尽量简化程序，提高工作效率，对证明材料需要查证的，可向出具证明的部门查证。

四、建立法律援助与劳动仲裁的衔接机制

对法律援助机构决定提供法律援助的案件，劳动仲裁部门要先行缓收仲裁费。受援方胜诉的案件,由非受援的败诉一方承担;受援方败诉的案件,依法裁定受援方当事人承担部分或全部仲裁费,该方当事人确有困难的,由法律援助机构承担。

五、加强法律援助机构与相关部门之间的协调与配合,为法律援助办案人员利用档案资料提供方便

国土资源、建设、卫生、工商、档案管理等部门对法律援助案件办理中利用档案进行的调查取证工作应予支持,对于法院尚未立案的法律援助案件,法律援助人员可凭法律援助机构的证明查询,以免因缺乏有关证明资料,案件难以进入诉讼程序,但涉及国家机密等不公开资料的除外。

相关部门对法律援助案件办理中查阅档案资料所涉及的相关费用应当予以减免,共同降低法律援助成本,减轻经费短缺给法律援助工作造成的压力。对档案资料查询费、咨询服务费、调阅档案(资料)保护费、证明费(包括学历、工龄证明、机构设置证明、房产地产证明、财产证明)予以免收;对相关材料复制费,包括原件复印、缩微胶片复印、翻拍、扫描费给予减、免,减收的标准按复制档案资料所需的原材料成本费计算。

六、加强法律援助机构与有关鉴定机构的沟通与协调,减免收取或缓收法律援助案件的相关鉴定费用

为了解决法律援助案件的受援人因交不起鉴定费用而无法进入诉讼程序,从而无力维护自己合法权益的问题,各鉴定机构应当对法律援助案件所涉及事项的鉴定给予减免的优惠。

司法行政部门管理的面向社会服务的司法鉴定机构,对法律援助案件受援人申请司法鉴定的,应缓收或免收鉴定费。受援人胜诉后,应向鉴定部门补交实际需交纳的费用,受援人败诉,交纳鉴定费用确有困难,鉴定部门给予减免。

其他非财政拨款的鉴定机构对法律援助案件受援人申请人身伤残鉴定、亲子鉴定、笔迹鉴定以及财产评估等,实行缓收相关费用。受援人胜诉后,应向鉴定部门补交实际需交纳的费用。受援人败诉,交纳鉴定费用确有困难,由法律援助机构承担相关费用。

七、各级司法行政部门要加强对法律援助工作的管理监督,确保法律援助工作规范运行

各级司法行政部门要加强对法律援助实施主体包括法律援助机构工作人员、律师和社会组织人员的管理监督。对侵占、私分、挪用法律援助经费的,对法律援助机构及其工作人员从事有偿服务的,对律师事务所、基层法律服务所拒绝指派的和律师、基层法律服务工作者不履行义务的,对律师和社会组织人员在法律援助活动中收取当事人财物的,要依据条例予以处罚,保证法律援助工作规范健康地发展。

严格法律援助案件办理中的程序规则。承办法律援助案件的人员在查阅、复制档案材料或者现行文件时,应出示法律援助机构出具的指派通知书(适用于社会律师、基层法律服务工作者和社会组织人员)或者介绍信(适用于法律援助机构人员)。在查阅、复制档案材料或者现行文件时,应遵守相关法律法规规定。

各地法律援助机构应对法律援助案件进行严格审查,严禁法律援助人员假借法律援助名义从事有偿法律服务而免费查阅和复制相关材料。如发现有上述情形,经司法行政部门查证属实,承办案件的人员应按规定全额支付相关的查阅和复制档案材料费用,并按有关法律法规规定接受相应处罚。

八、加强领导,密切配合,共同推进法律援助事业的发展

各级人民政府有关部门要高度重视法律援助工作,加强领导,采取有效措施,切实履行政府责任,将条例各项规定落到实处。各部门要加强协调和配合,建立协调沟通机制和反馈机制,经常沟通信息,及时帮助解决法律援助工作中存在的困难和问题,认真贯彻落实条例,切实保障贫困群众的合法权益,努力使符合法律援助条件的困难群众都能获得法律援助,维护社会公平和正义。

国务院关于进一步加强就业再就业工作的通知

(2005 年 11 月 4 日　国发〔2005〕36 号)

就业是民生之本,也是构建社会主义和谐社会的重要内容。党中央、国务院高度重视就业再就业工作,2002 年下发了《关于进一步做好下岗失业人员再就业工作的通知》(中发〔2002〕12 号),重点围绕解决国有企业下岗失业人员再就业问题,制定了积极的就业政策,连续 3 年召开全国性会议,对就业再就业工作进行部署。各地区和有关部门认真贯彻,各社会团体积极发挥作用,使各项就业再就业扶持政策得到较好落实,市场导向就业机制进一步完善,就业总量有较大增加,一大批下岗失业人员实现了再就业,对促进经济发展、深化国有企业改革、维护社会稳定产生了积极影响。但是必须看到,我国劳动力供大于求的基本格局在相当长时期内不会改变。今后几年,就业再就业工作的重点仍是解决体制转轨遗留的下岗失业人员再就业问题和重组改制关闭破产企业职工安置问题。同时,也要继续做好高校毕业生、进城务工农村劳动者和被征地农民等的就业再就业工作。为进一步做好就业再就业工作,现就有关问题通知如下:

一、进一步明确目标任务,多渠道开发就业岗位

(一)就业再就业工作的指导思想是:按照科学发展观和构建社会主义和谐社会的要求,落实"十一五"时期国民经济和社会发展规划,将扩大就业摆在经济社会发展更加突出的位置,进一步贯彻落实"劳动者自主择业、市场调节就业和政府促进就业"的方针,在重点解决好体制转轨遗留的再就业问题的同时,努力做好城镇新增劳动力就业和农村富余劳动力转移就业工作,有步骤地统筹城乡就业和提高劳动者素质,探索建立市场经济条件下促进就业的长效机制。

（二）就业再就业工作的主要任务是：基本解决体制转轨遗留的下岗失业问题，重点做好国有企业下岗失业人员、集体企业下岗职工、国有企业关闭破产需要安置人员的再就业工作，巩固再就业工作成果，增强就业稳定性；努力做好城镇新增劳动力的就业工作，积极推动高校毕业生就业工作，在开发就业岗位的同时，大力提升劳动者职业技能和创业能力；改善农村劳动者进城就业环境，积极推进城乡统筹就业；加强失业调控，将城镇登记失业人数控制在合理范围内，减少长期失业人员数量；加快就业法制建设，逐步建立就业与社会保障工作的联动机制。

（三）围绕经济发展多渠道开发就业岗位，千方百计扩大就业。

1. 坚持在发展中解决就业问题，努力实现促进经济增长与扩大就业的良性互动。把深化改革、促进发展、调整结构与扩大就业有机结合起来，在制定涉及全局的经济社会政策和确定重大建设项目时，要把扩大就业作为重要因素考虑，在注重提高竞争力的同时，确立有利于扩大就业的经济结构和增长模式，及时分析国内外经济形势变化对就业的影响，积极采取相应对策。

2. 全面落实鼓励、支持和引导个体、私营等非公有制经济发展的方针政策，认真贯彻执行国家关于发展第三产业和服务业的政策措施，在推动第三产业和多种所有制经济发展中广开就业门路。

3. 注重发展具有比较优势的劳动密集型行业和中小企业，增加就业容量。对就业容量大且有市场需求的行业，制定相应的鼓励增加就业的扶持政策。

4. 推进跨地区的劳务协作和对外劳务输出。鼓励资源开采型城市和独立工矿区按市场需求发展接续产业，引导劳动力转移就业。

5. 鼓励劳动者通过多种形式实现就业，加快完善和实施与灵活就业相适应的劳动关系、工资支付和社会保险等政策，为灵活就业人员提供帮助和服务。

6. 坚持城乡经济协调发展，调整农村经济结构，加快小城镇建设，引导和组织农村劳动力向非农产业转移和向城市有序流动。

二、进一步完善和落实再就业政策，促进下岗失业人员再就业

（四）对有劳动能力和就业愿望的国有企业下岗失业人员，国有企业关闭破产需要安置的人员，国有企业所办集体企业（以下简称厂办大集体企业）下岗职工，享受城市居民最低生活保障且失业1年以上的城镇其他登记失业人员，发放《再就业优惠证》，提供相应的政策扶持：

1. 鼓励自谋职业和自主创业。

对持《再就业优惠证》人员从事个体经营的（国家限制的行业除外），在规定限额内依次减免营业税、城市维护建设税、教育费附加和个人所得税；并免收属于管理类、登记类和证照类的各项行政事业性收费，期限最长不超过3年。对2005年底前核准减免税费但未到期的人员，在剩余期限内按此政策执行。

地方各级人民政府和有关部门要进一步统筹解决好自谋职业和自主创业人员的经营场地问题。

对持《再就业优惠证》人员和城镇复员转业退役军人从事个体经营自筹资金不足的，可提供小额担保贷款，贷款额度一般掌握在2万元左右，贷款期限最长不超过2年，到期确需延长的，可展期1次。对合伙经营和组织起来就业的，可根据人数和经营项目扩大贷款规模。对利用上述两类贷款从事微利项目的，由中央财政据实全额贴息（展期不贴息），具体项目由各省、自治区、直辖市人民政府结合实际确定，并报财政部、劳动保障部、人民银行备案。对其他城镇登记失业人员申请小额担保贷款并从事微利项目的，由财政给予50%的贴息（中央财政和地方财政各承担25%）。

2. 鼓励企业吸纳就业。

对商贸企业、服务型企业（国家限制的行业除外）、劳动就业服务企业中的加工型企业和街道社区具有加工性质的小型企业实体，在新增加的岗位中，当年新招用持《再就业优惠证》人员，与其签订1年以上期限劳动合同并缴纳社会保险费的，按实际招用人数，在相应期限内定额依次减免营业税、城市维护建设税、教育费附加和企业所得税，期限最长不超过3年。对2005年底前核准减免税但未到期的企业，在剩余期限内仍按原方式继续享受减免税政策。

同时，对上述企业中的商贸企业、服务型企业，在相应期限内给予社会保险补贴，期限最长不超过3年。社会保险补贴标准按企业应为所招人员缴纳的养老、医疗和失业保险费计算，个人应缴纳的养老、医疗和失业保险费仍由本人负担。对2005年底前核准社会保险补贴但未到期的企业，在剩余期限内按此政策执行。

对符合贷款条件的劳动密集型小企业，在新增加的岗位中，新招用持《再就业优惠证》人员达到企业现有在职职工总数30%以上，并与其签订1年以上期限劳动合同的，根据实际招用人数，合理确定贷款额度，最高不超过人民币100万元。财政贴息、经办银行的手续费补助、呆坏账损失补助等按照已经明确的有关规定执行。

3. 提高灵活就业人员的稳定性。

对持《再就业优惠证》的“4050”人员（即女40周岁以上，男50周岁以上。计算年龄的截止时间由各地确定，最晚至2007年底）灵活就业后，申报就业并参加社会保险的，给予一定数额的社会保险补贴，期限最长不超过3年。

（五）对持《再就业优惠证》的就业困难对象（包括：国有企业下岗失业人员、厂办大集体企业下岗职工和国有企业关闭破产需要安置人员中的“4050”人员；享受城市居民最低生活保障、就业确有困难的长期失业人员），可作为就业援助的重点，提供相应的政策扶持：

1. 政府投资开发的公益性岗位要优先安排就业困难对象。在公益性岗位安排就业困难对象，并与其签订 1 年以上期限劳动合同的，按实际招用的人数，在相应期限内给予社会保险补贴。社会保险补贴标准按单位应为所招人员缴纳的养老、医疗和失业保险费计算。上述“4050”人员在公益性岗位工作超过 3 年的，社会保险补贴期限可相应延长（超过 3 年的社会保险补贴所需资金由地方财政解决）。对 2005 年底前核准社会保险补贴但未到期的，按此政策执行。

2. 各地可根据实际对就业困难对象在公益性岗位工作的提供适当的岗位补贴，补贴标准由当地政府确定，所需资金由地方财政解决。

（六）各地应按照属地管理原则，进一步做好辖区内中央管理企业下岗失业人员的再就业工作。将这些企业的下岗失业人员纳入当地的再就业工作规划，统筹安排落实。对中央管理企业的下岗失业人员，要及时核发《再就业优惠证》，落实再就业政策，所需资金由地方财政统筹解决。

（七）切实加强《再就业优惠证》发放和使用的管理。严格《再就业优惠证》审核发放程序，防止发生弄虚作假，欺骗冒领等行为。对出租、转让和伪造《再就业优惠证》的，要依法严肃处理。各有关部门要加强沟通协调，建立下岗失业人员再就业信息交换和协查制度，在提供政策扶持后，要及时在《再就业优惠证》上进行标注，对已办理退休手续的应及时收回《再就业优惠证》。《再就业优惠证》在核发证件的本省（区、市）范围内适用，具体办法由省级人民政府制定。

（八）各地可根据本地实际，将上述政策（不含税收政策）的适用范围扩大到城镇其他集体企业下岗职工，所需资金由地方财政解决。

三、促进城乡统筹就业，改进就业服务，强化职业培训

（九）建立覆盖城乡的就业管理服务组织体系，统筹管理城乡劳动力资源和就业工作。统筹做好下岗失业人员再就业与城镇新成长劳动者的就业工作，认真落实高校毕业生和复员转业退役军人就业的有关政策，加强相关的就业服务和职业培训。改善农民进城就业环境，取消农村劳动力进城和跨地区就业的限制，完善农村劳动者进城务工和跨地区就业合法权益保障的政策措施。在有条件的地区开展城乡一体化劳动力市场的试点工作。

（十）完善公共就业服务制度。按照制度化、专业化、社会化的要求，全面推进“以人为本”的就业服务，提高公共就业服务的质量和效率。对持《再就业优惠证》人员、城镇其他登记失业人员，以及进城登记求职的农村劳动者，公共就业服务机构要提供免费的职业介绍服务。发展和规范各种专业性职业中介机构和劳务派遣、职业咨询指导、就业信息服务等社会化服务组织，鼓励社会各类职业中介机构为城乡劳动者提供诚信、有效的就业服务。要完善职业介绍补贴政策，建立与服务成效挂钩的机制，对提供免费职业介绍服务的各类职业中介机构给予补贴。

（十一）加强劳动力市场信息系统建设。按照“金保工程”建设总体要求，对劳动力市场信息系统建设进行统一规划，整体推进。围绕就业工作的主要任务和服务对象的需求，优化业务流程，逐步实现就业服务和失业保险业务的全程信息化。实现各级公共就业服务机构的信息联网，定期分析和发布职业供求和工资水平信息，完善网上职业介绍功能，为求职者和用人单位提供方便快捷的信息服务，提高劳动力市场供求匹配效率。

（十二）加强街道（乡镇）社区劳动保障工作平台建设，充分发挥其在促进就业再就业和退休人员社会化管理服务方面的基础作用。依托街道（乡镇）社区劳动保障工作平台建立再就业援助制度，对就业困难对象实施重点帮助，提供有针对性的就业服务和公益性岗位援助。街道和乡镇负责劳动保障事务的机构，要进一步完善服务功能，健全工作手段，加强基础管理。继续加强社区劳动保障工作队伍建设，强化业务培训，提高工作质量，落实工作经费。

总结部分地区创建信用社区的经验，结合个人信用制度的建立，探索建立信用社区、创业培训与小额担保贷款联动机制，为下岗失业人员自谋职业和自主创业创造条件。

（十三）广泛发动全社会教育培训资源，为城乡劳动者开展多层次、多形式的职业培训，并积极推行创业培训，提高劳动者就业能力和创业能力。对持《再就业优惠证》人员、城镇其他登记失业人员，以及进城务工的农村劳动者，提供一次性职业培训补贴。要通过资质认定，确定一批培训质量高、就业效果好的教育培训机构作为定点机构。完善培训补贴与培训质量、促进就业效果挂钩机制，引导各类教育培训机构针对市场需求，积极开展定向培训。动员全社会力量，加快培养适应企业需要的高技能人才。

充分发挥创业带动就业的倍增效应。对有创业愿望和具备创业条件的城乡劳动者开展创业培训，并提供开业指导、项目开发、小额担保贷款、跟踪扶持等“一条龙”服务，为创业培训结业者提供小额担保贷款资金扶持，努力做好后续服务。

大力开展职业培训，提升进城务工农村劳动者的就业能力。根据他们的特点和就业需求，开展有较强针对性、实用性的培训并提供职业技能鉴定服务。充分利用电视远程培训等手段，将技能知识和就业信息送到农户。在吸纳进城务工农村劳动者较多的重点行业和组织劳务输出的贫困地区，组织实施国家培训项目。

有关被征地农民的培训和就业服务，由各地统筹考虑，所需资金与征地费用统筹安排。

（十四）加强职业技能实训和技能鉴定服务工作。在有条件的地区建设公共实训基地，面向社会开展职业技能操作训练和职业技能鉴定服务。逐步开展专项职业能力考核,为开发就业岗位,提高劳动者就业能力提供公共服务。为参加职业培训的下岗失业人员提供职业技能鉴定服务,对持《再就业优惠证》人员通过初次技能鉴定(限国家规定实行就业准入制度的指定工种)、生活确有困难的,可申领一次性职业技能鉴定补贴,所需资金由地方财政解决。

四、开展失业调控,加强就业管理

(十五)建立失业预警机制,制定预案和相应措施,综合运用法律的、经济的和必要的行政手段,对失业进行调控,缓解失业引发的各种矛盾。对因国内国际经济形势发生重大变化直接影响就业的行业和企业,以及失业问题突出的困难地区、困难行业,要及时采取专项政策措施,努力减少失业,保持就业局势稳定。

(十六)继续鼓励国有大中型企业进行主辅分离、辅业改制,充分利用原企业的非主业资产、闲置资产和关闭破产企业的有效资产,改制创办面向市场、独立核算、自负盈亏的法人经济实体(国家限制的行业除外),分流安置企业富余人员。对于产权明晰并逐步实现产权多元化、吸纳原企业富余人员达到30%以上,并与其变更或签订新的劳动合同的,经有关部门认定、税务部门审核,3年内免征企业所得税。

(十七)稳步推进国有企业重组改制和关闭破产工作,严格审核并监督落实职工安置方案,规范企业操作行为,维护职工合法权益。国有企业实施重组改制和关闭破产,职工安置方案须经企业职工代表大会或职工大会讨论通过,凡职工安置方案和社会保障办法不明确、资金不落实的企业,不得进入重组改制和破产程序。要指导企业在关闭破产准备阶段通过多种有效形式,深入宣传政策,使职工了解政策内容和操作程序。要切实加强对企业关闭破产过程中职工安置工作的监督指导。关闭破产终结后,要及时做好职工分流安置和社会保障工作,妥善处理遗留问题。

(十八)规范企业裁员行为。切实加强对企业裁员的指导。对于企业成规模裁减人员的,裁员方案要经企业职工代表大会讨论。企业一次性裁员超过一定数量和比例的,要事前向当地政府报告。凡不能依法支付解除劳动合同的经济补偿金并妥善解决拖欠职工债务的,不得裁减人员。

(十九)深化劳动力市场制度改革,打破劳动力市场城乡、地区的分割。规范劳动力市场秩序,切实维护城乡劳动者合法权益。定期开展劳动力市场清理整顿活动,加强对各类职业中介行为的监管,严厉打击劳动力市场中的违法乱纪行为,规范劳动者求职、用人单位招用和职业中介行为。建立劳务派遣行政许可制度,规范劳务派遣行为。充实劳动保障执法监察队伍,加大执法监察力度,严格禁止和坚决纠正超时工作、不签订劳动合同、故意压低和拖欠工资、不按规定缴纳社会保险费和随意裁员等行为。

(二十)完善就业和失业统计制度。加强失业登记统计工作,建立劳动力调查制度,定期开展全国城镇劳动力调查,准确掌握全国劳动力市场供求变化。

(二十一)加快推进就业工作法制建设。认真总结就业再就业的工作经验,抓紧研究制定促进就业的法律法规,明确和强化行之有效的政策措施,为形成市场经济条件下解决就业问题的长效机制奠定基础。

五、进一步完善社会保障制度,建立与促进就业的联动机制

(二十二)建立就业与失业保险、城市居民最低生活保障工作的联动机制。切实保障享受失业保险和城市居民最低生活保障人员的基本生活,进一步完善失业保险金和城市居民最低生活保障金的申领办法,结合其求职和参加职业培训的情况完善申领条件,健全促进就业的激励约束机制,促进和帮助享受失业保险和城市居民最低生活保障的人员尽快实现就业,并妥善处理好其就业后的生活保障和社会保险问题。要合理确定失业保险和城市居民最低生活保障水平,拉开最低工资标准、失业保险金标准、城市居民最低生活保障标准之间的距离,分清层次,相互衔接,形成合理配套的标准体系,既要切实保障困难群体的基本生活,更要有利于调动有劳动能力人员就业的积极性。

(二十三)进一步加强对失业人员和城市居民最低生活保障对象的基础管理。充分发挥街道(乡镇)社区劳动保障工作平台的职能作用,加强劳动保障、民政等部门的沟通合作,及时掌握失业人员和城市居民最低生活保障对象的就业及收入状况,实施有针对性的帮助和服务。

(二十四)妥善处理并轨遗留问题。从2006年起,企业新裁减人员通过劳动力市场实现再就业,没有实现再就业的,按规定享受失业保险及城市居民最低生活保障待遇。各地要继续采取有效措施,妥善解决并轨人员在再就业、社会保险关系接续、劳动关系处理等方面的遗留问题。

(二十五)进一步发挥失业保险制度促进再就业的功能。东部地区在认真分析失业保险基金收支、结余状况,统筹考虑地方财政就业再就业资金安排的前提下,可以结合本地实际进行适当扩大失业保险基金支出范围试点,具体办法由劳动保障部、财政部制定。

(二十六)进一步完善社会保险制度。继续加强社会保险扩面征缴工作,切实做好下岗失业人员再就业后的社会保险关系接续工作,将更多的劳动者纳入到社会保险制度的覆盖范围。要逐步统一城镇个体工商户、灵活就业人员参加养老保险的政策,改进基本养老金计发办法,强化缴费与待遇挂钩的激励约束机制,形成促进就业与完善社会保险制度的良性互动。积极创造条件为进城务工农村劳动者提供必要的社会保障。

六、继续加强组织领导,动员全社会力量广泛参与就业再就业工作

(二十七)各级人民政府和各有关部门要继续巩固和强

化就业再就业工作目标责任制。继续把新增就业人员和控制失业率纳入国民经济和社会发展宏观调控指标。把解决体制转轨遗留的下岗失业问题、促进城镇新增劳动力就业、推进城乡统筹就业、加强失业调控和实现就业与社会保障制度的联动机制作为主要目标任务，层层分解，并纳入政绩考核的重要内容，定期进行督促检查。

（二十八）各级人民政府和各有关部门要进一步加强对就业再就业工作的领导和统筹协调。适应新的形势任务要求，国务院决定将再就业工作部际联席会议制度调整为就业工作部际联席会议制度，地方各级人民政府也要对联席会议制度作相应调整，形成统一领导、分工协作的工作机制。在各级人民政府的直接领导下，联席会议各成员单位要认真履行职责，加强协调配合，共同做好就业再就业工作。

（二十九）各级人民政府要根据就业形势变化和就业工作需要，积极调整财政支出结构，加大资金投入，将促进就业再就业资金列入财政预算。对中西部地区和老工业基地，中央财政继续通过专项转移支付的方式给予适当补助，主要用于职业介绍补贴、职业培训补贴、社会保险补贴、小额担保贷款贴息。此外，各级财政还要合理安排用于劳动力市场、街道（乡镇）社区劳动保障工作平台建设等经费。要切实加强对就业再就业资金拨付使用的监督检查，专款专用，提高资金使用效率。

（三十）充分发挥各民主党派、工商联，以及工会、共青团、妇联等人民团体在协助政府制定政策，团结各方积极参与，以及宣传动员、社会监督，帮助群众创业就业等方面的积极作用。对他们组织各类培训、开展多种形式服务和提高创业就业服务能力给予支持，形成全社会共同参与，齐心协力做好就业再就业工作的局面。

（三十一）各新闻单位要继续通过广播、电视、报刊、互联网等多种形式把就业再就业政策宣传到群众、企业和基层单位。继续树立和宣传劳动者自谋职业、自主创业和企业积极吸纳就业、基层单位切实落实政策的先进典型，引导广大劳动者转变就业观念，营造全社会支持和帮助就业再就业工作的良好气氛。要进一步加强基层组织建设，加大思想政治工作力度，依托企业、街道（乡镇）社区等基层组织和单位，通过耐心细致的思想政治工作和舆论宣传，引导广大下岗失业人员在国家政策扶持和社会帮助下，依靠自身努力实现再就业。

（三十二）上述有关扶持政策自2006年起开始执行，政策审批的截止时间暂定到2008年底。在政策执行过程中，如果国家对税收制度进行改革，有关税收政策按新的税收政策执行。

各地区、各有关部门要结合本地实际，抓紧研究制定贯彻本《通知》的具体办法和实施细则，确保本《通知》精神落到实处。在不涉及税收政策、不影响中央非税收入、不增加中央财政补助的前提下，还可制定有利于本地扩大城乡就业的其他政策。

国务院关于建立健全普通本科高校高等职业学校和中等职业学校家庭经济困难学生资助政策体系的意见

（2007年5月13日　国发〔2007〕13号）

为贯彻党的十六大和十六届三中、六中全会精神，切实解决家庭经济困难学生的就学问题，国务院决定，建立健全普通本科高校、高等职业学校和中等职业学校家庭经济困难学生资助政策体系（以下简称家庭经济困难学生资助政策体系）。现提出如下意见：

一、充分认识建立健全家庭经济困难学生资助政策体系的重大意义

党中央、国务院高度重视家庭经济困难学生的就学问题。近年来国家采取一系列措施，对农村义务教育阶段学生全部免除学杂费，并为家庭经济困难学生免费提供教科书、寄宿生补助生活费；对普通高等学校家庭经济困难学生设立国家助学奖学金，实施国家助学贷款政策；对中等职业学校家庭经济困难学生设立国家助学金等，取得了良好成效。

但是，我国家庭经济困难学生资助政策体系还不够完善，尤其是对普通本科高校、高等职业学校和中等职业学校家庭经济困难学生资助面偏窄、资助标准偏低的问题比较突出。建立健全家庭经济困难学生资助政策体系，使家庭经济困难学生能够上得起大学、接受职业教育，是实践“三个代表”重要思想、落实科学发展观、构建社会主义和谐社会的重要举措；是实施科教兴国和人才强国战略，优化教育结构，促进教育公平和社会公正的有效手段；是切实履行公共财政职能，推进基本公共服务均等化的必然要求。这是继全部免除农村义务教育阶段学生学杂费之后，促进教育公平的又一件大事，具有重大意义。

二、建立健全家庭经济困难学生资助政策体系的主要目标与基本原则

（一）建立健全家庭经济困难学生资助政策体系的主要目标是：按照《中共中央关于构建社会主义和谐社会若干重大问题的决定》的有关要求，加大财政投入，落实各项助学政策，扩大受助学生比例，提高资助水平，从制度上基本解决家庭经济困难学生的就学问题。同时，进一步优化教育结构，维护教育公平，促进教育持续健康发展。

（二）建立健全家庭经济困难学生资助政策体系实行“加大财政投入、经费合理分担、政策导向明确、多元混合资助、各方责任清晰”的基本原则。

1. 加大财政投入。按照建立公共财政体制的要求，大幅度增加财政投入，建立以政府为主导的家庭经济困难学生资助政策体系。

2. 经费合理分担。国家励志奖学金和国家助学金由中央与地方按比例分担。中央对中西部地区给予倾斜。

3. 政策导向明确。在努力使家庭经济困难学生公平享有受教育机会的同时，鼓励学生刻苦学习，接受职业教育，学习国家最需要的专业，到艰苦地区基层单位就业；鼓励学校面向经济欠发达地区扩大招生规模。

4. 多元混合资助。统筹政府、社会等不同资助渠道，对家庭经济困难学生采取奖、贷、助、补、减等多种方式进行资助。

5. 各方责任清晰。中央与地方、各相关部门及学校明确分工、各司其职、落实责任、完善制度，操作办法简便易行，并接受社会各界群众监督，确保各项政策措施顺利实施。

三、建立健全家庭经济困难学生资助政策体系的主要内容

（一）完善国家奖学金制度。中央继续设立国家奖学金，用于奖励普通本科高校和高等职业学校全日制本专科在校生中特别优秀的学生，每年奖励 5 万名，奖励标准为每生每年 8000 元，所需资金由中央负担。

中央与地方共同设立国家励志奖学金，用于奖励资助普通本科高校和高等职业学校全日制本专科在校生中品学兼优的家庭经济困难学生，资助面平均约占全国高校在校生的 3%，资助标准为每生每年 5000 元。国家励志奖学金适当向国家最需要的农林水地矿油核等专业的学生倾斜。

中央部门所属高校国家励志奖学金所需资金由中央负担。地方所属高校国家励志奖学金所需资金根据各地财力及生源状况由中央与地方按比例分担。其中，西部地区，不分生源，中央与地方分担比例为 8∶2；中部地区，生源为西部地区的，中央与地方分担比例为 8∶2，生源为其他地区的，中央与地方分担比例为 6∶4；东部地区，生源为西部地区和中部地区的，中央与地方分担比例分别为 8∶2 和 6∶4，生源为东部地区的，中央与地方分担比例根据财力及生源状况等因素分省确定。人口较少民族家庭经济困难学生资助资金全部由中央负担。鼓励各地加大资助力度，超出中央核定总额部分的国家励志奖学金所需资金由中央给予适当补助。省（区、市）以下分担比例由各地根据中央确定的原则自行确定。

（二）完善国家助学金制度。中央与地方共同设立国家助学金，用于资助普通本科高校、高等职业学校全日制本专科在校生中家庭经济困难学生和中等职业学校所有全日制在校农村学生及城市家庭经济困难学生。

普通本科高校和高等职业学校。国家助学金资助面平均约占全国普通本科高校和高等职业学校在校生总数的 20%。财政部、教育部根据生源情况、平均生活费用、院校类别等因素综合确定各省资助面。平均资助标准为每生每年 2000 元，具体标准由各地根据实际情况在每生每年 1000—3000 元范围内确定，可以分为 2—3 档。

中等职业学校。国家助学金资助所有全日制在校农村学生和城市家庭经济困难学生。资助标准为每生每年 1500 元，国家资助两年，第三年实行学生工学结合、顶岗实习。

国家助学金所需资金由中央与地方按照国家励志奖学金的资金分担办法共同承担。

有条件的地区可以试行运用教育券发放国家助学金的办法。

（三）进一步完善和落实国家助学贷款政策。大力开展生源地信用助学贷款。生源地信用助学贷款是国家助学贷款的重要组成部分，与国家助学贷款享有同等优惠政策。地方政府要高度重视，积极推动和鼓励金融机构开展相关工作。要进一步完善和落实现行国家助学贷款政策，制订与贷款风险和管理成本挂钩的国家助学贷款风险补偿金使用管理办法。相关金融机构要完善内部考核体系，采取更加积极有效措施，调动各级经办机构的积极性，确保应贷尽贷。

对普通本科高校和高等职业学校全日制本专科生，在校期间获得国家助学贷款、毕业后自愿到艰苦地区基层单位从事第一线工作且服务达到一定年限的，国家实行国家助学贷款代偿政策。

（四）从 2007 年起，对教育部直属师范大学新招收的师范生，实行免费教育。

（五）学校要按照国家有关规定从事业收入中足额提取一定比例的经费，用于学费减免、国家助学贷款风险补偿、勤工助学、校内无息借款、校内奖助学金和特殊困难补助等。

要进一步落实、完善鼓励捐资助学的相关优惠政策措施，充分发挥中国教育发展基金会等非营利组织的作用，积极引导和鼓励地方政府、企业和社会团体等面向各级各类学校设立奖学金、助学金。

普通高中以及普通高等学校全日制研究生的资助政策另行制定。

四、建立健全家庭经济困难学生资助政策体系的工作要求

普通本科高校、高等职业学校和中等职业学校家庭经济困难学生资助政策自 2007 年秋季开学起在全国实施。各地区、各有关部门和各学校要按照国务院的统一部署，周密安排，精心组织，扎扎实实地把这件惠及广大人民群众的大事抓好。

（一）加强组织领导。财政部、教育部等要密切配合，制订相关管理办法，指导、检查和督促地方开展工作。地方政府要建立相应的工作机制，在整合现有资源的基础上，建立健全学生资助管理机构，制订具体的管理办法，切实抓好落实。教育部门要将学校家庭经济困难学生资助工作情况纳入办学水平评估指标体系。各学校要把资助家庭经济困难学生作为工作重点，实行校长负责制，设立专门的助学管理机构，具体负责此项工作。

（二）确保资金落实。中央财政要足额安排、及时拨付应当负担的资金。省级人民政府要制订行政区域内具体的分担办法，完善省对下转移支付制度，确保行政区域内政府应当负担的资金落实到位。要切实加强助学资金管理，确保及时发放、专款专用。要加强监督检查，对于挤占挪用资金、弄虚作假套取资金等违法违规行为，要追究责任、严肃处理。

（三）规范收费管理。除国家另有规定外，今后五年各级各类学校的学费、住宿费标准不得高于 2006 年秋季相关标准。进一步严格收费立项、标准审批管理工作，规范学校收费行为，坚决制止乱收费。加大对服务性收费和代收费的监督力度，切实减轻学生及家长负担。绝不允许一边加大助学力度，一边擅自提高收费标准、擅自设立收费项目。要对教育收费实行严格的"收支两条线"管理，规范支出管理。

（四）加大宣传力度。各地区、各有关部门和各学校要通过多种形式开展宣传，使这项惠民政策家喻户晓、深入人心，使广大学生知晓受助的权利。

中共中央、国务院关于打赢脱贫攻坚战的决定

（2015 年 11 月 29 日）

确保到 2020 年农村贫困人口实现脱贫，是全面建成小康社会最艰巨的任务。现就打赢脱贫攻坚战作出如下决定。

一、增强打赢脱贫攻坚战的使命感紧迫感

消除贫困、改善民生、逐步实现共同富裕，是社会主义的本质要求，是我们党的重要使命。改革开放以来，我们实施大规模扶贫开发，使 7 亿农村贫困人口摆脱贫困，取得了举世瞩目的伟大成就，谱写了人类反贫困历史上的辉煌篇章。党的十八大以来，我们把扶贫开发工作纳入"四个全面"战略布局，作为实现第一个百年奋斗目标的重点工作，摆在更加突出的位置，大力实施精准扶贫，不断丰富和拓展中国特色扶贫开发道路，不断开创扶贫开发事业新局面。

我国扶贫开发已进入啃硬骨头、攻坚拔寨的冲刺期。中西部一些省（自治区、直辖市）贫困人口规模依然较大，剩下的贫困人口贫困程度较深，减贫成本更高，脱贫难度更大。实现到 2020 年让 7000 多万农村贫困人口摆脱贫困的既定目标，时间十分紧迫、任务相当繁重。必须在现有基础上不断创新扶贫开发思路和办法，坚决打赢这场攻坚战。

扶贫开发事关全面建成小康社会，事关人民福祉，事关巩固党的执政基础，事关国家长治久安，事关我国国际形象。打赢脱贫攻坚战，是促进全体人民共享改革发展成果、实现共同富裕的重大举措，是体现中国特色社会主义制度优越性的重要标志，也是经济发展新常态下扩大国内需求、促进经济增长的重要途径。各级党委和政府必须把扶贫开发工作作为重大政治任务来抓，切实增强责任感、使命感和紧迫感，切实解决好思想认识不到位、体制机制不健全、工作措施不落实等突出问题，不辱使命、勇于担当，只争朝夕、真抓实干，加快补齐全面建成小康社会中的这块突出短板，决不让一个地区、一个民族掉队，实现《中共中央关于制定国民经济和社会发展第十三个五年规划的建议》确定的脱贫攻坚目标。

二、打赢脱贫攻坚战的总体要求

（一）指导思想

全面贯彻落实党的十八大和十八届二中、三中、四中、五中全会精神，以邓小平理论、"三个代表"重要思想、科学发展观为指导，深入贯彻习近平总书记系列重要讲话精神，围绕"四个全面"战略布局，牢固树立并切实贯彻创新、协调、绿色、开放、共享的发展理念，充分发挥政治优势和制度优势，把精准扶贫、精准脱贫作为基本方略，坚持扶贫开发与经济社会发展相互促进，坚持精准帮扶与集中连片特殊困难地区开发紧密结合，坚持扶贫开发与生态保护并重，坚持扶贫开发与社会保障有效衔接，咬定青山不放松，采取超常规举措，拿出过硬办法，举全党全社会之力，坚决打赢脱贫攻坚战。

（二）总体目标

到 2020 年，稳定实现农村贫困人口不愁吃、不愁穿，义务教育、基本医疗和住房安全有保障。实现贫困地区农民人均可支配收入增长幅度高于全国平均水平，基本公共服务主要领域指标接近全国平均水平。确保我国现行标准下农村贫困人口实现脱贫，贫困县全部摘帽，解决区域性整体贫困。

（三）基本原则

——坚持党的领导，夯实组织基础。充分发挥各级党委总揽全局、协调各方的领导核心作用，严格执行脱贫攻坚一把手负责制，省市县乡村五级书记一起抓。切实加强贫困地区农村基层党组织建设，使其成为带领群众脱贫致富的坚强战斗堡垒。

——坚持政府主导，增强社会合力。强化政府责任，引领市场、社会协同发力，鼓励先富帮后富，构建专项扶贫、行业扶贫、社会扶贫互为补充的大扶贫格局。

——坚持精准扶贫，提高扶贫成效。扶贫开发贵在精准，重在精准，必须解决好扶持谁、谁来扶、怎么扶的问题，做到扶真贫、真扶贫、真脱贫，切实提高扶贫成果可持续性，让贫困人口有更多的获得感。

——坚持保护生态，实现绿色发展。牢固树立绿水青山就是金山银山的理念，把生态保护放在优先位置，扶贫开发不能以牺牲生态为代价，探索生态脱贫新路子，让贫困人口从生态建设与修复中得到更多实惠。

——坚持群众主体，激发内生动力。继续推进开发式扶贫，处理好国家、社会帮扶和自身努力的关系，发扬自力更生、

艰苦奋斗、勤劳致富精神，充分调动贫困地区干部群众积极性和创造性，注重扶贫先扶智，增强贫困人口自我发展能力。

——坚持因地制宜，创新体制机制。突出问题导向，创新扶贫开发路径，由“大水漫灌”向“精准滴灌”转变；创新扶贫资源使用方式，由多头分散向统筹集中转变；创新扶贫开发模式，由偏重“输血”向注重“造血”转变；创新扶贫考评体系，由侧重考核地区生产总值向主要考核脱贫成效转变。

三、实施精准扶贫方略，加快贫困人口精准脱贫

（四）健全精准扶贫工作机制。抓好精准识别、建档立卡这个关键环节，为打赢脱贫攻坚战打好基础，为推进城乡发展一体化、逐步实现基本公共服务均等化创造条件。按照扶持对象精准、项目安排精准、资金使用精准、措施到户精准、因村派人精准、脱贫成效精准的要求，使建档立卡贫困人口中有5000万人左右通过产业扶持、转移就业、易地搬迁、教育支持、医疗救助等措施实现脱贫，其余完全或部分丧失劳动能力的贫困人口实行社保政策兜底脱贫。对建档立卡贫困村、贫困户和贫困人口定期进行全面核查，建立精准扶贫台账，实行有进有出的动态管理。根据致贫原因和脱贫需求，对贫困人口实行分类扶持。建立贫困户脱贫认定机制，对已经脱贫的农户，在一定时期内让其继续享受扶贫相关政策，避免出现边脱贫、边返贫现象，切实做到应进则进、应扶则扶。抓紧制定严格、规范、透明的国家扶贫开发工作重点县退出标准、程序、核查办法。重点县退出，由县提出申请，市（地）初审，省级审定，报国务院扶贫开发领导小组备案。重点县退出后，在攻坚期内国家原有扶贫政策保持不变，抓紧制定攻坚期后国家帮扶政策。加强对扶贫工作绩效的社会监督，开展贫困地区群众扶贫满意度调查，建立对扶贫政策落实情况和扶贫成效的第三方评估机制。评价精准扶贫成效，既要看减贫数量，更要看脱贫质量，不提不切实际的指标，对弄虚作假搞“数字脱贫”的，要严肃追究责任。

（五）发展特色产业脱贫。制定贫困地区特色产业发展规划。出台专项政策，统筹使用涉农资金，重点支持贫困村、贫困户因地制宜发展种养业和传统手工业等。实施贫困村“一村一品”产业推进行动，扶持建设一批贫困人口参与度高的特色农业基地。加强贫困地区农民合作社和龙头企业培育，发挥其对贫困人口的组织和带动作用，强化其与贫困户的利益联结机制。支持贫困地区发展农产品加工业，加快一二三产业融合发展，让贫困户更多分享农业全产业链和价值链增值收益。加大对贫困地区农产品品牌推介营销支持力度。依托贫困地区特有的自然人文资源，深入实施乡村旅游扶贫工程。科学合理有序开发贫困地区水电、煤炭、油气等资源，调整完善资源开发收益分配政策。探索水电利益共享机制，将从发电中提取的资金优先用于水库移民和库区后续发展。引导中央企业、民营企业分别设立贫困地区产业投资基金，采取市场化运作方式，主要用于吸引企业到贫困地区从事资源开发、产业园区建设、新型城镇化发展等。

（六）引导劳务输出脱贫。加大劳务输出培训投入，统筹使用各类培训资源，以就业为导向，提高培训的针对性和有效性。加大职业技能提升计划和贫困户教育培训工程实施力度，引导企业扶贫与职业教育相结合，鼓励职业院校和技工学校招收贫困家庭子女，确保贫困家庭劳动力至少掌握一门致富技能，实现靠技能脱贫。进一步加大就业专项资金向贫困地区转移支付力度。支持贫困地区建设县乡基层劳动就业和社会保障服务平台，引导和支持用人企业在贫困地区建立劳务培训基地，开展好订单定向培训，建立和完善输出地与输入地劳务对接机制。鼓励地方对跨省务工的农村贫困人口给予交通补助。大力支持家政服务、物流配送、养老服务等产业发展，拓展贫困地区劳动力外出就业空间。加大对贫困地区农民工返乡创业政策扶持力度。对在城镇工作生活一年以上的农村贫困人口，输入地政府要承担相应的帮扶责任，并优先提供基本公共服务，促进有能力在城镇稳定就业和生活的农村贫困人口有序实现市民化。

（七）实施易地搬迁脱贫。对居住在生存条件恶劣、生态环境脆弱、自然灾害频发等地区的农村贫困人口，加快实施易地扶贫搬迁工程。坚持群众自愿、积极稳妥的原则，因地制宜选择搬迁安置方式，合理确定住房建设标准，完善搬迁后续扶持政策，确保搬迁对象有业可就、稳定脱贫，做到搬得出、稳得住、能致富。要紧密结合推进新型城镇化，编制实施易地扶贫搬迁规划，支持有条件的地方依托小城镇、工业园区安置搬迁群众，帮助其尽快实现转移就业，享有与当地群众同等的基本公共服务。加大中央预算内投资和地方各级政府投入力度，创新投融资机制，拓宽资金来源渠道，提高补助标准。积极整合交通建设、农田水利、土地整治、地质灾害防治、林业生态等支农资金和社会资金，支持安置区配套公共设施建设和迁出区生态修复。利用城乡建设用地增减挂钩政策支持易地扶贫搬迁。为符合条件的搬迁户提供建房、生产、创业贴息贷款支持。支持搬迁安置点发展物业经济，增加搬迁户财产性收入。探索利用农民进城落户后自愿有偿退出的农村空置房屋和土地安置易地搬迁农户。

（八）结合生态保护脱贫。国家实施的退耕还林还草、天然林保护、防护林建设、石漠化治理、防沙治沙、湿地保护与恢复、坡耕地综合整治、退牧还草、水生态治理等重大生态工程，在项目和资金安排上进一步向贫困地区倾斜，提高贫困人口参与度和受益水平。加大贫困地区生态保护修复力度，增加重点生态功能区转移支付。结合建立国家公园体制，创新生态资金使用方式，利用生态补偿和生态保护工程资金使当地有劳动能力的部分贫困人口转为护林员等生态保护人员。合理调整贫困地区基本农田保有指标，加大贫困地区新一轮退耕还林还草力度。开展贫困地区生态综合补偿试点，健全公益林补偿标准动态调整机制，完善草原生态保护补助奖励政策，推动地区间建立横向生态补偿制度。

（九）*着力加强教育脱贫*。加快实施教育扶贫工程，让贫困家庭子女都能接受公平有质量的教育，阻断贫困代际传递。国家教育经费向贫困地区、基础教育倾斜。健全学前教育资助制度，帮助农村贫困家庭幼儿接受学前教育。稳步推进贫困地区农村义务教育阶段学生营养改善计划。加大对乡村教师队伍建设的支持力度，特岗计划、国培计划向贫困地区基层倾斜，为贫困地区乡村学校定向培养留得下、稳得住的一专多能教师，制定符合基层实际的教师招聘引进办法，建立省级统筹乡村教师补充机制，推动城乡教师合理流动和对口支援。全面落实连片特困地区乡村教师生活补助政策，建立乡村教师荣誉制度。合理布局贫困地区农村中小学校，改善基本办学条件，加快标准化建设，加强寄宿制学校建设，提高义务教育巩固率。普及高中阶段教育，率先从建档立卡的家庭经济困难学生实施普通高中免除学杂费、中等职业教育免除学杂费，让未升入普通高中的初中毕业生都能接受中等职业教育。加强有专业特色并适应市场需求的中等职业学校建设，提高中等职业教育国家助学金资助标准。努力办好贫困地区特殊教育和远程教育。建立保障农村和贫困地区学生上重点高校的长效机制，加大对贫困家庭大学生的救助力度。对贫困家庭离校未就业的高校毕业生提供就业支持。实施教育扶贫结对帮扶行动计划。

（十）*开展医疗保险和医疗救助脱贫*。实施健康扶贫工程，保障贫困人口享有基本医疗卫生服务，努力防止因病致贫、因病返贫。对贫困人口参加新型农村合作医疗个人缴费部分由财政给予补贴。新型农村合作医疗和大病保险制度对贫困人口实行政策倾斜，门诊统筹率先覆盖所有贫困地区，降低贫困人口大病费用实际支出，对新型农村合作医疗和大病保险支付后自负费用仍有困难的，加大医疗救助、临时救助、慈善救助等帮扶力度，将贫困人口全部纳入重特大疾病救助范围，使贫困人口大病医治得到有效保障。加大农村贫困残疾人康复服务和医疗救助力度，扩大纳入基本医疗保险范围的残疾人医疗康复项目。建立贫困人口健康卡。对贫困人口大病实行分类救治和先诊疗后付费的结算机制。建立全国三级医院（含军队和武警部队医院）与连片特困地区县和国家扶贫开发工作重点县县级医院稳定持续的一对一帮扶关系。完成贫困地区县乡村三级医疗卫生服务网络标准化建设，积极促进远程医疗诊治和保健咨询服务向贫困地区延伸。为贫困地区县乡医疗卫生机构订单定向免费培养医学类本专科学生，支持贫困地区实施全科医生和专科医生特设岗位计划，制定符合基层实际的人才招聘引进办法。支持和引导符合条件的贫困地区乡村医生按规定参加城镇职工基本养老保险。采取针对性措施，加强贫困地区传染病、地方病、慢性病等防治工作。全面实施贫困地区儿童营养改善、新生儿疾病免费筛查、妇女“两癌”免费筛查、孕前优生健康免费检查等重大公共卫生项目。加强贫困地区计划生育服务管理工作。

（十一）*实行农村最低生活保障制度兜底脱贫*。完善农村最低生活保障制度，对无法依靠产业扶持和就业帮助脱贫的家庭实行政策性保障兜底。加大农村低保省级统筹力度，低保标准较低的地区要逐步达到国家扶贫标准。尽快制定农村最低生活保障制度与扶贫开发政策有效衔接的实施方案。进一步加强农村低保申请家庭经济状况核查工作，将所有符合条件的贫困家庭纳入低保范围，做到应保尽保。加大临时救助制度在贫困地区落实力度。提高农村特困人员供养水平，改善供养条件。抓紧建立农村低保和扶贫开发的数据互通、资源共享信息平台，实现动态监测管理、工作机制有效衔接。加快完善城乡居民基本养老保险制度，适时提高基础养老金标准，引导农村贫困人口积极参保续保，逐步提高保障水平。有条件、有需求地区可以实施“以粮济贫”。

（十二）*探索资产收益扶贫*。在不改变用途的情况下，财政专项扶贫资金和其他涉农资金投入设施农业、养殖、光伏、水电、乡村旅游等项目形成的资产，具备条件的可折股量化给贫困村和贫困户，尤其是丧失劳动能力的贫困户。资产可由村集体、合作社或其他经营主体统一经营。要强化监督管理，明确资产运营方对财政资金形成资产的保值增值责任，建立健全收益分配机制，确保资产收益及时回馈持股贫困户。支持农民合作社和其他经营主体通过土地托管、牲畜托养和吸收农民土地经营权入股等方式，带动贫困户增收。贫困地区水电、矿产等资源开发，赋予土地被占用的村集体股权，让贫困人口分享资源开发收益。

（十三）*健全留守儿童、留守妇女、留守老人和残疾人关爱服务体系*。对农村“三留守”人员和残疾人进行全面摸底排查，建立详实完备、动态更新的信息管理系统。加强儿童福利院、救助保护机构、特困人员供养机构、残疾人康复托养机构、社区儿童之家等服务设施和队伍建设，不断提高管理服务水平。建立家庭、学校、基层组织、政府和社会力量相衔接的留守儿童关爱服务网络。加强对未成年人的监护。健全孤儿、事实无人抚养儿童、低收入家庭重病重残等困境儿童的福利保障体系。健全发现报告、应急处置、帮扶干预机制，帮助特殊贫困家庭解决实际困难。加大贫困残疾人康复工程、特殊教育、技能培训、托养服务实施力度。针对残疾人的特殊困难，全面建立困难残疾人生活补贴和重度残疾人护理补贴制度。对低保家庭中的老年人、未成年人、重度残疾人等重点救助对象，提高救助水平，确保基本生活。引导和鼓励社会力量参与特殊群体关爱服务工作。

四、加强贫困地区基础设施建设，加快破除发展瓶颈制约

（十四）*加快交通、水利、电力建设*。推动国家铁路网、国家高速公路网连接贫困地区的重大交通项目建设，提高国道省道技术标准，构建贫困地区外通内联的交通运输通道。大幅度增加中央投资投入中西部地区和贫困地区的铁路、公路

建设，继续实施车购税对农村公路建设的专项转移政策，提高贫困地区农村公路建设补助标准，加快完成具备条件的乡镇和建制村通硬化路的建设任务，加强农村公路安全防护和危桥改造，推动一定人口规模的自然村通公路。加强贫困地区重大水利工程、病险水库水闸除险加固、灌区续建配套与节水改造等水利项目建设。实施农村饮水安全巩固提升工程，全面解决贫困人口饮水安全问题。小型农田水利、"五小水利"工程等建设向贫困村倾斜。对贫困地区农村公益性基础设施管理养护给予支持。加大对贫困地区抗旱水源建设、中小河流治理、水土流失综合治理力度。加强山洪和地质灾害防治体系建设。大力扶持贫困地区农村水电开发。加强贫困地区农村气象为农服务体系和灾害防御体系建设。加快推进贫困地区农网改造升级，全面提升农网供电能力和供电质量，制定贫困村通动力电规划，提升贫困地区电力普遍服务水平。增加贫困地区年度发电指标。提高贫困地区水电工程留存电量比例。加快推进光伏扶贫工程，支持光伏发电设施接入电网运行，发展光伏农业。

（十五）加大"互联网+"扶贫力度。完善电信普遍服务补偿机制，加快推进宽带网络覆盖贫困村。实施电商扶贫工程。加快贫困地区物流配送体系建设，支持邮政、供销合作等系统在贫困乡村建立服务网点。支持电商企业拓展农村业务，加强贫困地区农产品网上销售平台建设。加强贫困地区农村电商人才培训。对贫困家庭开设网店给予网络资费补助、小额信贷等支持。开展互联网为农便民服务，提升贫困地区农村互联网金融服务水平，扩大信息进村入户覆盖面。

（十六）加快农村危房改造和人居环境整治。加快推进贫困地区农村危房改造，统筹开展农房抗震改造，把建档立卡贫困户放在优先位置，提高补助标准，探索采用贷款贴息、建设集体公租房等多种方式，切实保障贫困户基本住房安全。加大贫困村生活垃圾处理、污水治理、改厕和村庄绿化美化力度。加大贫困地区传统村落保护力度。继续推进贫困地区农村环境连片整治。加大贫困地区以工代赈投入力度，支持农村山水田林路建设和小流域综合治理。财政支持的微小型建设项目，涉及贫困村的，允许按照一事一议方式直接委托村级组织自建自管。以整村推进为平台，加快改善贫困村生产生活条件，扎实推进美丽宜居乡村建设。

（十七）重点支持革命老区、民族地区、边疆地区、连片特困地区脱贫攻坚。出台加大脱贫攻坚力度支持革命老区开发建设指导意见，加快实施重点贫困革命老区振兴发展规划，扩大革命老区财政转移支付规模。加快推进民族地区重大基础设施项目和民生工程建设，实施少数民族特困地区和特困群体综合扶贫工程，出台人口较少民族整体脱贫的特殊政策措施。改善边疆民族地区义务教育阶段基本办学条件，建立健全双语教学体系，加大教育对口支援力度，积极发展符合民族地区实际的职业教育，加强民族地区师资培训。加强少数民族特色村镇保护与发展。大力推进兴边富民行动，加大边境地区转移支付力度，完善边民补贴机制，充分考虑边境地区特殊需要，集中改善边民生产生活条件，扶持发展边境贸易和特色经济，使边民能够安心生产生活、安心守边固边。完善片区联系协调机制，加快实施集中连片特殊困难地区区域发展与脱贫攻坚规划。加大中央投入力度，采取特殊扶持政策，推进西藏、四省藏区和新疆南疆四地州脱贫攻坚。

五、强化政策保障，健全脱贫攻坚支撑体系

（十八）加大财政扶贫投入力度。发挥政府投入在扶贫开发中的主体和主导作用，积极开辟扶贫开发新的资金渠道，确保政府扶贫投入力度与脱贫攻坚任务相适应。中央财政继续加大对贫困地区的转移支付力度，中央财政专项扶贫资金规模实现较大幅度增长，一般性转移支付资金、各类涉及民生的专项转移支付资金和中央预算内投资进一步向贫困地区和贫困人口倾斜。加大中央集中彩票公益金对扶贫的支持力度。农业综合开发、农村综合改革转移支付等涉农资金要明确一定比例用于贫困村。各部门安排的各项惠民政策、项目和工程，要最大限度地向贫困地区、贫困村、贫困人口倾斜。各省（自治区、直辖市）要根据本地脱贫攻坚需要，积极调整省级财政支出结构，切实加大扶贫资金投入。从2016年起通过扩大中央和地方财政支出规模，增加对贫困地区水电路气网等基础设施建设和提高基本公共服务水平的投入。建立健全脱贫攻坚多规划衔接、多部门协调长效机制，整合目标相近、方向类同的涉农资金。按照权责一致原则，支持连片特困地区县和国家扶贫开发工作重点县围绕本县突出问题，以扶贫规划为引领，以重点扶贫项目为平台，把专项扶贫资金、相关涉农资金和社会帮扶资金捆绑集中使用。严格落实国家在贫困地区安排的公益性建设项目取消县级和西部连片特困地区地市级配套资金的政策，并加大中央和省级财政投资补助比重。在扶贫开发中推广政府与社会资本合作、政府购买服务等模式。加强财政监督检查和审计、稽查等工作，建立扶贫资金违规使用责任追究制度。纪检监察机关对扶贫领域虚报冒领、截留私分、贪污挪用、挥霍浪费等违法违规问题，坚决从严惩处。推进扶贫开发领域反腐倡廉建设，集中整治和加强预防扶贫领域职务犯罪工作。贫困地区要建立扶贫公告公示制度，强化社会监督，保障资金在阳光下运行。

（十九）加大金融扶贫力度。鼓励和引导商业性、政策性、开发性、合作性等各类金融机构加大对扶贫开发的金融支持。运用多种货币政策工具，向金融机构提供长期、低成本的资金，用于支持扶贫开发。设立扶贫再贷款，实行比支农再贷款更优惠的利率，重点支持贫困地区发展特色产业和贫困人口就业创业。运用适当的政策安排，动用财政贴息资金及部分金融机构的富余资金，对接政策性、开发性金融机构的资金需求，拓宽扶贫资金来源渠道。由国家开发银行和中国农业发展银行发行政策性金融债，按照微利或保本的原则发放长期贷款，中央财政给予90%的贷款贴息，专项用于易地扶贫搬迁。国家开发银行、中国农业发展银行分别设立"扶贫金融事业部"，依法享受税收优惠。中国农业银行、邮政储蓄银行、农村信用社等金融机构要延伸服务网络，创新金融产品，增加贫困地区信贷投放。对有稳定还款来源的扶贫项目，允许采用过桥贷款方式，撬动信贷资金投入。按照省(自治区、直辖市)负总责的要求，建立和完善省级扶贫开发投融资主体。支持农村信用社、村镇银行等金融机构为贫困户提供免抵押、免担保扶贫小额信贷，由财政按基础利率贴息。加大创业担保贷款、助学贷款、妇女小额贷款、康复扶贫贷款实施力度。优先支持在贫困地区设立村镇银行、小额贷款公司等机构。支持贫困地区培育发展农民资金互助组织，开展农民合作社信用合作试点。支持贫困地区设立扶贫贷款风险补偿基金。支持贫困地区设立政府出资的融资担保机构，重点开展扶贫担保业务。积极发展扶贫小额贷款保证保险，对贫困户保证保险保费予以补助。扩大农业保险覆盖面，通过中央财政以奖代补等支持贫困地区特色农产品保险发展。加强贫困地区金融服务基础设施建设，优化金融生态环境。支持贫困地区开展特色农产品价格保险，有条件的地方可给予一定保费补贴。有效拓展贫困地区抵押物担保范围。

(二十)完善扶贫开发用地政策。支持贫困地区根据第二次全国土地调查及最新年度变更调查成果，调整完善土地利用总体规划。新增建设用地计划指标优先保障扶贫开发用地需要，专项安排国家扶贫开发工作重点县年度新增建设用地计划指标。中央和省级在安排土地整治工程和项目、分配下达高标准基本农田建设计划和补助资金时，要向贫困地区倾斜。在连片特困地区和国家扶贫开发工作重点县开展易地扶贫搬迁，允许将城乡建设用地增减挂钩指标在省域范围内使用。在有条件的贫困地区，优先安排国土资源管理制度改革试点，支持开展历史遗留工矿废弃地复垦利用、城镇低效用地再开发和低丘缓坡荒滩等未利用地开发利用试点。

(二十一)发挥科技、人才支撑作用。加大科技扶贫力度，解决贫困地区特色产业发展和生态建设中的关键技术问题。加大技术创新引导专项(基金)对科技扶贫的支持，加快先进适用技术成果在贫困地区的转化。深入推行科技特派员制度，支持科技特派员开展创业式扶贫服务。强化贫困地区基层农技推广体系建设，加强新型职业农民培训。加大政策激励力度，鼓励各类人才扎根贫困地区基层建功立业，对表现优秀的人员在职称评聘等方面给予倾斜。大力实施边远贫困地区、边疆民族地区和革命老区人才支持计划，贫困地区本土人才培养计划。积极推进贫困村创业致富带头人培训工程。

六、广泛动员全社会力量，合力推进脱贫攻坚

(二十二)健全东西部扶贫协作机制。加大东西部扶贫协作力度，建立精准对接机制，使帮扶资金主要用于贫困村、贫困户。东部地区要根据财力增长情况，逐步增加对口帮扶财政投入，并列入年度预算。强化以企业合作为载体的扶贫协作，鼓励东西部按照当地主体功能定位共建产业园区，推动东部人才、资金、技术向贫困地区流动。启动实施经济强县(市)与国家扶贫开发工作重点县"携手奔小康"行动，东部各省(直辖市)在努力做好本区域内扶贫开发工作的同时，更多发挥县(市)作用，与扶贫协作省份的国家扶贫开发工作重点县开展结对帮扶。建立东西部扶贫协作考核评价机制。

(二十三)健全定点扶贫机制。进一步加强和改进定点扶贫工作，建立考核评价机制，确保各单位落实扶贫责任。深入推进中央企业定点帮扶贫困革命老区县"百县万村"活动。完善定点扶贫牵头联系机制，各牵头部门要按照分工督促指导各单位做好定点扶贫工作。

(二十四)健全社会力量参与机制。鼓励支持民营企业、社会组织、个人参与扶贫开发，实现社会帮扶资源和精准扶贫有效对接。引导社会扶贫重心下移，自愿包村包户，做到贫困户都有党员干部或爱心人士结对帮扶。吸纳农村贫困人口就业的企业，按规定享受税收优惠、职业培训补贴等就业支持政策。落实企业和个人公益扶贫捐赠所得税税前扣除政策。充分发挥各民主党派、无党派人士在人才和智力扶贫上的优势和作用。工商联系统组织民营企业开展"万企帮万村"精准扶贫行动。通过政府购买服务等方式，鼓励各类社会组织开展到村到户精准扶贫。完善扶贫龙头企业认定制度，增强企业辐射带动贫困户增收的能力。鼓励有条件的企业设立扶贫公益基金和开展扶贫公益信托。发挥好"10·17"全国扶贫日社会动员作用。实施扶贫志愿者行动计划和社会工作专业人才服务贫困地区计划。着力打造扶贫公益品牌，全面及时公开扶贫捐赠信息，提高社会扶贫公信力和美誉度。构建社会扶贫信息服务网络，探索发展公益众筹扶贫。

七、大力营造良好氛围，为脱贫攻坚提供强大精神动力

(二十五)创新中国特色扶贫开发理论。深刻领会习近平总书记关于新时期扶贫开发的重要战略思想，系统总结我们党和政府领导亿万人民摆脱贫困的历史经验，提炼升华精准扶贫的实践成果，不断丰富完善中国特色扶贫开发理论，为脱贫攻坚注入强大思想动力。

(二十六)加强贫困地区乡风文明建设。培育和践行社会主义核心价值观，大力弘扬中华民族自强不息、扶贫济困传统美德，振奋贫困地区广大干部群众精神，坚定改变贫困落后面貌的信心和决心，凝聚全党全社会扶贫开发强大合力。倡导现代文明理念和生活方式，改变落后风俗习惯，善于发挥乡规民约在扶贫济困中的积极作用，激发贫困群众奋发脱贫的热情。推动文化投入向贫困地区倾斜，集中实施一批文化惠民扶贫项目，普遍建立村级文化中心。深化贫困地区文明村镇和文明家庭创建。推动贫困地区县级公共文化体育设施达到国家标准。支持贫困地区挖掘保护和开发利用红色、民族、民间文化资源。鼓励文化单位、文艺工作者和其他社会力量为

贫困地区提供文化产品和服务。

（二十七）扎实做好脱贫攻坚宣传工作。坚持正确舆论导向，全面宣传我国扶贫事业取得的重大成就，准确解读党和政府扶贫开发的决策部署、政策举措，生动报道各地区各部门精准扶贫、精准脱贫丰富实践和先进典型。建立国家扶贫荣誉制度，表彰对扶贫开发作出杰出贡献的组织和个人。加强对外宣传，讲好减贫的中国故事，传播好减贫的中国声音，阐述好减贫的中国理念。

（二十八）加强国际减贫领域交流合作。通过对外援助、项目合作、技术扩散、智库交流等多种形式，加强与发展中国家和国际机构在减贫领域的交流合作。积极借鉴国际先进减贫理念与经验。履行减贫国际责任，积极落实联合国2030年可持续发展议程，对全球减贫事业作出更大贡献。

八、切实加强党的领导，为脱贫攻坚提供坚强政治保障

（二十九）强化脱贫攻坚领导责任制。实行中央统筹、省（自治区、直辖市）负总责、市（地）县抓落实的工作机制，坚持片区为重点、精准到村到户。党中央、国务院主要负责统筹制定扶贫开发大政方针，出台重大政策举措，规划重大工程项目。省（自治区、直辖市）党委和政府对扶贫开发工作负总责，抓好目标确定、项目下达、资金投放、组织动员、监督考核等工作。市（地）党委和政府要做好上下衔接、域内协调、督促检查工作，把精力集中在贫困县如期摘帽上。县级党委和政府承担主体责任，书记和县长是第一责任人，做好进度安排、项目落地、资金使用、人力调配、推进实施等工作。要层层签订脱贫攻坚责任书，扶贫开发任务重的省（自治区、直辖市）党政主要领导要向中央签署脱贫责任书，每年要向中央作扶贫脱贫进展情况的报告。省（自治区、直辖市）党委和政府要向市（地）、县（市）、乡镇提出要求，层层落实责任制。中央和国家机关各部门要按照部门职责落实扶贫开发责任，实现部门专项规划与脱贫攻坚规划有效衔接，充分运用行业资源做好扶贫开发工作。军队和武警部队要发挥优势，积极参与地方扶贫开发。改进县级干部选拔任用机制，统筹省（自治区、直辖市）内优秀干部，选好配强扶贫任务重的县党政主要领导，把扶贫开发工作实绩作为选拔使用干部的重要依据。脱贫攻坚期内贫困县县级领导班子要保持稳定，对表现优秀、符合条件的可以就地提级。加大选派优秀年轻干部特别是后备干部到贫困地区工作的力度，有计划地安排省部级后备干部到贫困县挂职任职，各省（自治区、直辖市）党委和政府也要选派厅局级后备干部到贫困县挂职任职。各级领导干部要自觉践行党的群众路线，切实转变作风，把严的要求、实的作风贯穿于脱贫攻坚始终。

（三十）发挥基层党组织战斗堡垒作用。加强贫困乡镇领导班子建设，有针对性地选配政治素质高、工作能力强、熟悉“三农”工作的干部担任贫困乡镇党政主要领导。抓好以村党组织为领导核心的村级组织配套建设，集中整顿软弱涣散村党组织，提高贫困村党组织的创造力、凝聚力、战斗力，发挥好工会、共青团、妇联等群团组织的作用。选好配强村级领导班子，突出抓好村党组织带头人队伍建设，充分发挥党员先锋模范作用。完善村级组织运转经费保障机制，将村干部报酬、村办公经费和其他必要支出作为保障重点。注重选派思想好、作风正、能力强的优秀年轻干部到贫困地区驻村，选聘高校毕业生到贫困村工作。根据贫困村的实际需求，精准选配第一书记，精准选派驻村工作队，提高县以上机关派出干部比例。加大驻村干部考核力度，不稳定脱贫不撤队伍。对在基层一线干出成绩、群众欢迎的驻村干部，要重点培养使用。加快推进贫困村村务监督委员会建设，继续落实好“四议两公开”、村务联席会等制度，健全党组织领导的村民自治机制。在有实际需要的地区，探索在村民小组或自然村开展村民自治，通过议事协商，组织群众自觉广泛参与扶贫开发。

（三十一）严格扶贫考核督查问责。抓紧出台中央对省（自治区、直辖市）党委和政府扶贫开发工作成效考核办法。建立年度扶贫开发工作逐级督查制度，选择重点部门、重点地区进行联合督查，对落实不力的部门和地区，国务院扶贫开发领导小组要向党中央、国务院报告并提出责任追究建议，对未完成年度减贫任务的省份要对党政主要领导进行约谈。各省（自治区、直辖市）党委和政府要加快出台对贫困县扶贫绩效考核办法，大幅度提高减贫指标在贫困县经济社会发展实绩考核指标中的权重，建立扶贫工作责任清单。加快落实对限制开发区域和生态脆弱的贫困县取消地区生产总值考核的要求。落实贫困县约束机制，严禁铺张浪费，厉行勤俭节约，严格控制“三公”经费，坚决刹住穷县“富衙”、“戴帽”炫富之风，杜绝不切实际的形象工程。建立重大涉贫事件的处置、反馈机制，在处置典型事件中发现问题，不断提高扶贫工作水平。加强农村贫困统计监测体系建设，提高监测能力和数据质量，实现数据共享。

（三十二）加强扶贫开发队伍建设。稳定和强化各级扶贫开发领导小组和工作机构。扶贫开发任务重的省（自治区、直辖市）、市（地）、县（市）扶贫开发领导小组组长由党政主要负责同志担任，强化各级扶贫开发领导小组决策部署、统筹协调、督促落实、检查考核的职能。加强与精准扶贫工作要求相适应的扶贫开发队伍和机构建设，完善各级扶贫开发机构的设置和职能，充实配强各级扶贫开发工作力度。扶贫任务重的乡镇要有专门干部负责扶贫开发工作。加强贫困地区县级领导干部和扶贫干部思想作风建设，加大培训力度，全面提升扶贫干部队伍能力水平。

（三十三）推进扶贫开发法治建设。各级党委和政府要切实履行责任，善于运用法治思维和法治方式推进扶贫开发工作，在规划编制、项目安排、资金使用、监督管理等方面，提高规范化、制度化、法治化水平。强化贫困地区社会治安防控体系建设和基层执法队伍建设。健全贫困地区公共法律服务制度，切实保障贫困人口合法权益。完善扶贫开发法律法规，抓紧制定扶贫开发条例。

让我们更加紧密地团结在以习近平同志为总书记的党中央周围，凝心聚力，精准发力，苦干实干，坚决打赢脱贫攻坚战，为全面建成小康社会、实现中华民族伟大复兴的中国梦而努力奋斗。

民政部关于贯彻落实《中共中央 国务院关于打赢脱贫攻坚战的决定》的通知

（2016 年 4 月 16 日　民发〔2016〕57 号）

各省、自治区、直辖市民政厅（局），各计划单列市民政局，新疆生产建设兵团民政局，各（司）局，各直属单位：

《中共中央 国务院关于打赢脱贫攻坚战的决定》（中发〔2015〕34 号，以下简称《决定》）要求举全党全社会之力，坚决打赢脱贫攻坚战，确保到 2020 年我国现行标准下农村贫困人口实现脱贫，贫困县全部摘帽，解决区域性整体贫困。为认真做好民政系统贯彻落实《决定》的各项工作，现就有关事项通知如下：

一、进一步提高民政系统承担脱贫攻坚任务的认识

脱贫攻坚是党中央、国务院的一项重大战略部署，事关人民福祉，事关全面建成小康社会，事关巩固党的执政基础，事关国家长治久安。打赢脱贫攻坚战，是促进全体人民共享改革发展成果、实现共同富裕的重大举措，对于保障贫困地区、民族地区、边疆地区、革命老区人民群众同步进入全面小康社会具有重要意义。各级民政部门要把思想和行动统一到党中央、国务院的决策部署上来，进一步提高对脱贫攻坚工作重要性和紧迫性的认识，讲政治、顾大局，切实增强政治责任感和工作主动性，把脱贫攻坚作为民政系统重要工作任务，尽职尽责、凝心聚力、统筹协调、精准施策，扎实推进《决定》涉及民政职能的各项工作任务落实，为打赢脱贫攻坚战做出积极贡献。

二、明确贯彻落实《决定》的重点任务

（一）实行农村最低生活保障制度兜底脱贫。完善农村低保制度，将符合农村低保条件的贫困家庭，特别是主要成员完全或部分丧失劳动能力的家庭，全部纳入农村低保范围，做到应保尽保。省级民政部门要加强统筹安排，督促指导各地及时调整农村低保标准，确保到 2020 年各地农村低保标准都能达到国家扶贫标准。对于农村低保标准已经达到国家扶贫标准的地区，要按照量化调整机制科学调整，确保农村低保标准不低于按年度动态调整后的国家扶贫标准。加强农村低保制度与扶贫开发政策的有效衔接，积极协调有关部门将符合条件的农村低保家庭统筹纳入产业扶持、易地搬迁、生态保护、教育扶持、医疗保障、资产收益以及社会扶贫等政策覆盖范围。对生活困难、靠家庭供养且无法单独立户的成年无业重度残疾人，经个人申请，可按照单人户纳入低保范围。对低保家庭中的老年人、未成年人、重度残疾人等重点救助对象，要采取多种措施提高救助水平，确保其基本生活。

（二）开展医疗救助脱贫。做好资助农村低保对象、特困人员参加基本医疗保险工作。积极协调有关部门落实《决定》要求，对建档立卡贫困人口参加基本医疗保险的个人缴费部分由财政给予补贴。将符合条件的建档立卡贫困人口纳入重特大疾病医疗救助范围，对其经基本医疗保险、城乡居民大病保险等报销后个人负担的合规医疗费用予以救助。各地可根据患病家庭负担能力、个人自负费用、当地筹资情况等，分类分段设置重特大疾病医疗救助比例和最高救助限额。加强医疗救助与相关医疗保障、社会救助制度的有效衔接，形成与慈善救助的高效联动和良性互动。

（三）落实特困人员救助供养政策。各地要抓紧制定《国务院关于进一步健全特困人员救助供养制度的意见》（国发〔2016〕14 号）配套政策文件，加大特困人员救助供养制度在贫困地区的落实力度。研究制定特困人员认定的具体办法，全面开展特困人员摸底排查，尽快将原农村五保供养对象、城市“三无”人员统一纳入救助供养制度范围，做到应救尽救、应养尽养。积极探索救助供养标准制定、调整办法，根据当地经济社会发展水平，研究制定基本生活标准和差异化的照料护理标准。努力为失去生活自理能力的特困人员提供日常生活照料和患病陪护服务。将政府举办特困供养服务机构的失能半失能特困人员入住率列入考核内容。结合发展养老服务体系，进一步加强农村特困人员供养服务设施建设，加快推进特困人员供养服务机构依法办理法人登记工作，提升供养服务机构托底保障能力。

（四）加大临时救助制度落实力度。充分发挥临时救助制度托底功能，根据资金使用情况及时调整救助标准，优化申请审批程序，提高兜底保障能力和救助时效。加强对“救急难”综合试点的工作指导和督促检查，及时总结、推广试点经验，普及开展“救急难”工作。组织实施“同舟工程”，为中央企业在 63 个贫困县参与“救急难”工作提供支持，着力解决困难群众的个案性急难问题，形成政府托底和社会参与相结合的强大合力。

（五）做好农村“三留守”人员关爱保护工作。省级民政部门要会同相关部门组织开展全面的农村“三留守”人员摸底排查，健全信息报送机制，建立详实完备、动态更新的农村留守儿童信息库；指导县级民政部门建立留守妇女、留守老人信息库。以贯彻落实《国务院关于加强农村留守儿童关爱保护工作的意见》（国发〔2016〕13 号）为契机，推动建立家庭、政府、学校履职尽责、社会力量积极参与的农村留守儿童关爱保护体系。制定推进农村“三留守”人员专业社会工作服务意见，引导人口流出地农村社区加强对“三留守”人员的生产扶持、生活救助、安全保护和心理疏导，切实提高对“三留守”人员的服务能力和服务水平。推动建立健全农村留守儿童救助保护机制，深化未成年人社会保护工作，促进农村留守儿童关爱保护工作和未成年人社会保护工作在政策措施、保护机制、服务体系、工作力量和资源配置等方面的统筹运行。积极发挥民政部门职能作用，协调相关部门扎实开展受监护侵害未成年人权益保护工作，针对监护侵害个案做好应急处置、临时监护照料、调查评估、多方会商、家庭监护指导、提起监护权转移诉讼等监护干预工作。加强农村留守老年人关爱服务工作，促进城乡基本养老服务均等化。指导地方建立健全80周岁以上低收入老年人高龄津贴制度、经济困难老年人养老服务补贴制度和经济困难的失能老年人护理补贴制度。大力推进农村互助养老服务发展。鼓励农村集体经济组织依法使用自有土地，为集体经济组织内部成员兴办非营利性养老服务设施。

（六）推进贫困地区农村社区建设。各地要抓紧出台深入推进农村社区建设试点工作的具体实施意见，加强对偏远、经济欠发达地区农村社区建设的分类指导，切实增强自治功能和发展能力。脱贫攻坚任务较重的省份要着力完善贫困地区农村社区服务体系，依托综合服务设施和综合信息平台，推动政府基本公共服务向贫困村、贫困户和贫困人口延伸覆盖，率先发展生产服务、就业服务等有利于贫困人口脱贫的服务项目。促进农村社区建设规划与易地扶贫搬迁规划有效衔接，优先支持易地搬迁安置区配建农村社区综合服务设施。探索培育贫困地区农村社区社会组织、引入社区社会工作服务，动员社会各方面力量扩大贫困地区农村社区服务供给，不断提高服务贫困人口的专业化、精细化水平。

（七）完善社会工作与志愿服务力量参与脱贫攻坚机制。实施扶贫志愿者行动计划和社会工作专业人才服务贫困地区计划。联合有关部门出台专项政策，根据脱贫攻坚任务需求，推动建立专业社会工作介入农村社会救助、留守人员关爱服务长效机制，有针对性地开展社会工作服务。继续实施社会工作专业人才服务边远贫困地区、边疆民族地区和革命老区计划，到2020年底前，以国家级贫困县为重点，每年为边远贫困地区、边疆民族地区和革命老区选派1000名、培养500名社会工作专业人才，推动各地大力支持社会工作服务机构、社会工作者为贫困群众提供心理疏导、生活帮扶、资源链接、能力提升、社会融入等专业服务。大力扶持发展扶贫济困等领域志愿服务组织，鼓励支持志愿服务组织为困难群众提供各类帮扶，积极参与志愿扶贫行动。

（八）积极引导社会力量参与脱贫攻坚。大力倡导企业承担社会责任，发挥社会组织积极作用，为打赢脱贫攻坚战贡献力量。贯彻落实慈善法，积极培育发展慈善组织，对以开展扶贫济困为重点的慈善组织，实施特殊的优惠政策。建立慈善扶贫信息协调联系机制，整合扶贫对象信息和社会慈善信息资源，推进慈善资源和扶贫需求有效对接，为社会组织和慈善力量扶贫提供信息服务，引导、协调各种社会资源向贫困地区、边疆地区、民族地区和革命老区配置，帮助贫困群众脱贫增收。进一步完善政府向社会组织购买服务的相关制度，推进政府向社会组织购买服务工作。

（九）做好片区扶贫和定点扶贫工作。各地民政部门要进一步加强和改进定点扶贫工作，确保扶贫责任落实、定点扶贫任务完成。江西、湖南两省民政部门要组织罗霄山片区编制好“十三五”实施规划，做好政策衔接，推动目标任务落实。部机关各司局、直属单位要按照突出重点、同等优先、精准帮扶、务求实效的原则，协同做好片区扶贫和定点扶贫工作。加强民政技能人才培训，积极开展面向罗霄山片区贫困人员的“千名养老护理员培训就业计划”，努力实现以就业促脱贫。选派好挂职干部，指导、协助罗霄山贫困片区和定点扶贫县加快民政公共服务设施建设，完善防灾减灾救灾体系、社会福利和社会事务服务设施、优抚安置服务体系，推进城乡社区服务体系建设，科学论证、优化行政区划设置，促进易地搬迁和新型城镇化融合发展。

三、强化落实《决定》的保障措施

（一）加强组织领导。各级民政部门要高度重视脱贫攻坚工作，抓紧出台民政系统贯彻落实中央脱贫攻坚决策部署的实施方案，制定重点任务责任清单，明确路线图、时间表和责任人。要针对贫困地区群众需求，推动民政各类资源要素向贫困地区和贫困人口聚集，形成民政精准扶贫工作的强大合力。

（二）加强服务能力建设。加强乡镇（街道）社会救助经办机构建设，通过政府购买服务等方式，增强基层经办能力。健全社会救助“一门受理、协同办理”机制，完善办理、分办、转办、转介程序，确保贫困人口“求助有门、受助及时”。加强特困人员供养服务机构和队伍建设，推进养老护理员培训工作，提升服务水平。指导村（居）民委员会协助做好农村“三留守”人员全面排查、定期走访等工作。

（三）加强资金保障。积极争取各级财政特别是省级财政调整支出结构，进一步加大对低保、特困人员救助供养、医疗救助、临时救助等资金的统筹安排力度，并纳入财政年度预算，增强社会救助兜底保障能力。管好、用好社会救助资金，防止挤占挪用。努力拓宽资金筹集渠道，通过增加彩票公益金投入、鼓励社会捐助资金投入等，建立多元筹资机制，助力民政脱贫攻坚工作落实。

（四）加强舆论宣传。坚持正确舆论导向，深入宣传各级民政部门在脱贫攻坚战中的重要托底作用，深入宣传民政系统扶贫的创新做法和成功经验，深入宣传基层民政干部的典型事迹，充分调动全社会关注、支持民政工作的积极性，为民政系统脱贫攻坚工作营造良好舆论氛围。坚持弘扬正能量，着力增强贫困群众脱贫信心，鼓励、引导贫困群众自立自强，在政府扶持下依靠自我奋斗实现脱贫致富。

国务院办公厅关于加强困难群众基本生活保障有关工作的通知

（2017年1月26日　国办发〔2017〕15号）

在党中央、国务院的坚强领导下，近年来困难群众基本生活保障制度不断健全、水平稳步提升。同时，也存在部分保障政策衔接不够、保障水平与群众需求相比存在一定差距等问题。为进一步加强困难群众基本生活保障工作，经国务院同意，现通知如下：

一、进一步提高对困难群众基本生活保障工作重要性的认识

党中央、国务院历来高度重视困难群众基本生活保障工作，近年来先后出台了《社会救助暂行办法》以及临时救助、农村留守儿童关爱保护、困境儿童保障、特困人员救助供养等政策措施，全面实施了困难残疾人生活补贴和重度残疾人护理补贴制度，高效有序应对了各类重特大自然灾害，有效保障了各类困难群众的基本生活。进一步做好困难群众基本生活保障工作，是维护社会公平、防止冲破道德底线的基本要求，也是补上民生短板、促进社会和谐的内在需要。尽管近年来我国财政收入增速放缓，但是对困难群众的保障水平不能降低、力度不能减弱、工作不能放松。各地各有关部门要认真落实党中央、国务院关于社会政策要托底的部署要求和守住底线、突出重点、完善制度、引导舆论的民生工作思路，进一步加大困难群众基本生活保障工作力度，织密织牢民生兜底保障安全网。

二、进一步加强对重点群体的基本生活保障

各地要加大受灾群众困难排查力度，调整完善自然灾害生活救助政策，做好自然灾害应急救助。加快灾区倒损民房恢复重建，对2016年因遭受特大洪涝灾害仍住在临时安置住所的受灾群众，2017年要全部帮助解决住房问题。进一步落实临时救助制度，建立完善部门联动和快速响应机制，做好救急难工作，及时解决好群众遭遇的突发性、紧迫性、临时性基本生活困难。开展农村贫困人口大病专项救治活动。提高失能半失能特困人员的集中供养比例，将符合特困人员救助供养有关规定的残疾人纳入救助供养范围。统筹推进农村留守儿童和困境儿童保障工作，改善孤儿和贫困残疾儿童等群体的保障条件。鼓励有条件的地方合理提高困难残疾人生活补贴和重度残疾人护理补贴标准。

三、进一步加大困难群众基本生活保障资金投入

各级财政在一般性转移支付中，要把保障困难群众基本生活放在优先位置，确保政府投入只增不减。中央财政已拨付的救助补助资金要抓紧到位。优化财政支出结构、科学合理编制困难群众生活保障资金预算，增加资金有效供给，提升资金使用效益。落实社会救助和保障标准与物价上涨挂钩联动机制，防止物价波动影响困难群众基本生活。加强资金使用管理绩效评价，推进资金使用管理公示公开，建立健全资金监管机制。完善社会救助家庭经济状况核对机制，做好救助对象准确识别，提高资金使用的精准性和有效性。

四、进一步加强对困难群众基本生活保障工作的组织领导

各有关部门要密切协作，进一步完善政策措施，加强制度衔接和工作衔接，共同做好困难群众基本生活保障工作。发挥好全国社会救助部际联席会议等机制的作用，强化资源统筹、部门联动。各级政府要把困难群众基本生活保障工作作为优先安排，进一步加强领导。全国各县（市、区）都要建立健全由政府负责人牵头，民政部门负责，发展改革、教育、财政、人力资源社会保障、住房城乡建设、卫生计生、扶贫、残联等部门和单位参加的困难群众基本生活保障工作协调机制，定期研究解决本地区各类困难群众基本生活保障问题，确保党中央、国务院相关决策部署更好地落实到基层。各地区要完善“一门受理、协同办理”机制，确保困难群众求助有门、受助及时。推行政府购买社会救助服务，加强基层社会救助经办服务能力。

近期，各地要进一步扎实做好困难群众帮扶救助工作，真正做到解民忧、暖民心。精心组织、广泛开展春节期间对困难群众的走访慰问活动，切实解决低保家庭、建档立卡贫困户、特困人员、贫困残疾人、困难优抚安置对象等困难群众生活的实际问题。全力保障灾区群众生产生活，抓紧发放救灾救助款物。加强各级福利院、特困人员供养机构、救助管理机构等安全管理，切实消除火灾等安全隐患，提升服务保障水平。抓住春节期间外出务工人员集中返乡时机，引导外出务工父母切实履行对农村留守儿童和困境儿童的监护责任和抚养义务。加强生活无着流浪乞讨人员救助，在露宿人员集中地区设立开放式救助点和临时庇护避寒场所，确保生活无着流浪乞讨人员有饭吃、有衣穿、有场所避寒，给困难群众更多关爱和温暖。

中央财政衔接推进乡村振兴补助资金管理办法

（2021年3月26日　财农〔2021〕19号）

为贯彻落实《中共中央国务院关于实现巩固拓展脱贫攻坚成果同乡村振兴有效衔接的意见》精神，加强过渡期中央财政衔接推进乡村振兴补助资金（以下简称衔接资金）管理，根据预算管理的有关规定，特制定本办法。

第一条　衔接资金用于支持各省(自治区、直辖市,以下统称各省)巩固拓展脱贫攻坚成果同乡村振兴有效衔接,具体包括以下三个方面:

(一)支持巩固拓展脱贫攻坚成果。

1. 健全防止返贫致贫监测和帮扶机制,加强监测预警,强化及时帮扶,对监测帮扶对象采取有针对性的预防性措施和事后帮扶措施。可安排产业发展、小额信贷贴息、生产经营和劳动技能培训、公益岗位补助等支出。低保、医保、养老保险、临时救助等综合保障措施,通过原资金渠道支持。监测预警工作经费通过各级部门预算安排。

2. "十三五"易地扶贫搬迁后续扶持。支持实施带动搬迁群众发展的项目,对集中安置区聘用搬迁群众的公共服务岗位和"一站式"社区综合服务设施建设等费用予以适当补助。对规划内的易地扶贫搬迁贷款和调整规范后的地方政府债券按规定予以贴息补助。

3. 外出务工脱贫劳动力(含监测帮扶对象)稳定就业,可对跨省就业的脱贫劳动力适当安排一次性交通补助。采取扶贫车间、以工代赈、生产奖补、劳务补助等方式,促进返乡在乡脱贫劳动力发展产业和就业增收。继续向符合条件的脱贫家庭(含监测帮扶对象家庭)安排"雨露计划"补助。

(二)支持衔接推进乡村振兴。

1. 培育和壮大欠发达地区特色优势产业并逐年提高资金占比,支持农业品种培优、品质提升、品牌打造。推动产销对接和消费帮扶,解决农产品"卖难"问题。支持必要的产业配套基础设施建设。支持脱贫村发展壮大村级集体经济。

2. 补齐必要的农村人居环境整治和小型公益性基础设施建设短板。主要包括水、电、路、网等农业生产配套设施,以及垃圾清运等小型公益性生活设施。教育、卫生、养老服务、文化等农村基本公共服务通过原资金渠道支持。

3. 实施兴边富民行动、人口较少民族发展、少数民族特色产业和民族村寨发展、困难群众饮用低氟边销茶,以工代赈项目,欠发达国有农场和欠发达国有林场巩固发展,"三西"地区农业建设。

(三)巩固拓展脱贫攻坚成果同乡村振兴有效衔接的其他相关支出。

衔接资金不得用于与巩固拓展脱贫攻坚成果和推进欠发达地区乡村振兴无关的支出,包括:单位基本支出、交通工具及通讯设备、修建楼堂馆所、各种奖金津贴和福利补助、偿还债务和垫资等。偿还易地扶贫搬迁债务按有关规定执行。

第二条　衔接资金按照巩固拓展脱贫攻坚成果和乡村振兴、以工代赈、少数民族发展、欠发达国有农场巩固提升、欠发达国有林场巩固提升、"三西"农业建设任务进行分配。资金分配按照因素法进行测算,因素和权重为:相关人群数量及结构30%、相关人群收入30%、政策因素30%、绩效等考核结果10%,并进行综合平衡。各项任务按照上述因素分别确定具体测算指标(详见附件)。"三西"农业建设任务按照国务院批准的规模安排。

第三条　衔接资金应当统筹安排使用,形成合力。综合考虑脱贫县规模和分布,实行分类分档支持。对国家乡村振兴重点帮扶县及新疆、西藏予以倾斜支持。东部地区应结合实际将衔接资金主要用于吸纳中西部脱贫人口跨省就业。中西部地区继续按规定开展统筹整合使用财政涉农资金试点工作的脱贫县,资金使用按照统筹整合有关要求执行。

各省在分配衔接资金时,要统筹兼顾脱贫县和非贫困县实际情况,推动均衡发展。衔接资金项目审批权限下放到县级,强化县级管理责任,县级可统筹安排不超过30%的到县衔接资金,支持非贫困村发展产业、补齐必要的基础设施短板及县级乡村振兴规划相关项目。

第四条　各地要建立完善巩固拓展脱贫攻坚成果和乡村
附件:

振兴项目库,提前做好项目储备,严格项目论证入库,衔接资金支持的项目原则上要从项目库选择,且符合本办法要求。属于政府采购管理范围的项目,执行政府采购相关规定,村级微小型项目可按照村民民主议事方式直接委托村级组织自建自营。各地要加强衔接资金和项目管理,落实绩效管理要求,全面推行公开公示制度,加快预算执行,提高资金使用效益。

各省可按照不超过1%的比例从衔接资金中统筹安排项目管理费,由县级使用。项目管理费主要用于项目前期设计、评审、招标、监理以及验收等与项目管理相关的支出。

第五条　各级财政部门负责预算安排、审核资金分配建议方案和下达资金,指导各级乡村振兴、发展改革、民委、农业农村、林草等行业主管部门(以下简称行业主管部门)及地方加强资金监管和绩效管理。各级行业主管部门负责提出资金分配建议方案、资金和项目使用管理、绩效管理、监督管理等工作,按照权责对等原则落实监管责任。

国家乡村振兴局、发展改革委、国家民委、农业农村部、林草局根据职责分工,于每年1月31日前提出当年衔接资金分配建议方案报送财政部。财政部于每年全国人民代表大会批准预算后30日内,根据预算管理要求、年度预算安排,结合行业主管部门资金分配建议方案研究确定分配方案,将衔接资金预算下达省级财政部门,并抄送财政部有关监管局。

第六条　财政部有关监管局按照工作职责和财政部要求,对衔接资金使用管理情况开展监管。各级财政和行业主管部门按要求配合审计、纪检监察、检察机关做好衔接资金和项目的审计、检查等工作。

各级财政和行业主管部门及其工作人员在衔接资金分配、使用管理等工作中,存在违反本办法规定,以及滥用职权、玩忽职守、徇私舞弊等违法违纪行为的,按照国家有关规定追究相应责任;涉嫌犯罪的,移送有关国家机关处理。

第七条 省级财政部门要会同省级行业主管部门，根据本办法制定具体资金管理办法。各级财政部门要根据巩固拓展脱贫攻坚成果同乡村振兴有效衔接的任务需要及财力情况，每年预算安排一定规模的本级衔接资金，保持投入力度总体稳定。

第八条 本办法自 2021 年 3 月 31 日起施行，由财政部会同行业主管部门负责解释。《财政部 扶贫办 国家发改委 国家民委 农业部 林业局关于印发〈中央财政专项扶贫资金管理办法〉的通知》（财农〔2017〕8 号）和《财政部 国家林业局关于印发〈国有贫困林场扶贫资金管理办法〉的通知》（财农〔2005〕104 号）、《财政部 国务院扶贫办关于印发〈"三西"农业建设专项补助资金使用管理办法（修订稿）〉的通知》（财农〔2006〕356 号）、《财政部 国家民委关于印发〈少数民族发展资金管理办法〉的通知》（财农〔2006〕18 号）、《财政部 农业部关于印发〈国有贫困农场财政扶贫资金管理暂行办法〉的通知》（财农〔2007〕347 号）同时废止。

附：5 项任务具体测算指标（略）

中央财政困难群众救助补助资金管理办法

（2017 年 6 月 12 日财社〔2017〕58 号公布 根据 2019 年 7 月 29 日《财政部 民政部 住房城乡建设部 中国残联关于修改中央财政困难群众救助等补助资金管理办法的通知》修订）

第一条 为规范和加强中央财政困难群众救助补助资金（以下简称补助资金）管理，提高资金使用效益，支持地方做好困难群众救助工作，根据国家有关法律法规和财政部专项补助资金管理有关规定，制定本办法。

第二条 本办法所称补助资金，是指在最低生活保障（以下简称低保）、特困人员救助供养、临时救助、流浪乞讨人员救助、孤儿基本生活保障等困难群众救助和保障制度存续期间，中央财政安排用于补助各省、自治区、直辖市、计划单列市开展低保、特困人员救助供养、临时救助、流浪乞讨人员救助、孤儿和艾滋病病毒感染儿童基本生活保障工作的资金。

补助资金实施期限暂至 2023 年 12 月 31 日。期满后财政部会同民政部根据法律、行政法规和国务院有关规定及工作需要评估确定后续期限。

第三条 补助资金使用和管理要坚持公开、公平、公正的原则。

第四条 财政部负责会同民政部对补助资金实施全过程预算绩效管理。按照预算管理规定，省级民政部门商同级财政部门设定补助资金区域绩效目标，明确资金与工作预期达到的效果，报民政部审核。民政部在完成绩效目标审核后提出补助资金的分配建议及当年全国整体绩效目标和分区域绩效目标函报财政部，并负责提供相关测算因素数据，对其准确性、及时性负责；财政部根据规定的因素测算资金分配方案，于每年全国人民代表大会批准预算后 30 日内，会同民政部下达补助资金，同步下达区域绩效目标，抄送民政部和财政部各地监管局。年度执行中，民政部会同财政部指导省级民政部门、财政部门对绩效目标实现情况进行监控，确保绩效目标如期实现。

第五条 补助资金按因素法分配，主要参考各地救助需求因素、财力因素和绩效因素等，重点向保障任务重、贫困程度深、工作绩效好的地区倾斜。测算公式为：

$$某地应拨付资金=资金总额\times\frac{该地分配系数}{\sum 分配系数}$$

其中：某地分配系数＝该地需求因素×（该地财力因素×60%＋该地绩效因素×40%）。

第六条 省级财政部门收到补助资金后，应将其与省本级财政安排的资金统筹使用，商同级民政部门制定本省（自治区、直辖市、计划单列市）资金分配方案，并于 30 日内正式分解下达本行政区域县级以上各级财政部门，并请参照中央做法，将本省绩效目标及时对下分解。同时将资金分配结果报财政部、民政部备案并抄送财政部当地监管局。

第七条 各级财政部门要会同民政部门优化财政支出结构，科学合理编制预算，加强补助资金统筹使用，积极盘活财政存量资金，加大结转结余资金消化力度，增加资金有效供给，发挥补助资金合力，提升资金使用效益。

第八条 财政部、民政部应当在每年 10 月 31 日前，根据预算管理相关规定，按当年补助资金实际下达数的一定比例，将下一年度补助资金预计数提前下达省级财政部门，并抄送财政部当地监管局。

各省级财政部门应建立相应的预算指标提前下达制度，在接到中央财政提前下达预算指标后，会同民政部门于 30 日内下达本行政区域县级以上各级财政部门，同时将下达文件报财政部、民政部备案，并抄送财政部当地监管局。

第九条 各级财政部门要会同民政部门采取有效措施，加快预算执行进度，提高预算执行的均衡性和有效性。

对于全年全省（自治区、直辖市、计划单列市）困难群众救助资金支出少于当年中央财政下达该省（自治区、直辖市、计划单列市）的补助资金的省份，中央财政将在下年分配补助资金时适当减少对该省（自治区、直辖市、计划单列市）的补助。

第十条 补助资金支付按照国库集中支付制度有关规定执行。

低保金、散居特困人员救助供养金、临时救助金原则上应支付到救助对象个人账户，集中供养特困人员救助供养金应统一支付到供养服务机构集体账户。孤儿基本生活费应支付到孤儿和艾滋病病毒感染儿童本人或其监护人个人账户，集中养育的孤儿和艾滋病病毒感染儿童基本生活费应统一支付到福利机构集体账户。

县级民政、财政部门应当为救助家庭或个人在银行、信用社等代理金融机构办理接受补助资金的账户，也可依托社会保障卡、惠农资金“一卡通”等渠道发放补助资金，代理金融机构不得以任何形式向救助家庭或个人收取账户管理费用。

第十一条 补助资金要专款专用，用于为低保对象发放低保金，为特困人员提供基本生活条件、对生活不能自理的给予照料、提供疾病治疗、办理丧葬事宜，为临时救助对象发放临时救助金或实物，为孤儿和艾滋病病毒感染儿童发放基本生活费，为生活无着的流浪乞讨人员实施主动救助、生活救助、医疗救治、教育矫治、返乡救助、临时安置并实施未成年人社会保护。补助资金使用后按支出方向单独记账，分别核算。

各级财政、民政部门和经办机构应严格按规定使用，不得擅自扩大支出范围，不得以任何形式挤占、挪用、截留和滞留，不得向救助对象收取任何管理费用。补助资金不得用于工作经费，不得用于机构运转、大型设备购置和基础设施维修改造等支出。

第十二条 地方各级财政、民政部门应建立健全资金监管机制，定期对补助资金的使用管理情况进行检查，及时发现和纠正有关问题，并对资金发放情况进行公示，接受社会监督。

财政部各地监管局在规定的职权范围内，依法对补助资金的使用管理情况进行监督。

第十三条 地方各级财政、民政部门应自觉接受审计、监察等部门的监督和社会监督。

第十四条 省级财政部门应会同同级民政部门组织市县做好补助资金绩效目标自评工作，将区域绩效自评结果报送财政部、民政部并抄送财政部当地监管局。年度执行结束后，财政部、民政部根据需要组织开展补助资金重点绩效评价，评价结果作为调整政策、督促指导地方改进工作、分配中央财政补助资金的重要依据。

第十五条 各级财政、民政部门及其工作人员在补助资金的分配审核、使用管理等工作中，存在违反本办法规定的行为，以及其他滥用职权、玩忽职守、徇私舞弊等违法违纪行为的，按照《中华人民共和国预算法》《中华人民共和国公务员法》《中华人民共和国监察法》《财政违法行为处罚处分条例》等国家有关规定追究相应责任。涉嫌犯罪的，依法移送司法机关处理。

第十六条 各省、自治区、直辖市、计划单列市财政、民政部门可参照本办法，结合当地实际，制定困难群众救助补助资金管理具体办法。

第十七条 本办法由财政部会同民政部负责解释。

第十八条 本办法自印发之日起开始施行，《财政部 民政部关于印发〈中央财政困难群众基本生活救助补助资金管理办法〉的通知》（财社〔2016〕87 号）、《财政部 民政部关于印发〈中央财政流浪乞讨人员救助补助资金管理办法〉的通知》（财社〔2014〕71 号）、《财政部 民政部关于印发〈孤儿基本生活费专项补助资金管理办法〉的通知》（财社〔2012〕226 号）同时废止。

教育部等六部门关于做好家庭经济困难学生认定工作的指导意见

（2018 年 10 月 30 日 教财〔2018〕16 号）

各省、自治区、直辖市教育厅（教委）、财政厅（局）、民政厅（局）、人力资源社会保障厅（局）、扶贫办（局）、残联，各计划单列市教育局、财政局、民政局、人力资源社会保障局、扶贫办（局）、残联，新疆生产建设兵团教育局、财政局、民政局、人力资源社会保障局、扶贫办、残联，中央部门所属各高等学校：

为深入贯彻党的十九大精神，不断健全学生资助制度，进一步提高学生资助精准度，现就家庭经济困难学生认定工作提出以下意见：

一、重要意义

做好家庭经济困难学生认定工作，是贯彻落实党中央、国务院决策部署，全面推进精准资助，确保资助政策有效落实的迫切需要。近年来，我国学生资助政策体系逐步完善，经费投入大幅增加，学生资助规模不断扩大，学生资助工作成效显著，极大地促进了教育公平，为教育事业健康发展、脱贫攻坚目标如期实现提供了有力保障。认定家庭经济困难学生是实现精准资助的前提，是做好学生资助工作的基础。各地、各校要把家庭经济困难学生认定作为加强学生资助工作的重要任务，切实把好事做好、实事办实。

二、认定对象

家庭经济困难学生认定工作的对象是指本人及其家庭的经济能力难以满足在校期间的学习、生活基本支出的学生。本意见中的学生包括根据有关规定批准设立的普惠性幼儿园幼儿；根据国家有关规定批准设立、实施学历教育的全日制中等职业学校、普通高中、初中和小学学生；根据国家有关规定批准设立、实施学历教育的全日制普通本科高等学校、高等职业学校和高等专科学校招收的本专科学生（含第二学士学位和预科生），纳入全国研究生招生计划的全日制研究生。

三、基本原则

（一）坚持实事求是、客观公平。认定家庭经济困难学生要从客观实际出发，以学生家庭经济状况为主要认定依据，认定标准和尺度要统一，确保公平公正。

（二）坚持定量评价与定性评价相结合。既要建立科学的量化指标体系，进行定量评价，也要通过定性分析修正量化结果，更加准确、全面地了解学生的实际情况。

（三）坚持公开透明与保护隐私相结合。既要做到认定内容、程序、方法等透明，确保认定公正，也要尊重和保护学生隐私，严禁让学生当众诉苦、互相比困。

（四）坚持积极引导与自愿申请相结合。既要引导学生如实反映家庭经济困难情况，主动利用国家资助完成学业，也要充分尊重学生个人意愿，遵循自愿申请的原则。

四、组织机构及职责

教育部、财政部、民政部、人力资源社会保障部、国务院扶贫办、中国残联根据工作职责指导全国各级各类学校家庭经济困难学生认定工作。

各地要建立联动机制，加强相关部门间的工作协同，进一步整合家庭经济困难学生数据资源，将全国学生资助管理信息系统、技工院校学生管理信息系统与民政、扶贫、残联等部门有关信息系统对接，确保建档立卡贫困家庭学生、最低生活保障家庭学生、特困供养学生、孤残学生、烈士子女、家庭经济困难残疾学生及残疾人子女等学生信息全部纳入家庭经济困难学生数据库。

各高校要健全认定工作机制，成立学校学生资助工作领导小组，领导、监督家庭经济困难学生认定工作；学生资助管理机构具体负责组织、管理全校家庭经济困难学生认定工作；院（系）成立以分管学生资助工作的领导为组长，班主任、辅导员代表等相关人员参加的认定工作组，负责认定的具体组织和审核工作；年级（专业或班级）成立认定评议小组，成员应包括班主任、辅导员、学生代表等，开展民主评议工作。

各中等职业学校、普通高中、初中、小学、幼儿园要成立家庭经济困难学生认定工作组，负责组织实施本校家庭经济困难学生认定工作。成员一般应包括学校领导、资助工作人员、教师代表、学生代表、家长代表等。

五、认定依据

（一）家庭经济因素。主要包括家庭收入、财产、债务等情况。

（二）特殊群体因素。主要指是否属于建档立卡贫困家庭学生、最低生活保障家庭学生、特困供养学生、孤残学生、烈士子女、家庭经济困难残疾学生及残疾人子女等情况。

（三）地区经济社会发展水平因素。主要指校园地、生源地经济发展水平、城乡居民最低生活保障标准，学校收费标准等情况。

（四）突发状况因素。主要指遭受重大自然灾害、重大突发意外事件等情况。

（五）学生消费因素。主要指学生消费的金额、结构等是否合理。

（六）其它影响家庭经济状况的有关因素。主要包括家庭负担、劳动力及职业状况等。

六、工作程序

家庭经济困难学生认定工作原则上每学年进行一次，每学期要按照家庭经济困难学生实际情况进行动态调整。工作程序一般应包括提前告知、个人申请、学校认定、结果公示、建档备案等环节。各地、各校可根据实际情况制定具体的实施程序。

（一）提前告知。学校要通过多种途径和方式，提前向学生或监护人告知家庭经济困难学生认定工作事项，并做好资助政策宣传工作。

（二）个人申请。学生本人或监护人自愿提出申请，如实填报综合反映学生家庭经济情况的认定申请表。认定申请表应根据《家庭经济困难学生认定申请表（样表）》，由省级相关部门、中央部属高校结合实际，自行制定。

（三）学校认定。学校根据学生或监护人提交的申请材料，综合考虑学生日常消费情况以及影响家庭经济状况的有关因素开展认定工作，按规定对家庭经济困难学生划分资助档次。学校可采取家访、个别访谈、大数据分析、信函索证、量化评估、民主评议等方式提高家庭经济困难学生认定精准度。

（四）结果公示。学校要将家庭经济困难学生认定的名单及档次，在适当范围内、以适当方式予以公示。公示时，严禁涉及学生个人敏感信息及隐私。学校应建立家庭经济困难学生认定结果复核和动态调整机制，及时回应有关认定结果的异议。

（五）建档备案。经公示无异议后，学校汇总家庭经济困难学生名单，连同学生的申请材料统一建档，并按要求录入全国学生资助管理信息系统（技工院校按要求录入技工院校学生管理信息系统）。

七、相关要求

各级教育、财政、民政、人力资源社会保障、扶贫、残联等部门要加强对家庭经济困难学生认定工作的监督与指导，发现问题，及时纠正。

各级民政、人力资源社会保障、扶贫、残联等部门要为学生家庭经济状况的核实认定工作提供必要依据和支持，确保建档立卡贫困家庭学生、最低生活保障家庭学生、特困供养学生、孤残学生、烈士子女、家庭经济困难残疾学生及残疾人子女等信息真实有效。

各级教育、人力资源社会保障等部门和学校要加强学生资助信息安全管理，不得泄露学生资助信息。

各学校要加强学生的诚信教育，要求学生或监护人如实提供家庭经济情况，并及时告知家庭经济变化情况。如发现有恶意提供虚假信息的情况，一经核实，学校要及时取消学生的认定资格和已获得的相关资助，并追回资助资金。

八、附则

各地、各中央部属高校要根据本意见，结合实际，制（修）定具体的认定办法，并报全国学生资助管理中心备案。

科研院所、党校、行政学院、会计学院等研究生培养单位的家庭经济困难学生认定工作，参照本意见执行。

本意见自发布之日起施行。《关于认真做好高等学校家庭经济困难学生认定工作的指导意见》(教财〔2007〕8号)同时废止。

本意见由教育部、财政部、民政部、人力资源社会保障部、国务院扶贫办、中国残联负责解释。

附件:家庭经济困难学生认定申请表(样表)(略)

3. 城市低保

城市居民最低生活保障条例

(1999年9月28日中华人民共和国国务院令第271号发布 自1999年10月1日起施行)

第一条 为了规范城市居民最低生活保障制度,保障城市居民基本生活,制定本条例。

第二条 持有非农业户口的城市居民,凡共同生活的家庭成员人均收入低于当地城市居民最低生活保障标准的,均有从当地人民政府获得基本生活物质帮助的权利。

前款所称收入,是指共同生活的家庭成员的全部货币收入和实物收入,包括法定赡养人、扶养人或者抚养人应当给付的赡养费、扶养费或者抚养费,不包括优抚对象按照国家规定享受的抚恤金、补助金。

第三条 城市居民最低生活保障制度遵循保障城市居民基本生活的原则,坚持国家保障与社会帮扶相结合、鼓励劳动自救的方针。

第四条 城市居民最低生活保障制度实行地方各级人民政府负责制。县级以上地方各级人民政府民政部门具体负责本行政区域内城市居民最低生活保障的管理工作;财政部门按照规定落实城市居民最低生活保障资金;统计、物价、审计、劳动保障和人事等部门分工负责,在各自的职责范围内负责城市居民最低生活保障的有关工作。

县级人民政府民政部门以及街道办事处和镇人民政府(以下统称管理审批机关)负责城市居民最低生活保障的具体管理审批工作。

居民委员会根据管理审批机关的委托,可以承担城市居民最低生活保障的日常管理、服务工作。

国务院民政部门负责全国城市居民最低生活保障的管理工作。

第五条 城市居民最低生活保障所需资金,由地方人民政府列入财政预算,纳入社会救济专项资金支出项目,专项管理,专款专用。

国家鼓励社会组织和个人为城市居民最低生活保障提供捐赠、资助;所提供的捐赠资助,全部纳入当地城市居民最低生活保障资金。

第六条 城市居民最低生活保障标准,按照当地维持城市居民基本生活所必需的衣、食、住费用,并适当考虑水电燃煤(燃气)费用以及未成年人的义务教育费用确定。

直辖市、设区的市的城市居民最低生活保障标准,由市人民政府民政部门会同财政、统计、物价等部门制定,报本级人民政府批准并公布执行;县(县级市)的城市居民最低生活保障标准,由县(县级市)人民政府民政部门会同财政、统计、物价等部门制定,报本级人民政府批准并报上一级人民政府备案后公布执行。

城市居民最低生活保障标准需要提高时,依照前两款的规定重新核定。

第七条 申请享受城市居民最低生活保障待遇,由户主向户籍所在地的街道办事处或者镇人民政府提出书面申请,并出具有关证明材料,填写《城市居民最低生活保障待遇审批表》。城市居民最低生活保障待遇,由其所在地的街道办事处或者镇人民政府初审,并将有关材料和初审意见报送县级人民政府民政部门审批。

管理审批机关为审批城市居民最低生活保障待遇的需要,可以通过入户调查、邻里访问以及信函索证等方式对申请人的家庭经济状况和实际生活水平进行调查核实。申请人及有关单位、组织或者个人应当接受调查,如实提供有关情况。

第八条 县级人民政府民政部门经审查,对符合享受城市居民最低生活保障待遇条件的家庭,应当区分下列不同情况批准其享受城市居民最低生活保障待遇:

(一)对无生活来源、无劳动能力又无法定赡养人、扶养人或者抚养人的城市居民,批准其按照当地城市居民最低生活保障标准全额享受;

(二)对尚有一定收入的城市居民,批准其按照家庭人均收入低于当地城市居民最低生活保障标准的差额享受。

县级人民政府民政部门经审查,对不符合享受城市居民最低生活保障待遇条件的,应当书面通知申请人,并说明理由。

管理审批机关应当自接到申请人提出申请之日起的30日内办结审批手续。

城市居民最低生活保障待遇由管理审批机关以货币形式按月发放;必要时,也可以给付实物。

第九条 对经批准享受城市居民最低生活保障待遇的城市居民,由管理审批机关采取适当形式以户为单位予以公布,接受群众监督。任何人对不符合法定条件而享受城市居民最低生活保障待遇的,都有权向管理审批机关提出意见;管理审批机关经核查,对情况属实的,应当予以纠正。

第十条 享受城市居民最低生活保障待遇的城市居民家庭人均收入情况发生变化的,应当及时通过居民委员会告知管理审批机关,办理停发、减发或者增发城市居民最低生活保障待遇的手续。

管理审批机关应当对享受城市居民最低生活保障待遇的城市居民的家庭收入情况定期进行核查。

在就业年龄内有劳动能力但尚未就业的城市居民，在享受城市居民最低生活保障待遇期间，应当参加其所在的居民委员会组织的公益性社区服务劳动。

第十一条 地方各级人民政府及其有关部门，应当对享受城市居民最低生活保障待遇的城市居民在就业、从事个体经营等方面给予必要的扶持和照顾。

第十二条 财政部门、审计部门依法监督城市居民最低生活保障资金的使用情况。

第十三条 从事城市居民最低生活保障管理审批工作的人员有下列行为之一的，给予批评教育，依法给予行政处分；构成犯罪的，依法追究刑事责任：

（一）对符合享受城市居民最低生活保障待遇条件的家庭拒不签署同意享受城市居民最低生活保障待遇意见的，或者对不符合享受城市居民最低生活保障待遇条件的家庭故意签署同意享受城市居民最低生活保障待遇意见的；

（二）玩忽职守、徇私舞弊，或者贪污、挪用、扣压、拖欠城市居民最低生活保障款物的。

第十四条 享受城市居民最低生活保障待遇的城市居民有下列行为之一的，由县级人民政府民政部门给予批评教育或者警告，追回其冒领的城市居民最低生活保障款物；情节恶劣的，处冒领金额1倍以上3倍以下的罚款：

（一）采取虚报、隐瞒、伪造等手段，骗取享受城市居民最低生活保障待遇的；

（二）在享受城市居民最低生活保障待遇期间家庭收入情况好转，不按规定告知管理审批机关，继续享受城市居民最低生活保障待遇的。

第十五条 城市居民对县级人民政府民政部门作出的不批准享受城市居民最低生活保障待遇或者减发、停发城市居民最低生活保障款物的决定或者给予的行政处罚不服的，可以依法申请行政复议；对复议决定仍不服的，可以依法提起行政诉讼。

第十六条 省、自治区、直辖市人民政府可以根据本条例，结合本行政区域城市居民最低生活保障工作的实际情况，规定实施的办法和步骤。

第十七条 本条例自1999年10月1日起施行。

国务院关于解决城市低收入家庭住房困难的若干意见

（2007年8月7日　国发〔2007〕24号）

住房问题是重要的民生问题。党中央、国务院高度重视解决城市居民住房问题，始终把改善群众居住条件作为城市住房制度改革和房地产业发展的根本目的。20多年来，我国住房制度改革不断深化，城市住宅建设持续快速发展，城市居民住房条件总体上有了较大改善。但也要看到，城市廉租住房制度建设相对滞后，经济适用住房制度不够完善，政策措施还不配套，部分城市低收入家庭住房还比较困难。为切实加大解决城市低收入家庭住房困难工作力度，现提出以下意见：

一、明确指导思想、总体要求和基本原则

（一）指导思想。以邓小平理论和“三个代表”重要思想为指导，深入贯彻落实科学发展观，按照全面建设小康社会和构建社会主义和谐社会的目标要求，把解决城市（包括县城，下同）低收入家庭住房困难作为维护群众利益的重要工作和住房制度改革的重要内容，作为政府公共服务的一项重要职责，加快建立健全以廉租住房制度为重点、多渠道解决城市低收入家庭住房困难的政策体系。

（二）总体要求。以城市低收入家庭为对象，进一步建立健全城市廉租住房制度，改进和规范经济适用住房制度，加大棚户区、旧住宅区改造力度，力争到“十一五”期末，使低收入家庭住房条件得到明显改善，农民工等其他城市住房困难群体的居住条件得到逐步改善。

（三）基本原则。解决低收入家庭住房困难，要坚持立足国情，满足基本住房需要；统筹规划，分步解决；政府主导，社会参与；统一政策，因地制宜；省级负总责，市县抓落实。

二、进一步建立健全城市廉租住房制度

（四）逐步扩大廉租住房制度的保障范围。城市廉租住房制度是解决低收入家庭住房困难的主要途径。2007年底前，所有设区的城市要对符合规定住房困难条件、申请廉租住房租赁补贴的城市低保家庭基本做到应保尽保；2008年底前，所有县城要基本做到应保尽保。“十一五”期末，全国廉租住房制度保障范围要由城市最低收入住房困难家庭扩大到低收入住房困难家庭；2008年底前，东部地区和其他有条件的地区要将保障范围扩大到低收入住房困难家庭。

（五）合理确定廉租住房保障对象和保障标准。廉租住房保障对象的家庭收入标准和住房困难标准，由城市人民政府按照当地统计部门公布的家庭人均可支配收入和人均住房水平的一定比例，结合城市经济发展水平和住房价格水平确定。廉租住房保障面积标准，由城市人民政府根据当地家庭平均住房水平及财政承受能力等因素统筹研究确定。廉租住房保障对象的家庭收入标准、住房困难标准和保障面积标准实行动态管理，由城市人民政府每年向社会公布一次。

（六）健全廉租住房保障方式。城市廉租住房保障实行货币补贴和实物配租等方式相结合，主要通过发放租赁补贴，增强低收入家庭在市场上承租住房的能力。每平方米租赁补贴标准由城市人民政府根据当地经济发展水平、市场平均租金、保障对象的经济承受能力等因素确定。其中，对符合条件的城市低保家庭，可按当地的廉租住房保障面积标准和市场平均租金给予补贴。

（七）多渠道增加廉租住房房源。要采取政府新建、收购、改建以及鼓励社会捐赠等方式增加廉租住房供应。小户型租赁住房短缺和住房租金较高的地方，城市人民政府要加大廉租住房建设力度。新建廉租住房套型建筑面积控制在50平方米以内，主要在经济适用住房以及普通商品住房小区中配建，并在用地规划和土地出让条件中明确规定建成后由政府收回或回购；也可以考虑相对集中建设。积极发展住房租赁市场，鼓励房地产开发企业开发建设中小户型住房面向社会出租。

（八）确保廉租住房保障资金来源。地方各级人民政府要根据廉租住房工作的年度计划，切实落实廉租住房保障资金：一是地方财政要将廉租住房保障资金纳入年度预算安排。二是住房公积金增值收益在提取贷款风险准备金和管理费用之后全部用于廉租住房建设。三是土地出让净收益用于廉租住房保障资金的比例不得低于10%，各地还可根据实际情况进一步适当提高比例。四是廉租住房租金收入实行收支两条线管理，专项用于廉租住房的维护和管理。对中西部财政困难地区，通过中央预算内投资补助和中央财政廉租住房保障专项补助资金等方式给予支持。

三、改进和规范经济适用住房制度

（九）规范经济适用住房供应对象。经济适用住房供应对象为城市低收入住房困难家庭，并与廉租住房保障对象衔接。经济适用住房供应对象的家庭收入标准和住房困难标准，由城市人民政府确定，实行动态管理，每年向社会公布一次。低收入住房困难家庭要求购买经济适用住房的，由该家庭提出申请，有关单位按规定的程序进行审查，对符合标准的，纳入经济适用住房供应对象范围。过去享受过福利分房或购买过经济适用住房的家庭不得再购买经济适用住房。已经购买了经济适用住房的家庭又购买其他住房的，原经济适用住房由政府按规定回购。

（十）合理确定经济适用住房标准。经济适用住房套型标准根据经济发展水平和群众生活水平，建筑面积控制在60平方米左右。各地要根据实际情况，每年安排建设一定规模的经济适用住房。房价较高、住房结构性矛盾突出的城市，要增加经济适用住房供应。

（十一）严格经济适用住房上市交易管理。经济适用住房属于政策性住房，购房人拥有有限产权。购买经济适用住房不满5年，不得直接上市交易，购房人因各种原因确需转让经济适用住房的，由政府按照原价格并考虑折旧和物价水平等因素进行回购。购买经济适用住房满5年，购房人可转让经济适用住房，但应按照届时同地段普通商品住房与经济适用住房差价的一定比例向政府交纳土地收益等价款，具体交纳比例由城市人民政府确定，政府可优先回购；购房人向政府交纳土地收益等价款后，也可以取得完全产权。上述规定应在经济适用住房购房合同中予以明确。政府回购的经济适用住房，继续向符合条件的低收入住房困难家庭出售。

（十二）加强单位集资合作建房管理。单位集资合作建房只能由距离城区较远的独立工矿企业和住房困难户较多的企业，在符合城市规划前提下，经城市人民政府批准，并利用自用土地组织实施。单位集资合作建房纳入当地经济适用住房供应计划，其建设标准、供应对象、产权关系等均按照经济适用住房的有关规定执行。在优先满足本单位住房困难职工购买基础上房源仍有多余的，由城市人民政府统一向符合经济适用住房购买条件的家庭出售，或以成本价收购后用作廉租住房。各级国家机关一律不得搞单位集资合作建房；任何单位不得新征用或新购买土地搞集资合作建房；单位集资合作建房不得向非经济适用住房供应对象出售。

四、逐步改善其他住房困难群体的居住条件

（十三）加快集中成片棚户区的改造。对集中成片的棚户区，城市人民政府要制定改造计划，因地制宜进行改造。棚户区改造要符合以下要求：困难住户的住房得到妥善解决；住房质量、小区环境、配套设施明显改善；困难家庭的负担控制在合理水平。

（十四）积极推进旧住宅区综合整治。对可整治的旧住宅区要力戒大拆大建。要以改善低收入家庭居住环境和保护历史文化街区为宗旨，遵循政府组织、居民参与的原则，积极进行房屋维修养护、配套设施完善、环境整治和建筑节能改造。

（十五）多渠道改善农民工居住条件。用工单位要向农民工提供符合基本卫生和安全条件的居住场所。农民工集中的开发区和工业园区，应按照集约用地的原则，集中建设向农民工出租的集体宿舍，但不得按商品住房出售。城中村改造时，要考虑农民工的居住需要，在符合城市规划和土地利用总体规划的前提下，集中建设向农民工出租的集体宿舍。有条件的地方，可比照经济适用住房建设的相关优惠政策，政府引导，市场运作，建设符合农民工特点的住房，以农民工可承受的合理租金向农民工出租。

五、完善配套政策和工作机制

（十六）落实解决城市低收入家庭住房困难的经济政策和建房用地。一是廉租住房和经济适用住房建设、棚户区改造、旧住宅区整治一律免收城市基础设施配套费等各种行政事业性收费和政府性基金。二是廉租住房和经济适用住房建设用地实行行政划拨方式供应。三是对廉租住房和经济适用住房建设用地，各地要切实保证供应。要根据住房建设规划，在土地供应计划中予以优先安排，并在申报年度用地指标时单独列出。四是社会各界向政府捐赠廉租住房房源的，执行公益性捐赠税收扣除的有关政策。五是社会机构投资廉租住房或经济适用住房建设、棚户区改造、旧住宅区整治的，可同时给予相关的政策支持。

（十七）确保住房质量和使用功能。廉租住房和经济适用住房建设、棚户区改造以及旧住宅区整治,要坚持经济、适用的原则。要提高规划设计水平,在较小的户型内实现基本的使用功能。要按照发展节能省地环保型住宅的要求,推广新材料、新技术、新工艺。要切实加强施工管理,确保施工质量。有关住房质量和使用功能等方面的要求,应在建设合同中予以明确。

(十八)健全工作机制。城市人民政府要抓紧开展低收入家庭住房状况调查,于2007年底之前建立低收入住房困难家庭住房档案,制订解决城市低收入家庭住房困难的工作目标、发展规划和年度计划,纳入当地经济社会发展规划和住房建设规划,并向社会公布。要按照解决城市低收入家庭住房困难的年度计划,确保廉租住房保障的各项资金落实到位;确保廉租住房、经济适用住房建设用地落实到位,并合理确定区位布局。要规范廉租住房保障和经济适用住房供应的管理,建立健全申请、审核和公示办法,并于2007年9月底之前向社会公布;要严格做好申请人家庭收入、住房状况的调查审核,完善轮候制度,特别是强化廉租住房的年度复核工作,健全退出机制。要严肃纪律,坚决查处弄虚作假等违纪违规行为和有关责任人员,确保各项政策得以公开、公平、公正实施。

(十九)落实工作责任。省级人民政府对本地区解决城市低收入家庭住房困难工作负总责,要对所属城市人民政府实行目标责任制管理,加强监督指导。有关工作情况,纳入对城市人民政府的政绩考核之中。解决城市低收入家庭住房困难是城市人民政府的重要责任。城市人民政府要把解决城市低收入家庭住房困难摆上重要议事日程,加强领导,落实相应的管理工作机构和具体实施机构,切实抓好各项工作;要接受人民群众的监督,每年在向人民代表大会所作的《政府工作报告》中报告解决城市低收入家庭住房困难年度计划的完成情况。

房地产市场宏观调控部际联席会议负责研究提出解决城市低收入家庭住房困难的有关政策,协调解决工作实施中的重大问题。国务院有关部门要按照各自职责,加强对各地工作的指导,抓好督促落实。建设部会同发展改革委、财政部、国土资源部等有关部门抓紧完善廉租住房管理办法和经济适用住房管理办法。民政部会同有关部门抓紧制定城市低收入家庭资格认定办法。财政部会同建设部、民政部等有关部门抓紧制定廉租住房保障专项补助资金的实施办法。发展改革委会同建设部抓紧制定中央预算内投资对中西部财政困难地区新建廉租住房项目的支持办法。财政部、税务总局抓紧研究制定廉租住房建设、经济适用住房建设和住房租赁的税收支持政策。人民银行会同建设部、财政部等有关部门抓紧研究提出对廉租住房和经济适用住房建设的金融支持意见。

(二十)加强监督检查。2007年底前,直辖市、计划单列市和省会(首府)城市要把解决城市低收入家庭住房困难的发展规划和年度计划报建设部备案,其他城市报省(区、市)建设主管部门备案。建设部会同监察部等有关部门负责本意见执行情况的监督检查,对工作不落实、措施不到位的地区,要通报批评,限期整改,并追究有关领导责任。对在解决城市低收入家庭住房困难工作中以权谋私、玩忽职守的,要依法依规追究有关责任人的行政和法律责任。

(二十一)继续抓好国务院关于房地产市场各项调控政策措施的落实。各地区、各有关部门要在认真解决城市低收入家庭住房困难的同时,进一步贯彻落实国务院关于房地产市场各项宏观调控政策措施。要加大住房供应结构调整力度,认真落实《国务院办公厅转发建设部等部门关于调整住房供应结构稳定住房价格意见的通知》(国办发〔2006〕37号),重点发展中低价位、中小套型普通商品住房,增加住房有效供应。城市新审批、新开工的住房建设,套型建筑面积90平方米以下住房面积所占比重,必须达到开发建设总面积的70%以上。廉租住房、经济适用住房和中低价位、中小套型普通商品住房建设用地的年度供应量不得低于居住用地供应总量的70%。要加大住房需求调节力度,引导合理的住房消费,建立符合国情的住房建设和消费模式。要加强市场监管,坚决整治房地产开发、交易、中介服务、物业管理及房屋拆迁中的违法违规行为,维护群众合法权益。要加强房地产价格的监管,抑制房地产价格过快上涨,保持合理的价格水平,引导房地产市场健康发展。

(二十二)凡过去文件规定与本意见不一致的,以本意见为准。

国务院关于进一步加强和改进最低生活保障工作的意见

(2012年9月1日 国发〔2012〕45号)

最低生活保障事关困难群众衣食冷暖,事关社会和谐稳定和公平正义,是贯彻落实科学发展观的重要举措,是维护困难群众基本生活权益的基础性制度安排。近年来,随着各项相关配套政策的陆续出台,最低生活保障制度在惠民生、解民忧、保稳定、促和谐等方面作出了突出贡献,有效保障了困难群众的基本生活。但一些地区还不同程度存在对最低生活保障工作重视不够、责任不落实、管理不规范、监管不到位、工作保障不力、工作机制不健全等问题。为切实加强和改进最低生活保障工作,现提出如下意见:

一、总体要求和基本原则

(一)总体要求。

最低生活保障工作要以科学发展观为指导,以保障和改善民生为主题,以强化责任为主线,坚持保基本、可持续、重公正、求实效的方针,进一步完善法规政策,健全工作机制,严格规范管理，加强能力建设，努力构建标准科学、对象准确、待遇公正、进出有序的最低生活保障工作格局，不断提高最低生活保障制度的科学性和执行力，切实维护困难群众基本生活权益。

（二）基本原则。

坚持应保尽保。把保障困难群众基本生活放到更加突出的位置，落实政府责任，加大政府投入，加强部门协作，强化监督问责，确保把所有符合条件的困难群众全部纳入最低生活保障范围。

坚持公平公正。健全最低生活保障法规制度，完善程序规定，畅通城乡居民的参与渠道，加大政策信息公开力度，做到审批过程公开透明，审批结果公平公正。

坚持动态管理。采取最低生活保障对象定期报告和管理审批机关分类复核相结合等方法，加强对最低生活保障对象的日常管理和服务，切实做到保障对象有进有出、补助水平有升有降。

坚持统筹兼顾。统筹城乡、区域和经济社会发展，做到最低生活保障标准与经济社会发展水平相适应，最低生活保障制度与其他社会保障制度相衔接，有效保障困难群众基本生活。

二、加强和改进最低生活保障工作的政策措施

（一）完善最低生活保障对象认定条件。

户籍状况、家庭收入和家庭财产是认定最低生活保障对象的三个基本条件。各地要根据当地情况，制定并向社会公布享受最低生活保障待遇的具体条件，形成完善的最低生活保障对象认定标准体系。同时，要明确核算和评估最低生活保障申请人家庭收入和家庭财产的具体办法，并对赡养、抚养、扶养义务人履行相关法定义务提出具体要求。科学制定最低生活保障标准，健全救助标准与物价上涨挂钩的联动机制，综合运用基本生活费用支出法、恩格尔系数法、消费支出比例法等测算方法，动态、适时调整最低生活保障标准，最低生活保障标准应低于最低工资标准；省级人民政府可根据区域经济社会发展情况，研究制定本行政区域内相对统一的区域标准，逐步缩小城乡差距、区域差距。

（二）规范最低生活保障审核审批程序。

规范申请程序。凡认为符合条件的城乡居民都有权直接向其户籍所在地的乡镇人民政府（街道办事处）提出最低生活保障申请；乡镇人民政府（街道办事处）无正当理由，不得拒绝受理。受最低生活保障申请人委托，村（居）民委员会可以代为提交申请。申请最低生活保障要以家庭为单位，按规定提交相关材料，书面声明家庭收入和财产状况，并由申请人签字确认。

规范审核程序。乡镇人民政府（街道办事处）是审核最低生活保障申请的责任主体，在村（居）民委员会协助下，应当对最低生活保障申请家庭逐一入户调查，详细核查申请材料以及各项声明事项的真实性和完整性，并由调查人员和申请人签字确认。

规范民主评议。入户调查结束后，乡镇人民政府（街道办事处）应当组织村（居）民代表或者社区评议小组对申请人声明的家庭收入、财产状况以及入户调查结果的真实性进行评议。各地要健全完善最低生活保障民主评议办法，规范评议程序、评议方式、评议内容和参加人员。

规范审批程序。县级人民政府民政部门是最低生活保障审批的责任主体，在作出审批决定前，应当全面审查乡镇人民政府（街道办事处）上报的调查材料和审核意见（含民主评议结果），并按照不低于30%的比例入户抽查。有条件的地方，县级人民政府民政部门可邀请乡镇人民政府（街道办事处）、村（居）民委员会参与审批，促进审批过程的公开透明。严禁不经调查直接将任何群体或个人纳入最低生活保障范围。

规范公示程序。各地要严格执行最低生活保障审核审批公示制度，规范公示内容、公示形式和公示时限等。社区要设置统一的固定公示栏；乡镇人民政府（街道办事处）要及时公示入户调查、民主评议和审核结果，并确保公示的真实性和准确性；县级人民政府民政部门应当就最低生活保障对象的家庭成员、收入情况、保障金额等在其居住地长期公示，逐步完善面向公众的最低生活保障对象信息查询机制，并完善异议复核制度。公示中要注意保护最低生活保障对象的个人隐私，严禁公开与享受最低生活保障待遇无关的信息。

规范发放程序。各地要全面推行最低生活保障金社会化发放，按照财政国库管理制度将最低生活保障金直接支付到保障家庭账户，确保最低生活保障金足额、及时发放到位。

（三）建立救助申请家庭经济状况核对机制。

在强化入户调查、邻里访问、信函索证等调查手段基础上，加快建立跨部门、多层次、信息共享的救助申请家庭经济状况核对机制，健全完善工作机构和信息核对平台，确保最低生活保障等社会救助对象准确、高效、公正认定。经救助申请人及其家庭成员授权，公安、人力资源社会保障、住房城乡建设、金融、保险、工商、税务、住房公积金等部门和机构应当根据有关规定和最低生活保障等社会救助对象认定工作需要，及时向民政部门提供户籍、机动车、就业、保险、住房、存款、证券、个体工商户、纳税、公积金等方面的信息。民政部要会同有关部门研究制定具体的信息查询办法，并负责跨省（区、市）的信息查询工作。到“十二五”末，全国要基本建立救助申请家庭经济状况核对机制。

（四）加强最低生活保障对象动态管理。

对已经纳入最低生活保障范围的救助对象，要采取多种方式加强管理服务，定期跟踪保障对象家庭变化情况，形成最低生活保障对象有进有出、补助水平有升有降的动态管理机制。各地要建立最低生活保障家庭人口、收入和财产状况定期报告制度，并根据报告情况分类、定期开展核查，将不再符合条件的及时退出保障范围。对于无生活来源、无劳动能力又无法定赡养、抚养、扶养义务人的“三无人员”，可每年核查一次；对于短期内收入变化不大的家庭，可每半年核查一次；对于收入来源不固定、成员有劳动能力和劳动条件的最低生活保障家庭，原则上实行城市按月、农村按季核查。

（五）健全最低生活保障工作监管机制。

地方各级人民政府要将最低生活保障政策落实情况作为督查督办的重点内容，定期组织开展专项检查；民政部、财政部要会同有关部门对全国最低生活保障工作进行重点抽查。财政、审计、监察部门要加强对最低生活保障资金管理使用情况的监督检查，防止挤占、挪用、套取等违纪违法现象发生。建立最低生活保障经办人员和村（居）民委员会干部近亲属享受最低生活保障备案制度，县级人民政府民政部门要对备案的最低生活保障对象严格核查管理。充分发挥舆论监督的重要作用，对于媒体发现揭露的问题，应及时查处并公布处理结果。要通过政府购买服务等方式，鼓励社会组织参与、评估、监督最低生活保障工作，财政部门要通过完善相关政策给予支持。

（六）建立健全投诉举报核查制度。

各地要公开最低生活保障监督咨询电话，畅通投诉举报渠道，健全投诉举报核查制度。有条件的地方要以省为单位设置统一的举报投诉电话。要切实加强最低生活保障来信来访工作，推行专人负责、首问负责等制度。各级人民政府、县级以上人民政府民政部门应当自受理最低生活保障信访事项之日起60日内办结；信访人对信访事项处理意见不服的，可以自收到书面答复之日起30日内请求原办理行政机关的上一级行政机关复查，收到复查请求的行政机关应当自收到复查请求之日起30日内提出复查意见，并予以书面答复；信访人对复查意见不服的，可以自收到书面答复之日起30日内向复查机关的上一级行政机关请求复核，收到复核请求的行政机关应当自收到复核请求之日起30日内提出复核意见；信访人对复核意见不服，仍以同一事实和理由提出信访请求的，不再受理，民政等部门要积极向信访人做好政策解释工作。民政部或者省级人民政府民政部门对最低生活保障重大信访事项或社会影响恶劣的违规违纪事件，可会同信访等相关部门直接督办。

（七）加强最低生活保障与其他社会救助制度的有效衔接。

加快推进低收入家庭认定工作，为医疗救助、教育救助、住房保障等社会救助政策向低收入家庭拓展提供支撑；全面建立临时救助制度，有效解决低收入群众的突发性、临时性基本生活困难；做好最低生活保障与养老、医疗等社会保险制度的衔接工作。对最低生活保障家庭中的老年人、未成年人、重度残疾人、重病患者等重点救助对象，要采取多种措施提高其救助水平。鼓励机关、企事业单位、社会组织和个人积极开展扶贫帮困活动，形成慈善事业与社会救助的有效衔接。

完善城市最低生活保障与就业联动、农村最低生活保障与扶贫开发衔接机制，鼓励积极就业，加大对有劳动能力最低生活保障对象的就业扶持力度。劳动年龄内、有劳动能力、失业的城市困难群众，在申请最低生活保障时，应当先到当地公共就业服务机构办理失业登记；公共就业服务机构应当向登记失业的最低生活保障对象提供及时的就业服务和重点帮助；对实现就业的最低生活保障对象，在核算其家庭收入时，可以扣减必要的就业成本。

三、强化工作保障，确保各项政策措施落到实处

（一）加强能力建设。省级人民政府要切实加强最低生活保障工作能力建设，统筹研究制定按照保障对象数量等因素配备相应工作人员的具体办法和措施。地方各级人民政府要结合本地实际和全面落实最低生活保障制度的要求，科学整合县（市、区）、乡镇人民政府（街道办事处）管理机构及人力资源，充实加强基层最低生活保障工作力量，确保事有人管、责有人负。加强最低生活保障工作人员业务培训，保障工作场所、条件和待遇，不断提高最低生活保障管理服务水平。加快推进信息化建设，全面部署全国最低生活保障信息管理系统。

（二）加强经费保障。省级财政要优化和调整支出结构，切实加大最低生活保障资金投入。中央财政最低生活保障补助资金重点向保障任务重、财政困难地区倾斜，在分配最低生活保障补助资金时，财政部要会同民政部研究“以奖代补”的办法和措施，对工作绩效突出地区给予奖励，引导各地进一步完善制度，加强管理。要切实保障基层工作经费，最低生活保障工作所需经费要纳入地方各级财政预算。基层最低生活保障工作经费不足的地区，省市级财政给予适当补助。

（三）加强政策宣传。以党和政府对最低生活保障工作的有关要求以及认定条件、审核审批、补差发放、动态管理等政策规定为重点，深入开展最低生活保障政策宣传。利用广播、电视、网络等媒体和宣传栏、宣传册、明白纸等群众喜闻乐见的方式，不断提高最低生活保障信息公开的针对性、时效性和完整性。充分发挥新闻媒体的舆论引导作用，大力宣传最低生活保障在保障民生、维护稳定、促进和谐等方面的重要作用，引导公众关注、参与、支持最低生活保障工作，在全社会营造良好的舆论氛围。

四、加强组织领导，进一步落实管理责任

（一）加强组织领导。进一步完善政府领导、民政牵头、部门配合、社会参与的社会救助工作机制。建立由民政部牵头的社会救助部际联席会议制度，统筹做好最低生活保障与医疗、教育、住房等其他社会救助政策以及促进就业政策的协调发展和有效衔接，研究解决救助申请家庭经济状况核对等信息共享问题，督导推进社会救助体系建设。地方各级人民政府要将最低生活保障工作纳入重要议事日程，纳入经济社会发展总体规划，纳入科学发展考评体系，建立健全相应的社会救助协调工作机制，组织相关部门协力做好社会救助制度完善、政策落实和监督管理等各项工作。

（二）落实管理责任。最低生活保障工作实行地方各级人民政府负责制，政府主要负责人对本行政区域最低生活保障工作负总责。县级以上地方各级人民政府要切实担负起最低生活保障政策制定、资金投入、工作保障和监督管理责任，乡镇人民政府（街道办事处）要切实履行最低生活保障申请受理、调查、评议和公示等审核职责，充分发挥包村干部的作用。各地要将最低生活保障政策落实情况纳入地方各级人民政府绩效考核，考核结果作为政府领导班子和相关领导干部综合考核评价的重要内容，作为干部选拔任用、管理监督的重要依据。民政部要会同财政部等部门研究建立最低生活保障工作绩效评价指标体系和评价办法，并组织开展对各省（区、市）最低生活保障工作的年度绩效评价。

（三）强化责任追究。对因工作重视不够、管理不力、发生重大问题、造成严重社会影响的地方政府和部门负责人，以及在最低生活保障审核审批过程中滥用职权、玩忽职守、徇私舞弊、失职渎职的工作人员，要依纪依法追究责任。同时，各地要加大对骗取最低生活保障待遇人员查处力度，除追回骗取的最低生活保障金外，还要依法给予行政处罚；涉嫌犯罪的，移送司法机关处理。对无理取闹、采用威胁手段强行索要最低生活保障待遇的，公安机关要给予批评教育直至相关处罚。对于出具虚假证明材料的单位和个人，各地除按有关法律法规规定处理外，还应将有关信息记入征信系统。

廉租住房保障办法

（2007年11月8日建设部、国家发展和改革委员会、监察部、民政部、财政部、国土资源部、中国人民银行、国家税务总局、国家统计局令第162号公布　自2007年12月1日起施行）

第一章　总　　则

第一条　为促进廉租住房制度建设，逐步解决城市低收入家庭的住房困难，制定本办法。

第二条　城市低收入住房困难家庭的廉租住房保障及其监督管理，适用本办法。

本办法所称城市低收入住房困难家庭，是指城市和县人民政府所在地的镇范围内，家庭收入、住房状况等符合市、县人民政府规定条件的家庭。

第三条　市、县人民政府应当在解决城市低收入家庭住房困难的发展规划及年度计划中，明确廉租住房保障工作目标、措施，并纳入本级国民经济与社会发展规划和住房建设规划。

第四条　国务院建设主管部门指导和监督全国廉租住房保障工作。县级以上地方人民政府建设（住房保障）主管部门负责本行政区域内廉租住房保障管理工作。廉租住房保障的具体工作可以由市、县人民政府确定的实施机构承担。

县级以上人民政府发展改革（价格）、监察、民政、财政、国土资源、金融管理、税务、统计等部门按照职责分工，负责廉租住房保障的相关工作。

第二章　保障方式

第五条　廉租住房保障方式实行货币补贴和实物配租相结合。货币补贴是指县级以上地方人民政府向申请廉租住房保障的城市低收入住房困难家庭发放租赁住房补贴，由其自行承租住房。实物配租是指县级以上地方人民政府向申请廉租住房保障的城市低收入住房困难家庭提供住房，并按照规定标准收取租金。

实施廉租住房保障，主要通过发放租赁补贴，增强城市低收入住房困难家庭承租住房的能力。廉租住房紧缺的城市，应当通过新建和收购等方式，增加廉租住房实物配租的房源。

第六条　市、县人民政府应当根据当地家庭平均住房水平、财政承受能力以及城市低收入住房困难家庭的人口数量、结构等因素，以户为单位确定廉租住房保障面积标准。

第七条　采取货币补贴方式的，补贴额度按照城市低收入住房困难家庭现住房面积与保障面积标准的差额、每平方米租赁住房补贴标准确定。

每平方米租赁住房补贴标准由市、县人民政府根据当地经济发展水平、市场平均租金、城市低收入住房困难家庭的经济承受能力等因素确定。其中对城市居民最低生活保障家庭，可以按照当地市场平均租金确定租赁住房补贴标准；对其他城市低收入住房困难家庭，可以根据收入情况等分类确定租赁住房补贴标准。

第八条　采取实物配租方式的，配租面积为城市低收入住房困难家庭现住房面积与保障面积标准的差额。

实物配租的住房租金标准实行政府定价。实物配租住房的租金，按照配租面积和市、县人民政府规定的租金标准确定。有条件的地区，对城市居民最低生活保障家庭，可以免收实物配租住房中住房保障面积标准内的租金。

第三章　保障资金及房屋来源

第九条　廉租住房保障资金采取多种渠道筹措。

廉租住房保障资金来源包括：

（一）年度财政预算安排的廉租住房保障资金；

（二）提取贷款风险准备金和管理费用后的住房公积金增值收益余额；

（三）土地出让净收益中安排的廉租住房保障资金；

（四）政府的廉租住房租金收入；

（五）社会捐赠及其他方式筹集的资金。

第十条　提取贷款风险准备金和管理费用后的住房公积

金增值收益余额,应当全部用于廉租住房建设。

土地出让净收益用于廉租住房保障资金的比例,不得低于10%。

政府的廉租住房租金收入应当按照国家财政预算支出和财务制度的有关规定,实行收支两条线管理,专项用于廉租住房的维护和管理。

第十一条 对中西部财政困难地区,按照中央预算内投资补助和中央财政廉租住房保障专项补助资金的有关规定给予支持。

第十二条 实物配租的廉租住房来源主要包括:

(一)政府新建、收购的住房;

(二)腾退的公有住房;

(三)社会捐赠的住房;

(四)其他渠道筹集的住房。

第十三条 廉租住房建设用地,应当在土地供应计划中优先安排,并在申报年度用地指标时单独列出,采取划拨方式,保证供应。

廉租住房建设用地的规划布局,应当考虑城市低收入住房困难家庭居住和就业的便利。

廉租住房建设应当坚持经济、适用原则,提高规划设计水平,满足基本使用功能,应当按照发展节能省地环保型住宅的要求,推广新材料、新技术、新工艺。廉租住房应当符合国家质量安全标准。

第十四条 新建廉租住房,应当采取配套建设与相对集中建设相结合的方式,主要在经济适用住房、普通商品住房项目中配套建设。

新建廉租住房,应当将单套的建筑面积控制在50平方米以内,并根据城市低收入住房困难家庭的居住需要,合理确定套型结构。

配套建设廉租住房的经济适用住房或者普通商品住房项目,应当在用地规划、国有土地划拨决定书或者国有土地使用权出让合同中,明确配套建设的廉租住房总建筑面积、套数、布局、套型以及建成后的移交或回购等事项。

第十五条 廉租住房建设免征行政事业性收费和政府性基金。

鼓励社会捐赠住房作为廉租住房房源或捐赠用于廉租住房的资金。

政府或经政府认定的单位新建、购买、改建住房作为廉租住房,社会捐赠廉租住房房源、资金,按照国家规定的有关税收政策执行。

第四章 申请与核准

第十六条 申请廉租住房保障,应当提供下列材料:

(一)家庭收入情况的证明材料;

(二)家庭住房状况的证明材料;

(三)家庭成员身份证和户口簿;

(四)市、县人民政府规定的其他证明材料。

第十七条 申请廉租住房保障,按照下列程序办理:

(一)申请廉租住房保障的家庭,应当由户主向户口所在地街道办事处或者镇人民政府提出书面申请;

(二)街道办事处或者镇人民政府应当自受理申请之日起30日内,就申请人的家庭收入、家庭住房状况是否符合规定条件进行审核,提出初审意见并张榜公布,将初审意见和申请材料一并报送市(区)、县人民政府建设(住房保障)主管部门;

(三)建设(住房保障)主管部门应当自收到申请材料之日起15日内,就申请人的家庭住房状况是否符合规定条件提出审核意见,并将符合条件的申请人的申请材料转同级民政部门;

(四)民政部门应当自收到申请材料之日起15日内,就申请人的家庭收入是否符合规定条件提出审核意见,并反馈同级建设(住房保障)主管部门;

(五)经审核,家庭收入、家庭住房状况符合规定条件的,由建设(住房保障)主管部门予以公示,公示期限为15日;对经公示无异议或者异议不成立的,作为廉租住房保障对象予以登记,书面通知申请人,并向社会公开登记结果。

经审核,不符合规定条件的,建设(住房保障)主管部门应当书面通知申请人,说明理由。申请人对审核结果有异议的,可以向建设(住房保障)主管部门申诉。

第十八条 建设(住房保障)主管部门、民政等有关部门以及街道办事处、镇人民政府,可以通过入户调查、邻里访问以及信函索证等方式对申请人的家庭收入和住房状况等进行核实。申请人及有关单位和个人应当予以配合,如实提供有关情况。

第十九条 建设(住房保障)主管部门应当综合考虑登记的城市低收入住房困难家庭的收入水平、住房困难程度和申请顺序以及个人申请的保障方式等,确定相应的保障方式及轮候顺序,并向社会公开。

对已经登记为廉租住房保障对象的城市居民最低生活保障家庭,凡申请租赁住房货币补贴的,要优先安排发放补贴,基本做到应保尽保。

实物配租应当优先面向已经登记为廉租住房保障对象的孤、老、病、残等特殊困难家庭,城市居民最低生活保障家庭以及其他急需救助的家庭。

第二十条 对轮候到位的城市低收入住房困难家庭,建设(住房保障)主管部门或者具体实施机构应当按照已确定的保障方式,与其签订租赁住房补贴协议或者廉租住房租赁合同,予以发放租赁住房补贴或者配租廉租住房。

发放租赁住房补贴和配租廉租住房的结果,应当予以公布。

第二十一条　租赁住房补贴协议应当明确租赁住房补贴额度、停止发放租赁住房补贴的情形等内容。

廉租住房租赁合同应当明确下列内容：

（一）房屋的位置、朝向、面积、结构、附属设施和设备状况；

（二）租金及其支付方式；

（三）房屋用途和使用要求；

（四）租赁期限；

（五）房屋维修责任；

（六）停止实物配租的情形，包括承租人已不符合规定条件的，将所承租的廉租住房转借、转租或者改变用途，无正当理由连续6个月以上未在所承租的廉租住房居住或者未交纳廉租住房租金等；

（七）违约责任及争议解决办法，包括退回廉租住房、调整租金、依照有关法律法规规定处理等；

（八）其他约定。

第五章　监督管理

第二十二条　国务院建设主管部门、省级建设（住房保障）主管部门应当会同有关部门，加强对廉租住房保障工作的监督检查，并公布监督检查结果。

市、县人民政府应当定期向社会公布城市低收入住房困难家庭廉租住房保障情况。

第二十三条　市（区）、县人民政府建设（住房保障）主管部门应当按户建立廉租住房档案，并采取定期走访、抽查等方式，及时掌握城市低收入住房困难家庭的人口、收入及住房变动等有关情况。

第二十四条　已领取租赁住房补贴或者配租廉租住房的城市低收入住房困难家庭，应当按年度向所在地街道办事处或者镇人民政府如实申报家庭人口、收入及住房等变动情况。

街道办事处或者镇人民政府可以对申报情况进行核实、张榜公布，并将申报情况及核实结果报建设（住房保障）主管部门。

建设（住房保障）主管部门应当根据城市低收入住房困难家庭人口、收入、住房等变化情况，调整租赁住房补贴额度或实物配租面积、租金等；对不再符合规定条件的，应当停止发放租赁住房补贴，或者由承租人按照合同约定退回廉租住房。

第二十五条　城市低收入住房困难家庭不得将所承租的廉租住房转借、转租或者改变用途。

城市低收入住房困难家庭违反前款规定或者有下列行为之一的，应当按照合同约定退回廉租住房：

（一）无正当理由连续6个月以上未在所承租的廉租住房居住的；

（二）无正当理由累计6个月以上未交纳廉租住房租金的。

第二十六条　城市低收入住房困难家庭未按照合同约定退回廉租住房的，建设（住房保障）主管部门应当责令其限期退回；逾期未退回的，可以按照合同约定，采取调整租金等方式处理。

城市低收入住房困难家庭拒绝接受前款规定的处理方式的，由建设（住房保障）主管部门或者具体实施机构依照有关法律法规规定处理。

第二十七条　城市低收入住房困难家庭的收入标准、住房困难标准等以及住房保障面积标准，实行动态管理，由市、县人民政府每年向社会公布一次。

第二十八条　任何单位和个人有权对违反本办法规定的行为进行检举和控告。

第六章　法律责任

第二十九条　城市低收入住房困难家庭隐瞒有关情况或者提供虚假材料申请廉租住房保障的，建设（住房保障）主管部门不予受理，并给予警告。

第三十条　对以欺骗等不正当手段，取得审核同意或者获得廉租住房保障的，由建设（住房保障）主管部门给予警告；对已经登记但尚未获得廉租住房保障的，取消其登记；对已经获得廉租住房保障的，责令其退还已领取的租赁住房补贴，或者退出实物配租的住房并按市场价格补交以前房租。

第三十一条　廉租住房保障实施机构违反本办法规定，不执行政府规定的廉租住房租金标准的，由价格主管部门依法查处。

第三十二条　违反本办法规定，建设（住房保障）主管部门及有关部门的工作人员或者市、县人民政府确定的实施机构的工作人员，在廉租住房保障工作中滥用职权、玩忽职守、徇私舞弊的，依法给予处分；构成犯罪的，依法追究刑事责任。

第七章　附　　则

第三十三条　对承租直管公房的城市低收入家庭，可以参照本办法有关规定，对住房保障面积标准范围内的租金予以适当减免。

第三十四条　本办法自2007年12月1日起施行。2003年12月31日发布的《城镇最低收入家庭廉租住房管理办法》（建设部、财政部、民政部、国土资源部、国家税务总局令第120号）同时废止。

最低生活保障审核确认办法

（2021年6月11日　民发〔2021〕57号）

第一章　总　　则

第一条　为规范最低生活保障审核确认工作，根据《社会救助暂行办法》、《中共中央办公厅 国务院办公厅印发<关于改革完善社会救助制度的意见>的通知》及国家相关规定，制定本办法。

第二条 县级人民政府民政部门负责最低生活保障的审核确认工作，乡镇人民政府（街道办事处）负责最低生活保障的受理、初审工作。村（居）民委员会协助做好相关工作。

有条件的地方可按程序将最低生活保障审核确认权限下放至乡镇人民政府（街道办事处），县级民政部门加强监督指导。

第三条 县级以上地方人民政府民政部门应当加强本辖区内最低生活保障审核确认工作的规范管理和相关服务，促进最低生活保障工作公开、公平、公正。

第二章 申请和受理

第四条 申请最低生活保障以家庭为单位，由申请家庭确定一名共同生活的家庭成员作为申请人，向户籍所在地乡镇人民政府（街道办事处）提出书面申请；实施网上申请受理的地方，可以通过互联网提出申请。

第五条 共同生活的家庭成员户籍所在地不在同一省（自治区、直辖市）的，可以由其中一个户籍所在地与经常居住地一致的家庭成员向其户籍所在地提出申请；共同生活的家庭成员户籍所在地与经常居住地均不一致的，可由任一家庭成员向其户籍所在地提出申请。最低生活保障审核确认、资金发放等工作由申请受理地县级人民政府民政部门和乡镇人民政府（街道办事处）负责，其他有关县级人民政府民政部门和乡镇人民政府（街道办事处）应当配合做好相关工作。

共同生活的家庭成员户籍所在地在同一省（自治区、直辖市）但不在同一县（市、区、旗）的，最低生活保障的申请受理、审核确认等工作按照各省（自治区、直辖市）有关规定执行。

有条件的地区可以有序推进持有居住证人员在居住地申办最低生活保障。

第六条 共同生活的家庭成员申请有困难的，可以委托村（居）民委员会或者其他人代为提出申请。委托申请的，应当办理相应委托手续。

乡镇人民政府（街道办事处）、村（居）民委员会在工作中发现困难家庭可能符合条件，但是未申请最低生活保障的，应当主动告知其共同生活的家庭成员相关政策。

第七条 共同生活的家庭成员包括：

（一）配偶；

（二）未成年子女；

（三）已成年但不能独立生活的子女，包括在校接受全日制本科及以下学历教育的子女；

（四）其他具有法定赡养、扶养、抚养义务关系并长期共同居住的人员。

下列人员不计入共同生活的家庭成员：

（一）连续三年以上（含三年）脱离家庭独立生活的宗教教职人员；

（二）在监狱内服刑、在戒毒所强制隔离戒毒或者宣告失踪人员；

（三）省级人民政府民政部门根据本条原则和有关程序认定的其他人员。

第八条 符合下列情形之一的人员，可以单独提出申请：

（一）最低生活保障边缘家庭中持有中华人民共和国残疾人证的一级、二级重度残疾人和三级智力残疾人、三级精神残疾人；

（二）最低生活保障边缘家庭中患有当地有关部门认定的重特大疾病的人员；

（三）脱离家庭、在宗教场所居住三年以上（含三年）的生活困难的宗教教职人员；

（四）县级以上人民政府民政部门规定的其他特殊困难人员。

最低生活保障边缘家庭一般指不符合最低生活保障条件，家庭人均收入低于当地最低生活保障标准1.5倍，且财产状况符合相关规定的家庭。

第九条 申请最低生活保障，共同生活的家庭成员应当履行以下义务：

（一）按规定提交相关申请材料；

（二）承诺所提供的信息真实、完整；

（三）履行授权核对其家庭经济状况的相关手续；

（四）积极配合开展家庭经济状况调查。

第十条 乡镇人民政府（街道办事处）应当对提交的材料进行审查，材料齐备的，予以受理；材料不齐备的，应当一次性告知补齐所有规定材料；可以通过国家或地方政务服务平台查询获取的相关材料，不再要求重复提交。

第十一条 对于已经受理的最低生活保障家庭申请，共同生活家庭成员与最低生活保障经办人员或者村（居）民委员会成员有近亲属关系的，乡镇人民政府（街道办事处）应当单独登记备案。

第三章 家庭经济状况调查

第十二条 家庭经济状况指共同生活家庭成员拥有的全部家庭收入和家庭财产。

第十三条 家庭收入指共同生活的家庭成员在规定期限内获得的全部现金及实物收入。主要包括：

（一）工资性收入。工资性收入指就业人员通过各种途径得到的全部劳动报酬和各种福利并扣除必要的就业成本，包括因任职或者受雇而取得的工资、薪金、奖金、劳动分红、津贴、补贴以及与任职或者受雇有关的其他所得等。

（二）经营净收入。经营净收入指从事生产经营及有偿服务活动所获得全部经营收入扣除经营费用、生产性固定资产折旧和生产税之后得到的收入。包括从事种植、养殖、采集及加工等农林牧渔业的生产收入，从事工业、建筑业、手工业、交通运输业、批发和零售贸易业、餐饮业、文教卫生业和社会服务业等经营及有偿服务活动的收入等。

（三）财产净收入。财产净收入指出让动产和不动产，或将动产和不动产交由其他机构、单位或个人使用并扣除相关费用之后得到的收入，包括储蓄存款利息、有价证券红利、储蓄性保险投资以及其他股息和红利等收入，集体财产收入分红和其他动产收入，以及转租承包土地经营权、出租或者出让房产以及其他不动产收入等。

（四）转移净收入。转移净收入指转移性收入扣减转移性支出之后的收入。其中，转移性收入指国家、机关企事业单位、社会组织对居民的各种经常性转移支付和居民之间的经常性收入转移，包括赡养（抚养、扶养）费、离退休金、失业保险金、遗属补助金、赔偿收入、接受捐赠（赠送）收入等；转移性支出指居民对国家、企事业单位、社会组织、居民的经常性转移支出，包括缴纳的税款、各项社会保障支出、赡养支出以及其他经常性转移支出等。

（五）其他应当计入家庭收入的项目。

下列收入不计入家庭收入：

（一）国家规定的优待抚恤金、计划生育奖励与扶助金、奖学金、见义勇为等奖励性补助；

（二）政府发放的各类社会救助款物；

（三）“十四五”期间，中央确定的城乡居民基本养老保险基础养老金；

（四）设区的市级以上地方人民政府规定的其他收入。

对于共同生活的家庭成员因残疾、患重病等增加的刚性支出、必要的就业成本等，在核算家庭收入时可按规定适当扣减。

第十四条　家庭财产指共同生活的家庭成员拥有的全部动产和不动产。动产主要包括银行存款、证券、基金、商业保险、债权、互联网金融资产以及车辆等。不动产主要包括房屋、林木等定着物。对于维持家庭生产生活的必需财产，可以在认定家庭财产状况时予以豁免。

第十五条　乡镇人民政府（街道办事处）应当自受理最低生活保障申请之日起3个工作日内，启动家庭经济状况调查工作。调查可以通过入户调查、邻里访问、信函索证或者提请县级人民政府民政部门开展家庭经济状况信息核对等方式进行。

共同生活家庭成员经常居住地与户籍所在地不一致的，经常居住地县级人民政府民政部门和乡镇人民政府（街道办事处）应当配合开展家庭经济状况调查、动态管理等相关工作。

第十六条　乡镇人民政府（街道办事处）可以在村（居）民委员会协助下，通过下列方式对申请家庭的经济状况和实际生活情况予以调查核实。每组调查人员不得少于2人。

（一）入户调查。调查人员到申请家庭中了解家庭收入、财产情况和吃、穿、住、用等实际生活情况。入户调查结束后，调查人员应当填写入户调查表，并由调查人员和在场的共同生活家庭成员分别签字。

（二）邻里访问。调查人员到申请家庭所在村（居）民委员会和社区，走访了解其家庭收入、财产和实际生活状况。

（三）信函索证。调查人员以信函等方式向相关单位和部门索取有关佐证材料。

（四）其他调查方式。

发生重大突发事件时，前款规定的入户调查、邻里访问程序可以采取电话、视频等非接触方式进行。

第十七条　县级人民政府民政部门应当在收到乡镇人民政府（街道办事处）对家庭经济状况进行信息核对提请后3个工作日内，启动信息核对程序，根据工作需要，依法依规查询共同生活家庭成员的户籍、纳税记录、社会保险缴纳、不动产登记、市场主体登记、住房公积金缴纳、车船登记，以及银行存款、商业保险、证券、互联网金融资产等信息。

县级人民政府民政部门可以根据当地实际情况，通过家庭用水、用电、燃气、通讯等日常生活费用支出，以及是否存在高收费学校就读（含入托、出国留学）、出国旅游等情况，对家庭经济状况进行辅助评估。

第十八条　经家庭经济状况信息核对，不符合条件的最低生活保障申请，乡镇人民政府（街道办事处）应当及时告知申请人。

申请人有异议的，应当提供相关佐证材料；乡镇人民政府（街道办事处）应当组织开展复查。

第四章　审核确认

第十九条　乡镇人民政府（街道办事处）应当根据家庭经济状况调查核实情况，提出初审意见，并在申请家庭所在村、社区进行公示。公示期为7天。公示期满无异议的，乡镇人民政府（街道办事处）应当及时将申请材料、家庭经济状况调查核实结果、初审意见等相关材料报送县级人民政府民政部门。

公示有异议的，乡镇人民政府（街道办事处）应当对申请家庭的经济状况重新组织调查或者开展民主评议。调查或者民主评议结束后，乡镇人民政府（街道办事处）应当重新提出初审意见，连同申请材料、家庭经济状况调查核实结果等相关材料报送县级人民政府民政部门。

第二十条　县级人民政府民政部门应当自收到乡镇人民政府（街道办事处）上报的申请材料、家庭经济状况调查核实结果和初审意见等材料后10个工作日内，提出审核确认意见。

对单独登记备案或者在审核确认阶段接到投诉、举报的最低生活保障申请，县级人民政府民政部门应当入户调查。

第二十一条 县级人民政府民政部门经审核，对符合条件的申请予以确认同意，同时确定救助金额，发放最低生活保障证或确认通知书，并从作出确认同意决定之日下月起发放最低生活保障金。对不符合条件的申请不予确认同意，并应当在作出决定3个工作日内，通过乡镇人民政府（街道办事处）书面告知申请人并说明理由。

第二十二条 最低生活保障审核确认工作应当自受理之日起30个工作日之内完成；特殊情况下，可以延长至45个工作日。

第二十三条 最低生活保障金可以按照审核确定的申请家庭人均收入与当地最低生活保障标准的实际差额计算；也可以根据申请家庭困难程度和人员情况，采取分档方式计算。

第二十四条 县级人民政府民政部门应当在最低生活保障家庭所在村、社区公布最低生活保障申请人姓名、家庭成员数量、保障金额等信息。

信息公布应当依法保护个人隐私，不得公开无关信息。

第二十五条 最低生活保障金原则上实行社会化发放，通过银行、信用社等代理金融机构，按月支付到最低生活保障家庭的账户。

第二十六条 乡镇人民政府（街道办事处）或者村（居）民委会相关工作人员代为保管用于领取最低生活保障金的银行存折或银行卡的，应当与最低生活保障家庭成员签订书面协议并报县级人民政府民政部门备案。

第二十七条 对获得最低生活保障后生活仍有困难的老年人、未成年人、重度残疾人和重病患者，县级以上地方人民政府应当采取必要措施给予生活保障。

第二十八条 未经申请受理、家庭经济状况调查、审核确认等程序，不得将任何家庭或者个人直接纳入最低生活保障范围。

第五章 管理和监督

第二十九条 共同生活的家庭成员无正当理由拒不配合最低生活保障审核确认工作的，县级人民政府民政部门和乡镇人民政府（街道办事处）可以终止审核确认程序。

第三十条 最低生活保障家庭的人口状况、收入状况和财产状况发生变化的，应当及时告知乡镇人民政府（街道办事处）。

第三十一条 乡镇人民政府（街道办事处）应当对最低生活保障家庭的经济状况定期核查，并根据核查情况及时报县级人民政府民政部门办理最低生活保障金增发、减发、停发手续。

对短期内经济状况变化不大的最低生活保障家庭，乡镇人民政府（街道办事处）每年核查一次；对收入来源不固定、家庭成员有劳动能力的最低生活保障家庭，每半年核查一次。核查期内最低生活保障家庭的经济状况没有明显变化的，不再调整最低生活保障金额度。

发生重大突发事件时，前款规定的核查期限可以适当延长。

第三十二条 县级人民政府民政部门作出增发、减发、停发最低生活保障金决定，应当符合法定事由和规定程序；决定减发、停发最低生活保障金的，应当告知最低生活保障家庭成员并说明理由。

第三十三条 鼓励具备就业能力的最低生活保障家庭成员积极就业。对就业后家庭人均收入超过当地最低生活保障标准的最低生活保障家庭，县级人民政府民政部门可以给予一定时间的渐退期。

第三十四条 最低生活保障家庭中有就业能力但未就业的成员，应当接受人力资源社会保障等有关部门介绍的工作；无正当理由，连续3次拒绝接受介绍的与其健康状况、劳动能力等相适应的工作的，县级人民政府民政部门应当决定减发或者停发其本人的最低生活保障金。

第三十五条 县级以上人民政府民政部门应当加强对最低生活保障审核确认工作的监督检查，完善相关的监督检查制度。

第三十六条 县级以上地方人民政府民政部门和乡镇人民政府（街道办事处）应当公开社会救助服务热线，受理咨询、举报和投诉，接受社会和群众对最低生活保障审核确认工作的监督。

第三十七条 县级以上地方人民政府民政部门和乡镇人民政府（街道办事处）对接到的实名举报，应当逐一核查，并及时向举报人反馈核查处理结果。

第三十八条 申请或者已经获得最低生活保障的家庭成员对于民政部门作出的具体行政行为不服的，可以依法申请行政复议或者提起行政诉讼。

第三十九条 从事最低生活保障工作的人员存在滥用职权、玩忽职守、徇私舞弊、失职渎职等行为的，应当依法依规追究相关责任。对秉持公心、履职尽责但因客观原因出现失误偏差且能够及时纠正的，依法依规免于问责。

第六章 附 则

第四十条 省（自治区、直辖市）人民政府民政部门可以根据本办法，结合本地实际，制定实施细则，并报民政部备案。

第四十一条 本办法由民政部负责解释。

第四十二条 本办法自2021年7月1日起施行，2012年12月12日民政部印发的《最低生活保障审核审批办法（试行）》（民发〔2012〕220号）同时废止。

关于进一步规范城乡居民最低生活保障标准制定和调整工作的指导意见

（2011年5月11日 民发〔2011〕80号）

各省、自治区、直辖市民政厅（局）、发展改革委（物价局）、财政厅（局）、统计局，新疆生产建设兵团民政局、发展改革委、财务局、统计局，国家统计局各调查总队：

为进一步规范城乡居民最低生活保障（以下简称城乡低保）标准的制定和调整工作，根据《城市居民最低生活保障条例》（国务院令第271号，以下简称《条例》）和《国务院关于在全国建立农村最低生活保障制度的通知》（国发〔2007〕19号，以下简称《通知》）有关规定，结合各地的实践经验和做法，提出以下指导意见：

一、深刻认识规范城乡低保标准制定和调整工作的重要意义

低保标准是城乡低保制度的关键环节，是界定低保范围、核定低保对象、确定补助水平以及安排补助资金的重要依据。近年来，各地按照《条例》和《通知》要求，在科学制定和调整低保标准方面不断探索完善，取得了一定成效。但是，从全国情况看，城乡低保标准的制定和调整工作还存在一些需要规范的问题。如，一些地方缺乏必要论证和科学测算，简单参照扶贫标准或全国平均低保标准来制定和调整低保标准，难以真实反映当地居民的基本生活需求，甚至导致保障面过宽而影响了低保对象劳动就业的积极性；还有一些地方没有及时根据经济社会发展水平和财政承受能力，随着生活必需品的价格变化和人民生活水平的提高而适时调整低保标准，影响了低保制度实施效果和困难群众基本生活保障力度。为确保城乡低保制度平稳运行，真正发挥好最后一道社会安全网的保障作用，各地要统一思想，提高认识，将规范城乡低保标准制定和调整工作作为当前健全完善城乡低保制度的一项重要任务，加强领导，精心组织，切实抓紧、抓实、抓好。

二、准确把握城乡低保标准制定和调整的指导思想和基本原则

（一）指导思想。进一步规范城乡低保标准制定和调整工作，要深入贯彻落实科学发展观，按照党的十七届五中全会关于"努力实现居民收入增长和经济发展同步，低收入者收入明显增加"和"实现城乡社会救助全覆盖"的总体要求，以《条例》和《通知》为根本依据，以确保困难群众基本生活为核心目标，不断提高城乡低保标准制定和调整的科学化、精细化和规范化水平。

（二）基本原则。进一步规范城乡低保标准制定和调整工作，必须结合当地社会救助事业发展实际，不断完善和创新机制。要坚持科学性原则，以维持当地居民基本生活所必需的消费品支出数据为基础，科学测算，充分论证；坚持合理性原则，统筹考虑困难群众基本生活保障需要、当地经济社会发展水平和财力状况，使城乡低保标准与失业保险、最低工资、扶贫开发等政策标准合理衔接；坚持动态性原则，建立和完善城乡低保标准与物价上涨挂钩的联动机制，并随着当地居民生活必需品价格变化和人民生活水平的提高定期调整城乡低保标准；坚持规范性原则，制定和调整城乡低保标准要严格遵循有关政策规定和程序规范，确保公开、公正和透明。

三、科学确定城乡低保标准制定和调整的方法

各地在制定和调整城乡低保标准时，可以采用基本生活费用支出法、恩格尔系数法或消费支出比例法。

（一）基本生活费用支出法。

城乡低保标准根据当地居民基本生活费用支出确定，包括必需食品消费支出和非食品类生活必需品支出两部分。用公式表示为：

城乡低保标准＝必需食品消费支出＋非食品类生活必需品支出

其中，必需食品消费支出通过市场调查确定当地食品必需品消费清单（即标准食物清单）、根据中国营养学会推荐的能量摄入量（见附件1）、相应食物摄入量（见附件2）以及食物的市场价格计算得出；非食品类生活必需品支出根据调查数据确定维持基本生活所必需的衣物、水电、燃煤（燃气）、公共交通、日用品等消费清单测算支出数额。

为确保城乡低保标准的制定和调整符合当地实际，各地可以参考当地上年度城乡居民人均消费支出、城镇居民人均可支配收入、农民人均纯收入、城乡低收入居民基本生活费用，以及经济发展水平、财政状况等因素对测算得出的低保标准予以适当调整。

（二）恩格尔系数法。

城乡低保标准根据当地居民必需食品消费支出和上年度最低收入家庭恩格尔系数确定。用公式表示为：

城乡低保标准＝必需食品消费支出/上年度最低收入家庭恩格尔系数

其中，必需食品消费支出的确定方法同基本生活费用支出法，即通过市场调查确定当地食品必需品消费清单（即标准食物清单）、根据中国营养学会推荐的能量摄入量（见附件1）、相应食物摄入量（见附件2）以及食物的市场价格计算得出。

为确保城乡低保标准的制定和调整符合当地实际，各地可以参考当地上年度城乡居民人均消费支出、城镇居民人均可支配收入、农民人均纯收入、城乡低收入居民基本生活费用，以及经济发展水平、财政状况等因素对测算得出的低保标准予以适当调整。

（三）消费支出比例法。

已按基本生活费用支出法或恩格尔系数法测算出城乡低保标准的地区，可将此数据与当地上年度城乡居民人均消费支出进行比较，得出低保标准占上年度城乡居民人均消费支出的比例。在今后一定时期内再次计算城乡低保标准时，可直接用当地上年度城乡居民人均消费支出乘以此比例。用公式表示为：

城乡低保标准=当地上年度城乡居民人均消费支出×低保标准占上年度城乡居民人均消费支出的比例

四、认真做好城乡低保标准的制定和调整工作

（一）精心组织。各地要按照《条例》和《通知》规定的城乡低保标准制定权限，成立由民政、财政、发展改革（价格）、统计（调查队）等部门组成的城乡低保标准制定和调整工作小组（以下简称工作小组），制定工作方案，明确工作方法、步骤和时间表。工作小组各成员单位要明确职责，相互配合，共同做好城乡低保标准制定和调整工作。

（二）科学测算。工作小组要综合使用统计数据、监测数据和调查数据，运用"基本生活费用支出法"、"恩格尔系数法"或"消费支出比例法"，科学测算当地城乡低保标准。其中，统计数据是指当地统计部门通过调查所得，并已向社会公布的数据，主要包括上年度城乡居民人均消费支出、上年度城镇居民人均可支配收入、农民人均纯收入、城乡最低收入家庭恩格尔系数等；监测数据是指价格主管部门监测的基本生活必需品消费清单所涉及的商品市场价格；调查数据是指未纳入当地统计和监测，需要工作小组通过抽样调查获得的数据。

（三）规范程序。城乡低保标准测算完成后，要由工作小组或其成员单位联合报请本级人民政府审批。按照《条例》和《通知》规定，需要备案的，要同时报上一级地方人民政府备案。根据本级人民政府的批复，工作小组或民政部门要通过网站、报纸等媒体以适当方式，将新的城乡低保标准向社会公告，并按批复要求的时间执行。

（四）加强指导。省级人民政府民政部门、财政部门要发挥好指导和调控作用，注意引导经济社会发展水平相近地区逐步缩小地区间城乡低保标准差距。条件成熟的地方，也可试行由省级人民政府民政部门会同财政、发展改革（价格）、统计（调查总队）等部门，根据区域经济社会发展状况，制定本辖区内相对统一的区域城乡低保标准。

附件：

1. 中国居民膳食能量推荐摄入量（略）
2. 中国居民不同能量水平建议食物摄入量（略）

民政部关于落实孤老优抚对象农村五保供养和城市最低生活保障待遇的通知

（2011 年 4 月 7 日　民发〔2011〕48 号）

各省、自治区、直辖市民政厅（局）：

孤老优抚对象是一个特殊群体，曾经为国家独立、民族解放和社会主义建设做出过特殊贡献。目前，他们大多已享受到国家的优抚待遇。同时，孤老优抚对象作为社会普通成员，也是一个需各方关注的困难群体，理应享受到各项社会保障政策的普惠待遇。为充分体现党和政府对他们的关心和照顾，进一步提高其生活保障水平，现将有关事项通知如下：

一、对符合农村五保供养和城市最低生活保障政策条件的孤老优抚对象全部优先纳入保障范围并落实相应待遇，切实做到应保尽保，及时入保。

二、各地要严格执行抚恤补助金不计入优抚对象家庭收入的规定。在孤老优抚对象申请享受农村五保供养和城市最低生活保障待遇，核算其家庭收入时，扣除其享受的抚恤补助金。

三、各地要加强组织领导，安排专门力量，对孤老优抚对象享受五保供养和最低生活保障政策情况进行一次调查摸底，对已享受五保供养和最低生活保障待遇的孤老优抚对象要登记造册，做到心中有数；对符合条件但未享受五保供养和最低生活保障待遇的孤老优抚对象要统计汇总，尽快办理相关手续，纳入保障范围。

四、各地要按照通知要求，尽快部署开展相关工作，于今年 6 月 30 日前将孤老优抚对象农村五保供养和城市最低生活保障待遇全部落实到位，并把工作进展情况按照附表要求以省（自治区、直辖市）民政厅（局）名义及时报民政部。

五、执行本通知所需五保供养和最低生活保障资金由原渠道解决。

附表：《落实孤老优抚对象农村五保供养和城市最低生活保障待遇工作进展情况表》（略）

民政部关于进一步加强城市低保对象认定工作的通知

（2010 年 6 月 13 日　民函〔2010〕140 号）

各省、自治区、直辖市民政厅（局），各计划单列市民政局，新疆生产建设兵团民政局：

近年来，我国政府在城市低保方面的财政投入越来越大，低保标准和低保对象的救助水平都有了较大幅度的提高，这对于保障困难群众的基本生活,维护社会稳定发挥了重要作用。但是,从最近的检查以及国家审计署对部分地区低保工作审计反馈的情况看,还存在低保对象认定不够准确问题,个别地方还相当突出。为进一步规范城市低保管理工作,落实好“全国社会救助规范管理工作会议”精神,现就进一步做好城市低保对象认定工作通知如下:

一、进一步完善低保对象认定制度

低保对象认定是城市低保工作的核心环节。只有准确认定低保对象,才能确保这项民生实事真正落到实处,才能确保困难群众的基本生活真正得到保障,也才能确保“应保尽保”的制度目标顺利实现。针对近期一些地方暴露出的低保对象认定不准问题,各地要严肃查处,并举一反三,认真总结经验教训,切实加强制度建设,从根本上杜绝低保对象认定工作中的各种漏洞。

各地要按照党中央、国务院的新要求,根据我国经济社会形势的新变化,及时修订完善《城市居民最低生活保障条例》实施办法或实施细则,制定并实施城市低保操作规程,从资格条件、申请审批、收入核定、分类施保、动态管理、退出机制等各方面作出规定,努力做到制度完善、规定明确、有章可依、便于操作。

二、进一步规范低保对象认定条件

(一)规范户籍认定条件。根据《城市居民最低生活保障条例》的有关规定,享受城市低保待遇的必须是持有非农业户口的城市居民。在取消农业户口和非农业户口划分的地区,原则上可将户籍所在地为城镇行政区域且居住超过一定期限、不拥有承包土地、不参加农村集体经济收益分配等作为申请城市低保的户籍条件。对于户口不在一起的城市家庭,应首先将户口迁移到一起,然后再申请低保。因特殊原因无法将户口迁移到一起的,应由户主在其户籍所在地提出低保申请,其他家庭成员分别提供收入证明。原则上,户籍不在本地的家庭成员应申请享受其户籍所在地的低保待遇;特殊情况也可随户主一起申请享受居住地的低保待遇。申请享受居住地低保待遇的,应由其户籍所在地乡镇(街道)政府或村(居)民委员会出具未享受低保待遇的证明。家庭生活确有困难,且已丧失劳动能力的成年重度残疾人,应在单独立户后申请低保。

(二)规范家庭财产的类别和条件。家庭财产是指共同生活的家庭成员所拥有的有价证券、存款、房产、车辆等资产。各地应将家庭财产作为认定城市低保对象的重要依据。对于拥有大额存款、有价证券、多套房产、机动车、经营性资产等财产的家庭,各地应根据财产类型规定不同的条件,并依据这些条件来认定低保对象。

(三)规范家庭收入的类别和计算方法。家庭收入是指共同生活的家庭成员在规定期限内的全部可支配收入,包括扣除缴纳的个人所得税及个人按规定缴纳的社会保障性支出后的工资性收入、经营性净收入、财产性收入和转移性收入等。家庭人均月收入是否低于当地低保标准,是能否享受低保待遇的基本条件。

(四)规范家庭收入的减免类型和金额。根据《城市居民最低生活保障条例》规定,优抚对象按照国家规定享受的抚恤金、补助金不计入家庭收入。其他可以减免的类型如独生子女费、孤残儿童基本生活费等,应由当地人民政府作出明确规定。

各地在认定城市低保对象时,要按照户籍条件、家庭财产条件、家庭收入条件,认真操作,严格把关。对破产改制企业下岗职工、城镇集体企业未参保退休人员以及失地农民等家庭申请低保的,应及时受理申请,符合条件的及时纳入城市低保救助范围;不符合低保救助条件,但生活确有困难的,应通过临时救助等方式保障其基本生活。

三、进一步改进低保对象认定方法

(一)由街道、乡镇低保经办机构直接受理低保申请。受街道或乡镇低保经办机构委托受理低保申请的社区居民委员会,要将申请人提交的所有材料以及家庭经济状况调查结果全部上交到街道或者乡镇低保经办机构,不得自行作出不予受理或不符合低保条件的决定。

(二)入户调查应存录原始资料。入户调查和邻里走访应由两人以上同行,并详细、真实记录低保申请人家庭生活情况,以备街道和区(县)级民政部门审核、审批时查验。

(三)民主评议应规范、简便,讲求实效。民主评议的参加人员应为社区居民委员会成员、街道及社区低保工作人员、居民代表以及驻社区人大代表、政协委员等,总人数不得少于7人,并定期轮换。评议时,应充分了解低保申请家庭的情况,必要时,可向低保申请人或者其代理人询问。民主评议应采取无记名的方式使与会人员充分表达意见,并当场公布评议结果。评议结果无论同意与否,都应上报街道、乡镇低保经办机构。

(四)张榜公示应限定范围和时间。一般情况下,公示的范围应限于低保申请人所居住的社区居委会,不提倡在互联网站上公示;公示的内容应仅限于拟批准享受低保的户主姓名、家庭人口数及享受金额,应注意保护其家庭特别是儿童的隐私;对于老年人家庭、残疾人家庭等家庭收入无变化或变化不大的,不宜实行常年公示。

(五)县级民政部门应建立随机抽查制度。要对低保家庭实行分类管理,对于家庭收入无变化或者变化不大的家庭,可每年复核一次;对于家庭收入处于经常变动状态的,至少每半年复核一次。县级民政部门要加强随机抽查力度,每年抽查数量应分别不少于新申请低保家庭总数和已有低保家庭总数的20%。

(六)加快推进居民家庭收入核对机制建设。要按照《城市低收入家庭认定办法》(民发〔2008〕156号)的有关要求,认真分析居民家庭收入核对涉及的部门和机构，精心研究各类居民家庭收入信息共享的办法和措施，根据居民家庭收入的不同类型，尽快与税务、房地产、社会保险、公积金、车辆、工商、金融等部门协商收入核对的具体程序和办法，建立分层次、多类别、高效率、运转灵活的居民家庭收入核对运行机制。

四、做好低保对象认定排查工作

从现在起到今年年底，各地要组织开展一次针对城市低保对象认定工作的排查。一是查制度规定。确保与低保对象认定有关的各项制度健全、翔实，符合国家有关法规政策和当地实际情况。二是查制度落实。通过排查，准确掌握低保对象的基本信息，进一步摸清他们的实际生活状况，对符合低保条件的要实现"应保尽保"，对不符合低保条件的要"应退尽退"。三是查问题纠正。对有关部门反映的低保工作中存在的问题，以及群众举报、信访等个案，要认真核查，及时纠正。排查的具体形式由当地民政部门决定，并将有关情况及时报民政部。

城市低收入家庭认定办法

（2008 年 10 月 22 日　民发〔2008〕156 号）

为规范廉租住房、经济适用住房保障以及其他社会救助工作中的城市低收入家庭收入核定行为，根据《国务院关于解决城市低收入家庭住房困难的若干意见》（国发〔2007〕24 号），制定以下办法。

一、本办法所称城市低收入家庭，是指家庭成员人均收入和家庭财产状况符合当地人民政府规定的低收入标准的城市居民家庭。家庭成员是指具有法定赡养、抚养或扶养关系并共同生活的人员。

二、民政部负责全国城市低收入家庭收入核定的管理工作。

县（市、区）以上地方人民政府民政部门负责本行政区域内城市低收入家庭收入核定的管理工作。

县（市、区）人民政府民政部门以及街道办事处或者乡镇人民政府负责城市低收入家庭收入核定的具体工作。

三、社区居民委员会根据街道办事处或者乡镇人民政府的委托，可以承担城市低收入家庭收入核定的日常服务工作。

四、县（市、区）以上人民政府发展改革、价格、公安、财政、人力资源社会保障、住房城乡建设（房地产）、金融、税务、工商、统计等部门在各自职责范围内做好城市低收入家庭收入核定的有关工作。

五、地方各级人民政府要加强城市低收入家庭收入核定工作机构能力建设，落实必要的工作人员和经费。街道办事处、乡镇人民政府要采取调配、招用等形式，配备必要工作人员。

六、城市低收入家庭收入标准实行动态管理，每年公布一次。直辖市、设区的市低收入家庭收入标准，由市人民政府制定；县（市）城市低收入家庭收入标准，由县（市）人民政府制定，并报上级人民政府备案。

七、城市低收入家庭收入标准主要包括家庭收入和家庭财产两项指标，应当根据当地经济和社会发展水平，统筹考虑居民人均可支配收入、最低生活保障标准、最低工资标准以及住房保障和其他社会救助的关系，以满足城市居民基本生活需求为原则，按照不同救助项目需求和家庭支付能力确定。

八、家庭收入是指家庭成员在一定期限内拥有的全部可支配收入，包括扣除缴纳的个人所得税以及个人缴纳的社会保障支出后的工薪收入、经营性净收入、财产性收入和转移性收入等。家庭财产是指家庭成员拥有的全部存款、房产、车辆、有价证券等财产。

九、家庭成员按照国家规定获得的优待抚恤金、计划生育奖励与扶助金、教育奖（助）学金、寄宿生生活费补助以及见义勇为等奖励性补助，不计入家庭收入。

十、城市居民家庭在申请廉租住房、经济适用住房保障或者其他社会救助时，应当提供家庭收入、家庭财产等状况的证明材料，并以书面形式一并向户籍所在地的街道办事处或者乡镇人民政府提出核定其家庭收入状况的申请。具体申请程序按照有关规定办理。

十一、县（市、区）人民政府民政部门以及街道办事处或者乡镇人民政府应当通过书面审查、入户调查、信息查证、邻里访问以及信函索证等方式，对申请低收入核定的家庭至少最近 6 个月的收入和财产状况进行调查核实。有关个人、单位、组织应当积极配合，并如实提供有关情况。

十二、经申请低收入核定的家庭授权，县（市、区）人民政府民政部门以及街道办事处或者乡镇人民政府，可以对家庭成员的收入和财产状况进行查询。公安（户籍和车辆管理）、人力资源社会保障（社会保险）、住房城乡建设（房地产）、金融、工商、税务、住房公积金等部门和机构应当予以配合。具体查询办法由民政部会同有关部门另行规定。

十三、县（市、区）人民政府民政部门应当为符合当地人民政府规定的低收入家庭收入标准的城市居民家庭出具家庭收入核定证明。

十四、县（市、区）人民政府民政部门以及街道办事处或者乡镇人民政府应当设立举报箱或举报电话，接受群众和社会监督。

十五、城市居民最低生活保障家庭可直接认定为城市低收入家庭，不再重复进行家庭收入核定。

十六、城市低收入家庭应当按年度向所在地街道办事处或者乡镇人民政府如实申报家庭人口、收入以及财产的变动情况。街道办事处或者乡镇人民政府应当对申报情况进行核实，并将申报及核实情况报送县（市、区）人民政府民政部门。

县(市、区)人民政府民政部门应当根据城市低收入家庭人口、收入以及财产的变动情况,重新出具家庭收入核定证明。

十七、县(市、区)人民政府民政部门应当按户建立收入审核档案,并将城市低收入家庭的人口、收入、财产等变动情况,以及享受廉租住房、经济适用住房保障或者其他社会救助的情况,及时登记归档。

十八、各地应当逐步建立城市家庭收入审核信息系统,有效利用公安(户籍和车辆管理)、人力资源社会保障(社会保险)、住房城乡建设、金融、工商、税务、住房公积金等政府部门及有关机构的数据,实现信息共享,方便信息比对和核查,建立科学、高效的收入审核信息平台。

十九、申请低收入核定的家庭不如实提供相关情况,隐瞒收入和财产,骗取城市低收入家庭待遇的,由县(市、区)人民政府民政部门取消已出具的家庭收入核定证明,并记入人民银行企业和个人信用信息基础数据库及有关部门建立的诚信体系。

国家机关、企事业单位、社会团体、村(居)民委员会以及其他社会组织,不如实提供申请低收入核定的家庭及家庭成员的有关情况,或者出具虚假证明的,由县(市、区)人民政府民政部门提请其上级主管机关或者有关部门依照法律法规和有关规定处理,并记入人民银行企业和个人信用信息基础数据库及有关部门建立的诚信体系。

二十、城市家庭收入审核工作人员玩忽职守、滥用职权、徇私舞弊的,依法给予行政处分;涉嫌犯罪的,依法移送司法机关处理。

二十一、各省、自治区、直辖市人民政府可以根据本办法制定具体的实施办法。

民政部关于积极开展城市低收入家庭认定工作的若干意见

(2009 年 6 月 19 日 民发〔2009〕86 号)

各省、自治区、直辖市民政厅(局),计划单列市民政局,新疆生产建设兵团民政局:

2008 年 10 月,经国务院同意,我部会同有关部委(局)联合下发《城市低收入家庭认定办法》(民发〔2008〕156 号,以下简称《办法》)。《办法》就城市低收入家庭的认定标准、认定程序、认定方法以及民政部门的职责任务等作出明确规定。《办法》下发后,各地民政部门积极行动,加强沟通协调,深入调查研究,相继启动城市低收入家庭认定的相关工作。为使城市低收入家庭认定工作落到实处,进一步健全完善城市社会救助体系,现就做好城市低收入家庭认定工作提出如下意见:

一、充分认识开展城市低收入家庭认定工作的重要意义

(一)城市低收入家庭是指家庭成员人均收入和家庭财产状况符合当地人民政府规定的低收入标准的城市居民家庭。认定城市低收入家庭是住房救助、医疗救助、教育救助等专项社会救助制度以及临时救助制度向低保对象以外的低收入家庭延伸的前提和基础,是进一步健全完善城市社会救助体系的重要举措。为应对金融危机,去年以来我国政府相继出台了一系列保民生、保发展、保稳定的政策。廉租住房等保障性住房建设是其中最为重要、最为突出,也是城市困难群众最为关注、最为期待的一项内容。党中央、国务院对廉租住房建设高度重视,李克强副总理明确要求"尽快对既买不起房、也租不起房的城市低收入住房困难家庭实施廉租住房保障"。城市低收入家庭认定是廉租住房救助的重要环节,是确保廉租住房公平分配的基础,各级民政部门一定要高度重视,切实承担责任,抓紧抓好这项工作。

二、开展城市低收入家庭认定的基本要求和总体目标

(二)基本要求。开展城市低收入家庭认定工作的基本要求是:明确政策,细化操作;突出重点,示范引路;部门配合,信息联动;强化基础,规范管理。

(三)总体目标。通过对社会救助申请人家庭收入和家庭财产状况的核对,逐步建立起相对完整的城市居民家庭经济状况审核信息系统,不断规范城市低收入家庭认定工作,推动廉租住房等专项社会救助制度覆盖所有城市低收入家庭。

三、进一步规范城市低收入家庭认定工作

(四)健全法规政策。各地要以《办法》为基础,抓紧制定具体的实施办法或实施细则,为城市低收入家庭认定工作的开展提供法规政策依据。制定实施办法或实施细则时,各地要注意强化办法的权威性和可操作性,尽量细化工作程序。条件成熟的,可通过制定配套政策的形式统一规范申请表格、收入类别、个人申报声明、证明文件等有关材料的样式或模板。

(五)合理确定低收入家庭的收入标准和财产状况标准。低收入家庭的收入标准可采取精确的货币单位进行量化,以一条收入水平线的形式对外发布,并应与当地城市低保标准保持内在关联性。低收入家庭财产状况标准可采取设定财产类型最高额度的方式发布;条件成熟的地方,也可以量化为货币单位,设定为财产标准线。低收入家庭的收入标准和财产状况标准也可以根据社会救助项目类型分别制定。

(六)规范工作流程。一是申请受理。只有当申请廉租住房、经济适用住房保障或者其他社会救助时,城市居民家庭才能提出低收入家庭认定申请。与社会救助无直接关系的低收入家庭认定申请,民政部门可不予受理。二是收入申报。街道办事处或乡镇人民政府应根据民政部门统一制定的格式,要求城市低收入家庭申请人逐项填写家庭收入、家庭人口和家庭财产情况,并签字确认提供虚假信息的,将承担相应法律责任。三是核定收入。对于廉租住房救助的申请,应先由住房保障部门核定其住房状况是否符合规定条件。民政部门接到住房保障部门转交的符合住房状况规定条件的廉租住房申请材料后,可相应开展收入核定工作。申请其他社会救助需要认定家庭收入的,按有关规定办理。四是出具证明。经核定符合低收入家庭收入标准和财产状况标准的,民政部门可出具家庭收入核定证明材料。该证明材料应注明核定的主要项目及核定结果,并及时反馈住房保障部门或其他社会救助管理部门。收入核定证明材料一般不宜直接交社会救助申请人本人。五是异议申诉。廉租住房申请人对收入认定结果有异议的,应根据《廉租住房保障办法》的规定,向住房保障部门提出申诉。民政部门应向住房保障部门作出说明,由住房保障部门统一答复申请人。其他社会救助方面的异议或申诉,按有关规定办理。

(七)探索建立居民家庭收入信息共享系统。核定社会救助申请人家庭收入和家庭财产的方法主要是书面审查、入户调查、信息查询、邻里访问以及信函索证。工作中,要注意建立完善的社区评议和社区公示制度,充分发挥广大群众的监督积极性。同时,要探索建立居民家庭收入信息共享系统,通过与税务、户籍、社会保险、公积金、金融等部门和机构共享居民收入信息,准确认定城市低收入家庭。

四、夯实城市低收入家庭认定工作基础

(八)认真研究政策。要认真研究城市低收入家庭认定工作的重点、难点和薄弱环节,找准工作的着力点;要把开展这项工作的重要性分析深、分析透,形成共识;要及时向主要领导汇报工作进展及存在问题,并提出有针对性的解决建议。

(九)注意抓好试点。城市低收入家庭认定是一项新工作,这些家庭的收入普遍高于低保家庭,其收入来源更为多样化,隐性就业和隐性收入较为普遍,家庭财产更不易掌握。依靠认定低保对象的传统方法难以准确认定低收入家庭。因此,各地要注意抓好试点,探索创新行之有效的家庭经济状况核查办法,在认真总结经验的基础上逐步推广。

(十)加强能力建设。城市低收入家庭认定是一项政策性、技术性都很强的工作,各地要按照《办法》要求,协调有关部门,加强城市低收入家庭收入核定工作机构能力建设,在落实必要的工作人员和经费基础上开展工作。街道办事处、乡镇人民政府要采取调配、招用等形式,配备必要工作人员。

(十一)做好部门间配合。城市低收入家庭认定虽然是一项配合性工作,具体救助行为由相关部门实施,但其基础性地位不容忽视。各地要注意加强与有关部门的沟通协调,积极主动做好配合服务工作,以获得有关部门的理解与支持,为城市低收入家庭认定工作的开展创造必要的条件。

4. 农村低保

中共中央、国务院关于推进社会主义新农村建设的若干意见

(2005年12月31日 中发〔2006〕1号)

党的十六届五中全会通过的《中共中央关于制定国民经济和社会发展第十一个五年规划的建议》,明确了今后5年我国经济社会发展的奋斗目标和行动纲领,提出了建设社会主义新农村的重大历史任务,为做好当前和今后一个时期的“三农”工作指明了方向。

近几年,党中央、国务院以科学发展观统领经济社会发展全局,按照统筹城乡发展的要求,采取了一系列支农惠农的重大政策。各地区各部门认真落实中央部署,切实加强“三农”工作,农业和农村发展出现了积极变化,迎来了新的发展机遇。粮食连续两年较大幅度增产,农业结构调整向纵深推进,农民收入较快增长,农村税费改革取得重大成果,社会事业进一步发展,农村基层组织建设得到加强,干群关系明显改善。农业和农村发展的好形势,对保持国民经济平稳较快增长和社会稳定,发挥了重要的支撑作用。但必须看到,当前农业和农村发展仍然处在艰难的爬坡阶段,农业基础设施脆弱、农村社会事业发展滞后、城乡居民收入差距扩大的矛盾依然突出,解决好“三农”问题仍然是工业化、城镇化进程中重大而艰巨的历史任务。各级党委和政府必须按照党的十六届五中全会的战略部署,始终把“三农”工作放在重中之重,切实把建设社会主义新农村的各项任务落到实处,加快农村全面小康和现代化建设步伐。

一、统筹城乡经济社会发展,扎实推进社会主义新农村建设

(1)建设社会主义新农村是我国现代化进程中的重大历史任务。全面建设小康社会,最艰巨最繁重的任务在农村。加速推进现代化,必须妥善处理工农城乡关系。构建社会主义和谐社会,必须促进农村经济社会全面进步。农村人口众多是我国的国情,只有发展好农村经济,建设好农民的家园,让农民过上宽裕的生活,才能保障全体人民共享经济社会发展成果,才能不断扩大内需和促进国民经济持续发展。当前,我国总体上已进入以工促农、以城带乡的发展阶段,初步具备了加大力度扶持“三农”的能力和条件。“十一五”时期,必须抓住机遇,加快改变农村经济社会发展滞后的局面,扎实稳步推进社会主义新农村建设。

(2)围绕社会主义新农村建设做好农业和农村工作。“十一五”时期是社会主义新农村建设打下坚实基础的关键时期,是推进现代农业建设迈出重大步伐的关键时期,是构建

新型工农城乡关系取得突破进展的关键时期，也是农村全面建设小康加速推进的关键时期。"十一五"时期要高举邓小平理论和"三个代表"重要思想伟大旗帜，全面贯彻落实科学发展观，统筹城乡经济社会发展，实行工业反哺农业、城市支持农村和"多予少取放活"的方针，按照"生产发展、生活宽裕、乡风文明、村容整洁、管理民主"的要求，协调推进农村经济建设、政治建设、文化建设、社会建设和党的建设。当前，要完善强化支农政策，建设现代农业，稳定发展粮食生产，积极调整农业结构，加强基础设施建设，加强农村民主政治建设和精神文明建设，加快社会事业发展，推进农村综合改革，促进农民持续增收，确保社会主义新农村建设有良好开局。

（3）扎实稳步推进社会主义新农村建设。推进新农村建设是一项长期而繁重的历史任务，必须坚持以发展农村经济为中心，进一步解放和发展农村生产力，促进粮食稳定发展、农民持续增收；必须坚持农村基本经营制度，尊重农民的主体地位，不断创新农村体制机制；必须坚持以人为本，着力解决农民生产生活中最迫切的实际问题，切实让农民得到实惠；必须坚持科学规划，实行因地制宜、分类指导，有计划有步骤有重点地逐步推进；必须坚持发挥各方面积极性，依靠农民辛勤劳动、国家扶持和社会力量的广泛参与，使新农村建设成为全党全社会的共同行动。在推进新农村建设工作中，要注重实效，不搞形式主义；要量力而行，不盲目攀比；要民主商议，不强迫命令；要突出特色，不强求一律；要引导扶持，不包办代替。

（4）加快建立以工促农、以城带乡的长效机制。顺应经济社会发展阶段性变化和建设社会主义新农村的要求，坚持"多予少取放活"的方针，重点在"多予"上下功夫。调整国民收入分配格局，国家财政支出、预算内固定资产投资和信贷投放，要按照存量适度调整、增量重点倾斜的原则，不断增加对农业和农村的投入。扩大公共财政覆盖农村的范围，建立健全财政支农资金稳定增长机制。2006年，国家财政支农资金增量要高于上年，国债和预算内资金用于农村建设的比重要高于上年，其中直接用于改善农村生产生活条件的资金要高于上年，并逐步形成新农村建设稳定的资金来源。要把国家对基础设施建设投入的重点转向农村。提高耕地占用税税率，新增税收应主要用于"三农"。抓紧制定将土地出让金一部分收入用于农业土地开发的管理和监督办法，依法严格收缴土地出让金和新增建设用地有偿使用费，土地出让金用于农业土地开发的部分和新增建设用地有偿使用费安排的土地开发整理项目，都要将小型农田水利设施建设作为重要内容，建设标准农田。进一步加大支农资金整合力度，提高资金使用效率。金融机构要不断改善服务，加强对"三农"的支持。要加快建立有利于逐步改变城乡二元结构的体制，实行城乡劳动者平等就业的制度，建立健全与经济发展水平相适应的多种形式的农村社会保障制度。充分发挥市场配置资源的基础性作用，推进征地、户籍等制度改革，逐步形成城乡统一的要素市场，增强农村经济发展活力。

二、推进现代农业建设，强化社会主义新农村建设的产业支撑

（5）大力提高农业科技创新和转化能力。深化农业科研体制改革，加快建设国家创新基地和区域性农业科研中心，在机构设置、人员聘任和投资建设等方面实行新的运行机制。鼓励企业建立农业科技研发中心，国家在财税、金融和技术改造等方面给予扶持。改善农业技术创新的投资环境，发展农业科技创新风险投资。加强农业高技术研究，继续实施现代农业高技术产业化项目，尽快取得一批具有自主知识产权的重大农业科技成果。针对农业生产的迫切需要，加快农作物和畜禽良种繁育、动植物疫病防控、节约资源和防治污染技术的研发、推广。把农业科研投入放在公共财政支持的优先位置，提高农业科技在国家科技投入中的比重。继续安排农业科技成果转化资金和国外先进农业技术引进资金。加强种质资源和知识产权保护。要加快农业技术推广体系改革和建设，积极探索对公益性职能与经营性服务实行分类管理的办法，完善农技推广的社会化服务机制。深入实施农业科技入户工程，扩大重大农业技术推广项目专项补贴规模。鼓励各类农科教机构和社会力量参与多元化的农技推广服务。加强气象为农业服务，保障农业生产和农民生命财产安全。大力推进农业机械化，提高重要农时、重点作物、关键生产环节和粮食主产区的机械化作业水平。

（6）加强农村现代流通体系建设。积极推进农产品批发市场升级改造，促进入市农产品质量等级化、包装规格化。鼓励商贸企业、邮政系统和其他各类投资主体通过新建、兼并、联合、加盟等方式，在农村发展现代流通业。积极发展农产品、农业生产资料和消费品连锁经营，建立以集中采购、统一配送为核心的新型营销体系，改善农村市场环境。继续实施"万村千乡市场工程"，建设连锁化"农家店"。培育和发展农村经纪人队伍。加快农业标准化工作，健全检验检测体系，强化农业生产资料和饲料质量管理，进一步提高农产品质量安全水平。供销合作社要创新服务方式，广泛开展联合、合作经营，加快现代经营网络建设，为农产品流通和农民生产生活资料供应提供服务。2006年要完善全国鲜活农产品"绿色通道"网络，实现省际互通。

（7）稳定发展粮食生产。确保国家粮食安全是保持国民经济平稳较快增长和社会稳定的重要基础。必须坚持立足国内实现粮食基本自给的方针，稳定发展粮食生产，持续增加种粮收益，不断提高生产能力，适度利用国际市场，积极保持供求平衡。坚决落实最严格的耕地保护制度，切实保护基本农田，保护农民的土地承包经营权。继续实施优质粮食产业工程和粮食丰产科技工程，加快建设大型商品粮生产基地和粮食产业带，稳定粮食播种面积，不断提高粮食单产、品质和生产效益。坚持和完善重点粮食品种最低收购价政策，保持合理的粮价水平，加强农业生产资料价格调控，保护种粮农民利益。继续执行对粮食主产县的奖励政策，增加中央财政对粮食主产县的奖励资金。

(8)积极推进农业结构调整。按照高产、优质、高效、生态、安全的要求，调整优化农业结构。加快建设优势农产品产业带，积极发展特色农业、绿色食品和生态农业，保护农产品知名品牌，培育壮大主导产业。继续实施种子工程。大力发展畜牧业，扩大畜禽良种补贴规模，推广健康养殖方式，安排专项投入支持标准化畜禽养殖小区建设试点。要加强动物疫病特别是禽流感等重大疫病防控的基础设施建设，完善突发疫情应急机制，加快推进兽医管理体制改革，稳定基层兽医队伍。积极发展水产业，扩大优质水产品养殖，发展远洋渔业，保护渔业资源，继续做好渔民转产转业工作。提高农产品国际竞争力，扩大园艺、畜牧、水产等优势农产品出口，加强农产品对外贸易磋商，提高我国农业应对国际贸易争端的能力。

(9)发展农业产业化经营。要着力培育一批竞争力、带动力强的龙头企业和企业集群示范基地，推广龙头企业、合作组织与农户有机结合的组织形式，让农民从产业化经营中得到更多的实惠。各级财政要增加扶持农业产业化发展资金，支持龙头企业发展，并可通过龙头企业资助农户参加农业保险。发展大宗农产品期货市场和“订单农业”。通过创新信贷担保手段和担保办法，切实解决龙头企业收购农产品资金不足的问题。开展农产品精深加工增值税改革试点。积极引导和支持农民发展各类专业合作经济组织，加快立法进程，加大扶持力度，建立有利于农民合作经济组织发展的信贷、财税和登记等制度。

(10)加快发展循环农业。要大力开发节约资源和保护环境的农业技术，重点推广废弃物综合利用技术、相关产业链接技术和可再生能源开发利用技术。制定相应的财税鼓励政策，组织实施生物质工程，推广秸秆气化、固化成型、发电、养畜等技术，开发生物质能源和生物基材料，培育生物质产业。积极发展节地、节水、节肥、节药、节种的节约型农业，鼓励生产和使用节电、节油农业机械和农产品加工设备，努力提高农业投入品的利用效率。加大力度防治农业面源污染。

三、促进农民持续增收，夯实社会主义新农村建设的经济基础

(11)拓宽农民增收渠道。要充分挖掘农业内部增收潜力，按照国内外市场需求，积极发展品质优良、特色明显、附加值高的优势农产品，推进“一村一品”，实现增值增效。要加快转移农村劳动力，不断增加农民的务工收入。鼓励和支持符合产业政策的乡镇企业发展，特别是劳动密集型企业和服务业。着力发展县城和在建制的重点镇，从财政、金融、税收和公共品投入等方面为小城镇发展创造有利条件，外来人口较多的城镇要从实际出发，完善社会管理职能。要着眼兴县富民，着力培育产业支撑，大力发展民营经济，引导企业和要素集聚，改善金融服务，增强县级管理能力，发展壮大县域经济。

(12)保障务工农民的合法权益。进一步清理和取消各种针对务工农民流动和进城就业的歧视性规定和不合理限制。建立健全城乡就业公共服务网络，为外出务工农民免费提供法律政策咨询、就业信息、就业指导和职业介绍。严格执行最低工资制度，建立工资保障金等制度，切实解决务工农民工资偏低和拖欠问题。完善劳动合同制度，加强务工农民的职业安全卫生保护。逐步建立务工农民社会保障制度，依法将务工农民全部纳入工伤保险范围，探索适合务工农民特点的大病医疗保障和养老保险办法。认真解决务工农民的子女上学问题。

(13)稳定、完善、强化对农业和农民的直接补贴政策。要加强国家对农业和农民的支持保护体系。对农民实行的“三减免、三补贴”和退耕还林补贴等政策，深受欢迎，效果明显，要继续稳定、完善和强化。2006年，粮食主产区要将种粮直接补贴的资金规模提高到粮食风险基金的50%以上，其他地区也要根据实际情况加大对种粮农民的补贴力度。增加良种补贴和农机具购置补贴。适应农业生产和市场变化的需要，建立和完善对种粮农民的支持保护制度。

(14)加强扶贫开发工作。要因地制宜地实行整村推进的扶贫开发方式，加大力度改善贫困地区的生产生活条件，抓好贫困地区劳动力的转移培训，扶持龙头企业带动贫困地区调整结构，拓宽贫困农户增收渠道。对缺乏生存条件地区的贫困人口实行易地扶贫。继续增加扶贫投入，完善管理机制，提高使用效益。继续动员中央和国家机关、沿海发达地区和社会各界参与扶贫开发事业。切实做好贫困缺粮地区的粮食供应工作。

四、加强农村基础设施建设，改善社会主义新农村建设的物质条件

(15)大力加强农田水利、耕地质量和生态建设。在搞好重大水利工程建设的同时，不断加强农田水利建设。加快发展节水灌溉，继续把大型灌区续建配套和节水改造作为农业固定资产投资的重点。加大大型排涝泵站技术改造力度，配套建设田间工程。大力推广节水技术。实行中央和地方共同负责，逐步扩大中央和省级小型农田水利补助专项资金规模。切实抓好以小型灌区节水改造、雨水集蓄利用为重点的小型农田水利工程建设和管理。继续搞好病险水库除险加固，加强中小河流治理。要大力加强耕地质量建设，实施新一轮沃土工程，科学施用化肥，引导增施有机肥，全面提升地力。增加测土配方施肥补贴，继续实施保护性耕作示范工程和土壤有机质提升补贴试点。农业综合开发要重点支持粮食主产区改造中低产田和中型灌区节水改造。按照建设环境友好型社会的要求，继续推进生态建设，切实搞好退耕还林、天然林保护等重点生态工程,稳定完善政策,培育后续产业,巩固生态建设成果。继续推进退牧还草、山区综合开发。建立和完善生态补偿机制。做好重大病虫害防治工作,采取有效措施防止外来有害生物入侵。加强荒漠化治理,积极实施石漠化地区和东北黑土区等水土流失综合防治工程。建立和完善水电、采矿等企业的环境恢复治理责任机制,从水电、矿产等资源的开发收益中,安排一定的资金用于企业所在地环境的恢复治理,防止水土流失。

(16)加快乡村基础设施建设。要着力加强农民最急需的生活基础设施建设。在巩固人畜饮水解困成果基础上,加快农村饮水安全工程建设,优先解决高氟、高砷、苦咸、污染水及血吸虫病区的饮水安全问题。有条件的地方,可发展集中式供水,提倡饮用水和其他生活用水分质供水。要加快农村能源建设步伐,在适宜地区积极推广沼气、秸秆气化、小水电、太阳能、风力发电等清洁能源技术。从2006年起,大幅度增加农村沼气建设投资规模,有条件的地方,要加快普及户用沼气,支持养殖场建设大中型沼气。以沼气池建设带动农村改圈、改厕、改厨。尽快完成农村电网改造的续建配套工程。加强小水电开发规划和管理,扩大小水电代燃料试点规模。要进一步加强农村公路建设,到"十一五"期末基本实现全国所有乡镇通油(水泥)路,东、中部地区所有具备条件的建制村通油(水泥)路,西部地区基本实现具备条件的建制村通公路。要积极推进农业信息化建设,充分利用和整合涉农信息资源,强化面向农村的广播电视电信等信息服务,重点抓好"金农"工程和农业综合信息服务平台建设工程。引导农民自愿出资出劳,开展农村小型基础设施建设,有条件的地方可采取以奖代补、项目补助等办法给予支持。按照建管并重的原则,逐步把农村公路等公益性基础设施的管护纳入国家支持范围。

(17)加强村庄规划和人居环境治理。随着生活水平提高和全面建设小康社会的推进,农民迫切要求改善农村生活环境和村容村貌。各级政府要切实加强村庄规划工作,安排资金支持编制村庄规划和开展村庄治理试点;可从各地实际出发制定村庄建设和人居环境治理的指导性目录,重点解决农民在饮水、行路、用电和燃料等方面的困难,凡符合目录的项目,可给予资金、实物等方面的引导和扶持。加强宅基地规划和管理,大力节约村庄建设用地,向农民免费提供经济安全适用、节地节能节材的住宅设计图样。引导和帮助农民切实解决住宅与畜禽圈舍混杂问题,搞好农村污水、垃圾治理,改善农村环境卫生。注重村庄安全建设,防止山洪、泥石流等灾害对村庄的危害,加强农村消防工作。村庄治理要突出乡村特色、地方特色和民族特色,保护有历史文化价值的古村落和古民宅。要本着节约原则,充分立足现有基础进行房屋和设施改造,防止大拆大建,防止加重农民负担,扎实稳步地推进村庄治理。

五、加快发展农村社会事业,培养推进社会主义新农村建设的新型农民

(18)加快发展农村义务教育。着力普及和巩固农村九年制义务教育。2006年对西部地区农村义务教育阶段学生全部免除学杂费,对其中的贫困家庭学生免费提供课本和补助寄宿生生活费,2007年在全国农村普遍实行这一政策。继续实施国家西部地区"两基攻坚"工程和农村中小学现代远程教育工程。建立健全农村义务教育经费保障机制,进一步改善农村办学条件,逐步提高农村中小学公用经费的保障水平。加强农村教师队伍建设,加大城镇教师支援农村教育的力度,促进城乡义务教育均衡发展。加大力度监管和规范农村学校收费,进一步减轻农民的教育负担。

(19)大规模开展农村劳动力技能培训。提高农民整体素质,培养造就有文化、懂技术、会经营的新型农民,是建设社会主义新农村的迫切需要。继续支持新型农民科技培训,提高农民务农技能,促进科学种田。扩大农村劳动力转移培训阳光工程实施规模,提高补助标准,增强农民转产转岗就业的能力。加快建立政府扶助、面向市场、多元办学的培训机制。各级财政要将农村劳动力培训经费纳入预算,不断增加投入。整合农村各种教育资源,发展农村职业教育和成人教育。

(20)积极发展农村卫生事业。积极推进新型农村合作医疗制度试点工作,从2006年起,中央和地方财政较大幅度提高补助标准,到2008年在全国农村基本普及新型农村合作医疗制度。各级政府要不断增加投入,加强以乡镇卫生院为重点的农村卫生基础设施建设,健全农村三级医疗卫生服务和医疗救助体系。有条件的地方,可对乡村医生实行补助制度。建立与农民收入水平相适应的农村药品供应和监管体系,规范农村医疗服务。加大农村地方病、传染病和人畜共患疾病的防治力度。增加农村卫生人才培养的经费预算,组织城镇医疗机构和人员对口支持农村,鼓励各种社会力量参与发展农村卫生事业。加强农村计划生育服务设施建设,继续稳定农村低生育水平。

(21)繁荣农村文化事业。各级财政要增加对农村文化发展的投入,加强县文化馆、图书馆和乡镇文化站、村文化室等公共文化设施建设,继续实施广播电视"村村通"和农村电影放映工程,发展文化信息资源共享工程农村基层服务点,构建农村公共文化服务体系。推动实施农民体育健身工程。积极开展多种形式的群众喜闻乐见、寓教于乐的文体活动,保护和发展有地方和民族特色的优秀传统文化,创新农村文化生活的载体和手段,引导文化工作者深入乡村,满足农民群众多层次、多方面的精神文化需求。扶持农村业余文化队伍,鼓励农民兴办文化产业。加强农村文化市场管理,抵制腐朽落后文化。

(22)逐步建立农村社会保障制度。按照城乡统筹发展的要求,逐步加大公共财政对农村社会保障制度建设的投入。进一步完善农村"五保户"供养、特困户生活救助、灾民补助等社会救助体系。探索建立与农村经济发展水平相适应、与其他保障措施相配套的农村社会养老保险制度。落实军烈属优抚政策。积极扩大对农村部分计划生育家庭实行奖励扶助制度试点和西部地区计划生育“少生快富”扶贫工程实施范围。有条件的地方,要积极探索建立农村最低生活保障制度。

(23)倡导健康文明新风尚。大力弘扬以爱国主义为核心的民族精神和以改革创新为核心的时代精神,激发农民群众发扬艰苦奋斗、自力更生的传统美德,为建设社会主义新农村提供强大的精神动力和思想保证。加强思想政治工作,深入开展农村形势和政策教育,认真实施公民道德建设工程,积极推动群众性精神文明创建活动,开展和谐家庭、和谐村组、和谐村镇创建活动。引导农民崇尚科学,抵制迷信,移风易俗,破除陋习,树立先进的思想观念和良好的道德风尚,提倡科学健康的生活方式,在农村形成文明向上的社会风貌。

六、全面深化农村改革,健全社会主义新农村建设的体制保障

(24)进一步深化以农村税费改革为主要内容的农村综合改革。2006年,在全国范围取消农业税。通过试点、总结经验,积极稳妥地推进乡镇机构改革,切实转变乡镇政府职能,创新乡镇事业站所运行机制,精简机构和人员,5年内乡镇机构编制只减不增。妥善安置分流人员,确保社会稳定。要按照强化公共服务、严格依法办事和提高行政效率的要求,认真解决机构和人员臃肿的问题,切实加强政府社会管理和公共服务的职能。加快农村义务教育体制改革,建立和完善各级政府责任明确、财政分级投入、经费稳定增长、管理以县为主的农村义务教育管理体制,中央和省级政府要更多地承担发展农村义务教育的责任,深化农村学校人事和财务等制度改革。有条件的地方可加快推进“省直管县”财政管理体制和“乡财县管乡用”财政管理方式的改革。各地要对乡村债务进行清理核实,2006年选择部分县(市)开展化解乡村债务试点工作,妥善处理历年农业税尾欠,完善涉农税收优惠方式,确保农民直接受益。深化国有农场税费改革,将农业职工土地承包费中类似农村“乡镇五项统筹”的费用全部减除,农场由此减少的收入由中央和省级财政给予适当补助。国有农场要逐步剥离办社会的职能,转变经营机制,在现代农业建设中发挥示范作用。

(25)加快推进农村金融改革。巩固和发展农村信用社改革试点成果,进一步完善治理结构和运行机制。县域内各金融机构在保证资金安全的前提下,将一定比例的新增存款投放当地,支持农业和农村经济发展,有关部门要抓紧制定管理办法。扩大邮政储蓄资金的自主运用范围,引导邮政储蓄资金返还农村。调整农业发展银行职能定位,拓宽业务范围和资金来源。国家开发银行要支持农村基础设施建设和农业资源开发。继续发挥农业银行支持农业和农村经济发展的作用。在保证资本金充足、严格金融监管和建立合理有效的退出机制的前提下,鼓励在县域内设立多种所有制的社区金融机构,允许私有资本、外资等参股。大力培育由自然人、企业法人或社团法人发起的小额贷款组织,有关部门要抓紧制定管理办法。引导农户发展资金互助组织。规范民间借贷。稳步推进农业政策性保险试点工作,加快发展多种形式、多种渠道的农业保险。各地可通过建立担保基金或担保机构等办法,解决农户和农村中小企业贷款抵押担保难问题,有条件的地方政府可给予适当扶持。

(26)统筹推进农村其他改革。稳定和完善以家庭承包经营为基础、统分结合的双层经营体制,健全在依法、自愿、有偿基础上的土地承包经营权流转机制,有条件的地方可发展多种形式的适度规模经营。加快集体林权制度改革,促进林业健康发展。完善粮食流通体制,深化国有粮食企业改革,建立产销区稳定的购销关系,加强国家对粮食市场的宏观调控。加快征地制度改革步伐,按照缩小征地范围、完善补偿办法、拓展安置途径、规范征地程序的要求,进一步探索改革经验。完善对被征地农民的合理补偿机制,加强对被征地农民的就业培训,拓宽就业安置渠道,健全对被征地农民的社会保障。推进小型农田水利设施产权制度改革。

七、加强农村民主政治建设,完善建设社会主义新农村的乡村治理机制

(27)不断增强农村基层党组织的战斗力、凝聚力和创造力。充分发挥农村基层党组织的领导核心作用,为建设社会主义新农村提供坚强的政治和组织保障。要以建设社会主义新农村为主题,在全国农村深入开展保持共产党员先进性教育活动,引导广大农村党员学习贯彻党章,坚定理想信念,坚持党的宗旨。要结合农村实际,有针对性地开展正面教育,解决党组织和党员队伍中存在的突出问题,解决影响改革发展稳定的主要问题,解决群众最关心的重点问题,务求取得实效。加强农村基层组织的阵地建设,继续搞好农村党员干部现代远程教育,加大政策理论、法律法规和实用技术培训力度,引导农村基层干部发扬求真务实、踏实苦干的工作作风,广泛联系群众,增强带领群众增收致富的能力。关心和爱护农村基层干部,继续开展农村党的建设“三级联创”活动,加强基层党风廉政建设,巩固党在农村的执政基础。充分发挥农村共青团和妇联组织的作用。

(28)切实维护农民的民主权利。健全村党组织领导的充满活力的村民自治机制,进一步完善村务公开和民主议事制度,让农民群众真正享有知情权、参与权、管理权、监督权。完善村民“一事一议”制度,健全农民自主筹资筹劳的机制和办法,引导农民自主开展农村公益性设施建设。开展村务公开民主管理示范活动,推动农村基层志愿服务活动。加强农村法制建设,深入开展农村普法教育,增强农民的法制观念,提高农民依法行使权利和履行义务的自觉性。妥善处理农村各种社会矛盾，加强农村社会治安综合治理，打击“黄赌毒”等社会丑恶现象，建设平安乡村，创造农民安居乐业的社会环境。

（29）培育农村新型社会化服务组织。在继续增强农村集体组织经济实力和服务功能、发挥国家基层经济技术服务部门作用的同时，要鼓励、引导和支持农村发展各种新型的社会化服务组织。推动农产品行业协会发展，引导农业生产者和农产品加工、出口企业加强行业自律，搞好信息服务，维护成员权益。鼓励发展农村法律、财务等中介组织，为农民发展生产经营和维护合法权益提供有效服务。

八、切实加强领导，动员全党全社会关心、支持和参与社会主义新农村建设

（30）加强对社会主义新农村建设工作的领导。推进社会主义新农村建设事关我国农业和农村的长远发展，事关改革开放和现代化建设的大局，各级党委和政府要从战略和全局的高度出发，把建设社会主义新农村作为一件大事，真正列入议事日程，切实加强领导，明确工作重点，每年为农民办几件实事。各级党委和政府的工作部门都要明确自身在新农村建设中的职责和任务，特别是宏观管理、基础产业和公共服务部门，在制定发展规划、安排建设投资和事业经费时，要充分考虑统筹城乡发展的要求，更多地向农村倾斜。各地区各部门要建立推进新农村建设的工作协调机制，加强统一领导，明确职责分工，搞好配合协作。各级领导干部要深入农村调查研究，总结实践经验，加强指导服务，帮助基层解决新农村建设中遇到的各种矛盾和问题。

（31）科学制定社会主义新农村建设规划。新农村建设涉及经济、政治、文化和社会各个方面，是一项十分复杂的系统工程，必须切实加强规划工作。各地要按照统筹城乡经济社会发展的要求，把新农村建设纳入当地经济和社会发展的总体规划。要明确推进新农村建设的思路、目标和工作措施，统筹安排各项建设任务。做好第二次全国农业普查工作，为制定规划提供科学依据。要充分考虑农民的切身利益和发展要求，在促进农村经济发展的基础上，区分轻重缓急，突出建设重点，加强饮水安全、农田水利、乡村道路、农村能源等基础设施建设，加快教育、卫生等公共事业发展。要尊重自然规律、经济规律和社会发展规律，广泛听取基层和农民群众的意见和建议，提高规划的科学性、民主性、可行性，确保新农村建设扎实稳步推进。

（32）动员全社会力量关心、支持和参与社会主义新农村建设。建设社会主义新农村是全社会的事业，需要动员各方面力量广泛参与。各行各业都要关心支持新农村建设，为新农村建设作出贡献。充分发挥城市带动农村发展的作用，加大城市经济对农村的辐射，加大城市人才、智力资源对农村的支持，加大城市科技、教育、医疗等方面对农民的服务。要形成全社会参与新农村建设的激励机制，鼓励各种社会力量投身社会主义新农村建设，引导党政机关、人民团体、企事业单位和社会知名人士、志愿者对乡村进行结对帮扶，加强舆论宣传，努力营造全社会关心、支持、参与建设社会主义新农村的浓厚氛围。

做好2006年和“十一五”时期的农业和农村工作，任务艰巨，意义重大。我们要紧密团结在以胡锦涛同志为总书记的党中央周围，高举邓小平理论和“三个代表”重要思想伟大旗帜，全面贯彻落实科学发展观，解放思想，振奋精神，开拓进取，扎实工作，为建设社会主义新农村而努力奋斗。

国务院关于在全国建立农村最低生活保障制度的通知

（2007年7月11日　国发〔2007〕19号）

为贯彻落实党的十六届六中全会精神，切实解决农村贫困人口的生活困难，国务院决定，2007年在全国建立农村最低生活保障制度。现就有关问题通知如下：

一、充分认识建立农村最低生活保障制度的重要意义

改革开放以来，我国经济持续快速健康发展，党和政府高度重视“三农”工作，不断加大扶贫开发和社会救助工作力度，农村贫困人口数量大幅减少。但是，仍有部分贫困人口尚未解决温饱问题，需要政府给予必要的救助，以保障其基本生活，并帮助其中有劳动能力的人积极劳动脱贫致富。党的十六大以来，部分地区根据中央部署，积极探索建立农村最低生活保障制度，为全面解决农村贫困人口的基本生活问题打下了良好基础。在全国建立农村最低生活保障制度，是践行“三个代表”重要思想、落实科学发展观和构建社会主义和谐社会的必然要求，是解决农村贫困人口温饱问题的重要举措，也是建立覆盖城乡的社会保障体系的重要内容。做好这一工作，对于促进农村经济社会发展，逐步缩小城乡差距，维护社会公平具有重要意义。各地区、各部门要充分认识建立农村最低生活保障制度的重要性，将其作为社会主义新农村建设的一项重要任务，高度重视，扎实推进。

二、明确建立农村最低生活保障制度的目标和总体要求

建立农村最低生活保障制度的目标是：通过在全国范围建立农村最低生活保障制度，将符合条件的农村贫困人口全部纳入保障范围，稳定、持久、有效地解决全国农村贫困人口的温饱问题。

建立农村最低生活保障制度，实行地方人民政府负责制，按属地进行管理。各地要从当地农村经济社会发展水平和财力状况的实际出发，合理确定保障标准和对象范围。同时，要做到制度完善、程序明确、操作规范、方法简便，保证公开、公平、公正。要实行动态管理，做到保障对象有进有出，补助水平有升有降。要与扶贫开发、促进就业以及其他农村社会保障政策、生活性补助措施相衔接，坚持政府救济与家庭赡养扶养、社会互助、个人自立相结合，鼓励和支持有劳动能力的贫困人口生产自救，脱贫致富。

三、合理确定农村最低生活保障标准和对象范围

农村最低生活保障标准由县级以上地方人民政府按照能够维持当地农村居民全年基本生活所必需的吃饭、穿衣、用水、用电等费用确定，并报上一级地方人民政府备案后公布执行。农村最低生活保障标准要随着当地生活必需品价格变化和人民生活水平提高适时进行调整。

农村最低生活保障对象是家庭年人均纯收入低于当地最低生活保障标准的农村居民，主要是因病残、年老体弱、丧失劳动能力以及生存条件恶劣等原因造成生活常年困难的农村居民。

四、规范农村最低生活保障管理

农村最低生活保障的管理既要严格规范，又要从农村实际出发，采取简便易行的方法。

（一）申请、审核和审批。申请农村最低生活保障，一般由户主本人向户籍所在地的乡（镇）人民政府提出申请；村民委员会受乡（镇）人民政府委托，也可受理申请。受乡（镇）人民政府委托，在村党组织的领导下，村民委员会对申请人开展家庭经济状况调查、组织村民会议或村民代表会议民主评议后提出初步意见，报乡（镇）人民政府；乡（镇）人民政府审核后，报县级人民政府民政部门审批。乡（镇）人民政府和县级人民政府民政部门要核查申请人的家庭收入，了解其家庭财产、劳动力状况和实际生活水平，并结合村民民主评议，提出审核、审批意见。在核算申请人家庭收入时，申请人家庭按国家规定所获得的优待抚恤金、计划生育奖励与扶助金以及教育、见义勇为等方面的奖励性补助，一般不计入家庭收入，具体核算办法由地方人民政府确定。

（二）民主公示。村民委员会、乡（镇）人民政府以及县级人民政府民政部门要及时向社会公布有关信息，接受群众监督。公示的内容重点为：最低生活保障对象的申请情况和对最低生活保障对象的民主评议意见，审核、审批意见，实际补助水平等情况。对公示没有异议的，要按程序及时落实申请人的最低生活保障待遇；对公示有异议的，要进行调查核实，认真处理。

（三）资金发放。最低生活保障金原则上按照申请人家庭年人均纯收入与保障标准的差额发放，也可以在核查申请人家庭收入的基础上，按照其家庭的困难程度和类别，分档发放。要加快推行国库集中支付方式，通过代理金融机构直接、及时地将最低生活保障金支付到最低生活保障对象账户。

（四）动态管理。乡（镇）人民政府和县级人民政府民政部门要采取多种形式，定期或不定期调查了解农村困难群众的生活状况，及时将符合条件的困难群众纳入保障范围；并根据其家庭经济状况的变化，及时按程序办理停发、减发或增发最低生活保障金的手续。保障对象和补助水平变动情况都要及时向社会公示。

五、落实农村最低生活保障资金

农村最低生活保障资金的筹集以地方为主，地方各级人民政府要将农村最低生活保障资金列入财政预算，省级人民政府要加大投入。地方各级人民政府民政部门要根据保障对象人数等提出资金需求，经同级财政部门审核后列入预算。中央财政对财政困难地区给予适当补助。

地方各级人民政府及其相关部门要统筹考虑农村各项社会救助制度，合理安排农村最低生活保障资金，提高资金使用效益。同时，鼓励和引导社会力量为农村最低生活保障提供捐赠和资助。农村最低生活保障资金实行专项管理，专账核算，专款专用，严禁挤占挪用。

六、加强领导，确保农村最低生活保障制度的顺利实施

在全国建立农村最低生活保障制度，是一项重大而又复杂的系统性工作。地方各级人民政府要高度重视，将其纳入政府工作的重要议事日程，加强领导，明确责任，统筹协调，抓好落实。

要精心设计制度方案，周密组织实施。各省、自治区、直辖市人民政府制订和修订的方案，要报民政部、财政部备案。已建立农村最低生活保障制度的，要进一步完善制度，规范操作，努力提高管理水平；尚未建立农村最低生活保障制度的，要抓紧建章立制，在今年内把最低生活保障制度建立起来并组织实施。要加大政策宣传力度，利用广播、电视、报刊、互联网等媒体，做好宣传普及工作，使农村最低生活保障政策进村入户、家喻户晓。要加强协调与配合，各级民政部门要发挥职能部门作用，建立健全各项规章制度，推进信息化建设，不断提高规范化、制度化、科学化管理水平；财政部门要落实资金，加强对资金使用和管理的监督；扶贫部门要密切配合、搞好衔接，在最低生活保障制度实施后，仍要坚持开发式扶贫的方针，扶持有劳动能力的贫困人口脱贫致富。要做好新型农村合作医疗和农村医疗救助工作，防止因病致贫或返贫。要加强监督检查，县级以上地方人民政府及其相关部门要定期组织检查或抽查，对违法违纪行为及时纠正处理，对工作成绩突出的予以表彰，并定期向上一级人民政府及其相关部门报告工作进展情况。各省、自治区、直辖市人民政府要于每年年底前，将农村最低生活保障制度实施情况报告国务院。

农村最低生活保障工作涉及面广、政策性强、工作量大，地方各级人民政府在推进农村综合改革，加强农村公共服务能力建设的过程中，要统筹考虑建立农村最低生活保障制度的需要，科学整合县乡管理机构及人力资源，合理安排工作人员和工作经费，切实加强工作力量，提供必要的工作条件，逐步实现低保信息化管理，努力提高管理和服务质量，确保农村最低生活保障制度顺利实施和不断完善。

国务院办公厅转发民政部等部门关于做好农村最低生活保障制度与扶贫开发政策有效衔接指导意见的通知

（2016年9月17日　国办发〔2016〕70号）

各省、自治区、直辖市人民政府，国务院各部委、各直属机构：

民政部、国务院扶贫办、中央农办、财政部、国家统计局、中国残联《关于做好农村最低生活保障制度与扶贫开发政策有效衔接的指导意见》已经国务院同意，现转发给你们，请认真贯彻执行。

关于做好农村最低生活保障制度与扶贫开发政策有效衔接的指导意见

（民政部　国务院扶贫办　中央农办　财政部　国家统计局　中国残联）

为贯彻落实党中央、国务院关于打赢脱贫攻坚战的决策部署，切实做好农村最低生活保障（以下简称低保）制度与扶贫开发政策有效衔接工作，确保到2020年现行扶贫标准下农村贫困人口实现脱贫，制定本意见。

一、总体要求

（一）指导思想。全面贯彻党的十八大和十八届三中、四中、五中全会精神，深入贯彻习近平总书记系列重要讲话精神特别是关于扶贫开发重要指示精神，认真落实党中央、国务院决策部署，紧紧围绕“五位一体”总体布局和“四个全面”战略布局，牢固树立创新、协调、绿色、开放、共享的发展理念，坚持精准扶贫精准脱贫基本方略，以制度有效衔接为重点，加强部门协作，完善政策措施，健全工作机制，形成制度合力，充分发挥农村低保制度在打赢脱贫攻坚战中的兜底保障作用。

（二）基本原则。

坚持应扶尽扶。精准识别农村贫困人口，将符合条件的农村低保对象全部纳入建档立卡范围，给予政策扶持，帮助其脱贫增收。

坚持应保尽保。健全农村低保制度，完善农村低保对象认定办法，加强农村低保家庭经济状况核查，及时将符合条件的建档立卡贫困户全部纳入农村低保范围，保障其基本生活。

坚持动态管理。做好农村低保对象和建档立卡贫困人口定期核查，建立精准台账，实现应进则进、应退则退。建立健全严格、规范、透明的贫困户脱贫和低保退出标准、程序、核查办法。

坚持资源统筹。统筹各类救助、扶贫资源，将政府兜底保障与扶贫开发政策相结合，形成脱贫攻坚合力，实现对农村贫困人口的全面扶持。

（三）主要目标。通过农村低保制度与扶贫开发政策的有效衔接，形成政策合力，对符合低保标准的农村贫困人口实行政策性保障兜底，确保到2020年现行扶贫标准下农村贫困人口全部脱贫。

二、重点任务

（一）加强政策衔接。在坚持依法行政、保持政策连续性的基础上，着力加强农村低保制度与扶贫开发政策衔接。对符合农村低保条件的建档立卡贫困户，按规定程序纳入低保范围，并按照家庭人均收入低于当地低保标准的差额发给低保金。对符合扶贫条件的农村低保家庭，按规定程序纳入建档立卡范围，并针对不同致贫原因予以精准帮扶。对返贫的家庭，按规定程序审核后，相应纳入临时救助、医疗救助、农村低保等社会救助制度和建档立卡贫困户扶贫开发政策覆盖范围。对不在建档立卡范围内的农村低保家庭、特困人员，各地统筹使用相关扶贫开发政策。贫困人口参加农村基本医疗保险的个人缴费部分由财政给予补贴，对基本医疗保险和大病保险支付后个人自负费用仍有困难的，加大医疗救助、临时救助、慈善救助等帮扶力度，符合条件的纳入重特大疾病医疗救助范围。对农村低保家庭中的老年人、未成年人、重度残疾人、重病患者等重点救助对象，要采取多种措施提高救助水平，保障其基本生活，严格落实困难残疾人生活补贴制度和重度残疾人护理补贴制度。

（二）加强对象衔接。县级民政、扶贫等部门和残联要密切配合，加强农村低保和扶贫开发在对象认定上的衔接。完善农村低保家庭贫困状况评估指标体系，以家庭收入、财产作为主要指标，根据地方实际情况适当考虑家庭成员因残疾、患重病等增加的刚性支出因素，综合评估家庭贫困程度。进一步完善农村低保和建档立卡贫困家庭经济状况核查机制，明确核算范围和计算方法。对参与扶贫开发项目实现就业的农村低保家庭，在核算其家庭收入时，可以扣减必要的就业成本，具体扣减办法由各地根据实际情况研究制定。“十三五”期间，在农村低保和扶贫对象认定时，中央确定的农村居民基本养老保险基础养老金暂不计入家庭收入。

（三）加强标准衔接。各地要加大省级统筹工作力度，制定农村低保标准动态调整方案，确保所有地方农村低保标准逐步达到国家扶贫标准。农村低保标准低于国家扶贫标准的地方，要按照国家扶贫标准综合确定农村低保的最低指导标准。农村低保标准已经达到国家扶贫标准的地方，要按照动态调整机制科学调整。进一步完善农村低保标准与物价上涨挂钩的联动机制，确保困难群众不因物价上涨影响基本生活。各地农村低保标准调整后应及时向社会公布，接受社会监督。

（四）加强管理衔接。对农村低保对象和建档立卡贫困人口实施动态管理。乡镇人民政府（街道办事处）要会同村

(居)民委员会定期、不定期开展走访调查,及时掌握农村低保家庭、特困人员和建档立卡贫困家庭人口、收入、财产变化情况,并及时上报县级民政、扶贫部门。县级民政部门要将农村低保对象、特困人员名单提供给同级扶贫部门;县级扶贫部门要将建档立卡贫困人口名单和脱贫农村低保对象名单、脱贫家庭人均收入等情况及时提供给同级民政部门。健全信息公开机制,乡镇人民政府(街道办事处)要将农村低保和扶贫开发情况纳入政府信息公开范围,将建档立卡贫困人口和农村低保对象、特困人员名单在其居住地公示,接受社会和群众监督。

三、工作要求

(一)制定实施方案。按照中央统筹、省负总责、市县抓落实的工作机制,各省(区、市)民政、扶贫部门要会同有关部门抓紧制定本地区实施方案,各市县要进一步明确衔接工作目标、重点任务、实施步骤和行动措施,确保落到实处。2016年11月底前,各省(区、市)民政、扶贫部门要将实施方案报民政部、国务院扶贫办备案。

(二)开展摸底调查。2016年12月底前,县级民政、扶贫部门和残联要指导乡镇人民政府(街道办事处)抓紧开展一次农村低保对象和建档立卡贫困人口台账比对,逐户核对农村低保对象和建档立卡贫困人口,掌握纳入建档立卡范围的农村低保对象、特困人员、残疾人数据,摸清建档立卡贫困人口中完全或部分丧失劳动能力的贫困家庭情况,为做好农村低保制度与扶贫开发政策有效衔接奠定基础。

(三)建立沟通机制。各地要加快健全低保信息系统和扶贫开发信息系统,逐步实现低保和扶贫开发信息系统互联互通、信息共享,不断提高低保、扶贫工作信息化水平。县级残联要与民政、扶贫等部门加强贫困残疾人和重度残疾人相关信息的沟通。县级民政、扶贫部门要定期会商交流农村低保对象和建档立卡贫困人口变化情况,指导乡镇人民政府(街道办事处)及时更新农村低保对象和建档立卡贫困人口数据,加强信息核对,确保信息准确完整、更新及时,每年至少比对一次台账数据。

(四)强化考核监督。各地要将农村低保制度与扶贫开发政策衔接工作分别纳入低保工作绩效评价和脱贫攻坚工作成效考核体系。加大对农村低保制度与扶贫开发政策衔接工作的督促检查力度,加强社会监督,建立第三方评估机制,增强约束力和工作透明度。健全责任追究机制,对衔接工作中出现的违法违纪问题,要依法依纪严肃追究有关人员责任。

四、保障措施

(一)明确职责分工。各地民政、扶贫、农村工作、财政、统计等部门和残联要各负其责,加强沟通协调,定期会商交流情况,研究解决存在的问题。民政部门牵头做好农村低保制度与扶贫开发政策衔接工作;扶贫部门落实扶贫开发政策,配合做好衔接工作;农村工作部门综合指导衔接政策设计工作;财政部门做好相关资金保障工作;统计部门会同有关部门组织实施农村贫困监测,及时提供调整低保标准、扶贫标准所需的相关数据;残联会同有关部门及时核查残疾人情况,配合做好对农村低保对象和建档立卡贫困人口中残疾人的重点帮扶工作。

(二)加强资金统筹。各地财政部门要按照国务院有关要求,结合地方实际情况,推进社会救助资金统筹使用,盘活财政存量资金,增加资金有效供给;优化财政支出结构,科学合理编制预算,提升资金使用效益。中央财政安排的社会救助补助资金,重点向保障任务重、地方财政困难、工作绩效突出的地区倾斜。各地财政、民政部门要加强资金使用管理情况检查,确保资金使用安全、管理规范。

(三)提高工作能力。加强乡镇人民政府(街道办事处)社会救助能力建设,探索建立村级社会救助协理员制度,在乡镇人民政府(街道办事处)现有编制内,根据社会救助对象数量等因素配备相应工作人员,加大业务培训力度,进一步提高基层工作人员服务和管理能力。通过政府购买服务等方式,引入社会力量参与提供农村低保服务。充分发挥第一书记和驻村工作队在落实农村低保制度和扶贫开发政策中的骨干作用。进一步健全社会救助"一门受理、协同办理"工作机制,为农村低保对象和建档立卡贫困人口提供"一站式"便民服务。

(四)强化舆论引导。充分利用新闻媒体和基层政府便民服务窗口、公园广场、医疗机构、村(社区)公示栏等,组织开展有针对性的农村低保制度和扶贫开发政策宣传活动,在全社会努力营造积极参与和支持的浓厚氛围。坚持正确舆论导向,积极弘扬正能量,着力增强贫困群众脱贫信心,鼓励贫困群众在政府扶持下依靠自我奋斗实现脱贫致富。

民政部办公厅关于印发《全国基层低保规范化建设暂行评估标准》的通知

(2008年6月30日 民办函〔2008〕146号)

各省、自治区、直辖市民政厅(局),新疆生产建设兵团民政局:

为配合全国基层低保规范化建设活动的开展,进一步规范城乡居民最低生活保障工作,不断提高管理服务水平,实现"健全制度、规范操作、提高素质、改善条件、促进公开"的活动目标,民政部制定了《全国基层低保规范化建设暂行评估标准》,现印发给你们,请在评估各地基层低保规范化建设开展情况时遵照执行。

附件 1：

全国基层低保规范化建设暂行评估标准(县、市、区)

<table>
<tr><th>类别</th><th>名称</th><th>评估目标</th><th>序号</th><th>评估内容</th></tr>
<tr><td rowspan="18">基础保障类</td><td rowspan="8">制度保障</td><td rowspan="8">主要考察基层低保各项制度建设情况,是否作到有章可循,内容是否具体,程序是否清楚</td><td>1</td><td>县(区、市)政府制定了实施低保制度的办法、细则或规程(也可执行省级或市级人民政府的相关规定)</td></tr>
<tr><td>2</td><td>低保资金管理办法(也可执行省级或市级人民政府的相关规定)</td></tr>
<tr><td>3</td><td>有家庭收入核查的具体办法或措施(也可执行省级或市级人民政府的相关规定)</td></tr>
<tr><td>4</td><td>建立低保标准动态调整机制(也可执行省级或市级人民政府的相关规定)</td></tr>
<tr><td>5</td><td>分类施保方面的政策规定(也可执行省级或市级人民政府的相关规定)</td></tr>
<tr><td>6</td><td>低保档案管理办法(也可执行省级或市级人民政府的相关规定)</td></tr>
<tr><td>7</td><td>有低保工作监督检查的具体措施</td></tr>
<tr><td>8</td><td>有低保工作方面的开拓创新举措</td></tr>
<tr><td rowspan="5">工作保障</td><td rowspan="5">主要考察基层低保能力建设情况</td><td>9</td><td>有专门的低保工作机构</td></tr>
<tr><td>10</td><td>有专门的低保办公场所</td></tr>
<tr><td>11</td><td>每 2000 名城市低保对象或每 5000 名农村低保对象至少配备 1 名专职低保工作人员</td></tr>
<tr><td>12</td><td>本级低保工作经费不低于每 1 名低保对象 20 元</td></tr>
<tr><td>13</td><td>低保工作机构配备独立使用的计算机,并具备上网条件</td></tr>
<tr><td rowspan="3">资金保障</td><td rowspan="3">主要考察低保资金安排情况</td><td>14</td><td>本级财政有低保资金投入</td></tr>
<tr><td>15</td><td>资金拨付及时</td></tr>
<tr><td>16</td><td>专户(专项)管理、专款专用</td></tr>
<tr><td rowspan="2">领导重视</td><td rowspan="2">主要考察当地政府对低保工作的重视程度</td><td>17</td><td>将低保工作纳入县(区、市)政府责任目标考核内容</td></tr>
<tr><td>18</td><td>建立低保方面的跨部门协调机构,并定期召开会议</td></tr>
<tr><td rowspan="6">组织管理类</td><td rowspan="3">业务素质</td><td rowspan="3">主要考察低保工作人员业务能力情况</td><td>19</td><td>低保工作人员定期参加业务培训</td></tr>
<tr><td>20</td><td>低保工作人员熟练掌握低保法规政策</td></tr>
<tr><td>21</td><td>及时组织街道、乡镇及社区低保工作人员开展业务培训</td></tr>
<tr><td rowspan="3">政务公开</td><td rowspan="3">主要考察低保政策宣传情况</td><td>22</td><td>通过固定公开栏或网络、电台等媒体及时公布低保政策和低保工作情况</td></tr>
<tr><td>23</td><td>免费提供低保政策宣传材料</td></tr>
<tr><td>24</td><td>设立咨询投诉电话,及时办理群众投诉、上访事宜</td></tr>
<tr><td rowspan="6">组织管理类</td><td rowspan="3">信息化建设</td><td rowspan="3">主要考察低保信息化建设情况</td><td>25</td><td>有符合要求的低保专用软件</td></tr>
<tr><td>26</td><td>有人员负责信息化工作,能够熟练使用计算机</td></tr>
<tr><td>27</td><td>低保数据完整,能够通过网络上报上一级民政部门</td></tr>
<tr><td rowspan="3">档案管理</td><td rowspan="3">主要考察低保档案的管理情况</td><td>28</td><td>有人员负责档案管理工作</td></tr>
<tr><td>29</td><td>各类低保材料按期整理,并及时归档</td></tr>
<tr><td>30</td><td>低保档案存放集中、安全</td></tr>
</table>

续 表

类别	名称	评估目标	序号	评估内容
操作规范类	低保标准	主要考察低保标准制定及调整情况	31	低保标准的制定科学合理
			32	根据低保标准动态调整机制适时调整低保标准
			33	低保金计算准确、合理，符合政策规定
	低保审批	主要考察低保审批的办理情况	34	低保申请审批材料样式统一
			35	指导基层工作人员及时上报低保申请材料
			36	对上报的低保申请进行抽查，抽查数量城市不少于三分之一，农村不少于十分之一
			37	按规定时限办结低保审批手续
			38	对不符合低保条件的低保申请人及时予以书面告知
			39	对批准的低保家庭通过社区或村委会予以公示
	资金发放	主要考察低保金发放情况	40	城市低保金按月足额发放，农村低保金按月或按季度足额发放
			41	低保金通过金融机构发放
	应保尽保	主要考察是否做到应保尽保	42	未出现因低保政策落实不到位引发的集体上访、越级上访等事件
			43	未出现经查实的错保、漏保现象
	动态管理	主要考察对低保对象的动态管理情况	44	对城市低保家庭每半年至少核查一次，对农村低保家庭每一年至少核查一次
			45	一年内低保对象的动态率（累计全年进出低保总人次除全年月平均低保对象数）城市不低于10%，农村不低于5%
			46	根据定期核查情况及时办理低保金的停发、减发或增发手续
	分类施保	主要考察分类施保政策实施情况	47	对特殊困难低保对象有规范的分类标准
			48	对特殊困难低保对象按规定增发低保金
			49	对特殊困难低保对象有专门记录
	统计报表	主要考察低保统计工作是否规范	50	低保台账记录完整
			51	统计报表规范，上报及时，数据准确
			52	低保业务数据与财务统计数据一致
监督检查类	规范监督	主要考察低保工作是否遵循法规政策的有关规定	53	建立责任追究机制
			54	未发现低保工作人员违规违纪问题
			55	低保资金管理、使用无违规违纪现象

附件2：

全国基层低保规范化建设暂行评估标准（街道、乡镇）

类别	评估目标	序号	评估内容
基础保障类	主要考察街道、乡镇低保能力建设情况	1	将低保工作纳入街道办事处或乡镇人民政府责任目标考核
		2	街道办事处或乡镇人民政府有低保专职工作人员
		3	街道办事处或乡镇人民政府有低保办公场所
		4	低保工作经费不低于每1名低保对象10元（含上级补助）
		5	有可用于低保工作的计算机，且具备数据传输条件

续　表

类别	评估目标	序号	评估内容
业务素质	主要考察低保工作人员业务能力情况	6	低保工作人员熟练掌握低保政策法规
		7	低保工作人员参加过业务知识培训
低保受理	主要考察低保申请受理情况	8	及时受理低保申请
		9	家庭收入核实细致，无明显疏漏
		10	低保金计算准确、合理，符合政策规定
		11	通过社区或村委会及时张榜公示审核结果，对群众有异议的再次核实并予以说明
		12	按规定时限办结低保审核手续
日常管理	主要考察对低保对象的日常服务管理情况	13	定期走访低保家庭，帮助解决有关问题
		14	对低保对象家庭收入状况发生变化的及时提出审核意见
		15	各类低保材料按期整理，并及时归档
		16	通过固定公开栏或其他方式向群众宣传低保政策
		17	及时办理群众的投诉、上访
监督检查	主要考察低保工作是否遵循有关法规政策	18	未发现低保工作人员违规违纪问题
		19	未发现低保政策落实不到位等问题

附件3：

全国基层低保规范化建设暂行评估标准（社区、村委会）

类别	评估目标	序号	评估内容
工作保障	主要考察社区、村委会低保能力建设情况	1	每个城市社区至少配备1名低保专职工作人员，每个村委会至少配备1名专责低保协管人员
		2	有明确的低保办理场所
		3	低保工作经费不低于每1名低保对象15元（含上级补助）
		4	有固定的低保公示栏
业务素质	主要考察低保工作人员业务能力情况	5	低保工作人员能够熟练掌握低保政策
		6	低保工作人员参加过业务知识培训
低保初审	主要考察接受委托初步审核低保申请的情况	7	接受并及时向街道办事处或者乡镇人民政府转达低保申请
		8	指导申请人准确填写各种申请表格及材料
		9	及时组织对低保申请人的入户调查
		10	组织入户调查时至少有2名工作人员同行
		11	家庭收入核实细致，无明显疏漏
		12	及时组织民主评议，记录规范
		13	低保金计算准确、合理，符合政策规定

续 表

类别	评估目标	序号	评估内容
		14	及时公示民主评议结果以及拟上报的低保申请人名单
		15	低保初步审核时限符合有关规定
		16	低保初步审核结果及时上报街道办事处或乡镇人民政府
日常管理	主要考察对低保对象的日常服务管理情况	17	对低保对象家庭收入状况发生变化的及时提出审核意见
		18	组织就业年龄内有劳动能力但尚未就业且有劳动条件的城市低保对象参加公益劳动
		19	定期走访低保家庭,帮助解决有关问题
		20	各类低保材料按期整理,并及时归档
		21	通过固定公开栏或其他方式向群众宣传低保政策

民政部、财政部关于严禁用救灾款建立农村最低生活救助制度的紧急通知

(1999年4月15日 民救函〔1999〕72号)

宁夏回族自治区民政厅、财政厅:

今年1月27日,你区人民政府下发了《关于建立全区农村最低生活救助制度的通知》(宁政发〔1999〕21号,以下简称《通知》),决定从1999年1月1日起在全区建立农村最低生活救助制度。我们认为,这对于促进你区经济发展和社会稳定会起到积极的作用。但是,《通知》中规定:实施最低生活救助制度所需资金,自治区从中央下拨的救灾资金中划拨核定资金总额的70%,其余部分从地方自然灾害救济事业费中支出。这一做法违反了救灾款专款专用的使用原则。经研究,特作如下通知:

一、农村最低生活救助制度属于农村社会救济的范畴,着眼点在于解决农村贫困人口的温饱问题。虽然灾害与贫困有一定联系,因灾致贫也是客观存在的,但救灾款是救急款,不是扶贫款,既不能用于临时社会救济,更不能用于长期社会救济。社会救济资金和扶贫资金都有其既定的渠道和开支范围,实施农村最低生活救助制度所需资金,应由地方各级政府负担,列入"农村社会救济费"科目。因此,如果把社会救济与救灾和扶贫相混淆,就会影响资金的使用管理工作,加剧救灾款供需矛盾,影响救灾工作的开展。

二、民政部、财政部《关于进一步加强救灾款使用管理工作的通知》(民救发〔1999〕7号)规定,救灾款必须严格遵循专款专用、重点使用的原则,不得擅自扩大使用范围。《通知》中关于将中央下拨的救灾资金和地方财政安排的自然灾害救济事业费用于最低生活救助方面的规定,与上述规定不符,应坚决予以纠正。

三、宁夏是少数民族聚居区和贫困地区,也是多灾地区,救灾任务比较繁重。长期以来,你区按照"分级管理,分级负担"的救灾工作管理体制,积极筹措资金,救灾工作取得了较大的成绩。你区应认真总结救灾资金预算安排和使用管理方面的经验教训,严格执行救灾款使用管理方面的有关规定,切实采取措施规范救灾资金的使用和管理,加大监督检查力度,提高资金的使用效益。

接此通知后,你区应立即纠正目前的做法,并将有关情况尽快报民政部、财政部。

5. 农村五保供养

农村五保供养工作条例

(2006年1月21日中华人民共和国国务院令第456号公布 自2006年3月1日起施行)

第一章 总 则

第一条 为了做好农村五保供养工作,保障农村五保供养对象的正常生活,促进农村社会保障制度的发展,制定本条例。

第二条 本条例所称农村五保供养,是指依照本条例规定,在吃、穿、住、医、葬方面给予村民的生活照顾和物质帮助。

第三条 国务院民政部门主管全国的农村五保供养工作;县级以上地方各级人民政府民政部门主管本行政区域内的农村五保供养工作。

乡、民族乡、镇人民政府管理本行政区域内的农村五保供养工作。

村民委员会协助乡、民族乡、镇人民政府开展农村五保供养工作。

第四条 国家鼓励社会组织和个人为农村五保供养对象和农村五保供养工作提供捐助和服务。

第五条 国家对在农村五保供养工作中做出显著成绩的单位和个人,给予表彰和奖励。

第二章 供养对象

第六条 老年、残疾或者未满16周岁的村民,无劳动能力、无生活来源又无法定赡养、抚养、扶养义务人,或者其法定赡养、抚养、扶养义务人无赡养、抚养、扶养能力的,享受农村五保供养待遇。

第七条 享受农村五保供养待遇,应当由村民本人向村民委员会提出申请;因年幼或者智力残疾无法表达意愿的,由村民小组或者其他村民代为提出申请。经村民委员会民主评议,对符合本条例第六条规定条件的,在本村范围内公告;无重大异议的,由村民委员会将评议意见和有关材料报送乡、民族乡、镇人民政府审核。

乡、民族乡、镇人民政府应当自收到评议意见之日起20日内提出审核意见,并将审核意见和有关材料报送县级人民政府民政部门审批。县级人民政府民政部门应当自收到审核意见和有关材料之日起20日内作出审批决定。对批准给予农村五保供养待遇的,发给《农村五保供养证书》;对不符合条件不予批准的,应当书面说明理由。

乡、民族乡、镇人民政府应当对申请人的家庭状况和经济条件进行调查核实;必要时,县级人民政府民政部门可以进行复核。申请人、有关组织或者个人应当配合、接受调查,如实提供有关情况。

第八条 农村五保供养对象不再符合本条例第六条规定条件的,村民委员会或者敬老院等农村五保供养服务机构(以下简称农村五保供养服务机构)应当向乡、民族乡、镇人民政府报告,由乡、民族乡、镇人民政府审核并报县级人民政府民政部门核准后,核销其《农村五保供养证书》。

农村五保供养对象死亡,丧葬事宜办理完毕后,村民委员会或者农村五保供养服务机构应当向乡、民族乡、镇人民政府报告,由乡、民族乡、镇人民政府报县级人民政府民政部门核准后,核销其《农村五保供养证书》。

第三章 供养内容

第九条 农村五保供养包括下列供养内容:

(一)供给粮油、副食品和生活用燃料;

(二)供给服装、被褥等生活用品和零用钱;

(三)提供符合基本居住条件的住房;

(四)提供疾病治疗,对生活不能自理的给予照料;

(五)办理丧葬事宜。

农村五保供养对象未满16周岁或者已满16周岁仍在接受义务教育的,应当保障他们依法接受义务教育所需费用。

农村五保供养对象的疾病治疗,应当与当地农村合作医疗和农村医疗救助制度相衔接。

第十条 农村五保供养标准不得低于当地村民的平均生活水平,并根据当地村民平均生活水平的提高适时调整。

农村五保供养标准,可以由省、自治区、直辖市人民政府制定,在本行政区域内公布执行,也可以由设区的市级或者县级人民政府制定,报所在的省、自治区、直辖市人民政府备案后公布执行。

国务院民政部门、国务院财政部门应当加强对农村五保供养标准制定工作的指导。

第十一条 农村五保供养资金,在地方人民政府财政预算中安排。有农村集体经营等收入的地方,可以从农村集体经营等收入中安排资金,用于补助和改善农村五保供养对象的生活。农村五保供养对象将承包土地交由他人代耕的,其收益归该农村五保供养对象所有。具体办法由省、自治区、直辖市人民政府规定。

中央财政对财政困难地区的农村五保供养,在资金上给予适当补助。

农村五保供养资金,应当专门用于农村五保供养对象的生活,任何组织或者个人不得贪污、挪用、截留或者私分。

第四章 供养形式

第十二条 农村五保供养对象可以在当地的农村五保供养服务机构集中供养,也可以在家分散供养。农村五保供养对象可以自行选择供养形式。

第十三条 集中供养的农村五保供养对象,由农村五保供养服务机构提供供养服务;分散供养的农村五保供养对象,可以由村民委员会提供照料,也可以由农村五保供养服务机构提供有关供养服务。

第十四条 各级人民政府应当把农村五保供养服务机构建设纳入经济社会发展规划。

县级人民政府和乡、民族乡、镇人民政府应当为农村五保供养服务机构提供必要的设备、管理资金,并配备必要的工作人员。

第十五条 农村五保供养服务机构应当建立健全内部民主管理和服务管理制度。

农村五保供养服务机构工作人员应当经过必要的培训。

第十六条 农村五保供养服务机构可以开展以改善农村五保供养对象生活条件为目的的农副业生产。地方各级人民政府及其有关部门应当对农村五保供养服务机构开展农副业生产给予必要的扶持。

第十七条 乡、民族乡、镇人民政府应当与村民委员会或者农村五保供养服务机构签订供养服务协议,保证农村五保供养对象享受符合要求的供养。

村民委员会可以委托村民对分散供养的农村五保供养对象提供照料。

第五章 监督管理

第十八条 县级以上人民政府应当依法加强对农村五保

供养工作的监督管理。县级以上地方各级人民政府民政部门和乡、民族乡、镇人民政府应当制定农村五保供养工作的管理制度,并负责督促实施。

第十九条　财政部门应当按时足额拨付农村五保供养资金,确保资金到位,并加强对资金使用情况的监督管理。

审计机关应当依法加强对农村五保供养资金使用情况的审计。

第二十条　农村五保供养待遇的申请条件、程序、民主评议情况以及农村五保供养的标准和资金使用情况等,应当向社会公告,接受社会监督。

第二十一条　农村五保供养服务机构应当遵守治安、消防、卫生、财务会计等方面的法律、法规和国家有关规定,向农村五保供养对象提供符合要求的供养服务,并接受地方人民政府及其有关部门的监督管理。

第六章　法律责任

第二十二条　违反本条例规定,有关行政机关及其工作人员有下列行为之一的,对直接负责的主管人员以及其他直接责任人员依法给予行政处分;构成犯罪的,依法追究刑事责任:

(一)对符合农村五保供养条件的村民不予批准享受农村五保供养待遇的,或者对不符合农村五保供养条件的村民批准其享受农村五保供养待遇的;

(二)贪污、挪用、截留、私分农村五保供养款物的;

(三)有其他滥用职权、玩忽职守、徇私舞弊行为的。

第二十三条　违反本条例规定,村民委员会组成人员贪污、挪用、截留农村五保供养款物的,依法予以罢免;构成犯罪的,依法追究刑事责任。

违反本条例规定,农村五保供养服务机构工作人员私分、挪用、截留农村五保供养款物的,予以辞退;构成犯罪的,依法追究刑事责任。

第二十四条　违反本条例规定,村民委员会或者农村五保供养服务机构对农村五保供养对象提供的供养服务不符合要求的,由乡、民族乡、镇人民政府责令限期改正;逾期不改正的,乡、民族乡、镇人民政府有权终止供养服务协议;造成损失的,依法承担赔偿责任。

第七章　附　　则

第二十五条　《农村五保供养证书》由国务院民政部门规定式样,由省、自治区、直辖市人民政府民政部门监制。

第二十六条　本条例自2006年3月1日起施行。1994年1月23日国务院发布的《农村五保供养工作条例》同时废止。

民政部关于公布农村五保供养标准的公告

(2006年12月25日　民政部公告第77号)

新修订的《农村五保供养工作条例》(以下简称《条例》)已经国务院颁布,自2006年3月1日起施行。《条例》规定,"农村五保供养标准不得低于当地村民的平均生活水平,并根据当地村民平均生活水平的提高适时调整","农村五保供养待遇的申请条件、程序、民主评议情况以及农村五保供养的标准和资金使用情况等,应当向社会公告,接受社会监督。"《条例》施行以来,有28个省(自治区、直辖市)结合实际,制定公布了新的农村五保供养标准,其余3个省正在制定方案。为了进一步贯彻落实《条例》,督促各地按照公布的标准为农村五保供养对象提供符合要求的供养服务,切实保障农村五保供养对象的合法权益,现将各省(自治区、直辖市)调整前后的农村五保供养标准向社会公布。各县(市、区)农村五保供养标准的详情可登陆民政部网站查询(网址为:www.mca.gov.cn)。

特此公告。

附件1:

全国各省(自治区、直辖市)农村五保供养标准

说明:本表统计的农村五保供养标准截止日期为2006年11月30日,除特别注明外,各省(自治区、直辖市)的农村五保供养标准均为本省(自治区、直辖市)内各县(市、区)农村五保供养标准的平均数。

序号	地　区	农村五保供养标准(元/年·人)				
		调整后农村五保供养标		原农村五保供养标准		备　注
		分散供养标准	集中供养标准	分散供养标准	集中供养标准	
1	北京市	3634	4193	3080	4232	根据上年度农民人均消费支出核定

续 表

序号	地 区	农村五保供养标准(元/年·人)				
		调整后农村五保供养标		原农村五保供养标准		备 注
		分散供养标准	集中供养标准	分散供养标准	集中供养标准	
2	天津市	2500	3846	2500	2500	
3	河北省	1439	1896	968	1470	
4	山西省	1475	1940	1125	1533	
5	内蒙古	961	1421	740	1216	自治区规定,分散供养不低于800,集中供养不低于1200
6	辽宁省	1513	2510	1367	2256	
7	吉林省	1238	2257	1133	2159	
8	黑龙江	1245	1668	1223	1597	
9	上海市	4320	4320	3063	4325	市调标文件待发
10	江苏省	2291	2851	1957	2461	
11	浙江省	3400	5005	3034	4262	
12	安徽省	1493	2039	1146	1659	
13	福建省	1578	1983	1372	1751	
14	江西省	1200	1800	800	1200	全省统一标准
15	山东省	1486	2408	1109	1943	
16	河南省	1110	1541	1042	1429	
17	湖北省	/	/	800	1200	未调整
18	湖南省	923	2008	731	1573	
19	广东省	/	/	2055	2856	未调整
20	广西区	1066	1503	835	1306	
21	海南省	1527	1544	875	1140	
22	重庆市	1428	1543	1144	1256	
23	四川省	1260	1589	850	1275	
24	贵州省	1429	1834	807	1352	
25	云南省	814	1254	455	921	
26	西藏区	1300	1300	1200	1200	全区统一标准
27	陕西省	1433	1433	806	980	
28	甘肃省	1500	1747	813	1123	
29	青海省	/	/	1333	1333	未调整
30	宁夏区	2002	2782	1375	1731	

续 表

序号	地 区	农村五保供养标准(元/年·人)				
		调整后农村五保供养标		原农村五保供养标准		备 注
		分散供养标准	集中供养标准	分散供养标准	集中供养标准	
31	新疆区	1792	2187	1567	1935	
全国合计		1691	2229	1332	1844	

附件2:全国各县(市、区)农村五保供养标准(略)

农村五保供养档案管理办法

(2013年2月22日)

第一条 为了加强农村五保供养档案管理,维护档案真实、完整、安全,根据《中华人民共和国档案法》、《中华人民共和国档案法实施办法》和《农村五保供养工作条例》等有关规定,制定本办法。

第二条 本办法所称农村五保供养档案(以下简称五保档案)是指在农村五保供养待遇审核审批和供养服务工作中形成的具有保存价值的文字、图表、声像、电子等不同形式和载体的文件材料,分为审核审批类和供养服务类。

五保档案是农村五保供养工作的真实记录,是国家民生档案的重要组成部分。

第三条 县级人民政府民政部门、乡(民族乡、镇)人民政府、农村五保供养服务机构(以下统称五保档案保管单位)应当依照本办法,分工负责五保档案保管工作。

五保档案保管单位应当明确档案保管人员,保证管理必需的设施、场所和经费,确保档案安全,并适应档案管理现代化的要求,配备相应的技术设备。

县级以上各级人民政府民政部门、档案行政管理部门应当在各自职责权限范围内依法指导、监督五保档案管理工作。

第四条 县级人民政府民政部门负责保管审核审批类五保档案,归档范围包括:

(一)农村五保供养待遇审批文件材料;

(二)农村五保供养待遇申请材料;

(三)农村五保供养待遇申请人的居民身份证、户口簿等身份证明材料复印件;

(四)农村五保供养待遇申请人的家庭状况和经济条件证明材料;

(五)村民委员会对农村五保供养待遇申请的民主评议材料;

(六)乡(民族乡、镇)人民政府调查审核文件材料;

(七)农村五保供养对象集中供养审批文件材料;

(八)农村五保供养待遇复审、调整和停止的文件材料;

(九)农村五保供养对象去世后的火化证明或者死亡证明材料;

(十)核销的《农村五保供养证书》;

(十一)其他需要归档的文件材料。

第五条 乡(民族乡、镇)人民政府应当保管五保供养对象供养服务协议、分散供养对象照料记录等供养服务类五保档案。

农村五保供养服务机构应当保管在院集中供养五保对象的供养服务协议以及供养待遇审批、调整和停止等文件材料的复本,并建立相关管理和服务工作档案。

第六条 属于归档范围的文件材料应当在办理完毕后30日内归档。

归档的文件材料应当真实完整、图文清晰。

电子数据、录音带、录像带、磁盘、照片等特殊载体材料,应当与纸质文件材料同时归档,确保可读可用。

第七条 整理归档文件材料应当遵守下列规定:

(一)以县级人民政府民政部门、乡(民族乡、镇)人民政府或者农村五保供养服务机构为立档单位;

(二)按照每名农村五保供养对象立卷;

(三)农村五保供养动态管理过程中形成的待遇复审、调整和停止等文件材料,随时整理归入相应案卷;

(四)按照乡(民族乡、镇)和行政村进行分类整理,并设置类别代码,类别代码以行政区划代码表示或者按照行政区划排列顺序编制;

(五)按照农村五保供养证书字号顺序排列案卷。

第八条 归档文件材料按照下列程序和方法进行立卷:

(一)每名五保供养对象的文件材料组成一卷;

(二)去掉文件材料上的金属物,过大或者过小的文件材料应当通过折叠或者粘贴使其整齐规范;

(三)卷内文件材料按照本办法第四条所列顺序排列,在有文字页面的正面右上角或者背面左上角用阿拉伯数字连续编写页号；

（四）填写卷内文件目录（见附件1：卷内文件目录式样），置于卷内首页之前；填写卷内备考表（见附件2：卷内备考表式样），置于卷末；

（五）不同类别的案卷按照农村五保供养证书字号的顺序排列，分别从"1"开始编制室编卷号；

（六）一份案卷装入一个五保档案袋，填写档案袋正面项目（见附件3：五保档案袋正面式样）；

（七）按照室编卷号顺序将五保档案装入五保档案盒，填写档案盒正面和盒脊项目（见附件4：五保档案盒正面和盒脊式样）；

（八）按照类别编制五保档案案卷目录（见附件5：五保档案案卷目录式样），加装封面和封底并装订，填写封面项目（见附件6：五保档案案卷目录封面式样）。

第九条 五保档案的保管期限从五保档案的形成年度起，到农村五保供养待遇停止后满5年为止。

保管期限截止时间确定后，应当在五保档案袋封面和五保档案案卷目录中填写相应的时间。

第十条 五保档案保管期满后，县级国家综合档案馆可以将五保档案抽样接收进馆。

第十一条 五保档案应当使用符合保管要求的档案装具进行保管，具备防盗、防光、防火、防虫、防鼠、防潮、防尘、防高温等条件，保证档案的安全。

有条件的单位应当设置专用的档案库房。

第十二条 积极推进使用计算机管理五保档案，有条件的单位应当按照相关要求建立五保电子档案。

第十三条 五保档案保管单位应当依法提供档案信息查询服务，依据档案出具相关证明材料。

五保档案的利用应当遵守下列规定，并办理登记手续：

（一）五保档案的形成、移交单位以及上级业务主管单位可以利用五保档案；

（二）各级人民法院、人民检察院、公安机关、国家安全机关、纪检监察机关、审计机关因公务需要可以凭单位介绍信利用五保档案；

（三）农村五保供养对象可以凭身份证件利用本人的五保档案；

（四）律师凭律师执业证书和律师事务所证明，可以利用与承办法律事务有关的五保档案；

（五）其他需要利用五保档案的，应当经五保档案保管单位同意。

第十四条 五保档案仅限于当场查阅、摘抄和复印，严禁对五保档案进行涂改、抽换、圈划、批注或者造成污染、损毁。

五保档案保管单位应当对归还的五保档案进行清点核对，对档案摘抄件或复印件加盖标有"五保档案摘抄件"或者"五保档案复印件"的印章。

第十五条 县级人民政府民政部门应当会同同级档案行政管理部门对保管期满的五保档案进行价值鉴定。有继续保存价值的，可以延长其保管期限。无保存价值的，编制销毁清册，履行审批手续予以销毁。销毁清册永久保存。

第十六条 各省（自治区、直辖市）、新疆生产建设兵团民政厅（局）和档案局可以结合本地区实际情况，共同制定实施办法。

第十七条 本办法自2013年4月1日起施行。

附件：（略）

农村五保供养服务机构等级评定暂行办法

（2012年12月3日 民发〔2012〕210号）

第一条 为推进农村五保供养服务机构管理规范化，不断提高供养服务水平，切实保障农村五保供养对象基本生活权益，根据《农村五保供养工作条例》和《农村五保供养服务机构管理办法》，制定本办法。

第二条 本办法所称农村五保供养服务机构，是指县级以上地方人民政府民政部门或者乡镇人民政府举办的，为农村五保供养对象提供集中供养服务的敬老院等公益性机构。

第三条 农村五保供养服务机构等级评定工作坚持建管并重、以评促管，统一标准、量化考核，动态管理、客观公正的原则。

第四条 民政部负责管理监督全国农村五保供养服务机构等级评定工作。

省级人民政府民政部门负责组织评定本行政区域内农村五保供养服务机构等级；省级以下人民政府民政部门负责本行政区域内农村五保供养服务机构等级评定相关审核工作。

有条件的地方，省级人民政府民政部门应当直接委托具备资质的事业单位或者社会组织承办农村五保供养服务机构等级评定审核工作。

第五条 根据供养服务质量、内部管理水平、基础设施条件和组织保障力度，农村五保供养服务机构等级评定由低到高分为一星级、二星级、三星级三个等级。

第六条 农村五保供养服务机构等级评定工作依照下列基本程序进行：

（一）省级人民政府民政部门发布等级评定通知；

（二）农村五保供养服务机构自愿申报；

（三）县级人民政府民政部门审核并提出初步评审意见；

（四）地市级人民政府民政部门复核；

（五）省级人民政府民政部门审定等级，经公示无异议后颁发牌匾。

省级人民政府民政部门可以委托地市级人民政府民政部门审定一星级农村五保供养服务机构，其牌匾由省级人民政府民政部门颁发。

第七条 农村五保供养服务机构等级审核、复核、审定工作应当综合采用实地检查、资料查验、问卷调查、重点抽查等多种方式开展。

第八条 农村五保供养服务机构等级评定工作每2年开展一次。

省级人民政府民政部门应当于每次农村五保供养服务机构等级评定工作完成后30日内，将评定为三星级的农村五保供养服务机构名单报民政部备案。

第九条 农村五保供养服务机构等级评定有效期为4年。

有效期内，条件改善的农村五保供养服务机构可以申报更高等级评定。

有效期满，农村五保供养服务机构应当重新申报等级评定。

第十条 县级以上人民政府民政部门应当对获得等级评定的农村五保供养服务机构给予奖励扶持。

第十一条 民政部每4年组织开展一次全国模范农村五保供养服务机构表彰活动。

全国模范农村五保供养服务机构原则上从三星级农村五保供养服务机构中择优确定，由民政部颁发牌匾，并给予一定物质奖励。

第十二条 获得等级评定的农村五保供养服务机构应当将等级牌匾悬挂在服务场所的明显位置，自觉接受五保供养对象和社会监督。

第十三条 省级人民政府民政部门应当通过重点抽查、定期检查、不定期暗访、受理投诉等方式，加强对获得等级评定农村五保供养服务机构的监督检查。监督检查中发现不符合等级评定标准的，应当要求其限期整改；限期未能整改的，应当降低或者撤销其评定等级。

第十四条 获得等级评定农村五保供养服务机构发生重大责任事故或者弄虚作假骗取等级评定的，应当撤销其评定等级，并且3年内不得申报等级评定。

第十五条 农村五保供养服务机构等级牌匾式样由民政部统一制定。

第十六条 本办法自发布之日起施行。省级人民政府民政部门可以依据本办法和本办法所附《农村五保供养服务机构等级评定参考指标》，制定本行政区域内的具体评定办法和评定标准。

附件：农村五保供养服务机构等级评定参考指标（略）

民政部办公厅关于印发《农村五保供养证书》式样的通知

（1994年7月26日 民办函〔1994〕143号）

各省、自治区、直辖市民政厅（局），各计划单列市民政局：

根据《农村五保供养工作条例》第二章第七条《农村五保供养证书》由国务院民政部门制定式样，省、自治区、直辖市人民政府民政部门统一印制的规定，现将民政部制定的《农村五保供养证书》式样发给你们，希望各地严格按照《证书》式样的规格、内容和封面颜色进行印制。

印发《农村五保供养证书》是一项政策性较强的工作，一定要与第二次五保普查工作结合起来进行。为此，现提出以下要求：

一、制定好普查方案。各省、自治区、直辖市要根据本地的实际情况，制定出操作性较强的五保普查实施方案。

二、加强组织领导。五保普查是关系到所有鳏寡孤独残疾人（未成年人）切身利益的大事，各级民政部门一定要加强组织领导，组织广大干部群众认真学习《农村五保供养工作条例》和五保普查实施方案，使他们了解五保供养工作的各项政策规定，准确掌握五保对象的条件、供养标准和开展普查的方式、方法、程序，做到心中有数。

三、坚持标准，严格审批。在五保普查工作中，确定五保对象一定要按照《农村五保供养工作条例》规定的条件和程序，由乡、民族乡、镇人民政府审批，发给《农村五保供养证书》，并报县民政局备案，不得遗漏。对于原已实行五保供养的对象，在这次普查中也要重新办理手续，一般不宜停止供养。普查工作要与检查五保供养的落实情况结合起来，不得走过场，不能流于形式。

四、五保普查和发证工作于1995年6月底以前结束，各地于1995年12月31日以前将五保普查情况报民政部救灾救济司。

另外、民政部准备在下半年召开五保、城乡救济工作座谈会，请各省、自治区、直辖市按照《关于做好召开五保、城乡社会救济工作座谈会准备工作的通知》（民救字〔1994〕第5号）精神，务必按时将有关材料报送我部救灾救济司。

附件：一、《农村五保供养证书》式样（略）

二、关于《农村五保供养证书》几个问题的说明

附件：

关于《农村五保供养证书》几个问题的说明

一、《农村五保供养证书》由民政部制定式样，各省、自治

区、直辖市民政厅(局)统一印制。

1. 封面:人造革制作,底色为棕色,字烫金;

2. 规格:宽9厘米,高13厘米;

3. 证书首页和底页为硬板纸,插在封面内,使用规则印在底页;

4. 证书以乡(镇)为单位发放,由乡(镇)人民政府盖章;

二、内容填写:

1. 现居住地:填写所在县(市、区)、乡(镇)、村、组;

2. 供养形式:指敬老院集中供养和分散供养,分散供养填清是集体供养、亲属供养、代耕代养或其他供养;

3. 证书编号:由乡(镇)人民政府统一编写;

4. 合计栏:将粮食、食油、燃料和衣被折合成金额后与其他资金统一计算。

6. 流浪救助

城市生活无着的流浪乞讨人员救助管理办法

(2003年6月20日中华人民共和国国务院令第381号公布　自2003年8月1日起施行)

第一条　为了对在城市生活无着的流浪、乞讨人员(以下简称流浪乞讨人员)实行救助,保障其基本生活权益,完善社会救助制度,制定本办法。

第二条　县级以上城市人民政府应当根据需要设立流浪乞讨人员救助站。救助站对流浪乞讨人员的救助是一项临时性社会救助措施。

第三条　县级以上城市人民政府应当采取积极措施及时救助流浪乞讨人员,并应当将救助工作所需经费列入财政预算,予以保障。

国家鼓励、支持社会组织和个人救助流浪乞讨人员。

第四条　县级以上人民政府民政部门负责流浪乞讨人员的救助工作,并对救助站进行指导、监督。

公安、卫生、交通、铁道、城管等部门应当在各自的职责范围内做好相关工作。

第五条　公安机关和其他有关行政机关的工作人员在执行职务时发现流浪乞讨人员的,应当告知其向救助站求助;对其中的残疾人、未成年人、老年人和行动不便的其他人员,还应当引导、护送到救助站。

第六条　向救助站求助的流浪乞讨人员,应当如实提供本人的姓名等基本情况并将随身携带物品在救助站登记,向救助站提出求助需求。

救助站对属于救助对象的求助人员,应当及时提供救助,不得拒绝;对不属于救助对象的求助人员,应当说明不予救助的理由。

第七条　救助站应当根据受助人员的需要提供下列救助:

(一)提供符合食品卫生要求的食物;

(二)提供符合基本条件的住处;

(三)对在站内突发急病的,及时送医院救治;

(四)帮助与其亲属或者所在单位联系;

(五)对没有交通费返回其住所地或者所在单位的,提供乘车凭证。

第八条　救助站为受助人员提供的住处,应当按性别分室住宿,女性受助人员应当由女性工作人员管理。

第九条　救助站应当保障受助人员在站内的人身安全和随身携带物品的安全,维护站内秩序。

第十条　救助站不得向受助人员、其亲属或者所在单位收取费用,不得以任何借口组织受助人员从事生产劳动。

第十一条　救助站应当劝导受助人员返回其住所地或者所在单位,不得限制受助人员离开救助站。救助站对受助的残疾人、未成年人、老年人应当给予照顾;对查明住址的,及时通知其亲属或者所在单位领回;对无家可归的,由其户籍所在地人民政府妥善安置。

第十二条　受助人员住所地的县级人民政府应当采取措施,帮助受助人员解决生产、生活困难,教育遗弃残疾人、未成年人、老年人的近亲属或者其他监护人履行抚养、赡养义务。

第十三条　救助站应当建立、健全站内管理的各项制度,实行规范化管理。

第十四条　县级以上人民政府民政部门应当加强对救助站工作人员的教育、培训和监督。

救助站工作人员应当自觉遵守国家的法律法规、政策和有关规章制度,不准拘禁或者变相拘禁受助人员;不准打骂、体罚、虐待受助人员或者唆使他人打骂、体罚、虐待受助人员;不准敲诈、勒索、侵吞受助人员的财物;不准克扣受助人员的生活供应品;不准扣压受助人员的证件、申诉控告材料;不准任用受助人员担任管理工作;不准使用受助人员为工作人员干私活;不准调戏妇女。

违反前款规定,构成犯罪的,依法追究刑事责任;尚不构成犯罪的,依法给予纪律处分。

第十五条　救助站不履行救助职责的,求助人员可以向当地民政部门举报;民政部门经查证属实的,应当责令救助站及时提供救助,并对直接责任人员依法给予纪律处分。

第十六条　受助人员应当遵守法律法规。受助人员违反法律法规的,应当依法处理。

受助人员应当遵守救助站的各项规章制度。

第十七条　本办法的实施细则由国务院民政部门制定。

第十八条　本办法自2003年8月1日起施行。1982年5月12日国务院发布的《城市流浪乞讨人员收容遣送办法》同时废止。

城市生活无着的流浪乞讨人员救助管理办法实施细则

（2003 年 7 月 21 日民政部令第 24 号公布　自 2003 年 8 月 1 日起施行）

第一条　根据《城市生活无着的流浪乞讨人员救助管理办法》（以下简称《救助管理办法》）的规定，制定本实施细则。

第二条　《救助管理办法》规定的“城市生活无着的流浪乞讨人员”是指因自身无力解决食宿，无亲友投靠，又不享受城市最低生活保障或者农村五保供养，正在城市流浪乞讨度日的人员。

虽有流浪乞讨行为，但不具备前款规定情形的，不属于救助对象。

第三条　流浪乞讨人员向救助站求助时，应当如实提供本人的下列情况：

（一）姓名、年龄、性别、居民身份证或者能够证明身份的其他证件、本人户口所在地、住所地；

（二）是否享受城市最低生活保障或者农村五保供养；

（三）流浪乞讨的原因、时间、经过；

（四）近亲属和其他关系密切亲戚的姓名、住址、联系方式；

（五）随身物品的情况。

第四条　救助站应当向求助的流浪乞讨人员告知救助对象的范围和实施救助的内容，询问与求助需求有关的情况，并对其个人情况予以登记。

第五条　救助站对属于救助对象的，应当及时安排救助；不属于救助对象的，不予救助并告知其理由。

对因年老、年幼、残疾等原因无法提供个人情况的，救助站应当先提供救助，再查明情况。

对拒不如实提供个人情况的，不予救助。

第六条　受助人员不得携带危险物品进入救助站，随身携带的物品，除生活必需品外，由救助站保管，待该受助人员离站时归还。

第七条　省、自治区、直辖市人民政府民政部门应当制定救助站受助人员的作息、卫生、学习等制度。受助人员应当遵守救助站的规章制度。

第八条　救助站为受助人员提供的食物和住处，应当能够满足受助人员的基本健康和安全需要。受助人员食宿定额定量的标准，由省级人民政府民政部门商财政部门具体规定。

第九条　受助人员在站内突发急病的，救助站应当及时送医疗机构治疗。救助站发现受助人员患传染病或者为疑似传染病病人的，应当送当地具有传染病收治条件的医疗机构治疗，并向当地疾病预防控制机构报告，采取必要的消毒隔离措施。

第十条　救助站应当根据受助人员提供的有关情况，及时与受助人员的亲属以及受助人员常住户口所在地或者住所地的乡（镇）人民政府、城市街道办事处、该地的公安、民政部门取得联系，核实情况。

救助站发现受助人员故意提供虚假个人情况的，应当终止救助。

第十一条　受助人员返回常住户口所在地、住所地或者所在单位时没有交通费的，由救助站发给乘车（船）凭证，铁道、公路、水运等运输单位验证后准予搭乘相应的公共交通工具。救助站应当将有关情况通知受助人员的亲属及前往地的有关组织、所在单位。

第十二条　救助站应当根据受助人员的情况确定救助期限，一般不超过 10 天；因特殊情况需要延长的，报上级民政主管部门备案。

第十三条　对受助人员中的残疾人、未成年人或者其他行动不便的人，救助站应当通知其亲属或者所在单位接回；亲属或者所在单位拒不接回的，省内的由流入地人民政府民政部门通知流出地人民政府民政部门接回，送其亲属或者所在单位；跨省的由流入地省级人民政府民政部门通知流出地省级人民政府民政部门接回，送其亲属或者所在单位。

第十四条　对无法查明其亲属或者所在单位，但可以查明其户口所在地、住所地的受助残疾人、未成年人及其他行动不便的人，省内的由流入地人民政府民政部门通知流出地人民政府民政部门接回，送户口所在地、住所地安置；跨省的由流入地省级人民政府民政部门通知流出地省级人民政府民政部门接回，送户口所在地、住所地安置。

第十五条　对因年老、年幼或者残疾无法认知自己行为、无表达能力，因而无法查明其亲属或者所在单位，也无法查明其户口所在地或者住所地的，由救助站上级民政主管部门提出安置方案，报同级人民政府给予安置。

第十六条　受助人员自愿放弃救助离开救助站的，应当事先告知，救助站不得限制。未成年人及其他无民事行为能力人和限制民事行为能力人离开救助站，须经救助站同意。

受助人员擅自离开救助站的，视同放弃救助，救助站应当终止救助。

第十七条　救助站已经实施救助或者救助期满，受助人员应当离开救助站。对无正当理由不愿离站的受助人员，救助站应当终止救助。

第十八条　受助人员户口所在地、住所地的乡级、县级人民政府应当帮助返回的受助人员解决生产、生活困难，避免其再次外出流浪乞讨；对遗弃残疾人、未成年人、老年人的近亲属或者其他监护人，责令其履行抚养、赡养义务；对确实无家可归的残疾人、未成年人、老年人应当给予安置。

第十九条　受助人员在救助站期间应当遵纪守法，不得辱骂、殴打救助站工作人员或者其他受助人员，不得破坏救助设施，不得毁坏、盗窃公私财物，不得无理取闹、扰乱救助工作秩序。

对受助人员的违法违规行为，救助站工作人员应当及时制止；受助人员违规违纪情节严重的，或者发现受助人员有犯罪嫌疑的，应当及时报请公安机关依法处理。

第二十条　救助站应当建立健全岗位责任制、安全责任制、工作人员行为规范等规章制度，实行规范化管理。

救助站应当将受助人员入站、离站、获得救助等情况如实记载，制作档案妥善保管。

第二十一条　救助站及其工作人员应当严格遵守《救助管理办法》第十条、第十四条第二款规定。对违反规定的，由该救助站的上级民政主管部门责令改正；情节较重的，对直接负责的主管人员和其他直接责任人给予纪律处分；构成犯罪的，依法追究刑事责任。

第二十二条　县级以上地方人民政府民政部门应当加强对救助站的领导和监督管理，履行以下职责：

（一）监督救助站落实救助措施和规章制度；

（二）指导检查救助管理工作情况；

（三）对救助站工作人员进行教育、培训；

（四）调查、处理救助站及其工作人员违法违纪问题；

（五）帮助救助站解决困难，提供工作条件。

第二十三条　救助站的上级民政主管部门不及时受理救助对象举报，不及时责令救助站履行职责，或者对应当安置的受助人员不报请当地人民政府予以安置的，对直接负责的主管人员和其他直接责任人员依法给予行政处分。

第二十四条　本实施细则自2003年8月1日起施行。

生活无着的流浪乞讨人员救助管理机构工作规程

（2014年6月22日　民发〔2014〕132号）

第一章　总　　则

第一条　为规范生活无着的流浪、乞讨人员救助管理工作，维护受助人员合法权益，保障生活无着的流浪、乞讨人员救助管理机构（以下简称救助管理机构）工作秩序，根据《城市生活无着的流浪乞讨人员救助管理办法》、《社会救助暂行办法》等规定，制定本规程。

第二条　本规程所称的生活无着的流浪、乞讨人员是指离家在外、自身无力解决食宿、正在或即将处于流浪或乞讨状态的人员，包括生活无着的流浪人员和生活无着的乞讨人员（以下简称流浪乞讨人员）。

第三条　本规程所称的救助管理机构包括县级以上人民政府设立的救助管理站、未成年人救助保护中心等专门机构。救助管理机构应当为流浪乞讨人员提供临时性救助服务。

第二章　接 待 服 务

第一节　求 助 接 待

第四条　救助管理机构实行24小时接待服务，工作人员应当言语文明，态度友善，并告知救助政策及入站须知。

第五条　救助管理机构应当开通救助热线，救助热线实行24小时服务，热线号码应当向社会公开并在当地114查询台登记。救助热线电话录音保存时间不少于3个月。

第六条　救助管理机构的引导标志应当醒目、容易识别，设置在人流量较大的交通要道、繁华地段。救助管理机构应当将机构名称牌匾等标志悬挂在楼院门外醒目位置。

第七条　救助管理机构应当对来站求助人员身体状况和精神状况进行初步检视。

第八条　求助人员为疑似精神障碍患者、疑似传染病人、危重病人或有明显外伤人员的，救助管理机构应当联系医疗急救机构或安排工作人员将其送医救治、诊断。

第九条　求助人员在醉酒状态中，对本人有危险或者对他人的人身、财产或者公共安全有威胁的，救助管理机构应当报警，由公安机关依法处置。

第十条　求助人员为疑似吸毒人员或疑似在逃人员的，救助管理机构应当报请公安机关处置。

第十一条　救助管理机构应当对公安机关护送来站的被拐卖受害人实施救助。

第二节　安 检 登 记

第十二条　求助人员应当按照救助管理机构要求，接受安全检查。女性求助人员应当由女性工作人员检查。安全检查发现有异常的，求助人员应当出示随身物品或开包接受检查。

第十三条　动物或可能造成人员伤害或财产安全的物品不得被携带进入站内。对在安全检查中发现的易爆、腐蚀、管制刀具等危险物品，救助管理机构应当及时报请公安机关处置；对在安全检查中发现的锐（利）器、打火器具等物品，求助人员应当自行丢弃或交由救助管理机构代为保管。

第十四条　求助人员应当配合救助管理机构开展安全检查，并遵守物品管理规定。

第十五条　求助人员应当向救助管理机构说明求助原因和需求，出示本人身份证件；无法出示身份证件的，应当如实提供本人姓名、身份证件号、户籍地等基本信息。有条件的救助管理机构可以通过公安机关核实求助人员身份信息。

第十六条　求助人员因年老、年幼、残疾等原因不能提供个人信息的，救助管理机构应当先行救助。

第十七条　救助管理机构应当留存求助人员指纹和电子

照片，将安全检查、证件材料、检视询问等情况录入全国救助管理信息系统，生成《求助登记表》(附件 1)。

第十八条 求助人员有携带未成年人流浪乞讨行为，或疑似胁迫、诱骗、利用未成年人乞讨或者组织未成年人进行有害身心健康的表演等活动的，救助管理机构应当及时报请公安机关调查、甄别。

第十九条 求助人员为疑似境外人员的，救助管理机构应当及时报请公安机关确认求助人员身份。属于非法入境、居留的，应当将其交由公安机关处置。属于合法入境、居留的，应当及时向当地外办、港澳办或台办通报，并可受当地外办、港澳办或台办的委托提供临时服务。

第二十条 在安全检查登记中发现求助人员有以下情形之一的，救助管理机构应当向求助人员解释不予救助的原因，并出具《不予救助通知书》(附件 2，一式两份)：

(一) 拒不配合安全检查；

(二) 拒不遵守物品管理规定；

(三) 自身有能力解决食宿；

(四) 索要现金，拒不接受其他救助方式；

(五) 拒不提供或拒不如实提供个人信息；

(六) 其他不符合救助条件的情形。

第三章 在站服务

第一节 生活服务

第二十一条 求助人员应当将随身携带的物品进行寄存，救助管理机构应当妥善保管。

第二十二条 救助管理机构应当按照受助人员性别、年龄、身心状况安排分区居住、单人单床，并为受助人员发放必要的生活用品。

女性受助人员应当安排女性工作人员管理。

第二十三条 成年女性携带 6 周岁以下未成年人的，救助管理机构应当为其共同在成人区生活提供便利。

第二十四条 救助管理机构应当对受助人员进行安全教育，告知其生活起居、注意事项及站内管理要求。

第二十五条 救助管理机构应当及时清洗、消毒餐具、炊具，提供符合卫生要求的饮食并实行分餐制。对于未成年人、老年人、少数民族人员和患病人员，应当照顾其特殊饮食需求。

第二十六条 救助管理机构应当对受助人员居室及活动区域经常清理、消毒，对受助人员床上用品每周至少清洗、消毒一次。受助人员离站后，应当对其床上用品及时更换、清洗、消毒。

第二十七条 救助管理机构应当为生活不能自理的受助人员用餐、住宿、穿衣、如厕、洗浴等提供相应的生活照顾和便利条件。

第二十八条 受助人员应当遵守救助管理机构各项内部管理规定，配合救助管理机构保持环境卫生和个人卫生，参加有益于身心健康的文体活动和教育辅导等活动。救助管理机构可以视情为受助人员提供心理辅导、行为矫治等服务。

第二十九条 受助人员因年老、残疾等原因暂时无法查明家庭情况或暂时无法离站的，救助管理机构可以委托相关机构托养。办理机构托养服务手续，应当符合相关规定。

第二节 寻亲服务

第三十条 受助人员有疑似走失、被遗弃或被拐卖情形的，救助管理机构应当及时向公安机关报案。

第三十一条 受助人员因年老、年幼、残疾等原因不能提供个人信息的，救助管理机构应当及时报请公安机关协助核查求助人员身份，并在其入站后 24 小时内以适当形式发布寻亲公告。

第三十二条 救助管理机构应当充分利用现有工作信息和工作渠道，为前来寻亲人员提供便利和帮助。

第三节 医疗服务

第三十三条 救助管理机构应当做好卫生保健、防疫工作，配备体温计、血压计等基本设备。有条件的救助管理机构可以依法内设医务室或与专业医疗机构合作开展医疗服务。

第三十四条 救助管理机构应当严格按照医嘱，对患病受助人员按时按量发放药品，做好服药情况记录。

第三十五条 救助管理机构发现受助人员突发急病、精神异常或有疑似传染病的，应当及时送往医疗机构或联系医疗急救机构救治、诊断；对有疑似传染病的，还应当及时向疾病预防控制机构报告，建议采取必要的卫生处理措施；发现有疑似吸毒情形的，应当报请公安机关处置。

第三十六条 由公安、城管等单位公务人员直接护送疑似精神障碍患者、危重病人或有明显外伤人员到医疗机构救治的，救助管理机构应当在接到通知后及时到医疗机构甄别和确认病人身份。经甄别符合生活无着的流浪、乞讨人员救助条件的，救助管理机构应当及时为其办理救助登记手续。

第三十七条 因抢救生命垂危的受助人员等紧急情况，不能取得受助人员或者与其一同受助的近亲属意见，医疗机构征求救助管理机构意见的，救助管理机构应当建议医疗机构按照《中华人民共和国侵权责任法》规定处置。

需要对受助人员施行手术、特殊检查或者特殊治疗时，受助人员可以表达意见的，应当由受助人员自行决定；受助人员不同意的，救助管理机构可以做好记录并妥善保存。

在对受助未成年人实施医疗措施过程中，救助管理机构应当尊重医疗机构意见。

第三十八条 受助人员属于诊断结论表明需要住院治疗的精神障碍患者的，由送诊的有关部门办理住院治疗手续。

第三十九条 救助管理机构应当根据医疗机构出具的可以出院的证明材料为受助人员办理出院手续。受助人员无故拒不出院的,救助管理机构应当终止对其救助。

第四十条 救助管理机构应当按照当地物价和卫生计生部门制定的医疗服务收费标准、国家基本药物目录与医疗机构核定受助人员医疗收费和用药范围。受助人员需要超范围用药或进行大型器械检查的,须经救助管理机构审查同意后方可实施。

第四节 未成年人教育服务

第四十一条 救助管理机构应当为受助未成年人提供关爱型服务和保护性措施,及时与受助未成年人沟通,了解其思想状况和遇困原因,经常组织受助未成年人参加有益于身心健康的文体活动、公益活动和社会实践活动,帮助受助未成年人树立正确的价值观、人生观。

第四十二条 救助管理机构应当对受助未成年人开展心理咨询和需求评估。受助未成年人存在心理和行为偏差的,救助管理机构应当进行有针对性的心理辅导和行为矫治。对于重复流浪或经评估发现不宜返回家庭的受助未成年人,救助管理机构可以延长救助期限。

第四十三条 流出地救助管理机构应当对受助未成年人的家庭监护情况进行调查评估:对确无监护能力的,由救助管理机构协助监护人及时委托其他人员代为监护;对拒不履行监护责任、经反复教育不改的,由救助管理机构向人民法院提出申请撤销其监护人资格,依法另行指定监护人。

第四十四条 救助管理机构应当区分受助未成年人年龄、文化程度、身体、精神状况和智力发展水平、滞留时间等不同情况,协助提供义务教育、替代教育等服务。

第四十五条 救助管理机构应当主动联系当地人力资源和社会保障等部门,协助年满14周岁、不宜接受义务教育且有职业技能培训意愿的受助未成年人接受免费职业技能培训。

第四十六条 受助未成年人在机构内接受教育培训的,救助管理机构应当制定适宜的教学计划,并对日常教学培训做好监督、检查工作。

第四十七条 受助未成年人有严重不良行为的,救助管理机构可以依法送其到专门学校进行矫治和接受教育。

第四十八条 受助未成年人暂时无法查明家庭情况或暂时无法离站的,救助管理机构可以为其办理家庭寄养、类家庭养育、机构托养等服务。安排具有意思表达能力的受助未成年人寄养托养的,应当征得其本人同意。办理寄养托养手续,应当符合相关标准要求。

第四章 离站服务

第一节 离站准备

第四十九条 救助管理机构应当根据受助人员需求,帮助其联系亲友,并为受助人员提取亲友汇款提供帮助。

第五十条 对年满16周岁、无精神障碍或智力残疾迹象的受助人员,救助管理机构救助期限一般不超过10天。受助人员临时生活困难已经解决的,救助管理机构应当协助其做好离站前准备并适时安排离站。

第五十一条 受助人员在医疗机构接受救治的,救助管理机构应当根据医疗机构出具的出院证明适时安排离站。

第二节 自行离站

第五十二条 年满16周岁、无精神障碍或智力残疾迹象的受助人员主动要求自行离站的,应当填写《自行离站声明书》(附件3)。救助管理机构应当为其办理离站手续,清点交接寄存物品,完成《在站服务及离站登记表》(附件4)。

第五十三条 自行离站人员没有交通费的,救助管理机构应当根据其实际需求提供乘车凭证和必要的饮食。

第五十四条 救助管理机构应当与当地(火)车站、港口协商购买、印制、查验及退返乘车凭证的具体方式,加强对受助人员乘车凭证的管理。

乘车凭证应当方便受助人员到达目的地,流入地到流出地有直达车、船交通工具的,应当提供直达乘车凭证。确需中转的,应当告知受助人员中转地站名、中转地救助管理机构地址及联系方式。

第五十五条 救助管理机构原则上不得为受助人员提供现金。因特殊情况需要提供短途公共交通费的,一般不超过20元,救助管理机构应当留存受助人员签收字据。

第五十六条 受助人员未办理离站手续、擅自离开救助管理机构或医疗机构的,视为主动放弃救助,救助管理机构应当做好文字记录并保存相关资料。

第三节 接送返回

第五十七条 不满16周岁的未成年人、行动不便的残疾人和其他特殊困难受助人员(以下简称"特殊困难受助人员"),应当由其亲属接领返回。

第五十八条 救助管理机构应当查验接领人身份证件,保留其身份证件复印件及有关证明材料,同时清点交接寄存物品,完成《在站服务及离站登记表》,办理交接手续。接领人拒不提供身份证件、证明材料或拒不签字确认的,不得移交受助人员。受助人员患病的,救助管理机构应当将受助人员病情信息告知接领人。

第五十九条 亲属不能接领特殊困难受助人员返回的,救助管理机构应当在核实情况后安排接送返回。

第六十条 流入地救助管理机构应当向流出地救助管理机构通报特殊困难受助人员人数、健康状况、家庭信息等基本情况,就接送方式、交接时间和地点等具体事项进行协商,并在交接时办理交接手续。

第六十一条 由流入地救助管理机构乘坐公共交通工具护送特殊困难受助人员返回的，流出地救助管理机构应当安排车辆到（火）车站、码头等到达地点接应。

第六十二条 流入地、流出地救助管理机构就接送事项不能达成一致意见的，应当报上级民政部门协调解决。

第六十三条 救助管理机构应当根据接送特殊困难受助人员人数、健康状况、风险隐患等情况合理安排工作人员人数及交通方式，必要时应当安排医护人员随行。接送途中发生意外情况的，工作人员应当及时妥善处置并向救助管理机构报告。

第六十四条 护送特殊困难受助人员返家前，流出地救助管理机构应当告知受助人员亲属做好接收准备，并在交接时办理交接手续。

第六十五条 联系受助人员返家时，其家人明确表示不接收的，流出地救助管理机构应当提前联系当地乡镇政府（街道办事处）、公安机关和居（村）民委员会到场，请其依法维护返家人员权益。

第六十六条 受助人员确已无家可归的，其户籍所在地的救助管理机构应当接收受助人员，并协调当地人民政府予以妥善安置。受助人员因长期流浪被注销户籍的，其户籍注销地的救助管理机构应当接收受助人员，并协调公安机关办理恢复户籍手续。

第六十七条 省级民政部门应当加强对跨省接送返回工作的指导，根据各救助管理机构自身条件、地理位置等情况，确定跨省接送单位，及时更新、发布并上报本省具备跨省接送条件的救助管理机构名单。

第四节 终止救助

第六十八条 受助人员有以下情形之一的，救助管理机构可以终止救助：

（一）无正当理由拒不离站或出院；

（二）拒不提供或拒不如实提供家庭信息；

（三）违法违纪、扰乱救助管理秩序；

（四）其他不符合继续救助的情形。

第六十九条 救助管理机构应当向受助人员解释终止救助的原因，清点交接寄存物品，完成《在站服务及离站登记表》，并向受助人员出具《终止救助通知书》（附件5，一式两份）。

第五节 其他情形

第七十条 经当地人民政府或民政部门批准，受助人员移送至有关机构长期安置的，救助管理机构应当清点交接寄存物品，完成《在站服务及离站登记表》，与相关机构办理交接手续。

第七十一条 受助人员被司法机关带离的，救助管理机构应当查验司法机关工作人员身份证件或执法证件，保留司法机关出具的有关证明材料及工作人员身份证件或执法证件复印件，清点交接寄存物品，完成《在站服务及离站登记表》，办理交接手续。

第七十二条 受助人员在医疗机构内死亡的，救助管理机构应当取得医疗机构出具的死亡证明书。受助人员在救助管理机构内因突发急病等原因经急救机构确认死亡的，救助管理机构应当及时报请公安机关到场处置并出具死亡原因鉴定书。

第七十三条 救助管理机构应当协助死亡受助人员亲属处理好后事，清点交接寄存物品，完成《在站服务及离站登记表》。亲属不能前来的，应当取得其同意火化的书面证明材料或电话录音、视频录像等资料。亲属明确拒绝前来的，应当留存其电话录音、视频录像等资料，由救助管理机构妥善处理后事，办理火化手续，骨灰及相关物品留存三年。

第七十四条 无法查明死亡受助人员身份或无法联系到其亲属的，救助管理机构应当在市级以上报刊上刊登公告，公告期30天（当地对无主尸体处置有规定的，依照当地规定处置）。公告期满后仍无人认领的，由救助管理机构妥善处理后事，办理火化手续，骨灰及相关物品留存三年。

第五章 机构管理

第七十五条 救助管理机构应当严格遵守相关法律法规，建立健全内部管理制度，明确岗位职责，规范工作流程，完善绩效评价，实行规范化管理。

第七十六条 救助管理机构应当建立岗位培训制度，工作人员应当经培训合格后上岗。工作人员上岗应当统一着装并佩戴工作标识。

第七十七条 救助管理机构应当建立安全保卫制度，在接待大厅配备安全检查门或金属探测器等安全检查设备，在楼院门外、接待大厅、楼道、食堂等公共区域及观察室等特殊区域安装具有存储功能的视频监控系统。监控录像资料保存期不少于3个月，特殊、重要资料以实物方式交存档案室。

第七十八条 救助管理机构应当建立值班巡查制度，值班人员应当熟知机构内受助人员情况，加强夜班巡查并做好巡查记录。值班人员应当在交接班时对患病、情绪异常等特殊受助人员重点交接。

第七十九条 救助管理机构应当建立信息管理制度，配备必要的工作电脑及相关设备，通过全国救助管理信息系统及时办理入站、离站等手续，信息录入应当真实、完整。

第八十条 救助管理机构应当建立财务管理制度，规范流浪乞讨人员救助资金支出标准、报销凭证及审批程序，健全内部控制流程。

第八十一条 救助管理机构应当建立宣传、引导社会组织、社会公众、志愿者等社会力量参与救助服务的工作制度，委托具有相应从业资质的机构开展心理辅导、教育培训、监护评估、寄养托养等救助服务。

第八十二条 救助管理机构应当建立消防安全制度，配备必要的消防设施，定期开展消防演练。

第八十三条 救助管理机构应当建立突发事件处置制度，制订针对极端天气、自然灾害、群体性事件等突发事件的应急预案，发生突发事件时应当迅速启动预案，采取有效措施予以处置，并及时向上级民政部门报告。

第八十四条 救助管理机构应当建立救助管理工作档案管理制度，做好纸质材料、电子文件的收集、整理和存档保管工作。

第八十五条 救助管理机构应当依法落实工作人员休假制度，每年至少开展一次全面的身体检查，保障工作人员身心健康。

第六章 附 则

第八十六条 在极端天气或遭受自然灾害情况下，救助管理机构可以开设临时避寒、避暑或庇护场所，简化救助流程，为求助人员提供饭菜和住宿等基本服务。

第八十七条 求助人员或受助人员扰乱救助管理机构正常工作秩序的，救助管理机构应当报请公安机关到场处置。

第八十八条 没有设立救助管理机构的民政部门，可以参照本规程开展救助管理工作。

第八十九条 本规程由民政部负责解释，自 2014 年 8 月 1 日起实施。《民政部关于印发〈救助管理机构基本规范〉和〈流浪未成年人救助保护机构基本规范〉的通知》（民发〔2006〕118 号）自本规程实施之日起废止。

民政部、公安部关于加强生活无着流浪乞讨人员身份查询和照料安置工作的意见

（2015 年 8 月 20 日 民发〔2015〕158 号）

各省、自治区、直辖市民政厅（局）、公安厅（局），新疆生产建设兵团民政局、公安局：

自 2003 年实施救助管理制度以来，各地认真贯彻落实相关法律法规，有效维护了生活无着流浪、乞讨人员（以下简称“流浪乞讨人员”）基本权益。为进一步加强流浪乞讨人员身份查询和照料安置工作，切实维护其合法权益，制定本意见。

一、加强流浪乞讨人员身份查询工作

各地民政部门和公安机关应当按照职责分工，建立流浪乞讨人员身份快速查询机制、寻亲服务机制和滞留人员身份查询长效机制，帮助其及时回归家庭。

（一）建立身份快速查询机制。公安机关发现流浪乞讨人员的，应当告知其向救助管理机构求助。对其中的残疾人、未成年人、老年人和行动不便的其他人员，应当引导、护送到救助管理机构；对突发疾病人员，应当立即通知急救机构进行救治；对疑似走失、被遗弃、被拐卖的流浪乞讨人员，应当及时通过调取监控录像、走访当地群众、比对公安机关走失人口库和人口信息管理系统、发布协查通报等方式，及时核查其身份信息。公安机关护送流浪乞讨人员来站求助的，应当配合救助管理机构办理交接手续，形成《公安机关护送流浪乞讨人员交接表》（见附件 1）。

对无法提供个人信息的受助人员，救助管理机构应当通过受助人员指纹、体貌特征等线索，及时查询比对全国救助管理信息系统中的救助信息和寻亲信息。受助人员在站期间被发现有疑似走失、被遗弃、被拐卖情形的，救助管理机构应当及时向公安机关报案，将受助人员体貌特征、发现经过等情况告知公安机关。救助管理机构报请当地公安机关协助核查受助人员身份信息的，公安机关应当及时受理、答复。

（二）建立寻亲服务机制。对经快速查询未能确认身份的受助人员，救助管理机构应当在其入站后 24 小时内通过广播、电视、报纸、全国救助管理信息系统、全国救助寻亲网站等适当形式发布寻亲公告，公布受助人员照片等基本信息，并在其入站后 7 个工作日内报请公安机关采集 DNA 数据。公安机关应当在收到报告后一个月内免费采集、录入全国打拐 DNA 信息库，并将比对结果反馈救助管理机构。对当前已经滞留在站的受助人员，救助管理机构应当尽快报请公安机关采集 DNA 数据，公安机关应当及时组织免费采集，录入全国打拐 DNA 信息库比对，并将比对结果反馈救助管理机构。

公安机关应当依法受理家人走失报案信息，及时发布内部协查通报，并通报救助管理机构，同时提示报案人可前往救助管理机构查找。救助管理机构应当将公安机关通报信息与站内受助人员信息进行查询比对，及时将查询结果反馈公安机关，同时为来站寻亲人员提供查询便利和帮助。

（三）建立身份查询长效机制。对经快速查询和寻亲服务后仍无法查明身份信息的滞留人员，救助管理机构应当经常与其接触、交流，采集其叙述内容，分析地名、人名、口音等关键信息并及时甄别核实。对交由托养机构照料或已纳入当地特困人员供养的滞留人员，救助管理机构应当继续开展或委托托养、供养机构协助开展身份查询工作。对有待核实的身份线索，救助管理机构可报请公安机关协助核查，公安机关应当及时核实确认。民政部门要建立滞留人员身份查询激励机制，对查询效果明显的人员或单位给予奖励。各地救助管理机构、公安机关应当加强沟通协作，共同做好滞留人员身份查询工作。

二、建立滞留人员多元化照料安置渠道

对于无法查明身份信息、在站救助时间超过 10 天的滞留人员，各地可根据当地救助管理工作实际情况，采取以下一种或多种方式予以妥善照料安置。

（一）开展站内照料服务。救助管理机构应当充分利用现

有救助场所和设施设备,在站内开展照料服务。救助管理机构缺乏护理、康复等专业工作人员的,可以通过提供服务场所、开展项目合作、政府购买服务等方式引入专业护理机构,由其承担站内照料工作,形成救助管理机构负责提供工作场地、制定照料标准、规范服务程序、考核服务质量等监督、管理工作,专业护理机构负责提供生活照料、日常护理、康复训练等具体照料服务的运行机制。对精神障碍患者、传染病人、危重病人等受助人员,救助管理机构应当按规定将其送当地定点医院救治、康复。

(二)开展站外托养服务。因现有设施设备不足、无法提供站内照料服务的,各地可根据滞留人员的年龄、智力、心理、生理状况,实施站外分类托养。各地可通过政府购买服务方式,委托符合条件的公办、民办福利机构或其他社会组织,为滞留人员提供生活照料等具体服务。各地要按照公开、公平、公正的原则,向社会公布购买服务的内容、程序、方式和参与条件,明确生活照料、医疗救治、日常护理、寻亲服务、档案保管等基本托养服务要求,通过公开招标等方式,审慎选择在资格资质、人员配置和设施设备等方面能满足滞留人员服务需求的托养机构并签订托养协议。

(三)纳入特困人员供养。对超过三个月仍无法查明身份信息的滞留人员,救助管理机构应当及时向所属民政部门提出安置申请,由民政部门提出安置方案,报同级人民政府予以安置。对安置后公安机关已办理户口登记手续、符合特困人员供养条件的流浪乞讨人员,民政部门要及时将其纳入特困人员供养范围,落实社会救助政策,协助其办理社会保险,并转移至当地政府设立的福利院、养老院、敬老院、精神病院等公办福利机构供养。当地无公办福利机构或公办福利机构床位资源不足的,可以委托其他民办福利机构供养。纳入特困人员供养的滞留人员身份查询确认后,由原救助管理机构联系其亲属或者流出地救助管理机构,协调接送返乡工作。

(四)做好滞留未成年人救助保护工作。对于暂时无法查明家庭情况的流浪乞讨等生活无着的未成年人,未成年人救助保护机构应当从有利于未成年人健康成长的角度,认真履行临时监护职责,通过提供站内照料、委托儿童福利机构抚养等方式,为其提供符合身心、年龄等特点的生活照料、康复训练等服务,不得将其托养至养老院、敬老院等成年人社会福利机构。民政部门要加强区域联动,在更大范围内实现资源共享,县级民政部门未设立未成年人救助保护机构或儿童福利机构的,要及时报请上级民政部门指定具备条件的未成年人救助保护机构、儿童福利机构照料。各地要依托社会工作服务机构、公益慈善组织、法律服务机构和志愿者等社会力量,为受助未成年人提供心理辅导、行为矫治、文化教育、技能培训、就业帮扶等服务。

三、保障措施

各地要充分认识做好流浪乞讨人员身份查询和照料安置工作的重要意义,充分发挥流浪乞讨人员救助管理制度在保障和改善民生中的积极作用,强化部门协作与资源整合,本着因地制宜、多措并举的原则,切实保障流浪乞讨人员合法权益。

(一)加强组织协调。各地要依托救助管理工作领导小组或联席会议机制,加强民政、公安、新闻宣传等有关单位的工作联动和信息共享,做好流浪乞讨人员身份查询、寻亲公告、户籍登记、就业就学、医疗救治等工作,要指导、督促乡镇人民政府(街道办事处)做好返乡流浪乞讨人员回归稳固工作。民政部门、公安机关要建立与媒体的常态化寻亲合作机制,在更大范围内为受助人员寻找家人。

(二)加强经费保障。各级民政部门要协调同级财政部门,建立稳定的滞留人员救助工作经费保障机制,并根据《中央财政流浪乞讨人员救助补助资金管理办法》(财社〔2014〕71号),将滞留人员情况纳入中央财政流浪乞讨人员救助补助资金分配参考因素。

(三)整合各方资源。各级民政部门要统筹规划,充分利用现有福利院、养老院、敬老院、精神病院等社会福利资源,对符合条件的滞留人员予以供养或托养。有条件的地方,可推动建立或改扩建救助安置场所,集中照料滞留人员。各地可就甄别查询、回归稳固、委托代养、落户安置等工作开展跨区域合作。

(四)加强评估监督。各地民政部门和救助管理机构要强化责任意识,认真履行身份查询、寻亲服务等救助程序。采取站外托养方式照料滞留人员的,民政部门和救助管理机构要建立定期检查制度,明确检查周期和检查内容,通过明查暗访、听取各方评价等多种方式,对托养机构服务质量、安全管理等情况进行经常性检查。发现问题的,要及时警示;对不适宜继续开展托养服务的托养机构,要及时终止托养协议。

(五)推进通报制度。各级民政部门、公安机关要逐步建立流浪乞讨人员身份查询和照料安置工作通报制度。对寻亲服务不及时、回归稳固工作不力、流浪乞讨问题严重,特别是未按《国务院办公厅关于加强和改进流浪未成年人救助保护工作的意见》(国办发〔2011〕39号)要求落实各项工作的地区予以通报批评;对积极开展寻亲救助服务、源头预防工作成效明显的地区予以通报表扬。

生活无着的流浪乞讨人员救助档案管理办法

(2014年11月13日 民发〔2014〕228号)

第一章 总 则

第一条 为规范生活无着的流浪、乞讨人员(以下简称流浪乞讨人员)救助档案管理,保障受助人员和救助管理机构的合法权益，根据《中华人民共和国档案法》、《城市生活无着的流浪乞讨人员救助管理办法》和《社会救助暂行办法》等规定，制定本办法。

第二条 本办法所称救助档案是指救助管理机构在对流浪乞讨求助人员进行甄别和实施救助服务过程中形成的具有保存价值的各种文字、图表、声像、电子文件等不同形式和载体的历史记录。

第三条 民政部门对救助档案工作实行统一领导，分级管理。档案行政管理部门对救助档案工作进行业务指导和监督。

第四条 救助管理机构应当建立并完善救助档案管理制度，对救助档案实行集中统一管理，指定专人负责救助档案工作，确保救助档案完整、准确、系统、安全和有效利用，并逐步实现救助档案工作信息化和规范化。

第二章 归档范围

第五条 救助管理工作中形成的下列材料应当归档：

（一）《求助登记表》；

（二）《不予救助通知书》；

（三）《自行离站声明书》；

（四）《在站服务及离站登记表》；

（五）《终止救助通知书》；

（六）其他应当归档的文件材料。

第六条 受助人员在站期间和离站过程中形成的下列材料，应当作为《在站服务及离站登记表》附件一并予以归档：

（一）寻亲服务相关材料；

（二）未成年人教育、评估、矫治等材料；

（三）住院救治或者门诊治疗中形成的交接手续和入院登记表、离院登记表、出院证明等医疗服务材料以及表达受助人员治疗意愿的材料；

（四）乘车凭证复印件和小额交通费现金签收字据；

（五）亲属接领人身份证件复印件，单位、村（居）民委员会接领人证明材料及单位、村（居）民委员会接领工作人员身份证件复印件；

（六）家庭寄养、类家庭养育、机构托养协议书及相关材料；

（七）司法机关出具的证明材料以及工作人员身份证件或者执法证件复印件；

（八）长期安置证明材料；

（九）医疗机构出具的死亡证明书、公安机关出具的死亡原因鉴定书、死亡公告材料以及亲属意见、火化证明等材料；

（十）其他应当归档的文件材料。

第七条 救助管理机构街头救助形成的照片、录音、录像材料，救助热线电话录音、监控录像材料和救助管理信息系统形成的电子文件应当按照国家有关规定整理归档。

第三章 归档要求、整理方法

第八条 属于归档范围的救助文件材料应当在救助工作完毕后30个工作日内归档。

归档的文件材料应当真实完整、图文清晰。

电子数据、录音带、录像带、磁盘、照片等特殊载体材料，应当与纸质文件材料一并归档，确保可读可用。

归档章、档案盒封面、盒脊、备考表等项目，使用蓝黑墨水或者碳素墨水钢笔填写；救助档案目录应当打印；备考表和档案目录一律使用A4规格纸张。

第九条 救助档案按照救助类别——年度——保管期限分类整理。

救助类别分为成年人救助、未成年人救助保护两类。

年度是指救助完毕的时间所属年度。

保管期限是指根据救助档案的使用价值所确定的保管年限。

第十条 救助文件材料的整理归档应当遵循下列原则与方法：

（一）救助文件材料按照年度归档。

（二）一个求（受）助人员的材料组成一件。成年人携带未成年人求助的，分别组件归类，并在各自《救助档案目录》“备注栏”中注明相关情况和档案号。

（三）根据求（受）助人员的个体差异，确定每件归档文件材料的具体范围，并按照文件材料形成的时间顺序排列。

（四）以有利于档案保管和利用的方法对件进行固定。

（五）按照本办法第九条的规定对救助档案进行分类，在最低一级类目内依据救助完毕的时间顺序排列，并从“1”开始编制室编件号。

（六）在件内文件首页上端的空白处加盖归档章（式样见附件1），并填写有关内容。归档章设置全宗号、类别、年度、保管期限、室编件号和馆编件号等项目。

（七）按照室编件号的顺序将救助档案装入档案盒，并填写档案盒封面、盒脊和备考表（式样见附件2、3、4）的项目。

（八）按照类别分别编制救助档案目录（式样见附件5）。

（九）救助档案目录区分年度和保管期限，加封面后装订成册，一式三份，并编制目录号（式样见附件6）。

第十一条 照片、音像材料分别按照《照片档案管理规范》（GB/T11821-2002）和《磁性载体档案管理与保护规范》（DA/T15-1995）的要求整理；救助管理工作中形成的电子文件按照《电子文件归档与管理规范》（GB/T18894 2002）和《电子文件归档光盘技术要求和应用规范》（DA/T38-2008）的要求整理。

第四章 保管、统计和利用

第十二条 救助档案由救助管理机构设专门库房保管。

档案库房应当坚固，并有防盗、防光、防高温、防火、防潮、防鼠、防虫等设施。

第十三条 档案管理人员应当按照年度及时对救助档案的接收、保管、利用和鉴定、销毁等情况进行统计。

第十四条 救助档案保管单位应当建立档案利用制度，明确办理程序，确保救助档案安全有效地利用。

救助档案的利用应当遵守下列规定，并办理登记手续：

（一）救助管理机构及其上级业务主管部门可以利用救助档案；

（二）各级人民法院、人民检察院、公安机关、国家安全机关、纪检监察机关、审计机关因公务需要，凭单位介绍信可以利用救助档案；

（三）救助对象及其亲属经救助档案保管单位主管领导批准，办理相关手续后，凭身份证件可以利用与救助对象相关的救助档案；

（四）律师凭律师执业证书和律师事务所证明，持受理案件法院出具的证明材料，可以利用与承办法律事务有关的救助档案；

（五）其他单位、组织和个人要求查阅救助档案的，救助档案保管单位在确认其利用目的合理的情况下可以同意。

第十五条 利用救助档案的单位、组织和个人，不得损害救助对象的合法权益，未经救助对象及其亲属的同意，不得公开救助档案的内容。

救助档案仅限于当场查阅、摘抄和复印，利用过程中注意保密，严禁对救助档案进行涂改、抽换、圈划、批注或者造成污染、损毁。

救助档案保管单位应当对归还的救助档案进行清点核对，对档案摘抄件或者复印件加盖标有“救助档案摘抄件”或者“救助档案复印件”的印章。

第十六条 救助档案保管单位应当编制救助档案目录、人名索引等检索工具，提高利用工作效率。

第五章 保管期限、鉴定、销毁和移交

第十七条 救助档案的保管期限一般为10年。受助人员为未成年人、精神智力残疾人员、长期安置人员的，救助档案保管期限为30年；受助人员在救助期间死亡的，救助档案保管期限为永久。保管期限从救助完毕或者决定不予救助后的次年1月1日起开始计算。

照片、音像档案的保管期限与相应的纸质救助档案的保管期限相同。救助管理信息系统形成的电子档案保管期限为30年。

第十八条 救助管理机构救助热线录音电话、监控录像等工作资料保管期限不少于3个月，街头救助形成的照片、录音、录像等工作资料保管期限不少于6个月。以上资料存在争议的，应该保管2年以上，特殊、重要资料以实物方式交存档案室。

第十九条 救助档案保管单位应当成立鉴定小组，对保管期满的救助档案进行价值鉴定。对有继续保存价值的，可以延长其保管期限直至永久。无保存价值的，提出销毁意见，并建立销毁清册。

第二十条 销毁救助档案应当经主管领导批准，并派两个以上人员监销。监销人员应当对照销毁清册清点核对所要销毁的救助档案，并在销毁清册上签字。销毁清册永久保存。

第二十一条 救助档案在救助管理机构保存一定时间后，应当按照国家有关规定向相关国家综合档案馆移交。

第六章 附 则

第二十二条 救助管理机构按规定对不具有本地户籍且不持有当地居住证的流动人口实施临时救助的，档案工作参照本办法执行。

第二十三条 没有设立救助管理机构的民政部门应当参照本办法做好流浪乞讨人员救助档案管理工作。

第二十四条 各省（自治区、直辖市）、新疆生产建设兵团民政厅（局）和档案局可以结合本地区实际情况，共同制定本办法实施细则。

第二十五条 本办法自2015年1月1日起施行。

民政部关于促进社会力量参与流浪乞讨人员救助服务的指导意见

（2012年12月22日 民发〔2012〕233号）

各省、自治区、直辖市民政厅（局），新疆生产建设兵团民政局：

近年来，党中央、国务院高度重视流浪乞讨人员救助工作，形成了政府主导、民政牵头、部门负责、社会参与的良好局面。社会力量参与救助服务为维护流浪乞讨人员合法权益，促进社会和谐稳定作出了积极贡献。为了充分发挥社会力量在流浪乞讨人员救助服务中的积极作用，引导和支持社会力量参与救助服务，制定本意见。

一、充分认识社会力量参与流浪乞讨人员救助服务的重要意义

流浪乞讨人员居无定所、生活无着、身处困境，回归家庭融入社会存在不同程度的困难，需要全社会的关爱与帮扶。社会力量参与流浪乞讨人员救助服务是创新社会管理与公共服务体制的重要举措，是加强流浪乞讨人员救助管理工作的重要措施，是帮助流浪乞讨人员摆脱困境的重要力量。促进社会力量参与救助服务，有利于及时发现救助流浪乞讨人员，保障其基本生存权益；有利于为流浪乞讨人员提供个性化、多元化、专业化的救助服务，提高救助服务成效；有利于弘扬社

会互助和志愿服务精神,促进社会成员团结友爱;有利于拓宽救助服务途径和方式,形成群防群助的工作局面。各地要进一步统一思想,充分认识社会力量参与救助服务的重要意义,引导和支持社会力量通过开展慈善捐助、实施公益项目、志愿服务、政府购买服务等多种方式,积极参与流浪乞讨人员救助服务。

二、总体要求和基本原则

(一)总体要求。

牢固树立以人为本、为民解困的理念,以邓小平理论、"三个代表"重要思想、科学发展观为指导,按照构建政府管理与社会自治相结合、政府主导与社会参与相结合的社会管理和公共服务体制要求,健全机制,完善政策,落实责任,充分调动社会各方面的积极性,大力推动流浪乞讨人员救助服务社会化,确保流浪乞讨人员得到及时、有效、专业的救助服务,帮助其回归家庭,融入社会。

(二)基本原则。

坚持以人为本、服务社会。把保障和改善民生,维护流浪乞讨人员合法权益作为促进社会力量参与流浪乞讨人员救助服务的出发点和落脚点。在提供救助服务的过程中,秉持公益慈善理念,扶危济困,服务社会,共创和谐。

坚持引导培育、优势互补。通过政策指导、购买服务和能力建设等方式营造支持性环境,充分发挥社会力量的灵活性、专业性等优势,与政府机构形成优势互补、良性互动。

坚持依法救助、规范管理。开展救助服务应当严格遵守《中华人民共和国未成年人保护法》、《城市生活无着的流浪乞讨人员救助管理办法》等法律法规和救助管理政策,建立健全各项管理制度,规范服务流程,实行信息公开,接受政府监管和社会监督。

坚持统筹协调、分类指导。将促进社会力量参与救助服务纳入流浪乞讨人员救助管理工作规划和年度工作计划。坚持属地管理和分类指导,支持依法登记的社会组织在其业务和活动范围内开展流浪乞讨人员救助服务。

三、充分发挥社会力量在救助服务中的积极作用。

(一)开展主动救助服务。各地民政部门要将流浪乞讨人员救助服务纳入和谐社区建设和新农村建设的重要内容,积极引导支持村(居)委会等基层组织,社区社会组织和其他专业性社会组织开展主动救助服务,为其劝导流浪乞讨人员到救助管理机构求助提供便利。要充分调动社会力量参与主动救助服务的积极性,动员引导支持社会工作者、志愿者和社会热心人士及时报告流浪乞讨人员线索,为流浪乞讨人员提供必要的应急救助服务,引导企事业单位、工商业者为流浪乞讨人员救助提供资金、物品、设施设备和智力支持。

(二)提供专业救助服务。各地民政部门和救助管理机构可以通过购买服务、项目委托等方式,由爱心家庭和依法登记的福利机构、护理机构为特殊受助人员提供生活照料服务。可以通过与社会工作机构、心理咨询机构、康复治疗机构、教育培训机构和社会组织开展项目合作的方式为流浪乞讨人员提供心理疏导、教育矫治、行为干预、康复训练和技能培训等专业救助服务。通过在救助管理机构设置志愿者活动基地、实习基地等形式,积极引导支持医生、教师、法律工作者、社会工作者、心理咨询师等专业人士为流浪乞讨人员提供专业志愿服务。

(三)做好预防帮扶服务。各地民政部门和救助管理机构要积极引导支持村(居)委会、社会组织、志愿服务团队等社会力量参与流浪乞讨人员源头预防工作,开展形式多样、内容丰富的政策法制宣传,弘扬社会公德,对流浪乞讨人员及其家庭进行疏导、帮扶,促使其家庭依法履行赡养、抚养责任和义务,使流浪乞讨人员融入正常社会生活。积极动员引导职业培训机构和爱心企业为劳动年龄内具备劳动能力的流浪乞讨人员提供技能培训和就业帮扶,使其自立、自强,摆脱流浪乞讨的困境。

四、加大对社会力量参与救助服务的支持力度。

(一)加大政策支持。各地要积极构建有利于社会力量参与救助服务的政策体系,采取切实可行的措施,着力解决社会力量参与救助服务中出现的新情况、新问题。要引导慈善捐赠面向流浪乞讨人员救助服务,并畅通慈善捐赠渠道,激发社会慈善捐赠热情。鼓励成立为流浪乞讨人员服务的社会组织,通过采取设立孵化基地、简化登记程序、探索直接登记等方式为成立以服务流浪乞讨人员为宗旨的社会组织提供便利。救助管理机构要因地制宜、整合资源,逐步引入社会力量承担事务性、专业性救助服务。有条件的救助管理机构可向开展救助服务的社会力量提供服务场所。

(二)加大资金支持。各地可根据实际情况,通过购买服务、项目合作、经费补贴、"以奖代补"等方式,解决流浪乞讨人员生活照料、医疗救治、教育矫治等服务需求。要按照《中央财政流浪乞讨人员救助补助资金管理办法》(财社〔2011〕190号)要求,明确社会力量参与救助服务项目的资金用途、受益对象、实施地域、进度安排、目标任务和考核指标,坚持权责明确、公开透明、节俭增效,严格资金管理,强化绩效评价。

(三)加大技术支持。各地民政部门和救助管理机构要加强对社会力量参与救助服务的技术支持,定期开展政策法规、行业标准、服务规范、操作技能等方面的培训,帮助其依法依规开展救助服务。要在管理规范、服务水平较高的救助管理机构建立教育培训、实习示范基地,为从事救助服务的社会机构培养骨干人才,提高从业人员的职业道德、专业技能和服务水平。要进一步加强理论研究,制定服务标准,编写专业教材,开发实用技术,为推动救助服务社会化打下坚实基础。

五、促进社会力量参与救助服务的健康发展

(一)加强组织领导。各地要将社会力量参与救助服务工作纳入重要议事日程,切实履行部门职责,认真落实相关政策措施，不断完善流浪乞讨人员救助管理体制和运行机制。要加强工作指导，科学制定发展规划和实施办法，稳步推进社会力量参与救助服务工作。要按照公开招标、公平竞争的原则，向社会公开购买社会力量参与救助服务项目的内容、程序、方式和参与条件，通过竞争性方式购买社会服务，实现“多中选好、好中选优”。

（二）加强能力建设。各地要支持和帮助参与救助服务的社会组织、服务机构加强能力建设，明确服务要求和工作准则，使其不断提高服务质量和水平，实现社会力量参与救助服务的专业化、规范化、精细化。参与救助服务的社会组织、服务机构应当根据服务对象需求加强护理、营养、心理和社会工作等专业技术人才的配置力度，完善服务设施和条件，在设施设备、工作团队、专业技能、管理制度、风险控制等方面，满足维护流浪乞讨人员合法权益的需要。

（三）加强评估监督。各地民政部门和救助管理机构要建立评估制度，直接或委托专业社会工作机构、评估机构对社会力量开展救助服务的方式、能力、水平和效果进行定期评估，对救助效果和社会影响好的社会组织、服务机构和项目要优先、重点扶持，对存在的困难和问题要予以协调解决。对不适宜继续开展救助服务的社会组织、服务机构和项目，要及时进行警示、终止和公布，做好项目终止等后续工作，妥善安置受助人员。发现有虐待、伤害流浪乞讨人员或非法用工嫌疑的，应当及时报告公安机关或劳动监察部门依法处理。

（四）加强引导推广。各地要密切关注本地区社会力量参与救助服务的现状和趋势，引导社会组织、服务机构加强自身建设，健全规章制度，规范工作程序，公开财务收支。要注重培育先进典型，对管理规范、服务优质、贡献突出的予以表彰、奖励，充分发挥社会声誉良好、管理服务规范、专业能力突出、工作效果显著的社会组织、服务机构和公益项目的引领作用。要通过交流、示范、激励等方式推广先进经验，引导和带动更多的社会组织和爱心人士参与流浪乞讨人员救助服务，促进社会力量参与救助服务工作的健康发展。

民政部、公安部、财政部、住房城乡建设部、卫生部关于进一步加强城市街头流浪乞讨人员救助管理和流浪未成年人解救保护工作的通知

（2009 年 7 月 16 日　民发〔2009〕102 号）

各省、自治区、直辖市民政厅（局）、公安厅（局）、财政厅（局）、住房和城乡建设厅（市政管委、市容委、建委）、卫生（厅）局，新疆生产建设兵团民政局、公安局、财务局、建设局、卫生局：

自 2003 年 8 月《城市生活无着的流浪乞讨人员救助管理办法》颁布实施以来，在各级政府高度重视、有关部门支持配合下，救助管理工作总体上进展顺利。但是，一些城市街头流浪乞讨人员增多，组织、胁迫、诱骗、利用未成年人流浪乞讨和组织未成年人违法犯罪等侵害未成年人权益的现象严重，严重侵害公民权利、扰乱公共秩序、危害社会稳定。为进一步做好城市街头流浪乞讨人员救助和管理工作，维护流浪乞讨未成年人的合法权益，现通知如下：

一、充分认识做好街头流浪乞讨人员救助管理和流浪未成年人解救保护工作的重要意义

当前，我国经济社会快速发展，人民生活不断改善，社会保障制度逐步完善，但由于人口流动、家庭困难、意外事件、个体选择等原因，流浪乞讨现象仍有发生，特别是流浪未成年人存在被拐卖、拐骗，胁迫、诱骗、利用乞讨或从事违法犯罪活动，遭受摧残和虐待的现象。流浪未成年人是特殊社会弱势群体，需要全社会的关心和帮助。各级民政、公安、城管、卫生、财政部门一定要从广大人民群众根本利益出发，切实增强责任感和紧迫感，积极主动，各尽其职，多管齐下，打击震慑违法犯罪、教育警醒群众、弘扬正气。要始终坚持以人为本，狠抓落实，将这项工作作为深入学习贯彻落实科学发展观的重要举措，进一步做好流浪未成年人解救保护工作。

二、认真履行部门职责，协调配合做好落实工作

街头流浪乞讨人员救助、管理和解救、保护流浪未成年人工作，事关权利保护和社会稳定，涉及多个部门，具有很强的政策性。各级政府、各个部门要依照有关法律法规，认真履行各自职责，协调配合，齐心协力做好这一工作。

（一）民政部门要加强街头救助，协助配合公安、城管、卫生等部门做好街头管理和打击解救工作。

一是组织、指导、监督救助管理机构做好街头救助。劝导、引导街头流浪乞讨人员进入救助管理站接受救助，不愿入站的，根据其实际情况提供必要的饮食、衣被等服务；坚持“先救治，后救助”的原则，配合医疗机构做好街头流浪乞讨人员中的危重病人、精神病人、危险传染病人的救治工作。

二是坚持“先解救，后救助”的原则，配合公安机关做好被拐卖、拐骗、胁迫、诱骗、利用乞讨的残疾人、未成年人的调查、取证和解救工作。对于公安机关解救、护送来站的未成年人，救助管理站（流浪未成年人救助保护中心）要做好接收工作，福利机构做好婴幼儿临时代养工作。铁路公安机关解救的被拐卖未成年人，由乘车地救助管理站（流浪未成年人救助保护中心）接收，福利机构做好婴幼儿临时代养工作。对于受助未成年人，要利用指纹识别技术建立数字档案，配合公安机关做好救助管理机构、社会福利机构中未成年人的采血工作。

三是协助有关部门开展街头治理工作。民政部门在街头救助时，发现流浪乞讨人员滋扰他人，扰乱社会秩序，污损、占据公共设施妨害他人正常使用和破坏城市市容环境的，要向公安机关、城市管理部门提出执法建议。

四是强化站内服务和管理。要从维护受助人员权益出发，改善设施环境，实行人性化、亲情化服务，保障受助人员的基本生活。要把未成年人与其他救助对象分开，根据未成年人的特点，合理安排生活起居和文体娱乐、教育培训等活动。对残疾、智障、受到伤害或有心理问题的，积极进行医护和康复。加大站内人员和接领人的甄别、核查力度，防止未成年人被冒领冒认和犯罪分子藏匿其中。要做好站内安全防范工作，确保站内人员安全。

五是做好返乡、安置和流出地预防工作。要畅通受助人员返乡渠道，对父母或其他监护人无力接回的，经协商后可由救助管理机构接回或送回。对符合条件的安置对象，安置到社会福利机构，并积极探索社会代养、家庭寄养等社会安置模式。督促流出地人民政府将符合条件的返乡困难群众纳入社会保障范围，充分发挥村（居）委会等基层组织的作用，监督监护人履行监护义务，防范虐待、遗弃老年人、残疾人、未成年人，防范强迫其外出流浪。

六是鼓励和支持社会组织或个人为流浪乞讨人员提供庇护、饮食、衣被等帮助，探索开展社工干预、心理辅导、行为矫治、教育培训，帮助流浪乞讨人员回归家庭和社会。

（二）公安机关要强化街头管理和打击解救工作力度，协助民政、卫生部门做好街头救助和站内管理工作。

一是做好接、报警工作。接到群众举报线索，要快速出警，及时处理，做到件件有记录，件件有人管。坚持解救与打击并重的原则，及时开展调查工作，确保打击有力，解救到位。

二是强化立案工作。各级公安机关要本着对人民群众高度负责的态度，强化立案工作。凡是接到举报发现拐卖、拐骗、胁迫、诱骗、利用未成年人乞讨或组织未成年人违法犯罪的，接待民警要认真询问案情，及时出警，对涉嫌犯罪的分别按照拐卖儿童罪、拐骗儿童罪、组织儿童乞讨罪、组织未成年人进行违反治安管理活动罪立案侦查；构成违反治安管理行为的，依法给予治安管理处罚。

三是加强对街面等流浪乞讨人员主要活动场所的巡查。要加强对繁华街区、桥梁涵洞、地下通道、热力管线、废弃房屋、火车站、风景游览区等流浪乞讨人员集中活动和露宿区域的巡查。发现街头流浪乞讨人员中危重病人、精神病人的，要按照民政部、公安部、财政部《关于进一步做好城市流浪乞讨人员中危重病人、精神病人救治工作的指导意见》（民发〔2006〕6号）的要求，会同民政、卫生等部门救治。发现流浪未成年人的，护送到救助管理机构接受救助。发现利用婴幼儿或未成年人乞讨的，要现场取证，调查盘问。对无血缘关系、来历不明和疑似被拐卖、拐骗、组织、胁迫、诱骗、利用乞讨的，要控制犯罪嫌疑人，解救未成年人。对利用婴幼儿、未成年人乞讨的监护人，教育、警告后护送到救助管理站接受救助；构成犯罪的，依法追究刑事责任。

四是加强流浪乞讨儿童的采血和检验比对工作。对街头流浪乞讨和被组织从事违法犯罪活动的未成年人一律采血，经DNA检验后将数据录入全国打拐DNA数据库。各地在采血和检验比对工作中，不得以任何理由收取费用。

五是加大打击力度。要依法从重从快打击虐待和故意伤害流浪未成年人，以及拐卖、拐骗、组织、胁迫、诱骗、利用未成年人乞讨牟利或组织其进行违法犯罪活动的犯罪分子和团伙。认定是被拐卖、拐骗的未成年人，要立即解救，尽快送返其监护人身边。对暂时找不到其监护人的，护送到救助管理站接受救助，并继续查找其监护人。对亲生父母或其他监护人利用未成年人乞讨的，要予以批评教育，情节严重的，依照《治安管理处罚法》第四十一条，予以治安管理处罚；构成犯罪的，依法追究刑事责任。

六是做好有害乞讨行为的管理工作。协助民政部门开展街头救助，对流浪乞讨人员强讨恶要、滋扰他人、扰乱公共秩序、危害交通安全的行为依法处置。属于救助对象的，送救助管理机构救助。

七是协助救助管理站做好安全防范工作。有条件的地方可以结合社区警务布点，在救助管理站设立警务室或警务联络员。要依法严厉打击聚众闹事、结伙冲击、围攻救助管理站的违法犯罪活动，确保站内人员安全和工作秩序。

（三）城市管理部门要依法做好防范街头流浪乞讨人员影响市容环境卫生行为的管理工作，协助民政、卫生部门做好街头救助工作。

一是依法处置街头流浪乞讨人员占据、损毁公共设施妨碍他人正常使用的行为和随处涂画、制造噪音等破坏环境卫生等违反城市管理规定的行为。

二是协助民政部门做好街头救助工作。在街头执法发现流浪乞讨人员的，告知、引导、护送其到救助管理站接受救助。发现危重病人、精神病人的，联系医疗卫生部门救治。

（四）卫生部门负责流浪乞讨人员医疗救治工作。要按照《关于实施城市生活无着的流浪乞讨人员救助管理办法有关机构编制和经费问题的通知》（财社〔2003〕83号）和《关于进一步做好城市流浪乞讨人员中危重病人、精神病人救治工作的指导意见》（民发〔2006〕6号）规定，指定定点医疗机构，按照"先救治、后救助"的原则收治有关流浪乞讨人员。

（五）财政部门要做好对城市街头流浪乞讨人员救助、管理，以及对流浪未成年人解救保护的经费保障工作。要按照上述各部门职责任务和国家预算管理有关规定，将应由政府承担的救助、管理城市街头流浪乞讨人员，以及解救、保护流浪未成年人工作经费，分别列入有关部门预算给予保障。

三、健全机制，狠抓落实

（一）健全机制。各地要加强领导，统一认识，明确责任，协作配合，建立健全工作机制。要坚持"分级管理，条块结合"的原则，建立政府统一领导、部门分工负责、社会广泛参与的管理体制和运行机制，共同营造帮助街头流浪乞讨人员回归家庭、社会的良好氛围。

（二）狠抓落实。公安部决定将此项工作列入全国打击拐卖儿童妇女工作综治考核并列入刑侦工作绩效考核。民政部决定将此项工作列入全国民政系统社会治安综合治理工作考核内容，认真督查。对行动迟缓、工作不力，造成严重后果的单位和个人，将报请综治部门实行“一票否决制”并追究有关责任。

民政部、教育部、公安部等19部委关于加强流浪未成年人工作的意见

（2006年1月18日 民发〔2006〕11号）

各省、自治区、直辖市民政厅（局）、综治委预防青少年违法犯罪工作领导小组、综治办、文明办、编办、高级人民法院、高级人民检察院、发展改革委、教育厅（局）、公安厅（局）、司法厅（局）、财政厅（局）、劳动保障厅（局）、铁道厅（局）、交通厅（局）、卫生厅（局）、团委、妇联、残联；新疆生产建设兵团民政局、综治委预防青少年违法犯罪工作领导小组、综治办、文明办、编办、法院、检察院、发展改革委、教育局、公安局、司法局、财务局、劳动保障局、交通局、卫生局、团委、妇联、残联：

改革开放以来，在党和政府的关心和重视下，未成年人权益保护工作得到了健康发展。但是，伴随经济体制转轨和社会转型，出现了人口流动加速、贫富差距加大、家庭问题日益凸现，流浪未成年人数量逐年增加，犯罪率不断上升。为了贯彻落实《中共中央国务院关于进一步加强和改进未成年人思想道德建设的若干意见》，预防未成年人违法犯罪，保护未成年人合法权益，构建社会主义和谐社会，现就加强流浪未成年人工作提出如下意见：

一、充分认识做好流浪未成年人工作的重要意义

流浪未成年人是社会弱势群体，他们生活在街头，衣食无着，处境艰难，合法权益难以得到充分保障。他们容易被犯罪分子利诱和利用，误入歧途，走上违法犯罪道路，影响国家的长治久安。流浪未成年人工作是未成年人权益保护的重要组成部分，是构建和谐社会、落实科学发展观的重要内容，是预防未成年人违法犯罪的重要方面，各有关部门要从未成年人权益保护和预防未成年人犯罪工作的大局出发，从社会发展和稳定的大局出发，全面认识加强流浪未成年人工作的重大意义，认真贯彻落实《中华人民共和国未成年人保护法》和《中华人民共和国预防未成年人犯罪法》，注重解决流浪未成年人工作中存在的问题，加大政府投入，完善有关政策，健全工作机制，加强协调配合，强化家庭责任，创新工作方法，净化社会环境，切实保障流浪未成年人的健康成长。

二、指导思想和主要任务

流浪未成年人工作要以“三个代表”重要思想和科学发展观为指导，以构建和谐社会为目标，以“以人为本”为工作原则，以保障流浪未成年人合法权益为出发点，建立健全相关法律法规，完善齐抓共管的工作机制，创造流浪未成年人回归社会的良好环境，为促进流浪未成年人的健康成长而努力。

流浪未成年人工作是一项兼具救助性、福利性和管理性的工作。在流浪未成年人工作中，预防是前提，救助是基础，管理是手段，教育是重点，保护是根本。一是注重流浪未成年人预防工作。贫困、教育不当、家庭暴力和社会不良因素影响等原因都有可能造成未成年人外出流浪。各地要采取切实有效措施，加强预防未成年人流浪和返乡未成年人的安置工作。二是保证流浪未成年人基本生活需要。流浪未成年人在社会上流浪，生存环境非常恶劣，基本生活权利无法得到保障，做好流浪未成年人工作，要优先满足他们的基本生活需求。三是强化对流浪未成年人的管理。流浪未成年人在流浪中沾染了许多不良习惯，甚至有相当多的流浪未成年人有轻微违法行为，对他们进行必要的行为约束和矫治，有利于他们的健康成长。四是注重流浪未成年人教育。流浪未成年人正处于身心发育成长时期，思想和行为上具有可塑性，要通过施行心理疏导和调适等干预措施，加强对他们的思想教育和正面引导，消除不良社会影响。五是努力促使流浪未成年人回归社会。对流浪未成年人提供的救助保护只是临时性措施，要通过采取积极有效的方法，为流浪未成年人回归主流社会创造条件。六是打击幕后操纵和利用未成年人进行违法活动的犯罪行为。七是加大投入，建立完善流浪未成年人救助保护机构。

三、部门职责分工

做好流浪未成年人工作，事关未成年人合法权益保护和社会稳定，涉及多个部门，具有很强的政策性。因此，各级政府、各个部门要以有关法律法规为依据，认真履行各自职责，协调配合、齐心协力做好这一工作。

（一）综治部门要切实履行组织、协调、指导的职能，积极协调有关部门开展流浪未成年人工作并检查落实；将流浪未成年人工作纳入社会治安综合治理工作的考核内容，对预防未成年人违法犯罪工作不力和街头流浪乞讨未成年人数量庞大，未成年人外出流浪乞讨现象严重的地区下达督查通知书，对造成严重后果的实施一票否决并追究有关领导的责任。

（二）各地文明办要把流浪未成年人工作作为加强和改进未成年人思想道德建设的重要内容，纳入精神文明建设和未成年人思想道德建设考核体系之中。

（三）民政部门是流浪未成年人工作的政府职能部门。各级民政部门要做好流浪未成年人工作的发展规划，研究制订流浪未成年人工作的政策法规和工作规范，组织培训，指导各地开展流浪未成年人工作，加强对流浪未成年人救助保护机构的监督管理。

流浪未成年人救助保护机构要为流浪未成年人提供全面

的服务，采取多种措施保障受助未成年人的生活、教育、管理、返乡和安置。组织适合未成年人需要的活动，通过文化知识教育、职业技能培训等帮助未成年人获得谋生技能，为回归社会、独立生活做好准备。与教育、公安和司法行政等部门一道对有不良行为的流浪未成年人进行法制教育、行为矫治和心理辅导。对监护人无法履行职责的服刑人员子女也可以由流浪未成年人救助保护机构提供生活照料。

（四）公安机关对于执行职务时发现的流浪、乞讨未成年人，打击犯罪行动中解救的未成年人，以及有轻微违法行为但根据有关规定不予处罚且暂时无法查明其父母或其他监护责任人的未成年人等，应当及时将他们护送到流浪未成年人救助保护机构接受救助。

公安机关要依法严厉打击诱骗、拐卖、残害流浪未成年人和组织、操纵、教唆未成年人特别是残疾未成年人流浪、乞讨等违法犯罪行为。协助流浪未成年人救助保护机构核实受助未成年人的真实身份。有条件的地方公安机关可在流浪未成年人救助保护机构内设立警务室，协助流浪未成年人救助保护机构进行管理。

（五）发展改革部门负责制定流浪未成年人救助保护设施发展规划，将之纳入国民经济和社会发展规划，并具体落实和监督评估规划的实施。对流浪未成年人救助保护设施的建设要统筹考虑，按照分级管理的原则予以支持。

（六）教育行政部门负责流浪未成年人的教育工作。对于返回原籍安置的适龄未成年人，要及时接收其入学，并按照有关规定给予教育资助和特别关怀。积极支持流浪未成年人救助保护机构内部对流浪未成年人的教育工作，加强监督与指导，逐步探索适合受助未成年人特点的特殊教育模式，探索符合受助未成年人身心发展规律的思想道德、文化知识教育以及必要的心理辅导和行为矫治。根据工作需要，将流浪未成年人救助保护机构专职教师的职称评定工作纳入教师职称评聘体系。

（七）卫生部门负责流浪未成年人医疗救治工作，要指定定点医疗机构对突发急病的受助未成年人及时进行治疗，所发生的救治费用按照《关于实施城市生活无着的流浪乞讨人员救助管理办法有关机构编制和经费问题的通知》（财社〔2003〕83号）和《关于进一步做好城市流浪乞讨人员中危重病人、精神病人救治工作的指导意见》（民发〔2006〕6号）规定及时予以解决。加强对流浪未成年人救助保护机构内设医疗机构的业务指导。疾病预防控制机构应对流浪未成年人救助保护机构内的防疫工作加强指导和监督，及时处理社会上和机构内发生的流浪未成年人传染病疫情。

（八）地方财政部门要将流浪未成年人救助保护机构经费纳入流浪乞讨人员救助机构经费统筹考虑，切实保障未成年人的生活、教育、安置等工作的顺利开展。

（九）劳动保障部门负责将流浪未成年人救助保护机构内开展的流浪未成年人职业技能培训纳入管理，加强监督与指导，对年满16周岁有就业能力并登记失业的流浪未成年人提供免费的职业介绍和职业培训补贴，为流浪未成年人回归社会创造条件。

（十）司法部门要坚持未成年人利益优先原则，依法办理涉及流浪未成年人权益保护案件。

公安机关、人民检察院、人民法院要依法严厉打击诱骗、拐卖、残害未成年人特别是残疾未成年人的犯罪活动，对组织操纵和教唆未成年人特别是残疾未成年人流浪、乞讨，构成犯罪的，要依法追究刑事责任。人民法院还要及时受理并依法办理涉及流浪未成年人权益保护的案件。

司法行政部门要加强《中华人民共和国未成年人保护法》、《中华人民共和国预防未成年人犯罪法》、《中华人民共和国残疾人保障法》和《城市生活无着的流浪乞讨人员救助管理办法》等与流浪未成年人救助保护工作相关的法律法规宣传工作，及时化解矛盾纠纷，消除隐患，做好未成年人外出流浪的预防工作。积极引导法律服务人员为未成年当事人提供法律服务和法律援助，维护其合法权益。配合公安机关打击与流浪乞讨有关的违法犯罪行为。协助民政部门做好监护人无法履行职责的服刑人员子女帮扶工作。

（十一）铁道、交通等部门为流浪未成年人救助保护机构购买乘车凭证和接送流浪未成年人进出站等提供方便。

（十二）机构编制部门要根据各地的实际情况，按照精简效能的原则，研究做好流浪未成年人救助保护机构编制的审核工作，确保有关工作正常开展。

（十三）共青团和妇联组织要积极配合民政部门做好流浪未成年人工作，把流浪未成年人救助保护工作纳入“希望工程”、“春蕾计划”、“安康计划”和家庭教育工作的总体计划。各级共青团、妇联组织在有条件的流浪未成年人救助保护机构设立社工工作站，动员、组织青少年事务专职社会工作者、青年志愿者、巾帼志愿者和社会热心人士参与对流浪未成年人的劝导、服务、教育、救助等工作，深入开展志愿者“一助一”、“多助一”和“代理妈妈”等活动，倡导和推进社会热心人士支持、参与照顾和家庭寄养等安置工作，推动稳定、有效支持体系的建立和完善。

（十四）残联要配合民政部门做好流浪残疾未成年人的救助保护工作，帮助开展残疾未成年人的教育和就业安置等工作，将流浪残疾未成年人纳入“扶残助学项目”和“春雨行动”的资助范围，深入开展“红领巾助残”、“法律助残”等活动，依法保护未成年残疾人的权益。

四、主要措施

（一）统一认识，加强领导。各级政府要充分认识做好流浪未成年人工作的重要性和必要性，把这一工作纳入到社会发展总体规划中，切实加强领导，积极推进。各有关部门要明确责任，履行职责，加强协作。坚持“分级管理、条块结合”的原则，逐步建立起政府统一领导，部门各负其责，民政业务指导，社会广泛参与的管理体制和运行机制，共同营造流浪未成年人健康成长的社会环境。

（二）建立健全政策法规。尽快启动流浪未成年人工作专门行政法规的制订工作，完善有关政策，使这项工作有法可依、有章可循。

（三）建立流浪未成年人工作协调机制和工作体系。明确各部门职责，加强部门协调配合，做好流浪未成年人工作。政府有关部门都应切实承担起社会责任，在各自的职责范围内切实做好流浪未成年人救助保护工作。

（四）提高流浪未成年人救助保护工作的专业化、社会化水平。在现有工作体制和运行机制中，积极探索流浪未成年人工作专业化、社会化的发展道路，通过引入社会工作专业制度、聘用专业社会工作者、建立志愿者服务基地、引导培育民间力量参与流浪未成年人工作、开展国际合作交流、充分利用社会资源等，聚智聚力，共同做好流浪未成年人工作。

做好流浪未成年人工作，是贯彻“三个代表”重要思想的本质要求和具体体现，是践行“三个代表”重要思想的必然要求。各有关部门一定要高度重视流浪未成年人工作，同心协力，维护流浪未成年人的合法权益，促进社会的和谐发展。

七、抚恤优待

军人抚恤优待条例

（2004年8月1日中华人民共和国国务院、中华人民共和国中央军事委员会令第413号公布　根据2011年7月29日《国务院、中央军事委员会关于修改〈军人抚恤优待条例〉的决定》第一次修订　根据2019年3月2日《国务院关于修改部分行政法规的决定》第二次修订）

第一章　总　　则

第一条　为了保障国家对军人的抚恤优待，激励军人保卫祖国、建设祖国的献身精神，加强国防和军队建设，根据《中华人民共和国国防法》、《中华人民共和国兵役法》等有关法律，制定本条例。

第二条　中国人民解放军现役军人（以下简称现役军人）、服现役或者退出现役的残疾军人以及复员军人、退伍军人、烈士遗属、因公牺牲军人遗属、病故军人遗属、现役军人家属，是本条例规定的抚恤优待对象，依照本条例的规定享受抚恤优待。

第三条　军人的抚恤优待，实行国家和社会相结合的方针，保障军人的抚恤优待与国民经济和社会发展相适应，保障抚恤优待对象的生活不低于当地的平均生活水平。

全社会应当关怀、尊重抚恤优待对象，开展各种形式的拥军优属活动。

国家鼓励社会组织和个人对军人抚恤优待事业提供捐助。

第四条　国家和社会应当重视和加强军人抚恤优待工作。

军人抚恤优待所需经费由国务院和地方各级人民政府分级负担。中央和地方财政安排的军人抚恤优待经费，专款专用，并接受财政、审计部门的监督。

第五条　国务院退役军人事务部门主管全国的军人抚恤优待工作；县级以上地方人民政府退役军人事务部门主管本行政区域内的军人抚恤优待工作。

国家机关、社会团体、企业事业单位应当依法履行各自的军人抚恤优待责任和义务。

第六条　各级人民政府对在军人抚恤优待工作中作出显著成绩的单位和个人，给予表彰和奖励。

第二章　死亡抚恤

第七条　现役军人死亡被批准为烈士、被确认为因公牺牲或者病故的，其遗属依照本条例的规定享受抚恤。

第八条　现役军人死亡，符合下列情形之一的，批准为烈士：

（一）对敌作战死亡，或者对敌作战负伤在医疗终结前因伤死亡的；

（二）因执行任务遭敌人或者犯罪分子杀害，或者被俘、被捕后不屈遭敌人杀害或者被折磨致死的；

（三）为抢救和保护国家财产、人民生命财产或者执行反恐怖任务和处置突发事件死亡的；

（四）因执行军事演习、战备航行飞行、空降和导弹发射训练、试航试飞任务以及参加武器装备科研试验死亡的；

（五）在执行外交任务或者国家派遣的对外援助、维持国际和平任务中牺牲的；

（六）其他死难情节特别突出，堪为楷模的。

现役军人在执行对敌作战、边海防执勤或者抢险救灾任务中失踪，经法定程序宣告死亡的，按照烈士对待。

批准烈士，属于因战死亡的，由军队团级以上单位政治机关批准；属于非因战死亡的，由军队军级以上单位政治机关批准；属于本条第一款第六项规定情形的，由中国人民解放军总政治部批准。

第九条　现役军人死亡，符合下列情形之一的，确认为因公牺牲：

（一）在执行任务中或者在上下班途中，由于意外事件死亡的；

（二）被认定为因战、因公致残后因旧伤复发死亡的；

（三）因患职业病死亡的；

（四）在执行任务中或者在工作岗位上因病猝然死亡，或者因医疗事故死亡的；

（五）其他因公死亡的。

现役军人在执行对敌作战、边海防执勤或者抢险救灾以外的其他任务中失踪，经法定程序宣告死亡的，按照因公牺牲对待。

现役军人因公牺牲，由军队团级以上单位政治机关确认；属于本条第一款第五项规定情形的，由军队军级以上单位政治机关确认。

第十条　现役军人除第九条第一款第三项、第四项规定情形以外，因其他疾病死亡的，确认为病故。

现役军人非执行任务死亡或者失踪，经法定程序宣告死亡的，按照病故对待。

现役军人病故，由军队团级以上单位政治机关确认。

第十一条　对烈士遗属、因公牺牲军人遗属、病故军人遗属，由县级人民政府退役军人事务部门分别发给《中华人民共和国烈士证明书》、《中华人民共和国军人因公牺牲证明书》、《中华人民共和国军人病故证明书》。

第十二条　现役军人死亡被批准为烈士的，依照《烈士褒扬条例》的规定发给烈士遗属烈士褒扬金。

第十三条　现役军人死亡，根据其死亡性质和死亡时的月工资标准，由县级人民政府退役军人事务部门发给其遗属一次性抚恤金，标准是：烈士和因公牺牲的，为上一年度全国城镇居民人均可支配收入的 20 倍加本人 40 个月的工资；病故的，为上一年度全国城镇居民人均可支配收入的 2 倍加本人 40 个月的工资。月工资或者津贴低于排职少尉军官工资标准的，按照排职少尉军官工资标准计算。

获得荣誉称号或者立功的烈士、因公牺牲军人、病故军人，其遗属在应当享受的一次性抚恤金的基础上，由县级人民政府退役军人事务部门按照下列比例增发一次性抚恤金：

（一）获得中央军事委员会授予荣誉称号的，增发 35%；

（二）获得军队军区级单位授予荣誉称号的，增发 30%；

（三）立一等功的，增发 25%；

（四）立二等功的，增发 15%；

（五）立三等功的，增发 5%。

多次获得荣誉称号或者立功的烈士、因公牺牲军人、病故军人，其遗属由县级人民政府退役军人事务部门按照其中最高等级奖励的增发比例，增发一次性抚恤金。

第十四条　对生前作出特殊贡献的烈士、因公牺牲军人、病故军人，除按照本条例规定发给其遗属一次性抚恤金外，军队可以按照有关规定发给其遗属一次性特别抚恤金。

第十五条　一次性抚恤金发给烈士、因公牺牲军人、病故军人的父母（抚养人）、配偶、子女；没有父母（抚养人）、配偶、子女的，发给未满 18 周岁的兄弟姐妹和已满 18 周岁但无生活费来源且由该军人生前供养的兄弟姐妹。

第十六条　对符合下列条件之一的烈士遗属、因公牺牲军人遗属、病故军人遗属，发给定期抚恤金：

（一）父母（抚养人）、配偶无劳动能力、无生活费来源，或者收入水平低于当地居民平均生活水平的；

（二）子女未满 18 周岁或者已满 18 周岁但因上学或者残疾无生活费来源的；

（三）兄弟姐妹未满 18 周岁或者已满 18 周岁但因上学无生活费来源且由该军人生前供养的。

对符合享受定期抚恤金条件的遗属，由县级人民政府退役军人事务部门发给《定期抚恤金领取证》。

第十七条　定期抚恤金标准应当参照全国城乡居民家庭人均收入水平确定。定期抚恤金的标准及其调整办法，由国务院退役军人事务部门会同国务院财政部门规定。

第十八条　县级以上地方人民政府对依靠定期抚恤金生活仍有困难的烈士遗属、因公牺牲军人遗属、病故军人遗属，可以增发抚恤金或者采取其他方式予以补助，保障其生活不低于当地的平均生活水平。

第十九条　享受定期抚恤金的烈士遗属、因公牺牲军人遗属、病故军人遗属死亡的，增发 6 个月其原享受的定期抚恤金，作为丧葬补助费，同时注销其领取定期抚恤金的证件。

第二十条　现役军人失踪，经法定程序宣告死亡的，在其被批准为烈士、确认为因公牺牲或者病故后，又经法定程序撤销对其死亡宣告的，由原批准或者确认机关取消其烈士、因公牺牲军人或者病故军人资格，并由发证机关收回有关证件，终止其家属原享受的抚恤待遇。

第三章　残疾抚恤

第二十一条　现役军人残疾被认定为因战致残、因公致残或者因病致残的，依照本条例的规定享受抚恤。

因第八条第一款规定的情形之一导致残疾的，认定为因战致残；因第九条第一款规定的情形之一导致残疾的，认定为因公致残；义务兵和初级士官因第九条第一款第三项、第四项规定情形以外的疾病导致残疾的，认定为因病致残。

第二十二条　残疾的等级，根据劳动功能障碍程度和生活自理障碍程度确定，由重到轻分为一级至十级。

残疾等级的具体评定标准由国务院退役军人事务部门、人力资源社会保障部门、卫生部门会同军队有关部门规定。

第二十三条　现役军人因战、因公致残，医疗终结后符合评定残疾等级条件的，应当评定残疾等级。义务兵和初级士官因病致残符合评定残疾等级条件，本人（精神病患者由其利害关系人）提出申请的，也应当评定残疾等级。

因战、因公致残，残疾等级被评定为一级至十级的，享受抚恤；因病致残，残疾等级被评定为一级至六级的，享受抚恤。

第二十四条　因战、因公、因病致残性质的认定和残疾等级的评定权限是：

（一）义务兵和初级士官的残疾，由军队军级以上单位卫生部门认定和评定；

（二）现役军官、文职干部和中级以上士官的残疾，由军队军区级以上单位卫生部门认定和评定；

（三）退出现役的军人和移交政府安置的军队离休、退休干部需要认定残疾性质和评定残疾等级的，由省级人民政府退役军人事务部门认定和评定。

评定残疾等级，应当依据医疗卫生专家小组出具的残疾等级医学鉴定意见。

残疾军人由认定残疾性质和评定残疾等级的机关发给《中华人民共和国残疾军人证》。

第二十五条 现役军人因战、因公致残，未及时评定残疾等级，退出现役后或者医疗终结满3年后，本人（精神病患者由其利害关系人）申请补办评定残疾等级，有档案记载或者有原始医疗证明的，可以评定残疾等级。

现役军人被评定残疾等级后，在服现役期间或者退出现役后残疾情况发生严重恶化，原定残疾等级与残疾情况明显不符，本人（精神病患者由其利害关系人）申请调整残疾等级的，可以重新评定残疾等级。

第二十六条 退出现役的残疾军人，按照残疾等级享受残疾抚恤金。残疾抚恤金由县级人民政府退役军人事务部门发给。

因工作需要继续服现役的残疾军人，经军队军级以上单位批准，由所在部队按照规定发给残疾抚恤金。

第二十七条 残疾军人的抚恤金标准应当参照全国职工平均工资水平确定。残疾抚恤金的标准以及一级至十级残疾军人享受残疾抚恤金的具体办法，由国务院退役军人事务部门会同国务院财政部门规定。

县级以上地方人民政府对依靠残疾抚恤金生活仍有困难的残疾军人，可以增发残疾抚恤金或者采取其他方式予以补助，保障其生活不低于当地的平均生活水平。

第二十八条 退出现役的因战、因公致残的残疾军人因旧伤复发死亡的，由县级人民政府退役军人事务部门按照因公牺牲军人的抚恤金标准发给其遗属一次性抚恤金，其遗属享受因公牺牲军人遗属抚恤待遇。

退出现役的因战、因公、因病致残的残疾军人因病死亡的，对其遗属增发12个月的残疾抚恤金，作为丧葬补助费；其中，因战、因公致残的一级至四级残疾军人因病死亡的，其遗属享受病故军人遗属抚恤待遇。

第二十九条 退出现役的一级至四级残疾军人，由国家供养终身；其中，对需要长年医疗或者独身一人不便分散安置的，经省级人民政府退役军人事务部门批准，可以集中供养。

第三十条 对分散安置的一级至四级残疾军人发给护理费，护理费的标准为：

（一）因战、因公一级和二级残疾的，为当地职工月平均工资的50%；

（二）因战、因公三级和四级残疾的，为当地职工月平均工资的40%；

（三）因病一级至四级残疾的，为当地职工月平均工资的30%。

退出现役的残疾军人的护理费，由县级以上地方人民政府退役军人事务部门发给；未退出现役的残疾军人的护理费，经军队军级以上单位批准，由所在部队发给。

第三十一条 残疾军人需要配制假肢、代步三轮车等辅助器械，正在服现役的，由军队军级以上单位负责解决；退出现役的，由省级人民政府退役军人事务部门负责解决。

第四章 优　　待

第三十二条 烈士遗属依照《烈士褒扬条例》的规定享受优待。

第三十三条 义务兵服现役期间，其家庭由当地人民政府发给优待金或者给予其他优待，优待标准不低于当地平均生活水平。

义务兵和初级士官入伍前是国家机关、社会团体、企业事业单位职工（含合同制人员）的，退出现役后，允许复工复职，并享受不低于本单位同岗位（工种）、同工龄职工的各项待遇；服现役期间，其家属继续享受该单位职工家属的有关福利待遇。

义务兵和初级士官入伍前的承包地（山、林）等，应当保留；服现役期间，除依照国家有关规定和承包合同的约定缴纳有关税费外，免除其他负担。

义务兵从部队发出的平信，免费邮递。

第三十四条 国家对一级至六级残疾军人的医疗费用按照规定予以保障，由所在医疗保险统筹地区社会保险经办机构单独列账管理。具体办法由国务院退役军人事务部门会同国务院人力资源社会保障部门、财政部门规定。

七级至十级残疾军人旧伤复发的医疗费用，已经参加工伤保险的，由工伤保险基金支付，未参加工伤保险，有工作的由工作单位解决，没有工作的由当地县级以上地方人民政府负责解决；七级至十级残疾军人旧伤复发以外的医疗费用，未参加医疗保险且本人支付有困难的，由当地县级以上地方人民政府酌情给予补助。

残疾军人、复员军人、带病回乡退伍军人以及因公牺牲军人遗属、病故军人遗属享受医疗优惠待遇。具体办法由省、自治区、直辖市人民政府规定。

中央财政对抚恤优待对象人数较多的困难地区给予适当补助，用于帮助解决抚恤优待对象的医疗费用困难问题。

第三十五条 在国家机关、社会团体、企业事业单位工作的残疾军人，享受与所在单位工伤人员同等的生活福利和医疗待遇。所在单位不得因其残疾将其辞退、解聘或者解除劳动关系。

第三十六条 现役军人凭有效证件、残疾军人凭《中华人民共和国残疾军人证》优先购票乘坐境内运行的火车、轮船、长途公共汽车以及民航班机；残疾军人享受减收正常票价50%的优待。

现役军人凭有效证件乘坐市内公共汽车、电车和轨道交通工具享受优待，具体办法由有关城市人民政府规定。残疾军人凭《中华人民共和国残疾军人证》免费乘坐市内公共汽车、电车和轨道交通工具。

第三十七条 现役军人、残疾军人凭有效证件参观游览公园、博物馆、名胜古迹享受优待，具体办法由公园、博物馆、名胜古迹管理单位所在地的县级以上地方人民政府规定。

第三十八条 因公牺牲军人、病故军人的子女、兄弟姐妹，本人自愿应征并且符合征兵条件的，优先批准服现役。

第三十九条 义务兵和初级士官退出现役后，报考国家公务员、高等学校和中等职业学校，在与其他考生同等条件下优先录取。

残疾军人、因公牺牲军人子女、一级至四级残疾军人的子女，驻边疆国境的县（市）、沙漠区、国家确定的边远地区中的三类地区和军队确定的特、一、二类岛屿部队现役军人的子女报考普通高中、中等职业学校、高等学校，在录取时按照国家有关规定给予优待；接受学历教育的，在同等条件下优先享受国家规定的各项助学政策。现役军人子女的入学、入托，在同等条件下优先接收。具体办法由国务院退役军人事务部门会同国务院教育部门规定。

第四十条 残疾军人、复员军人、带病回乡退伍军人、因公牺牲军人遗属、病故军人遗属承租、购买住房依照有关规定享受优先、优惠待遇。居住农村的抚恤优待对象住房有困难的，由地方人民政府帮助解决。具体办法由省、自治区、直辖市人民政府规定。

第四十一条 经军队师（旅）级以上单位政治机关批准随军的现役军官家属、文职干部家属、士官家属，由驻军所在地的公安机关办理落户手续。随军前是国家机关、社会团体、企业事业单位职工的，驻军所在地人民政府人力资源社会保障部门应当接收和妥善安置；随军前没有工作单位的，驻军所在地人民政府应当根据本人的实际情况作出相应安置；对自谋职业的，按照国家有关规定减免有关费用。

第四十二条 驻边疆国境的县（市）、沙漠区、国家确定的边远地区中的三类地区和军队确定的特、一、二类岛屿部队的现役军官、文职干部、士官，其符合随军条件无法随军的家属，所在地人民政府应当妥善安置，保障其生活不低于当地的平均生活水平。

第四十三条 随军的烈士遗属、因公牺牲军人遗属和病故军人遗属移交地方人民政府安置的，享受本条例和当地人民政府规定的抚恤优待。

第四十四条 复员军人生活困难的，按照规定的条件，由当地人民政府退役军人事务部门给予定期定量补助，逐步改善其生活条件。

第四十五条 国家兴办优抚医院、光荣院，治疗或者集中供养孤老和生活不能自理的抚恤优待对象。

各类社会福利机构应当优先接收抚恤优待对象。

第五章 法律责任

第四十六条 军人抚恤优待管理单位及其工作人员挪用、截留、私分军人抚恤优待经费，构成犯罪的，依法追究相关责任人员的刑事责任；尚不构成犯罪的，对相关责任人员依法给予行政处分或者纪律处分。被挪用、截留、私分的军人抚恤优待经费，由上一级人民政府退役军人事务部门、军队有关部门责令追回。

第四十七条 军人抚恤优待管理单位及其工作人员、参与军人抚恤优待工作的单位及工作人员有下列行为之一的，由其上级主管部门责令改正；情节严重，构成犯罪的，依法追究相关责任人员的刑事责任；尚不构成犯罪的，对相关责任人员依法给予行政处分或者纪律处分：

（一）违反规定审批军人抚恤待遇的；

（二）在审批军人抚恤待遇工作中出具虚假诊断、鉴定、证明的；

（三）不按规定的标准、数额、对象审批或者发放抚恤金、补助金、优待金的；

（四）在军人抚恤优待工作中利用职权谋取私利的。

第四十八条 负有军人优待义务的单位不履行优待义务的，由县级人民政府退役军人事务部门责令限期履行义务；逾期仍未履行的，处以2000元以上1万元以下罚款。对直接负责的主管人员和其他直接责任人员依法给予行政处分、纪律处分。因不履行优待义务使抚恤优待对象受到损失的，应当依法承担赔偿责任。

第四十九条 抚恤优待对象有下列行为之一的，由县级人民政府退役军人事务部门给予警告，限期退回非法所得；情节严重的，停止其享受的抚恤、优待；构成犯罪的，依法追究刑事责任：

（一）冒领抚恤金、优待金、补助金的；

（二）虚报病情骗取医药费的；

（三）出具假证明，伪造证件、印章骗取抚恤金、优待金、补助金的。

第五十条 抚恤优待对象被判处有期徒刑、剥夺政治权利或者被通缉期间，中止其抚恤优待；被判处死刑、无期徒刑的，取消其抚恤优待资格。

第六章 附 则

第五十一条 本条例适用于中国人民武装警察部队。

第五十二条 军队离休、退休干部和退休士官的抚恤优待，依照本条例有关现役军人抚恤优待的规定执行。

因参战伤亡的民兵、民工的抚恤，因参加军事演习、军事训练和执行军事勤务伤亡的预备役人员、民兵、民工以及其他人员的抚恤，参照本条例的有关规定办理。

第五十三条 本条例所称的复员军人，是指在1954年10月31日之前入伍、后经批准从部队复员的人员；带病回乡退伍军人，是指在服现役期间患病，尚未达到评定残疾等级条件并有军队医院证明，从部队退伍的人员。

第五十四条 本条例自2004年10月1日起施行。1988年7月18日国务院发布的《军人抚恤优待条例》同时废止。

烈士褒扬条例

（2011年7月26日中华人民共和国国务院令第601号公布 根据2019年3月2日《国务院关于修改部分行政法规的决定》第一次修订 根据2019年8月1日《国务院关于修改〈烈士褒扬条例〉的决定》第二次修订）

第一章 总 则

第一条 为了弘扬烈士精神，抚恤优待烈士遗属，制定本条例。

第二条 公民在保卫祖国和社会主义建设事业中牺牲被评定为烈士的，依照本条例的规定予以褒扬。烈士的遗属，依照本条例的规定享受抚恤优待。

第三条 国家对烈士遗属给予的抚恤优待应当随经济社会的发展逐步提高，保障烈士遗属的生活不低于当地居民的平均生活水平。

全社会应当支持烈士褒扬工作，优待帮扶烈士遗属。

国家鼓励公民、法人和其他组织为烈士褒扬和烈士遗属抚恤优待提供捐助。

第四条 烈士褒扬和烈士遗属抚恤优待经费列入财政预算。

烈士褒扬和烈士遗属抚恤优待经费应当专款专用，接受财政部门、审计机关的监督。

第五条 县级以上人民政府应当加强对烈士纪念设施的保护和管理，为纪念烈士提供良好的场所。

各级人民政府应当把宣传烈士事迹作为社会主义精神文明建设的重要内容，培养公民的爱国主义、集体主义精神和社会主义道德风尚。机关、团体、企业事业单位应当采取多种形式纪念烈士，学习、宣传烈士事迹。

第六条 国务院退役军人事务部门负责全国的烈士褒扬工作。县级以上地方人民政府退役军人事务部门负责本行政区域的烈士褒扬工作。

第七条 对在烈士褒扬工作中做出显著成绩的单位和个人，按照国家有关规定给予表彰、奖励。

第二章 烈士的评定

第八条 公民牺牲符合下列情形之一的，评定为烈士：

（一）在依法查处违法犯罪行为、执行国家安全工作任务、执行反恐怖任务和处置突发事件中牺牲的；

（二）抢险救灾或者其他为了抢救、保护国家财产、集体财产、公民生命财产牺牲的；

（三）在执行外交任务或者国家派遣的对外援助、维持国际和平任务中牺牲的；

（四）在执行武器装备科研试验任务中牺牲的；

（五）其他牺牲情节特别突出，堪为楷模的。

现役军人牺牲，预备役人员、民兵、民工以及其他人员因参战、参加军事演习和军事训练、执行军事勤务牺牲应当评定烈士的，依照《军人抚恤优待条例》的有关规定评定。

第九条 申报烈士的，由死者生前所在工作单位、死者遗属或者事件发生地的组织、公民向死者生前工作单位所在地、死者遗属户口所在地或者事件发生地的县级人民政府退役军人事务部门提供有关死者牺牲情节的材料，由收到材料的县级人民政府退役军人事务部门调查核实后提出评定烈士的报告，报本级人民政府审核。

属于本条例第八条第一款第一项、第二项规定情形的，由县级人民政府提出评定烈士的报告并逐级上报至省、自治区、直辖市人民政府审查评定。评定为烈士的，由省、自治区、直辖市人民政府送国务院退役军人事务部门备案。

属于本条例第八条第一款第三项、第四项规定情形的，由国务院有关部门提出评定烈士的报告，送国务院退役军人事务部门审查评定。

属于本条例第八条第一款第五项规定情形的，由县级人民政府提出评定烈士的报告并逐级上报至省、自治区、直辖市人民政府，由省、自治区、直辖市人民政府审查后送国务院退役军人事务部门审查评定。

第十条 军队评定的烈士，由中央军事委员会政治工作部送国务院退役军人事务部门备案。

第十一条 按照本条例规定评定为烈士的，由国务院退役军人事务部门负责将烈士名单呈报党和国家功勋荣誉表彰工作委员会。

第十二条 烈士证书以党和国家功勋荣誉表彰工作委员会办公室名义制发。

第十三条 县级以上人民政府每年在烈士纪念日举行颁授仪式，向烈士遗属颁授烈士证书。

第三章 烈士褒扬金和烈士遗属的抚恤优待

第十四条 国家建立烈士褒扬金制度。烈士褒扬金标准为烈士牺牲时上一年度全国城镇居民人均可支配收入的30倍。战时，参战牺牲的烈士褒扬金标准可以适当提高。

烈士褒扬金由领取烈士证书的烈士遗属户口所在地县级人民政府退役军人事务部门发给烈士的父母或者抚养人、配偶、子女；没有父母或者抚养人、配偶、子女的，发给烈士未满18周岁的兄弟姐妹和已满18周岁但无生活来源且由烈士生前供养的兄弟姐妹。

第十五条 烈士遗属除享受本条例第十四条规定的烈士褒扬金外，属于《军人抚恤优待条例》以及相关规定适用范围的，还享受因公牺牲一次性抚恤金；属于《工伤保险条例》以及相关规定适用范围的，还享受一次性工亡补助金以及相当于烈士本人40个月工资的烈士遗属特别补助金。

不属于前款规定范围的烈士遗属，由县级人民政府退役军人事务部门发给一次性抚恤金，标准为烈士牺牲时上一年度全国城镇居民人均可支配收入的20倍加40个月的中国人民解放军排职少尉军官工资。

第十六条 符合下列条件之一的烈士遗属，享受定期抚恤金：

（一）烈士的父母或者抚养人、配偶无劳动能力、无生活来源，或者收入水平低于当地居民的平均生活水平的；

（二）烈士的子女未满18周岁，或者已满18周岁但因残疾或者正在上学而无生活来源的；

（三）由烈士生前供养的兄弟姐妹未满18周岁，或者已满18周岁但因正在上学而无生活来源的。

符合前款规定条件享受定期抚恤金的烈士遗属，由其户口所在地的县级人民政府退役军人事务部门发给定期抚恤金领取证，凭证领取定期抚恤金。

第十七条 烈士生前的配偶再婚后继续赡养烈士父母，继续抚养烈士未满18周岁或者已满18周岁但无劳动能力、无生活来源且由烈士生前供养的兄弟姐妹的，由其户口所在地的县级人民政府退役军人事务部门参照烈士遗属定期抚恤金的标准给予补助。

第十八条 定期抚恤金标准参照全国城乡居民家庭人均收入水平确定。定期抚恤金的标准及其调整办法，由国务院退役军人事务部门会同国务院财政部门规定。

烈士遗属享受定期抚恤金后仍达不到当地居民的平均生活水平的，由县级人民政府予以补助。

第十九条 享受定期抚恤金的烈士遗属户口迁移的，应当同时办理定期抚恤金转移手续。户口迁出地的县级人民政府退役军人事务部门发放当年的定期抚恤金；户口迁入地的县级人民政府退役军人事务部门凭定期抚恤金转移证明，从第二年1月起发放定期抚恤金。

第二十条 烈士遗属不再符合本条例规定的享受定期抚恤金条件的，应当注销其定期抚恤金领取证，停发定期抚恤金。

享受定期抚恤金的烈士遗属死亡的，增发6个月其原享受的定期抚恤金作为丧葬补助费，同时注销其定期抚恤金领取证，停发定期抚恤金。

第二十一条 烈士遗属享受相应的医疗优惠待遇，具体办法由省、自治区、直辖市人民政府规定。

第二十二条 烈士的子女、兄弟姐妹本人自愿，且符合征兵条件的，在同等条件下优先批准其服现役。烈士的子女符合公务员考录条件的，在同等条件下优先录用为公务员。

烈士子女接受学前教育和义务教育的，应当按照国家有关规定予以优待；在公办幼儿园接受学前教育的，免交保教费。烈士子女报考普通高中、中等职业学校、高等学校研究生的，在同等条件下优先录取；报考高等学校本、专科的，可以按照国家有关规定降低分数要求投档；在公办学校就读的，免交学费、杂费，并享受国家规定的各项助学政策。

烈士遗属符合就业条件的，由当地人民政府人力资源社会保障部门优先提供就业服务。烈士遗属已经就业，用人单位经济性裁员时，应当优先留用。烈士遗属从事个体经营的，市场监督管理、税务等部门应当优先办理证照，烈士遗属在经营期间享受国家和当地人民政府规定的优惠政策。

第二十三条 符合住房保障条件的烈士遗属承租廉租住房、购买经济适用住房的，县级以上地方人民政府有关部门应当给予优先、优惠照顾。家住农村的烈士遗属住房有困难的，由当地人民政府帮助解决。

第二十四条 男年满60周岁、女年满55周岁的孤老烈士遗属本人自愿的，可以在光荣院、敬老院集中供养。

各类社会福利机构应当优先接收烈士遗属。

第二十五条 烈士遗属因犯罪被判处有期徒刑、剥夺政治权利或者被司法机关通缉期间，中止其享受的抚恤和优待；被判处死刑、无期徒刑的，取消其烈士遗属抚恤和优待资格。

第四章 烈士纪念设施的保护和管理

第二十六条 按照国家有关规定修建的烈士陵园、纪念堂馆、纪念碑亭、纪念塔祠、纪念塑像、烈士骨灰堂、烈士墓等烈士纪念设施，受法律保护。

第二十七条 国家对烈士纪念设施实行分级保护。分级的具体标准由国务院退役军人事务部门规定。

国家级烈士纪念设施，由国务院退役军人事务部门报国务院批准后公布。地方各级烈士纪念设施，由县级以上地方人民政府退役军人事务部门报本级人民政府批准后公布，并报上一级人民政府退役军人事务部门备案。

各级人民政府应当确定烈士纪念设施保护单位，并划定烈士纪念设施保护范围。

第二十八条 烈士纪念设施应当免费向社会开放。

烈士纪念设施保护单位应当健全管理工作规范，维护纪念烈士活动的秩序，提高管理和服务水平。

第二十九条 各级人民政府应当组织收集、整理烈士史料，编纂烈士英名录。

烈士纪念设施保护单位应当搜集、整理、保管、陈列烈士遗物和事迹史料。属于文物的，依照有关法律、法规的规定予以保护。

第三十条 县级以上人民政府有关部门应当做好烈士纪念设施的保护和管理工作。未经批准，不得新建、改建、扩建或者迁移烈士纪念设施。

第三十一条 任何单位或者个人不得侵占烈士纪念设施

保护范围内的土地和设施。禁止在烈士纪念设施保护范围内进行其他工程建设。

任何单位或者个人不得在烈士纪念设施保护范围内为烈士以外的其他人修建纪念设施或者安放骨灰、埋葬遗体。

第三十二条　在烈士纪念设施保护范围内不得从事与纪念烈士无关的活动。禁止以任何方式破坏、污损烈士纪念设施。

第三十三条　烈士在烈士陵园安葬。未在烈士陵园安葬的，县级以上人民政府征得烈士遗属同意，可以迁移到烈士陵园安葬，或者予以集中安葬。

第三十四条　烈士陵园所在地人民政府退役军人事务部门对前来烈士陵园祭扫的烈士遗属，应当做好接待服务工作；对自行前来祭扫经济上确有困难的，给予适当补助。

烈士遗属户口所在地人民政府退役军人事务部门组织烈士遗属前往烈士陵园祭扫的，应当妥善安排，确保安全。

第五章　法律责任

第三十五条　行政机关公务员在烈士褒扬和抚恤优待工作中有下列情形之一的，依法给予处分；构成犯罪的，依法追究刑事责任：

（一）违反本条例规定评定烈士或者审批抚恤优待的；

（二）未按照规定的标准、数额、对象审批或者发放烈士褒扬金或者抚恤金的；

（三）利用职务便利谋取私利的。

第三十六条　行政机关公务员、烈士纪念设施保护单位工作人员贪污、挪用烈士褒扬经费的，由上级人民政府退役军人事务部门责令退回、追回，依法给予处分；构成犯罪的，依法追究刑事责任。

第三十七条　未经批准迁移烈士纪念设施，非法侵占烈士纪念设施保护范围内的土地、设施，破坏、污损烈士纪念设施，或者在烈士纪念设施保护范围内为烈士以外的其他人修建纪念设施、安放骨灰、埋葬遗体的，由烈士纪念设施保护单位的上级主管部门责令改正，恢复原状、原貌；造成损失的，依法承担赔偿责任；构成犯罪的，依法追究刑事责任。

第三十八条　负有烈士遗属优待义务的单位不履行优待义务的，由县级人民政府退役军人事务部门责令限期改正；逾期不改正的，处2000元以上1万元以下的罚款；属于国有或者国有控股企业、财政拨款的事业单位的，对直接负责的主管人员和其他直接责任人员依法给予处分。

第三十九条　冒领烈士褒扬金、抚恤金，出具假证明或者伪造证件、印章骗取烈士褒扬金或者抚恤金的，由退役军人事务部门责令退回非法所得；构成犯罪的，依法追究刑事责任。

第六章　附　　则

第四十条　本条例所称战时，是指国家宣布进入战争状态、部队受领作战任务或者遭敌突然袭击时。

第四十一条　烈士证书、烈士通知书由国务院退役军人事务部门印制。

第四十二条　位于境外的中国烈士纪念设施的保护，由国务院退役军人事务部门会同外交部等有关部门办理。

第四十三条　本条例自2011年8月1日起施行。1980年6月4日国务院发布的《革命烈士褒扬条例》同时废止。

优抚医院管理办法

（2011年6月9日民政部令第41号公布　自2011年8月1日起施行）

第一条　为了加强优抚医院管理，服务国防和军队建设，根据《军人抚恤优待条例》和国家有关规定，制定本办法。

第二条　优抚医院是国家为残疾军人和在服役期间患严重慢性病、精神疾病的复员退伍军人等优抚对象提供医疗和供养服务的优抚事业单位。

优抚医院包括荣誉军人康复医院、复员退伍军人慢性病医院、复员退伍军人精神病医院和综合性优抚医院。

优抚医院坚持全心全意为优抚对象服务的办院宗旨。

第三条　国务院民政部门主管全国优抚医院工作。县级以上地方人民政府民政部门主管本行政区域内优抚医院工作。

优抚医院接受卫生行政部门的监督管理。

第四条　国家兴办优抚医院，所需经费列入各级政府财政预算。优抚医院建设与发展应当纳入当地经济和社会发展总体规划和卫生事业发展规划，建设水平应当与当地经济和社会发展相适应。

第五条　省级人民政府民政部门应当根据优抚对象数量和医疗供养需求情况，制定本行政区域内优抚医院布局规划，并报民政部备案。

县级以上地方人民政府设置优抚医院，应当符合国家有关规定和优抚医院布局规划。

第六条　民政部门应当支持有条件的优抚医院在医疗、科研、教学等方面全面发展，积极争创等级医院。

省级人民政府民政部门管理的优抚医院应当达到三级医院标准，设区的市级人民政府民政部门管理的优抚医院应当达到二级医院标准。

第七条　优抚医院在建设、用地、水电、燃气、供暖、电信等方面享受国家有关优惠政策。

鼓励自然人、法人和其他组织对优抚医院提供捐助和服务。

优抚医院各项经费应当专款专用，接受财政、审计部门和社会的监督。

第八条 对在优抚医院工作中成绩显著的单位和个人，按照有关规定给予表彰和奖励。

第九条 优抚医院根据主管部门下达的任务，收治下列优抚对象：

（一）需要常年医疗或者独身一人不便分散安置的一级至四级残疾军人；

（二）在服役期间患严重慢性病的残疾军人和带病回乡复员退伍军人；

（三）在服役期间患精神疾病，需要住院治疗的复员退伍军人；

（四）短期疗养的优抚对象；

（五）主管部门安排收治的其他人员。

第十条 优抚医院应当为在院优抚对象提供良好的医疗服务和生活保障，主要包括：

（一）健康检查；

（二）疾病诊断、治疗和护理；

（三）康复训练；

（四）健康指导；

（五）精神慰藉；

（六）生活必需品供给；

（七）生活照料；

（八）文体活动。

第十一条 优抚医院应当加强对在院优抚对象的思想政治工作，发挥优抚对象在光荣传统教育中的重要作用。

第十二条 优抚医院针对在院残疾军人的残情特点，实施科学有效的医学治疗，探索常见后遗症、并发症的防治方法，促进生理机能恢复，提高残疾军人生活质量。

第十三条 优抚医院应当采取积极措施，控制在院慢性病患者病情，减轻其痛苦，降低慢性疾病对患者造成的生理和心理影响。

第十四条 优抚医院对在院精神疾病患者进行综合治疗，促进患者精神康复。

对精神病患者实行分级管理，预防发生自杀、自伤、伤人、出走等行为。

第十五条 优抚医院应当规范入院、出院程序。

属于第九条规定收治范围的优抚对象，可以由本人（精神病患者由其利害关系人）提出申请，经县级人民政府民政部门审核，由优抚医院根据主管部门下达的任务和计划安排入院。省级人民政府民政部门可以指定优抚医院收治符合条件的优抚对象。

在院优抚对象基本治愈或者病情稳定，符合出院条件的，由优抚医院办理出院手续。按照有关政策应当分散安置的，由其常住户口所在地民政部门给予妥善安置。

在院优抚对象病故的，优抚医院应当及时报告主管部门，并协助优抚对象常住户口所在地民政部门妥善办理丧葬事宜。

第十六条 民政部门应当定期组织优抚医院开展巡回医疗活动，积极为院外优抚对象提供医疗服务。

第十七条 优抚医院应当在做好优抚对象服务工作的基础上，积极履行医疗机构职责，发挥自身医疗专业特长，为社会提供优质医疗服务。

优抚医院应当通过社会服务提升业务能力，改善医疗条件，不断提高优抚对象医疗和供养水平。

第十八条 优抚医院适用国家有关医疗机构管理的法律法规和相关规定，执行卫生行政部门有关医疗机构的相关标准。

第十九条 优抚医院实行院长负责制，科室实行主任（科长）负责制。

第二十条 优抚医院建立职工代表大会制度，保障职工参与医院的民主决策、民主管理和民主监督。

第二十一条 优抚医院建立完整的医护管理、感染控制、药品使用、医疗事故预防等规章制度，提高医院质量管理水平。

第二十二条 优抚医院实行岗位责任制，设立专业技术、行政管理、工勤和社工等岗位并明确相关职责。

第二十三条 优抚医院应当加强医院文化建设，积极宣传优抚对象的光荣事迹，形成有拥军特色的医院文化。

第二十四条 优抚医院应当完善人才培养和引进机制，积极培养和引进学科带头人，建立一支适应现代化医院发展要求的技术和管理人才队伍。

第二十五条 优抚医院应当加强与军队医院、其他社会医院的合作与交流，开展共建活动，在人才、技术等领域实现资源共享和互补。

第二十六条 优抚医院的土地、房屋、设施、设备和其他财产归优抚医院管理和使用，任何单位和个人不得侵占。

第二十七条 优抚对象应当遵守优抚医院各项规章制度，尊重医护人员工作，自觉配合医护人员的管理。对违反相关规定的，由优抚医院或者主管部门进行批评教育。

第二十八条 本办法自2011年8月1日起施行。

伤残抚恤管理办法

（2007年7月31日民政部令第34号公布　根据2013年7月5日《民政部关于修改〈伤残抚恤管理办法〉的决定》第一次修订　根据2019年12月16日退役军人事务部令第1号第二次修订）

第一章　总　　则

第一条 为了规范和加强退役军人事务部门管理的伤残抚恤工作，根据《军人抚恤优待条例》等法规，制定本办法。

第二条 本办法适用于符合下列情况的中国公民：

（一）在服役期间因战因公致残退出现役的军人，在服役期间因病评定了残疾等级退出现役的残疾军人；

（二）因战因公负伤时为行政编制的人民警察；

（三）因参战、参加军事演习、军事训练和执行军事勤务致残的预备役人员、民兵、民工以及其他人员；

（四）为维护社会治安同违法犯罪分子进行斗争致残的人员；

（五）为抢救和保护国家财产、人民生命财产致残的人员；

（六）法律、行政法规规定应当由退役军人事务部门负责伤残抚恤的其他人员。

前款所列第（三）、第（四）、第（五）项人员根据《工伤保险条例》应当认定视同工伤的，不再办理因战、因公伤残抚恤。

第三条 本办法第二条所列人员符合《军人抚恤优待条例》及有关政策中因战因公致残规定的，可以认定因战因公致残；个人对导致伤残的事件和行为负有过错责任的，以及其他不符合因战因公致残情形的，不得认定为因战因公致残。

第四条 伤残抚恤工作应当遵循公开、公平、公正的原则。县级人民政府退役军人事务部门应当公布有关评残程序和抚恤金标准。

第二章 残疾等级评定

第五条 评定残疾等级包括新办评定残疾等级、补办评定残疾等级、调整残疾等级。

新办评定残疾等级是指对本办法第二条第一款第（一）项以外的人员认定因战因公残疾性质，评定残疾等级。补办评定残疾等级是指对现役军人因战因公致残未能及时评定残疾等级，在退出现役后依据《军人抚恤优待条例》的规定，认定因战因公残疾性质、评定残疾等级。调整残疾等级是指对已经评定残疾等级，因原致残部位残疾情况变化与原评定的残疾等级明显不符的人员调整残疾等级级别，对达不到最低评残标准的可以取消其残疾等级。

属于新办评定残疾等级的，申请人应当在因战因公负伤或者被诊断、鉴定为职业病3年内提出申请；属于调整残疾等级的，应当在上一次评定残疾等级1年后提出申请。

第六条 申请人（精神病患者由其利害关系人帮助申请，下同）申请评定残疾等级，应当向所在单位提出书面申请。申请人所在单位应及时审查评定残疾等级申请，出具书面意见并加盖单位公章，连同相关材料一并报送户籍地县级人民政府退役军人事务部门审查。

没有工作单位的或者以原致残部位申请评定残疾等级的，可以直接向户籍地县级人民政府退役军人事务部门提出申请。

第七条 申请人申请评定残疾等级，应当提供以下真实确切材料：书面申请，身份证或者居民户口簿复印件，退役军人证（退役军人登记表）、人民警察证等证件复印件，本人近期二寸免冠彩色照片。

申请新办评定残疾等级，应当提交致残经过证明和医疗诊断证明。致残经过证明应包括相关职能部门提供的执行公务证明，交通事故责任认定书、调解协议书、民事判决书、医疗事故鉴定书等证明材料；抢救和保护国家财产、人民生命财产致残或者为维护社会治安同犯罪分子斗争致残证明；统一组织参战、参加军事演习、军事训练和执行军事勤务的证明材料。医疗诊断证明应包括加盖出具单位相关印章的门诊病历原件、住院病历复印件及相关检查报告。

申请补办评定残疾等级，应当提交因战因公致残档案记载或者原始医疗证明。档案记载是指本人档案中所在部队作出的涉及本人负伤原始情况、治疗情况及善后处理情况等确切书面记载。职业病致残需提供有直接从事该职业病相关工作经历的记载。医疗事故致残需提供军队后勤卫生机关出具的医疗事故鉴定结论。原始医疗证明是指原所在部队体系医院出具的能说明致残原因、残疾情况的病情诊断书、出院小结或者门诊病历原件、加盖出具单位相关印章的住院病历复印件。

申请调整残疾等级，应当提交近6个月内在二级甲等以上医院的就诊病历及医院检查报告、诊断结论等。

第八条 县级人民政府退役军人事务部门对报送的有关材料进行核对，对材料不全或者材料不符合法定形式的应当告知申请人补充材料。

县级人民政府退役军人事务部门经审查认为申请人符合因战因公负伤条件的，在报经设区的市级人民政府以上退役军人事务部门审核同意后，应当填写《残疾等级评定审批表》，并在受理之日起20个工作日内，签发《受理通知书》，通知本人到设区的市级人民政府以上退役军人事务部门指定的医疗卫生机构，对属于因战因公导致的残疾情况进行鉴定，由医疗卫生专家小组根据《军人残疾等级评定标准》，出具残疾等级医学鉴定意见。职业病的残疾情况鉴定由省级人民政府退役军人事务部门指定的承担职业病诊断的医疗卫生机构作出；精神病的残疾情况鉴定由省级人民政府退役军人事务部门指定的二级以上精神病专科医院作出。

县级人民政府退役军人事务部门依据医疗卫生专家小组出具的残疾等级医学鉴定意见对申请人拟定残疾等级，在《残疾等级评定审批表》上签署意见，加盖印章，连同其他申请材料，于收到医疗卫生专家小组签署意见之日起20个工作日内，一并报送设区的市级人民政府退役军人事务部门。

县级人民政府退役军人事务部门对本办法第二条第一款第（一）项人员，经审查认为不符合因战因公负伤条件的，或者经医疗卫生专家小组鉴定达不到补评或者调整残疾等级标准的，应当根据《军人抚恤优待条例》相关规定逐级上报省级人民政府退役军人事务部门。对本办法第二条第一款第（一）项以外的人员，经审查认为不符合因战因公负伤条件的，或者经医疗卫生专家小组鉴定达不到新评或者调整残疾等级标准的，应当填写《残疾等级评定结果告知书》，连同申请人提供的材料，退还申请人或者所在单位。

第九条 设区的市级人民政府退役军人事务部门对报送的材料审查后，在《残疾等级评定审批表》上签署意见，并加盖印章。

对符合条件的，于收到材料之日起 20 个工作日内，将上述材料报送省级人民政府退役军人事务部门。对不符合条件的，属于本办法第二条第一款第（一）项人员，根据《军人抚恤优待条例》相关规定上报省级人民政府退役军人事务部门；属于本办法第二条第一款第（一）项以外的人员，填写《残疾等级评定结果告知书》，连同申请人提供的材料，逐级退还申请人或者其所在单位。

第十条 省级人民政府退役军人事务部门对报送的材料初审后，认为符合条件的，逐级通知县级人民政府退役军人事务部门对申请人的评残情况进行公示。公示内容应当包括致残的时间、地点、原因、残疾情况（涉及隐私或者不宜公开的不公示）、拟定的残疾等级以及县级退役军人事务部门联系方式。公示应当在申请人工作单位所在地或者居住地进行，时间不少于 7 个工作日。县级人民政府退役军人事务部门应当对公示中反馈的意见进行核实并签署意见，逐级上报省级人民政府退役军人事务部门，对调整等级的应当将本人持有的伤残人员证一并上报。

省级人民政府退役军人事务部门应当对公示的意见进行审核，在《残疾等级评定审批表》上签署审批意见，加盖印章。对符合条件的，办理伤残人员证（调整等级的，在证件变更栏处填写新等级），于公示结束之日起 60 个工作日内逐级发给申请人或者其所在单位。对不符合条件的，填写《残疾等级评定结果告知书》，连同申请人提供的材料，于收到材料之日或者公示结束之日起 60 个工作日内逐级退还申请人或者其所在单位。

第十一条 申请人或者退役军人事务部门对医疗卫生专家小组作出的残疾等级医学鉴定意见有异议的，可以到省级人民政府退役军人事务部门指定的医疗卫生机构重新进行鉴定。

省级人民政府退役军人事务部门可以成立医疗卫生专家小组，对残疾情况与应当评定的残疾等级提出评定意见。

第十二条 伤残人员以军人、人民警察或者其他人员不同身份多次致残的，退役军人事务部门按上述顺序只发给一种证件，并在伤残证件变更栏上注明再次致残的时间和性质，以及合并评残后的等级和性质。

致残部位不能合并评残的，可以先对各部位分别评残。等级不同的，以重者定级；两项（含）以上等级相同的，只能晋升一级。

多次致残的伤残性质不同的，以等级重者定性。等级相同的，按因战、因公、因病的顺序定性。

第三章 伤残证件和档案管理

第十三条 伤残证件的发放种类：

（一）退役军人在服役期间因战因公因病致残的，发给《中华人民共和国残疾军人证》；

（二）人民警察因战因公致残的，发给《中华人民共和国伤残人民警察证》；

（三）退出国家综合性消防救援队伍的人员在职期间因战因公因病致残的，发给《中华人民共和国残疾消防救援人员证》；

（四）因参战、参加军事演习、军事训练和执行军事勤务致残的预备役人员、民兵、民工以及其他人员，发给《中华人民共和国伤残预备役人员、伤残民兵民工证》；

（五）其他人员因公致残的，发给《中华人民共和国因公伤残人员证》。

第十四条 伤残证件由国务院退役军人事务部门统一制作。证件的有效期：15 周岁以下为 5 年，16-25 周岁为 10 年，26-45 周岁为 20 年，46 周岁以上为长期。

第十五条 伤残证件有效期满或者损毁、遗失的，证件持有人应当到县级人民政府退役军人事务部门申请换发证件或者补发证件。伤残证件遗失的须本人登报声明作废。

县级人民政府退役军人事务部门经审查认为符合条件的，填写《伤残人员换证补证审批表》，连同照片逐级上报省级人民政府退役军人事务部门。省级人民政府退役军人事务部门将新办理的伤残证件逐级通过县级人民政府退役军人事务部门发给申请人。各级退役军人事务部门应当在 20 个工作日内完成本级需要办理的事项。

第十六条 伤残人员前往我国香港特别行政区、澳门特别行政区、台湾地区定居或者其他国家和地区定居前，应当向户籍地（或者原户籍地）县级人民政府退役军人事务部门提出申请，由户籍地（或者原户籍地）县级人民政府退役军人事务部门在变更栏内注明变更内容。对需要换发新证的，“身份证号”处填写定居地的居住证件号码。“户籍地”为国内抚恤关系所在地。

第十七条 伤残人员死亡的，其家属或者利害关系人应及时告知伤残人员户籍地县级人民政府退役军人事务部门，县级人民政府退役军人事务部门应当注销其伤残证件，并逐级上报省级人民政府退役军人事务部门备案。

第十八条 退役军人事务部门对申报和审批的各种材料、伤残证件应当有登记手续。送达的材料或者证件，均须挂号邮寄或者由申请人签收。

第十九条 县级人民政府退役军人事务部门应当建立伤残人员资料档案，一人一档，长期保存。

第四章 伤残抚恤关系转移

第二十条 残疾军人退役或者向政府移交，必须自军队办理了退役手续或者移交手续后60日内，向户籍迁入地的县级人民政府退役军人事务部门申请转入抚恤关系。退役军人事务部门必须进行审查、登记、备案。审查的材料有：《户口登记簿》、《残疾军人证》、军队相关部门监制的《军人残疾等级评定表》、《换领〈中华人民共和国残疾军人证〉申报审批表》、退役证件或者移交政府安置的相关证明。

县级人民政府退役军人事务部门应当对残疾军人残疾情况及有关材料进行审查，必要时可以复查鉴定残疾情况。认为符合条件的，将《残疾军人证》及有关材料逐级报送省级人民政府退役军人事务部门。省级人民政府退役军人事务部门审查无误的，在《残疾军人证》变更栏内填写新的户籍地、重新编号，并加盖印章，将《残疾军人证》逐级通过县级人民政府退役军人事务部门发还申请人。各级退役军人事务部门应当在20个工作日内完成本级需要办理的事项。如复查、鉴定残疾情况的可以适当延长工作日。

《军人残疾等级评定表》或者《换领〈中华人民共和国残疾军人证〉申报审批表》记载的残疾情况与残疾等级明显不符的，县级退役军人事务部门应当暂缓登记，逐级上报省级人民政府退役军人事务部门通知原审批机关更正，或者按复查鉴定的残疾情况重新评定残疾等级。伪造、变造《残疾军人证》和评残材料的，县级人民政府退役军人事务部门收回《残疾军人证》不予登记，并移交当地公安机关处理。

第二十一条　伤残人员跨省迁移户籍时，应同步转移伤残抚恤关系，迁出地的县级人民政府退役军人事务部门根据伤残人员申请及其伤残证件和迁入地户口簿，将伤残档案、迁入地户口簿复印件以及《伤残人员关系转移证明》，发送迁入地县级人民政府退役军人事务部门，并同时将此信息逐级上报本省级人民政府退役军人事务部门。

迁入地县级人民政府退役军人事务部门在收到上述材料和申请人提供的伤残证件后，逐级上报省级人民政府退役军人事务部门。省级人民政府退役军人事务部门在向迁出地省级人民政府退役军人事务部门核实无误后，在伤残证件变更栏内填写新的户籍地、重新编号，并加盖印章，逐级通过县级人民政府退役军人事务部门发还申请人。各级退役军人事务部门应当在20个工作日内完成本级需要办理的事项。

迁出地退役军人事务部门邮寄伤残档案时，应当将伤残证件及其军队或者地方相关的评残审批表或者换证表复印备查。

第二十二条　伤残人员本省、自治区、直辖市范围内迁移的有关手续，由省、自治区、直辖市人民政府退役军人事务部门规定。

第五章　抚恤金发放

第二十三条　伤残人员从被批准残疾等级评定后的下一个月起，由户籍地县级人民政府退役军人事务部门按照规定予以抚恤。伤残人员抚恤关系转移的，其当年的抚恤金由部队或者迁出地的退役军人事务部门负责发给，从下一年起由迁入地退役军人事务部门按当地标准发给。由于申请人原因造成抚恤金断发的，不再补发。

第二十四条　在境内异地（指非户籍地）居住的伤残人员或者前往我国香港特别行政区、澳门特别行政区、台湾地区定居或者其他国家和地区定居的伤残人员，经向其户籍地（或者原户籍地）县级人民政府退役军人事务部门申请并办理相关手续后，其伤残抚恤金可以委托他人代领，也可以委托其户籍地（或者原户籍地）县级人民政府退役军人事务部门存入其指定的金融机构账户，所需费用由本人负担。

第二十五条　伤残人员本人（或者其家属）每年应当与其户籍地（或者原户籍地）的县级人民政府退役军人事务部门联系一次，通过见面、人脸识别等方式确认伤残人员领取待遇资格。当年未联系和确认的，县级人民政府退役军人事务部门应当经过公告或者通知本人或者其家属及时联系、确认；经过公告或者通知本人或者其家属后60日内仍未联系、确认的，从下一个月起停发伤残抚恤金和相关待遇。

伤残人员（或者其家属）与其户籍地（或者原户籍地）退役军人事务部门重新确认伤残人员领取待遇资格后，从下一个月起恢复发放伤残抚恤金和享受相关待遇，停发的抚恤金不予补发。

第二十六条　伤残人员变更国籍、被取消残疾等级或者死亡的，从变更国籍、被取消残疾等级或者死亡后的下一个月起停发伤残抚恤金和相关待遇，其伤残人员证件自然失效。

第二十七条　有下列行为之一的，由县级人民政府退役军人事务部门给予警告，停止其享受的抚恤、优待，追回非法所得；构成犯罪的，依法追究刑事责任：

（一）伪造残情的；

（二）冒领抚恤金的；

（三）骗取医药费等费用的；

（四）出具假证明，伪造证件、印章骗取抚恤金和相关待遇的。

第二十八条　县级人民政府退役军人事务部门依据人民法院生效的法律文书、公安机关发布的通缉令或者国家有关规定，对具有中止抚恤、优待情形的伤残人员，决定中止抚恤、优待，并通知本人或者其家属、利害关系人。

第二十九条　中止抚恤的伤残人员在刑满释放并恢复政治权利、取消通缉或者符合国家有关规定后，经本人（精神病患者由其利害关系人）申请，并经县级退役军人事务部门审查符合条件的，从审核确认的下一个月起恢复抚恤和相关待遇，原停发的抚恤金不予补发。办理恢复抚恤手续应当提供下列材料：本人申请、户口登记簿、司法机关的相关证明。需要重新办证的，按照证件丢失规定办理。

第六章 附 则

第三十条 本办法适用于中国人民武装警察部队。

第三十一条 因战因公致残的深化国防和军队改革期间部队现役干部转改的文职人员,因参加军事训练、非战争军事行动和作战支援保障任务致残的其他文职人员,因战因公致残消防救援人员、因病致残评定了残疾等级的消防救援人员,退出军队或国家综合性消防救援队伍后的伤残抚恤管理参照退出现役的残疾军人有关规定执行。

第三十二条 未列入行政编制的人民警察,参照本办法评定伤残等级,其伤残抚恤金由所在单位按规定发放。

第三十三条 省级人民政府退役军人事务部门可以根据本地实际情况,制定具体工作细则。

第三十四条 本办法自2007年8月1日起施行。

附件:1. 受理通知书

2. 残疾等级评定审批表

3. 残疾等级评定结果告知书

4. 伤残人员换证补证审批表

5. 伤残人员关系转移证明

6. 评定残疾情况公示书

附件1

受理通知书

____________:

你(单位)报来的《关于________同志(新办评定、补办评定、调整)残疾等级的请示》和相关材料,已于____年____月____日收悉。经审查,符合评定残疾等级申报有关规定,予以受理。

经办人:

________退役军人事务局(章)

____年____月____日

附件2

残疾等级评定审批表

姓 名		性 别		民族		照 片
出生年月		身份证号				
入伍时间或者 参加工作时间		退伍(退 职)时间				
残疾时单位				现残疾等级		
户 籍 地						
致残时间、地点、 原因、部位						
残情检查情况	残疾情况: (医院印章) 年 月 日					

续表

医疗卫生专家小组意见（3人以上小组成员签字）	根据《军人残疾等级评定标准》第　　条第　　款和第　　条第　　款，建议（新办评定、补办评定、调整）为　　级。 签字： 年　　月　　日		
县级退役军人事务局意见	残疾性质： 申报等级： （盖章） 负责人签字：　　年　　月　　日		
地级退役军人事务局意见	残疾性质： 申报等级： （盖章） 负责人签字：　　年　　月　　日		
省级退役军人事务厅/局意见	残疾性质： 审批等级： （盖章） 负责人签字：　　年　　月　　日		
证书类别		证书编号	

注：

1.“入伍时间”、“退伍（退职）时间”，仅用于评定残疾军人时填写。

2.“现残疾等级”，仅用于调整残疾等级时填写（大写数字）。

3.“致残时单位”，评定残疾军人，填部队代号；评定伤残人民警察、残疾消防救援人员，填致残时单位；评定其他伤残人员，有单位就填，没有就不填。

4.如医疗卫生专家小组意见无法在本表填写，可另附体检表或体检报告。

附件3

残疾等级评定结果告知书

__________：

按照《军人抚恤优待条例》《军人残疾等级评定标准》等政策文件，经鉴定，你的残疾等级评定结果如下：

□因没有因战因公致残的档案记载或者原始医疗证明，不予评定残疾等级；

□因残疾情况达不到《军人残疾等级评定标准》，不予评定残疾等级；

□因____________________，不予评定残疾等级；

□残疾情况与原定残疾等级相符，不予调整残疾等级；

□残疾情况发生明显变化，符合《军人残疾等级评定标准》第____条第____项，将残疾等级调整为____级；

□残疾情况明显减轻或消失，已经达不到最低等级评定标准，取消原定的残疾等级。

特此告知。

如今后原评残部位残疾情况发生变化，可提交近 6 个月内原定残疾等级与残疾情况明显不符的二级甲等以上医院的就诊病历、检查报告、诊断结论等，向户籍地县级人民政府退役军人事务局重新申请评定残疾等级。

______ 退役军人事务局(章)
年 月 日

附件 4

伤残人员换证补证审批表

<table>
<tr><td>姓 名</td><td></td><td>出生
年月</td><td></td><td>性 别</td><td></td><td rowspan="4">照

片
(2 寸)</td></tr>
<tr><td>入伍(参加
工作)时间</td><td></td><td>退伍(退
职)时间</td><td></td><td>证件遗失
损毁时间</td><td></td></tr>
<tr><td>残疾性质</td><td></td><td>残疾
等级</td><td></td><td>原伤残
证件号码</td><td></td></tr>
<tr><td>身份证号</td><td colspan="5"></td></tr>
<tr><td>家庭住址</td><td colspan="6"></td></tr>
<tr><td>户籍地址</td><td colspan="6"></td></tr>
<tr><td>证件遗失
损毁原因</td><td colspan="6"></td></tr>
<tr><td>证件遗失
登报声明
情况</td><td colspan="6"></td></tr>
<tr><td>县级退役
军人事务
局意见</td><td colspan="6">(盖章)

年 月 日</td></tr>
<tr><td>地级退役
军人事务
局意见</td><td colspan="6">(盖章)

年 月 日</td></tr>
<tr><td>省级退役
军人事务
厅/局意见</td><td colspan="6">(盖章)

年 月 日</td></tr>
</table>

附件 5

伤残人员关系转移证明

__________退役军人事务局：

兹有我县(市、区)________户籍已迁入贵县(市、区)，根据《伤残抚恤管理办法》有关规定，现将其抚恤关系及档案转至你处，请予接收。

____ 年的抚恤金由我们发至年底，请你们从____ 年元月起发放抚恤金。

<table>
<tr><td>姓　　名</td><td colspan="2"></td><td>对象类别</td><td colspan="2"></td></tr>
<tr><td>性　　别</td><td></td><td>身份证号</td><td></td><td>联系电话</td><td></td></tr>
<tr><td>入伍(参加工作)时间</td><td></td><td>退伍(退职)时间</td><td></td><td>负伤时部队或单位</td><td></td></tr>
<tr><td>残疾等级</td><td></td><td>残疾性质</td><td></td><td>残疾证编号</td><td></td></tr>
<tr><td>迁出地户籍</td><td colspan="2"></td><td>迁入地户籍</td><td colspan="2"></td></tr>
<tr><td>迁出地县级退役军人事务局意见</td><td colspan="2">(盖章)
承办人：　年　月　日</td><td>迁入地县级退役军人事务局意见</td><td colspan="2">(盖章)
承办人：　年　月　日</td></tr>
<tr><td>迁出地地级退役军人事务局意见</td><td colspan="2">(盖章)
年　月　日</td><td>迁入地地级退役军人事务局意见</td><td colspan="2">(盖章)
年　月　日</td></tr>
<tr><td>迁出地省级退役军人事务厅/局意见</td><td colspan="2">(盖章)
年　月　日</td><td>迁入地省级退役军人事务厅/局意见</td><td colspan="2">(盖章)
年　月　日</td></tr>
</table>

注："对象类别"填"残疾军人"、"伤残人民警察"……

附件 6

评定残疾情况公示书

根据《伤残抚恤管理办法》第十条第一款的规定，现将申请人评残有关情况公示如下，在公示期内，如有异议可通过信函、电话或直接到本局反映该申请人相关情况。

公示时间为 7 个工作日，从____年____月____日至____年____月____日。

<table>
<tr><td>姓　　名</td><td></td><td>性 别</td><td></td><td>出生年月</td><td></td></tr>
<tr><td>工作单位</td><td colspan="5"></td></tr>
<tr><td>住　　址</td><td colspan="5"></td></tr>
<tr><td>致残时间</td><td colspan="5"></td></tr>
<tr><td>致残地点</td><td colspan="5"></td></tr>
<tr><td>致残原因</td><td colspan="5"></td></tr>
<tr><td>残疾性质</td><td colspan="2"></td><td>拟评残疾等级</td><td colspan="2"></td></tr>
<tr><td>残
疾
情
况</td><td colspan="5"></td></tr>
</table>

注：对涉及隐私或不宜公开的，不公示；公示期不计入审批办事时间。

__________退役军人事务局（章）

年　　月　　日

（联系电话：　　　　　　　　　　地址：　　　　　　　　　　）

光荣院管理办法

（2010年12月25日民政部令第40号公布　根据2020年4月10日退役军人事务部令第3号修订）

第一章　总　　则

第一条　为了加强光荣院管理，做好抚恤优待对象集中供养等工作，更好服务国防和军队建设，让退役军人成为全社会尊重的人，让军人成为全社会尊崇的职业，根据《军人抚恤优待条例》和国家有关规定，制定本办法。

第二条　光荣院是国家集中供养孤老和生活不能自理的抚恤优待对象，并对其实行特殊保障的优抚事业单位。

第三条　国务院退役军人事务部门负责指导全国光荣院的管理工作。县级以上地方人民政府退役军人事务部门是光荣院的主管部门（以下简称光荣院主管部门），对光荣院集中供养等工作进行管理、监督和检查。

第四条　国家兴办光荣院，所需经费列入同级地方政府预算。光荣院的建设服务水平应当与当地经济和社会发展相适应，满足集中供养和服务需求。

国家鼓励公民、法人和其他组织对光荣院提供社会捐助和服务。

光荣院各项经费应当按照批复的预算执行，接受财政、审计部门和社会的监督。

第五条　光荣院在建设、用地、水电、燃气、供暖、电信、农副业生产等方面享受国家有关社会福利机构的优惠政策。

第六条　对在光荣院建设和管理工作中成绩显著的单位和个人，按照国家有关规定给予表彰和奖励。

第二章　服务对象

第七条　老年、残疾或者未满16周岁的烈士遗属、因公牺牲军人遗属、病故军人遗属和进入老年的残疾军人、复员军人、退伍军人，无法定赡养人、扶养人、抚养人或者法定赡养人、扶养人、抚养人无赡养、扶养、抚养能力且享受国家定期抚恤补助待遇的为集中供养对象，可以申请享受光荣院集中供养待遇。

光荣院在保障好集中供养对象的前提下，可利用空余床位为其他老年且无法定赡养人、扶养人或者法定赡养人、扶养人无赡养、扶养能力的抚恤优待对象提供优惠服务。

有条件的光荣院在满足上述对象集中供养、优惠服务的需求外，可面向其他抚恤优待对象开展优待服务。

第八条　申请享受光荣院集中供养、优惠服务，应当由本人向户籍地村（社区）退役军人服务站提出申请，或者由其居民委员会（村民委员会）向乡镇（街道）退役军人服务站代为提出申请。

退役军人服务站应当在10个工作日内将申请材料报光荣院，光荣院初审后及时报其主管部门审核批准。

光荣院根据其主管部门下达的计划和任务安排集中供养、优惠服务对象入院，并根据实际情况接收优待服务对象。

第九条　服务对象个人随身携带的款物和贵重物品委托光荣院保管的，应当签订财物保管协议。

第十条　光荣院应当坚持入院自愿、出院自由的原则，规范入院、出院手续，建立服务对象的个人档案。

集中供养、优惠服务对象不再符合本办法第七条规定条件的，光荣院应当向其主管部门报告，由其主管部门核准后不再享受集中供养、优惠服务待遇。

集中供养、优惠服务对象死亡的，光荣院应当为其办理丧葬事宜，并向光荣院主管部门报告，其遗产按照《中华人民共和国继承法》的有关规定处理。

光荣院主管部门应当定期核准集中供养、优惠服务对象人数，通报同级人民政府财政部门，并报上一级人民政府退役军人事务部门，由省级人民政府退役军人事务部门汇总后报国务院退役军人事务部门。

第三章　服务要求

第十一条　光荣院应当为服务对象提供下列供养服务：

（一）提供饮食；

（二）提供生活必需品；

（三）提供住房；

（四）提供医疗、康复、护理、保健服务；

（五）提供学习娱乐、精神关怀服务；

（六）提供清洁卫生、安全保卫服务；

（七）提供心理抚慰等社会工作服务；

（八）其他服务。

集中供养对象未满16周岁或者已满16周岁仍在接受义务教育的，光荣院应当保障其接受义务教育所需费用。

第十二条　光荣院提供的饮食应当符合食品安全要求，并根据服务对象的需要适当调整。

光荣院应当为服务对象提供必备的服装、被褥、生活用具和适合老年人、残疾人居住需求的生活设施，并为其提供适当的出行条件。

光荣院应当保持服务对象住房整洁，帮助其搞好个人卫生，并提供必要的照料，保证其在院期间的人身安全。

第十三条　集中供养对象按照《优抚对象医疗保障办法》的规定享受医疗待遇。

光荣院应当与当地医疗机构建立协作关系，保证患病的服务对象得到及时治疗，并积极推进医养结合的服务模式。

光荣院应当建立服务对象个人医疗和健康档案，为服务对象提供定期体检服务和健康教育服务，帮助服务对象制定医疗康复计划。

第十四条 光荣院实行24小时值班制度，对生活不能自理的服务对象实行全日制护理，并配置配备拐杖、轮椅或者其它辅助器具。

第十五条 光荣院应当为服务对象创造良好的生活环境，安排好物质文化生活，组织学习教育，开展有益于身心健康的文体休闲活动。

对有能力并自愿参加劳动和公益活动的服务对象，光荣院可以安排其从事力所能及的劳动和公益活动，丰富日常生活。

第十六条 光荣院应当关爱服务对象，为其组织必要的心理咨询和社会交往活动，使服务对象得到精神慰藉。

第十七条 光荣院应当重点服务保障好集中供养对象，并结合实际视情免除相关费用。

光荣院应当为优惠服务对象提供优惠服务，适当减免相关费用。

光荣院面向其他抚恤优待对象开展优待服务，按规定收取护理费、床位费、伙食费、医疗费等相关费用。

优惠及优待服务对象的具体范围，收费及减免的具体项目、标准等，由省级人民政府退役军人事务部门商财政、民政等有关部门统筹考虑本地财力状况规定，并加大对荣获个人二等功以上奖励的退役军人和荣获个人二等功以上奖励现役军人父母的优惠力度。

第十八条 光荣院集中供养和优惠、优待服务标准由省级人民政府退役军人事务部门商财政等有关部门制定，经省级人民政府批准后公布执行，并根据当地经济社会发展水平适时调整。

第四章 院务管理

第十九条 光荣院实行院长负责制，院长由光荣院主管部门任命，也可以向社会公开招聘。

光荣院工作人员应当经过光荣院主管部门培训考核，专业岗位工作人员应当具备相应的水平和能力。

光荣院应当按集中供养对象人数的25%配备工作人员，其中管理人员占工作人员总数的比例不超过20%。

第二十条 光荣院应当设立院务管理委员会。院务管理委员会的成员由光荣院全体人员推选产生，院务管理委员会可以下设专门委员会。

院务管理委员会应当定期召开会议，参与光荣院工作的管理和监督。

第二十一条 光荣院应当定期公布国家对抚恤优待对象的抚恤补助政策和标准，公开院内工作流程、经费开支等情况，明示服务宗旨和项目，并接受服务对象的监督。

第二十二条 光荣院应当按照国家有关规定，建立健全安全、消防、卫生、财务、档案管理等制度。

第二十三条 有条件的光荣院可以开展以改善服务对象生活条件为目的的农副业生产。服务对象自愿参加光荣院组织开展的农副业生产活动，光荣院应当给予报酬。

第二十四条 光荣院应当建立荣誉室或者陈列室，收集、编撰、陈列、展示有关烈士、因战因公牺牲军人和服务对象的光荣事迹，与驻地国家机关、人民团体、社会组织、企业事业单位、学校、部队、社区等开展精神文明共建活动，充分发挥其爱国主义教育和革命传统教育作用。

第五章 建设规范

第二十五条 各地应当优先利用现有光荣院及各类养老机构中设立的光荣楼(层、间)等资源，为符合条件的抚恤优待对象提供集中供养等服务。集中供养需求大的地方，可以根据本地实际情况兴建、改扩建光荣院，每所光荣院床位数应当不低于50张，床位利用率应当达到80%以上。

第二十六条 光荣院的各类建筑应当根据老年人、残疾人和未成年人生活、安全需要进行设计，符合无障碍标准建筑设计规范的要求。

第二十七条 服务对象居住用房每间应当不小于15平方米，配置卫生间和洗澡间。

光荣院应当具备开展日常工作和服务所必需的办公室、值班室、厨房、餐厅、储藏室、活动室等辅助用房。有条件的地区还可以建设用于康复保健、文体娱乐等方面的功能室和室外活动场所。

第二十八条 光荣院应当配置应急呼叫设备，并根据当地气候条件和服务对象的实际需要配置取暖、降温设备。

光荣院应当维护好照明、通讯、消防、报警、取暖、降温、排污和水电供应等设施和生活设备，保证其正常运转。

第二十九条 光荣院应当设立医疗室，并视条件配备常用和急救所需的医疗器械、设备及药品。

第三十条 光荣院应做好室外绿化、环境美化工作，为服务对象提供安静、整洁、优美的生活环境。

第六章 责任追究

第三十一条 光荣院的土地、房屋、设施、设备和其他财产依法归光荣院管理和使用，任何单位和个人不得侵占。

侵占、破坏光荣院财物的，由当地人民政府退役军人事务部门责令限期改正，并恢复原状；造成损失的，依法承担赔偿责任。

第三十二条 服务对象应当珍惜荣誉，遵守光荣院的各项规定，自觉配合工作人员的管理。对违反相关规定的，由光荣院和光荣院主管部门进行批评教育，情节严重的，依法追究相应责任。

服务对象因违法犯罪被判处有期徒刑、剥夺政治权利的，中止其集中供养和优惠、优待服务资格；被判处死刑、无期徒刑的，取消其集中供养和优惠、优待服务资格。

第三十三条　光荣院违反本办法的规定，提供的集中供养和优惠、优待服务不符合要求，由光荣院主管部门责令改正；逾期不改正的，对直接负责的责任人和其他主管人员依法给予处分，造成损失的，依法承担赔偿责任。

光荣院造成服务对象人身伤害事故的，应当依法承担赔偿责任。

第三十四条　光荣院主管部门及其工作人员有下列行为之一的，由上级人民政府退役军人事务部门对其直接负责的责任人和其他主管人员进行批评教育，限期改正；情节严重的，依法给予处分；构成犯罪的，依法追究刑事责任：

（一）违反规定审批光荣院集中供养、优惠服务待遇的；

（二）贪污、挪用、截留、私分光荣院款物的；

（三）光荣院建设和管理中有滥用职权、玩忽职守、徇私舞弊行为的；

（四）其他违反相关法律法规行为的。

第七章　附　　则

第三十五条　各级民政部门主管的各类福利机构中设立的光荣间、光荣楼可以参照本办法的规定执行。

第三十六条　符合儿童福利机构收留抚养条件的，按相关规定执行。

第三十七条　本办法自2020年6月1日起施行。

烈士纪念设施保护管理办法

（2013年6月28日民政部令第47号公布　自公布之日起施行）

第一条　为褒扬烈士，加强烈士纪念设施保护管理，弘扬爱国主义、集体主义精神和社会主义道德风尚，促进社会主义精神文明建设，根据《烈士褒扬条例》，制定本办法。

第二条　本办法所称烈士纪念设施，是指在中华人民共和国境内为纪念烈士专门修建的烈士陵园、纪念堂馆、纪念碑亭、纪念塔祠、纪念塑像、烈士骨灰堂、烈士墓等设施。

第三条　根据烈士纪念设施的纪念意义和建设规模，对烈士纪念设施实行分级保护管理。

烈士纪念设施分为：

（一）国家级烈士纪念设施；

（二）省级烈士纪念设施；

（三）设区的市级烈士纪念设施；

（四）县级烈士纪念设施。

未列入等级的零散烈士纪念设施，由所在地县级人民政府民政部门保护管理或者委托有关单位、组织或者个人进行保护管理。

第四条　县级以上烈士纪念设施由所在地人民政府负责保护管理，纳入当地国民经济和社会发展规划或者有关专项规划，所需经费列入当地财政预算。

民政部会同财政部安排国家级烈士纪念设施维修改造补助经费，地方各级人民政府民政部门会同财政部门安排当地烈士纪念设施维修改造经费。维修改造经费的使用和管理接受审计等部门的监督。

第五条　县级以上烈士纪念设施应当确定保护单位，加强工作力量，明确管理责任。烈士纪念设施保护单位由所在地人民政府的民政部门负责管理。

第六条　符合下列基本条件之一的，可以申报国家级烈士纪念设施：

（一）为纪念在革命斗争、保卫祖国和建设祖国等各个历史时期的重大事件、重要战役和主要革命根据地斗争中牺牲的烈士而修建的烈士纪念设施；

（二）为纪念在全国有重要影响的著名烈士而修建的烈士纪念设施；

（三）为纪念为中国革命斗争牺牲的知名国际友人而修建的纪念设施；

（四）位于革命老区、少数民族地区的规模较大的烈士纪念设施。

省级以下各级烈士纪念设施，根据其纪念意义和建设规模，分别确定为省级、设区的市级、县级烈士纪念设施。

第七条　确定国家级烈士纪念设施，由民政部报国务院批准后公布。确定地方各级烈士纪念设施，由民政部门报本级人民政府批准后公布，并报上一级人民政府民政部门备案。

第八条　烈士纪念设施保护单位的上级主管部门应当提出划定保护范围的方案，报同级人民政府批准和公布。

对属于文物的烈士纪念设施，应当按照文物保护法律法规划定保护范围和建设控制地带。

县级以上烈士纪念设施应当设立保护标志。烈士纪念设施保护标志式样由民政部统一制定。

第九条　烈士纪念设施保护单位应当办理烈士纪念设施土地使用权属文件。

第十条　改建、扩建烈士纪念设施，应当经原批准等级的人民政府民政部门同意，并纳入建设项目管理。

第十一条　未经批准，不得迁移烈士纪念设施。

因重大建设工程确需迁移地方各级烈士纪念设施的，须经原批准等级的人民政府同意，并报上一级人民政府的民政部门备案。

迁移国家级烈士纪念设施的，应当由所在地省级人民政府报国务院批准。

第十二条　烈士纪念设施应当纳入城乡建设规划，绿化美化环境，实现园林化，使烈士纪念设施形成庄严、肃穆、优美的环境和气氛，为社会提供良好的瞻仰和教育场所。

第十三条　各级烈士纪念设施保护单位应当根据人民政

府安排,开展烈士史料征集研究、事迹编纂和陈列展示工作,组织烈士纪念活动,宣传烈士的英雄事迹、献身精神和高尚品质。

烈士纪念设施保护单位应当充分发挥红色资源优势,具备条件的列入红色旅游发展规划,发挥爱国主义教育基地作用。

烈士纪念设施保护单位应当配备具备资质的讲解员。

第十四条 烈士纪念设施保护单位应当健全瞻仰凭吊服务、岗位责任、安全管理等内部制度和工作规范,对本单位工作人员定期进行职业教育和业务培训。

第十五条 任何单位或者个人不得侵占烈士纪念设施保护范围内的土地和设施。禁止在烈士纪念设施保护范围内进行其他工程建设。

任何单位或者个人不得在烈士纪念设施保护范围内为烈士以外的其他人修建纪念设施或者安放骨灰、埋葬遗体。

在烈士纪念设施保护范围内不得从事与纪念烈士无关的活动。

第十六条 未经批准迁移烈士纪念设施,非法侵占烈士纪念设施保护范围内的土地、设施,破坏、污损烈士纪念设施,或者在烈士纪念设施保护范围内为烈士以外其他人修建纪念设施、安放骨灰、遗体的,由烈士纪念设施保护单位的上级主管部门责令改正,恢复原状、原貌;造成损失的,依法承担赔偿责任;构成犯罪的,依法追究刑事责任。

第十七条 烈士纪念设施保护单位的工作人员玩忽职守、徇私舞弊,造成烈士纪念设施、烈士史料或者遗物遭受损失的,依法给予处分;构成犯罪的,依法追究刑事责任。

第十八条 本办法自 2013 年 6 月 28 日起施行。1995 年 7 月 20 日民政部发布的《革命烈士纪念建筑物管理保护办法》同时废止。

境外烈士纪念设施保护管理办法

(2020 年 2 月 1 日退役军人事务部、外交部、财政部、中央军委政治工作部令第 2 号公布 自 2020 年 4 月 1 日起施行)

第一条 为了传承和弘扬烈士精神,加强境外烈士纪念设施保护管理,彰显我国良好国家形象,根据《中华人民共和国英雄烈士保护法》、《烈士褒扬条例》和国家有关规定,制定本办法。

第二条 本办法所称境外烈士纪念设施,是指在中华人民共和国境外为纪念中国烈士修建的烈士陵园、纪念堂馆、纪念碑亭、纪念塔祠、纪念塑像、烈士骨灰堂、烈士墓等设施。

第三条 境外烈士纪念设施保护管理领导小组统筹协调境外烈士纪念设施保护管理工作。

境外烈士纪念设施保护管理领导小组由退役军人事务部会同外交部、财政部、中央军委政治工作部等部门组成。退役军人事务部负责领导小组日常事务,驻外使领馆协助处理有关具体工作。

第四条 境外烈士纪念设施保护管理应当尊重历史、结合现实,根据纪念设施现状、所在国情况以及双边关系,经与所在国政府有关部门协商,通过签署双边合作协议等方式,明确保护管理具体事项。

第五条 境外烈士纪念设施保护管理工作包括下列事项:

(一)调查核实烈士纪念设施,查找、收集烈士遗骸、遗物;

(二)修缮保护、新建迁建烈士纪念设施;

(三)负责烈士纪念设施日常维护管理;

(四)搜集、整理、编纂、陈列、展示、保管烈士事迹和遗物史料;

(五)组织开展烈士祭扫和宣传纪念活动;

(六)其他相关事项。

第六条 境外烈士纪念设施保护管理工作所需经费,由中央财政安排,列入部门预算。

第七条 境外烈士纪念设施保护管理领导小组应当掌握境外烈士纪念设施基本情况并建立档案。

退役军人事务部、烈士生前所在工作单位或其主管部门应当根据历史线索和资料,调查核实境外烈士纪念设施,搜寻查找烈士遗骸,驻外使领馆提供协助。

第八条 境外烈士纪念设施一般就地修缮保护。对于散落在境外的烈士墓,可以依托当地现有境外烈士纪念设施集中保护管理。

第九条 具有重大历史意义、确需新建境外烈士纪念设施的,以及因修缮保护需要或者因所在国建设规划等原因确需迁建境外烈士纪念设施的,应当按照有关规定经批准后实施。

第十条 境外烈士纪念设施保护管理领导小组应当与所在国政府有关部门协商划定境外烈士纪念设施保护范围,明确不得侵占保护范围内的土地和设施,不得单方面拆除、变更、迁移纪念设施,在保护范围内不得从事与纪念烈士无关的活动。

第十一条 境外烈士纪念设施保护管理领导小组与所在国政府有关部门协商确定境外烈士纪念设施管理方式,驻外使领馆可以根据纪念设施现状、所在国情况提出建议。

确定由所在国政府负责管理的,境外烈士纪念设施保护管理领导小组应当协调所在国政府有关部门指定专门机构进行管理。

确定由我国政府负责管理的,由境外烈士纪念设施保护管理领导小组或授权驻外使领馆通过签署委托协议的方式,委托中资企业(机构)、所在国华侨华人友好社团等进行管理,也可以委托所在国华侨华人进行管理。

第十二条 各有关部门和单位应当开展烈士史料收集整理、事迹编纂和陈列展示工作,宣传烈士英雄事迹,褒扬英烈风范,加深我国同所在国的友谊。

烈士史料等属于文物的,依照有关法律法规的规定予以保护。

第十三条 在烈士纪念日、清明节或者其他重要纪念日期间,驻外使领馆应当结合所在国情况组织烈士公祭活动。

烈士公祭活动可以根据实际情况邀请所在国政府、中资企业(机构)、华侨华人和社会各界代表参加。

第十四条 驻外使领馆可以结合实际,为赴所在国祭扫的烈士家属提供协助,引导赴所在国参观访问的我国代表团、旅游者及旅居所在国我国侨民、留学生前往境外烈士纪念设施瞻仰祭扫。

烈士纪念活动应当庄严、肃穆,符合我国祭扫习惯和境外烈士纪念设施所在国习俗。

第十五条 驻外使领馆应当敦促境外烈士纪念设施管理机构或者人员对在境外烈士纪念设施举行的各项祭扫纪念活动进行登记。

第十六条 驻外使领馆应当敦促境外烈士纪念设施管理机构或者人员做好纪念设施保护范围内的设施维护、安全保卫、绿化美化、环境卫生等工作。

第十七条 侵占境外烈士纪念设施保护范围内土地、设施,破坏、污损境外烈士纪念设施,在保护范围内从事与纪念活动无关的活动的,驻外使领馆应当敦促境外烈士纪念设施管理机构或者人员及时制止。情节严重、造成损害后果的,驻外使领馆应当通过外交途径向所在国政府提出交涉,敦促其严肃处理;涉及已返回境内中国公民的,驻外使领馆应当敦促所在国相关部门将相关材料移交境外烈士纪念设施保护管理领导小组,由有关部门依法处理。

第十八条 我国在境外的其他因公牺牲人员纪念设施保护管理工作,参照本办法执行。

第十九条 香港特别行政区、澳门特别行政区和台湾地区烈士纪念设施的保护管理,参照国家有关规定执行。

第二十条 本办法自2020年4月1日起施行。

伤残抚恤人员档案管理办法

(2010年3月17日 民发〔2010〕32号)

第一条 为了规范因战、因公、因病伤残抚恤人员档案的管理,服务伤残抚恤业务工作,保障伤残抚恤人员的合法权益,根据《中华人民共和国档案法》以及《军人抚恤优待条例》、《伤残抚恤管理办法》等有关规定,制定本办法。

第二条 本办法所称伤残抚恤人员档案是指街道办事处(乡镇人民政府)、县级人民政府民政部门、设区的市级人民政府民政部门(行政公署民政部门)、省级人民政府民政部门在审查、审核、审批新办、补办评定残疾等级和调整残疾等级工作中,以及办理伤残抚恤关系的转移、发放抚恤金工作中形成的,以伤残抚恤人员个人为单位整理的,具有保存价值的各种载体和形式的历史记录。

伤残抚恤人员档案是民政专业档案的重要组成部分,属于国家民生档案范畴。

第三条 本办法所称伤残抚恤人员是指《伤残抚恤管理办法》第二条规定的因战致残、因公致残或者因病致残的伤残人员。

第四条 伤残抚恤人员档案工作由民政部统一领导,由街道办事处(乡镇人民政府)、县级人民政府民政部门、设区的市级人民政府民政部门(行政公署民政部门)、省级人民政府民政部门分级负责,在业务上接受上级人民政府民政部门和县级以上同级档案行政管理部门的监督和指导。

第五条 伤残抚恤人员档案本着方便管理和利用的原则,在县级以上人民政府民政部门实行集中统一管理,任何组织和个人不得据为己有或者拒绝归档。伤残抚恤人员档案的具体集中存放地点由省级人民政府民政部门规定。

第六条 伤残抚恤人员材料的归档要求:

(一)归档的材料必须齐全完整、图文清晰。(归档范围见本办法附件一);

(二)归档材料应当在相关手续办理完毕后20个工作日内归档。

第七条 在新办、补办评定和调整残疾等级工作、以及办理伤残抚恤关系转移、发放抚恤金工作过程中形成的电子文件,应当按照《电子文件归档和管理规范》(GB/T 18894—2002)要求进行整理归档,重要的电子文件应当同时打印出纸质文件一并归档。

第八条 伤残抚恤人员归档材料按照一人一档的原则进行整理。具体整理方法可以参考本办法附件二,也可以由省级人民政府民政部门自行规定。

第九条 伤残抚恤人员档案保管期限为100年。保管期限从当事人初次认定或者申请材料形成之日起的次年1月1日开始计算。

伤残抚恤人员档案保管部门应当对保管期限届满的伤残抚恤人员档案进行价值鉴定,对有继续保存价值的可以延长直至永久。

第十条 伤残抚恤人员档案应当放入坚固的、防火、防潮的档案库房进行管理,库房内应设置空调、去湿、灭火等设备。

库房的防火、防潮、防虻、防盗、防光、防尘、防高温等设施和安全措施应当经常检查;要保持库房的清洁和库内适宜的温度和湿度。

第十一条 伤残抚恤人员档案的利用应当符合以下要求:

（一）各级民政部门因自身工作需要可以利用伤残抚恤人员档案；

（二）各级政府监察、公安、检察院、法院等单位因公务需要可以利用伤残抚恤人员档案；

（三）经伤残抚恤人员档案保管机构主管领导批准，办理相关手续后，伤残抚恤人员可以利用与自身相关的伤残抚恤档案；

（四）经伤残抚恤人员档案保管机构主管领导批准，有关单位、组织或个人因工作需要，办理相关手续后可以利用伤残抚恤人员档案；

（五）查阅档案严禁损毁、涂改、抽换、圈划、批注、污染等。

第十二条 伤残抚恤人员档案应当使用计算机等现代化管理手段进行管理。

第十三条 伤残抚恤人员档案集中存放地人民政府民政部门应当在伤残抚恤人员档案保存至该伤残抚恤人员死亡5年后，向同级国家综合档案馆移交。

伤残等级为一至四级的伤残抚恤人员死亡后，其遗属仍享受相关待遇的，伤残抚恤人员档案集中存放地人民政府民政部门应当将该伤残抚恤人员档案保存至其遗属停止享受相关待遇，然后向同级国家综合档案馆移交。

第十四条 伤残抚恤人员档案的鉴定销毁应当符合下列要求：

（一）伤残抚恤人员档案保管部门对保管期限届满的档案要进行价值鉴定，对无保存价值的予以销毁，但伤残抚恤人员档案目录应当永久保存。

（二）对销毁的伤残抚恤人员档案应当建立销毁清册，写明销毁档案的时间、种类和数量并永久保存。

（三）伤残抚恤人员档案保管部门应当派人监督伤残抚恤人员档案的销毁过程，确保销毁档案没有漏销或者流失，并在销毁清册上签字。

第十五条 各省（自治区、直辖市）人民政府民政部门可以根据当地实际情况商同级档案行政管理部门制定本办法实施细则。

附件一

伤残抚恤人员材料归档范围

一、在新办评定残疾等级工作中形成的下列材料归入伤残抚恤人员档案：

（ ）申请人书面申请书；

（二）申请人有效身份证件复印件或者户口簿复印件；

（三）申请人单位（或者街道办事处、乡镇人民政府）书面意见；

（四）致残经过证明；

（五）医疗终结后的诊断证明；

（六）县级人民政府民政部门出具的《受理通知书》；

（七）《评定伤残等级审批表》；

（八）残疾等级医学鉴定意见；

（九）公示材料；

（十）评定残疾等级决定书副本；

（十一）伤残人员证件（含《中华人民共和国残疾军人证》《中华人民共和国伤残人民警察证》《中华人民共和国伤残公务员证》《中华人民共和国因战因公伤残人员证》）复印件；

（十二）县级或者设区的市级人民政府民政部门出具的《不予评定残疾等级决定书》副本。

二、在补办评定残疾等级工作中形成的下列材料归入伤残抚恤人员档案：

（一）申请人书面申请书；

（二）申请人有效身份证件复印件或者户口簿复印件；

（三）申请人单位（或者街道办事处、乡镇人民政府）书面意见；

（四）申请人因战因公致残档案记载或者原始医疗证明；

（五）县级人民政府民政部门出具的《受理通知书》；

（六）《评定伤残等级审批表》；

（七）残疾等级医学鉴定意见；

（八）公示材料；

（九）补办残疾等级决定书副本；

（十）伤残人员证件（含《中华人民共和国残疾军人证》《中华人民共和国伤残人民警察证》《中华人民共和国伤残公务员证》《中华人民共和国因战因公伤残人员证》）复印件；

（十一）县级或者设区的市级人民政府民政部门出具的《不予评定残疾等级决定书》副本。

三、在调整残疾等级工作中形成的下列材料归入伤残抚恤人员档案：

（一）申请人书面申请书；

（二）申请人有效身份证件复印件或者户口簿复印件；

（三）申请人单位（或者街道办事处、乡镇人民政府）书面意见；

（四）原评定残疾等级的证明；

（五）申请人认为残疾情况与原残疾等级明显不符的医疗诊断证明；

（六）县级人民政府民政部门出具的《受理通知书》；

（七）《评定伤残等级审批表》；

（八）残疾等级医学鉴定意见；

（九）公示材料；

（十）调整残疾等级决定书副本；

（十一）调整后的伤残人员证件（含《中华人民共和国残疾军人证》《中华人民共和国伤残人民警察证》《中华人民共和国伤残公务员证》《中华人民共和国因战因公伤残人员

证》）复印件；

（十二）县级或者设区的市级人民政府民政部门出具的《不予调整残疾等级决定书》副本。

四、伤残抚恤工作中形成的下列材料也归入伤残抚恤人员档案：

（一）《伤残人员换证、补证申报审批表》；

（二）伤残人员死亡证明；

（三）注销伤残人员证件的决定书副本及备案材料复印件；

（四）撤销伤残抚恤待遇材料：

1. 撤销伤残抚恤待遇决定书（复印件）；

2. 因伪造、变造《残疾军人证》而由民政部门收回的《残疾军人证》原件。

（五）其他应归档材料。

五、残疾军人退役或者向地方政府移交以及伤残人员跨省转移伤残抚恤关系过程中形成的下列材料归入伤残抚恤人员档案：

（一）转入伤残抚恤关系申请书；

（二）有关伤残证件的变更栏一页的复印件；

（三）有关残疾情况复查材料；

（四）转出伤残抚恤关系申请书；

（五）《伤残人员关系转移证明》；

（六）其他应归档材料。

六、各省（自治区、直辖市）范围内伤残抚恤关系转移材料归入伤残抚恤人员档案的范围由各省级人民政府民政部门规定。

七、发放抚恤金过程中形成的下列材料归入伤残抚恤人员档案：

（一）在国内异地居住的，每年由居住地公安机关出具的居住证明；

（二）在港、澳、台定居或出国定居的，每年由我国驻外使领馆（或我国驻外使领馆认证的当地公证机关）出具的居住证明；

（三）其他应归档材料。

附件二：伤残抚恤人员材料的整理方法（略）

退役军人事务部、财政部关于调整部分优抚对象等人员抚恤和生活补助标准的通知

（2021年6月17日　退役军人部发〔2021〕36号）

各省、自治区、直辖市退役军人事务厅（局）、财政厅（局），新疆生产建设兵团退役军人事务局、财政局：

经研究，决定从2021年8月1日起调整部分优抚对象等人员抚恤和生活补助标准，现将有关问题通知如下：

一、提高残疾军人（含伤残人民警察、伤残国家机关工作人员、伤残民兵民工）的残疾抚恤金、烈属（含因公牺牲军人遗属、病故军人遗属）的定期抚恤金、在乡退伍红军老战士（含在乡西路军红军老战士、红军失散人员）的生活补助标准，调整后的标准见附件。

二、各地要按照《军人抚恤优待条例》规定，加大资金投入，大力提高在乡老复员军人的生活补助标准，切实保障其生活水平。中央财政在现行补助标准的基础上，每人每月增加200元。

三、各地要按照每人每月不低于700元、不高于十级残疾军人抚恤金标准的原则，调整带病回乡退伍军人生活补助标准，每人每月提高标准不低于50元。中央财政对北京、天津、辽宁、上海、江苏、浙江、福建、山东、广东等9个省市，补助标准调整为每人每月280元；对河北、山西、吉林、黑龙江、安徽、江西、河南、湖北、湖南、海南等10个省，补助标准调整为每人每月420元；对内蒙古、广西、重庆、四川、贵州、云南、西藏、陕西、甘肃、青海、宁夏、新疆等12个省区市，补助标准调整为每人每月560元；对新疆生产建设兵团补助标准调整为每人每月700元。

四、对在农村的和城镇无工作单位且家庭生活困难的参战退役人员提高生活补助标准，每人每月提高50元，提至每人每月750元。中央财政对北京、天津、辽宁、上海、江苏、浙江、福建、山东、广东等9个省市，补助标准调整为每人每月300元；对河北、山西、吉林、黑龙江、安徽、江西、河南、湖北、湖南、海南等10个省，补助标准调整为每人每月450元；对内蒙古、广西、重庆、四川、贵州、云南、西藏、陕西、甘肃、青海、宁夏、新疆等12个省区市，补助标准调整为每人每月600元；对新疆生产建设兵团补助标准调整为每人每月750元。

五、对不符合评残和享受带病回乡退伍军人生活补助条件，但患病或生活困难的农村和城镇无工作单位的原8023部队退役人员，以及其他参加核试验军队退役人员（含参与铀矿开采军队退役人员）提高生活补助标准，每人每月提高50元，提至每人每月750元。中央财政对北京、天津、辽宁、上海、江苏、浙江、福建、山东、广东等9个省市，补助标准调整为每人每月300元；对河北、山西、吉林、黑龙江、安徽、江西、河南、湖北、湖南、海南等10个省，补助标准调整为每人每月450元；对内蒙古、广西、重庆、四川、贵州、云南、西藏、陕西、甘肃、青海、宁夏、新疆等12个省区市，补助标准调整为每人每月600元；对新疆生产建设兵团补助标准调整为每人每月750元。

六、对居住在农村和城镇无工作单位、18周岁之前没有享受过定期抚恤金待遇且年满60周岁的烈士子女（含建国前错杀后被平反人员的子女）提高生活补助标准。中央财政在现行补助标准的基础上，每人每月提高50元，提至每人每月590元。

七、对从1954年11月1日试行义务兵役制后至《退役士兵安置条例》施行前入伍、年龄在60周岁以上（含60周岁）、

未享受到国家定期抚恤补助的农村籍退役士兵提高老年生活补助标准，每服一年义务兵役每人每月提高5元，提至每服一年义务兵役每人每月补助50元。中央财政对北京、天津、辽宁、上海、江苏、浙江、福建、山东、广东等9个省市按上述补助标准的50%安排补助资金，对其他省区市、新疆生产建设兵团实行全额补助。

八、对新中国成立前加入中国共产党的农村老党员和未享受离退休待遇的城镇老党员调整生活补贴标准，每人每月提高50元，补助标准调整为：1937年7月6日前入党，提至每人每月870元；1937年7月7日至1945年9月2日入党的，提至每人每月810元；1945年9月3日至1949年9月30日入党的，提至每人每月730元。已享受优抚对象抚恤补助的老党员，不执行上述补贴标准，仍按每人每月50元标准发给生活补贴。已对老党员实行定额补贴的地方，补贴标准低于上述标准的，按照补差原则发给补贴；补贴标准高于上述标准的，仍按原补贴标准发给补贴。中央财政对北京、天津、上海、江苏、浙江、福建、广东等7省市，按上述补助标准的25%安排补助资金；对其他省区市、新疆生产建设兵团按上述补助标准的50%安排补助资金。

九、此次调整标准所需中央补助资金，由中央财政安排，另行下达。地方各级有关部门要认真落实地方应安排的资金，切实加强资金管理，保证及时、准确、足额地把抚恤金和生活补助费发放到优抚对象等人员手中。

附件：

1. 残疾军人、伤残人民警察、伤残国家机关工作人员、伤残民兵民工残疾抚恤金标准表（略）

2. 烈属、因公牺牲军人遗属、病故军人遗属定期抚恤金标准表（略）

3. 在乡退伍红军老战士、在乡西路军红军老战士、红军失散人员生活补助标准表（略）

关于贯彻实施《烈士褒扬条例》若干具体问题的意见

（2012年5月21日 民发〔2012〕83号）

各省、自治区、直辖市民政厅（局）、人力资源社会保障厅（局）、财政厅（局），新疆生产建设兵团民政局、人力资源社会保障局、财务局，各军区、各军兵种、各总部、军事科学院、国防大学、国防科学技术大学、武警部队政治部：

《烈士褒扬条例》（以下简称《条例》）已于2011年7月26日公布，自2011年8月1日起施行。为了进一步做好烈士褒扬工作，现就贯彻实施《条例》若干具体问题提出如下意见：

一、《条例》施行后牺牲人员的烈士评定工作，适用《条例》。符合规定条件的评定为烈士，烈士遗属依照《条例》规定享受抚恤优待。

《条例》施行前牺牲人员的烈士评定工作，适用其牺牲时施行的有关法规。符合规定条件的可以批准为烈士，烈士遗属的一次性抚恤待遇按照《革命烈士褒扬条例》及其解释和相关法规规定享受。

二、《条例》第二条中的“牺牲”，是指在保卫祖国和社会主义建设事业中，为国家和人民的利益，勇于献出自己的生命。被评定为烈士的，应当死难情节突出，堪为楷模。

不符合烈士评定条件、属于《军人抚恤优待条例》及有关法规规定的因公牺牲或者病故情形的，应当认定为因公牺牲或者病故，并按相应的规定予以抚恤。

三、属于《条例》第八条第一款第一项、第二项规定情形的，省级人民政府民政部门在向省级人民政府呈报评定烈士材料时，应同时抄送国务院民政部门，抄送材料包括：

（一）省级人民政府民政部门向省级人民政府呈报的评定烈士的报告；

（二）烈士牺牲情节原始材料或证明材料的复印件；

（三）其他相关材料。

四、省、自治区、直辖市人民政府按照《条例》第九条第二款规定评定烈士后，省级人民政府民政部门应在二十个工作日内报送国务院民政部门备案，备案材料包括：

（一）省级人民政府民政部门提出的备案报告；

（二）省级人民政府评定烈士的有关文件或批复。

国务院民政部门对材料进行审查并按程序予以备案，并定期公布烈士备案结果。

对逾期不报送备案或备案工作中出现审查不合格的，国务院民政部门将予以通告，并责令改正。

五、军队有关部门依照《条例》第八条第二款评定烈士后，由解放军总政治部汇总并按季度将该季度评定烈士有关材料送国务院民政部门备案。

六、烈士褒扬金由颁发烈士证书的县级人民政府民政部门负责发放，所需经费由当地财政部门垫支。

中央财政每年根据上年度烈士评定备案工作的情况，及时审核下达烈士褒扬金。

七、《条例》第十二条规定的“月工资”是指烈士牺牲当月的本人月基本工资。属于《工伤保险条例》适用范围的，月工资是指烈士牺牲前12个月平均月缴费工资。本人工资高于统筹地区职工平均工资300%的，按照统筹地区职工平均工资的300%计算；本人工资低于统筹地区职工平均工资60%的，按照统筹地区职工平均工资的60%计算。

一次性抚恤金由颁发烈士证书的县级人民政府民政部门负责发放，所需经费按原渠道解决。

属于《工伤保险条例》适用范围的，一次性工亡补助金以及相当于烈士本人40个月工资的烈士遗属特别补助金按照

《烈士褒扬条例》和《工伤保险条例》的有关规定发放。

八、烈士褒扬金、一次性抚恤金、一次性工亡补助金、烈士遗属特别补助金应该及时足额发放。发给对象和数额分配根据烈士遗属协商结果确定，协商不成的平均分配。

九、改建、扩建国家级烈士纪念设施的，应当报国务院民政部门批准。

民政部办公厅、财政部办公厅关于落实给部分烈士子女发放定期生活补助政策的实施意见

（2012年1月20日　民办发〔2012〕3号）

各省、自治区、直辖市民政厅（局）、财政厅（局），新疆生产建设兵团民政局、财务局：

根据民政部、财政部《关于给部分烈士子女发放定期生活补助的通知》（民发〔2012〕27号，以下简称《通知》）规定，自2011年7月1日起，给部分烈士子女（含建国前错杀后被平反人员的子女，下同）每人每月发放130元的定期生活补助。为确保政策顺利贯彻落实，现提出如下实施意见。

一、适用对象的界定

政策实施对象的人员范围为，居住在农村和城镇无工作单位、18周岁以前没有享受过定期抚恤金待遇且年满60周岁的烈士子女和建国前错杀后被平反人员（以下简称错杀被平反人员）子女。

二、人员身份的核查认定

核查认定工作按照属地管理原则组织实施，由本人户籍所在地村（居）委会、乡（镇、街道）和县（市、区）民政部门统一调查、审定和申报。

（一）个人申报。符合条件人员需携带本人身份证、户口簿、烈士证明书、错杀被平反人员平反证明材料、本人与烈士或错杀被平反人员关系证明等相关材料，向户籍所在地村（居）委会提出申请并办理登记手续，填写有关登记审核表。

（二）初审把关。对相关人员的申报材料，由村（居）委会初审、乡（镇、街道）复核，并做好登记工作。对符合条件的签署意见后，将有关登记审核表、人员花名册和个人相关资料复印件等材料上报县级民政部门；对经复核不符合条件的，应书面说明理由并告知本人。

（三）会审认定。县级民政部门对乡（镇、街道）上报的材料，组织专门人员认真核实其身份。对符合条件的，由申请人所在村（居）委会进行张榜公示。对公示期间及以后有异议的，县级民政部门要组织专人调查核实。经查实不符合条件的，应书面通知本人并说明理由。调查核实过程中有疑义的，应逐级请示，确保认定工作稳妥顺利进行。

（四）建立档案。县级民政部门对申报登记人员的资料，要建立健全档案和数据资料，并认真做好适时更新、动态管理工作。

核查认定工作过程中需要相关人员填写的表格，由县级民政部门根据本地情况自行制作，但表格内容应包括民政部制发的《部分烈士（含错杀被平反人员）子女信息采集表》（附件）中的项目。审定工作结束后，县级民政部门应将符合条件的人员信息填入《部分烈士（含错杀被平反人员）子女信息采集表》，统一录入优抚对象信息管理系统，与其他享受国家定期抚恤补助的优抚对象一样，形成定期更新机制。

三、信息数据的统计

符合享受待遇条件对象审批工作结束后，县级民政部门要及时统计核实数据，并经同级财政部门复审后逐级联合上报。省级民政部门应于2012年2月29日前将本地区部分烈士子女的统计结果送同级财政部门复审后，联合上报民政部、财政部。

各地在报送符合享受待遇条件对象的信息数据时，连同第二年将要符合享受待遇条件的对象数量等情况一并报送。

四、工作要求

（一）加强组织领导，明确职责分工。各级民政部门要把这项工作作为当前的重点来抓，加强组织领导，建立工作责任制。要抽调精干人员成立专门工作机构，明确职责分工，切实做好人员身份核查认定、数据统计上报等各项工作。要主动加强与有关部门和单位的沟通，密切协作。各级财政部门要积极配合民政部门工作，确保各项工作顺利开展、扎实推进。

（二）严格掌握政策，执行落实好政策。要深入细致地做好调查摸底工作，认真准确地界定相关人员的身份，做到不错、不漏、不留死角，实事求是地把这部分人员的身份核实、核准。要严格掌握政策、执行政策，统一政策口径，注意研究工作中出现的新情况、新问题。对政策落实过程中遇到的重大问题要及时报告。

（三）加强宣传教育，开展督促检查。要通过各种形式认真做好政策的宣传工作，增加工作的透明度。在组织实施工作中，要建立工作责任制，采取定期与不定期检查相结合的方法，加强工作督促检查，及时发现问题、解决问题，并对各地的工作进展、工作落实、工作成效等情况进行通报。

附件：部分烈士（含错杀被平反人员）子女信息采集表（略）

民政部、财政部关于给部分烈士子女发放定期生活补助的通知

（2012年1月20日　民发〔2012〕27号）

各省、自治区、直辖市民政厅（局）、财政厅（局），新疆生产建设兵团民政局、财务局：

根据中央领导同志有关批示精神，经研究决定，从2011

年7月1日起，给部分烈士子女（含建国前错杀后被平反人员的子女，下同）发放定期生活补助。现将有关问题通知如下：

一、部分烈士子女是指居住在农村和城镇无工作单位、18周岁之前没有享受过定期抚恤金待遇且年满60周岁的烈士子女。

二、中央财政补助标准为每人每月130元。地方政府还可通过增发补助金或采取其他方式予以补助。国家将根据经济社会发展情况，适时适当提高补助标准。

三、各级民政、财政部门要按照统一部署和要求，结合本地实际，周密制定实施方案，切实加大工作力度，保障工作经费，确保政策及时落实到位。

关于国家机关工作人员及离退休人员死亡一次性抚恤发放办法的通知

（2007年5月8日　民发〔2007〕64号）

中央和国家机关各部门、各直属机构人事（干部）部门，各省、自治区、直辖市民政厅（局）、人事厅（局）、财政厅（局），计划单列市民政局、人事局、财政局，新疆生产建设兵团民政局、人事局、财务局：

2004年10月1日，国务院、中央军委公布施行的《军人抚恤优待条例》提高了一次性抚恤金标准；2006年7月1日，国家机关工资制度进行了改革。为适应有关政策的调整变化，现就国家机关工作人员及离退休人员死亡一次性抚恤金发放有关问题通知如下：

一、调整一次性抚恤金标准

自2004年10月1日起，国家机关工作人员及离退休人员死亡，一次性抚恤金按照以下标准执行：烈士为本人生前80个月基本工资或基本离退休费，因公牺牲为本人生前40个月基本工资或基本离退休费，病故为本人生前20个月基本工资或基本离退休费。发放一次性抚恤金所需经费按现行渠道解决。

二、一次性抚恤金计发办法

自2006年7月1日起，国家机关工作人员及离退休人员死亡一次性抚恤金的计发办法为：

（一）国家机关在职工作人员死亡，一次性抚恤金按本人生前最后一个月基本工资为基数计发。其中：

1. 公务员，为本人职务工资和级别工资之和；

2. 机关技术工人，为本人岗位工资和技术等级（职务）工资之和；

3. 机关普通工人，为本人岗位工资。

（二）国家机关离退休人员死亡，一次性抚恤金按本人生前最后一个月享受的国家规定的基本离退休费为基数计发。其中：

1. 离退休人员为本人基本离退休费，即本人离退休时计发的基本离退休费和本人离退休后历次按国家规定增加的基本离退休费之和；

2. 按照《国务院关于颁发〈国务院关于安置老弱病残干部的暂行办法〉和〈国务院关于工人退休、退职的暂行办法〉的通知》（国发〔1978〕104号）规定办理退职的人员为本人基本退职生活费，即本人退职时计发的基本退职生活费和本人退职后历次按国家规定增加的基本退职生活费之和。

（三）驻外使领馆工作人员、驻外非外交人员和港澳地区内派人员中的机关工作人员死亡，一次性抚恤金按本人国内（内地）基本工资为基数计发。

本《通知》下发后，《民政部、人事部、财政部关于工资制度改革后国家机关工作人员死亡一次性抚恤金计发问题的通知》（民优函〔1994〕212号）即行废止。

本通知由民政部负责解释。

民政部关于国家机关工作人员伤亡抚恤工作有关问题的通知

（2014年11月21日　民函〔2014〕343号）

各省、自治区、直辖市民政厅（局），计划单列市民政局，新疆生产建设兵团民政局：

一直以来，国家机关工作人员伤亡抚恤参照军人伤亡抚恤的有关法规政策执行，民政部1989年印发的《关于国家机关工作人员、人民警察伤亡抚恤如何办理的通知》（民〔1989〕优字34号）和2004年印发的《关于国家机关工作人员、人民警察伤亡抚恤有关问题的通知》（民函〔2004〕334号）先后对此进行了明确，保证了这部分人员有关待遇的落实。2004年以来，军人伤亡抚恤法规政策不断修订完善，部分旧的法规政策被新的法规政策代替，为确保国家机关工作人员伤亡抚恤工作依法进行，现就有关问题通知如下：

一、国家机关工作人员因战因公负伤致残，按照《伤残抚恤管理办法》的有关规定予以评残和抚恤；其评残条件、伤残性质的认定、伤残等级评定标准、伤残抚恤金标准等参照《军人抚恤优待条例》、《军人残疾等级评定标准》等有关规定办理。

二、国家机关工作人员牺牲，拟评定为烈士的，按照《烈士褒扬条例》规定的条件和程序办理。

三、国家机关工作人员因公牺牲和病故的确认，由其所在单位或地区参照《军人抚恤优待条例》的有关规定办理。

四、国家机关工作人员死亡一次性抚恤金标准、发放办法按照民政部、财政部《关于调整一次性抚恤金发放办法的通知》（民发〔2001〕317号），民政部、人事部、财政部《关于国家机关工作人员及离退休人员死亡一次性抚恤发放办法的通知》(民发〔2007〕64 号)和民政部、人力资源和社会保障部、财政部《关于国家机关工作人员及离退休人员死亡一次性抚恤金发放有关问题的通知》(民发〔2011〕192 号)等有关规定执行。

五、人民警察的伤亡抚恤工作按照民政部等 9 部门《关于印发〈人民警察抚恤优待办法〉的通知》(民发〔2014〕101 号)的有关规定执行。

人民警察抚恤优待办法

(2014 年 4 月 30 日 民发〔2014〕101 号)

第一章 总 则

第一条 为了做好人民警察的抚恤优待工作,激励人民警察的奉献精神,根据《中华人民共和国人民警察法》和国家有关优抚法规、政策,制定本办法。

第二条 本办法所称人民警察,是指公安机关(含铁路、交通、民航、森林公安机关和海关缉私部门)、国家安全机关、司法行政机关的人民警察和人民法院、人民检察院的司法警察。

伤残人民警察、人民警察烈士遗属、因公牺牲人民警察遗属、病故人民警察遗属是本办法规定的抚恤优待对象,依照本办法的规定享受抚恤优待。

第三条 人民警察抚恤优待经费列入财政预算,专款专用,接受财政部门、审计机关的监督。

国家鼓励社会组织和个人对人民警察抚恤优待事业提供捐助。

第四条 各级人民政府民政部门要充分发挥政府职能部门的作用,认真履行职责,严格执行现行优抚法规、政策,根据人民警察的工作性质,准确、及时办理人民警察的伤亡抚恤事宜。

第五条 各级人民政府公安机关、国家安全机关、司法行政机关和各级人民法院、人民检察院(以下简称各级政法机关)要做好抚恤优待政策的执行、宣传工作,关心抚恤优待对象的工作和生活,依据国家有关规定,帮助解决困难和问题。

第六条 各级政法机关的政治工作部门负责办理人民警察抚恤优待的具体工作。

各级政法机关的政治工作部门应当严格管理伤亡人民警察的有关材料,按烈士、因公牺牲、病故、伤残分类建立档案,长期保存。

第二章 死亡抚恤

第七条 人民警察死亡被评定为烈士、被确认为因公牺牲或者病故的,其遗属依照本办法规定享受抚恤。

第八条 人民警察死亡,符合下列情形之一的,评定为烈士:

(一)在依法查处违法犯罪行为、执行国家安全工作任务、执行反恐怖任务和处置突发事件中牺牲的;

(二)抢险救灾或者其他为了抢救、保护国家财产、集体财产、公民生命财产牺牲的;

(三)在执行外交任务或者国家派遣的对外援助、维持国际和平任务中牺牲的;

(四)在执行武器装备科研试验任务中牺牲的;

(五)其他牺牲情节特别突出,堪为楷模的。

人民警察在处置突发事件、执行边海防执勤或者抢险救灾任务中失踪,经法定程序宣告死亡的,按烈士对待。

第九条 人民警察死亡后,申报烈士的,按照《烈士褒扬条例》有关规定办理。

第十条 人民警察死亡,符合下列情形之一的,确认为因公牺牲:

(一)在执行任务或者在上下班途中,由于意外事件死亡的;

(二)被认定为因战、因公致残后因旧伤复发死亡的;

(三)因患职业病死亡的;

(四)在执行任务中或者在工作岗位上因病猝然死亡,或者因医疗事故死亡的;

(五)其他因公死亡的。

人民警察在处置突发事件、执行边海防执勤或者执行抢险救灾以外的其他任务中失踪,经法定程序宣告死亡的,按照因公牺牲对待。

第十一条 人民警察因公牺牲,由所在单位的县级以上政法机关审查确认,由同级人民政府民政部门复核,实施监督。

国家安全机关人民警察因公牺牲,由省级以上国家安全机关审查确认,由同级人民政府民政部门复核,实施监督。

省(自治区、直辖市)直属监狱和司法行政戒毒场所人民警察因公牺牲,由省(自治区、直辖市)司法行政机关审查确认,由同级人民政府民政部门复核,实施监督。

第十二条 人民警察除第十条第一款第三项、第四项规定情形以外,因其他疾病死亡的,确认为病故。

人民警察非执行任务死亡,或者失踪经法定程序宣告死亡的,按照病故对待。

人民警察病故,由所在单位的县级以上政法机关确认。

第十三条 对烈士遗属,由县级人民政府民政部门发给《中华人民共和国烈士证明书》。对因公牺牲和病故人民警察的遗属,由所在单位的县级以上政法机关分别发给《中华人民共和国人民警察因公牺牲证明书》和《中华人民共和国人民警察病故证明书》。

证明书的持证人应由烈士、因公牺牲、病故人民警察的父母(抚养人)、配偶、子女协商确定,协商不通的,按照下列顺序确定一名持证人:(一)父母(抚养人);(二)配偶;(三)子女。有多个子女的,发给长子女。无上述对象,发给兄弟姐妹,有多个兄弟姐妹的,发给其中的长者。没有遗属的,由证明书发放机关存档。

确定持证遗属后,原则上不再更改持证人和更换证明书。

第十四条 人民警察死亡被评定为烈士的,依照《烈士褒扬条例》的规定发给遗属烈士褒扬金,其标准为烈士牺牲时上一年度全国城镇居民人均可支配收入的30倍。

第十五条 人民警察死亡,根据其死亡性质和死亡时的月工资标准(基本工资和警衔津贴),发给其遗属一次性抚恤金,标准是:

烈士、因公牺牲的,为上一年度全国城镇居民人均可支配收入的20倍加本人40个月的工资;

病故的,为上一年度全国城镇居民人均可支配收入的2倍加本人40个月的工资。

第十六条 获得荣誉称号和立功(含死亡后追记、追认功勋)的人民警察死亡后,按以下比例增发一次性抚恤金:

(一)获得党中央、国务院授予英雄模范荣誉称号的,增发35%;

(二)获得中央政法机关及省级党委、政府授予英雄模范荣誉称号的,增发30%;

(三)立一等功的,增发25%;

(四)立二等功的,增发15%;

(五)立三等功的,增发5%。

多次获得荣誉称号或者立功的,按照其中最高等级奖励的增发比例,增发一次性抚恤金。

离退休人民警察死亡,增发一次性抚恤金按上述规定执行。

第十七条 烈士的一次性抚恤金、增发一次性抚恤金,由颁发烈士证书的县级人民政府民政部门发放;因公牺牲、病故人民警察的一次性抚恤金、增发一次性抚恤金,由所在单位的县级以上政法机关发放。

第十八条 一次性抚恤金发给烈士、因公牺牲、病故人民警察的父母(抚养人)、配偶、子女;没有父母(抚养人)、配偶、子女的,发给未满18周岁的兄弟姐妹和已满18周岁但无生活费来源且由该人民警察生前供养的兄弟姐妹。

第十九条 对符合享受定期抚恤金条件的烈士遗属,由遗属户籍所在地的县级人民政府民政部门发给定期抚恤金。

对符合享受遗属生活困难补助条件的因公牺牲和病故人民警察遗属,由人民警察所在单位的县级以上政法机关按照因公牺牲、病故军人遗属定期抚恤金标准发给生活困难补助费。

第二十条 享受定期抚恤金或遗属生活困难补助费的人员死亡,停发定期抚恤金或遗属生活困难补助费,并由原发放单位另外增发6个月的定期抚恤金或遗属生活困难补助费,作为丧葬补助费。

第二十一条 对生前作出特殊贡献的因公牺牲、病故人民警察,除按照本办法规定发给其遗属一次性抚恤金外,政法机关可以按照有关规定发给其遗属一次性特别抚恤金。

第二十二条 人民警察失踪,经法定程序宣告死亡的,在其被评定为烈士、确认为因公牺牲或者病故后,又经法定程序撤销对其死亡宣告的,由原评定或者确认机关取消其烈士、因公牺牲人民警察或者病故人民警察资格,并由发证机关收回有关证件,终止其家属原享受的抚恤优待待遇。

第二十三条 《中华人民共和国烈士证明书》、《中华人民共和国人民警察因公牺牲证明书》、《中华人民共和国人民警察病故证明书》由民政部统一印制。证明书的管理,按照民政部的规定执行。

第三章 伤残抚恤和优待

第二十四条 人民警察伤残,按致残性质分为:

(一)因战致残;

(二)因公致残。

第二十五条 因第八条第一款规定的情形之一导致伤残的,认定为因战致残;因第十条第一款规定的情形之一导致伤残的,认定为因公致残。

第二十六条 伤残的等级,根据劳动功能障碍程度和生活自理障碍程度确定,由重到轻分为一级至十级。伤残等级的具体评定标准,参照《军人残疾等级评定标准》执行。

第二十七条 人民警察因战、因公负伤,符合评定伤残等级条件的,应当在因战、因公负伤3年内提出申请。

伤残人民警察的残情医学鉴定,由设区的市级以上人民政府民政部门指定的伤残医学鉴定机构作出;职业病的残情医学鉴定由省级人民政府民政部门指定的鉴定机构作出。

第二十八条 人民警察伤残等级评定程序按照《伤残抚恤管理办法》有关规定办理。

申请评残的人民警察所在单位应把评残情况逐级报至省级政法机关政治工作部门备案。

第二十九条 人民警察符合评残条件,并经省级人民政府民政部门审批通过的,由省级人民政府民政部门办理《中华人民共和国伤残人民警察证》,并通过县级人民政府民政部门将《中华人民共和国伤残人民警察证》发给本人所在单位,由所在单位转交本人。

第三十条 人民警察被评定伤残等级后,伤残情况发生明显变化,原定伤残等级与现伤残情况明显不符的,应按规定调整伤残等级。

第三十一条 伤残人民警察,按照伤残等级享受伤残抚恤金。伤残抚恤金由发给其伤残证件的县级人民政府民政部门发给,其标准按照《军人抚恤优待条例》规定执行。

第三十二条 伤残人民警察旧伤复发住院治疗期间的伙食补助费、经批准到外地就医的交通食宿费用，已经参加工伤保险的，按照工伤保险有关规定执行；未参加工伤保险的，由所在单位负责解决。

伤残人民警察需要配制假肢、轮椅等辅助器械的，已经参加工伤保险的，按照工伤保险有关规定执行；未参加工伤保险的，按照规定的标准，由其所在单位负责解决。

第三十三条 对符合相关规定的一级至四级伤残人民警察按月发给护理费，护理费的标准为：

（一）一级、二级伤残的，为上年度当地职工月平均工资的50%；

（二）三级、四级伤残的，为上年度当地职工月平均工资的40%。

伤残人民警察的护理费，已经参加工伤保险的，按照工伤保险有关规定执行；未参加工伤保险的，由所在单位负责解决。

第三十四条 伤残抚恤优待关系转移时，当年的伤残抚恤金由迁出地民政部门发给，从第二年起，由迁入地民政部门发给。

第三十五条 伤残人民警察凭《中华人民共和国伤残人民警察证》优先购票乘坐境内运行的火车、轮船、长途公共汽车以及民航班机，享受减收正常票价50%的优待。

伤残人民警察凭《中华人民共和国伤残人民警察证》免费乘坐市内公共汽车、电车和轨道交通工具。

第三十六条 伤残人民警察本人、烈士子女、因公牺牲人民警察子女、一级至四级伤残人民警察子女按照有关规定享受教育优待。

第四章　附　　则

第三十七条 未列入行政编制的人民警察的抚恤优待，参照本办法执行，其抚恤费由所在单位按规定发放。

第三十八条 公安机关边防、消防、警卫等现役编制人民警察抚恤优待待遇，按照《军人抚恤优待条例》和有关政策规定执行。

第三十九条 本办法规定的抚恤优待对象被判处有期徒刑、剥夺政治权利或者被通缉期间，中止其抚恤优待待遇；被判处死刑、无期徒刑的，取消其抚恤优待资格。

第四十条 各省、自治区、直辖市政法机关可以根据本地区实际情况，会同同级民政等部门制定对伤亡人民警察及其遗属抚恤优待的具体办法。

第四十一条 本办法由民政部会同最高人民法院、最高人民检察院、公安部、国家安全部、司法部负责解释。

第四十二条 本办法自印发之日起施行。1996年11月19日公安部、民政部颁布的《公安机关人民警察抚恤办法》、1997年8月20日国家安全部、民政部颁布的《国家安全机关人民警察抚恤办法》、1998年5月14日最高人民法院、最高人民检察院、民政部颁布的《人民法院、人民检察院司法警察抚恤办法》、1999年11月16日司法部、民政部颁布的《司法行政系统人民警察抚恤办法》同时废止。

优抚对象及其子女教育优待暂行办法

（2004年10月21日　民发〔2004〕192号）

为体现国家和社会对优抚对象的关怀，保障优抚对象的合法权益，根据《军人抚恤优待条例》的规定，制定本办法。

一、本办法的优待对象包括：退役士兵；残疾军人、烈士子女、因公牺牲军人子女、一级至四级残疾军人子女、现役军人子女。

二、退役士兵报考普通高等学校，在同等条件下，优先录取；自谋职业的城镇退役士兵、在服役期间荣立三等功的退役士兵，可在其统考成绩总分的基础上增加10分投档；其中在服役期间荣立二等功（含）以上或被大军区以上单位授予荣誉称号的，可在其统考成绩总分的基础上增加20分投档。

自谋职业的城镇退役士兵报考成人高等学校可增加10分投档；在服役期间荣立三等功（含）以上的退役士兵，可在考生考试成绩基础上增加20分投档。

退役士兵报考研究生的，在同等条件下，可优先予以复试或录取。

三、烈士子女入学入托的，在同等条件下优先接收；烈士子女在公办学校学习期间免交学费、杂费，对其中寄宿学生酌情给予生活补助。报考普通高中、中等职业学校时降20分录取。

报考普通或成人高等学校的，由省级招生委员会决定，可在高等学校调档分数线下适当降低分数要求投档，降分幅度不得超过20分。

报考成人高等学校由省级成人高校招生办公室决定可以在考生考试成绩基础上增加20分投档。

四、残疾军人、因公牺牲军人子女、一级至四级残疾军人子女报考普通高中、中等职业学校的，招生时降10分录取。报考高等学校的，在同等条件下优先录取。残疾军人在校学习期间免交学杂费。

五、驻边疆国境的县（市）、沙漠区、国家确定的边远地区中的三类地区和军队确定的特、一、二类岛屿部队现役军人子女，在报考普通高中、中等职业学校招生时降20分录取，并不得收取省、自治区、直辖市规定收费标准以外的其他任何费用。

报考高等学校的，在同等条件下优先录取。

六、现役军人子女入公办中小学校和幼儿园、托儿所，在同等条件下优先接收;报考普通高等学校,在同等条件下优先录取。

七、凡是国家实施“西部开发助学工程”地区的优抚对象及其子女,在符合资助标准的前提下优先享受“西部开发助学工程”的相关政策。

八、各类优抚对象在同等条件下优先享受国家设立的各类奖学金、学校自行设立的奖学金以及社会各界出资设立的奖学金,优先享受国家提供的各项助学贷款,优先享受学校提供的困难补助和社会捐助,同时学校应优先为他们提供勤工助学岗位。

九、各地可依据此文件精神制定本地区的优待办法。

十、本办法由民政部、教育部、总政治部负责解释。

关于调整一次性抚恤金发放办法的通知

(2001 年 9 月 20 日　民发〔2001〕317 号)

各省、自治区、直辖市民政厅(局)、财政厅(局),各计划单列市民政局、财政局,新疆生产建设兵团民政局、财政局:

现行的国家机关(含民主党派、人民团体)工作人员、人民警察死亡后,由家属户口所在地的民政部门发放一次性抚恤金的规定,是参照传统的军人抚恤办法逐步沿袭下来的,已经不能适应形势发展的要求。为切实保证国家抚恤政策的贯彻落实,经研究决定,从 2002 年 1 月 1 日起,调整一次性抚恤金发放办法。现将有关事项通知如下:

一、国家机关(含民主党派、人民团体)工作人员、人民警察因公牺牲、病故后,一次性抚恤金由死者生前所在单位发放,发放标准和计算办法仍按民政部、财政部的有关规定执行,列“抚恤金”科目。

二、革命烈士和因公牺牲、病故军人的一次性抚恤金发放办法仍按现行政策执行,即由家属户口所在地的民政部门发放。

◎请示答复

民政部关于伤残人员变更国籍后伤残抚恤有关问题的复函

(2009 年 3 月 2 日　民函〔2009〕66 号)

上海市民政局:

你局《关于伤残人员变更国籍后如何进行伤残抚恤管理的请示》(沪民优发〔2009〕2 号)收悉。现答复如下:

2007 年 8 月 1 日施行的《伤残抚恤管理办法》(民政部令第 34 号)规定“本办法适用对象为中国公民”,因此,对于已经变更为外国国籍的人员,其原由我国有关部门发给的伤残人员证件自然失效(可注明作废留作纪念),有关伤残待遇也不再享受。

八、殡葬管理

殡葬管理条例

（1997年7月21日中华人民共和国国务院令第225号发布　根据2012年11月9日《国务院关于修改和废止部分行政法规的决定》修订）

第一章　总　　则

第一条　为了加强殡葬管理，推进殡葬改革，促进社会主义精神文明建设，制定本条例。

第二条　殡葬管理的方针是：积极地、有步骤地实行火葬，改革土葬，节约殡葬用地，革除丧葬陋俗，提倡文明节俭办丧事。

第三条　国务院民政部门负责全国的殡葬管理工作。县级以上地方人民政府民政部门负责本行政区域内的殡葬管理工作。

第四条　人口稠密、耕地较少、交通方便的地区，应当实行火葬；暂不具备条件实行火葬的地区，允许土葬。

实行火葬和允许土葬的地区，由省、自治区、直辖市人民政府划定，并由本级人民政府民政部门报国务院民政部门备案。

第五条　在实行火葬的地区，国家提倡以骨灰寄存的方式以及其他不占或者少占土地的方式处理骨灰。县级人民政府和设区的市、自治州人民政府应当制定实行火葬的具体规划，将新建和改造殡仪馆、火葬场、骨灰堂纳入城乡建设规划和基本建设计划。

在允许土葬的地区，县级人民政府和设区的市、自治州人民政府应当将公墓建设纳入城乡建设规划。

第六条　尊重少数民族的丧葬习俗；自愿改革丧葬习俗的，他人不得干涉。

第二章　殡葬设施管理

第七条　省、自治区、直辖市人民政府民政部门应当根据本行政区域的殡葬工作规划和殡葬需要，提出殡仪馆、火葬场、骨灰堂、公墓、殡仪服务站等殡葬设施的数量、布局规划，报本级人民政府审批。

第八条　建设殡仪馆、火葬场，由县级人民政府和设区的市、自治州人民政府的民政部门提出方案，报本级人民政府审批；建设殡仪服务站、骨灰堂，由县级人民政府和设区的市、自治州人民政府的民政部门审批；建设公墓，经县级人民政府和设区的市、自治州人民政府的民政部门审核同意后，报省、自治区、直辖市人民政府民政部门审批。

利用外资建设殡葬设施，经省、自治区、直辖市人民政府民政部门审核同意后，报国务院民政部门审批。

农村为村民设置公益性墓地，经乡级人民政府审核同意后，报县级人民政府民政部门审批。

第九条　任何单位和个人未经批准，不得擅自兴建殡葬设施。

农村的公益性墓地不得对村民以外的其他人员提供墓穴用地。

禁止建立或者恢复宗族墓地。

第十条　禁止在下列地区建造坟墓：

（一）耕地、林地；

（二）城市公园、风景名胜区和文物保护区；

（三）水库及河流堤坝附近和水源保护区；

（四）铁路、公路主干线两侧。

前款规定区域内现有的坟墓，除受国家保护的具有历史、艺术、科学价值的墓地予以保留外，应当限期迁移或者深埋，不留坟头。

第十一条　严格限制公墓墓穴占地面积和使用年限。按照规划允许土葬或者允许埋葬骨灰的，埋葬遗体或者埋葬骨灰的墓穴占地面积和使用年限，由省、自治区、直辖市人民政府按照节约土地、不占耕地的原则规定。

第十二条　殡葬服务单位应当加强对殡葬服务设施的管理，更新、改造陈旧的火化设备，防止污染环境。

殡仪服务人员应当遵守操作规程和职业道德，实行规范化的文明服务，不得利用工作之便索取财物。

第三章　遗体处理和丧事活动管理

第十三条　遗体处理必须遵守下列规定：

（一）运输遗体必须进行必要的技术处理，确保卫生，防止污染环境；

（二）火化遗体必须凭公安机关或者国务院卫生行政部门规定的医疗机构出具的死亡证明。

第十四条　办理丧事活动，不得妨害公共秩序、危害公共安全,不得侵害他人的合法权益。

第十五条　在允许土葬的地区,禁止在公墓和农村的公益性墓地以外的其他任何地方埋葬遗体、建造坟墓。

第四章　殡葬设备和殡葬用品管理

第十六条　火化机、运尸车、尸体冷藏柜等殡葬设备,必须符合国家规定的技术标准。禁止制造、销售不符合国家技术标准的殡葬设备。

第十七条　禁止制造、销售封建迷信的丧葬用品。禁止在实行火葬的地区出售棺材等土葬用品。

第五章　罚　　则

第十八条　未经批准,擅自兴建殡葬设施的,由民政部门会同建设、土地行政管理部门予以取缔,责令恢复原状,没收违法所得,可以并处违法所得1倍以上3倍以下的罚款。

第十九条　墓穴占地面积超过省、自治区、直辖市人民政府规定的标准的,由民政部门责令限期改正,没收违法所得,可以并处违法所得1倍以上3倍以下的罚款。

第二十条　将应当火化的遗体土葬,或者在公墓和农村的公益性墓地以外的其他地方埋葬遗体、建造坟墓的,由民政部门责令限期改正。

第二十一条　办理丧事活动妨害公共秩序、危害公共安全、侵害他人合法权益的,由民政部门予以制止;构成违反治安管理行为的,由公安机关依法给予治安管理处罚;构成犯罪的,依法追究刑事责任。

第二十二条　制造、销售不符合国家技术标准的殡葬设备的,由民政部门会同工商行政管理部门责令停止制造、销售,可以并处制造、销售金额1倍以上3倍以下的罚款。

制造、销售封建迷信殡葬用品的,由民政部门会同工商行政管理部门予以没收,可以并处制造、销售金额1倍以上3倍以下的罚款。

第二十三条　殡仪服务人员利用工作之便索取财物的,由民政部门责令退赔;构成犯罪的,依法追究刑事责任。

第六章　附　　则

第二十四条　本条例自发布之日起施行。1985年2月8日国务院发布的《国务院关于殡葬管理的暂行规定》同时废止。

国务院办公厅转发民政部关于进一步加强公墓管理意见的通知

(1998年5月19日　国办发〔1998〕25号)

殡葬改革是一项移风易俗的社会改革,是社会主义精神文明建设的组成部分。公墓管理是殡葬改革的重要内容。建国40多年来,我国的殡葬改革取得了可喜的成绩,但在公墓建设和管理中也存在着一些不容忽视的问题,如:一些地方乱批乱建公墓、浪费土地资源、破坏生态环境和借办丧事之机大搞封建迷信活动;有的公墓(塔陵园)单位利用墓穴和骨灰存放格位进行传销和炒买炒卖等不正当营销活动,损害了群众的利益,引发出一些不安定因素。这些问题严重地影响了殡葬改革和社会主义两个文明建设。地方各级人民政府和有关单位要充分认识公墓建设和管理的重要性,切实加强领导,采取坚决有效措施,加大公墓管理的力度,抓好殡葬改革工作。

经国务院批准,现将民政部《关于进一步加强公墓管理的意见》转发给你们,请结合实际情况,认真贯彻执行。

关于进一步加强公墓管理的意见

近年来,地方各级民政部门根据国务院批转《民政部关于加强公墓管理的报告》和民政部《公墓管理暂行办法》,加强了对公墓(含塔陵园等骨灰存放设施,下同)的管理,取得了一定成效,对推进殡葬改革起到了积极作用。但是,当前公墓建设和管理中仍存在一些不容忽视的问题。有的部门、单位和个人无视国家对公墓管理的规定,乱批乱建公墓,浪费了土地资源,破坏了生态环境,同时引发出大量的封建迷信活动,滋长了丧事大操大办的陈规陋习;有的公墓单位为牟取暴利,把骨灰存放格位混同一般产品,以增值为诱饵,欺骗群众竞相购买,大肆进行传销和炒买炒卖等不正当营销活动,损害了群众的利益,引发出一些不安定因素。这些问题严重地影响了殡葬改革和社会主义两个文明建设。为认真贯彻落实国务院发布的《殡葬管理条例》,保护土地资源,促进两个文明建设和维护社会稳定,必须采取切实有效措施,进一步加强公墓管理工作。为此,特提出以下意见。

一、要认真开展清理整顿公墓的工作

各省、自治区、直辖市人民政府要组织民政、公安、土地、工商等有关部门,集中一段时间开展清理整顿公墓的工作。

(一)清理整顿的范围。

1. 未经省、自治区、直辖市民政厅(局)批准兴建的公墓和未经民政部或国家计委批准立项的吸收外资(含香港及澳门、台湾)合资合作兴建的公墓,即为非法公墓。

2. 虽经批准建立,但在公墓内修建封建迷信设施、搞违法营销活动或未经验收擅自经营的公墓单位。

3. 出售墓穴和骨灰存放格位,从事营销活动的公益性公墓。

(二)清理整顿的措施。

1. 对在国家禁止建墓区域内兴建的非法公墓,必须取缔,所占的土地由土地管理部门依法处理。地方人民政府要根据具体情况研究切实可行的措施,妥善解决有关问题。

2. 对建在荒山瘠地、埋葬数量少的非法公墓,由当地政府责令兴建公墓的单位负责将已葬墓穴迁葬至合法公墓内；对埋葬数量较大，一时难以迁葬的，要责令其停止出售墓穴，兴建公墓的单位要在限期内搞好绿化美化，接受政府殡葬管理部门管理或提供公墓养护费及绿化费，移交殡葬管理部门管理。待墓穴使用周期期满后，将墓穴迁出，恢复地貌。

对当地确实需要，又不违背公墓建设规划的非法公墓，兴建公墓的单位要按规定补办审批手续，接受政府殡葬管理部门的管理。

3. 对在公墓内构建封建迷信设施和搞封建迷信活动的，要责令其停止封建迷信活动，限期拆除封建迷信设施。对不听劝阻，扰乱社会秩序的，依照《中华人民共和国治安管理处罚条例》予以处罚。

4. 对利用墓穴和骨灰存放格位进行传销和炒买炒卖等不正当营销活动的，要采取措施坚决制止，同时要依据有关规定进行处罚。

5. 对违反规定对外出售墓穴和骨灰存放格位的公益性公墓单位，要责令其停止营销活动，出售墓穴和骨灰存放格位按非法转让行为处理。

6. 对《殡葬管理条例》发布以后未经批准建立的非法公墓，按《殡葬管理条例》第十八条规定处理。

二、要进一步加强对公墓的管理，严格控制公墓的发展

（一）严格控制公墓的发展。各省、自治区、直辖市民政部门要根据《殡葬管理条例》的规定，结合实际尽快制定公墓建设规划，由同级人民政府审批，报民政部备案。在民政部同意备案之前，暂停批建新公墓。要大力推行骨灰寄存、骨灰植树和撒骨灰等不占或少占土地的骨灰处理方式，骨灰寄存设施的建设要根据当地的人口数量及分布情况，合理规划；在暂不具备火葬条件的地区，遗体公墓必须科学规划，选址在荒山瘠地，严禁占用耕地、林地，同时要大力倡导深埋不留坟头的葬法。火化区的公墓是现阶段处理骨灰的过渡形式，不是我国殡葬改革的方向，因此，要严格限制其发展。今后，各地民政部门必须严格按照《殡葬管理条例》的规定和公墓建设规划，从严审批兴建公墓。

（二）要严格限制墓穴占地面积和墓穴使用年限。今后埋葬骨灰的单人墓或者双人合葬墓占地面积不得超过 1 平方米，埋葬遗体的单人墓占地面积不得超过 4 平方米，双人合葬墓不得超过 6 平方米；今后墓地和骨灰存放格位的使用年限原则上以 20 年为一个周期。

（三）要切实加强公墓单位的内部管理。要搞好公墓的绿化美化，推行墓碑小型化、多样化，增加文化艺术含量；公墓单位要加强对公墓养护费、绿化费的提取和管理工作，单独建账、专款专用并接受上级民政部门的监督。在公墓内，严禁构建封建迷信设施和从事封建迷信活动；严禁修建宗族墓地和修建活人墓。

（四）各公墓单位原则上不得跨省设立销售机构。有特殊情况需设立的，要经公墓单位所在地和设立销售机构所在地省级民政部门批准。工商行政管理部门依据有关规定和两地省级民政部门批准文件予以登记注册。

（五）严禁传销和炒买炒卖墓穴和骨灰存放格位。要合理确定墓穴和骨灰存放格位的价格，明码标价；要凭用户出具的火化证明（火葬区）或死亡证明（土葬改革区），提供或出售墓穴和骨灰存放格位，使用规范的安葬、安放凭证，建立严格的销售、登记制度，严禁传销和炒买炒卖；要保护群众的正当权益。

（六）各省、自治区、直辖市民政部门要加强对辖区内公墓的管理。要建立健全公墓年度检查制度，要会同有关部门认真开展公墓（含吸收外资合资合作的公墓）年度检查工作。对年检合格的公墓准予继续开展业务；对年检不合格的公墓要限期改正，对逾期不改的，要会同有关部门责令其停业整顿。要将年检的结果公告社会，以便于监督。

三、地方各级人民政府要加强领导，有关部门要相互支持、密切配合

地方各级人民政府和各有关部门要从国家的整体利益出发，提高对加强公墓管理工作重要性的认识，切实加强领导，把清理整顿公墓工作摆上重要的议事日程。这项工作涉及面广，难度较大。因此，各省、自治区、直辖市人民政府要结合当地实际，根据《殡葬管理条例》及有关规定，制订清理整顿公墓的具体办法；要做好协调工作，采取切实可行的措施加以落实。同时，要注重宣传教育，争取广大群众的理解和支持，积极而又稳妥地开展清理整顿工作，切实解决工作中遇到的阻力和问题，保证清理整顿工作的顺利开展。各级民政部门作为主管部门，要切实履行职责，积极向当地人民政府反映清理整顿中存在的问题，提出解决问题的意见和建议，当好参谋助手。要充分发挥基层民政部门和殡葬管理所的作用，促进清理整顿工作的顺利进行。公安、工商、土地管理等各有关部门要积极支持、密切配合，在当地政府的统一领导下，开展清理整顿公墓工作。以前越权批建公墓的基层人民政府或有关部门要积极主动地协助民政部门做好所批建公墓的清理工作。

各省、自治区、直辖市民政厅（局）要及时将清理整顿公墓的情况，报告当地人民政府和民政部。

关于进一步推动殡葬改革促进殡葬事业发展的指导意见

（2018 年 1 月 10 日　民发〔2018〕5 号）

殡葬改革工作事关人民群众切身利益，事关精神文明和生态文明建设。近年来特别是党的十八大以来，殡葬改革深入推进，殡葬公共服务能力明显增强，殡葬管理水平不断提升，殡葬事业取得较大发展。但要看到，殡葬改革工作是一项长期艰巨的任务，思想认识不统一、服务保障不到位、体制机制不健全、监管执法难跟进等问题还较为突出，殡葬改革发展水平与人民群众期待需求、与经济社会发展要求还有不小差距。为进一步增强殡葬改革动力，激发殡葬事业发展活力，更好满足人民群众殡葬服务需求，促进殡葬事业健康有序发展，现提出如下意见。

一、总体要求

（一）指导思想。全面贯彻党的十九大精神，以习近平新时代中国特色社会主义思想为指导，认真贯彻落实党中央、国务院决策部署，坚持以人民为中心的发展思想，践行新发展理念，围绕建设惠民、绿色、文明殡葬，以推动殡葬改革为牵引，以满足人民群众殡葬需求为导向，以提升殡葬服务能力和水平为保障，以创新殡葬管理体制机制为动力，整合资源、规范管理、优化服务、深化改革，推动殡葬改革和殡葬事业更好服务于保障和改善民生、促进精神文明和生态文明建设，为增进人民福祉、全面建成小康社会作出贡献。

（二）基本原则。

——公平可及，群众受益。把以人民为中心、满足群众殡葬需求作为出发点和落脚点，坚持推进殡葬改革与完善殡葬服务供给相结合，优化殡葬资源配置，完善殡葬服务网络，建立基本殡葬服务制度，确保实现人人享有公益性基本殡葬服务，让人民群众成为殡葬改革的最大受益者。

——坚持改革，移风易俗。坚定不移推行殡葬改革，把尊重生命、绿色文明的理念贯穿于殡葬改革全过程，大力弘扬社会主义核心价值观，把文明节俭治丧、节地生态安葬、文明低碳祭扫转化为人们的情感认同和行为习惯，传承发展优秀传统文化，破除丧葬陋俗，树立殡葬新风尚，促进人与自然和谐共生。

——政府主导，社会参与。正确处理政府与市场的关系，强化政府主体责任，建立健全基本殡葬公共服务体系，完善监管体制机制，全面加强殡葬行业监管。积极推进殡葬服务供给侧结构性改革，引导社会力量有序参与，满足群众多样化殡葬服务需求。

——因地制宜，分类指导。鼓励各地结合自身条件与特点，因地制宜大胆探索创新，不拘泥一种模式，不搞“一刀切”，在殡葬改革、殡葬服务、殡葬管理等方面，探索符合实际、行之有效的改革路径，形成各具特点的发展模式，培育健康发展的新样本、新机制。

——统筹协调、综合治理。坚持在各级党委和政府统一领导下开展工作，强化民政部门行业监管责任，完善部门协同监管机制，加强基层工作力量，建立健全组织有力、职责明确、协调顺畅的领导体制和工作机制。发挥基层群众自治、行业协会自律、社会监督等方面作用，创新监管手段和治理方式，实现政府、社会、市场优势互补、良性互动。

（三）目标任务。到 2020 年，实现火葬区殡仪馆县级行政区域全覆盖并达到国家环境保护标准要求，公益性节地生态安葬设施覆盖到乡镇，逐步建立基本殡葬服务制度和节地生态安葬奖补制度，覆盖城乡居民的殡葬公共服务体系基本建立，遗体火化率逐年提高，骨灰格位存放、树葬、海葬等节地生态安葬比例达到 50% 以上，党委领导、政府负责、部门协同、公众参与、法治保障的工作格局基本形成。

二、持续深入推进殡葬改革

（四）统筹推进火葬土葬改革。各地要根据国家“十三五”相关规划要求，结合实际加紧制定和完善本地区殡葬改革发展规划。进一步明确和细化火葬区与土葬改革区的划分标准、划分程序和调整周期，并按规定将划分情况报民政部备案。在实行火葬的地区，要坚持遗体火化与骨灰处理两手抓、两手都要硬，既要千方百计巩固和提升火化率，又要大力推进骨灰集中节地生态安葬。对火葬区遗体违规土葬、骨灰装棺再葬、散埋乱葬等问题，要坚持疏堵结合、依法治理，严禁以罚代管、放任不管。在土葬改革区，要按照规划引导群众实行集中安葬，倡导遗体深埋、不留坟头或以树代碑。

（五）大力推行节地生态安葬。深入贯彻落实民政部等九部门《关于推进节地生态安葬的指导意见》，大力推行不占或少占土地、少耗资源、少使用不可降解材料的节地生态安葬方式，加快建立节地生态安葬奖补制度。加大城乡公益性节地生态安葬设施建设力度，因地制宜，科学合理规划选址，提供树葬、撒散、骨灰存放等多样化节地生态安葬方式，提高建设管理和服务水平，提高群众认可度和满意度。加强公益性节地生态安葬设施用地保障，在符合土地利用总体规划的前提下，应在土地利用年度计划中优先安排新建项目用地，在用地取得、供地方式、土地价格等方面加快形成节约集约用地的激励机制。对于经营性公墓，要严格限制墓穴、墓位占地面积和墓碑高度，鼓励使用可降解材料，不断提高节地生态安葬比例，引导从依赖资源消耗，逐步向绿色生态可持续发展转型。

（六）积极推进殡葬移风易俗。深化丧葬习俗改革，把殡葬移风易俗纳入文明城市、文明村镇创建和美丽乡村建设之中，加大推进力度。根据需要，统筹规划和建设殡仪服务站等集中治丧场所，合理设置祭扫专门区域，引导群众文明治丧、低碳祭扫。开展农村散埋乱葬专项治理活动，把此项活动作为加强和完善社区治理、改善农村社区环境的重要举措进行统筹部署安排。充分发挥村（居）委会和红白理事会、老年人协会等基层组织作用，把治丧规范纳入村规民约、村民自治章程，培育和推广文明现代、简约环保的殡葬礼仪和治丧模式。深入挖掘阐释清明节等传统节日蕴含的教育资源，充分依托殡葬服务纪念设施，建设生命文化教育基地，打造优秀殡葬文化传承平台，弘扬尊重生命、孝老敬亲、厚养薄葬、慎终追远、天人合一等思想文化，崇尚社会公德、家庭美德，培育现代殡葬新理念新风尚。

三、建立健全殡葬公共服务体系

（七）优化殡葬服务资源布局。各地要立足当地群众殡葬服务需求,着眼长远发展,加紧制定和完善本区域殡仪馆、火葬场、骨灰堂、公墓、殡仪服务站等殡葬设施的数量、布局规划。规划时要严守生态保护红线,重点完善设施空白地区规划,调整优化基础薄弱或服务饱和地区殡葬资源结构,确保殡葬设施种类、数量、服务规模与当地群众殡葬服务需求相匹配、与殡葬改革推行相适应,并严格依照规划审批殡葬设施,做好殡葬项目“邻避”问题防范与化解工作。特别是实行火葬的地区,必须把建设火化设施和骨灰安葬设施作为首要条件纳入工作规划,明确推进的时间表和路线图。同时,根据需要,及时更新改造现有火化设施设备,重点对已达危房标准、设施陈旧的县(市、区)殡仪馆实施改扩建,对已达到强制报废年限或不符合国家环境保护标准的火化设备进行更新改造。

(八)建立基本殡葬服务制度。各地要制定基本殡葬服务清单,把遗体接运、暂存、火化、骨灰寄存等项目纳入清单范围,并根据当地经济社会发展水平和需求状况进行动态调整。要坚持基本殡葬服务公益性,强化政府责任和投入,依照国家有关规定加强基本殡葬服务收费管理,并为城乡困难群众以减免费用或补贴方式提供基本殡葬服务,有条件的地区可将政策惠及对象扩展到辖区所有居民,逐步实现基本殡葬服务的普惠性、均等化。对履行基本殡葬服务职能的殡仪馆、火葬场、公益性公墓等殡葬服务机构,要落实政府投入和税费减免配套优惠政策,确保持续稳定地提供基本殡葬服务。

(九)丰富和完善殡葬服务供给。妥善处理基本殡葬服务与非基本殡葬服务的关系,保障和改善基本殡葬服务,丰富和拓展非基本殡葬服务,满足群众多样化、多层次的殡葬服务需求。坚持殡葬服务事业单位提供基本殡葬服务的主导地位,改革体制机制,改善服务方式,丰富服务内容,提高服务质量,发挥示范引领作用。对于能由政府与社会资本合作或能由政府购买服务提供的,鼓励和引导社会力量有序参与,推动殡葬服务供给主体和供给方式多元化。依法完善遗体接运、遗体殓殡、遗体殡仪等直接接触遗体的殡仪服务事项管理制度和服务标准,完善市场准入条件,强化事中事后监管,引导各类主体规范提供服务。创新殡葬服务与“互联网+”融合发展的新途径、新模式、新业态,为群众提供更加方便、快捷、透明的殡葬服务。

四、规范殡葬服务机构管理

(十)推进殡葬服务机构管办分离改革。结合事业单位分类改革要求,理顺政府与市场的关系,推进殡葬行政管理职能与生产经营分开、监管执法与经营举办分离,探索多种有效的实现形式。各级民政部门要强化殡葬法规政策、行业规划、标准规范的制定和监督指导职责,从对殡葬服务单位的直接管理向行业管理转变。强化殡葬服务事业单位的公益属性,进一步落实法人自主权,规范内部管理,激发发展活力。对殡葬管理事业单位与殡仪馆、公墓等经营实体合一或举办经营实体的,要摸清底数,制定脱钩方案,提出加强殡葬管理力量的有效措施,提请当地党委和政府研究解决。

(十一)规范社会资本参与。鼓励社会资本以出资建设、参与改制、参与运营管理等多种形式投资殡葬服务行业,但对于具有遗体火化等基本殡葬服务功能的殡葬设施,要强化政府主体责任。对于公办殡葬服务机构与社会资本合作的,要坚持公共利益优先原则,从是否增加和改善基本殡葬服务供给、提高运营效率、促进创新和公平竞争等方面,充分做好评估论证,审慎确定合作模式,规范选择合作伙伴,细化和完善项目合同文本,并可通过派驻管理人员等方式,强化日常监管,确保合作期间国有资产不流失、公益属性不改变、服务水平有提高。对项目收入不能覆盖成本和收益、但社会效益较好的合作项目,政府可给予适当补助。对服务管理不规范、严重偏离公益方向、公众满意度差的合作方,要建立违约赔偿和退出机制。

(十二)加强重点事项管理。根据各类殡葬服务机构性质和特点,坚持问题导向,聚焦风险防范,分类施策,加强管理。殡葬服务机构要全面实行收费公示和明码标价制度,严格执行政府定价、政府指导价,与逝者家属签订服务合同,出具合法结算票据,保证中低价位殡葬服务和用品足量提供,严禁诱导、捆绑、强制消费。加强对遗体处置和相关证件出具审核的监管,避免接收来源不明遗体、轻率或错误火化遗体,严厉查处虚开、倒卖火化证明等违法违规行为,加强行风建设,全面推进反腐倡廉和廉洁从业。殡葬服务机构要全面加强安全管理,持续加强安全隐患排查整治,坚决防止发生安全责任事故,切实落实交通安全主体责任,加强配套停车场规划建设,强化对殡葬服务车辆及驾驶人员的安全管理。进一步规范和加强公墓管理,对未经批准建设的公墓依法予以取缔,对违规改扩建等行为予以纠正,禁止建造超规定面积墓穴、墓位,禁止非法出售(租)、转让(租)墓葬用地或骨灰存放格位,禁止农村公益性墓地违规对外销售。对经营性公墓价格,要加强经营者定价行为的指导规范,对价格明显偏高的,必要时依法进行干预和管理。加强殡葬用品市场、社会殡仪服务机构、殡葬服务中介机构及相关从业人员管理,建立部门联合执法机制,查处虚假宣传、以次充好、强制消费、价格欺诈等侵害消费者权益行为。加强医院太平间管理,严禁在太平间开展营利性殡仪服务。制定完善无人认领遗体管理办法。查处借宗教名义违规建设、经营骨灰存放设施等行为。

(十三)创新管理手段。充分利用信息化手段,加强殡葬服务机构日常信息采集分析,并公示机构名录、审批、年度检查、日常抽查等信息,建立殡葬服务机构执业情况定期通报制度。加强部门信息交换共享和联动惩戒,建立失信黑名单制度,将失信黑名单信息纳入全国信用信息共享平台,强化对殡葬服务机构的信用监管。建立健全以群众满意度为导向的殡葬服务机构考核评价机制,制定和完善考核评估指标体系,侧重衡量功能定位、职责履行、服务流程、服务态度、服务质量、社会效益等内容，把社会评价与检查考核相结合，结果向社会公开，并与政府购买服务、财政补贴、表彰奖励等挂钩，建立激励约束机制。

五、强化组织保障

（十四）加强组织领导。推动各级党委和政府把推动殡葬改革发展作为增进人民福祉的重要内容、促进精神文明和生态文明建设的有力举措，摆上议事日程，建立健全党委领导、政府负责、部门协作、社会参与、法治保障的领导体制和工作机制，明确职责分工，完善政策措施，加强目标考核，强化责任落实。民政部门要发挥好牵头作用，主动协调有关部门，通过定期召开会议、通报工作情况、联合督查执法等方式，完善部门协作机制，有效解决殡葬领域重点难点问题，形成推动殡葬改革发展的合力。

（十五）落实部门职责。各有关部门要切实履行职责，加强联动互动。民政部门要牵头做好殡葬管理政策标准制定、殡葬改革工作组织实施、殡葬设施审批监管等工作。组织人事部门要及时掌握党员干部治丧情况，加强对党员干部的教育管理。宣传部、文明办要做好殡葬改革宣传引导工作，将殡葬移风易俗工作纳入文明创建活动内容。发展改革部门要加强对殡葬事业发展的规划，建立殡葬事业公共投入和稳定增长机制，加大对提供基本殡葬服务的殡葬设施建设支持力度。公安机关要加强对本部门出具的非正常死亡证明的管理，查处丧事活动中违反治安管理的行为和私自改装车辆运输遗体的行为，并积极商请民政部门共享殡葬信息，从中发现死亡人员未销户口线索，及时调查核对、注销户口。财政部门要保障落实惠民殡葬和节地生态安葬奖补政策所需的资金，合理核拨殡葬事业单位运营管理经费和殡葬事业发展经费。人力资源社会保障部门要完善参加社会保险人员死亡后丧葬补助金、抚恤金等发放政策。国土资源、林业等部门要依法保障纳入规划的殡葬设施用地需求，纠正和查处违法占地建设殡葬设施、违法占用耕地林地建坟等行为。环境保护部门要依法指导支持火化机环保改造，强化殡葬活动的生态环境监管。住房城乡建设部门要依法加强殡葬设施规划建设管理。文化部门要加强对治丧活动中营利性演出活动的监管。卫生计生部门要加强对医疗机构出具死亡证明的管理和医疗机构太平间的管理，指导殡仪服务机构做好卫生防疫工作。工商部门要配合查处制造、销售不符合国家技术标准的殡葬设备、封建迷信殡葬用品等违法行为。财政、价格主管部门要依法制定殡葬服务收费标准，查处殡葬乱收费行为。宗教事务管理部门要依法规范寺庙等宗教活动场所建设骨灰存放设施等行为。人民法院要依法受理违法安葬行为申请强制执行案件。工会、共青团、妇联等人民团体和基层党组织、村（居）委会以及殡葬行业协会、红白理事会、老年人协会等基层组织要充分发挥作用，广泛动员群众积极参与殡葬改革。

（十六）强化党员干部模范带头作用。严格落实中央八项规定精神和党员干部带头推动殡葬改革的要求，增强党员干部从严律己意识，强化党纪法规的刚性约束。党员干部要做法规制度的遵守者，去世后依法实行火葬、骨灰集中规范安葬；要做文明风尚的引领者，带头文明节俭治丧、节地生态安葬、文明低碳祭扫，并加强对其直系亲属和身边工作人员办理丧葬事宜的教育和约束，以正确导向和行为示范带动广大群众革除丧葬陋俗，弘扬新风正气。对党员干部尤其是领导干部去世后违规土葬、散埋乱葬、超标准建墓立碑以及治丧活动中其他违法违纪行为的，要依法依纪严肃查处。

（十七）加强督查评估。民政等部门要加强对殡葬工作政策落实情况的督查评估，定期或不定期地检查是否存在对违规土葬、散埋乱葬行政不作为的问题，是否能够及时跟进对殡葬服务机构的事中事后监管，是否能够落实惠民扶持政策等，对发现的问题要逐项整改，加强跟踪分析和通报。要建立健全殡葬工作的考核评价机制，把火化率、节地生态安葬率、火化设施设备更新改造率、公益性安葬设施覆盖率等衡量改革发展成效的重要指标纳入考核范围，并争取纳入当地党委和政府目标考核，打通政策落实的“最后一公里”。

（十八）鼓励探索创新。要发扬基层首创精神，围绕殡葬领域体制机制、公共投入、监管执法、信息化建设等重点难点问题，勇于攻坚，寻求解决对策，创造积累经验，不断丰富完善相关政策措施，有效破解改革发展难题。部署开展全国殡葬综合改革试点，鼓励和支持地方因地制宜大胆探索，并密切跟踪试点工作进展情况，及时总结经验做法，研究解决改革中出现的问题。对相对成熟的试点经验，加强推广应用，形成试点先行、重点突破、以点带面的良好态势。

（十九）加强宣传引导。以殡葬服务机构、城乡社区等为重要宣传平台，充分发挥新媒体传播优势，深入宣传殡葬法规政策，普及科学知识，传递文明理念，引导群众转变观念、理性消费、革除陋俗，树立厚养薄葬、文明节俭、生态环保的殡葬新风尚。大力宣传党员干部带头参与殡葬改革的典型事例及各地推动殡葬改革发展的成功经验，发挥先进典型的示范作用，树立殡葬为民的良好形象，把社会风气引导好，努力营造人人支持殡葬改革、全社会关心殡葬事业发展的良好氛围。

公墓管理暂行办法

（1992 年 8 月 25 日　民事发〔1992〕24 号）

第一章　总　　则

第一条　为加强公墓管理，根据《国务院关于殡葬管理的暂行规定》和有关规定制定本办法。

第二条　在火葬区，要提倡骨灰深埋、撒放等一次性处理，也可经批准有计划地建骨灰公墓。在土葬改革区，应有计划地建立遗体公墓或骨灰公墓。

第三条　公墓是为城乡居民提供安葬骨灰和遗体的公共设施。公墓分为公益性公墓和经营性公墓。公益性公墓是为农村村民提供遗体或骨灰安葬服务的公共墓地。经营性公墓是为城镇居民提供骨灰或遗体安葬实行有偿服务的公共墓地，属于第三产业。

第四条　建立公墓应当选用荒山瘠地，不得占用耕地，不得建在风景名胜区和水库、湖泊、河流的堤坝以及铁路、公路两侧。

第五条　公益性公墓由村民委员会建立。经营性公墓由殡葬事业单位建立。

第六条　民政部是全国公墓的主管部门，负责制定公墓建设的政策法规和总体规划，进行宏观指导。县级以上各级民政部门是本行政区域内的公墓主管部门，负责贯彻执行国家公墓政策法规，对本行政区域内的公墓建设和发展进行具体指导。

第二章　公墓的建立

第七条　建立公墓，需向公墓主管部门提出申请。

第八条　申请时，应向公墓主管部门提交下列材料：

（一）建立公墓的申请报告；

（二）城乡建设、土地管理部门的审查意见；

（三）建立公墓的可行性报告；

（四）其他有关材料。

第九条　建立公益性公墓，由村民委员会提出申请，报县级民政部门批准。

第十条　建立经营性公墓，由建墓单位向县级民政部门提出申请，经同级人民政府审核同意，报省、自治区、直辖市民政厅（局）批准。

第十一条　与外国、港澳台人士合作、合资或利用外资建立经营性公墓，经同级人民政府和省、自治区、直辖市民政厅（局）审核同意，报民政部批准。

第十二条　经营性公墓，由建墓单位持批准文件，向当地工商行政管理部门领取营业执照，方可正式营业。

第三章　公墓的管理

第十三条　公墓墓区土地所有权依法归国家或集体所有，丧主不得自行转让或买卖。

第十四条　公墓单位应视墓区范围的大小设置公墓管理机构或聘用专职管理人员，负责墓地的建设、管理和维护。

墓地应当保持整洁、肃穆。

第十五条　公墓墓志要小型多样，墓区要合理规划，因地制宜进行绿化美化，逐步实行园林化。

第十六条　未经批准，公益性公墓不得对外经营殡仪业务。经营性公墓的墓穴管理费一次性收取最长不得超过二十年。墓穴用地要节约。

第十七条　凡在经营性公墓内安葬骨灰或遗体的，丧主应按规定交纳墓穴租用费、建墓工料费、安葬费和护墓管理费。

第十八条　严禁在公墓内建家族、宗族、活人坟和搞封建迷信活动。

第十九条　严禁在土葬改革区经营火化区死亡人员的遗体安葬业务。

第二十条　本办法实施后，凡违反本办法有关规定，由公墓主管部门区别情况，予以处罚，或没收其非法所得，或处以罚款。具体处罚办法，由各省、自治区、直辖市民政厅（局）制定。

第四章　附　　则

第二十一条　本办法实施前建立的各类公墓，凡符合本办法有关规定但未办理审批手续的，应按本办法第二章的规定补办审批手续；不符合本办法规定的，由公墓单位报公墓主管部门，根据不同情况妥善处理；对城市现有的墓地、坟岗，除另有法律法规规定外，一律由当地殡葬事业单位负责接管和改造。

第二十二条　革命烈士公墓、知名人士墓、华侨祖墓、具有历史艺术科学价值的古墓和回民公墓以及外国人在华墓地的管理，按原有规定执行。

第二十三条　各省、自治区、直辖市可根据本办法制定本地区的实施细则。

第二十四条　本办法自发布之日起实行。原内务部、民政部过去有关公墓管理的规定，凡与本办法有抵触的，均按本办法执行。

民政部、公安部、外交部、铁道部、交通部、卫生部、海关总署、民航局关于尸体运输管理的若干规定

（1993年3月30日　民事发〔1993〕2号）

为完善殡葬法规，加强殡葬管理，现对尸体运输作如下规定：

一、对国际间运送尸体实行统一归口管理。今后凡由境内外运或由境外内运尸体和殡仪活动，统一由中国殡葬协会国际运尸网络服务中心和各地殡仪馆负责承办，其他任何部门（包括外国人在中国设立的保险或代理机构）都不得擅自承揽此项业务。

二、在火葬区或土葬改革区的死亡人员，其家属要及时与当地殡葬管理部门联系，由殡葬管理部门按照卫生部、公安部、民政部《关于使用〈出生医学证明书〉、〈死亡医学证明书〉

和加强死因统计工作的通知》(卫统发〔1992〕第1号文件)精神,凭卫生、公安部门开具的《居民死亡殡葬证》办理运尸手续,并依据当地殡葬管理有关规定进行火化或土葬。尸体的运送,除特殊情况外,必须由殡仪馆承办,任何单位和个人不得擅自承办。

三、凡属异地死亡者,其尸体原则上就地、就近尽快处理。如有特殊情况确需运往其他地方的,死者家属要向县以上殡葬管理部门提出申请,经同意并出具证明后,由殡仪馆专用车辆运送。

四、各地卫生、公安、铁路、交通民航等有关部门,要协助民政部管好尸体运输工作。医疗机构要积极协助殡葬管理部门加强对医院太平间的尸体管理。严禁私自接运尸体。对患有烈性传染病者的尸体要进行检疫,并督促死者家属在24小时内报告殡葬管理部门处理。凡无医院死亡证明、无公安派出所注销户口证明、无殡葬管理部门运尸证明、而将尸体运往异地的,铁路、交通和民航部门不予承运,公安部门有权禁止通行。

五、对外国人、海外华侨、港澳台同胞,要求将尸体或骨灰运出境外或运进中国境内安葬者,应由其亲属、所属驻华领馆或接待单位申报,经死亡当地或原籍或尸体安葬地的省(自治区、直辖市)民政、侨务和外事部门同意后,按卫生部《实施中华人民共和国国境卫生监督办法的若干规定》(〔1983〕卫防字第5号)和海关总署《关于对尸体、棺柩和骨灰进出境管理问题的通知》(〔84〕署行字第540号)办理尸体、骨灰进出境手续,由中国殡葬协会国际运尸网络服务中心或设在国内的地方机构承运尸体。

六、各省、自治区、直辖市民政、公安、卫生、交通厅(局)、外事办公室及铁路、海关、民航部门和中国殡葬协会国际运尸网络服务中心,可以根据本规定制定具体实施办法。

民政部关于全面推行惠民殡葬政策的指导意见

(2012年12月3日　民发〔2012〕211号)

各省、自治区、直辖市民政厅(局),新疆生产建设兵团民政局:

为切实保障群众基本殡葬需求,提升殡葬公共服务均等化水平,进一步深化殡葬改革和促进殡葬事业科学发展,根据《国家基本公共服务体系"十二五"规划》(国发〔2012〕29号)和《社会保障"十二五"规划纲要》(国发〔2012〕17号)要求,现就全面推行惠民殡葬政策提出如下意见:

一、充分认识全面推行惠民殡葬政策的重要意义

全面推行惠民殡葬政策,为城乡低收入群众乃至全体社会成员身故后提供遗体接运、存放、火化、骨灰存放等基本殡葬服务,是一项重要的基础性民生工程。近年来,在科学发展观指导下,各地陆续出台了一批以面向不同群众减免基本殡葬服务费用为主要内容的惠民殡葬政策,不同程度地减轻了群众丧葬负担,增强了群众参与殡葬改革的主动性和自觉性。但是,惠民殡葬政策还存在覆盖范围窄、保障水平低、分布不平衡、实施方式单一等问题,特别是城乡之间、不同群体之间殡葬服务救助保障水平差距较大,对于群众主动进行葬式葬法改革的鼓励性措施不足,在一定程度上影响了群众参与殡葬改革的积极性,制约了殡葬改革的顺利推行和殡葬事业的健康发展。

各地必须深刻认识到,全面推行惠民殡葬政策,着力保障群众基本殡葬需求是切实减轻群众殡葬支出负担、实现改革发展成果惠及全民的重要途径,是完善社会保障体系、促进社会稳定和谐的应有之义,是保护资源环境、促进生态文明建设的客观要求,是深化殡葬改革、推动殡葬事业科学发展的内在动力。要从落实科学发展观、构建和谐社会的高度,充分认识全面推行惠民殡葬政策的重要意义,进一步统一思想,提高认识,加强组织领导,明确职责分工,加大资金投入,把实施惠民殡葬政策作为保障和改善民生、加强和创新社会管理的重要举措,全面推进,抓实抓好。

二、全面推行惠民殡葬政策的总体要求

(一)指导思想。深入贯彻落实党的十八大精神,以邓小平理论、"三个代表"重要思想、科学发展观为指导,坚持以满足群众殡葬需求、维护群众殡葬权益为出发点和落脚点,将基本殡葬服务纳入政府公共服务保障范围,着力解决城乡居民基本殡葬需求,大力支持绿色环保、生态节地、文明节俭的殡葬方式,加快建立健全保障基本、覆盖城乡、持续发展的殡葬公共服务体系,逐步实现基本殡葬服务均等化。

(二)基本原则。

1. 政府主导,加大供给。充分发挥政府在推行惠民殡葬政策中的主导作用,在明确各级政府殡葬公共服务事权和支出责任的基础上,积极争取其加大殡葬公共服务供给和政策支持力度,按照统一与分级相结合的原则,统筹安排惠民殡葬政策配套资金,不断增强惠民殡葬公共财政保障能力。

2. 统筹城乡,明确重点。统筹城乡区域间殡葬公共服务供给,加大惠民殡葬政策向农村、贫困地区和城乡低收入群体倾斜力度,重点解决好重点优抚对象、城乡低保对象、农村五保供养对象、城市"三无"人员等特殊困难群体的基本殡葬需求问题,有效促进社会公平正义。

3. 保障基本,逐步增项。立足当地经济社会发展水平和殡葬工作实际,合理确定推行惠民殡葬政策的进度安排,优先保障遗体接运、存放、火化、骨灰存放等基本殡葬公共服务的供给,随着经济社会发展逐步增加服务项目,提高惠民标准,丰富惠民形式。

4. 提升服务,注重实效。要切实落实惠民殡葬政策措施,不断加强殡葬公共服务机构设施和能力建设,完善与基本殡葬服务相配套的设施设备,规范惠民相关程序和办理要求,不断提升服务水平,确保殡葬活动的全程救助落到实处。

(三)主要目标。保障群众基本殡葬需求,鼓励群众主动参与殡葬改革,有效提高遗体火化和骨灰生态安葬水平,力争到“十二五”末,在全国火葬区全面建立基本殡葬服务保障制度,基本实现殡葬基本公共服务均等化。

三、全面推行惠民殡葬政策的具体措施

(一)明确政策要求。各地要结合实际,科学制订推行惠民殡葬政策的工作方案和实施办法,积极争取以政府发文或协调相关部门联合发文形式发布实施。要明确惠民具体项目、政策覆盖人群、救助保障标准、资金来源渠道、申请条件程序等内容,尽可能简化操作程序,减少结算环节,推行惠民项目减免“一站式”结算服务,确保便民、快捷、高效。要加强与优抚褒扬、社会救助、养老保险等制度的衔接,通过多种方式,对享受国家定期抚恤补助的优抚对象、享受最低生活保障待遇的低保对象、因病或非因公死亡参保人员的基本殡葬需求给予保障;对于农村五保供养对象、城市“三无”人员、无名尸体的基本殡葬服务费用,可按照当地标准实报实销。

(二)坚持统筹推进。各地要遵循先易后难、先起步再提标的方法,有重点、有步骤、分层次地推动本地区惠民殡葬政策实施,逐步从重点救助对象扩大到户籍人口和常住人口,从减免基本殡葬服务费用延展到奖补生态安葬方式。未出台惠民殡葬政策的地区要争取于2012年年底之前将城乡困难群众基本殡葬需求纳入保障范围,列入地方财政预算。已经出台惠民殡葬政策的地区,要逐步扩大惠民范围,增加服务项目,提高保障标准。要坚持遗体火化和骨灰生态安置并重,积极推动将树葬、深埋、海撒等节地生态的骨灰安葬方式和土葬改革区群众自愿火化行为纳入惠民政策覆盖范围,给予奖励或补贴。要坚持统筹城乡发展,加快研究制订农村居民、流动人口、外来务工人员等群体的惠民殡葬政策,努力实现殡葬基本公共服务均等化。

(三)完善激励措施。各地要积极出台政策措施鼓励推行惠民殡葬政策,建立惠民殡葬政策出台情况定期通报制度,并将政策实施情况纳入当地殡葬改革目标责任考核,将考核情况与评选表彰、示范创建、等级评定等工作挂钩。同时,通过利用福利彩票公益金资助殡葬设施建设改造项目、殡葬相关规划立项等途径,优先扶持政策出台地区,鼓励省、自治区、直辖市统一出台惠民殡葬政策。

四、落实惠民殡葬政策的保障机制

(一)争取公共投入。各地民政部门要积极争取当地政府支持,将殡葬救助保障等公共服务支出列入本级政府财政预算,建立健全殡葬公共服务投入和稳定增长机制。要按照国家相关规划要求,将保障群众基本殡葬需求放在重要位置,争取政府重点安排预算为城乡基本生活困难家庭解决基本殡葬服务费用,并为采取骨灰撒散等生态安葬方式的身故者提供免费服务。要不断加大与基本殡葬服务相配套的设施设备的更新改造力度,健全以遗体火化、骨灰存放及生态安葬为主的殡葬公共服务网络,保障惠民殡葬政策顺利实施。

(二)明确职责分工。各地民政部门要在当地党委、政府领导下,明确职责分工,加强协同配合,建立政府主导、民政牵头、部门协作的惠民殡葬工作机制。要负责制订惠民殡葬政策具体实施办法,指导殡葬服务单位做好服务对象资格审查、费用结算、档案管理等工作,不断增强服务能力,提高服务水平。要加强与财政部门的协调,将实施惠民殡葬政策所需资金纳入年度预算,足额安排,定期结算,并随火化人员数量增减和物价部门收费标准调整做出相应调整。

(三)加强宣传引导。各地要着力抓好惠民殡葬政策的落实工作,切实加强惠民殡葬专项资金管理,确保专款专用,公开透明。要建立健全惠民殡葬政策公开公示制度,利用宣传单、服务卡、公示墙等多种形式,将惠民政策实施内容、惠及人群、减免报销方式等关系群众切身利益的问题,主动向社会公开,扩大政策知晓度,不断提高群众参与殡葬改革的主动性。要充分发挥惠民殡葬政策的综合社会效益,将其与实行火葬、推行生态殡葬、倡导移风易俗结合起来,加强政策宣传,强化舆论引导,形成以惠民政策带动遗体火化普及、节地生态安葬、丧事文明简办的效果,营造推动殡葬改革的良好氛围。

国家发展改革委、民政部关于进一步加强殡葬服务收费管理有关问题的指导意见

(2012年3月22日 发改价格〔2012〕673号)

各省、自治区、直辖市发展改革委、物价局、民政厅(局):

近年来,各地价格、民政部门不断加强殡葬服务收费管理,完善相关政策措施,积极利用收费政策,有力地促进了我国殡葬事业的发展。但是,一些地方仍存在殡葬服务收费不规范、殡葬用品和公墓价格虚高等问题,损害了群众的切身利益,不利于殡葬行业的健康发展。为进一步加强殡葬服务收费管理,减轻群众丧葬不合理负担,为殡葬事业改革和持续健康发展创造良好的环境,现就加强殡葬服务收费管理有关问题提出以下指导意见:

一、进一步明确殡葬服务收费有关政策

(一)合理区分殡葬服务性质。殡葬服务应区分为基本服务和延伸服务(选择性服务)。基本服务主要包括遗体接运(含抬尸、消毒)、存放(含冷藏)、火化、骨灰寄存等服务。各地可在此基础上根据本地区实际情况,合理确定基本服务范围,切实满足当地群众最基本需要。在保证基本服务的供给规模和质量的前提下,殡葬服务单位可以根据实际情况,适当开展延伸服务。延伸服务是指在基本服务以外、供群众选择

的特殊服务项目,包括遗体整容、遗体防腐、吊唁设施及设备租赁等。

(二)强化殡葬服务收费管理。基本服务收费标准,由各地价格主管部门会同有关部门在成本监审或成本调查的基础上,按照非营利原则,根据财政补贴情况从严核定,并适时调整。与基本服务密切相关的延伸服务收费,可由各地根据本地市场情况依法纳入地方定价目录,实行政府指导价管理。

(三)加强殡葬用品价格指导。各地价格主管部门对殡仪馆销售的骨灰盒、寿衣、花圈等殡葬用品价格要进行必要的指导规范,可根据本地区情况依法纳入地方定价目录,实行政府指导价或其他必要的价格管理方式。

(四)规范公墓收费行为。公益性公墓收费标准,由各地价格主管部门会同有关部门在成本监审或成本调查的基础上,按照非营利并兼顾居民承受能力的原则核定。对其他公墓价格,要加强对经营者定价行为指导规范,对价格明显偏高的,必要时要依法进行干预和管理,切实遏制虚高定价行为。公墓墓穴使用合同期满,群众申请继续使用的,公墓经营单位收取的公墓维护管理费由各地价格主管部门依法纳入地方定价目录,收费标准按公墓维护管理的实际成本及合理利润核定,具体由各地确定。

二、强化对殡葬服务收费行为的监管

(一)完善价格和收费公示体系。各地民政部门要建立殡葬服务收费标准和殡葬用品价格公示体系,通过本部门网站或其他载体将本地区殡仪馆和公墓的收费项目、收费标准(价格)进行公示,为群众监督、选择提供方便。殡葬服务单位要认真执行收费公示制度,在服务场所显著位置公布服务项目、收费标准、文件依据、减免政策、举报电话、服务流程和服务规范等内容,广泛接受社会监督。

(二)规范殡葬服务收费行为。殡葬服务单位在提供服务过程中,应遵守国家有关政策规定,严格规范服务和收费行为。要引导群众理性消费和明白消费,不得违反公平自愿原则以任何形式捆绑、分拆或强制提供服务并收费,也不得限制或采取增收附加费等方式变相限制丧属使用自带骨灰盒等文明丧葬用品。除法律法规规定以及合同约定外,严禁公墓经营单位向公墓租赁人额外收取其他任何费用。在提供骨灰存放格位、殡葬用品时,要注重满足中低收入群众的需要。

(三)清理殡葬服务收费政策。各地价格主管部门要会同民政部门抓紧对本地区的殡葬服务收费政策进行全面清理,取消不合理的收费项目,降低偏高的收费标准,进一步规范殡葬服务和收费行为。各地清理后重新制定的殡葬服务收费政策,要向社会公布。

三、加大殡葬服务收费政策宣传和违法处罚力度

(一)广泛做好政策宣传工作。各地价格、民政部门要充分认识加强殡葬服务收费管理的重要意义,采取有力措施,加大殡葬服务收费政策宣传力度。要利用广播、电视、报刊、互联网等多种方式,宣传殡葬服务收费政策和救助保障措施,提倡移风易俗、厚养薄葬和节地环保的丧葬方式,充分发挥社会和新闻舆论监督的作用。

(二)切实加强监督检查。各地价格主管部门要畅通“12358”价格举报电话,认真受理群众对殡葬服务收费的投诉或举报,严肃查处殡葬服务单位擅自设立收费项目、提高收费标准、扩大收费范围及强制服务并收费等乱收费行为,对性质恶劣、情节严重的典型案件公开曝光,切实维护广大群众的合法权益。

四、完善促进殡葬事业发展配套政策

(一)加大政府扶持力度。殡葬服务是面向全社会的特殊公共服务,具有很强的社会公益性,政府应承担必要的投入责任。各地民政、发展改革部门要积极争取本级政府的支持,建立殡葬事业公共投入和稳定增长机制,在科学规划的基础上,不断加大殡葬服务设施设备公共投入力度,形成覆盖城乡居民的殡葬服务网络。加强政策指导和资金投入,积极扶持发展城乡公益性骨灰存放设施,推动将其纳入社会主义新农村建设和村级公益性事业建设相关规划。

(二)保障困难群众基本需求。各地价格主管部门在制定殡葬服务收费标准时,对享受民政部门各类救助的城乡困难群众、领取国家定期抚恤补助金的优抚对象、自然灾害导致的死亡人员以及经公安机关确认的无名尸体,要会同有关部门研究制定基本服务收费减免政策及政府补偿办法,报请本级政府批准后实施;鼓励有条件的地区在此基础上,研究制定面向辖区所有居民的基本殡葬服务费用免除标准及政府补偿办法,逐步建立起覆盖城乡居民的多层次殡葬救助保障体系。

(三)逐步理顺殡葬管理体制。各地民政部门要从有利于殡葬改革和政府有效监管出发,积极向有关部门申请推行政事分开、管办分离,在人、财、物等方面逐步与殡葬服务单位脱钩。各地民政行政机关不得从事任何殡葬经营活动,也不得向殡葬服务单位收取任何管理费用。有条件的地区,要探索将基本殡葬服务纳入政府基本公共服务范围,实现基本服务均等化。

上述规定自文件下发之日起执行。

民政部办公厅关于规范利用外资建设殡葬设施审批权限问题的通知

(2010年9月6日 民办函〔2010〕219号)

各省、自治区、直辖市民政厅(局),各计划单列市民政局,新疆生产建设兵团民政局:

1997年国务院颁布的《殡葬管理条例》第八条第一款对殡仪馆、火葬场、殡仪服务站、骨灰堂、公墓等殡葬设施建设的审批权限做了一般性规定。为加强对利用外资建设殡葬设施的严格管理，第二款在前款基础上，对利用外资建设殡葬设施的审批权限做了特殊规定。2010年7月4日，国务院下发的《关于第五批取消和下放管理层级行政审批项目的决定》（国发〔2010〕21号），取消了包括利用外资建设殡葬设施等113项行政审批项目。因此，自2010年7月4日起，各地利用外资建设殡葬设施的审批权不再适用《殡葬管理条例》第八条第二款的特殊规定，而应当按照第八条第一款的一般性规定执行。

民政部关于实施惠民殡葬政策先行地区的通报

（2010年3月2日　民函〔2010〕45号）

各省、自治区、直辖市民政厅（局），各计划单列市民政局，新疆生产建设兵团民政局：

在《民政部关于进一步深化殡葬改革促进殡葬事业科学发展的指导意见》（民发〔2009〕170号）的推动下，各地先后出台了一些惠民殡葬政策，不同程度地减轻了群众丧葬负担，增强了群众参与殡葬改革的主动性和自觉性。

惠民殡葬政策是由政府公共财政保障的殡葬救助保障制度。据各省（区、市）民政厅（局）上报材料显示，全国共有9个省（自治区、直辖市）、37个地级市、120个县（市、区）实施了不同内容的惠民殡葬政策。这些出台惠民殡葬政策的地区既有经济发达地区，也有经济欠发达地区；既有省级层面的，也有市县区层面的。由于领导重视，民政部门工作努力，这些地区都能结合实际需要和财政支付能力，积极地、有步骤地在本辖区内推行殡葬基本服务均等化。在具体内容上，有的采取对辖区所有居民或农村居民减免基本殡葬费用，有的对城乡困难群众免除基本殡葬费用，还有的对公益生态节地葬法实行补贴。这些做法对于减轻群众负担、推动殡葬改革、加强生态文明建设均有十分重要的意义。特别是北京等6个省（自治区、直辖市）、山西省太原市等14个地级市、河北省迁安市等65个县（市、区）在减免基本殡葬服务费用、推行生态节地葬法方面，做了大量工作，取得了良好的社会反响，发挥了典型示范作用。为进一步推动各项惠民殡葬政策措施的落实，提高殡葬救助保障水平，切实减轻群众丧葬负担，实现殡葬服务均等化，民政部决定对北京等85个地区在惠民殡葬政策方面的先行做法予以通报。

各地要学习借鉴这些地区的先行做法，进一步树立和落实科学发展观，深入贯彻落实《指导意见》，将不断满足群众殡葬需求、保障群众殡葬权益作为殡葬工作的出发点和落脚点，创新工作思路，强化为民情怀，增强服务意识，积极推行更多惠民、便民殡葬政策措施，为促进殡葬事业又好又快发展作出新的贡献。

附件：

实施惠民殡葬政策先行地区名单

一、对辖区所有居民免除或补贴基本殡葬费用的地区（31个）

北京市
浙江省嘉兴市
河北省迁安市
河北省武安市
河北省唐山市丰南区
黑龙江省萝北县
福建省晋江市
福建省龙海市
福建省福安市
福建省寿宁县
江西省会昌县
江西省赣县
江西省新干县
江西省遂川县
江西省万安县
山东省青岛市崂山区
河南省登封市
河南省巩义市
河南省中牟县
河南省荥阳市
河南省新郑市
河南省洛阳市吉利区
河南省栾川县
河南省永城市
河南省虞城县
河南省睢县
河南省民权县
云南省安宁市
云南省石林县
云南省富民县
云南省腾冲县

二、对农村居民免除或补贴基本殡葬费用的地区（16个）

湖南省长沙市
四川省眉山市
河北省涉县
黑龙江省塔河县
福建省古田县
山东省菏泽市牡丹区
河南省汝阳县

广西壮族自治区平果县
云南省昆明市东川区
云南省昆明市官渡区
云南省嵩明县
云南省晋宁县
云南省呈贡县
云南省寻甸县
云南省宜良县
陕西省安康市汉滨区

三、对城乡困难群众免除或补贴基本殡葬费用的地区(32个)

辽宁省
江西省
重庆市
云南省
宁夏回族自治区
山西省太原市
吉林省长春市
黑龙江省七台河市
黑龙江省大兴安岭地区
江苏省无锡市
江苏省苏州市
山东省济南市
湖北省武汉市
湖北省荆门市
湖南省张家界市
河北省成安县
江苏省姜堰市
江苏省泗洪县
浙江省宁波市鄞州区
福建省周宁县
福建省尤溪县
福建省建宁县
山东省成武县
山东省临邑县
湖北省郧县
湖北省监利县
湖北省仙桃市
广东省珠海市香洲区
广东省佛山市南海区
四川省金堂县
四川省江安县
陕西省三原县

四、对城乡公益性公墓建设或生态节地葬法实行补贴的地区(10个)

北京市
辽宁省大连市
浙江省上虞市
福建省福安市
福建省大田县
福建省清流县
江西省石城县
山东省临邑县
山东省日照市岚山区
云南省安宁市

民政部关于进一步深化殡葬改革促进殡葬事业科学发展的指导意见

(2009年12月3日　民发〔2009〕170号)

各省、自治区、直辖市民政厅(局),新疆生产建设兵团民政局:

殡葬改革关系人民群众切身利益,党中央、国务院对此高度重视。经过多年努力,我国殡葬改革不断深入,殡葬事业取得了长足进步。实行火葬、改革土葬、节约殡葬用地、文明节俭办丧事已成为社会共识。但随着改革开放和经济社会快速发展,我国殡葬事业总体水平与科学发展观要求不相适应的矛盾日益突出,在殡葬资源配置、殡葬服务质量、殡葬救助保障、殡葬管理体制和运行机制等方面,尚不能完全满足人民群众的丧葬需求。为进一步深化殡葬改革,不断满足人民群众在殡葬服务方面的需求,促进殡葬事业科学发展,提出如下意见:

一、充分认识深化殡葬改革的重要意义

以节约土地、保护环境、移风易俗、减轻群众负担为宗旨的殡葬改革,符合我国人多地少、资源紧缺的基本国情,符合全面建设小康社会、构建社会主义和谐社会的基本要求。实践证明,殡葬改革代表了人民群众根本利益,顺应了时代发展潮流,促进了经济社会发展。进一步深化殡葬改革,是建设资源节约型、环境友好型社会,实现人与自然和谐相处的客观需要;是坚持以人为本,着力保障和改善民生,建设服务型政府的应有之义;是树立文明节俭新风尚,构建社会主义核心价值体系的重要标志;是提升社会文明程度,推动社会主义新农村建设的重要保障。

各级民政部门要根据新形势,深刻理解殡葬改革的长期性、艰巨性、复杂性,充分认识殡葬改革对于促进我国经济、社会、文化、生态建设的重要性,进一步统一思想,坚定信心,锐意进取。要积极争取各级党委政府、相关部门、社会各界的支持,加大协调、宣传力度,始终坚持以实现群众殡葬改革愿望、满足群众丧葬需求、维护群众殡葬权益为出发点和落脚点,不断深化殡葬改革,提升为民服务能力,促进殡葬事业科学发展,实现殡葬改革上水平,人民群众得实惠。

二、深化殡葬改革的总体要求

（一）指导思想。以邓小平理论和“三个代表”重要思想为指导，认真落实科学发展观，强化政府责任和投入，坚定不移地推动殡葬改革，完善殡葬服务体系，建立殡葬救助保障制度，理顺殡葬管理体制，促进殡葬科技进步，树立殡葬改革新风，加强殡葬行业监管，发挥殡葬改革在促进我国经济社会全面协调可持续发展中的重要作用。

（二）基本原则。

1. 以人为本，科学发展。牢固树立以民为本、为民解困、为民服务的宗旨，把深化殡葬改革与维护人民群众基本殡葬权益结合起来，实现基本殡葬公共服务均等化。推动殡葬事业科学发展，开展殡葬理论创新、制度创新和科技创新，把殡葬管理与服务、改革与发展有机结合起来，促进人与自然和谐相处。

2. 政府主导，市场参与。充分发挥政府在推动殡葬改革中的主导作用，进一步明确部门职责，理顺关系，提高政府殡葬管理、殡葬公共服务的能力和水平。对基本殡葬服务，政府要加大投入。对其他选择性殡葬服务，注重发挥市场调节作用，满足人民群众多层次需求。

3. 政事分开，管办分离。正确处理行政与事业、服务与经营的关系，充分发挥公益性殡葬事业单位在提供基本殡葬服务、保障群众殡葬权益方面的重要作用。切实转变政府职能，坚持管理与经营分开、监督与经办分离，实现殡葬服务经营的公平、诚信，殡葬管理监督的公开、公正。

4. 统筹兼顾，分类指导。注重统筹规划，因地制宜，促进人与自然和谐发展。坚持实事求是，一切从实际出发，根据自身条件和特点，不断完善殡葬改革政策措施，促进殡葬事业科学发展。

（三）主要目标。遏制一些地区火化率下滑和乱埋乱葬的问题。通过积极推动和倡导，节地葬法和不保留骨灰逐步被群众接受。建立起比较完善的殡葬服务网络、殡葬救助保障制度、殡葬管理体制和运行机制，基本实现殡葬服务优质化，殡葬管理规范化，殡葬改革有序化，骨灰处理生态化，殡葬习俗文明化，殡葬设施现代化。

（四）主要任务。

1. 坚持推行火葬，创新骨灰安葬方式。科学确定火葬区域和范围，根据人口密度、交通状况、设施配置和群众接受程度，逐步扩大火葬区。继续巩固提高火化率，推广节地葬法，着力治理“装棺二次葬”，倡导不保留骨灰，实现骨灰安葬多样化，降低占地安葬比例。

2. 积极改革土葬，依法管理殡葬活动。不具备火葬条件的地方，要加大宣传力度，引导群众转变观念，移风易俗，积极参与土葬改革，治理乱埋乱葬，逐步缩小土葬区。严格限制墓葬用地，尽可能选择荒山瘠地实行遗体相对集中安葬，推广不留坟头的遗体安葬方式。

3. 改善殡葬设施，提高公共服务能力。建立和强化政府对殡葬事业的投入机制，完善殡葬服务设施，形成覆盖城乡居民的殡葬服务网络。重点加强城乡公益性骨灰存放设施建设，更新改造落后火化设施设备。满足人民群众基本殡葬需求，节约殡葬用地，减少环境污染。不断创新服务模式，开展诚信、优质服务。

4. 规范公墓管理，保护生态环境。制定完善公墓建设规划，从严审批经营性公墓。积极协调有关部门，坚决取缔非法公墓，纠正违规建设公墓，加强对公墓经营行为的监管，防止炒买炒卖，加大对豪华墓地的治理力度。

5. 减轻群众负担，实现基本服务均等化。合理界定政府基本殡葬服务和市场选择性殡葬服务范围，严格执行政府定价、政府指导价和市场调节价，平抑殡葬服务和丧葬用品价格。大力推行惠民殡葬政策，逐步建立以重点救助对象基本殡葬服务减免为基础，其他多种形式殡葬救助为补充，基本殡葬服务均等化为目标的殡葬救助保障制度。

6. 树立文明新风，促进殡葬事业发展。大力倡导殡葬新观念、新风尚，弘扬先进殡葬文化，提倡文明节俭办丧事，引导群众破除丧葬陋俗，树立殡葬改革新风。加强殡葬理论和殡葬文化研究，推进殡葬科技创新和人才队伍建设，加强行风建设和纠风工作，促进殡葬事业健康发展。

三、采取有效措施，扎实推进殡葬改革

（一）制定完善殡葬事业发展规划。各地要结合本地区实际和国家、地方制定“十二五”规划的要求，制定完善殡葬事业发展规划，并纳入当地国民经济和社会发展总体规划，明确殡葬改革发展的具体目标和任务，采取切实可行的政策措施和方法步骤。根据人口、耕地、交通、生态等情况，科学划分火葬区和土葬改革区，合理确定殡葬设施数量、规模、布局和功能，统筹考虑殡葬设备配置标准，严格控制经营性公墓。

按照殡葬法规政策，综合运用法律、行政、经济等手段，严格依法行政，建立完善殡葬执法机构和执法机制。在火葬区坚持实行火化，确保火化率稳步上升；强化骨灰管理，推行骨灰安葬备案制；积极推广树葬、花葬、草坪葬等节地葬法，鼓励倡导深埋、撒散、海葬等不保留骨灰方式，推动绿色殡葬。在土葬区坚持因地制宜，逐步推进殡葬改革，教育引导群众摒弃水泥、石材建坟，保护生态环境；完善殡仪服务设施，加强农村公益性墓地建设，避免乱埋乱葬。新实行火葬的地区，要坚持循序渐进，加强政策宣传引导，做好群众思想工作，注意方式方法，积极、有步骤地实行火葬。

（二）提高殡葬服务水平。要进一步优化殡葬服务内容、程序和标准，完善便民惠民的殡葬服务网络，逐步形成基本殡葬服务为主体、选择性殡葬服务为补充的服务格局。遗体接运、存放、火化和骨灰寄存作为基本殡葬服务项目，由公益性殡葬服务单位提供，并可根据当地经济社会发展水平和需求状况，适当增加基本殡葬服务内容。对选择性殡葬服务，包括遗体整容、防腐、告别、骨灰安葬、丧葬用品及其他殡葬特需服务,建立行业规范,实行自愿选择,公平协商,市场运作,政府监管。有条件的地区,逐步实行遗体火化服务与其他殡葬服务分开。火葬场主要承担遗体火化服务,殡仪馆主要提供悼念、告别等服务。

政府举办的殡仪馆、火葬场、骨灰堂等殡葬服务事业单位,要牢固树立为民便民利民意识,大力开展“一站式”服务和便民服务。要严格执行政府定价、政府指导价,带头降低市场调节价,发挥平抑物价的作用,规范殡葬服务收费项目,保证同类殡葬用品价格不高于市场价,中低价位殡葬用品足量供应,不得捆绑、强迫或误导消费。要切实加强内部管理,提高服务质量,建立以岗位责任与绩效考核为基础的综合评价制度,实行服务问责制。

(三)加强公墓管理。按照相关要求,进一步强化公墓建设经营的审批管理,从严审批经营性公墓。未依法办理农用地转用和土地征收手续的,不得许可建设经营性公墓。公益性骨灰存放设施完善的地区,要认真研究经营性公墓控制机制,除纳入规划的外,原则上不再许可建设经营性公墓或扩大既有公墓占地面积。积极发展城乡公益性骨灰存放设施,加大投入和建设力度,满足群众骨灰安放需要。未经批准,任何形式的公益性公墓不得转为经营性公墓。

按照属地管理原则,切实加强对公墓的依法管理,重点强化年检制度和日常监管。严防炒买炒卖,除可向夫妻健在一方、高龄老人、危重病人预售(租)确保自用外,公墓经营者必须严格凭死亡证明或火化证明出售(租)墓穴或骨灰存放格位,不得出售(租)超面积、豪华墓穴,不得炒买炒卖墓穴或骨灰存放格位。要规范墓穴续租,研究公墓使用年限,提高公墓容积率,加大殡葬用地的循环利用。城乡骨灰堂必须坚持公益原则,按照政府定价或成本价收取骨灰存放费用。积极推广墓碑小型化、艺术化、多样化。

(四)推行惠民殡葬政策。各地要结合实际,积极争取政府出台惠民殡葬政策,加快建立和完善殡葬救助保障制度。对生前生活特别困难的人员,由政府免除遗体接运、存放、火化和骨灰寄存等基本殡葬服务费用。按照保基本、广覆盖、可持续的原则,有条件的地区,可从重点救助对象起步,逐步扩展到向辖区所有居民提供免费基本殡葬服务,实行政府埋单。对节地葬法或不保留骨灰的,以及土葬改革区自愿火化的,实行政府奖励、补贴,建立起覆盖城乡居民的多层次殡葬救助保障体系。

建立完善殡葬事业公共投入和稳定增长机制,加大基本殡葬服务设施设备,特别是火化设备的更新改造和城乡骨灰堂的公共投入力度。将殡葬事业经费纳入地方预算,不断增强政府提供基本殡葬服务的能力。将农村公益性骨灰存放设施纳入社会主义新农村建设规划和村级公益事业建设规划,给予必要的政策指导和资金支持。福利彩票公益金可用于支持经济欠发达地区、少数民族地区的殡葬救助保障和设施设备建设。

(五)理顺殡葬管理体制。进一步明确各相关部门在殡葬改革、殡葬管理、殡葬服务、殡葬价格和丧葬用品生产销售等方面的工作职责,形成政府领导、民政协调、各部门齐抓共管的管理体制。民政部门主要承担推进殡葬改革、加强殡葬管理、监督殡葬服务等方面的职能,协调配合有关部门制止乱埋乱葬,加强市场监管。从有利于殡葬改革和政府有效监管出发,积极推行政事分开、管办分离。各级民政行政机关要逐步与经营性公墓和其他殡葬服务企业脱钩。今后,民政行政机关不再作为发起人或投资人,参与经营性公墓和其他殡葬服务企业的建设经营,机关工作人员不得在经营性公墓和其他殡葬服务企业任职或兼职,不得以任何形式从中获取利益。

殡葬管理事业单位,要切实履行殡葬管理职能,认真开展殡葬执法,不得从事殡葬经营活动,不应向殡葬服务单位和企业收取任何管理费用,在人、财、物等方面逐步与殡葬服务单位和企业脱钩。殡葬服务事业单位要将基本殡葬服务和选择性殡葬服务项目逐步分离,选择性殡葬服务项目实行市场化运作。对社会资本建设的具有基本殡葬服务功能的殡仪馆,可以采取政府赎买方式,转为殡葬服务事业单位。

(六)树立移风易俗新风尚。要紧紧依靠群众,充分相信群众,广泛发动群众,认识和把握殡葬传统文化的历史意义和现实价值,积极探索和推广能够满足人民群众缅怀先人、慎终追远的愿望和需求,与当代社会相适应、与现代文明相协调的殡葬习俗和文化形式,充分培育、挖掘和保护群众中蕴藏的主动实行殡葬改革的愿望和要求,不断增强人民群众参与殡葬改革的自觉性。要充分发挥社会组织、行业协会、村(居)委会、红白理事会的作用,以清明节等传统节日为契机,向人民群众宣传实行殡葬改革的重要性和必要性,开展殡葬宣传进社区活动。要始终坚持正确的舆论导向,充分利用广播、电视、报刊、互联网等新闻媒体,积极宣传殡葬改革,倡导文明新风。

(七)促进殡葬改革创新。积极整合殡葬资源,促进殡葬改革理论创新、科技创新和机制创新,提高推进殡葬改革的能力,重点解决殡葬基础理论、技术进步和运行机制等方面的问题。要重视殡葬理论研究,加快研究步伐,以理论研究成果指导殡葬改革实践。实施殡葬科技攻关,推广环保殡葬产品,特别是节能减排殡葬设备和可降解骨灰盒、棺柩。加强对殡葬设施、产品、服务等技术标准的研究和制定,建立健全监督机制。加强环境监测、治理与评价,实行环境质量认证制度。开展殡葬从业人员职业培训、考核、鉴定,探索建立殡葬从业人员资格准入制度,加强殡葬人才队伍建设,提高殡葬职工整体素质和能力。总结经验,树立典型,大力开展殡葬改革示范活动,以点带面,努力形成各具特色的地方殡葬改革和发展模式。

（八）加强殡葬监管和行风建设。制定公平公正的行业政策，规范社会资本举办殡葬服务单位的准入条件，提高从业资质，探索建立殡葬行业准入制度。加强殡葬服务、骨灰安放、土葬改革、移风易俗、清明祭扫等工作的监督管理。民政部门要按照社会组织管理的要求，加强指导，切实发挥殡葬协会作用，支持殡葬协会等社会组织及其会员加强行业自律，提高自身素质，承担公益责任。要按照"管行业必须管行风"的要求，认真落实责任制，切实加强殡葬行风建设和纠风工作。坚持把以人为本、服务群众作为行风建设和纠风工作的主要内容，与殡葬工作统筹安排，共同推进。重点治理殡葬乱收费，坚决纠正利用行业特殊性损害群众利益的突出问题。积极开展民主评议行风和行风建设示范单位创建活动，教育殡葬系统干部职工增强宗旨意识、大局意识和服务意识，弘扬优良作风。对有令不行、有禁不止、顶风违纪的典型案件要严肃查处，公开曝光。

（九）加强组织领导。各级民政部门要进一步提高对殡葬改革重要性的认识，增强责任感和紧迫感，坚持推进殡葬改革不动摇，加快殡葬事业发展不停步，提高殡葬服务水平不松劲。要切实加强领导，摆上重要议事日程，纳入工作考评体系。主要领导要亲自抓，带头调查研究，定期听取工作汇报，作出部署，狠抓落实，重点解决殡葬难点、热点问题。要关心、支持殡葬工作和殡葬职工，充分调动各方面的积极性、主动性、创造性。

各地殡葬改革情况不同，发展各异。各级民政部门要敏于观察形势，善于把握重点，勤于积小成大。要勇于探索，敢于创新，以维护群众殡葬权益为宗旨，以推动殡葬设施建设为基础，以提高殡葬服务水平为抓手，以完善殡葬管理体制为保障，不断深化殡葬改革，促进殡葬事业科学发展。

民政部、国务院侨务办公室、国务院港澳办公室、国务院台湾事务办公室、国家民族事务委员会、国家文物局关于特殊坟墓处理问题的通知

（2000 年 4 月 17 日　民发〔2000〕93 号）

各省、自治区、直辖市民政厅（局）、侨办、港澳办、台办、民（宗）委（厅、局）、文物局：

经研究决定，现就有关特殊坟墓处理问题通知如下：

一、对国务院《殡葬管理条例》第十条第一款规定区域内现有的革命烈士墓、知名人士墓和古墓葬，凡是被列入国家级、省级、市（县）级重点烈士纪念建筑物保护单位和文物保护单位的，应就地做好原墓地的保护和管理工作。未被列入重点而散葬的烈士墓，经报请当地同级人民政府批准后，可将遗骨火化，将骨灰安放或安葬在当地的烈士陵园或公墓；未列入文物保护单位的知名人士墓迁入当地公墓；已普查登记的古墓葬应予保留并加以保护，平整坟墓过程中，如发现文物应立即报告当地文物行政管理部门，按照国家保护文物的有关法规妥善处理。

二、对国务院《殡葬管理条例》第十条第一款规定区域内散葬的回民墓地，原则上迁入当地的回民公墓。如没有回民公墓，当地民族工作部门要协调建立回民公墓，在回民公墓未建立前，按国务院《殡葬管理条例》第十条第二款规定办理。

三、对国务院《殡葬管理条例》第十条第一款规定区域内现有的华侨和港澳台同胞墓地，原则上迁入当地的公墓（包括华侨公墓）。对一些重要的知名爱国人士、台湾重要上层人士的坟墓以及重点侨务工作对象的祖墓，原则上予以保留，具体对象宜从严把握，必须由省侨办和主管港澳事务的部门（对华侨及港澳同胞）、省台办和统战部门（对台胞）提出名单，报省、自治区、直辖市人民政府批准。对被保留的坟墓，1985 年 2 月 8 日国务院《关于殡葬管理的暂行规定》发布后建造和修复的，超出面积、扩大规模的部分要予以清理。

四、华侨、外籍华人和港澳台同胞的范围要严格掌握，由省级有关主管部门负责认定。处理上述问题时，华侨，外籍华人、港澳台同胞的配偶、父母、祖父母等直系亲属可参照对华侨、外籍华人、港澳台同胞的政策处理。

民政部关于贯彻执行《殡葬管理条例》中几个具体问题的解释

（1998 年 9 月 16 日　民事发〔1998〕10 号）

各省、自治区、直辖市民政厅（局）：

《殡葬管理条例》（中华人民共和国国务院令第 225 号）（以下简称《条例》）已于 1997 年 7 月起施行。现根据《国务院办公厅关于行政法规解释权限和程序问题的通知》（国办发〔1993〕12 号）精神，对贯彻执行中的几个具体问题作如下解释：

一、关于不得擅自兴建殡葬设施问题

《条例》第二章第九条第一款规定："任何单位和个人未经批准，不得擅自兴建殡葬设施。"这一规定是指：兴建冠以殡仪馆、火葬场、骨灰堂、公墓、殡仪服务站等名称的单位，必须经民政部门审批；不直接冠以殡葬设施名称但从事殡葬服务项目的，该项目也必须经民政部门审批。

二、关于骨灰堂性质问题

《条例》中所称"骨灰堂"，是指乡村公益性骨灰存放设施，而骨灰塔陵园等设施属公墓范畴，应纳入公墓的管理，严格控制其发展。

三、关于公墓审批问题

按照《条例》第二章第七条规定和《国务院办公厅转发民政部关于进一步加强公墓管理意见的通知》(以下简称《通知》)要求,各地要制定公墓建设规划,经省、自治区、直辖市人民政府审批后,报民政部备案。在民政部同意前,暂停批建新公墓(含骨灰塔陵园等设施)。在民政部同意备案后,按照《条例》第二章第八条规定的审批权限和公墓规划审批。

四、关于公墓墓穴占地面积和使用年限问题

《条例》第二章第十一条规定:"严格限制公墓墓穴占地面积和使用年限。"这一规定是指:按《通知》要求,埋葬骨灰的单人、双人合葬墓占地面积不得超过1平方米,埋葬遗体的单人墓占地面积不得超过4平方米,双人合葬墓不得超过6平方米;墓穴(含骨灰堂骨灰存放格位)原则上以20年为一个使用周期。

五、关于强制执行范围问题

《条例》第五章第二十条规定:"将应火化的遗体土葬或者在公墓和农村公益性墓地以外的其他地方埋葬遗体、建造坟墓的,由民政部门责令限期改正;拒不改正的,可以强制执行。"这一规定是指:(一)在火葬区将应当火化的遗体进行土葬的;(二)在火葬区的公墓和公益性墓地以外埋葬骨灰并修建坟墓的;(三)在土葬改革区公墓和公益性墓地以外埋葬遗体并修建坟墓的。对于上述行为,由民政部门责令限期改正;拒不改正的,可以强制执行。

九、区划地名管理

1. 行政区划管理

中华人民共和国宪法（节录）

（1982年12月4日第五届全国人民代表大会第五次会议通过　1982年12月4日全国人民代表大会公告公布施行　根据1988年4月12日第七届全国人民代表大会第一次会议通过的《中华人民共和国宪法修正案》、1993年3月29日第八届全国人民代表大会第一次会议通过的《中华人民共和国宪法修正案》、1999年3月15日第九届全国人民代表大会第二次会议通过的《中华人民共和国宪法修正案》、2004年3月14日第十届全国人民代表大会第二次会议通过的《中华人民共和国宪法修正案》和2018年3月11日第十三届全国人民代表大会第一次会议通过的《中华人民共和国宪法修正案》修正）

……

第二十九条　中华人民共和国的武装力量属于人民。它的任务是巩固国防，抵抗侵略，保卫祖国，保卫人民的和平劳动，参加国家建设事业，努力为人民服务。

国家加强武装力量的革命化、现代化、正规化的建设，增强国防力量。

第三十条　中华人民共和国的行政区域划分如下：

（一）全国分为省、自治区、直辖市；

（二）省、自治区分为自治州、县、自治县、市；

（三）县、自治县分为乡、民族乡、镇。

直辖市和较大的市分为区、县。自治州分为县、自治县、市。

自治区、自治州、自治县都是民族自治地方。

……

第六十二条　全国人民代表大会行使下列职权：

（一）修改宪法；

（二）监督宪法的实施；

（三）制定和修改刑事、民事、国家机构的和其他的基本法律；

（四）选举中华人民共和国主席、副主席；

（五）根据中华人民共和国主席的提名，决定国务院总理的人选；根据国务院总理的提名，决定国务院副总理、国务委员、各部部长、各委员会主任、审计长、秘书长的人选；

（六）选举中央军事委员会主席；根据中央军事委员会主席的提名，决定中央军事委员会其他组成人员的人选；

（七）选举国家监察委员会主任；

（八）选举最高人民法院院长；

（九）选举最高人民检察院检察长；

（十）审查和批准国民经济和社会发展计划和计划执行情况的报告；

（十一）审查和批准国家的预算和预算执行情况的报告；

（十二）改变或者撤销全国人民代表大会常务委员会不适当的决定；

（十三）批准省、自治区和直辖市的建置；

（十四）决定特别行政区的设立及其制度；

（十五）决定战争和和平的问题；

（十六）应当由最高国家权力机关行使的其他职权。

……

第八十九条　国务院行使下列职权：

（一）根据宪法和法律，规定行政措施，制定行政法规，发布决定和命令；

（二）向全国人民代表大会或者全国人民代表大会常务委员会提出议案；

（三）规定各部和各委员会的任务和职责，统一领导各部和各委员会的工作，并且领导不属于各部和各委员会的全国性的行政工作；

（四）统一领导全国地方各级国家行政机关的工作，规定中央和省、自治区、直辖市的国家行政机关的职权的具体划分；

（五）编制和执行国民经济和社会发展计划和国家预算；

（六）领导和管理经济工作和城乡建设、生态文明建设；

（七）领导和管理教育、科学、文化、卫生、体育和计划生育工作；

（八）领导和管理民政、公安、司法行政等工作；

（九）管理对外事务，同外国缔结条约和协定；

（十）领导和管理国防建设事业；

（十一）领导和管理民族事务，保障少数民族的平等权利和民族自治地方的自治权利；

（十二）保护华侨的正当的权利和利益，保护归侨和侨眷的合法的权利和利益；

（十三）改变或者撤销各部、各委员会发布的不适当的命令、指示和规章；

（十四）改变或者撤销地方各级国家行政机关的不适当的决定和命令；

（十五）批准省、自治区、直辖市的区域划分，批准自治州、县、自治县、市的建置和区域划分；

（十六）依照法律规定决定省、自治区、直辖市的范围内部分地区进入紧急状态；

（十七）审定行政机构的编制，依照法律规定任免、培训、考核和奖惩行政人员；

（十八）全国人民代表大会和全国人民代表大会常务委员会授予的其他职权。

……

行政区划管理条例

（2017 年 11 月 22 日国务院第 193 次常务会议通过 2018 年 10 月 10 日中华人民共和国国务院令第 704 号公布 自 2019 年 1 月 1 日起施行）

第一条 为了加强行政区划的管理，根据《中华人民共和国宪法》和《中华人民共和国地方各级人民代表大会和地方各级人民政府组织法》、《中华人民共和国民族区域自治法》的有关规定，制定本条例。

第二条 行政区划管理工作应当加强党的领导，加强顶层规划。行政区划应当保持总体稳定，必须变更时，应当本着有利于社会主义现代化建设、有利于推进国家治理体系和治理能力现代化、有利于行政管理、有利于民族团结、有利于巩固国防的原则，坚持与国家发展战略和经济社会发展水平相适应、注重城乡统筹和区域协调、推进城乡发展一体化、促进人与自然和谐发展的方针，制订变更方案，逐级上报审批。行政区划的重大调整应当及时报告党中央。

第三条 行政区划的设立、撤销以及变更隶属关系或者行政区域界线时，应当考虑经济发展、资源环境、人文历史、地形地貌、治理能力等情况；变更人民政府驻地时，应当优化资源配置、便于提供公共服务；变更行政区划名称时，应当体现当地历史、文化和地理特征。

第四条 国务院民政部门负责全国行政区划的具体管理工作。国务院其他有关部门按照各自职责做好全国行政区划相关的管理工作。

县级以上地方人民政府民政部门负责本行政区域行政区划的具体管理工作。县级以上地方人民政府其他有关部门按照各自职责做好本行政区域行政区划相关的管理工作。

第五条 县级以上人民政府应当加强对行政区划管理工作的领导，将行政区划工作纳入国民经济和社会发展规划，将行政区划的管理工作经费纳入预算。

第六条 省、自治区、直辖市的设立、撤销、更名，报全国人民代表大会批准。

第七条 下列行政区划的变更由国务院审批：

（一）省、自治区、直辖市的行政区域界线的变更，人民政府驻地的迁移，简称、排列顺序的变更；

（二）自治州、县、自治县、市、市辖区的设立、撤销、更名和隶属关系的变更以及自治州、自治县、设区的市人民政府驻地的迁移；

（三）自治州、自治县的行政区域界线的变更，县、市、市辖区的行政区域界线的重大变更；

（四）凡涉及海岸线、海岛、边疆要地、湖泊、重要资源地区及特殊情况地区的隶属关系或者行政区域界线的变更。

第八条 县、市、市辖区的部分行政区域界线的变更，县、不设区的市、市辖区人民政府驻地的迁移，国务院授权省、自治区、直辖市人民政府审批；批准变更时，同时报送国务院备案。

第九条 乡、民族乡、镇的设立、撤销、更名，行政区域界线的变更，人民政府驻地的迁移，由省、自治区、直辖市人民政府审批。

第十条 依照法律、国家有关规定设立的地方人民政府的派出机关的撤销、更名、驻地迁移、管辖范围的确定和变更，由批准设立该派出机关的人民政府审批。

第十一条 市、市辖区的设立标准，由国务院民政部门会同国务院其他有关部门拟订，报国务院批准。

镇、街道的设立标准，由省、自治区、直辖市人民政府民政部门会同本级人民政府其他有关部门拟订，报省、自治区、直辖市人民政府批准；批准设立标准时，同时报送国务院备案。

第十二条 依照本条例报送国务院备案的事项，径送国务院民政部门。

第十三条 申请变更行政区划向上级人民政府提交的材料应当包括：

（一）申请书；

（二）与行政区划变更有关的历史、地理、民族、经济、人口、资源环境、行政区域面积和隶属关系的基本情况；

（三）风险评估报告；

（四）专家论证报告；

（五）征求社会公众等意见的情况；

（六）变更前的行政区划图和变更方案示意图；

（七）国务院民政部门规定应当提交的其他材料。

第十四条 县级以上人民政府民政部门在承办行政区划变更的工作时，应当根据情况分别征求有关机构编制部门和本级人民政府的外事、发展改革、民族、财政、自然资源、住房城乡建设、城乡规划等有关部门的意见；在承办民族自治地方的行政区划变更的工作时，应当同民族自治地方的自治机关和有关民族的代表充分协商。

第十五条 有关地方人民政府应当自审批机关批准行政区划变更之日起12个月内完成变更；情况复杂，12个月内不能完成变更的，经审批机关批准，可以延长6个月；完成变更时，同时向审批机关报告。

第十六条 行政区划变更后，应当依照法律、行政法规和国家有关规定勘定行政区域界线，并更新行政区划图。

第十七条 行政区划变更后，需要变更行政区划代码的，由民政部门于1个月内确定、公布其行政区划代码。

第十八条 行政区划变更后，有关地方人民政府应当向社会公告。

第十九条 国务院民政部门应当建立行政区划管理的信息系统。

省、自治区、直辖市人民政府应当及时向国务院民政部门报送本行政区域行政区划变更的信息。

第二十条 县级以上人民政府民政部门，应当加强对行政区划档案的管理。

行政区划管理中形成的请示、报告、图表、批准文件以及与行政区划管理工作有关的材料，应当依法整理归档，妥善保管。具体办法由国务院民政部门会同国家档案行政管理部门制定。

第二十一条 上级人民政府应当加强对下级人民政府行政区划管理工作的监督、指导。

第二十二条 违反本条例规定，未及时完成行政区划变更、备案、信息报送的，由上一级人民政府责令限期完成。

第二十三条 违反本条例规定，擅自变更行政区划的，由上一级人民政府责令改正；对直接负责的主管人员和其他直接责任人员，依法给予处分。

第二十四条 违反本条例规定，在行政区划变更过程中弄虚作假的，对直接负责的主管人员和其他直接责任人员，依法给予处分；构成犯罪的，依法追究刑事责任。

第二十五条 国家工作人员在行政区划的管理工作中，滥用职权、玩忽职守、徇私舞弊的，依法给予处分；构成犯罪的，依法追究刑事责任。

第二十六条 国务院民政部门可以依据本条例的规定，制定具体实施办法。

第二十七条 本条例自2019年1月1日起施行。1985年1月15日国务院发布的《国务院关于行政区划管理的规定》同时废止。

行政区划管理条例实施办法

（2019年12月11日民政部令第65号公布 自2020年1月1日起施行）

第一条 根据《行政区划管理条例》（以下简称条例），制定本办法。

第二条 条例所称行政区划的变更，包括行政区划的设立、撤销，行政区划隶属关系的变更，行政区域界线的变更，人民政府驻地的迁移和行政区划名称的变更。

行政区划隶属关系的变更，是指行政区划整建制由其原上级行政区划划归另一个上级行政区划管辖。在不改变行政区划隶属关系的情况下，将行政区划整建制委托另一行政区划代管或者变更代管关系，参照行政区划隶属关系的变更办理。

行政区域界线的变更，是指将一个行政区划的部分行政区域划归另一行政区划管辖。

人民政府（派出机关）驻地的迁移，是指县级以上地方人民政府（派出机关）驻地跨下一级行政区划（派出机关管辖范围）的变更和乡、民族乡、镇人民政府、街道办事处驻地跨村（居）民委员会管辖范围的变更。

行政区划名称的变更，是指改变行政区划专名。

第三条 行政区划的设立、撤销，由拟设立行政区划或者拟撤销行政区划的上一级地方人民政府制订变更方案。在撤销的同时设立新的行政区划且行政区域不变的，可以由拟撤销行政区划的地方人民政府制订变更方案。涉及设立行政区划的，应当在变更方案中明确拟设立行政区划的名称、建制类型、隶属关系（含代管关系）、行政区域界线和人民政府驻地。涉及撤销行政区划的，应当在变更方案中明确行政区划撤销后其所辖行政区域的归属。

变更行政区划隶属关系和变更行政区域界线，由有关地方人民政府先行协商并共同制订变更方案；如未能取得一致意见时，可以由单方、多方或者共同的上一级人民政府制订变更方案。

变更人民政府驻地和变更行政区划名称，由本级地方人民政府制订变更方案。

第四条 市、市辖区设立标准的内容应当包括：人口规模结构、经济社会发展水平、资源环境承载能力、国土空间开发利用状况、基础设施建设状况和基本公共服务能力等。

拟订镇、街道设立标准，应当充分考虑本省、自治区、直辖市经济社会和城镇化发展水平、城镇体系和乡镇布局、人口规模和资源环境等情况。

组织拟订市、市辖区设立标准和镇、街道设立标准的民政部门，应当会同有关部门对标准的实施情况进行评估，并根据评估情况按照规定的权限和程序调整标准。

第五条 省、自治区、直辖市人民政府批准县、市、市辖区部分行政区域界线变更或者县、不设区的市、市辖区人民政府驻地迁移时，应当将以下备案材料一式五份径送国务院民政部门：

（一）由省、自治区、直辖市人民政府出具的备案报告；

（二）行政区划变更批复文件；

（三）申请变更行政区划的地方人民政府根据条例第十三条规定提交的行政区划变更申请材料。

第六条 省、自治区、直辖市人民政府批准镇、街道设立标准时，应当将以下材料一式五份径送国务院民政部门：

（一）由省、自治区、直辖市人民政府出具的备案报告；

（二）省、自治区、直辖市印发标准的文件、标准文本和说明。

第七条 省、自治区、直辖市人民政府报送备案的行政区划变更事项和镇、街道设立标准材料不符合本办法第五条、第六条规定的，由国务院民政部门指导补正；材料齐备合规的即为备案。

报送备案的行政区划变更事项和镇、街道设立标准不符合条例规定的，由国务院民政部门建议省、自治区、直辖市人民政府自行纠正；或者由国务院民政部门提出处理建议，报国务院决定。

第八条 申请变更行政区划向上级人民政府提交的申请书内容应当包括：

（一）行政区划变更理由；

（二）行政区划变更方案；

（三）与行政区划变更有关的经济发展、资源环境、人文历史、地形地貌、人口、行政区域面积和隶属关系的简要情况；

（四）风险评估、专家论证、征求社会公众等意见的综合研判情况。

第九条 条例第十三条第（三）项规定的风险评估报告一般应当包括以下内容：

（一）行政区划变更的合法性、可行性、风险性和可控性；

（二）行政区划变更对当地及一定区域范围内的人口资源、经济发展、行政管理、国防安全、民族团结、文化传承、生活就业、社会保障、基层治理、公共安全、资源环境保护、实施国土空间规划、机构调整和干部职工安置等方面可能造成的影响，以及可能引发的问题；

（三）行政区划变更的主要风险源、风险点的排查情况及结果；

（四）拟采取的消除风险和应对风险的举措；

（五）风险评估结论；

（六）其他与风险评估相关的内容。

第十条 开展风险评估，可以通过舆情跟踪、重点走访、会商分析等方式，运用定性分析和定量分析等方法，对行政区划变更实施的风险进行科学预测、综合研判。

开展风险评估，可以委托专业机构、社会组织等第三方机构进行。

第十一条 条例第十三条第（四）项规定的专家论证报告一般应当包括以下内容：

（一）行政区划变更的必要性、科学性、合理性；

（二）行政区划变更的经济社会效益；

（三）行政区划变更的可行性及可能存在的风险；

（四）对行政区划变更方案及组织实施的意见建议；

（五）其他与专家论证相关的内容。

第十二条 组织专家论证，可以采取论证会、书面咨询、委托咨询论证等方式。选择专家、专业机构参与论证，应当坚持专业性、代表性和中立性，注重选择不同专业背景的专家、专业机构，不得选择与行政区划变更事项有直接利益关系的专家、专业机构参与专家论证。

县级以上地方人民政府民政部门应当根据需要建立行政区划咨询论证专家库。

第十三条 条例第十三条第（五）项规定的征求社会公众等意见报告的内容一般应当包括：

（一）征求社会公众等意见的过程和范围；

（二）社会公众等的主要意见和建议；

（三）对意见建议的处理情况；

（四）其他与征求社会公众等意见相关的内容。

第十四条 征求社会公众等意见可以采取座谈会、实地走访、书面征求意见、问卷调查等方式。

申请变更行政区划的地方人民政府应当对社会各方面提出的意见进行归纳整理、研究论证，充分采纳合理意见，完善行政区划变更方案及配套措施。

第十五条 提交条例第十三条第（六）项规定的变更前的行政区划图和变更方案示意图，应当符合下列要求：

（一）图件应为 A3 图幅彩色示意图；

（二）图件能够全面、真实、准确反映行政区划变更涉及的各主要因素，底图中应包括行政区划名称、人民政府驻地、行政区域界线、水系、公路、铁路等要素；

（三）行政区划轮廓线用加粗的红线表示，下级行政区划用对比明显的色块区别表示，下级行政区划间的界线用加粗的红色虚线表示，各级人民政府驻地根据级别高低采用不同大小的红色实五角星表示。

第十六条 申请变更行政区划应当拟订组织实施总体方案，与申请书一并上报审核。

组织实施总体方案一般应当包括行政区划变更的组织领导体系及责任分工，行政区划变更的实施步骤，行政区划变更的保障措施等内容。行政区划设立、撤销和变更隶属关系的，总体方案一般还应当包括行政区划变更后发展定位、目标、方向，相关地方党政群机构设置调整，国有资产、债权债务划转，历史文化传承保护，民生保障和公共服务等方面的内容。

上级人民政府民政部门应当加强对行政区划变更事项组

织实施的监督指导。

第十七条　县级以上地方人民政府民政部门在审核下级人民政府上报的行政区划变更方案时，应当根据情况自行组织或者委托第三方机构开展实地调查。

开展实地调查，可以采取听取汇报、召开座谈会、查阅资料、个别访谈、随机访或者暗访等形式进行。

第十八条　地方人民政府应当在收到上级人民政府行政区划变更批复文件后及时向社会公告审批机关批准行政区划变更的信息。法律、行政法规和国家有关规定另有规定的除外。

第十九条　行政区划变更引起行政区域界线变化的，毗邻各方人民政府应当按照审批机关批准的行政区划变更方案，依照法律、行政法规和国家有关规定，在行政区划变更完成时限内完成行政区域界线的勘定工作。

第二十条　条例第十五条规定的完成变更情况报告一般应当包括以下内容：

（一）行政区划变更批复内容落实情况；

（二）人民群众反应和舆论反响情况；

（三）行政区划变更的影响和初步效果；

（四）风险控制和处置情况；

（五）行政区划变更后需要勘定行政区域界线的，还应当报告完成界线勘定情况；

（六）其他应当报告的情况。

第二十一条　行政区划变更完成情况报告上报审批机关后3个月内，有关地方人民政府民政部门应当将更新后的行政区划图标准样图报批准行政区划变更的人民政府民政部门审核。由组织更新行政区划图的地方人民政府民政部门按照地图管理有关规定送审后向社会公布。

第二十二条　国务院民政部门组织制定各级行政区划代码编码规则。

行政区划变更信息向社会公告之日起1个月内，国务院民政部门或者省、自治区、直辖市人民政府民政部门应当根据行政区划代码编码规则，确定、公布变更后的行政区划代码。

第二十三条　省、自治区、直辖市人民政府应当在每年1月31日前，将本级及下一级人民政府1年内批准的行政区划变更事项（含派出机关变更事项）相关信息集中报送国务院民政部门。

上报的行政区划变更信息应当包括行政区划变更事项列表及相关行政区划变更批复文件。

第二十四条　上级人民政府民政部门发现下级人民政府存在违反条例规定情形的，应当建议其及时纠正，或者提出建议报本级人民政府依法处理。

第二十五条　旗、特区、林区的行政区划管理参照县执行，自治旗的行政区划管理参照自治县执行，盟的行政区划管理参照地区执行。

第二十六条　本办法自2020年1月1日起施行。

国务院批转民政部关于调整设市标准和市领导县条件报告的通知

（1986年4月19日　国发〔1986〕46号）

各省、自治区、直辖市人民政府，国务院各部委、各直属机构：

国务院同意民政部《关于调整设市标准和市领导县条件的报告》，现转发给你们试行。

各地要认真总结设市和市领导县工作的经验，搞好规划，合理布局，严格按条件办理。应成熟一个搞一个，有计划有步骤地发展中小城市，促进城乡经济的发展。

附

民政部关于调整设市标准和市领导县条件的报告

（1986年2月3日）

国务院：

近年来，由于城乡经济的蓬勃发展，城镇的产业结构和人口结构发生了很大变化。现行的设市标准和市领导县条件，已不适应城乡变化了的新情况。为了适应城乡经济发展的需要，贯彻“控制大城市规模，合理发展中等城市，积极发展小城市”的方针，我部会同国家体改委、城乡建设环境保护部、劳动人事部、公安部、国家统计局等有关部门，进行了广泛的调查研究，并多次征求了各省、自治区、直辖市的意见，建议对1983年提出、内部掌握执行的设市标准和市领导县条件作如下调整：

一、非农业人口（含县属企事业单位聘用的农民合同工、长年临时工，经工商行政管理部门批准登记的有固定经营场所的镇、街、村和农民集资或独资兴办的第二、三产业从业人员，城镇中等以上学校招收的农村学生，以及驻镇部队等单位的人员，下同）6万以上，年国民生产总值2亿元以上，已成为该地经济中心的镇，可以设置市的建制。少数民族地区和边远地区的重要城镇，重要工矿科研基地，著名风景名胜区，交通枢纽，边境口岸，虽然非农业人口不足6万、年国民生产总值不足2亿元，如确有必要，也可设置市的建制。

二、总人口50万以下的县，县人民政府驻地所在镇的非农业人口10万以上、常住人口中农业人口不超过40%、年国民生产总值3亿元以上，可以设市撤县。设市撤县后，原由县管辖的乡、镇由市管辖。

总人口50万以上的县，县人民政府驻地所在镇的非农业人口一般在12万以上、年国民生产总值4亿元以上，可以设市撤县。

自治州人民政府或地区（盟）行政公署驻地所在镇，非农业人口虽然不足10万、年国民生产总值不足3亿元，如确有必要，也可以设市撤县。

三、市区非农业人口25万以上、年国民生产总值10亿元以上的中等城市（即设区的市），已成为该地区政治、经济和科学、文化中心，并对周围各县有较强的辐射力和吸引力，可实行市领导县的体制。一个市领导多少县，要从实际出发，主要应根据城乡之间的经济联系状况，以及城市经济实力大小决定。

四、有关设市的审批手续，仍按《国务院关于行政区划管理的规定》（国发〔1985〕8号）办理。

以上报告如无不妥，请批转各地试行。

国务院批转民政部关于调整设市标准报告的通知

（1993年5月17日　国发〔1993〕38号）

各省、自治区、直辖市人民政府，国务院各部委、各直属机构：

国务院同意民政部《关于调整设市标准的报告》，现转发给你们试行。

为了适应经济、社会发展和改革开放的新形势，适当调整设市标准，对合理发展中等城市和小城市，推进我国城市化进程，具有重要意义。各地要认真总结设市工作的经验，坚持实事求是的原则，搞好规划，合理布局，严格标准，有计划、有步骤地发展中小城市。已经设市和拟设市的地方，都要十分重视农村工作，十分重视农业生产，以使城乡经济协调发展。

新的设市标准由民政部负责解释。

附

民政部关于调整设市标准的报告

（1993年2月8日）

国务院：

现行设市标准，是1986年经国务院批准试行的。从试行的情况看，现行设市标准贯彻了改革精神，方向是正确的。执行这一标准，使设市工作走出了新的路子，基本适应了近年来城乡经济和社会发展的客观要求。6年多来，我部认真贯彻国务院关于城市发展的基本方针，按照现行设市标准，积极而稳妥地新设了一批市的建制，加快了这些地方的繁荣和发展，促进了具有中国特色的城市化进程，推动了我国城市总体布局逐步趋于合理。但是，在实施过程中，现行设市标准也反映出一些不足，主要是：有的指标统计难度较大，且难以核实；一些设市时需要考察的重要条件在现行标准中尚未体现；有些指标还不尽科学合理；分类指导的原则在标准中反映不充分；没有规定设置地级市的标准等。为了进一步适应经济、社会发展的需要，逐步完善设市标准，我部从1989年开始，即着手设市标准的调整和修改工作，在深入调查研究，形成修改稿的基础上，又征求了国务院有关部门，各省、自治区、直辖市以及有关科研单位的意见。“八五”计划公布后，又按“八五”计划中关于“城市发展要坚持实行严格控制大城市规模，合理发展中等城市和小城市的方针，有计划地推进我国城市化进程，并使之同国民经济协调发展”的精神，作了相应的修改。经过反复研究和论证，建议对1986年国务院批准试行的设市标准作以下调整：

一、设立县级市的标准

（一）每平方公里人口密度400人以上的县，达到下列指标，可设市撤县：

1. 县人民政府驻地所在镇从事非农产业的人口（含县属企事业单位聘用的农民合同工、长年临时工，经工商行政管理部门批准登记的有固定经营场所的镇、街、村和农民集资或独资兴办的第二、三产业从业人员，城镇中等以上学校招收的农村学生，以及驻镇部队等单位的人员，下同）不低于12万，其中具有非农业户口的从事非农产业的人口不低于8万。县总人口中从事非农产业的人口不低于30%，并不少于15万。

2. 全县乡镇以上工业产值在工农业总产值中不低于80%，并不低于15亿元（经济指标均以1990年不变价格为准，按年度计算，下同）；国内生产总值不低于10亿元，第三产业产值在国内生产总值中的比例达到20%以上；地方本级预算内财政收入不低于人均100元，总收入不少于6000万元，并承担一定的上解支出任务。

3. 城区公共基础设施较为完善。其中自来水普及率不低于65%，道路铺装率不低于60%，有较好的排水系统。

（二）每平方公里人口密度100人至400人的县，达到下列指标，可设市撤县：

1. 县人民政府驻地镇从事非农产业的人口不低于10万，其中具有非农业户口的从事非农产业的人口不低于7万。县总人口中从事非农产业的人口不低于25%，并不少12万。

2. 全县乡镇以上工业产值在工农业总产值中不低于70%，并不低于12亿元；国内生产总值不低于8亿元，第三产业产值在国内生产总值中的比例达到20%以上；地方本级预算内财政收入不低于人均80元，总收入不少于5000万元，并承担一定的上解支出任务。

3. 城区公共基础设施较为完善。其中自来水普及率不低于60%，道路铺装率不低于55%，有较好的排水系统。

（三）每平方公里人口密度100人以下的县，达到下列指标，可设市撤县：

1. 县人民政府驻地镇从事非农产业的人口不低于8万，其中具有非农业户口的从事非农产业的人口不低于6万。县总人口中从事非农产业的人口不低于20%,并不少于10万。

2. 全县乡镇以上工业产值在工农业总产值中不低于60%,并不低于8亿元;国内生产总值不低于6亿元,第三产业产值在国内生产总值中的比例达到20%以上;地方本级预算内财政收入不低于人均60元,总收入不少于4000万元,并承担一定的上解支出任务。

3. 城区公共基础设施较为完善。其中自来水普及率不低于55%,道路铺装率不低于50%,有较好的排水系统。

(四)具备下列条件之一者,设市时条件可以适当放宽:

1. 自治州人民政府或地区(盟)行政公署驻地。

2. 乡、镇以上工业产值超过40亿元,国内生产总值不低于25亿元,地方本级预算内财政收入超过1亿元,上解支出超过50%,经济发达,布局合理的县。

3. 沿海、沿江、沿边境重要的港口和贸易口岸,以及国家重点骨干工程所在地。

4. 具有政治、军事、外交等特殊需要的地方。

具备上述条件之一的地方设市时,州(盟、县)驻地镇非农业人口不低于6万,其中具有非农业户口的从事非农产业的人口不低于4万。

(五)少数经济发达,已成为该地区经济中心的镇,如确有必要,可撤镇设市。设市时,非农业人口不低于10万,其中具有非农业户口的从事非农产业的人口不低于8万。地方本级预算内财政收入不低于人均500元,上解支出不低于财政收入60%,工农业总产值中工业产值高于90%。

(六)国家和部委以及省、自治区确定予以重点扶持的贫困县和财政补贴县原则上不设市。

(七)设置市的建制,要符合城市体系和布局的要求,具有良好的地质、地理环境条件。

(八)县级市不设区和区公所,设市撤县后,原由县管辖的乡、镇,由市管辖。

二、设立地级市的标准

市区从事非农产业的人口25万人以上,其中市政府驻地具有非农业户口的从事非农产业的人口20万人以上;工农业总产值30亿元以上,其中工业产值占80%以上;国内生产总值在25亿元以上;第三产业发达,产值超过第一产业,在国内生产总值中的比例达35%以上;地方本级预算内财政收入2亿元以上,已成为若干市县范围内中心城市的县级市,方可升格为地级市。

设立县级市及地级市标准中的财政收入指标,将根据全国零售物价指数上涨情况,由民政部报经国务院批准适时调整。

以上报告如无不妥,请批转各地试行。

民政部关于调整地区建制有关问题的通知

(1999年11月22日　民发〔1999〕105号)

山西、黑龙江、浙江、安徽、福建、江西、山东、河南、广西、四川、贵州、云南、西藏、陕西、甘肃、青海、宁夏、新疆等省(自治区)人民政府:

《中共中央、国务院关于地方政府机构改革的意见》(中发〔1999〕2号)指出:“要调整地区建制,减少行政层次,避免重复设置。与地级市并存一地的地区,实行地市合并;与县级市并存一地的地区、所在市(县)达到设立地级市标准的,撤销地区建制,设立地级市,实行市领导县体制;其余地区建制也要逐步撤销,原地区所辖县改由附近地级市领导或由省直辖,县级市由省委托地级市代管。各自治区调整派出机构—地区的建制,要结合民族自治的特点区别对待。盟的建制原则上不动”。

为贯彻落实中央文件精神,经国务院同意,现就有关问题通知如下:

一、积极稳妥地做好地区建制调整工作

调整地区建制是党中央、国务院的一项重大决策,对于理顺行政关系、精简机构具有重要意义。鉴于地区建制调整工作政策性强,涉及面广,情况比较复杂,因此各地在工作中即要积极,又要稳妥。要切实加强领导,从实际出发,从有利于行政管理,有利于经济发展、社会稳定和民族团结出发,深入调查,充分论证,广泛听取各方意见,研究制定科学合理、切实可行的调整方案,有计划、有步骤地做好地区建制调整工作。

二、适当调整地改市的标准

我国现行地改市标准是1993年经国务院批准试行的。近年来,随着经济和社会的发展,现行标准存在着指标体系不够合理、未充分体现分类指导原则等问题,难以适应当前地区建制调整工作,需作适当调整。

调整后的地改市标准为:地区所在的县级市从事非农产业的人口不低于15万人(人口密度50人/平方公里以下的不低于12万人),市政府驻地具有非农业户口的人口不低于12万人(人口密度50人/平方公里以下的不低于10万人);国内生产总值不低于25亿元,其中第三产业产值在国内生产总值中的比重不低于30%。财政总收入不低于1.5亿元。

上述标准只适用于地区建制调整工作。

三、地区建制调整实施方案及要求

(一)地区和地级市并存一地的,实行地市合并。请有关地方按此原则提出方案报批。

(二)对符合调整后地改市标准的地方,各地要严格按规定程序和标准办理审批手续。要以省(自治区)、地、市三级统计年鉴数据作为审核依据，严禁弄虚作假。

（三）对不符合调整后地改市标准的地区，要逐步撤销地区建制，将原地区所辖县划归相邻地级市管辖或由省直辖，县级市由省直辖或委托相邻地级市代管。但在调整过程中，要从实际出发，因地制宜，制定切实可行的调整方案；要做耐心细致的思想政治工作，妥善处理有关问题，不能因为行政区划调整影响社会稳定。

（四）广西、西藏、宁夏、新疆4个自治区的地区和贵州、云南、甘肃、青海4省的多民族聚居地区以及其他省集中连片贫困老区所在的地区，达到地改市标准的可以改市，达不到标准的可以继续保留地区建制，待条件成熟时，再逐步撤销。

四、适当调整地级行政区划单位的管辖幅度

我国地级行政区划单位规模有的过小，有的过大，不便于行政管理。各省（自治区）在地区建制调整中，对面积和经济规模过小、人口过少的地级行政区划单位，可将其与相邻地级行政区划单位合并或降低其行政区划等级；对面积过大、人口过多、管理不便的地级行政区划单位，可适当调小其管辖幅度，但不能增加地级行政区划单位。

在地区建制调整过程中，机构和人员编制要按照中发〔1999〕2号文件要求和中央机构编制委员会办公室有关规定设置。

民政部关于对国发〔1993〕38号文件具体问题的解释

（1993年8月8日　民行函〔1993〕205号）

各省、自治区、直辖市民政厅（局）：

1993年5月17日，国务院批转了民政部关于调整设市标准的报告（国发〔1993〕38号）。设市标准是行政性法规，内容比较原则。为便于执行，现对设市标准中涉及的有关问题作出如下统一解释：

1. 县级市标准的适用范围。包括县、自治县、族、自治旗等县级行政区划单位。民族自治地方设市，需听取民政工作部门的意见。

2. 县人民政府驻地所在镇。指县人民政府所在建制镇的行政区划辖区范围。

3. 具有非农业户口的从事非农产业的人口。指具有非农业户口的常住人口。不包括暂住户口的人口。也就是有当地正式居民户口的城镇居民。

4. 县总人口。指该县范围内具有常住户口的人口。包括非农业人口和农业人口两部分常住人口，不包括暂住户口的人口。

5. 全县乡镇以上工业产值。指该县辖区范围内乡镇以上工业的产值。包括地市、省、中央及外地在该县境内企业的产值。

6. 国内生产总值。指全县（县级市）范围内，本国和外国居民在一定时期内所生产和提供最终使用的产品的劳务的价值。

7. 第三产业。指除一、二产业以外的其他各业，主要包括流通部门，为生产和生活服务的部门，为提高科学文化水平和居民素质服务的部门等。

8. 地方本级预算内财政收入。指预算内县级负责组织征收的收入。

9. 城区公共基础设施。城区指县政府驻地建制镇的行政区划范围。公共基础设施指供水、道路、市容市貌、园林绿化、医疗卫生、社会福利设施、环境卫生、文体设施、公共交通、地名标志，防火防灾等设施。排水系统指下水道系统。

10. 自治州人民政府或地区（盟）行政公署驻地。指自治州人民政府或地区（盟）行政公署驻地所在的县（自治县、旗）或镇。

11. 上解支出。指按财政体制计算向上一级缴纳的财政支出。

12. 经济发达、布局合理的县。经济发达，即指目前已达到第四款第二条所列的四个数据。布局合理，指经国家主管部门认定的设市预测与规划体系的要求。

13. 重要的港口和贸易口岸。重要的港口指年吞吐量200万吨以上的港口。贸易口岸指国家对外开放一类口岸。

14. 国家重大骨干工程。指列入全国国民经济和社会发展十年规划和五年计划发展任务的在建的重大骨干工程项目，主要指工业项目。

15. 贫困县。指由国家和省（自治区）确定的扶贫县。

16. 财政补贴县。指按财政体制不承担上解任务，同时吃补贴的县。

17. 全国零售物价指数。是反映城乡商品零售价格变动趋势的一种经济指数。零售物价指数采用加权算术平均公式计算。

18. 地质、地理环境条件。指地下岩层、地形地貌、地表水资源等条件。

19. 具有政治、军事等特殊需要的地方。这是极个别的特殊的地方，一般不由下面提出，而由国家有关部门共同认定。

20. 市区。指县级市的行政区域。

21. 市政府驻地。指县级市人民政府所在的街道办事处及与其连片的街道办事处所辖区域范围，或县级市人民政府所在建制镇所辖的行政区域范围。

22. 若干市县范围内中心城市的县级市。指具备区域性中心城市地位的县级市。新设的地级市必须体现合理布局的精神，符合整个国家城镇体系发展规划的要求。

民政部办公厅关于办理设市工作的几点要求的通知

（1993年8月17日　民办函〔1993〕159号）

各省、自治区、直辖市民政厅（局）：

为了认真贯彻国发〔1993〕38号文件精神，努力使设市工作规范化，特对设市承办工作提出如下要求：

一、要按照《国务院关于行政区划管理的规定》（国发〔1985〕8号文件）和《国务院批转民政部关于调整设市标准报告的通知》（国发〔1993〕38号文件）的要求办理设市工作。

二、各级设市的报告，除按国发〔1985〕8号文件要求，须报告设市的理由、范围、隶属关系，政治经济情况、人口和面积数字、行政区域界线地图，以及县级和县级以上人民政府（含行政公署）的报告和意见外，要根据国发〔1993〕38号文件要求，在设市报告中补充下列内容。

数据和情况：

县总人口、县总面积、县每平方公里人口密度。县总人口中从事非农产业的人口数及其比例。县人民政府驻地镇总人口（常住人口），其中具有非农业户口的从事非农产业的人口，暂住人口的构成及数量。

全县工农业总产值，乡镇以上工业产值以及在工农业总产值中的比例，全县国内生产总值，第三产业产值及其在国内生产总值中的比例。

地方本级预算内财政收入总数、人均数、上解支出情况。

县人民政府驻地镇公共基础设施的基本情况，其中自来水普及的比例和道路铺装的比例，设市地方的地质、地理情况。

以上数据和情况，一律以最新的年度数字为准，经济数字以1990年不变价格为准。

图表：

县行政区划图，8开（图的性质为示意图）。

县人民政府驻地镇行政区划图，8开。

县人民政府驻地镇规划图，8开。

有关各类人口、经济、社会数据表。

其他：

对是不是贫困县、财政补贴县要有明确说明。

要明确说明区公所是否撤销。

拟按放宽标准类型设市的县，如地区驻地、重要的港口和贸易口岸等，除讲清其特殊的情况之外，也要按上述要求补充有关内容。

设立地级市和镇改市的报告可参照县改市的报告。

三、各类数据、情况要翔实、可靠。

各级在办理设市的工作中，要严格按设市标准把关，不得虚报。省一级在办理设市报告时，要与省的有关部门沟通，重要数据以各部门为准。主要是：人口数据以公安部门为准，经济数据以统计部门为准，财政数据以财政部门为准，基础设施情况以城建部门为准，地质地理情况以地质部门掌握的资料为准。

四、按照国发〔1993〕38号文件执行后，已批准设市的地方，如发现虚报情况，则要撤销市的建制。

五、各省需写设市补充报告的，原则上以省政府或省政府办公厅的名义向国务院或国务院办公厅报告。特殊情况如补充一些不太重要的情况和数据时，可以省民政厅的名义向民政部写报告，但须注明"经省政府或省政府办公厅同意"。

六、承办设市工作，原则上逐级负责，逐级汇报。拟设市的地方，不要越级到民政部汇报。

2. 行政区域界线管理

行政区域界线管理条例

（2002年5月13日中华人民共和国国务院令第353号公布　自2002年7月1日起施行）

第一条　为了巩固行政区域界线勘定成果，加强行政区域界线管理，维护行政区域界线附近地区稳定，制定本条例。

第二条　本条例所称行政区域界线，是指国务院或者省、自治区、直辖市人民政府批准的行政区域毗邻的各有关人民政府行使行政区域管辖权的分界线。

地方各级人民政府必须严格执行行政区域界线批准文件和行政区域界线协议书的各项规定，维护行政区域界线的严肃性、稳定性。任何组织或者个人不得擅自变更行政区域界线。

第三条　国务院民政部门负责全国行政区域界线管理工作。县级以上地方各级人民政府民政部门负责本行政区域界线管理工作。

第四条　行政区域界线勘定后，应当以通告和行政区域界线详图予以公布。

省、自治区、直辖市之间的行政区域界线由国务院民政部门公布，由毗邻的省、自治区、直辖市人民政府共同管理。省、自治区、直辖市范围内的行政区域界线由省、自治区、直辖市人民政府公布，由毗邻的自治州、县（自治县）、市、市辖区人民政府共同管理。

第五条　行政区域界线的实地位置，以界桩以及作为行政区域界线标志的河流、沟渠、道路等线状地物和行政区域界线协议书中明确规定作为指示行政区域界线走向的其他标志物标定。

第六条　任何组织或者个人不得擅自移动或者损坏界桩。非法移动界桩的，其行为无效。

行政区域界线毗邻的各有关人民政府应当按照行政区域界线协议书的规定，对界桩进行分工管理。对损坏的界桩，由分工管理该界桩的一方在毗邻方在场的情况下修复。

因建设、开发等原因需要移动或者增设界桩的，行政区域界线毗邻的各有关人民政府应当协商一致，共同测绘，增补档案资料，并报该行政区域界线的批准机关备案。

第七条　行政区域界线毗邻的任何一方不得擅自改变作为行政区域界线标志的河流、沟渠、道路等线状地物；因自然原因或者其他原因改变的，应当保持行政区域界线协议书划定的界线位置不变，行政区域界线协议书中另有约定的除外。

第八条　行政区域界线协议书中明确规定作为指示行政区域界线走向的其他标志物，应当维持原貌。因自然原因或者其他原因使标志物发生变化的，有关县级以上人民政府民政部门应当组织修测，确定新的标志物，并报该行政区域界线的批准机关备案。

第九条　依照《国务院关于行政区划管理的规定》经批准变更行政区域界线的，毗邻的各有关人民政府应当按照勘界测绘技术规范进行测绘，埋设界桩，签订协议书，并将协议书报批准变更该行政区域界线的机关备案。

第十条　生产、建设用地需要横跨行政区域界线的，应当事先征得毗邻的各有关人民政府同意，分别办理审批手续，并报该行政区域界线的批准机关备案。

第十一条　行政区域界线勘定确认属于某一行政区域但不与该行政区域相连的地域或者由一方使用管理但位于毗邻行政区域内的地域，其使用管理按照各有关人民政府签订的行政区域界线协议书有关规定或者该行政区域界线的批准机关的决定执行。

第十二条　行政区域界线毗邻的县级以上地方各级人民政府应当建立行政区域界线联合检查制度，每5年联合检查一次。遇有影响行政区域界线实地走向的自然灾害、河流改道、道路变化等特殊情况，由行政区域界线毗邻的各有关人民政府共同对行政区域界线的特定地段随时安排联合检查。联合检查的结果，由参加检查的各地方人民政府共同报送该行政区域界线的批准机关备案。

第十三条　勘定行政区域界线以及行政区域界线管理中形成的协议书、工作图、界线标志记录、备案材料、批准文件以及其他与勘界记录有关的材料，应当按照有关档案管理的法律、行政法规的规定立卷归档，妥善保管。

第十四条　行政区域界线详图是反映县级以上行政区域界线标准画法的国家专题地图。任何涉及行政区域界线的地图，其行政区域界线画法一律以行政区域界线详图为准绘制。

国务院民政部门负责编制省、自治区、直辖市行政区域界线详图；省、自治区、直辖市人民政府民政部门负责编制本行政区域内的行政区域界线详图。

第十五条　因对行政区域界线实地位置认定不一致引发的争议，由该行政区域界线的批准机关依照该行政区域界线协议书的有关规定处理。

第十六条　违反本条例的规定，有关国家机关工作人员在行政区域界线管理中有下列行为之一的，根据不同情节，依法给予记大过、降级或者撤职的行政处分；致使公共财产、国家和人民利益遭受重大损失的，依照刑法关于滥用职权罪、玩忽职守罪的规定，依法追究刑事责任：

（一）不履行行政区域界线批准文件和行政区域界线协议书规定的义务，或者不执行行政区域界线的批准机关的决定的；

（二）不依法公布批准的行政区域界线的；

（三）擅自移动、改变行政区域界线标志，或者命令、指使他人擅自移动、改变行政区域界线标志，或者发现他人擅自移动、改变行政区域界线标志不予制止的；

（四）毗邻方未在场时，擅自维修行政区域界线标志的。

第十七条　违反本条例的规定，故意损毁或者擅自移动界桩或者其他行政区域界线标志物的，应当支付修复标志物的费用，并由所在地负责管理该行政区域界线标志的人民政府民政部门处1000元以下的罚款；构成违反治安管理行为的，并依法给予治安管理处罚。

第十八条　违反本条例的规定，擅自编制行政区域界线详图，或者绘制的地图的行政区域界线的画法与行政区域界线详图的画法不一致的，由有关人民政府民政部门责令停止违法行为，没收违法编制的行政区域界线详图和违法所得，并处1万元以下的罚款。

第十九条　乡、民族乡、镇行政区域界线的管理，参照本条例的有关规定执行。

第二十条　本条例自2002年7月1日起施行。

行政区域边界争议处理条例

（1989年2月3日中华人民共和国国务院令第26号发布　自发布之日起施行）

第一章　总　　则

第一条　为了妥善处理行政区域边界争议，以利于安定团结，保障社会主义现代化建设的顺利进行，制定本条例。

第二条　本条例所称的边界争议是指省、自治区、直辖市之间，自治州、县、自治县、市、市辖区之间，乡、民族乡、镇之间，双方人民政府对毗邻行政区域界线的争议。

第三条　处理因行政区域界线不明确而发生的边界争议，应当按照有利于各族人民的团结。有利于国家的统一管理，有利于保护、开发和利用自然资源的原则，由争议双方人民政府从实际情况出发，兼顾当地双方群众的生产和生活，实事求是，互谅互让地协商解决。经争议双方协商未达成协议的，由争议双方的上级人民政府决定。必要时，可以按照行政区划管理的权限，通过变更行政区域的方法解决。

解决边界争议，必须明确划定争议地区的行政区域界线。

第四条　下列已明确划定或者核定的行政区域界线，必须严格遵守：

（一）根据行政区划管理的权限，上级人民政府在确定行政区划时明确划定的界线；

（二）由双方人民政府或者双方的上级人民政府明确划定的争议地区的界限；

（三）发生边界争议之前，由双方人民政府核定一致的界线。

第五条　争议双方人民政府的负责人，必须对国家和人民负责，顾全大局，及时解决边界争议，不得推诿和拖延。

第六条　民政部是国务院处理边界争议的主管部门。

县级以上的地方各级人民政府的民政部门是本级人民政府处理边界争议的主管部门。

第二章　处理依据

第七条　下列文件和材料，作为处理边界争议的依据：

（一）国务院（含政务院及其授权的主管部门）批准的行政区划文件或者边界线地图；

（二）省、自治区、直辖市人民政府批准的不涉及毗邻省、自治区、直辖市的行政区划文件或者边界线地图；

（三）争议双方的上级人民政府（含军政委员会、人民行政公署）解决边界争议的文件和所附边界线地图；

（四）争议双方人民政府解决边界争议的协议和所附边界线地图；

（五）发生边界争议之前，经双方人民政府核定一致的边界线文件或者盖章的边界线地图。

第八条　解放以后直至发生边界争议之前的下列文件和材料，作为处理边界争议的参考：

（一）根据有关法律的规定，确定自然资源权属时核发的证书；

（二）有关人民政府在争议地区行使行政管辖的文件和材料；

（三）争议双方的上级人民政府及其所属部门，或者争议双方人民政府及其所属部门，开发争议地区自然资源的决定或者协议；

（四）根据有关政策的规定，确定土地权属的材料。

第九条　本条例第七条、第八条规定以外的任何文件和材料，均不作为处理边界争议的依据和参考。

第三章　处理程序

第十条　边界争议发生后，争议双方人民政府必须采取有效措施防止事态扩大。任何一方都不得往争议地区迁移居民，不得在争议地区设置政权组织，不准破坏自然资源。

严禁聚众闹事、械斗伤人，严禁抢夺和破坏国家、集体和个人的财产。发生群众纠纷时，争议双方人民政府必须立即派人到现场调查处理，并报告争议双方的上一级人民政府。

第十一条　省、自治区、直辖市之间的边界争议，由有关省、自治区、直辖市人民政府协商解决；经协商未达成协议的，双方应当将各自的解决方案并附边界线地形图，报国务院处理。

国务院受理的省、自治区、直辖市之间的边界争议，由民政部会同国务院有关部门调解；经调解未达成协议的，由民政部会同国务院有关部门提出解决方案，报国务院决定。

第十二条　省、自治区、直辖市境内的边界争议，凡争议双方人民政府协商解决；经协商未达成协议的，双方应当将各自的解决方案并附边界线地形图，报双方的上一级人民政府处理。

争议双方的上一级人民政府受理的边界争议，由其民政部门会同有关部门调解；经调解未达成协议的，由民政部门会同有关部门提出解决方案，报本级人民政府决定。

第十三条　经双方人民政府协商解决的边界争议，由双方人民政府的代表在边界协议和所附边界线地形图上签字。

第十四条　争议双方人民政府达成的边界协议，或者争议双方的上级人民政府解决边界争议的决定，凡不涉及自然村隶属关系变更的，自边界协议签字或者上级人民政府解决边界争议的决定下达之日起生效。

争议双方人民政府达成的边界协议，或者上级人民政府解决边界争议的决定，凡涉及自然村隶属关系变更的，必须按照《国务院关于行政区划管理的规定》中有关行政区域界线变更的审批权限和程序办理。

第十五条　争议双方人民政府达成的边界协议，或者争议双方的上级人民政府解决边界争议的决定生效后，由争议双方人民政府联合实地勘测边界线，标绘大比例尺的边界线地形图。

实地勘测的边界线地形图，经双方人民政府盖章后，代替边界协议或者上级人民政府解决边界争议的决定所附的边界线地形图。

第十六条　地方人民政府处理的边界争议，必须履行备案手续。争议双方人民政府达成的边界协议，由双方人民政府联合上报备案；争议双方的上级人民政府解决边界争议的决定，由作出决定的人民政府上报备案。上报备案时，应当附实地勘测的边界线地形图。

省、自治区、直辖市之间的边界协议，上报国务院备案。

自治州、自治县的边界协议或者上级人民政府解决边界争议的决定，逐级上报国务院备案。

县、市、市辖区的边界协议或者上级人民政府解决边界争议的决定，逐级上报民政部备案。

乡、民族乡、镇的边界协议或者上级人民政府解决边界争议的决定,逐级上报本省(自治区、直辖市)人民政府备案。

第十七条 边界争议解决后,争议双方人民政府必须认真执行边界协议或者上级人民政府解决边界争议的决定,向有关地区的群众公布正式划定的行政区域界线,教育当地干部和群众严格遵守。

第四章 罚 则

第十八条 争议双方人民政府的负责人,违反本条例的规定,玩忽职守,致使公共财产、国家和人民利益遭受较大损失的,应当给予行政处分;造成重大损失,构成犯罪的,依法追究刑事责任。

第十九条 违反本条例第十条的规定,情节较重的,对直接责任人员和其他肇事者,分别给予行政处分、治安管理处罚;情节严重,构成犯罪的,依法追究刑事责任。

第二十条 行政区域边界划定后,违反本条例的规定越界侵权造成损害的,当事一方可以向有管辖权的人民法院起诉。

第五章 附 则

第二十一条 本条例由民政部负责解释。

第二十二条 本条例自发布之日起施行。1981年5月30日国务院发布的《行政区域边界争议处理办法》同时废止。

行政区域界线界桩管理办法

(2008年8月22日民政部令第36号公布 自2008年9月1日起施行)

第一条 为了加强行政区域界线界桩的管理和保护,根据《行政区域界线管理条例》的规定,制定本办法。

第二条 行政区域界线界桩,是由行政区域毗邻的各方人民政府共同埋设的,用于指示行政区域界线实地位置的标志物。

第三条 县级以上各级人民政府民政部门根据职责分工分级负责各级行政区域界线界桩的管理工作。

行政区域毗邻的县级人民政府民政部门具体承担各级行政区域界线界桩(以下简称"界桩")的管理和保护工作。

第四条 行政区域界线协议书或者有关各方人民政府达成的其他协议中未明确界桩管理责任方的,有关各方人民政府民政部门应当签订协议予以明确,经有关各方人民政府批准后实施,并报该行政区域界线批准机关的民政部门备案。

第五条 界桩管理的依据:

(一)毗邻双方人民政府签订的行政区域界线勘界协议书及其附图、界桩成果表;

(二)毗邻双方人民政府民政部门签订的行政区域界线、界桩管理协议或者签发的行政区域界线、界桩管理文件;

(三)毗邻各方人民政府或者民政部门签订的行政区域界线交会点协议书及其附件;

(四)行政区域界线联合检查工作报告;

(五)有关界桩变动的协议书或者文件;

(六)界桩登记表。

第六条 县级以上各级人民政府民政部门在界桩管理工作中,应当明确职责分工,按照规定程序移动或者增设界桩、及时修复或者恢复损坏的界桩、查处损坏界桩的行为,确保界桩位置准确、埋设牢固、明显易见、注记清晰、档案完备。

第七条 界桩埋设后,任何组织和个人不得擅自移动或者损坏。

因建设、开发项目确需移动界桩的,建设、开发单位应当提出申请,由行政区域界线毗邻的任何一方人民政府民政部门报经各有关人民政府协商一致。

界桩移动、埋设和测绘的费用由建设、开发单位承担。

第八条 需要增设界桩时,毗邻双方人民政府民政部门应当协商一致,确定增设界桩的数量和埋设位置,明确界桩管理责任方,共同提出方案报该行政区域界线批准机关的民政部门批准后实施。

第九条 对主体完整、边角轻微损坏的界桩应当修复;对基座松动但主体完整的界桩应当在原地加固扶正。

第十条 对丢失或者严重损坏、修复困难的界桩,应当重新制作,并根据下列情形在原地恢复埋设或者移位埋设:

(一)双立、多立界桩和位于行政区域界线上的单立界桩,按照界桩成果表和登记表的记载在原地予以恢复;无法在原地恢复的,由双方就近选定适当位置移位埋设。

(二)不在行政区域界线上的单立界桩,由双方就近在行政区域界线上选定适当位置埋设或者改设为双立界桩埋设。

(三)行政区域界线交会点单立界桩无法在原地恢复的,可以改设为双立或者多立界桩埋设。

(四)重新制作、埋设的界桩,其标注年份为重新埋设时的年份。

第十一条 移动、增设、修复或者恢复界桩,应当在毗邻行政区域各方人民政府民政部门人员在场的情况下,由负责管理该界桩的一方组织实施。

第十二条 移动、增设或者恢复界桩,应当按照勘界测绘技术规定的有关要求,制作、埋设界桩,测定界桩坐标,填写界桩成果表和登记表,拍摄界桩照片。

第十三条 负责界桩管理工作的地方各级人民政府民政部门应当建立本级界桩日常管理档案,每年向毗邻行政区域人民政府民政部门通报界桩管理情况。

移动、增设或者恢复界桩后,由负责管理的一方将有关界桩变动的文件、资料整理归档,并送毗邻各方保存一套,同时报该行政区域界线批准机关及其民政部门备案。

第十四条 负责管理界桩的县级人民政府民政部门可以聘请当地居民为界桩维护员。

第十五条 界桩维护员应当适时检查所维护的界桩，清除界桩周围杂草、淤泥和遮挡物，刷新界桩注记，保持界桩整洁，明显易见，做好检查记录，制止损坏界桩的行为。

界桩维护员发现界桩松动、移动、丢失、损坏时，应当及时报告负责管理该界桩的县级人民政府民政部门。

第十六条 界桩管理经费由界桩管理责任方按照国家有关规定从同级行政区域界线管理经费中列支。

第十七条 故意损毁或者擅自移动、增设、修复、恢复界桩以及指使他人故意损毁或者擅自移动、增设、修复、恢复界桩的，按照《行政区域界线管理条例》第十六条、第十七条的规定处罚。

因过失造成界桩损坏的，过失人应当及时报告界桩所在地任何一方县级人民政府民政部门。

第十八条 乡、民族乡、镇的行政区域界线界桩的管理和维护参照本办法执行。

第十九条 行政区域界线依法变更后，原行政区域界线上的界桩即行废止，由有关各方人民政府民政部门共同组织销毁。在变更后的行政区域界线上设立新界桩，应当按照勘界的有关规定进行。

第二十条 本办法自2008年9月1日起施行。

省级行政区域界线联合检查实施办法

（2005年6月28日民政部令第28号公布　自公布之日起施行）

第一条 为了规范对省级行政区域界线联合检查的管理，根据国务院《行政区域界线管理条例》的有关规定，制定本办法。

第二条 本办法所称省级行政区域界线联合检查（以下简称“联检”），是指毗邻的省、自治区、直辖市人民政府联合组织对已勘定的省级行政区域界线管理情况进行检查，并对发现问题进行处理的一项法定工作制度。

第三条 联检实地检查的内容包括：

（一）已勘定行政区域界线的贯彻落实情况；

（二）界桩及其方位物变化和界桩的维护情况；

（三）指示行政区域界线走向的其他标志物及与行政区域界线实地位置有关的地物、地貌变化情况和组织修测情况；

（四）跨行政区域生产建设和管理及有关问题的处理情况；

（五）其他与行政区域界线管理有关的情况。

第四条 联检应当坚持有利于巩固勘界成果、保持行政区域界线走向明确，有利于维护行政区域界线附近地区的社会稳定和双方群众利益，有利于促进当地经济与社会发展的原则。

第五条 联检的依据：

（一）国务院批准的省、自治区、直辖市人民政府联合勘定的行政区域界线协议书（以下简称“协议书”）及其附图、附表，界桩登记表；

（二）国务院和有关部门划定行政区域界线的批复、协调处理意见及其附图；

（三）历次联检报告。

第六条 同一条行政区域界线的联检每5年进行一次。遇有影响行政区域界线实地走向辨认的自然灾害、河流改道、道路变化等特殊情况，由毗邻的省、自治区、直辖市人民政府民政部门共同对行政区域界线或界线上需要检查的特定地段进行确认，报省、自治区、直辖市人民政府随时安排联检。

第七条 联检由国务院民政部门统一部署，在行政区域界线毗邻的省、自治区、直辖市人民政府的共同领导下，由有关的省、自治区、直辖市人民政府民政部门联合组织实施。

第八条 根据联检任务，毗邻的省、自治区、直辖市人民政府民政部门应当成立由负责同志任组长的联检工作领导小组，负责联检的组织实施和重大问题的协调处理。联检工作领导小组可以根据行政区域界线的实际情况吸收有关部门的同志参加。沿线毗邻地区的县级人民政府民政部门应当成立联检工作组，负责具体实地联检。

第九条 联检工作领导小组应当根据行政区域界线的实际情况，制定联检实施方案，报国务院民政部门备案。实施方案应当明确联检的组织领导、实施步骤、重大问题的处理原则、工作要求和时间安排。

实施方案确定后，由行政区域界线毗邻的省、自治区、直辖市人民政府民政部门向沿线双方下级人民政府民政部门通报联检实施方案，提出联检的具体要求，组织实施联检。

第十条 实施联检，应当向行政区域界线附近地区基层人民政府和干部群众明确已勘定行政区域界线的实地走向，宣传已勘定行政区域界线的法律地位及地方各级人民政府和有关部门的管理职责，了解已勘定行政区域界线的管理落实情况，发现问题应当及时处理。

第十一条 实地检查中，应当按照下列要求对界桩及其方位物进行维护：

（一）界桩完好无损或者轻度损坏可以修复的，应当清除界桩周围的遮挡物，修复界桩损坏部位，刷新界桩上的注记；

（二）界桩丢失或者严重损坏不能修复的，由负责管理该界桩的一方重新制作，并与毗邻方共同按照界桩登记表和界桩成果表记载的界桩位置，在原地重新设立；

（三）界桩因建设、开发等原因需要移动或者增设的，毗邻的各有关人民政府应当协商一致，可以在原界桩附近行政区域界线上选取适当位置重新埋设或者在协商一致的地方增设。

不在行政区域界线上的单立界桩，丢失或者严重损坏不能修复的，应当在原界桩附近行政区域界线上选取适当位置重新设立；因建设、开发等原因需要移动的，毗邻的各有关人民政府应当协商一致，移动并埋设在实地行政区域界线上。

行政区域界线交会点界桩的检查应当与联检同步进行。

原界桩方位物消失，但不影响界桩实地位置的确定，可以不再新设界桩方位物。

第十二条　重新设立、移动和增设界桩后，应当按照《省级行政区域界线勘界测绘技术规定》的有关要求，制作并埋设界桩，测定界桩坐标，填写界桩登记表，拍摄界桩照片。

重新设立和增设界桩上的时间注记，应当以启动联检的时间为准。

第十三条　单方设立的指示行政区域界线实地位置的标志物应当予以清除。确需设立的，经毗邻的有关人民政府协商一致后共同设立或者增设界桩。

第十四条　行政区域界线其他标志物及与行政区域界线相关的地物、地貌，应当按照协议书中行政区域界线走向说明及协议书附图进行实地检查。发生变化的地段，应当将变化情况详细记载，并组织行政区域界线地形图的修测，修测结果标绘在与原协议书附图比例尺相同的地形图上，变化较大时应当重新测制行政区域界线地形图。

第十五条　对联检中发现未依法办理审批手续，越界从事生产建设等活动的，联检工作领导小组应当及时通知有关人民政府责成业务主管部门予以处理。

第十六条　确因生产建设需要局部变更行政区域界线的，按照《国务院关于行政区划管理的规定》办理。

第十七条　联检实地检查结束后，由联检工作领导小组组织联检资料的检查验收、整理汇总、成果上报和立卷归档。

第十八条　对联检中重新设立、移动和增设的界桩，应当整理并填写界桩登记表和界桩成果表。图表项目填写应当清晰齐全，文字叙述简明准确。

第十九条　联检工作领导小组组织起草联检报告，通过毗邻的省、自治区、直辖市人民政府共同报送国务院备案，并抄送国务院民政部门。

联检报告应当包括以下内容：联检的基本情况、组织实施、实地检查、有关问题的处理结果和加强界线管理的措施等；有重新设立、移动和增设界桩情况的，应当报送界桩成果表。

第二十条　联检中形成的实施方案、会议纪要、检查及修测记录、联检报告以及界桩成果表、登记表、照片等与行政区域界线管理有关的资料，由有关的省、自治区、直辖市人民政府民政部门按照档案管理的规定立卷归档，同时将立卷归档的文件副本报送国务院民政部门。

第二十一条　本办法自公布之日起施行。

3. 地名管理

地名管理条例

（1986年1月23日国务院发布　自发布之日起施行）

第一条　为了加强对地名的管理，适应社会主义现代化建设和国际交往的需要，制定本条例。

第二条　本条例所称地名，包括：自然地理实体名称，行政区划名称，居民地名称，各专业部门使用的具有地名意义的台、站、港、场等名称。

第三条　地名管理应当从我国地名的历史和现状出发，保持地名的相对稳定。必须命名和更名时，应当按照本条例规定的原则和审批权限报经批准。未经批准，任何单位和个人不得擅自决定。

第四条　地名的命名应遵循下列规定：

（一）有利于人民团结和社会主义现代化建设，尊重当地群众的愿望，与有关各方协商一致。

（二）一般不以人名作地名。禁止用国家领导人的名字作地名。

（三）全国范围内的县、市以上名称，一个县、市内的乡、镇名称，一个城镇内的街道名称，一个乡内的村庄名称，不应重名，并避免同音。

（四）各专业部门使用的具有地名意义的台、站、港、场等名称，一般应与当地地名统一。

（五）避免使用生僻字。

第五条　地名的更名应遵循下列规定：

（一）凡有损我国领土主权和民族尊严的，带有民族歧视性质和妨碍民族团结的，带有侮辱劳动人民性质和极端庸俗的，以及其他违背国家方针、政策的地名，必须更名。

（二）不符合本条例第四条第三、四、五款规定的地名，在征得有关方面和当地群众同意后，予以更名。

（三）一地多名、一名多写的，应当确定一个统一的名称和用字。

（四）不明显属于上述范围的、可改可不改的和当地群众不同意改的地名，不要更改。

第六条　地名命名、更名的审批权限和程序如下：

（一）行政区划名称的命名、更名，按照国务院《关于行政区划管理的规定》办理。

（二）国内外著名的或涉及两个省（自治区、直辖市）以上的山脉、河流、湖泊等自然地理实体名称，由省、自治区、直辖市人民政府提出意见，报国务院审批。

（三）边境地区涉及国界线走向和海上涉及岛屿归属界线以及载入边界条约和议定书中的自然地理实体名称和居民地

名称，由省、自治区、直辖市人民政府提出意见，报国务院审批。

（四）在科学考察中，对国际公有领域新的地理实体命名，由主管部门提出意见，报国务院审批。

（五）各专业部门使用的具有地名意义的台、站、港、场等名称，在征得当地人民政府同意后，由专业主管部门审批。

（六）城镇街道名称，由直辖市、市、县人民政府审批。

（七）其他地名，由省、自治区、直辖市人民政府规定审批程序。

（八）地名的命名、更名工作，可以交地名机构或管理地名工作的单位承办，也可以交其他部门承办；其他部门承办的，应征求地名机构或管理地名工作单位的意见。

第七条 少数民族语地名的汉字译写，外国地名的汉字译写，应当做到规范化。译写规则，由中国地名委员会制定。

第八条 中国地名的罗马字母拼写，以国家公布的"汉语拼音方案"作为统一规范。拼写细则，由中国地名委员会制定。

第九条 经各级人民政府批准和审定的地名，由地名机构负责汇集出版。其中行政区划名称，民政部门可以汇集出版单行本。

出版外国地名译名书籍，需经中国地名委员会审定或由中国地名委员会组织编纂。

各机关、团体、部队、企业、事业单位使用地名时，都以地名机构或民政部门编辑出版的地名书籍为准。

第十条 地名档案的管理，按照中国地名委员会和国家档案局的有关规定执行。

第十一条 地方人民政府应责成有关部门在必要的地方设置地名标志。

第十二条 本条例在实施中遇到的具体问题，由中国地名委员会研究答复。

第十三条 本条例自发布之日起施行。

地名管理条例实施细则①

（1996年6月18日民行发〔1996〕17号发布　根据2010年12月27日民政部令第38号修订）

第一章　总　　则

第一条 根据《地名管理条例》（以下简称《条例》）的规定，制定本实施细则。

第二条 凡涉及地名的命名与更名、地名的标准化处理、标准地名的使用、地名标志的设置、地名档案的管理等行为，均适用本细则。

第三条 《条例》所称自然地理实体名称，包括山、河、湖、海、岛礁、沙滩、岬角、海湾、水道、地形区等名称；行政区划名称，包括各级行政区域和各级人民政府派出机构所辖区域名称；居民地名称，包括城镇、区片、开发区、自然村、片村、农林牧渔点及街、巷、居民区、楼群（含楼、门号码）、建筑物等名称；各专业部门使用的具有地名意义的台、站、港、场等名称，还包括名胜古迹、纪念地、游览地等名称。

第四条 地名管理的任务是：依据国家关于地名管理的方针、政策和法规，通过地名管理的各项行政职能和技术手段，逐步实现国家地名标准化和国内外地名译写规范化，为社会主义建设和国际交往服务。

第五条 国家对地名实行统一管理、分级负责制。

第六条 民政部是全国地名管理的主管部门。其职责是：指导和协调全国地名管理工作；制定全国地名工作规划；审核地名的命名和更名；审定并组织编纂全国性标准地名资料和工具图书；指导、监督标准地名的推广使用；管理地名标志和地名档案；对专业部门使用的地名实行监督和协调管理。

第七条 县级以上民政管理部门（或地名委员会）主管本行政区域的地名工作。其职责是：贯彻执行国家关于地名工作的方针、政策、法律、法规；落实全国地名工作规划；审核、承办本辖区地名的命名、更名；推行地名的标准化、规范化；设置地名标志；管理地名档案；完成国家其他地名工作任务。

第二章　地名的命名与更名

第八条 地名的命名除应遵循《条例》第四条的规定外，还应遵循下列原则：

（一）有利于国家统一、主权和领土完整。

（二）反映当地人文或自然地理特征。

（三）使用规范的汉字或少数民族文字。

（四）不以外国人名、地名命名我国地名。

（五）人民政府不驻在同一城镇的县级以上行政区域名称，其专名不应相同。

一个县（市、区）内的乡、镇、街道办事处名称，一个乡、镇内自然村名称，一个城镇内的街、巷、居民区名称，不应重名；

国内著名的自然地理实体名称不应重名；

一个省、自治区、直辖市行政区域内，较重要的自然地理实体名称不应重名；

上述不应重名范围内的地名避免使用同音字。

（六）不以著名的山脉、河流等自然地理实体名称作行政区域专名；自然地理实体的范围超出本行政区域的，亦不以其名称作本行政区域专名。

---

① 该细则根据2010年12月27日民政部令第38号公布的《民政部关于废止、修改部分规章的决定》予以修订第3条、第12条、第32条和第33条。

（七）县、市、市辖区不以本辖区内人民政府非驻地村镇专名命名。

（八）乡、镇、街道办事处一般应以乡、镇人民政府驻地居民点和街道办事处所在街巷名命名。

（九）新建和改建的城镇街巷、居民区应按照层次化、序列化、规范化的要求予以命名。

第九条 地名的更名除应遵循《条例》第五条的规定外，凡不符合本细则第八条（四）、（五）、（七）、（八）项规定的地名，原则上也应予以更名。需要更改的地名，应随着城乡发展的需要，逐步进行调整。

第十条 地名命名、更名的审批权限按照《地名管理条例》第六条（一）至（七）项规定办理。

第十一条 申报地名的命名、更名时，应将命名、更名的理由及拟废止的旧名、拟采用的新名的含义、来源等一并加以说明。

第十二条 地名的命名、更名由地名管理部门负责承办。行政区划名称的命名、更名，由民政部门承办。

专业部门使用的具有地名意义的名称，其命名、更名由该专业部门负责承办，但应事先征得当地地名管理部门的同意。

第三章 地名的标准化处理

第十三条 凡符合《地名管理条例》规定，并经县级以上人民政府或专业主管部门批准的地名为标准地名。

第十四条 标准地名原则上由专名和通名两部分组成。通名用字应反映所称地理实体的地理属性（类别）。不单独使用通名词组作地名。具体技术要求，以民政部制定的技术规范为准。

第十五条 汉语地名中的方言俗字，一般用字音（或字义）相同或相近的通用字代替。对原有地名中带有一定区域性或特殊含义的通名俗字，经国家语言文字工作委员会审音定字后，可以保留。

第十六条 少数民族自治地方及民族乡名称，一般由地域专名、民族全称（包括“族”字）和相应自治区域通名组成。由多个少数民族组成的民族自治地方名称，少数民族的称谓至多列举三个。

第十七条 少数民族语地名的译写

（一）少数民族语地名，在各自民族语言、文字的基础上，按其标准（通用）语音，依据汉语普通话读音进行汉字译写。对约定俗成的汉字译名，一般不更改。

（二）多民族聚居区的地名，如不同民族有不同的称谓并无惯用汉语名称时，经当地地名管理部门征得有关少数民族的意见后，选择当地使用范围较广的某一语种称谓进行汉字译写。

（三）少数民族语地名的汉字译写，应尽可能采用常用字，避免使用多音、贬义和容易产生歧义的字词。

（四）有文字的少数民族语地名之间的相互译写，以本民族和他民族规范化的语言文字为依据，或者以汉语拼音字母拼写的地名为依据。

（五）少数民族语地名译写的具体技术要求，以民政部商同国务院有关部门制定的或经民政部审定的有关规范为依据。

第十八条 国外地名的汉字译写

（一）国外地名的汉字译写，除少数惯用译名外，以该国官方语言文字和标准音为依据；有两种以上官方语言文字的国家，以该地名所属语区的语言文字为依据。国际公共领域的地理实体名称的汉字译写，以联合国有关组织或国际有关组织颁布的标准名称为依据。

（二）国外地名的汉字译写，以汉语普通话读音为准，不用方言读音。尽量避免使用多音字、生僻字、贬义字。

（三）国外地名专名实行音译，通名一般实行意译。

（四）对国外地名原有的汉译惯用名采取“约定俗成”的原则予以保留。

（五）国外地名译写的具体技术要求，以国家地名管理部门制定的外国地名译名规范为依据。国外地名的译名以国家地名管理部门编纂或审定的地名译名手册中的地名为标准化译名。

第十九条 中国地名的罗马字母拼写

（一）《汉语拼音方案》是使用罗马字母拼写中国地名的统一规范。它不仅适用于汉语和国内其他少数民族语，同时也适用于英语、法语、德语、西班牙语、世界语等罗马字母书写的各种语文。

（二）汉语地名按《中国地名汉语拼音字母拼写规则（汉语地名部分）》拼写。

（三）少数民族的族称按国家技术监督局制定的《中国各民族名称的罗马字母拼写法和代码》的规定拼写。

（四）蒙、维、藏语地名以及惯用蒙、维、藏语文书写的少数民族语地名，按《少数民族语地名汉语拼音字母音译转写法》拼写。

（五）其他少数民族语地名，原则上以汉译名称按《中国地名汉语拼音字母拼写规则（汉语地名部分）》拼写。

（六）台湾省和香港、澳门地区的地名，依据国家有关规定进行拼写。

（七）地名罗马字母拼写具体规范由民政部商同国务院有关部门负责修订。

第四章 标准地名的使用

第二十条 各级地名管理部门和专业主管部门，应当将批准的标准地名及时向社会公布，推广使用。

第二十一条 各级地名管理部门和专业主管部门，负责编纂本行政区域或本系统的各种标准化地名出版物，及时向社会提供法定地名。其他部门不得编纂标准化地名工具图书。

第二十二条 机关、部队、团体、企业、事业单位的公告、文件、证件、影视、商标、广告、牌匾、地图以及出版物等方面所使用的地名,均应以正式公布的标准地名(包括规范化译名)为准,不得擅自更改。

第二十三条 对尚未公布规范汉字译写的外国地名,地名使用单位应根据国家地名管理部门制定的译名规则进行汉字译写。

第五章 地名标志的设置

第二十四条 行政区域界位、城镇街巷、居民区、楼、院、自然村屯、主要道路和桥梁、纪念地、文物古迹、风景名胜、台、站、港、场和重要自然地理实体等地方应当设置地名标志。一定区域内的同类地名标志应当力求统一。

第二十五条 地名标志的主要内容包括:标准地名汉字的规范书写形式;标准地名汉语拼音字母的规范拼写形式。在习惯于用本民族文字书写地名的民族自治区域,可依据民族区域自治法有关文字书写规定,并列该民族文字规范书写形式。

第二十六条 地名标志的设置和管理,由当地地名管理部门负责。其中街、巷、楼、门牌统一由地名主管部门管理,条件尚不成熟的地方,地名主管部门应积极取得有关部门的配合,共同做好标志的管理工作,逐步实现统一管理。专业部门使用的具有地名意义的名称标志,由地名管理部门协调有关专业部门设置和管理。

第二十七条 地名标志的设置和管理所需费用,当地人民政府根据具体情况,可由财政拨款,也可采取受益单位出资或工程预算费列支等方式筹措。

第六章 地名档案的管理

第二十八条 全国地名档案工作由民政部统一指导,各级地名档案管理部门分级管理。地名档案工作在业务上接受档案管理部门的指导、监督。

第二十九条 各级地名档案管理部门保管的地名档案资料,应不少于本级人民政府审批权限规定的地名数量。

第三十条 地名档案的管理规范,应执行民政部和国家档案局制定的有关规定。

第三十一条 各级地名档案管理部门,要在遵守国家保密规定原则下,积极开展地名信息咨询服务。

第七章 奖励与惩罚

第三十二条 各级地名管理部门应当加强地名工作的管理、监督和检查。对擅自命名、更名或使用不规范地名的单位和个人,由地名主管部门按照国家有关规定处理。

第三十三条 地名标志为国家法定的标志物。对损坏地名标志的,地名管理部门应责令其赔偿;对偷窃、故意损毁或擅自移动地名标志的,地名管理部门报请有关部门,依据《中华人民共和国治安管理处罚法》的规定予以处罚;情节恶劣、后果严重构成犯罪的,依法追究刑事责任。

第三十四条 当地人民政府对推广使用标准地名和保护地名标志作出贡献的单位和个人,应当给予表彰或奖励。

第八章 附 则

第三十五条 各省、自治区、直辖市人民政府可根据本细则,制定本行政区域的地名管理办法。

第三十六条 本细则由民政部负责解释。

第三十七条 本细则自发布之日起施行。

民政部关于加强地名管理工作的通知

(1999年5月4日 民行函〔1999〕79号)

各省、自治区、直辖市民政厅(局),地名办公室:

近年来,全国各级地名管理部门认真落实1991年全国地名管理工作会议精神,不断强化地名工作的行政管理职能,积极做好地名命名更名、地名标志设置等地名行政管理工作,取得了较大成绩。在我国经济快速发展的新形势下,尤其是在城镇建设规模不断扩大,建设速度不断加快的今天,地名管理工作所面临的任务越来越重,全面加强地名行政管理显得尤其重要。为使地名工作能够适应形势发展的需要,进一步做好新时期地名管理工作,现就有关问题通知如下:

一、不断完善地名管理法规,努力做到依法行政

"实行依法治国,建设社会主义法制国家"已被明确地写进《中华人民共和国宪法》。因此,各级地名管理部门一定要高度重视加强地名管理法制建设的重要性和紧迫性,切实将地名管理法制建设摆上议事日程。目前,有些县级行政区至今仍未制定本辖区的地名管理法规,从而制约了本地地名管理工作的开展。各地要结合本地的实际情况,尽快制定(修订)有关地名管理工作的法规。在制定(修订)地名管理法规过程中,要依据《地名管理条例》、《地名管理条例实施细则》以及1998年《国务院办公厅关于印发民政部职能配置内设机构和人员编制规定的通知》(国办发〔1998〕60号)中民政部负责"规范全国地名标志的设置和管理"的精神,进一步明确本辖区地名管理工作的职责与任务,理顺地名管理工作体制,为实现地名管理的依法行政打下坚实的基础。

二、加强城镇地名管理,做好地名命名更名工作

随着旧城改造、新区开发等城市建设的不断加快,地名管理工作在面临艰巨任务的同时,也面临着新的发展机遇。各级地名管理部门一定要抓住这一机遇,努力做好城市街、路、巷、楼、门牌、建筑物等名称的命名更名及其标志的设置与管理工作。设置地名标志,必须采用汉语拼音字母拼写,不得采用英文等其他外文拼写。地名命名更名工作要结合本地实际，建立严格的地名命名更名申报审批制度，并制定规范的申报审批程序，严禁不经地名主管部门批准随意进行命名更名或有偿命名更名的做法。在一定规模的改造与开发建设区中进行地名命名更名时，必须做好地名规划工作，同时要加强地名命名更名规范化，特别是地名通名规范化的理论研究，结合本地实际，制定出科学的地名通名规范化方案，避免随意性命名更名的现象，使地名工作更加科学、规范。

三、做好自然地理实体名称规范化工作，推进全国地名标准化的进程

在过去地名管理实践中，由于长期侧重于对人文地理实体名称的管理，疏于对自然地理实体名称必要的规范化管理，造成了目前自然地理实体仍存在着不少的“有地无名”、“一地多名”、“一名多地”等不规范的现象。各级地名管理部门在做好城镇地名管理工作的同时，要加强对自然地理实体名称的管理，重点是对风景区(包括正在开发和可能形成的风景区)中的自然地理实体名称的管理。在管理过程中，要严格按照《地名管理条例》、《地名管理条例实施细则》中有关地名命名更名的原则及审批权限和程序办理各种事宜，要科学地命名更名，尤其要做到地名通名的规范化，促进自然地理实体名称标准化水平的提高，推进全国地名标准化的进程，更好地为社会主义物质文明和社会主义精神文明建设服务。

民政部办公厅关于重申地名标志不得采用外文拼写的通知

(1998年9月16日　厅办函〔1998〕166号)

各省、自治区、直辖市民政厅(局)、地名办公室：

最近以来，各地地名管理部门不断来电来函反映国家有关部门在创建中国优秀旅游城市活动中，要求“城区主要道路有中英文对照的路牌”这一情况。我们认为：用汉语拼音方案作为我国地名的罗马字母拼写统一规范是经联合国第三届地名标准化大会通过的国际标准，也是经国务院批准的国家标准，为了很好地贯彻这一国际标准和国家标准，原中国地名委员会与国家有关部委曾于1987年(中地发〔1987〕21号)和1992年(中地发〔1992〕4号)两次发文，要求地名标志上的罗马字母拼写必须采用汉语拼音字母拼写而不得采用英文等其他外文拼写。各地在地名标志的罗马字母拼写问题上，必须严格遵守国家的这一规定。

针对各地所反映的情况，经我们与创建中国优秀旅游城市的主办单位之一的国家旅游局协商之后，国家旅游局在刚刚下发的《关于印发〈对中国优秀旅游城市检查标准(试行)中有关问题的解答口径〉的通知》(旅办发〔1998〕139号)中明确了“在开展创建中国优秀旅游城市活动中应遵守国家有关法律法规。按照国务院发布的《地名管理条例》第八条规定，中国地名的罗马字母拼写，以国家公布的‘汉语拼音方案’作为统一规范。因此各城市设置地名性路牌应遵守此规定”。地名标志为国家法定的标志物，地名标志上的书写、拼写内容及形式具有严肃的政治性。为此，就我国地名标志上罗马字母拼写问题再次重申：各地在设立各类地名标志时，其罗马字母拼写一律采用汉语拼音字母拼写形式，不得采用英文等其他有损于民族尊严的外文拼写。

中国地名委员会、民政部关于重申地名标志上地名书写标准化的通知

(1992年6月30日　中地发〔1992〕4号)

各省、自治区、直辖市地名委员会：

1987年中国地名委员会与国家有关部委就地名书写标准化问题，曾发出《关于地名标志不得采用“威妥玛式”等旧拼法和外文的通知》和《关于地名用字的若干规定》。几年来，各地在贯彻执行这两个文件精神方面，基本情况是好的。但是，近来发现在一些地方设置的村镇、街巷及道路、桥梁等地名标志上，地名书写仍存在不规范的现象。这对推行标准地名及逐步实现我国地名标准化不利。为适应对外开放，便于国际间的交往，充分发挥地名标志为社会主义建设和人们日常生活服务的作用，各级地名机构要把地名标志设置和管理作为加强地名管理工作的重要内容，严格做到地名标志书写的标准化。为此，现将有关规定重申如下：

一、地名标志上书写的地名，必须是经当地人民政府或地名管理部门批准的标准名称。

二、要按国家确定的规范汉字书写地名，不得使用繁体字、自造字。汉字书写要清晰，不得使用难以辨认的行书、草书书写。

三、地名的罗马字母拼音，要坚持国际标准化的原则。地名的专名和通名均应采用汉语拼音字母拼写，不得使用“威妥玛式”等旧拼法，也不得使用英文及其他外文译写。

各地接此通知后，要对本地区已设置的地名标志进行一次检查，对那些书写不标准的地名标志必须进行更换或改写。

十、社会工作与志愿服务

志愿服务条例

（2017 年 6 月 7 日国务院第 175 次常务会议通过　2017 年 8 月 22 日中华人民共和国国务院令第 685 号公布　自 2017 年 12 月 1 日起施行）

第一章　总　　则

第一条　为了保障志愿者、志愿服务组织、志愿服务对象的合法权益，鼓励和规范志愿服务，发展志愿服务事业，培育和践行社会主义核心价值观，促进社会文明进步，制定本条例。

第二条　本条例适用于在中华人民共和国境内开展的志愿服务以及与志愿服务有关的活动。

本条例所称志愿服务，是指志愿者、志愿服务组织和其他组织自愿、无偿向社会或者他人提供的公益服务。

第三条　开展志愿服务，应当遵循自愿、无偿、平等、诚信、合法的原则，不得违背社会公德、损害社会公共利益和他人合法权益，不得危害国家安全。

第四条　县级以上人民政府应当将志愿服务事业纳入国民经济和社会发展规划，合理安排志愿服务所需资金，促进广覆盖、多层次、宽领域开展志愿服务。

第五条　国家和地方精神文明建设指导机构建立志愿服务工作协调机制，加强对志愿服务工作的统筹规划、协调指导、督促检查和经验推广。

国务院民政部门负责全国志愿服务行政管理工作；县级以上地方人民政府民政部门负责本行政区域内志愿服务行政管理工作。

县级以上人民政府有关部门按照各自职责，负责与志愿服务有关的工作。

工会、共产主义青年团、妇女联合会等有关人民团体和群众团体应当在各自的工作范围内做好相应的志愿服务工作。

第二章　志愿者和志愿服务组织

第六条　本条例所称志愿者，是指以自己的时间、知识、技能、体力等从事志愿服务的自然人。

本条例所称志愿服务组织，是指依法成立，以开展志愿服务为宗旨的非营利性组织。

第七条　志愿者可以将其身份信息、服务技能、服务时间、联系方式等个人基本信息，通过国务院民政部门指定的志愿服务信息系统自行注册，也可以通过志愿服务组织进行注册。

志愿者提供的个人基本信息应当真实、准确、完整。

第八条　志愿服务组织可以采取社会团体、社会服务机构、基金会等组织形式。志愿服务组织的登记管理按照有关法律、行政法规的规定执行。

第九条　志愿服务组织可以依法成立行业组织，反映行业诉求，推动行业交流，促进志愿服务事业发展。

第十条　在志愿服务组织中，根据中国共产党章程的规定，设立中国共产党的组织，开展党的活动。志愿服务组织应当为党组织的活动提供必要条件。

第三章　志愿服务活动

第十一条　志愿者可以参与志愿服务组织开展的志愿服务活动，也可以自行依法开展志愿服务活动。

第十二条　志愿服务组织可以招募志愿者开展志愿服务活动；招募时，应当说明与志愿服务有关的真实、准确、完整的信息以及在志愿服务过程中可能发生的风险。

第十三条　需要志愿服务的组织或者个人可以向志愿服务组织提出申请，并提供与志愿服务有关的真实、准确、完整的信息，说明在志愿服务过程中可能发生的风险。志愿服务组织应当对有关信息进行核实，并及时予以答复。

第十四条　志愿者、志愿服务组织、志愿服务对象可以根据需要签订协议，明确当事人的权利和义务，约定志愿服务的内容、方式、时间、地点、工作条件和安全保障措施等。

第十五条　志愿服务组织安排志愿者参与志愿服务活动，应当与志愿者的年龄、知识、技能和身体状况相适应，不得要求志愿者提供超出其能力的志愿服务。

第十六条　志愿服务组织安排志愿者参与的志愿服务活动需要专门知识、技能的，应当对志愿者开展相关培训。

开展专业志愿服务活动，应当执行国家或者行业组织制定的标准和规程。法律、行政法规对开展志愿服务活动有职业资格要求的，志愿者应当依法取得相应的资格。

第十七条　志愿服务组织应当为志愿者参与志愿服务活动提供必要条件，解决志愿者在志愿服务过程中遇到的困难，维护志愿者的合法权益。

志愿服务组织安排志愿者参与可能发生人身危险的志愿服务活动前,应当为志愿者购买相应的人身意外伤害保险。

第十八条 志愿服务组织开展志愿服务活动,可以使用志愿服务标志。

第十九条 志愿服务组织安排志愿者参与志愿服务活动,应当如实记录志愿者个人基本信息、志愿服务情况、培训情况、表彰奖励情况、评价情况等信息,按照统一的信息数据标准录入国务院民政部门指定的志愿服务信息系统,实现数据互联互通。

志愿者需要志愿服务记录证明的,志愿服务组织应当依据志愿服务记录无偿、如实出具。

记录志愿服务信息和出具志愿服务记录证明的办法,由国务院民政部门会同有关单位制定。

第二十条 志愿服务组织、志愿服务对象应当尊重志愿者的人格尊严;未经志愿者本人同意,不得公开或者泄露其有关信息。

第二十一条 志愿服务组织、志愿者应当尊重志愿服务对象人格尊严,不得侵害志愿服务对象个人隐私,不得向志愿服务对象收取或者变相收取报酬。

第二十二条 志愿者接受志愿服务组织安排参与志愿服务活动的,应当服从管理,接受必要的培训。

志愿者应当按照约定提供志愿服务。志愿者因故不能按照约定提供志愿服务的,应当及时告知志愿服务组织或者志愿服务对象。

第二十三条 国家鼓励和支持国家机关、企业事业单位、人民团体、社会组织等成立志愿服务队伍开展专业志愿服务活动,鼓励和支持具备专业知识、技能的志愿者提供专业志愿服务。

国家鼓励和支持公共服务机构招募志愿者提供志愿服务。

第二十四条 发生重大自然灾害、事故灾难和公共卫生事件等突发事件,需要迅速开展救助的,有关人民政府应当建立协调机制,提供需求信息,引导志愿服务组织和志愿者及时有序开展志愿服务活动。

志愿服务组织、志愿者开展应对突发事件的志愿服务活动,应当接受有关人民政府设立的应急指挥机构的统一指挥、协调。

第二十五条 任何组织和个人不得强行指派志愿者、志愿服务组织提供服务,不得以志愿服务名义进行营利性活动。

第二十六条 任何组织和个人发现志愿服务组织有违法行为,可以向民政部门、其他有关部门或者志愿服务行业组织投诉、举报。民政部门、其他有关部门或者志愿服务行业组织接到投诉、举报,应当及时调查处理;对无权处理的,应当告知投诉人、举报人向有权处理的部门或者行业组织投诉、举报。

第四章 促进措施

第二十七条 县级以上人民政府应当根据经济社会发展情况,制定促进志愿服务事业发展的政策和措施。

县级以上人民政府及其有关部门应当在各自职责范围内,为志愿服务提供指导和帮助。

第二十八条 国家鼓励企业事业单位、基层群众性自治组织和其他组织为开展志愿服务提供场所和其他便利条件。

第二十九条 学校、家庭和社会应当培养青少年的志愿服务意识和能力。

高等学校、中等职业学校可以将学生参与志愿服务活动纳入实践学分管理。

第三十条 各级人民政府及其有关部门可以依法通过购买服务等方式,支持志愿服务运营管理,并依照国家有关规定向社会公开购买服务的项目目录、服务标准、资金预算等相关情况。

第三十一条 自然人、法人和其他组织捐赠财产用于志愿服务的,依法享受税收优惠。

第三十二条 对在志愿服务事业发展中做出突出贡献的志愿者、志愿服务组织,由县级以上人民政府或者有关部门按照法律、法规和国家有关规定予以表彰、奖励。

国家鼓励企业和其他组织在同等条件下优先招用有良好志愿服务记录的志愿者。公务员考录、事业单位招聘可以将志愿服务情况纳入考察内容。

第三十三条 县级以上地方人民政府可以根据实际情况采取措施,鼓励公共服务机构等对有良好志愿服务记录的志愿者给予优待。

第三十四条 县级以上人民政府应当建立健全志愿服务统计和发布制度。

第三十五条 广播、电视、报刊、网络等媒体应当积极开展志愿服务宣传活动,传播志愿服务文化,弘扬志愿服务精神。

第五章 法律责任

第三十六条 志愿服务组织泄露志愿者有关信息、侵害志愿服务对象个人隐私的,由民政部门予以警告,责令限期改正;逾期不改正的,责令限期停止活动并进行整改;情节严重的,吊销登记证书并予以公告。

第三十七条 志愿服务组织、志愿者向志愿服务对象收取或者变相收取报酬的,由民政部门予以警告,责令退还收取的报酬;情节严重的,对有关组织或者个人并处所收取报酬一倍以上五倍以下的罚款。

第三十八条 志愿服务组织不依法记录志愿服务信息或者出具志愿服务记录证明的,由民政部门予以警告,责令限期改正;逾期不改正的,责令限期停止活动,并可以向社会和有关单位通报。

第三十九条 对以志愿服务名义进行营利性活动的组织

和个人,由民政、工商等部门依法查处。

第四十条　县级以上人民政府民政部门和其他有关部门及其工作人员有下列情形之一的,由上级机关或者监察机关责令改正;依法应当给予处分的,由任免机关或者监察机关对直接负责的主管人员和其他直接责任人员给予处分:

(一)强行指派志愿者、志愿服务组织提供服务;

(二)未依法履行监督管理职责;

(三)其他滥用职权、玩忽职守、徇私舞弊的行为。

第六章　附　　则

第四十一条　基层群众性自治组织、公益活动举办单位和公共服务机构开展公益活动,需要志愿者提供志愿服务的,可以与志愿服务组织合作,由志愿服务组织招募志愿者,也可以自行招募志愿者。自行招募志愿者提供志愿服务的,参照本条例关于志愿服务组织开展志愿服务活动的规定执行。

第四十二条　志愿服务组织以外的其他组织可以开展力所能及的志愿服务活动。

城乡社区、单位内部经基层群众性自治组织或者本单位同意成立的团体,可以在本社区、本单位内部开展志愿服务活动。

第四十三条　境外志愿服务组织和志愿者在境内开展志愿服务,应当遵守本条例和中华人民共和国有关法律、行政法规以及国家有关规定。

组织境内志愿者到境外开展志愿服务,在境内的有关事宜,适用本条例和中华人民共和国有关法律、行政法规以及国家有关规定;在境外开展志愿服务,应当遵守所在国家或者地区的法律。

第四十四条　本条例自2017年12月1日起施行。

志愿服务记录与证明出具办法(试行)

(2020年12月2日民政部令第67号公布　自2021年2月1日起施行)

第一条　为了规范志愿服务记录和志愿服务记录证明出具工作,保障志愿者和志愿服务组织等志愿服务活动参与者的合法权益,促进志愿服务事业发展,根据《中华人民共和国慈善法》和《志愿服务条例》等法律法规,制定本办法。

第二条　本办法所称志愿服务记录,是指志愿服务组织和依法开展志愿服务活动的其他组织通过志愿服务信息系统或者纸质载体等形式,记录志愿者参与志愿服务活动的有关信息。

本办法所称志愿服务记录证明,是指志愿服务组织和依法开展志愿服务活动的其他组织依据志愿服务记录信息形成的、能够证明志愿者参加志愿服务有关情况的材料。

第三条　记录志愿服务信息、出具志愿服务记录证明,应当遵循真实、准确、完整、无偿、及时的原则。

第四条　志愿服务组织记录的志愿服务信息,包括志愿者的个人基本信息、志愿服务情况、培训情况、表彰奖励情况和评价情况。

根据工作需要,志愿服务组织还可以记录与志愿服务有关的其他信息。

志愿服务组织可以通过国务院民政部门指定的志愿服务信息系统记录志愿服务信息,也可以通过其他志愿服务信息系统或者纸质载体等形式记录。其他志愿服务信息系统或者纸质载体等形式记录的志愿者个人基本信息、志愿服务情况等信息,志愿服务组织应当按照统一的信息数据标准录入国务院民政部门指定的志愿服务信息系统,实现数据互联互通。

第五条　志愿者的个人基本信息,包括姓名、性别、出生日期、身份证件号码、居住区域、联系方式、专业技能和服务类别等。

第六条　志愿者的个人基本信息,可以由志愿者本人在志愿服务信息系统录入;经志愿者同意后,也可以由志愿服务组织录入。

志愿者提供的个人基本信息应当真实、准确、完整。

志愿服务组织发现志愿者的个人基本信息有明显错误、缺漏,或者与实际情况不一致的,应当要求志愿者修改、补充。

第七条　志愿者的志愿服务情况,包括志愿者参加志愿服务活动的名称、日期、地点、服务内容、服务时间、活动组织单位和活动负责人。

前款的服务时间是指志愿者参与志愿服务实际付出的时间,以小时为计量单位。志愿服务组织应当根据志愿服务活动的实际情况,科学合理确定服务时间。

第八条　志愿者的培训情况,包括志愿者参加志愿服务有关培训的名称、主要内容、学习时长、培训举办单位和日期等信息。

志愿服务组织应当及时、如实记录志愿者的培训情况。

第九条　志愿者的表彰奖励情况,包括志愿者获得志愿服务表彰奖励的名称、日期和授予单位。

志愿服务组织应当及时记录志愿者在本组织获得表彰奖励的情况。志愿者获得县级以上人民政府或者有关部门给予志愿服务表彰奖励的,志愿服务组织应当在志愿者提供相关材料后及时、如实记录。

志愿者获得其他组织给予志愿服务表彰奖励的,可以凭相关材料申请志愿服务组织协助记录。志愿服务组织核实无误后应当协助记录。

第十条　志愿者的评价情况,包括对志愿者的服务质量评价以及评价日期。

志愿服务组织可以根据志愿服务完成情况、志愿服务对象反馈情况,对志愿者的服务质量进行评价。

志愿服务组织可以基于服务时间和服务质量等,对志愿者进行星级评价。

第十一条 志愿服务组织应当及时记录志愿服务信息。其中志愿服务情况和评价情况,应当在志愿服务活动结束后10个工作日内完成记录。

第十二条 志愿者可以在志愿服务信息系统中查询本人的志愿服务记录信息。

志愿者需要志愿服务组织协助查询的,志愿服务组织应当给予帮助。

第十三条 志愿者发现本人的志愿服务信息记录有错误、缺漏的,可以向相关志愿服务组织提出。志愿服务组织应当及时核实,确有错误、缺漏的,予以修改、补充。

第十四条 志愿服务组织应当根据志愿者的需要,以志愿服务记录信息为依据,为志愿者无偿、如实出具志愿服务记录证明。

志愿者可以在志愿服务信息系统中打印本人的志愿服务记录证明。

第十五条 志愿服务记录证明应当载明志愿者的志愿服务时间、服务内容和记录单位,也可以包含记录的其他信息。志愿服务记录证明的格式,可以参照国务院民政部门提供的规范样式。

根据志愿者的需要,志愿服务组织可以在志愿服务记录证明上加盖印章。

第十六条 志愿服务组织应当妥善管理志愿服务记录信息,不得将志愿服务记录信息用于商业目的。

未经志愿者本人同意,不得公开或者泄露其有关信息。

第十七条 志愿服务记录证明可以通过志愿服务信息系统查验。

任何单位和个人不得伪造、变造或者使用虚假志愿服务记录证明。

第十八条 志愿服务组织应当在年度工作报告中如实反映开展志愿服务记录和证明出具工作情况,并依法向社会公开。

第十九条 不属于志愿服务的活动,不得进行志愿服务信息记录、出具志愿服务记录证明。

第二十条 任何单位和个人发现志愿服务组织不依法记录志愿服务信息、出具志愿服务记录证明,或者发现单位和个人伪造、变造、使用虚假志愿服务记录证明的,可以向民政部门投诉、举报。

第二十一条 民政部门建立志愿服务信息记录和志愿服务记录证明抽查制度,重点检查志愿服务记录与证明的真实性、合法性,抽查结果向社会公开。

第二十二条 民政部门进行监督检查时,可以向志愿服务有关各方了解核实情况,有权要求志愿服务组织提供相关资料,志愿服务组织不得隐瞒、阻碍或者拒绝。

第二十三条 志愿服务组织泄露志愿者有关记录信息、侵害志愿服务对象个人隐私的,由民政部门依据《志愿服务条例》第三十六条的规定予以警告,责令限期改正;逾期不改正的,责令限期停止活动并进行整改;情节严重的,吊销登记证书并予以公告。

第二十四条 志愿服务组织不依法记录志愿服务信息或者出具志愿服务记录证明的,由民政部门依据《志愿服务条例》第三十八条的规定予以警告,责令限期改正;逾期不改正的,责令限期停止活动,并可以向社会和有关单位通报。

第二十五条 利用志愿服务记录或者志愿服务记录证明出具进行营利性活动的,民政部门可以给予警告。

第二十六条 慈善组织、基层群众性自治组织、公益活动举办单位、公共服务机构开展公益活动,依法与志愿服务组织合作,由志愿服务组织招募志愿者的,应当由志愿服务组织做好志愿服务记录与证明出具工作;依法自行招募志愿者的,参照本办法关于志愿服务组织的规定做好志愿服务记录与证明出具工作。

在城乡社区、单位内部成立的开展志愿服务活动的团体,应当在对其实施管理的基层群众性自治组织或者单位指导下,记录志愿者的志愿服务信息。

第二十七条 本办法自2021年2月1日起施行。

关于加强社会工作专业岗位开发与人才激励保障的意见

(2016年10月14日)

各省、自治区、直辖市民政厅(局)、综治办、教育厅(教委)、公安厅(局)、司法厅(局)、财政厅(局)、人力资源社会保障厅(局)、卫生计生委,总工会、团委、妇联、残联;新疆生产建设兵团民政局、综治办、教育局、公安局、司法局、财务局、人力资源社会保障局、卫生局、人口计生委,工会、团委、妇联、残联:

为加快推进社会工作专业人才队伍建设,不断提高社会工作专业化职业化水平,根据《国家中长期人才发展规划纲要(2010-2020年)》(中发〔2010〕6号)、《关于深化司法体制和社会体制改革的意见》(中办发〔2014〕24号)和《关于加强社会工作专业人才队伍建设的意见》(中组发〔2011〕25号)要求,现就加强社会工作专业岗位开发与人才激励保障提出如下意见:

一、加强社会工作专业岗位开发与人才激励保障的重要意义和总体要求

加强社会工作专业人才队伍建设,促进专业社会工作发展,是创新社会治理、激发社会活力的内在要求,是完善现代社会服务体系、满足人民群众个性化多样化服务需求的制度安排,是推进国家治理体系和治理能力现代化的重要内容。党的十六届六中全会提出建设宏大的社会工作人才队伍以

来,我国专业社会工作得到快速发展,在服务人民群众、化解社会矛盾、融洽社会关系、促进社会和谐、巩固党的执政基础等方面发挥了重要作用。但总体看,我国专业社会工作仍处在起步阶段,基础还比较薄弱,专业化职业化水平还不高,尤其是专业岗位不规范、数量较少,社会工作专业人才薪酬待遇水平较低,成为制约社会工作专业人才队伍壮大和专业社会工作发展的重要瓶颈。开发和规范社会工作专业岗位,提升社会工作专业人才薪酬待遇和激励保障水平,是发展专业社会工作的当务之急,是有效吸引和稳定广大社会工作专业人才长期投身专业化社会治理与服务的迫切需要。

今后一个时期,各地要从落实"四个全面"战略布局和创新社会治理、保障改善民生的战略高度,以社会需求为导向,扩大专业社会工作覆盖领域和服务范围,逐步加大社会工作专业岗位开发和规范力度,建立健全社会工作专业人才激励保障制度,切实保障社会工作专业人才薪酬待遇水平,拓宽职业发展空间。各地在推进社会工作专业岗位开发与人才激励保障工作中,要坚持按需设岗、以岗定薪。按照国家有关规定,根据现实发展需要,积极开发社会工作专业岗位,将符合条件的社会工作专业人才配置到相应社会工作专业岗位,落实相应的薪酬待遇。要坚持分类指导、有序推进。根据群团基层组织、城乡社区以及相关事业单位、社会组织的性质与特点,适应不同领域专业社会工作发展的实际需要开发社会工作专业岗位,完善社会工作专业人才薪酬待遇与激励保障措施。要坚持保障基层、稳定一线。充分发挥专业岗位的承载作用、薪酬待遇与激励保障政策的导向作用,切实解决广大社会工作专业人才的后顾之忧,积极引导、重点保障社会工作专业人才到基层一线和艰苦地区开展专业服务活动。

二、加快推进社会工作专业岗位开发

(一)明确社会工作职业任务。加快推进社会工作的职业化发展,根据不同领域社会工作服务需求与特点,逐步完善社会工作职业标准,明确社会工作职业任务。社会工作职业任务主要包括:运用社会工作专业理念、方法与技能,提供帮困扶弱、情绪疏导、心理抚慰、精神关爱、行为矫治、社会康复、权益维护、危机干预、关系调适、矛盾化解、能力建设、资源链接、社会融入等方面服务,帮助个人、家庭恢复和发展社会功能;帮助面临共同困境或需求的群体建立支持系统;培育社区社会组织、开展社区活动、参与社区协商、化解社区矛盾、促进社区发展;组织开展社会服务需求评估、方案设计、项目管理、绩效评价与行动研究;开展社会工作专业督导,帮助督导对象强化专业服务理念、提升专业服务能力、解决专业服务难题,协助做好志愿者招募、注册、培训与考核,引导和组织志愿者开展社会服务。用人单位应按照社会工作职业任务要求,结合自身需求与特点明确和规范社会工作专业岗位职责任务和任职条件。

(二)明确社会工作专业人才配备要求。老年人福利机构、残疾人福利和服务机构、儿童福利机构、收养服务机构、妇女儿童援助机构、困难职工帮扶机构、职工权益维护机构、婚姻家庭服务机构、青少年服务机构、社会救助服务机构、救助管理机构、未成年人保护机构、优抚安置服务保障机构等以社会工作服务为主的事业单位可根据工作需要将社会工作专业岗位明确为主体专业技术岗位;医院、学校、殡仪服务机构、人口计生服务机构等需要开展社会工作服务的单位,要将社会工作专业岗位纳入专业技术岗位管理范围。贯彻落实中央关于事业单位改革的精神,积极探索采取政府购买服务方式提供社会工作服务,逐步实现政府提供社会工作服务从"养人"向"办事"转变。支持引导相关事业单位在承接实施政府购买社会服务中吸纳和使用社会工作专业人才。

街道(乡镇)社区服务中心、城乡社区服务站、街道(乡镇)综治中心、社区综治中心、家庭综合服务中心、基层文化服务机构、群团组织服务阵地等基层公共服务平台以及基层人民调解组织、社区矫正机构、安置帮教机构、禁毒戒毒机构、灾害救援组织等根据需要配备社会工作专业人才。鼓励有条件的街道和乡镇依托现有资源支持发展民办社会工作服务机构,使用社会工作专业人才,通过政府购买服务等方式延伸基层社会治理与专业服务臂力。

(三)规范社会工作专业岗位聘用(任)。各地要支持引导城乡社区以及相关事业单位、社会组织明确社会工作专业岗位等级,建立相应的社会工作职级体系,不断拓宽和畅通社会工作专业人才的职业发展空间。实行国家社会工作者水平评价类职业资格与相应系列专业技术职务评聘相衔接,通过考试取得国家社会工作者职业资格证书人员,用人单位可根据工作需要,聘用(任)相应级别专业技术职务。聘用到高级专业技术岗位的,应具有高级社会工作师职业资格证书;聘用到中级专业技术岗位的,应具有社会工作师职业资格证书;聘用到初级专业技术岗位的,应具有助理社会工作师职业资格证书。

三、切实做好社会工作专业人才激励保障工作

(一)合理确定社会工作专业人才薪酬待遇。根据社会工作专业人才从业领域、工作岗位和职业水平等级,落实相应的薪酬保障政策。对聘用到事业单位的正式工作人员,按照国家有关规定确定工资待遇;对以其他形式就业于基层党政机关、群团组织、事业单位、城乡社区、社会组织和企业的社会工作专业人才,由用人单位综合职业水平等级、学历、资历、业绩、岗位等因素并参考同类人员合理确定薪酬标准,同时按照国家有关规定办理社会保险和公积金。各地要根据经济社会发展和整体工资水平,制定并适时调整城乡社区、社会组织和企业的社会工作专业人才薪酬指导标准。完善政府购买社会工作服务成本核算制度,编制预算时要将社会工作专业人才人力成本作为重要核算依据。承接政府购买服务的单位应参考当地薪酬指导标准支付社会工作专业人才薪酬。各地要将高层次社会工作专业人才纳入当地急需紧缺和重点人才引进范围,按照规定享受户籍落地、保障房申请等相关优惠政策;在选拔申报享受政府特殊津贴人员时要充分考虑符合条件的优秀社会工作专业人才。

(二)加大社会工作专业人才表彰奖励力度。将社会工作专业人才纳入国家现有表彰奖励范围,对政治坚定、业绩突出、能力卓著、群众认可的社会工作专业人才给予表彰奖励。开展全国专业社会工作领军人才选拔培养活动,将获选的专业社会工作领军人才纳入国家专业技术人才知识更新工程重点培养范围。各地各有关部门要按照国家有关规定,结合实际开展形式多样的社会工作专业人才表彰奖励活动。落实《边远贫困地区、边疆民族地区和革命老区人才支持计划实施方案》(中组发〔2012〕7号)要求,对表现优异、贡献突出的被选派社会工作专业人才由国家或地方按规定予以表彰奖励,执行“社会工作专业人才服务边远贫困地区、边疆民族地区和革命老区计划”成绩突出的单位,由国家或地方按照相关规定给予表彰。鼓励社会工作服务机构、社会工作教育研究机构等对单位内部优秀社会工作专业人才开展多种形式的表彰奖励。鼓励社会工作行业组织、有条件的企业、社会组织和个人依法设立社会工作专业人才奖励基金,对有突出贡献的社会工作专业人才进行奖励。

(三)努力提高社会工作专业人才职业地位。落实《关于加强社会工作专业人才队伍建设的意见》要求,注重把政治素质好、业务水平高的社会工作专业人才吸纳进党员干部队伍,选拔进基层领导班子,支持有突出贡献的社会工作专业人才进入人大、政协参政议政。承担社会服务职能的党政机关、群团组织和事业单位在招录(聘)社会服务相关职位工作人员和选拔干部时,同等条件下优先录(聘)用具有丰富基层实践经验、善于做群众工作的社会工作专业人才,逐步充实社会服务专业力量。鼓励符合条件的社会工作专业人才通过选举进入社区(村)党组织、居(村)民自治组织。引导社会工作专业人才通过优质的专业服务,赢得群众认可,提升专业形象。鼓励有条件的地区设立社会工作专业人才关爱基金。依托各类新闻媒体和活动载体,广泛宣传专业社会工作优秀人物、先进事迹和典型经验,大力报道专业社会工作发展历程及最新成就,积极争取社会各界对专业社会工作发展的参与支持,大力营造关心、理解、尊重社会工作专业人才的浓厚社会氛围。

(四)关心艰苦地区社会工作专业人才成长发展。落实国家为推动西部大开发,促进边远贫困地区、边疆民族地区和革命老区发展的各项人才激励政策。对录(聘)用到艰苦地区工作的社会工作专业人才,同等条件下在提拔晋升、专业技术职务聘用(任)时优先予以考虑。对在艰苦地区服务满两年报考社会工作专业硕士、博士研究生的社会工作专业人才,同等条件下优先录取。对自愿长期留在艰苦地区工作的优秀社会工作专业人才,当地政府部门要根据有关政策协助解决其住房、子女就学、配偶就业等事宜。

四、进一步加强对社会工作专业岗位开发与人才激励保障工作的组织领导

(一)落实工作职责。各地要将发展专业社会工作纳入当地经济社会发展规划。各地综治、教育、公安、民政、司法行政、财政、人力资源社会保障、卫生计生等部门以及工会、共青团、妇联、残联等群团组织要高度重视社会工作专业岗位开发与人才激励保障工作,按照《关于加强社会工作专业人才队伍建设的意见》中确立的社会工作专业人才队伍建设工作机制要求,履行各自职责,相互支持配合。综治部门要注重发挥社会工作专业人才在促进基层社会治理、平安中国建设中的作用,协调推进综治领域社会工作专业岗位开发与人才激励保障工作。民政部门要发挥牵头引导作用,联合推进各领域社会工作专业岗位开发,加快建立健全社会工作专业人才激励保障制度。财政部门要加大社会工作专业岗位开发与人才激励保障的支持力度。人力资源社会保障部门要将取得国家社会工作者水平评价类职业资格证书的社会工作专业人才纳入专业技术人员管理范围,指导做好相关事业单位社会工作专业岗位开发、社会工作专业人才评价、薪酬待遇落实和激励保障工作。教育、公安、司法行政、卫生计生等部门以及工会、共青团、妇联、残联等群团组织要做好各自领域的社会工作专业岗位开发与人才激励保障工作。各地要抓紧研究制定具体实施办法,形成从中央到地方相互衔接的社会工作专业岗位开发与人才激励保障政策体系。

(二)加大资金支持。各地要将应由政府承担的社会工作专业人才薪酬待遇和激励保障经费纳入财政预算,加大财政投入,加强绩效评价,确保资金使用效益。各有关部门和组织要重视解决本系统、本领域社会工作专业人才薪酬待遇问题。积极引导社会资金支持社会工作专业人才激励保障工作。符合国家支持大众创业、万众创新有关政策条件的社会工作服务机构可以按照规定享受有关优惠政策,促进社会工作服务人员就业。探索面向市场开展社会工作服务,通过合理收费解决专业人员薪酬保障和机构生存发展等问题。

(三)强化督查落实。民政部会同中央综治办、教育部、公安部、司法部、财政部、人力资源社会保障部、国家卫生计生委等部门以及全国总工会、共青团中央、全国妇联、中国残联等群团组织将联合组成督查组,对各地落实社会工作专业岗位开发与人才激励保障政策情况进行督促检查,研究解决政策实施中的突出问题。各地相关部门要对本地区贯彻落实社会工作专业岗位开发与人才激励保障政策的情况进行督查,确保各项政策要求落实到位,确保社会工作专业人才有广阔的职业发展空间,其薪酬待遇水平与职业地位得到明显提高。

民政部、财政部关于中央财政支持开展居家和社区养老服务改革试点工作的通知

（2016 年 7 月 13 日　民函〔2016〕200 号）

各省、自治区、直辖市民政厅（局）、财政厅（局），新疆生产建设兵团民政局、财务局：

为全面贯彻党的十八届五中全会决定提出的“建设以居家为基础、社区为依托、机构为补充的多层次养老服务体系”的精神，落实 2016 年政府工作报告中提出的“开展养老服务业综合改革试点”的要求，中央财政决定安排中央专项彩票公益金，通过以奖代补方式，选择一批地区进行居家和社区养老服务改革试点，促进完善养老服务体系。现就有关事项通知如下：

一、总体要求

（一）指导思想。贯彻落实党的十八大和十八届三中、四中、五中全会精神，以习近平总书记关于加强老龄工作的重要指示精神为指导，重点支持试点地区居家和社区养老服务发展，通过政府扶持、社会力量运营、市场化运作，全面提升居家和社区养老综合服务能力，总结推广居家和社区养老服务发展的可推广、可复制、可持续的经验，引领带动全国居家和社区养老服务发展，巩固居家和社区养老服务在养老服务体系中的基础地位，满足绝大多数有需求的老年人在家或社区享受养老服务的愿望。

（二）基本原则。

一是中央引导、地方为主。中央明确试点目标任务，给予资金支持、工作指导，并对地方试点进行跟踪评估和绩效考核，对成功模式和经验做法进行宣传、复制和推广。地方政府是发展居家和养老服务业的责任主体，负责制定试点实施方案，建立工作推进机制，明确相关措施，并抓好组织落实。

二是政府主导、社会参与。充分发挥政府在支持居家和社区养老服务发展方面的主导作用，落实准入、金融、财税、土地等优惠政策，通过搭建平台、购买服务、公办民营、民办公助、股权合作等方式，支持和鼓励社会力量进入。同时，政府负责行业监管，制定标准规范，确保居家和社区养老服务供给质量和水平。社会力量以市场需求为导向，保供给、可持续，有效提高养老服务供给能力。

三是突出重点、先行先试。鼓励试点地区立足本地实际，以解决居家和社区养老服务发展短板问题为重点，探索创新，开展多种形式的试点，为居家和社区养老服务发展积累经验，充分发挥其典型示范、以点带面的作用。要有计划、有步骤地开展试点，前两三年重点针对发展短板，采取有效促进措施，形成综合服务能力，后两三年重点完善政策措施，推广成功试点经验，形成规模，扩大服务覆盖面。

（三）试点目标。通过中央资金引导，鼓励地方加大政策创新和资金投入力度，统筹各类资源，优化发展环境，逐步认识和把握居家和社区养老服务发展的规律，形成一批服务内容全面覆盖、社会力量竞争参与、人民群众普遍认可的居家和社区养老服务成功经验，形成比较完备的居家和社区养老服务发展环境和推动机制，鼓励其它地区借鉴应用，快速提高我国居家和社区养老服务发展能力和水平，切实增强人民群众的获得感。试点资金以打造居家和社区养老服务发展软环境和软实力为主，硬件设施建设为辅。

二、重点支持领域

（一）支持通过购买服务、公建民营、民办公助、股权合作等方式，鼓励社会力量管理运营居家和社区养老服务设施，培育和打造一批品牌化、连锁化、规模化的龙头社会组织或机构、企业，使社会力量成为提供居家和社区养老服务的主体。

（二）支持城乡敬老院、养老院等养老机构开展延伸服务，直接提供居家和社区养老服务，或为居家和社区养老服务设施提供技术支撑。

（三）支持探索多种模式的“互联网+”居家和社区养老服务模式和智能养老技术应用，促进供需双方对接，为老年人提供质优价廉、形式多样的服务。

（四）支持养老护理人员队伍建设，加强专业服务人员培养，增强养老护理职业吸引力，提升养老护理人员素质。

（五）推动完善相关养老服务的标准化和规范化建设，通过购买服务方式，积极培育和发展第三方监管机构和组织，建立服务监管长效机制，保证居家和社区养老服务质量水平。

（六）支持采取多种有效方式，积极推进医养结合，使老年人在居家和社区获得方便、快捷、适宜的医疗卫生服务。

（七）支持老城区和已建成居住（小）区通过购置、置换、租赁等方式开辟养老服务设施，支持依托农村敬老院、行政村、较大自然村利用已有资源建设日间照料中心、养老服务互助幸福院、托老所、老年活动站等农村养老服务设施，满足城乡老年人特别是空巢、留守、失能、失独、高龄老年人的养老服务需求。

三、组织实施

（一）申报程序。各省（区、市）组织所辖地市进行申报，申报城市自愿报名申请，经省级民政、财政部门审核后，报送民政部和财政部审定。民政部、财政部组织专家对申报城市进行打分和排序，选择部分重视发展养老服务业，在居家和社区养老服务发展方面具有良好工作基础，在老年人口规模、老龄化程度、经济社会发展水平、地方财力等方面具有代表性的地级市（含直辖市的区）开展试点。具体申报口径和要求按《关于开展 2016 年居家和社区养老服务改革试点申报工作的通知》要求执行。

（二）资金支持。2016 年选择部分地级市（含直辖市的区）进行试点，中央资金突出奖补原则，按因素法分配，采取当

年预拨60%，次年根据考核结果进行结算，由试点地区统筹各级财政安排的资金，结合其实际情况安排用于上述支持居家和社区养老服务业发展的7个重点领域。

（三）绩效考核。民政部将会同财政部主要根据以上7个方面的重点支持领域，提出绩效目标考核要求，并组织开展相应的考核评估。对于考核结果较好并达到一定标准的地区，拨付剩余的40%结算资金，对于特别好的地区，将在拨付40%结算资金的基础上额外给予10%奖励，并在下一年度增加该地区所在省份的试点地区数量；对于考核结果较差，未达到一定标准的地区，将根据其得分情况扣减部分或全部补助资金，并取消当年乃至今后的试点资格。绩效考核办法另行制定。

各省级民政、财政部门要高度重视，密切配合，切实承担起责任，组织试点地区结合本地实际制定居家和社区养老服务改革试点实施方案，并加强对试点地区的跟踪指导，确保试点工作取得实效。

关于支持和发展志愿服务组织的意见

（2016年7月）

志愿服务是现代社会文明进步的重要标志，是加强精神文明建设、培育和践行社会主义核心价值观的重要内容。志愿服务组织是以开展志愿服务为宗旨的非营利性社会组织，是汇聚社会资源、传递社会关爱、弘扬社会正气的重要载体，是形成向上向善、诚信互助社会风尚的重要力量。伴随着中国特色社会主义历史进程，我国志愿服务事业快速发展，志愿服务组织不断涌现，对促进志愿服务活动广泛开展，推进精神文明建设、推动社会治理创新、维护社会和谐稳定发挥了重要作用。同时，我国志愿服务组织在总体上还存在着数量不足、能力不强、发展环境有待优化等问题。现就支持和发展志愿服务组织，提出以下意见：

一、总体要求

（一）指导思想。全面贯彻落实党的十八大和十八届三中、四中、五中全会精神，以邓小平理论、“三个代表”重要思想、科学发展观为指导，深入贯彻习近平总书记系列重要讲话精神，紧紧围绕“五位一体”总体布局和“四个全面”战略布局，围绕树立和落实创新、协调、绿色、开放、共享的新发展理念，坚持以党的建设为正确引领，坚持以培育和践行社会主义核心价值观、满足人民群众日益增长的社会服务需求为出发点，以能力建设为基础，以建立健全政策制度、完善体制机制、增强法律保障为重点，积极扶持发展志愿服务组织，为加强和创新社会治理，为实现“两个一百年”奋斗目标、实现中华民族伟大复兴的中国梦凝聚力量。

（二）基本原则。

坚持服务大局、统筹发展。把支持和发展志愿服务组织纳入全面建成小康社会、全面深化改革、全面推进依法治国、全面从严治党大局，正确处理志愿服务组织与其他社会服务提供主体之间的关系，统筹不同区域、不同领域、不同类型的志愿服务组织发展。

坚持分类指导、突出特色。注重服务与管理并举，畅通联系渠道，有效发挥志愿服务组织作用。遵循志愿服务组织发展规律，根据志愿服务组织类别和规模，指导各类志愿服务组织明确定位、强化管理，提升能力、突出特色，创新方式、拓展领域，有效释放创造力和生产力，不断提高志愿服务专业化科学化水平。

坚持正确引导、依法自治。坚持党委领导、政府监管，充分发挥基层党组织的战斗堡垒作用，发挥共产党员先锋模范作用和骨干作用，确保志愿服务组织发展的正确方向。充分尊重志愿服务组织的社会性、志愿性、公益性、非营利性特点，引导志愿服务组织按照法律法规和章程开展活动，依法自治。

坚持创新发展、多方参与。着力推进志愿服务组织、志愿者与志愿服务活动共同发展，筑牢志愿服务组织基础。鼓励国家机关、群团组织、企事业单位、其他社会组织和基层群众性自治组织建立志愿服务队伍，引导民生和公共服务机构开门接纳志愿者，形成志愿服务工作合力，扩大志愿服务社会覆盖。

（三）主要目标。到2020年，基本建成与经济社会发展相适应，布局合理、管理规范、服务完善、充满活力的志愿服务组织体系。志愿服务组织发展环境得到优化，初步形成登记管理、资金支持、人才培育等配套政策。志愿服务组织服务范围不断扩大，基本覆盖社会治理各领域、群众生活各方面，涌现一批公信度高、带动力强的志愿服务组织。志愿服务组织功能有效发挥，成为推进人们相互关爱、传递文明的重要渠道，成为提升社会服务水平、改善民生福祉的有力助手，成为增进社会信任、维护社会稳定、促进社会和谐的有生力量。

二、加强志愿服务组织培育

（四）推进志愿服务组织依法登记。坚持积极引导发展、严格依法管理的原则，提供便捷高效的服务，引导符合登记条件的志愿服务组织依法登记。针对目前大部分志愿服务组织规模小、注册资金不足、缺乏相应专职人员和固定场所的实际，在不违背社会组织管理法律法规基本精神基础上，可以按照活动地域适当放宽成立志愿服务组织所需条件。各有关部门要在活动场地、活动资金、人才培养等方面提供优先支持，激发志愿服务组织依法登记的积极性与主动性。经单位领导机构或基层群众性自治组织同意成立的志愿服务组织，可以在本单位、本社区内部开展志愿服务活动。鼓励已经登记的志愿服务组织为其提供规范指导和工作支持。

（五）健全志愿服务组织孵化机制。社会组织孵化基地要吸纳志愿服务组织进驻，在项目开发、能力培养、合作交流、业务支持等方面提供有针对性的扶持。鼓励有条件的地区建立专门的志愿服务组织孵化基地，支持志愿服务组织的启动成立和初期运作，帮助提升服务能力。积极建立志愿服务组织与国家机关、群团组织、企事业单位、其他社会组织和基层群众性自治组织的沟通交流平台，鼓励银行、会计师事务所、律师事务所等专业机构为志愿服务组织提供免费的资金证明、审计、法律咨询等服务。

（六）积极推进志愿服务组织承接公共服务项目。各地各有关部门和符合条件的事业单位、群团组织要贯彻落实《国务院办公厅关于政府向社会力量购买服务的指导意见》（国办发〔2013〕96号）和《政府购买服务管理办法（暂行）》（财综〔2014〕96号）有关要求，充分发挥志愿服务成本低、效率高，志愿服务组织灵活度高、创新性强的特点，积极支持志愿服务组织承接扶贫、济困、扶老、救孤、恤病、助残、救灾、助医、助学等领域的志愿服务，加大财政资金对志愿服务运营管理的支持力度。充分利用志愿服务信息平台等载体，及时发布政府安排由社会力量承担的服务项目，为志愿服务组织获取相关信息提供便利。

（七）完善志愿服务组织监督管理。加强志愿服务组织日常监管，建立登记管理机关、业务主管单位、行业管理部门、行业组织和社会公众等多元主体参与，行政监管、行业自律和社会监督有机结合的监督管理机制。探索建立登记管理机关评估、资助方评估、服务对象评估和自评有机结合的志愿服务组织综合评价体系，逐步引入第三方评估机制，定期对志愿服务组织的基础条件、内部治理、工作绩效和社会评价等进行跟踪评估，将评估情况作为政府购买社会服务、社会各界资助以及落实相关优惠政策的重要依据。推进志愿服务组织诚信建设，将志愿服务组织守信情况纳入社会组织诚信指标体系。对业务活动与志愿服务宗旨、性质严重不符的志愿服务组织建立退出机制；志愿服务组织行为违反法律法规规定的，依法追究相关法律责任。

（八）强化志愿服务组织示范引领。通过政策引导、重点培育、项目资助等方式，建设一批活动规范有序、作用发挥明显、社会影响力强的示范性志愿服务组织。按照有关规定对作出突出贡献的志愿服务组织进行表彰奖励。通过推广志愿服务组织培育和管理经验、建设优秀志愿服务组织库和优秀志愿服务项目库等方式，引领带动其他志愿服务组织科学化规范化发展。

三、提升志愿服务组织能力

（九）完善组织内部治理。登记管理机关、业务主管单位和行业管理部门要指导已登记的志愿服务组织依据章程建立健全独立自主、权责明确、运转协调、制衡有效的内部治理结构。具备条件的志愿服务组织应设立党的组织，充分发挥党组织的政治核心作用，围绕党章赋予基层党组织的基本任务开展工作，团结凝聚志愿者，保证志愿服务组织的政治方向；暂不具备条件的，要明确责任单位指导志愿服务组织开展党建工作，条件成熟时及时建立党的组织。坚持党建带群建，充分发挥群团组织的积极作用。志愿服务组织应当为自身党群组织开展活动、发挥作用提供必要支持。重点完善组织决策、执行、监督制度和内部议事规则，建立健全人、财、物管理制度和内部信息披露制度，准确、完整、及时地向社会公开组织的名称、住所、负责人、机构设置等基本情况，公开年报公告、财务收支、捐资使用、服务内容、奖惩情况等重要信息，主动接受登记管理机关的监督管理和社会监督，努力提升志愿服务组织的社会公信力。有会员单位或分支机构的，应指导其加强内部管理。

（十）创新人才培养机制。国家层面建立志愿服务组织人才示范培训机制，有条件的地区可依托高等院校、党校、团校等教育培训机构建立志愿者培训基地，加快培养一批长期参与志愿服务、熟练掌握服务知识和岗位技能的志愿者骨干，着力培养一批富于社会责任感、熟悉现代管理知识、拥有丰富管理经验的志愿服务组织管理人才。国家机关、群团组织、企事业单位、其他社会组织和基层群众性自治组织要积极支持本单位、本社区的专业人才加入志愿服务组织，开展志愿服务活动，不断优化志愿者队伍结构。志愿服务组织要注重招募、使用专业志愿者，建立健全志愿者日常管理培训制度，对于专业性要求高的志愿服务项目，要强化专业知识和技能培训，不断提高志愿者能力素质。引导志愿服务组织通过规范招募、科学管理、创新服务，培养、吸引和留住优秀志愿者。

（十一）增强组织造血功能。积极探索通过志愿服务交流会、志愿服务项目大赛等有效举措，指导志愿服务组织牢固树立项目意识、品牌意识，不断提升战略谋划、项目运作和宣传推广能力，通过优秀的服务项目和服务品牌争取各方资源，吸引资助者。支持志愿服务组织通过承接公共服务项目、积极参加公益创业和公益创投、争取政府补贴与社会捐赠等多种途径，妥善解决志愿服务运营成本问题，为组织持续发展提供动力。

（十二）加强志愿服务行业自律。加大对志愿服务领域行业组织的扶持发展力度，充分发挥其在志愿服务组织管理中的先行规范和自我约束作用，引导行风建设，加强行业监督，为志愿服务组织监管提供有力辅助；充分发挥行业组织在志愿服务组织服务中的牵头和协调作用，促进行业沟通，反映行业诉求，推动行业创新，为志愿服务组织发展争取有力支持。各地要为志愿服务行业组织发挥行业监督约束作用、加强道德建设创造良好环境，逐步建立健全与行业发展相适应、覆盖全面、运行有效、作用明显的行业自律体系。

四、深化志愿服务组织服务

（十三）强化志愿服务供需对接。立足需求，着眼民生，有关单位和社区要积极向志愿服务组织开放更多公共资源，鼓励街道（乡镇）、城乡社区为志愿服务组织提供服务场所。充分运用社区综合服务设施，搭建社区志愿服务平台。支持和鼓励社会志愿服务组织走进社区，了解和征集群众需求，结合自身能力特点，有针对性地做好志愿服务规划，设计服务项目，开展服务活动，切实使服务对象受益。充分利用信息技术手段，及时有效匹配志愿服务供给与需求。推广“菜单式”志愿服务经验，鼓励引导志愿服务组织公开本组织志愿者技能、特长和提供服务时间等信息，与群众需求有机结合，逐步建立志愿服务供需有效对接机制和服务长效机制，全面提高志愿服务水平。

（十四）推广“社会工作者+志愿者”协作机制。鼓励志愿服务组织招募使用社会工作者，鼓励社会工作服务机构等社会组织在开展公益活动时招募志愿者。建立志愿服务组织与社会工作服务机构等社会组织常态化合作机制，充分发挥社会工作者在组织策划、项目运作、资源链接等方面的专业优势，发挥志愿者热情高、来源广、肯奉献的人力资源优势，形成社会工作者和志愿者协调配合、共同开展服务的格局，促进志愿服务专业化规范化。

（十五）全面推行志愿服务记录制度。依托和完善全国志愿服务信息系统，实施应用《志愿服务信息系统基本规范》（MZ/T061-2015），实现志愿服务信息的互联互通和数据的有效汇集，为志愿服务组织管理志愿者、开展志愿服务记录工作提供技术支撑。各地各有关部门要根据《志愿服务记录办法》（民函〔2012〕340号）和《关于规范志愿服务记录证明工作的指导意见》（民发〔2015〕149号）要求，指导志愿服务组织及时、完整、准确记录志愿者参加志愿服务的信息，保护志愿者个人隐私，规范开具志愿服务记录证明，科学开展志愿者星级认定，建立健全志愿服务时间储蓄制度，不断提高志愿服务组织的服务效能和管理水平。

（十六）创新志愿服务方式方法。指导志愿服务组织明确服务方向，紧紧围绕党和政府中心工作和群众所需所盼，持续推进扶贫、济困、扶老、救孤、恤病、助残、救灾、助医、助学和大型社会活动等重点领域的志愿服务。支持志愿服务组织发挥优势、各展所长，积极推进党员志愿服务、青年志愿服务、老年志愿服务、学生志愿服务、巾帼志愿服务等有序开展，打造项目精品，形成品牌效应。鼓励博物馆、图书馆、纪念馆、文化馆、文物保护单位等设立志愿服务站点，招募使用志愿者。积极探索“互联网+志愿服务”，支持志愿服务组织安全合规利用互联网优化服务，创新服务方式，提高服务效能，加强对网络社团等新型组织的志愿服务规范管理。严格规范志愿服务组织涉外合作，确保遵守国家有关法律法规和政策。

五、加强对志愿服务组织发展的组织领导

（十七）健全工作机制。坚持党委政府领导，落实中央文明委工作部署，文明办要发挥好牵头作用，民政部门要切实履行行政管理工作职责，与相关部门、人民团体和群众团体共同推进志愿服务组织发展。各地各有关部门要注重研究、规划和推动志愿服务事业，细化政策措施，加大激励保障力度，建立健全支持和发展志愿服务组织的长效机制，推动形成志愿服务工作经常化制度化。各级党政领导干部要充分发挥示范带头作用，利用工作之余参与志愿服务活动。倡导鼓励广大公务员、专业技术人员、企事业单位干部职工、公众人物等积极加入志愿服务组织，参加志愿服务活动，共产党员、共青团员要作出表率。

（十八）加大经费支持和保险保障。各地要逐步扩大财政资金对志愿服务组织发展的支持规模和范围，加强对志愿服务组织的财税政策支持，落实各项财税优惠政策。积极推进政府购买服务，支持志愿服务组织立足自身优势，承接相关服务项目。单位领导机构和基层群众性自治组织对单位、社区内部志愿服务组织开展志愿服务活动，要给予经费支持。依法大力发展志愿服务基金，切实加强管理，积极搭建爱心企业、爱心人士与志愿服务组织之间的桥梁，引导社会资金参与支持志愿服务组织发展。鼓励多渠道筹资为志愿者购买保险，鼓励保险公司与志愿服务组织合作，设计开发符合志愿服务特点、适应志愿服务发展需要的险种，为志愿服务活动承保，为志愿服务组织健康持续发展提供有力保障。

（十九）营造良好环境。要在全社会大力弘扬雷锋精神，弘扬奉献、友爱、互助、进步的志愿精神，培育学雷锋志愿服务文化。坚持立足中国国情，体现中国特色，讲好中国故事，积极支持有利于志愿服务发展的研究、交流与合作。加强志愿服务经验总结和推广交流，广泛宣传志愿服务组织在提高国民素质和社会文明程度、加强社会治理创新、保障改善民生中的重要作用，为志愿服务组织发展营造良好氛围。

关于加快推进社会救助领域社会工作发展的意见

（2015年5月4日 民发〔2015〕88号）

各省、自治区、直辖市民政厅（局）、财政厅（局），各计划单列市民政局、财政局，新疆生产建设兵团民政局、财务局：

为贯彻落实《社会救助暂行办法》和《国务院办公厅关于政府向社会力量购买服务的指导意见》（国办发〔2013〕96号），促进构建现代社会救助体系，发展专业社会工作，现就加快推进社会救助领域社会工作发展提出如下意见：

一、加快推进社会救助领域社会工作发展的重要性与紧迫性

社会工作是一种遵循助人自助价值理念，运用专业知识与方法协助服务对象舒缓心理压力、提升发展能力、增强社会功能、建立支持网络、改善生活境况的专业性社会服务活动。社会救助领域是社会工作的重要服务领域，推进社会救助领域社会工作发展是构建现代社会救助体系的必然要求。随着改革发展的不断深入和经济社会结构的深刻调整，我国基本民生保障的形势与任务发生了新变化，单纯依靠政府提供物质资金的救助方式，已难以有效满足社会救助对象日益增长的社会需求，无法有效化解因社会救助对象心理行为偏差引发的个体和社会问题，迫切需要创新社会救助及其服务提供的内涵、理念与方式，支持社会工作服务机构和社会工作者广泛参与社会救助，建立健全物质资金帮扶与心理社会支持相结合、基本救助服务与专业化个性化服务相补充、政府主导与社会参与相衔接的新型社会救助服务模式。近些年来，很多地方在发展社会救助领域社会工作方面进行了有益探索，取得了一定成效。但总体看，社会救助领域社会工作发展基础还比较薄弱，存在思想认识不够、人才队伍与服务机构数量与能力不足、可及范围和受益人群有限、支持保障不到位等问题，与构建现代社会救助体系的客观需要和社会救助对象的实际需求相比还有很大差距。各地要进一步增强责任感与紧迫感，解放思想、改革创新、深入探索，采取更加有力措施加快推进社会救助领域社会工作发展。

二、加快推进社会救助领域社会工作发展的总体要求

（一）指导思想。以邓小平理论、“三个代表”重要思想、科学发展观为指导，全面贯彻党的十八大和十八届三中、四中全会精神，贯彻落实习近平总书记系列重要讲话精神，按照“四个全面”战略布局，适应创新社会治理、转变政府职能、建立更加公平可持续社会保障制度的需要，以回应社会救助对象服务需求为根本，以深化社会救助领域社会工作服务为核心，以建立健全政策制度、完善体制机制、加强人才队伍与服务机构建设为基础，加快推进社会救助领域社会工作发展，为促进构建现代社会救助体系、保障和改善基本民生、维护社会和谐稳定提供有力支持。

（二）基本原则。坚持立足需求、务求实效，从社会救助对象服务需求出发构建社会救助领域社会工作制度，设计、组织和开展社会工作服务，确保社会救助对象服务需求得到及时回应与有效满足；坚持政府主导、社会参与，相关政府部门依法履行宏观规划、政策引导、资金投入、监督管理等职责，支持社会工作服务机构和社会工作者依法介入社会救助领域；坚持专业引领、创新发展，深入推动社会工作专业理念、知识与方法的普及应用，积极创造推进社会救助领域社会工作发展的有利条件，不断提升社会救助的专业化水平。

（三）主要目标。建立健全推进社会救助领域社会工作的政策制度，逐步形成协调有力的管理体制和规范高效的工作机制；根据社会救助领域的实际需要，培养一支结构合理、素质优良的社会工作者队伍，发展一批数量充足、服务专业、群众认可的社会工作服务机构，建立健全社会救助领域社会工作可持续发展的支持保障体系。争取到2020年，社会工作服务机构和社会工作者广泛参与社会救助，社会救助工作人员普遍运用社会工作专业理念、知识与方法的局面初步形成，社会救助领域社会工作的可及范围和受益人群显著扩大，专业作用和服务效果不断增强。

三、加快推进社会救助领域社会工作发展的任务与路径

（一）明确社会救助领域社会工作服务内容。根据社会救助领域特点和社会救助对象需求，有针对性地开展社会工作服务：(1)开展社会融入服务，帮助救助对象调节家庭和社会关系，消除社会歧视，重构社会支持网络，更好地适应社区和社会环境；(2)开展能力提升服务，帮助救助对象及其家庭转变思想观念，发掘自身潜能，学习谋生技能，发展生计项目，消除救助依赖；(3)开展心理疏导服务，帮助救助对象抚慰消极和敌视情绪、缓解心理压力、矫正不良行为，改变负面看法，建立积极乐观上进的心态；(4)开展资源链接服务，帮助救助对象链接生活、就学、就业、医疗等方面的政府资源与社会资源，组织其他专业力量和志愿者为救助对象提供服务，最大限度地弥补政府资源的不足；(5)开展宣传倡导服务，帮助救助对象更加详细、全面地了解政府的社会救助政策，及时、有效地向政府反馈社会救助政策执行的成效与不足，建立健全上情下达、下情上达的信息沟通网络，推动完善社会救助政策。

（二）完善社会救助领域社会工作服务机制。建立健全社会工作服务需求发现报告机制。支持社会工作服务机构和社会工作者参与社会救助对象家庭状况调查评估、建档访视、服务需求分析等具体社会救助管理与服务事务，使社会救助对象的实际需求得到客观评估和及时响应，为有针对性地实施社会救助提供科学依据。建立健全社会工作服务承接机制。在乡镇（街道）社会事务办、民政所、社区服务中心和社区服务站等基层公共服务平台配备使用社会工作者，在社会救助管理与服务机构加强社会工作岗位开发设置，通过政府购买服务等方式扶持发展一批治理规范、服务专业、群众认可的社会工作服务机构，建立健全社会工作者与志愿者协作联动机制，不断夯实社会工作服务的承接平台，扩大社会工作服务的覆盖范围。建立健全社会工作服务转介机制。明确基层公共服务平台、社会救助管理与服务机构中有关经办人员参与社会工作服务的职责，对有社会工作服务需求的社会救助对象，依程序转介给社会工作服务机构和社会工作者，由社会工作服务机构和社会工作者根据社会救助对象实际情况分类提供综合性或专门化服务，使社会救助对象的需求得到全面有效回应。

（三）强化社会救助领域社会工作服务评估。构建政府部门、服务对象、专业机构等协同配合的服务评估模式，从行政监管、服务成效、项目管理、社会影响等多个方面对社会救助领域社会工作服务进行综合评估，保证社会救助领域社会工作服务的职业化、专业性、规范化发展方向。加强政府购买社会救助领域社会工作服务项目评估，规范立项评估和绩效评估程序，对申请承接政府购买社会救助领域社会工作服务的机构，从专业资质、内部治理、人才资源等维度进行第三方立项评估；建立社会救助领域社会工作服务绩效评估指标体系，对社会救助领域社会工作服务项目的综合成效进行客观评估，加强绩效评估结果的反馈应用。引导社会工作服务机构和社会工作者自觉做好自我评估，树立质量管理意识，建立专业督导机制，不断提升参与和承接社会救助领域社会工作服务的能力水平。

四、切实加强社会救助领域社会工作的支持保障

（一）加大社会救助领域社会工作投入力度。各地要贯彻落实《国务院办公厅关于政府向社会力量购买服务的指导意见》（国办发〔2013〕96号）和《民政部、财政部关于政府购买社会工作服务的指导意见》（民发〔2014〕196号），将社会救助领域社会工作纳入政府购买服务范围，逐步加大政府投入力度，鼓励和引导社会资金投向社会救助领域社会工作，构建多元化的经费保障机制。

（二）推进社会救助领域工作人员教育培训。依托各项社会工作专业人才培养和有关干部培训计划，发挥高校院所和社会工作专业人才培训基地的资源优势，对基层社区有关工作人员和社会救助管理与服务机构干部职工开展大规模、分层次、分类别的社会工作培训；鼓励基层社区有关工作人员和社会救助领域干部职工参加全国社会工作者职业水平考试和社会工作学历学位教育，提升运用社会工作专业理念、知识与方法开展社会救助管理与服务工作的实际能力；通过购买服务、公开招聘、挂职锻炼等方式，逐步扩大基层社区和社会救助管理与服务机构社会工作者的数量；加大社会救助政策、知识与方法在社会工作学历学位教育、在职在岗培训和职业水平评价中的内容比重。

（三）加强社会救助领域社会工作研究宣传。总结提炼社会救助领域社会工作的经验模式，学习借鉴其他国家和地区的先进做法，研究解决社会救助领域社会工作发展中的困难问题，逐步构建社会救助领域社会工作理论与实务体系。依托各类新闻媒体和社会救助宣传载体，对社会救助领域社会工作的政策制度、经验做法、优秀事迹开展持续深入的宣传，加大社会工作专业理念、知识与方法的宣传普及力度，积极营造关心、理解、支持社会救助领域社会工作发展的社会氛围。

（四）开展社会救助领域社会工作试点。按照试点先行、统筹推进的原则，选择一批社会工作发展基础条件好、社会救助对象多、服务需求急迫的地区和单位开展社会救助领域社会工作试点，积极总结经验、探索模式、创新方法，在试点基础上创建一批社会救助领域社会工作示范地区和单位，发挥其典型示范和引领带动作用，逐步推动社会救助领域社会工作由点及面深入发展。

民政部关于进一步加快推进民办社会工作服务机构发展的意见

（2014年4月9日　民发〔2014〕80号）

各省、自治区、直辖市民政厅（局），各计划单列市民政局，新疆生产建设兵团民政局：

为发挥民办社会工作服务机构在吸纳使用社会工作专业人才，提供专业化、个性化社会工作服务，创新社会治理方面的重要作用，根据《民办非企业单位登记管理暂行条例》和《关于加强社会工作专业人才队伍建设的意见》（中组发〔2011〕25号），现就进一步加快推进民办社会工作服务机构发展提出如下意见：

一、充分认识加快推进民办社会工作服务机构发展的重要性和紧迫性

民办社会工作服务机构是以社会工作专业人才为主体，坚持“助人自助”宗旨，遵循社会工作专业伦理规范，综合运用社会工作专业知识、方法和技能，开展困难救助、矛盾调处、权益维护、人文关怀、心理疏导、行为矫治、关系调适、资源链接等服务的民办非企业单位。民办社会工作服务机构是社会工作专业人才发挥作用的重要平台，是整合社会工作资源、提供社会工作服务的重要载体，是承接政府社会服务职能的重要依托。发展民办社会工作服务机构，对于加强现代社会组织建设、促进转变政府职能、引导社会力量有序参与社会治理、建立健全社会服务体系，具有十分重要意义。

《民政部关于促进民办社会工作服务机构发展的通知》（民发〔2009〕145号）发布以来，各级民政部门立足实际、积极探索、创新实践，扶持发展了一批管理规范、服务专业、作用明显、公信力强的民办社会工作服务机构，有力推动了社会工作事业发展，较好回应了人民群众服务需求，促进了社会主义和谐社会建设。但从总体看，民办社会工作服务机构发展依然存在规模较小、服务能力不足、扶持力度不大、规范管理不够等问题，与人民群众需求和社会发展要求相比还有很大差距。各级民政部门要进一步增强责任感和紧迫感，解放思想、更新观念、大胆探索，采取更加有力措施，加快推进民办社会工作服务机构发展。

二、加快推进民办社会工作服务机构发展的指导思想、基本原则和主要目标

（一）指导思想。以邓小平理论、“三个代表”重要思想、科学发展观为指导，深入贯彻党的十八大和十八届三中全会精神，适应转变政府职能、创新社会治理、推进社会参与要求，以满足人民群众社会工作服务需求为根本，以加强民办社会工作服务机构能力建设为重点，以建立健全政策制度、完善体制机制为保障，加快推进民办社会工作服务机构发展，为繁荣发展社会工作事业、提升社会治理与服务水平提供有力支撑。

（二）基本原则。坚持积极扶持、规范发展，将民办社会工作服务机构纳入社会组织建设管理之中，加快完善体制机制和政策措施，依法加强监督管理和业务指导，引导民办社会工作服务机构健康有序发展。坚持突出重点、统筹兼顾，优先扶持发展满足重点人群和重点领域服务需求的民办社会工作服务机构，以点带面逐步壮大民办社会工作服务机构发展规模、优化发展布局。坚持改革创新、整合资源，按照社会组织体制改革方向，着力破解制约民办社会工作服务机构发展的瓶颈问题，有效整合各方资源，鼓励和支持社会力量参与民办社会工作服务机构发展。

（三）主要目标。建立健全加快推进民办社会工作服务机构发展的政策制度，逐步形成协调有力的管理体制和规范高效的工作机制；进一步完善登记服务和监督管理措施，为民办社会工作服务机构登记成立和健康发展创造有利条件；加强民办社会工作服务机构能力建设，促进社会工作行业组织发展；加快推进政府购买社会工作服务，建立健全民办社会工作服务机构支持保障体系。到2020年，在全国发展8万家管理规范、服务专业、作用明显、公信力强的民办社会工作服务机构，有效承接政府社会服务职能，满足人民群众专业化、个性化的社会工作服务需求。

三、完善民办社会工作服务机构管理制度

（一）改进登记方式。成立民办社会工作服务机构，应当符合《民办非企业单位登记管理暂行条例》规定的条件，专职工作人员中应有三分之一以上取得社会工作者职业水平证书或社会工作专业本科及以上学历，章程中应明确社会工作服务宗旨、范围和方式。民办社会工作服务机构可直接向民政部门依法申请登记。鼓励有条件的民办社会工作服务机构规模化、综合化发展，面向城乡基层设立社会工作服务站点。

（二）强化监督管理。各级民政部门要坚持积极引导发展、严格依法管理的原则，进一步加强对民办社会工作服务机构履行章程、开展活动、使用资金的监督管理，综合运用年度检查、社会评估、绩效评价、信用建设等监督管理手段。对违反章程开展活动、骗取或违规使用政府购买服务与社会捐赠资金、公布虚假失实信息、侵害服务对象权益等行为要严肃依法惩处，建立健全责任追究和行业退出机制。深入做好民办社会工作服务机构评估工作，将评估结果作为政府购买服务和资源支持的重要依据，充分发挥评估工作的导向、激励和约束作用。

（三）推动信息公开。建立健全民办社会工作服务机构信息公开制度，督促民办社会工作服务机构真实、准确、完整、及时地向社会公开组织机构、年报公告、财务收支、捐资使用、服务内容、奖惩情况等重要信息，主动接受社会监督，努力树立良好社会公信力。依托各级社会组织管理服务信息平台，实现民办社会工作服务机构信息公开与注册登记、申请项目、吸引捐赠的有机衔接，广泛争取社会各界对民办社会工作服务机构的认可与支持。

四、加强民办社会工作服务机构能力建设

（一）进一步增强民办社会工作服务机构内部治理能力。督促民办社会工作服务机构建立健全以章程为核心的各项规章制度，健全理事会、监事会制度，完善法人治理结构，恪守民间性、公益性、非营利性原则。以政府购买社会工作服务为杠杆，发挥市场配置资源的决定性作用，促进民办社会工作服务机构提升战略谋划、项目运作、资源整合、创新发展和组织管理能力。指导民办社会工作服务机构建立健全财务管理制度，主动拓宽资金来源，积极争取企业、基金会和社会各界资助，增强自身造血功能，增强资金计划、分配与使用的规范性和透明度。加快培养一批具有社会使命感、掌握现代组织管理知识、拥有丰富管理经验的民办社会工作服务机构管理人才以及具有扎实理论知识和丰富实务经验、能够指导解决复杂专业问题、引导推动社会工作服务人才成长发展的专业督导人才。

（二）着力提升民办社会工作服务机构服务水平。加强对民办社会工作服务机构提供服务情况的指导、监督与反馈，逐步优化民办社会工作服务机构的区域布局、业务结构和服务功能。建立健全民办社会工作服务机构服务成效评估指标体系，为评价民办社会工作服务机构服务情况、提升服务水平提供科学依据。加强民办社会工作服务机构一线服务人员的教育培训，鼓励其参加社会工作者职业水平考试，不断提升综合素质和专业水平。指导民办社会工作服务机构结合群众需求和自身优势特点加强服务品牌建设，形成一批社会认可、特色鲜明、具有示范指导作用的优秀社会工作服务项目。支持符合条件的民办社会工作服务机构承接社会工作专业人才实习实训任务，积极引导高校社会工作专业毕业生到民办社会工作服务机构就业创业、建功立业。

（三）建立健全民办社会工作服务机构联系志愿者制度。以民办社会工作服务机构为平台，深入做好志愿者的招募注册、组织管理、培训指导和服务记录工作，鼓励志愿者长期参加民办社会工作服务机构有关活动，通过自学、考试等方式转化提升为社会工作专业人才。通过社会工作专业人才和志愿者（义工）的互动，引领提升志愿服务的专业化、组织化水平，丰富社会工作专业人才资源，拓展社会工作专业服务范围，增强社会工作专业服务效果。

（四）加强民办社会工作服务机构党群组织建设。按照现代社会组织党建工作要求，指导民办社会工作服务机构建立基层党组织，逐步实现民办社会工作服务机构党组织全覆盖，支持有条件的民办社会工作服务机构建立共青团、工会、妇女组织等群团组织，充分发挥党组织的领导核心作用、团组织的先锋模范作用以及工会、妇女组织的服务维权作用，确保民办社会工作服务机构的正确发展方向。

五、切实发挥社会工作行业组织促进民办社会工作服务机构发展的功能作用

（一）支持社会工作行业组织发展。各级民政部门要按照《国务院办公厅关于加快推进行业协会商会改革和发展的若干意见》（国办发〔2007〕36号）要求，加大社会工作行业组织扶持发展力度，将社会工作行业组织纳入政府购买社会工作服务对象范围。加强对社会工作行业组织的监督管理，促进行业管理与服务人才队伍建设，引导在行业中起骨干作用的民办社会工作服务机构参与组建、发展行业组织。积极探索在社会工作行业组织中引入竞争机制，不断提升民办社会工作服务机构的服务水平。

（二）推进民办社会工作服务机构行业自律。指导社会工作行业组织建立健全各项行业自律制度，制定并实施行业职业道德准则，推动行业诚信体系建设，依法依规开展行业评比奖励和质量认证等活动，规范民办社会工作服务机构行为、增强民办社会工作服务机构公信力。有条件的地区要逐步将民办社会工作服务机构及其有关人员的资质核查、信息统计、教育培训等日常管理事务委托社会工作行业组织承担，充分发挥行业组织在民办社会工作服务机构管理中的前置和基础作用，推动政府监管与行业自律的有机结合。

（三）积极做好民办社会工作服务机构行业服务。社会工作行业组织要主动加强行业调查研究，积极参与相关法律法规、行业规划、行业标准的研究制定工作，及时向政府部门反映民办社会工作服务机构诉求，提出行业发展意见和建议。要积极为民办社会工作服务机构提供政策咨询、规划指导、项目推介、信息发布、权益维护、能力建设、合作交流等服务，增进民办社会工作服务机构之间以及民办社会工作服务机构与有关方面的沟通联系，为民办社会工作服务机构发展争取有力支持。

六、建立健全民办社会工作服务机构支持保障体系

（一）加快推进政府购买社会工作服务。积极推动政府职能转变，贯彻落实《国务院办公厅关于政府向社会力量购买服务的指导意见》（国办发〔2013〕96号）和《民政部、财政部关于政府购买社会工作服务的指导意见》（民发〔2012〕196号），将社会工作专业人才配备、社会工作岗位设置、机构管理服务能力与成效等情况作为政府购买民办社会工作服务机构服务的重要依据。规范政府购买社会工作服务程序，除技术复杂、性质特殊的社会工作服务项目和岗位，原则上均应通过公开招标方式竞争性购买，公平对待民办社会工作服务机构承接政府购买社会工作服务。严格民办社会工作服务机构承接政府购买社会工作服务的资质条件，加强对政府购买社会工作服务的监督管理和绩效评价，建立健全评价结果反馈应用与奖惩机制，确保民办社会工作服务机构依法依约提供服务。积极发展社会工作专业评估与咨询服务机构，为开展政府购买社会工作服务提供技术支持。

（二）加大对民办社会工作服务机构扶持力度。实施民办社会工作服务机构孵化基地建设工程，通过整合现有资源或新建等方式，到2020年建立50个国家级民办社会工作服务机构孵化基地。各地要积极推动本地区民办社会工作服务机构孵化基地建设，优先孵化以老年人、残疾人、青少年、城市流动人口、农村留守人员、特殊困难人群、受灾群众等为重点服务对象和以婚姻家庭、教育辅导、就业援助、职工帮扶、犯罪预防、矫治帮教、卫生医疗、人口服务、应急处置等为重点服务领域的民办社会工作服务机构。鼓励有条件的地方设立扶持民办社会工作服务机构发展专项资金，通过公益创投、补贴奖励、提供场所、减免费用等多种方式，支持民办社会工作服务机构的启动成立和初期运作。采取公办民营、民办公助等方式，面向民办社会工作服务机构开放公共和社会资源，支持其以社区为平台开展社会工作服务。积极协调有关部门落实促进民办社会工作服务机构发展的各项财税优惠政策，降低其运行管理和提供服务成本。各地民政部门要会同有关部门研究制定民办社会工作服务机构有关人员引进落户、薪酬保障、职业发展、表彰奖励等方面的激励措施，充分调动民办社会工作服务机构开展专业服务的积极性、主动性和创造性。

（三）鼓励社会力量支持和参与民办社会工作服务机构发展。鼓励社会工作院校与民办社会工作服务机构开展产学研合作，鼓励社会工作专业教师创办民办社会工作服务机构。积极引导志愿者机构、公益慈善类社会组织和企事业单位按照注册登记条件成立民办社会工作服务机构。鼓励国（境）内外组织和个人依法通过捐资方式创办民办社会工作服务机构，通过设立基金、提供场所、项目合作、专业扶持等多种方式支持民办社会工作服务机构发展。

七、加强对民办社会工作服务机构发展的组织领导

（一）建立健全领导体制和工作机制。各级民政部门要将促进民办社会工作服务机构发展作为推动政府职能转变、完善社会服务体系的重要任务，纳入社会组织建设管理和社会工作专业人才队伍建设规划，积极争取党委政府和有关部门的重视与支持。要进一步加强调查研究、政策创制和统筹协调，制定本地区实施意见，出台落实措施，建立健全支持民办社会工作服务机构发展的长效机制。

（二）加大对民办社会工作服务机构发展的经费投入。要积极协调有关部门逐步扩大财政资金对民办社会工作服务机构发展的支持规模和范围。加大民政部门留用的福利彩票公益金对民办社会工作服务机构发展支持力度，扶持壮大群众急需、具有发展潜力的民办社会工作服务机构。支持、引导社会资金参与支持民办社会工作服务机构发展，逐步形成多元化、稳定化、制度化的经费保障机制。

（三）营造民办社会工作服务机构发展的社会环境。要加强各类社会工作宣传载体建设，围绕民办社会工作服务机构发展的政策制度、优秀典型、先进事迹，开展深入持续的社会宣传，着力突出民办社会工作服务机构在保障改善民生、创新社会治理中的重要作用、专业功能和服务成效。积极开展民办社会工作服务机构发展的研究、交流与合作，及时总结推广经验做法，研究解决困难问题，促进理论与实践发展。严格按照国家规定，对优秀民办社会工作服务机构及有关专业人才进行多种形式的表彰奖励，大力营造关心、理解、支持民办社会工作服务机构发展的良好社会氛围。

社会工作者职业道德指引

（2012年12月28日　民发〔2012〕240号）

第一章　总　　则

第一条　为加强社会工作者职业道德建设，保证社会工作者正确履行专业社会工作服务职责，根据国家有关规定，制定本指引。

第二条　本指引所指的社会工作者是指通过全国社会工作者职业水平评价，提供专业社会工作服务的人员。

第三条　社会工作者应热爱祖国、热爱人民、拥护中国共产党领导，遵守宪法和法律法规，贯彻落实党和国家有关方针政策。

第四条　社会工作者应践行社会主义核心价值观，遵循以人为本、助人自助专业理念，热爱本职工作，以高度的责任心，正确处理与服务对象、同事、机构、专业及社会的关系。

第二章　尊重服务对象 全心全意服务

第五条　社会工作者应以服务对象的正当需求为出发点，全心全意为服务对象提供专业服务，最大程度地维护服务对象的合法权益。

第六条　社会工作者应平等对待和接纳服务对象，不因民族、种族、性别、户籍、职业、宗教信仰、社会地位、教育程度、身体状况、财产状况、居住期限等因素而区别对待。

第七条　社会工作者应尊重服务对象知情权，确保服务对象在接受服务过程中，了解自身和机构的权利、责任和义务，以及获得服务的情况和可能由此产生的结果。

第八条　社会工作者应在不违反法律、不妨碍他人正当权益的前提下，保护服务对象的隐私，对在服务过程中获取的信息资料予以保密。

第九条　社会工作者应培养服务对象自我决定的能力，尊重和保障服务对象对与自身利益相关的决定进行表达和选择的权利。

第十条　社会工作者不得利用与服务对象的专业关系，谋取私人利益或其他不当利益，损害服务对象的合法权益。

第三章　信任支持同事 促进共同成长

第十一条　社会工作者应与同事建立平等互信的工作关系。

第十二条　社会工作者应主动与同事分享知识、经验、技能，互相促进，共同成长。有责任在必要时协助同事为服务对象提供服务，接受转介的工作。

第十三条　社会工作者应尊重其他社会工作者、专业人士和志愿者不同的意见及工作方法。任何建议、批评及冲突都应以负责任、建设性的态度沟通和解决。

第十四条　社会工作者应相互督促支持，对同事违反专业要求的言行予以提醒，对同事受到与事实不符的投诉予以澄清。

第四章　践行专业使命 促进机构发展

第十五条　社会工作者应认同机构使命和发展目标，遵守机构规章制度，按照机构赋予的职责开展专业服务。

第十六条　社会工作者应积极维护机构的形象和声誉，在发表公开言论或进行公开活动时，应表明自己代表的是个人还是机构。

第十七条　社会工作者应致力于推动机构遵循社会工作专业使命和价值观，促进机构成长、参与机构管理，增强服务能力、提高服务质量。

第五章　提升专业能力 维护专业形象

第十八条　社会工作者在提供专业服务时，应诚实、守信、尽责，积极维护专业形象。

社会工作者应在自身专业能力和服务范围内提供服务。

第十九条　社会工作者应不断内化和践行专业理念，持续充实专业知识和技能，提升专业能力，促进专业功能的发挥和专业地位的提升。

第二十条　社会工作者应继承中华民族优良传统，借鉴国际社会工作发展优秀成果，总结中国社会工作经验，推动中国特色社会工作发展。

第六章　勇担社会责任 增进社会福祉

第二十一条　社会工作者应运用专业视角，发挥专业特长，参与相关政策法规的制定和完善，维护社会公平正义，增进社会福祉。

第二十二条　社会工作者应正确鼓励、引导社会大众参与社会公共事务，推动社会建设。

第二十三条　社会工作者应推广专业服务，促进社会资源合理分配，使社会服务惠及社会大众。

第七章　附　　则

第二十四条　本指引自发布之日起施行。

社会工作者职业水平证书登记办法

（2009年4月8日　民发〔2009〕44号）

第一条　为规范社会工作者职业水平证书登记工作，加强社会工作人才队伍建设，根据国家有关规定，制定本办法。

第二条　本办法所称社会工作者，是指通过全国社会工作者职业水平评价取得《中华人民共和国社会工作者职业水平证书》的人员，包括助理社会工作师、社会工作师和高级社会工作师。

第三条　社会工作者职业水平证书实行登记服务制度。民政部负责全国社会工作者职业水平证书登记服务的管理工作。省、自治区、直辖市人民政府民政部门负责本行政区域内社会工作者职业水平证书的登记服务工作。

第四条　社会工作者职业水平证书登记分为首次登记和再登记。首次登记的受理期限为通过社会工作者职业水平评价后1年内，登记有效期为3年。首次登记后，每3年进行再登记。再登记的受理期限为上次登记有效期满前3个月。

第五条　申请首次登记的社会工作者，应当具备下列条件：

（一）具有完全民事行为能力；

（二）通过全国社会工作者职业水平评价取得职业水平证书并且在登记受理期限内；

（三）遵纪守法，恪守职业道德。

第六条　申请首次登记的社会工作者，应当将下列材料报送户籍或者工作所在地社会工作者职业水平证书登记机构：

（一）身份证明；

（二）《中华人民共和国社会工作者职业水平证书》；

（三）登记申请表。

第七条　受理首次登记申请的机构应当自受理申请之日起30个工作日内对申请人提交的材料进行审核。审核合格的，予以登记并根据所通过的职业水平评价级别相应发给民政部统一印制的助理社会工作师登记证书、社会工作师登记证书或者高级社会工作师登记证书。审核不合格的，应当通知申请人并说明理由。

第八条　申请再登记的社会工作者，应当具备下列条件：

（一）具有完全民事行为能力；

（二）持有登记证书并且在再登记受理期限内；

（三）接受社会工作者继续教育办法规定的继续教育；

（四）遵纪守法，恪守职业道德。

第九条　申请再登记的社会工作者，应当将下列材料报送户籍或者工作所在地社会工作者职业水平证书登记机构：

（一）身份证明；

（二）登记证书；

（三）再登记申请表；

（四）继续教育证明。

第十条　受理再登记申请的机构应当自受理申请之日起30个工作日内对申请人提交的材料进行审核。审核合格的，在其登记证书“再登记情况”栏目内加盖登记专用章。审核不合格的，应当通知申请人并说明理由。

第十一条　助理社会工作师登记证书、社会工作师登记证书、高级社会工作师登记证书应当妥善保管，不得涂改、出借、出租或转让。

第十二条　有下列情形之一的，经有关单位和个人提出，由登记机构调查核实后不予登记；已经登记的，注销登记：

（一）以不正当手段取得登记证书的；

（二）私自涂改、出借、出租和转让登记证书的；

（三）在社会工作活动中，违反有关法律、法规、规章制度或者职业道德，造成不良影响的。

被注销登记的，自登记注销之日起，其登记证书自动失效。

第十三条　省、自治区、直辖市人民政府民政部门应当及时将登记资料录入登记信息系统，并定期将本省、自治区、直辖市当年社会工作者职业水平证书登记情况报民政部备案。

第十四条　民政部通过网络、公告等形式定期向社会公布已登记的社会工作者有关信息，供有关单位和社会公众查询。

第十五条　鼓励国家机关、企事业单位、公益类社会组织和社区根据工作需要，优先聘任获得登记证书的社会工作者。

第十六条　省、自治区、直辖市人民政府民政部门可以结合本行政区域的实际情况，制定当地社会工作者职业水平证书登记服务的具体规定，并报民政部备案。

附件：1. 社会工作者职业水平证书登记申请表

2. 社会工作者职业水平证书再登记申请表

社会工作者职业水平评价暂行规定

（2006年7月20日　国人部发〔2006〕71号）

第一章　总　　则

第一条　为规范社会工作者职业行为，提高社会工作者专业能力，加强社会工作者队伍建设，根据国家职业资格证书制度的有关规定，制定本规定。

第二条　本规定适用于在社会福利、社会救助、社会慈善、残障康复、优抚安置、卫生服务、青少年服务、司法矫治等社会服务机构中，从事专门性社会服务工作的专业技术人员。

第三条　国家建立社会工作者职业水平评价制度，纳入全国专业技术人员职业资格证书制度统一规划。

第四条　社会工作者职业水平评价分为助理社会工作师、社会工作师和高级社会工作师三个级别。高级社会工作师职业水平评价办法另行制定。

助理社会工作师、社会工作师英文分别译为：

Junior Social Worker

Social Worker

第五条　通过职业水平评价，取得社会工作者职业水平证书的人员，表明其已具备相应专业技术岗位工作的水平和能力。

第六条　人事部、民政部共同负责社会工作者职业水平评价制度的组织实施工作，并按职责分工对该制度的实施进行指导、监督和检查。

第二章　考　　试

第七条　助理社会工作师、社会工作师职业水平评价实行全国统一大纲、统一命题、统一时间、统一组织的考试制度，原则上每年举行一次。

第八条　民政部负责组织专家拟定考试科目、考试大纲，组织命题，研究建立考试试题库，提出考试合格标准建议。

第九条　人事部负责组织专家审定考试科目、考试大纲和试题，会同民政部确定考试合格标准，并对考试实施等工作进行指导、监督和检查。

第十条　凡中华人民共和国公民，遵守国家法律、法规，恪守职业道德，并符合助理社会工作师或社会工作师报名条件的人员，均可申请参加相应级别的考试。

第十一条　助理社会工作师考试报名条件：

(一)取得高中或者中专学历，从事社会工作满4年；

(二)取得社会工作专业大专学历，从事社会工作满2年；

(三)社会工作专业本科应届毕业生；

(四)取得其他专业大专学历，从事社会工作满4年；

(五)取得其他专业本科及以上学历或学位，从事社会工作满2年。

第十二条　社会工作师考试报名条件：

(一)取得高中或者中专学历，并取得助理社会工作师职业水平证书后，从事社会工作满6年；

(二)取得社会工作专业大专学历，从事社会工作满4年；

(三)取得社会工作专业大学本科学历，从事社会工作满3年；

(四)取得社会工作专业硕士学位，从事社会工作满1年；

(五)取得社会工作专业博士学位；

(六)取得其他专业大专及以上学历或学位，其从事社会工作年限相应增加2年。

第十三条　助理社会工作师、社会工作师职业水平考试合格，颁发人事部统一印制、人事部和民政部共同用印的《中华人民共和国社会工作者职业水平证书》。该证书在全国范围有效。

第十四条　凡以不正当手段取得社会工作者职业水平证书的，由发证机关收回证书，2年内不得再次参加社会工作者职业水平考试。

第三章　义务与职业能力

第十五条　社会工作者应严格遵守国家法律法规和社会工作职业守则。

第十六条　社会工作者在社会服务工作中，应当与服务对象建立良好平等的沟通关系，维护服务对象权益，倾听服务对象诉求，尊重服务对象选择，保守服务对象隐私。

第十七条　助理社会工作师应具备以下职业能力：

(一)熟悉与社会工作业务相关的法律、法规、政策和行业管理规定，掌握基本的社会工作专业知识；

(二)能够与各类服务对象建立专业服务关系，对服务对象的问题做出预估，制定服务计划和服务协议，独立接案、结案并提供跟进服务；

(三)能够根据服务计划，运用专业方法和技术协助服务对象解决问题。

第十八条　社会工作师应具备以下职业能力：

(一)能够熟练运用社会工作业务相关的法律、法规、政策和行业管理规定，具备较丰富的社会工作专业经验；

(二)能够综合运用各种社会工作方法，为服务对象提供专业服务，处理各类复杂问题，并对所提供的专业服务质量与效果进行评估；

(三)能够指导助理社会工作师开展专业工作，帮助其提高专业工作水平和能力；

(四)能够制定科学合理的工作方案和发展规划，整合、运用相关社会服务资源，拓展服务领域，保证服务质量。

第十九条　取得社会工作者职业水平证书的人员，应当接受继续教育，更新知识，不断提高职业素质和本专业工作能力。

第四章　登　　记

第二十条　社会工作者职业水平证书实行登记服务制度。具体工作由民政部或其委托的机构负责。

第二十一条　民政部或其委托的机构定期向社会公布社会工作者职业水平证书登记情况，并为用人单位提供查询取得社会工作者职业水平证书人员的信息服务。

第二十二条　在社会工作职业活动中，违反有关法律、法规、规章制度或职业道德，造成不良影响的，由登记机关取消登记，并由发证机关收回职业水平证书。

第五章　附　　则

第二十三条　通过考试取得社会工作者职业水平证书的

人员，用人单位可根据工作需要聘任相应级别专业技术职务。具体办法另行规定。

第二十四条 香港、澳门居民申请参加社会工作者职业水平考试的，报名时应提交本人身份证明、国务院教育行政部门认可的学历或学位证书、从事本专业工作实践证明。台湾地区的专业技术人员参加考试的办法另行规定。

外籍人员申请参加社会工作者职业水平考试的具体办法另行规定。

第二十五条 社会工作者职业水平评价有关机构，在开展社会工作者职业水平评价等工作中，因工作失误，使专业技术人员合法权益受到损害的，应依据国家有关规定给予相应赔偿，并向有关责任人追偿。

第二十六条 社会工作者职业水平评价有关机构的工作人员，不履行工作职责、监督不力、借机为自己或他人谋取利益，以及有其他违法违规行为的，由其主管部门责令改正，造成不良影响或者严重后果的，对直接负责的主管人员和直接责任人员给予相应处分；构成犯罪的，依法追究刑事责任。

第二十七条 本规定自2006年9月1日起施行。

助理社会工作师、社会工作师职业水平考试实施办法

（2006年7月20日 国人部发〔2006〕71号）

第一条 人事部、民政部共同成立“社会工作者职业水平评价办公室”，办公室设在民政部，负责研究社会工作者职业水平考试相关政策和考试日常管理工作。具体考试考务工作委托人事部人事考试中心组织实施。

各省、自治区、直辖市的考试工作，由当地人事部门会同民政部门共同负责，具体职责分工由各地协商确定。

第二条 民政部组织成立社会工作者职业水平评价专家委员会，负责编写考试大纲、命题，研究建立考试试题库。

第三条 助理社会工作师考试科目为《社会工作综合能力（初级）》、《社会工作实务（初级）》。社会工作师职业水平考试科目为《社会工作综合能力（中级）》、《社会工作实务（中级）》和《社会工作法规与政策》。

第四条 参加助理社会工作师考试的人员，应在一个考试年度内通过全部科目的考试。

社会工作师考试成绩实行两年为一个周期的滚动管理办法，参加考试的人员应在连续两个考试年度内通过全部科目的考试。

第五条 报名参加助理社会工作师、社会工作师职业水平考试的人员，应符合《社会工作者职业水平评价暂行规定》中规定的相应报名条件。由本人提出申请，按规定携带有关证明材料，到指定的考试管理机构报名。经考试管理机构审查合格后，向申请人核发准考证。申请人凭准考证及有关身份证明，在指定时间、地点参加考试。

第六条 参加助理社会工作师考试的本科应届毕业生，在报名时应提交能够证明其在考试年度可毕业的有效证件（如学生证等）和所在学校出具的应届毕业生证明。

第七条 助理社会工作师、社会工作师职业水平考试原则上每年举行一次。考点设在省会城市和直辖市的大、中专院校或高考定点学校。如确需在其他城市设置考点，应经人事部、民政部批准。

第八条 坚持考试与培训分开原则。凡参与考试工作（包括命题和组织管理等）的人员，不得参加考试和参与或举办与考试内容有关的培训工作。应考人员参加相关培训实行自愿原则。

第九条 助理社会工作师、社会工作师考试有关项目的收费标准，应经当地价格主管部门核准，并向社会公布，接受公众监督。

第十条 考试考务工作要严格执行考试工作的有关规章制度，切实做好试卷命制、印刷、发送过程中的保密工作，遵守保密制度，严防泄密。

第十一条 考试工作人员要严格遵守考试工作纪律，认真执行考试回避制度。对违反考试纪律和有关规定的，按照《专业技术人员资格考试违纪违规行为处理规定》处理。

高级社会工作师评价办法

（2018年3月6日 人社部规〔2018〕2号）

第一章 总 则

第一条 为完善社会工作专业人才职业水平评价制度，科学、客观、公正地评价社会工作者的职业能力，加强社会工作者职业化管理与激励保障，根据《关于分类推进人才评价机制改革的指导意见》（中办发〔2018〕6号）和国家职业资格制度有关规定，制定本办法。

第二条 高级社会工作师是社会工作者职业水平评价的高级级别，英文译为Senior Social Worker。

第三条 高级社会工作师实行考试和评审相结合的评价制度。参加考试合格并通过评审，方可取得高级社会工作师资格。

第四条 高级社会工作师评价工作在人力资源社会保障部、民政部的统一领导下进行。人力资源社会保障部、民政部共同成立的“全国社会工作者职业水平评价办公室”（办公室设在民政部），负责研究高级社会工作师评价相关政策、评价标准，以及考试的日常管理和评审的组织实施，指导、监督和检查各地高级社会工作师的评价工作。

各省、自治区、直辖市的高级社会工作师评价工作，由当

地人力资源社会保障部门和民政部门共同组织实施，具体职责分工由各地协商确定。

充分发挥社会组织的专业优势，逐步推动具备条件的行业协会、专业学会等社会组织和专业机构有序承接高级社会工作师评价工作。

第二章　职业素质与能力

第五条　高级社会工作师应坚定正确政治立场，拥护中国共产党领导，遵守宪法和各项法律法规，贯彻落实党和国家方针政策，践行社会主义核心价值观。

第六条　高级社会工作师应具有良好的社会责任感和职业使命感，秉承社会工作专业理念，遵守社会工作职业道德，积极维护职业形象。

第七条　高级社会工作师应具备的职业能力：

（一）能够熟练运用社会工作专业理论、方法、技巧和相关政策法规，提供高质量的专业服务，解决复杂疑难专业问题；

（二）能够发挥专业骨干作用，组织设计、实施和评估社会服务方案或项目，提升服务管理水平；

（三）能够对助理社会工作师、社会工作师等社会工作从业人员开展专业督导，帮助其解决专业难题，提高职业能力；

（四）能够开展社会工作政策、理论与实务研究，总结提炼社会工作实务经验，创新社会工作专业方法，针对具体社会问题的解决及有关政策的制定提出建设性意见建议。

第八条　取得高级社会工作师资格的人员，应当接受继续教育，定期更新知识，不断提高职业素质与能力。

第三章　考　　试

第九条　高级社会工作师考试实行全国统一大纲、统一命题、统一组织，原则上每年举行一次。

第十条　民政部负责组织专家编写考试大纲，组织命题、审题、阅卷，提出考试合格标准建议。人力资源社会保障部负责组织专家审定考试大纲，会同民政部确定考试合格标准。高级社会工作师考试具体考务工作委托人力资源社会保障部人事考试中心组织实施。

第十一条　考试设《社会工作实务（高级）》科目。主要考察应试者运用社会工作专业理念、理论、方法、技巧及相关法规政策开展服务、管理、督导和研究的综合能力。

考试时间为180分钟，采取闭卷作答的方式进行。

第十二条　报名参加考试的人员，需同时具备以下条件：

（一）拥护中国共产党领导，遵守国家宪法、法律、法规，热爱社会工作事业，具有良好的职业道德；

（二）具有本科及以上学历（或学士及以上学位）；

（三）在通过全国社会工作者职业水平考试取得社会工作师（中级）资格后，从事社会工作满5年，截止日期为考试报名年度的当年年底。

第十三条　符合考试报名条件的人员，可按照有关规定完成报名。各地人力资源社会保障部门会同民政部门负责资格审核，审查合格后，由考试管理机构核发准考证。应试人员凭准考证及有关身份证明，在指定时间、地点参加考试。中央和国家机关各部门及其所属单位的人员参加考试，实行属地管理原则。

第十四条　高级社会工作师考试考点原则上设在省会城市和直辖市的大、中专院校或高考定点学校。

第十五条　对达到考试合格标准的人员，颁发高级社会工作师考试成绩合格证明。该证明自颁发之日起，在全国范围3年内有效。

第四章　评　　审

第十六条　全国社会工作者职业水平评价办公室负责高级社会工作师评审的组织管理工作。各省、自治区、直辖市人力资源社会保障部门会同民政部门承担本地区高级社会工作师评审的具体组织管理工作。

第十七条　高级社会工作师评审工作由高级社会工作师评审委员会承担。全国社会工作者职业水平评价办公室组建全国高级社会工作师评审委员会。具备条件的省、自治区、直辖市由当地民政部门提出申请，经同级人力资源社会保障部门同意后也可组建高级社会工作师评审委员会。鼓励具备条件的行业协会、专业学会经授权后组建高级社会工作师评审委员会。

高级社会工作师评审委员会组建办法另行制定。

第十八条　各省、自治区、直辖市高级社会工作师评审委员会负责本地区人员的评审工作。中央和国家机关各部门及其所属的在京单位人员的评审工作，由全国高级社会工作师评审委员会负责，驻各地的中央和国家机关各部门及其所属单位人员的评审工作，原则上实行属地管理，亦可根据情况委托全国高级社会工作师评审委员会代为评审。

不具备组建高级社会工作师评审委员会条件的省、自治区、直辖市，可委托全国高级社会工作师评审委员会或其他省、自治区、直辖市高级社会工作师评审委员会代为评审。

第十九条　高级社会工作师评审委员会成员应坚定正确政治立场，拥护中国共产党领导，具有较高社会工作专业水平、作风正派、办事公道，且满足下列基本条件之一：

（一）具有高级社会工作师资格，且具有10年以上社会工作从业经历。

（二）具有正高级职称，且具有10年以上社会工作教学、科研或实务经历。

第二十条　高级社会工作师评审委员会应由25人以上组成，应统筹考虑评委的专业背景和工作领域。高级社会工作师评审委员会成员应适时调整，逐步实现以具有高级社会工作师资格的评委为主体。探索组建高级社会工作师评审委员会专家库。

第二十一条 评审工作原则上每年组织一次。

第二十二条 高级社会工作师评审工作按照个人申请、单位推荐、资格审核、专家评审的基本程序进行。

个人申请。申请参加高级社会工作师评审的人员，按照本办法第二十三条的规定准备申报材料，由本人向所在单位提出评审申请。

单位推荐。申报材料应当在申请人所在单位进行公示。经公示无异议后，由所在单位为申请人出具同意其参加高级社会工作师评审的推荐意见。

资格审核。全国社会工作者职业水平评价办公室负责审核中央和国家机关各部门及其所属的在京单位人员提交的申报材料。各省、自治区、直辖市民政部门负责审核本地区人员提交的申报材料。

专家评审。资格审核通过后，由全国高级社会工作师评审委员会和省、自治区、直辖市高级社会工作师评审委员会通过面试答辩等方式对申请人进行评审。

第二十三条 申请参加高级社会工作师评审的人员应同时符合以下基本条件：

（一）高级社会工作师考试合格证明在有效期内；

（二）所在单位出具了同意参加高级社会工作师评审的推荐意见；

（三）取得社会工作师资格后，近五年来社会工作从业经历符合以下条件之一：

1. 运用社会工作专业理念和方法，平均每年完成不少于20个直接服务案例，且平均每年从事社会工作专业督导时间不少于75小时。服务案例和专业督导情况应有完整记录。

2. 运用社会工作专业理念和方法，平均每年完成不少于10个直接服务案例，且平均每年从事社会工作专业督导时间不少于150小时。服务案例和专业督导情况应有完整记录。

（四）取得社会工作师资格后，其社会工作业绩和贡献符合以下条件之一：

1. 主持或作为主要参加者，完成3个社会工作服务项目，第三方绩效评价均为优秀。

2. 主持或作为主要参加者完成1项省级及以上或2项地市级社会工作研究课题。

3. 作为主要起草人参与1个省级及以上或2个地市级社会工作政策、标准、工作方案的制定工作，所提出的意见建议被主管部门采纳。

4. 在实践过程中探索形成的社会工作专业方法、模式或案例等，在行业内有较大影响，获得同行广泛认可，具有重要推广使用价值。

第二十四条 高级社会工作师评审结果应进行公示，公示期不少于5个工作日。全国高级社会工作师评审委员会的评审结果，由全国社会工作者职业水平评价办公室组织公示。省、自治区、直辖市高级社会工作师评审委员会的评审结果，由省、自治区、直辖市民政部门会同人力资源社会保障部门组织公示。

经公示无异议后，颁发由人力资源社会保障部统一印制、人力资源社会保障部和民政部共同用印的《中华人民共和国社会工作者职业水平证书（高级社会工作师）》。该证书在全国范围内有效。

第五章 评价工作纪律要求

第二十五条 各省、自治区、直辖市人力资源社会保障部门会同民政部门加强对高级社会工作师评审委员会评审工作的监督管理。各地区应不断完善高级社会工作师评价工作规章制度，确保评价结果的科学、客观、公正。

第二十六条 坚持考试、评审与培训分开的原则。凡参与考试、评审工作的机构和人员，在保密期内不得参加高级社会工作师评价，也不得举办或者参与和考试、评审相关的培训，不得强迫申请人参加与考试、评审相关的培训。

第二十七条 高级社会工作师评价有关机构及其工作人员，应当严格遵守考试、评审工作纪律。对违反考试、评审工作纪律的机构及相关工作人员，按照国家有关规定严肃处理并追究责任。

第二十八条 高级社会工作师评价，按发展改革委、财政部有关规定确定收费标准，并向社会公布，接受群众监督。

第二十九条 申请参加高级社会工作师评价人员，有违反评价纪律的，按照《专业技术人员资格考试违纪违规行为处理规定》（人力资源社会保障部第31号令）和其他有关规定处理，考试违纪违规的记入专业技术人员资格考试诚信档案库、纳入信用信息共享平台。

第六章 附　　则

第三十条 按照本办法取得高级社会工作师资格的人员，用人单位可根据工作需要聘任相应级别专业技术职务。

第三十一条 本办法由人力资源社会保障部、民政部负责解释。

第三十二条 本办法自2018年4月1日开始施行。

民政部关于进一步加强和改进社会服务机构登记管理工作的实施意见

（2018年10月16日　民发〔2018〕129号）

各省、自治区、直辖市民政厅（局），新疆生产建设兵团民政局：

为全面贯彻落实党的十九大和十九届二中、三中全会精神，进一步加强和改进社会服务机构登记管理工作，切实提升社会服务机构登记管理质量,引导促进社会服务机构健康有序发展,按照党中央关于社会组织工作的有关精神和要求以及社会组织登记管理有关政策法规,现提出如下实施意见。

一、重要意义

近年来,我国社会服务机构发展迅速,各类社会服务机构广泛活跃在教育、卫生、科技、文化、体育、社会福利、社会工作等领域,在促进经济发展、繁荣社会事业、创新社会治理、提供公共服务等方面发挥了重要作用,已经成为中国特色社会主义现代化建设不可或缺的重要力量。但随着社会服务机构登记数量的快速增长和登记管理压力的不断加大,一些地方出现了登记审批不严格、日常管理不规范、执法监察不落实、与业务主管单位联动不到位等问题,导致社会服务机构问题隐患日益增多,安全风险逐步显现,有的甚至严重侵害服务对象生命财产权益,造成恶劣社会影响。面对这种新形势,通过加强和改进社会服务机构登记管理工作,推动各级民政部门严格依法履行登记管理职责、配合业务主管单位等部门加强日常管理,有利于有效防控各级民政部门履责风险,有利于引导和促进社会服务机构健康有序发展,有利于切实维护广大人民群众的生命财产安全,对于充分发挥广大社会服务机构在我国社会主义现代化建设中的积极作用具有重要意义。

二、强化登记审查

(一)明确社会服务机构登记审查重点。各级民政部门要依照中共中央办公厅、国务院办公厅《关于改革社会组织管理制度促进社会组织健康有序发展的意见》(以下简称《意见》)和《民办非企业单位登记管理暂行条例》(以下简称《暂行条例》)要求,健全登记工作程序,完善登记审查标准,切实加强社会服务机构名称、宗旨、业务范围、注册资金、活动场所、举办者和拟任负责人的审核把关,严格按照《民办非企业单位(法人)章程示范文本》要求核准社会服务机构章程。对于跨领域、跨行业以及业务范围宽泛、存在争议、不易界定的社会服务机构,要通过听取利益相关方、有关专家和管理部门意见等方式加强科学论证,从严审核把关。对于依照法律、行政法规规定,申请登记前须经有关部门审批取得执业许可证书的学校、医疗机构、博物馆等社会服务机构,要注重加强与前置审批部门的信息沟通与工作衔接,确保设立登记、变更登记、注销登记等工作与前置审批事项变更实现同步联动、一体推进。对于传统民政业务领域的社会服务机构,要以更高的标准和更严的要求履行登记审查职责,切实防止民政部门业务主管社会服务机构登记审查“灯下黑”问题。

(二)稳妥探索社会服务机构直接登记改革。在《社会组织登记管理条例》出台以及民政部关于直接登记社会组织分类标准和具体办法下发之前,各地要从严从紧把握社会服务机构直接登记申请,稳妥审慎探索。对于已经制定直接登记专门文件但决定暂时停止实施直接登记的地区,要注意做好改革衔接和说明解释工作,确保社会服务机构登记审查工作平稳推进;对于已经制定直接登记专门文件并决定继续探索直接登记的地区,要严格按照《意见》关于社会服务机构直接登记范围要求,从严审慎受理直接登记申请,不得随意扩大社会服务机构直接登记范围;对于尚未制定直接登记专门文件的地区,可以暂时停止受理社会服务机构直接登记申请。各地在审查直接登记申请过程中,要注意广泛听取意见,根据需要征求有关部门意见或组织专家进行评估,配合党建工作机构加强对发起人和拟任负责人的资格审查和背景核查,确保直接登记社会服务机构实现科学设置和有序发展。对于直接登记范围之外的社会服务机构,要严格按照《暂行条例》要求,继续实行登记管理机关和业务主管单位双重负责的登记管理体制,推动各业务主管单位认真落实《意见》和《暂行条例》规定的业务主管职责。

(三)抓好重点领域社会服务机构登记改革。对于非营利性(公益性)民办养老机构,各级民政部门要按照国务院常务会关于取消养老机构设立许可决定的精神,提前研究,认真准备,周密部署,确保在相关法律法规修改后,登记审批工作能够实现同步平稳顺利过渡。对于非营利性民办医疗机构,各省级民政部门要按照国家发展改革委、民政部等9部委《关于优化社会办医疗机构跨部门审批工作的通知》(发改社会〔2018〕1147号)要求,积极配合发展改革等部门制定准入跨部门审批流程和事项清单,督促和指导地方依据审批流程和事项清单,进一步规范登记工作程序,加强部门工作衔接,持续优化登记审批工作。对于非营利性民办学校,各级民政部门要认真落实党中央、国务院关于民办学校分类登记改革的精神,按照《民办学校分类登记实施细则》以及各省级人民政府制定的民办学校变更登记类型的具体办法,配合当地教育部门积极推进现有民办学校分类登记改革工作。继续选择登记为非营利性民办学校的,要指导其依法修改章程,明确公益目的和非营利属性,加强非营利监管;选择登记为营利性学校的,要积极推动其依法办理注销和重新登记手续。对于《中华人民共和国民办教育促进法》施行后新设立的民办学校,各级民政部门要关口前移,加强部门沟通和工作衔接,在设立审批阶段落实分类管理的改革精神,推动具有营利倾向的民办学校到市场监管部门进行企业登记,切实维护民政部门新登记民办学校的非营利属性。非营利性民办学校取得办学许可证后到民政部门申请法人登记时,要按照《暂行条例》和《意见》精神,加强登记审查和管理,推动教育部门认真落实业务主管单位职责,不能简单地以前置审批职能取代业务主管单位职责。

三、严格管理和监督

(一)落实双重管理,强化综合监管。各级民政部门要严格依照《暂行条例》和中央关于社会组织工作有关文件精神,进一步明晰自身权力清单和监管职责边界,做到“不失位”、“不越位”、“补好位”。对于双重管理的社会服务机构,要切实将业务主管单位思想政治工作、党的建设、财务和人事管理、研讨活动、对外交往、接收境外捐赠资助、按章程开展活动等管理职责压实、压紧,确保社会服务机构登记管理和业务主管职责的有序衔接和有效落实。对于直接登记的社会服务机构,要抓紧参照行业协会商会与行政机关脱钩改革有关政策要求,在成立登记的同时,同步建立各部门各司其职、协调配合的综合管理体制,强化部门联动,加强综合监管。对于符合直接登记条件但仍然依照双重管理登记的社会服务机构,在未按照中央统一部署进行脱钩改革前,要继续按照原管理体制和管理方式实施管理,不得擅自改变双重管理体制。

(二)依法加强规范管理和监督检查。各级民政部门要严格按照《民办非企业单位年度检查办法》、《社会组织抽查暂行办法》、《社会组织信用信息管理办法》、《社会组织评估管理办法》等法规文件要求,通过年度检查、年度报告、随机抽查、财务审计、专项检查、信息公开、信用管理、等级评估等方式,加大对社会服务机构遵守社会组织登记管理法规规定等情况的监督检查力度。要积极引导和督促社会服务机构建立健全法人治理结构和运行机制,完善以章程为核心的内部管理制度,健全内部监督机制,切实加强社会服务机构诚信自律建设。对于在登记审查、日常管理以及受理社会举报中发现的社会服务机构安全运营、业务活动等方面的违规问题线索,要及时与业务主管单位、行业管理部门和公安、安全、卫生、消防等相关职能部门通报,并协助配合做好相关整改和查处工作。

(三)加强社会服务机构执法监察工作。各级民政部门要按照《社会组织登记管理机关受理投诉举报办法(试行)》要求,完善社会服务机构举报投诉受理机制,对受理的投诉举报分门别类予以调查和处理。对于涉嫌违反社会组织登记管理法规的问题线索,各级民政部门要依法予以调查核实,经调查属实的,依据《暂行条例》以及《社会组织登记管理机关行政处罚程序规定》要求,及时予以依法查处。对于未经登记的各类非法社会服务机构,要按照《取缔非法民间组织暂行办法》要求,及时予以依法取缔。各级民政部门要高度重视社会服务机构执法监察工作,推动建立联合执法机制,配备专职执法人员,完善执法程序,加强执法培训,不断提升执法工作人员的执法能力。

(四)切实履行好党建工作职责。各级民政部门要坚决落实中共中央办公厅《关于加强社会组织党的建设工作的意见(试行)》和《意见》精神,按照"应建必建"的原则,切实推动社会服务机构党的组织和工作实现有形覆盖和有效覆盖。在成立登记环节,要依照《民政部关于社会组织成立登记时同步开展党建工作有关问题的通知》(民函〔2016〕257号)要求,督促推动新成立的社会服务机构及时建立党的组织,明确党组织隶属关系,开展党的工作,落实党建责任;在章程核准环节,要按照《民政部关于在社会组织章程中增加党的建设和社会主义核心价值观有关内容的通知》要求,切实指导广大社会服务机构在章程中增加党的建设相关内容,并在成立登记和章程核准时加强审查;在年检、评估等日常管理环节,督促社会服务机构加强党的建设、开展党的活动,指导社会服务机构将党建工作与业务活动同步谋划开展,切实发挥社会服务机构党组织的政治核心作用。

四、提升登记管理质量

(一)开展登记管理自查自纠工作。各级民政部门要本着依法履责、全面覆盖的原则,对照相关法规、规章和规范性文件要求,参照《社会服务机构登记管理工作自查自纠指南》(见附件),围绕社会服务机构登记、管理、执法等各个工作环节,逐家排查民政部门登记管理工作中存在的问题和风险隐患。各级民政部门要在"一机构一台账"的基础上,汇总建立本级社会服务机构登记管理工作问题总账。对发现的社会服务机构登记管理工作问题和风险隐患,逐一分析成因,研究确定整改方案,逐条销号解决。问题整改过程中需要当地党委政府支持和协调的,应当积极报告;涉及其他部门职能的,要及时通报情况,加强沟通协作;需要进一步明确法规政策适用的,应当逐级上报由省级民政部门汇总并统一向民政部书面请示。在自查自纠过程中,要重点关注民政部门业务主管的民办养老机构、民办托养机构等涉及服务对象生命安全的社会福利机构,通过登记管理自查自纠工作的开展,推动思想政治工作、党的建设、财务和人事管理、研讨活动、对外交往、接收境外捐赠资助、按章程开展活动等业务主管单位管理职责在民政部门内部落实到岗、明确到人。

(二)加强登记管理制度建设。民政部要在深入分析各地社会服务机构登记管理工作重点难点问题基础上,结合《社会组织登记管理条例》制定工作,积极推动完善社会服务机构登记管理各项制度规范,为地方民政部门登记管理工作开展提供指导和依据。各级民政部门要在加强和改进社会服务机构登记管理工作过程中,进一步压实登记管理工作主体责任,按照社会服务机构登记管理各项权责清单,细化岗位职责,明确工作要求,确保将依法履行登记、管理、执法等职责落实到每个环节、每个岗位、每个工作人员。各级民政部门要通过总结自查自纠工作的开展,进一步细化登记管理工作制度安排,完善业务流程,强化责任追究,建立依法履责的长效机制,确保本级社会服务机构登记管理工作高效、规范、有序运行。

(三)提升登记管理信息化水平。各级民政部门要结合自查自纠工作的开展,对照登记管理相关档案,配合"社会组织法人库"、"社会组织信用信息平台"等信息化建设进程安排,及时通过信息系统核对,完善社会服务机构登记、管理、执法等工作信息,为加强社会服务机构大数据管理夯实基础。要按照"社会组织法人库"建设相关要求,及时、准确、全面地填报和更新社会服务机构法人信息,做到情况明、数据准。要严格按照社会组织信用信息管理相关规定，采集、记录和运用社会服务机构信用信息，对社会服务机构实施信用管理，落实“活动异常名录”、“严重违法失信名单”等管理制度要求。

（四）优化登记管理工作环境。民政部和各省级民政部门要加强业务培训和专项指导，推动社会服务机构登记管理工作人员业务素质和能力水平全面提升；要加强对各地自查自纠工作开展情况的督促指导和监督检查，推动各地切实提高对社会服务机构登记管理工作的重视程度。各级民政部门要结合本次加强和改进社会服务机构登记管理工作的开展，认真总结和分析影响登记管理工作质量提升的各项因素，系统梳理登记管理工作面临的困难和问题，形成改进和提升本地区社会服务机构登记管理工作质量的有效措施，不断优化社会服务机构登记管理工作环境。

五、抓好组织实施

（一）提高思想认识。加强和改进社会服务机构登记管理工作，是提升社会服务机构登记管理质量的重要举措，是加强基层民政部门工作能力的重要方面。各级民政部门要切实提高政治站位和思想认识，增强责任感、紧迫感和使命感，将社会服务机构登记管理质量提升，作为加强社会组织登记管理的一项重要基础性工作来抓，主动适应新形势新任务新要求，扎扎实实做好各项工作。

（二）抓好具体落实。各级民政部门要强化组织领导，明确责任任务，结合自身实际制定工作方案，扎实推动加强和改进社会服务机构登记管理工作各项任务的开展。各省级民政部门要及时做好本意见传达、动员和部署，牵头组织和指导本辖区内相关工作开展。对于因机构改革导致社会服务机构登记、管理、执法职能由不同部门负责的地区，民政部门要在履行好本部门职责基础上，积极协调各相关部门共同抓好具体落实工作。

（三）强化督导检查。民政部和各省级民政部门要通过书面检查、实地督查、重点抽查、异地互查等方式，定期对各地加强和改进社会服务机构登记管理工作进行跟踪指导和督促检查，对问题集中、整改不力的地方予以通报批评，对工作规范、成效显著的地方予以通报表扬。对各地在实施过程中好的做法和经验，要及时总结推广。

（四）营造良好氛围。在加强和改进社会服务机构登记管理工作开展过程中，民政部和各省级民政部门要加强社会服务机构政策法规的宣传培训，加强对地方的工作指导，加强各地的相互交流，广泛宣传地方民政部门在加强和改进社会服务机构登记管理工作中的先进经验、典型案例、具体做法和工作成效，努力营造有利于工作开展的良好氛围。

各地贯彻落实本意见的有关进展情况、遇到的问题困难、出台的政策文件以及重要工作信息等，请及时报民政部社会组织管理局。

附件：社会服务机构登记管理工作自查自纠指南（略）

十一、人大代表建议、政协委员提案答复

民政部对“关于解决华侨权益保护有关问题的建议”的答复

（2019 年 7 月 18 日　民函〔2019〕632 号）

您提出的“关于解决华侨权益保护有关问题的建议”收悉。现就涉及我部职能的有关问题答复如下：

关于华侨以捐建祠堂、道路等名义向乡镇、村委会、居委会进行的捐赠无法享受到税收优惠的问题，经研究，主要是因为根据财政部、税务总局、民政部联合下发的《关于公益性捐赠税前扣除有关问题的通知》（财税〔2008〕160 号）规定，企业和个人只有通过具有公益性捐赠税前扣除资格的公益性社会团体或县级以上人民政府及其部门，用于公益事业的捐赠支出，才准予在计算应纳税所得额时扣除。为此，建议华侨今后捐赠时通过具有公益性捐赠税前扣除资格的公益性社会团体或县级以上人民政府及其部门进行。

感谢对民政工作的关心和支持。

民政部关于推动我国科技捐赠发展的提案答复的函

（2019 年 7 月 24 日　民函〔2019〕670 号）

您提出的《关于推动我国科技捐赠发展的提案》收悉，现就涉及我部职能的有关问题答复如下：

一、根据《中华人民共和国慈善法》的规定，促进科学事业发展属于慈善活动范畴，用于科技领域的捐赠与其他领域的捐赠一样，可以享受国家给予的税收优惠等扶持鼓励政策。近年来，民政部会同发改委、财政部、人民银行等部门，出台了一系列促进慈善事业发展，鼓励慈善捐赠的政策措施，有力推动了包括科技捐赠在内的社会捐赠的增长。

二、科技类社会组织是接收和使用科技捐赠的重要载体之一。近年来，为培育扶持科技类社会组织的发展，民政部配合有关部门开展了一系列工作。2015 年，中共中央办公厅、国务院办公厅印发《中国科协所属学会有序承接政府转移职能扩大试点工作实施方案》，将科技评估、工程技术领域职业资格认定、技术标准研制、国家科技奖励推荐等工作，适合由学会承担的，将可整体或部分交由学会承担。2016 年，中共中央办公厅、国务院办公厅印发《关于改革社会组织管理制度促进社会组织健康有序发展的意见》，明确指出优先发展科技类社会组织。下一步，民政部将按照党中央、国务院的要求，进一步优化科技类社会组织的发展环境，为推动科技捐赠发展提供必要的组织基础。

三、“中华慈善奖”是我国慈善领域政府最高奖，旨在表彰我国慈善活动中事迹突出、影响广泛的个人、单位、慈善项目、慈善信托等，由民政部负责实施。在往届获奖者中，有一些在科技捐赠领域作出过突出贡献的个人和单位。今后，民政部将继续通过“中华慈善奖”对在科技捐赠领域作出过突出贡献的个人和单位进行表彰。

根据您所提意见建议，我部将在今后的工作中积极配合科技部、财政部等有关部门，进一步研究完善推动科技捐赠发展的专项税收优惠政策和行业扶持政策，进一步提升企业和个人科技捐赠的积极性。

民政部对“将有一定收入的刚性支出导致的贫困家庭纳入低保范围的建议”的答复

（2020 年 9 月 11 日　民函〔2020〕678 号）

您提出的关于“将有一定收入的刚性支出导致的贫困家庭纳入低保范围的建议”收悉。您所提建议立足实际，具有一定前瞻性和建设性，民政部将在下步工作中认真研究。现答复如下：

“支出型”贫困问题是社会救助工作的难点和热点，近年来，民政部就解决“支出型”贫困问题进行了探索，主要做了以下工作：

一是在低保对象认定中统筹考虑刚性支出因素。2016 年 9 月，民政部等 6 部门报请国务院办公厅转发了《关于做好农村最低生活保障制度与扶贫开发政策有效衔接的指导意见》（国办发〔2016〕70 号），要求各地完善农村低保家庭贫困状况评估指标体系，以家庭收入、财产作为主要指标，根据地方实际情况适当考虑家庭成员因残疾、患重病等增加的刚性支出因素，综合评估家庭贫困程度。2019 年，民政部会同统计局印

发《关于在脱贫攻坚中切实加强农村最低生活保障家庭经济状况评估认定工作的指导意见》(民发〔2019〕125号),要求地方认定低保对象时,要根据家庭实际生活状况,坚持定性定量相结合,统筹考虑家庭成员收入、财产、刚性支出等情况,综合评估认定家庭实际贫困状况。今年6月,民政部会同财政部出台《关于进一步做好困难群众基本生活保障工作的通知》(民发〔2020〕69号),将低收入家庭中的重度残疾人、重病患者参照单人户纳入低保范围,有效缓解了重病、重残等支出较大的低收入家庭的基本生活困难。目前,各地正在研究制定配套政策措施。

二是进一步加强和改进临时救助工作。2014年10月,国务院印发《关于全面建立临时救助制度的通知》(国发〔2014〕47号),全面建立临时救助制度。2018年1月,民政部会同财政部印发《关于进一步加强和改进临时救助工作的意见》(民发〔2018〕23号),进一步细化明确对象范围类别、优化审核审批程序、科学制定救助标准、拓展完善救助方式,不断提高临时救助制度的可及性和救助的时效性。2019年9月,民政部会同财政部、国务院扶贫办印发《关于在脱贫攻坚兜底保障中充分发挥临时救助作用的意见》(民发〔2019〕87号),指导各地进一步发挥临时救助在解决“两不愁、三保障”方面的兜底作用和支持作用,切实解决困难群众遭遇的突发性、紧迫性、临时性基本生活困难。2020年上半年,全国共实施临时救助501.9万人次。

三是加大对支出型贫困家庭的专项救助力度。近年来,民政部指导地方探索社会救助改革,积极构建多层次救助体系,缓解低保制度的“悬崖效应”。今年8月,中共中央办公厅、国务院办公厅出台《关于改革完善社会救助制度的意见》,要求各地进一步完善社会救助体系,加大对支出型贫困家庭的救助力度,对不符合低保或特困救助供养条件的低收入家庭和刚性支出较大导致基本生活出现严重困难的家庭,根据实际需要给予相应的医疗、住房、教育、就业等专项社会救助或实施其他必要救助措施。

下一步,民政部将会同相关部门完善政策措施,兜牢兜实基本民生保障底线,加大对支出型贫困家庭的救助力度。一是指导地方贯彻落实《关于进一步做好困难群众基本生活保障工作的通知》,将低收入家庭中符合条件的重度残疾人、重病患者参照单人户纳入低保范围。二是指导各地加大临时救助政策落实力度,优化审核审批程序,增强救助时效性,拓展救助方式,提高救助水平,不断增强临时救助制度效能。三是指导各地加强部门协作,推动社会救助改革落实,及时给予支出型贫困家庭专项救助。

感谢您对民政工作的关心和支持。

民政部对“关于进一步完善异地商会登记管理办法的建议”的答复

(2018年9月21日　民函〔2018〕769号)

您提出的“关于进一步完善异地商会登记管理办法的建议”收悉。您在建议中提出的异地商会登记管理中存在的问题非常中肯,我们对此专门进行了认真研究,现答复如下:

异地商会是社会主义市场经济发展的必然产物,它是由同一原籍地的外来投资企业和组织,在其注册登记地依法自愿成立的,以原籍地行政区域名称命名为基本特征的社会团体。近年来,异地商会蓬勃发展,对促进经济社会发展,开展省际间经济贸易合作,加强对异地经商人员管理等方面发挥了积极作用。但同时,异地商会也存在着质量参差不齐、功能发挥不充分、内部治理不完善等问题。

为规范异地商会登记管理,促进其健康有序发展,我部2011年印发了《民政部办公厅关于地方工商联作为社会团体业务主管单位有关问题的补充通知》(民办函〔2011〕143号),其中明确了异地商会的业务主管单位、名称等要求。浙江、福建、山东、广东、上海等省(自治区、直辖市)也结合自身发展情况,制定了本地区异地商会登记管理办法,明确了异地商会的登记层级、成立条件、名称规定、组织架构等要求。

实践中,条件成熟的地方,已逐步开展地市一级异地商会的登记,部分地方还探索将异地商会的登记权限下放到县级。下一步,我部将根据工作需要,组织开展专题调研,了解县级登记异地商会的实际需求,研究制定异地商会相关登记政策。

感谢您对民政工作的关心和支持。

民政部关于完善社会组织法律体系的提案答复的函

(2020年8月25日　民函〔2020〕615号)

您提出的《关于完善社会组织法律体系的提案》收悉。提案对目前我国社会组织法律体系现状进行了认真分析,指出了现阶段社会组织法律体系存在立法层级偏低、法律法规滞后、存在缺位和空白等问题。提案结合新时代社会组织发展新形势新变化新要求,针对存在的问题提出了很好的意见和建议,民政部将在下一步工作中充分加以研究和吸收。现答复如下:

我国尚未制定一部社会组织基本法律,现行的《社会团体登记管理条例》(2016年修订)、《民办非企业单位登记管理条例》(1998年制定)、《基金会管理条例》(2004年制定)立法层级偏低且较为滞后,与新时代社会组织高质量发展要求不相适应。随着离岸社团、网络社团的大量涌现，以及行业协会商会与行政机关脱钩改革的全面推开，现行法规制度缺位和空白问题更为突出。

党中央、国务院高度重视社会组织立法工作。2015 年党的十八届四中全会通过的《中共中央关于全面推进依法治国若干重大问题的决定》明确提出："加强社会组织立法，规范和引导各类社会组织健康发展。"近年来社会组织立法工作取得了较大进展。一是 2016 年 3 月，《中华人民共和国慈善法》由十二届全国人民代表大会第四次会议通过，该法明确了慈善组织的概念、范围、权利、义务，明确了慈善组织可以采取基金会、社会团体、社会服务机构等组织形式，规范了慈善组织财产使用管理，完善了慈善活动税收优惠政策等促进措施，对规范和引导慈善组织健康发展，发挥慈善组织在社会治理中的积极作用具有重要意义。二是 2016 年 4 月，《中华人民共和国境外非政府组织境内活动管理法》由十二届全国人大常委会第二十次会议通过，该法明确了境外非政府组织在我国境内的活动方式和规则，对规范和引导境外非政府组织在我国境内的活动，保障境外非政府组织的合法权益，促进交流合作发挥了重要作用。三是 2016 年 11 月，《中华人民共和国民办教育促进法》由十二届全国人大常委会第二十四次会议修订通过，将民办学校区分为非营利性和营利性，民办学校的举办者可以自主选择设立非营利性或者营利性民办学校，理顺了相关制度之间的关系。四是 2017 年 2 月，《中华人民共和国红十字会法》由十二届全国人大常委会第二十六次会议修订通过，进一步完善了红十字会的职责，强化了对红十字会的监督，为保障红十字会依法履职、提升红十字会公信力、推动红十字事业继续健康发展，创造了良好法律环境。五是 2017 年 3 月，十二届全国人大五次会议表决通过了《中华人民共和国民法总则》，该法明确了事业单位、社会团体、基金会、社会服务机构等非营利组织的基本内涵，在民事基本法律中进一步完善了我国非营利组织（或者社会组织）的法律体系。六是 2018 年十三届全国人大常委会立法规划，将"行业协会商会"等立法项目列入"第三类项目"，即立法条件尚不完全具备、需要继续研究论证的立法项目；经研究论证，条件成熟时，可以安排审议。七是 2020 年 5 月 28 日，十三届全国人大三次会议表决通过了《中华人民共和国民法典》，自 2021 年 1 月 1 日起施行。其中每一编都有与社会组织相关的规定，直接或间接涵盖了社会组织法人类型、财产属性、内部治理、活动准则以及作用发挥等多个方面。直接规定"社会团体"的法条有 4 条，直接规定"基金会、社会服务机构"的法条有 2 条，直接规定非营利法人的法条有 11 条，与非营利法人相关的法条有 80 多条，关于社会组织的相关条款多达 83 条。

在行政法规层面，《社会组织登记管理条例》的制定列入了国务院立法工作计划。2018 年 8 月，民政部门户网站公布了《社会组织登记管理条例（草案征求意见稿）》，在征求意见稿中，第一章总则明确了社会组织的类型、性质、法律地位、扶持政策；第二章明确了社会组织的设立、变更和注销；第三章明确了社会组织的组织机构，规范了社会组织的内部治理；第四章明确了社会组织的活动准则，明确了社会组织的运行规则；第五章明确了登记管理机关和社会组织的信息公开义务；第六章明确了社会组织的监督管理，特别是登记管理机关、业务主管单位、行业管理部门、相关职能部门在社会组织监督管理方面的职责；第七章明确了社会组织的法律责任；第八章授权民政部门制定配套政策。目前《社会组织登记管理条例（草案）》正在履行相关审议程序。

下一步，民政部将继续积极配合司法部，尽快制定出台《社会组织登记管理条例》，推动社会团体、基金会、社会服务机构等各类社会组织的名称管理规定，章程示范文本，社会组织分支机构、代表机构管理办法，行业协会商会类、科技类、公益慈善类、城乡社区服务类社会组织直接登记办法等配套政策制定。同时，做好社会组织法的立法研究论证，为全国人大启动相关立法打好基础。

感谢您对民政工作的关心和支持。

民政部对"关于深化探索农村殡葬改革工作的建议"的答复

（2019 年 8 月 27 日　民函〔2019〕781 号）

您提出的"关于深化探索农村殡葬改革工作的建议"收悉。其中，倡导文明节俭的丧葬新风、探索建设地下骨灰安放馆堂、开展"乡风文明"建设的建议，对做好农村殡葬工作具有很强的现实意义。经商中央统战部、中央文明办和自然资源部，现答复如下：

深化农村殡葬改革，是实施乡村振兴战略、建设美丽乡村的必然要求，也是促进生态文明和精神文明建设的有力举措。近年来，为深化农村殡葬改革，规范农村居民丧葬行为，许多地方通过完善政策措施，加大财政投入，强化宣传引导等方式，在农村殡葬设施建设、倡导文明治丧新风尚等方面取得了一定成效。

殡葬改革的根本目的在于节约资源、保护环境，实现人与自然和谐发展。《殡葬管理条例》中明确规定，在实行火葬的地区，国家倡导以骨灰寄存的方式以及其他不占地或者少占地的方式处理骨灰。通过推行殡葬改革，转变与时代发展、文明进步不相适应的陈规陋习，倡导节地生态安葬，发展现代文明礼仪，对于树立家族之魂，铸造民族之魄，传承中华民族文化具有重要意义。不可否认，在倡导殡葬改革、推动移风易俗的工作中，确实存在群众观念与政策倡导不相适应等情况。为解决这些问题，我们重点做了以下工作：

一是加强宣传引导，树立文明节俭的丧葬新风。民政部和地方各级民政部门注重抓住清明节等重要时间节点，通过制播殡葬改革宣传片，注重发挥殡葬服务机构和红白理事会等宣传主阵地作用，加强殡葬改革政策的宣传，将移风易俗纳入美丽乡村之中，积极培育文明节俭的现代殡葬新理念新风尚。

二是加强农村公益性安葬（放）设施规划建设。为保障和改善民生，国家“十三五”规划纲要首次明确把基本殡葬服务纳入基本公共服务清单，并将公共殡仪馆、骨灰堂建设作为社会服务兜底工程首次纳入中央财政预算，从国家层面支持殡葬基础设施建设。为加快农村公益性安葬（放）设施规划建设，全国近三分之一的省份编制印发了包括农村公益性安葬（放）设施建设在内的殡葬事业发展“十三五”规划。其中一些地方结合当地实际，也在积极探索建设利用地下骨灰安放设施，提高土地使用率。

三是规范宗教场所开展殡葬服务。我国是一个多宗教并存的国家，不同宗教依其教义、教规的不同，殡葬习俗和方式也有所不同。在一些地区，佛教道教寺观开展遗体火化和骨灰存放是传统的宗教习俗，有较广泛而深厚的社会基础，寄托着信教群众的宗教感情。但近年来，寺观开展殡葬服务也出现了一些情况和问题，如未经批准擅自开展殡葬服务，以开展殡葬服务借教敛财，炒买炒卖骨灰存放格位等。对此，民政部会同中央统战部印发《关于做好宗教活动场所开展骨灰存放服务专项整治工作的通知》，进一步规范宗教界开展殡葬服务问题，明确宗教界开展殡葬服务要坚持以下原则：一是遵照《殡葬管理条例》和《宗教事务条例》要求，依法审批和管理；二是明确非营利性原则，不得以营利为目的；三是严禁商业资本介入。

农村殡葬改革事关农村居民切身利益，事关生态文明和精神文明建设。下一步，我们将继续把深化农村殡葬改革作为工作重点，主要做好以下几项工作：一是加快推进农村公益性安葬（放）设施建设。继续落实国家“十三五”规划纲要和《“十三五”社会服务兜底工程实施方案》要求，用好中央预算内资金，指导地方加大配套建设管理资金投入，加强农村公益性安葬（放）设施建设，积极探索建设地下骨灰安放馆堂等多种方式补齐农村殡葬基础设施建设不足短板，推进集中规范安葬。二是完善节地生态安葬的配套政策。在落实民政部等9部委《关于推行节地生态安葬的指导意见》的同时，认真研究完善建立海葬纪念场所等相关配套措施，便于群众寄托哀思、朝拜祭灵。三是强化宣传树立文明殡葬新风。针对农村地区重敛厚葬观念浓厚等问题，拟联合中央文明办持续深入加强殡葬改革宣传引导，充分发挥党员干部示范带头作用，发挥红白理事会、村规民约作用，引导公众认识到集约化安葬对保护土地林业资源、优化生态环境的积极作用，提高自觉参与殡葬改革的意识，逐步树立移风易俗、生态文明、厚养薄葬的殡葬新风尚。

感谢您对民政工作的关心和支持！

民政部对“关于进一步提高残疾人福利水平的建议”的答复

（2019年7月30日　民函〔2019〕724号）

您提出的“关于进一步提高残疾人福利水平的建议”收悉。建议反映了目前残疾人生活中存在的实际问题和困难，对于推进残疾人事业的发展具有重要参考价值，我们将在今后的工作中认真研究。经商财政部、人力资源社会保障部、中国残联，现答复如下：

一、关于扩大残疾人两项补贴范围，提高补贴标准

2015年9月，为解决残疾人特殊生活困难和长期照护困难，国务院印发了《关于全面建立困难残疾人生活补贴和重度残疾人护理补贴制度的意见》（国发〔2015〕52号，以下简称《意见》），规定自2016年1月1日起全面实施困难残疾人生活补贴和重度残疾人护理补贴制度，这是第一个在国家层面建立的残疾人专项福利制度，对改善和提高残疾人生活质量具有重要意义。《意见》印发后，民政部会同相关部门大力推动贯彻落实，制度建设创新发展，补贴发放稳步推进，受益规模快速增长，社会效益显著发挥。目前，两项补贴制度已惠及1000余万困难残疾人和1100余万重度残疾人，年发放资金约250亿元，为兜底保障残疾人基本民生、助力打赢脱贫攻坚战、推动全面小康社会建设发挥了重要作用。

关于建议中提到的扩大补贴范围，将低收入家庭重度残疾人纳入生活补贴必须补助对象，加大补贴力度，提高两项补贴的最低国家标准，进一步改善残疾人生活状况的建议，我们认为具有合理性。近年来，民政部和中国残联鼓励有条件的地区适当扩大补贴范围，提高补助标准。目前，北京、天津、辽宁、上海、江苏、浙江、安徽、福建、西藏、陕西、青海、宁夏等省（区、市）将生活补贴对象扩大到无固定收入残疾人、建档立卡贫困户、低保边缘户、低收入家庭、重残无业、一户多残、老残一体、依老养残等困难群体。北京、天津、河北、内蒙古、福建、江西、山东、湖南、广东、广西、海南、西藏等12个省（区、市）补贴标准在两年内（2018-2019年）都有所提高。财政部认为，中央支持各地结合当地实际，合理确定两项补贴对象范围及补贴标准，推进落实相关工作。但由于各地经济发展水平存在差异，相关事宜暂不宜由中央作出硬性要求，应当由各地根据当地财力状况、按照“雪中送炭”的原则统筹研究。地方各级政府和有关部门应充分考虑自身实际情况，积极发挥政策主动性和灵活性，合理明确和扩大补贴范围，加强监督检查，确保有条件的地方严格落实扩大补贴范围和提高补贴标准的政策规定。

下一步，我部将会同有关部门继续加强对各地建立残疾人两项补贴制度的指导，鼓励有条件的地区出台相关政策，扩大补贴覆盖面，同时研究建立残疾人两项补贴标准动态调整机制，保障残疾人真正得到实惠。

二、关于尽快出台相关政策，让残疾人享受提前退休的国家福利

人力资源社会保障部认为，国家关于包括残疾职工在内的企业职工养老保险政策是明确的。根据1953年修订的《中华人民共和国劳动保险条例》和1978年全国人大常委会批准通过的《国务院关于颁发〈国务院关于安置老弱病残干部暂行办法〉和〈国务院关于工人退休、退职的暂行办法〉的通知》（国发〔1978〕104号），企业职工男60周岁、女干部55周岁、女工人50周岁应当退休；同时，因病或非因公致残、由医院证明并经劳动鉴定委员会确认完全丧失劳动能力的，退休年龄为男满50周岁、女满45周岁。2010年颁布的《中华人民共和国社会保险法》规定，参保人员达到法定退休年龄时累计缴费满15年的，按月领取基本养老金。参加职工基本养老保险的重度残疾人，符合病退条件的可以办理病退，按月领取基本养老金。

人力资源社会保障部认为，我国企业职工基本养老保险制度遵循权利与义务相对应的原则，参保人员在职时履行缴费义务，缴费年限越长，缴费工资水平越高，其退休时基本养老金水平相对就会较高。此外，国家在调整退休人员基本养老金时，调整办法兼顾公平和激励的原则，调整水平与缴费年限、基本养老金水平等挂钩。提前退休对参保人员退休后的养老待遇水平影响较大，从较好保障退休人员基本生活角度，不宜再新开提前退休的政策口子。考虑到残疾职工作为特殊群体，为切实保护残疾职工权益，残疾职工所在单位应为残疾职工安排合适的工作岗位，并通过改善劳动条件、降低劳动强度、加强劳动保护等措施改善工作环境，减少对职工身体的伤害程度。同时，可以通过调整劳动时间（如实行定期轮岗）等措施，保护他们的身体健康。下一步，人力资源社会保障部将兼顾养老保险制度改革发展和政策延续性，会同相关部门深入研究，不断完善政策，切实保障包括残疾职工在内的参保人员的养老保险权益。

感谢您对民政工作的关心和支持。

民政部对“关于优化最低生活保障审核审批程序的建议”的答复

（2018年9月14日　民函〔2018〕699号）

你们提出的“关于优化最低生活保障审核审批程序的建议”收悉。经研究，现答复如下：

党中央、国务院高度重视城乡困难群众基本生活保障工作。自1997年和2007年城市低保和农村低保制度分别在全国建制后，为规范低保工作运行，先后出台了一系列政策法规。2012年，国务院印发《关于进一步加强和改进最低生活保障工作的意见》（国发〔2012〕45号），同年12月民政部出台《最低生活保障审核审批办法》（民发〔2012〕220号）。2014年，国务院颁布《社会救助暂行办法》。当前，低保制度已基本形成规范有序的工作格局，有效保障了困难群众的基本生活。截至2017年底，全国共救助城乡低保对象5306万人，其中，城市低保对象1261万人，农村低保对象4045万人；全年累计支出城乡低保资金1692.3亿元。全国平均城市低保标准达到541元/人·月，农村低保标准达到4301元/人·年，分别较上年同期增长9.3%、14.9%。

根据《社会救助暂行办法》、《最低生活保障审核审批办法》、《民政部关于指导村（居）民委员会协助做好社会救助工作的意见》（民发〔2015〕104号）等政策法规，户籍所在地的乡镇（街道）是受理低保申请的责任主体，负责对申请人的家庭收入状况、财产状况进行调查核实，提出初审意见；村（居）委会负责协助乡镇（街道）和申请群众做好低保申请、调查审核、民主评议、抽查复核、长期公示和动态管理工作；县级民政部门负责低保审批工作。但是，正如你们建议中指出的，实际工作中，由于乡镇一级民政部门服务低保对象非常多、动态管理量很大、工作人员不足，事多人少的现象仍然比较严重。

为帮助基层解决这一问题，近年来，我们主要开展了以下工作：一是加强基层经办服务能力建设。2017年9月，民政部、中央编办、财政部、人力资源社会保障部报请党中央、国务院同意，联合出台《关于积极推行政府购买服务 加强基层社会救助经办服务能力的意见》（民发〔2017〕153号），明确了社会救助领域政府购买服务的购买主体、购买内容、承接主体、购买机制、经费保障、绩效评价和监督管理等七方面内容，强化经费保障，要求省级人民政府要统筹研究制定按照社会救助对象数量、人员结构等因素配备相应工作人员的具体办法和措施。截至目前，已有天津、河北等21个省份出台了贯彻落实文件。二是组织开展蹲点调研活动。民政部连续两年组织32个工作组到各省（区、市）和新疆生产建设兵团开展蹲点调研，督促、指导各地制定完善加强基层民政工作的政策措施，提高基层民政经办服务能力，促进各地政策措施更好落实。三是发挥好村（居）民委员会协助作用。推动各地贯彻落实《民政部关于指导村（居）民委员会协助做好社会救助工作的意见》（民发〔2015〕104号），指导村（居）民委员会做好协助提出救助申请、调查审核、组织群众评议、抽查复核、公示审核审批结果等工作。

你们的建议很有参考价值，我们将会同相关部门认真研究论证，在制定相关政策时合理吸收。同时，我部将会同相关部门，指导各地根据当地实际情况，进一步完善低保对象认定办法，探索高效、精准的低保审核审批程序，充分调动县、乡、村各级的积极性，推动低保工作高效开展。继续指导各地贯彻落实党中央、国务院部署及相关部门政策文件要求，切实加强和改进基层民政工作，保证必要的人员配备和工作经费投入，不断提升民政经办服务能力和水平。

感谢你们对民政工作的关心和支持。

民政部对"关于进一步明确'民办非企业'名称和性质的建议"的答复

（2018年8月22日　民函〔2018〕633号）

您提出的"关于进一步明确'民办非企业'名称和性质的建议"收悉。如您在建议中所言，民办非企业单位的名称和性质问题，对于此类组织的发展具有重要影响，需要我们认真研究并加以解决。经商司法部，现答复如下：

民办非企业单位是我国改革开放以来发展形成的一类社会组织，最初也被人们称为"民办事业单位"。1996年，经中央政治局常委会专门研究决定，将"民办事业单位"的名称确定为"民办非企业单位"，由民政部门统一归口登记。1998年10月，国务院颁布了《民办非企业单位登记管理暂行条例》，进一步明确了民办非企业单位的定义和登记、管理、执法等规范。在党中央和国务院高度重视下，近20年来，民办非企业单位发展迅速，截至2017年底，各级民政部门共登记社会服务机构40.04万个，占社会组织登记总量的约52.6%，固定资产2298亿元，年收入2940亿元，年费用3124亿元，吸纳专职工作人员就业达到425万人，另有志愿者26万。民办非企业单位行业分布不断优化，服务能力逐步提升，各类民办非企业单位广泛活跃在教育、科技、卫生、文化、体育、养老、社会工作、社会福利、环境保护、法律援助等多个领域，在促进经济发展、增进社会和谐、创新社会治理、提供公共服务、增加就业岗位、扩大对外交往等方面发挥了重要作用，已成为我国社会主义现代化建设不可或缺的重要力量。

党的十八大以后，按照中央确定的社会组织新的管理体制以及国务院立法工作部署，民政部于2016年启动了《民办非企业单位登记管理暂行条例》的修订工作，并形成了《社会服务机构登记管理条例（修订草案征求意见稿）》公开征求社会意见。征求意见稿将"民办非企业单位"名称修改为"社会服务机构"，这是一个新的概念，最初由2016年3月颁布的《中华人民共和国慈善法》提出，即"慈善组织可以采取社会团体、基金会、社会服务机构等组织形式"。2016年6月，中共中央办公厅、国务院办公厅《关于改革社会组织管理制度促进社会组织健康有序发展的意见》提出社会组织的主体包括社会团体、基金会、社会服务机构等，明确其属于社会组织范畴。2017年颁布的《中华人民共和国民法总则》将社会服务机构归类为非营利法人中的捐助法人，明确了其法人性质。根据全国人大常委会法制工作委员会相关释义，慈善法和民法总则中的"社会服务机构"就是目前根据《民办非企业单位登记管理暂行条例》登记的民办非企业单位。

2018年，按照国务院立法工作计划，三类社会组织登记管理条例将合并修订为《社会组织登记管理条例》。目前，民政部正配合司法部推进条例修订工作，新条例将在组织称谓、管理体制、登记程序、内部治理、活动准则、信息公开、行政执法程序和罚则等多方面对现行条例做修订、补充和完善。待新条例正式颁布后，中央文件和有关法律关于"社会服务机构"的要求将通过条例落实为具体的定义和登记管理规范。届时，民办非企业单位将正式转变为社会服务机构。民政部将与有关部门协同配合，做好条例实施以及配套政策的制订完善等工作。

感谢对民政工作的关心和支持。

民政部"关于维护地方公益志愿者组织协会活动开展的建议"的答复

（2019年7月30日　民函〔2019〕725号）

您提出的"关于维护地方公益志愿者组织协会活动开展的建议"收悉，经商中央组织部、教育部、财政部、人力资源社会保障部，现答复如下：

一、对于建议中所提汉中市希望公益志愿者协会在公开募捐方面遇到的问题，经我部向汉中市民政局了解，该组织已经认定为慈善组织并获得公开募捐资格，但因未拿到慈善组织证书，故无法使用全国慈善信息公开平台。经协调，该组织已拿到慈善组织证书，并可正常在全国慈善信息公开平台上备案募捐方案，在民政部指定的互联网募捐信息平台上发布募捐信息。

二、根据《中华人民共和国慈善法》的规定，不具有公开募捐资格的组织或者个人基于慈善目的，可以与具有公开募捐资格的慈善组织合作，由该慈善组织开展公开募捐并管理募得款物。因此，地方公益志愿者组织与具备公开募捐资格的慈善组织合作开展募捐活动不存在法律方面的障碍。

三、近年来，特别是《中华人民共和国慈善法》颁布施行以来，各级民政部门加快健全完善联合执法、投诉举报、公开曝光等制度，为慈善事业发展创造更加风清气正的良好环境。民政部建设了全国慈善信息统一平台"慈善中国"，指定了20家互联网公开募捐信息平台，持续展示慈善组织的最新信息，动态公开慈善募捐和慈善活动进展情况。民政部大力推进将慈善事业纳入社会信用体系建设，建立慈善捐赠与国民经济、市场监管等领域的信用信息共享，推进实施联合激励和惩戒。下一步，民政部将继续积极防范和化解慈善领域中的风险，依法查处慈善组织违法行为和假借慈善名义开展的非法活动。

四、为鼓励社会各方参与志愿服务,《志愿服务记录办法》提出,鼓励有关单位在同等条件下优先录用、聘用有良好志愿服务记录的志愿者。同时,符合条件的志愿者在就业创业过程中,也可以享受社保补贴、就业见习补贴、税费减免、创业担保贷款及贴息等扶持政策。新修订的公务员法规定,公务员应当具有良好的政治素质和道德品行,带头践行社会主义核心价值观,模范遵守社会公德。志愿者在进入录用考察环节以后,其工作经历还将使其在招录机关择优确定录用人员时具有一定优势。2003 年《共青团中央 教育部 财政部 人事部关于实施大学生志愿服务西部计划的通知》以及 2018 年教育部印发的《2019 年全国硕士研究生招生工作管理规定》中,都明确规定了参加大学生志愿服务西部计划的志愿者可以享受报考研究生加分、同等条件下优先录取等政策支持。

五、近年来,各级财政积极支持志愿服务发展,如中央财政每年分配给地方的彩票公益金项目,资金使用方向就包括社会工作和志愿服务方面的支出。此外,地方政府也通过购买服务的方式积极支持志愿服务的发展。下一步,民政部、财政部等部门将进一步落实和完善现行相关政策,支持志愿者队伍建设,提高志愿者服务水平,推动志愿服务体系建设。

感谢对民政工作的关心和支持。

民政部对"关于基层民办养老机构可持续发展的建议"的答复

(2019 年 7 月 24 日　民函〔2019〕667 号)

您提出的"关于基层民办养老机构可持续发展的建议"收悉。您的建议对于积极应对我国人口老龄化,完善我国养老服务体系具有借鉴意义,我们将认真研究吸纳。经商教育部、财政部、自然资源部、生态环境部、住房城乡建设部、卫生健康委、应急部,现答复如下:

推进民办养老机构可持续发展,是建立以居家为基础、社区为依托、机构为补充、医养相结合的养老服务体系的重要内容。近年来,各地加大投入、扎实行动,积极推动养老服务业发展,取得了显著成效,重点做了以下工作:

一是深化养老服务"放管服"改革。支持包括民办养老机构在内的养老服务业发展,在该领域不断简政放权,推动项目落地。2018 年 7 月 18 日,国务院常务会议研究决定取消养老机构设立许可。2018 年 7 月 25 日,民政部发出通知,要求各地落实国务院决策部署,做好取消养老机构设立许可有关衔接工作。2018 年 12 月 29 日,第十三届全国人民代表大会常务委员会第七次会议审议通过修改《中华人民共和国老年人权益保障法》。2019 年 1 月 2 日,民政部发布《关于贯彻落实新修改的〈中华人民共和国老年人权益保障法〉的通知》(民函〔2019〕1 号),要求各级民政部门不再实施养老机构设立许可,依法做好登记和备案管理,加强养老机构事中事后监管,做好法规政策修改和宣传引导,进一步深化养老服务"放管服"改革,大力支持调动社会力量参与养老工作。

二是持续推动养老建筑消防审批制度改革。应急部会同我部、住房城乡建设部修订完善了《建筑设计防火规范》中有关老年人建筑消防技术要求。我部会同相关部门印发《关于加快推进养老服务业放管服改革的通知》(民发〔2017〕25 号),明确 1998 年 9 月以前建成使用,且未发生改、扩建(含室内外装修、建筑保温、用途变更)的养老建筑,不需要办理消防设计审核、消防验收或备案手续。同时,针对利用闲置的办公场所、厂房、学校等资源整合改造而成的养老机构,因规划许可前置条件所限,无法申报消防手续的问题,《国务院办公厅关于推进养老服务发展的意见》(国办发〔2019〕5 号)明确:"农村敬老院及利用学校、厂房、商业场所等举办的符合消防安全要求的养老机构,因未办理不动产登记、土地规划等手续问题未能通过消防审验的,2019 年 12 月底前,由省级民政部门提请省级人民政府组织有关部门集中研究处置。具备消防安全技术条件的,由相关主管部门出具意见,享受相应扶持政策。"

三是加大政府政策扶持力度。《国务院办公厅关于推进养老服务发展的意见》(国办发〔2019〕5 号)鼓励商业银行探索向产权明晰的民办养老机构发放资产(设施)抵押贷款和应收账款质押贷款,以解决民办养老机构融资难的问题。我部配合财政部、税务总局研究制定社区养老服务机构享受企业所得税、增值税和行政事业性收费减免的扶持政策。2014 年,财政部、民政部、全国老龄办下发《关于建立健全经济困难的高龄 失能等老年人补贴制度的通知》(财社〔2014〕113 号),提出在全国范围内基本建立覆盖广泛、内涵丰富、衔接紧密的经济困难的高龄、失能等老年人补贴制度,提高保障水平,丰富服务类型,推动实现基本养老服务均等化。

四是加强养老机构人才队伍建设。自 2016 年开始,民政部本级彩票公益金开始实施"社会福利和社会工作人才培训"项目,累计投入 992 万元,开展 13 期养老服务与管理人员培训项目,培训 1619 人,为养老服务人才提供了持续性、针对性和示范性的职业培训,帮助养老工作人员熟悉养老事业发展规划、掌握机构运行和服务技巧、增加政策和知识储备,提高了现有养老服务人才的综合能力和业务素质。2017 年,我部联合相关部门印发《关于开展养老院服务质量建设专项行动的通知》(民发〔2017〕51 号),明确"支持养老院不断提高持有国家养老护理员职业证书的养老护理员比例"。据全国养老院服务质量建设专项行动统计,截至 2018 年底,全国高职院校共开设老年服务与管理等相关专业点数 805 个,各类养老机构共有从业人员 58.3 万人。关于您提出的积极推行政府购买养老服务及志愿服务，鼓励相关专业大学生或社会工作者到基层养老机构做志愿工作的建议，对于提升养老机构专业化服务水平有很强针对性。《国务院办公厅关于推进养老服务发展的意见》（国办发〔2019〕5号）对此明确提出，打造"三社联动"机制，以社区为平台、养老服务类社会组织为载体、社会工作者为支撑，大力支持志愿养老服务，积极探索互助养老服务。大力培养养老志愿者队伍，加快建立志愿服务记录制度，积极探索"学生社区志愿服务计学分"、"时间银行"等做法，保护志愿者合法权益。

下一步，我们将会同有关部门认真贯彻习近平总书记对老龄工作和养老服务工作的重要指示批示精神，坚决落实党中央、国务院对养老工作的决策部署。加大财政投入力度，研究完善养老服务业税收优惠政策；做好养老机构消防审批审验工作，主动提供服务支持，推行消防安全标准化管理，实施民办养老机构消防安全达标工程，切实改善消防安全条件，提升单位自我管理能力；完善民办养老机构入住评估制度，重点保障特困供养老年人、经济困难老年人、失独家庭老年人和做出特殊贡献的老年人等养老需求；鼓励民办养老机构延伸服务，为社会办养老机构和周边社区、农村提供养老服务人员和项目支持；鼓励社会力量通过独资、合资、合作、联营、参股、租赁等方式，推动基层民办养老机构持续健康发展。

感谢您对民政工作的关心和支持。

民政部对"将城镇非低保但相对贫困家庭中的重病重残人员单人户纳入低保范畴的建议"的答复

（2020年9月14日　民函〔2020〕702号）

您提出的关于"将城镇非低保但相对贫困家庭中的重病重残人员单人户纳入低保范畴的建议"收悉。您所提建议切合实际，民政部已出台相关政策措施予以支持。经商中国残联、财政部，现答复如下：

……

长期以来，各级民政部门高度重视并积极协调有关部门研究解决非低保但相对贫困家庭中的重病重残人员基本生活问题。目前您所提的政策建议已在《关于进一步做好困难群众基本生活保障工作的通知》中做出了明确规定，城乡低收入家庭中的重度残疾人、重病患者可参照单人户纳入低保范围。下一步，各级民政部门将积极协同相关部门，指导地方进一步加大工作力度，加强资金保障，落实相关政策，保障重病患者、重度残疾人等特殊困难群众的基本生活。

感谢您对民政工作的关心和支持。

民政部对"关于在《国务院关于全面建立困难残疾人生活补贴和重度残疾人护理补贴制度的意见》中增加三级下肢残疾人群体并提高补贴标准的建议"的答复

（2019年7月9日　民函〔2019〕606号）

你们提出的"关于在《国务院关于全面建立困难残疾人生活补贴和重度残疾人护理补贴制度的意见》中增加三级下肢残疾人群体并提高补贴标准的建议"收悉。建议具有很强的针对性，对于进一步做好残疾人相关工作具有借鉴意义，我们将在今后的工作中充分研究吸收。经商财政部、中国残联，现答复如下：

2015年9月，为解决残疾人特殊生活困难和长期照护困难，国务院印发了《关于全面建立困难残疾人生活补贴和重度残疾人护理补贴制度的意见》（国发〔2015〕52号，以下简称《意见》），规定自2016年1月1日起全面实施困难残疾人生活补贴和重度残疾人护理补贴制度，这是第一个在国家层面建立的残疾人专项福利制度，对改善和提高残疾人生活质量具有重要意义。《意见》印发后，民政部会同相关部门大力推动贯彻落实，制度建设创新发展，补贴发放稳步推进，受益规模快速增长，社会效益显著发挥。目前，两项补贴制度已惠及1000余万困难残疾人和1100余万重度残疾人，年发放资金约250亿元，为兜底保障残疾人基本民生、助力打赢脱贫攻坚战、推动全面小康社会建设发挥了重要作用。

残疾人两项补贴制度具有保障对象只增不减、保障内容只扩不缩、保障标准只升不降的特点，一项好的福利政策要健康开展起来、持久下去，最终形成更加科学可持续发展的专项残疾人福利制度安排，界定好对象范围，合理确定补贴标准至关重要。这就要求各地依据残疾人的实际情况和本省经济社会发展水平，坚持量力而行、量财而为。

建议中提到的关于扩大补贴涵盖群体的范围，明确在残疾人两项补贴制度中增加三级下肢残疾人群，同时适当提高补贴标准。近年来，我部和中国残联积极鼓励有条件的地区适当扩大补贴范围，提高补助标准。目前，北京、天津、辽宁、上海、江苏、浙江、安徽、福建、西藏、陕西、青海、宁夏等省（区、市）已将生活补贴对象扩大到无固定收入残疾人、建档立卡贫困户、低保边缘户、低收入家庭、重残无业、一户多残、老残一体、依老养残等困难群体；北京、天津、河北、内蒙古、福建、江西、山东、湖南、广东、广西、海南、西藏等12个省（区、市）补贴标准在两年内（2018-2019年）都有所提高。财政部认为，中央支持各地结合当地实际，合理确定两项补贴对象范围及补贴标准，推进落实相关工作。但由于各地经济发展水平存在差异，相关事宜不宜由中央作出硬性要求，应当由各地根据当地财力状况、按照“雪中送炭”的原则统筹研究。地方各级政府和有关部门应充分考虑自身实际情况，积极发挥政策主动性和灵活性，合理明确和扩大补贴范围，加强监督检查，确保有条件的地方严格落实扩大补贴范围和提高补贴标准的政策规定。

下一步，我部将会同有关部门继续加强对各地建立残疾人两项补贴制度的指导，鼓励有条件的地区出台相关政策，扩大补贴覆盖面，同时研究建立残疾人两项补贴标准动态调整机制，保障残疾人真正得到实惠。

感谢你们对民政工作的关心和支持。

民政部对“关于重度残疾人无需单独立户也可享受低保的建议”的答复

（2018 年 8 月 29 日 民函〔2018〕668 号）

您提出的“关于重度残疾人无需单独立户也可享受低保的建议”收悉。经商人力资源社会保障部，现答复如下：

党中央、国务院高度重视贫困残疾人的社会救助工作。民政部、人力资源社会保障部等部门按照党中央、国务院决策部署，认真落实各项社会政策，多措并举，努力保障好贫困重度残疾人的基本生活。

一是全面落实低保制度，切实做到对贫困重度残疾人“应保尽保”。根据《社会救助暂行办法》，共同生活的家庭成员人均收入低于当地最低生活保障标准，且符合当地最低生活保障家庭财产状况规定的家庭，可以在户籍所在地享受最低生活保障。考虑到重度残疾人的特殊困难，2015 年，我部会同中国残联出台《关于加强残疾人社会救助工作的意见》（残联发〔2015〕34 号），明确要求“将生活困难、靠家庭供养且无法单独立户的成年无业重度残疾人，按照单人户纳入最低生活保障范围”。为切实发挥农村低保在打赢脱贫攻坚战中的兜底保障作用，日前，我部会同财政部、国务院扶贫办印发《关于在脱贫攻坚三年行动中切实做好社会救助兜底保障工作的实施意见》（民发〔2018〕90 号），要求“对未脱贫建档立卡贫困户中的靠家庭供养且无法单独立户的重度残疾人、重病患者等完全丧失劳动能力和部分丧失劳动能力的贫困人口，经个人申请，可参照单人户纳入农村低保范围”，同时，将“重度残疾人”范围由“未脱贫建档立卡贫困户中持有中华人民共和国残疾人证的一级、二级重度残疾人”拓展为“未脱贫建档立卡贫困户中持有中华人民共和国残疾人证的一级、二级重度残疾人和三级智力残疾人、三级精神残疾人”。截至 2017 年底，全国共有低保对象 5311.2 万人，其中残疾人 605.4 万（重度残疾人 168.1 万人）人，全国城市低保平均标准为 541 元/人月，农村低保平均标准为 4301 元/人年。

二是指导各地提高对重度残疾人的救助水平。各级民政部门按照《社会救助暂行办法》“对获得最低生活保障后生活仍有困难的老年人、未成年人、重度残疾人和重病患者，县级以上地方人民政府应当采取必要措施给予生活保障”的相关要求，普遍开展了分类施保工作，即对获得最低生活保障后生活仍有困难的老年人、未成年人、重度残疾人和重病患者，县级以上地方人民政府在按照低保标准与家庭人均收入差额核定补差金额的基础上，再适当增发低保金，提高救助水平。目前，全国 31 个省（自治区、直辖市）均开展了以重度残疾人、老年人、未成年人、重病患者为重点保障对象的分类施保工作。

三是全面实施残疾人两项补贴制度。民政部指导各地民政部门深入贯彻落实《国务院关于全面建立困难残疾人生活补贴和重度残疾人护理补贴制度的意见》，并会同中国残联通过召开贯彻会议、开展联合督查、出台衔接政策、通报工作进度等方式，指导督促各地建立残疾人两项补贴制度。目前，全国 31 个省（自治区、直辖市）均出台实施意见，全国所有县（区）实现残疾人两项补贴发放全覆盖，分别惠及困难残疾人 1062 万人、重度残疾人 1164 万人。据统计，生活补贴标准大部分省份处于每月 50-80 元之间，10 个省份达到或超过每月 100 元，最高的北京市每月可达 900 元。护理补贴标准大部分省份处于每月 50-80 元之间，14 个省份达到或超过每月 100 元，最高的浙江省每月可达 500 元。

四是对城镇贫困残疾人缴纳基本养老保险给予适当补贴。原劳动保障部、财政部和中国残联于 2005 年出台《关于城镇贫困残疾人个体户参加基本养老保险给予适当补贴有关问题的通知》（劳社部发〔2005〕14 号），规定残疾人就业保障金有结余的地区，可用残疾人就业保障金对贫困残疾人个体户缴纳基本养老保险费给予适当补贴。这一措施体现了国家对残疾人职工的照顾，也有效促进了残疾人参保缴费，保障了他们的养老保险权益。2014 年，国务院出台《关于建立统一的城乡居民养老保险制度的意见》，明确要求地方政府为重度残疾人等缴费困难群体代缴部分或全部最低标准的养老保险费。

长期以来，各级民政部门高度重视并积极协调有关部门研究解决重度残疾人基本生活保障问题，目前您所提的政策建议已在政策中提出了明确要求，生活困难、靠家庭供养且无法单独立户的成年无业重度残疾人，已无需单独立户便可申请纳入低保范围。下一步，各级民政部门将积极协同相关部门，指导地方进一步加大工作力度，落实好各项社会救助、社会福利、社会保险等社会保障政策，切实保障重度残疾人的基本生活。

感谢您对民政工作的关心和支持。

民政部对“关于进一步促进我国非营利组织发展的建议”的答复

（2018年8月16日 民函〔2018〕629号）

您提出的“关于进一步促进我国非营利组织发展的建议”收悉。您在建议中对目前我国社会组织现状进行了认真分析，并提出了很好的意见和建议，在下一步工作中，我们将认真研究和充分吸纳。经商财政部，现就有关问题答复如下：

一、关于完善社会组织法律法规体系问题

目前，虽然我国在法律层面上尚未制定一部社会组织基本法律，但近年来，社会组织相关立法工作仍然取得了重大进展。一是2016年以来，在原有社会组织法律体系基础上，《中华人民共和国民法总则》、《中华人民共和国慈善法》、《中华人民共和国境外非政府组织境内活动管理法》、《志愿服务条例》相继出台，《中华人民共和国民办教育促进法》、《中华人民共和国红十字会法》、《中华人民共和国企业所得税法》、《宗教事务条例》修订完善，这些法律、行政法规的制定和修订，完善了我国社会组织法律体系。二是为贯彻落实党的十八大以来党中央、国务院关于社会组织管理制度改革的一系列部署，民政部联合有关部门出台或单独出台了一系列社会组织管理制度改革配套政策，涉及慈善组织、行业协会商会与行政机关脱钩、社会组织评估、政府向社会组织购买服务、社会组织税收优惠、社会组织信用管理、社会组织人才培养、社会组织薪酬管理等多个方面。三是近年来，民政部积极配合有关部门进行社会团体、基金会和民办非企业单位三个行政法规的修订工作，并形成征求意见稿，于2016年向社会公开征求意见。2018年，按照国务院立法工作计划，三类社会组织登记管理条例将合并修订为《社会组织登记管理条例》。目前民政部正配合司法部，按照国务院指示对条例草案做进一步修改完善。四是民政部还组织有关专家学者开展理论研究，通过委托课题、召开研讨会、调查研究等形式就社会组织法立法、行业协会商会方面立法问题进行研究论证，并形成了一些研究成果。

目前，从社会组织立法工作实际来看，制定社会组织基本法的时机尚不成熟，下一步，民政部将继续配合司法部制定社会组织登记管理条例，做好社会组织基本法、行业协会商会方面立法研究论证工作，为将来启动相关立法工作打好基础。

二、关于改革社会组织登记制度问题

原有的社会组织登记制度，核心是“双重管理”，即成立社会组织必须经业务主管单位和民政部门双重审查。党的十八届二中、三中全会提出重点培育、优先发展行业协会商会类、科技类、公益慈善类、城乡社区服务类4类社会组织的措施，成立这4类社会组织，直接向民政部门依法申请登记，不再需要业务主管单位审查同意。同时，2016年中共中央办公厅、国务院办公厅印发的《关于改革社会组织管理制度促进社会组织健康有序发展的意见》（以下简称《意见》）中又明确了稳妥推进这4类社会组织直接登记，对直接登记范围之外的其他社会组织，继续实行登记管理机关和业务主管单位双重负责的管理体制。以这一举措为标志，我国开始建立直接登记与双重管理相结合、相并存的登记管理制度。

为推进登记制度改革，民政部主要做了三方面的工作。一是在推进《社会组织登记管理条例》制定工作中，将中央关于社会组织管理制度改革的精神体现到法规中。二是开展直接登记试点工作。在相关行政法规尚未修订的情况下，为稳妥推进登记制度改革，依据《国务院机构改革和职能转变方案》有关原则规定，开展了四类社会组织直接登记的试点工作。三是扎实推进社会组织领域“放管服”改革。按照深化行政审批改革的要求，先后取消了对社会团体筹备成立和社会团体分支（代表）机构设立、变更、注销登记的审批，明确了取消商务部前置许可后的外国商会登记程序等。优化行政审批流程，提高审批效率，并编制包括18个权责事项、44个子项的社会组织管理专项权责清单，并通过民政部官网公布。

下一步，民政部将继续落实好中央关于社会组织登记制度改革精神，研究制定社会组织直接登记有关配套文件，协调有关部门落实取消审批后续管理服务工作。

三、关于拓宽我国社会组织资金来源渠道问题

按照《中华人民共和国政府采购法》的有关规定，参加政府采购公开招标等采购活动的供应商是指向采购人提供货物、工程或者服务的法人、其他组织或者自然人，其中就包括了社会组织，社会组织法人与其他法人一样，均可公开平等参加政府采购活动。同时，为了支持引导社会组织承接政府购买服务，2013年以来，国务院及有关部门先后印发了《关于向社会力量购买服务的指导意见》、《关于支持和规范社会组织承接政府购买服务的通知》（财综〔2014〕87号）、《关于通过政府购买服务支持社会组织培育发展的指导意见》（财综〔2016〕54号）等文件，为社会组织参与政府购买服务提供了基本制度规范。此外，从2012年起，财政部每年通过财政预算安排专项资金2亿元，支持社会组织参与社会服务，有计划有重点地扶持一批品牌性社会组织。项目执行6年来，共立项2654个，累计投入中央财政资金11.9亿元，带动社会配套资金约8亿元。在地方层面，全国31个省（区、市）均出台了政府购买服务实施意见或办法，不少省份还出台了政府购买服务指导性目录、流程规范等，安排专项资金支持社会组织参与社会服务和加强社会组织能力建设。

当然，政府向社会组织购买服务这项工作还存在一定困难和问题，比如制度建设中的刚性约束较少、一些政策落实不到位、能够承接政府购买服务的社会组织数量较少等。下一步，民政部将继续配合财政部落实好政府向社会组织购买服务有关政策,推进政府购买服务改革,引导和鼓励社会组织通过承接政府购买服务项目获得资金支持、拓展发展空间,提升社会组织能力和专业化水平。

四、关于社会组织税收优惠政策问题

为支持社会组织发展,近年来我国在社会组织税收方面出台了相应优惠政策,具体包括:一是对符合条件的社会组织取得的非营利收入给予免征企业所得税的优惠。2018 年 2 月,财政部、税务总局联合印发《关于非营利组织免税资格认定管理有关问题的通知》(财税〔2018〕13 号),对非营利组织免税资格认定政策进行了修订完善,适当调整放宽了非营利组织工作人员工资水平的认定条件,进一步扩大了非营利组织免税优惠政策覆盖范围,强化了对非营利组织的监管。二是为鼓励支持公益慈善事业。现行税收政策体系对公益捐赠支出给予了所得税优惠政策。民政部协调财政、税务、海关等部门,出台了公益性捐赠税前扣除资格确认审批有关调整事项、公益股权捐赠企业所得税政策、慈善捐赠物资免征进口税收有关事宜等文件,完善了税收优惠培育扶持措施。三是 2017 年《中华人民共和国企业所得税法》由第十二届全国人民代表大会常务委员会修订通过,增加了公益捐赠支出税前结转三年扣除的规定,完成了与慈善法的衔接。2018 年 2 月,财政部、税务总局又联合印发了《关于公益性捐赠支出企业所得税税前结转扣除有关政策的通知》(财税〔2018〕15 号),明确了相关具体政策规定。

下一步,民政部将继续配合相关部门做好上述税收优惠政策的落实工作,继续鼓励支持社会组织健康发展。

五、关于社会组织综合监管问题

近两年来,为加强对社会组织分类监管,出台了一系列政策措施。2017 年中共中央办公厅、国务院办公厅联合印发了《关于加强文化领域行业组织建设的指导意见》,民政部单独或会同多个部门,先后出台了《社会组织信用信息管理办法》(民政部令第 60 号)、《行业协会商会综合监管办法》(发改经体〔2016〕2657 号)、《社会组织抽查暂行办法》(民发〔2017〕45 号)、《中央网信办 民政部关于加强网信领域社会组织建设的通知》(中网办发文〔2016〕9 号)、《关于社会智库健康发展的若干意见》(民发〔2017〕77 号)、《关于对慈善捐赠领域相关主体实施守信联合激励和失信联合惩戒的合作备忘录》(发改财金〔2018〕331 号)等政策文件,加强对重点领域、重要类型社会组织的监管。建立多部门联合执法机制和社会组织资金监管机制,建立社会组织"活动异常名录"和"严重违法失信名单",健全社会组织退出机制等。通过推进"上门工程",实地走访全国性社会组织的 100 多个业务主管单位,积极协调社会组织业务主管单位切实履行管理职责。建立健全社会组织第三方评估机制,制定了《民政部关于探索建立社会组织第三方评估机制的指导意见》(民发〔2015〕89 号),评估结果作为社会组织承接政府职能转移或购买服务项目等重要依据。完善社会监督机制,制定了《社会组织登记管理机关受理投诉举报办法(试行)》,公开举报电话和电子邮箱,畅通举报渠道,通过中国社会组织网先后公布了十三批"离岸社团"、"山寨社团"名单和五批涉嫌非法社会组织名单。今年以来,民政部还会同公安部在全国范围内开展为期一年的打击整治非法社会组织专项行动,集中取缔一批非法社会组织。截至目前,各地通过取缔、劝散等方式处置非法社会组织约 1000 多个。

下一步,民政部将继续做好社会组织日常监管,推进社会组织信用体系建设,推动建立守信联合激励和失信联合惩戒协同机制,积极开展打击整治非法社会组织工作。

六、关于提升社会组织自身能力问题

当前,我国社会组织在自身建设方面还存在一些不足,例如组织机构不健全、内部制度不完善、民主管理不落实、财务管理不透明等,需要通过规范和引导,推进社会组织自身建设。一方面,为指导社会组织完善内部治理结构,民政部针对不同类型社会组织特点制定了《社会团体章程示范文本》、《基金会章程示范文本》、《民办非企业单位(法人)章程示范文本》、《行业协会商会章程示范文本》。另一方面,在解决社会组织专业人才缺乏问题上,民政部还制定了《民政部关于加强和改进社会组织教育培训工作的指导意见》(民发〔2015〕206 号)、《民政部关于加强和改进社会组织薪酬管理的指导意见》(民发〔2016〕101 号),联合中国科协印发了《关于加强国际科技组织人才培养与推送工作的意见》(科协发外字〔2016〕31 号)等政策文件。此外,民政部和各地民政部门每年均开展社会组织教育培训工作,培训规模逐步扩大、经费投入逐年增加、培训效果不断增强。

下一步,民政部将与完善有关法规政策相联系,继续引导社会组织健全民主机制,加强财务管理,规范服务行为,增强自律性和诚信度,使社会组织在社会治理中成为党委和政府的有力助手。

感谢您对民政工作的关心和支持。

图书在版编目（CIP）数据

中华人民共和国民政法律法规全书：含相关政策：2022年版/中国法制出版社编.—8版.—北京：中国法制出版社，2021.12

（法律法规全书系列）

ISBN 978-7-5216-2307-9

Ⅰ.①中… Ⅱ.①中… Ⅲ.①民政事务-行政法-汇编-中国 Ⅳ.①D922.182.19

中国版本图书馆CIP数据核字（2021）第240459号

策划编辑：袁笋冰　　责任编辑：李璞娜　　封面设计：杨泽江

中华人民共和国民政法律法规全书

ZHONGHUA RENMIN GONGHEGUO MINZHENG FALÜ FAGUI QUANSHU

经销/新华书店
印刷/三河市紫恒印装有限公司
开本/787毫米×960毫米　16开　　印张/39.75　字数/1258千
版次/2021年12月第8版　　2021年12月第1次印刷

中国法制出版社出版
书号 ISBN 978-7-5216-2307-9　　定价：92.00元

北京市西城区西便门西里甲16号西便门办公区
邮政编码：100053　　传真：010-63141852
网址：http：//www.zgfzs.com　　**编辑部电话：010-63141663**
市场营销部电话：010-63141612　　**印务部电话：010-63141606**

（如有印装质量问题，请与本社印务部联系。）